Elisabeth Heyne
Wissenschaften vom Imaginären

Studien zur
deutschen Literatur

Herausgegeben von
Georg Braungart, Eva Geulen,
Steffen Martus und Martina Wagner-Egelhaaf

Band 223

Elisabeth Heyne

Wissenschaften vom Imaginären

Sammeln, Sehen, Lesen und Experimentieren
bei Roger Caillois und Elias Canetti

DE GRUYTER

Gedruckt mit Unterstützung des Förderungsfonds Wissenschaft der VG WORT.

Die Studie wurde als Dissertation im Rahmen eines Cotutelle-de-thèse-Verfahrens von der Fakultät Sprach-, Literatur- und Kulturwissenschaften der Technischen Universität Dresden (Gutachter/innen: Prof. Dr. Lars Koch, Prof. Dr. Martina Wagner-Egelhaaf) und der Philosophisch-Historischen Fakultät der Universität Basel (Gutachterinnen: Prof. Dr. Nicola Gess, Prof. Dr. Dominique Brancher) angenommen und Juli 2018 verteidigt (Summa cum laude).

ISBN 978-3-11-099219-9
e-ISBN (PDF) 978-3-11-065733-3
e-ISBN (EPUB) 978-3-11-065795-1
ISSN 0081-7236

Library of Congress Control Number: 2020933851

Bibliografische Information der Deutschen Nationalbibliothek
Die Deutsche Nationalbibliothek verzeichnet diese Publikation in der Deutschen Nationalbibliografie; detaillierte bibliografische Daten sind im Internet über http://dnb.dnb.de abrufbar.

© 2022 Walter de Gruyter GmbH, Berlin/Boston
Dieser Band ist text- und seitenidentisch mit der 2020 erschienenen gebundenen Ausgabe.
Satz/Datenkonvertierung: jürgen ullrich typosatz, Nördlingen
Druck und Bindung: CPI books GmbH, Leck

www.degruyter.com

Inhaltsverzeichnis

I	**Einleitung — 1**	
1	Zielrichtungen und Korpus — 7	
2	Begriffliche Vorbemerkungen und Anschlüsse — 12	
2.1	Von Imagination und Einbildungskraft zu Theorien des Imaginären — 12	
2.2	Zu Roger Caillois — 24	
2.3	Zu Elias Canetti — 28	
3	Zum Aufbau dieses Buches — 34	

Vom Imaginären und der Wissenschaft. Historische und systematische Perspektiven

II	**Das Imaginäre und die „große Trennung": Von der Romantik zu den Kulturen- und Disziplinengrenzen im 20. Jahrhundert — 43**	
1	Wissenschaften vom Imaginären *avant la lettre* — 43	
1.1	Romantische Beobachtungen (auf) der Bruchlinie der „zwei Kulturen" — 47	
1.1.1	Novalis' *Die Lehrlinge zu Sais* als Lehren vom Imaginären — 54	
1.1.2	Gotthilf Heinrich von Schuberts *Ansichten von der Nachtseite der Naturwissenschaft* — 58	
2	Kulturen- und Disziplinengrenzen im 20. Jahrhundert — 65	
2.1	„Practical life": Die zwei „Kulturen" und ihre Verfahren — 68	
2.2	Begriffliches I: Zur Theorie funktionaler Differenzierung — 71	
2.3	Begriffliches II: Die wissenschaftliche Disziplin und Inter- bzw. Transdisziplinarität — 76	
	Exkurs: Die Entstehung der Soziologie als dritter Kultur — 83	
2.4	Autonomie der Kunst: Wissenschaft vs. Literatur — 86	

III	**Writing Imaginary. Das unkontrollierbare Imaginäre im 20. Jahrhundert schreiben — 93**	
1	Psychoanalytische Bestimmungen — 94	
1.1	Freud, oder: wie das Imaginäre nicht zu schreiben ist (1908/1921) — 94	
1.2	Lacan. Das Imaginäre der Taube (1936/1949) — 100	
2	Zwischen literarischer Reflexion und epistemologischer Reinigung (Breton, Bachelard, Borges) — 106	
2.1	Springbohnenästhetik. Breton vs. Caillois (1924/1934) — 106	

2.2	Chemie der Träumerei. Frankreich der 1930er Jahre und Gaston Bachelard (1934–1961) —— 112
2.3	Tlön, Uqbar und das Imaginäre des Imaginären. Borges' *Ficciones* (1939–1944) —— 121
3	Das Imaginäre in Gesellschaftstheorie und (literarischer) Anthropologie ab 1960 —— 128
3.1	Das radikale Imaginäre bei Cornelius Castoriadis (1975) —— 129
3.2	Allgemeine Archetypologie des Imaginären. Gilbert Durand (1960/1988) —— 133
3.3	Wolfgang Iser und das unbestimmte Imaginäre (1991) —— 134
4	Das Imaginäre schreiben —— 138

Verfahren der Wissenschaften vom Imaginären

IV	Sammeln. Ähnlichkeit, Mimikry, Mimese (Caillois) und Verwandlung (Canetti) —— 143
1	Anfangen zu sammeln —— 143
2	Sammeln des Anderen, Sammeln des Ähnlichen. Zur Subjekt-Objekt-Beziehung —— 147
3	Sammeln als Mimese bei Roger Caillois —— 153
3.1	Das ähnliche Andere. Ähnlichkeit, Differenz und Indifferenz —— 153
3.2	Die Dinge und das Imaginäre —— 159
3.3	Sammlungen zweiter Ordnung. Ähnlichkeit als gefährliches Objekt —— 166
	Exkurs: Ausweitung der Mimikry. Ähnlichkeit als Weltbezug und Schreibverfahren —— 182
3.4	Caillois' Theorie des Sammelns im Kontext aktueller Ansätze —— 185
4	Elias Canetti als (Anti-)Sammler —— 191
4.1	Masse, Macht und „das Imaginative" —— 194
4.2	Canettis Kritik der Sammlung —— 196
4.3	Das Imaginäre sammeln. Zum körperlichen Substrat von *Masse und Macht* —— 204
4.4	Canetti und die Dinge. Zur „Dignität des Streichholzes" —— 209
4.5	Totstellen. Verwandlungen zwischen Ethnologie, Biographie und Biologie —— 215
4.5.1	Die „Vorgefühle" der |Xam —— 218
4.5.2	Canettis (autobiographische) Verwandlungen —— 220

4.5.3	Zur Biologie der Verwandlung. Mimese, Mimikry und Verwandlung ins Tote —— 224	
4.5.4	Kritik der Sammlung, Kritik der Verwandlung? —— 229	
4.6	Im Kino der Verwandlungen —— 233	
4.7	Masse, Macht und Dinge —— 236	
V	**Lesen. Zur Lesbarkeit (Canettis „Primitive" und Wolfskinder) und Syntax des Imaginären (Caillois' Steine) —— 239**	
1	Canetti und die Lesbarkeit des Imaginären —— 239	
1.1	Kultur als Text – das Imaginäre als Text —— 245	
1.1.1	Das textuelle Andere: Das „Primitive" —— 245	
1.1.2	Zur Lesbarkeit des Imaginären. Foucault und „La Bibliothèque fantastique" —— 256	
1.2	Verheimlichte Lektüren. Exzerpieren (Canetti liest Le Bon) —— 258	
1.3	Das Andere sprechen lassen. Zitieren (Taulipang und Xhosa) —— 262	
1.3.1	Zum Zitieren als Machtpraktik —— 263	
1.3.2	Zitieren des „primitiven Ursprungs" —— 266	
1.3.2.1	Canettis Jagdmeute und Mayuluaípus Erzählung —— 266	
1.3.2.2	„Die Selbstzerstörung der Xosa" —— 271	
1.3.3	Stimme, Zitat und Präsenz. *Masse und Macht* als „polyphoner" Text —— 278	
1.4	Wolfskinder: Lesende Vaterschaft (Der Fall Amala und Kamala) —— 282	
2	Die Syntax des Imaginären. Roger Caillois' „Steine" —— 295	
2.1	Caillois' syntaktische Untersuchungen. Ein kurzer Überblick —— 299	
2.2	Caillois als Mineraloge —— 302	
2.3	Poëtisierte Steine: Romantik und Surrealismus —— 305	
2.3.1	Karfunkel, Almandin und magische steinerne Tafeln. Romantische Steine —— 308	
2.3.2	Die Steine lesen uns. Surrealistische Steine —— 317	
2.4	Caillois' Steine —— 322	
2.4.1	Steinerne Syntax. „Nachgeahmte Zeichen" (Schriftgranit) —— 325	
2.4.2	Schreiben jenseits des Menschen. „Saturn gemäß" (1974) —— 329	
2.4.3	Die Steine sprechen lassen. „Ein chinesisches Schriftzeichen" —— 332	

VI Sehen. Mikrofotografie und Periodensystem (Caillois), Tabellen (Canetti) —— 337

1 Das Denken in Bildern und die Wissenschaften vom Imaginären —— 337
2 Sichtbarmachung des Unsichtbaren: Caillois und die Mikrofotografie —— 347
2.1 Mikrofotografie, Objektivität und Kunst —— 350
2.2 Jenseits des menschlichen Auges —— 358
3 Operationalisierung des Potenziellen. Das Periodensystem als Tableau des Imaginären bei Caillois —— 365
3.1 Mendelejews Delirien —— 379
3.2 Das Imaginäre der wissenschaftlichen Bildpraktiken —— 382
4 Canettis Tabellen —— 384
4.1 *Masse und Macht* als „begrenztes Panorama". Zur tabellarischen Ordnung —— 391
4.2 Tabellarisierung des Imaginären —— 395

VII Experimentieren. Fiktionale Experimente mit dem Tod (Canetti), der Depersonalisierung und dem Muschel-Sein (Caillois) —— 403

1 Fiktion als Instrument der Wissenschaften vom Imaginären —— 403
2 Den Tod ausstreichen. Zu Canettis *Buch gegen den Tod* —— 405
2.1 Thanatologische Grundprobleme —— 409
2.2 Textuelle Laboratorien gegen den Tod: Drei Versuche —— 413
2.2.1 Erste Versuchsanordnung: Die Sirenen —— 418
2.2.2 Zweite Versuchsanordnung: Experimentalräume und Raumexperimente —— 420
2.2.3 Dritte Versuchsanordnung: Vom Wunsch, viele zu werden —— 423
2.3 Experimente als Medien der Grenzüberschreitung: Miniaturfiktion und Tod —— 425
3 Caillois' „Récit du délogé" als Fiktionsexperiment —— 430
3.1 Unreine Wissenschaft —— 430
3.2 Muschel sein: „Je fus pholade" —— 432
3.3 Parasitäre Fiktion —— 443
4 Experiment, Wissenschaft und Fiktion. Aktuelle Anschlüsse —— 452
5 Die Wiederkehr der Fiktion. Von Zauberlehrlingen, Parasiten und Sirenen —— 457

VIII	Diagonalisieren (Caillois) und seitliches Wissen (Canetti). Paranoische Architekturen —— 465
1	System(feindschaft), Diagonalen, verborgene Architektur (Caillois) —— 470
1.1	Zur Genese der „diagonalen Wissenschaften" —— 470
1.2	Diagonalisieren: Versteckte, geheime, inverse Architekturen —— 480
1.3	Zur Wissensarchitektur des Imaginären —— 488
2	System(feindschaft) und paranoische Architekturen (Canetti) —— 496
2.1	Kritik von innen. Gegen eine überspezialisierte Disziplinenlandschaft —— 499
2.2	Systeme ohne Außen. Paranoisches Ergreifen des Ganzen —— 503
2.2.1	Die Architektur der Paranoia. Der Fall Muhammad Tughlak —— 509
2.2.2	Architekturen des Imaginären —— 517
2.3	Seitliches Wissen —— 521
3	Kleine Wissenschaft: Diagonale Paranoia und ihre Gegentechniken —— 529
3.1	Abbrechen —— 534
3.2	Verschwinden —— 537
3.3	Abbiegen —— 538

IX	Ausblick: „Fossilien für niemanden". Dezentrierte Perspektiven auf das Imaginäre —— 541

Siglenverzeichnis zu Elias Canetti —— 551

Werkübersicht zu Roger Caillois —— 553

Literaturverzeichnis —— 557

Register —— 585

Danksagung —— 589

I Einleitung

Anstatt die Dichotomien von Mensch und Natur, Subjekt und Objekt, Produktionssystem und Umwelt zu ‚überwinden', um so schnell wie möglich einen Ausweg aus der Krise zu finden, hätte man im Gegenteil die Bewegung verlangsamen, suspendieren, hätte man sich Zeit nehmen müssen, um diese Dichotomien gleichsam wie ein Maulwurf zu untergraben.[1]

Häufig wird die extreme Ausdifferenzierung der Wissenschaft mit einem gewissen Bedauern registriert [...] Nun aber ist die Stunde gekommen, durch notwendige Abkürzungen die zahlreichen Außenposten einer maßlos ausgedehnten Peripherie miteinander zu verbinden – einer Peripherie ohne innere Verbindungslinien, bei der die Gefahr größer wird, daß jeder Arbeiter sein Gebiet letztendlich nur noch als blinder und besessener Maulwurf umgräbt.[2]

Will der Maulwurf sehen lernen, muss er Verbindungstunnel schaffen, Dichotomien untergraben, die Peripherien vernetzen. Die grundlegende Dichotomie, die im vorliegenden Buch zur Diskussion steht, ist diejenige zwischen Wissenschaft und Imaginärem. Das maulwurfartige Untergraben dieser Zweiteilung hat eine ganze Reihe von „Verbindungslinien" zwischen (oder unter) anderen etablierten Oppositionen zur Konsequenz: Wie lässt sich eine Wissenschaft von etwas Ungreifbarem, Subjektivem, Irrealem und Ephemerem denken? Von etwas also, das kaum zum konkreten Forschungsgegenstand taugt, sich vorgeblich nicht mit den Ansprüchen wissenschaftlicher Objektivität vereinbaren lässt? Indem man es universalisiert, realisiert, dinglich greifbar, sichtbar und manifest werden lässt und damit für die wissenschaftliche Untersuchung öffnet – oder indem man eine andere Konzeption von Wissenschaft ins Spiel bringt. Diese Studie befasst sich mit zwei Autoren und ihren Texten, die beides versuchen. Sie entwerfen Ansätze,

---

[1] Bruno Latour: *Das Parlament der Dinge. Für eine politische Ökologie.* Übers. v. Gustav Roßler. Frankfurt am Main: Suhrkamp 2010, S. 11. [Herv. i.O.]
[2] Roger Caillois: *Méduse & Cie. Die Gottesanbeterin. Mimese und legendäre Psychasthenie.* Hg. u. übers. v. Peter Geble. Berlin: Brinkmann & Bose 2007, S. 50; Frz.: „Chacun le dit et déplore que la science se soit diversifiée à l'extrême [...] L'heure est venue d'essayer de joindre par les raccourcis nécessaires les nombreux postes d'une périphérie démesurément étendue, sans lignes intérieures, et où le risque s'accroît sans cesse de chaque ouvrier ne finisse par creuser son secteur en taupe aveugle et obstinée." Roger Caillois: „Méduse et Cie [1960]". In: Ders.: *Œuvres.* Hg. v. Dominique Rabourdin. Paris: Gallimard 2008, S. 479–558, hier S. 482. Siehe zu diesem Zitat erneut und ausführlicher das Kapitel VIII.1 dieses Buches. Zur besseren Übersicht der zahlreichen kleinen Einzeltexte aus dem umfangreichen Werk Caillois', für die sich ein Siglensystem nicht anbietet, ist dem Buch eine chronologische Übersicht der zitierten Texte beigegeben, die Orientierung erleichtern soll. (Siehe die *Werkübersicht zu Roger Caillois,* S. 553–556). Im Fließtext wird in deutscher Sprache zitiert, in den Anmerkungen sind die Originalzitate angegeben. Alle Übersetzungen sind, sofern nicht anders angegeben, von mir. Für Sekundärtexte, so für sie deutsche Übersetzungen vorliegen, wird darauf verzichtet, die Originale anzugeben. Ausnahmen bilden einzelne literarische Texte (z.B. von Jorge Luis Borges in III.2.3).

Bereiche des Imaginären zu erforschen, die sich als „so real wie [sie] nur sein [können]",[3] verstehen, so etwa Elias Canetti über die Methode von *Masse und Macht*; und die das Imaginäre zugleich, wie Roger Caillois, als allgemeine Kraft fassen,[4] als „Einheit der Welt",[5] die sich in der materiellen und immateriellen Ordnung gleichermaßen widerspiegelt.

Die folgende Untersuchung setzt zwei europäische Autoren des 20. Jahrhunderts zueinander in Beziehung, die sich zeitgleich und doch unabhängig voneinander mit ähnlichen Fragestellungen befassen und denen in Frankreich sowie im deutschsprachigen Raum lange wenig (universitäre) wissenschaftliche Relevanz zuerkannt wurde. Ihre Werke sind von Exilerfahrungen geprägt und irritieren nicht nur formal bis heute stark. Wahrscheinlich haben sie einander nie persönlich kennengelernt und erst spät – und auch nur einseitig – Kenntnis von den Texten des anderen erlangt.[6] Und obwohl sie zudem vor sehr unterschiedlichen (auch intellektuellen) biographischen Hintergründen schrieben, offenbaren ihre Texte sowie deren Gegenstände und theoretische Ausgangspunkte eine Reihe von signifikanten Überschneidungen und operieren an der gleichen Schnittstelle von Imaginärem und Wissenschaft.

---

3 Elias Canetti: „Gespräch mit Theodor W. Adorno [1962]". In: ARG, 140–163, hier 143. Für Canettis Werke (außer für einzelne Aufsätze und Gespräche) wird im Folgenden mit Siglen im Fließtext gearbeitet. Vgl. das Siglenverzeichnis am Ende dieses Buches.
4 Vgl. Roger Caillois: *Der Fluss Alpheios*. Hg. v. Anne von der Heiden und Sarah Kolb. Übers. v. Rainer G. Schmidt. Berlin: Brinkmann & Bose 2016, S. 125. Frz.: „un pouvoir plus général". Roger Caillois: „Le Fleuve Alphée [1978]". In: Ders.: *Œuvres*. Hg. v. Dominique Rabourdin. Paris: Gallimard 2008, S. 87–178, hier S. 158.
5 Caillois: *Der Fluss Alpheios*, S. 87. Frz.: „unité du monde". Caillois: „Le Fleuve Alphée [1978]", S. 136.
6 Canettis zwei Bibliotheken (aus Zürich und aus London) befinden sich zusammen mit seinem Nachlass in der Zentralbibliothek Zürich. Dort ist nachweisbar, dass Canetti mehrere Bände von Roger Caillois besaß, fast alle aber in Ausgaben, die erst nach der Publikation von *Masse und Macht* erschienen sind. Es ist möglich, und die Publikationsjahre der Bücher Caillois' in seinem Besitz weisen darauf hin, dass Canetti erst ab 1962 begann, sich für dessen Bücher zu interessieren, nachdem ihn Adorno in dem Interview zu *Masse und Macht* auf die Nähe zwischen Canettis und Caillois' Überlegungen zum Fest hingewiesen hatte (Canetti: „Gespräch mit Theodor W. Adorno [1962]", ARG, 160). Neben soziologischen Essays (*Instincts et société* von 1964 [CAN 7571] sowie einer englischen und einer deutschen Version von *Die Spiele und die Menschen* von 1962 und 1982 [CAN 8734; CAN 16646]) besaß Canetti auch *Le mythe et l'homme* in der Ausgabe von 1938 [CAN 5961]. Handschriftlich ist allerdings darin vermerkt: „nach Vezas Tod", d.h. erst nach 1963. Schließlich besaß er eine Herausgabe von Caillois zum Traum sowie die deutschen Übersetzungen der *Steine* [CAN 11468] und des *Kraken. Versuch über die Logik des Imaginativen* [CAN 15703], jeweils aus den 1980er Jahren. Für Caillois kann ähnliches hier nicht nachgewiesen werden. Zwar lag *Masse und Macht* ab 1966 in französischer Übersetzung vor, in Caillois' Texten lassen sich allerdings keine Spuren zu Canettis Texten finden.

Der deutschsprachige Schriftsteller, Essayist und Massentheoretiker Elias Canetti (1905–1994) und der französische Soziologe, Philosoph, Übersetzer und Schriftsteller Roger Caillois (1913–1978) nehmen in ihren theoretischen Texten verschiedene Phänomene in den Blick, die im 20. Jahrhundert Aufmerksamkeitskonjunkturen erleben: kollektive Bilder und Imaginationen, Mythen oder Rauschzustände, Massenphänomene, der (massenhafte) Tod, die Macht als unsichtbare wirkmächtige Kraft – oder eben: das *Imaginäre*. Ihre Beschäftigung damit dient ihnen allerdings nicht als Ausgangspunkt für literarische Verarbeitungen, sondern wird für beide zum Anlass, alternative Wissenschaftsformen zu konzipieren.

Zudem wenden sich sowohl Canetti als auch Caillois zur Erforschung dieser notorisch unscharfen Begriffe und häufig schwer greifbaren und ephemeren Phänomene verstärkt Gegenständen der Naturwissenschaften zu: Steinen und Kristallen, biologischen Ähnlichkeitsphänomenen, insbesondere von Insekten (Mimese und Mimikry), sogenannten menschlichen „Wolfskindern", die angeblich von Wildtieren aufgezogen wurden, wissenschaftlicher Mikrofotografie, dem Periodensystem der Elemente und der Paranoia; von Mineralogie zu Entomologie, Verhaltensbiologie, Chemie, zur Schnittstelle von Naturwissenschaft und Technik und schließlich zur Psychopathologie.

Im Unterschied zu Roger Caillois, der in umfänglichen Projekten immer wieder um eine Bestimmung und Analyse des Imaginären kreist, verwendet Elias Canetti den Begriff nicht explizit. Eines der Ziele dieses Buches ist es zu zeigen, dass sein Werk gleichwohl um eine Untersuchung des Imaginären bemüht ist, ohne dies zu explizieren. In der komplementären Lektüre beider Autoren wird sichtbar, dass beide sich mit der Beschreibung eines Imaginären befassen, das sie nicht per se als unbestimmt und unbestimmbar setzen. Stattdessen – darin sind sie sich einig – fehlten lediglich die passenden wissenschaftlichen Instrumentarien, die zwingend verschiedene disziplinäre Kontexte durchqueren müssten, da sich eben auch das Imaginäre „transversal"[7] verhalte. Betont offen wird der Begriff daher im Folgenden in Anlehnung an beide Autoren als eine solche umfassende, transversale, transdisziplinäre Kraft verwendet, die aus sich selbst heraus aktivierendes Potenzial besitzt, also unabhängig vom Menschen und seinem Bewusstsein existiert; die zwar innerhalb von kollektiven Vorstellungsweisen wirkt, genauso aber auch darüber hinaus: im Tierischen, Dinglichen, im Nicht-Menschlichen überhaupt. Beide zielen darauf, das Imaginäre mittels wissenschaftlicher Verfahren zu untersuchen; es zu „kontrollieren", ohne es zu disziplinieren, um sich einerseits von Affirmationen des Unkontrollierbaren, wie etwa im Surrealismus, abzugrenzen und andererseits die Wissenschaft in Bezug auf ihre Disziplinenstruktur sowie ihr Verhältnis

---

7 Caillois: *Méduse & Cie.*, S. 49; Caillois: „Méduse et Cie [1960]", S. 482.

zum Imaginären zu hinterfragen. Sie tun dies sowohl im Widerspruch zu einem sich selbst als disziplinär differenziert beschreibenden Wissenschaftssystem als auch im Kontrast zu einer Konzeption des Imaginären als amorpher, indirekt wirksamer und unbeobachtbarer Kraft.

Canetti und Caillois mögen zwar beide als akademische Außenseiter verstanden worden sein und sich selbst als solche wahrgenommen haben. Doch gerade dieser doppelte Anspruch, einerseits Phänomene des Imaginären zu untersuchen und andererseits Kritik an einer überspezialisierten Wissenschaft zu üben, eine Kritik, die sich nicht als Negation, sondern als grundsätzlich affirmative Erweiterung und Vernetzung bestehender disziplinärer Wissensbestände von innen vollzieht, verleiht ihnen wissens- und wissenschaftshistorische Schlüsselpositionen innerhalb des 20. Jahrhunderts. In ihren Texten kreuzen sich Fragen nach der Grenzziehung zwischen wissenschaftlichen Einzeldisziplinen, zwischen Natur- und Geisteswissenschaften, aber auch nach den Dichotomien von Natur und Kultur, Wissenschaft und Kunst mit Überlegungen zum Imaginären und deren vielfältigen Phänomenen. Insbesondere durch diese Spannbreite bringen ihre Texte auch zentrale Figuren wie Freud, Lacan, Breton, Bachelard und Foucault miteinander in Dialog.

Das vorliegende Buch spiegelt ihre doppelte Zielsetzung – Wissenschaftskritik und Untersuchung eines kollektiven, sonst aus der Wissenschaft ausgegrenzten Imaginären. Statt zweier einzelner Teile zu beiden Autoren setzt die Studie ihre verschiedenen Annäherungen an das Imaginäre in wechselseitigen Bezug zueinander. Damit versteht sie sich einerseits als Teil der Forschung zu Canetti und Caillois, andererseits wird es darum gehen, ausgehend von Konzeptualisierungen und Analysen des Imaginären bei beiden einen Beitrag zur anwachsenden Forschung zum scheinbar ephemeren Imaginären zu leisten.

Das Anfang des 20. Jahrhunderts erwachende Interesse am Imaginären entstammt einer spezifischen gesellschaftlichen, institutionellen, epistemischen, aber auch politischen Konstellation. Obwohl sie als Gegenentwürfe angelegt sind, teilen sich Canettis und Caillois' Ansätze diese Herkunft mit anderen zeitlich parallelen Konzeptualisierungen. Das Imaginäre entwickelt sich auch deswegen ab 1940 schnell zu einer wichtigen Beschreibungskategorie individueller wie kultureller Phänomene, weil es Erklärungsmöglichkeiten bereitstellt für die kollektive Wirksamkeit von Imaginationen, Massen- und Machtphänomenen, die im „Massenwahn" der 1930er Jahre grundlegend andere Ausmaße annehmen. Meist als ein indirekt erfahrbares, zwischen Imagination und Wirklichkeit waberndes Bilderreservoir konzipiert, lassen sich mit dem Imaginären Prozesse der politischen, medialen oder kulturellen Herstellung, Indienstnahme und Lenkung kollektiver Vorstellungen beschreiben. Vor dem Hintergrund seiner Herkunft reagiert das Imaginäre daher einerseits auf die Notwendigkeit, zeithistorische gesellschaftliche Prozesse und Phänomene beobachtbar zu machen. Den Unternehmen einer Wissenschaft vom Imaginären ist andererseits durch den Kontext seiner Entstehung eine politische Ambivalenz inhärent. Sie entstehen in unmittelbarer Nähe zu modernen Bestrebungen der Remythisierung, die drohen – selbst wenn sie sich aktiv als antifaschistische Bestrebungen verstehen – vom politischen Irrationalismus, gegen den sie anschreiben, doch wieder eingeholt werden, indem und weil sie ihn selbst aktiv beschwören (wie etwa Georges Batailles' *Acéphale*-Projekt). Die Konzeptionen des Imaginären bei Canetti und Caillois, deren universale Wirkmacht unter anderem über verschiedene Archaismen und Primitivismen konstruiert wird (vgl. u.a. Kap. V), können daher nicht ungefiltert zu einem neuen kulturwissenschaftlichen Prinzip erklärt werden. Dieser entscheidende zeitgeschichtlich-politische Hintergrund ist im Rahmen der folgenden Überlegungen immer wieder in Erinnerung zu rufen. Das Augenmerk der folgenden Studie liegt allerdings auf etwas Anderem.

Gegenwärtige Überlegungen erläutern das Imaginäre meist über ein menschliches Bedürfnis nach gesellschaftlichen Gründungsmythen. Dieses entstehe, sobald die religiöse Heteronomie schwinde. Das Verdienst des Imaginären nach Canetti und Caillois besteht im Gegensatz zu solchen Ansätzen gerade darin, auf den Verlust von Transzendenz im Rahmen einer Säkularisierungsgeschichte nicht mit Proklamationen der Autonomie von menschlicher Gesellschaft zu reagieren, sondern mit verstärkter Dezentrierung. Sie konzeptualisieren das Imaginäre als eine Struktur, der der Mensch zwar angehört, über die er aber nicht verfügt. Zugleich ist sie von jeglicher Teleologie befreit und nicht auf den Menschen beschränkt. Hier nun setzt das vorliegende Buch an. Denn erst über die Setzung eines Imaginären als einer verborgenen universalen Struktur – mag sie auch unwahrscheinlich und deterministisch sein – wird es beiden möglich, den Blick auf spezifische Verfahren zu schärfen und disziplinübergreifend zu denken, was sonst nicht denkbar ist. Beide Autoren schlagen auf der Ebene von Wissenschafts- und Wissensorganisation Lösungsansätze und mögliche Schreibverfahren für Probleme vor, die sich heute dringlicher denn je beispielsweise im Hinblick auf ökologische Fragen stellen und die per se ein radikal transdisziplinäres Denken erfordern. Gerade indem sie das Imaginäre fokussieren, scheitern Canetti und Caillois beispielsweise nicht an einer Unterscheidung von Natur und Kultur, da diese für sie schlicht irrelevant wird. Das Potenzial ihrer Ansätze ist also vielmehr in der Erarbeitung spezifischer Verfahren zu suchen, die sich aus ihrer Wissenschaft vom Imaginären ergeben.

Den Ausgangspunkt dieses Buches bildet die Annahme, dass sowohl Caillois als auch Canetti die aktuelle wissenschaftstheoretische Hinwendung zu einem prozessualen Verständnis von Wissenschaft und ihren jeweiligen Praktiken in ihren eigenen Wissenschaftsentwürfen bereits seit den 1930er und 1940er bis in die

1970er Jahre vorantreiben. Dafür bedienen sie sich sowohl literarischer, narrativer, fiktionaler als auch etablierter wissenschaftlicher *Verfahren*, während andere die Grenze zwischen den „zwei Kulturen",[8] von Geistes- und Naturwissenschaften längst als unüberwindbare Kluft anerkennen. In Abgrenzung von einem differenzierten Wissenschaftssystem konzentrieren sich beide Autoren auf die Herstellungs-, Schreib- und Darstellungsweisen einer Wissenschaft vom Imaginären. Mittels der verschiedenen Techniken, mit denen sie immer wieder neu ansetzen, lenken sie die Aufmerksamkeit folglich weniger auf die finale Bestimmung und groß angelegte systematische Theoretisierung als auf die phänomenologische Erfassung und prozessuale Herstellung des Imaginären. Sie zeigen darin ähnliches Interesse an Prozessualitäten und Praxeologien wie gegenwärtige epistemologische, kulturwissenschaftliche und soziologische Ansätze. Diesem Interesse beider Autoren folgend wird der Begriff vom Imaginären, der oft als Ausgangspunkt für theoretische Großkonzepte dient, hier vielmehr über die Mikroperspektive der einzelnen Praktiken zu betrachten sein.

In ihrer Erarbeitung verschiedener Verfahren zur Untersuchung des Imaginären kreuzen Canetti und Caillois zentrale wie disparate Erkenntnisinstrumentarien des 20. Jahrhunderts, fragen nach der Textualität, der Bildlichkeit und der Materialität des Imaginären und schließlich auch nach dem ihm inhärenten transdisziplinären Charakter. Die hier vorgeschlagene, das Buch strukturierende Orientierung an den zugehörigen Verfahren des Lesens, Abbildens oder Sammelns ermöglicht erstens neue Perspektiven auf die Schriften beider Autoren. Zweitens kann mit ihr ein Beitrag zu kultur- und literaturwissenschaftlichen Forschungen zu den einzelnen Wissenspraktiken geleistet werden, da sie, drittens, einen grundlegend anderen Fokus auf Überlegungen zum Imaginären erlaubt. Den großen Fragen, die sich daran allerdings anschließen – nach den Grenzen zwischen den „zwei Kulturen", zwischen Rationalem und Irrationalem, Natur und Kunst, Wissenschaft und Literatur, Mensch und Tier, Mensch und Ding, Organischem und Anorganischem, Eigenem und Fremden – kann nur mit dem „kleinen", materialnahen, quasi mikroskopischen Blick auf die einzelnen Verfahrensweisen und ihre jeweilige Verhandlung dieser großen Oppositionen begegnet werden. Im Peripheren, Prozessualen und Kleinen gilt es zu beobachten, wie die Wissenschaft vom Imaginären an der „Verunreinigung",[9] der Verlangsamung arbeitet, an der Maulwurfsarbeit zum Untergraben der großen Dichotomien.

---

[8] C.P. Snow: „The two cultures". In: Ders.: *The two cultures and the scientific revolution. The Rede Lecture 1959.* New York: Cambridge University Press 1961, S. 1–22, hier S. 4.
[9] Bruno Latour spricht in *Nous n'avons jamais été modernes* (Wir sind nie modern gewesen) von einer „travail de purification", einer Reinigungsarbeit, die er als Ensemble von Praktiken versteht, die in der Moderne am Werk seien und auf die Trennung zweier ontologischer Bereiche – des

1 Zielrichtungen und Korpus

Im Fokus stehen folglich jene Werke beider Autoren, in denen sie das Imaginäre mittels disziplinen- und systemübergreifender[10] Verfahren zum wissenschaftlichen Gegenstand erheben. Dabei entstehen im Umkehrschluss Texte, die sich nicht mehr eindeutig als literarische oder wissenschaftliche Textformen klassifizieren lassen; Texte, die im Hinblick auf den Umgang mit fiktionalem und faktualem Material gängige Regeln wissenschaftlichen Arbeitens und literarischer Praxis gleichermaßen verletzen.

Zudem manifestiert sich das Imaginäre als Forschungsgegenstand kontraintuitiv sowohl bei Canetti als auch bei Caillois oft auf materieller Ebene: Im Stein als Archiv jenseits des Menschen, in auffällig geformten Insektenkörpern, der tierischen Fähigkeit zur Mimikry oder in Herrschaftsarchitekturen. Wird das Imaginäre über das materielle „Ding" in die wissenschaftlichen Entwürfe integriert, behält es dennoch für die wissenschaftliche Objektivität gefährliche Tendenzen: Das produktive Potenzial der untersuchten Texte, das von den disziplinären Wissenschaften meist auch dann ignoriert wurde, wenn die Autoren an zeitgenössische Wissensbestände der Ethnologie, Mineralogie oder Biologie anschlossen, liegt gerade in der Integration dieser „Gefährdung" – durch Konzepte der mimetischen Anverwandlung, der Affektion oder der Fiktionalisierung als epistemische Verfahren – in die eigene Wissenschaft.

Die vorliegende Studie macht es sich einerseits zum Ziel, aus den einzelnen Texten wissenschaftliche Praktiken und Verfahren zu extrahieren, mittels derer die Autoren das Imaginäre zum Untersuchungsgegenstand erheben. Andererseits gilt es über die Wissenschaftskritik beider Autoren sowie die Beobachtung des

---

Menschlichen und des Nichtmenschlichen, des Belebten und Unbelebten – und zugleich der von Gesellschaft und Diskurs zielten und dadurch auch die jeweils zugeordneten Wissenschaftsbereiche voneinander zu trennen versuchten. Die moderne Reinigungsarbeit, so Latours These, produziere auf der Rückseite allerdings jeweils stets Verunreinigungen mit: Die Reinigung von den Hybriden bringe neue hervor. Um die Verunreinigung zu beobachten, muss also zunächst die Reinigung dargestellt werden. In der vorliegenden Studie soll dies anhand der Differenzierungstheorie moderner Gesellschaft unternommen werden, um von dort ausgehend verschiedene maulwurfartige Unterwanderungen betrachten zu können. Vgl. Bruno Latour: *Wir sind nie modern gewesen. Versuch einer symmetrischen Anthropologie.* Übers. v. von Gustav Roßler. Berlin: Akademie Verlag 1995, S. 107; siehe dazu auch Band und Vorwort: Marcus Hahn, Nacim Ghanbari: „Vorwort". In: *Reinigungsarbeit. Zeitschrift für Kulturwissenschaften* 1 (2013), S. 9–13. Vgl. zur „Zwei Kulturen"-Debatte, zum Begriff der Differenzierung und der wissenschaftlichen Disziplin ausführlich Kapitel II.2.
10 Vgl. zum Begriff des „(Kommunikations-)Systems" in Bezug auf Wissenschaft und Kunst ebenfalls Kap. II.2.

epistemologischen Potenzials ihrer spezifischen Verfahren einen Blick auf die imaginären Bestandteile aktueller Wissenschaftspraktiken zu werfen; und zwar anhand von fünf verschiedenen Verfahren, die jeweils innerhalb ihrer Werke eine entscheidende Rolle spielen: Dem Sammeln des Imaginären und seine Kopplung an Phänomene der Mimikry und der mimetischen Anverwandlung; dem Lesen und der Suche nach einer Syntax des Imaginären; dem bildlichen Sehen und der Fixierung des Imaginären in Tabellen und Abbildungen; dem textuellen Experimentieren, das besondere sprachliche Formen zwischen Fiktion und Fakt verlangt; und zuletzt dem „diagonalen" Durchqueren verschiedener Wissensgebiete sowie deren Verknüpfung mit paranoischen Architekturen.

Caillois' Begriff der „Diagonalen Wissenschaften" dient für die einzelnen Verfahrenskapitel – wie auch für Elias Canettis methodisches Vorgehen – als Orientierung im Hinblick auf eine mögliche neue Wissenschaftstheorie. Caillois konzipiert die „sciences diagonales" explizit erstmals 1959 als Wissenschaft,[11] die verschiedene, sonst getrennt behandelte wissenschaftliche Disziplinen und Themenkomplexe miteinander verbinden soll: „Die Wege der Wissenschaft strebten stets und notwendigerweise auseinander. Nun aber ist die Stunde gekommen, durch notwendige Abkürzungen die zahlreichen Außenposten einer maßlos ausgedehnten Peripherie miteinander zu verbinden".[12] Die Stunde der „diagonalen Wissenschaften" also, die deshalb besonders geeignet sei, das Imaginäre zu untersuchen, weil Caillois letzteres als ein Systemgrenzen überschreitendes Phänomen versteht. Er konzeptualisiert es als verborgene Struktur des Universums, die sowohl die menschliche Imagination als auch die materiellen Bestandteile der Natur durchziehe. Um das Imaginäre zu greifen, das nicht mehr auf den Menschen beschränkt, sondern von Caillois als eine universale, „geheime[ ] Ökonomie",[13] ein „Raster fundierter Analogien und versteckter Verknüpfungen"[14] behandelt wird, nimmt er zunächst eine Wissenschaftskritik des allzu sehr diffe-

---

[11] Das Konzept lässt sich, ohne als solches benannt worden zu sein, gleichwohl bereits in den 1930er Jahren bei ihm finden. Vgl. dazu ausführlich den Abschnitt: „Zur Genese der ‚diagonalen Wissenschaft' in Roger Caillois' Werk" in Kapitel VIII.1.
[12] Caillois: *Méduse & Cie.*, S. 50; Frz.: „Les cheminements de la science furent toujours et devaient être centrifuges. L'heure est venue d'essayer de joindre par les raccourcis nécessaires les nombreux postes d'une périphérie démesurément étendue [...]." Caillois: „Méduse et Cie [1960]", S. 482.
[13] Caillois: *Méduse & Cie.*, S. 51; Frz.: „une économie profonde". Caillois: „Méduse et Cie [1960]", S. 483.
[14] Roger Caillois: *Der Krake. Versuch über die Logik des Imaginativen.* Übers. v. Brigitte Weidmann. München: Hanser 2013, S. 142; Frz.: „la grille des analogies fondées et des connexions discrètes". Roger Caillois: „La Pieuvre. Essai sur la logique de l'imaginaire [1973]". In: Ders.: *Œuvres.* Hg. v. Dominique Rabourdin. Paris: Gallimard 2008, S. 949–1033, hier S. 1033.

renzierten Systems der Disziplinen vor. Diese Kritik ist nicht als rückwärtsgewandte Sehnsucht nach einer naturphilosophisch gefärbten Einheit angelegt, sondern als produktive und aktuell virulente „Provokation" gegenüber einer Vorstellung von Moderne, die auf einer klaren Trennung zweier Kulturen, auf den Idealen von Autonomieästhetik und einem autonomen Wissenschaftssystem basiert.[15]

Zur gleichen Zeit setzt auch der Schriftsteller und Massentheoretiker Elias Canetti zu einer Kritik des Wissenschaftssystems an, er wendet sich ebenfalls verstärkt einer Beschäftigung mit Phänomenen des „Imaginativen" zu,[16] so Adornos Formulierung. Auch ihm geht es, insbesondere in *Masse und Macht* (1960), um eine Neujustierung der Verbindungen zwischen dinglichen, natürlichen, tierischen, historischen und imaginativen Phänomenbereichen. Beide Autoren argumentieren vor allem aus dem Blickwinkel der zu erkennenden Gegenstände, also aus der Perspektive des Imaginären selbst: Dieser umgekehrte Blick vom disziplinübergreifenden Imaginären aus fordere, so ihre Argumentationen, das Verfahren einer diagonalen Wissenschaft ein. Zugleich formulieren beide mehrfach ihr Unbehagen an den Zwängen geschlossener Denk- und Ordnungssysteme, eine Feindschaft gegenüber der Macht des Wissenschaftssystems wie auch gegenüber der eigenen Tendenz, selbst allzu geschlossene Systeme zu konstruieren. Dagegen setzen sie als Antidot das Diagonalisieren oder ein „seitliches Wissen" (FP, 129), wie Canetti es nennt (Vgl. Kap. VIII.2), um die zersplitterten Wissensinseln der modernen Disziplinenlandschaft neu zu verbinden und eine neue transversal verfahrende Wissenschaftsform zu konzipieren. Diese soll es ermöglichen, das von anderen Disziplinen nicht erfassbare Imaginäre zum Gegenstand einer Wissenschaft zu machen, ohne es als amorph, diffus-bildlich und unkontrollierbar, als Ort der Verkennung oder des Trugbilds zu denken – so zentrale Setzungen des Imaginären im 20. Jahrhundert (Kap. III) – und zugleich ohne eine übermächtige Metawissenschaft zu konzipieren. Im Unterschied dazu ist das Imaginäre bei Canetti und Caillois jeweils das Bestimmende: Es hat Gesetze, eine eigene Logik und Struktur und es weist über den Menschen hinaus. Aufgrund dieser eigensinnigen Auffassung vom Imaginären ist es ihnen möglich, die Perspektive umzukehren und vom Imaginären als Bestimmtem auszugehen, an dessen Struktur sich die wissenschaftlichen Instrumentarien ausrichten lassen.

---

[15] Eine „Provokation, die es Caillois erlaubt, Fragen der Ästhetik und der Poetik von dem in unserer Kultur als exklusive Domäne der Kunst und der Literatur definierten Bereich abzulösen." Irene Albers: „Reine und unreine Literatur(wissenschaft) nach Roger Caillois". In: *Reinigungsarbeit. Zeitschrift für Kulturwissenschaften* 1 (2013), S. 39–53, S. 39.
[16] Canetti: „Gespräch mit Theodor W. Adorno [1962]", ARG, 145.

Den enzyklopädischen Projekten zweier Autoren, die jeweils (mehr als) das halbe 20. Jahrhundert lang Texte produzieren und dabei verschiedene Wissensbereiche, Disziplinen, Literaturen und Denksysteme durchqueren, muss notwendigerweise eine klare Auswahl entgegengesetzt werden. Gleichwohl lässt sich nicht verhindern, dass bereits der einfache Nachvollzug der Texte eine gewisse Material(über)fülle mit sich bringt. Im Fall von Elias Canetti, der bereits in den 1920er Jahren beginnt, sich mit dem Phänomen der Masse auseinanderzusetzen, steht insbesondere *Masse und Macht* (1960) im Fokus der Studie. Aus dem umfangreichen Werk werden zudem jeweils einzelne Themenkomplexe isoliert, die in den *Aufzeichnungen* weiterverfolgt werden. Vor allem aber wird auf unveröffentlichte Notizen aus dem Nachlass zum nie umgesetzten zweiten Teil von *Masse und Macht* sowie auf Exzerpte, Planungen, Notizen zum ersten und veröffentlichen Buch zurückgegriffen, die in dieser Ausführlichkeit bisher kaum in die Forschung zu *Masse und Macht* einbezogen wurden.[17] Neuere Herausgaben aus dem Nachlass fließen ebenfalls ein.

Das erste Kapitel des Hauptteils, *Sammeln* (Kap. IV), setzt sich mit einem Kernthema von *Masse und Macht* auseinander, dem für Canetti so zentralen wie widersprüchlichen Konzept der Verwandlung. Thematisch entscheidende Passagen aus den *Aufzeichnungen* und aus dem Nachlass werden hier genutzt, um der Verwandlung und ihrer Verbindung zu Canettis eigener Theorie des Sammelns näher zu kommen. Kapitel V *Lesen* geht einen Schritt zurück und nimmt die Quellen-, Lektüre-, Exzerpier- und Zitierakte Canettis in den Blick, die quasi als „Urtext" vor dem gedruckten Text angesiedelt sind, in diesem aber nachwirken und die anhand von Notizen aus dem Nachlass nachvollziehbar werden. Kapitel VI *Sehen* stellt dem einen Fokus auf diejenigen Texte gegenüber, die nach Abschluss des Manuskripts von *Masse und Macht* entstanden. Es unternimmt also mittels der Paratexte aus dem Nachlass einen Ausflug an die Peripherie des großen Buches: Dafür werden bisher unbeachtete Listen und Tabellen betrachtet, in denen Canetti die gesammelten Quellen, die im Literaturverzeichnis von *Masse und Macht* auftauchen, verzeichnet, ordnet, visualisiert. Kapitel VII *Experimentieren*

---

17 Dies wurde durch einen Archivaufenthalt in der Zentralbibliothek Zürich ermöglicht, wo Canettis Nachlass sowie seine beiden Bibliotheken lagern, und vor allem durch die freundliche Genehmigung von Johanna Canetti. Eingesehen wurden die Archivschachteln zu *Masse und Macht*: Nachl. E. Canetti 35–53, die jeweils eine Vielzahl von materialreichen Einzelkonvoluten enthalten. Zitiert wird unter genauer Angabe der Archivschachtel, des Konvoluts und der Seitenzahl, auf eine Nennung im Literaturverzeichnis wurde verzichtet. Besonders ausführlich wurde der gesamte Nachlass bisher von Canettis Biograph Sven Hanuschek bearbeitet. Einzelne Zitate aus Nachlasskonvoluten jenseits der Materialien zu *Masse und Macht* werden daher zitiert nach: Sven Hanuschek: *Elias Canetti. Biographie*. München: Hanser 2005.

weitet die Perspektive und stellt einzelne Passagen aus Canettis geschlossenem soziologischen Buch dem als Gegenstück zu *Masse und Macht* geplanten Projekt des *Buchs gegen den Tod* (2014) kontrastiv gegenüber.[18] Abschließend kehrt Kapitel VIII wieder zum veröffentlichten Text von *Masse und Macht* zurück und entwirft (ausgehend von Canettis aus den *Aufzeichnungen* stammendem Begriff des „seitliche[n] Wissen[s]" [FP, 129]) eine übergeordnete Perspektive auf die darin entworfene System-„Architektur" und auf Wissenssysteme im Allgemeinen.

Angesichts des ebenfalls umfangreichen Werks Roger Caillois' konzentriert sich die folgende Studie auf sein dreibändiges Projekt der *Approches de l'imaginaire* (Annäherungen an das Imaginäre).[19] In diesen hat er selbst wissenschaftliche, essayistische und fiktionale kürzere Texte, die im Zeitraum von 1935 bis 1974 entstanden sind, zu drei Einzelbänden zusammengefügt: Der erste Band, ebenfalls als *Approches de l'imaginaire* betitelt und erst 1974 erschienen, versammelt frühere Texte aus der Zeit von 1935 bis 1950. Den zweiten Band, auf dem hier vor allem der Fokus liegen wird, veröffentlichte Caillois bereits 1970 unter dem Titel *Cases d'un échiquier* (Felder eines Schachbretts). Er setzt sich aus (je nach Zählung) insgesamt 64 einzelnen, kürzeren Texten bzw. Abschnitten zusammen, die zwischen 1950 und 1965 entstanden sind. In Analogie zur Anzahl der Felder eines Schachbretts bilden sie ein Tableau, auf dem sich die Lesenden quer durch verschiedene Wissensfelder und Disziplinen, fiktionale und faktuale, ästhetiktheoretische und experimentelle Texte bewegen, um die „Logik des Imaginären"[20] nachzuvollziehen, die sich von den elementaren Formen der Natur bis hin zur modernen Kunst und Dichtung erstreckt. Der dritte Band von 1975, *Obliques* (Schrägen), vereint späte Texte (1960–1974) und wird nur vereinzelt einbezogen.

Liegt der Fokus auf auf *Cases d'un échiquier*, sind in den jeweiligen Kapiteln dennoch Analysen, Ausblicke und Exkurse zu anderen Werken notwendig, die sich zwingend aus den konkreten Gegenständen ergeben. Kapitel IV beginnt mit einem Blick auf Caillois' lebenslange Beschäftigung mit Mimikry und Mimese und konzentriert sich nach einer kursorischen Rekapitulation der frühen, surrealis-

---

18 Vgl. Elias Canetti: *Das Buch gegen den Tod*. Hg. v. Sven Hanuschek, Peter von Matt, Kristian Wachinger. München: Hanser 2014 (BgT). Für dieses zu Canettis Lebzeiten nie abgeschlossene Projekt fasst die postume Edition eine Auswahl von Aufzeichnungen aus bereits publizierten Bänden und Nachlass zusammen.
19 Die von mir übersetzten Werktitel bisher nicht ins Deutsche übertragener Texte Caillois' werden im Folgenden im Fließtext recte, ohne Anführungszeichen und in Klammern ausgezeichnet; bereits übersetzte Werktitel kursiviert und nichtselbstständige Aufsätze mit Anführungszeichen markiert. Vgl. dazu die *Werkübersicht zu Roger Caillois*.
20 Frz.: „Logique de l'imaginaire", so der Titel des zweiten Abschnitts in Roger Caillois: *Cases d'un échiquier*. Paris: Gallimard 1970, S. 21–49.

tisch geprägten Texte insbesondere auf *Méduse et Cie* von 1960, ein Buch, in dem Caillois erstmals das Konzept der „diagonalen Wissenschaft" explizit vorstellt und umsetzt. Dafür werden auch seine autobiographisch angelegten Schriften einbezogen, die Caillois' schriftstellerisches Schaffen rahmen (der erste und zunächst unpublizierte Text *La Nécessité d'esprit* (1933–1935, Die Notwendigkeit des Geistes) sowie der späte, letzte Text *Le Fleuve Alphée (Der Fluss Alpheios)* von 1978), um die sich wandelnde Verhandlung von Ähnlichkeit, Mimese und Mimikry innerhalb von Caillois' Werk nachvollziehbar zu machen. Kapitel V konzentriert sich auf seine intensive, fast obsessive Beschäftigung mit Steinen und Mineralen, auch hier werden verschiedene Texte zum Stein innerhalb von Caillois' Schaffen rekapituliert. Ab Kapitel VI aber stehen vor allem exemplarische Lektüren einzelner Texte aus *Cases d'un échiquier* im Fokus. Für die Frage nach Bildern und Bildlichkeit werden vorrangig zwei seiner Beiträge zur Mikrofotografie sowie seine kurze Hommage „Reconnaissance à Mendeleïev" (Dank an Mendelejew) betrachtet, die er anlässlich des 100jährigen Jubiläums der Erfindung des Periodensystems verfasste. Kapitel VII unternimmt eine detaillierte Lektüre einer fiktionalen Erzählung, dem „Récit du délogé" (Bericht des Entwohnten). Das letzte Kapitel weitet schließlich erneut den Blick und vollzieht die Entstehung von Caillois' „diagonaler Wissenschaft" in verschiedenen Stadien seines Werks nach.

2 Begriffliche Vorbemerkungen und Anschlüsse

2.1 Von Imagination und Einbildungskraft zu Theorien des Imaginären

Der recht jungen Begriffsgeschichte des Imaginären,[21] das im 20. Jahrhundert aus dem Französischen *imaginaire* – abgeleitet vom lateinischen *imago* und zugleich in expliziter Abgrenzung zur Imagination gefasst – in die deutsche Theoriediskussion überführt wird, geht eine umso längere ideengeschichtliche Tradition der Konzepte von Phantasie, Imagination sowie Vorstellungs- und Einbildungskraft voraus, die sich bis in die Antike zu den Anfängen der Theoretisierung von Sinneswahrnehmungen zurückverfolgen lässt. Bis ins 18. Jahrhundert überlagern sich die drei Begriffe häufig in synonymer Verwendung. Bevor die Imagination oder die Einbildungskraft zu einem visuell kodierten „Anschauungs"-Vermögen des Subjekts wurde, kommt ihr lange eine dezidiert physiologische Wirkmacht zu: Als buchstäbliche Kraft des körperlichen Einpflanzens optischer Wahrneh-

---

[21] Es gibt zum Beispiel weder ein Lemma zum Imaginären im *Historischen Wörterbuch der Philosophie* (HWPh) noch in den *Ästhetischen Grundbegriffen* (ÄGB).

mungen scheint sie von wuchernder Materialität und wird auf diese Weise auch zum Gegenstand der Medizin: Paracelsus soll der Meinung gewesen sein, die Einbildungskraft habe Schuld an der Verbreitung der Pest gehabt und Mütter, die zu lange die Gestalt eines Drachens oder etwas ähnlich Monströsem betrachteten, liefen Gefahr, ein drachengestaltiges Wesen zu gebären.[22] Monstren und Krankheiten stehen bis in die Moderne im Verdacht, sich dem anfälligen Körper durch die unkontrollierbare Imagination auch physiologisch *einzubilden*. Erst jenseits eines solchen „osmotischen"[23] Körperbegriffs kann ein autonomes Subjekt entstehen, das der Imagination nicht mehr passiv ausgeliefert ist, sondern sich ihrer aktiv zur imaginären Identitätsstiftung bedienen kann.[24]

Im Laufe des 18. Jahrhunderts weicht die physiologische einer visuellen Vorstellung von der Einbildungskraft: Sie wird blickendes Vermögen. Lange begreift das erstarkende philosophische Interesse sie als das Vermögen der Seele, abwesende Dinge in der Vorstellung hervorzubringen. Als Möglichkeit, ausgehend von bereits bekannten Bildern neue Kombinationen, Teilungen, Zusammensetzungen zu erzeugen, die keinen Referenten jenseits der Vorstellung mehr benötigen, wird die Einbildungskraft Grundlage ästhetischer Diskussionen, hier etwa bezüglich des Dichtens, und als solche, beispielsweise von Johann Jakob Breitinger und Johann Jakob Bodmer gegen Johann Christoph Gottscheds Ästhetik in Stellung gebracht.[25] Kant wiederum unterscheidet zwischen produktiver und reproduktiver

---

22 Vgl. für eine Beschreibung des „Ein-Bildens" noch im 18. Jahrhundert: Maren Lorenz: „,als ob ihr ein Stein aus dem Leibe kollerte ...' Schwangerschaftswahrnehmungen und Geburtserfahrungen von Frauen im 18. Jahrhundert". In: Richard van Dülmen (Hg.): *Körper-Geschichten*. Frankfurt am Main: Fischer 1996, S. 99–121, hier S. 241 (Anm.); siehe grundlegend dazu auch: Esther Fischer-Homberger: „Aus der Medizingeschichte der Einbildungen [1978]". In: Dies.: *Krankheit Frau und andere Arbeiten zur Medizingeschichte der Frau*. Bern, Stuttgart, Wien: Verlag Hans Huber 1979, S. 106–129, insb. S. 119ff; der Hinweis auf Paracelsus aus: Jochen Schulte-Sasse: „Einbildungskraft/Imagination". In: Karlheinz Barck, u.a. (Hg.): *Ästhetische Grundbegriffe. Band 2: Dekadent – Grotesk*. Stuttgart: Metzler 2001 (= ÄGB. Historisches Wörterbuch in sieben Bänden), S. 88–120, hier S. 94.
23 Schulte-Sasse: „Einbildungskraft/Imagination", S. 96.
24 Es lohnt, an diese Form der „materiellen Imagination" als historischen Vorläufer zu erinnern, denn mehr als 200 Jahre später wird Roger Caillois auf sie und ganz ähnliche damit verbundene Konsequenzen zurückkommen, wenn auch vor einem grundlegend anderen subjekttheoretischen und epistemischen Hintergrund. Nicht nur nennt er seine Theorie von den „objektiven Ideogrammen" eine Theorie der „empirischen Imagination", die außerdem stark an Bachelards „materielle Imagination" erinnert (vgl. Kap. III.2). In Caillois' Wissenschaft vom Imaginären wird zudem und vor allem die Rede von angeblickten Objekten sein, die sich materiell im Körper einnisten und diesen physiologisch transformieren. Siehe dazu Kap. XII.3.
25 Vgl. u.a. Johann Jakob Bodmer und Johann Jakob Breitinger: *Von dem Einfluß und Gebrauche der Einbildungs-Krafft; Zur Ausbesserung des Geschmackes*. Frankfurt, Leipzig 1727; Johann Ja-

Einbildungskraft und erhebt mit ersterer die Einbildungskraft nicht nur zur Grundlage des dichterischen Vermögens, sondern erkennt in ihr auch die Funktion, zwischen „Sinn" und „Apperzeption" des „reinen Verstandes" zu vermitteln.[26] In all diesen Bewegungen ist die Einbildungskraft, die hier nun zusammen mit der Imagination meist gegen den abgewerteten Begriff der Phantasie gesetzt wird, als visueller Austauschprozess gedacht. Als „blickendes Vermögen" kann sie seit dem 18. Jahrhundert schließlich auch zum bildlich-spiegelnden Ort von Subjektkonstitution werden: Das Subjekt reproduziert mittels der Einbildungskraft nicht mehr abwesende, vergangene Bilder, sondern entwirft nun produktiv und reflexiv Bilder von sich selbst. So gibt die Einbildungskraft als Anschauungsvermögen die Grundlage dafür, dass sich das Subjekt selbst als Objekt „vorstellen" kann und sich dergestalt überhaupt erst als Subjekt konstituiert.[27] Die Identität des Subjekts ist bereits hier imaginär gedacht. Lacans substantivische Verwendung des zunächst nur adjektivisch vorkommenden Imaginären wird später genau hieran anschließen.[28]

Bleibt die Einbildungskraft lange an die sinnlichen Wahrnehmungen geknüpft und wird als kombinatorisches Vermögen gedacht, übertritt sie im späten 18. Jahrhundert auf ästhetischer Ebene schließlich das Nachahmungsparadigma und zählt dann als schöpferische Kraft zum Vermögen des dichtenden Genies.[29] Auch auf epistemologischer Ebene des Begriffs richtet sie sich statt auf Rekombination zunehmend auf Zukünftiges, erst Hervorzubringendes aus. Seit Mitte des 18. Jahrhunderts etabliert sich die Einbildungskraft außerdem als zentrales Ver-

---

kob Bodmer: Critische Abhandlung von dem Wunderbaren in der Poesie und dessen Verbindung mit dem Wahrscheinlichen. Zürich 1740.
26 „Die Einbildungskraft (facultas imaginandi), als ein Vermögen der Anschauungen auch ohne Gegenwart des Gegenstandes, ist entweder *produktiv*, d.i. ein Vermögen der ursprünglichen Darstellung des letzteren (exhibitio originaria), welche also vor der Erfahrung vorhergeht; oder *reproduktiv*, der abgeleiteten (exhibitio derivativa), welche eine vorher gehabte empirische Anschauung ins Gemüt zurückbringt." Sie ist also „entweder dichtend (produktiv) oder bloß zurückrufend (reproduktiv)." Immanuel Kant: „§ 28 Über die Einbildungskraft", in: Ders.: *Anthropologie in pragmatischer Hinsicht*. Hg. v. Reinhard Brandt. Hamburg: Meiner 2000, S. 61; vgl. auch Karl Homann: „Einbildung/Einbildungskraft". In: Joachim Ritter (Hg.): *Historisches Wörterbuch der Philosophie. Band 2: D – F*. Darmstadt: Wissenschaftliche Buchgesellschaft 1972, S. 346–358, hier S. 347; Siehe dazu auch den Eintrag „Einbildungskraft" in: Rudolf Eisler: *Kant-Lexikon. Nachschlagewerk zu Immanuel Kant*. 1930. http://www.textlog.de/32190.html (Stand 02.04.2020).
27 Vgl. Schulte-Sasse: „Einbildungskraft/Imagination", S. 111.
28 Vgl. Jacques Lacan: „Das Spiegelstadium als Bildner der Ich-Funktion". In: Ders.: *Schriften I*. Hg. v. Norbert Haas. Übers. v. Peter Stehlin. Weinheim, Berlin: Quadriga 1996, S. 61–70, vgl. dazu ausführlicher Kap. III.1.
29 Etwa zwischen 1798 und 1799 mit Wilhelm von Humboldts Begriff der „autonomen Einbildungskraft": Vgl. Homann: „Einbildung/Einbildungskraft", S. 355.

mögen des Planens, Entwerfens: Sie generiert Möglichkeitsdenken, kann so auch handlungsanleitend wirken und wird als zentraler Bestandteil wissenschaftlicher Prozesse angesehen.[30] Ihre ästhetische und epistemologische Wertschätzung ruft zur gleichen Zeit aber ebenfalls jene auf den Plan, die ihre Disziplinierung anmahnen: „Die ‚Aufwertung' der Imagination zur kreativen Einbildungskraft schloß paradoxerweise ihre Einfassung bzw. Zähmung ein".[31]

Jochen Schulte-Sasse weist darauf hin, dass die These vom Generalverdacht, unter den die Vernunft die scheinbar notorisch unzuverlässige Einbildungskraft bis zur Romantik stelle,[32] mindestens zu relativieren ist. Trotzdem erlebt sie in der Romantik eine deutliche Aufwertung. Besonders Texte der Frühromantik führen das produktiv-störende Potenzial nun gegen die von ihnen kritisierte, zunehmende Rationalität der Welt ins Feld und wehren sich gerade gegen eine kontrollierende Einhegung der Einbildungskraft als Vermögen. Daher beginnt die vorliegende Studie mit einem Blick auf die romantischen Ansätze, in denen sich das, was später unter dem Begriff des Imaginären gefasst wird, bereits erahnen lässt. (Kap. II.1.1)

Dazu vorweg ein letzter Punkt zum Imaginären und seiner Entwicklung aus der Begriffstrias von Imagination, Einbildungskraft und Phantasie, deren Geschichte meist entlang von Aufstieg und Fall des Subjekts und dessen Selbstrealisierung erzählt wird. Mit der Aufwertung des Subjekts – und solange seine Stabilität anhält – wird die Einbildungskraft als menschliches Vermögen diesem fest zugeordnet. Mit der „Krise des Subjekts" verliert auch die Einbildungskraft ihren fixen Status.[33] Der Begriff büßt folglich im 20. Jahrhundert viel von seiner Bedeutung ein. Mit ihm verbundene Konzepte, wie etwa die Genieästhetik, werden innerhalb der Avantgarden aufgegeben oder fallen, wie der Traum, der Rausch, die Halluzination oder die Legende und der Mythos, den neu entstehenden wissenschaftlichen Disziplinen wie Psychologie, Psychoanalyse und Psychopathologie, (Hirn-)Physiologie oder Religionswissenschaft und Anthropologie zu, die aller-

---

30 Schulte-Sasse: „Einbildungskraft/Imagination", S. 103.
31 Ebd., S. 109, hier mit Bezug auf Herder. Schulte-Sasse verfolgt allerdings die Ursprünge dieser plötzlichen Aufwertung der Einbildungskraft zurück und zeigt, dass die Einbildungskraft lange vorher, bereits in der Renaissance, trotz ihrer disruptiven Dimension aufgrund ihres positiven Erkenntnispotenzials zur vernunftgemäßen Planung, dem Entwurf etc. eingesetzt wurde. Vgl. ebd. S. 99.
32 Von dieser These geht u. a. Wolfgang Iser aus. Vgl. dazu Isers Zusammenschau in seinen „Historischen Vorbemerkungen" in: Wolfgang Iser: *Das Fiktive und das Imaginäre. Perspektiven literarischer Anthropologie*. Frankfurt am Main: Suhrkamp 2001, S. 292–316, hier: S. 310.
33 Vgl. ebd., S. 311.

dings jeweils – gerade zu Beginn des 20. Jahrhunderts – von verschiedenen Pseudowissenschaften umringt sind.[34]

Parallel und mit der zunehmenden Aktualität des Kollektiven beginnt sich der Begriff des Imaginären innerhalb des poetischen und theoretischen Diskurses zu verbreiten, der fortan in verschiedenen Disziplinen Karriere machen wird und heute in psychoanalytischen, phänomenologischen, literatur-, kultur-, medien- und gesellschaftstheoretischen Ansätzen fest verankert ist. Zwar von Descartes bereits im Hinblick auf die imaginären Zahlen in die Mathematik eingeführt, wird der Begriff 1820 erstmals substantivisch verwendet[35] und dient zunächst der Beschreibung des spezifischen Raumes oder Bereichs der Imagination.

Erst 1940 nimmt Jean-Paul Sartre in seiner Schrift *Das Imaginäre. Phänomenologische Psychologie der Einbildungskraft* als Erster eine theoretische Fundierung des Konzepts vor:[36] Solange die Imagination aber mit dem Subjektbegriff und der Subjektbildung verbunden ist, wird sie stets als menschliches Vermögen verstanden. Erst als das stabile Subjekt ins Wanken gerät, wird es wie in der phänomenologischen, von Husserl beeinflussten Theorie Sartres möglich, das Imaginäre zu einer Tätigkeit, zu einem Akt des Bewusstseins zu konzeptualisieren und es nicht mehr als „Ausstattung des Menschen",[37] sondern als eine tätige Beziehung des Bewusstseins zum Objekt aufzufassen. Sartre trennt Wahrnehmen und Vorstellen

---

34 Es ließe sich vermuten, dass die Pseudowissenschaften, die sich um die zunehmend verfestigten Disziplinen herum gruppieren, ebenso darum ringen, das im 20. Jahrhundert virulent werdende Imaginäre zu greifen. Auf solche Ansätze kann hier nur verwiesen werden. Auch das Verhältnis von Wissenschaft und Pseudowissenschaft wird im Verlauf dieses Buches nicht weiter thematisiert. Denn die untersuchten Ansätze verhalten sich gerade affirmativ zu bestehenden etablierten Wissenschaftsbeständen, während beispielsweise wie die Welteislehre von Hanns Hörbiger grundlegende physikalische Erkenntnisse bezweifelt und alternative Ursprungstheorien des Sonnensystems vorschlägt. Vgl. hierzu v. a.: Robert Matthias Erdbeer: *Die Signatur des Kosmos. Epistemische Poetik und die Genealogie der Esoterischen Moderne*. Berlin, New York: De Gruyter 2010. Versuchen sich zwar auch Canetti und Caillois etwa an antidarwinistischen Konzepten der Mimikry, der Mimese und der Verwandlung, die gegen das darwinistische Nützlichkeitsparadigma opponieren, greifen sie dazu wiederum auf andere Wissenschaftstraditionen zurück, etwa den Lamarckismus, die Psychopathologie oder die Ethnologie (vgl. Kap. IV).
35 Vgl. Christian Chelebourg: *L'imaginaire littéraire. Des archétypes à la poétique du sujet*. Paris: Colin 2005, S. 7; vgl. dazu auch: Gundel Mattenklott „L'imaginaire / das Imaginäre. Eine Spurensuche zur Begriffsgeschichte". In: *kmb – onlineZeitschrift Kunst Medien Bildung* (2012). http://zkmb.de/limaginaire-das-imaginaere-eine-spurensuche-zur-begriffsgeschichte/ (Stand: 02.04.2020).
36 Jean-Paul Sartre: *L'Imaginaire. Psychologie phénoménologique de l'imagination [1940]*. Paris: Gallimard 1986; Dt.: Jean-Paul Sartre: *Das Imaginäre. Phänomenologische Psychologie der Einbildungskraft*. Übers. v. Hans Schöneberg. Reinbek bei Hamburg: Rowohlt 1994.
37 Iser: *Das Fiktive und das Imaginäre*, S. 331.

als zwei vollkommen unterschiedliche Bewusstseinsformen voneinander. Das Vorstellen setze im Unterschied zum Wahrnehmen Objekte als ein „Nichts", denn die Objekte der Vorstellung seien nicht nach dem Vorbild der Wahrnehmung erzeugt. In der Vorstellung könne es daher nur „Quasi-Dinge" und „Quasi-Beobachtungen" geben, die sich auf irreale Objekte richten. Das Imaginäre ist für Sartre in der Vorstellung angesiedelt und zeigt sich am deutlichsten im Traum, der für ihn – in direktem Widerspruch zu Freud – die reinste Form eines geschlossenen Imaginären darstellt.[38] Sartre wertet den Traum, und damit auch die verwandten, wenn auch nicht gänzlich geschlossenen Formen wie die Fiktion, deswegen so stark ab, weil in ihnen Freiheit und Zukünftiges unmöglich seien: Das Bewusstsein habe sich dort „verknotet", und alles, was im Traum- oder Fiktionsbewusstsein erfasst werde, könne sich daraus nicht befreien und keinen Eingang in die Wahrnehmung finden. Das Imaginäre kann folglich nur erfahren werden, wenn sich das Bewusstsein selbst irrealisiert.[39] Im Gegensatz, wenn auch zeitlich parallel dazu, entwickelt Jacques Lacan ausgehend von Sigmund Freuds Terminologie ein produktiveres Verständnis des Imaginären, das mit dem Symbolischen und dem Realen in einer unlösbaren Trias die drei Register des Psychischen bildet und in einem unabschließbaren Prozess von Er- und Verkennung zwischen Ich und Spiegel-Ich konturiert wird.[40]

Als anschlussfähig für aktuelle Diskussionen zum Imaginären hat sich zudem Cornelius Castoriadis' Ansatz eines „radikal Imaginären" erwiesen, den er in seinem erstmals 1975 (dt. 1984) erschienenen Buch *Gesellschaft als imaginäre Institution* fundiert. Dort wird das Imaginäre als grundlegende Voraussetzung der Institutionalisierung von Gesellschaft konzipiert: Statt im Subjekt oder im Bewusstsein wird das Imaginäre hier auf gesellschaftlicher Ebene verortet. Castoriadis wendet sich explizit gegen das Imaginäre als Lacan'sche Schaukelbewegung zwischen Spiegel-Ich und Kern-Selbst, um es im Gegenteil als etwas zu fassen, das jeder Rede vom Bild *von etwas* zugrunde liegt: Das Imaginäre geht den Bildern immer schon als „Ur-Phantasie" voraus und ist zugleich der Ort für eine „Selbstschöpfung der Gesellschaft".[41] Auch Wolfgang Iser, der das Imaginäre ins

---

38 Vgl. Sartre: *Das Imaginäre*, S. 263.
39 Ebd., S. 209. Gerade weil Sartre auf der Machtlosigkeit des irrealen Objekts beharrt und das Imaginäre als ein „Nichten" von Repräsentanten versteht, dem man sich nur nähern kann, indem man sich selbst „irrealisiert" (Sartre: *Das Imaginäre*, S. 272) – wie etwa beim Eintritt in die Welt der Fiktion –, wird Sartre hier nur als wichtige Station in der Begriffsprägung benannt, aber nicht weiter ausgeführt.
40 Vgl. zum psychoanalytischen Imaginären bei Freud und Lacan das Kap. III.1.
41 Cornelius Castoriadis: *Gesellschaft als imaginäre Institution. Entwurf einer politischen Philosophie*. Übers. v. Horst Brühmann. Frankfurt am Main: Suhrkamp 1984, S. 15.

Zentrum seiner „Literarischen Anthropologie" stellt, fokussiert den kollektiven Aspekt des Imaginären. Für ihn ist das Imaginäre per se nicht zu bestimmen und nur in seinen je unterschiedlichen von außen angestoßenen Formgebungen – insbesondere der literarischen Fiktion – zu fassen. Seiner anthropologischen Perspektive folgend geht Iser davon aus, dass die Literatur erst über das in der Fiktion geformte Imaginäre entscheidende Funktion für die Plastizität des Menschen im Sinne Helmuth Plessners erhalte.[42]

Die Gründe für die Konjunktur des Imaginären im 20. Jahrhundert in Abgrenzung zu Einbildungs- und Vorstellungkraft sowie zur Phantasie sind einerseits in der Rückbesinnung auf seine Herkunft aus dem lateinischen *imago* zu suchen. Den Auseinandersetzungen mit dem Imaginären im aktuellen Theoriediskurs sind Fragen nach dem Bild und der Macht der Bilder stets inhärent. Zugleich aber, und weit wichtiger, löst sich das Imaginäre in einer von Michel Foucault angedeuteten diskursiven Verschiebung am Ende des 19. Jahrhunderts von den konkreten geistigen Bildern und hört auf, dem Realen direkt entgegengesetzt zu sein: Es wird zu einem „Bibliotheksphänomen", das sich aus Texten, Lektüren und Retextualisierungen speist und dem eine eigene Realität zukommt.[43] Damit befreit es sich, so Nicolas Pethes, von seiner Bedeutung als subjektivem Vorstellungsbild und entwickelt eine autonome Bildlichkeit, das nun auch eine kollektive, politische, gesellschaftliche Dimension erhält.[44] Imaginäre Bilder sind dann weder zwingend Abbildung noch Einbildung. Insbesondere in der neueren Forschung seit den 2000er Jahren wird das Imaginäre von einer subjektiv-bildlichen Vorstellung abgelöst und stattdessen als eine kollektive Kraft gedacht, die der konkreten und individuellen Imagination vorausgeht und daher insbesondere im Hinblick

---

42 Vgl. ausführlicher zu Cornelius Castoriadis, Gilbert Durand und Wolfgang Iser in Absetzung von den Konzeptualisierungen des Imaginären durch Canetti und Caillois Kap. III.3. Bei diesem kurzen Begriffsüberblick soll es hier zunächst bleiben, da es in der Forschungsliteratur an informierten Überblicken nicht mangelt. Entscheidende Konzepte, wie die medienwissenschaftliche Wendung des Imaginären bei Jean Baudrillard: *Simulacres et simulation*. Paris: Galilée 1981, oder bei Friedrich A. Kittler: *Aufschreibesysteme 1800·1900*. München: Wilhelm Fink 2003, werden hier – wenn überhaupt – nur am Rande behandelt; dies gilt auch für den für die Kunst und das Bild einschlägigen Ansatz von Jurgis Baltrušaitis: *Imaginäre Realitäten*. Übers. v. Henning Ritter. Köln: DuMont 1984; vgl. außerdem: Luiz Costa Lima: *Die Kontrolle des Imaginären. Vernunft und Imagination in der Moderne*. Übers. v. Armin Biermann. Frankfurt am Main: Suhrkamp 1990.
43 Vgl. Michel Foucault: „Nachwort [1966]". In: Gustave Flaubert: *Die Versuchung des heiligen Antonius*. Übers. v. Anneliese Botond. Frankfurt am Main: Insel 2003, S. 215–251. Vgl. zum Imaginären als „Bibliotheksphänomen" ausführlicher den Abschnitt „Zur Lesbarkeit des Imaginären" in Kap. V.1.
44 Vgl. Nicolas Pethes: „Über Bilder(n) sprechen. Einleitung in Lesarten einer Theorie des Imaginären". In: Ders., Erich Kleinschmidt (Hg.): *Lektüren des Imaginären. Bildfunktionen in Literatur und Kultur*. Köln: Böhlau 1999, S. 1–14, hier S. 1.

auf Wechselwirkungen des Imaginären mit Wirklichkeitswahrnehmungen und Realitätskonstruktionen sowie gesellschaftlichen Selbstbeschreibungen betrachtet werden kann.[45] Damit einher geht eine Aufwertung des Imaginären, die trotz alledem ambivalent zu fassen ist: Seine Wirkmacht wird affirmiert, gleichzeitig erhärtet sich der Verdacht der Unkontrollierbarkeit. Aber gerade indem es als eine unbewusst waltende, bildliche, amorphe Kraft konzeptualisiert wird, verwandelt sich das Imaginäre in aktuellen Theoriedebatten, wie kurz skizziert wird, in ein vieldeutiges Reservoir, das zur Beschreibung und Untersuchung der Wahrnehmung von (sozialer) Wirklichkeit nutzbar gemacht werden kann.

Innerhalb der aktuellen literatur-, kultur- und politikwissenschaftlichen Forschung am Imaginären beschäftigen sich die verschiedenen Ansätze folglich meist nur mit einem Imaginären, das zwingend eines formgebenden Bezugspunkts bedürfe:[46] Nur in der „Überführung des Imaginären als eines Diffusen in

---

[45] Vgl. dazu ebd. sowie: Rudolf Behrens, Jörn Steigerwald (Hg.): *Die Macht und das Imaginäre. Eine kulturelle Verwandtschaft in der Literatur zwischen Früher Neuzeit und Moderne*. Würzburg: Königshausen & Neumann 2005.

[46] In den letzten Jahren ist die Forschungsliteratur zum Imaginären in verschiedenen disziplinären und thematischen Aktualisierungen im jeweiligen Anschluss an unterschiedliche einschlägige Theorien stetig angewachsen. Nur wenige beziehen sich dabei produktiv auf Iser, dagegen sind Lacan und in den letzten Jahren vor allem auch Castoriadis als besonders anschlussfähig erachtet worden, wenn es um Fragen des „politischen" oder „medialen" Imaginären geht. Vgl. für eine Auswahl aktueller Forschungsbeiträge allein aus dem deutschsprachigen Kontext, u. a. aus literatur- und kulturwissenschaftlicher Perspektive: Nicolas Pethes, Erich Kleinschmidt (Hg.): *Lektüren des Imaginären. Bildfunktionen in Literatur und Kultur*. Köln: Böhlau 1999; Rudolf Behrens/Jörn Steigerwald (Hg): *Die Macht und das Imaginäre*; Albrecht Koschorke, Susanne Lüdemann, Ethel Matala de Mazza, Thomas Frank: *Der fiktive Staat. Konstruktionen des politischen Körpers in der Geschichte Europas*. Frankfurt am Main: Fischer 2007; Katharina Grabbe, Sigrid G. Köhler, Martina Wagner-Egelhaaf (Hg.): *Das Imaginäre der Nation. Zur Persistenz einer politischen Kategorie in Literatur und Film*. Bielefeld: Transcript 2012; Carlo Barck: „Imaginäre Enzyklopädien. Beobachtungen am Rande". In: Christine Blättler, Erik Porath (Hg.): *Ränder der Enzyklopädie*. Berlin: Merve 2012, S. 185–222; Katharina Grabbe: *Deutschland – Image und Imaginäres. Zur Dynamik der nationalen Identifizierung nach 1990*. Berlin, Boston: De Gruyter 2014; Kurt Hahn, Christian Wehr, Matthias Hausmann (Hg.): *ErzählMacht. Narrative Politiken des Imaginären*. Würzburg: Königshausen & Neumann 2013; Johannes Rauwald: *Politische und literarische Poetologie(n) des Imaginären. Zum Potenzial der (Selbst-)Veränderungskräfte bei Cornelius Castoriadis und Alfred Döblin*. Würzburg: Königshausen & Neumann 2013; aus philosophischer Perspektive: Hanna Gekle: *Tod im Spiegel. Zu Lacans Theorie des Imaginären*. Frankfurt am Main: Suhrkamp 1996; aus anthropologischer Perspektive: Christoph Wulf, Anja Hänsch, Micha Brumlik (Hg.): *Das Imaginäre der Geburt. Praktiken, Narrationen und Bilder*. München: Wilhelm Fink 2008; sowie aus sozial- und politikwissenschaftlicher Perspektive: Felix Trautmann (Hg.): *Das politische Imaginäre*. Berlin: August Verlag 2017; Ders.: *Das Imaginäre der Demokratie. Politische Befreiung und das Rätsel der freiwilligen Knechtschaft*. Paderborn: Konstanz University Press 2017.

bestimmte Vorstellungen" wird es sichtbar.[47] Da es nie *als es selbst* betrachtet und stets nur auf Ebene seiner „Performance" abgelesen werden kann, fasst die gegenwärtige Diskussion das Imaginäre oft als eine sich über Rituale, soziale Praktiken, Narrationen und Bilder, Mythen und Erzählungen manifestierende Struktur, die hinter all dem nur erahnt und indirekt erschlossen werden kann.[48] Der wabernde diffuse Bilderstrom des Imaginären behält trotz seiner subjektiven wie kollektiven Produktivität Aspekte der Destabilisierung: „[M]it geradezu unkontrollierbaren affektiven Potenzen besetzt",[49] sei er erst zu bändigen, wenn ihm, dem amorphen, flottierenden Strom der Bilder, der das Denken oft auch mit körperlich-sinnlichen, antirationalen Tendenzen zu verunreinigen drohe, eine konkrete Form gegeben werde. Unter diesen Formen der „konkretisierenden Bestimmungen"[50] werden neben Bild und Kino insbesondere die des literarischen Texts verhandelt: In diesen werde durch das Imaginäre *etwas* hineingeholt, das Texte zum Bildlichen hin öffne, dadurch aber zugleich drohe, die Bilder selbst wieder zu deformieren.[51]

Das destruktiv-chaotische Imaginäre wird im jüngeren Theoriediskurs der Imagination also vorgeschaltet. Diese – verstanden als menschliche Tätigkeit oder als künstlerisches, konkretes Gebilde, wie etwa in literarischen Fiktionen – bedient sich am Imaginären, das doch zugleich mehr ist als nur bloße Vorstellung. Auch in Konzepten des „politischen" oder „sozialen Imaginären" ist es nicht mehr als Gegenbegriff zum Realen konzipiert, sondern reicht in das hinein, was wir als Realität (an)erkennen: Nicht nur Nationen lassen sich mit Benedict Andersons *Imagined Communities* von 1983 als Vorstellungsgemeinschaften be-

---

47 Hierin stimmen sie gerade mit Isers Konzeption des Imaginären überein, obwohl dessen Ansatz selbst nur von begrenzter Anschlussfähigkeit war. Vgl. Iser: *Das Fiktive und das Imaginäre*, S. 22.
48 Ablesbar ist dies bereits an einigen Titeln der oben zitierten Forschungsbeiträge. Vgl. exemplarisch zur Untersuchung des Imaginären anhand der sozialen Praktiken von Inszenierung und Aufführung, bis zur Rahmung von Ritualen durch Narrationen und Bilder: Wulf/Hänsch/Brumlik (Hg.): *Das Imaginäre der Geburt. Praktiken, Narrationen und Bilder*, S. 11.
49 Rudolf Behrens, Jörn Steigerwald: „Vorwort". In: Dies. (Hg.): *Die Macht und das Imaginäre. Eine kulturelle Verwandtschaft in der Literatur zwischen Früher Neuzeit und Moderne*. Würzburg: Königshausen & Neumann 2005, S. 7–13, hier S. 7.
50 Ebd.
51 So Gaston Bachelard: „On veut toujours que l'imagination soit la faculté de *former* les images. Or elle est plutôt la faculté de *déformer* les images fournies de la perception [...]. Le vocable fondamental qui correspond à l'imagination, ce n'est pas *image*, c'est *imaginaire*." Dt.: „Man erwartet immer, die Imagination sei das Vermögen, die Bilder zu *formen*. Aber sie ist eher das Vermögen, die Bilder, die von der Wahrnehmung hervorgebracht werden, zu *deformieren* [...]. Die grundlegende Bezeichnung, die der Imagination entspricht, ist nicht das *Bild [image]*, sondern das *Imaginäre*." Gaston Bachelard: *L'air et les songes. Essai sur l'imagination du mouvement*. Paris: Corti 1943, S. 5. [Herv. i.O.] Vgl. zu Bachelard den zugehörigen Abschnitt in Kap. III.2.2.

greifen, das Imaginäre zeigt sich in Form bestimmter Narrationen[52] oder strukturierender Bilder, Mythen, Repräsentationen, kollektiver Rituale und Politiken und wird damit als Ensemble, als Reservoir, „Schatz" oder „Fundus"[53] beschreibbar, aus dem eine Gesellschaft für ihre Selbstinszenierungen schöpft. Das Imaginäre hat dieser Profilierung zufolge eine bestimmte formative Kraft für Gesellschaftsordnungen, ist zugleich aber fundamental ungreifbar und nur über seine vielfältigen Manifestationsformen erkennbar. Es wird zu einer diffusen, latenten und zugleich wirkmächtigen Struktur hinter dem Realen.[54] Und gerade in dieser Latenz sehen viele neuere Ansätze seine Gefahr sowie seine enge Verbindung zur Macht begründet: Es sei leicht mit affektiven, triebhaften Energien aufzuladen. Auch die alte Angst der Vernunft vor der Imagination gründe sich *eigentlich* auf der „verunreinigenden", unkontrollierbaren Macht des latent lauernden Imaginären.[55]

Ebendiese Konjunktur von Konzepten, die von der konstitutiven gesellschaftlichen Wirkmacht und zugleich von der Unkontrollierbarkeit des Imaginären ausgehen, lässt sich über die Ausweitung einer bildlichen, produktiven Kraft auf die Sphäre des Kollektiven und der Massen erklären, die im 20. Jahrhundert mit neuer Dringlichkeit Gegenstand der Forschung wird. Indem auf diese Weise das vom Bildlichen her gedachte Imaginäre eine kollektive Dimension gewinnt, ist es nicht mehr allein auf den Status des Vorgestellten, Eingebildeten zu reduzieren: Es erhält eine gesellschaftliche, überindividuelle realitätsstrukturierende und -formende Kraft, die dennoch in der individuellen menschlichen Fähigkeit gründet, sich Nichtreales vorzustellen. Diese konstitutive Rolle, die dem Imaginären innerhalb der gesellschaftlichen und psychischen Realität des Menschen dann zukommt, erhebt dieses in den Status einer anthropologischen Grundvoraussetzung – und wird so zum menschlichen Distinktionsmerkmal, das ihn vor anderen Lebensformen auszeichnet.

---

52 Vgl. beispielsweise Hahn/Wehr/Hausmann (Hg.): *ErzählMacht. Narrative Politiken des Imaginären.*
53 Koschorke u. a.: *Der fiktive Staat*, S. 62.
54 Vgl. Karl Ludwig Pfeiffer: „Nachwort". In: Luiz Costa Lima: *Die Kontrolle des Imaginären. Vernunft und Imagination in der Moderne.* Übers. v. Armin Biermann. Frankfurt am Main: Suhrkamp 1990, S. 349–360, hier S. 349. Siehe hierzu ausführlich auch Costa Limas Essaysammlung im gleichen Band. Der Ansatz des brasilianischen Literaturwissenschaftlers, der bisher nur am Rande Beachtung erfahren hat, zeichnet vom Mittelalter bis zur Romantik en détail nach, wie versucht wurde, das Imaginäre in verschiedenen diskursiven Formationen, etwa der Historiographie und Literatur, zu kontrollieren, das dabei jedoch auch immer Teil des Diskurses war. Zudem befasst er sich insbesondere mit geschichts- und sozialwissenschaftlichen sowie literarischen Texten in Bezug auf die Kategorie der Fiktionalität.
55 Behrens/Steigerwald: „Vorwort", S. 7.

Analog zur Ausgrenzung des Imaginären aus dem faktischen Wissen der Naturwissenschaften, wie auch aus seinen Instrumentarien und Praktiken, oder zur Verteilung einzelner Phänomene in füreinander kaum durchlässige Einzel- und Unterdisziplinen, zu der ebenfalls die systematische Zuordnung zu Literatur und Kunst im Laufe des 20. Jahrhunderts gehört (Kap. III), nimmt das Imaginäre auf kultureller Selbstbeschreibungsebene im aktuellen Theoriediskurs eine Position im „Außen" ein. Im Bezug manifester Kultur auf ihr neues, aber unzugängliches Gegenüber, das Imaginäre, wird dieses in den Status des „Quasi-Natürlichen" erhoben, das es bis zu einem gewissen Punkt zu beherrschen, zu zähmen und nutzbar zu machen gilt – oder das eben als unbeherrschbares Außen funktionalisiert wird. Darin findet die alte Trennung von Natur und Kultur eine wirkmächtige Perpetuierung, die sich hinterrücks auch in viele aktuelle Ansätze einschleicht: Der unorganisierte und chaotische, schier endlos macht- und kraftvolle Raum des Imaginären wird zu einer Projektionsfläche für ein Gegenüber, das keiner weiteren Spezifizierungen bedarf und in seiner diffusen Unbestimmbarkeit unterschiedlichste Zuschreibungen toleriert. So kann das Imaginäre in verschiedenen Theorien zu einem von der Gesellschaft geschöpften Urphänomen, einer *prima materia*, oder zur Summe aller kollektiven Symbole werden. In dieser Hinsicht gerät es zu einem wirkmächtigen Instrumentarium für Selbstermächtigungsstrategien, mit denen sich die Gesellschaft quasi erst selbst hervorbringt. Das Imaginäre innerhalb einer gesellschaftlichen Sphäre zu verorten, heißt also auch, der Gesellschaft alle Macht über sich selbst zu geben, nach Möglichkeiten des indirekten Einflusses auf das unkontrollierbare Gegenüber zu suchen, das Imaginäre und damit indirekt die Gesellschaft in irgendeiner Weise zu beeinflussen oder aber am Imaginären abzulesen, wie die Gesellschaft *eigentlich* ist.

An dieser im gegenwärtigen Diskurs über das Imaginäre proklamierten Unkontrollierbarkeit setzen die vorliegenden Überlegungen an. Denn Elias Canetti und Roger Caillois lassen sich als zwei Autoren beschreiben, die das Imaginäre im Gegensatz zu ihren zeitgenössischen und im Unterschied zu aktuellen Ansätzen als etwas setzen, das sich *nicht* der Kontrolle entzieht, *nicht* auf den Status des Ungreifbaren reduzierbar ist und sich *nicht* auf das menschliche Subjekt und seine Vorstellungstätigkeit beschränkt. Indem sie das Imaginäre als universal und überzeitlich konzeptualisieren, taugt es nicht mehr zur Selbstermächtigungsstrategie der Gesellschaft. Die damit verbundene konservative, deterministische Geste, die sich hinter der universalen Struktur verbirgt, unterminieren sie dadurch, dass sie zentrale Kategorien und Oppositionen moderner Wissenschaft infrage stellen: Bereits ab den 1930er Jahren arbeiten sie in verschiedenen textuellen Auseinandersetzungen soziologischer, literarischer, essayistischer, phänomenologischer Art an der Aufhebung der binären Unterscheidungen von Natur und Kultur, Wirklichem und Imaginärem und stellen zudem die Macht des Subjekts radikal zur Disposition. In ihren Werken lassen sich implizit wie explizit Konzepte eines Imaginären nachzeichnen, das eigene produktive Kraft und aktives Potenzial besitzt und sich zudem nicht nur indirekt, etwa im Rückgriff auf seine fiktionalen Manifestationen, erkennen lässt. Es wird aus sich heraus sichtbar und überschreitet in seiner Hinwendung zu einer materiellen Dimension den Charakter des Bildlichen. Gerade darüber lässt es sich wissenschaftlich untersuchen: Das Imaginäre ist nicht das *Andere der Wissenschaft*. Sich ihm zu nähern, ermöglicht stattdessen *andere Konzepte von Wissenschaft*: einer Wissenschaft, die versucht, ohne den Ausschluss eines potenziell gefährlichen „Anderen" zu agieren.

Der Begriff des Imaginären bildet eine Schnittstelle, an der sich psychoanalytische, philosophische, gesellschaftstheoretische, medien- und literaturwissenschaftliche sowie anthropologische Bestimmungen kreuzen. Statt die jeweiligen Gegenstände des Imaginären (Traum, Halluzination, Ritual, Massendynamiken, etc.) in Einzeldisziplinen (Psychologie, Psychiatrie, Ethnologie, Soziologie, etc.) zu überführen und dort zu untersuchen, versuchen die Texte Canettis und Caillois', es durch eine „diagonale", transdisziplinäre Herangehensweise *avant la lettre* zu betrachten. Dafür verkehren sie die Art und Weise, in der der Mensch sich über das Imaginäre mit sich selbst identifiziert, verkennt oder sich selbst zu repräsentieren versucht, in ihr Gegenteil. Sie erweitern das Konzept in den Bereich des Tierischen hinein, grenzen sich dabei allerdings von zeitgenössischen oder früheren Ansätzen ab: so etwa dem Jakob Johann von Uexkülls mit seinem Begriff der Umwelt, der zentrale Impulse für Lacans Konzept des Imaginären lieferte (Kap. III.1). Die spezifische Perspektive der beiden hier fokussierten Autoren auf das Konzept des Imaginären geht gerade nicht von einem Bezug individueller oder kollektiver Bewusstseine auf eine Außenwelt oder aber die Hineinnahme der Umwelt in das Tier aus.[56]

Sie konzipieren das Imaginäre stattdessen als eine universale Struktur, an der Mensch, Tier – und für Caillois: auch der Stein – nur durch Teilhabe verbunden sind. Das Imaginäre ist nicht die Bezugnahme eines Bewusstseins auf seine Umwelt oder auf sich selbst als Objekt, sondern es wird hier verstanden als die Teilnahme eines Bewusstseins an Strukturen, die über es hinausweisen und immer schon bestehen. Auf ein Imaginäres, das im 20. Jahrhundert im Außen des systematischen Denkens angesiedelt und so zur radikal unsystematischen Kraft erklärt wird, reagieren beide Autoren nicht vorrangig mit Begriffsarbeit am Imaginären. Vielmehr versuchen sie vor allem, die Grenzen des Wissen(schaft)ssystems so zu

---

56 Vgl. zu Uexküll und Lacan ausführlich: Frank Wörler: *Das Symbolische, das Imaginäre und das Reale. Lacans drei Ordnungen als erkenntnistheoretisches Modell*. Bielefeld: Transcript 2015, S. 101–125.

verschieben, dass sich ihr Gegenstand in den Bereich des positiven Wissens verlagert, am explizitesten etwa in Caillois' „diagonaler Wissenschaft als Wissenschaft des Imaginären",[57] impliziter in Canettis „Gegenwissenschaft".[58]

Diese Verschiebungen gilt es genauer zu betrachten und damit auch einen Beitrag zum Verständnis des Imaginären als Gegenstand und als praktischen Bestandteil von Wissenschaft zu leisten. Denn wie lässt sich das Imaginäre, das sonst gerade durch seine Ungreifbarkeit definiert wird, nun sammeln, abbilden, lesen und in Experimenten darstellen? Welche Auswirkungen hat dies auf die umkämpften Grenzen zwischen Natur und Kultur, zwischen Wissenschaft und Kunst im 20. Jahrhundert? Und was geschieht mit den genannten wissenschaftlichen Praktiken, wenn sie mit Phänomenen des Imaginären konfrontiert werden? Canetti und Caillois unternehmen nicht nur selbst eine wissenschaftliche Untersuchung des Imaginären, in ihren Texten sind zudem Ansätze für eine Epistemologie des Imaginären enthalten, mittels derer sie nach den imaginären Bestandteilen etablierter wissenschaftlicher Verfahren, nach dem Herstellungsprozess des Imaginären als Gegenstand von Wissen(-schaft) sowie nach den Disziplinierungsverfahren und ausschließenden Grenzziehungen des bestehenden Wissenschaftssystems fragen.

Ihrem Gegenstand entsprechend bewegen sich die Texte dabei auch auf der Grenze zwischen Literatur und Wissenschaft und stellen diese immer wieder neu zur Diskussion. Aufgrund ihrer Oszillationsbewegung wie auch in ihrer gleichzeitigen Beobachtung der Grenze zwischen diesen beiden Bereichen ist es weniger aufschlussreich, sie ausschließlich dem einen oder dem anderen zuzurechnen, gleichwohl hier die Perspektive auf die Wissenschaften vom Imaginären sowie auf die imaginären Bestandteile von Wissenschaft Vorrang haben wird. Es gilt allerdings selbst dann weniger nach einer von Literatur abgegrenzten Wissenschaftsform zu fragen, als vielmehr danach, welche Beobachtungen die Texte über die Funktionsweisen des einen und des anderen Bereichs und über die Grenzlinie zwischen ihnen anstellen und wie diese nutzbar zu machen sind.

2.2 Zu Roger Caillois

Roger Caillois erregte zunächst mit seinen frühen surrealistisch geprägten Schriften aus den 1930er Jahren, dem Aufsatz zur „Gottesanbeterin" sowie seinem Text

---

57 Frz.: „Les sciences diagonales, comme sciences de l'imaginaire". Stéphane Massonet: *Les labyrinthes de l'imaginaire dans l'œuvre de Roger Caillois*. Paris: L'Harmattan 1998, S. 219.
58 Peter Friedrich: Die Rebellion der Masse im Textsystem. Die Sprache der Gegenwissenschaft in Elias Canettis „Masse und Macht". München: Wilhelm Fink 1999.

über die „Legendäre Psychasthenie" Aufsehen.[59] In letzterem befasst er sich mit der Mimese, der tierischen Nachahmung der Umgebung zum Zweck der Tarnung, und überträgt diese auf Mythen und psychopathologische menschliche Zustände. Caillois' spezifische Verbindung von Mythologie, Psychiatrie und Biologie wurde u. a. von Jacques Lacan produktiv aufgenommen (vgl. Kap. III.1 u. Kap. IV.3). Als Denker der „Mimikry" wurde Caillois auch im deutschen Sprachraum rezipiert.[60] Darüber hinaus wird Caillois mit seiner soziologisch-anthropologischen Studie *Les jeux et les hommes (Die Spiele und die Menschen)* von 1958 im deutschsprachigen Raum des Öfteren als Spieltheoretiker rezipiert.[61] Auch seine Überlegungen zur literarischen Phantastik, der sich Caillois theoretisch, in eigenen fiktionalen Texten sowie als Übersetzer von Jorge Luis Borges widmete, haben Beachtung gefunden; ebenso seine verschiedenen Texte zu Steinen und Mineralen.[62] Angestoßen durch eine Reihe von Erstübersetzungen ins Deutsche nimmt das Interesse aktuell deutlich zu.[63]

---

59 Auf einen vollumfänglichen Forschungsüberblick sei an dieser Stelle verzichtet, da innerhalb der einzelnen Kapitel jeweils auf entscheidende thematische Forschungsbeiträge hingewiesen wird.
60 In diesem Kontext ist auch der meines Wissens nach einzige Forschungsbeitrag zu verzeichnen, in dem Elias Canetti und Roger Caillois gemeinsam auftauchen. Vgl. Kyung-Ho Cha: *Humanmimikry. Poetik der Evolution*. München: Wilhelm Fink 2010. Canetti und Caillois werden bei Cha allerdings nur in zwei kurzen Unterkapiteln unter zahlreichen anderen behandelt. Cha bezieht einzelne Elemente aus dem Nachlass Canettis in seine Untersuchung ein, besonders die Konvolute zur Verwandlung sowie einzelne handschriftliche Anmerkungen Canettis in einschlägigen Büchern zum Thema. Cha differenziert dabei bewusst nicht zwischen Mimikry und Mimese, was hier nicht für sinnvoll erachtet wird. Vgl. dazu sowie ausführlicher zu Chas Ansatz Kap. IV.4.
61 Roger Caillois: *Les jeux et les hommes. Le masque et le vertige*. Paris: Gallimard 1991. Vgl. hierzu den Sammelband, der Caillois' Ansatz als Weiterentwicklung der Spieltheorie von Huizinga nachvollziehbar macht: Knut Ebeling (Hg.): *Das Spielelement der Kultur. Spieltheorien nach Johan Huizinga von Georges Bataille, Roger Caillois und Eric Voegelin*. Berlin: Matthes & Seitz 2014; hier wären zahlreiche Nennungen von Forschungsbeiträgen möglich, Caillois ist insbesondere vonseiten der jüngeren *Game Studies* rezipiert worden. Vgl. jenseits dessen zu Caillois' Spielbegriff und der Literatur: Gerhard Neumann: „Spieltheorie und Deutungsraum. Versuch einer Zusammenführung zweier kultureller Konzepte am Leitfaden von Roger Caillois' ‚Les jeux et les hommes. Le masque et le vertige'". In: Julia Dettke, Elisabeth Heyne (Hg.): *Spielräume und Raumspiele in der Literatur*. Würzburg: Königshausen & Neumann 2016, S. 49–63.
62 Z. B. bei Monika Schmitz-Emans: „Roger Caillois' Texte über Steine. Ein literarisches Lapidarium". In: Dies., Kurt Röttgers (Hg.): *Steine – Versteinertes*. Essen: Die Blaue Eule 2014, S. 47–60.
63 Dies zeigt sich etwa an der Forschung zu Caillois als Mitbegründer des Collège de Sociologie (1937–1939) um Georges Bataille, Michel Leiris und anderen: Stephan Moebius: *Die Zauberlehrlinge. Soziologiegeschichte des Collège de Sociologie (1937–1939)*. Konstanz: UVK Verlagsgesellschaft 2006; Denis Hollier (Hg.): *Das Collège de Sociologie: 1937–1939*. Übers. v. Horst Brühmann, mit einem Nachwort von Irene Albers, Stephan Moebius. Berlin: Suhrkamp 2012.

Nicht die frühen Texte Caillois' werden hier im Zentrum stehen, sondern jene nach seiner wissenschaftlichen Wende, die sich erst nach seinem Bruch mit dem Surrealismus, dem Ende des Collège und insbesondere auch jenseits seines anthropologischen Interesses vollzieht. Für diese Periode und sein Projekt der *Approches de l'imaginaire* gestalten sich sowohl die Übersetzungslage als auch die bestehende deutsche Forschungsliteratur (noch) recht übersichtlich, auch wenn Caillois' „Logik des Imaginären" zunehmend Beachtung erfährt.[64] Das Forschungsinteresse konzentriert sich dabei bisher vor allem darauf, Caillois' Ansatz einer „allgemeinen Phänomenologie der Imagination"[65] für die Literaturtheorie fruchtbar zu machen.

Eine systematisch-monographische Untersuchung steht für den deutschen Kontext aber noch aus. In Frankreich hingegen existiert eine breitere Forschung zu Caillois, nicht zuletzt durch seine Aufnahme in die Académie Française 1971 ist er als Schriftsteller und Theoretiker institutionell etabliert worden. Auch zu *Cases d'un échiquier* und seiner Arbeit an der Logik des Imaginären sowie seiner „materiellen, schöpferischen Imagination",[66] mittels derer er individuelle Imagination

---

64 Zu nennen ist hier vor allem der Band von Anne von der Heiden und Sarah Kolb (Hg.): *Logik des Imaginären. Diagonale Wissenschaft nach Roger Caillois. Band 1: Versuchungen durch Natur, Kultur und Imagination.* Berlin: August Verlag 2018, der erstmals in umfassendem Maße Caillois' Werk im Kontext historischer Ursprünge kulturwissenschaftlicher Forschung lesbar machen und die kritische Rezeption seiner Texte vorantreiben möchte. Siehe darin u. a. den Artikel von Irene Albers: „Die Unreinheit der Literatur. Roger Caillois als Literaturtheoretiker", S. 333–388 [gekürzt bereits als: Dies.: „Reine und unreine Literatur(wissenschaft) nach Roger Caillois"]. Albers arbeitet hier Caillois' Gedanken einer „Unreinheit der Literatur" detailliert heraus. Daran knüpft das vorliegende Buch an, um ihn auf den Wissenschaftsbegriff zu übertragen. Vgl. außerdem den stärker auf Mythologie und Biologie fokussierten, aber auch an Ästhetik interessierten Aufsatz von Rosa Eidelpes: „Von der empirischen Imagination zur natürlichen Ästhetik. Caillois' antianthropozentrische Theorie der Kunst", a. a. O., S. 87–114, der ebenfalls Caillois' kontaminierten oder unorthodoxen Wissenschaftsbegriff beschreibt. Eidelpes nimmt allerdings allein die Grenzen zwischen Biologie, Mythologie und Ästhetik und insbesondere die frühen Texte zum „mimétisme" in den Blick. In englischer und erweiterter Form bereits veröffentlicht unter: Rosa Eidelpes: „Roger Caillois' Biology of Myth and the Myth of Biology". In: *Anthropology & Materialism. A Journal of Social Research* 2 (2014). http://am.revues.org/84 (Stand: 02.04.2020). Vgl. zu Caillois' Wissenschaftsbegriff bzw. zu seinen teils verdeckten Referenzen auf andere Wissenschaften: Peter Berz „Tier Blatt Flügel Herbst. Caillois und sein Biologe", a. a. O., S. 115–158; Eva Johach: „Diagonale Verwandtschaften. Caillois, Bergson und die sozialen Insekten", a. a. O., S. 159–182; sowie Lena Däuker: „Das poetische Ferment in der Wissenschaft", a. a. O., S. 311–332.
65 Frz.: „phénoménologie générale de l'imagination". Roger Caillois: „Procès intellectuel de l'art [1935]". In: Ders.: *Approches de l'imaginaire.* Paris: Gallimard 1974, S. 35–54, hier S. 50.
66 Frz.: „imagination matérielle et créatrice". Jean-Jacques Wunenburger: „L'imagination cosmique". In: Gilbert Durand (Hg.): *Cahiers de l'imaginaire. Autour de Roger Caillois.* Paris: L'Harmattan 1992, S. 47–58, hier S. 53.

und kollektives Imaginäres miteinander zu versöhnen versucht, liegen ausführliche Beiträge vor.[67] Darunter finden sich auch kritische Stimmen, die den Wissenschaftsanspruch Caillois' mit seinem eigentlich „unwissenschaftlichen" Vorgehen zu konfrontieren versuchen.[68] Jenseits dessen ist die Monographie von Stéphane Massonet hervorzuheben, der bereits 1998 für den französischen Raum eine systematische Darstellung von Caillois' Studien zum Imaginären, den Wandel innerhalb seines Schaffens sowie eine Einordnung in bestehende Theorien (von Sartre, Bachelard, Bergson und Henry Corbin) vorgenommen hat. Massonet beschreibt Caillois' Paradigmenwechsel in der Beschäftigung mit dem Imaginären als Wechsel von einer „Epistemologie der dynamischen und aggressiven Imagination, basierend auf einem energetischen Modell, hin zum kosmischen Spiel des Scheins und der Spiegelungen, des Simulakrums und der Imitation."[69] Während sich Massonet stark auf die Themen von Labyrinth, Taumel („vertige") und Spiel bei Caillois konzentriert, soll hier allerdings der konkrete Wissenschaftsentwurf Caillois' ins Zentrum gestellt werden. Außerdem gilt es die einzelnen Techniken und Praktiken, die in der Forschung oft synonym behandelt werden, in ihrer Differenz als eigenständige Versuche zur Annäherung an das Imaginäre zu erkennen und so die Verfahren in ihren distinkten Logiken ernst zu nehmen, die

---

67 Um nur einige Beispiele zu nennen, vgl. Gilbert Durand (Hg.): „Roger Caillois et les approches de l'imaginaire". In: *Cahiers de l'imaginaire* 8 (1992); Annamaria Laserra (Hg.): *Roger Caillois. Fragments, fractures, réfractions d'une œuvre*. Padova: Unipress 2002 – darin etwa insbesondere Jean-Michel Roy: „Logique de l'imaginaire et sciences de l'homme", S. 9–46; Jean-Patrice Courtois, Isabelle Krzywkowski (Hg.): *Diagonales sur Roger Caillois. Syntaxe du monde, paradoxe de la poésie*. Paris: L'improviste 2002; Valeria Emi Sgueglia, André-Alain Morello (Hg.): *Quadrillages labyrinthiques. L'échiquier Caillois. Littératures (online)* 68 (2013). http://journals.openedition.org/litteratures/75 (Stand 02.04.2020).
68 So etwa Anne-Élisabeth Halpern: „La taupe de l'analogie qui se croyait un papillon: Roger Caillois et la biologie animale". In: Jean-Patrice Courtois, Isabelle Krzywkowski (Hg.): *Diagonales sur Roger Caillois. Syntaxe du monde, paradoxe de la poésie*. Paris: L'improviste 2002, S. 161–186. Halpern deckt wissenschaftliche „Fehler" Caillois' etwa in seinem Bezug auf die Biologie, insbesondere Zoologie, auf Mineralogie oder Chemie auf, um ihm nachzuweisen, dass seine „diagonalen Wissenschaften" selbst nur besessene Maulwurfsarbeiten darstellen, gegen die er sie eigentlich ins Feld führen wolle. Sie versucht ihm außerdem nachzuweisen, dass er selbst der größte Nutznießer des Anthropomorphismus ist, gegen den er sich verwehre. Dass dieser Abgleich von „objektiver" gegen „diagonale" Wissenschaft zu kurz greift und selbst wiederum einem vereinfachten Faktenbegriff aufsitzt, soll in der vorliegenden Studie mitunter sichtbar werden. Vgl. dazu besonders Kapitel IV.3 und VI.3.
69 Frz.: „épistémologie de l'imagination dynamique et agressive, pensée sur un modèle énergétique, vers le jeu cosmique de l'apparence et des reflets, du simulacre et du mime." Massonet: *Les labyrinthes de l'imaginaire dans l'œuvre de Roger Caillois*, S. 11.

bisher oft unter die allgemeine Frage nach einer grundlegenden, universalen Struktursuche subsumiert wurden.

20 Jahre nach Massonets Studie gilt es Caillois an aktuelle Diskussionen zum Begriff des Imaginären anzuschließen. Mit dem vorliegenden Buch soll ein Beitrag dazu geleistet werden, auch diese Phase seines Schaffens für die deutschsprachige Debatte zugänglich zu machen und zu erproben, wie seine Konzeption des Imaginären „als Wissenschaft"[70] mittels seines Konzepts der „sciences diagonales" produktiv werden kann. Dies geschieht in Verschränkung mit dem Werk eines Autors, dem als Wissenschaftler ebenfalls „die Wissenschaft verdächtig ist".[71]

2.3 Zu Elias Canetti

Es mag unorthodox erscheinen, Elias Canetti mit *Masse und Macht* als Theoretiker des Imaginären in Stellung zu bringen, da der Begriff des Imaginären bei ihm selbst kaum fällt. Canettis erklärtes „Lebenswerk"[72] nähert sich durch die Zentrierung auf Massen- und Machtzustände, Verwandlungen in Tiere, rituelle Visionen oder kollektive Imaginationen zunächst rational nicht zugänglichen Momenten menschlicher Kollektiverfahrungen und Imaginationen an und fokussiert zudem Übergänge zwischen Mensch und Tier. Die Canetti-Forschung hat sich bisher auf die Untersuchung der „poetisch-anthropologischen" Thesen von *Masse und Macht* konzentriert,[73] die „anthropologischen Konstanten" herausgestellt,[74] nach

---

[70] Frz: „L'imaginaire comme science", ebd., S. 35.
[71] Hector Bianciotti, Jean-Paul Enthoven: „Gespräch mit Roger Caillois (1978)". In: *Sinn und Form. Beiträge zur Literatur* 62 (2010), H. 3, S. 300–308, hier S. 300; frz.: „C'est vous, l'érudit, qui déclarez l'érudition suspecte ...". Roger Caillois: „Entretien avec Hector Bianciotti et Jean-Paul Enthoven [28 novembre 1978]". In: Jean-Clarence Lambert (Hg.): *Les Cahiers de Chronos. Roger Caillois*. Paris: Édition de la Différence 1991, S. 142–151, hier S. 142.
[72] S. Canetti selbst, vgl. PdM, 7.
[73] Vgl. dazu als erste Dagmar Barnouw: „Elias Canettis poetische Anthropologie". In: Herbert G. Göpfert (Hg.): *Canetti lesen. Erfahrungen mit seinen Büchern*. München, Wien: Hanser 1975, S. 11–31; Lothar Henninghaus: *Tod und Verwandlung. Elias Canettis poetische Anthropologie*. Frankfurt am Main, Bern, New York: P. Lang 1984. Auch für Canetti wird an dieser Stelle kein umfassender Forschungsüberblick gegeben, da innerhalb der einzelnen Kapitel jeweils auf entscheidende thematische Forschungsbeiträge hingewiesen wird.
[74] Vgl. Petra Kuhnau: *Masse und Macht in der Geschichte. Zur Konzeption anthropologischer Konstanten in Elias Canettis Werk „Masse und Macht"*. Würzburg: Königshausen & Neumann 1996, die einen erhellenden Blick auf die Bedeutung physikalischer und chemischer Begriffe im Hintergrund der zentralen Begriffe des Buches wirft.

soziologischen, politischen und literarischen Anschlüssen und Erweiterungen von Canettis Theorie gefragt und arbeitet immer wieder an den großen Begriffen, um die das Buch kreist: Masse und Meute, Macht und Befehl, Mythos, Tod und Verwandlung.[75] Mit dem aufkommenden literatur- und kulturwissenschaftlichen Interesse am Tier tritt auch diese Dimension zunehmend in den Fokus der Forschung.[76]

Nach Veröffentlichung des Buches 1960 sind Rezeption und Resonanz zu Canettis großer Enttäuschung eher zurückhaltend. Später wird *Masse und Macht* vor allem in der Literaturwissenschaft, und nicht wie von Canetti gewünscht in Philosophie und Sozialwissenschaften wahrgenommen. Letztere kritisieren gerade aufgrund des wissenschaftlichen Anspruchs Canettis nicht zuletzt die radikale Ahistorizität des Ansatzes.[77] In Verbindung mit seiner „widerständigen"[78] sprachlichen Form, die gängige wissenschaftliche Formalia missachtet, ist das Buch als „Skandalon"[79] innerhalb des abendländischen Denkens beschrieben worden: als

---

75 Siehe für einen ausführlichen Forschungsüberblick zu *Masse und Macht* bis 2005 vgl. Penka Angelova: *Elias Canetti. Spuren zum mythischen Denken.* Wien: Zsolnay 2005, S. 109–117; vgl. zu neueren kulturwissenschaftlich orientierten Untersuchungen u. a. Susanne Lüdemann (Hg.): *Der Überlebende und sein Doppel. Kulturwissenschaftliche Analysen zum Werk Elias Canettis.* Freiburg im Breisgau: Rombach 2008 sowie für einen aktuellen, knapp gehaltenen Forschungsstand: Shinichi Furuya: *Masse, Macht und Medium. Elias Canetti gelesen mit Marshall McLuhan.* Bielefeld: Transcript 2017, S. 10–13; ebenso aktuell ein Forschungsstand, der sich auf die Sprachauffassung Canettis konzentriert, die hier nicht im Vordergrund stehen soll: Alexander Schüller: *Namensmythologie. Studien zu den Aufzeichnungen und poetischen Werken Elias Canettis.* Berlin, Boston: De Gruyter 2017, S. 21–29.
76 Stärker ist das Thema in den *Aufzeichnungen* behandelt worden, vgl. zumindest u. a. zu *Masse und Macht* beispielsweise: Benjamin Bühler: „‚Er denkt in Tieren, wie andere in Begriffen.' Canettis Epistemologie des Tiers". In: Susanne Lüdemann (Hg.): *Der Überlebende und sein Doppel. Kulturwissenschaftliche Analysen zum Werk Elias Canettis.* Freiburg im Breisgau: Rombach 2008, S. 349–365; Hans Richard Brittnacher: „Verwandlung, Masse und Macht. Canettis Lektionen". In: Willem de Blécourt, Christa Tuczay (Hg.): *Tierverwandlungen. Codierungen und Diskurse.* Tübingen: Francke 2011, S. 255–269.
77 Vgl. exemplarisch zu dieser Kritik: Axel Honneth: „Die unendliche Perpetuierung des Naturzustandes. Zum theoretischen Erkenntnisgehalt von Canettis ‚Masse und Macht'". In: Michael Krüger (Hg.): *Einladung zur Verwandlung. Essays zu Elias Canettis „Masse und Macht".* München: Hanser 1995, S. 105–127.
78 Siehe hierzu den Beitrag von Petra Kuhnau: „Widerständiges Werk oder widerstände Forschung? Zum schwierigen Umgang mit Canettis ‚Masse und Macht' zwischen den zwei Kulturen". In: *Austriaca* 61 (2005), S. 49–61. Kuhnau befasst sich darin auch mit der Forschung, die sich trotz der zehn Jahre, die seit der Veröffentlichung ihrer Monographie zu *Masse und Macht* (Kuhnau: *Masse und Macht in der Geschichte*) vergangen sind, noch immer schleppend gestalte.
79 Canetti: „Gespräch mit Theodor W. Adorno" in: ARG, 142.

„ein einziger unerhörter schamanistischer Akt".[80] Stets aufs Neue wird außerdem die Frage nach der Gattungszugehörigkeit aufgeworfen: *Masse und Macht* lässt sich als wissenschaftlicher oder wissenschaftskritischer Text,[81] als „Groß-Essay"[82] lesen, genauso aber auch als „Gegendichtung"[83] oder gar als „Roman",[84] zumindest aber als Text, der „zwischen Literatur und Theorie oszilliert".[85]

Besonders einschlägig für diese Frage nach der „Sprache der Gegenwissenschaft" in *Masse und Macht* ist die groß angelegte Studie von Peter Friedrich.[86] Darin vergleicht er Canettis Buch insbesondere mit Michel Foucaults Analyse der Macht sowie dessen Begriff der „Gegenwissenschaft"[87] und leistet nicht nur einen

---

[80] Peter von Matt: „Der weise Komödiant. Zum Tod von Elias Canetti". In: *Die Zeit* 35 (1994). http://www.zeit.de/1994/35/der-weise-komoediant (Stand: 13.02.2019).

[81] Vgl. dazu besonders einschlägig Friedrich: *Die Rebellion der Masse im Textsystem*.

[82] Anne D. Peiter: *Komik und Gewalt. Zur literarischen Verarbeitung der beiden Weltkriege und der Shoah*. Köln: Böhlau 2007, S. 272.

[83] Erhard Schüttpelz: „Elias Canettis Primitivismus. Aus der Provinz der Weltliteratur". In: Susanne Lüdemann (Hg.): *Der Überlebende und sein Doppel. Kulturwissenschaftliche Analysen zum Werk Canettis*. Freiburg im Breisgau: Rombach 2008, S. 287–309, hier S. 292.

[84] „*Masse und Macht* ist ein anthropologischer Roman, ein Menschheitsroman", ebd., S. 294.

[85] „*Masse und Macht* ist eben das Werk, das die vakant gewordene Stelle des modernen Romans einnimmt. Gleichwohl handelt es sich bei diesem Werk auch nicht um eines der Theorie, denn dagegen spricht, daß Canetti von einem profunden Mißtrauen gegen alle Theorie inspiriert wird. Spezifisch für ihn ist im Gegenteil eine Darstellungsform, die zwischen Literatur und Theorie oszilliert und sich gerade in dieser Oszillation der Moderne verpflichtet fühlt." Rita Bischof: „Ausschluss und Einverleibung". In: John Pattillo-Hess (Hg.): *Tod und Verwandlung in Canettis Masse und Macht*. Wien: Kunstverein Wien 1990, S. 12–23, hier S. 14.

[86] Vgl. Friedrich: *Die Rebellion der Masse im Textsystem*. Der Untertitel des 1995 erschienenen Buches, „Die Sprache der Gegenwissenschaft in Elias Canettis Masse und Macht", wird 2008 in Susanne Lüdemanns Sammelband wiederaufgenommen: Vgl. Susanne Lüdemann: „Vorwort". In: Dies. (Hg.): *Der Überlebende und sein Doppel. Kulturwissenschaftliche Analysen zum Werk Elias Canettis*. Freiburg im Breisgau: Rombach 2008, S. 9–15, hier S. 13.

[87] Foucault schenkte Canetti ein Exemplar der *Ordnung der Dinge* und bezeichnete sich in der Widmung selbst als geistigen „bescheidenen Zwilling" („son humble jumeau") Canettis. Vgl. das Exemplar im Nachlass Canettis in der Zentralbibliothek Zürich CAN 06135, hier zit. nach: Kyung-Ho Cha: „Darwinismus oder Hinduismus? Zu Elias Canettis orientalistischer Wissenschaftskritik im Entstehungskontext seiner Verwandlungslehre (mit Materialien aus dem Nachlass)". In: *Deutsche Vierteljahrsschrift für Literaturwissenschaft und Geistesgeschichte* 85 (2011), H. 4, S. 563–584, hier S. 582. Friedrich selbst konnte mit seiner 1995 publizierten Studie den Nachlass noch nicht miteinbeziehen. In einem Brief an Caillois bezeichnet Foucault wiederum diesen als den „idealen Leser" von *Les mots et les choses*. (Michel Foucault „An Roger Caillois [1965]". In: Ders.: *Dits et Écrits. Schriften in vier Bänden. Band IV: 1980–1988*. Hg. von Daniel Defert. Frankfurt am Main: Suhrkamp 2005, S. 199–200, hier S. 199) So wird Foucault – zumindest bezogen auf *Die Ordnung der Dinge* – zu einer Verbindungsfigur zwischen seinem von ihm getauften „humble jumeau" und seinem als ideal imaginierten Leser Caillois.

entscheidenden Beitrag zum Verständnis von Canettis theoretischem Werk, sondern auch zur Untersuchung seiner spezifischen Schreibweise. Friedrich zeigt außerdem, inwiefern sich Canettis Massentheorie grundlegend von vorhandenen Theorieentwürfen unterscheidet, da er das Massenerlebnis gegen die sonst vorherrschende Verachtung, ja sogar Angst der Theorie bzw. der Theoretiker*innen vor dem Gegenstand der Masse ins Feld führt. Zugleich untersucht er, wie sich die Masse als „Poetik der Mannigfaltigkeit"[88] auch in Canettis Beschreibungssprache widerspiegelt.

Masse und Macht, darauf ist vielfach hingewiesen worden, überwindet die formalen Grenzen festgeschriebener Gattungen und Disziplinen. Die noch immer kontroverse Frage, ob es sich bei dem Text nun um Literatur oder Wissenschaft handle, zielt allerdings an einer spezifischen Eigenheit des Textes vorbei, die über den Fokus auf die im Text vorgenommene Neubewertung imaginärer (und vermeintlich nichtwissenschaftlicher) Inhalte erklärbar werden kann. Im Laufe des 20. Jahrhunderts oszilliert das Imaginäre per se zwischen den Diskursen, es wird innerhalb der Literatur und in verschiedenen wissenschaftlichen Disziplinen parallel bearbeitet oder gerade aus ihnen ausgeschlossen. Diese parallelen und widersprüchlichen Verhandlungen des Imaginären gilt es nachzuzeichnen (Kap. III), um zu verstehen, dass für Canettis eigenen Text – wenn er sich an den Nachvollzug des und eine Auseinandersetzung mit dem Imaginären macht – die Frage nach literarischer oder wissenschaftlicher Zuordnung an Bedeutung verliert. Was für ihn stattdessen zählt, ist allein der Anspruch, Phänomene des Imaginären zu untersuchen und verstehbar zu machen. Auch die in diesem Buch gewählte Konzentration auf das Imaginäre fragt folglich nicht nach einer letztgültigen Antwort im Hinblick auf die Literarizität oder Wissenschaftlichkeit der hier behandelten Texte, sondern macht durch den Fokus auf das Imaginäre die vielfältigen Grenzübertretungen zwischen beiden Bereichen nachvollziehbar.

Die realen Massen- und Machtphänomene sind für Canetti in *Masse und Macht* nicht von literarischen, mythischen oder psychopathologischen Vorstellungen zu unterscheiden, sie sind vielmehr erst über die Betrachtung des Vorgestellten verständlich. Das Imaginäre ebenso wie seine eigenen Verfahren zu dessen Untersuchung werden von ihm selbst als durchaus „real" gefasst. Das, was Adorno im Gespräch mit Canetti kritisch die Vorherrschaft des „Imaginativen"[89] innerhalb des Ansatzes von *Masse und Macht* nennt, kann – so sei hier argumentiert – mit großem Gewinn ernst genommen und mit dem Begriff des Ima-

---

88 Friedrich: *Die Rebellion der Masse im Textsystem*, S. 17–104.
89 Canetti: „Gespräch mit Theodor W. Adorno [1962]", ARG, 145.

ginären verknüpft werden.⁹⁰ Canetti setzt dafür in auffallender Häufigkeit den Begriff der „Vorstellung" ein – ohne dass dieser auf das menschliche Individuum begrenzt wäre.⁹¹ So erhält das, was sich hinter Canettis Vorstellungskonzept verbirgt, aufgrund seines spezifischen Realitätsstatus eine entscheidende kollektive Wirksamkeit und öffnet sich so für den Begriff des Imaginären.⁹²

Auch Friedrich beschreibt Canettis Verwischung der Differenz von Realem und Imaginiertem, zitiert den Vorwurf Adornos, und anderer – und versucht ihn ins Positive zu wenden, ohne allerdings Begriff und Konzept des Imaginären heranzuziehen. Stattdessen begründet er die Verwischung mittels einer Aufwertung der Ähnlichkeit bzw. mittels der „expandierende[n] Kraft der Analogie"⁹³ in Canettis Werk als wissenschaftlicher Schreibweise. Zur gleichen Zeit, ebenfalls 1995, kommt Gerhard Neumann dagegen zu dem Schluss, das Grundmuster in Canettis anthropologischer Argumentation sei eines der Differenz: Einer Differenz des Einzelnen und der Menge der Anderen, von Berührungsangst und Verschmelzungslust.⁹⁴

Die scheinbar gegenteiligen Argumentationen der Ansätze von Friedrich und Neumann lassen sich miteinander versöhnen, sobald man sie in eine Unter-

---

90 Susanne Lüdemann schreibt, dass in Canettis „Werk eine implizite Theorie des Imaginären steckt, die ihn als Dichter wie als Mythenforscher zum Kronzeugen einer produktiven Öffnung von Literaturforschung für kulturwissenschaftliche Fragestellungen machen kann." Lüdemann: „Vorwort", S. 12. Auf diesen Hinweis aus dem Vorwort folgen innerhalb des Sammelbands aber noch keine systematischen Bestimmungen dieser „Theorie des Imaginären". Hier setzt das vorliegende Buch an.
91 Sehr häufig fällt dieser Begriff im Text, deutlich seltener der Begriff der „Phantasie". Begriffe wie „Imagination" oder das „Imaginäre" kommen nicht vor. Dies lässt sich unter anderem mit der schwierigen Begriffstradition von Imagination zwischen der Vorstellung, dem Vor-Augen-Stellen eines abwesenden, aber „realen" Objekts und der schöpferischen Erfindung begründen: Canetti betont mit der Begriffswahl der Vorstellung eindeutig die erstere Traditionslinie und damit erneut den Charakter des „Realen", des Nicht-Erfundenen. Hanuschek legt zur Erklärung von Canettis Hang zum Bereich des Vorgestellten eine mit Canettis Kindheit verknüpfte Begründung vor: Die ersten prägenden Jahre verbrachte Canetti in Bulgarien und beschreibt sie selbst als eine Zeit voller Mythen, bulgarischer Kindermärchen von Vampiren und Werwölfen, voller Volksglauben an unsichtbare Welten. Hier sei das „emotionale Fundament für sein mythisches Denken" zu suchen. Zumindest als entscheidende Hinweise auf die Rolle jener Intertexte sind Canettis Autobiographien hier sehr hilfreich. Vgl. insb. Teil 1 „Rustschuk 1905–1911" in: GZ, 9–45. Vgl. dazu auch Hanuschek: *Elias Canetti*, S. 42f.
92 Siehe hierzu ausführlicher auch den Abschnitt „Masse, Macht und das ‚Imaginative'" in Kapitel IV.4.
93 Ebd., S. 156.
94 Gerhard Neumann: „‚Yo lo vi'. Wahrnehmung der Gewalt: Canettis ‚Masse und Macht'". In: Michael Krüger (Hg.): *Einladung zur Verwandlung. Essays zu Elias Canettis „Masse und Macht"*. München: Hanser 1995, S. 68–104, hier S. 70f.

suchung des Imaginären in *Masse und Macht* überführt. Denn die wechselseitige Dynamik von Ähnlichkeit und Differenz, die das Denken Canettis auszeichnet, ergibt sich strukturell aus dem Gegenstand: dem Imaginären. Canettis Arbeit an der Logik des Imaginären, die auf Ähnlichkeit *und* Differenz basiert, wird im Detail nachzuzeichnen und an aktuelle Überlegungen zur Ähnlichkeit rückzubinden sein. In Verbindung mit dem Einblick in besondere, unveröffentlichte Funde aus dem Nachlass, die neue Perspektiven auf die Textverfahren ermöglichen, die hinter dem fertigen Text stehen, kann die Sonderposition, die *Masse und Macht* innerhalb der Forschung noch immer zugeschrieben wird, zumindest insofern relativiert werden, als sich Canettis Überlegungen als anschlussfähig für aktuelle Diskussionen erweisen.

Diese Studie geht davon aus, dass sich viele der Irritationen, die *Masse und Macht* auf Rezeptionsebene ausgelöst hat und noch immer auslöst, über einen Begriff vom Imaginären und vor allem über eine spezifische Wissenschaftsform erläutern lassen, die selbst imaginäre Bestandteile enthält und von der das Buch deutlich geprägt ist. Statt die Frage der Gattungszugehörigkeit weiter zu verfolgen, soll hier die Verschränkung mit dem Begriff und der Forschung zum Imaginären eine neue Perspektive auf Canettis Werk erlauben, wodurch sich *Masse und Macht* nicht zuletzt als selbstständiger Versuch einer „diagonalen Wissenschaft" des Imaginären lesen lässt. Bewusst werden dafür eben nicht die großen Themen des Buches noch einmal einzeln behandelt,[95] sondern die Verfahrensweisen des Textes. Statt um ein Literaturkonzept, geht es um einen Wissenschaftsentwurf: Wie arbeitet das Imaginäre, wie arbeitet Canetti am Imaginären? Wie wird das Imaginäre überhaupt wissenschaftlich untersuchbar, im wissenschaftlichen Text als Gegenstand konstituiert? Und zuletzt: Wie viel Imaginäres enthält die Wissenschaft selbst?

---

95 Wie Masse, Überleben, Macht, Befehl oder Mythos. Vgl. nur zu letzterem bspw. Angelova: *Elias Canetti*, die in *Masse und Macht* ein neues transdisziplinäres Werk erkennt, das nicht nur Gattungsgrenzen, sondern auch zivilisatorische Machtdiskurse zu überwinden in der Lage ist. Im Rahmen einer inhaltlichen Betrachtung des Mythosbegriffs Canettis, nach dem der Mythos die Wahrheit in seinem inneren, wahrhaftigen Kern auch durch Übersetzungen und durch Dritte vermittelte Beschreibungen nie verliert, ist dies möglicherweise konsistent. Im Folgenden soll die inhaltliche Vorstellung eines nicht zu verfälschenden Mythos jedoch gerade daraufhin untersucht werden, wie sie auf Verfahrensebene überhaupt zustande kommt – und welche eigenen Machttechniken sich hinter dem von Canetti angewandten Verfahren verbergen. Vgl. dazu v. a. Kapitel V.1.3 *Das Andere sprechen lassen*.

3 Zum Aufbau dieses Buches

Ausgehend von dem im 20. Jahrhundert auftauchenden französischen „imaginaire" verbreitet sich das „Imaginäre" auch in der deutschsprachigen Theorietradition schnell als eigenständiges Konzept. Die obige Übersicht über Vorgängerkonzepte des Imaginären ist bewusst schlaglichtartig geblieben, da hier keine begriffsgeschichtliche Verortung des Imaginären im Zentrum stehen wird. Ziel ist vielmehr die Untersuchung zweier exemplarischer Versuche, die Barriere zwischen Wissenschaft und Imaginärem einzureißen, das Imaginäre mittels wissenschaftlicher Verfahren zu erforschen und ihm zugleich einen festen Platz innerhalb der Wissenschaft und der wissenschaftlichen Praktiken zuzuweisen. Elias Canetti und Roger Caillois setzen zur Beobachtung des transversalen oder „universale[n]"[96] Phänomens jeweils an einer Kritik des zeitgenössischen wissenschaftlichen Disziplinensystems, dessen Verästelungen und Fixierungen an.

Diesem Ansatzpunkt beider Autoren trägt sowohl die historische als auch die systematische Herangehensweise der Studie Rechnung (Kap. II *Das Imaginäre und die „große Trennung": Von der Romantik zu den Kulturen- und Disziplinengrenzen im 20. Jahrhundert*). Weil die untersuchten Texte fundamental an die spezifische Organisation von Wissen und Wissenschaft im 20. Jahrhundert gebunden sind, ist es notwendig, zunächst eine historische Perspektive zu bemühen. Um zu verstehen, was ihre an das 20. Jahrhundert gekoppelten Versuche vor möglichen historischen Vorläufern auszeichnet, fokussiert Kapitel II.1 *(Wissenschaften vom Imaginären avant la lettre)* insbesondere frühromantische Ansätze. An diesen wird illustriert, welche herausgehobene Bedeutung der Romantik einerseits für die Entstehung eines von der Imagination, der Einbildungskraft sowie dem Unbewussten unterschiedenen Begriffs des Imaginären zukommt. Zweitens dienen sie als historischer Ausgangspunkt, weil sie sich auf der Grenze hin zu einer sich einschneidend verändernden Ordnung des Wissens bewegen und dies in ihrem eigenen Wissenschaftskonzept reflektieren. Vielfach sind sie als der letzte Versuch beschrieben worden, sich mittels der poetischen Einbildungskraft gegen das Auseinanderdriften von Natur und Mensch, Naturwissenschaft und Dichtung zu stemmen. Das stark differenzierte Wissenschaftssystem des 20. Jahrhunderts und die fundamentalen Trennungen, die Geistes- und Naturwissenschaften, Wissenschaft und Dichtung, Fakt und Fiktion füreinander undurchdringbar machen, nehmen hier bereits Gestalt an.

---

96 Vgl. etwa bei Canetti in Bezug auf die Masse: „Eine ebenso rätselhafte wie universale Erscheinung ist die Masse, die plötzlich da ist, wo vorher nichts war." (MM, 14)

Auf der anderen Seite der „großen Trennung" erarbeitet Kapitel II.2 (*Kulturen- und Disziplinengrenzen im 20. Jahrhundert*) ein geeignetes Begriffsinstrumentarium, um den Ausgangsbefund zur modernen wissenschaftlichen Disziplinenlandschaft beider Autoren nachvollziehbar zu machen. Die Theorie funktionaler Differenzierung im Anschluss an Niklas Luhmann wird hierfür mit ihrer kritischen Weiterentwicklung von Rudolf Stichweh, Armin Nassehi und Nicolas Pethes verbunden. Das Kapitel zielt darauf, die wissenssoziologische Ausgangslage eines aus- wie binnendifferenzierten Wissenschaftssystems genauer beschreiben, um im späteren Verlauf der Studie mithilfe der Theorien beider Autoren die differenzierungstheoretischen Annahmen auch wieder herauszufordern. Parallel dazu wird die systemtheoretische Perspektive genutzt, um die Opposition von Wissenschaft und Literatur handhabbar zu machen. Denn das vorliegende Buch zielt nicht darauf, die Unterschiede zwischen Wissenschaft und Literatur insgesamt einzuebnen, indem es die rhetorische Verfasstheit von Wissenschaft oder aber die „Wissenshaltigkeit" von Literatur betont. Es wird hier stattdessen untersucht, welche Vorstellungen von wissenschaftlichen Verfahren den behandelten Texten selbst zugrunde liegen, auf Grundlage derer die Autoren in der Lage sind, eine „diagonale" Wissenschaft des Imaginären zu konzipieren.

Bewusst wird dafür keine theoretische Perspektive gewählt, die bereits von einer wechselseitigen Durchdringung von poetischen und wissenschaftlichen Formen ausgeht, wie dies beispielsweise Ansätze vorschlagen, die seit den 1990er Jahren unter dem Stichwort *Poetologien des Wissens* versammelt werden – gleichwohl werden diese immer wieder thematisiert. Sollen Vermischungen von Literatur und Wissenschaft innerhalb der diagonalen Wissenschaft beobachtbar werden, müssen beide Begriffe zumindest heuristisch voneinander unterscheidbar sein, ohne sie essentialistisch zu behandeln. Stattdessen werden die Textverfahren genauer ins Auge gefasst, mit denen beide Autoren an entweder an Wissenschafts- oder Kunstsystem anschließen. Aus welchen disziplinären Kontexten speisen sich dabei ihre Materialien, welcher „Kultur" entnehmen sie ihre Verfahren und in welchen Disziplinen und Kulturen erzeugen sie wiederum Anschlüsse? Mittels dieser beobachtungstheoretischen Methode wird vorgeschlagen, die Fragen von Wissenschaft und Literatur auf der Ebene der Praktiken zu verhandeln.

Dieser prozessualen, an den Textverfahren orientierten Perspektive folgt auch Kapitel III, das den historisch-systematischen Komplex zum Verhältnis von Imaginärem und der Wissenschaft beschließt *(Writing Imaginary. Das unkontrollierbare Imaginäre im 20. Jahrhundert schreiben)*. Es fragt nach dem wissenschaftlichen oder literarischen Ort des Imaginären im 20. Jahrhundert und rekonstruiert in verschiedenen exemplarischen Stationen Schreibweisen, mittels derer sich das Imaginäre in einzelnen Diskursen – psychoanalytischen, epistemologischen, literarischen, gesellschaftstheoretischen und anthropologischen – textuell manifestiert. Im Hintergrund wird zwar jeweils betrachtet, welche verschiedenen Konzeptionen vom Imaginären in unterschiedlichen Kontexten entstehen, wie sich Canetti mit Freud auseinandersetzt und wie wiederum Lacan auf Caillois für seine Konzeption des „Spiegelstadium" zurückgreift (III.1). Neben den Verschränkungen zwischen Breton, Bachelard, Borges (III.2) mit Caillois und den jeweiligen begrifflich-konzeptuellen Differenzen, wirft das Kapitel auch einen Blick auf Theoretisierungen des Imaginären, die zeitlich erst nach Canettis und Caillois' Ansätzen virulent werden (Castoriadis, Durand und Iser, III.3). Im Fokus stehen die textuellen Schreibformen des Imaginären, mit denen sich die verschiedenen Texte das Imaginäre im Laufe des 20. Jahrhunderts jeweils erschreiben, und die Frage, welche Funktionsstelle das Konzept innerhalb ihrer Theorien einnimmt.

Dieser umfangreiche erste Teil *Vom Imaginären und der Wissenschaft* ist notwendig, um mit der anfangs skizzierten Doppelperspektive auf beide Autoren blicken zu können: Auf einen prekären Gegenstand und auf die spezifischen Verfahren seiner Untersuchung. Aus dieser Orientierung auf das Prozessuale der Praktiken – so eine zentrale These dieses Buches – resultiert zum einen ein grundsätzlich anderer Begriff des Imaginären, vor allem aber eine neue Vorstellung von Wissenschaft. Dieser Grundannahme folgend ist der zweite und zentrale Teil *Verfahren der Wissenschaften vom Imaginären* durch fünf Techniken oder Praktiken strukturiert: Sammeln, Lesen, Sehen, Experimentieren und Diagonalisieren. Die Grundfrage, ob besondere Gegenstände jeweils besondere Schreibverfahren zu ihrer Untersuchung verlangen – oder ob spezifische Gegenstände gar erst durch die Textpraktiken entstehen, mittels derer sie „geschrieben"oder „erschrieben" werden, ist also strukturbildend zu verstehen. Jedes der fünf Verfahren muss im Zusammenhang mit Gegenständen betrachtet werden, die für das Imaginäre bei beiden Autoren zentral sind. Die Wechselwirkungen zwischen Gegenstand und Verfahren stehen dabei jeweils neu zur Debatte. Diese Bewegung des fortwährenden Neuansatzes spiegelt einerseits die Arbeitsform beider Autoren am Imaginären und trägt andererseits der zentralen These Rechnung, dass die „diagonalen Wissenschaften" als Wissenschaften vom Imaginären, die beide Autoren implizit und explizit entwerfen, nicht auf einer einzigen, neuen und quasi-genialischen „Super-Form" basieren können. Es geht vielmehr um eine Vielzahl verschiedener Schreibformen, Text- und Bildverfahren, die für die Untersuchung des Imaginären prozessual erprobt werden und jeweils andere Aspekte des Phänomens zutage fördern. Gerade weil sie das Imaginäre zu einer umfassenden, uni- oder transversalen Struktur erklären, die quer durch die Disziplinen, Naturreiche, ja das Universum verläuft, die in kollektive gesellschaftliche Repräsentationen ebenso hineinwirken kann wie in tierisches Verhalten und mineralische Kristallisationsprozesse, wird die Begrenztheit und epistemische Besonderheit jedes einzelnen wissenschaftlichen Verfahrens sichtbar. Den besonderen Anteil, den ein Verfahren an der Erzeugung des jeweiligen Gegenstands hat – und die Rückwirkungen, die ein Gegenstand wiederum auf die Forscher*innen, auf ihre Instrumentarien und Beschreibungssprachen haben kann, sind für beide Autoren deswegen beobachtbar, weil sie die universale und fixierte Struktur eines „realen Imaginären" voraussetzen.

Zu Beginn untersucht Kapitel IV *Sammeln. Ähnlichkeit, Mimikry, Mimese (Caillois) und Verwandlung (Canetti)* den Zusammenhang zwischen dem Sammeln als wissenschaftlichem Verfahren und der Ähnlichkeit: Ähnlichkeit auf Gegenstandsebene und als Grundlage von Sammlungsformen. Das Imaginäre folgt bei beiden Autoren einer Logik der Ähnlichkeit und operiert folglich nicht mit der Unterscheidung von Identität und Differenz. Sie fixieren, um dieses sich im Ähnlichen manifestierende Imaginäre zu untersuchen, Phänomene der Mimikry, der Mimese oder der Verwandlung und dies jeweils, indem sie sich die Wechselwirkungen zwischen ähnlichkeitsproduzierendem Gegenstand sowie ähnlichkeitsproduzierenden Forscher*innen und Verfahren in den Vordergrund rücken. Beide Autoren kritisieren dabei darwinistische, auf Nützlichkeit ausgerichtete Erklärungsmuster für ähnlichkeitsproduzierende biologische Phänomene und das Modell der Evolutionstheorie, schlagen ein jeweils alternatives Verständnis vor und nehmen die Ähnlichkeit insbesondere auch auf epistemologischer Ebene ernst. Denn in ihren Werken lässt sich eine Tendenz erkennen, die das Aufgeben der Distanz zum Objekt zur Grundvoraussetzung dafür erklärt, das Imaginäre sammeln zu können. Indem das Kapitel eine gemeinsame Untersuchung von Gegenstands- und Verfahrensebene vorschlägt, wird sichtbar, dass bei der Untersuchung jener kontagiösen Gegenstände die gängigen Positionen von Subjekt und Objekt neu verhandelt werden müssen. Aus dem Modell einer mimetischen Anähnelung an den Gegenstand, das sich insbesondere bei Canetti finden lässt, ergeben sich zwei aktuelle Theorieanschlüsse, die jeweils in die exemplarischen Untersuchungen zum Sammeln des Imaginären und der Ähnlichkeit bei Canetti und Caillois eingeflochten werden: Um das Imaginäre zu sammeln, erhält es bei beiden Autoren eine spezifisch „dingliche" Dimension. Dies fordert eine Bezugnahme auf aktuelle kulturwissenschaftliche Überlegungen zum „Ding" und seiner Beziehung zum Imaginären geradezu heraus. Zweitens werden im Anschluss an die mimetische Subjekt-Objekt-Beziehung, die sich im Sammeln des Imaginären eröffnet, auch die Machtkonstellationen eines scheinbar hinter dem behandelten Gegenstand zurücktretenden Verfahrens thematisiert. Gerade weil „Ähnlichkeit" die binäre Opposition von Identität und Differenz unterwandert, hat sie das Interesse der (postmodernen) Theoriebildung erregt. Trotz ihres subversiven Potenzials wird untersucht, mit welchem Machtanspruch die Anähnelung als wissenschaftliches Verfahren selbst wiederum verbunden ist.

Stärker tritt dieser Aspekt in Kapitel V *Lesen. Zur Lesbarkeit (Canettis „Primitive" und Wolfskinder) und Syntax des Imaginären (Caillois' Steine)* in den Vordergrund. Neben die Ähnlichkeit stellt es die Differenz, auf die die Ähnlichkeit immer angewiesen ist; und neben das Sammeln tritt das Lesen. Das Kapitel untersucht, wie beide Autoren das Imaginäre über den Verweis auf das „Andere" lesbar zu machen versuchen. Wird das Imaginäre vielfach als das unzugängliche „Andere" der Vernunft, der Wissenschaft, des Rationalen oder Wirklichen gefasst, finden beide über eine doppelte Alterisierung einen Zugang: Sie suchen das Imaginäre im Stein, der als Anorganisches dem Menschen diametral gegenübersteht (Caillois), oder im kulturellen, tierischen und kindlichen „Anderen" (Canetti). Zugänglich wird das Imaginäre als das gedoppelte Andere bei Canetti über die Lektüre, Zitation und Nacherzählung von ethnographischen Texten. Insbesondere Canettis textuelles Verfahren des Zitierens gilt es hier vor dem Hintergrund der *Writing Culture*-Debatte, des „Literarischen Primitivismus" und des Schlagworts von der „Kultur als Text" zu verorten. Im Zitieren, dessen Eigenheit gerade die Wiedergabe der Sprache von „Anderen" ist, doppeln sich erneut Gegenstand und Verfahren. Das scheinbar demütige Verschwinden des Autors hinter der zitierten, fremden Rede des kulturell Fremden oder in der Lektüre des „Anderen" betrachtet das Kapitel im besonderen Bezug auf seine impliziten Machtstrategien. Dem gegenübergestellt ist Caillois' Versuch, eine Syntax des Imaginären in Bereichen aufzuspüren, die der menschlichen Kultur entgegengesetzt sind: im Stein. Diese noch tiefer reichende Verschränkung von Sprache und Imaginärem, wo das universale Imaginäre im Stein die Regeln für die menschliche Sprache enthält, soll in Abgrenzung zu einzelnen romantischen und surrealistischen Thematisierungen des Steins als eigenständiger wissenschaftlicher Beitrag verstanden werden, der sich an einer Überwindung der Grenze zwischen Natur und Kultur versucht.

Kapitel VI *Sehen. Mikrofotografie und Periodensystem (Caillois), Tabellen (Canetti)* knüpft an dieses Gegensatzpaar an und betrachtet Oppositionen von Naturwissenschaft und Kunst, von Objektivität und Subjektivität im Kontext bildlicher Darstellungspraktiken. Denn beide Autoren setzen in ihrer Argumentation insbesondere in den Naturwissenschaften etablierte bildliche Verfahren zur Darstellung und räumlichen Ordnung des Imaginären ein. Dabei geht das Kapitel von der These aus, dass der Rückgriff auf naturwissenschaftliche Bilder, Tabellen, Tableaus und Listen zur Untersuchung und Sichtbarmachung eines vielfältigen, potenziell wuchernden Phänomens nicht nur Auswirkungen auf die Darstellbarkeit und „Objektivierung" des Imaginären bei beiden Autoren hat, sondern dass das Imaginäre als Grenzphänomen auch auf die naturwissenschaftlichen Praktiken, die zu seiner Untersuchung eingesetzt werden, zurückwirkt: Ihr Einsatz legt nebenbei die imaginären Grundlagen etablierter wissenschaftlicher Praktiken offen, indem die Erkenntnisgrenzen der jeweiligen Verfahren ausgelotet und ihre impliziten imaginären Bestandteile deutlich werden. Die genauere Untersuchung, wie im Rahmen der Wissenschaften vom Imaginären bildliche Verfahren eingesetzt werden, erlaubt folglich Einsichten in die Rückseiten scheinbar rein wissenschaftlich-rationaler Praktiken.

In ähnlicher Perspektive untersucht Kapitel VII *Experimentieren. Fiktionale Experimente mit dem Tod (Canetti), der Depersonalisierung und dem Muschel-Sein (Caillois)* den Einsatz fiktionaler Verfahren bei beiden Autoren. Hierbei sind solche Texte von Interesse, in denen die Fiktion aus ihrer engen Verschränkung mit der Literatur gelöst und als wissenschaftliches Verfahren zur Untersuchung des Imaginären eingesetzt wird, wie dies Canetti etwa in *Masse und Macht* sowie seinen Aufzeichnungen und Caillois in einzelnen kurzen Texten aus *Cases d'un échiquier* unternimmt. Als Erkenntnisinstrument des Imaginären bietet sich die Fiktion nicht deswegen an, weil in ihr grundsätzlich ein Wahrheitsanspruch suspendiert würde. Im Gegenteil: In der Fiktion werden für beide sonst unzugängliche Bereiche des Imaginären, der Tod beispielsweise, zugänglich. Damit gelingt es ihnen, Experimente mit imaginären Weltordnungen durchzuführen, theoretische Konsequenzen einer Welt ohne Tod oder der Vervielfältigung jenseits des menschlichen Individuums zu modellieren. Auch hier zeigt sich, dass beide Autoren zur Untersuchung von Phänomenen des Imaginären jeweils Texte produzieren, in denen Verfahrens- und Gegenstandsebene miteinander konvergieren. In diesem Sinne lässt sich nachweisen, dass sich ihre fiktionalen Texte aus einer metatheoretischen Perspektive mit der Rolle von Fiktion(en) im wissenschaftlichen Erkenntnisprozess befassen. Dieser Befund wird innerhalb des Kapitels von aktuellen Forschungen zur wissenschaftlichen Fiktion und dem Experiment gerahmt, um vor diesem Hintergrund zu zeigen, dass und wie die Texte den Einsatz fiktionaler Verfahren für den Prozess ihrer Wissenschaft aufwerten. Erneut lassen die Texte damit einen Blick auf die „verunreinigende" Rückseite wissenschaftlicher Praktiken zu. Ihre spezifische Perspektive auf die Fiktion als verleugnete Dimension einzelner Wissenschaften wird so auch für andere wissenschaftliche Ansätze fruchtbar.

Das letzte Kapitel VIII *Diagonalisieren (Caillois) und seitliches Wissen (Canetti). Paranoische Architekturen* führt eine übergeordnete Perspektive ein. Ging es in allen vorherigen Kapiteln um je verschiedene wissenschaftliche Verfahren, deren Beitrag zur Untersuchung des Imaginären, und die Frage, wie sie in Konfrontation mit dem Gegenstand des Imaginären ihre eigenen imaginären Bestandteile offenlegen, fokussiert das letzte Kapitel Caillois' „diagonale Wissenschaften" als wissenschaftstheoretischen Entwurf, der den Rahmen für alle zuvor skizzierten Verfahren bildet. Dieser Entwurf lässt sich nicht nur gewinnbringend zur Untersuchung von Canettis Text- und Arbeitsformen ins Spiel bringen, sondern weist zudem starke Ähnlichkeiten zu dessen Begriff des „seitlichen Wissens" auf. Ausgehend davon nimmt das Kapitel den Faden der vorgehenden verfahrensbezogenen Abschnitte wieder auf und vertieft die aufgeworfenen Fragestellungen nach den Machtstrukturen, die den wissenschaftlichen Praktiken inhärent sind, und nach jenen neuen Zwängen, die das Diagonalisieren, das als Gegenkonzept zur Macht strenger Grenzen des Wissenssystems entsteht, wiederum selbst produziert. Erneut überlagern sich hier die Perspektiven auf Verfahren und Gegenstand: Anhand der Metapher der „Wissens(system)architektur" und der Reflexionen zu tatsächlichen Architekturphänomenen, die sich sowohl bei Canetti als auch bei Caillois finden, stellt sich in diesem Kapitel die Frage, ob die Untersuchung eines universalen und umfassenden Imaginärem bereits aufgrund ihres Gegenstands einem paranoischen Deutungswahn anheim zu fallen droht. Und es unternimmt den Versuch, aus den Schreibformen und Reflexionen (vor allem) Canettis potenzielle Gegentechniken zu extrahieren, gegen die diagonale Paranoia und die sich bei beiden Autoren hinterrücks wieder einschreibenden Souveränitätsgesten der Selbstaufgabe an ihren aktiven Gegenstand.

In immer neuen Anläufen „graben" sich beide Autoren durch Fragen der Lesbarkeit, der Bildlichkeit, der Dinglichkeit des Imaginären, auf der Suche nach neuen Verbindungslinien der verschiedenen Peripherien. Ihre Maulwurfsarbeit zielt letztlich darauf, die Ränder der Wissenschaften zu stärken, die Grenzen des menschlichen Individuums zu übertreten und periphere Perspektiven jenseits fixierter binärer Oppositionen in der Moderne zu eröffnen. Die so entstehenden, dezentrierenden Verbindungslinien laufen in ihren jeweiligen Konzepten des Imaginären zusammen, die grundlegend anders ansetzen als bisherige Theoretisierungen (Kap. IX Ausblick *„Fossilien für niemanden" – Dezentrierte Perspektiven auf das Imaginäre*). Bergen die „diagonalen Wissenschaften" aber schließlich das Risiko, dass die Blindheit des Maulwurfs in paranoische Hellsichtigkeit umschlägt, so weist Canettis „seitliches Wissen" möglicherweise einen Ausweg (Kap. VIII.3 *Kleine Wissenschaft*).

**Vom Imaginären und der Wissenschaft.
Historische und systematische Perspektiven**

II Das Imaginäre und die „große Trennung"[1]: Von der Romantik zu den Kulturen- und Disziplinengrenzen im 20. Jahrhundert

1 Wissenschaften vom Imaginären *avant la lettre*

Der Versuch, durch Grenzverschiebungen zwischen Wissenschaft und Dichtung das Imaginäre und seine Figurationen zum Gegenstand des wissenschaftlichen und poetischen Denkens und Schreibens zu machen, hat entscheidende historische Vorläufer in Naturphilosophie, Dichtung und Wissenschaft der deutschen Romantik. An ihr lassen sich zwei Grundkonstellationen ablesen, die für die Untersuchung einer *Wissenschaft vom Imaginären* im 20. Jahrhundert stets mitzudenken sind und die sich in dieser Form in der Renaissance und dem „Zeitalter der Ähnlichkeit"[2] nicht finden lassen, obwohl auf den ersten Blick gerade hier starke Bezüge zu einer wissenschaftlichen wie poetischen Untersuchungen des Imaginären und der „Diagonalisierung" als wissenschaftlichem Verfahren denkbar wären.

Erst mit dem Anfang des 19. Jahrhunderts aber sind erstens auf wissenssoziologischer Ebene spezifische Entwicklungen des Wissenschaftssystems erkennbar, die gleichermaßen als Vorbild wie als Kontrastfolie für die späteren Konsolidierungen sowie Hybridisierungen der Wissenschaftsdisziplinen dienen und die von vielen romantischen Texten kritisch begleitet werden. Diese im Übergang vom 18. ins 19. Jahrhundert beginnende interne Differenzierung der Wissenschaften, die ein System wissenschaftlicher Disziplinen zur Folge hat, bildet einen entscheidenden „Einschnitt in der Geschichte der modernen Wissenschaft".[3] Zweitens eignet der Romantik eine besondere diskursgeschichtliche Bedeutung für die Entstehung des Imaginären, auch wenn sich der Begriff selbst erst im 20. Jahrhundert verbreitet und produktiv wird. Zum Komplex von Einbildungskraft, Imagination und Phantasie tritt in der Romantik eine starke Aufwertung des Unbewussten hin-

---

1 Vgl. allgemein dazu das Kapitel „Die große Trennung" von Philippe Descola: *Jenseits von Natur und Kultur*. Hg. v. Michael Kauppert. Übers. v. Eva Moldenhauer. Berlin: Suhrkamp 2011, S. 99–142.
2 Vgl. Michel Foucault: *Die Ordnung der Dinge. Eine Archäologie der Humanwissenschaften*. Übers. v. Ulrich Köppen. Frankfurt am Main: Suhrkamp 2003, S. 46–77.
3 Rudolf Stichweh: „Differenzierung der Wissenschaft". In: *Zeitschrift für Soziologie* 8 (1979), H. 1, S. 82–101, hier S. 84. Vgl. ausführlich dazu sowie zum Disziplinen- und Wissenschaftsbegriff die Kapitel II.2.2 und II.2.3.

zu. Auch ihm wird – wie später dem Imaginären – ein anarchisches, destruktives, unkontrollierbares oder ungezähmtes Element zugeschrieben.

Die hier folgende, stark schlaglichtartige Betrachtung romantischer Ansätze gründet sich in der Ausgangsüberlegung, dass sich gerade in diesem Zeitraum die Einbildungskraft auf besondere Weise mit dem Unbewussten verschaltet. Und es ist diese Verschaltung von Einbildungskraft und Unbewusstem, die ihre spätere Disziplinierung im Doppelsinn ermöglicht: als Bändigung der disruptiven Potenziale und als Zuordnung zur aufkommenden Psychoanalyse. Dieser Prozess ist unauflöslich mit Fragen des Subjektbegriffs und der Subjektkonstitution verbunden. Wenn Einbildungskraft bzw. Unbewusstes in der Romantik vor allem als menschliches Vermögen bzw. Schatten der Subjektbildung zu verstehen sind, dann kann gerade die Betrachtung ihrer Beziehung zum Wissenschaftskonzept romantischer Ansätze, ihrer wissenschaftlichen Erforschung und Disziplinierung zum Schlüssel für die Frage nach der Entstehung des Konzepts des Imaginären werden. Denn erst aus der Verschränkung und wissenschaftlichen Disziplinierung beider Vorgängerbegriffe wird eine Funktionsstelle innerhalb des Wissenschaftsdiskurses frei, die das Imaginäre besetzen kann. So sollen die Konturen der Wissenschaften vom Imaginären des 20. Jahrhundert gerade in Abgrenzung zu den scheinbar ähnlichen romantischen Bewegungen auf beiden Ebenen – der wissenschaftssoziologischen und der diskursgeschichtlichen über die Begriffe vom Unbewussten und der Einbildungskraft – geschärft werden.

Zuvor bedarf es noch einer großen Einschränkung: Die Entwicklung des Verhältnisses eines sich zunehmend differenzierenden Wissenschaftssystems und seiner Beziehungen zur Imagination bzw. dem Imaginären wird in diesem Buch nicht kontinuierlich nachvollzogen, es wird nicht um große historische Linien der Fragen von Objektivität und Subjektivität oder der Rationalität gehen. Die exemplarischen Blicke auf einzelne romantische Texte und ihre Konstellationen dienen vielmehr einer kontrastiven Wahrnehmung der „diagonalen" Ansätze des 20. Jahrhunderts. Sie sollen zeigen, dass es insbesondere vom Wissens- und Wissenschaftsbegriff und dessen spezifischen Grenzen abhängt, ob sich das Imaginäre fixieren und untersuchen lässt. Es wird davon ausgegangen, dass sich die epistemische Verschiebung, auf die zahlreiche romantische Texte bereits ansatzweise reagieren, im 20. Jahrhundert derart verstetigt und verstärkt, dass sowohl Canetti als auch Caillois nur oberflächlich romantische „Einheitssehnsucht" unterstellt werden kann, – und auch nur dann, wenn man das affirmative Verhältnis der beiden zu den Wissensbeständen eines modernen, ausdifferenzierten Wissenschaftssystems unbeachtet lässt. Zwar ähneln sich diagonale Wissenschaften und romantische Bestrebungen in vielfacher Hinsicht, sie setzen aber bei grundlegend unterschiedlichen wissenssoziologischen Ausgangslagen an, sodass ein Weg aus dem 20. Jahrhundert „zurück" zu den Strategien der Romantik wenigstens für Caillois und Canetti nicht als Option erscheint.

Die benannte epistemische Verschiebung ermöglicht einerseits die „Entdeckung des Unbewußten",[4] zu der die Romantik, verstanden als literarische, aber auch als naturwissenschaftliche Strömung, einen bedeutenden Teil beiträgt. Vor allem aber umfasst sie die Neujustierung der Grenzen zwischen Wissenschaft und Poesie, von Natur und Kultur(-wissenschaft), Mensch und Natur. Als Reaktion auf das mechanistische Weltbild, die Fragmentierung von Wissensbereichen, die aufklärerische Aufwertung der „ratio" gegen den Aberglauben und die Isolierung der rational-empirischen Wissenschaften entwickeln romantische Ansätze Gegenmodelle universalen Wissens. Dabei beobachten und versuchen sie genau diejenige Bruchstelle zu heilen, an der das Wissen und die Wissenschaften historisch unmittelbar darauf in „zwei Kulturen" zerfallen werden. Denn wie endgültig und universell dem heutigen Wissenschaftssystem die Trennung von Natur und Kultur auch erscheinen mag, diese ist im Hinblick auf ihre Umsetzung innerhalb der Wissenschaftslandschaft kaum älter als ein Jahrhundert.[5] Denn erst „seit dem neunzehnten Jahrhundert zerstückelt sich das epistemologische Feld oder vielmehr: es springt in verschiedene Richtungen auseinander".[6] Die um 1900 neu entstehenden oder sich radikal verändernden Wissenschaften, wie die Soziologie, die Psychiatrie[7] oder aber die moderne Historiographie werden vor dem Hintergrund jener „großen Trennung"[8] zur eindeutigen Positionierung gezwungen.[9]

---

4 Vgl. Henri F. Ellenberger: *Die Entdeckung des Unbewußten. Geschichte und Entwicklung der dynamischen Psychiatrie von den Anfängen bis zu Janet, Freud, Adler und Jung*. Übers. v. Gudrun Theusner-Stampe. Zürich: Diogenes 1996 sowie spezieller zum deutschen Kontext: Ludger Lütkehaus (Hg.): *Tiefenphilosophie. Texte zur Entdeckung des Unbewußten vor Freud*. Hamburg: Europäische Verlagsanstalt 1995.
5 Vgl. Descola: *Jenseits von Natur und Kultur*, S. 138.
6 Foucault: *Die Ordnung der Dinge*, S. 415.
7 Vgl. zu deren Entstehung aus den Verbindungen von Literatur, Mesmerismus und Medizin: Jürgen Barkhoff: *Magnetische Fiktionen. Literarisierung des Mesmerismus in der Romantik*. Stuttgart, Weimar: Metzler 1995, S. XI.
8 Die moderne Trennung von Geisteswissenschaften und Naturwissenschaften als Verlängerung der lang vorbereiteten abendländischen Trennung von Kultur und Natur, von Mensch und unbelebtem Ding versucht Philippe Descola über eine Perspektivverschiebung, d.h. aus der Sicht anderer Kosmologien in ihrer „Architektur" verstehbar zu machen. Vgl. dazu erneut Descola: *Jenseits von Natur und Kultur*, S. 99.–142.
9 Folgt man Michel Foucault, so wird hier der Mensch erstmals Objekt und Subjekt des Wissens gleichermaßen; er wird damit für die Wissenschaft „erfunden": „Erst als die Naturgeschichte zur Biologie, die Analyse der Reichtümer zur Ökonomie und als vor allem die Reflexion der Sprache zur Philologie wird und jener klassische Diskurs erlischt, in dem das Sein und die Repräsentation

Dies verpflichtet einzelne Disziplinen folglich dazu, mit dem scheinbar „allgemeinen Fortschritt des Wissens [...] ihre für eine Wissenschaft uneingestehbaren Verbindungen zu dem zu verschleiern, was nunmehr als ‚Literatur' gilt."[10] Auf der Grundlage dieser „Reinigungsarbeit",[11] die sich über die Geschichte der wissenschaftlichen Disziplinen und ihre Selbstbeschreibungen beobachten lässt, wird es möglich, die Begriffe *Wissenschaft* und *Literatur* zu verwenden und als getrennt voneinander zu setzen: Die jeweiligen Diskurse nehmen diese Setzung selbst vor, indem sie sich von ihrer hybriden Vergangenheit lossagen und diese zu überdecken versuchen. In ihrer Absage umreißen sie bereits selbst klar die Grenzen und Unterschiede beider Kontrastbegriffe. An diese wird im Folgenden angeschlossen, nicht ohne sie allerdings später in ihrer Genese und ihren oft auch widersprüchlichen und folgenschweren Implikationen zu hinterfragen.

Ihre Position auf dieser Scharnierstelle, bevor sie zur unüberwindbaren Bruchstelle wird, ist es nun, die romantische Texte und Ansätze einerseits in einer grundsätzlich anderen epistemischen Konstellation verortet und damit radikal vom 20. Jahrhundert trennt. Andererseits liefert gerade auch ihre Beobachterperspektive auf die sich „vor ihren Augen" vollziehenden Transformation aufschlussreiche (Selbst-)Beschreibungsweisen, aus denen sich entscheidende wissenschaftstheoretische Analyseinstrumente ableiten lassen. Darüber hinaus stehen nicht nur die Begriffe und das Verhältnis von Wissenschaft und Literatur (bzw. Dichtung) zur Disposition, sondern zugleich auch die von Organischem und Anorganischem sowie von Mensch und Natur. Dass sich diese Fragen erst ab dem Ende des 18. Jahrhundert stellen lassen, hängt wiederum mit der von Foucault postulierten „Entdeckung des Menschen" zusammen.[12]

---

ihren gemeinsamen Platz fanden, erscheint in der tiefen Bewegung einer solchen archäologischen Veränderung der Mensch mit seiner nicht eindeutigen Position als Objekt für ein Wissen und als Subjekt, das erkennt [...]" (Foucault: *Die Ordnung der Dinge*, S. 377). Dieses „Ereignis innerhalb der Ordnung des Wissens" hat nun die „unaufhörliche Auseinandersetzung zwischen den Wissenschaften vom Menschen und den Wissenschaften schlechthin" (ebd., S. 414f) zur Folge.

10 Michel de Certeau: *Theoretische Fiktionen. Geschichte und Psychoanalyse*. Hg. v. Luce Giard. Übers. v. Andreas Mayer. Wien: Turia + Kant 1997, S. 56.

11 Vgl. Latour: *Wir sind nie modern gewesen*, S. 107. Siehe dazu im Anschluss an Bruno Latours Begriff auch den Band der ZfK sowie das Vorwort von Hahn und Ghanbari in: Dies. (Hg.): *Reinigungsarbeit. Zeitschrift für Kulturwissenschaften* 1 (2013).

12 Foucault geht wie erwähnt bekanntlich davon aus, dass der Mensch „eine junge Erfindung" sei, und erst mit dieser Erfindung die Humanwissenschaften als Ausdruck der „modernen Episteme" entstehen könnten. Foucault: *Die Ordnung der Dinge*, S. 373–377, sowie auch S. 413–462; siehe auch Descola: *Jenseits von Natur und Kultur*, S. 118. Noch vor diese „Erfindung" zurückzugehen und zusätzlich auch frühneuzeitliche Ansätze zu berücksichtigen, wäre allein schon deswegen

Es werden hier demzufolge nur diejenigen zeitgenössischen Texte und Diskurse angeführt, in denen sich das romantische Wissenschaftsprogramm mit Analysen zum Imaginären *avant la lettre* überschneidet, analog zur hier eingenommenen Doppelperspektive von wissenssoziologischen *und* diskursgeschichtlichen Fragen: Denn trotz der grundlegend verschiedenen wissenschaftsdisziplinären und epistemischen Ausgangslage, die die Romantik vom 20. Jahrhundert trennt, gehen bereits die vorbegrifflichen romantischen Wissenschaften vom Imaginären mit disziplinären wie textuellen Hybridisierungen einher.

1.1 Romantische Beobachtungen (auf) der Bruchlinie der „zwei Kulturen"

Ob „als letzter großer Versuch der Neuzeit, die getrennten Sphären von Körper und Geist, Diesseits und Jenseits, Vernunft und Sinnlichkeit, Mensch und Natur, Philosophie, Wissenschaft und Poesie im Medium der poetischen Einbildungskraft zu synthetisieren"[13] oder als „erste Selbstkritik der Neuzeit"[14] verstanden: In beiden Fällen stellen sich romantische Texte die Aufgabe, „den Bruch im Universum zu heilen", indem sie Philosophie, Naturwissenschaft und Dichtung neu zusammenfügen.[15] Das Naturwissenschaftskonzept der Romantik wurde dabei insbesondere von den Entdeckungen Galvanis, Mesmers und Voltas stark beeinflusst, die sämtlich auf einen inneren Zusammenhang des lebendigen Naturganzen schließen ließen, welcher mit einem mechanistischen Weltzugang nicht in Übereinstimmung zu bringen war. In Verbindung mit philosophischen Impulsen, etwa der Schelling'schen „Weltseele", avancierte die Annahme einer universalen, weltumspannenden Einheit zur Grundlage der romantischen Wissenschaften. Im Menschen, als Teil dieser Einheit, erhalte die Natur die Möglichkeit, Wissen über sich selbst, das im Menschen zum Bewusstsein komme, zu erlangen. Das einheitsstiftende Urprinzip könne nur anhand seiner Wirkungsweisen in den Ausformungen innerhalb der Natur erkannt werden. Insofern waren Naturphilosophie und Naturforschung eng miteinander verknüpft: „Nicht also eine Subjekt-Objekt Diffe-

---

für das vorliegende Buch nicht sinnvoll gewesen, weil dafür die Fragen zur Grenze zwischen Mensch und Natur ganz anders gestellt werden müssten.
13 Silvio Vietta: „Frühromantik und Aufklärung". In: Ders., Wolfgang Frühwald (Hg.): *Die literarische Frühromantik*. Göttingen: Vandenhoeck & Ruprecht 1983, S. 7–84, hier S. 66.
14 So der Philosoph Gerhard Krüger, zitiert nach Arthur Henkel: „Was ist eigentlich Romantisch?" In: Herbert Singer, Benno von Wiese (Hg.): *Festschrift für Richard Alewyn*. Köln, Graz: Böhlau 1967, S. 292–302, hier S. 296.
15 Vgl. Barkhoff: *Magnetische Fiktionen*, S. XVII.

renz, sondern eine Organismus-Kosmos Identität erlaubt Erkenntnis."[16] Während jedoch die spekulativ-idealistische Naturphilosophie nach Schelling daran glaubte, dass sich Natur und Geist restlos durchdringen, hegte die Naturforschung Zweifel an der Möglichkeit, die universale Einheit der Natur erkennen zu können.[17]

Die dennoch nicht weniger zahlreichen Versuche der Naturforschung, dem Ideal umfassender Naturerfahrung gerecht zu werden, bemühten sich, das Problem auf Verfahrensebene zu lösen, so etwa Texte von Carl Gustav Carus oder Johann Wolfgang von Goethe. In Entwürfen ästhetisch geformter Wissenschaft stemmten sie sich gegen die „große Trennung", deren Vollzug im Prozess reflektiert und umzukehren versucht wurde. Die Naturwissenschaften, die ursprünglich aus einer Einheit mit der poetischen Erfahrung hervorgegangen seien, müssten für eine ganzheitliche Naturerfassung erneut zu ihr zurückkehren.[18] Der Topos des umfassenden Naturganzen verlangte also in dem Moment, in dem er zum wissenschaftlichen Objekt der Untersuchung avancierte, nach Hybridisierungen der Form. Er rief so dazu auf, sich der parallel vollziehenden Trennung der „zwei Kulturen" entgegenzustellen, indem die Herkunft der Wissenschaft aus einer Einheit mit der Poesie offenbart und nutzbar gemacht werden sollte. Aus heutiger Sicht allerdings ist deutlich sichtbar, dass ein ostentatives „Entgegenstellen" eben erst dadurch möglich wird, dass die Trennung längst vollzogen und anerkannt worden ist: Die Nivellierung bedarf einer vorgängigen Unterscheidung.

An dieser Stelle gabeln sich daher die Perspektiven: Konzepte der Verbindung von Kunst und Wissenschaft, wie etwa bei Schelling und Novalis, die die Poesie in die Position setzen, das Naturganze besser als jede Wissenschaft erfassen zu können, sind als literarische Ansätze trotz allem von denen unterschieden und zu unterscheiden, die, wie beispielsweise bei Carl Gustav Carus, aus wissenschaftlicher Perspektive eine Poetisierung der Wissenschaften vorschlagen.[19] Die meisten Bestrebungen, Philosophie, Naturwissenschaften und Poesie miteinander zu verschränken, bleiben hier bereits in derjenigen „Kultur" verankert, aus der sie hervorgehen, auch wenn sie umfangreiche Austauschprozesse initiieren.

---

16 Georg Kamphausen, Thomas Schnelle: *Die Romantik als naturwissenschaftliche Bewegung. Zur Entwicklung eines neuen Wissenschaftsverständnisses.* Bielefeld: Kleine 1982, S. 4.
17 Vgl. Jutta Müller-Tamm: *Kunst als Gipfel der Wissenschaft. Ästhetische und wissenschaftliche Weltaneignung bei Carl Gustav Carus.* Berlin, New York: De Gruyter 1995, S. 14.
18 Ebd., S. 20.
19 Ebd., S. 25 sowie S. 12. Dies gilt auch dann, wenn – wie im Falle Novalis' oder Goethes – ein Autor Dichter und Wissenschaftler in Personalunion ist.

Demzufolge schließt das Kapitel mit dem Blick auf Novalis' *Lehrlinge zu Sais* als poetischem sowie Gotthilf Heinrich von Schuberts *Ansichten von der Nachtseite der Natur* als wissenschaftlichem Vorläufertext für die Wissenschaften vom Imaginären im 20. Jahrhundert.

Zunächst aber zurück zur angekündigten Doppelperspektive auf eine wissenschaftssoziologische Dynamik einerseits und eine diskurse Verknüpfung von Einbildungskraft, Wissenschaft und neu „entdecktem" Unbewussten andererseits: Das Streben nach einer poetischen Wissenschaft reagiert, sucht man nach einer wissenschaftssoziologischen Erklärung und hält sich an gängige Lesarten, kompensatorisch auf die romantische Spielart einer spezifisch modernen Verlusterfahrung.[20] Diese Bewegung hin zur poetischen Wissenschaft versteht sich selbst dabei nicht als Gegenkonzept oder regressive Störung zeitgenössischer wissenschaftlicher Entwicklungen, sondern gerade als Produkt des Fortschritts in den modernen Wissenschaften. Als Versuche, die Leerstellen, die „Zerfallenheit",[21] die Lücken in der Erfahrung, die sich durch das rational-empirische Weltbild aufgetan haben, über die Wiedereinführung von Totalitätserfahrungen zu schließen, knüpfen sie an das zu überwindende Wissenschaftskonzept an, nutzen dessen Methoden, etwa die der Beobachtung von Naturvorgängen, um sie in einen umfassenderen Ideenzusammenhang zu überführen. Gegen den durch die Fragmentierung des Wissens und das Auseinanderklaffen der Bereiche von Glauben und Wissen(-schaft) entstandenen Riss in der Sinnproduktion setzen die romantischen (Natur-)Wissenschaften die Verschränkung mit der poetischen Erfahrung. Die Probleme, die sich im Bereich der Sinnproduktion manifestieren, werden also der Differenzierung und Rationalisierung des Wissenschaftssystems zur Last gelegt und folgerichtig auch mit Hybridisierung der jeweiligen formalen Verfahren kuriert. Parallel schreibt die Romantik selbst bereits an ihrer Wissenschaftsgeschichte.[22] Darin entwickelt sie ein binäres Modell des wissenschaftlichen Fortschritts, in dem sich rationale und empirische Phasen mit ganzheitlichen-schöpferischen abwechseln:

> Daher ist das Leben, selbst bei den genievollesten Männern, zwischen Begeisterung und Nachdenken geteilt, ohne deren Vereinigung nie das Vollendete hervorkäme. Die Stunden

---

20 Ebd., S. 12.
21 Kamphausen/Schnelle: *Die Romantik als naturwissenschaftliche Bewegung*, S. 12.
22 Vgl. zur Konjunktur der Wissenschaftsgeschichtsschreibungen zwischen 1750 und 1840, die den Fortschritt der Wissenschaften, an den sie mit emphatischer Überzeugung glauben, oft als einen Wechsel von Gezeiten, mit den Metaphern von Ebbe und Flut beschreiben: Lorraine Daston: *Wunder, Beweise und Tatsachen. Zur Geschichte der Rationalität*. Übers. v. Gerhard Herrgott, Christa Krüger, Susanne Scharnowski. Frankfurt am Main: Fischer 2014, S. 119f.

der Hervorbringung nenne ich nun die erweiternden, die des Verstandes die einschränkenden: und ähnliche Perioden giebt es, wie ich glaube, in der Geschichte der Wissenschaft.[23]

Nicht als Abkehr, sondern als Erweiterung von bestehenden Praktiken und Zugängen ist das neue Modell der poetischen Wissenschaft zu denken und legitimiert so mithilfe der zeitgleich vorgenommenen Historisierung das eigene Vorgehen als „Fortschritt" innerhalb des Wissenschaftssystems. Hans-Christian Oersteds Betonung der erweiternden Hervorbringung von 1807, die er dem einschränkenden „Verstand" zur Seite stellt, knüpft dabei explizit an die romantische Kunsttheorie an, die die Kunst von den Vorgaben der Mimesis der Natur löst und zur Neuschöpfung befähigt. Obwohl sich damit die Wissenschaftsgeschichte als durchlässig in Richtung der ästhetischen Theorie zeigt, verlagert sich zeitgleich die Einbildungskraft, die am Grunde jener schöpferischen Tätigkeit angesiedelt ist, innerhalb des polar gewordenen Modells von Wissenschaft und Kunst an das Ende der letzteren. Damit erhält auch die ablehnende Haltung der Wissenschaft gegenüber der Einbildungskraft, die weit hinter die hier gezogene historische Grenze der Romantik zurückreicht, neuen Zündstoff. Nur als „gesunde, aktive Imagination"[24] war die Einbildungskraft für das 18. Jahrhundert Grundvoraussetzung sowohl für Kunst als auch für die Wissenschaft.

Die Polarisierung zwischen Objektivität, der sich die Wissenschaft verschreibt, und Subjektivität, die der Kunst zugeordnet wird, doppelt also die „große Trennung" der beiden Kulturen.[25] Vermischungen bleiben zwar möglich, aber „der neue polare Gegensatz von Subjektivität und Objektivität strukturierte die Weise, wie Grenzgänge zwischen beiden wahrgenommen wurden."[26] Damit wenden sich die romantischen Wissenschaften, legt man die Unterscheidungen des 18. Jahrhunderts zugrunde, statt der „gesunden" Form der Imagination der dunklen, gefährlichen Seite der Einbildungskraft zu. Denn ihr Verdienst ist es, Anfang des 19. Jahrhunderts innerhalb der Kunst die Originalität des Geniekults mit der Subjektivität der Künstler*innen zu verschalten, und dabei die sogenannte „pas-

---

23 Hans-Christian Oersted: „Betrachtungen über die Geschichte der Chemie", in: *Journal für die Chemie und Physik* 3 (1807), S. 194–231, zit. nach: ebd., S. 181.
24 Daston: *Wunder, Beweise und Tatsachen*, S. 107.
25 So zumindest die Argumentation von Lorraine Daston: „Aber während im achtzehnten Jahrhundert weder Künstler noch Wissenschaftler einen Konflikt darin gesehen hatten, beide Maßstäbe [strenge Naturtreue und phantasievolle Schönheit, EH] gleichzeitig anzuwenden, erzwang die um die Mitte des neunzehnten Jahrhunderts entstandene Kluft zwischen den Kategorien Objektivität und Subjektivität [...] eine Entweder-Oder-Entscheidung." Ebd., S. 114. Für eine kritische Perspektive auf Dastons Thesen zur „Objektivität" in Bezug auf die Mikrofotografie siehe Kapitel VI.2, Abschnitt „Mikrofotografie, Objektivität und Kunst".
26 Ebd.

sive Imagination" aufzuwerten, die sich gegen den Verstand verwehrt und als unlenkbare „sprudelnde Quelle genialer Schaffenskraft"[27] gilt. Dabei wird die Verbindung von Unbewusstem, Einbildungskraft und Kreativität auf entscheidende Weise neu codiert: War sie zuvor meist eine weiblich konnotierte, gefährliche Verknüpfung, die es um jeden Preis zu zügeln galt, wird sie hier nun männlicher geniehafter Kreativität zugeordnet. Obwohl zwischen schöpferischer Genialität und Wahnsinn schwankend, wird das (männliche) Künstlersubjekt dennoch für fähig gehalten, die gefährdenden Kräfte zu bändigen – etwas, das für das Imaginäre des 20. Jahrhunderts nicht mehr gelten wird.

Trotz allem bleiben die romantischen Wissenschaften eine Bewegung auf der Grenze. Zwar sind sie selbst bereits dem Paradigma wissenschaftlicher Objektivitätsforderung unterworfen, zugleich streben sie aber entgegen der Differenzierung von Religion, Poesie und Wissenschaft nach einem ganzheitlichen, auch religiöse und alltägliche Horizonte umfassenden Wissen. In ihrer Studie zur Romantik als (natur-)wissenschaftlicher Bewegung schlussfolgern Kamphausen und Schnelle daher, dass die romantischen Wissenschaften unter den Strukturbedingungen funktionaler Differenzierung und Säkularisierung nicht nur ohnehin kaum Erfolgschancen hatten, sondern ihr Versuch sogar „genau die Bedingung verschärfen muß, die der Auslöser war: funktionale Differenzierung."[28] Nicht als Gegenwissenschaft, als Negation aller bisherigen Fundamente der rational-wissenschaftlichen Praxis gilt es also die romantischen Wissenschaften aufzufassen. Aus systemtheoretischer Perspektive bilden sie vielmehr den Versuch, auf der Grundlage der „großen Trennung" von Naturwissenschaft und Kulturwissenschaft eine Nivellierung der wissensgeschichtlichen Polarisierung von Objektivität und Subjektivität vorzunehmen.

Die Entstehung des romantischen Imaginären *avant la lettre*, das sich in Form der Verknüpfung von Einbildungskraft bzw. Imagination und Unbewusstem manifestiert, sowie ihre wissenschaftliche Untersuchung lässt sich also erstens als Versuch betrachten, das von den romantischen Ansätzen wahrgenommene Sinnvakuum mit Synthesen wissenschaftlicher wie poetischer Verfahren zu einem neuen, allumfassenden Wissen zu füllen. Zweitens sind es gerade auch die institutionellen und wissenschaftsgeschichtlichen Umbrüche, die eine Veränderung der Idee der Natur nach sich ziehen und damit zulassen, dass die Entdeckung bestimmter Phänomene als Gegenstände des Wissens möglich wird.[29] Der Mesmerismus, der tierische Magnetismus, der Traum oder der Mythos werden als Gegen-

---

27 Ebd., S. 112.
28 Kamphausen/Schnelle: *Die Romantik als naturwissenschaftliche Bewegung*, S. 185.
29 Vgl. spezifisch zur „Autonomie der Natur": Descola: *Jenseits von Natur und Kultur*, S. 115.

stände, die romantische Wissenschaftsansätze für sich entdecken, zumindest teilweise rational-empirischen Wissenschaften entnommen. Sie erhalten aber durch die Integration in einen grundsätzlich verschiedenen Ideenapparat neue und radikal andere Bedeutung. Denn erst auf der Basis eines anderen Naturbegriffs werden sie als Wissensgegenstände für die Romantik denkbar.

Diese daraus resultierenden romantischen Untersuchungen sind von großer Bedeutung für „die letzte und wichtigste vorfreudianische Phase"[30] in der Entdeckungsgeschichte des Unbewussten, weil sie nicht nur auf der Grundlage eines neuen Bildes der Natur, sondern auch eines transformierten Bildes vom Menschen operieren. Fokussiert man allein den deutschen Kontext, beginnt ab Schellings *System des transcendentalen Idealismus* die letzte Runde jener Entdeckungsgeschichte, bevor sie sich durch die Psychoanalyse zu einem eigenen Paradigma aufschwingt.[31] Indem sie sich zu einem festen Bestandteil des wissenschaftlichen Diskurses wandelt, gelangt schließlich das bis dahin Verdrängte der Wissenschaft zurück ins Bewusstsein eben jenes Diskurses: Wie Michel de Certeau für die Entwicklung der Geschichtswissenschaft gezeigt hat, tritt durch die Psychoanalyse etwas in die wissenschaftliche Disziplinenlandschaft ein, das sich von der positivistischen Logik unterscheidet. Die Fiktion als das verdrängte Unbewusste der Wissenschaft, von dem sie sich stets abzugrenzen und zu schützen versucht und das dennoch nie restlos verdrängt worden ist, kehrt als Heimsuchung zurück.[32] Denn das Unbewusste und als verwandt angesehene Phänomene tragen stets ein

---

30 Ludger Lütkehaus: „Tiefenphilosophie". In: Ders. (Hg.): *Tiefenphilosophie. Texte zur Entdeckung des Unbewußten vor Freud*. Hamburg: Europäische Verlagsanstalt 1995, S. 2–45, hier S. 8.
31 Diese Geschichte ließe sich zwar ebenso bei Gottfried Wilhelm Leibniz, bei Immanuel Kant, oder bei Johann Georg Sulzer und der Aufklärung, bei Johann Gottfried Herder und Karl Philipp Moritz beginnen, sich natürlich auch jenseits des deutschsprachigen Kontexts betrachten und zieht sich so als kritischer Schatten durch die gesamte neuzeitliche Subjektphilosophie. Vgl. dazu ebd., S. 8.
32 Vgl. De Certeau: *Theoretische Fiktionen*, S. 55f. Dass dabei Psychoanalyse selbst diejenige Disziplin ist, die besonders stark von Fiktionen und Legenden heimgesucht wird, erzeugt eine Art Doppelstruktur: Diejenige Disziplin, die die Fiktion als das Unbewusste der Wissenschaft aufzudecken erlaubt, macht besonders häufig von ihr Gebrauch. Vgl. dazu Ellenberger: *Die Entdeckung des Unbewußten*, S. 7. In den juristischen Fallgeschichten oder denen der Magnetisierten wird allerdings schon nach der „großen Trennung", allerdings noch vor Etablierung der Psychoanalyse fiktional „erzählt" – die Fiktion war also, könnte man sagen, in der Wissenschaft nie absolut eliminiert worden. Die spätere Psychoanalyse ringt dann aber auch nach ihrer disziplinären Verstetigung immer wieder um Objektivität in Bezug auf die Beziehung zu ihrem wissenschaftlichen Untersuchungsgegenstand, dem Unbewussten der Patient*innen: „[D]er Analysand ist kein wissenschaftliches Objekt, demgegenüber sich der Analytiker mit Objektivität wappnen könnte. Die psychoanalytische Beziehung wird zwischen zwei Subjekten geknüpft." (Roland Barthes: „Zuhören". In: Ders.: *Der entgegenkommende und der stumpfe Sinn*. Übers. v. Dieter Hornig.

Darstellungs- bzw. ein Unterscheidungsproblem in die positivistische Analyse hinein, die sich mit ihnen befassen möchte. „Entweder ist das Unbewußte wirklich ein Unbewußtes – und dann weiß man sensu strictu von ihm eben nicht. Oder das Unbewußte wird, wie auch immer, bewußt – dann aber ist es nicht mehr das Unbewußte."[33]

Daraus ergibt sich also ein erkenntnistheoretisches Problem jeder Beschäftigung mit dem Unbewussten, das sich nur dadurch lösen lässt, dass man die bewusste Wahrnehmung des Unbewussten von den unbewussten Prozessen selbst trennt. Es lässt sich also immer nur indirekt erschließen.[34] In diesem Dilemma gründet eines der erkenntnis- und darstellungstheoretischen Kernprobleme romantischer Ansätze zum Unbewussten. Zugleich ist es der Vorbote dessen, was die Schwierigkeiten im Umgang mit dem Imaginären auszeichnen wird. Auch für das Imaginäre steht die disziplinäre Zuordnung und Bändigung zur Debatte, die an die Verknüpfung von Imagination und Unbewusstem zuvor herangetragen wurden. Dies gilt es in den folgenden Überlegungen zum 20. Jahrhundert (Kap. III) immer mitzubedenken.

Obwohl die Sprache der Darstellung gerade dort ausweglos an ihre Grenzen geführt wird, arbeiten Poesie und Wissenschaften romantischer Prägung an ebenjener Untersuchung der „Nachtseite der Vernunft". Dabei ist eine ähnliche Struktur erkennbar wie diejenige, die auch für die Analyse des Imaginären in gegenwärtigen literatur- und kulturwissenschaftlichen Ansätzen gelten wird: Annäherungen an das Unbewusste gelingen nur über dessen je konkrete Aktualisierungen im Bereich greifbarer, sichtbarer Phänomene.[35] Die Struktur von „Urphänomenen", auf die kein unmittelbarer Zugriff möglich ist, und seriellen

---

Frankfurt am Main: Suhrkamp 1990, S. 249–263.) Vgl. dazu ausführlicher mein Kapitel VII *Experimentieren*.
33 Lütkehaus: „Tiefenphilosophie", S. 14.
34 Vgl. ebd., S. 15.
35 Erst auf der Grundlage dieser neugeschaffenen romantischen Konstellation ist es später beispielsweise für Lacan möglich, seine Triangulierung des Realen, Imaginären und Symbolischen zu entwickeln oder in den für die Romantik typischen Einbrüchen des Fremden, des Unheimlichen, des Unverständlichen und Phantastischen „Risse im Gewebe des Symbolischen" zu erkennen, hinter denen des Unsagbare hervortrete: „Blitzlichter des Wahnsinns, Wege, die plötzlich vom Realen ins Imaginäre münden, unvorhersehbare Grausamkeiten oder Inversionen, die unvermittelt von der Taghelle des Bewußtseins in die ‚Nachtseite der Vernunft' zurückstürzen." So Dieter Mersch mit Bezug auf Lacan in: „Der versteinerte Augenblick. Zum Verhältnis von Kunst und Ereignis zwischen Barock und Moderne". In: *MoMo Berlin. Philosophischer Arbeitskreis* (2014). http://www.momo-berlin.de/files/momo_daten/dokumente/Dieter%20Mersch%20-%20Der%20versteinerte%20Augenblick.pdf (Stand 02.04.2020).

Aktualisierungen, deren Bestandteile in je verschiedenen Ausformungen stets aus dem Urphänomen hervorgehen, zählt zu den grundlegenden Figuren der romantischen Philosophie.[36] So beginnt für Goethe oder Carus Naturforschung immer mit der Beobachtung des natürlichen Phänomens und dessen Gestaltwandel. Aus der sich daraus ergebenden Reihe sind dann Schlüsse auf das Urphänomen als der idealen, dahinterstehenden Grundform möglich.[37] Henri Ellenberger bringt in seiner klassisch gewordenen Studie diese romantische Grundvorstellung der Naturbeobachtung mit der Untersuchung des Unbewussten – der zeitgenössischen sowie der um 1900 – in Verbindung: Hinter Rausch- und Ekstasezuständen, im Traum oder in poetischer Imagination könne in der Romantik das Unbewusste als das „Fundament des im unsichtbaren Leben des Universums verwurzelten Menschen, und daher das eigentliche Band, das den Menschen mit der Natur verknüpfte",[38] erkannt werden.

Strukturell parallel dazu sind die Theorien des Imaginären, wie sie sich im 20. Jahrhundert entwickeln, von der Vorstellung eines unzugänglichen (Ur-)Phänomens und seiner konkreten Aktualisierung auf „Performance"-Ebene, auf der sich die Gestalt des ersteren ablesen lasse, geprägt. Um diese scheinbare Kontinuität von der Romantik bis ins 20. und 21. Jahrhundert, die auch eine Äquivalenzbeziehung von romantischem Unbewussten und gegenwärtigem Imaginären unterstellt, zu hinterfragen, lohnt ein Blick auf zwei (früh-)romantische Beispiele.

1.1.1 Novalis' *Die Lehrlinge zu Sais* als Lehren vom Imaginären

Karl Heinz Bohrer hat darauf hingewiesen, dass in der Frühromantik die Entdeckung des Kunstwerks in seiner Reflexivität im Vordergrund steht und das Phantastische, das Unbewusste und das Unheimliche erst mit der Spätromantik stärker in den Fokus des Interesses treten.[39] Das frühromantische Subjekt muss außerdem deutlich von dem der Spätromantik unterschieden werden, welches durch die Konfrontation mit den dunklen Rückseiten der menschlichen Existenz ungleich problematischer wird.[40] Hinzu kommt, dass sich die Arten und Weisen,

---

36 Vgl. Ellenberger: *Die Entdeckung des Unbewußten*, S. 287.
37 Vgl. Müller-Tamm: *Kunst als Gipfel der Wissenschaft*, S. 16.
38 Ellenberger: *Die Entdeckung des Unbewußten*, S. 288.
39 Vgl. Karl Heinz Bohrer: „Das Phantastische der Surrealisten". In: Ders.: *Die Kritik der Romantik. Der Verdacht der Philosophie gegen die literarische Moderne*. Frankfurt am Main: Suhrkamp 1989, S. 39–61, hier S. 39.
40 Vgl. Barkhoff: *Magnetische Fiktionen*, S. XVIIf.

in denen Früh- und Spätromantik jeweils eine Zusammenführung von Kunst und Wissenschaft fordern, stark unterscheiden.[41]

Trotz alledem lässt sich in Novalis' Fragment gebliebenem *Die Lehrlinge zu Sais* die Frage nach der Wissenschaft bzw. dem Wissenschaftler eines Proto-Imaginären speziell im frühromantischen Kontext deshalb stellen, weil der Text Person und Praktiken des Naturforschers auffallend exponiert und reflektiert. Ein Jahr vor Beginn der Arbeit an seinem naturphilosophischen Romanfragment begann Novalis seine naturwissenschaftlichen Studien an der Bergakademie Freiberg. Das Fragment bietet sich deswegen besonders für den exemplarischen Blick auf die romantischen Wissenschaften von einem Imaginären *avant la lettre* an, weil es den praktischen Vermittlungsaspekt von Wissen und Wissenschaft sowie einzelne wissenschaftliche Verfahren, besonders das Sammeln, in den Vordergrund rückt. Durch die Figur des Lehrers, von dem der Erzähler zu Beginn des zwischen 1798 und 1799 entstandenen Textes ausführlich berichtet, ist das Fragment zunächst weniger eine Reflexion über die Natur, sondern vielmehr über die Zugangsweisen von Naturforschenden zu ihren Gegenständen:

Schon als Kind, so berichtet der Lehrling, habe sich sein Lehrer in forschenden Praktiken geübt: „Er sammelte sich Steine, Blumen, Käfer aller Art, und legte sie auf mannigfache Weise sich in Reihen."[42] Später „fand er überall Bekanntes wieder, nur wunderlich gemischt, gepaart, und also ordneten sich selbst in ihm oft seltsame Dinge. Er merkte bald auf die Verbindungen in allem, auf Begegnungen, Zusammentreffungen. Nun sah er bald nichts mehr allein."[43] Hier ist ein serielles Verfahren zu erkennen, das die disparaten Gegenstände anhand einer imaginierten, übergreifenden Struktur ordnet, die ihre Ähnlichkeit stiftet (vgl. zum Sammeln und der Ähnlichkeit Kap. IV). Ziel der Reihungspraxis ist es, die verschiedenen Ausformungen des Konkreten in einen Zusammenhang zu bringen, der sich zu einer übergeordneten Einheit verbindet. Dabei kommt der Anordnung der gesammelten Gegenstände ein eigener ästhetischer Wert zu: Das Auffinden eines unscheinbaren Steinchens „von seltsamer Gestalt" veranlasst den Lehrer, diesen in die Hand zu nehmen, zu küssen, „dann sah er uns mit nassen Augen an und legte dieses Steinchen auf einen leeren Platz, der mitten unter andern Steinen lag, gerade wo wie Strahlen viele Reihen sich berührten."[44] Das Berühren und händische Ergreifen des Dings ist hier entscheidend, da es auf die Praxis des Sam-

---

41 Wie Jutta Müller-Tamm etwa für Carl Gustav Carus unter anderem in Abgrenzung zu Novalis gezeigt hat, vgl. Müller-Tamm: *Kunst als Gipfel der Wissenschaft*.
42 Novalis: „Die Lehrlinge zu Sais". In: Ders.: *Werke*. Hg. u. kommentiert v. Gerhard Schulz. München: C. H. Beck 2013, S. 95–127, hier S. 96.
43 Ebd.
44 Ebd., S. 97.

melns sowie auf die Konkretheit, Handhabbarkeit des Dings verweist, die im krassen Kontrast zum ungreifbaren, nur erahnten Urphänomen steht. Die Rührung des Lehrers unterstreicht einerseits die geschlossene Logik der Reihe, an der jeder Platz mit einer eindeutigen Form zu besetzen ist, sodass sie offenbar erst mit jenem seltsam geformten Stein vervollständigt werden konnte. Zugleich ist die Praktik des Reihens, die zu einem Netz von Strahlen und Verzweigungen führt, selbst von ästhetischem wie von erkenntnistheoretischem Wert. Sie bringt schließlich auch die Rührung des Lehrers hervor und übt in gleicher Weise eine Wirkung auf den Schüler aus: „Ich werde dieser Augenblicke nie fortan vergessen. Uns war, als hätten wir im Vorübergehn eine helle Ahndung dieser wunderbaren Welt in unsern Seelen gehabt."[45]

Die Schönheit der Wissenschaft, die der Lehrer den Schülern zu vermitteln sucht, steht dabei im Kontrast zu den menschlichen Bestrebungen des bezeichnenden, zergliedernden Umgangs mit der Natur:

> Durch Übung werden Entwicklungen befördert, und in allen Entwicklungen gehen Teilungen, Zergliederungen vor [...]. Vielleicht ist es nur krankhafte Anlage des späteren Menschen, wenn sie das Vermögen verlieren, diese zerstreuten Farben ihres Geistes wieder zu mischen und nach Belieben den alten einfachen Naturzustand herzustellen, oder neue, mannigfaltige Verbindungen unter ihnen zu bewirken.[46]

Die eigentlichen Naturforschenden sind demnach diejenigen, welche die ursprünglichen Verbindungen aus dem Naturzustand wieder neu zu knüpfen vermögen, und „[d]aher ist auch wohl die Dichtkunst das liebste Werkzeug der eigentlichen Naturfreunde gewesen".[47]

Die feindlichste Praxis, welche die Zergliederung und Zerstreuung verursacht, sei demzufolge die des „Messerschnitts" der Naturforschung. Während Dichtende „mehr das Flüssige und Flüchtige mit leichtem Sinn verfolgten, suchten jene mit scharfen Messerschnitten den innern Bau [...] zu erforschen. Unter ihren Händen starb die freundliche Natur, und ließ nur tote, zuckende Reste zurück".[48] Novalis, als Vertreter der „Imaginationsbewegung um 1800",[49] schlägt

---

45 Ebd.
46 Ebd., S. 99.
47 Ebd., S. 100.
48 Ebd., S. 101. Vgl. zum Messerschnitt als wissenschaftlicher Praktik den Abschnitt „Poëtisierte Steine" in Kapitel V.2.
49 Elmar Dod: *Die Vernünftigkeit der Imagination in Aufklärung und Romantik. Eine komparatistische Studie zu Schillers und Shelleys ästhetischen Theorien*. Tübingen 1985, S. 141, zit. nach: Karlheinz Barck: *Poesie und Imagination. Studien zu ihrer Reflexionsgeschichte zwischen Aufklärung und Moderne*. Stuttgart: Metzler 1993, S. 80.

an diesen und ähnlichen Stellen mit den *Lehrlingen zu Sais* explizite Lösungen für eine der entscheidenden Problemstellungen der Epoche seit Kant vor. Diese frage, formuliert mit Karlheinz Barck, danach, „wie angesichts der sich differenzierenden Wissenschaften (und Künste) eine ‚Einheit der Wissenschaften' auf der Einheit des menschlichen Denkens, Fühlens und Handelns zu begründen sei."[50]

Novalis versucht nun, die schöpferische, produktive Kraft mit der passivierenden, gefährlichen Kraft der Einbildungskraft zu verbinden. Bei ihm im Stichwort der „Imagination" miteinander vereint, befragt er sie nach ihrer Rolle innerhalb von Erkenntnisprozessen im Bereich der Vernunft. Damit durchbricht er die traditionelle binäre Gegenüberstellung von Vernunft und Imagination: „Der andere *Weg der Vernunft*, den er beschritt, ist auch der *Weg einer anderen Vernunft*. Nicht der Weg des Irrationalismus oder des Mystizismus im Gegensatz zur Aufklärung, sondern der ihrer dialektischen Weiterbildung."[51]

Entscheidend für den Kontext wissenschaftlicher Untersuchungen eines Proto-Imaginären ist in diesem Fall, dass die Auflösung des Gegensatzes von Vernunft und Imagination bei Novalis ein wissenschaftsstrukturelles Ziel verfolgt: Sie, die Auflösung, wird zum angestrebten Ideal einer neuen Ordnung des Wissens und der Wissenschaften[52] sowie neuer wissenschaftlicher Praktiken. Damit wird verständlich, warum in der oben zitierten Passage „die Dichtkunst das liebste Werkzeug" der Naturforschung darstellt und die Messerschnitte dagegen den lebendigen Kern des zu untersuchenden Gegenstands nicht nur verfehlen, sondern ihn gar abtöten. Die Poesie ist dann nicht nur besonders dazu geeignet, Erkenntnisse über das wissenschaftlich zu untersuchende Objekt zu erzeugen, als Instrument ist sie außerdem mit einer besonderen ethischen Verantwortung gegenüber dem Gegenstand ausgestattet. „Der Künstler ist die Synth[ese] d[es] Theoretik[ers] und Practikers"[53] und bildet in seiner versöhnenden Funktion das Gegenteil zu allen Praktiken des Zergliederns, die dem Gegenstand stets eine ihm fremde, und willkürliche Form aufzuzwingen drohen. In einer Aufzeichnung Novalis' aus dem *Allgemeinen Brouillon* heißt es, man habe die Wissenschaft ähnlich wie den Menschen, „um sie leichter zu bearbeiten und bilden zu können", „in einzelne Wissenschaften (und Staaten) eingetheilt – der Eintheilungsgrund war hier und dort *zufällig* und *fremd*."[54] Die Kritik am Messerschnitt umfasst demnach eine

---

50 Ebd., S. 82.
51 Ebd., S. 83 [Herv. i.O.].
52 Vgl. ebd.
53 Novalis: *Das Allgemeine Brouillon: Materialien zur Enzyklopädistik 1798/99*. Hg. v. Hans Joachim Mähl. Hamburg: F. Meiner 1993, Nr. 482, S. 105.
54 Novalis: *Das Allgemeine Brouillon*, Nr. 983, S. 214; Vgl. dazu auch: Barck: *Poesie und Imagination*, S. 96. Eine ähnliche Kritik an den zergliedernden Verfahren der Wissenschaft, die ihren Ge-

soziale bzw. politische, eine wissenschaftstheoretische und eine ethische Dimension, der Novalis seine Theorie der Poesie und Imagination entgegensetzt. Die wissenschaftstheoretische Problemstellung, die in der Novalis'schen Notiz enthalten ist, behält allerdings über die Romantik hinaus ihre Gültigkeit und bildet auch die Grundlage für die Auseinandersetzungen Canettis und Caillois' im 20. Jahrhundert.

1.1.2 Gotthilf Heinrich von Schuberts *Ansichten von der Nachtseite der Naturwissenschaft*

Die „irrationalistische"[55] Spätromantik, oder, je nach der zugrunde gelegten Phasengliederung, auch bereits die mittlere Romantik, wendet sich in ihrer Selbstbeschreibung im Gegensatz zur frühromantischen Konzeption poetisierter Wissenschaft stärker den „tieferen" Schichten und „Nachtseiten der Naturwissenschaft" zu. Die romantische Entdeckung des Unbewussten ist daher immer wieder mit dem Unheimlichen, Grotesken und Merkwürdigen der Texte jener Epoche in Verbindung gebracht worden, und sofern in ihnen das neu entdeckte Unbewusste wissenschaftlich untersucht oder bearbeitet wird, sind sie ebenfalls im Rahmen vorbegrifflicher Wissenschaften vom Imaginären von Bedeutung. Dabei liefert die romantische Wissenschaft, worauf Hartmut Böhme hingewiesen hat, weniger eine Entdeckung des Unbewussten als eine diskursive Produktion desselben, dem zunächst die Entstehung des autonomen Subjekts des 18. Jahrhunderts vorausgeht. Denn das Unbewusste kann es nur als Tabuzone, als verbotenen Bereich für ein bereits konstituiertes vernünftiges Subjekt geben: Ging es bei Novalis stärker um einen *anderen Weg der Vernunft*, tritt hier nun das *Andere der Vernunft* in den Vordergrund. Das Unbewusste als dieses Andere wird in der Romantik, insbesondere der späteren, als Reaktion auf die aufklärerische Subjektkonstitution zutage gefördert:

> Sie ist nicht deren Opposition, sondern die Komplettierung der bürgerlichen Subjektproduktion, die literarische Repräsentanz und Rehabilitierung der allererst durch die Rationalitätsentwicklung des 18. Jahrhunderts wahrgenommenen Chaotiken und Wildnisse menschlicher Natur.[56]

---

genstand abtöte, wird Elias Canetti in den 1940er Jahren äußern, vgl. dazu ausführlich das Kapitel VIII.2.
55 Hermann Kurzke: „Die Wende von der Frühromantik zur Spätromantik. Fragen und Thesen". In: *Athenäum. Jahrbuch für Romantik* 2 (1992), S. 165–177, hier S. 170.
56 Hartmut Böhme: „Romantische Adoleszenzkrisen. Zur Psychodynamik der Venuskult-Novellen von Tieck, Eichendorff und E.T.A. Hoffmann". In: *Text und Kontext* 10 (1981), S. 133–176, hier S. 136.

Die Wurzeln dieser Suche nach dem Anderen der Vernunft lassen sich allerdings schon in früheren romantischen Ansätzen nachweisen, die dann in späteren Phasen wiederaufgenommen werden und dort weiterwirken.[57] Hier sei daher der Blick auf einen Text gerichtet, der sich von wissenschaftlicher Seite Formen widmet, die sich im Nachhinein als solche des Imaginären identifizieren lassen, und dessen Texte eine große Wirkung auf die Spätromantik entfalteten: die 1808 veröffentlichten Vorlesungen zu den *Ansichten von der Nachtseite der Naturwissenschaft* von Gotthilf Heinrich von Schubert.

Der Theologe, Mediziner und Naturforscher Schubert studierte wie zuvor Novalis bei dem Mineralogen Abraham Gottlob Werner in Freiberg, war Schelling-Schüler und mit seinen naturwissenschaftlichen Vorlesungen ein einflussreicher Stichwortgeber für Dichtung und Malerei der Romantik. Die Position der *Ansichten* auf der Schnittstelle von naturwissenschaftlicher Vorlesung und ihrer poetischen Rezeption, von ganzheitlicher Wissenschaftstheorie und theologischem Kontext in romantischer Metaphorik ist hier weniger aufgrund der darin erarbeiteten Beiträge zu Naturphilosophie und Naturforschung relevant. Vielmehr weisen auch die *Ansichten* spezifische Textverfahren zur Verhandlung der Grenze von Wissenschaft und Dichtung auf, die Einblicke gewähren, wie es für Schubert von wissenschaftlicher Seite aus möglich wird, ein Proto-Imaginäres zu erfassen.

Bereits im Titel und ausführlich im Text der Eröffnungsvorlesung bedient der sich zunächst im naturwissenschaftlichen Kontext angesiedelte Ansatz der poetisch-romantischen Metapher der Nacht:

> Wir werden nämlich in diesen Abendstunden, jene Nachtseite der Naturwissenschaft, welche bisher öfters außer Acht gelassen worden, mit nicht geringerem Ernst als andre allgemeiner anerkannte Gegenstände betrachten, und von verschiedenen jener Gegenstände die man zu dem Gebiet des sogenannten Wunderglaubens gezählt hat, handeln [...], weil es mir schien, als ob aus der Zusammenstellung jener, von Vielen verkannten Erscheinungen, ein eigenthümliches Licht, auch über alle andren Theile der Naturwissenschaft verbreitet würde, in welchem sich diese leichter und glücklicher zu jenem Ganzen vereinigen ließen, das ich in dem kurzen Umfang dieser Untersuchungen aufzustellen bemüht seyn werde.[58]

---

57 Es sei hier auf die späteren romantischen Konzeptionen von Naturphilosophie und -wissenschaft verwiesen, die Phänomene der Elektrizität und des Magnetismus, der Hypnose und des künstlichen Somnambulismus als unsichtbar wirkende Kräfte betrachten, die auf den ganzheitlichen Zusammenhang von Geist und Materie hinzudeuten scheinen. Schuberts Texte hatten zudem Einfluss auf die moderne Psychoanalyse, es lassen sich Parallelen von Freud und C.G. Jung zu Schuberts *Symbolik des Traums* (1814) nachzeichnen. Vgl. außerdem die Bezugnahme von E.T.A. Hoffmanns *Bergwerken zu Falun* auf eine von Schubert verbreitete Begebenheit. Siehe dazu den Abschnitt V.2.3 „Poëtisierte Steine".
58 Gotthilf Heinrich von Schubert: *Ansichten von der Nachtseite der Naturwissenschaft [1808]*. Hg. v. Heike Menges, Faksimileausgabe. Karben: Verlag Petra Wald 1997, S. 2.

Sein Publikum und sich selbst positioniert Schubert in seiner Einführung, indem er den Zeitpunkt der Sprechsituation, die „Abendstunden", explizit thematisiert, an der Eingangstür zu jener Nachtseite. Von dort aus, so die Programmatik seines Anfangs, gilt es in die dunklen Tiefen hinabzusteigen. Die traditionelle Verwendung der Lichtmetaphorik für Erkenntnisprozesse wird hier umgekehrt: Ganz im Sinne der These von Hartmut Böhme, die „Romantik formuliert also das Unbewußte der Aufklärung",[59] schlägt Schubert vor, in das von der bisherigen Wissenschaft vernachlässigte Dunkel zu treten. Die Nacht sei dabei nicht das Gegenteil, nicht die Abwesenheit von Licht, sondern produziere vielmehr neues, wenn auch ein „eigenthümliches", in dem sich auch die bisherigen, hellen, aufgeklärten Fakten der rationalen Wissenschaften neu betrachten ließen. Im Gegensatz zu den geläufigen Erkenntnismetaphoriken analytischer Wissenschaft bedient sich Schubert des dichterisch-romantischen Topos der Nacht, als Ort des Unbewussten, Geheimnisvollen und Wunderbaren. Die Erkenntnisse, die aus dieser Nachtseite heraus gewonnen werden, generieren dabei ein Wissen, das sich nicht – wie zu erwarten wäre – im diskursiven *Außen* bewegt, sondern eines, das in das *Innere* der Forschenden verlagert und für das bestehende Wissenschaftssystem produktiv und anschlussfähig gemacht werden soll. So führt Schubert unter Verwendung der Nachtmetaphorik vor, dass Gegenstände des „Wunderglaubens" ebenso in die Wissenschaft integrierbar werden sollen wie die bisher aus der Wissenschaftssprache ausgeschlossenen Instrumente der Poesie.

Schubert schlägt dafür vor, die zergliederten Stränge der Naturwissenschaften zu einem neuen, ganzheitlichen Ansatz mit religiösem Sinnhorizont zu verbinden.[60] Zudem ruft er dazu auf, die von der analytisch-rationalen Wissenschaft ausgegrenzten poetischen Verfahren als Objekte und Instrumente der Erkenntnis gleichermaßen nutzbar zu machen: Die „Werke der Dichter, deren Begeistrung nicht ohne Grund die Offenbarung des Wahren, und die Gabe des Sehens genannt wird",[61] sind für Schubert Wissensquellen und verweisen zugleich darauf, dass sich Mythos und Wissenschaft nicht konträr zueinander verhalten, sondern in einem Kontinuum der symbolischen Bezugnahme des Menschen auf das Naturganze stehen. Denn nicht aus einem Mangel oder der Not des Menschen angesichts von Naturgewalten entstehe der Mythos (oder die rationale Wissenschaft), sondern als „höchstes, heiliges Werk des Lebens, der erhabenste Beruf des damaligen Menschen".[62] Die Wissenschaft, die aus dem Zentrum der Gesellschaft gefallen und vielmehr die Angelegenheit Einzelner geworden sei, solle sich den

---

59 Böhme: „Romantische Adoleszenzkrisen", S. 136.
60 Vgl. Barkhoff: *Magnetische Fiktionen*, S. 99.
61 Schubert: *Ansichten von der Nachtseite der Naturwissenschaft [1808]*, S. 25.
62 Ebd., S. 54.

archaischen Mythos zum Vorbild nehmen und das Ziel verfolgen, sich wie der „Naturcultus" mit dem Wesen und dem „ganzen Daseyn des Menschen" zu verweben.[63]

Diese verlorengegangene und wiederzugewinnende Einheit „offenbart" sich für Schubert im Traum, im Wahn oder dem künstlichen Somnambulismus, die folglich eine entscheidende wissenschaftliche Aufwertung erfahren. Die von ihm eingeführte „Offenbarung" als Modus der Erkenntnis impliziert ein Verstehens- und Lernkonzept, das sich jenseits von wissenschaftlicher Wissensvermittlung durch die Instanz eines Lehrers situiert: Die alte Naturweisheit wurde „nicht auf jene Weise mitgetheilt, wie wir zu unsrer Zeit die Wissenschaft mittheilen", sie wurde „weder gelehrt noch gelernt; sondern ein Abbild der alten Naturoffenbarungen, mußte das Verstehen aus der Seele des Schülers selber, als Begeisterung kommen."[64] An dieser Stelle verwendet Schubert das Konzept der Dunkelheit erneut, hier allerdings als Merkmal einer Sprache, die nicht auf kommunikative Übertragung von Wissen, sondern eben auf jene religiös konnotierten Offenbarungen zielt. Denn der Inhalt der Mysterien, der weniger gelehrt als offenbart werden muss, darf nicht kühl beschrieben, nicht als solches an Nicht-Eingeweihte weitergegeben werden, sondern „dem Volke durfte die Wahrheit nur in dunklen Bildern und Beyspielen dargestellt werden, und selbst diese Gleichnisse durften bey den alten Scandinavischen Priestern nicht dem todten Buchstaben anvertraut werden."[65] Zwischen die Opposition von Mysterien und Schrift schaltet Schuberts Beschreibung des alten Priestertums das Dritte eines dunklen Bildes. Die Dunkelheit als Qualität des (sprachlichen) Bildes ist dabei den zu offenbarenden Mysterien der „Nachtseite" zugeordnet. Demnach eröffnet die Betrachtung der Mysterien für Schubert ein Vorbild für alternative Formen der Erkenntnis, die sich gerade nicht durch sprachliche Transparenz auszeichnet, sondern stattdessen über die sprachbildliche Verdunklung zu Wahrnehmung mithilfe „göttliche[r] Trunkenheit des Gemühts"[66] führt. Sie kommt nicht als sukzessiver und an die Vernunft appelierender Lernprozess, sondern als plötzliche Offenbarung daher.[67]

---

63 Ebd., S. 57.
64 Ebd., S. 84.
65 Ebd., S. 86. Schubert arbeitet hier mit einem Synkretismus von christlicher Schriftreligion und naturkultischem Glauben, die in seine spezifische Schriftkonzeption einfließen.
66 Ebd., S. 85.
67 Der Erkenntnismodus der Offenbarung und sein spannungsvolles Konzept zu institutionalisierten wissenschaftlichen Verfahren wird später insbesondere für Elias Canetti eine wichtige Rolle spielen, auch wenn sich hinter den Offenbarungen des 20. Jahrhunderts ein grundlegend verschiedenes Sprach- und Wissenschaftskonzept verbirgt. Vgl. zu Canettis epistemischen Offenbarungserlebnissen, die ihm bei der Lektüre widerfahren, beispielsweise mehrere Aufzeichnungen aus der *Provinz des Menschen*: „Es gibt Bücher, die man zwanzig Jahre bei sich hat, ohne sie

Auf methodischer Ebene setzt Schubert die „Phantasie" als Verfahren ein, um die wissenschaftliche Expedition in entlegene und vergessene Gebiete des Wissens und der Naturgeschichte anzutreten. Im Zweifel müssen hypothetische Vorannahmen „unserer Phantasie zu Hülfe kommen, wenn diese [die Phantasie, EH] nun in jene Zeiten zurückkehrt, wo noch die ganze Oberfläche der Erde [...] tiefer Grund einer unermeßlichen Fluth gewesen",[68] um dann zu neuen wissenschaftlichen Erkenntnissen zu gelangen. Zugleich verwendet er insbesondere für die romantische Dichtung typische Analogiebildungen, um die sympathetischen Verwandtschaften des organischen Naturganzen aufzufinden.[69] Die Trennung von Naturwissenschaft und Kunst, die sich seit der Aufklärung immer weiter vertieft und zwischen „objektiver Naturerkenntnis und ganzheitlichem Naturerleben"[70] unterscheidet, wird von Schubert erneut mithilfe der Metaphern von Licht und Dunkel zitiert. Beide versucht Schubert wieder zu einer Einheit zurückzuführen, indem er ihre Konnotationen vertauscht. Statt zergliedernder Analyse, wie es das mechanistische Weltbild verlangte, erlauben erst die Ausflüge ins Dunkle – sowohl auf Ebene des Gegenstands als auch des zugrundeliegenden Erkenntnismodus und ebenso der sprachlichen Gestaltung – die Ahnung einer solchen Einheit. Dabei geht es Schubert nicht darum, ‚Herr im eigenen Haus' zu werden und die Dunkelheiten neuer Zergliederung zu unterwerfen. Im Somnambulen etwa ahnt er tatsächlich die Fähigkeit, in die Zukunft oder in das Innere des eigenen Körpers blicken zu können, bleibt allerdings bei der Affirmation und erkennt darin nur einen Hinweis auf die organischen Zusammenhänge des Naturganzen, ohne eine eigene Theorie dazu zu entwickeln.[71] Zwar ist das Unbewusste längst ent-

---

zu lesen, die man immer in der Nähe hält, die man von Stadt zu Stadt und Land zu Land mitnimmt, sorgfältig verpackt, auch wenn sehr wenig Platz da ist, und vielleicht blättert man darin, wenn man sie aus dem Koffer hebt; doch hütet man sich sorgfältig, auch nur einen Satz vollständig zu lesen. Dann, nach zwanzig Jahren, kommt ein Augenblick, da man plötzlich, wie unter einem sehr hohen Zwang, nichts anderes tun kann, als gerade so ein Buch von Anfang zu Ende und in einem Zuge aufzunehmen: Es wirkt wie eine Offenbarung." [1943] PdM, 39. Vgl. dazu ausführlicher den Abschnitt „Zur Lesbarkeit des Imaginären" in Kap. V.1.
68 Schubert: *Ansichten von der Nachtseite der Naturwissenschaft [1808]*, S. 187.
69 Vgl. dazu auch Barkhoff: *Magnetische Fiktionen*, S. 101.
70 Müller-Tamm: *Kunst als Gipfel der Wissenschaft*, S. 1.
71 So konstatiert auch Peter-André Alt für die Reflexion und Thematisierung des Traums in romantischer Naturwissenschaft und -philosophie, dass sich diesbezüglich keine für sich stehende Theorie oder Deutungspraxis entwickelt habe, selbst wenn sich die romantischen Wissenschaften mit Vorzug dem Traum als Phänomen der dunklen Seite des Seelenlebens widmeten. Stattdessen sei es vor allem die Literatur, die verschiedene und umfangreichere Modelle des Traums bereithalte. Peter-André Alt: „Romantische Traumtexte und das Wissen der Literatur". In: Christiane Leiteritz, Ders. (Hg.): *Traum-Diskurse der Romantik*. Berlin, New York: De Gruyter 2005, S. 3–30, hier S. 18.

deckt bzw. diskursiv produziert – noch ist es aber nicht eindeutig durch die Ausdifferenzierung der Psychoanalyse als wissenschaftlicher Gegenstand theoretisiert, diszipliniert bzw. vor dem Hintergrund der „großen Trennung" disziplinär eingeordnet worden.[72]

Dieser Akt der wissenschaftlichen Verschaltung von Imagination und Unbewusstem sowie ihre Disziplinierung – so die zentrale These für alle folgenden Überlegungen – ist es, der die Entstehung und nachfolgende Bearbeitung des Imaginären auf der Ebene des wissenschaftlichen Diskurses im 20. Jahrhundert ermöglichen wird. Zwar lassen sich in verschiedener Hinsicht Parallelen zwischen der romantischen Wissenschaft vom Proto-Imaginären und den Wissenschaften vom Imaginären des 20. Jahrhunderts feststellen: Beide umkreisen Fragen nach Darstellung und Erkenntnismodus eines Phänomens, das meist durch seine Un(be)greifbarkeit definiert wird. Dabei gehen textuelle Hybridisierungen,[73] die auch bereits in der Romantik vor dem Hintergrund der „großen Trennung" zu lesen sind, mit dem Bedürfnis nach Einheitsstiftung zwischen den Disziplinen und „den Kulturen" einher. Jedoch könnte auch für das 20. Jahrhunderts damit argumentiert werden, dass hier ein Wunsch nach neuer Sinnstiftung die Auflösung von Gegensatzpaaren wie Natur und Mensch, Objekt und Subjekt, Vernunft und Imagination antreibt.[74] Es lässt sich zumindest auf den ersten Blick eine Ähnlichkeit konstatieren: In den romantischen Ansätzen und in den Auseinandersetzungen ab den 1930er Jahren stehen die Grenzen der Wissenschaft (und) des Menschen sowie Fragen nach dem Verhältnis von Subjekt und Objekt neu zur Diskussion. Diagnosen eines romantischen und erst recht modernen Leidens an

---

72 Als weitere exemplarische Lektüre imaginärer Wissenschaften *avant la lettre* wären vor allem auch der Mesmerismus und seine wissenschaftliche wie auch literarische Verarbeitung vielversprechend, darauf soll allerdings an dieser Stelle nur verwiesen werden: Er wird im zeitgenössischen Diskurs als Hinweis auf das organisch-harmonische Naturganze gelesen, der von einem den Kosmos wie auch die menschlichen Körper durchströmenden Kraft ausgeht. Als hybrid-szientistische Bewegung hatte er sowohl Auswirkungen auf das wissenschaftliche wie auch das literarische Schaffen der Zeit, die sich wechselseitig zitieren und verarbeiten. Gerade dadurch aber – so Jürgen Barkhoff – habe er „kaum eine Chance im Diskurs der Wissenschaften" gehabt, wie er sich gerade zu der Zeit auszudifferenzieren im Begriff war. Vgl. Barkhoff: *Magnetische Fiktionen*, S. XII.
73 Gemeint sind u. a. die angeführten Beispiele von Novalis' Programm einer Poetisierung der Wissenschaft, oder aber seine zuvor beschriebene Fiktionalisierung des wissenschaftlichen Arbeitens, ebenso wie Schuberts Einsatz der Phantasie als Verfahren innerhalb des wissenschaftlichen Arbeitens.
74 Immer dann zumindest, wenn vermehrt auf die Ent- oder Wiederverzauberung der Moderne abgestellt wird, kann hinterfragt werden, warum diese zu eben diesem Zeitpunkt neue Bedeutung erlangen. Jürgen Barkhoff betont, dass, wann immer solche Fragen auf Untersuchungsebene neue Relevanz erhalten, in ihnen auch eine Gegenwartsdiagnose enthalten sei. Vgl. ebd., S. XV.

der Moderne und ihren Kränkungen mögen diesen Eindruck der krisenhaft-produktiven Kongruenz in beiden Epochen verstärken. Diese Gegenüberstellung kommt jedoch spätestens angesichts der unterschiedlichen institutionellen, epistemologischen und wissenschaftshistorischen Ausgangslagen, wie eingangs skizziert, an ihre Grenzen. Die Überlegungen des 20. Jahrhunderts können nicht mehr hoffen, die großen Gräben innerhalb der wissenschaftlichen Disziplinenlandschaft zu überbrücken oder wieder zu schließen, längst hat sich die Trennung verstetigt. Werden also Fragen nach der Einheit von Mensch, Natur und Kosmos sowie von Wissenschaft und Literatur im 20. Jahrhundert erneut virulent, geschieht dies vor einem grundlegend veränderten epistemischen Hintergrund (siehe dazu ausführlicher Kap. III).

Während bei Novalis die Dichtkunst zum liebsten Werkzeug des Naturforschers ernannt wird oder aber Schubert die poetische Auflading der Nacht für sein Wissenschaftsprogramm nutzbar machen will, steht diese Möglichkeit im 20. Jahrhundert nicht mehr zur Disposition: Die strikte Trennung beider Kulturen hat meist automatisch den Ausschluss oder das Desinteresse an Texten, die sich an der Integration poetischer Verfahren in die (Natur-)Wissenschaft versuchen, zur Folge: Sie werden dann im System der Wissenschaft nicht mehr anschlussfähig, sondern in dem der Kunst rezipiert, das sich im 20. Jahrhundert im Gegenzug gerade durch seine formale und thematische Offenheit auszeichnet. Im Kunstsystem sind folglich Annäherungen an die Naturwissenschaften umso stärker vertreten, zur Wissenschaft macht es sie dennoch nicht; es dient dagegen gerade der Stärkung des autonomen Status der Kunst.

Ein mindestens ebenso wichtiger Aspekt der Unterscheidung besteht in der Entstehung des Konzepts des Imaginären selbst. Ob man es in eine konzeptuelle Kontinuitätsbeziehung mit der Imagination bzw. der Einbildungskraft oder aber mit dem Unbewussten und jenen dunklen Seiten der Vernunft bringt, die in der Romantik mithilfe der Imagination freigelegt und untersucht werden können, der Vergleichspunkt bleibt das unkontrollierbare, ungezähmte Element. Diese chaotische und zugleich schöpferische Kraft des Unbewussten ist in der Romantik noch nicht allein auf das Individuum zugeschnitten.[75] Mit der Psychoanalyse jedoch koppelt es sich an individuelle (Freud) oder kollektive (C.G. Jung) psychische Strukturen, die fortan fallgeschichtlich und empirisch dargestellt werden. Damit geht nun eine Disziplinierung im doppelten Sinne des Wortes einher: Indem sich das ungezähmte Unbewusste, dem die Imagination[76] zugeordnet wird, in die

---

[75] Vgl. Lütkehaus: „Tiefenphilosophie", S. 36.
[76] Natürlich ist bereits bei Kant eine Disziplinierung zu beobachten, indem er die Einbildungskraft der Vernunft unterordnet bzw. ihren Bildungsprozess derselben unterstellt; erst mit der

Hände einer sich ausdifferenzierenden, institutionalisierten Disziplin begibt, die sich fortan als objektive Wissenschaft verstanden wissen will, erhält es einen zwar lange prekären, aber dennoch festen Platz innerhalb des modernen Wissenschaftssystems. Damit werden seine Gesetze, seine Mechanismen, seine Strukturen erforschbar, erkennbar, diskursivierbar – die Verknüpfung von Unbewusstem und Imagination ist zähmbar geworden.

So liegt die Vermutung nahe, dass die Disziplinierung von Imagination und Unbewusstem eine Verschiebung im Diskurs ermöglicht: Die nun leere Funktionsstelle einer unkontrollierbaren, diffusen, bildlichen, nicht direkt in Sprache überführbaren und bedrohlichen Kraft, die für das Konzept von Wissenschaft die Aufgabe des diskursiven Außen, des zu meidenden oder zu kontrollierenden Ungezähmten einer kollektiven, bildend-bildlichen Potenzialität, des Gegenbilds zur wissenschaftlichen Objektivität erfüllte, kann unter dem gängigen und polar organisierten Wissenschaftsverständnis nicht leer bleiben. Die Lücke besetzt nun das Konzept des Imaginären und erfüllt damit die Bedürfnisse der Wissenschaft nach einem „Anderen", einem Außen, das sich per se nicht unmittelbar fassen, nicht zähmen, nicht regulieren lässt. Als ein bilderproduzierendes, chaotischpoietisches Reservoir wird es von Anfang an mit Fragen der Macht verschränkt und Projektionsfläche für politisch, mediale oder kulturelle Zuschreibungen. Diese Reinstallierung eines „Außen" ist damit letztlich – so lässt sich aus der exemplarischen Betrachtung einzelner romantischer Ansätze für Wissenschaften vom Imaginären *avant la lettre* schließen – ein Nebenprodukt der aufklärerischen und immer weiter fortgesetzten modernen Reinigungsarbeit und Mittel zur Verfestigung der auseinanderdriftenden zwei Kulturen.[77]

2 Kulturen- und Disziplinengrenzen im 20. Jahrhundert

Um eine Vermischung oder Verunreinigung zu diagnostizieren, bedarf es zunächst mindestens zweier getrennter Größen, für den vorliegenden Fall also einer heuristischen Trennung zwischen Wissenschaftsbegriff und Literatur- bzw. Kunstbegriff. Die Metaphorik einer getrennte Felder durchquerenden Diagonali-

---

Kopplung an das Unbewusste des Subjekts durch die Psychoanalyse aber ist ihr institutioneller Disziplinierungsprozess abgeschlossen.

[77] Zielen dann die Unternehmungen von Elias Canetti und Roger Caillois auf eine Durchdringung des Imaginären als „Außen" der Wissenschaft, streben sie nicht nur eine „Verunreinigungsarbeit" für die Moderne an, sondern wagen sich auch in einen Bereich vor, in dem eine Wissenschaft denkbar scheint, die keine Ausschlüsse produziert. Vgl. zu dieser (Un-)Möglichkeit das Kap. VIII *Diagonalisieren* dieses Buches.

sierung setzt zudem distinkte Grenzen zwischen den einzelnen wissenschaftlichen Disziplinen voraus. Wie für den historischen Rückblick zum romantischen Wissenschaftsverständnis skizziert, sind es dabei bereits die wissenschaftlichen Disziplinen in ihrer Selbstbeschreibung, die versuchen, sich klare Begrenzungen zu geben und so ihre Objektivität zu beweisen.

Den verzweigten Verschränkungen, der rhetorischen, metaphorischen oder narrativen Verfasstheit von wissenschaftlicher Textualität, der Rolle, welche der „literarischen" Inszenierung bei der Entdeckung, Erzeugung und Etablierung neuer wissenschaftlicher Gegenstände und Bereiche zukommt, und umgekehrt der Frage nach dem „Wissen der Literatur", widmet sich die Literaturwissenschaft vermehrt seit den 90er Jahren des 20. Jahrhunderts unter dem Schlagwort der *Poetologien des Wissens*.[78] Aus neuerlichem Rechtfertigungsdruck angesichts der Methodensicherheit der „hard sciences" versucht die Literaturwissenschaft ihren Anspruch durch das Postulat zu untermauern, die Literatur produziere gleichermaßen „Wissen", indem sie unter Rekurs auf Michel Foucault Wissen von Wissenschaft voneinander getrennt betrachtet und sich dem Wissensbegriff selbst vermehrt widmet. Dahinter steht zugleich die Frage, wie sich Wissenschaft und Literatur in ihrem Zugang, ihrer Produktion und Speicherung von „Wissen" unterscheiden. Eines der Grundprobleme, an dem sich das wissenspoet(olog)ische Projekt abarbeitet, besteht darin, dass es, indem es auf Verschränkungen abzielt, ebenfalls zunächst zwei abgegrenzte Gegensatzbegriffe setzt: den Begriff der (Natur-)Wissenschaften, die einen prädestinierten Zugang zu „Wissen" zu haben scheinen, und den der Literatur. Hier diese Forschungsperspektive von vornherein anzunehmen, hieße allerdings, dass auf Gegenstandsebene, also vonseiten der hier untersuchten Texte, wie auch zur Beschreibung dieser Texte auf über-

---

[78] Vgl. für den deutschsprachigen Raum und die „erste Welle" an thematischen Aufsätzen, an die sich seither zahlreiche Diskussionen, Forschungsprojekte und Publikationen anschließen, u. a.: Joseph Vogl: „Einleitung". In: Ders. (Hg.): *Poetologien des Wissens um 1800*. München: Wilhelm Fink 1999, S. 7–16 sowie ders.: „Robuste und idiosynkratische Theorie". In: *KulturPoetik* 7 (2007), H. 2, S. 249–258; Nicolas Pethes: „Literatur- und Wissenschaftsgeschichte. Ein Forschungsbericht". In: *Internationales Archiv für Sozialgeschichte der Literatur* 28 (2003), H. 1, S. 181–231. Nicolas Pethes schließt seinen detaillierten Überblick mit einem Plädoyer für eine beobachtungstheoretische Herangehensweise an das Problem, um weder Essentialisierungen noch der vollständigen Einebnung der Unterschiede von Literatur und Wissenschaft zu verfallen. Vgl. ebd., S. 231; vgl. außerdem den von Gerhard Neumann und Gabriele Brandstetter herausgegebenen Band *Romantische Wissenspoetik. Die Künste und die Wissenschaften um 1800*. Würzburg: Königshausen & Neumann 2004 sowie den darin enthaltenen Aufsatz von Nicolas Pethes: „Poetik / Wissen. Konzeptionen eines problematischen Transfers", S. 341–372; vgl. für eine neuere Übersicht auch die Beiträge in: Roland Borgards u. a. (Hg.): *Literatur und Wissen. Ein interdisziplinäres Handbuch*. Stuttgart: Metzler 2013.

geordneter Ebene, die gleiche Perspektive genutzt würde: Welche Rolle spielen textuelle Verfahren bei der Erzeugung von Wissensbereichen und Wissensgegenständen, wie lässt sich *neues* Wissen durch die Verknüpfung der getrennten Bereiche von Wissenschaft und Literatur produzieren?

Demgegenüber wird hier herausgestellt, dass in den untersuchten Texten bereits ab den 1930er Jahren Versuche unternommen wurden, ähnliche Erkenntnisse, wie sie heute vonseiten der Literaturwissenschaft gewonnen werden, in metawissenschaftlichen Befunden zu formulieren. Diese ließen sich zwar auch als „Wissen" von den zu formulierenden diagonalen Wissenschaften und ihren literarischen Verfahren fassen – ohne aber den umkämpften Wissensbegriff bemühen zu müssen, sollen die den Befunden zugeordneten Arbeiten präziser als eine systeminterne Bewegung aus den Wissenschaften heraus nachvollzogen werden. Das setzt zweierlei voraus: Einerseits, dass in den 1930er Jahren die Art und Weise des Weltzugriffs von Kunst und Wissenschaft längst als unvereinbar gelten und zugleich die verästelten Disziplinenstrukturen des Wissenschaftssystems als starr und isoliert angesehen werden. Andererseits, dass die formalen Versuche, Vermischungen zwischen Kunst und Wissenschaft, aber auch zwischen den einzelnen wissenschaftlichen Disziplinen vorzunehmen oder aufzudecken, bereits in Verbindung mit dem jeweils betrachteten Objekt stehen: Bestimmte (wissenschaftliche) Objekte werden in den hier untersuchten Texten Canettis und Caillois' als erst aus bestimmten Formverfahren, aus ihrer spezifischen ästhetischen, rhetorischen, „wissenschaftlichen" oder „literarischen" sprachlichen Inszenierung resultierend wahrgenommen.

Um dies für den diskursiven Kontext der ersten Hälfte des 20. Jahrhunderts genauer zu betrachten, muss zunächst die wissenschaftshistorische Ausgangslage in den Blick genommen werden, von der aus Elias Canetti und Roger Caillois ihre jeweiligen „Verunreinigungsarbeiten",[79] mittels derer sie die zeitgenössischen wissenschaftssystematischen Grenzziehungen herausfordern, beginnen. Dabei geht es nicht zentral um die Frage, welche Funktionen Textformen, die als literarische etabliert sind, für die Wissenschaft haben. Zur Diskussion steht stattdessen, wie die behandelten Texte überhaupt Wissenschaft und Literatur als feste, fixierte, entgegengesetzte Größen adressieren und behandeln können und wie diese Gegensätze innerhalb der zeitgenössischen Diskurse und Theorien aufgebaut und gefestigt werden konnten. Das vorliegende Buch verfolgt demnach nicht das Ziel einer Einebnung von Unterschieden zwischen Wissenschaft und Li-

---

[79] Vgl. zum Begriff der „Verunreinigungsarbeit" aus der Perspektive der Akteur-Netzwerk-Theorie: Sebastian Gießmann: „Verunreinigungsarbeit. Über den Netzwerkbegriff der Akteur-Netzwerk-Theorie". In: *Reinigungsarbeit. Zeitschrift für Kulturwissenschaften* 1 (2013), S. 133–144.

teratur, indem es die rhetorische Verfasstheit von Wissenschaft oder aber die „Wissenshaltigkeit" von Literatur betont. Es wird hier stattdessen untersucht, welche Vorstellungen von wissenschaftlichen Verfahren den behandelten Texten selbst zugrunde liegen, auf Grundlage derer die Autoren in der Lage sind, „diagonale" Wissenschaften vom Imaginären zu konzipieren.

Dieser Logik entsprechend werden Literatur und Wissenschaft hier als Beobachtungskategorien verstanden. Als solche werden sie von den untersuchten Texten eingesetzt und in einem zweiten Schritt neuverknüpft. Erst nach der hier als notwendig erachteten Darstellung von Beobachtung erster und zweiter Ordnung wird der Blick wieder geweitet, um zu fragen, ob sich nun, denkt man vom Imaginären als Objekt einer Wissenschaft her, genaueres über die „historischen Bedingungen, *unter* denen, und die Mittel, *mit* denen Dinge zu Objekten des Wissens gemacht werden",[80] aussagen lässt und was die hier behandelten Texte selbst darüber aussagen (vgl. die Kap. IV–VIII).

2.1 „Practical life": Die zwei „Kulturen" und ihre Verfahren

In den 1930er Jahren verstetigten sich sowohl in Frankreich als auch in Deutschland die wissenschaftliche Disziplinenordnung derart, dass auch neue Wissenschaften wie die der Psychologie und Soziologie ihren festen Standort darin fanden und sich der Graben zwischen den „two cultures", zwischen den Naturwissenschaften und den „literary intellectuals",[81] weiter vertiefte. Das romantische, umfassende Verständnis von Wissenschaft verlor sich unwiederbringlich zwischen dem Ideal des wissenschaftlichen Rationalismus, der mit der Orientierung an den als exakt verstandenen Naturwissenschaften einherging und beispielsweise für die französische Soziologie zum Garant von Objektivität wurde, und dem Bereich der Kunst, der „traditional culture"[82] (oder aber, in beidem nicht beheimatet, der Pseudo-Wissenschaft[83]).

---

80 Hans-Jörg Rheinberger: *Historische Epistemologie zur Einführung*. Hamburg: Junius 2008, S. 11f.
81 Snow: „The two cultures", S. 4.
82 Ebd., S. 12.
83 Vgl. zumindest zu einer knappen Abgrenzung zur Pseudowissenschaft das Kapitel III *Writing Imaginary*. Demgegenüber gab es auch von wissenschaftlicher Seite anerkannte Projekte im 20. Jahrhundert, die die Grenze zwischen Wissenschaft und Kunst, oder aber zwischen Natur- und Geisteswissenschaften zu überwinden versuchten, wie etwa das von Otto Neurath entworfene Konzept einer *International Encyclopedia of Unified Science*. Vgl. dazu sowie zu einer diesbezüglichen Einordnung von Caillois' Ansatz den erstmals 2013 publizierten Aufsatz von Karlheinz Barck: „Leonardo-Effekte. Perspektiven aus der Differenzierung von Natur- und Geisteswissen-

An der Zwei-Kulturen-These ist viel Kritik geübt worden. Zudem zog C.P. Snow, der den Begriff 1959 prägte, die von ihm vorgeschlagene binäre Ordnung in ihrer Simplizität selbst in Zweifel.[84] Trotzdem lässt sich, so sei hier argumentiert, vor allem an den Begriff der „Kultur", wie ihn Snow verwendete, produktiv anschließen. Denn die von Snow beobachtete Trennung betrifft nicht allein das intellektuelle, sondern zu einem großen Teil auch das „practical life".[85] Er zielte also vor allem auf Kommunikationsformen und Gemeinschaftsstrukturen ab, zwischen denen Snow, selbst zugleich Physiker und Schriftsteller, eine unüberbrückbare Kluft aus gegenseitigen Missverständnissen und Unkenntnis ausmachte.

Besonders kritisch hob er die Ignoranz der „Literaten" gegenüber den Erkenntnissen der zeitgenössischen Naturwissenschaft hervor und setzte ein „technikoptimistisches Plädoyer"[86] zur Lösung des Kampfes beider Kulturen dagegen. Insbesondere daran sowie an seiner Sympathie für die naturwissenschaftliche Seite entzündete sich ein bitterer Streit um Snows als „überbewertet" abqualifizierten Ansatz.[87] Der Literaturkritiker F.R. Leavis etwa erklärte 1962 – der gleichen binären Logik verpflichtet –, nur die Literatur sei zum Verständnis der Gegenwartsgesellschaft befähigt.[88] Mit Blick auf diesen Kampf argumentierte Wolf Lepenies, die neu entstandene Disziplin der Soziologie müsse als „dritte Kultur" verstanden werden. Denn Snow und Leavis stritten exemplarisch „um Erklä-

---

schaften". In: Anne von der Heiden, Sarah Kolb (Hg.): *Logik des Imaginären. Diagonale Wissenschaft nach Roger Caillois. Band 1: Versuchungen durch Natur, Kultur und Imagination.* Berlin: August Verlag 2018, S. 271–309.
84 „[I]t is an over-simplification, and that if one is going to talk in these terms there ought to be at least three cultures. [...] I respect those arguments. The number 2 is a very dangerous number: that is why the dialectic is a dangerous process. Attempts to divide anything into two ought to be regarded with much suspicion." Snow: „The two cultures", S. 9f.
85 Ebd., S. 4.
86 Pethes: „Poetik / Wissen. Konzeptionen eines problematischen Transfers", S. 342.
87 Vgl. u. a. Martin Dillmann: *Poetologien der Kontingenz. Zufälligkeit und Möglichkeit im Diskursgefüge der Moderne.* Köln: Böhlau 2011, S. 47, vgl. dazu auch Wolfgang Braungart, Silke Jakobs: „Naturwissenschaftliche Essayistik im Kontext des naturwissenschaftlichen und naturphilosophischen Diskurses um 1900: Wilhelm Bölsche". In: Kai Kauffmann, Wolfgang Braungart (Hg.): *Essayismus um 1900.* Heidelberg: Winter 2006, S. 49–71, hier S. 52ff.
88 Vgl. dazu: Pethes: „Literatur- und Wissenschaftsgeschichte. Ein Forschungsbericht", S. 186–199, hier S. 196. Pethes rekonstruiert außerdem die englische Traditionslinie dieser Auseinandersetzung sowie die größtenteils in den USA angesiedelten „Literature and Science Studies". Auf diese sei hier nur verwiesen, da im Folgenden die französische Linie, exemplarisch anhand der Protosoziologie, im Vordergrund stehen wird. Erwähnenswert wäre im amerikanischen Zusammenhang der hier nicht erwähnte Talcott Parsons, der ebenfalls von einer „third force" in Bezug auf die „social science" sprach und z. B. für Wolf Lepenies wichtiger Bezugspunkt ist.

rungsprivilegien"[89] über gesellschaftliche Strukturen und Prozesse, die eben eigentlich die Soziologie abdecken wolle.

Doch dass es Snow nicht so sehr um Deutungshoheit über das Gesellschaftliche, als vielmehr um Verständnis- und Verständigungsfragen innerhalb zeitgenössischer gesellschaftlicher Diskurse geht, wird an seiner Verwendung des Begriffs „Kultur" deutlich: Über „common attitudes, common standards and patterns of behaviour, common approaches and assumptions" werden beide Kulturen geformt, die sogar stärkeren Zusammenhalt als etwa Religion, politische Orientierung oder Klassenzugehörigkeit schaffen. Snow steht damit in der Tradition der historischen Epistemologie der 1930er Jahre, in der etwa mit Ludwik Flecks Begriff des „Denkkollektivs" Erkennen und Wissenschaft stärker als soziale Prozesse aufgefasst werden: „Wissensgebilde sind Kulturgebilde."[90] Gerade durch die fehlenden Berührungspunkte auf der Ebene der Praktiken und des kommunikativen Austauschs zwischen den beiden Kulturen gingen alle gegenseitigen kreativen Anstöße verloren, ein „disastrous process",[91] in dem es nur noch möglich sei, Spezialisierung zu erhöhen statt abzubauen und der bereits zu weit fortgeschritten sei, um ihn noch umzukehren. Die Diagnose der übermäßigen Spezialisierung koppelt Snow am Beispiel der University of Cambridge an einen kurzen Einblick in das englische, einstmals deutlich flexiblere Hochschulsystem. Die nun

---

89 Wolf Lepenies: *Die drei Kulturen. Soziologie zwischen Literatur und Wissenschaft*. Reinbek bei Hamburg: Rowohlt 1988, S. 187.
90 Rheinberger: *Historische Epistemologie zur Einführung*, S. 54; Die Betonung dieses Aspekts ist für das vorliegende Buch von Bedeutung, weil Wissenschaft auch von den beiden Autoren, insbesondere von Roger Caillois und dort schon in seinen frühen Texten, über den Aspekt kollektiver Praktiken gefasst wird. Zu erwähnen sind hier insbesondere seine Überlegungen aus dem Collège de Sociologie, die in diesem Buch zwar nicht im Fokus stehen, die allerdings die Herkunft dieser Prägung sichtbar machen: Dem Collège ging es um einen Bruch mit „modernisierungstheoretischen Narrativen, einer unilinearen, fortschreitenden Entwicklung und einer Zunahme funktionaler Ausdifferenzierung, Säkularisierung, Rationalisierung und Autonomisierung von Literatur und Kunst", den sie über eine neue Form von Gemeinschaft umzusetzen versuchten (Irene Albers, Stephan Moebius: „Nachwort". In: Denis Hollier (Hg.): *Das Collège de Sociologie: 1937–1939*. Berlin: Suhrkamp 2012, S. 757–828, hier S. 827). Als Schutz vor dem Nationalsozialismus sollte eine frei wählbare Gemeinschaft, eine mit kollektiven Erfahrungen wie Ekstasen, Ritualen und Mythen verknüpfte „Sakralsoziolgie" geschaffen werden. Die Ambivalenz und Gefährdung des Unternehmens der Collégiens, die Alexandre Kojève daher auch als „Zauberlehrlinge" bezeichnete (Denis Hollier (Hg.): *Das Collège de Sociologie: 1937–1939*. Berlin: Suhrkamp 2012, S. 268), wird besonders in Caillois' Text vom „Winterwind" deutlich erkennbar, aufgrund dessen ihm nach der Publikation in Frankreich faschistische Tendenzen vorgeworfen wurden. Siehe dazu Roger Caillois: „Der Winterwind", a. a. O., S. 288–290; frz.: Roger Caillois: „Le vent d'hiver [1937]". In: Denis Hollier (Hg.): *Le Collège de sociologie: 1937–1939*. Paris: Gallimard 1995, S. 330–353.
91 Snow: „The two cultures", S. 21.

geforderte frühe Spezialisierung, die es nicht erlaube, dass man sich für beide Kulturen gleichzeitig entscheiden könne, mache jede Umkehrung und auch jede Überbrückung der Kluft unmöglich.

Im Kern stecken in Snows Ausführungen bereits alle zentralen Aspekte, die für die Beschreibung der wissenschaftlichen Disziplinenlandschaft an den 1930er Jahren entscheidend sind.[92] Dass sowohl Naturwissenschaften als auch Literatur und Geisteswissenschaften mit dem Kulturbegriff beschrieben werden, betont außerdem erstens die sozialen Grundzüge von Wissen(schaft), und zweitens, dass hier nicht mehr der Gegensatz von Natur und Kultur zur Debatte steht. Vielmehr geht es um Wissenschaft als soziales System, das sich in verschiedene, spezialisierte Disziplinen unterteilt, die sich über die Ebene der kollektiven Praktiken, vor allem über die jeweiligen möglichen oder unmöglichen Anschlusskommunikationen fassen lassen, wie Snow vor allem anhand verschiedener kommunikativer Missverständnisse zwischen den „Kulturen" beschreibt. Daran anknüpfend lässt sich folglich die Ausgangslage einer zunehmend spezialisierten Disziplinenlandschaft mit dem Konzept gesellschaftlicher Differenzierung in Verbindung bringen.

2.2 Begriffliches I: Zur Theorie funktionaler Differenzierung

Seit dem ausgehenden 19. Jahrhundert werden, etwa bei Herbert Spencer und Émile Durkheim, Ideen von gesellschaftlichen Modernisierungs- und Differenzierungsprozessen zusammengedacht.[93] Niklas Luhmann entwickelt die Differenzierungstheorie ab den 1970er Jahren weiter und fasst Differenzierung dabei nicht mehr als Zerlegen eines Ganzen in Teile, die dann als Ganzes weiterhin zusammenarbeiten. Stattdessen wiederhole jedes Teilsystem das System, zu dem es gehöre „und das es mitvollzieht, durch eine *eigene* (teilsystemspezifische) *Differenz von System und Umwelt.*"[94] Wenn sich die Gesellschaft als Ganzes also differen-

---

92 C.P. Snows Text geht aus der „Rede Lecture" des Jahres 1959 in Cambridge hervor. Darin betont er, dass sein Konzept der zwei Kulturen bereits um einiges älter sei, ihn bereits seit Längerem beschäftige. Die früheste Referenz, ein Zitat des Mathematikers G.H. Hardy, die er einbringt, um seine Beobachtung zu stützen, stammt aus den 1930er Jahren.
93 Vgl. Armin Nassehi: „Die Theorie funktionaler Differenzierung im Horizont ihrer Kritik". In: *Zeitschrift für Soziologie* 33 (2004), H. 2, S. 98–118, hier S. 98. Der Begriff entstammt ursprünglich der Biologie und bezeichnet den Vorgang der Zellteilung, bei dem eine Einheit in mehrere Teile gegliedert wird, die dann gemeinsam das Funktionieren eines höheren Organismus erwirken.
94 Niklas Luhmann: *Die Gesellschaft der Gesellschaft*. Frankfurt am Main: Suhrkamp 1998, S. 598. [Herv. i.O.].

ziert, dann ist sie nicht mehr als Einheit vorhanden, die sich aus Teilen zusammensetzt, sondern sie ist „ausschließlich die Einheit ihrer Operationsweise: *Kommunikation* nämlich."[95] Dass etwas zu einem bestimmten System gehört, ist dann dadurch markiert, dass es in bestimmter Weise an Kommunikation anschließt. Dabei wird Gesellschaft zu einem emergenten Geschehen, „das sich den grundlegenden *Operationen* je eigensinniger Anschlusszusammenhänge verdankt und damit eine *differenzierte* Ordnung in Gang setzt."[96] Im Unterschied zu den soziologischen Differenzierungstheorien von Auguste Comte, Émile Durkheim, Max Weber u. a. konzipiert Luhmann statt einer Theorie der sozialen Differenzierung in Berufe und soziale Rollen eine Theorie der „Systemdifferenzierung". Diese setzt (Sub-)Systeme nicht als feste Einheiten, sondern als „rekursive Wiederholungen des jeweiligen Systems, aus dem sie sich ausdifferenziert haben"[97] und auf das sie nun nicht mehr als übergeordnete Struktur zurückverweisen müssen. Vielmehr stabilisieren sie sich in der Wiederholungsstruktur selbst.

Zu den Grundlagen der Theorie funktionaler Differenzierung von Gesellschaft gehört für ihn, dass alle Funktionssysteme innerhalb der Gesellschaft vergleichbare Strukturen und die gleiche Operationsweise aufweisen, für die Gesellschaft selbst also: Kommunikation. Zudem muss jedes (Sub-)System die beiden Bedingungen der Systembildung erfüllen, Autopoiesis und operative Schließung.[98] Von einer funktional differenzierten Gesellschaft zu sprechen heißt, davon auszugehen, dass „mit Hilfe symbolisch generalisierter Kommunikationsmedien Anschlusszusammenhänge höherer Wahrscheinlichkeit entstehen, die sich als Funktionssysteme dann schließen, wenn sie im Hinblick auf ihre Funktion nichtsubstituierbar geworden sind."[99] Dabei garantiert der Code, also die systemspezifische binäre Leitdifferenz, dass immer dann, wenn dieser in Anspruch genommen wird, die so unternommene Kommunikation in das zugehörige Funktionssystem eingeordnet wird. Dies gilt für das System Wissenschaft ebenso wie für das System Kunst. Betont ist damit vor allem die Prozesshaftigkeit der jeweiligen Systeme, die nicht fix gesetzt, sondern erst durch die „*operative* Anschlussroutine von Kommunikationen"[100] immer wieder neu hervorgebracht werden. Spricht man aber von einem System, bedeutet dies zugleich seine operative Schließung,

---

95 Nassehi: „Die Theorie funktionaler Differenzierung im Horizont ihrer Kritik", S. 101 [Herv. i.O.].
96 Ebd., S. 102 [Herv. i.O.].
97 Irmhild Saake: „Systemtheorie als Differenzierungstheorie". In: Oliver Jahraus u. a. (Hg.): *Luhmann-Handbuch: Leben – Werk – Wirkung.* Stuttgart: Metzler 2012, S. 41–47, hier S. 43.
98 Vgl. Niklas Luhmann: *Die Kunst der Gesellschaft.* Frankfurt am Main: Suhrkamp 1997, S. 7–9.
99 Nassehi: „Die Theorie funktionaler Differenzierung im Horizont ihrer Kritik", S. 102.
100 Ebd. [Herv. i.O.].

d. h.: „Auf der Ebene der eigenen Operationen gibt es keinen Durchgriff in die Umwelt, und ebenso wenig können Umweltsysteme an den autopoietischen Prozessen eines operativ geschlossenen Systems mitwirken."[101]
Funktionssysteme können folglich „keine Elemente, keine unverarbeiteten Partikel aus der Umwelt importieren."[102] Eine solche Konstruktion erschwert es natürlich erheblich, Übergänge und Beeinflussungen zwischen den verschiedenen Funktionssystemen zu denken. Einerseits eignet sie sich zwar dazu, Begriffe wie Wissenschaft und Kunst als Funktionssysteme zu fassen, wobei über die Systemzugehörigkeit die jeweilige Anschlusskommunikation entscheidet. Andererseits entstehen an dieser Stelle, etwa für das wissenspoet(olog)ische Projekt, zugleich auch Schwierigkeiten, mit einem systemtheoretischen Design Wechselwirkungen,[103] Übergänge, Transfers und Hybride zwischen den beiden Systemen zu betrachten und dem Begriff des „Wissens" näher zu kommen.

Wenn Luhmanns Wendung der Differenzierungstheorie zunächst auf eine „*Gesellschaft der Gegenwarten*" abzielt, um „das Bezugsproblem einer *Gleichzeitigkeit von Unterschiedlichem* zu bearbeiten",[104] so ist der zentrale Stellenwert der Differenz trotz allem nicht gleichbedeutend mit vollständiger Abtrennung von Funktionssystemen untereinander.[105] Armin Nassehi argumentiert, dass die operative Selbstständigkeit der Funktion „keineswegs eine völlige Entkoppelung der Funktionssysteme bedeutet. Im Gegenteil: Differenzierung verweist gerade auf jene Reibungspunkte, an denen sich Unterschiedliches gleichräumig und gleichzeitig ereignet und exakt in dieser Weise aufeinander bezogen ist."[106] Die *Funktion* bezeichnet also gerade die Stelle, an der ein System eine Beziehung zum

---

101 Luhmann: *Die Gesellschaft der Gesellschaft*, S. 92.
102 Niklas Luhmann: *Das Erziehungssystem der Gesellschaft*. Frankfurt am Main: Suhrkamp 2002, S. 22f.
103 In seinem Buch über ökologische Kommunikation betrachtet Niklas Luhmann trotzdem ausführlich Formen von Wechselwirkungen zwischen einzelnen Systemen und geht anhand ökologischer Probleme der Frage nach, wie sich „Turbulenzen eines Systems auf andere übertragen" und wie Funktionssysteme darauf angewiesen sind, dass „*andere* Funktionen *anderswo* erfüllt werden." Niklas Luhmann: *Ökologische Kommunikation. Kann die moderne Gesellschaft sich auf ökologische Gefährdungen einstellen?* Opladen: Westdeutscher Verlag 1986, S. 221f. [Herv. i.O.].
104 Nassehi: „Die Theorie funktionaler Differenzierung im Horizont ihrer Kritik", S. 103 [Herv. i.O.].
105 So allerdings der Hauptkritikpunkt an der Theorie funktionaler Differenzierung, etwa bei Karin Knorr-Cetina, die die strukturellen Defizite der Theorie und die Unmöglichkeit von Geschlossenheit eines Systems gerade am Beispiel des Wissenschaftssystems zu zeigen versucht. Karin Knorr Cetina: „Zur Unterkomplexität der Differenzierungstheorie. Empirische Anfragen an die Systemtheorie". In: *Zeitschrift für Soziologie* 21 (1992), H. 6, S. 406–419.
106 Nassehi: „Die Theorie funktionaler Differenzierung im Horizont ihrer Kritik", S. 115.

Gesamtsystem aufbaut, in dem es etwas bereitstellt, was nur von ihm selbst erzeugt werden kann.[107] Dennoch gibt es Austauschprozesse zwischen verschiedenen Funktionssystemen, was Luhmann zunächst mit dem Begriff der „Interpenetration" bezeichnet, verstanden als gegenseitiges Zurverfügungstellen von Komplexität und „als reziproke Inanspruchnahme operativer Momente eines Systems für die Operation des anderen Systems."[108] Luhmanns späterer und spezifischerer Begriff der „strukturellen Kopplung" zielt in eine ähnliche Richtung, betont allerdings stärker die Autopoiesis operativ geschlossener Systeme. Mit ihm lässt sich verstehen, „wie autopoietische Systeme trotz (oder vielmehr wegen) ihrer operativen Schließung einander beeinflussen können".[109] Er bezeichnet den Zustand, in dem die Operativität eines Systems konstitutiv für die Operativität eines anderen ist. Ist strukturelle Kopplung gegeben, so gilt sie unabdingbar für beide gekoppelten Systeme. Führte der Begriff zunächst eher ein „Schattendasein" bei „radikalen Konstruktivisten",[110] fragt dagegen nun auch eine literaturwissenschaftlich-wissenspoetologische Perspektive: „Ist eine solche Kopplung zwischen Wissenschaft und Literatur möglich?"[111]

Nicolas Pethes zumindest sieht diese Möglichkeit bei Luhmann gerade darin angelegt, dass sich die Funktionen, die Luhmann dem System Wissenschaft und dem System Kunst gibt, stark annähern: Die Funktion der Wissenschaft beruhe „auf einer möglichen Reorganisation des Möglichen, auf einer Kombinatorik neuen Stils – und nicht auf einer Abbildung des Vorhandenen".[112] Und die Funktion der Kunst bestehe darin, die aktualisierten Formen in ihrem virtuellen Anderssein, in ihrer Kontingenz auszustellen, diese beobachtbar zu machen. Kunst und Wissenschaft operieren folglich beide mit einem bestimmten Verhältnis zum Möglichen und Virtuellen. Zwar tun sie dies mithilfe unterschiedlicher Weisen der Realisierung von Formen, eröffnen aber beide dadurch auch die Möglichkeit einer Fremdbeobachtung ihrer eigenen Operationsweise, was sich

---

107 Vgl. Pethes: „Poetik / Wissen. Konzeptionen eines problematischen Transfers", S. 347.
108 Oliver Jahraus: „Strukturelle Kopplung". In: Oliver Jahraus u. a. (Hg.): *Luhmann-Handbuch: Leben – Werk – Wirkung.* Stuttgart: Metzler 2012, S. 121–123, hier S. 121.
109 Ebd.
110 Karl Eibl: „Autonomie und Funktion, Autopoiesis und Kopplung. Ein Erklärungsangebot für ein literaturwissenschaftliches Methodenproblem mit einem Blick auf ein fachpolitisches Problem". In: Martin Huber, Gerhard Lauer (Hg.): *Nach der Sozialgeschichte. Konzepte für eine Literaturwissenschaft zwischen Historischer Anthropologie, Kulturgeschichte und Medientheorie.* Tübingen: Niemeyer 2000, S. 175–190, hier S. 183f.
111 Pethes: „Poetik / Wissen. Konzeptionen eines problematischen Transfers", S. 348.
112 Niklas Luhmann: *Die Wissenschaft der Gesellschaft.* Frankfurt am Main: Suhrkamp 1992, S. 328.

die Debatte um Literatur und Wissen(schaft), hier exemplarisch bei Pethes, zunutze macht.[113]
Interpenetration ist also mit der ausgehend von Luhmann weiterentwickelten Differenzierungstheorie denk- und erklärbar. Wie eingangs betont, ist dies nicht der einzige Mehrwert, den das Theorieangebot für die vorliegenden Überlegungen leisten soll. Es wird zudem darum gehen, den Ausgangsbefund, von dem aus die Diagonalisierung der verschiedenen Wissenschaften und literarischen Verfahren bei Canetti und Caillois gedacht wird, mithilfe der differenzierungstheoretischen Terminologie beschreibbar zu machen und nachzuvollziehen. In der vorliegenden Studie ist also von „Wissenschaft" und „Kunst" bzw. „Literatur" im Sinne einer beobachtungstheoretischen Beschreibung zweier Referenzpunkte die Rede. Nicht von der im Voraus gesetzten Stabilität der Formen von Kunst und Wissenschaft wird dabei ausgegangen, sondern von ihrer Prozessualität, die sich durch die kommunikativen Operationen herstellt und im Vollzug jeweils neu beweist.[114] Innerhalb der einzelnen Systeme greift dann das Prinzip, das Luhmann mit dem Begriff des Codes fasst, den er nicht im linguistischen Sinne verstanden wissen möchte, sondern als ein binär verfahrendes Schema.[115] Eine kommunikative Operation zählt immer dann zu einem System, wenn der passende Code einer Unterscheidung zugrunde gelegt wird. Denn „Codes sind Unterscheidungen, also Formen der Ausrüstung des Beobachtens."[116]. Dieser hat allein eine Strukturfunktion, ist nicht inhaltlich zu verstehen und unabhängig von den hinter einer Kommunikation stehenden Intentionen und Handlungen, d. h. es geht stattdessen um

---

[113] Dabei kritisiert Pethes die Versuche, Luhmann für die Literatur- und Kunstwissenschaft nutzbar zu machen, exemplarisch anhand des Bandes von Gerhard Plumpe und Niels Werber (Hg.): *Beobachtungen der Literatur. Aspekte einer polykontexturalen Literaturwissenschaft.* Opladen: Westdeutscher Verlag 1995. Mit der Behauptung, die Funktion des Kunstsystems sei Unterhaltung, würden sie das bei Luhmann angelegte „Erklärungspotential für die Frage nach der Grenzüberschreitung" wieder verschenken. Vgl. Pethes: „Poetik / Wissen. Konzeptionen eines problematischen Transfers", S. 350.

[114] „Es ist vielleicht diese Ironie, die das Besondere der Luhmannschen Gesellschaftstheorie ausmacht. [...] Das theoretische Problem einer Theorie operativer, temporalisierter sozialer Systeme besteht darin, ihren Aggregatcharakter selbst zu temporalisieren, ohne ihn aufzugeben." Nassehi: „Die Theorie funktionaler Differenzierung im Horizont ihrer Kritik", S. 112.

[115] „Die grundlegende Struktur, die durch Operationen des Systems produziert und reproduziert wird, nennen wir im typischen Fall der Funktionssysteme einen Code." Luhmann: *Die Kunst der Gesellschaft*, S. 301f. Für das Kunstsystem, zumindest im Rahmen der traditionellen Ästhetik, definiert Luhmann den Code schön/hässlich, für das System Wissenschaft den Code wahr/falsch (vgl. ebd., S. 309). Zur Problematisierung dieser Unterscheidung vgl. den Schluss dieses Kapitels.

[116] Ebd., S. 304

die festlegenden Praxen von Unterscheidungen zwischen wissenschaftlichem Wissen und Nicht-Wissen.[117]

Die Prozessualität des Systembegriffs verlangt allerdings auch, dass zwingend *eine* Unterscheidung getroffen werden muss, da nicht zwei Codes zugleich bedient werden können. Etwas kann in der Beobachtungsperspektive also nicht zwei Systemen angehören, beispielsweise nicht zugleich „als Kunst oder als Natur betrachtet werden [...] – es sei denn mit Hilfe einer weiteren Unterscheidung [...] Die Unterscheidung verlöre, anders gesagt, ihren Funktionssinn als Differenz, wenn sie als Beleg für die Unterschiedslosigkeit des Unterschiedenen dienen sollte."[118] Diese Unbedingtheit der Unterscheidungsoperation, die eine Vermischung zunächst unmöglich macht bzw. nur durch die Einführung einer neuen Unterscheidung erlaubt, liegt allen folgenden Ausführungen zu den Fragen nach Kunst (oder Literatur) und Wissenschaft oder nach Natur und Kunst zugrunde. Indem dieser systemtheoretische Baustein ernst genommen wird, verfolgt die hier vorgeschlagene Perspektive nicht das Ziel, eine Setzung und Bestimmung von Literatur- und Wissenschaftsbegriffen als solche vorzunehmen, sondern zunächst nur zu beobachten, wie die betrachteten Texte selbst operative Anschlussroutinen vornehmen, z.B. durch das Verfahren des Zitats, bzw. wo sie dies gerade nicht tun, beispielsweise durch die spezifische Mischung von Disziplinen. Fallen sie damit aus bestehenden Systemzusammenhängen heraus, dann deswegen, weil sie neue Unterscheidungen einführen. Die Fokussierung auf die Prozessualität sowie die Konzentration auf eine beobachtungstheoretische Perspektive erlauben schließlich eine offenere Beschreibung, als dies mithilfe eines historischen und/ oder zeitgenössischen, inhaltlich gesetzten Wissenschafts- oder Kunstbegriffs möglich wäre.

2.3 Begriffliches II: Die wissenschaftliche Disziplin und Inter- bzw. Transdisziplinarität

Wenn sowohl Wissenschaft- als auch Kunstsystem mit Luhmann keine feststehenden, stabilen Einheiten bilden, sondern jeweils neu durch operative, kommunikative Anschlussroutinen entstehen, widerspricht dies scheinbar der Diagnose einer fixierten Disziplinenordnung.[119] Allerdings liefert die Theorie funktionaler Differenzierung, die es erlaubt, ausdifferenzierte Funktionssysteme

---

117 Vgl. Nassehi: „Die Theorie funktionaler Differenzierung im Horizont ihrer Kritik", S. 108.
118 Luhmann: *Die Kunst der Gesellschaft*, S. 52.
119 Vgl. zu dem Ausgangsbefund die *Einleitung* des vorliegenden Buches.

als operativ geschlossen und eigenständig zu denken, überhaupt erst die wissenschaftssoziologische Begründung für das, worauf beide Autoren reagieren. Denn noch 1979, also rund 20 Jahre nach der Publikation von Canettis Masse und Macht und Caillois' erster expliziter Ausrufung der „diagonalen Wissenschaften", konstatiert Rudolf Stichweh, die „einsetzende interne Differenzierung der Wissenschaft, die seit dem Anfang des 19. Jahrhunderts ein ‚*System wissenschaftlicher Disziplinen*' entstehen lässt, ist bisher kaum in ihrer Bedeutung als Einschnitt in der Geschichte der modernen Wissenschaft begriffen worden."[120]

Betrachtet man die Strukturen innerhalb des ausdifferenzierten Wissenschaftssystems, verschiebt sich der Blick von der Aus- auf die Binnendifferenzierung. Binnen- oder interne Differenzierung bedeutet die „wissenschaftsinterne Wiederholung des Systembildungsprozesses, die Disziplinen und Spezialgebiete entstehen läßt."[121] Der Luhmann-Schüler und Differenzierungstheoretiker Stichweh definiert wissenschaftliche Disziplinen als „*Formen sozialer Institutionalisierung* eines mit vergleichsweise unklareren Grenzziehungen verlaufenden Prozesses kognitiver Differenzierung der Wissenschaft".[122] Das heißt konkret, sie setzen sich zusammen aus einer „scientific community", mit der, wie schon bei C.P. Snow, die soziale Dimension eines möglichst homogenen Kommunikationszusammenhangs von Forscher*innen benannt ist, aus einem Korpus vermittelbaren Wissens, einem spezifischen Problem und konkreten Methoden sowie aus einer zugehörigen Karrierestruktur, die für Nachwuchs innerhalb der Disziplin sorgt.[123] Die Betonung des sozialen und gemeinschaftlichen Aspekts ist hier insofern relevant, als wissenschaftliche Disziplinen zwar an leitende Problemstellungen[124] gebunden sind, zudem aber auch aus einem Kommunikationszusammenhang, gemeinsamen Kommunikationsstrukturen und -traditionen bestehen.

Der Disziplinengedanke engt über diese gemeinsame Problemstellung die Möglichkeiten ein, welche Fragen im Wissenschaftssystem überhaupt gestellt werden können.[125] Tauchen neue Probleme auf, so müssen diese entweder an bestehende Disziplinen angegliedert oder oder es muss eine neue Disziplin dafür

---

120 Stichweh: „Differenzierung der Wissenschaft", S. 84.
121 Vgl. Stichweh: „Differenzierung der Wissenschaft", S. 82.
122 Ebd., S. 83. [Herv. i.O.]
123 Vgl. ebd.
124 Vgl. exemplarisch den Nachvollzug der leitenden Problemstellung der Soziologie in Niklas Luhmann: „Wie ist soziale Ordnung möglich?" In: Ders.: *Gesellschaftsstruktur und Semantik. Studien zur Wissenssoziologie der modernen Gesellschaft*. Bd. 2. Frankfurt am Main: Suhrkamp 1993, S. 195–285.
125 „Disziplinen prägen also die kognitive Schematisierung der Wirklichkeit dadurch, daß sie in dieser Interdependenzunterbrechungen verstärken." Stichweh: „Differenzierung der Wissenschaft", S. 84.

geschaffen werden. Ist beides nicht möglich, werden sie vergessen, oder aber der Problemstatus wird ihnen entzogen; und um sie wieder in mögliche wissenschaftliche Fragen zu verwandeln, muss folglich an den institutionalisierten, sozialen, kollektiven und kommunikationstrukturierenden Grenzen von Disziplinen gerüttelt werden. Caillois' Befund, dass bestimmte Probleme schlicht unsichtbar sind, weil sie zwischen den fixierten Disziplinen liegen, erscheint insbesondere vor dem Hintergrund dieser kognitiven Funktionsbestimmung disziplinärer Strukturen zunächst nachvollziehbar. „An den Grenzen rütteln" aber lässt sich, behält man den theoretischen Rahmen funktionaler Differenzierung bei, allerdings gerade aufgrund der Beschaffenheit dieser Grenzen nur schwerlich: Jede Disziplin bezieht sich auf einen bestimmten Ausschnitt ihrer Umwelt und internalisiert dabei die Differenz von Umweltausschnitten. Wissenschaft produziert in ihren differenzierten Disziplinen also nicht „als Ganzes" arbeitsteilig eine umfassende Wahrheit über die Umwelt, sondern jede einzelne Disziplin erzeugt ihre eigenen Wahrheiten über ihren jeweiligen Gegenstand. Darüber erklärt Stichweh auch, dass Austauschprozesse zwischen den Disziplinen über längere zeitliche Abstände völlig unterlassen werden können: „Disziplinendifferenzierung ist die Institutionalisierung kognitiver Differenz zwischen Disziplinen und insofern eine *Differenzierung über Ungleichheit der differenzierten Einheiten.*"[126]

Disziplinen sind also in diesem Sinne gefasst als der institutionalisierte Ausdruck von Differenz. So wird es von Grund auf problematisch, disziplinäre Vermischungen und wechselseitigen Transfer zu denken, da bereits die jeweils zugrundeliegenden Umweltausschnitte gerade durch ihre Differenz zum je spezifischen Gegenstandsfeld werden und so Grenzüberschreitungen verhindern, noch bevor die disziplinären (kommunikativen, sozialen) Praktiken in ihrer Unvereinbarkeit diesen im Weg stehen könnten. All diesen Hindernissen zum Trotz sind innerhalb des Theoriezuschnitts Möglichkeiten des Austauschs integrierbar:

Waren bis ins 18. Jahrhundert hinein die Wissenschaften in der Einheit der Naturphilosophie noch stark miteinander verwoben, so entsteht die moderne Disziplinenstruktur zu Beginn des 19. Jahrhunderts mit der Abtrennung der klassischen Philologie, der Geschichtswissenschaft einerseits, Physik und Chemie aufseiten der Naturwissenschaften andererseits. Erst mit Beginn des 20. Jahrhunderts treten die Sozialwissenschaften und die „Wissenschaften vom Menschen"[127] in disziplinärer Form hinzu. Diesen historischen Einschnitt am Anfang des 19. Jahrhunderts, der als Grundlage der modernen Ordnung und des „Sys-

---

126 Ebd., S. 86. [Herv. i.O.]
127 Vgl. neben Foucaults *Ordnung der Dinge* hierzu auch: Rodolphe Gasché: *Die hybride Wissenschaft. Zur Mutation des Wissenschaftsbegriffs bei Emile Durkheim und im Strukturalismus von Claude Lévi-Strauss.* Stuttgart: Metzler 1973, S. 9.

tems" wissenschaftlicher Disziplinen verstanden wird, knüpft Stichweh an die Neustrukturierung und -organisation der Universitäten, die von Deutschland ausgeht und in ganz Europa wirksam wird.[128] Das Wissen der Wissenschaft ist dort nur dadurch vermittelbar, dass es geordnet und systematisiert werden kann. So werden Disziplinen als Strukturelemente und Ordnungsfunktionen unverzichtbar, wenn man Wissenschaft als auf Anschlusskommunikation basierendes (Kommunikations-)System versteht und zudem der Bereich dessen, was unter Wissen verstanden wird, stetig an Umfang gewinnt.

Der Begriff der wissenschaftlichen Disziplin bezeichnet somit seit Beginn des 19. Jahrhunderts vor allem einen institutionalisierten Kommunikationszusammenhang. Als recht junges Phänomen erfahren wissenschaftliche Disziplinen innerhalb des 20. Jahrhunderts jeweils rasante Binnendifferenzierungen, wobei zugleich, insbesondere an der Schwelle zum 21. Jahrhundert, Rufe nach Interdisziplinarität laut werden oder verschiedene „turns" in zunehmender Häufung alternative Strukturierungen von Wissen (und Disziplinen) vorschlagen. Dass sich diese Kommunikationszusammenhänge dennoch seit ihrer Entstehung mit derartiger Stabilität halten und gegen Auflösungen oder vollständige Vermischungen robust bleiben, lässt sich u. a. dann erklären, wenn man Disziplinen im Snow'schen Sinne als „Kulturen" betrachtet. Disziplinen organisieren nicht nur Wissen, sie erzeugen spezifische disziplinäre Weltbilder[129] und Kommunikationsweisen. Der Begriff der „Kultur" vermag hier die Motivation und Bindung an Disziplinen gleichermaßen zu begründen. Diese soziologische bzw. ethnographische Perspektive[130] auf Entstehung, Entwicklung und Struktur wissenschaftlicher Disziplinen liegt auch dem Ansatz der diagonalen Wissenschaften zugrunde.

Der interne Differenzierungsprozess des Wissenschaftssystems, der sich zunehmend auf subdisziplinäre Ebene verlagert, verlangsamt oder verunmöglicht

---

128 Vgl. Stichweh: „Differenzierung der Wissenschaft", S. 84. Der enge Zusammenhang zwischen dem System Wissenschaft mit dem der Hochschulerziehung, der darin besteht, dass Disziplinen innerhalb beider als jeweilige und strukturhomologe Subsysteme fungieren, ist ein seltener Fall innerhalb des Gesellschaftssystems. Erst mit Ende des 18. Jahrhunderts kann dieser aber überhaupt hervortreten, da zuvor eher Erhaltung und Ordnung des Wissens statt wissenschaftliche Forschung und Weitergabe von Erkenntnissen innerhalb von Forschungsgebieten als zentrale Werte galten. Vgl. Rudolf Stichweh: „Wissenschaftliche Disziplinen. Bedingungen ihrer Stabilität im 19. und 20. Jahrhundert". In: Jürgen Schriewer, Edwin Keiner, Christophe Charle (Hg.): *Sozialer Raum und akademische Kulturen. Studien zur europäischen Hochschul- und Wissenschaftsgeschichte im 19. und 20. Jahrhundert*. Frankfurt, New York: P. Lang 1993, S. 235–250, hier S. 241.
129 Vgl. ebd., S. 249.
130 Ebd., S. 249; Stichweh zitiert hier v. a. Clifford Geertz: „The Way we Think Now. Toward an Ethnography of Modern Thought". In: Ders.: *Local Knowledge*. New York: Basic Books 1983, S. 147–163.

im 20. Jahrhundert zusätzlich den kommunikativen Austausch zwischen den (Sub-)Disziplinen. Die anhaltenden Diskussionen und lautstarken, allerdings oft uneingelöst bleibenden Forderungen nach interdisziplinären Verfahrensweisen zeigen, wie notwendig ein solcher kommunikativer Austausch wäre – und wie schwer er sich umsetzen lässt. Schließlich steht das Phänomen der Disziplinen ja gerade für „institutionalisierte Interdependenzunterbrechungen"[131] in kognitiver wie sozialer Hinsicht. So wird das „Nicht-Zustandekommen interdisziplinärer Kommunikation nachgerade zum Signum der modernen Kultur".[132]

Gegenbewegungen zur zunehmenden Binnendifferenzierung lassen sich allerdings – erneut mit der Theorie funktionaler Differenzierung – beobachten: Einerseits orientieren sich Disziplinen in asymmetrischer Hinsicht an anderen, beispielsweise etablierteren Wissenschaften. Eine solche „inter-disziplinäre Ordnung"[133] ist als eine basale, wenn auch unidirektionale Form des Bezugs zu verstehen, die auch bei der Entstehung neuer (Sub-)Disziplinen wirkt. Eine weitere, komplexere Integrationsmöglichkeit bilden transdisziplinäre Konzepte. Interdisziplinarität und Transdisziplinarität unterscheiden sich aus differenzierungstheoretischer Perspektive vor allem durch die Verortung des zu bearbeitenden Problems zwischen Wissenschaft und Gesellschaft: Der schon seit den 1970er Jahren vielfach geforderten Interdisziplinarität liegt ein problemorientierter Zugriff zugrunde. Sie konzentriert sich auf Probleme aus der Umwelt des Wissenschaftssystems und kombiniert dabei Disziplinen, um verschiedene Perspektiven auf einen einzigen Gegenstand zu verbinden: Interdisziplinarität bearbeitet folglich Elemente der gesellschaftlichen Umwelt und versucht, Wissenschaft in die Gesellschaft zu integrieren. Im Unterschied dazu geht es der Transdisziplinarität um Konzepte, die von vornherein auf mehrere Disziplinen verweisen, dabei „visieren sie Gemeinsamkeiten an, die es erlauben, heterogen erscheinende Problemklassen mehrerer Disziplinen"[134] einzubeziehen. Denn systemtheoretisch gesehen kann ein einzelner Gegenstand problemlos in verschiedenen Disziplinen gleichzeitig auftauchen, er gestaltet sich lediglich durch die unterschiedlichen leitenden Problemstellungen, unter denen die Wissenschaft die Welt beobachtet, in jeder Disziplin jeweils anders. Somit versucht die Transdisziplinarität auf das Problem des fragmentierten disziplinären Wissens zu antworten. Statt dabei auf den Transfer von Methoden oder den Austausch von Wissensbeständen zwischen

---

131 Stichweh: „Differenzierung der Wissenschaft", S. 90.
132 Dillmann: *Poetologien der Kontingenz*, S. 58.
133 Stichweh: „Differenzierung der Wissenschaft", S. 93.
134 Ebd.

den Disziplinen zu setzen, erreicht sie dies vor allem durch die Forschung zu übergeordneten, strukturellen Grundlagenbegriffen, die dann für mehrere Disziplinen nutzbar gemacht werden können.[135]

Die Ausführlichkeit in der Beschreibung des Begriffsinstrumentariums aus dem Horizont der Theorie der funktionalen Differenzierung ist hier relevant, um den Ort des Problems und die Anschlussverfahren zu präzisieren, an dem und mit denen „diagonale Wissenschaften" sowie die wissenschaftliche Erschließung des Imaginären operieren. Sie bewegen sich im Sinne des transdisziplinären Problemzuschnitts innerhalb des Wissenschaftssystems und versuchen einen neuen Schlüsselbegriff zu installieren, der nicht nur in verschiedenen Disziplinen anwendbar ist, sondern der zuvorderst neue Verbindungslinien – „Diagonalen" – zwischen differenzierten Spezialgebieten aufscheinen lässt.

Die differenzierungstheoretische Perspektive hilft außerdem zu verstehen, in welchem Verhältnis Natur und Wissenschaften, Umwelt und System überhaupt zueinander stehen können. Statt mit einem Abbildungsverhältnis, auf Grundlage dessen sich, würde man alle Einzeldisziplinen zusammensetzen, auch das große Ganze der Natur wiedererkennen ließe, haben wir es mit unterbrochenen Umweltausschnitten zu tun, die sich gerade über ihre Differenz konstituieren und ihre je eigene Wahrheit produzieren. So wird etwa die scheinbar objektive Einteilung der Wissenschaften als Abbild einer vorgängigen Einteilung der ‚Natur', beispielsweise je nach Belebungsgrad in die drei Naturreiche der Tiere, Pflanzen und Minerale, als artifiziell demaskiert und einer umgekehrten Kausalität unterstellt.

Vor allem anderen aber leistet die skizzierte Perspektive an dieser Stelle eine Fokussierung auf kommunikative Praktiken, soziale Strukturen und kollektive Formen innerhalb wissenschaftlicher Disziplinen. Diesen Aspekt zu betonen und im Anschluss an Snow als Kulturen zu begreifen macht es nicht nur möglich, ihre Robustheit und Stabilität zu verstehen, sondern auch zu sehen, an welchen kommunikativen, gemeinschaftsstiftenden, sprachlich-formalen Verfahren angesetzt werden muss, um ihre Grenzen zu destabilisieren. (Einzel-)Wissenschaften werden hierbei prozessual gedacht und an ihre jeweiligen epistemischen Praktiken gebunden – dadurch gelingt es auch, einen Bogen um die ausführlichen und

---

135 Gesellschaftliche Differenzierungsprozesse zeichnen sich zwar allgemein dadurch aus, dass sie sich nur in eine Richtung, nämlich irreversibel in Richtung feinerer (Innen-)Differenzierung bewegen. Allerdings könnten bahnbrechende wissenschaftliche Neuerungen oder Paradigmenwechsel, wie sie Thomas Kuhn in *Die Struktur wissenschaftlicher Revolutionen* von 1962 beschreibt, Prozesse der Entdifferenzierung anstoßen, indem sie durch die eingeführte Innovation überhaupt erst gemeinsame Grundlagen bisher unverbundener (Sub-)Disziplinen hervortreten lassen. Vgl. dazu ebd., S. 98.

kaum mehr fruchtbaren Debatten zu „Wissen" *in* der Literatur zu machen,[136] da es nicht um Wissensbestände, fixierbare Ergebnisse oder den Wissensgehalt von Texten geht.

Statt speicherbarer Wissensbeständen treten in der Wissenschaftstheorie und -geschichte allgemein diskursive sowie nichtdiskursive Formen und historische Kontexte in den Vordergrund, in die wissenschaftliche Objekte immer eingebettet sind.[137] In ebendieser Perspektive stehen auch die von Michel Foucault ausgehenden wissenspoetologischen Ansätze. Die im 20. Jahrhundert entstehende historische Epistemologie betont dabei bereits seit den 30er Jahren die soziale und historische Verfasstheit sowie die Relativität von Wissen und Wissenschaften. In unterschiedlicher Schwerpunktsetzung fassen sowohl Ludwik Fleck als auch Gaston Bachelard Wissenschaft als einen kulturellen Prozess und als Praxis,[138] und auch die von Thomas Kuhn 1962 beschriebenen Paradigmenwechsel unterstreichen das soziale und kollektive Moment von Wissenschaft, indem sich Neuerungen nur über eine bestimmte Anzahl von Anhängern innerhalb der wissenschaftlichen Gemeinschaft vollziehen können. Nicht zuletzt denkt auch Michel Foucault die Disziplin von der Perspektive der Praktiken her: „sie definiert sich durch einen Bereich von Gegenständen, ein Bündel von Methoden, ein Korpus von als wahr angesehenen Sätzen, ein Spiel von Regeln und Definitionen, von Techniken und Instrumenten".[139] Zusammengenommen entwickele sich dadurch „ein anonymes System, das allen zur Verfügung steht, die sich seiner bedienen wollen oder können, ohne daß sein Sinn oder sein Wert von seinem Erfinder abhängen."[140]

Dieses „Spiel von Regeln" lässt sich gerade, wenn es um transdisziplinäre Verschränkung geht, mit dem Fokus auf operative Anschlussroutinen an Wissenschaftskommunikation (oder Kunstkommunikation), die in ihrem Vollzug erst ein System emergieren lassen, klarer fassen. Bewegt sich im differenzierungstheoretischen Design eine Fragestellung außerhalb einer bestimmten Disziplin, versagen die Anschlussroutinen, das zugrundeliegende Problem wird „dethema-

---

136 Vgl. dazu die ausführliche Debatte in der *Zeitschrift für Germanistik* 17 und 18, 2007 bis 2008 zwischen Tilmann Köppe, Roland Borgards, Andreas Dittrich und Fotis Jannidis, ausgehend von Köppes Artikel: „Vom Wissen in Literatur", in: *Zeitschrift für Germanistik* 17 (2007), S. 398–410.
137 Vgl. dazu Rheinbergers Begriff des Experimentalsystems: Hans-Jörg Rheinberger: *Objekte, Differenzen, Konjunkturen. Experimentalsysteme im historischen Kontext.* Berlin: Akademie Verlag 1994.
138 Vgl. u. a. Rheinberger: *Historische Epistemologie zur Einführung*, S. 55.
139 Michel Foucault: *Die Ordnung des Diskurses*. Übers. v. Ralf Konersmann. Frankfurt am Main: Fischer 2014, S. 22.
140 Ebd., S. 22.

tisiert",¹⁴¹ oder aber es wechselt durch anderen Codegebrauch in das jeweils passende Funktionssystem. Für Foucault dagegen lauern im Außen spezifischer Disziplinen die Monster: So lässt hinter ihren Grenzen jede Disziplin „eine ganze Teratologie des Wissens wuchern." Dort verortet er die „imaginären Themen der Einbildungskraft, die unvordenkliche Überzeugungen tragen und immer wieder erneuern".¹⁴² Was aber geschieht, wenn diese imaginären Monster selbst zum Gegenstand der Wissenschaft werden? Und was, wenn die formalen Praktiken, die zwischen Wissenschaft und anderen Funktionssystemen, etwa dem der Kunst unterscheiden, miteinander in Konflikt geraten?

Exkurs: Die Entstehung der Soziologie als dritter Kultur
An der französischen Protosoziologie lässt sich dies exemplarisch beobachten. Als sich die Soziologie im 20. Jahrhundert als Sozialwissenschaft zu formieren begann, hatte sie nicht nur bei etablierten wissenschaftlichen Disziplinen um Anerkennung zu kämpfen, rang sie doch zunächst mit der Literatur um die Position der „Schlüsselorientierung" für die zeitgenössische Gesellschaft.¹⁴³ Sie schwankte zwischen der Nachahmung der voneinander in verschiedene Systeme differenzierten naturwissenschaftlichen Methoden und einer literarisch anmutenden Hermeneutik. Die Monster, derer sie sich annahm, waren u. a. auch die imaginären Themen der Einbildungskraft, die gesellschaftlichen, kollektiven Vorstellungen und Ideologien als „eine imaginäre ‚Repräsentation' des imaginären Verhältnisses der Individuen zu ihren realen Existenzbedingungen",¹⁴⁴ mit dem Ziel, die soziale Wirklichkeit zu beschreiben. Mit einem solchen, bis dahin eher dem Bereich des Literarischen zugeordneten Gegenstand hatte sich bereits der Begriff dessen, was Wissenschaft sein und behandeln kann, verändert. Möglich wurde diese Veränderung insbesondere über die formale Bestimmung der jungen Soziologie. Auguste Comte ordnete als Begründer des Positivismus den sprachlichen Stil radikal dem Objekt der wissenschaftlichen Auseinandersetzung unter. Allein der Gegenstand bestimme über die sprachliche Form. Comtes Verachtung von literarischen oder rhetorischen Kunstgriffen, die auf Überzeugung der Lesenden zielen, trennte das Konzept von ‚Stil' radikal von dem des Wahrheitsgehalts. Fortan verlor die rhetorische oder literarische Schreibweise ihren Inhalt, wurde zum reinen Or-

---

141 Stichweh: „Differenzierung der Wissenschaft", S. 84.
142 Foucault: *Die Ordnung des Diskurses*, S. 24.
143 Vgl. dazu exemplarisch die Einleitung in Lepenies: *Die drei Kulturen*, S. I–XVIII.
144 Louis Althusser: „Der Überbau: Über die Reproduktion der Produktionsverhältnisse". In: Ders.: *Über die Reproduktion. Ideologie und ideologische Staatsapparate*, 2. Halbband. Hg. v. Frieder Otto Wolf. Hamburg: VSA-Verlag 2012, S. 17–302, hier S. 256–259.

nament. Die Kunst selbst habe folglich keinen eigenen (Wahrheits-)Wert in sich.[145] Auf diese Weise wurde es möglich, sich später von den literarischen Konkurrenzunternehmungen zur Soziologie, wie etwa der Romane der *comédie humaine* Balzacs oder dem *roman expérimental* Zolas, abzugrenzen. Schon früh setzte so ein innerdisziplinärer Reinigungsprozess ein.[146] Dabei allerdings wurde die Literatur, vor allem der Roman, zur Quelle für die wissenschaftliche Auseinandersetzung – so zog z. B. Émile Durkheims frühe Studie zum Selbstmord literarische Beispiele heran, um seine soziologischen Klassifikationen zu erarbeiten. An dieser Stelle setzte auch Hayden Whites spätere Kritik an der Sprachvergessenheit Durkheims an, die White auch auf dessen Datenauswertung ausweitete:

> Und dieser Glaube an die Transparenz der Sprache, an ihren rein widerspiegelnden statt konstituierenden Charakter verstellte auch Durkheim den Blick dafür, in welchem Maße seine Selbstmordtypen ebenso sehr durch seine eigenen Beschreibungen seiner Daten erzeugt worden waren[.][147]

Die junge Soziologie kämpfte auch in der auf Durkheim folgenden Phase um naturwissenschaftliche Anerkennung und distanzierte sich daher von ihren literarischen Frühformen insbesondere mittels formaler Verfahren: Statt narrativer Textformen standen methodentreue Analyse und Systematisierung im Vordergrund. Statt persönliche Erfahrungsberichte zu schreiben, zeichnete Émile Durkheim nun Tabellen.[148] Eine transparente Sprachverwendung schien möglich.

An den frühen Positivismus Comtes anschließend zeigt sich diese Anähnelung an Verfahren und Methoden der Naturwissenschaften besonders in Durkheims einfachem und zugleich radikalem Schritt, die imaginären Monstren, die kollektiven Formen der Einbildungskraft, in „Dinge" zu verwandeln. Sein *chosisme* legt als grundlegende Regel der Soziologie fest, dass es gilt, die „soziologi-

---

145 Vgl. Lepenies: *Die drei Kulturen*, S. 21–23 und S. 70.
146 Gleichzeitig, darauf weist Pethes in seinem Forschungsbericht hin, ist Émile Zolas Manifest *Le roman expérimental* einer der frühesten Versuche, eine Antwort auf die Frage nach dem Zusammenhang von Wissenschaft und Literatur zu geben: „Die Frage, wie die Naturwissenschaften die Dichtung beeinflussen, stellt sich insofern nicht, als Dichtung selbst ein natürliches und also den wissenschaftlich systematisierten Naturgesetzen unterliegendes Produkt sei. Diese Vorstellung entsteht am Ende des 19. Jahrhunderts im Rahmen des Postulats naturalistischer Literatur" (Pethes: „Literatur- und Wissenschaftsgeschichte. Ein Forschungsbericht", S. 211). Siehe den „Forschungsbericht" auch für eine ausführliche und differenzierte Beschreibung verschiedener Formen des Transfers zwischen Literatur und (Natur-)Wissenschaft.
147 Hayden V. White: *Auch Klio dichtet oder Die Fiktion des Faktischen. Studien zur Tropologie des historischen Diskurses*. Übers. v. Brigitte Brinkmann-Siepmann, Thomas Siepmann. Stuttgart: Klett-Cotta 1986, S. 33.
148 Vgl. dazu ausführlicher das Kapitel VI *Sehen*.

schen Tatbestände [faits sociaux] wie Dinge [comme des choses] zu betrachten".[149] So wird versucht, alles Subjektive als soziale Tatsachen aufzufassen, um die Objektivität der neuen Wissenschaft zu garantieren, was einerseits zu einem erbitterten Streit zwischen dem literarisch geprägten Humanismus und der „szientistischen Soziologie" führte und andererseits vonseiten der Naturwissenschaften als Hybris wahrgenommen wurde.[150]

Wolf Lepenies' These, dass die Soziologie als Schlüsseldisziplin um 1900 wiederum auf die Entwicklung der zeitgenössischen Literatur zurückwirkte, zielt vor allem darauf, in der Entstehung der Soziologie und dem Kampf zwischen wissenschaftlicher Analyse und literarischer Hermeneutik die Fronten von altem Frankreich und moderner Industriegesellschaft gespiegelt zu sehen. Folglich nimmt sich die Entstehung der Soziologie in Deutschland gänzlich anders aus: „Wissenschaftsfeindschaft und Dichtungsglaube" gehörten bis ins 20. Jahrhundert zu einem sich am deutschen Idealismus und der Weimarer Klassik orientierenden Deutschland. Eine gesellschaftlich orientierte Literatur wurde als „undeutsch, oberflächlich" abgelehnt.[151] In diesem Sinne proklamiert auch Dilthey mit der Begründung der Geisteswissenschaften die Abgrenzung von der „naturwissenschaftstrunkenen" Zeit und forderte, die Geisteswissenschaften sollten nicht die Methoden und Verfahren der Naturwissenschaften nachahmen, sondern sich vielmehr wieder der Dichtung annähern.[152] Deutsche Dichtung sollte vom gesellschaftlich-sozial interessierten Literatentum unterschieden werden, der naturnahe Dichter und der naturferne Schriftsteller betonen dabei auch die politische Opposition zwischen völkischer und republikanischer Gesinnung.[153]

Mit Georg Simmel und Max Weber fasste schließlich eine Soziologie im deutschen Kontext Fuß, die sich zwar im bewussten Gegensatz zur französischen oder englischen Disziplin und deren Wissenschaftsglaube versteht, dennoch aber Ra-

---

149 Émile Durkheim: *Die Regeln der soziologischen Methode [1895]*. Übers. v. René König. Frankfurt am Main: Suhrkamp 2011, S. 115.
150 Vgl. Lepenies: *Die drei Kulturen*, v. a. S. 78.
151 Ebd., S. 247.
152 So Dilthey in einem Brief an den Grafen Paul Yorck von Wartenburg von 1884, hier zit. nach: Ebd., S. 259f.
153 Durch einen differenzierten Blick auf die Entstehung der deutschen Soziologie oder die deutsche Strömung des Naturalismus ließe sich diese verallgemeinernde These Lepenies schnell relativieren, für Frankreich und die französische Soziologie sind seine Thesen jedoch durchaus zutreffend. Die deutschen Entwicklungen werden hier jedoch nur am Rande betrachtet, da sich Caillois vor allem auf den französischen Kontext stützt und durch diesen geprägt ist, und auch Canetti eher auf die französischen Anthropologen und Ethnologen und darüber hinaus vor allem – nicht zuletzt aufgrund seiner Exilzeit – auf die englische Tradition zurückgreift, als auf den deutschen Kontext.

tionalität und Objektivität als „Kampfbegriffe" verwendet, um zumindest einen kleinen Teil der Welt sinnhaft werden zu lassen.[154] Wenn auch mit gänzlich anderen Vorzeichen, so kommt auch Max Weber zu dem Schluss, dass die künstlerische Form immer im Verdacht steht, die Lesenden in ihrem Urteil und ihren Überzeugungen zu beeinflussen. Die logische Struktur der Erkenntnis unterscheide sich in Bezug auf die textuellen Darstellungsweisen von Wissenschaft von der künstlerischen Form. Aus bewusster Entscheidung solle die Soziologie daher ihre Form vernachlässigen, formale Askese betreiben.[155]

Nach der Gründung der Deutschen Gesellschaft für Soziologie 1909, auf die Max Weber allerdings nur in den ersten drei Jahren aktiv Einfluss nahm, etablierte sich die Soziologie insbesondere nach dem Ersten Weltkrieg an deutschen Universitäten, 1919 wurde die erste Soziologie-Professur besetzt. Stärker als in der weiterhin vom Positivismus geprägten Soziologie Frankreichs tauchen im deutschen Raum immer wieder Versuche auf, die intuitiv konnotierten Formen künstlerischer Darstellung mit dem soziologischen Ansatz zu verknüpfen oder aber das deutsche Ideal der Dichtung wiederum gegen die Verwissenschaftlichung ins Feld zu führen, wie etwa im George-Kreis, für den allerdings darüber hinaus nationale Interessen wie auch Fragen der Geschichtsschreibung eine wichtige Rolle spielen.

Bei der Bewertung formaler Verfahren aber stand sowohl in Deutschland als auch in Frankreich in unterschiedlichen Gewichtungen und vor dem Hintergrund verschiedener politischer Konstellationen die Literatur oder Dichtung als Bereich von Intuition, Einfühlung, Gefühl, irrationaler Lesendenbeeinflussung, Überzeugungskraft oder moralischer Wertung der Wissenschaft als Bereich des Rationalen, Asketischen, Objektiven, Kühl-Sezierenden gegenüber. Durch das Misstrauen, das dem Stil entgegengebracht wurde, entstand die Vorstellung, die wissenschaftliche Sprache müsse sich gerade durch seine Abwesenheit auszeichnen: sprachliche Askese, die allein vom Gegenstand, von der sozialen Tatsache bestimmt sei und dadurch auch alle Ähnlichkeiten zum Literarischen abwehren könne.

2.4 Autonomie der Kunst: Wissenschaft vs. Literatur

Möchte man also aus systemtheoretischer Perspektive das Funktionssystem der Kunst beschreiben, so ist bereits vorausgesetzt, dass man es als ein autonomes System versteht. Allerdings bedeutet Autonomie in dieser Hinsicht etwas anderes

---

154 Vgl. Lepenies: *Die drei Kulturen*, S. 295–297.
155 Vgl. dazu ebd., S. 297f. Bereits eine kurze Betrachtung der Rhetorizität der Texte Max Webers könnte auch diese These allerdings deutlich relativieren, was hier nur als Möglichkeit angedeutet sei.

als innerhalb der verzweigten Diskussionen um die „Autonomieästhetik": „Autonomie ist nicht das ‚Wesen' der Kunst, sondern Resultat der evolutionären Logik oder Dynamik funktionaler Differenzierung (und damit: der Modernisierung der Gesellschaft)."[156] Mit der Umstellung der Gesellschaft auf funktionale Differenzierung wurde die Kunst, in Ermangelung anderer Anlehnungskontexte, geradezu zur Autonomie gezwungen. Das systemtheoretische Autonomieverständnis von Kunst bedarf folglich keiner Auflösung durch eine Heteronomieästhetik, denn die Gesellschaft bleibt immer „die ‚heteronome' Randbedingung für autonomes Operieren; sie kann nicht abgewählt werden. [...] Autonomie ist keine Gegenposition zur Gesellschaft, sondern die Art und Weise, wie Kunst die Ausdifferenzierung der Gesellschaft in der Gesellschaft nachvollzieht."[157]

Damit tritt Kunst aus dem Bereich des Nicht-Nützlichen und seiner Opposition zur Gesellschaft heraus. Ihre Besonderheit innerhalb des Gesellschaftssystems erhält sie stattdessen über die Art ihrer Kommunikation: Kunst hat die Aufgabe, die Wahrnehmungsprozesse zu verlangsamen und reflexiv werden zu lassen. Versteht man Kunst als Kommunikation (d.h. nicht als Kommunikation *über* Kunst(werke), sondern als eigenständige Kommunikationsformen), werden Kunstwerke also selbst als Kommunikationsmittel hergestellt, die den *„zweckentfremdeten Gebrauch von Wahrnehmung"*[158] ermöglichen. Der kommunikative Gehalt der Kunst besteht dann darin, das Verhältnis von Wahrnehmung und Kommunikation zu irritieren. Die gesellschaftliche Funktion der Literatur im Besonderen verortet Luhmann gerade durch ihre Autonomie darin, dass literarische Darstellungen „ihre Themen und Leitgedanken nicht zufällig wählen, sondern daß sie damit auf ihre jeweiligen Gesellschaften und deren Veränderungen reagieren".[159] Möglich werde dies vor allem auch auf Grundlage der spezifischen Form von Selbstreflexivität, die in keiner Kunstform so zentral sei wie in der Sprachkunst.[160] Spätere Kritiken an der Zwei-Kulturen-These setzen an einem Verständnis von Kunst als Reflexionsort gesellschaftlicher Veränderungen an, um

---

156 Rudolf Helmstetter: „Autonomie – Bertolt Brecht und F.W. Bernstein". In: Niels Werber (Hg.): *Systemtheoretische Literaturwissenschaft. Begriffe, Methoden, Anwendungen*. Berlin, New York: De Gruyter 2011, S. 39–57, hier S. 44; Vgl. dazu auch: „Die moderne Kunst ist in einem operativen Sinne autonom. Niemand sonst macht das, was sie macht." Luhmann: *Die Kunst der Gesellschaft*, S. 226.
157 Helmstetter: „Autonomie – Bertolt Brecht und F.W. Bernstein", S. 43.
158 Luhmann: *Die Kunst der Gesellschaft*, S. 41. [Herv. i.O.]
159 Niklas Luhmann: *Liebe als Passion. Zur Codierung von Intimität*. Frankfurt am Main: Suhrkamp 1994, S. 24; vgl. dazu auch Eibl: „Autonomie und Funktion, Autopoiesis und Kopplung.", S. 190.
160 „In der Dichtung wird, wie sonst kaum möglich, das Kunstwerk mit seiner Selbstbeschreibung vereint." Luhmann: *Die Kunst der Gesellschaft*, S. 47.

auf die problematischen politischen und sozialen Konsequenzen hinzuweisen, die sich aus einer von der kulturellen (und kritischen) Praxis völlig losgelösten Wissenschaft im 20. Jahrhundert ergaben. Die Funktion von Kunst müsse es stattdessen sein, die dichotome Aufteilung zu unterlaufen.[161]

Die Autonomie der Literatur steht um 1900, versteht man sie im beschriebenen Sinne, längst nicht mehr zur Disposition. Die Schwierigkeit, historische Wechselwirkungen und Zusammenhänge mit anderen Systemen in systemtheoretischer Perspektive zu beschreiben,[162] kann an dieser Stelle also insofern vernachlässigt werden, als sich zum hier fokussierten Zeitpunkt zentrale epistemische Transformationen, wie bereits für die romantischen Wissenschaften skizziert, bereits vollzogen hatten.[163] Damit wird, wie auch bereits im vorhergehenden Kapitel, zunächst von der „Trennungserzählung, die um ‚um 1800' spielt",[164] ausgegangen. Diese auf der Differenzierungsthese fußende Erzählung wird zwar in jüngster Zeit stark kritisiert, vor allem Begriff und Konzept der Moderne, die mit der Autonomisierung gesellschaftlicher Teilbereiche einhergehen, stehen dabei auf dem Spiel.[165] Allerdings wird mithilfe des system- und differenzierungstheoretischen Begriffsinstrumentariums überhaupt erst beobachtbar, wie sich die zeitgenössischen oder neu entstehenden Wissenschaften oder aber die Literatur selbst innerhalb von getrennten „Kulturen" verorten und damit folglich zunächst erst einmal ein ausdifferenziertes Gesellschaftssystem zugrunde legen. Um auf die anfänglich angeführte Notwendigkeit, eben genau dieses Theorieangebot zu nutzen, zurückzukommen: Um Vermischungen aufzuzeigen oder aber einzufordern, bedarf es zunächst klarer Grenzziehungen und eines Bewusstseins über daraus resultierende, problematische Konsequenzen.

---

161 Vgl. Barck: „Leonardo-Effekte", S. 274f, hier mit Verweis auf Debatten der 1980er Jahre und insbesondere auf Thomas Pynchon und Helmut Heißenbüttel. Barck betont, dass die Trennung zweier Kulturen angesichts der wissenschaftlichen, technischen und historischen Geschehnisse des 20. Jahrhunderts nie nur eine wissenschaftsgeschichtliche, sondern immer auch eine wissenspolitische Angelegenheit sei, und ihre Überschreitung eine entscheidende Aufgabe der Gegenwart (vgl. S. 247f, 309).
162 Vgl. u.a. Nicola Gess, Sandra Janßen: „Einleitung. Zu einer historischen Epistemologie der Literatur". In: Dies. (Hg.): *Wissens-Ordnungen. Zu einer historischen Epistemologie der Literatur*. Berlin, Boston: De Gruyter 2014, S. 1–15, hier S. 4.
163 Siehe Kapitel II.1 *Wissenschaften vom Imaginären avant la lettre*.
164 Marcus Hahn: „Heteronomieästhetik der Moderne. Eine Skizze". In: *Reinigungsarbeit. Zeitschrift für Kulturwissenschaften* 1 (2013), S. 23–36, hier S. 24.
165 Vgl. Latour: *Wir sind nie modern gewesen*; vgl. außerdem: Martina Wagner-Egelhaaf: „Entangled. Interdisziplinäre Modernen – Eine literaturwissenschaftliche Moderation". In: Ulrich Willems, Detlef Pollack, Helene Basu u.a. (Hg.): *Moderne und Religion. Kontroversen um Modernität und Säkularisierung*. Bielefeld: Transcript 2013, S. 203–234.

Deutlich werden solche Grenzziehungen nicht zuletzt dort, wo sich der Ausdifferenzierungsprozess aktiv vollzieht: Am Beispiel der Etablierung der Soziologie als wissenschaftlicher Disziplin wird erkennbar, wie die Soziologie Literatur- (oder Dichtungs-) und Wissenschaftsbegriffe der Zeit aufnahm und diese zugleich verfestigte, um sich entweder radikal davon abzugrenzen oder sie sich anzuverwandeln. Dabei speiste sie bestimmte Gegenstände, die zuvor aus dem Bereich wissenschaftlicher Untersuchungsobjekte ausgeschlossen waren, in den Bereich des Untersuchbaren ein. Zugleich grenzte die junge Disziplin spezifische formale Verfahren der Sprachverwendung aus, die fortan als „literarische" galten.[166] Die Vorstellung einer transparenten Sprache, durch die allein die zu Dingen gewordenen sozialen Tatsachen artikuliert und analysiert werden könnten, markiert den Akt der Trennung zwischen den „beiden Kulturen" besonders deutlich. In dieser Reinigungsarbeit, die mit der Abgrenzung von der eigenen Herkunft zu tun hat und die erst die Hervorbringung und Etablierung der neuen Disziplin als einer wissenschaftlichen ermöglicht, verfestigen sich die Grenzen zwischen Literatur und Wissenschaft.

Bereits in den 1930er Jahren allerdings setzt dagegen mit der Historisierung der Wissenschaftsphilosophie ein Gegen- bzw. Parallelprozess ein, der sich mit den sozialen Verfasstheiten von Wissenschaft beschäftigt und sich schließlich zu einer historischen Epistemologie entwickelt, die sich u.a. mit wissenschaftlicher Begriffsgeschichte auseinandersetzt. Ausgehend von Hayden Whites Untersuchungen der Historiographie steht dabei auch vermehrt die wissenschaftliche Sprache in ihrer rhetorischen und poetischen Verfasstheit zur Diskussion. Die Untersuchung dieser sprachlichen „Weisen der Welterzeugung"[167] im Umfeld eines erkenntnistheoretischen Konstruktivismus haben es der Literaturwissenschaft ermöglicht, auch wissenschaftliche Texte für ihren Korpus zu erschließen oder ihre textanalytischen Kompetenzen in andere Disziplinen zu exportieren, wie beispielsweise, um bei der Soziologie zu bleiben, in Untersuchungen zum Metapherngebrauch der Sozialwissenschaften.[168] In dieser Entwicklungslinie stehen schließlich auch verschiedene Ansätze des Forschungsfelds zu Literatur und Wissen.

---

166 Die Nähe aber verliert sich nie ganz und wird immer neu diskutiert, vgl. u.a. zur Geburt der Soziologie und ihrem Wechselverhältnis zu Literatur, Politik und Psychologie sowie dem verbindenden Element der Paranoia: Luc Boltanski: *Rätsel und Komplotte. Kriminalliteratur, Paranoia, moderne Gesellschaft*. Übers. v. Christine Pries. Berlin: Suhrkamp 2013, S. 13f.
167 Nelson Goodman: *Weisen der Welterzeugung*. Übers. v. Max Looser. Frankfurt am Main: Suhrkamp 2014.
168 Vgl. hierzu u.a. Susanne Lüdemann: *Metaphern der Gesellschaft. Studien zum soziologischen und politischen Imaginären*. München: Wilhelm Fink 2004.

Dem Vorwurf, entscheidende Unterschiede zwischen Literatur und Wissenschaft pauschal einzuebnen, der einigen Ansätzen jener „Poetologien des Wissens" wohl zu Recht gemacht wird, kann hier nun über die systemtheoretische Perspektive begegnet werden. Denn das Problem, dass Texte zwischen Literatur und Wissenschaft oszillieren, kann erst formuliert werden, wenn sich beide als autopoietische Systeme ausdifferenziert haben.[169] So lässt sich die hier gestellte Frage auf Grundlage der Forschungen zu Literatur und (den) Wissen(schaften) etwas umformulieren: Es geht nicht darum, den Wissenschaften nachzuweisen, dass sie auf rhetorische oder literarische Verfahren zurückgreifen, um damit die Unterscheidung zwischen literarischen und wissenschaftlichen Texten zu nivellieren. Solche Untersuchungen müssen zwangsläufig von abgegrenzten Literatur- und Wissenschaftsbegriffen ausgehen, die sie nicht immer klar zu setzen wissen. Wenn Mischungen zwischen beiden Bereichen dagegen zu konkreten Textstrategien werden, greifen diese auf eine in kommunikativen Routinen verankerte Trennung zurück, bringen diese durch ihren Zugriff noch einmal neu hervor, stellen sie so verstärkt aus – und zur Diskussion.

Die hier betrachteten Autoren sind dabei wie ihre Lesenden der Unterscheidungslogik unterworfen, nach der – ist sie einmal zwischen zwei Bereichen getroffen – nicht beide zugleich betrachtet werden können. Etwas kann beispielsweise nicht Natur und Kunst zugleich sein, und wenn dem so ist, so wurde bereits eine dritte Unterscheidung, die nach der Schönheit etwa, getroffen. Die Unterscheidung verlöre ihre Funktion als Differenz, „wenn sie als Beleg für die Unterschiedslosigkeit des Unterschiedenen dienen soll."[170] Wie bei der Betrachtung des Hasen-Entenkopfs aus Wittgensteins *Philosophischen Untersuchungen*, die Martin Seel vergleichend für die Unterscheidung von literarischen und philosophischen Texten heranzieht, muss entschieden werden, ob in der gezeichneten Linie ein Hase oder eine Ente zu sehen ist, beides zugleich ist nicht möglich.[171] Zwar enthält die Zeichnung beide *Möglichkeiten*, zu einem Zeitpunkt beobachtbar

---

[169] Nicht nur für neu entstehende wissenschaftliche Disziplinen ist dies grundlegend, sondern auch für etablierte Disziplinen wie die der Geschichtsschreibung. Diese ist z.B. besonders in Frankreich traditionellerweise eng mit der Dichtung verwoben. Diese Verquickung wird erst dann zu einer problematischen, und Hayden White kann sich dem „unvermeidlich poetischen Charakter der Geschichtsschreibung" erst dann nähern, wenn sich beide Systeme historisch ausdifferenziert haben. Hayden V. White: *Metahistory. Die historische Einbildungskraft im 19. Jahrhundert in Europa*. Übers. v. Peter Kohlhaas. Frankfurt am Main: Fischer 2008, S. 44.
[170] Luhmann: *Die Wissenschaft der Gesellschaft*, S. 52.
[171] „Gerade die Kluft aber, das Entweder-Oder zwischen Text und These [...] muß begriffen sein, um die Normalität eines oft viel weniger starken Kontrasts zwischen beiden Komponenten zu verstehen. Anders nämlich, im Verzicht auf einen Begriff dieses Extrems, verstünde man gerade die scheinbar ‚konvergenten' Texte nicht, [...] die in gleichem Maße philosophische und literarische

aber ist nur eine der beiden Formen, auch wenn ständige Wechsel möglich sind. Statt um definitorische Setzungen, *was* ein Text in Bezug auf seine Zuordnung ist, geht es folglich um die Frage, *wie* er betrachtet wird. Die hier untersuchten Texte von Caillois und Canetti, davon wird ausgegangen, fordern solche Kippmomente bei der Beobachtung permanent ein – dies ist ihr ästhetisch-epistemisches Programm, um die Setzungen, Grenzziehungen und Beobachtungsformen in ihrer Willkürlichkeit auszustellen.

Wissenschaft und Kunst sind hier als sich gegenüberstehende, „extreme" Pole einer Skala zweier Kulturen skizziert worden, die, gerade weil sie sich gegenüberstehen, zahlreiche Mischformen, dritte oder vierte Kulturen[172] durch die Einführung neuer Unterscheidungen hervorgebracht haben. Sie als Kulturen zu verstehen, lenkt den Blick darauf, dass an ihnen mittels verschiedener Praktiken, Rituale, Kommunikationsformen teilgenommen werden kann und muss. Anschlusskommunikation ist also nur unter Anwendung des jeweiligen Codes innerhalb konkreter – hier: textueller – Kommunikationsformen möglich. Mit dem Fokus auf die textuelle Ebene lassen sich anhand der jeweiligen kommunikativen Anschlüsse beobachten, an welches System, an welche „Kultur" das Schreiben über das Imaginäre, das Schreiben des Imaginären im 20. Jahrhundert anzuschließen versucht und vor welche Herausforderungen es bestehende Ordnungen stellt.

---

sind." Martin Seel: „Lob des Systemzwangs". In: Ludwig Nagl, Hugh J. Silverman (Hg.): *Textualität der Philosophie. Philosophie und Literatur.* Wien: Oldenbourg 1994, S. 113–123, hier S. 122.

[172] Fasst man mit Lepenies die Sozialwissenschaften in historischer Hinsicht als dritte Kultur, könne man – so Nicolas Pethes – den methodischen Ansatz des „literature-science-criticism" auch als „vierte Kultur" begreifen. Der methodische Ansatz versucht, Wissenschaft als Arbeitspraxis von den Repräsentationsformen, die meist textuell-bildlich vermittelt sind, zu unterscheiden, und nur letzteres wird von anderen Diskursen wahrgenommen. So könnte die vierte Kultur sowohl die Unterscheidung von Literatur und Wissenschaft beobachten als auch, wie diese Unterscheidung von den Sozialwissenschaften beobachtet wird. Wichtiger Vertreter ist vor allem David Cordle, der diesen Vorschlag 1999 in *Postmodern Postures. Literature, Science and the Two Culture Debate* ausführt. Vgl. Pethes: „Literatur- und Wissenschaftsgeschichte. Ein Forschungsbericht", S. 197–199.

III Writing Imaginary. Das unkontrollierbare Imaginäre im 20. Jahrhundert schreiben

Das Imaginäre entwickelt sich im 20. Jahrhundert schnell zu einer wirkmächtigen Kategorie, die sich allerdings kaum einer einzelnen wissenschaftlichen Disziplin und auch nicht eindeutig Literatur oder Wissenschaft zuordnen lässt: Neben der phänomenologischen Prägung durch Jean-Paul Sartre erfährt das Imaginäre vor allem psychoanalytische Fundierung, spielt aber gleichermaßen in ästhetischen Überlegungen eine zentrale Rolle; es bietet Anknüpfungspunkte für literarische Strömungen, wie etwa den Surrealismus oder für Jorge Luis Borges, wird Gegenstand der Epistemologie und entwickelt sich später zu einer entscheidenden Kategorie im Rahmen von Gesellschaftstheorie und literarischer Anthropologie. Die verschiedenen disziplinären und literarischen Zugriffe erzeugen nicht nur je eigene Konzepte vom Imaginären, sie ringen außerdem um Deutungsmacht über diese individuelle oder kollektive, jedoch stets als wirkmächtig, bildlich produktiv und zugleich gefährlich-trugbildhaft gesetzte Größe, die der konkreten Imagination vorgelagert erscheint. Dabei entwickeln sie je eigene Schreibverfahren, mit denen sie das Imaginäre zu fassen, zu erschreiben, textuell zu fixieren versuchen. Denn mit der ungeklärten Zuständigkeitsfrage einer geht die disziplinenübergreifende Annahme, das zu beschreibende Phänomen entziehe sich in bestimmtem Maße der bewussten diskursiven Kontrolle. Trotz oder gerade aufgrund dieser Entrückung setzen sich nicht nur theoretische und literarischen Texte mit dem Imaginären als Gegenstand auseinander. Es wird zugleich der Ort, an dem Fragen des Literarischen oder des Wissenschaftlichen überhaupt zur Diskussion stehen.

In einem Dreischritt werden nachfolgend exemplarische Einblicke in einzelne, zentrale Texte zum Imaginären aus dem 20. Jahrhundert gegeben, um zu beobachten, an welche Kommunikationsformen und Textverfahren – an welche „Kultur" sich das Schreiben über das Imaginäre oder das Schreiben *des* Imaginären jeweils anschließt. Weder geht es hier aber um eine umfassende Theorieschau noch um eine neue Bestimmung jenes diffusen Imaginären.[1] Im Vordergrund steht dagegen die bisher noch kaum gestellte Frage, welche Versuche auf Verfahrensebene unternommen werden, um die neu entstehende Kategorie, die sich

---

1 Diese Frage ist zwar notwendig, und doch bildet sie nur den Hintergrund – zumal sie an anderer Stelle bereits ausführlich diskutiert wurde. Vgl. dazu die Literaturhinweise im Abschnitt „Von Imagination und Einbildungskraft zu Theorien des Imaginären. Begriffliches" in Kapitel I.2 des vorliegenden Buches, in dem auf bereits in der Forschungslandschaft vorhandene Darstellungen zur Begriffsgeschichte und Theorie des Imaginären hingewiesen wurde, deren Ergebnisse hier nicht erneut referiert werden sollen.

https://doi.org/10.1515/9783110657333-003

zwischen Wissenschaft- und Kunstsystem und zwischen verschiedenen klar getrennten Disziplinen ausbreitet, schreibend zu erfassen. Zu fragen gilt es auch, wie diese Schreib-Versuche jeweils mit den Arbeiten Canettis und Caillois' verflochten sind. Dazu fokussiert das erste Unterkapitel (III.1) *psychoanalytische Bestimmungen* des Imaginären (Sigmund Freud, Jacques Lacan). Ein zweiter Abschnitt betrachtet die Oszillationen des Imaginären im Grenzbereich von Kunst und Wissenschaft: Dazu werden die surrealistische Kontemplation des Imaginären, die sich gerade gegen seine wissenschaftliche Untersuchung wendet (am Beispiel von André Breton), die Frage nach dem Zusammenhang wissenschaftlicher Erkenntnis mit dem Imaginären aus epistemologischer Perspektive (Gaston Bachelard) und schließlich die phantastischen Verknüpfungen von Techniken und Medien wissenschaftlicher Wissensproduktion und -speicherung mit Bereichen des Imaginären (bei Jorge Luis Borges) miteinander verbunden (III.2). In einem dritten und letzten Schritt werden gesellschaftstheoretische und insbesondere anthropologische Bestimmungen des Imaginären betrachtet, die im ausgehenden 20. Jahrhundert (Cornelius Castoriadis, Wolfgang Iser) zunehmend an Bedeutung gewinnen (III.3).[2] Nach der dreiteiligen Befragung verschiedener Diskurse und ihrer Schreibverfahren des Imaginären gilt es schließlich durch eine Beschreibung zweiter Ordnung immer auch einen Blick darauf zu werfen, welche Funktionsstelle das Imaginäre innerhalb dieser Texte und Theorien besetzt, obwohl es sich einer Fixierung doch meist entzieht.

1 Psychoanalytische Bestimmungen

1.1 Freud, oder: wie das Imaginäre nicht zu schreiben ist (1908/1921)

Sigmund Freud formuliert keine Theorie des Imaginären,[3] es war aber bekanntlich die Lektüre von Freuds *Massenpsychologie und Ich-Analyse*, die Canetti – so

---

[2] Dabei liegt der Anlage des Buches folgend der Schwerpunkt auf deutsch- und französischsprachigen Strömungen, Texten und Theorien. Zugleich ist die Auswahl selektiv: Wie bereits im Begriffsabschnitt der Einleitung (I.2) erwähnt, bleiben um der Stringenz willen kunsttheoretische Fragen des Imaginären und des Bildes, die medientechnische Wendung des Begriffs vom Imaginären sowie der phänomenologische Ansatz, wie etwa der von Maurice Merleau-Ponty, im Folgenden ausgespart.
[3] Allerdings gibt es Vorschläge, bei Freud ein solches Imaginäres zu formulieren, vgl. dazu Julia Kristeva: „Psychoanalysis and the Imaginary". In: George Levine (Hg.): *Constructions of the Self*. New Brunswick: Rutgers University Press 1992, S. 285–297, hier S. 289; und Lüdemann: *Metaphern der Gesellschaft*, v. a. S. 62–70. Mit Blick auf Castoriadis' (und Lacans) Bezüge auf Freud extrapoliert Lüdemann vor allem das Moment der Urphantasien bei Freud, die zwar seiner eigenen

schreibt er in seiner Autobiographie – den Entschluss fassen ließ, eine eigene Schrift über die Masse zu verfassen, die sich dem Phänomen auf grundlegend andere Art und Weise nähern sollte.[4] Zuwider war ihm Freuds massenpsychologischer Ansatz vor allem deswegen, weil er das Erlebnis der Masse, ihre innere Erfahrung nicht zu fassen vermochte und weil er die Masse allein von ihrem Führer her bestimmte. Er habe sich gerade nicht – so könnte man Canettis Abneigung auch begründen – mit jener produktiven, selbsttätigen imaginären Dimension auseinandergesetzt, die der Masse in Canettis eigener Theorie zukommen wird. Die Masse, die wie das Imaginäre als das Andere der Ordnung[5] klassifiziert wurde, beschreibt Freud im Anschluss an Gustave Le Bons *Psychologie des foules* von 1895 als

> impulsiv, wandelbar und reizbar. Sie wird fast ausschließlich vom Unbewußten geleitet. [...] Sie denkt in Bildern, die einander assoziativ hervorrufen, wie sie sich beim Einzelnen in Zuständen des freien Phantasierens einstellen, und die von keiner verständigen Instanz an der Übereinstimmung mit der Wirklichkeit gemessen werden.[6]

Gegenposition zu Jungs Archetypenlehre widersprechen, sich dennoch konstant innerhalb seines Werkes finden lassen. Auffallend sei, dass diese in sich wiederum von „Phantasien über den Ursprung" (ebd., S. 68) handelten und als „imaginäre Bearbeitungen" eines fehlenden Ursprungs letztlich darauf hinwiesen, dass sowohl Individuum als auch Kollektiv, Mythos sowie Theorie letztlich „Ursprungskonstruktion" betreiben: „Das heißt aber auch, daß jede wissenschaftliche Theorie mythische oder imaginäre Anteile enthält, die ihr nicht akzidentell sind, sondern gerade das Wesentliche ihrer gesellschaftlichen Funktion betreffen." Ebd., S. 70. Wie sich dies für Freud selbst darstellt, sei im Folgenden an einem knappen Beispiel skizziert.
4 „Was auf diese Weise zusammenkam, wirkte selbst auf den ungeschulten Leser von 20 Jahren unbefriedigend und inkongruent", schreibt der junge Canetti über sein Leseerlebnis von *Massenpsychologie und Ich-Analyse* im Sellrain 1925. Gegen Freud und seine eigene theoretische Unerfahrenheit führt Canetti seine praktische Erfahrung der Masse „von *innen*" ins Feld, die ihm gezeigt habe, „wie *gern* man der Masse verfällt." Aus der Unzufriedenheit mit seiner Freud-Lektüre entstand so „der Wille, ein ganzes Leben dafür einzusetzen, so viele Jahre und Jahrzehnte, als sich für die Lösung dieser Aufgabe als notwendig erwiesen." (FO, 143): D. h. die Aufgabe von *Masse und Macht*.
5 Vgl. dazu beispielsweise die Einleitung in die große Studie von Michael Gamper: *Masse lesen, Masse schreiben. Eine Diskurs- und Imaginationsgeschichte der Menschenmenge 1765–1930*. Paderborn: Wilhelm Fink 2007, S. 13–41. Gamper kommt auch auf den Begriff des Imaginären und seine Verbindung zur Masse zu sprechen. Er schließt an Cornelius Castoriadis und sein „radikales Imaginäres" an und nutzt vor allem Castoriadis' Begriff des „Magmas", um die Masse genauer zu beschreiben. Siehe dazu ebd., S. 37–40, und zu Castoriadis' Magma-Konzept den Abschnitt „Das radikale Imaginäre" im vorliegenden Kapitel IV.3.
6 Gustave Le Bon, paraphrasiert und zitiert bei Sigmund Freud: „Massenpsychologie und Ich-Analyse [1921]". In: Ders.: *Studienausgabe. Band IX: Fragen der Gesellschaft; Ursprünge der Religion*. Hg. v. Alexander Mitscherlich, Angela Richards, James Strachey. Frankfurt am Main: Fischer 2000, S. 61–134, hier S. 72. Freud nutzt zwar Le Bons Schilderung der Massenseele, hebt sich zu-

So formuliert, ähnelt die Masse dem Imaginären insofern, als beiden eine wilde, bildliche Macht zugesprochen wird, die sich in Form eines unkontrollierten und kollektiven Imaginierens ausdrückt. In beiden verschwimmen zudem die Grenzen zwischen Wirklichkeit und Imagination. Betont wird allerdings vor allem der destruktive, regressive und gefährliche Charakter dieses „kritiklosen" Zustands, der die Masse so leicht beeinflussbar mache. Zugleich wird ein besonderer Zusammenhang zwischen der Masse und dem Unbewussten unterstellt: Die Massenindividuen, die nach Le Bon auf eine frühere Entwicklungsstufe zu regredieren scheinen, treten in Kontakt mit dem Unbewussten, das dann die Masse als Ganzes bestimmt. Indem sich das Unbewusste an der Oberfläche von Massenphänomenen zeigt, manifestiert sich hier also ein sonst in der Latenz verharrendes Prinzip.[7] Ähnliches schreibt Freud auch dem Traum zu, „dem wir ja unsere Kenntnisse zum unbewußten Seelenleben verdanken."[8] Schließlich eröffnet Freuds von Le Bon abgeleitete Beschreibung der Masse über das bildliche, assoziative Denken auch Bezüge zur Tätigkeit des „Phantasierens". Er versammelt also bereits zentrale Phänomene – die Masse, den Traum, die Dichtung, – die sich später zu Figurationen des Imaginären formieren und nicht zuletzt in Canettis

---

gleich aber auch stark von Le Bons kollektivpsychologischem Ansatz ab. Darauf sei hier nicht näher eingegangen. Das Phänomen der Masse nimmt in diesem Buch keine zentrale Position ein. Zwar ist es ein elementarer Bestandteil der imaginativen Dimensionen, denen sich Canetti innerhalb von *Masse und Macht* widmet, und wird als solches immer wieder thematisiert; angesichts der umfangreichen und aktuellen Forschung, die bereits zu Canettis Massenbegriff vorliegt, sei dieser nicht eigens genauer betrachtet. Siehe für einen knappen Forschungsüberblick auch die Einleitung dieses Buches.

7 Es wäre lohnenswert, hier spezifischer auf die Kopplung von Latenz und Imaginärem einzugehen. Begrifflich ausgearbeitet wurden Freuds Bestimmungen des Unbewussten als „erste kulturwissenschaftliche Theoretisierung" von Latenz bereits in: Lutz Ellrich, Harun Maye, Arno Meteling (Hg.): *Die Unsichtbarkeit des Politischen. Theorie und Geschichte medialer Latenz*. Bielefeld: Transcript 2009. Das als kollektiv wirksame Struktur verstandene Imaginäre, dies gilt auch für die vorliegende Arbeit, unterhält Beziehungen zu den latenten Strukturen des Politischen. In dieser Hinsicht ergeben sich Bezüge von Freud, Lacan und Castoriadis bis hin zu Žižek und Deleuze, zur politischen Theorie und verschiedenen Gesellschaftstheorien. Ohne eine Spezifizierung des Begriffs der Latenz im weiteren Verlauf der Studie vorzunehmen, sei darauf hingewiesen, dass sich natürlich auch die Bestimmungen des Imaginären von Canetti und Caillois an der Unterscheidung von manifesten und latenten Strukturen und ihren jeweiligen Wirkmächtigkeiten abarbeiten – besonders deutlich wird dies in Canettis Machtbegriff. Das vorliegende Buch klammert diese Dimension allerdings zunächst aus: Es geht hier um die Konzepte der Wissenschaft, nicht des Politischen. Wie Wissenschaft und Herrschaftsstrukturen zusammenhängen, Wissen und Macht, wird dagegen unterschwellig immer wieder thematisiert. Vgl. dazu zusammenfassend das Kapitel VIII. *Diagonalisieren* sowie zu Canettis Zitierverfahren als Machtpraktik das Kapitel V.1.3.1.
8 Freud: „Massenpsychologie und Ich-Analyse [1921]", S. 72 (Anm.).

Masse und Macht über ihre „imaginative"[9] Dimension miteinander verbunden werden.

Freud beginnt sich in *Massenpsychologie und Ich-Analyse* (wie auch in dem kurz zuvor erschienenen Text *Jenseits des Lustprinzips*) zunehmend mit der Frage zu beschäftigen, wie die Individualpsychologie mit kollektiven, sozialen und kulturellen Strukturen zusammenhänge. Alle zentralen Elemente, die später die Grundlage für die meisten Begriffe vom Imaginären – Affektivität, bildliches Denken, Latenz, Verbindung mit dichterischer Phantasietätigkeit, Kollektivität und ein Wahrnehmungsmodus, der sich zwischen Wirklichkeit und Imagination ansiedelt – bilden werden, sind bei Freud schon versammelt. Dennoch wählt er zur Erklärung der Masse einen grundsätzlich anderen Weg, auch als Le Bon: Um für die „seelische Wandlung des Einzelnen in der Masse die psychologische Erklärung zu finden",[10] setzt er wiederum allein auf individualpsychologischer Ebene an. Er sucht nach ihrem „Bindemittel",[11] zerlegt die Masse in ihre Einzelteile, ordnet sie neu, fragt nach dem „Mechanismus der Affektsteigerung".[12] Zudem ist seine Erklärung hauptsächlich über die Annahme eines Mangels, nämlich der Nichtidentität von Ich und Ich-Ideal, bestimmt, deren Trennung für ihn die Voraussetzung des Massenzustands bildet. Eine Masse ist schließlich laut Freud „eine Anzahl von Individuen, die ein und dasselbe Objekt an die Stelle ihres Ich-Ideals gesetzt und sich infolgedessen in ihrem Ich miteinander identifiziert haben."[13] Das Objekt, hier: der Führer, das bei allen Massenindividuen die Stelle des Ich-Ideals einnimmt, bringt also die Masse erst hervor. Freud kommt von dieser Behauptung der libidinösen Bindungen der Einzelnen an den Führer, die dann zu einer libidinösen Bindung und Identifikation der Einzelnen untereinander in der Masse führt, zu einer Theorie der Hypnose. Denn nur durch die Unterwerfung unter den Hypnotiseur, den Führer der Masse, könne der veränderte, kritiklose, gesteigert affektive Zustand verminderter intellektueller Leistung des Einzelnen in der Masse und die durch Suggestion entstehende „affektive Gemeinsamkeit" der Massenindividuen untereinander erklärt werden. Die Hypnose durch den Führer, die in gewissem Widerspruch zur mimetischen Kraft der Massenindividuen steht, die sich als libidinöse Gemeinschaft fühlen, löst Freud nicht weiter auf: „Die Hypnose würde uns das Rätsel der libidinösen Konstitution einer Masse glatt lösen, wenn sie selbst nicht noch Züge enthielte, die sich der bisherigen rationellen Auf-

---

9 Siehe dazu einführend den Abschnitt „Canetti als (Anti-)Sammler" in Kapitel IV.4.
10 Freud: „Massenpsychologie und Ich-Analyse [1921]", S. 83.
11 Ebd., S. 68.
12 Ebd., S. 79.
13 Ebd., S. 108.

klärung [...] entziehen. Es ist noch vieles an ihr als unverstanden, als mystisch anzuerkennen."[14]

Seine Untersuchung führt also alle Eigenheiten der Masse, die auf ein autonomes, kollektives Imaginäres hindeuten könnten, auf die individuellen Strukturen des Unbewussten zurück. Ähnliches lässt sich auch für seine Überlegungen zur dichterischen Imagination beobachten, wie er sie in *Der Dichter und das Phantasieren* von 1907/1908 ausführt: „Unbefriedigte Wünsche sind die Triebkräfte der Phantasien und jede einzelne Phantasie ist eine Wunscherfüllung, eine Korrektur der unbefriedigenden Wirklichkeit."[15] Die Dichtung erscheint ihm folglich als Ersatz und Weiterführung des kindlichen Spiels. Auch hier wird die Imagination auf einen Mangel zurückgeführt und das kollektive Element nur als Verlängerung des individuellen Mechanismus betrachtet. In der Verknüpfung von Dichtung als Spielersatz mit kollektivierten Individualmechanismen entsprechen die Mythen, so Freud, den „entstellten Überresten von Wunschphantasien ganzer Nationen, den *Säkularträumen* der jungen Menschheit".[16]

Freud verweigert sich damit der Möglichkeit, hinter den ambivalenten, bildlichen, kollektiven Mächten, die er in Mythos, Masse oder Dichtung beschreibt, ein vom individuellen Unbewussten unterschiedenes Imaginäres wahrzunehmen. Stattdessen führt er die beschriebenen Phänomene auf einen individualpsychologischen Mangel zurück, der als Einfallstor für das Unbewusste dient und über dessen Deutungsmacht die Psychoanalyse bereits fest verfügt. Die Nichtanerkennung des Imaginären, die Bändigung der beschriebenen kollektiven Kräfte, erreicht er durch die disziplinäre Fixierung, deren Voraussetzung die Unterordnung unter das Unbewusste war. Ganz reibungslos gelingt ihm das allerdings – blickt man zurück auf den Text zur *Massenpsychologie* – nicht: Die Hypnose etwa, so stellt Freud selbst fest, „entziehe" sich der „rationellen Aufklärung" bisher und müsse daher noch als „mystisch" anerkannt werden. Mit diesem Eingeständnis brechen seine Ausführungen dazu ab, den Bereich des Mystischen, wie er ihn nennt, vermag seine Theorie des Unbewussten hier nicht zu durchdringen.

In den Nachträgen zur *Massenpsychologie* begründet Freud das regressive Moment der Masse damit, dass sich die Menschheit historisch von der archaischen Massen- zur zivilisierten Individualpsychologie entwickelt habe. Um diesen entscheidenden Moment des Wandels in der Menschheitsgeschichte beobachten zu können, rekonstruiert Freud, wie schon 1913 in *Totem und Tabu*

---

14 Ebd.
15 Sigmund Freud: „Der Dichter und das Phantasieren [1907/1908]". In: Ders.: *Studienausgabe. Band X: Bildende Kunst und Literatur*. Hg. v. Alexander Mitscherlich, James Strachey, Angela Richards. Frankfurt am Main: Fischer 2000, S. 169–179, hier S. 173f.
16 Ebd., S. 178. [Herv. i.O.]

(dort mit Referenz auf Darwin), eine archaisch-totemistische Urhorde. Ausschlag für den Wandel habe in der Urhorde nun das Auftauchen des ersten Dichters und seine Erfindung des „heroischen Mythus" gegeben. Dem Dichter sei es nämlich möglich gewesen, sich ohne realen Mord des Urvaters in die Rolle des Vatermörders zu versetzen und so als Einzelner aus der totemistischen Brüdergemeinschaft, aus der Masse herauszutreten. Der Mythos habe das Gleiche fortan auch seinen Zuhörern ermöglicht, da diese sich in der Rezeption mit dem Heros identifizieren können. Jenseits dieser neuerlichen Bestimmung der Literatur als Ersatz für den archaischen Akt des Vatermords setzt Freud hier seinen „wissenschaftlichen Mythus vom Vater der Urhorde"[17] als explizit fiktionales Verfahren zur Wissensgenerierung ein. Dieser wissenschaftliche Mythos ist allerdings mehr als ein Gedankenexperiment: In ihm wird ein zwar hypothetischer, doch kollektiv wirksamer Ursprungszustand beschrieben, der bis in zivilisierte Zeiten spürbare Nachwirkungen produziert und sich ausgehend von regressiven Zuständen in der Gegenwart rekonstruieren lässt. Damit begründet Freud seine Theorie implizit doch (auch) auf der Basis einer stark affektiven, kollektiv wirkmächtigen, produktiven wie destruktiven Kraft. In der Urhorden-Erzählung, innerhalb der imaginären Szene also, beschreibt Freud die Entdeckung der Imagination und ihrer Macht. Diese dient ihm nicht nur als Gegenstand der Untersuchung, sondern auch als Instrument für seine eigene Wissenschaft. Freuds „wissenschaftlicher Mythus der Urhorde" wird selbst zur imaginären Szene eines Diskurses, der sich fortan auf ihr gründet.[18] Der Mythos habe „reale" Auswirkungen, die letztlich die Frage nach seinem Realitätsstatus obsolet werden lassen. Freuds *Massenpsychologie* subsumiert das Imaginäre auf Gegenstandsebene zwar unter das kontrollierbare Unbewusste, zugleich konzeptualisiert er implizit ein entzogenes und ungreifbares Imaginäres, das er zur Fundierung der eigenen Wissenschaft nutzt und das für den indirekten Zugriff auf das Unbewusste notwendig ist.

Eine weitere wichtige Parallele lässt sich zwischen Freud und den hier als Theorien des Imaginären gelesenen Texten von Canetti und Caillois ziehen: Freuds Psychoanalyse ist fester und zentraler Bestandteil jenes das ausgehende 19. und insbesondere das 20. Jahrhundert prägenden „konjekturalen" Erkenntnismodus, in dem unkontrollierte Zustände, Unaufmerksamkeiten und Fehlleis-

---

17 Freud: „Massenpsychologie und Ich-Analyse [1921]", S. 126.
18 Vgl. Pethes: „Über Bilder(n) sprechen", S. 10. Pethes betont hier in Bezug auf die Urszene des „Wolfsmanns", dass mit dieser ein Diskurs entstehe, in dem die Urbilder nicht mehr danach beurteilt würden, ob sie sich an tatsächlich Ereignetes rückbinden lassen, sondern nur danach, welche psychische Realität ihnen zukommt. Susanne Lüdemann wiederum betont den unkontrollierbaren Aspekt den dieser Mechanismus in Theorie allgemein, insbesondere Gesellschaftstheorie, einführe. Vgl. Lüdemann: *Metaphern der Gesellschaft*, S. 70.

tungen, kleine sonst kaum beachtete Details den Zugang zu einer dahinterliegenden Welt des Wissens eröffnen und den Carlo Ginzburg Spurenparadigma genannt hat.[19] Auch Freuds Entzifferungen des Unbewusstes geben den Blick auf eine zweite Welt des Wissens frei und basieren auf der konjekturalen „Interpretationsmethode" des Spurenlesens. Diese Methode wird auch für Canetti – wie sehr sich dieser auch gegen den Freud'schen Begriff des Unbewussten zu wehren versucht – und Caillois von zentraler Bedeutung sein. Die Psychoanalyse begünstigte auf entscheidende Weise die Verbreitung jenes Wissensmodus, in dem die tastenden, auf Vermutungen und individuellen Lektüren sonst vernachlässigter Einzelheiten basierenden Schlüsse radikal aufgewertet werden. Auch die implizit und explizit von Canetti und Caillois entwickelten Konzepte des Imaginären sind einer solchen Logik des konjekturalen Schlusses auf eine dahinterliegende, unsichtbare, verborgene Struktur verpflichtet, der es mittels Lektüre sonst übersehener Details auf die Schliche zu kommen gilt.

1.2 Lacan. Das Imaginäre der Taube (1936/1949)

Jacques Lacans frühes Konzept vom Imaginären, das er zentral in seinem 1936 gehaltenen Vortrag auf dem Internationalen Kongress für Psychoanalyse entwirft, der nur als 1949 überarbeiteter und veröffentlichter Text „Das Spiegelstadium als Bildner der Ichfunktion" erhalten ist, entsteht in direkter Auseinandersetzung mit Freuds Psychoanalyse. „Mit Freud über Freud hinaus"[20] erweitert Lacan Freuds psychoanalytische Theorie nun explizit um den Bereich des Imaginären. Gleich-

---

19 Vgl. Carlo Ginzburg: *Spurensicherung. Die Wissenschaft auf der Suche nach sich selbst.* Übers. v. Gisela Bonz und Karl F. Hauber. Berlin: Wagenbach 2011. Das Spurenparadigma sei insbesondere für das ausgehende 19. und des 20. Jahrhundert zentral, so Ginzburg, und knüpfe sich an eine bestimmte Perspektive, in der Nebensächlichkeiten nun als die Hauptsache erscheinen. Als Freud auf die Methode Morellis zur Identifikation von Kunstfälschungen stößt, fasziniert ihn an dieser besonders, dass sie „von den großen Zügen eines Gemäldes absehen hieß und die charakteristische Bedeutung von untergeordneten Details hervorhob". Daraus schließt Freud: „Ich glaube, sein Verfahren ist mit der Technik ärztlicher Psychoanalyse nahe verwandt. Auch diese ist gewöhnt, aus gering geschätzten oder nicht beachteten Zügen, aus dem Abhub – dem ‚refuse' der Beobachtung, Geheimes und Verborgenes zu erraten" (Sigmund Freud: „Der Moses des Michelangelo", 1914, hier zit. nach Ginzburg: *Spurensicherung,* S. 130) Ginzburg betont, dass Morellis „Verfahren" an der Entwicklung der psychoanalytischen Technik beteiligt war. Dass dieses Interpretationsverfahren des Spurenlesens, das in der Psychoanalyse wissenschaftlich geadelt wird, immer droht, in Paranoia umzuschlagen, darauf wird in Kap. VIII zurückzukommen sein.
20 Peter Widmer: *Subversion des Begehrens. Eine Einführung in Jacques Lacans Werk.* Wien, Berlin: Turia + Kant 2012, S. 17.

wohl er in dem Text zum „Spiegelstadium" selbst das Wort nur als Adjektiv verwendet und es erst in seiner berühmten Trias vom Realen, Imaginären und Symbolischen ab 1953 substantiviert, sind terminologische Bezüge zu anderen Konzepten des Imaginären bereits angelegt: Vor der Publikation der überarbeiteten Fassung von Lacans Vortrag erscheint Sartres große Studie zum *Imaginären*, und nicht zuletzt vermittelt über Edmund Husserls Phänomenologie sowie Bezüge zu Maurice Merleau-Ponty lassen sich Verbindungen und Differenzen zwischen Sartre und Lacan ausmachen. Zudem kommt Lacan immer wieder auf den Begriff der Imago zurück, wodurch sich nicht zuletzt auch der Einfluss Carl Gustav Jungs auf die Begriffsprägung zeigt.[21]

Das Imaginäre nimmt eine zentrale Stellung innerhalb des Theorie Lacans ein, seine Konturen seien hier nur für den Text vom „Spiegelstadium" angedeutet.[22] Ausgehend von der in der Entwicklungspsychologie beschriebenen „jubilatorischen" Reaktion des Kleinkinds, das sich erstmals im Spiegel zu erkennen vermag, beschreibt Lacan das Spiegelstadium in seinem Text von 1949 weniger als ein entwicklungspsychologisches „Stadium" denn als

> ein Drama, dessen innere Spannung von der Unzulänglichkeit auf die Antizipation überspringt und für das an der lockenden Täuschung der räumlichen Identifikation festgehaltene Subjekt die Phantasmen ausheckt, die ausgehend von einem zerstückelten Bild des Körpers, in einer Form enden, die wir in ihrer Ganzheit eine orthopädische nennen könnten.[23]

Lacan interessiert sich also für die Schnittstelle von Körper und Bild: Im entwicklungspsychologischen Spiegelstadium nimmt die Identifikation mit einem außerhalb des Ich angesiedelten, ähnlichen und doch vom Ich unterschiedenen Bild eine spätere Machtfülle vorweg und löst damit eine „Verwandlung" im Kleinkind aus: Erst so kann das Ich überhaupt gebildet werden, gleichwohl die Ambivalenz von Erkenntnis und Verkennung Ich und Bild nie deckungsgleich werden lässt. Zwar ermöglicht das Imaginäre erst die Subjektbildung, es fesselt das so formierte Subjekt aber zugleich in den traumatischen Verstrickungen der „narzißtisch-

---

21 Vgl. Gekle: *Tod im Spiegel*, S. 64ff; Vgl. zu Lacan und Sartre: Wörler: *Das Symbolische, das Imaginäre und das Reale*, S. 14, 144–154.
22 Verwiesen sei für ausführlichere Untersuchungen zum Spiegelstadium sowie zum Imaginären innerhalb der Trias von Lacan beispielsweise auf das zweite Kapitel, „Die Entdeckung des Begehrens", in: Widmer: *Subversion des Begehrens*; sowie auf Gekle: *Tod im Spiegel*. Vgl. hierzu auch die von einer Rezension Hans-Dieter Gondeks in *Riss* 42 (1998) angestoßene Debatte um diesen Text; außerdem Wörler: *Das Symbolische, das Imaginäre und das Reale*. Vgl. zu Anschlüssen an die Bild- und Literaturtheorie sowie die darin erwähnten bestehenden Forschungen: Pethes: „Über Bilder(n) sprechen", S. 11ff.
23 Lacan: „Das Spiegelstadium als Bildner der Ich-Funktion", S. 67.

dualen Spiegelungen" des Imaginären. Den Ausweg ermöglicht erst die Anerkennung des Dritten, dies ist auch im „Spiegelstadium"-Aufsatz angelegt: „In diesem Punkt, wo sich Natur und Gesellschaft treffen, [...] erkennt allein die Psychoanalyse jenen Knoten imaginärer Knechtschaft, den die Liebe immer neu lösen und zerschneiden muß."[24]

Lacans Theorie setzt also wie Freud an der Bestimmung eines Mangels an: Das Kleinkind begrüßt aufgrund seiner körperlichen Hilfsbedürftigkeit[25] die gespiegelte „Ganzheit", die Lacan eine orthopädische nennt. Gleichzeitig ist Lacans Imaginäres schöpferisch, weil sich das Subjekt erst durch diesen Akt der bildlichen (V)Erkennung produktiv hervorbringt. Dieses „Drama" stellt Lacan auf Dauer: Er zeichnet das „moi" als vom mangelhaft erfahrenen „je" unterschiedene Instanz, „die nur asymptotisch das Werden des Subjekts erreichen wird".[26] Damit führt er eine grundlegend destabilisierende Dynamik in das Subjekt ein, als Erweiterung der Psychoanalyse Freuds und als Angriff auf das Ich als zentraler Kategorie der neuzeitlichen Philosophie.[27] Lacans Spiegelstadium (ebenso wie seine Trias, die dem Imaginären das Symbolische und das Reale zur Seite stellt und in der das „Spielfeld"[28] des Imaginären erst sichtbar wird) hat entscheidende Impulse für die Frage des Bilddenkens geleistet und ist vielfach anschlussfähig geworden, wenn es um die Frage kultureller Ordnungen und Bildproduktion geht – sie reicht also über die Ebene des Individualpsychologischen weit hinaus, da sie notwendigerweise die symbolische Beziehung zum „Anderen" benötigt, und bleibt doch mit ihr verbunden.

Bei diesen vereinfachten und summarischen Bemerkungen soll es bleiben: Zwar gehört Lacans Bestimmung des Imaginären zu den entscheidenden zeitgenössischen, diskursiven Kontexten im 20. Jahrhundert, aber weder Caillois' spätere Arbeiten zum Imaginären, die hier im Fokus stehen, noch Canetti sind zentral an Fragen der psychologischen Bestimmung des Subjekts interessiert, ihr Begriff vom Imaginären ist nicht auf den Bereich des Bildlichen beschränkt, und das Imaginäre ist gerade nicht der Ort traumatischer Fesselung, die es durch das Symboli-

---

24 Ebd., S. 70.
25 Peter Geble weist hier darauf hin, dass Lacan sich implizit auf den Verhaltensbiologen Adolf Portmann bezieht, auf den der Begriff des „extra-uterinen Sonderjahrs" sowie der „physiologischen Frühgeburt" zurückgeht. Peter Geble: „Der Mimese-Komplex". In: *ilinx. Berliner Beiträge zur Kulturwissenschaft* 2 (2011), S. 185–195, hier S. 191. Dieser wiederum inspirierte Arnold Gehlen zu seinem Begriff des Menschen als „biologisches Mängelwesen". Auf Portmann wird im Kapitel V.1.4 noch einmal zurückzukommen sein, wenn es anhand der sogenannten „Wolfskinder" um die Bestimmung des Humanen über das Tier geht.
26 Lacan: „Das Spiegelstadium als Bildner der Ich-Funktion", S. 64.
27 Vgl. dazu Gekle: *Tod im Spiegel*, S. 30.
28 Pethes: „Über Bilder(n) sprechen", S. 11.

sche zu überwinden gilt – beide werden demnach andere Konzepte des Imaginären vorschlagen, ohne sich auf Lacan zu beziehen.

Umgekehrt bezieht sich allerdings Lacan in seinem frühen Aufsatz auf Caillois. Daher, und weil Lacan in seinen Überlegungen zum Spiegelstadium das Imaginäre besonders in den Fokus rückt, während er sich in seiner späteren Trias vor allem mit dem Symbolischen auseinandersetzt, bleibt es bei dem kurzen Blick auf das „Spiegelstadium". Dieser reicht aber aus, um trotz aller Unterschiede einen zentralen Punkt in der Bestimmung des Imaginären hervorzuheben, der Lacan mit den hier fokussierten Autoren verbindet. Um diese sichtbar zu machen, gilt es auf die eingangs gestellten Fragen zurückzukommen: Wie greift Lacan nun auf die von ihm entworfene Dimension „imaginärer Knechtschaft" zu? Wie versucht er das Imaginäre im eigenen Schreiben zu begründen und einzuholen? Als Schnittstelle von Körper und Bild betrachtet er das Imaginäre nämlich nicht nur im Anschluss an die psychoanalytische Theorie Freuds, sondern verknüpft zudem verhaltensbiologische Beispiele mit Referenzen auf die bildenden Künste. Vor allem verweist er in seinem Text zum Spiegelstadium – quasi als formales Vorbild solcher Verknüpfungen – ausführlich auf Roger Caillois' frühen Aufsatz zur Mimese, „Mimetismus und legendäre Psychasthenie", den Caillois 1935, also kurz vor Lacans ursprünglichem Vortrag, in der surrealistischen Zeitschrift *Minotaure* veröffentlichte.[29]

Zunächst nimmt Lacan, wenn er das Imaginäre als Scharnierstelle von optischer Wahrnehmung und körperlichem Wandel, als „Morphogenese"[30] im Register des Psychischen ansiedelt, Bezug auf biologische Experimente zur sogenannten „homomorphen Identifikation": Als Beispiel dient ihm hier neben der Wanderheuschrecke die Taube, deren Geschlechtsdrüsen im isolierten Zustand, ohne die Anwesenheit von Artgenossen, nicht reifen könnten. Erst der Anblick

---

29 Vgl. Roger Caillois: „Mimétisme et psychasthénie légendaire [1935]". In: Ders.: *Le mythe et l'homme [1938]*. Paris: Gallimard 1987, S. 86–122; dt.: Roger Caillois: „Mimese und legendäre Psychasthenie [1935]". In: Ders.: *Méduse & Cie. Die Gottesanbeterin. Mimese und legendäre Psychasthenie*. Hg. u. übers. v. Peter Geble. Berlin: Brinkmann & Bose 2007, S. 24–43. Vgl. wiederum zu Caillois' Vorbild und Quelle: Berz: „Tier Blatt Flügel Herbst. Caillois und sein Biologe: Paul Vignon". Bereits in dem 1960 veröffentlichten *Méduse et Cie* wird die Mimese von Caillois allerdings nicht mehr als eine individuelle, psychopathologische Verlockung durch den Raum bestimmt, sondern gerade dadurch begründet, dass es im Universum nur einen begrenzten Formenschatz gebe, deren Einzelteile sich jeweils in ähnlicher Weise ausdrückten, und der für Caillois später gerade mit dem Begriff des Imaginären gefasst werden müsse. Besonders deutlich wird dies am Wandel seines Konzepts der Mimikry: Diese ist nicht mehr Anpassung an andere wehrhafte Tierarten, sondern nur Ausdruck eines allgemeinen Formenrepertoires schreckenerzeugender Formen. Vgl. dazu ausführlicher das Kapitel IV.3.
30 Lacan: „Das Spiegelstadium als Bildner der Ich-Funktion", S. 65.

anderer Tauben führe also zur Geschlechtsreife und habe damit „bildnerische Wirkungen auf den Organismus".[31] Schließlich stellt er dem anhand von Caillois' Überlegungen zur Mimese die „heteromorphe Identifikation" zur Seite. Diese befasst sich mit den Auswirkungen des Raumes auf den lebenden Organismus. Mit dem Verweis auf Caillois und dessen an den Psychiater Pierre Janet angelehnte Zusammenstellung der „legendären Psychasthenie" – einem psychotischen Zustand der Angleichungssucht, die aus einer Versuchung durch den Raum hervorgehe; Caillois überträgt den Zustand der Mimese von Insekten auf die Psyche –, stellt sich Lacan hier gegen Darwin und „die lächerlichen Versuche, solche Tatsachen auf ein angeblich vorherrschendes Gesetz der Anpassung zurückzuführen." Heteromorphe Identifikation ist für Lacan stattdessen mit Caillois eine „Identifikation mit dem Inbegriff der Gestaltlosigkeit, der Grenzenlosigkeit des Raumes. Kein Bezug zur Welt, sondern Überwältigung durch den Raum."[32]

Im Anschluss an die lamarckistisch geprägte, experimentelle Biologie in Frankreich steht Caillois mit dem im Kontext des Surrealismus entstandenen Aufsatz zur Mimese in einer langen Tradition, die sich mit den Wechselwirkungen zwischen Umwelt und Physiognomie bzw. Morphologie beschäftigt; angefangen bei Goethe, über die naturphilosophische Romantik bis hin zu Jakob Johann von Uexküll und Adolf Portmann.[33] Das Imaginäre wird in dieser Hinsicht zum visuell codierten Prozess, der zwischen der „Innenwelt" und der „Umwelt" (im Original bei Lacan deutsch)zu vermitteln versucht.[34] Diese Vermittlung aber, so Lacans

---

31 Ebd.
32 Geble: „Der Mimese-Komplex", S. 194. Peter Geble weist darauf hin, wie problematisch an dieser Stelle der Übersetzungsfehler in der deutschen Version von Lacans Text ist, die „Mimikry" statt „Mimese" überträgt. Zur Unterscheidung vgl. ebenfalls Kapitel IV.3.
33 Vgl. Ebd., S. 187. Hier findet sich auch der Hinweis darauf, dass die tieferliegenden Verbindungen zwischen Lacan und Caillois als Desiderat der Forschung noch auf ihre Erarbeitung warten. Caillois' späterer Text, sein *Récit du délogé* wird diese Fragen nach den Wechselwirkungen zwischen Umwelt und Körper wie ein Vexierbild vorführen: Die körperliche Veränderung des Erzählers des *Récit*, die durch eine optische Wahrnehmung hervorgerufen wird, scheint zunächst ganz im Sinne des von Lacan beschriebenen Imaginären zu funktionieren und im Einklang mit Caillois' frühen Texten zum *Mimétisme* zu stehen. Dann allerdings kippt der Text und folgt vielmehr der Logik des späteren Caillois: Es ist nicht ein individueller morphogenetischer Mechanismus, den die Transformation in die Muschel deutlich macht, sondern vielmehr die Anpassung an eine universale, verborgene, das Universum von Mensch, Tier und Stein gleichermaßen durchziehende Struktur, die Caillois später gerade mit dem Begriff des „Imaginären" zusammenführen wird und die sich vom Blick des Ich unabhängig verhält. Vgl. dazu, allerdings ohne ausführlichen Vergleich mit Lacan, das Kapitel VII.3.
34 Lacan rekurriert für seine Bestimmung des Imaginären u.a. auf den Umweltbegriff von Jakob Johann von Uexküll. In dieser Hinsicht bestimme das Imaginäre bei Uexküll die Beziehung jedes Lebewesens zu seiner Umwelt, erst für den Menschen käme dann das Symbolische hinzu.

Lektüre der verhaltensbiologischen Überlegungen, gestalte sich im Unterschied zum Tier gerade aufgrund der biologischen Unzulänglichkeit der „physiologischen Frühgeburt" Mensch (Portmann) für diesen ungleich problematischer. Caillois' Verweis auf die Biologie ist allerdings immer bereits mit künstlerischen Reflexionen vermischt, und gerade aus dieser Tradition heraus führt Lacan Caillois an: Denn im Unterschied zu den biologischen Theorien betrachten beide Mimese und Mimikry nicht als Täuschung von Fressfeinden – sondern als Selbsttäuschungsphänomene.[35] Im Akt der Selbsttäuschung wird das Subjekt sich selbst zum Bild.

Differieren die Begriffe vom Imaginären bei Lacan und Caillois zwar später stark, ist ihr ähnlicher Ursprung dennoch hervorzuheben: Denn wie Caillois begründet Lacan seine Überlegungen zum Imaginären nicht nur im Verweis auf die Biologie, sondern zugleich auch in der Auseinandersetzung mit der Kunst, insbesondere dem Surrealismus,[36] bekanntermaßen aber auch mit dem Manierismus eines Hans Holbein, der ihm für sein Konzept der Anamorphose Pate stehen wird. Wie Caillois publizierte auch Lacan in *Minotaure* und verknüpft Biologie und Kunst über die Psychiatrie. Zwar beruft sich der Surrealismus seinerseits zentral auf Freud, ebenso produktiv ist aber Lacans Denken für ihn geworden.[37]

Das bei Sartre streng auf die Frage des Bewusstseinsakts begrenzte Imaginäre fasst Lacan also über die Verknüpfung verschiedener Disziplinen und „Kulturen". Auch wenn er es schließlich in eine psychoanalytische Theorie zurückführt, ermöglicht er in der Rezeption Anschlüsse an die Bild- und Kunsttheorie. Eine disziplinäre „Überdeterminierung" scheint die Theorien des Imaginären von Caillois

---

Vgl. ausführlich zu Uexküll und Lacan: Wörler: *Das Symbolische, das Imaginäre und das Reale*, S. 101–125.

35 Darauf weist auch Cha in seinem kurzen Kapitel „Das fotografierte Subjekt. Zum Verhältnis von körperlicher Plastizität und Bildlichkeit (Jacques Lacan)" hin, vgl. Cha: *Humanmimikry*, S. 250–255, hier S. 255. Vgl. zur Herkunft dieser Form der dualen Mimikry (im Gegensatz zu geläufigen triadischen Wahrnehmung der Mimikry, in denen ein Organismus den anderen zum Schutz vor einem dritten nachahmt) von Paul Vignon sowie dessen Einfluss auf Roger Caillois: Berz „Tier Blatt Flügel Herbst. Caillois und sein Biologe: Paul Vignon", S. 118. Vignon formuliert, das Tier habe die Umwelt auf sich selbst fotografiert: „fotografié sur elle même". Paul Vignon: „Que faut-il penser du mimetisme?" in: *Revue scientifique* 61 (1923), S. 515–520, S. 517.

36 Hanna Gekle schreibt Caillois hier mehr biologische Provenienz zu, als ihm gebührt und übersieht seine primäre Herkunft aus dem Surrealismus. Auch verweist sie nur auf Caillois' Aufsatz über die Gottesanbeterin, es ist allerdings Caillois' zweiter Text, derjenige über den Mimetismus, auf den Lacan hier rekurriert: Vgl. Gekle: *Tod im Spiegel*, S. 53. Vgl. zur Verschränkung von Biologie und Surrealismus, bzw. „der Biologie des Surrealismus" den erwähnten Text von Berz: „Tier Blatt Flügel Herbst. Caillois und sein Biologe".

37 Ausführlich zu den Beziehungen zwischen Lacan und dem Surrealismus insbesondere anhand der Arbeiten von Salvador Dalí: Vgl. ebd., S. 142–151.

und Canetti mit der Lacans zu verbinden. In Lacans Weiterentwicklung des Konzepts stellt er gegen das zwar schöpferische, aber immer auch im Präsymbolischen verhaftete Imaginäre, das Ort der Traumata und des „leeren Sprechens" ist, das Symbolische, das „volle Sprechen", das die Fesseln des Imaginären zu sprengen versucht. Das Imaginäre ist für Lacan folglich der weiterhin vom Prozess der Subjektbildung ausgehende Bereich der traumatischen (V)Erkennung, für den das Symbolische zum Ausweg wird – und so verhält es sich konträr zu dem potenziell universalen, kollektiven und schöpferischen Imaginären, dem sich Canetti und Caillois widmen.

2 Zwischen literarischer Reflexion und epistemologischer Reinigung (Breton, Bachelard, Borges)

2.1 Springbohnenästhetik. Breton vs. Caillois (1924/1934)

Nach der Romantik wird der Surrealismus literaturhistorisch oft als zweite große Konjunkturphase dessen beschrieben, was man Imagination, Einbildungskraft oder seit dem 20. Jahrhundert das Imaginäre nennt.[38] André Bretons Betonung der „Allmacht des Traums"[39] scheint im Gegensatz zu den zögerlichen, skepti-

---

[38] Erwähnenswert wäre hier natürlich auch das Collège de 'Pataphysique, das sich nach Alfred Jarrys *Heldentaten und Ansichten des Doktor Faustroll, Pataphysiker* der „Wissenschaft von den imaginären Lösungen" widmete („la science des solutions imaginaires"). Bereits über Caillois' frühe Zugehörigkeit zu *Le Grand Jeu*, das eine Art des „metaphysical dadaism or morbid *pataphysique*" betrieb (Claudine Frank: „Introduction". In: Dies. (Hg.): *The edge of surrealism. A Roger Caillois reader*. Durham: Duke University Press 2003, S. 1–43, hier S. 9 [Herv. i.O.]), ließen sich hier zahlreiche Bezüge herstellen. Jenseits dessen wäre es lohnenswert, anhand von 'pataphysischen, pseudowissenschaftlichen oder esoterischen Wissenschaftskonzepten den wie angemerkt nicht parodistischen oder esoterischen, sondern von innen heraus kritischen Wissenschaftsbegriff von Caillois – und indirekt auch den Canettis – genauer auf die Probe zu stellen. Denn immer dann, wenn Wissenschaft parodiert wird, tritt besonders deutlich hervor, was Wissenschaftlichkeit eigentlich ausmacht. An neueren Beispielen ließen sich hier Bezüge zur Wissenschaftssatire bzw. -fälschung von Alan Sokal und dem Aufsatz „Grenzüberschreitungen – für eine transformative Hermeneutik der Quantengravitation" von 1996 herstellen, oder aber zu Vilém Flussers *Vampyroteuthis infernalis. Eine Abhandlung samt Befund des Institut Scientifique de Recherche Paranaturaliste* von 1987. Mit dieser vergleichenden Studie über den Menschen und eine – fiktive – hochentwickelte Oktopusart, ihre Welt, Kultur und ihre Kunst ließen sich auch über den Gegenstand zahlreiche Verbindungen zu Caillois und seiner Arbeit über den *Kraken* von 1973 ziehen.

[39] André Breton: *Die Manifeste des Surrealismus [1924]*. Übers. v. Ruth Henry. Reinbek bei Hamburg: Rowohlt 2012, S. 27.

schen Positionen gegenüber dem Imaginären zu stehen, wie sie Sartre formuliert oder wie sie sich auch bei Lacan noch finden lassen. Im Zentrum des surrealistischen Interesses verortet auch Karl Heinz Bohrer „das Unbewußte als das Imaginative und Phantastische".[40] Trotz der vorherrschend künstlerischen Perspektive bilden Kunst, Theorie und Leben im Surrealismus keinen Widerspruch. Im Zentrum des ersten *Surrealistischen Manifest* von 1924 stand die „Erforschung des Menschen". Darin schließt Breton bekanntlich emphatisch an Freuds psychoanalytische Theorie an und folgert aus ihr, es sei an der Zeit, der alten „Imagination" neue Macht zu geben:

> Scheinbar durch den größten Zufall nur ist vor kurzem ein Bereich der geistigen Welt wieder ans Licht gehoben worden – meines Erachtens der weitaus wichtigste Bereich –, um den man sich angeblich nicht mehr zu kümmern brauchte. Insofern sind wir den Entdeckungen Freuds zu Dank verpflichtet. Auf Grund dieser Entdeckungen bildet sich endlich eine Strömung im Denken heraus, mit deren Hilfe der Erforscher des Menschen seine Untersuchungen weiter zu treiben vermag, da er nun nicht mehr nur summarische Fakten in Betracht zu ziehen braucht. Die Imagination ist vielleicht im Begriff, wieder in ihre alten Rechte einzutreten.[41]

Sein Anschluss an Freud mündet innerhalb des Manifests in der Aufforderung zur „écriture automatique", die ein Denken „ohne jede Kontrolle durch die Vernunft, jenseits jeder ästhetischen oder ethischen Überlegung"[42] auf das Papier bringen soll und gerade damit für Breton das Potenzial zur Subversion sozialer Ordnungen enthält. Diese experimentelle Erkundung der Imagination, gepaart mit dem surrealistischen Interesse am Denken der Ähnlichkeit sowie ihren Verbindungen zur Ethnographie und Ethnologie der Zeit, ihrer Faszination für das kulturelle „Andere", lassen im Surrealismus eine zentrale Referenz der diskursiven Formation erkennen, in der sich Canettis und Caillois' Erforschungen des Imaginären verorten.

Trotz alledem wird der surrealistische Zugang zum Imaginären nur vereinzelt anhand exemplarischer Texte Bretons betrachtet (vgl. V.2). Dieses Missverhältnis im Vergleich zur ausführlichen Darstellung romantischer Wissenschaften vom Imaginären hat drei zusammenhängende Gründe. Erstens gründet sich der surrealistische Bezug auf die Romantik weniger auf deren Wissenschaftsverständnis: „Obgleich die Surrealisten auch durch theoretische Impulse, namentlich von der deutschen Philosophie und Kulturwissenschaft, angeregt worden sind, Hegel und

---

40 Bohrer: „Das Phantastische der Surrealisten", S. 40.
41 Breton: *Die Manifeste des Surrealismus [1924]*, S. 15.
42 Ebd., S. 26.

Freud stehen hierfür, galt ihr Interesse doch eigentlich der romantischen Dichtung und Sprache selbst."⁴³ Surrealistische Theorien sind demnach Poetologien und Theorien des poetischen Bildes, keine wissenschaftlichen. Ihre Konzeption des Phantastischen und des Wunderbaren, die zunächst Verbindungen zu den Konzeptionen eines Imaginären im 20. Jahrhundert vermuten lässt, sind zentral auf die Kunst konzentriert.⁴⁴ Über diese, so fordert die Gruppe um André Breton, solle sich auch die Wahrnehmung des surrealistischen Wunderbaren, „als eines *anderen* Wirklichen"⁴⁵ vollziehen. Da hier nicht die Poetologien von Canetti und Caillois im Fokus stehen werden, sondern ihre Konzeptionen von Wissenschaft und deren Möglichkeit, sich dem Imaginären zu widmen, lässt sich die Bedeutung des Surrealismus als zentrale Referenz zumindest für die hier untersuchten späteren Texte beider Autoren relativieren.

Ein zweiter Grund, der hieran anschließt, bezieht sich auf die bestehenden Forschungen, insbesondere diejenigen zu Roger Caillois. Begünstigt durch die vorliegenden deutschen Übersetzungen der frühen Texte sowie durch affirmative wie kritische Bezüge von Lacan, Adorno oder Marcel Mauss auf den frühen Caillois ist seine surrealistische Prägung schon mehrfach untersucht worden, auch in der aktuell zunehmenden deutschsprachigen Forschung.⁴⁶ Caillois selbst betonte

---

43 Bohrer: „Das Phantastische der Surrealisten", S. 39. Vgl. dazu besonders auch die einleitenden wissenschaftstheoretischen Überlegungen zur Beziehung von Romantik und Surrealismus, die die Autoren und Herausgeber Sebastian Lübcke und Johann Thun unter dem Begriff der „Wahlverwandtschaft" fassen, sowie die Beiträge des zugehörigen Bandes: *Romantik und Surrealismus: Eine Wahlverwandtschaft?* Berlin, New York: Peter Lang 2018, bes. S. 11, hier auch mit Verweis auf Roger Caillois' Verbindung von deutschsprachiger Romantik und französischem Surrealismus.
44 Dies gilt auch für die ethnographischen Texte. So grenzt etwa der Surrealist Benjamin Péret seine Sammlung südamerikanischer Mythen streng vom wissenschaftlichen Anspruch der Ethnologie ab: „Jede Absicht, in das Gebiet der Ethnographie überzugreifen, ist ihr [der Sammlung] fremd, da die Texte, aus denen sie besteht, allein nach einem poetischen Kriterium ausgewählt worden sind", Benjamin Péret: *Die Schande der Dichter. Prosa, Lyrik, Briefe.* Hamburg: Edition Nautilus 1985, S. 94.
45 Karl Heinz Bohrer: „Deutscher Surrealismus?" In: Friederike Reents (Hg.): *Surrealismus in der deutschsprachigen Literatur.* Berlin, New York: De Gruyter 2009, S. 241–248, hier S. 246.
46 Hierfür sei etwa auf die Forschungen verwiesen, die sich insbesondere Caillois' Wende gegen die Literatur und die Kunst, seiner Kritik am Surrealismus sowie seiner trotz alledem surrealistisch inspirierten Bildtheorie und seiner anhaltenden Faszination für deren Gegenstände widmen. Vgl. dazu beispielsweise: Massonet: *Les labyrinthes de l'imaginaire dans l'œuvre de Roger Caillois*; Frank: „Introduction"; Heike Kämpf: „Roger Caillois". In: Iris Därmann, Kathrin Busch (Hg.): *Bildtheorien aus Frankreich. Ein Handbuch.* München: Wilhelm Fink 2011, S. 87–90; Albers: „Reine und unreine Literatur(wissenschaft) nach Roger Caillois"; Rosa Eidelpes: „Roger Caillois' Biology of Myth and the Myth of Biology".

noch am Ende seines Lebens, 1978, die enge Verbindung zum Surrealismus und erhebt ihn in der Selbstbeschreibung zum Referenzpunkt für die künstlerischen Tendenzen seines Werkes. Seine Werke seien

> [a]lles in allem Arbeiten, die auf disparate, wenn nicht gar stichprobenartige Weise [oder auch: probeweise, EH] recht gut dem Programm der *Approches de l'imaginaire* [Annäherungen an das Imaginäre] entsprachen, das ich mir vorgenommen hatte und das ganz selbstverständlich zu einer Art Zwittersynthese zwischen meinem Anspruch auf ein streng objektives Wissen und einem immer wieder lyrischen Zugang führte, den ich nach Kräften bekämpfte, ohne ihn jedoch gänzlich verwerfen zu können. Mein Überwechseln zur Gruppe der Surrealisten, die mein Empfindungsvermögen stark prägte, hat mich auch darin bestärkt, jenen lyrischen Zugang nicht [...] zu unterdrücken.[47]

In ganz ähnlicher Weise äußerte sich Elias Canetti in einem Gespräch von 1979 zu Bezügen zum Surrealismus: Während seiner Arbeit an der *Blendung* habe er vom Surrealismus „überhaupt nichts" gewusst. „Als ich später zahlreiche theoretische Schriften der Surrealisten las, war ich erstaunt, wie nahe mir mancher vorkam", und dennoch habe er

> immer streng den Einfluß von Freud auf die Literatur abgelehnt. Die Anhänglichkeit Bretons an Freud, diese Überbewertung des Unbewußten, aber auch die Kenntnis dessen, was das Unbewußte ein für alle Male ans Licht gebracht hatte, das alles war für mich höchst fragwürdig.[48]

Dem mag man Glauben schenken oder nicht, entscheidend ist, dass sich sowohl Canetti als auch Caillois explizit gegen die surrealistische Feier des Unbewussten, gegen ihre Beeinflussung durch die Psychoanalyse und gegen eine rein literarisch-künstlerische wie auch rein psychoanalytische Methodik verwahren. In seinem Vorwort zur *Provinz des Menschen* bezeichnet Canetti 1973 seine Arbeit an *Masse und Macht* als Produkt einer „Art Verbot, mit dem ich jede andere und besonders jede rein literarische Arbeit belegt hatte" (PdM, 5). Dass die Grenze zwischen Wissenschaft und Literatur von beiden Autoren so strikt gezogen werden kann und der Surrealismus eindeutig zur Domäne der letzteren gehört, bestätigt also zunächst das Argument der „großen Trennung" im 20. Jahrhundert. Und

---

[47] Caillois: *Der Fluss Alpheios*, S. 46; Frz.: „En somme, d'une façon disparate, sinon échantillonnaire, des travaux qui répondaient assez bien au programme d'Approches de l'imaginaire que je m'étais fixé et qui s'est trouvé aboutir tout naturellement à une sorte de synthèse bâtarde entre mes prétentions à une connaissance strictement objective et aux accès de nature lyrique que je combattais de mon mieux sans pouvoir les récuser tout à fait. Mon passage dans le groupe surréaliste, qui a fortement marqué ma sensibilité, m'a aussi confirmé que je ne viendrais pas à bout de les réprimer". Caillois: „Le Fleuve Alphée [1978]", S. 111.

[48] Elias Canetti: „Gespräch mit Gerald Stieg [1979]". In: ARG, 318–329, hier 328.

doch – dies wird in der vorliegenden Studie im Zentrum stehen – sind die Zuständigkeiten angesichts des Imaginären als Gegenstand von Literatur und/oder Wissenschaft auch für die beiden Autoren nicht klar verteilt. Zunächst aber führt die klare Trennung, die beide Autoren zugrunde legen, schließlich zum dritten Grund und damit zu der Frage zurück, ob und wie der Surrealismus das Imaginäre zu schreiben versucht.

Auch der Surrealismus spricht (noch) nicht vom substantivierten Imaginären, terminologisch dreht er sich um Konzepte des Wunderbaren, der Imagination und des Unbewussten. Dass damit jedoch gerade das bezeichnet ist, was Caillois unter dem Begriff des Imaginären fassen wird, sei hier abschließend anhand einer vielzitierten Begebenheit geschildert, die nicht nur zum Bruch zwischen Breton und Caillois führte, sondern pointiert die Unvereinbarkeit des Surrealismus mit den hier untersuchten „Annäherungen an das Imaginäre" erkennbar macht. Besagte Begebenheit sei zunächst so wiedergegeben, wie sie Karlheinz Barck kolportiert: An Weihnachten des Jahres 1934[49] saßen André Breton, Roger Caillois und Jacques Lacan gemeinsam in einem Pariser Café. Alle drei beobachteten ein Gefäß auf dem Tresen des Cafés, in dem sich einige Exemplare der zu der Zeit häufiger aus Mexiko importierten „Springbohnen" befanden: kleine, runde Früchte, die oft von den Larven der Springbohnenmotte bewohnt werden. Die ruckartigen Bewegungen, die die Larven bei Wärmeeinwirkung vollführen, gaben der Bohne ihren Namen. Roger Caillois schlug nun vor, eine der Bohnen aufzuschneiden, um zu sehen, was die Bewegung verursache. Lacan jedoch wehrte sich entschieden dagegen und erklärte, stattdessen sollten die erstaunten und überraschten Reaktionen der Beobachter*innen der wunderbaren Bohnen im Vordergrund stehen. Breton pflichtete Lacan bei, man solle die Bohnen auf keinen Fall aufschneiden, sondern sie als Anlass für „träumerische[ ] Gedanken und Reflexionen" nutzen, denen es sich vollständig zu überlassen gelte.[50]

---

[49] Bei Barck ist es das Weihnachten 1935 und Lacan ist, im Unterschied zu anderen Versionen der Geschichte, ebenfalls anwesend. Karlheinz Barck: „Phantasie und Bilderrausch im Surrealismus. In zwei Sätzen und einer Coda". In: Gerhard Bauer, Robert Stockhammer (Hg.): *Möglichkeitssinn. Phantasie und Phantastik in der Erzählliteratur des 20. Jahrhunderts*. Wiesbaden: Westdeutscher Verlag 2000, S. 135–146, hier S. 146; Caillois' Brief an Breton unmittelbar nach dem Ereignis, und darauf bezugnehmend, ist allerdings auf den 27. Dezember 1934 datiert. Caillois' „Procès intellectuel de l'art", in dem er den Brief abdruckt und darin seine Abrechnung mit dem Surrealismus öffentlich macht, erscheint außerdem bereits 1935. Vgl. Roger Caillois: „Lettre à André Breton". In: Ders.: „Procès intellectuel de l'art [1935]", wiederaufgenommen im Abschnitt: *L'équivoque surréaliste 1933–1935*, in Roger Caillois: *Approches de l'imaginaire*. Paris: Gallimard 1974, S. 35–38, hier S. 35. Über die angebliche Anwesenheit von Lacan schweigt der Brief sich allerdings aus.

[50] Vgl. Barck: „Phantasie und Bilderrausch im Surrealismus", S. 146.

2 Zwischen literarischer Reflexion und epistemologischer Reinigung — 111

Während Lacan die Blickperspektive zwischen wunderbarem Gegenstand und seinen Betrachter*innen fokussiert, betont Breton die Ebene der Imagination, die sich über den Gegenstand eröffne. Für ihn solle sich die beobachtende Person dem Gegenstand und dessen Wirkungen gänzlich unterordnen. Caillois dagegen plädiert für die rationalistische Sektion, den „Messerschnitt". In der Version, die Caillois von dem Ereignis berichtet, nutzt er die surrealistische Feier des Imaginären, die dieses als unkontrollierbare Kraft setze und es gerade in seiner Unbestimmbarkeit zum Ursprung aller Kunst erkläre, um sein eigenes Programm einer wissenschaftlich-systematischen Untersuchung des Imaginären davon abzuheben. Die Szene im Café habe – so Caillois – einen Streit mit Breton verursacht, der zum Ende ihrer Freundschaft und zugleich zum Bruch Caillois' mit dem Surrealismus führte.[51] Von Breton als Positivist beschimpft, der das Poetische und das Wunderbare der Natur durch sein wissenschaftliche Sezierwut zerstören wolle, verfasste Caillois am nächsten Tag eine „Lettre de rupture" an Breton. In der Ansprache an den Surrealisten formuliert Caillois bereits zentrale Anliegen seiner Forschungen, die ihn bis zum Ende seines Lebens begleiten:

> Sie gehören also entschieden zur Seite der Intuition, der Poesie, der Kunst – und ihrer Vorzüge. Ist es nötig zu sagen, dass ich der Ambiguität eine klare Position vorziehe? Aber Sie wissen, dass ich mir die entgegengesetzte Position zu eigen gemacht habe. [...] Das Irrationale, einverstanden; aber zunächst will ich Kohärenz (dieselbe Kohärenz, zugunsten derer die Logik in den exakten Wissenschaften auf ganzer Linie zurückstecken musste), die Über-

---

51 Caillois' Auseinandersetzung mit dem Surrealismus stieß einige seiner Texte an, die er im ersten Band seiner *Approches de l'imaginaire* unter der Überschrift „L'équivoque surréaliste" (Der surrealistische Irrtum) zusammenfasste. In diesen Teil fällt auch sein Text von 1937 „L'alternative (Naturphilosophie ou Wissenschaftslehre)" [i.O. dt.], (a. a. O., S. 25–34) in dem das Verhältnis von wissenschaftlicher und poetischer Aktivität der deutschen Romantik untersucht und dabei Verbindungen zum französischen Surrealismus herstellt. Er wirft der Wissenschaft, die die Romantik prägte, aber ebenfalls vor, nicht wissenschaftlich genug zu verfahren und stattdessen Experimente nur zur Rechtfertigung von Phantastereien zu verwenden und fordert auch hier stärkere Systematisierung. Caillois blickt hier allerdings mit einer Perspektive des 20. Jahrhunderts und mit grundlegend anderen Kategorien von Wissenschaft und Literatur auf die Strömung der Romantik. Vgl. dazu Kapitel II.1. Im Laufe seines Werks wird Caillois anhand seines Bruchs mit dem Surrealismus immer wieder seine eigene Position bestimmen. Caillois' Literaturtheorie wurde andernorts bereits genauer betrachtet (vgl. Albers: „Reine und unreine Literatur(wissenschaft) nach Roger Caillois", vgl. dort auch die These, dass es gerade die Abkehr vom künstlerischen Surrealismus war, die ihm das Programm lieferte für seine wissenschaftlich fundierte, „allgemeine Phänomenologie der Imagination"). Vgl. dazu auch die Sektion „Surrealism and Its Environs", in: Frank (Hg.): *The Edge of Surrealism*, S. 57–103. Jenseits dieser Selbstbeschreibungen Caillois' zielt das vorliegende Buch wie erwähnt weniger auf eine Rückbindung an den Surrealismus denn auf die Ebene der wissenschaftlichen Verfahren und der Konzeptualisierung des Imaginären, die Caillois' spätere Schriften leisten.

determinierung geht weiter, die Konstruktion der Koralle; ich möchte in einem System kombinieren, was bis heute von einer unzulänglichen Vernunft systematisch ausgegrenzt wurde.[52]

Das Insekt oder die Larve, die er in der springenden Bohne vermutete, solle also keineswegs aus den Sphären des Geheimnisvollen oder Wunderbaren vertrieben werden – vielmehr sollten Biologie, Psychologie und Mythologie systematisch durch- und miteinander erschlossen werden. Das Prinzip wissenschaftlicher Kohärenz müsse auch für die Untersuchung des scheinbar Irrationalen und des Imaginären greifen. Darin deutet sich bereits an, wie Caillois den Ansatz Gaston Bachelards, der sich mit dem Zusammenhang von Wissenschaft und imaginären „Träumereien" beschäftigte, aufgriff und weiterführte: Die soziale und psychologische Dimension der Besetzung, der sich auch Bachelard in seiner Epistemologie widmete, wird (zumindest in Caillois' Frühwerk) durch eine Rückführung auf biologische Ursachen aufgefangen.

2.2 Chemie der Träumerei. Frankreich der 1930er Jahre und Gaston Bachelard (1934–1961)

1934, im Jahr des Streits um die mexikanischen Springbohnen, veröffentlichte Gaston Bachelard mit *Le Nouvel Esprit scientifique* (*Der neue wissenschaftliche Geist*) eines der ersten Bücher nach seiner Doktorarbeit, in dem er die Grundlagen seines wissenschaftstheoretischen Ansatzes systematisch darstellte. Im gleichen Jahr trafen sich Bachelard und Roger Caillois auf einer Philosophiekonferenz in Prag. Im Jahr darauf publizierte Roger Caillois seinen *Procès intellectuel de l'art* (im Sinne von: „der Intellekt macht der Kunst den Prozess"[53]), der auch seinen Brief an Breton enthielt, und ließ Bachelard ein Exemplar zukommen. Wiederum

---

52 Frz.: „Vous êtes donc décidément du parti de l'intuition, de la poésie, de l'art, – et de leurs privilèges. Est-il besoin de dire que je préfère ce parti pris à une ambiguïté? Mais vous savez que j'ai adopté le parti pris inverse [...] L'irrationnel, soit; mais j'y veux d'abord la cohérence (cette cohérence au profit de laquelle la logique a dû céder sur toutes la ligne dans les science exactes), la surdétermination continue, la construction du corail; combiner en un système ce que jusqu'à présent une raison incomplète élimina avec système." Caillois: „Lettre à André Breton", S. 35. Es war allerdings nicht nur die ästhetische Dimension des Surrealismus, von der sich Caillois abwandte, sondern auch die politische. Dies wird noch deutlicher anhand der späteren Differenzen mit dem Collège de Sociologie. Caillois gehörte schon vorher nicht den politischen Kampfbünden des Surrealismus an, ob sozialistisch oder faschistisch, und blieb gegenüber aller tatsächlicher politischer Aktion konservativ.
53 Albers: „Reine und unreine Literatur(wissenschaft) nach Roger Caillois", S. 41.

ein Jahr später, 1936, gründete Caillois u. a. gemeinsam mit Jules Monnerot, Louis Aragon und Tristan Tzara die Zeitschrift *Inquisitions*, laut ihres Untertitels als Organ für die Studien zur „menschlichen Phänomenologie" geplant und finanziert durch Mittel, die ursprünglich für kommunistische Zwecke bestimmt waren.[54] Es kam allerdings nur eine einzige Nummer der Zeitschrift zustande, da sich die Gruppe aufgrund interner Differenzen schnell wieder zerstreute. Für diese erste und einzige Ausgabe mit dem Titel *Du Surréalisme au Front Populaire* (Vom Surrealismus zum Front Populaire) aber bat Caillois Bachelard um einen Text. Bachelard kam der Bitte nach und publizierte einen Aufsatz mit dem Titel „Le Surrationalisme" in *Inquisitions*, in dem er seinen epistemologischen Ansatz mit dem Surrealismus verknüpfte und der entscheidende Impulse für Caillois' Werk lieferte.

Über die Analogie zum Surrealismus versuchte Bachelard das avantgardistische und revolutionäre Potenzial, auf das sich der Surrealismus in ästhetischer, institutioneller und politischer Hinsicht beruft, auf die rationale wissenschaftliche Erkenntnis zu übertragen. In einer Form der permanenten Revolution solle die Vernunft ihre Aggressivität entdecken und sich gegen ihren eigenen Konservatismus, ihre festgefügten Vorurteile und Denkweisen wenden, so wie sich der Surrealismus gegen festgefügte ästhetische und gesellschaftliche Traditionen richte. Ziel sei der „Surrationalismus", ein offenerer Rationalismus: „Kurz, *wir müssen der menschlichen Vernunft ihr Ungestüm und ihre Angriffslust zurückgeben.* Auf diese Weise werden wir zur Begründung eines Surrationalismus beitragen, der die Anlässe zum Denken vervielfachen wird."[55] Bachelards Plädoyer für Aggressivität gegen die eingeschliffenen Operations- und Denkweisen der Vernunft, für experimentelle Formen des Denkens, Risikofreude und eine allgemeine Öffnung des Rationalismus prägte Caillois' Wissenschaftsverständnis nachhaltig. Zudem war in der Zeitschrift *Inquisitions* bereits eine Rubrik angelegt, unter der jeweils zeitgenössische Phänomene des imaginativen Lebens nach dieser neuen rationalistischen Methode betrachtet werden sollten.[56]

---

54 Vgl. Anna Echterhölter: „Die Listen des Collège de Sociologie". In: *ilinx. Berliner Beiträge zur Kulturwissenschaft Wirbel, Ströme, Turbulenzen* 1 (2009), S. 229–243, hier S. 230.
55 Gaston Bachelard: „Der Surrationalismus". In: Ders.: *Der Surrationalismus*. Hg. v. Monika Wulz. Übers. v. Kris Decker. Paderborn: Konstanz University Press 2017, S. 71–80, hier S. 71f; „Bref, *il faut rendre à la raison humaine sa fonction de turbulence et d'agressivité. On contribuera ainsi à fonder un surrationalisme qui multipliera les occasions de penser.*" Gaston Bachelard: „Le Surrationalisme", in: *Inquisitions* 1 (1936), wieder aufgenommen in: Ders.: *L'engagement rationaliste*. Paris: PUF 1972, S. 7–12, hier S. 7 [Herv. i.O.].
56 Vgl. Echterhölter: „Die Listen des Collège de Sociologie", S. 231.

Im gleichen Jahr gründete auch Georges Bataille eine Zeitschrift, die bis 1939 bestand und über die auch die ersten gemeinsamen Aktivitäten zwischen Caillois und Bataille zustande kamen. Bataille stand wie Caillois zuvor im Austausch mit André Breton: Mit diesem bildete er 1935 einen antifaschistischen Kampfbund namens Contre-Attaque, der sich zwar schnell wieder zerstreute, allerdings ein entschiedenes politisch-revolutionäres Programm gegen die bürgerliche Gesellschaft, gegen den Faschismus wie auch gegen den Kommunismus vertrat und dafür auf die kollektiven, affektiven Energien des Mythos und der Massen setzte und so wie das spätere Collège de Sociologie den Faschismus mit seinen eigenen Mitteln zu bekämpfen versuchte.[57] Das Projekt *Acéphale*, so der Name der von Bataille gegründeten Zeitschrift, an der auch der Maler André Masson sowie Pierre Klossowski beteiligt waren, wurde von einer gleichnamigen Geheimgesellschaft gerahmt, die nicht nur daran interessiert war, die mythischen und kollektiven Dimension des Sozialen, der Macht und des Opfers intellektuell zu erfassen, sondern auch plante, diese durch die Erzeugung dionysischer Ausnahmesituationen performativ umzusetzen: Angeblich plante die Geheimgesellschaft ein rituelles Menschenopfer, für das sich Bataille selbst zur Verfügung gestellt haben soll. Caillois war an der dritten und vierten Ausgabe der Zeitschrift beteiligt, nach eigenen Angaben hatte er für die rituellen Aktivitäten Batailles aber nur Verachtung übrig.[58] Aus der Begegnung und dem immer drängenderen Bedürfnis nach einer gesellschaftlichen Neuorganisation intellektueller Strukturen (sowie nach alternativen wissenschaftlichen Zugängen zu den kollektiven Strukturen von Gesellschaft) vor dem Hintergrund der politischen Situation in Europa ging schließlich das Collège de Sociologie hervor, zu dem sich Caillois, Bataille, Michel Leiris und andere zusammenschlossen. Die Gründung verkündete eine Notiz in *Acéphale* vom Juni 1937.

Die vom Collège angestrebte „sociologie sacrée", im doppelten Sinne einer Soziologie des Sakralen wie auch einer sich selbst sakralisierenden Soziologie,[59] war folglich nicht im akademisch-institutionellen Rahmen der Universitäten angesiedelt, sondern rekrutierte dissidente Surrealisten oder ethnographisch interessierte Literaten. Auch hier stand die Untersuchung des imaginativen Lebens anhand von Phänomenen des Sakralen, des Mythos, der kollektiven „Effervenszenz" (Durkheim) – die gemeinschaftsstiftende, überschäumende Kraft, wie sie bei kollektiven Ritualen entsteht – im Zentrum. Zugleich war das Projekt als Versuch angelegt, mit wissenschaftlichen Mitteln eine Antwort auf die politische Si-

---

57 Vgl. dazu ausführlich Albers/Moebius: „Nachwort"; sowie Moebius: *Die Zauberlehrlinge*.
58 Echterhölter: „Die Listen des Collège de Sociologie", S. 240f; siehe dazu auch: Frank: „Introduction", S. 32.
59 Albers/Moebius: „Nachwort", S. 758f.

tuation Europas zu geben. Inspiriert vom künstlerischen Surrealismus und zugleich in dezidierter Abkehr von ihm griffen die Collégiens auf die religionssoziologischen Erkenntnisse von Émile Durkheim und Marcel Mauss zurück. Von dort aus erkundeten sie die Möglichkeit, die kollektiven Kräfte des Mythos in der *eigenen* Gesellschaft zu mobilisieren, und sie eben nicht (nur) in „primitiven" Gesellschaften zu suchen, sondern sie gegen den Faschismus in Europa in Stellung zu bringen. Dabei versuchten sie auch die Grenzen dessen zu sprengen, was bisher unter Wissenschaft gefasst wurde. Vom Collège distanzierte sich Caillois allerdings, nachdem sich die Gruppe zerstreut hatte, ebenso wie zuvor vom Surrealismus. Er kritisierte insbesondere das engagierte Konzept Batailles und vermisste erneut strenge Wissenschaftlichkeit. Trotzdem zeigt sich auch anhand des Collège, dass hier die Untersuchung des kollektiven Imaginativen ein neues Konzept von Wissenschaftlichkeit zu erfordern schien, das die Grenzen bisheriger Wissenschaften herausforderte.

Caillois' eigenes wissenschaftstheoretisches Programm erweckt also zunächst den Eindruck, eng an dem von Bachelard formulierten „Surrationalismus" orientiert zu sein. Ebenso drängt sich Bachelards Werk als ein entscheidender Wegweiser für eine Wissenschaft vom Imaginären auf, befasst sich doch sowohl seine Epistemologie als auch seine Imaginationstheorie mit ähnlichen Gegenständen und weist explizite Bezüge zumindest zu Roger Caillois auf. Und doch zielen beide Zweige von Bachelards Werk auf eine grundlegend andere Konzeption von Wissenschaft und Imaginärem, eine nämlich, in der sich zwar beide gegenseitig bedingen, allerdings auch ausschließen: Gerade daher, dies sei vorweggenommen, ist Bachelards Zugriff auf das Imaginäre nicht mit dem zu vereinbaren, woran Caillois im direkten Bezug auf Bachelard und Canetti im indirekten diskursiven Verhältnis arbeiten (werden).[60]

---

[60] In Canettis Bibliothek sind erst ab 1960 Werke von Bachelard nachzuweisen: Er besaß die *Poetik des Raumes*, *Die Psychoanalyse des Feuers* und *Die Flamme einer Kerze* jeweils in deutscher Übersetzung, interessierte sich also weniger für die epistemologische denn die imaginationstheoretische Seite Bachelards. Bachelard nahm dagegen beispielsweise in *Lautréamont* (1939) explizit auf Caillois' *Mythe et l'homme* Bezug, und umgekehrt wurde Bachelards Konzept der „imagination matérielle" recht wahrscheinlich von Caillois in seinem Begriff der „empirischen Imagination" wiederaufgenommen. Beide befassten sich mit der Schnittfläche von Biologie, Materie und Imagination, rezipierten sich wechselseitig. Caillois' Buch über den Kraken (*La pieuvre*, 1973) kommt dem Bachelard'schen Konzept etwa sehr nah: Hier betrachtete Caillois verschiedene Bilder, Narrative, Legenden, Phantasien im Umkreis des Tiers und untersuchte ausgehend von seiner besonderen Anatomie die Anknüpfungspunkte der dichterischen Einbildungskraft. Als Buch aus dem Spätwerk liegt darin der Fokus allerdings mehr auf einer verborgenen „Einheit des Kosmos" als auf Überlegungen zur individuellen Imagination. Roger Caillois: *Der Krake. Versuch über die Logik des Imaginativen*. Übers. v. Brigitte Weidmann. Mün-

Bachelard begann seine akademische Karriere spät, im Alter von 46 Jahren wurde er von der Sorbonne auf den Lehrstuhl für Wissenschaftstheorie und Wissenschaftsgeschichte berufen und zudem zum Direktor des Instituts für Wissenschafts- und Technikgeschichte ernannt, wo ihm später Georges Canguilhem nachfolgen sollte. Bachelards Werk zerfällt in seine wissenschaftsgeschichtlichen und wissenschaftstheoretischen Studien einerseits und seine Überlegungen zur Imagination andererseits. Erstere machten ihm zum „Vater der Epistemologie",[61] letztere gipfelten in seinem letzten Buch, *La flamme d'une chandelle (Die Flamme einer Kerze)* von 1961, das selbst dichterischen Charakter hat. Im Rahmen seiner Wissenschaftstheorie, die ihren Ausgang vor allem bei der Physik nimmt, erscheinen ihm Bilder und Metaphern grundsätzlich als Hindernisse des wissenschaftlichen Denkens („obstacles épistémologiques"). Angefangen beim „Surrationalismus" bis zum letzten Buch hält Bachelard konsequent daran fest, dass der Bereich des Bildes und der Imagination dem Bereich der wissenschaftlichen rationalen Erkenntnis gegenübergestellt – wenn auch nicht untergeordnet – sei.[62] Seine historische Epistemologie fragt auch danach, wie wissenschaftliche Praxis neue Erkenntnisgegenstände hervorzubringen vermag. Sie zielt dabei darauf, das Zusammenspiel der „rationalen Objektivität, der technischen Objektivität und der sozialen Objektivität"[63] beobachtbar zu machen. Auch Bachelard ist es also zu verdanken, dass die Praktiken, die materiellen Instrumente und die Experimentiertechniken einer als Prozess verstandenen Wissenschaft und ihre Rolle bei der Hervorbringung wissenschaftlicher Objekte in den Fokus rücken. Dafür prägt Bachelard den Begriff der „Phänomenotechnik", den etwa Hans-Jörg Rheinberger für seine Überlegungen zu epistemischen Objekten nutzen wird.[64] Diese Hinwendung zu den Praktiken wird auch für die Wissenschaft vom Imaginären, wie sie Roger Caillois und Elias Canetti betreiben, von Bedeutung sein.

---

chen: Hanser 2013, hier S. 142; Frz.: Roger Caillois: „La Pieuvre. Essai sur la logique de l'imaginaire [1973]". In: Ders.: *Œuvres*. Hg. v. Dominique Rabourdin. Paris: Gallimard 2008, S. 949–1033, hier S. 1033. Die deutsche Übersetzung übersetzt „l'imaginaire" hier mit „Imaginativem", was meines Erachtens Caillois' Ansatz zu stark auf die subjektive Perspektive beschränkt und begrifflich unscharf ist.
61 Friedrich Balke: „Das Ethos der Epistemologie. Nachwort zur Neuausgabe". In: Gaston Bachelard: *Epistemologie*. Hg. v. Dominique Lecourt. Übers. v. Henriette Beese. Frankfurt am Main: Fischer 1993, S. 235–252, hier S. 235.
62 Vgl. Sandra Pravica: „Gaston Bachelard". In: Iris Därmann, Kathrin Busch (Hg.): *Bildtheorien aus Frankreich. Ein Handbuch.* München: Wilhelm Fink 2011, S. 14–23, hier S. 16.
63 Ernst Müller, Falko Schmieder: *Begriffsgeschichte und historische Semantik. Ein kritisches Kompendium.* Berlin: Suhrkamp 2016, S. 520.
64 Vgl. ebd.

Entscheidend für Bachelards Epistemologie ist aber, dass sie von zwei Formen epistemischer Brüche („ruptures épistémologiques") ausgeht:[65] Einerseits denkt er die Wissenschaftsgeschichte diskontinuierlich: In ihr ergebe sich nicht eine Erkenntnis organisch aus der anderen, sondern sie sei von Brüchen, Innovationen, radikalen Veränderungen geprägt. Andererseits besteht Wissenschaft für Bachelard in der radikalen Diskrepanz zwischen Alltags- und Wissenschaftsverständnis eines bestimmten Zusammenhangs oder Phänomens. „Die Regionen des szientifischen Wissens werden von der Reflexion bestimmt. Man findet sie nicht in einer Phänomenologie des ersten Zugriffs verzeichnet."[66] Letztere sei „von einem impliziten Subjektivismus affiziert".[67] Ausführlich widmet sich sein Werk daher der quasi-surrationalistischen Zerstörung jener subjektiven und meist bildlichen, imaginativen Eindrücke, die eine erste Erfahrung hinterlasse: „Die Wissenschaft geht nicht von Vorgegebenheiten aus, sondern konstruiert; mehr noch, sie schafft sich ihre Objekte geradezu durch die Zerstörung der Gegenstände der Erfahrung."[68] Die von ihm 1936 geforderte surrationalistische Aggressivität spiegelt sich auch in seinen späteren programmatischen Äußerungen wider: „Der wissenschaftliche Geist kann sich nur konstituieren, wenn er den nicht wissenschaftlichen Geist ausrottet."[69]

Während Bachelards Epistemologie also eine Austreibung, ja Ausrottung der imaginativen Bilder verlangt, die er mit jenem subjektiven, nichtwissenschaftlichen Geist verknüpft, befassen sich seine Überlegungen zur Imagination gerade mit deren produktivem Potenzial. Dieser zweite Strang seines Werks zeigt sich erstmals deutlich in *La Psychanalyse du feu* (*Die Psychoanalyse des Feuers*) von 1938, das den Übergang zu seinen literaturtheoretischen und ästhetischen Schriften markiert und am Anfang einer Reihe von Überlegungen zur „materiellen Imagination" steht. Unter dieser fasst er die imaginative Tätigkeit, die der Konfrontation des Men-

---

65 Für das Verhältnis von Bachelard und Kant in Bezug auf die Frage nach den Grenzen der Vernunft vgl. die Übersicht über Bachelards Kantrezeption in Kapitel 3 „Bachelard's pedagogical rationalism", in: Cristina Chimisso: *Gaston Bachelard. Critic of science and the imagination*. London, New York: Routledge 2001, S. 79–106.
66 Gaston Bachelard: *Le Rationalisme* [1949], in: Ders.: *Epistemologie*. Hg. v. Dominique Lecourt. Übers. v. Henriette Beese. Frankfurt am Main: Fischer 1993, S. 33.
67 Ebd.
68 Wolf Lepenies: „Vergangenheit und Zukunft der Wissenschaftsgeschichte. Das Werk Gaston Bachelards". In: Gaston Bachelard: *Die Bildung des wissenschaftlichen Geistes. Beitrag zu einer Psychoanalyse der objektiven Erkenntnis*. Übers. v. Michael Bischoff. Frankfurt am Main: Suhrkamp 1978, S. 7–34, hier S. 13.
69 Gaston Bachelard: *Die Philosophie des Nein. Versuch einer Philosophie des neuen wissenschaftlichen Geistes*. Übers. v. Gerhard Schmidt und Manfred Tietz. Frankfurt am Main: Suhrkamp 1980, S. 22f.

schen mit den natürlichen Elementen Feuer, Luft, Wasser oder Erde entspringe und denen er jeweils einzelne Werke widmete *(L'Eau et les rêves. Essai sur l'imagination de la matière; L'Air et les Songes. Essai sur l'imagination du mouvement; La Terre et les Rêveries du repos; La terre et les Rêveries de la volonté)*. Die psychoanalytische Beschreibungsform, die Bachelard dafür wählt, ist nicht im strengen Sinne der Psychoanalyse gedacht, gleichwohl sie von Freud inspiriert und insbesondere von C.G. Jungs Tiefenpsychologie beeinflusst wurde. Sie dient ihm einerseits dazu, die Imagination wie ein Unbewusstes aus dem Prozess der Wissenschaft auszutreiben:[70] Die Träumerei bestimmt Bachelard als „primitiven" Gegenpart zur wissenschaftlichen Erkenntnis, der doch zugleich den unbewussten Grund des Experiments bildet und dem mittels einer wissenschaftspsychoanalytischen Methode genau deswegen „Einhalt" geboten werden muss.[71] Andererseits nutzt er die psychoanalytische Beschreibungsform, um in den unbewussten imaginativen Prozessen der subjektiven Erstkontakte produktive Kräfte von eigener systematischer Struktur zu erkennen: Die „intensive Betrachtung stark besetzter Gegensätze" löse Träumereien aus, „deren Entwicklung so regelhaft und gesetzmäßig verläuft wie die sinnlicher Erfahrungen."[72] Aufgrund dieser Systematik der produktiven Imagination sei es möglich, eine „Physik oder Chemie der Träumerei"[73] zu entwerfen, die schließlich eine „objektive Literaturkritik"[74] ermögliche. Hier weisen Caillois' und Bachelards Wissenschaftskritiken starke Überschneidungen auf, obgleich Caillois ganz andere Ursachen für die wissenschaftlichen „Träumereien" findet (vgl. dazu Caillois' Merian-Lektüre in Kap. IV.3.3).

Wie für Caillois und Canetti im Einzelnen nachzuweisen sein wird, bestimmt auch Bachelard den Bereich des Imaginativen als produktiv, aktiv und kohärent. Damit unterscheidet sich sein Konzept der Imagination sowohl von bloßer Wahrnehmung als auch von rein mimetischer Imagination und verhält sich konträr zu zeitgenössischen Imaginationsbegriffen, wie etwa dem Sartres.[75] Hinzu kommt,

---

70 Vgl. dazu beispielsweise das Kapitel „Die Chemie des Feuers: Geschichte eines Pseudoproblems", in dem die früheren Theorien über das Feuer als epistemologische Hindernisse enttarnt werden, die von einer psychoanalytischen Behandlung der Chemiker*innen und Biolog*innen bzw. ihrer Texte aufgedeckt werden müssten: „Es ist also notwendig, den wissenschaftlichen Geist einer Psychoanalyse zu unterziehen, ihn zu einem diskursiven Denken zu zwingen, das der Träumerei Einhalt gebietet, sie auflöst oder untersagt, anstatt sie fortzusetzen." Gaston Bachelard: *Psychoanalyse des Feuers*. Übers. v. Simon Werle. Frankfurt am Main: Fischer 1990, S. 79.
71 Vgl. ebd., S. 31, 80.
72 Ebd., S. 117.
73 Ebd., S. 119.
74 Ebd., S. 142.
75 Vgl. Pravica: „Gaston Bachelard", S. 18; Es würde sich dagegen lohnen, den bei Bachelard ansetzenden Zugang von Georges Canguilhem näher im Hinblick auf die hier vorgeschlagenen Wis-

dass Bachelard die Imagination jeweils vom konkreten, materiellen Phänomen her denkt – auch hierin sind also starke Verbindungen zu Caillois deutlich. Der Begriff des Imaginären in substantivischer Variante taucht bei Bachelard erstmals 1943 auf und offenbart dabei nicht nur produktive, sondern auch „deformierende" Kraft:

> Man erwartet immer, die Imagination sei das Vermögen, die Bilder zu *formen*. Aber sie ist eher das Vermögen, die Bilder, die von der Wahrnehmung hervorgebracht werden, zu *deformieren*, sie ist vor allem das Vermögen, uns von den ersten Bildern zu befreien, die Bilder zu verändern. [...] Die grundlegende Bezeichnung, die der Imagination entspricht, ist nicht das *Bild [image]*, sondern das *Imaginäre*. Der Wert eines Bildes bemisst sich am Ausmaß seiner *imaginären* Aureole. Dank des *Imaginären* ist die Imagination ihrem Wesen nach *offen, unbestimmt*. Sie bildet in der menschlichen Psyche die Erfahrung der *Offenheit* selbst, die Erfahrung *des Neuen* selbst.[76]

Das Imaginäre liefert bei Bachelard also erste Bilder und produktive Impulse, selbst wenn diese nur dazu dienen, dass sie – wie für die Wissenschaft – als Erkenntnishindernisse ihre Überwindung verlangen. Damit fasst er das Imaginäre als einen unbewussten Urgrund der Wissenschaft, den es ins Manifeste, Gereinigte, Rationale zu überführen gilt. Dem Imaginären komme sowohl in der Poesie als auch in der Wissenschaft eine entscheidende Funktion zu, da seine deformierende Kraft jeweils Dynamik und Innovation ermögliche, indem sie die alltäglichen, fixierten, festen Denkbilder auflöse. Auf Basis des Imaginären bildeten Wissenschaft und Poesie zwei kreative Methoden der Konstruktion von Wirklichkeit, auch wenn es auf der „Tagseite" gerade die Reinigung von den imaginären Impul-

---

senschaften vom Imaginären zu untersuchen, was nur als Desiderat angedeutet werden kann. Denn Canguilhem fasst die Einbildungskraft als Vermögen, auch in den Wissenschaften produktives Wissen zu erzeugen, und arbeitet vor allem an einer Dezentrierung der Wissenschaft in doppelter Hinsicht: In historischer wie entgegen festgefügter Disziplinengrenzen. Neues Wissen entstehe stattdessen gerade in den Grenzgebieten verschiedener Disziplinen. Er untersucht außerdem, wie Wissenschaft an die Produktion und Reproduktion von Herrschaftsstrukturen einer Gesellschaft gekoppelt ist. Vgl. dazu Müller/Schmieder: *Begriffsgeschichte und historische Semantik*, S. 568–572.

76 Frz.: „On veut toujours que l'imagination soit la faculté de *former* des images. Or elle est plutôt la faculté de *déformer* les images fournies par la perception, elle est surtout la faculté de nous libérer des images premières, de *changer* les images. [...] Le vocable fondamental qui correspond à l'imagination, ce n'est pas *image*, c'est *imaginaire*. La valeur d'une image se mesure à l'étendue de son auréole *imaginaire*. Grâce à l'*imaginaire*, l'imagination est essentiellement *ouverte*, *évasive*. Elle est dans le psychisme humain l'expérience même de *l'ouverture*, l'expérience même de la *nouveauté*." Bachelard: *L'air et les songes*, S. 5f. [Herv. i.O.]

sen sei, die zur Wirklichkeit führe.[77] Geht es Bachelard zwar gerade um die Befreiung der Wissenschaft vom Imaginären, so teilen Caillois und Canetti dennoch mit ihm das Bestreben einer „surrationalistischen" Aggressivität gegen eingeschliffene Formen des Denkens und wissenschaftlichen Arbeitens. Insbesondere Caillois wird sich zudem Bachelards Kritik oberflächlicher Analogiebildungen als eigene Arbeitsmethode zu eigen machen, sich aber in seiner an Bachelard erinnernden Untersuchung von Wissenschaftslegenden und ihrer Entstehung für eine andere Position des Imaginären innerhalb der Wissenschaft einsetzen.

Denn Bachelard ordnet die „imaginären Aureolen" allein dem Bereich der menschlichen Psyche zu. Vor allem aber schließen seine Zugänge, die sich klar in Epistemologie und Literaturkritik trennen lassen, das Imaginäre aus dem Prozess der Wissenschaft kategorisch aus, selbst wenn er ihm im Bereich der Literatur systematisierende Kraft zuspricht.[78] Deutlich wird dies auch in der Metaphorik von Tag- und Nachtmensch, die Bachelard für die Beschreibung von Wissenschaftler*in und Literat*in wählt:[79] Erst eine Betrachtung beider Menschen ermögliche eine vollständige Anthropologie, und dennoch müsse eine klare Trennung zwischen dem hellen, rationalen und dem dunklen, träumerischen Leben gewahrt bleiben.[80] Widmet sich also auch Bachelard Phänomenen des Imaginativen, die sonst aus den Wissenschaften ausgeschlossen bleiben, kann es für ihn auf wissenschaftlicher Seite nur die Reinigung vom Imaginären geben, während allein die poetische Seite sich ganz der subjektiven Phänomenologie des ersten Erlebnisses hingeben darf. Erst der klare Bruch zwischen beiden aber konturiert das, was Bachelard unter Wissenschaft fasst.

Als eigentliche Domäne des Imaginären scheint fortan die Literatur bestimmt. In dieser allerdings lassen sich zeitgleich wiederum Gegenbewegungen ausmachen, die auf die klare Trennung mit Verunreinigungen reagieren, indem sie das ihnen zugewiesene Imaginäre mittels wissenschaftlicher Techniken, die sie in ihre literarischen Fiktionen einfügen, reflektieren.

---

[77] „Jede Form des Imaginären soll im wissenschaftlichen Forschungsprozess als Hindernis erscheinen, das durch Reflexion, Rationalisierung und Abstraktion überwunden werden muss." Monika Wulz: *Erkenntnisagenten. Gaston Bachelard und die Reorganisation des Wissens*. Berlin: Kadmos 2010, S. 82. Vgl. hierzu auch den Abschnitt „Poesie" in: Ebd, S. 76–87.
[78] Vgl. dazu auch ebd., S. 76ff.
[79] Vgl. diesbezüglich ausführlicher Lepenies: „Vergangenheit und Zukunft der Wissenschaftsgeschichte", S. 21.
[80] Gaston Bachelard spricht in *Le matérialisme rationel* von einer „totale séparation entre la vie rationelle et la vie onirique", hier zit. nach: Wulz: *Erkenntnisagenten*, S. 77.

2.3 Tlön, Uqbar und das Imaginäre des Imaginären. Borges' *Ficciones* (1939–1944)

„Ein mühseliger und strapazierender Unsinn ist es, dicke Bücher zu verfassen; auf fünfhundert Seiten einen Gedanken auszuwalzen, dessen vollkommen ausreichende mündliche Darlegung wenige Minuten beansprucht",[81] schreibt Jorge Luis Borges 1941 im Vorwort zu den *Ficciones*. Borges, als einer der berühmtesten Dichter der phantastischen Dopplungen, irreführenden Ähnlichkeiten, der Verwandlungen und des Imaginären des 20. Jahrhunderts, zieht dem Wälzer „das Schreiben von Anmerkungen zu imaginären Büchern"[82] vor. Statt an digressiven Romanen oder umfassenden philosophischen Abhandlungen arbeitet Borges mit und an einem imaginären Zentrum, um das sich seine „Anmerkungen" gruppieren. Diese „imaginären Bücher" (re-)konstruieren seine Texte bekanntlich mit aufwendigem Einsatz von Herausgeberfiktionen, Manuskriptentzifferungen, Fußnoten und Kommentaren, kleiden sich also neben ihrer phantastischen Tendenz auch in das Gewand wissenschaftlicher Praxis. Borges' Texte sind demnach hier einerseits als Versuche relevant, das Imaginäre von literarischer Seite her zu fixieren. Andererseits arbeiten sie mit einer expliziten Mischung wissenschaftlicher und literarischer Verfahren und kreisen permanent um die Unmöglichkeit und Zersetzung von (Re-)Präsentationsmodi und Speicherungsmedien positiven Wissens. Gerade dies machte ihn über die produktiven literarischen Bezüge seitens der phantastischen Literatur hinaus auch für die Theoriebildung des 20. Jahrhunderts anschlussfähig, nicht zuletzt vermittelt durch die Zitation der „chinesischen Enzyklopädie" am berühmten Beginn von *Les mots et les choses* Michel Foucaults 1966. Foucault beginnt seine diskursanalytische „Archäologie" auch deswegen mit einem Zitat von Borges, weil dessen fiktionale Erzählungen immer wieder um die Möglichkeit kreisen, über die „Anmerkungen zu imaginären Büchern" auf das „Andere" der Ordnung, auf andere Ordnungen des Wissens zu verweisen, die zu einem bestimmten Zeitpunkt gerade nicht denkbar, sondern nur indirekt in der doppelten Fiktion erschließbar werden.[83]

---

81 Jorge Luis Borges: *Fiktionen. Erzählungen 1939–1944*. Hg. v. Gisbert Haefs, Fritz Arnold. Übers. v. Karl August Horst, Wolfgang Luchting u. Gisbert Haefs. Frankfurt am Main: Fischer 2011, S. 13; Span.: „Desvarío laborioso y empobrecedor el de componer vastos libros; el de explayar en quinientas páginas una idea cuya perfecta exposición oral cabe en pocos minutos." Jorge Luis Borges: *Ficciones [1941]*. Madrid: Alianza 1995, S. 12.
82 Borges: *Fiktionen*, S. 13; Span.: „la escritura de notas sobre libros imaginarios." Borges: *Ficciones*, S. 12.
83 Foucault beginnt seine *Ordnung der Dinge* bekanntlich folgendermaßen: „Dieses Buch hat seine Entstehung einem Text von Borges zu verdanken. [...] Bei dem Erstaunen über diese Taxinomie

In diesem Sinne wird Borges hier nicht nur als Literat und phantastischer Kommentator imaginärer Bücher, sondern auch als Theoretiker des Imaginären gelesen, der das vom Imaginären gereinigte Wissenschaftsideal im Modus der Literatur reflektiert und invertiert. Exemplarisch lässt sich anhand eines solchen Kommentars, dem fiktionalen Text „Tlön, Uqbar, Orbis Tertius", betrachten, wie der Versuch einer indirekten Fixierung des Imaginären über das Verweisspiel zwischen literarischen Fiktionen mehrfacher Ordnung und der Referenz auf Praktiken und Speichermedien positiven Wissens unternommen wird.

In „Tlön, Uqbar, Orbis Tertius" berichtet ein Ich-Erzähler von einer Verbindung, die fast als Replik auf das „zufällige Zusammentreffen einer Nähmaschine und eines Regenschirms auf einem Seziertisch" gelesen werden kann: „Ich verdanke der Konjunktion eines Spiegels und einer Enzyklopädie die Entdeckung Uqbars."[84] Ausgelöst durch den Anblick eines Spiegels erinnert sich ein Freund des Erzählers, Bioy Casares, an jenes Land, über das er in einem „wortgetreue[n], wenn auch mißbräuchliche[n]"[85] Nachdruck der *Encyclopædia Britannica* gelesen habe: Uqbar. Tatsächlich war der argentinische Schriftsteller Adolfo Bioy Casares mit Borges befreundet, sodass zunächst auch eine autobiographische Lesart des Textes nahegelegt wird, die durch die phantastischen Elemente allerdings schnell in den Hintergrund tritt. Denn auf der Suche nach dem besagten Text über Uqbar stellt sich bald heraus, dass in allen verfügbaren Exemplaren und Ausgaben der Enzyklopädie, die beide daraufhin zu Rate ziehen, besagter Eintrag fehlt; ebenso in allen Atlanten und ähnlichen Nachschlagewerken. Bioy Casares gelingt es dennoch, in den Besitz eines Exemplars jener missbräuchlich nachgedruckten Ausgabe zu gelangen, die sonst bis auf den Punkt genau mit anderen Exemplaren der Enzyklopädie übereinstimmt, allerdings vier zusätzliche Seiten mit dem Eintrag über Uqbar enthält. Ungleiche Dopplungen, irreführenden Spiegelungen und missbräuchliche Kopierverfahren ziehen sich bis ins kleinste Detail durch die ganze Erzählung, selbst hinter der „streng sachlichen Schreibweise" des Enzyklopädieartikels schimmert – aber erst bei der zweiten, also auch: verdoppelten Lek-

---

[sic] erreicht man mit einem Sprung, was in dieser Aufzählung uns als der exotische Zauber eines anderen Denkens bezeichnet wird – die Grenze unseres Denkens: die schiere Unmöglichkeit, *das* zu denken." Foucault: *Die Ordnung der Dinge*, S. 17 [Herv. i.O.].
84 Jorge Luis Borges: „Tlön, Uqbar, Orbis Tertius [1940]". In: Ders.: *Fiktionen. Erzählungen 1939–1944*. Hg. v. Gisbert Haefs, Fritz Arnold. Übers. v. Karl August Horst, Gisbert Haefs. Frankfurt am Main: Fischer 2011, S. 15–34, hier S. 15; Span.: „Debo a la conjunción de un espejo y de una enciclopedia el descubrimiento de Uqbar." Jorge Luis Borges: „Tlön, Uqbar, Orbis Tertius". In: Ders.: *Ficciones*. Madrid: Alianza 1995, S. 13–36, hier S. 13.
85 Borges: „Tlön, Uqbar, Orbis Tertius", S. 15; Span.: „una reimpresión literal, pero también morosa, de la *Encyclopædia Britannica*", Borges: „Tlön, Uqbar, Orbis Tertius", S. 13.

türe – „eine grundlegende Verschwommenheit"[86] hindurch. Schließlich erfahren sie aus dem Artikel auch etwas über die Literatur Uqbars. Diese sei phantastischer Natur und beziehe sich nie auf die uqbarische Wirklichkeit, sondern ausschließlich auf die beiden imaginären Regionen („regiones imaginarias") Mlekhnas und Tlön.

Durch ein erneutes zufälliges Zusammentreffen, eine Erbschaft, gelangt der Erzähler später an ein entscheidendes Zeugnis über eine der beiden imaginären Regionen, das literarische Land Tlön. Tlön ist somit „imaginärer" Bezugspunkt von Uqbar, das selbst bereits als imaginäres Produkt einer kopierten Enzyklopädie erscheint. Das Zeugnis über Tlön kommt ebenfalls in Form eines Wissensspeichers in den Besitz des Erzählers: Er erbt den elften Band der *First Encyclopædia of Tlön*. Dahinter verbirgt sich, erfährt der Erzähler, ein gigantisches enzyklopädisches Projekt, innerhalb dessen eine sich durch ausgewählte Schüler über Generationen fortsetzende Geheimgesellschaft seit dem 17. Jahrhundert, an der unter anderem auch der Philosoph Berkeley beteiligt war, an der Konzeption einer Parallelwelt, Tlön, arbeitet. Es existiere zudem, noch unentdeckt, eine zweite Enzyklopädie von Tlön, die den Titel *Orbis tertius* trage, und in einer der Sprachen von Tlön verfasst sei. Er erfährt, alle Tlönisten seien philosophische Idealisten in der Hinsicht, dass die Dinge, die sie sich vorstellten, auch existierten, aber auch aufhörten, zu existieren, wenn sie nicht mehr vorgestellt würden: Den Raum und die Gegenstände Tlöns gebe es nicht als in der Zeit andauernd und kontinuierlich, sondern nur solange sie Inhalt einer Vorstellung sind: „Zuweilen haben ein paar Vögel oder ein Pferd die Ruinen eines Amphitheaters gerettet."[87] Das Vorgestellte ist die Realität und umgekehrt. Eine im Anschluss an die Erzählung angefügte Herausgeberfiktion gibt zwar vor, den Text „Tlön, Uqbar, Orbis Tertius" in einer Anthologie zu phantastischer Literatur gefunden zu haben – als wiederholter Seitenhieb gegen die anfängliche autobiographische Anspielung –, allerdings dringt Tlön auch in die Welt des Herausgebers ein: Ein Kompass mit Buchstaben aus einem der Alphabete von Tlön und ein Metallkegel aus übernatürlich schwerer Materie tauchen in Argentinien auf. „Die Welt wird Tlön sein"[88] – folgert der Herausgeber und lässt damit Raum für die Vermutung, er sei selbst längst Tlönist geworden und die fremdartigen Gegenstände erst durch seine Vorstellung in Argentinien aufgetaucht.

---

86 Borges: „Tlön, Uqbar, Orbis Tertius [1940]", S. 17; Span.: „Releyéndolo, descubrimos bajo su rigurosa escritura una fundamental vaguedad." Borges: „Tlön, Uqbar, Orbis Tertius", S. 15.
87 Borges: „Tlön, Uqbar, Orbis Tertius [1940]", S. 29; Span.: „A veces unos pájaros, un caballo, han salvado las ruinas de un anfiteatro." Borges: „Tlön, Uqbar, Orbis Tertius", S. 30.
88 Borges: „Tlön, Uqbar, Orbis Tertius [1940]", S. 34; Span.: „El mundo será Tlön." Borges: „Tlön, Uqbar, Orbis Tertius", S. 36, was natürlich auch heißen kann: „Tlön wird die Welt sein."

Um die vielfältigen Erzählebenen kurz zu ordnen: Borges' fiktionale Erzählung entwirft eine Herausgeberfiktion, die einen phantastischen Text kommentiert, in dem eine Enzyklopädie gefunden wird, die auf Land verweist, dessen phantastische Literatur sich wiederum ausschließlich auf ein fiktives Land bezieht, in dem sich Vorstellungsinhalte und Realität durchmischen. Im letzten Satz der Erzählung aber greift Tlön, das also auf fünfter Fiktionsebene angesiedelt ist, in die zweite Fiktionsebene, die Welt des Herausgebers, ein, und insinuiert, auch die außertextuelle Welt, zu der Borges' und seine Leser*innen gehören, werde „Tlön sein": „In einem zirkulären Prozeß produziert eine weltschöpferische Imagination eine Welt, in welcher die Imagination Wirkliches hervorbringen kann."[89] Diesen vielfältigen Fiktionsverweisen und Wechselwirkungen zwischen Imagination, Wirklichkeit und Konstruktion sei hier nicht weiter nachgegangen. Entscheidender ist, dass der Zugriff auf jene „imaginären Regionen" jeweils nur mittels Praktiken und handfesten „Gegenständen" der Speicherung und Übermittlung von Wissen möglich wird – exemplarisch anhand der Enzyklopädie oder dem Herausgeberkommentar –, die notorisch fragmentarisch, unzuverlässig und mit fiktionalen Elementen durchsetzt sind. Der Versuch, Wissen über jene „imaginären Regionen" zu produzieren, führt innerhalb der Erzählung scheinbar zwangsläufig dazu, dass die Instrumente des faktischen Wissens nicht nur in ihrer Glaubwürdigkeit unterhöhlt, sondern auch materiell zersetzt werden: Es wimmelt von fehlenden Seiten oder einzelnen Bänden eines in seiner Gesamtheit unauffindbaren enzyklopädischen Projekts.

Hier wird ein Programm entworfen, das für den gesamten Band, wenn nicht sogar für das gesamte Werk Borges' (mit Ausnahme der späten Erzählungen) zentral ist: Es geht darin um die Aufhebung der Hierarchie zwischen Imagination und Realität, zwischen Original und Kopie oder, auf mit dem Spiegelungsprozess eng verbundener Bildebene: zwischen Abbild und Urbild. Beide werden vertauscht und spiegeln sich unendlich ineinander, nicht so sehr um die spezielle Frage nach künstlerisch-mimetischer Abbildung, sondern vielmehr um die übergeordnete Frage der Möglichkeit von Wissensrepräsentation im Allgemeinen neu aufzuwerfen. Borges' Werk ist eng mit romantischen Konzepten der Poetisierung der Welt und der unendlichen romantischen Verdopplung verknüpft, und muss in Verwandtschaft zu den literarischen Schreibweisen des Spiegelns und Verdoppelns von E.T.A. Hoffmann im 19. Jahrhundert gesehen werden. Worauf Hoffmanns Texte bereits vorausdeuten, wird hier zur Gewissheit: Die Spiegel als Medien des

---

89 Monika Schmitz-Emans: „Enzyklopädien des Imaginären. Zur Einleitung". In: Dies., Kai Lars Fischer, Christoph Benjamin Schulz (Hg.): *Enzyklopädien des Imaginären. Jorge Luis Borges im literarischen und künstlerischen Kontext*. Heidelberg u.a.: Georg Olms 2011, S. 9–24, hier S. 13.

Imaginären im 20. Jahrhundert – dies ist für Jacques Lacans *Spiegelstadium* bereits ausgeführt worden – werfen keine getreuen Abbildungen, sondern nur verzerrte Formen des Gespiegelten zurück. Ebenso liefern die allgegenwärtigen Enzyklopädien keine wissensordnenden Repräsentationen mehr, sondern vor allem Hinweise auf die Kontingenz aller Ordnungssysteme. Borges' Texte sind auch jenseits der berühmten „gewissen chinesischen Enzyklopädie" oft mit Listen, Formeln und Aufzählungen versehen, die bekannte Kategorisierungsweisen unterwandern und immer neue (Un-)Ordnungsmodelle entwerfen. So invertiert Borges, folgt man der Lesart von Achim Geisenhanslüke, zwei zentrale Elemente der klassischen Episteme:[90] Der Spiegel als Produzent von Ähnlichkeit erzeuge bei Borges nur „Blindheit des Nichtwissens",[91] und die Enzyklopädie werde zum Labyrinth.

Die Erzählungen von Borges nutzen zur Erforschung jener „imaginären Regionen" mehrfache Fiktionsebenen mit komplizierten Verweisstrukturen, die sich unversehens erweitern oder kollabieren. In ihrer Potenzierung erzeugen sie eine Art Laborsituation[92] für die Beobachtung des Imaginären: Diese Suche nach den imaginären Elementen, die innerhalb der übergeordneter Fiktionsebenen in der Lage scheinen, die Fiktion, das Gesetz jedes möglichen Buches, der universalen Bibliothek[93] oder aber des Universums zu enthalten oder zu erklären, lässt sich beispielsweise auch in der berühmten Erzählung vom „Aleph" finden, einem Text über ein Objekt oder vielmehr einen Punkt an einem Ort, der alle anderen Orte der gesamten Welt in sich enthält. Ein Blick in ein solches Zentrum, in das Aleph oder in jenes Buch der Bücher, wie in der „Bibliothek von Babel", erzeugt jedoch innerhalb der Erzählungen vor allem zweierlei: Wahnsinn und Zerstörung. So wird das Aleph durch den Einsturz des Hauses, in dem es, unter einer Treppe versteckt, angeblich existierte, zerstört,[94] und das Buch der Bücher, das in der „Bibliothek von Babel" als dasjenige Buch, welches das Gesetz der Bibliothek und aller anderer Bücher zu enthalten vorgibt, erzeugt nur die fanatisch-wahnsinnige Suche nach

---

90 Achim Geisenhanslüke: „Enzyklopädien des Unwissens. Zu einer Poetik des Imaginären bei Jorge Luis Borges und Michel Foucault". In: Monika Schmitz-Emans, Kai Lars Fischer, Christoph Benjamin Schulz (Hg.): *Enzyklopädien des Imaginären. Jorge Luis Borges im literarischen und künstlerischen Kontext.* Heidelberg u. a.: Georg Olms 2011, S. 45–58, hier S. 55.
91 Ebd., S. 52.
92 Vgl. zu Experiment, Fiktion und Laboratorium ausführlicher Kap. VII.1–2.
93 Vgl. Jorge Luis Borges: „Die Bibliothek von Babel". In: Ders.: *Fiktionen. Erzählungen 1939–1944.* Hg. v. Gisbert Haefs, Fritz Arnold. Übers. v. Karl August Horst und Gisbert Haefs. Frankfurt am Main: Fischer 2011, S. 67–76; Jorge Luis Borges: „La Biblioteca de Babel". In: Ders.: *Ficciones.* Madrid: Alianza 1995, S. 89–100.
94 Vgl. Jorge Luis Borges: „Das Aleph". In: Ders.: *Das Aleph. Erzählungen 1944–1952.* Übers. v. Karl August Horst, Gisbert Haefs. Frankfurt am Main: Fischer 2003, S. 131–148.

einem weiteren, dahinterliegenden „totale[n] Buch",[95] das jedoch nie gefunden wird.

Blickt man vor diesem Hintergrund zurück auf die Erzählung von „Tlön" lassen sich Verbindungslinien ziehen: Das auf der fünften Fiktionsebene angesiedelte Tlön liefert als „imaginäre Region" eine ähnlich „totale" Struktur, nämlich diejenige von der Verkehrung von Imagination (oder Vorstellung) und Wirklichkeit, die sich im Verlauf der gesamten Erzählung und aller Fiktionsebenen bemächtigen wird. Das Imaginäre, so lässt sich zuspitzen, wird von Borges' Erzählungen als „Region" konzipiert,[96] in dem das Imaginieren die Wirklichkeit hervorbringt, sich die Bereiche von Imagination und Realität durchdringen. Das Imaginäre entfaltet damit eine eigene Produktivität und Wirkmächtigkeit, die allerdings immer mit einer gewissen gefährlichen Dimension, und sei es unkontrollierbarer Ansteckungsgefahr, verknüpft ist. Infiziert werden auch die Speichermedien faktualen Wissens, allen voran die Enzyklopädie, die einst umfassende Repräsentation vorhandener Wissensbestände versprach, sowie Formen des Zitats als verdoppelnd-verzerrende Verfahren, die sich in Borges' Erzählungen ebenfalls gehäuft finden lassen. Dazu ein letztes Beispiel:

Die durch den Spiegel evozierte Erinnerung, die den Beginn der Erzählung von „Tlön" markiert, hatte die Form eines Zitats. Beim Anblick des Spiegels erinnerte sich Bioy Casares daran, „einer der Häresiarchen von Uqbar habe erklärt, die Spiegel und die Paarung seien abscheulich, weil sie die Zahl der Menschen vervielfachen."[97] Später wird dieser fehlerhaft erinnerte Ausspruch mit einem wörtlichen Zitat korrigiert: „Der Text der Enzyklopädie lautete: ‚Für einen dieser Gnostiker war das sichtbare Universum eine Illusion oder (genauer) ein Sophismus. Der Spiegel und die Vaterschaft sind abscheulich (*mirrors and fatherhood are hateful*), weil sie diesen Sophismus vervielfältigen und verbreiten.'"[98] Ohne

---

[95] Borges: „Die Bibliothek von Babel", S. 74; Span.: „un libro total", Borges: „La Biblioteca de Babel", S. 97.

[96] Borges denkt dabei nicht nur die Räumlichkeit des Imaginären mit, die in vielen Theorieansätzen eine Rolle spielt: etwa in der verräumlichten Vorstellung des Bewusstseins bei Freud, oder etwa die Abkehr davon bei Sartre, bei dem die Vorstellung die Räumlichkeit „nichtet", ohne eine Alternative zu setzen. Bei Borges spielt zudem explizit auch die Zeitlichkeit des Imaginären eine Rolle. In „El jardín de senderos que se bifurcan" entwickelt er beispielsweise eine Notationsform chronometrischer Daten über das Imaginäre, indem er ein Gewimmel unsichtbarer Personen in je verschiedenen Zukünften nebeneinanderstellt.

[97] Borges: „Tlön, Uqbar, Orbis Tertius [1940]", S. 15; Span.: „Entonces Bioy Casares recordó que uno de los heresiarcas de Uqbar había declarado que los espejos y la cópula son abominables, porque multiplican el número de los hombres." Borges: „Tlön, Uqbar, Orbis Tertius", S. 14.

[98] Borges: „Tlön, Uqbar, Orbis Tertius [1940]", S. 16; Span.: „El texto de la Enciclopedia decía: Para uno de esos gnósticos, el visible universo era una ilusión o (más precisamente) un sofisma.

näher darauf einzugehen, dass natürlich auch dieses Zitat wiederum von Verdopplungen und Vervielfältigungen handelt, sei hier betont, dass es die verfälschte Erinnerung an ein Zitat ist, als Vehikel für den Transport von Wissen über das phantastische Reich Uqbar, das die Suche – und damit auch Erzählen – anstößt. Lebt das Zitat von seiner identischen, wörtlichen Wiedergabe, von exakter Verdopplung, erscheint hier am Beginn des Textes nur ein verzerrtes Abbild wie das Bild des Spiegels: Auch das Zitat als Vehikel von Wissen ist deformiert, genau wie die Enzyklopädie, in der die Originaläußerung schließlich wiedergefunden wird.

Neben den Borges'schen Listen lassen sich auch seine Zitierverfahren als „Entdifferenzierungsstrategien"[99] beschreiben, in denen sich Imaginäres mit wissenschaftlichen Schreib- und Darstellungsformen vermischt. Seine imaginären Enzyklopädien, wie etwa *Das Buch der imaginären Wesen* von 1967, gestalten sich insofern als Denk- und Kombinationsmaschinen, die unendlich verschiedene Ordnungen möglich machen:[100] Der Borges'sche Verweis auf die Kontingenz aller Ordnungsvorstellungen, der schließlich auch dem Beginn von *Les mots et les choses* sein eindrückliches Beispiel liefert, funktioniert auch darüber, dass in ihm sprachliche Verfahren und materielle Wissensspeicher in der Konfrontation mit den „imaginären Bereichen" grundlegend deformiert und destabilisiert werden.

Die Annäherung an den Bereich des Imaginären, das machen Borges' Texte sichtbar, kann nur indirekt, in eben jenen Kommentaren zu imaginären Büchern geschehen.[101] Das hier entworfene Imaginäre ist also per se ungreifbar und nur indirekt erschließbar. Es erfordert nicht nur verschiedene Fiktionalisierungen zu seiner Untersuchung, sondern auch den Einsatz von als vertrauenswürdig gehandelten Transport- und Speichermedien von Wissen. Das „Wissen" über das Imaginäre, das Zitat und Enzyklopädie hervorbringen, ist allerdings ein verzerrtes und verzerrendes Wissen. Entscheidend ist dabei, dass die Reflexion des Imaginären im Bereich der Literatur genutzt wird, um Elemente einer scheinbar gereinigten, faktualen Wissenschaft ins Wanken zu bringen. Labyrinthe, falsch spiegelnde

---

Los espejos y la paternidad son abominables *(mirrors and fatherhood are abominable)* porque lo multiplican y lo divulgan". [Herv. i.O.] Borges: „Tlön, Uqbar, Orbis Tertius", S. 15.
99 Monika Schmitz-Emans: „D. Darstellungsformen des Imaginären: Jorge Luis Borges als Lexikograph: Phantastische Artenlehre. Borges' ‚Libro de los seres imaginarios'". In: *Enzyklopädien des Imaginären. Literatur als Reflexion über Wissen*, im Rahmen des online-Textarchivs Acta Litterarum. http://www.actalitterarum.de/theorie/mse/enz/enzd02a.html (Stand 02.04.2020).
100 Vgl. dazu auch Barck: „Imaginäre Enzyklopädien. Beobachtungen am Rande".
101 Hier schließt sich unmittelbar Foucaults Begriff vom Bibliotheksphantastischen an: Vgl. Foucault: „Nachwort [1966]" und siehe hierzu den Abschnitt V.1.1.2: „Zur Lesbarkeit des Imaginären".

Spiegel und Kopien ohne Original ermöglichen Einsichten in die Relativität bestehender Wissensordnungen. Zugleich wird vorgeführt, welche Funktion das Imaginäre innerhalb der fiktiven Welten erhält: Die Suche danach verheißt ein Heilsversprechen, die Kenntnis der Weltformel, bringt allerdings meist nur größere Unordnung, die Verwischung der Grenzen zwischen Vorstellung und Wirklichkeit hervor.

Roger Caillois lernte Borges in den 1940er Jahren in Südamerika kennen. Zurück in Frankreich initiierte Caillois bei Gallimard die Serie „La Croix du Sud", über die neben Borges auch José María Arguedas, Julio Cortázar, Mario Vargas Llosa und andere südamerikanische Autor*innen im europäischen Raum verbreitet wurden. Die Reihe wurde 1951 durch Caillois' eigene Erstübersetzung der *Ficciones* von Borges eröffnet. Lassen sich auch zahlreiche Parallelen in Konzeption und literarisch-wissenschaftlicher Herangehensweisen an das Imaginäre erkennen, so ist das Imaginäre bei Borges über den Charakterzug des Unkontrollierbaren, Gefährlichen, Ansteckenden und insbesondere Unzugänglichen – eine Beschreibungsform des Imaginären, die sich in zahlreichen anderen, etwa auch anthropologischen Bestimmungsformen bis ins 21. Jahrhundert fortsetzen wird – grundlegend anders angelegt als bei Caillois. Vor allem bleiben Borges' Evokationen und Verdopplungen des Imaginären auf die Sphäre der Literatur beschränkt, er nähert sich dem von ihm als gefährlich konzipierten Phänomen nur im Modus der Fiktion, gleichwohl dies nur über die Referenz auf wissenschaftliche Verfahren – und ihre Reflexion – überhaupt gelingt.

Die Verknüpfung von etablierten Praktiken und Formen des Wissens mit der Untersuchung des Imaginären, die die Destabilisierung der ersteren zur Folge hat, markiert wiederum die Nachbarschaft zwischen Borges und Caillois sowie zwischen Borges und Canetti. Die beiden letzteren gehen von einer Affinität zwischen Zitat und Imaginärem aus: Die Ansiedlung des Imaginären im Außen des Denkens scheint sich in der sprachlichen Auslagerungsform des Zitierens zu doppeln. Im Zitat öffnet sich der Text nicht nur zu anderen Texten, sondern auch zum nichttextuellen „Anderen" (Kap. V.1).

3 Das Imaginäre in Gesellschaftstheorie und (literarischer) Anthropologie ab 1960

An dieser Stelle endet der Blick auf die für Canetti und Caillois zeitgenössischen Ansätze zum Imaginären. Außer in Psychoanalyse, Epistemologie und Literatur entwickelt sich das Imaginäre im letzten Drittel des 20. Jahrhunderts auch in verschiedenen medien-, kultur-, und gesellschaftstheoretischen sowie anthropologischen Diskursen zu einer zentralen Kategorie. Von dort ausgehend erfahren einzelne Bestimmungen des Begriffs anhaltend und besonders in den letzten Jahren viel Beachtung. Für Canettis *Masse und Macht*, das 1960 nach 30jähriger Arbeit erscheint, und Caillois' *Cases d'un échiquier*, das Texte aus der Zeit zwischen 1950 und 1965 versammelt, lassen sich diese Ansätze nicht mehr als direktes diskursives Umfeld betrachten. Sie bilden konkurrierende, parallele Entwicklungen sowie theoretische Fluchtlinien hin zur gegenwärtigen Konjunktur des Begriffs (vgl. Kap. I.2). Als solche seien einige wenige davon abschließend und knapp skizziert, um erneut auf die jeweiligen Schreibweisen des Imaginären hinzuweisen und um von ihnen auf das spezifische Potenzial von Canetti und Caillois' Bestimmungen des Imaginären (zurück) zu blicken.

3.1 Das radikale Imaginäre bei Cornelius Castoriadis (1975)

Neben dem Imaginären im von Lacan bestimmten psychoanalytischen Sinn wird auch der gesellschaftstheoretische Ansatz von Cornelius Castoriadis zunehmend breiter rezipiert. 1975 veröffentlichte Cornelius Castoriadis sein Hauptwerk *L'Institution imaginaire de la société* (*Gesellschaft als imaginäre Institution*, dt. 1984), das in Deutschland erst mit großer Verspätung Beachtung fand.[102] Sein Verdienst ist es, das Imaginäre als eine kollektiv und gesellschaftlich wirkmächtige Kraft zu etablieren, indem er argumentiert, gesellschaftliche Strukturen wie Institutionen und ihre symbolischen Ordnungen würden erst auf der Grundlage eines „radikalen Imaginären" überhaupt möglich. Dieses ist für ihn nicht auf das Subjekt begrenzt und auch kein medialer Effekt – stattdessen wird es zur Wurzel und zur Bedingung dafür, dass sich im Symbolischen sowie im „aktualen Imaginären" konkrete Vorstellungen, Bilder, Phantasmen etablieren könnten: Beim radikal Imaginären handle es sich „um die elementare und nicht weiter zurückführbare Fähigkeit, ein Bild hervorzurufen."[103] Das so bestimmte Imaginäre ist folglich auch radikal produktiv und schöpferisch, und dennoch auf seine Aktualisierung

---

[102] Im Jahr nach der Publikation der deutschen Erstausgabe urteilte Axel Honneth, Castoriadis' Gesellschaftstheorie münde „in eine metaphysische Kosmologie, über die heute kaum noch mit wissenschaftlichen Argumenten zu diskutieren ist". Axel Honneth: „Eine ontologische Rettung der Revolution. Zur Gesellschaftstheorie von Cornelius Castoriadis". In: *Merkur* 39 (1985), S. 807–821, hier S. 821. Die produktive wissenschaftliche Anschlussfähigkeit hat Castoriadis' Ansatz aber mittlerweile längst bewiesen, nicht nur für kulturwissenschaftliche Überlegungen zum Imaginären, sondern auch als von Marx ausgehende Gesellschaftskritik in soziologischer Hinsicht. In ganz ähnlicher Weise wird Honneth Canettis *Masse und Macht* verdammen. Darauf und wieso dieser Vorwurf zu kurz greift, wird zurückzukommen sein.
[103] Castoriadis: *Gesellschaft als imaginäre Institution*, S. 218.

angewiesen. Dafür bringt Castoriadis den Begriff des Symbolischen ins Spiel, der allerdings nicht mit demjenigen Lacans kongruent ist: „Das Imaginäre muß das Symbolische benutzen, nicht nur um sich ‚auszudrücken' – das versteht sich von selbst –, sondern um überhaupt zu ‚existieren', um etwas zu werden, das nicht mehr bloß virtuell ist."[104] Die „imaginären gesellschaftlichen Bedeutungen" könnten folglich immer „nur in abgeleiteter und mittelbarer Weise"[105] erfasst werden.

Außerdem beantwortet Castoriadis in Referenz auf Freud die Frage, ob das gesellschaftliche Imaginäre nicht doch auf das psychische „individuelle Imaginäre" rückführbar sei, nun grundlegend anders: „Der Einzelne kann private Phantasmen, nicht aber Institutionen hervorbringen."[106] Für Castoriadis kann es kein vorgesellschaftliches Psychisches geben. Das Imaginäre ist hier nicht nur der Ursprung jeder bildlich-imaginativen Vorstellung, sondern vor allem und zunächst der Ursprung aller gesellschaftlichen und sozialen Institutionen. Damit fügt er ein Element in seine Gesellschaftstheorie ein, das gegen eine rein funktionalistische Erklärung von Institutionen wirkt: Den Ursprung von Institutionen setzt er zwar als Selbstschöpfung der Gesellschaft, allerdings gerade jenseits einer bewussten Tätigkeit an. Dafür muss das gesellschaftliche Imaginäre, aus dem die Institutionen stattdessen entspringen, mit dem Symbolischen wie auch „mit dem Ökonomisch-Funktionalen verbunden sein", und doch stellt er fest, „daß die Wirkung des Imaginären über seine Funktion *hinausschießt*".[107] So knüpft er die Möglichkeit zur Symbolisierung und der individuellen Bilderproduktion immer an ein historisches, epochenspezifisches Imaginäres, das für einen gegebenen Zeitpunkt bestimmt, wie eine Gesellschaft und damit auch ihre Individuen, ihre Existenz(en) und ihre Beziehung(en) zur Welt erfahren. Es sei der Ursprung der je historischen Sinnproduktion und organisiere innerhalb einer Gesellschaft die „Produktion ihres materiellen Lebens und ihre Reproduktion als Gesellschaft".[108] Schließlich sei es auch der Ursprung des Subjekts als scheinbar abgegrenzter Größe.

Das Imaginäre liefert bei Castoriadis ein Erklärungsmodell für etwas, wofür mit der Hilfe von „Naturgesetzen und rationalen Überlegungen"[109] keine Antworten mehr gefunden werden können. Genau daher wurde Castoriadis' radikales Imaginäres als „ein Denken des Außen", als Ausdruck „purer Energie" beschrie-

---

104 Ebd.
105 Ebd., S. 246.
106 Ebd., S. 248.
107 Ebd., S. 225f.
108 Ebd., S. 250.
109 Ebd.

ben.[110] Castoriadis illustriert es selbst als „de[n] unsichtbare[n] Zement, der den ungeheuren Plunder des Realen, Rationalen und Symbolischen zusammenhält, aus dem sich jede Gesellschaft zusammensetzt – und als das Prinzip, das dazu die passenden Stücke und Brocken auswählt und angibt."[111] Diese Beschreibungsform einer fluiden, sich allmählich verhärtenden Masse, wie hier im Bild des Zements, setzt Castoriadis nicht allein als Illustration ein – sie zielt auf weit mehr: Am Ende von *Gesellschaft als imaginäre Institution* findet er dafür den Begriff des „Magmas". Mit diesem verbindet er eine fundamentale Kritik an den Beschreibungsformen der Identitäts- und Mengenlogik, die aktuelle wissenschaftliche Erkenntnisse, Entdeckungen und Erzeugnisse nicht mehr adäquat abzubilden vermöchten: Elementarteilchen seien genauso wie das Unbewusste und wie Castoriadis' „gesellschaftliche imaginäre Bedeutungen" nicht mehr innerhalb eines Denkens von Identität und Differenz, nicht mehr mengen- oder identitätslogisch beschreibbar. Stattdessen sei alles „potentiell Gegebene – Vorstellung, Natur, Bedeutung – von der Seinsart des Magmas", das sich gerade dadurch auszeichnet, dass es eine Vielheit assoziiert, die eigentlich keine ist, in der sich keine Einzelelemente abzählen und sich doch einzelne Bestandteile benennen lassen, die zudem von verschiedenen, wechselnden „virtuellen und flüchtigen Eigenheiten" seien.[112] Diese Absage an das abendländische identitätslogische Denken betrifft letztlich auch die Kategorie menschlicher „Identität". Diese steht für Castoriadis nur noch als Effekt eines solchen zu verabschiedenden Denkens zur Debatte.[113]

Hervorzuheben ist sein Ansatz an dieser Stelle vor allem deswegen, weil er das Imaginäre zu einer kollektiven, gesellschaftlich wirkmächtigen und zugleich radikal produktiven, schöpferischen Kraft erklärt. Dadurch kann er als paralleler Versuch gelesen werden, soziale und kulturelle Strukturen über ihre imaginativen Dimensionen zu verstehen, wie dies u. a. auch Benedict Anderson mit seinem 1983 publizierten Buch *Imagined Communities* für die Nationalismustheorie und zuvor in ähnlicher Weise auch von Canetti und Caillois vorgeschlagen wurde. Castoriadis' Bestimmung ist zugleich von den beiden letzteren explizit zu unterscheiden, da die hier untersuchten Autoren ihr Imaginäres nicht als eine gesell-

---

110 Gregor Schwering: „Imagination und Differenz. Fassungen des Imaginären bei Rousseau, Freud, Lacan, Castoriadis". In: Nicolas Pethes, Erich Kleinschmidt (Hg.): *Lektüren des Imaginären. Bildfunktionen in Literatur und Kultur.* Köln: Böhlau 1999, S. 33–52, hier S. 45.
111 Castoriadis: *Gesellschaft als imaginäre Institution*, S. 246.
112 Ebd., S. 565.
113 Für ausführlichere Darstellungen des theoretischen Zugangs vgl. u.a.: Nicola Condoleo: *Vom Imaginären zur Autonomie. Grundlagen der politischen Philosophie von Cornelius Castoriadis.* Bielefeld: Transcript 2015.

schaftlich-historisch spezifische Selbstschöpfung begreifen. Ihre Ansätze zielen im Gegensatz zu Castoriadis auf Ahistorizität und verorten die schöpferische Leistung des Imaginären nicht nur jenseits des Individuums, sondern teilweise auch jenseits menschlicher Gesellschaften. Und während Castoriadis' Ansatz von vornherein als politische Philosophie angelegt ist, der aus der marxistischen Gesellschaftstheorie hervorgeht, vermeidet Canetti es, seinen Überlegungen eine politische Dimension zu geben, und verharrt Caillois wiederum in Konservatismus.[114]

Castoriadis' Wechsel der logischen Instrumentarien von Identität und Mengenlehre hin zu einer „magmatischen" Logik weist trotz alledem auf eine entscheidende Transformation von Denkweisen hin, die erforderlich wird, um das Imaginäre im 20. Jahrhundert zu untersuchen. Castoriadis' Magma zeigt, dass das Imaginäre – analog zu den einschneidenden Erkenntnissen der theoretischen Physik im 20. Jahrhundert – zu seiner Beschreibung und Erfassung neue Denkmodelle und Logiken benötigt, die jenseits von Identität und Differenz operieren. Das bedeutet für ihn nicht, das Imaginäre in ein alogisches, chaotisches Außen zu

---

[114] Es scheint sich allerdings auch aus anderen Gründen zunächst anzubieten, die von Canetti und Caillois implizit und explizit formulierten Konzepte eines Imaginären als umfassender, universaler, kollektiver wie psychischer Struktur mit Cornelius Castoriadis' „radikalem Imaginären" zusammenzudenken: Denn Castoriadis' Wendung gegen die Logik von Identität und Differenz findet ihre Entsprechung in der zentralen Stellung, die Canetti und Caillois der Ähnlichkeit in ihren Werken zuweisen. In der Metapher des „Magmas" fasst Castoriadis den Umstand, „daß im Falle des Imaginären das Signifkat, auf das der Signifikant verweist, als solches fast ungreifbar ist und seine ‚Seinsweise' per definitionem eine Weise des Nichts-Seins ist." (Castoriadis: *Gesellschaft als imaginäre Institution*, S. 243) Das Imaginäre ist damit aber nun nicht unbestimmt, „denn das hieße, es zu Bedingungen des identitätslogischen Denkens zu verstehen; vielmehr ist es, als das Andere der Bestimmtheit, deren Veränderung" gefasst, so Iser über Castoriadis (Iser: *Das Fiktive und das Imaginäre*, S. 358). Hinzu kommt, dass Castoriadis das Imaginäre dezidiert gegen Sartre und Lacan vom Subjekt und vom Bewusstsein ablöst, um es auf kollektive wie psychische Zusammenhänge gleichermaßen anzuwenden. Schließlich, und am wichtigsten, ist das Imaginäre für Castoriadis „kein Bild *von*." (Castoriadis: *Gesellschaft als imaginäre Institution*, S. 12 [Herv. i. O.]) Es gehe diesem immer bereits voraus, Konzepte von Realität und Rationalität würden erst durch dieses Imaginäre möglich. Die Überschneidungen mit den Bestimmungen des Imaginären bei Canetti und Caillois entpuppen sich schnell als oberflächliche, denn in den meisten Punkten verfolgt Castoriadis mit seinem Konzept des „radikalen Imaginären" ein grundlegend anderes Ziel. Sein Begriff vom Imaginären ist weiterhin nur indirekt beobachtbar, es bedarf zudem immer eines äußeren Anstoßes, äußerer Aktivierung. Außerdem besitze es „kein eigenes Fleisch" (ebd., S. 273), habe also gerade keine eigene „Dinglichkeit". Vor allem aber wird er in den folgenden Untersuchungen keine Rolle spielen, weil er auf eine spezifische Gesellschaftstheorie abzielt, und als solche in den meisten Fällen auch rezipiert wird. Damit ist sein Ansatz grundlegend anders angelegt als diejenigen von Canetti und Caillois, und insbesondere auch als die hier vorgenommenen Überlegungen, die sich auf das Imaginäre im Kontext wissenschaftlicher Verfahren beschränken.

verschieben, sondern vielmehr plädiert er für andere Formen der Logik, die nötig würden, um sich ihm zu widmen.

3.2 Allgemeine Archetypologie des Imaginären. Gilbert Durand (1960/1988)

Unabhängig voneinander entwickelten sich im französischen und im deutschsprachigen Kontext zwei Stränge anthropologischer Theorien zum Imaginären. Während Wolfgang Iser in Deutschland eine literarische Anthropologie entwarf, wurden für den französischen Kontext die Arbeiten Gilbert Durands prägend. 1960 legte Durand erstmals eine umfassende Studie zu den *Anthropologischen Strukturen des Imaginären*[115] vor und gründete 1966 ein Centre de recherche sur l'imaginaire, das noch immer an der Université Stendhal in Grenoble angesiedelt ist[116] und ausgehend von Durands Ansatz forscht, allerdings auch Caillois' Texte einbezieht. 1988 rief Durand zudem gemeinsam mit seinem Schüler, dem späteren Pariser Soziologieprofessor Michel Maffesoli, die *Cahiers de l'Imaginaire* ins Leben,[117] die 1992 Caillois einen eigenen Band widmeten.[118]

Durand knüpft als Schüler Bachelards zunächst an dessen Annahme von der Kohärenz menschlicher Imaginationen an, wie Bachelard sie erstmals in der *Psychoanalyse des Feuers* formulierte. Als Gegenbewegung zum Misstrauen des abendländischen und – so Durand – insbesondere auch des französischen Denkens gegenüber der Imagination verknüpft Durand allerdings mythologische, religionswissenschaftliche, ethnologische und tiefenpsychologische Erkenntnisse mit einer strukturalistischen Methode: Orientiert an Claude Lévi-Strauss' struktualer Anthropologie, an Mircea Eliade, Ernst Cassirer und C.G. Jung zielt Durands Studie auf eine Rehabilitation des Imaginären, indem er in den von ihm aufgezeigten Strukturen Universalia des menschlichen Denkens freilegt. Zwar begründet sich auch Durands Ansatz in dem Impuls, dasjenige Vermögen, das der Vernunft traditionellerweise entgegengestellt und untergeordnet wird, radikal

---

115 Gilbert Durand: *Les structures anthropologiques de l'imaginaire. Introduction à l'archétypologie générale*. Paris: Dunod 1992.
116 Für mehr Informationen siehe: http://cri.univ-grenoble-alpes.fr. Zumindest bis 2014 forschte das Centre durchgängig und rege. Seit 2015 gehört es zu einem größeren Forschungsverbund, dem Centre de recherche Imaginaire et Socio-Anthropologie.
117 Auf die Arbeiten von Durands Schüler, des Soziologen Michel Maffesoli, zum Imaginären sowie dessen Rolle für das Centre de recherche sur l'imaginaire, die ebenfalls erwähnenswert wären, sei hier nur verwiesen.
118 Vgl. Gilbert Durand (Hg.): *Roger Caillois et les approches de l'imaginaire. Cahiers de l'imaginaire* 8 (1992).

aufzuwerten; und zwar gerade durch die Verknüpfung verschiedener Disziplinen. Vor allem aber bestimmt er die Untersuchung des Imaginären als anthropologisches Projekt und fasst das Imaginäre als „die Gesamtheit der Bilder und ihrer Beziehungen, die das gedankliche Kapital des *homo sapiens* bilden".[119] Inspiriert vom Surrealismus, von der Anthropologie und Ethnologie, von der Epistemologie Bachelards, vor allem aber von Jungs Konzept der Archetypen legt Durand das Imaginäre als dem Menschen verfügbares Reservoire der Bilder, als Inventar und Repertoire von Archetypen des Denkens an, das sowohl die Literatur, den Mythos, die pathologische Imagination wie auch die Naturwissenschaften durchziehe. Im Unterschied zum Imaginären bei Castoriadis, das gerade nicht Teil einer Anthropologie und gerade nicht als Menge aller imaginativer Bilder bestimmt ist, sondern sich dieser Form logischer Erschließung entzieht, *sammelt* Durand das Imaginäre buchstäblich.

Ergeben sich hier zwar zahlreiche Bezüge, so ist Caillois' Bestimmung des Imaginären gerade als Gegenstück zu der von Durand entworfenen Anthropologie angelegt, insofern er es eben nicht auf die *menschlichen* Imaginationen, Mythen, Figurationen beschränkt. Zudem geht es weder Caillois noch Canetti in ihrer Arbeit am Imaginären um eine tiefenpsychologisch gefärbte „allgemeine Archetypologie"[120] des menschlichen Denkens.

3.3 Wolfgang Iser und das unbestimmte Imaginäre (1991)

Deutlicher werden die Diskrepanzen zwischen anthropologischen Bestimmungen des Imaginären und den Ansätzen Canettis und Caillois noch, wenn man – wie es hier abschließend getan werden soll – einen Blick auf Wolfgang Isers „Literarische Anthropologie" und ihre Funktionalisierung des Imaginären wirft. Die hier untersuchten Ansätze zum Imaginären einerseits und Isers Konzeption andererseits lassen sich dabei als zwei gegenüberliegende Pole beschreiben.

Anders als die psychoanalytischen, phänomenologischen oder soziologischen Theorien betrachtet Iser das Imaginäre anhand seiner fiktionalen Aktualisierungen innerhalb literarischer Texte. Ausgehend von der Trias des Imaginären, Fiktiven und Realen wird die Literatur dabei für Iser zum prädestinierten Ort der Begegnung mit einem kontrollierten Imaginären. Denn das Imaginäre ist für Iser per se formlos, es verweist auf kein Objekt und ist unfixiert.[121] Isers für seine lite-

---

[119] Frz.: „l'ensemble des images, et des relations d'images qui constitue le capital pensé de l'*homo sapiens*". Durand: *Les structures anthropologiques de l'imaginaire*, S. XXIII.
[120] Frz.: „archétypologie générale". Ebd., S. XIII.
[121] Vgl. Iser: *Das Fiktive und das Imaginäre*, S. 21.

rarische Anthropologie zentrales Werk über *Das Fiktive und das Imaginäre* kreist stetig um die Frage, wie es möglich sein kann, Dinge zu repräsentieren, die weder rein sprachlicher Natur noch als Objekt bezeichenbar sind: Über den figurativen Sprachgebrauch gelinge dabei der Sprache die Transgression ihrer selbst, so seine Antwort. Diese Sprache müsse „ihre Funktion des Bezeichnens überschreiten, um im Figurieren die sprachliche Unübersetzbarkeit ihres Verweisens anzuzeigen."[122] Die Möglichkeit, dies zu tun, erhält die figurative Sprache, indem sie dem Imaginären eine bestimmte Gestalt gibt. Figuratives Sprechen ist dann für Iser nicht mehr mit dem Vorgestellten identisch, sondern wird vielmehr zum „Zeichen der sprachlichen Unübersetzbarkeit dessen, was sie anzielt."[123] Das diffuse Imaginäre, das niemals selbst ganz in die Sprache eingehen kann, wird in „Akten des Fingierens" und insbesondere über figuratives Sprechen zu einer möglichen, konkreten sprachlichen Gestalt gebracht. Allein dadurch werde es möglich, das Imaginäre innerhalb des Fiktiven zu „realisieren", während dies zugleich die „Irrealisierung" des Realen zur Folge habe: „Das Fiktive bezieht sich durch seinen Gebrauch auf Reales, überschießt dieses, ohne jedoch zu einem Imaginären zu werden, da es, obgleich ein Nichtreales, im Gegensatz zum Imaginären auch ein Wohlbestimmtes ist."[124]

Isers Trias fußt auf einer anthropologischen Theorie der Literatur. Der Mensch habe ein Fiktionsbedürfnis, so Iser, und die einschlägigen Forschungen der philosophischen Anthropologie Gehlens und Plessners, die strukturale Anthropologie von Lévi-Strauss oder aber die historische Anthropologie könnten nicht befriedigend erklären, warum gerade die Literatur „als Vergegenständlichung der Plastizität des Menschen notwendig zu sein scheint."[125]

Der Mensch könne sich selbst nicht gegenwärtig, nicht gegenständlich werden – und strebe zugleich danach. Das sei es auch, was ihn zum Menschen mache. Ausgehend von dieser Bestimmung des Menschen könne allein die literarische Fiktion, die die Welten des Imaginären und des Realen miteinander in Verbindung bringe, auf dieses Paradox reagieren. Hierin begründet Iser folglich das anthropologische Potenzial der Literatur. Für seine Erarbeitung der Trias betrachtet er zunächst historische Bestimmungen des Imaginären vom 19. und 20. Jahrhundert (darunter auch Caillois') bis zu seinen Wurzeln in Vorstellungs- und Einbildungskraft. In seinen Observationen verschiedener Vernunftkonzepte

---

122 Ebd., S. 33f.
123 Ebd., S. 34.
124 Dieter Henrich, Wolfgang Iser: „Entfaltung der Problemlage". In: Dies. (Hg.): *Funktionen des Fiktiven*. München: Wilhelm Fink 1983 (= Poetik und Hermeneutik X), S. 9–14, hier S. 9.
125 Iser: *Das Fiktive und das Imaginäre*, S. 14.

auf der „Flucht vor dem Imaginären"[126] gelangt er letztendlich zu dem Schluss, dass das Imaginäre stets einem Zweck unterstellt werden müsse, nur dann laufe es nicht mehr Gefahr, sich selbst zu zerstören. Noch 1991, zum Zeitpunkt der Veröffentlichung seines Buches, führt Iser das Imaginäre – im Vergleich zur Imagination, der Einbildungskraft oder der Phantasie – als eine „vergleichsweise neutrale und daher von traditionellen Vorstellungen noch weitgehend unbesetzte Bezeichnung"[127] ein.

Das Imaginäre, das Iser auf dieser Grundlage konzipiert, ist jedem direkten Zugriff entzogen. Es bewege sich jenseits kognitiver Wissbarkeit und lasse so gerade die Ohnmacht des Begreifens ansichtig werden. Es sei „reine Leblosigkeit [...], die alles Leben enthält, das sich jedoch niemals ganz, sondern immer nur partiell zu Bedingungen des Anderen realisieren lässt."[128] Für Iser ist das Imaginäre ähnlich wie für Castoriadis nur in der kontrollierten Gestalt sichtbar, die jenes wechselnde „Andere", ob nun die Fiktion oder die Symbolisierung, ihm durch variierende Inanspruchnahme zuteilt. Damit verbindet Iser auch einen historisch-epistemologischen Befund: Die spezifischen historischen Ausformungen dieses „Anderen" seien als eine Leerstelle verschiedener Erkenntnistheorien beschreibbar, die von diesen je nach Bedarf unterschiedlich aus- und aufgefüllt wurden. Am Beispiel der Fiktion bei Francis Bacon, Jeremy Bentham, Hans Vaihinger und Nelson Goodman zeigt Iser, wie die Fiktion dort jeweils etwas leisten solle, das die „Basistheoreme" gerade nicht leisten könnten und wo sie leere Stelle ließen:

> Indem dies geschieht, wird die Fiktion zum *Chamäleon* der Kognition, wodurch angezeigt ist, daß sie als Begriffsreparatur zwangsläufig transzendental zum Begriff sein muß, der sie einzufangen versucht. Als Kompensation für die Leistungsschwäche des Begriffs wird die thematisierte Fiktion zur Diagnose dessen, was den Basistheoremen jeweils fehlt.[129]

---

126 So ein Beitragstitel Hans Ulrich Gumbrechts, unter dem er im zugehörigen Band des zehnten Treffens der renommierten Forscher*innengruppe *Poetik und Hermeneutik* im September 1979 publizierte. Thema des Treffens waren die „Funktionen des Fiktiven", und es wurden hier bereits Isers Fiktionstheorie sowie sein Begriff des Imaginären (und dessen Schwächen) diskutiert, noch bevor sein Buch zur „literarischen Anthropologie" erschienen war. Vgl. Hans Ulrich Gumbrecht: „Die Vernunft auf der Flucht vor dem Imaginären". In: Wolfgang Iser, Dieter Henrich (Hg.): *Funktionen des Fiktiven*. München: Wilhelm Fink 1983, S. 463–472. Darin geht Gumbrecht der französischen revolutionären Kulturpolitik nach und der Frage, wie die Suche und das Streben nach einem neuen „staatsbürgerlichen" Wissen als Versuch gelesen werden können, ein nicht intersubjektiv kontrollierbares Imaginäres auszugrenzen.
127 Iser: *Das Fiktive und das Imaginäre*, S. 20.
128 Ebd., S. 421.
129 Ebd., S. 284 [Herv. EH].

Ohne näher auf die Berechtigung von Isers Kritik einzugehen, fällt es im Laufe seiner Studie schwer, seinen Befund, zu dem er hier für die Fiktion kommt, nicht auch auf seine eigene Bestimmung des Imaginären anzuwenden. Das diffuse, wandelbare, unbestimmte Imaginäre, das sich in Isers Konzeption nur durch die Akte des Fingierens in die literarische Fiktion bannen lässt, greift im Laufe der Studie auf Isers eigenen Text über. Während Iser versucht, die Fiktion nicht mittels einer binären Logik als Gegenpart zum Wirklichen zu bestimmen, sondern sie stattdessen als Vermittlungsort zwischen Realem und Imaginärem anzusetzen, und die dafür notwendigen Akte des Fingierens detailliert beschreibt, bleiben die anderen beiden Bereiche seiner Trias, insbesondere das Imaginäre, aus der Anlage des Ansatzes heraus unbestimmt. Das Imaginäre als Diffuses, Formloses gerät zum konstitutiven blinden Fleck von Isers Theorie. Es taugt nicht einmal mehr zum wandelbaren Chamäleon,[130] da es für ihn per definitionem nicht zu bestimmen ist. Es könne nur dann einen indirekt bestimmten Ort einnehmen, wenn es durch die Akte des Fingierens manifest würde. Isers Text evoziert seiner eigenen Logik folgend das Imaginäre als Untersuchungsgegenstand schließlich selbst figurativ.[131] Daher droht auch seiner eigenen Sprache jener prekäre Zustand, den der figurative Kontakt mit dem Imaginären erzeugt: „Denn nur eine Sprache, die sich selbst aufzehrt, vermag Imaginäres zu verschriftlichen."[132]

Für seine Entrückung des Imaginären ist Isers Studie häufig kritisiert und wohl auch deshalb später wenig rezipiert worden. So moniert etwa Hans Robert Jauß noch vor der Publikation von Isers Studie, dass vor allem die Akte des Fingierens bei Iser im Zentrum stünden, die Frage nach dem Imaginären selbst aber offen bleibe. Er schlägt stattdessen vor, das Imaginäre anthropologisch aus dem „Bedürfnis nach dem Vollkommenen" abzuleiten und „historisch am Prozess der Ablösung der ästhetischen von der religiösen Erfahrung"[133] zu erläutern. Mit dem Verschwinden der Religion trete das Imaginäre als eine Art Bildermaschine an ih-

---

130 Bei Canetti lässt sich die Verknüpfung von Imaginärem und Chamäleon ebenfalls wiederfinden, nämlich im Phänomen der Verwandlung: Im Interview mit Joachim Schickel weist dieser Canetti darauf hin, dass der chinesische Begriff der Verwandlung ursprünglich Chamäleon bedeutet. Vgl. ARG, 259. Vgl. zur Verwandlung und dem Imaginären: Kap. IV.4.5.
131 Das Figurative und der figurative Sprachgebrauch sind bei Iser Produkte der Akte des Fingierens. Vgl. Iser: *Das Fiktive und das Imaginäre*, S. 29f; „Relationierung verwandelt die Funktion des Bezeichnens in eine solche des Figurierens." Ebd., S. 33. Die Relationierung ist dann wiederum eine „greifbare Qualität des Fiktiven" und zugleich folglich die konkrete Ausformung eines Imaginären. Ebd., S. 34.
132 Ebd., S. 425. Hier im Bezug auf die Texte von Beckett.
133 Hans Robert Jauß: „Das Vollkommene als Faszinosum des Imaginären". In: Wolfgang Iser, Dieter Henrich (Hg.): *Funktionen des Fiktiven*. München: Wilhelm Fink 1983, S. 443–461, hier S. 444.

re Stelle, die versuche, Bilder des Idealen und höchst Wünschbaren zu finden und das Vollkommene so zu konkretisieren.[134] Dass ihm damit eine weniger ausweichende Bestimmung des Imaginären als diejenige der Theorie Isers gelingt, kann bezweifelt werden. Denn der springende Punkt ist dann auch hier, dass das Imaginäre als Vollkommenes für den Menschen in der Moderne jenseits religiöser Gewissheit nie erreichbar sei, dazwischen bleibe ein „unendlicher Abstand".[135]

In den direkt oder indirekt an Iser oder Jauß anschließenden Überlegungen der historischen Anthropologie oder der Kulturwissenschaft wird das Imaginäre also zum anthropologischen Bestimmungsmerkmal, das per definitionem unbestimmt bleiben muss. Als maximal entrücktes Konzept wird das Imaginäre zum Ersatz in der Moderne verlorengegangener Transzendenz, das für den Menschen analog zum Heiligen einerseits von gefährlicher, diffuser Macht erscheint und andererseits anziehende, versichernde Produktivität verspricht. Statt auf der Ebene des Psychischen wirkt es innerhalb von kollektiven Strukturen, die indirekt vermittelt über die Figurationen des Imaginären ihrer selbst ansichtig werden können. Die Gesellschaft schöpft sich damit über ihre kollektiven Repräsentationen selbst – dies wiederum erinnert an Durkheims religionssoziologische Theorie. Diese performative Struktur lässt zwar einerseits das Imaginäre im Menschlichen fußen, und konzipiert es dennoch als etwas, das dem direkten menschlichen Zugriff entzogen ist. So erhält es gefährliche und unkontrollierbare Macht über diejenigen Strukturen, von denen es eigentlich erst hervorgebracht wurde.[136]

4 Das Imaginäre schreiben

Das Imaginäre, das ist an den einzelnen theoretischen, begrifflichen oder literarischen Annäherungen des 20. Jahrhunderts exemplifiziert worden, resultiert zum großen Teil aus den jeweiligen Schreibverfahren, die verschiedene wissenschaftliche oder literarische Anschlüsse ermöglichen. Die Psychoanalyse etwa ebnet den Weg für ein konjekturales Schreiben, das auf Vermutungen und individuellen Lektüren sonst vernachlässigter Details basiert und die Logik des indirekten Schlusses zum faktualen Wissensmodus erklärt. Sie lenkt die Aufmerksamkeit auf eine unsichtbare, verborgene Struktur, die es an den unkontrollierten Einzelheiten abzulesen gilt. Lacan dagegen etabliert eine transdisziplinäre Schreibform,

---

[134] Vgl. ebd., S. 445.
[135] Ebd., S. 454.
[136] Vgl. für eine solche, hier nicht weiter ausgeführte Abwertung des täuschenden, trügerischen Imaginären im Vergleich zu einer positiv konnotierten Einbildungskraft auch: Dietmar Kamper: *Zur Geschichte der Einbildungskraft*. Reinbek bei Hamburg: Rowohlt 1990.

die die Psychoanalyse mit Anleihen aus der Biologie und der Kunst verknüpft. Borges schließlich konstruiert vielfache Fiktionsebenen, deren Potenzierung eine Art Laborsituation für die Beobachtung des Imaginären erzeugt. In seine Versuchsanordnung setzt er etablierte Instrumente und Speichermedien faktualen Wissens ein, um ihre Instabilität und ihre imaginären Anteile vorzuführen. An diese Schreibformen des Imaginären werden Elias Canetti und Roger Caillois auf unterschiedliche Weise anknüpfen.

Im Unterschied dazu erschreiben sich der Surrealismus André Bretons und der „Surrationalismus" von Gaston Bachelard das Imaginäre über eine Reinigungsprozedur: Die Bilder und ihre „imaginären Aureolen" gehören für sie in den Bereich von Dichtung und Kunst, die Wissenschaft aber müsse von diesen bereinigt werden. Die Vernunft müsse sich in ihrer Aggressivität gegen den eigenen Hang zum subjektiven, imaginären Bild wenden – oder sich diesem, solange sie sich im Bereich der Kunst und der Dichtung bewege, ganz ausliefern. Im Gegensatz zu einem solchen Reinigungsprojekt verfolgen die späteren Texte von Caillois sowie Canettis *Masse und Macht* ein anderes Ziel: Sie erkennen die imaginären Bestandteile, die sich durch alle Bereiche des menschlichen Denkens, Forschens, Bildens und Bauens ziehen und die zudem den Menschen mit den Dingen, anderen Lebens- und Naturformen verbinden, schlicht an, ohne eine Reinigung zu verlangen. Stattdessen fordern Canetti und Caillois zu ihrer Beschreibung neue wissenschaftliche Untersuchungsinstrumentarien, die quer zu den Diskursen und Disziplinen agieren sollen.

Bei Iser wiederum wird das Imaginäre geradezu konstitutiv zum blinden Fleck erklärt, der als notwendiges unbestimmtes Außen Teil des Theoriekonstrukts ist und sich je nach Zuschnitt des Bestimmten, hier: des Fiktiven, wandeln kann. Und Castoriadis schlägt zwar ebenfalls konkrete neue Instrumentarien des Denkens vor, um das Imaginäre zu erfassen – etwa die Verschiebung hin zu einer magmatischen Logik –, fokussiert allerdings ebenfalls die Ebene menschlicher Gesellschaft. Ob das Imaginäre nun auf den Menschen begrenzt bleibt oder nicht, muss zwar für Canetti und Caillois unterschiedlich beantwortet werden. Beide Autoren begründen es allerdings nicht aus einem wie immer gearteten Mangel und nicht als das „Unbestimmte", das sich nur durch die literarische Fiktion oder das Repertoire kollektiver Mythen, Bilder und Legenden indirekt erschließen ließe. Zudem vermeiden sie es, das Imaginäre als blinden Fleck einer Theorie zu konstruieren, als ein unbestimmtes, nicht direkt beobachtbares Außen. Stattdessen setzen sie an der Notwendigkeit an, das Imaginäre beschreibbar zu machen. Im Wissen um die Konstruktivität ihres Unternehmens interessieren sie sich für die Techniken und Praktiken des Imaginären. Dafür orientieren sich an den Praktiken verschiedener etablierter Natur- und Geisteswissenschaften, mittels derer sie das Imaginäre als „Bestimmtes", als Aktives und Schöpferisches zu fassen versuchen.

Aus diesen Herangehensweisen resultiert, dies steht in allen folgenden Ausführungen im Zentrum, ein Imaginäres, das sich analog zu physikalischen oder chemischen Forschungsobjekten zwar *auch* als Effekt der jeweiligen Wissenschaftspraktik beschreiben lässt, dem aber dennoch Konkretheit, Bestimmtheit und „Realität" zugesprochen wird. Beide Autoren verknüpfen mit diesen Untersuchungen eine Kritik an etablierten Wissenschaftspraktiken und ihren Beziehungen zum Imaginären und begreifen es auf diese Weise nicht als das „Andere" der Wissenschaft, sondern als deren entscheidenden Bestandteil.

Verfahren der Wissenschaften vom Imaginären

IV Sammeln. Ähnlichkeit, Mimikry, Mimese (Caillois) und Verwandlung (Canetti)

[D]as kann man immer noch brauchen[1]

1 Anfangen zu sammeln

Am Anfang wissenschaftlicher oder literarischer Unternehmungen wird zumeist erst einmal gesammelt, so auch am Anfang der Wissenschaften vom Imaginären. Jede Sammlung bedarf eines oder mehrerer Kriterien, nach denen gesammelt und geordnet wird. Auf welcher Ebene diese Kriterien angesetzt werden, ist entscheidend: Entweder lässt sich aus dem Chaos zusammengetragener Objekte durch in ihnen enthaltene, erst im Nebeneinander der Sammlung erkennbare Analogien und Ähnlichkeiten auf syntagmatischer Ebene oder durch Differenzen auf paradigmatischer Ebene eine Ordnung destillieren. Im Prozess des Sammelns konkretisieren sich so die Kriterien.[2] Oder aber Sammler*innen legen bereits vor dem Sammelakt bestimmte Hypothesen, Vorannahmen und Themenkomplexe fest, die darüber entscheiden, wonach Ausschau gehalten wird: eine Vor-Ordnung, die bestimmt, was wert ist, gesammelt zu werden und auf welcher Ebene die Ähnlichkeit der gesammelten Elemente anzusiedeln ist. Denn das „syntagmatische" Sammeln, das verschiedene vergleichbare Elemente zusammenschließt – und nur dieses wird hier betrachtet –, braucht Ähnlichkeiten. Dabei gilt es zu fragen, ob die Ordnung erst Ähnlichkeit erzeugt, indem sie disparate Elemente nebeneinanderstellt, oder aber ob die Ähnlichkeit zwischen den Elementen, und damit auch ihre Ordnung, stattdessen von den Gegenständen ausgeht. Unklar ist außerdem, ab wann überhaupt von einer Sammlung gesprochen werden kann: Das zufällig erworbene erste Objekt ist noch keine Sammlung, auch wenn es den Keim späterer Sammeltätigkeiten bildet. Wird der Anfang der Sammlung retrospektiv, also

---

[1] Claude Lévi-Strauss: *Das wilde Denken [1962]*. Übers. v. Hans Naumann. Frankfurt am Main: Suhrkamp 2016, S. 30.
[2] Vgl. Lorraine Daston, Katharine Park: *Wunder und die Ordnung der Natur: 1150–1750*. Übers. v. Sebastian Wohlfeil u. Christa Krüger. Berlin: Eichborn 2003, die eine Verschiebung von den mittelalterlichen Sammlungen des Differenten, des Wunders, des Exotischen und Magischen als wissenschaftlicher Praktik hin zum Sammeln des Ähnlichen als vorherrschender Form im Bereich der Wissenschaften beschreiben.

https://doi.org/10.1515/9783110657333-004

erst nach der Herausbildung der Ordnung hergestellt, ist der Sammlung eine „anfängliche Blindheit"[3] eingeschrieben.

Diese Fragen der Reihenfolge und Kausalitätsbeziehungen zwischen Ähnlichkeit, Ordnung und Sammlung, müssen hier immer wieder gestellt werden. Aus ihnen ergibt sich zudem eine machttheoretische Perspektive auf die wissenschaftliche Praktik des Sammelns, die mit dem weitaus breiter diskutierten Provenienzdiskurs nicht deckungsgleich ist. Es geht nicht nur darum, wo das, was gesammelt wird, herstammt, woraus es entnommen wird, von wem gesammelt, sondern vor allem um die machthaltige Ordnung innerhalb von Sammlungen: Stellen die Sammelnden ihre Souveränität offen aus, indem sie sich als Ursprung der Ordnung und der Ähnlichkeitsproduktion offenbaren? Oder folgen sie nur einer scheinbar im Voraus bestehenden Ordnung der Dinge, ähneln sich nur an vorhandene Ähnlichkeiten an? Ist damit tatsächlich eine weniger hierarchische Form des Sammelns verbunden? Und was geschieht mit dem Status des Subjekts im Modus seiner Überantwortung an die ähnlichkeitsproduzierenden Objekte?

In der von Roger Caillois und Elias Canetti jeweils unternommenen wissenschaftlichen Untersuchung von Phänomenen des Imaginären spielen diese Fragen zum Sammeln, seiner Beziehung zur Ähnlichkeit und zur Macht eine entscheidende Rolle. Zudem liegt den jeweiligen Wissenschaften vom Imaginären ein Sammelprozess zugrunde, der auf eine weitere Unklarheit verweist: Wie lässt sich das ephemere Imaginäre überhaupt „objekt-iv" oder dinglich sammeln?[4] Roger Caillois geht davon aus, das Imaginäre habe per se eine Neigung zum Dinglichen. Diese Nähe verfolgt er auch jenseits der materialen Sammlungspraktiken surrealistischer Collagen oder eines ethnographischen Surrealismus. In den Objekten und deren Repräsentationen, wie sie in den Zeitschriften *Documents: Doctrines, Archéologie, Beaux-Arts, Ethnographie* (1929–1931) und *Minotaure* (1933–1939) ge- und versammelt werden, versuchte der Surrealismus, dem „Anderen" und dem Konzept der „Alterität" eine materiale oder plastische Form zu geben.[5]

---

3 Mieke Bal: „Vielsagende Objekte. Das Sammeln aus narrativer Perspektive". In: Dies.: *Kulturanalyse*. Hg. v. Thomas Fechner-Smarsly, Sonja Neef. Übers. v. Joachim Schulte. Frankfurt am Main: Suhrkamp 2002, S. 117–145, hier S. 124.
4 Dass Sammeln als Praktik vor allem mit Dingen zu tun hat, auch wenn wir etwas nur „*als* Dinge, indirekt *durch* Dinge oder metaphorisch *wie* Dinge" sammeln, betont Manfred Sommer: *Sammeln. Ein philosophischer Versuch*. Frankfurt am Main: Suhrkamp 1999, S. 127 [Herv. i. O.] Vgl. dazu auch: Sarah Schmidt, Mona Körte: „Die Beschreibbarkeit der Dinge und die Dinglichkeit der Sprache. Zur Einleitung". In: Sarah Schmidt (Hg.): *Sprachen des Sammelns. Literatur als Medium und Reflexionsform des Sammelns*. Paderborn: Wilhelm Fink 2016, S. 31–41, hier S. 31.
5 So zumindest die These von Jacqueline Chénieux-Gendron in: „L'Altérité et ses modèles dans l'œuvre de Georges Bataille, André Breton, René Daumal". In: C.W. Thompson (Hg.): *L'Autre et le sacré. Surréalisme, cinéma, ethnologie (1930–1968)*. Paris: L'Harmattan 1995, S. 37–50; vgl. dazu

Zwar bilden beide Zeitschriften sowie die Collagen des Surrealismus einen entscheidenden Hintergrund bild- und objektförmiger Sammelpraktiken für Caillois, der selbst in *Minotaure* publizierte. Sein Bruch mit dem Surrealismus hatte jedoch auch Einfluss auf die von ihm angewandten Formen des Sammelns. Verwendet er in *Méduse et Cie* noch einzelne Abbildungen, fehlen diese in den drei Bänden seines Projekts *Approches de l'imaginaire* (Annäherungen an das Imaginäre) komplett. Auch in den Texten zu Steinen und Mineralen, die auf seine eigene, umfangreiche Steinsammlung rekurrieren, werden sie meist beiseitegelassen.[6] Das Imaginäre wird hier nicht bild- und objekthaft modelliert. Caillois sammelt stattdessen mittels Texten. In ihnen treten Ding und Imaginäres in eine Beziehung, die über eine noch genauer zu erläuternde Form von Ähnlichkeit hergestellt wird.

Auch in Elias Canettis *Masse und Macht* sowie innerhalb seiner *Aufzeichnungen*, bereits formal als umfangreiche Sammlung verschiedener Quellwerke einerseits, eigener Aphorismen andererseits strukturiert, ist die dingliche „Griffigkeit" textuell verfasst. Bei Canetti wird sie stärker als bei Roger Caillois konzeptuell verstanden: Das obsessive Sammeln ethnographischer, entomologischer, psychiatrischer oder literarischer Quellen, über die er sich dem Unsichtbaren, der Masse, der Paranoia oder der Macht zu nähern versucht, überträgt sich auf eine Verehrung für die dingliche Seite des Textes, die materiellen Träger, die Bücher, die er manisch sucht.[7] Zugleich zeigen sich imaginäre Strukturen der Macht in der gegenständlichen Seite von Architektur- und Raumordnungen, Stellungen von Hand und Zähnen, in der Materialität von Symbolen wie dem Korn, dem Sand oder dem Wald sowie in der Betrachtung von Tieren. Das körperliche Substrat, die Dinge des Körpers, die bei Canetti stets am Beginn kultureller Produktion stehen, bestimmen auch das bei ihm angelegte Konzept des Imaginären.[8]

Im Verlauf dieses Kapitels wird die Verknüpfung von materiellem Ding und Imaginärem, nachdem sie in den Texten beider Autoren rekonstruiert wurde, in

---

auch: Joyce Cheng: „Mask, Mimicry, Metamorphosis. Roger Caillois, Walter Benjamin and Surrealism in the 1930s". In: *Modernism/Modernity* 16 (2009), H. 1, S. 61–86, hier S. 70f.
6 Vgl. zum Bild und der Rolle von Abbildungen das Kapitel VI *Sehen*, vgl. zu den Steinen sowie knapp zu Caillois' Steinsammlung Kapitel V.2 „Die Syntax des Imaginären. Roger Caillois' „Steine"" weiter unten.
7 Vgl. zu Canettis Wettbewerb im Auffinden von „Herrlichkeiten der Weltliteratur, ohne die ich nicht mehr leben möchte" mit Franz Baermann Steiner: PB, 133f sowie weiter unten.
8 Marshall McLuhan wird u. a. an diese Dimension von *Masse und Macht* anschließen, nämlich an die Vorstellung von Technik als Körperausweitung, die in Canettis Vorstellung von Körperteilen enthalten ist, die mit beinahe dinglicher Äußerlichkeit und Eigenständigkeit versehen sind. Vgl. dazu, wie McLuhan dies bei Canetti liest, um seinen Medienbegriff zu profilieren: Friedrich: *Die Rebellion der Masse im Textsystem*, S. 216, vgl. dazu ausführlicher Furuya: *Masse, Macht und Medium*, S. 101–213.

den Kontext der aktuellen Aufmerksamkeit für die „materielle Kultur" und die Hinwendung zur „Macht der Dinge" in den Geisteswissenschaften gestellt. Denn die zeitgenössischen kulturwissenschaftlichen Debatten setzten das Imaginäre lange in Opposition zum Ding: Die Diskussionen konzentrierten sich vor allem auf das Imaginäre als immaterielles, ephemeres und un*greif*bares Phänomen. Erst in den 1990er Jahren wenden sich kulturwissenschaftliche Ansätze, orientiert an den artefaktgebundenen Wissenschaften wie der Ethnologie, der Kunstgeschichte oder der Archäologie, vermehrt der materiellen Kultur zu.[9] Damit treten auch das Ding und das Dingliche in den Vordergrund, die sich gegen die bloße Trägerschaft von Repräsentationen, Imaginationen und Projektionen auflehnen und eine nicht in der Repräsentation aufgehende Eigenlogik für sich beanspruchen. Mit ihrer Materialität gerät die Widerständigkeit der Dinge in den Fokus, sie werden „fremd" und eigenmächtig.[10] Ein nichtrationalisierbarer und nichtsemantisierbarer Überschuss, der aus der gängigen Zeichenlogik heraustritt, haftet ihnen fortan an. Es ist dieser „Überschuss", mit dem auch das Imaginäre zunehmend assoziiert wird. Das Imaginäre, das in der transparenten Repräsentationslogik immer als „ungreifbar" gedacht wurde, erhält durch die Fokussierung auf das „Material" eine neue Beziehung zum Dinglichen. Darauf wird nach den exemplarischen Lektüren zurückzukommen sein. Denn es lassen sich Bezüge zwischen den Befunden aktueller kulturwissenschaftlicher Debatten zum „Ding" sowie zur Praktik des Sammelns und der ab den 1930er Jahren entstehenden Wissenschaften vom Imaginären bei Elias Canetti und Roger Caillois nachweisen. Zugleich wird beobachtbar, welche besondere Position beiden Entwürfen vom Imaginären auch im Hinblick auf aktuelle Konzeptionen zukommt: Mit ihrer Betonung der Materialität, des dinglich Greifbaren – dies ist bereits im vorherigen Kapitel deutlich geworden –, beschreiben sie einen Sonderweg und eröffnen so alternative Perspektiven auf das Imaginäre.

Gerade weil das Imaginäre sowohl bei Canetti als auch bei Caillois eine spezifische Zwischenstellung zwischen Ephemerem und Dinglich-Materiellem erhält, ist es beiden Autoren möglich, das Imaginäre zu *sammeln*. Interessieren hier vor allem ihre schriftlich fixierten Sammeltätigkeiten, dann gilt es zunächst zu fra-

---

9 Aber noch 2007 stellt das erste Heft der *Zeitschrift für Kulturwissenschaften* die auf einer solchen Oppositionsbeziehung basierende Diagnose, die kulturwissenschaftlichen Untersuchungen hätten sich zu lange vor allem auf die Projektionen, Repräsentationen, „die Macht des Imaginären" fokussiert und die Gegenstände und Dinge als bloße transparente Signifikanten betrachtet. Michael C. Frank u. a.: „Fremde Dinge – Zur Einführung". In: *Fremde Dinge. Zeitschrift für Kulturwissenschaften* 1 (2007), S. 9–15, hier S. 9.
10 Vgl. dazu beispielsweise Dorothee Kimmich: *Lebendige Dinge in der Moderne*. Konstanz: Konstanz University Press 2011. Ausführlicher dazu siehe weiter unten.

gen, wie sich der besagte, über das Textparadigma hinausgehende, widerständige und nichtsemantisierbare „Rest" wiederum textuell manifestieren kann. Umgekehrt sind es aber auch die Praktiken, die beide beispielsweise aus der Ethnologie entlehnen, die ein sammelbares Imaginäres erst hervorbringen. Diesen Wechselwirkungen zwischen wissenschaftlicher Sammelpraktik und „materiellem Imaginärem" widmet sich das folgende Kapitel.

2 Sammeln des Anderen, Sammeln des Ähnlichen. Zur Subjekt-Objekt-Beziehung

Es wurde aus ethnologischer Perspektive als eine Eigenheit der abendländischen Praxis wissenschaftlichen Sammelns beschrieben, dass sie das Gesammelte zunächst alterisiert, es als möglichst fremd erscheinen lässt, um es sich dann zu eigen machen zu können.[11] In der Betonung eines solchen Herrschaftsanspruchs der Sammelnden über das Gesammelte tritt nicht nur die hierarchische Konstellation von Subjekt und Objekt im Rahmen wissenschaftlicher Sammlungspraktiken offen zu Tage. Auch die Rolle von Sammlungspraktiken für individuelle und kulturelle Identitätsbildungsprozesse lässt sich damit betonen, wie es etwa James Clifford in seinem einflussreichen Aufsatz „On Collecting Art and Culture" getan hat: „In the West, however, collecting has long been a strategy for the deployment of a possessive self, culture, and authenticity."[12] Die Kluft zwischen Subjekt und Objekt als Voraussetzung westlicher Sammeltätigkeit ist zugleich ihr Motor. Das Sammeln wird zum permanenten Versuch, die Einsamkeit des vom Objekt geschiedenen Subjekts durch erneutes Aneignen, Zu-Eigen-Machen, auch durch die räumliche Versammlung von Dingen rund um das Subjekt zu mildern.[13] Funktionsbestimmungen des Sammelns reichen in dieser psychologisch orientierten Hinsicht von Kompensationen frühkindlicher Verletzungen oder Störungen über am Ding ausagierte Machtansprüche bis zur Anbetung der Dinge als Religionsersatz. Bereits zu Anfang des 19. Jahrhunderts beginnt die Entwicklungspsychologie, die Rolle des Sammelns für die Persönlichkeitsentwicklung genauer in den Blick zu nehmen. Später wird die Beziehung des Individuums zum materiellen Objekt von Donald Winnicott und an diesen anschließend vom Ethnologen und

---

11 Vgl. u. a. Bal: „Vielsagende Objekte. Das Sammeln aus narrativer Perspektive".
12 James Clifford: „On Collecting Art and Culture". In: Ders.: *The Predicament of Culture. Twentieth Century Ethnography, Literature and Art*. Cambridge, MA: Harvard University Press 1988, S. 215–251, hier S. 218.
13 Vgl. dazu die Beschreibung von Sammeln und Fetischismus bei Bal: „Vielsagende Objekte. Das Sammeln aus narrativer Perspektive", bes. S. 128–130.

Psychoanalytiker Werner Muensterberger entweder als notwendiger Teil der Persönlichkeitsentwicklung des Kindes oder aber als obsessive Kompensationshandlung theoretisiert.[14] Kleidet sich also ein sammelndes Subjekt – wie etwa Canetti dies tut – in das „unschuldige" Gewand einer passiven Anähnelung an das Objekt, muss es zur potenziell pathologisch-kompensatorischen Funktion des Sammelns Stellung beziehen.

Mit Karl-Heinz Kohls *Die Macht der Dinge*[15] sowie Hartmut Böhmes *Fetischismus und Kultur*[16] werden im deutschen Kontext Praktiken des Sammelns schließlich stärker aus umgekehrter, aus Ding-Perspektive betrachtet. Die hierarchische Einbahnstraße von Subjekt und Objekt als Grundstruktur westlicher wissenschaftlicher Tätigkeit wird durch die Fokussierung auf die Dinge unterwandert und u. a. mit Bruno Latours *Agency*-Begriff von der Frage, was wir mit den Dingen tun, in „Was tun die Dinge eigentlich mit uns?" verkehrt. Die von Caillois (und Canetti) unternommene Reflexion über das Sammeln als wissenschaftliche Praktik wie auch als Weltbezug setzen – in ganz ähnlicher Weise wie aktuelle theoretische Über-

---

[14] Winnicott unterscheidet mit seinem Konzept vom „Übergangsobjekt" (1951) zwischen Objektbeziehung und Objektverwendung. Die Objektbeziehung zum Übergangsobjekt sei ein subjektiver Prozess, der sich auf ein „subjektives Objekt" ausrichte, das sich außerhalb des Körpers befinde, aber nicht die Mutter oder ihr Körper sei. Subjekt und Objekt seien in dieser Phase für das Kind noch nicht getrennt voneinander wahrnehmbar. Diesen Objektbezug setzt Winnicott als entscheidende, wichtige und „gesunde" Entwicklungsstufe des Kindes fest. Erst nach der Trennung des Subjekts von der Welt der Objekte könne letzteres dann im eigentlichen Sinne *verwendet* werden. Vgl. Donald W. Winnicott: *Vom Spiel zur Kreativität*. Übers. v. Michael Ermann. Stuttgart: Klett-Cotta 1995; Werner Muensterberger schließt hier an und untersucht das Sammeln als Zusammentragen von Objekten mit subjektivem Wert bei Erwachsenen. Im Gegensatz zu Winnicott interessiert ihn die pathologisch-obsessive Dimension des Sammelns, das er als emotionales, potenziell ruinöses Phänomen begreift, in die Nähe der Spielsucht setzt und dessen zwingende Wiederholungsstruktur auf die Heilung kindlicher Verletzungen ziele. Das Sammeln versuche, eine innere Sicherheit durch äußere Objekte herzustellen, ein Identitätsgefühl zu erzeugen, wo dieses nicht von allein vorhanden sei. Vgl. Werner Muensterberger: *Sammeln, eine unbändige Leidenschaft. Psychologische Perspektiven*. Übers. v. H. Jochen Bußmann. Berlin: Berlin-Verlag 1995; wiederum im Gegensatz dazu betont dann Hartmut Böhme von Muensterberger ausgehend den modernekritischen Aspekt, der dem Sammeln inhärent sei, und fragt danach, warum die Moderne so exzessiv Dinge sammele: Jede Modernetheorie, die von wachsender Rationalität ausgeht, müsse falsch sein, angesichts unseres unerschütterlichen Glaubens an die Dinge und ihrer Verehrung, die wir betreiben, so Böhme. Vgl. Hartmut Böhme: *Fetischismus und Kultur. Eine andere Theorie der Moderne*. Reinbek bei Hamburg: Rowohlt 2006, hier S. 24.
[15] Karl-Heinz Kohl: *Die Macht der Dinge. Geschichte und Theorie sakraler Objekte*. München: C.H. Beck 2003.
[16] Böhme: *Fetischismus und Kultur*; Vgl. dazu u.a. auch: Hartmut Böhme: „Agency, Performativität und Magie der Dinge". In: Judith von Dörrenbächer, Kerstin Plüm (Hg.): *Beseelte Dinge: Design aus Perspektive des Animismus*. Bielefeld: Transcript 2016, S. 25–49.

2 Sammeln des Anderen, Sammeln des Ähnlichen. Zur Subjekt-Objekt-Beziehung — 149

legungen – an der Umkehrung der Perspektive, an der Fokussierung der Handlungsmacht des Objekts an. Denn die Wissenschaftler des Imaginären sammeln gerade solche „Dinge", die die Grenze zwischen Beobachtenden und Beobachtetem überschreiten. Es geht um Dinge, deren primäre Eigenschaft gerade die Verwischung dieser Grenze ist: um Dinge, die machtvoll auf das Subjekt einwirken.

Um dies genauer zu untersuchen, werden Sammlungs- und Ordnungspraktiken exemplarisch anhand von bestimmten „Objekten" bzw. „Objekt-Serien" betrachtet, die sowohl Caillois als auch Canetti zeitlebens sammelten bzw. anlegten und deren Ähnlichkeit nun nicht nur in der Sammlung hervortritt, sondern die selbst auch Ähnlichkeiten produzieren: Phänomene der Mimikry (Abschreckung und Schutz durch Ähnlichkeit wehrloser mit wehrhaften Tieren) und der Mimese (Tarnung durch Ähnlichkeit mit der Umgebung), die Caillois zunächst bei Insekten beobachtete, die ihn zugleich aber auch als menschliches (psychopathologisches) Verhalten und später als eine Form des (menschlichen wie tierischen) Spiels sowie als expliziten Entwurf einer spezifischen Schreibpraktik beschäftigten; Phänomene der Verwandlung und Anverwandlung, die Canetti aus der Biologie, der Psychiatrie, dem Mythos, über Quellen angeblich „primitiver" Völker bis hin zu autobiographischen Zeugnissen zusammentrug.[17] In allen Fällen handelt

---

17 Ausgespart bleiben hier zwei Themenbereiche, die sich angesichts der Fragestellung von Ding, Ähnlichkeit und Imaginärem aufgedrängt hätten und mit denen sich Caillois und Canetti gleichermaßen beschäftigt haben: Spiegel und Masken. Auf beide und ihre Bedeutung für beide Autoren sei hier nur verwiesen: Der Spiegel als Medium des Imaginären (beispielsweise bei Jacques Lacan, siehe Kap. III.1) spielt etwa in Canettis Drama *Komödie der Eitelkeiten* eine zentrale Rolle, in der er experimentell eine Welt ohne Spiegel entwirft. Vgl. dazu Christiane Dahms: *Spiegelszenen in Literatur und Malerei*. Heidelberg: Synchron Publishers 2012, S. 111–160; Roger Caillois schreibt etwa in „Le peuple des miroirs". In: Ders.: *Cases d'un échiquier*. Paris: Gallimard 1970, S. 40–42, hier insb. S. 40; über das Volk, das die Welt hinter den Spiegeln bewohnt und fordert dort einen „Traité des miroirs". Schon in seinem frühen Text *La Nécessité d'esprit* denkt er über eine „Phänomenologie der Wahrnehmung des virtuellen Raums mithilfe von Spiegeln und reflektierenden Oberflächen" nach („Phénoménologie de la perception de l'espace virtuel à l'aide des miroirs et des surfaces réfléchissantes" Roger Caillois: *La Nécessité d'esprit*. Paris: Gallimard 1981, S. 86 [Siehe dort: Anmerkungen 1]). Vgl. dazu auch: Massonet: *Les labyrinthes de l'imaginaire dans l'œuvre de Roger Caillois*, S. 39. Auffällig ist, dass sowohl Canetti als auch Caillois aus den verdoppelnden Reflexionen des Spiegels dystopische Visionen entwickeln: Bei beiden verselbstständigt sich das Spiegelbild und entwickelt ein Eigenleben, vor dem sich der Mensch (oder bei Canetti: der Machthaber) zu schützen versucht. Die potenzielle Eigenständigkeit des Abbilds begründet die Gefahr der Mimesis, denn das imaginäre Nachahmungsspiel der Reflexion scheint das Reale angreifen zu können. Ebenso vielversprechend wäre eine Auseinandersetzung mit dem Thema der Maske: Im Unterschied zu tierischer Mimese und Mimikry, hinter denen Caillois die gleichen Funktionen wie beim menschlichen Maskengebrauch erkennt, kann der Mensch die Maske vom Körper nehmen, absetzen. So beschreibt Lévi-Strauss in den *Traurigen Tropen* den Gebrauch von Masken- und Gesichtsbemalungen bei den Caduveo, den diese selbst als mensches sich um Phänomene, die durch Tarnung, Camouflage oder spontane Metamorphose mit einem „Anderen", sei es einer gefährlichen Spezies, dem umgebenden Raum oder dem (menschlichen oder tierischen) Gegenüber, Ähnlichkeit erzeugen oder diese gar bis zur Identität mit dem Objekt weitertreiben. Dabei werden die mimetischen, metamorphen Objekte, Dinge, Tiere oder Menschen für die beobachtende Instanz entweder unsichtbar oder besonders sichtbar, und beides im Zustand von Ähnlichkeit mit etwas anderem. Caillois' frühe Beschäftigung mit Mimikry und Mimese[18] ist etwa für Jacques Lacan prägend geworden[19] und auch im deutschen Kontext bereits mehrfach diskutiert worden, Canettis Verwandlungs-Konzept wurde ebenfalls schon vielfach beforscht.[20] Wird hier nun nach dem Sammeln als erstem Verfahren der Wissenschaften vom Imaginären gefragt, rücken Mimikry, Mimese und Verwandlung in anderer Hinsicht in den Fokus des Interesses. Denn wenn sich das auf Ähnlichkeit basierende Sammeln nun selbst

---

liches Distinktionsmerkmal gegenüber den Tieren einsetzen: Diejenigen, die sich nicht selbst bemalen und mit Masken versehen, seien automatisch keine Menschen. Claude Lévi-Strauss: *Traurige Tropen [1955]*. Übers. v. Eva Moldenhauer. Frankfurt am Main: Suhrkamp 1981, S. 179; Caillois befasst sich in „L'ombre du masque" (In: Ders.: *Cases d'un échiquier*. Paris: Gallimard 1970, S. 28–33, hier S. 29f) mit Masken, und zwar nicht den nützlichen, die schützen oder isolieren sollen, sondern den unnützen, deren drei Funktionen er im Verstecken, Verwandeln oder Erschrecken erkennt. Funktional stimmt das für Caillois genau mit der Insektenmimikry als Camouflage, Travestie und Einschüchterung überein. Die Masken der Menschen aber hätten insbesondere bei den sogenannten „Primitiven" eine besondere Funktion, sie zu tragen bedeute Initiation (d. h. nämlich: von der Klasse der Terrorisierten in die der Terrorisierenden aufzusteigen) und soziale Kohäsion. Die Maske ist Träger ungezähmter Energien aus einer „anderen Welt" (ebd.), da sie einen „zweiten Zustand" ermöglicht, der vom maskenlosen Menschen später oft nicht mehr erinnert wird. Für Canetti dagegen ist die Maske meist eine Fixierung der Verwandlung und markiert gerade den Unterschied von Verstellung und Verwandlung, siehe dazu Canettis Kapitel „Die Figur und die Maske" (MM, 442–447).

18 Roger Caillois: „La Mante religieuse". In: *Minotaure* 5 (1934), S. 23–26; Roger Caillois: „Mimétisme et psychasthénie légendaire". In: *Minotaure* 7 (1935), S. 5–10; beide (insbesondere erster Aufsatz in stark erweiterter und überarbeiteter Form) enthalten in: Ders.: *Le mythe et l'homme*. Dt. Übers. enthalten in: Ders.: *Méduse & Cie*.

19 Lacan: „Das Spiegelstadium als Bildner der Ich-Funktion"; vgl. dazu u. a. Geble: „Der Mimese-Komplex" sowie Berz: „Tier Blatt Flügel Herbst. Caillois und sein Biologe: Paul Vignon", bes. S. 153–158. Vgl. dazu auch den Abschnitt „Lacan. Das Imaginäre der Taube (1936/1949)" in Kap. III.1.

20 Vgl. u. a. Henninghaus: *Tod und Verwandlung*; Michael Krüger (Hg.): *Einladung zur Verwandlung. Essays zu Elias Canettis „Masse und Macht"*. München: Hanser 1995; Vgl. Erhard Schüttpelz: *Die Moderne im Spiegel des Primitiven. Weltliteratur und Ethnologie (1870–1960)*. München: Wilhelm Fink 2005, S. 120–136; Schüttpelz: „Elias Canettis Primitivismus"; Kyung-Ho Cha: „Darwinismus oder Hinduismus? Zu Elias Canettis orientalistischer Wissenschaftskritik im Entstehungskontext seiner Verwandlungslehre (mit Materialien aus dem Nachlass)". In: *Deutsche Vierteljahrsschrift für Literaturwissenschaft und Geistesgeschichte* 85 (2011), H. 4, S. 563–584.

ähnlichkeitsproduzierenden Phänomenen zuwendet, verkomplizieren sich die ohnehin unklaren Korrelationen zwischen den Praktiken des Sammelns, Ordnens und Anähnelns nachhaltig.

Sowohl Canetti als auch Caillois schlagen vor, das Phänomen der Anähnelung auf den Prozess wissenschaftlichen Sammelns zu übertragen. In der Anähnelung – auf Gegenstands- wie auch auf Verfahrensebene – vertauschen sich die gängigen Positionen von Subjekt und Objekt, die distanzierende Grenze zwischen ihnen verwischt. Trotz der bzw. gerade durch die Subversion dieser wissenschaftlichen Grundvoraussetzung versuchen die hier vorgestellten Ansätze Erkenntnisse über die mimetischen und metamorphen Gegenstände zu generieren: Das Imaginäre in den Konzeptionen beider Autoren produziert Ähnlichkeiten und basiert zugleich auf einer Logik der Ähnlichkeit. So lassen sich die Bemühungen beider zuspitzen: Grundvoraussetzung dafür, das Imaginäre zu sammeln, ist die Aufgabe der Distanz zum Objekt. Die Prozesse der Vereinnahmung durch das Gesammelte werden dann wiederum reflexiv zum Gegenstand der Untersuchung. Aber nur, indem man sich dem potenziell gefährlichen, unkontrollierbaren, kontagiösen Imaginären zunächst anähnelt oder überlässt, wird es greif- und wissenschaftlich kontrollierbar.

Die folgenden Überlegungen zu den Wechselwirkungen zwischen Subjekt und Objekt in den Wissenschaften vom Imaginären sowie ihren epistemologischen Konsequenzen für die Praktik des Sammelns folgen der These, dass die Sammeltätigkeit als Verfahren, mit dem sich beide Autoren dem Imaginären zu nähern versuchen, erst vor dem Hintergrund einer parallelen Betrachtung jener besonderen Objekte, die qua Ähnlichkeit und Verwandlung den distanzierten Status des Subjekts infrage stellen, ihre eigentliche Funktion offenbart: Über die doppelte Besetzung von ähnlichkeitsproduzierenden Verfahren, einerseits mit dem Sammeln auf Ebene der Praktik und andererseits mit der Mimikry bzw. der Verwandlung auf der Ebene des Gegenstands, werden jeweils Modelle wissenschaftlicher Auseinandersetzung entworfen, denen eine alternative Konstellation von Subjekt und Objekt zugrunde liegt. Diese Konstellation verhindert qua mimetischer Anverwandlung an den eigenen Gegenstand oder durch Konfrontation mit übergriffigen Gegenständen eine erkennende Distanznahme durch die beobachtende Instanz. Die Mimikry, vor allem aber die Mimese und Verwandlung sind also Gegenstand der Sammlung und zugleich implizite Methode des Sammelns.[21]

---

[21] Durch jeweils national verschiedene Forschungstraditionen von Mimikry und Mimese entstehen insbesondere zwischen englischem, deutschem und französischem Raum einige terminologische Unklarheiten, da nur das Deutsche zwei unterschiedliche Begriffe für die beiden Phänomene verwendet. Vgl. dazu im Kontext der Übersetzung von Caillois' Texten: Geble: „Der Mimese-Komplex", bes. S. 185–188. Caillois' Begriff des „mimétisme" bezeichnet v. a. in den frühen Schrif-

IV Sammeln. Ähnlichkeit, Mimikry, Mimese (Caillois) und Verwandlung (Canetti)

Im Anschluss an eine kontrastive Lektüre dieser beiden Verfahrens- und Themenstränge in ausgewählten Texten beider Autoren sowie ihrer eigenen Reflexionen und Theorien über das Sammeln als wissenschaftlicher Tätigkeit lässt sich zweitens die Frage stellen, welche konkrete Formen des wissenschaftlichen Sammelns aus der Doppelstruktur resultieren, die mit prozessual gedachter Ähnlichkeit operiert: Entwerfen Caillois und Canetti alternative und zugleich auf theoretischer Ebene möglicherweise weniger hierarchische Formen des wissenschaftlichen Sammelns, wie lässt sich dann ihre eigene Sammeltätigkeit beschreiben? Wenden sie an, was sie entwerfen, oder geraten sie in den Strudel von Ähnlichkeiten, in denen die kontagiösen Objekte alle Differenzen aufheben? Ist Sammeln ohne den Machtanspruch eines sammelnden Subjekts überhaupt möglich? Diese von Canetti und Caillois bereits in den 30er und 40er Jahren angewandte Sammlungsform gilt es schließlich in Beziehung zu setzen zu aktuellen kulturwissenschaftlichen und epistemologischen Ansätzen, die gegen die „Tyrannei des Subjekts", das „ein theoretisches Netz über die Objektwelt"[22] zu werfen versucht, das „Eigenleben" der Dinge fokussieren.

Eine wichtige, bereits erwähnte Einschränkung, die das folgende Kapitel vornimmt, ist die Konzentration auf die textuellen Produkte der Sammeltätigkeit:[23] In exemplarischen Lektüren werden im Fall Canettis einzelne unveröffentlichte Notizen aus dem Nachlass, die bisher unbeachtet geblieben sind und neue Einblicke in das Verwandlungskonzept geben können, herangezogen, das Kapitel zur Verwandlung aus *Masse und Macht* sowie ausgewählte Ausschnitte seiner *Aufzeichnungen*; für Caillois sind, neben einem kurzen Blick auf sein erstes, zu Lebzeiten unpubliziert gebliebenes Buch *La Nécessité d'esprit*, vor allem sein 1960 erschienener Band *Méduse et Cie* entscheidend. Auf die spieltheoretische Weiterentwick-

---

ten die Mimese, als Anähnelung an die Umgebung, später aber verwendet er den Begriff auch für die Mimikry: Er geht außerdem von einer Vermischung beider Phänomene im einzelnen Tier aus, Tarnung gehe oft mit plötzlicher Enthüllung einschüchternder Färbung einher. Im Folgenden werden aber weiterhin – insofern eindeutig unterscheidbar – die deutschen Begriffsprägungen verwendet und Mimikry als Anähnelung wehrloser an wehrhafte Tiere, die meist mit größerer Sichtbarkeit einhergeht, sowie Mimese als Anähnelung an die Umgebung, also als Tendenz zur Unsichtbarkeit, verstanden.

22 Hans-Jörg Rheinberger: „Experimenteller Geist. Epistemische Dinge, technische Objekte, Infrastrukturen der Forschung". In: *Lettre International* 112 (2016), S. 114–121, hier S. 114.
23 Anders als etwa in André Malraux' *Le Musée Imaginaire* oder in Romantheorien zum Sammlungs- und Speichercharakter des Erzählens, bei denen die Sprache als Sammlung im Vordergrund steht, (vgl. u. a. Sarah Schmidt: „Sprachen des Sammelns. Zur Einleitung". In: Dies. (Hg.): *Sprachen des Sammelns. Literatur als Medium und Reflexionsform des Sammelns*. Paderborn: Wilhelm Fink 2016, S. 13–27.) geht es nicht allerdings um imaginäre Sammlungen in Textgestalt, sondern um das Paradox der textuellen und zugleich dinglichen Sammlung des Imaginären.

lung des „mimicry"-Begriffs in seinem Buch *Les jeux et les hommes (Die Spiele und die Menschen)* sei in einem knappen Exkurs abschließend hingewiesen.

3 Sammeln als Mimese bei Roger Caillois

> *Bäume, Insekten, Gerüche, Tiere, Sterne, Spielzeuge bildeten eine Welt, die zwar nicht unbedingt hermetisch war, aber in sich geschlossen und dennoch offen. Sie reicherte sich mein Leben lang, so weit wie ich gereist war, mit neuen Elementen an, die sich den älteren beigesellten, ohne – wie soll ich sagen? – eine immer auch schon vollkommene Gesamtheit zu vergrößern.*[24]

> *Die ungewöhnliche Ähnlichkeit [mit dem Hüftknochen eines Kaninchens, EH] verlieh dem Karabinerhaken etwas Anormales, wenn nicht Magisches, das ihm in der Welt der Gegenstände eine Sonderstellung einräumte. Ich schrieb ihm gewiss nicht solche wunderbaren Eigenschaften zu wie die der Lampe des Aladin [...]. Dennoch bestärkte mich diese Episode in dem Gedanken, dass die Wahl eines „Zauberobjekts", wie ich es heute nennen würde, einer der natürlichsten Neigungen des Imaginären entspricht.*[25]

3.1 Das ähnliche Andere. Ähnlichkeit, Differenz und Indifferenz

Ähnlichkeit bedeutet „irgendwie gleich und irgendwie ungleich",[26] und zwar beides auf einmal in einem nicht genau geregelten Mischverhältnis. Wieviel Gleichheit und Ungleichheit die Ähnlichkeit toleriert, bevor sie in Identität oder Differenz umschlägt, entscheidet sich in einem gewissen „Ermessensspielraum",[27] den das

---

24 Caillois: *Der Fluss Alpheios*, S. 17; Frz.: „Arbres, insectes, odeurs, animaux, étoiles, jouets formaient un monde non pas exactement hermétique, mais complet et cependant ouvert. Il s'enrichit ma vie durant, si loin que j'aie voyagé, de nouveaux éléments qui s'ajoutaient aux plus anciens sans, comment dire? sans accroître une totalité toujours aussi pleine." Caillois: „Le Fleuve Alphée [1978]", S. 93.
25 Caillois: *Der Fluss Alpheios*, S. 16f; Frz.: „La ressemblance insolite [à l'os de la hanche des lapins, EH] conférait au mousqueton quelque chose d'anormal, sinon de magique, qui le mettait à part dans le monde des objets. Je ne lui prêtais certes pas des propriétés merveilleuses commes celles de la lampe d'Aladin [...]. L'épisode ne m'en confirme pas moins dans l'idée que les choix d'un objet ,sorcier', dirais-je aujourd'hui, correspond à l'une des pentes les plus naturelles de l'imaginaire." Caillois: „Le Fleuve Alphée [1978]", S. 93.
26 Albrecht Koschorke: „Ähnlichkeit. Valenzen eines post-postkolonialen Konzepts". In: Anil Bhatti, Dorothee Kimmich (Hg.): *Ähnlichkeit. Ein kulturtheoretisches Paradigma*. Konstanz: Konstanz University Press 2015, S. 35–45, hier S. 36.
27 Ebd.

Konzept der Ähnlichkeit benötigt. Es birgt damit ein fundamentales Irritationsmoment, das sich durch die Literatur- und Philosophiegeschichte der Moderne zieht und sich beispielsweise an romantischen Figurationen des Doppelgängers und deren Angriffen auf Identität und Subjekt ablesen lässt. Ähnlichkeit ist ein Begriff des unbestimmbaren Zwischenraums und verhält sich grundsätzlich anders als Identität und Differenz, die jeweils nach einer binären Logik operieren und nur „ganz oder gar nicht" möglich sind. Das Vermögen, Analogien bzw. Ähnlichkeiten zu erkennen, verweist dagegen auf einen mimetischen Zusammenhang der Welt, der seit dem 19., insbesondere seit dem 20. Jahrhundert meist in die „Vormoderne" verbannt[28] oder aber einem „primitiven" Denken zugeordnet wurde. James Frazer beschreibt beispielsweise sowohl die auf Kontiguität beruhende Berührungsmagie als auch die Ähnlichkeits- oder homöopathische Magie als Annahme, dass die Dinge „durch eine geheime Sympathie aufeinander wirken, und daß der Impuls von einem auf den andern übergeht".[29] Beides wertet er als (falsche) Vorformen des westlichen Wissenschaftsdenkens.[30]

Parallel zum Denken der Ähnlichkeit imaginiert sich die Moderne das „Primitive" außerdem als ein „Denken im Bann der Indifferenz",[31] das den logischen

---

[28] Für Albrecht Koschorke steht auch hinter Foucaults Beschreibung des Zeitalters der Ähnlichkeit in *Die Ordnung der Dinge* ein unfreiwillig koloniales Konzept, in der Ähnlichkeit unter dem Stern des Irrationalen steht. Vgl. ebd., S. 38; Vgl. in ähnlicher Weise dazu auch: Dorothee Kimmich: *Im Ungefähren. Ähnlichkeit und Moderne*. Konstanz: Konstanz University Press 2017. Kimmich versucht gegen Foucault einen in der Moderne latenten Diskurs über Ähnlichkeit zu rekonstruieren, der bisher unterbelichtet geblieben sei. Als eine paradigmatische Figur des Dritten zeichnet sie diese verborgene Tradition des Ähnlichkeitsdenkens u. a. bei Ludwig Wittgenstein, Joseph Conrad und Bronislaw Malinowski, Sigmund Freud, Aby Warburg und Charles Darwin nach. Canetti erwähnt sie nicht, Caillois taucht allerdings kurz mit seinem frühen, surrealistisch geprägten Mimikry-Text „Mimétisme et psychasthénie légendaire" auf, nicht jedoch mit seinen Weiterentwicklungen des Konzepts.
[29] James George Frazer: *Der goldene Zweig. Das Geheimnis von Glauben und Sitten der Völker*. Übers. v. Helen von Bauer. Reinbek bei Hamburg: Rowohlt 2004, S. 17.
[30] Koschorke dehnt dabei Ähnlichkeit als grundsätzliche Unbestimmtheit auch auf das partizipative Denken Lucien Lévy-Bruhls aus. Darin verbirgt sich allerdings ein Kategorienfehler, da Lévy-Bruhl im partizipativen Denken versucht, statt einer Ähnlichkeitsbeziehung zweier Elemente eine Denkoperation zu skizzieren, in der sowohl Identität als auch Differenz herrsche. Vgl. Koschorke: „Ähnlichkeit. Valenzen eines post-postkolonialen Konzepts", S. 39; Vgl. zu Lévy-Bruhl und seiner Beschreibung einer Art des Denkens von „Differenz und Identität zugleich": Nicola Gess: *Primitives Denken. Wilde, Kinder und Wahnsinnige in der literarischen Moderne (Müller, Musil, Benn, Benjamin)*. München: Wilhelm Fink 2013, S. 54.
[31] Wolfgang Riedel: „Archäologie des Geistes. Theorien des wilden Denkens um 1900". In: Jürgen Barkhoff, Gilbert Carr, Roger Paulin (Hg.): *Das schwierige neunzehnte Jahrhundert*. Tübingen: Niemeyer 2000, S. 467–485, hier S. 467.

Gegensatz zwischen Identität und Differenz noch stärker unterhöhlt. Lucien Lévy-Bruhls Gesetz der Partizipation etwa beschreibt ein solches Denken als eine „uns" fremde Geisteshaltung, in der „Gegenstände, Wesen, Erscheinungen auf eine uns unverständliche Weise sie selbst und zugleich auch etwas anderes als sie selbst sein können."[32] Die Gegenstände erhielten dabei eine besondere Wirkmacht, die sich weniger auf einer verstandesmäßigen als auf einer affektiven Ebene zeige. Die „Objektivität" moderner westlicher Wissenschaft basiere dagegen auf klaren Trennungen – zwischen Subjekt und Objekt, zwischen Mensch und Ding, zwischen Belebtem und Unbelebtem, Ich und Nicht-Ich. Dabei stünden hinter dem Begriff der „Objektivität" vor allem der *Glaube* an die Möglichkeit der Trennung sowie die Vertreibung der Partizipation, die nun nur noch der Sphäre des „Primitiven" angehören könne.[33] Wie in Vertreibungsgeschichten üblich, trauert Lévy-Bruhl „dem ‚intimen Gemeinschaftsbewußtsein' mit den Dingen"[34] nach, während das westliche Subjekt die Objekte immer „nur ‚unvollkommen' und ‚äußerlich' besitzen"[35] kann.

Auch Walter Benjamins „mimetisches Vermögen" zeugt von der spezifisch modernen Sehnsucht nach einer verlorenen Zeit der Ähnlichkeit. Benjamin beginnt seine Beschäftigung mit dem mimetischen Vermögen, wie Canetti und Caillois, mit der Revision eines biologischen Begriffs: „Die Natur erzeugt Ähnlichkeiten; man braucht nur an die Mimikry zu denken. Die allerhöchste Fähigkeit im

---

32 Lucien Lévy-Bruhl: *Das Denken der Naturvölker*. Hg. v. Wilhelm Jerusalem. Übers. v. Paul Friedländer. Wien, Leipzig: Wilhelm Braumüller 1926, S. 58; Frz.: „les objets, les êtres, les phénomènes peuvent être, d'une façon incompréhensible pour nous, à la fois eux-mêmes et autre choses qu'eux-mêmes." Lucien Lévy-Bruhl: *Les fonctions mentales dans les sociétés inférieures*. Paris: Félix Alcan 1910, S. 77. Vgl. zur Sonderstellung Lévy-Bruhls vor dem Hintergrund der deutschen, englischen und französischen Ethnologie, der das partizipative Denken der „Primitiven" nicht als soziale Konstruktion kollektiver Vorstellungen, sondern als eigenständige Ontologie konzipiert: Gess: *Primitives Denken*, S. 48–57, insb. S. 56.
33 Philippe Descola entwickelt auf der Grundlage der Setzung von Ähnlichkeit und Differenz in den Bereichen der Interioritäten (z. B. Kontinuität der Seelen) und der Physikalitäten (z. B. Kontinuität der Materie) ein zeitgenössisches Modell von vier verschiedenen Ontologie-Typen, in dem der „Naturalismus", der von der Differenz der Interioritäten, aber der Ähnlichkeit der Physikalitäten, ausgeht und dem die meisten Europäer*innen angehörten, eben nur einer unter vier möglichen sei. Er differenziert allerdings noch einmal zwischen Möglichkeiten des Übergangs (der Ähnlichkeit als Verwandlung) und des Erkennens von Analogien zwischen getrennten Entitäten (wie etwa in der Signaturenlehre) und würde damit Koschorkes Kritik an Foucault (siehe meine Anm. 28) womöglich nicht ohne Weiteres teilen. Vgl. Descola: *Jenseits von Natur und Kultur*, u. a. S. 189–194; 354.
34 Koschorke: „Ähnlichkeit. Valenzen eines post-postkolonialen Konzepts", S. 39.
35 Gess: *Primitives Denken*, S. 54.

Produzieren von Ähnlichkeiten aber hat der Mensch".[36] Die mimetische Fähigkeit des Menschen, die er in zwei kurzen Texten von 1933, in der „Lehre vom Ähnlichen" und in überarbeiteter und gekürzter Version in „Über das mimetische Vermögen" untersucht, begründet Benjamin anthropologisch. Er erarbeitet zugleich eine Theorie der Sprachmagie, derzufolge die verlorenen magisch-mimetischen Praktiken in Sprache transformiert seien. Auch Benjamin, als Schlüsselfigur zwischen deutschem und französischem Diskurs, stützt sich in seinen Überlegungen auf das sogenannte „Primitive": „Denn offenbar scheint doch die Merkwelt des modernen Menschen sehr viel weniger von jenen magischen Korrespondenzen zu enthalten als die der alten Völker oder auch der Primitiven."[37]

> Die Gabe, Ähnlichkeit zu sehn, die wir besitzen, ist nichts als nur ein schwaches Rudiment des ehemals gewaltigen Zwanges, ähnlich zu werden und sich zu verhalten. Und das verschollene Vermögen, ähnlich zu werden, reichte weit hinaus über die schmale Merkwelt, in der wir noch Ähnlichkeiten zu sehen imstande sind.[38]

Die Überzeugung, dass sich die Mimikry einerseits im Tierreich, andererseits besonders bei den sogenannten „Primitiven" beobachten lässt, sowie die Betonung der auf Ähnlichkeit basierenden „Korrespondenzen" verbindet Benjamin auch auf terminologischer Ebene mit Roger Caillois; beide waren zudem aus ihrer Zeit am Collège de Sociologie miteinander bekannt.[39] Auch in Canettis Versuch zur Verwandlung, der in *Masse und Macht* zuerst anhand einer Quelle mit Materialien über die südafrikanischen |Xam oder auch Flat Bushmen eingeführt wird,[40] ist eine solche Sehnsucht spürbar. Zweifelsohne gehören also Canettis wie auch Caillois' Konzepte mimetischer Anverwandlung in den Kontext eines verlängerten literarischen Primitivismus. Und dennoch kommen ihre Erkundungen des Imaginären, die sich jeweils entscheidend auf die Ähnlichkeit als Zugang zum Imaginären stützen, zu spät, um sich der primitivistischen Hoffnung ganz hinzugeben. Zwar nehmen sie ihren Ausgang bei ethnologischen oder mystisch-

---

36 Walter Benjamin: „Lehre vom Ähnlichen [1933]". In: Ders.: *Gesammelte Schriften*. Band II.1. Hg. v. Hermann Schweppenhäuser, Rolf Tiedemann. Frankfurt am Main: Suhrkamp 1991, S. 204–210, hier S. 204.
37 Ebd., S. 206.
38 Ebd., S. 210.
39 Selbstverständlich wäre hier Walter Benjamin nicht nur zum Thema der Ähnlichkeit, sondern vor allem auch zu dem des Sammelns wichtig. Dieses weite Feld sei hier aufgrund der Breite des Komplexes von Benjamin als Sammler wie auch der bestehenden Forschung dazu allerdings vollständig ausgespart.
40 Vgl. ausführlich zur Entstehungsgeschichte der von Wilhelm Bleek und Lucy Lloyd herausgegebenen *Specimens of Bushman Folklore*, 1910: Schüttpelz: *Die Moderne im Spiegel des Primitiven*, S. 33–61.

primitivistischen Ähnlichkeitstheorien der Jahrhundertwende, doch kommen sie jeweils zu anderen Schlüssen. An zentralen Stellen ihrer Beschäftigung mit der Ähnlichkeit gehen sie über die rückwärtsgewandte Zuschreibung einer verlorenen mimetischen Welt hinaus und versuchen stattdessen, Konzepte der Ähnlichkeit ins Zentrum ihres eigenen Denkens zu rücken und sie so zu aktualisieren.[41]

Roger Caillois räumt der Ähnlichkeit einen zentralen Stellenwert in seinem Werk und Denken ein, wenn sie auch im Laufe seines Lebens jeweils unterschiedlich konzeptualisiert wird. Sie bietet für ihn allerdings zu jeder Zeit einen entscheidenden Zugang zum Imaginären, das gerade in Ähnlichkeiten *besteht*: Untersucht er in seinen frühen Texten zur Mimikry die „Korrespondenzen" zwischen Biologie, Psychopathologie, Mythos, Ethnologie und menschlicher Imaginationstätigkeit, wertet er diese beobachteten Ähnlichkeiten später entscheidend auf: Aus Analogien werden Isomorphien zwischen Mensch und Natur, zwischen materiellen, natürlichen und imaginären Phänomenen, hinter denen er eine universale Kontinuität vermutet. Damit schlägt Caillois einen von den meisten Theorien zum Imaginären grundlegend abweichenden Ansatz vor: Das Imaginäre löst sich in seinem Spätwerk von einem Ursprung in der menschlichen individuellen wie kollektiven Vorstellungskraft ab und gilt ihm stattdessen als kosmologisches, vom Menschen unabhängiges Prinzip. Dem zugrunde liegt auch ein prinzipiell anderer Begriff von Ähnlichkeit. So erhebt Caillois etwa Einspruch gegen Lucien Lévy-Bruhl, der in seiner Vorstellung der primitiven Mentalität ein Denken der Ähnlichkeit für möglich halte, das bis zur Indifferenz ausgedehnt werde. Dieses, so Caillois, sei nichts als moderne Illusion.[42] Wie hier gegen Lévy-Bruhl, so grenzt er seine eigene Vorstellung von Korrespondenzen mehrfach ab, etwa wenn er sich gegen André Bretons „totalitäre Korrespondenzen"[43] wehrt oder sich von den

---

41 Die Nähe zu Aby Warburgs Versuch in seinem 1923 gehaltenen Kreuzlinger Vortrag, ein „Nebeneinander von logischer Zivilisation und fantastisch magischer Verursachung" (Aby Warburg: *Schlangenritual. Ein Reisebericht*. Hg. v. Ulrich Raulff. Berlin: Wagenbach 2011, S. 25) aufzuzeigen, ist spätestens hier sehr deutlich zu spüren. Warburgs Ansatz, den beispielsweise Kimmich zur „fundamentale[n] kulturkritische[n] Reflexion" erklärt, zur „kritischen Relativierung der Selbstbeschreibung der Moderne als Zeitalter des Rationalen und Kausalen" (Kimmich: *Im Ungefähren*, S. 108), muss hier als wichtiger Kontext verstanden werden, ein ausführlicher Vergleich wäre äußerst lohnenswert, kann an dieser Stelle aber nicht geleistet werden. Vgl. dazu auch: Schüttpelz: *Die Moderne im Spiegel des Primitiven*, S. 137–170.
42 Vgl. dazu: Claudine Frank (Hg.): *The edge of surrealism. A Roger Caillois reader*. Durham: Duke University Press 2003, S. 48 und 380. Frank weist darauf hin, dass Caillois das Konzept des primitiven Denkens bei Lévy-Bruhl kritisiert, nicht aber das Denken selbst und referiert dazu auf Caillois' Text: „Illusions à rebours (fin)", in: *Nouvelle Revue Française* 25 (1955) S. 58–70, hier S. 69.
43 Vgl. ebd., S. 47.

oberflächlichen wissenschaftlichen Analogien der Renaissance distanziert. Zwar geht es auch ihm um ein Konzept immer wiederkehrender Formen, und er legt seine Beeinflussung durch Denker wie Paracelsus später auch selbst offen,[44] zugleich entwickelt Caillois in seinen „diagonalen Wissenschaften" jedoch einen Begriff der „Korrespondenz", der gerade nicht auf sichtbarer, wahrnehmbarer, offensichtlicher Ähnlichkeit basiert:

> Leonardo, wie später Goethe, suchte die Archetypen der Erscheinungen. Er suchte sie fälschlicherweise mit den Sinnen und allen voran mit dem Sehsinn, dem Sinn, der am leichtesten Opfer bloßer Erscheinungen wird. Das hieß aber als Maler, als Dichter, nicht aber als Wissenschaftler zu handeln; denn für letzteren besteht die eigentliche Aufgabe gerade darin, die Korrespondenzen zu bestimmen, die für den Laien verborgen, unsichtbar und unvorstellbar sind. [...] Die neuen Beziehungen verbinden dagegen Phänomene, die zunächst überhaupt keine Gemeinsamkeiten zu haben scheinen. In Zusammenhängen, die sich kaum miteinander vergleichen lassen, vereinen sie ganz unerwartete Einzelaspekte, die selbst wiederum nur die Wirkungen eines gleichen Gesetzes, die Folgen eines gleichen Prinzips, die Antworten auf eine gleiche Herausforderung sind.[45]

Erst die verborgenen Ähnlichkeiten offenbaren Verbindungen, deren vergleichendes Element im Unsichtbaren und Unerwarteten angesiedelt ist.[46] Statt Indifferenz und offensichtlicher, allein visueller oder sinnlich erfahrbarer Ähnlichkeit geht es Caillois um Ähnlichkeit als Ausdruck eines umfassenden Prinzips, das die von ihm angenommene, geheime Struktur der Welt bestimmt, ohne auf ein transzendentes Prinzip zu verweisen. Zitiert also Caillois das „Primitive" aus ethnographischen oder mythologischen Texten, dann zieht er es weniger zur sehnsüchtigen Beschreibung eines verlorenen „Anderen" als zum Beweis des verborgen

---

44 Caillois: *Der Fluss Alpheios*, S. 41; Frz.: Caillois: „Le Fleuve Alphée", S. 108.
45 Caillois: *Méduse & Cie.*, S. 51, im Kapitel „Diagonale Wissenschaften"; Frz.: „Léonard, comme plus tard Goethe, recherchait les archétypes des phénomènes. Il avait tort de rechercher avec les sens, et d'abord avec la vue, le sens le plus aisément victime des apparences. C'était faire œuvre de peintre, de poète, non de savant ; car, pour ce dernier, la vraie tâche consiste au contraire à déterminer des correspondances souterraines, invisibles, inimaginables pour le profane. [...] Ces rapports inédits articulent, au contraire, des phénomènes qui paraissent d'abord n'avoir rien de commun. Ils unissent des aspects inattendus que prennent, dans des ordres de choses peu compatibles entre eux, les effets d'une même loi, les conséquences d'un même principe, les réponses à un même défi." Caillois: „Méduse et Cie [1960]", S. 483. Zur kritischen Beurteilung von Caillois' Analogiebegriff vgl. Halpern: „La taupe de l'analogie qui se croyait un papillon", S. 171f. Sie versucht zu zeigen, dass Caillois selbst von den „falschen Analogien" besessen ist, von denen er sich eigentlich zu befreien versucht.
46 Hier übernimmt Caillois deutlich die Unterscheidung verborgener Ähnlichkeiten in der Wissenschaft und offensichtlicher Ähnlichkeit eines vorwissenschaftlichen Denkens von Gaston Bachelard: *Der neue wissenschaftliche Geist [1934]*. Übers. v. Michael Bischoff. Frankfurt am Main: Suhrkamp 1988; Vgl. dazu u.a. auch Frank: „Introduction", S. 49.

anwesenden Ähnlichen heran, wobei das Ähnlichkeitsmoment erst durch den Vergleich zum Vorschein kommt. Um die Fragen nach dem „Anderen" als Gegenstand der Untersuchung beider Autoren wird es an anderer Stelle gehen (Kap. V *Lesen*). Die Integration von Ähnlichkeit dagegen in die eigenen wissenschaftlichen Praktiken, auf Verfahrensebene also, funktioniert nun durch eine implizite Unschärfe kategorial verschieden zur Herstellung von Identität. Die Aufteilung der Welt in Subjekt und Objekt bedarf einer eindeutigen Unterscheidung, bewegt sich also im Hoheitsgebiet von Identität und Differenz und schreibt der Ähnlichkeit zudem zugunsten einer asymmetrischen Moderne-Erzählung den Status des Vormodernen zu.[47] Entgegen dieser Moderne-Erzählung bedient sich Caillois der Ähnlichkeit als eines wissenschaftlichen Instrumentariums und versucht so, über das Sammeln des Ähnlichen, die Trennung zwischen modern und vormodern, zwischen logisch und prälogisch zu unterwandern. Die Unschärfe, auf der die Ähnlichkeit basiert, subvertiert die klare Subjekt-Objekt-Trennung und installiert eine neue Ordnung unter den gesammelten Elementen, ohne in Indifferenz zu münden. Dafür sammelt Caillois nicht nur selbst, er untersucht zudem genau solche Prozesse des Sammelns, die auf einer Anähnelung zwischen Forschenden und ihren Objekten fußen. Nicht nur das Sammeln als eine mögliche Umgangsweise mit Objekten ist hier von Interesse, sondern auch die Aufmerksamkeits- und Gefühlsökonomien des Sammelns bzw. wissenschaftlicher Praktiken im Allgemeinen, die Caillois ins Zentrum seiner Untersuchung rückt.[48]

3.2 Die Dinge und das Imaginäre

Die beiden dem Kapitel vorangestellten Zitate aus Roger Caillois' spätem autobiographischem Text *Le Fleuve Alphée* behaupten wie selbstverständlich eine Neigung des Imaginären zu den greifbaren Dingen. Das Sammeln, auch das Sammeln von Ähnlichkeiten, hat meist mit Dingen zu tun, selbst wenn es versucht, sie in Zeichen zu transformieren. Was aber, wenn etwas, das zunächst wie das genaue Gegenteil zum handfesten Ding erscheint, gesammelt werden soll? Wie hängen materielles Ding und Imaginäres bei Caillois zusammen? 1933, als Benjamin seine Texte zum mimetischen Vermögen schreibt, beginnt Caillois an seinem ersten Buch *La Nécessité d'esprit* zu arbeiten, das er nie publizieren wird. Als eigen-

---

47 Vgl. Koschorke: „Ähnlichkeit. Valenzen eines post-postkolonialen Konzepts", S. 39. Koschorke spricht sich hier für eine „Entdramatisierung" der Erfahrung des Anders-Seins aus und schlägt vor, Alteritätskonzepte stattdessen durch solche der Ähnlichkeit abzulösen.
48 Vgl. den Beginn des Abschnitts „Sammlungen zweiter Ordnung" weiter unten.

artige Mischung aus autobiographischem Text und wissenschaftlicher Abhandlung angelegt, entwickelt Caillois hier sein Konzept der „objektiven Ideogramme". Darunter fasst Caillois Phänomene, die außerhalb des Subjekts verortet sind und von ihm nicht kontrolliert werden können, die aber gleichwohl auf seine Vorstellungen und Emotionen quasi „objektiv" einwirken und so die Grundlage für kollektive Mythen wie auch für einzelne Imaginationen bilden.[49] Zwar fokussiert er hier noch die individuellen Dynamiken der Imagination, während er sich in seinem späteren Werk auf das kollektive Imaginäre konzentrieren wird. Schon hier aber versucht er hinter den Strukturen der Sprache die tieferliegenden Verbindungen zwischen Ding (oder Objekt) und Imagination zu erfassen:

> [D]ie Beziehungen der Objekte untereinander, von Personen untereinander, zwischen den Objekten und den Personen, den Ideen und den Objekten, den Gefühlen mit den Ideen und mit den Objekten etc. erscheinen bei ihrer Untersuchung sehr viel komplexer als die Sprache versucht, uns glauben zu lassen.[50]

Die Netzwerke aus Objekten, Menschen, Gefühlen und Ideen werden nicht adäquat von der Sprache erfasst: Caillois vermutet hier eine Ordnung der Dinge jenseits der Sprache. Weder vermag die Sprache das Ding vollständig abzubilden noch ist das Ding ganz auf die ihm zugeschriebenen Funktionen zu reduzieren: Jedes Objekt verfügt über ein „irrationales Residuum, das unter anderem von den unbewussten Repräsentationen seines Erfinders oder Technikers determiniert wird."[51]

Auch im Zuge seiner Kriegserklärung an die Literatur als autonomer Kunstform sowie an eine scheinbar freie menschliche Imaginationsfähigkeit[52] setzt Caillois für das Verhältnis von Ding und Sprache anstelle der Arbitrarität das Prin-

---

[49] In dem erst postum veröffentlichten, von 1933 bis 1935 entstandenen *La Nécessité d'esprit* erarbeitet Caillois den Versuch einer Systematisierung des menschlichen Bewusstseins und ist auf der Suche nach den Mechanismen seiner biologisch determinierten Notwendigkeit (*nécessité*). Siehe dazu ausführlich: Eidelpes: „Von der empirischen Imagination zur natürlichen Ästhetik", S. 94–98. Eidelpes beschreibt hier pointiert auch die semipermeable Membran zwischen Subjekt und Objekt und weist auf die Doppelbedeutung des Begriffs des objektiven Ideogramms bei Caillois hin: Einerseits sei es als empirische Basis außerhalb des Subjekts, andererseits als Wahrnehmungsbild angelegt.
[50] Frz.: „les rapports des objets entre eux, des personnes entre elles, des objets avec les personnes, des idées avec les objets, des sentiments avec les idées et avec les objets, etc., se révèlent à l'examen beaucoup plus complexes que le langage tend à le faire croire." Caillois: *La Nécessité d'esprit*, S. 21f.
[51] Frz.: „un résidue irrationel déterminé entre autres choses par les représentations inconscientes de l'inventeur ou du technicien." Caillois: *La Nécessité d'esprit*, S. 24f.
[52] Vgl. dazu außerdem: Caillois: „Procès intellectuel de l'art [1935]"; Siehe dazu auch: Albers: „Reine und unreine Literatur(wissenschaft) nach Roger Caillois", S. 41f.

zip der Überdeterminierung ein.⁵³ Bereits in seinem ersten Werk verbergen sich also hinter den Untersuchungen jener „automatischen Assoziationen" Überlegungen zur kontinuierlichen Verbindung aller Bereiche der Welt. Das Besondere an Caillois' Ansatz besteht nun darin, dass er nicht nur für Prozesse des Denkens, sondern auch für die Natur im Allgemeinen annimmt, sie sei von den unterirdischen Netzwerken der Überdeterminierung durchzogen. Diese Netzwerke sind für ihn mehr als nur „ähnlich": Zu ihrer Beschreibung setzt er den Begriff der „Korrespondenzen" ein, den auch Walter Benjamin in der „Lehre vom Ähnlichen" verwendet.⁵⁴ Schnell wird allerdings deutlich, wie stark sich Caillois von herrschenden Ähnlichkeitsbegriffen abzusetzen versucht: Denn in den „objektiven Ideogrammen" ordnen die Dinge die Imagination und nicht andersherum. Die Übergänge zwischen Subjekt und Objekt sind fließende, da Caillois die rigorose „Notwendigkeit" geistiger und assoziativer Prozesse in die Ordnungsaktivität jener objekt-haften, *objekt*iven Dinge verlagert, die außerhalb des Subjekts angesetzt werden. Ähnlichkeit ist keine soziale Aktivität – sie ist nur die Folge jenes „Überschusses" der Dinge, die auf das menschliche Bewusstsein einwirken. Wenn Caillois also von Mimesis spricht, geht es ihm nicht um die aktive „soziale Nachahmung",⁵⁵ sondern um den Nachvollzug tieferliegender Strukturen des Universums. Um diese zu erkennen, müsse sich das Subjekt passiv der *„Macht der Dinge"* ergeben.⁵⁶

Zum frühen Begriff der „objektiven Ideogramme" tritt mehr als 30 Jahre später jener des „Naturphantastischen" hinzu, der in eine ähnliche Richtung zielt, allerdings nicht mehr zur Untersuchung individueller Imagination, sondern zur Analyse des Imaginären eingeführt wird. Caillois' erstmals 1968 in der *Nouvelle*

---

53 Vgl. u.a. Caillois: *La Nécessité d'esprit*, S. 56.
54 Caillois setzt sich mit dem Begriff der „correspondance" hier allerdings explizit nur mit Pascal und Swedenborg, mit der Mystik und der christlichen Offenbarungslehre ebenso wie mit Baudelaire auseinander, nicht allerdings mit Benjamin. Die Betonung der mystischen Komponente wird später schnell verblassen. Der Begriff ist deshalb so hilfreich für ihn, weil er auf eine gleichursprüngliche Herkunft von Assoziationen aus einer „affektiven Identität" verweist. Vgl. ebd., S. 58f.
55 Vgl ebd., S. 88.
56 Frz.: „la *force des choses*", ebd., S. 134 [Herv. i.O.]. Hier lässt sich bereits der Wert des Experiments für die Arbeit Caillois' erkennen, denn in der frühen Studie dokumentiert er Experimente, die er an sich selbst vorgenommen hat. *La Nécessité d'esprit* genauer im Hinblick auf seine formalen Auffälligkeiten zu untersuchen wäre äußerst lohnenswert: Wie in einem Puzzle verwendet Caillois hier Formeln, literarische Versatzstücke eigener poetischer Textproduktionen, psychopathologisches „Eigen"-Material und vermittelt all dies auf wissenschaftlicher Ebene. Vgl. zumindest einführend zu diesem ersten, experimentellen wie autobiographischen Buch den Abschnitt „Muschel sein: ‚Je fus pholade'" in Kap. VII.3.

Revue Française veröffentlichter Text „Le Fantastique naturel", der kurz darauf auch Teil von *Cases d'un échiquier* wird, beschäftigt sich mit dem Vorkommen phantastischer Elemente in der Natur. Eigentlich versteht Caillois das Phantastische gerade als einen Bruch in der natürlichen Ordnung, als das, was der Natur fundamental entgegensteht und damit ein fremdes Element in die alltägliche Welt hereinbrechen lässt. Mit dem „fantastique naturel" sind solche natürlichen Dinge bezeichnet, in denen die Natur ihren eigenen Normen entkommt, in denen es scheint, als wäre sie nicht sie selbst, als falle sie aus ihrer Ordnung, sodass sie der Beobachtung als nicht natürlich, als irreal erscheinen. Zum „fantastique naturel" gehören solche Dinge der Natur, die besonders unwahrscheinliche und zugleich zwingende Ähnlichkeiten zwischen Phänomenen aus weit voneinander entfernten Bereichen, etwa aus Zoologie und abstrakter Kunst[57] aufscheinen lassen und die dadurch die menschliche Imagination erfassen und mobilisieren.[58] Ähnlichkeit entsteht dann nicht durch menschlich-artifizielle Nachahmungen der Natur, sondern durch antizipierte Duplikationen und unbewusste Konvergenzen beider Bereiche.

Der Bruch, die scheinbare Störung, entspringt hier der Ordnung der Natur: Es geht um „die plötzliche Präsenz eines Elements der Störung von großem Ausmaß, die paradoxerweise selbst die Ordnung ist."[59] Indem sich die Natur in das illusionäre Gewand einer verletzten Ordnung hüllt, weist das „fantastique naturel" dezidiert auf die in der Ordnung der Welt vorhandenen Ähnlichkeiten hin. Hinter ihnen lässt sich „die Existenz eines zugrundeliegenden Imaginären vermuten, das zum Realen gehört, ein Sprungbrett und eine Garantie des Anderen, das der Geist verwebt".[60] Sichtbar wird das zugrundeliegende Imaginäre aber nur und ausschließlich durch das Sammeln, das Zusammentragen dieser paradoxalen,

---

57 Für Caillois gehört auch die Kunst zur Natur, vgl. dazu Kapitel V.2. Siehe außerdem bereits Caillois' frühe Schrift *La Mante religieuse* aus den 1930er Jahren zur ersten Skizzierung dieser Ideen, sowie *Au cœur du fantastique*. Paris: Gallimard 1965 und „Images, images...". In: Ders.: *Obliques, précédé de Images, images... [1975]*. Paris: Gallimard 1987, S. 17–110.
58 So beschreibt er neben zahlreichen anderen Beispielen ausführlich die verblüffende Ähnlichkeit zwischen dem Panzer der *caretta caretta gigas* (Unechte Karettschildkröte), der sich bei keinem Exemplar in Zeichnung und Farbton wiederholt, mit den Emblemen und Piktogrammen, der Heraldik westamerikanischer Indianerstämme. Zugleich ist die Beschreibung dieser möglichst entfernten und unwahrscheinlichen Ähnlichkeiten noch immer eng mit den surrealistischen Theorien des poetischen Bildes verbunden. Vgl. Roger Caillois: „Fantastique Naturel [Nov. 1968, NRF]". In: Ders.: *Cases d'un échiquier*. Paris: Gallimard 1970, S. 60–73, hier S. 66.
59 Frz.: „la présence soudaine d'un élément de perturbation majeure, qui paradoxalement est l'ordre." Ebd., S. 69.
60 Frz.: „présumer l'existence d'un imaginaire sous-jacent, appartenant au réel, tremplin et garantie de l'autre, celui que tisse l'esprit". Ebd., S. 72.

unwahrscheinlichen und phantastischen Ähnlichkeiten. Erst wenn in Caillois' Text indigene Heraldik und Zeichnungen von Schildkrötenpanzern, *Condylura* (Sternnasenmaulwurf) und Alptraum, *Cyclocosmia truncata* (eine Vogelspinnenart mit auffälligem Hinterleib) und Aztekenkalender aufeinandertreffen, werden die Analogien zwischen Zoologie, kultischen oder wissenschaftlichen Artefakten und menschlicher Imagination erkennbar.

Das Verfahren des Nebeneinanderstellens aber ist eines – und dies lässt sich für viele Sammelpraktiken verallgemeinern –, das hinter den Dingen zurückzutreten versucht. Die Ähnlichkeiten werden als primordiale Strukturen inszeniert, als so offensichtlich, dass sie sich dem sammelnden Subjekt, unabhängig von seiner Disposition, geradezu aufdrängen: Hier sind es die Dinge des „fantastique naturel", die die passive menschliche Imagination ergreifen *(saisir)* und freisetzen, aktivieren *(mobiliser)* und das Verhältnis zwischen tyrannischem Subjekt und passivem Objekt umkehren.

Das von ihm selbst angewandte Verfahren des Sammelns profitiert vom theoretischen Aufwand, den Caillois in seiner Konzeption jener machtvollen Dinge der Natur betreibt. Nicht nur den Impuls für die Imagination, auch die Ordnung des Gesammelten verlagert er in die Dinge hinein, die Sammelarbeit entspricht daher quasi nur einer Rekonstruktion ex negativo, einem Herausschälen – eine Denkfigur, die sich in Caillois' Werk zum Imaginären an mehreren Stellen findet.[61] Als eine solche Tätigkeit, die scheinbar nur das überflüssige Material sowie einzelne verdeckende Makel abträgt, die also nichts Neues erschafft, sondern die in der Tiefe verborgenen, aber bereits vorhandenen Strukturen freilegt und aufsammelt, indem sie ihren Ähnlichkeiten und Verbindungen folgt, versteht Caillois auch

---

61 In einem kurzen fiktionalen Text aus dem zweiten Teil von *Cases d'un échiquier*, „Monologue d'un sculpteur", erzählt beispielsweise ein Bildhauer in der ersten Person davon, wie er aufhörte, seine Steine zu behauen, und sie nur noch in ihren zeitlosen, absoluten Formen beließ: „Gelegentlich rekonstruiere ich, führe etwas zu Ende, entferne irgendeinen Makel; ich wage es, das sichtbar zu machen, was versteckt geblieben war. Aber das ist alles. Und ich halte erschrocken inne." Frz.: „Parfois, je restitue, j'accomplis; j'enlève quelque verrue; je me hasarde à rendre visible ce qui demeurait caché. Mais c'est tout. Et je reste effrayé." Roger Caillois: „Monologue d'un sculpteur". In: Ders.: *Cases d'un échiquier*. Paris: Gallimard 1970, S. 200–201, hier S. 201. Das *Non-Finito* in der Skulptur, das Auguste Rodin von Michelangelo aufgreift und in ein spezifisch modernes ästhetisches Verfahren des Fragments, der Möglichkeitsform und Unsichtbaren transformiert, wird in Caillois' Fiktion auf die Spitze getrieben, indem selbst das Andeuten einer Form unterlassen wird. Dabei lässt sich die Rolle des Fragments bzw. von Praktiken des Fragmentierens erahnen. Der Rest, der für das Fragment konstitutiv ist, bleibt virtuell und ermöglicht es, grundlegende Darstellungsprobleme zu umgehen und Teile – wie beispielsweise des Imaginären – in den nichtaktualisierten Teil des Fragments zu verlagern. Zu diesem Verfahren der Wissenschaften vom Imaginären insbesondere anhand von Caillois' Faszination für eine „architecture cachée" siehe Kapitel VIII.1 „System (feindschaft), Diagonalen, verborgene Architektur".

sein Sammeln. Für seine Lesenden wird das in den Ähnlichkeiten der Dinge liegende Imaginäre freilich erst aus dem Nebeneinanderstellen im Rahmen eines Textes sichtbar.

Caillois setzt mit einer solchen Beschwörung der „Macht der Dinge" einen spezifischen Begriff des Dings voraus, der eine deutliche Nähe zu aktuellen kulturwissenschaftlichen Diskussionen aufweist. Aber wenn hier die Rede von den Caillois'schen „Dingen" ist, muss dieser Begriff nicht nur von denen des „Objekts" und des „Gegenstands" unterschieden werden: Es geht zudem nicht um das Ding der Philosophie, im Singular, mit dem sich stets die Frage nach der Möglichkeit von Erkenntnis stellt.[62] Ebenso wenig geht es um Erkenntnisgegenstände als Objekte, die jeweils nur in Abhängigkeit von den subjektiven Erkenntnisformen gedacht werden können.[63] Der Begriff des Objekts zeigt im ursprünglichen Wortsinn von *objectum*, „das Entgegengeworfene", eine Beziehung zwischen Subjekt und Objekt an, in der letzteres sich ersterem widerständig entgegenstellt. Ähnlich verhält es sich mit dem Gegenstand als das „Entgegengestellte".[64] Während das Objekt nie aus der Polarität zum Subjekt ausbrechen kann, in der beide aufeinander angewiesen sind und die allen Überlegungen zu Anerkennung und Erkenntnis, auch und vor allem der wissenschaftlichen, zugrunde liegt, betont der Gegenstand, versteht man ihn im nichtmetaphorischen Sinn als das Entgegen-/Im-Weg-Stehende, stärker seine haptische und im wörtlichen Sinne hand*greifliche* Seite. Gegenstände lassen sich bewegen, sie sind handhabbar und daher von begrenzter Größe.[65]

Zwischen Caillois' „Dingen", wie er sie insbesondere im Kontext des Naturphantastischen beschreibt, und jenen Ding-Konzepten aktueller kulturwissenschaftlicher Debatten lässt sich eine Verwandtschaftsbeziehung beobachten. Letztere bevorzugen den Begriff der „Dinge" deshalb, weil er die gängige Trennung zwischen Subjekt und Objekt suspendiert und stattdessen eine materielle Dimension in den Vordergrund rückt. Werden Dinge als etwas Neues in den wissenschaftlichen Diskurse eingespeist, dann verlieren sie notwendigerweise ihre Dinghaftigkeit und verwandeln sich in stabilisierte Objekte des Diskurses.[66] Im Gegensatz dazu ist das Ding durch eine gewisse Widerständigkeit, Fremdheit und

---

62 Vgl. zur Unterscheidung von philosophischem Ding, kulturwissenschaftlichen Dingen und dem Ding in der Psychoanalyse u. a.: Doerte Bischoff: „Das Ding – die Dinge. Der kleine Unterschied im Blickwechsel zwischen Philosophie und Kulturwissenschaften." In: Gisela Ecker, Claudia Breger, Susanne Scholz (Hg.): *Dinge. Medien der Aneignung, Grenzen der Verfügung*. Königstein/Taunus: Helmer 2002, S. 251–255, hier S. 251.
63 Vgl. dazu Böhme: *Fetischismus und Kultur*, S. 70.
64 Vgl. Kohl: *Die Macht der Dinge*, S. 118.
65 Vgl. ebd., S. 120.
66 Für diesen Objektbegriff sei hier auch auf Rheinbergers Unterscheidung von wissenschaftlichem und technologischem Objekt verwiesen. Vgl. dazu Hans-Jörg Rheinberger: „Das ‚episte-

Eigenmächtigkeit gekennzeichnet, die sich nicht ohne Weiteres diskursiv einholen lässt und nicht per definitionem an das Subjekt gebunden ist.[67] Da der Mensch, so Martin Heidegger, sich wenig mit dem Ding als Ding befasst habe, fragt er in seinem Aufsatz „Das Ding" nach dem „Dinghaften des Dings",[68] dessen Wesen sich in der Möglichkeit des „Versammelns",[69] widergespiegelt im alten Begriff des *things*, begründet. Im Ding sei nicht nur das Stoffliche, Materielle anwesend, sondern auch das Immateriell-Abwesende. In Lacans Psychoanalyse wird das Ding das „Unmögliche", dessen Unerreichbarkeit als nichtaufzulösender Mangel mit Phantasmen aufgefüllt wird.[70] Indem die Psychoanalyse von einem kulturellen Zeichensystem ausgeht, setzt sie das Ding als etwas, in dem sich ein „nicht-symbolisierter Rest, der sich der Repräsentation entzieht", manifestiert. Mit dem zeichentheoretischen Kulturbegriff werden einerseits, beispielsweise bei Clifford Geertz, materielle Dinge in den gleichen Status gehoben wie Imaginationen und wissenschaftliche Erkenntnisse: den der kulturellen Symbole, die es zu „lesen" und zu entziffern gilt. Andererseits liegt in den Dingen immer auch eine Kraft enthalten, die sich gegen die Dechiffrierung im Rahmen von Symbolisierungsprozessen sperrt. In ihnen nistet „eine grundlegende Problematisierung der klassischen Trennung von erkennendem Subjekt und Objekten der Wahrnehmung und Erkenntnis".[71]

Zwar verbindet die verschiedenen Ansätze keine einheitliche Grundthese, ihnen allen gemein ist aber, dass der kulturwissenschaftliche Begriff des Dings aus ihnen schöpft und diesem, von ihnen ausgehend, ein Mehrwert zugesprochen wird, der sich nicht auflösen, diskursivieren oder abtragen lässt. Dieser Rest, dieser Überschuss ist mit unterschiedlichen Konzepten verknüpft oder erklärt worden: etwa dem des Unheimlichen im Kontext der Romantik, des Marx'schen Warenwerts und Waren-Fetischs[72] oder der Agency der Dinge nach Bruno La-

---

mische Ding' und seine technischen Bedingungen". In: Ders.: *Experiment, Differenz, Schrift. Zur Geschichte epistemischer Dinge*. Marburg an der Lahn: Basilisken-Presse 1992, S. 67–86.
67 Vgl. dazu u. a. Kimmich: *Lebendige Dinge in der Moderne*, S. 11.
68 Martin Heidegger: „Das Ding [1950]". In: Ders.: *Gesamtausgabe*. Band 7. *Vorträge und Aufsätze*. Hg. v. Friedrich Wilhelm von Herrmann. Frankfurt am Main: Vittorio Klostermann 1976, S. 167–187, hier S. 169.
69 Ebd., S. 179.
70 Vgl. zum Zusammenhang von Heidegger und dem Ding in der Psychoanalyse: Peter Widmer: „Das Ding. Von Meister Eckhart bis zu Lacan". In: Gisela Ecker, Claudia Breger, Susanne Scholz (Hg.): *Dinge: Medien der Aneignung, Grenzen der Verfügung*. Königstein/Taunus: Helmer 2002, S. 239–250, hier S. 246ff.
71 Bischoff: „Das Ding – die Dinge", S. 251.
72 Vgl. dazu Manfred Frank: „Das Motiv des ‚kalten Herzens' in der romantisch-symbolistischen Dichtung". In: Ders.: *Kaltes Herz. Unendliche Fahrt. Neue Mythologie: Motiv-Untersuchungen zur Pathogenese der Moderne*. Frankfurt am Main: Suhrkamp 1989, S. 11–49.

tour.⁷³ Hartmut Böhme hat in seiner Fetischismus-Studie gezeigt, dass das Missverständnis, Handlungsmacht sei ein allein menschliches Privileg, so alt sei wie die Moderne selbst. Ebenso alt sei aber auch Latours modernekritischer Gedanke. Moderne heiße von Anfang an, dass sich Selbstverzauberung und ihre Aufklärung untrennbar miteinander verwebten.⁷⁴ Wie wir für die Sprache längst nicht mehr davon ausgehen, über sie zu verfügen, sondern wissen, dass sie über uns verfügt, gelte es dies nun auch für die Dinge zu verstehen, so Böhme: „Die Dinge sind Leibeigene, doch wir sind auch Leibeigene der Dinge."⁷⁵ Wollten wir aber die Überschreitungen jener tiefen Gräben zwischen Subjekt und Objekt oder auch zwischen Mensch und Ding betrachten, müssten wir nicht erst nach „animistischen Kulturen" unter den „Primitiven" suchen.⁷⁶ Es genüge ein Blick auf den europäischen oder westlichen Dinggebrauch, um zu verstehen, dass der Anthropomorphismus – also die Projektion menschlicher Eigenschaften und Fähigkeiten auf Nichtmenschliches – zwar seit der Aufklärung als Kategorienfehler angesehen wird. Das Eigenleben der Dinge konnte jedoch auch von dieser Fehldiagnose nicht unterbunden werden.

Die Dinge der Moderne, so folgert etwa Dorothee Kimmich, „irritieren die Differenz zwischen Identität und Alterität und ersetzen sie durch ein Spiel mit Ähnlichkeiten."⁷⁷ Sie seien also bereits durch ein verunsicherndes Ähnlichkeitspotenzial bestimmt. Die „Dinge" aber, die Canetti und Caillois sammeln, sind darüber hinaus gerade solche, deren primäre Eigenschaft die Produktion *von* Ähnlichkeiten ist. Die Dinge sind nicht nur ähnlich, sie bestehen zudem in Ähnlichkeitserzeugung, sie sind, machen und werden ähnlich.

3.3 Sammlungen zweiter Ordnung. Ähnlichkeit als gefährliches Objekt

Caillois sammelt zeitlebens Ähnliches. Obwohl hier der Schwerpunkt auf seinen späteren Auseinandersetzungen mit der Ähnlichkeit liegt, lohnt ein kurzer Überblick ab den 1930er Jahren: In seinem frühen Text „Mimétisme et psychasthénie légendaire" („Mimese und legendäre Psychasthenie"), der 1935 in der surrealistischen Zeitschrift *Minotaure* veröffentlicht und später in längerer Version in *Le mythe et l'homme* aufgenommen wurde, entwickelt Caillois die Vorstellung, es sei möglich, einfach nur ähnlich zu werden – nicht jemandem oder etwas, sondern

---

73 Vgl. u. a. Latour: *Wir sind nie modern gewesen.*
74 Vgl. Böhme: *Fetischismus und Kultur*, S. 75.
75 Ebd., S. 95.
76 Vgl. Böhme: „Agency, Performativität und Magie der Dinge", S. 27.
77 Kimmich: *Lebendige Dinge in der Moderne*, S. 33.

nur ähnlich. In einer Art Störung der Raumwahrnehmung übernimmt der Raum selbst die aktive Rolle und wirkt auf den Organismus ein. So löst sich letztlich auch die Trennung zwischen Organismus und Umwelt auf. Die aus der Betrachtung mimetischer Insekten abgeleitete These, es gebe eine Versuchung durch den Raum, die einen Trieb zur Selbstaufgabe auslöse, verschränkt er mit der von Edward Tylor, Marcel Mauss und Henri Hubert sowie James Frazer beschriebenen Ähnlichkeitsmagie, der „gebieterischen Tendenz zur Nachahmung", die beim „Primitiven" „fortbesteht".[78] Zusätzlich übernimmt er den Begriff der „psychasthénie", unter dem der Psychiater Pierre Janet eine Form der schizophrenen Depersonalisierung versteht, und erweitert diese zur „legendären Psychasthenie".

Sein Ansatz bewegt sich innerhalb eines surrealistisch geprägten Diskurses der 30er Jahre, der Erfahrungen der Dissoziation des Subjekts, von Passivität und Depersonalisierung miteinander verschränkt und der etwa auch Michel Leiris' Suche nach Zuständen der Besessenheit und der Trance in „La croyance aux génies zar en Éthiopie du Nord"[79] (Geisterglaube der Zar in Nord-Äthiopien) von 1938 oder Salvador Dalís ekstatische, verschlingende Bilderräume beeinflusste.[80] „Andere Zustände" und Momente der Depersonalisierung sind kontextuell entscheidend für „Mimétisme et psychasthénie légendaire". Im Laufe seines Werkes distanzierte sich Caillois allerdings bald von seiner Idee, die Mimese verdanke sich einer „Tendenz, ins Leblose zurückzukehren".[81] Erneut verwirft er die Vorstellung von Indifferenz, welche aus der Selbstaufgabe und völligen Auflösung im Anderen folgt, zugunsten einer auf Ähnlichkeit basierenden Korrespondenz zwischen natürlichen Phänomenen und menschlicher Imagination.

Ein Jahr zuvor veröffentlichte er, ebenfalls in *Minotaure*, einen Artikel mit dem Titel „La Mante religieuse" („Die Gottesanbeterin"), der zudem im fünften

---

78 Caillois: „Mimese und legendäre Psychasthenie [1935]", S. 34; Frz.: „il reste chez le ‚primitif' une tendance impérieuse à imiter". Caillois: „Mimétisme et psychasthénie légendaire [1935]", S. 107.
79 Vgl. dazu Irene Albers: „Der besessene Ethnograph und die Rituale des Schreibens. Michel Leiris' Texte über den zar-Kult in Äthiopien". In: Manfred Weinberg, Stefan Rieger, Schamma Schahadat (Hg.): *Interkulturalität. Zwischen Inszenierung und Archiv*. Tübingen: Narr 1999, S. 145–163.
80 Vgl. Cheng: „Mask, Mimicry, Metamorphosis. Roger Caillois, Walter Benjamin and Surrealism in the 1930s", S. 67f.
81 Er sieht im Phänomen der Insekten stattdessen „ein Äquivalent für die Verwandlungsspiele des Menschen." Roger Caillois: *Die Spiele und die Menschen. Maske und Rausch*. Übers. v. Sigrid von Massenbach. München, Wien: Langen Müller 1964, S. 29; Frz.: „une tendance à retourner à l'inanimé, mais [...] l'équivalent, chez l'insecte, des jeux de simulacre chez l'homme." Caillois: *Les jeux et les hommes. Le masque et le vertige*, S. 62f. Und später dann ein allgemeines kosmologisches Prinzip.

Kapitel von *La Nécessité d'esprit* enthalten ist. Darin beschäftigt ihn die Verbindung von tierischem Instinkt und menschlicher Einbildungskraft anhand der Untersuchung einer Parallele zwischen dem Sexualverhalten der weiblichen Gottesanbeterin, die nach der Paarung das Männchen verzehrt, und den Mythen und Legenden zur „femme fatale". Die Gottesanbeterin wird zum „objektiven Ideogramm" im oben beschriebenen Sinn. Später folgen Auseinandersetzungen mit Mimese und Mimikry in seiner spieltheoretischen Schrift *Les jeux et les hommes* von 1958, in der er *mimicry* als Verwandlungsspiel in eine umfassende Anthropologie einbettet, sowie in seinem Band *Méduse et Cie* von 1960.[82]

Phänomene der Mimikry, der Mimese, von Maske, Täuschung und Verschwinden bilden also eine umfangreiche Objektserie in den Sammlungen Caillois', die zu den bereits am intensivsten beforschten Gebieten seines Werkes gehören und vielfache Anschlüsse generierten. Es liegen Forschungsbeiträge zu Caillois' Mimikry-Konzept und der Psychoanalyse bei Freud und Lacan, zum Kontext des Surrealismus,[83] zur Biologisierung der Kunst[84] sowie zu Ästhetiktheorien der Mimese/Mimikry[85] vor. Insbesondere interessiert sich die Forschung dabei

---

[82] Durch die Veröffentlichungen daraus entnommener Kapitel im englischsprachigen Kontext sowie in der von Ernst Jünger herausgegebenen Zeitschrift *Antaios* unter den Titeln „The mask of Medusa" und „Der Komplex der Medusa" publizierte er dazu bis 1964.

[83] Cheng sieht in Caillois' Schriften im Rahmen des Surrealismus eine „creativity without art" und verortet seine Argumentation ganz im Kontext surrealistischer Suche nach den Automatismen im Schreiben jenseits der bewussten Herrschaft des Subjekts. Ganz im Gegenteil aber geht es Caillois nicht um Kreativität ohne Kunst, sondern um Kunst, die bereits in der Natur beginnt. Cheng nimmt hier seine surrealistisch geprägte Rede von Automatismen auf, übersieht aber, dass es ihm um weitaus mehr zu tun ist: Der Automatismus weist für Caillois als mechanisches Element nur auf die ihn hervorbringenden größeren Gesetzmäßigkeiten der Natur hin. Verschwindet die Maschinenmetaphorik in den späteren Texten zwar schnell wieder, spielen Technikvergleiche immer wieder eine Rolle. Vgl. dazu das Kapitel VI.2 in diesem Buch. Cheng: „Mask, Mimicry, Metamorphosis. Roger Caillois, Walter Benjamin and Surrealism in the 1930s", S. 72 u. S. 76. Die Deutung, die Phänomene der Mimikry seien für Caillois so entscheidend, weil sie das „most creative, art-like phenomenon in nature" (ebd., S. 74) seien, ist gerade mit Blick auf Caillois' spätere Texte leicht widerlegbar. Erstens sind sie gerade (auch in der Natur) nur möglich aufgrund fehlender Kreativität, da sie in möglichst unkreativer, genauer Nachahmung jener größeren Gesetzmäßigkeiten bestehen, zweitens hieße das, einen Kunstbegriff mimetischer Nachahmung zugrunde zu legen, der gerade im Surrealismus nicht mehr greift. Es müssen daher andere Gründe dafür gefunden werden, warum es gerade die Mimikry und die Verwandlung sind, die Caillois – und auch Canetti – lebenslang faszinieren.

[84] Vgl. u.a. Cha: *Humanmimikry*, S. 83–91; 279–286; vgl. Eidelpes: „Roger Caillois' Biology of Myth and the Myth of Biology".

[85] Vgl. u.a. Berz: „Tier Blatt Flügel Herbst. Caillois und sein Biologe: Paul Vignon"; sowie den Aufsatz von Jessica Nitsche: „Spiele mit der Sichtbarkeit. Mimétisme und mimetisches Vermögen nach Roger Caillois und Walter Benjamin". In: Andreas Becker u.a. (Hg.): *Mimikry. Gefährlicher*

für Caillois' frühe, teils surrealistisch inspirierten Texte. Entscheidend ist, dass sich Caillois aus einem lamarckistischen Kontext heraus gegen die Nützlichkeitstheorie der Mimikry ausspricht. Mimikry und Mimese seien *nicht* durch einen evolutionären Vorteil zu erklären, den mimetische Tiere von ihm hätten. Die Natur leiste sich stattdessen mit Mimikry und Mimese einen evolutionär gesehen nutzlosen aber „gefährlichen Luxus".[86]

Die Texte zum Mimetismus und zur Gottesanbeterin, beide in *Le mythe et l'homme* wiederveröffentlicht, sind es auch, die besonders harsche Kritik von Caillois' Zeitgenossen hervorgerufen haben, wie etwa von seinem Lehrer Marcel Mauss oder von Theodor W. Adorno in einer Rezension von 1938:

> Die Abhandlung dient der Tendenz, die gemeinhin durch wissenschaftliche Arbeitsteilung abgetrennten Gebiete der Biologie, der Mythenforschung und der Psychologie in Beziehung zu setzen und an einem Modell ihre bruchlose Kontinuität zu entwickeln. [...] der Versuch, psychologische Tendenzen nicht auf das Bewußtseinsleben des autonomen Individuums, sondern auf reale somatische Tatbestände zurückzuführen, bietet einen echt materialistischen Aspekt. Dieser wäre allerdings der mythisierenden Denkweise Caillois' erst abzutrotzen.[87]

Während Mauss die irrationalistischen „Entgleisungen" sowie die als „vage Empfindsamkeit"[88] verstandene poetische Färbung des Buches kritisiert, setzt Adorno

---

Luxus zwischen Natur und Kultur. Schliengen: Edition Argus 2008, S. 74–91 und die Einleitung des zugehörigen Bandes. Allerdings konzentriert sich auch Nitsche ausschließlich auf die frühen Texte von Caillois.

86 Caillois: „Mimese und legendäre Psychasthenie [1935]", S. 33; Frz.: „luxe dangereux". Caillois: „Mimétisme et psychasthénie légendaire". In: *Minotaure* 7 (1935), S. 5–10, S. 7. Vgl. dazu auch Becker u.a. (Hg.): *Mimikry. Gefährlicher Luxus zwischen Natur und Kultur*. Schliengen: Edition Argus 2008.

87 Theodor W. Adorno: „Roger Caillois, La Mante religieuse. Recherche sur la nature et la signification du mythe". In: Ders.: *Gesammelte Werke XX.1*. Hg. v. Rolf Tiedemann. Frankfurt am Main: Suhrkamp 1986, S. 229–230, hier S. 229. Adornos Kritik ähnelt auffallend seiner Einschätzung von Canettis *Masse und Macht* fast 30 Jahre später als ein formales „Skandalon", vgl. „Gespräch mit Theodor W. Adorno" in: ARG, 142. Seine durchaus lobende Kritik von Caillois wird in einem Brief an Benjamin wiederum getrübt, in dem er sich über die Naivität Caillois' im Hinblick auf die geschichtliche Dynamik der Biologie auslässt und Caillois „kryptofaschistische Naturgläubigkeit" vorwirft. Vgl. dazu u.a. Eidelpes: „Von der empirischen Imagination zur natürlichen Ästhetik", S. 108.

88 Zwar lobte Mauss zunächst „La Mante religieuse", den er in der in *Le mythe et l'homme* 1938 erschienenen Version las, kritisierte aber Caillois und sein Umfeld scharf für deren irrationale „Entgleisungen"; hier anhand von *Paris, mythe moderne*, einem Text Caillois' von 1938: „Mais ce que je crois un déraillement général, dont vous êtes vous-même victime, c'est cette espèce d'irrationalisme absolu par lequel vous terminez, au nom du labyrinthe et de Paris, mythe moderne, –

mit seinem Einspruch an der „mythisierenden Denkweise" an. Was letzterer aber im ersten Satz seiner Notiz beschreibt und am Ende der Rezension als „echt materialistischen" Ansatz lobt, ergibt sich aus Caillois' Praktik des Nebeneinanderstellens verschiedener wissenschaftlicher Disziplinen. Adorno und Mauss konzentrieren sich in ihrem auf politischer Ebene angesiedelten Lob bzw. ihrer Kritik weniger auf den Gegenstand des Textes, die Gottesanbeterin, als auf dessen Konstruktionsweise. Da es Caillois um die entomologischen, ästhetischen und psychopathologischen Bruchstücke geht, die sich angesichts von Mimikry und Mimese überlagern, entwickelt sein Text auch auf formaler Ebene eine „bruchlose Kontinuität" zwischen den einzelnen Bereichen, wie Adornos erster Satz treffend zusammenfasst.

Dieses formal und disziplinär irritierende Textverfahren, das mit der Untersuchung der tierischen Ähnlichkeiten einhergeht, lässt sich bereits an den historischen wissenschaftlichen Beschreibungen des Phänomens erkennen. Denn die Mimikry ist auch jenseits der Texte Caillois' ein heikler Gegenstand: Als der Biologe Henry Walter Bates Mitte des 19. Jahrhunderts auf seinen Expeditionen in den amazonischen Dschungel ein Phänomen beobachtete, bei dem harmlose Insekten das Aussehen ungenießbarer und gefährlicher Arten täuschend nachahmen, prägte er dafür einen Begriff, der sich einerseits vom antiken Konzept der Nachahmung *(mimesis)*, andererseits vom Schauspieler und Darsteller *(mimos)*[89] so-

---

mais je crois que vous l'êtes tous en ce moment, probablement sous l'influence de Heidegger, Bergsonien attardé dans l'hitlérisme, légitimant l'hitlérisme entiché d'irrationalisme –, et surtout cette espèce de philosophie politique que vous essayez d'en sortir au nom de la poésie et d'une vague sentimentalité". Marcel Fournier: „Une lettre inédite de Marcel Mauss à Roger Caillois du 22 juin 1938". In: *Actes de la recherche en sciences sociales* 84 (1990), H. 1, S. 87. Dt.: „Aber das, was ich für eine generelle Entgleisung halte und deren Opfer Sie selbst sind, das ist diese Sorte eines absoluten Irrationalismus, bei dem auch Sie enden, unter der Bezeichnung des Labyrinth wie auch von *Paris, ein moderner Mythos* – aber ich glaube, dass Sie das im Moment alle sind, wahrscheinlich unter dem Einfluss von Heidegger, diesem zum Hitlerismus heruntergekommenen Bergsonianer, der in seiner Begeisterung für den Irrationalismus den Hitlerismus legitimiert – und vor allem ist es diese Art von politischer Philosophie, aus der Sie über die Begriffe von Poesie und einer vagen Sentimentalität herauszukommen versuchen." Zwar ist Caillois Mauss-Schüler und übernahm auch während seiner Zeit am Collège de Sociologie den Mauss'schen Ansatz, in der Hoffnung, durch Resakralisierung der Welt eine neue Gemeinschaft stiften zu können. Bald distanzierte er sich aber zugunsten einer wissenschaftlichen Untersuchung von den kollektiven Kräften des Mythos, zugleich interessierten ihn weniger das kollektive Moment und Fragen der Naturalisierung der Gesellschaft, als vielmehr der *mimétisme* als eine Natur und Kultur gleichermaßen durchziehende Grundstruktur in der Welt.

89 Andreas Becker, Martin Doll, Serjoscha Wiemer, Anke Zechner: „Einleitung". In: Dies. (Hg.): *Mimikry. Gefährlicher Luxus zwischen Natur und Kultur*. Schliengen: Edition Argus 2008, S. 7–27, hier S. 10.

wie vom römischen Mimus, einer bestimmten Theaterform, herleitet: „mimicry". Inmitten mimetischer Täuschungen und Nachahmungen unter den rund 8000 Tieren, die er im Amazonasgebiet neu entdeckte, war Bates zusehends von den vielfältigen Ähnlichkeitsbeziehungen der Arten untereinander verblüfft, sodass er besonders ähnliche Exemplare als „hybrid-looking specimens"[90]bezeichnete. Wie im Taumel der Nachahmung weitete Bates den Mimikry-Begriff in seiner Autobiographie schließlich auch auf die Beschreibung der rituellen Praktiken der dort angetroffenen Indigenen aus, insbesondere wenn diese in rituellen Tänzen bestimmte Tiere nachahmten. Ihm fiel dort bereits auf, dass jene indigenen Feste längst von christlichen Versatzstücken durchdrungen waren. Die Mimikry der Insekten vermengte sich mit der Tiermimikry der Indigenen, die wiederum eine Mimikry an christliche Traditionen betrieben: Hybride Insekten, Hybride zwischen Mensch und Tier und kulturelle Hybride zwischen amazonischen Indigenen und christlichen Traditionen legen sich im Phänomen der Mimikry von ihrem Auftauchen als wissenschaftlichem Gegenstand an übereinander.[91] Dies alles wird mit einem Begriff beobachtbar, der u. a. ursprünglich auf den römischen Mimus zurückgeht, einem Spotttheater zur Unterhaltung des Volks, bei dem politische oder hochkulturelle Anspielungen in den Modus der Komödie überführt wurden. Obwohl die Zoologie den Begriff später stark prägt, verliert er nie die Konnotation des Schauspiels und der Täuschung, die sich das Tierreich oder die kulturellen Riten hier zu erlauben scheinen.

Um 1900 geriet die Mimikry daher schließlich in den Verdacht, eine Phantasie der Naturforscher zu sein, eine Frucht wissenschaftlicher Verblendung durch die Einbildungskraft.[92] Verantwortlich dafür war jener oben beschriebene ungenaue „Ermessensspielraum", durch den sich die Ähnlichkeit auszeichnet, der nun für wissenschaftliche Unstimmigkeiten sorgte. Innerhalb der sich in Zoologie und Mimikryforschung entspinnenden Debatte warfen sich die Forschenden schließlich selbst gegenseitig vor, unter dem Bann der Ähnlichkeit zu stehen, nichts mehr als Ähnlichkeiten zu sehen und so die Identitäten der Wissenschaft aus den Augen zu verlieren. So warnt der Zoologe Karl Hauser 1908 in seinem Werk *Allerhand*

---

90 Henry Walter Bates: *The Naturalist on the River Amazons [1863]*. Bd. 1. Hamburg: Severus 2013 (= Reprint der Originalausgabe), S. 258.
91 „The Indian idea of a holiday is bonfires, processions, masquerading, especially the mimicry of different kinds of animals", Henry Walter Bates: *The Naturalist on the River Amazons [1863]*. Bd. 2. Hamburg: Severus 2013 (= Reprint der Originalausgabe), S. 201; siehe dazu auch Becker u. a.: „Einleitung", insb. S. 8f; vgl. zur Mimikry im postkolonialen Kontext insbesondere das Buch von Michael Taussig: *Mimesis und Alterität. Eine eigenwillige Geschichte der Sinne*. Hamburg: Europäische Verlagsanstalt 1997.
92 Vgl. zur Krise der Mimikryforschung Cha: *Humanmimikry*, S. 71–81.

Schauspieler in der Tierwelt (Mimikry u. Schutzfärbung), dessen Titel an die ursprüngliche Herkunft des Mimikry-Begriffs aus der Schauspieltheorie erinnert, vor dem Einbruch der Imagination in die Naturwissenschaft, wenn diese „vielfach starke Aehnlichkeiten zu sehen glaubt, wo sie in Wirklichkeit gering sind."[93] Das Phänomen, das eigentlich als Täuschung der Artgenossen oder zum Verschwinden im Raum konzipiert worden war, wird plötzlich zur Täuschung der Forschenden, die an ihren eigenen Wahrnehmungen zu zweifeln beginnen: „Das Wissensobjekt ‚Mimikry' scheint ein Versteckspiel mit den Wissenschaftlern zu spielen."[94] Angesichts von Mimikry und Mimese vermehren sich die Ähnlichkeiten, abgegrenzte und fixierbare Identitäten festzuhalten wird im Bann ihrer Unentscheidbarkeiten schwierig. So wandert das Phänomen von der Sphäre der Zoologie in zahlreiche andere Disziplinen ein und zeugt so von seiner irritierenden Wirkung auf diejenigen, die es zu greifen und zu beschreiben versuchen.

In seinem späteren Band *Méduse et Cie* befasst Caillois sich weniger mit Mimikry und Mimese auf Objektebene als mit genau solchen Erkenntnissen und Legenden der Forschung *über* sie. Dem Buch vorangestellt ist der kurze, manifestartige Text über die „Diagonalen Wissenschaften", an dessen Anfang der oben beschriebene wissenschaftstheoretische Ausgangsbefund zu den oberflächlichen Ähnlichkeitsbeziehungen steht. Im ersten Teil des Bandes erarbeitet Caillois seinen über den Menschen hinausgehenden Kunstbegriff, im zweiten widmet er sich Mimese und Mimikry. Dabei beschäftigen ihn zunächst die gängigen Forschungsbefunde und Klassifikationen dieses Phänomens, die blinden Flecke der Forschung, die sich für Caillois in einer darwinistischen Sackgasse befindet: „Kurzum, die Naturforscher kennen nur zwei Haltungen, denen sie sich wahlweise verschreiben: die Mimese existiert, also ist sie nützlich [...]; die Mimese ist nutzlos, also handelt es sich um eine einfache optische Täuschung seitens der Beobachter."[95] Als Widerspruch gegen das Darwin'sche Nützlichkeitsparadigma – gegen das sich im Übrigen auch Canettis Beschäftigung mit der Ähnlichkeit wendet (Kap. IV.4) – schlägt Caillois eine neue dreigeteilte Kategorisierung vor: Travestie, Tarnung, Einschüchterung.[96] Diese Phänomene träten in verschiedenen

---

[93] Karl Hauser: *Allerhand Schauspieler in der Tierwelt*, 1908, S. 16, zit. nach: Ebd., S. 77.
[94] Ebd., S. 78.
[95] Caillois: *Méduse & Cie.*, S. 89; Frz.: „En plus bref: les naturalistes n'envisagent que deux attitudes, entre lesquelles ils se partagent: le mimétisme existe, donc il est utile [...]; le mimétisme ne sert à rien, donc il s'agit d'une simple illusion d'optique des observateurs." Caillois: „Méduse et Cie [1960]", S. 516.
[96] Er veranschaulicht sie nicht nur an einigen Fotografien, sondern vor allem an einem doppelseitigen Schaubild. Vgl. zur Epistemologie des Tableaus und der Tabelle bei Caillois und Canetti das Kapitel VI *Sehen*.

Kombinationen auf. Vor allem aber seien sie „unverändert auch beim Menschen anzutreffen" und verweisen bei ihm auf „Mythologien und auf nicht zu unterdrückende Neigungen".[97] Zu allen drei Kategorien untersucht er anschließend Texte von Mimikryforschenden, betrachtet ihre Schlussfolgerungen, Analogisierungen oder Verurteilungen des Phänomens als Trompe-l'Œil; kurzum, er betreibt Wissenschaft von der Wissenschaft der Ähnlichkeit.

Im letzten Kapitel, das sich der Einschüchterung widmet, kommt er schließlich zu seiner eigentlichen These; dass nämlich nicht die Ähnlichkeit als schutzbringende Anähnelung der Zweck der Mimikry sei, sondern nur die Folge des gleichen Ziels. Im Fall der Einschüchterung etwa werden immer wieder konzentrische Kreisformen in kontrastierenden Farben – augenförmige Ocellen – eingesetzt, ob nun in der Mythologie, im magischen bösen Blick oder auf dem Schmetterlingsflügel. Ihre Ähnlichkeit ergibt sich für Caillois aber nicht über den Vorgang der Kopie, sondern aufgrund ihrer Gleichursprünglichkeit. Das ganze „Skandalon" von Caillois' Ansatz liegt darin, dass er postuliert, die Ocellen seien die Grundformen von Hypnose und Schrecken, *jede* starre Kreisform wirke hypnotisch, ohne zunächst eine Augenform nachahmen zu müssen. Daraus ergibt sich ein spezifisches Konzept von Ähnlichkeit, die sich von ihrer Referenz löst. Denn der Furchtreflex entspringe gerade der Tatsache, dass unklar sei, zu wem oder was eine Ähnlichkeit bestehe, dass diese Ähnlichkeit nur für sich stehe oder maximal auf eine fremde, apokalyptische Herkunft verweise, die sich nicht zuordnen lasse, sondern stattdessen eine Art visuellen Schwindel erzeuge.

Am Ende dieses Argumentationsstrangs steht die Idee einer transhumanen Wirkungsästhetik, die davon ausgeht, dass gewisse optische (und auch rhythmische) Phänomene und Formen die gleiche Wirkung auf Menschen wie auf Insekten ausübten und zum Hervorbringen jener Wirkungen nur ein endliches und begrenztes Kontingent möglicher Formen zur Verfügung stünde. Caillois' Mimesebegriff geht nicht von Nachahmung unter verschiedenen Tierarten aus, sondern löst sich in einem erweiterten Konzept von Ähnlichkeit von aktiven Praktiken der Imitation. Dadurch ist es möglich, mit Verweis auf die Ocellen der Insekten Phänomene der Mythologie, Ethnographie, Magie und der Hypnose miteinander zu verbinden. Ähnlichkeit ist nicht das Resultat einer Kopie, sondern jede für sich ist ein Original mit gleichem Zweck: eine autonome Ähnlichkeit, die nicht hergestellt werden kann, sondern immer schon vorliegt. Dieser Gedanke untergräbt die Grundvoraussetzungen des evolutionären Gedankens. In letzter Kon-

---

97 Caillois: *Méduse & Cie.*, S. 88; Frz.: „très exactement les différentes activités qui sont celles de l'homme en ce domaine" ; „à des mythologies ou à des tendances irrépressibles". Caillois: „Méduse et Cie [1960]", S. 513, 516.

sequenz entwickeln sich die Arten nicht durch Anpassung, sondern bedienen sich nur aus dem festgelegten Formenrepertoire der Welt.

Ähnlichkeit ist an dieser Stelle gleichbedeutend mit Gefahr und Schrecken. Nicht das Fremde, sondern das Ähnliche erzeugt Angst. Es ist die gleiche Angst, durch welche die Mimikryforschung um 1900 in den Verdacht gerät, von ihrem eigenen Phänomen befallen zu sein: Während die konzentrischen Kreisformen die Betrachtenden erstarren, zu Stein werden lassen und hypnotisieren, droht auch die Mimikry als zwanghaftes Ähnlichwerden den Forschenden das zu nehmen, was sie zu Wissenschaftler*innen macht: ihre Distanz und Differenz zum Objekt. Genau deswegen führt der Weg, den Caillois in seinem Einschüchterungs-Kapitel zum Beweis seiner These einschlägt, weniger über die Insekten als über die Insektenforschenden.

1895 wird die amerikanische Insektenart der *parantonae dipteroides*, die sich durch zerklüftete Auswüchse auf ihrer Unterseite auszeichnet, von dem Entomologen W.W. Fowler entdeckt, der in ihr die Nachahmung einer Fliege erkennt. Dass nichts willkürlicher sei als diese behauptete Ähnlichkeit mit einer Fliege, versucht dagegen Caillois unter Behauptung der These zu beweisen, dass die auffälligen Formen des Insekts eigentlich weder einem Tier noch einer Pflanze im Entferntesten ähnlich sehen. Sollten sie doch einer Sache ähneln, dann denke man eher an

> die zackigen und kunstvoll ersetzten Ausstreichungen der Manuskripte Rabindranath Tagores, [...] an die Bärte mittelalterlicher Schlüssel, die höchstens selten funktionierten, ferner an die Mäander und Windungen skythischer und sarmatischer Tierdarstellungen. Sie erinnern aber auch an die Aufbauten mancher ozeanischer und amerikanischer Zeremonialmasken.[98]

Für den Vergleich mit den rituellen Masken verweist Caillois auf den zeitgenössischen französischen Entomologen Paul Pesson und zitiert diesen in seiner Anmerkung: „Die [...] gezeigten Insektenportraits lassen manchmal an die Geschöpfe der Apokalypse denken, an Kriegsbemalungen oder Zaubermasken oder an monströse Roboter und [...] können die ausschweifendste Einbildungskraft in den Schatten stellen."[99] Die wissenschaftliche Einbildungskraft parallelisiert Technik,

---

98 Caillois: *Méduse & Cie.*, S. 123f; Frz.: „aux ratures déchiquetées et savamment compensées des manuscrits de Rabindranath Tagore, aux découpures des clés médiévales les plus exceptionnellement travaillées, ou encore aux méandres et sinuosités de l'art animalier scythe ou sarmate. Elles rappellent aussi les échafaudages qui surmontent certains masques de cérémonie océaniens ou américains." Caillois: „Méduse et Cie [1960]", S. 549.
99 Paul Pesson, 1958, zit. nach Caillois: *Méduse & Cie*, S. 139. Frz. : „Les portraits d'insectes présentés [...] font quelquefois penser à des créatures de l'Apokalypse, à des masques peints de guer-

ethnologisches Artefakt und Legende im Ringen um die adäquate Beschreibung des Insekts. Dieses zahlreiche entfernte Vergleiche und Bezüge bemühende Ringen führt Caillois wiederum nur vor, um vor den „falschen" Ähnlichkeiten zu warnen: „Klüger scheint es mir, allzu großen Ähnlichkeiten zu mißtrauen. Ich suche nicht die formalen Analogien, sondern die funktionalen Korrespondenzen,"[100] erneut die tieferliegenden Ähnlichkeiten also, die sich nicht auf Oberflächenmimikry beschränken, und dagegen meist disparate Bereiche zusammenführen.

Diese Suche beginnt er jeweils bei der Beschreibung und Analyse von „Erstbegegnungen"[101] zwischen Forscher*in und dem Ähnlichen. Besonders deutlich wird dieses Vorgehen an seinen Ausführungen zu den Fulgoridae, auch Leuchtzirpen oder Laternenträger genannt. Die *Fulgora laternaria* ist eine Homoptere (Gleichflügler, wie beispielsweise auch die Zikaden), sie kann fliegen, lebt in tropischen Wäldern und zeichnet sich durch einen auffälligen und langen Kopfhöcker aus. Ihre verschiedenen Namen deuten sämtlich darauf hin, dass diese Verlängerung des Kopfes fähig ist, Licht zu erzeugen. Paradoxerweise aber leuchtet die Leuchtzirpe gar nicht, ist physiologisch dazu nicht in der Lage. Ausführlich rekonstruiert Caillois die Herkunft dieser wissenschaftlichen Legende, die sich im weiterhin verbreiteten Namen der „Leuchtinsekten der Tropen" hartnäckig hält,

---

riers ou de sorciers, ou à des robots monstrueux, et [...] suffisent à confondre la plus prodigieuse des imaginations." Caillois: „Méduse et Cie [1960]", S. 549.
100 Caillois: *Méduse & Cie.*, S. 124; Frz.: „Il me semble sage de me défier de ressemblances trop précises. Ce ne sont pas les analogies formelles que je recherche, mais les correspondances fonctionelles." Caillois: „Méduse et Cie [1960]", S. 549.
101 Der australische Anthropologe Michael Taussig schlägt vor, das Konzept des Mimetischen nicht etwa als biologisches oder psychologisches „Vermögen" zu verstehen, oder im „Primitiven" zu suchen, sondern es in der spezifischen Situation der „Erstbegegnung", des „First Contact" mit dem Anderen zu begründen. Das Mimetische sei „ohne Grund, derart abhängig von Andersheit, daß es weder mit dem Primitiven noch dem Zivilisierten zu tun hat, sondern in dem geheimnisvoll anmutenden Raum der ‚Erstbegegnung' [...] zu finden ist, über den der Wind hinwegfegt, der zu sehr vertraut scheint", Taussig: *Mimesis und Alterität*, S. 80. So fragt Taussig in seinen historischen Erstkontaktlektüren danach, wer hier eigentlich wen nachahme, wer die besseren Mimen innerhalb ethnographischer „First Contact"-Szenen seien. Auf diese mimetischen Verdopplungen, die im Moment des ersten Kontakts mit dem Anderen entstehen, wird in Bezug auf Canettis Begegnung mit den Wolfskindern (Kap. V.1, Abschnitt „Wolfskinder: Lesende Vaterschaft") zurückzukommen sein. Bei Caillois werden solche Erstkontakte mit dem Ähnlichen schon im Text über die Gottesanbeterin beschrieben, dort zitiert Caillois Forschende, die die Mantis als Roboter, als Maschinenfrau bezeichnen, zu ihrer Beschreibung also Biologie, Technik und Ästhetik miteinander vermengen. Dies beschreibt zwar auch Cheng: „Mask, Mimicry, Metamorphosis", S. 72, sie übersieht allerdings, dass er hier eigentlich versucht, die aus dem Erstaunen resultierenden disziplinären Verirrungen der Forschenden für sein eigenes Argument zu nutzen.

auch nachdem längst bewiesen wurde, dass weder männliche oder weibliche Fulgoridae Leuchtkraft besitzen.[102] Am prominentesten ist der Trugschluss der Naturforscherin Maria Sibylla Merian in ihrem 1705 erschienenen und mit Kupferstichen versehenen Band *Metamorphosis insectorum Surinamensium* über die Insekten Surinames verbreitet worden. Von der indigenen Bevölkerung erhielt Merian während ihres Aufenthalts im Norden Südamerikas einige Leuchtzirpen und beschrieb daraufhin, sie würden nachts ein so helles Licht spenden, „daß man dabei eine Zeitung wie die *Gazette de Hollande* lesen könnte."[103]

Verschiedene Versuche wurden unternommen, um zu erklären, wie Merian sich derart täuschen konnte: Verwechslung verschiedener Insekten, nachträgliche Fehlzuordnung von Zeichnung und Kommentar seitens der Herausgeber, oder aber tote und bereits zersetzte Tiere in ihrer Holzkiste, die Nährboden für tropische Leuchtbakterien boten.[104] Caillois geht einen anderen Weg, um den Umstand zu erklären, dass Merian vor Ort lebende Exemplare der Insekten angetroffen haben musste und in der Lage war, genaue Illustrationen von ihnen anzufertigen (Abb. 1), dennoch nicht nur ein zartes Leuchten erkannte, sondern sogar eine kraftvolle Leselampe aus den Insekten zu machen imstande war. Sein Weg führt über die genaue Lektüre ihrer Aufzeichnungen aus Suriname. Entgegen seines gewöhnlich paraphrasierenden Umgangs mit Forschungsliteratur zitiert er an dieser Stelle eine lange Textpassage aus ihrem Werk.

---

102 Vgl. zur irritierenden wie irritierten Forschungsgeschichte um das Insekt: Elisabeth Heyne: „Wie sammelt man das Imaginäre? Von der Leuchtzirpe". In: *Avenue. Das Magazin für Wissenskultur* 7 (2019), S. 42–47.
103 Marie Sibylla Merian, zit. nach Caillois: *Méduse & Cie*, S. 125. Frz. „[...] en sorte qu'il ne serait pas difficile d'y lire un livre d'un caractère semblable à celui de *La Gazette de Hollande*." Caillois: „Méduse et Cie [1960]", S. 550.
104 Vgl. dazu die ausführlichen Debatten des Londoner *Entomological Club*, der 1835 der Frage nach der Leuchtfähigkeit der Leuchtzirpe eine sechsstündige Sitzung widmete, – schließlich hatte man, der Aufklärung verpflichtet, das Bild einer hell leuchtenden Leuchtzirpe zum Wappentier auserkoren: Art. IV und XII „Discussion on the Luminosity of Fulgora Candelaria, &c., at the Ninety-ninth Monthly Meeting of the Entomological Club", in: The Entomological Magazine 3 (1835), S. 45–57; 105–120.

3 Sammeln als Mimese bei Roger Caillois — 177

Abb. 1: Maria Sibylla Merian: „Granatapfelblüte und Laternenträger", aus: Dies. *Metamorphosis insectorum Surinamensium* Amsterdam 1705. Besitzende Bibliothek und Digitalisat: Niedersächsische Staats- und Universitätsbibliothek Göttingen, 2 ZOOL VI, 3904 RAR.

Innerhalb des zitierten Ausschnitts beschreibt Merian, wie sie das Geschenk der „Indianer", mehrere Leuchtzirpen, zunächst in einem großen Kasten verwahrt. Die Insekten seien ihr unbekannt gewesen, und so konnte sie zu diesem Zeitpunkt auch nicht wissen, dass diesen Leuchtfähigkeit zugeschrieben werde. Nachts weckte sie allerdings ein seltsamer Lärm:

> Bald wurden wir gewahr, daß es in diesem Kasten war, den wir mit Erstaunen öffneten, aber mit noch größerem Erstaunen zu Boden warfen, da beim Öffnen des Kastens eine Feuerflamme herauskam. Es kam so manches Tier und damit so manche Feuerflamme heraus. Doch wir beruhigten uns, sammelten die Tiere wieder ein und waren sehr verwundert über ihren Glanz.[105]

---

[105] Maria Sibyll[a] Merian, zit. nach Caillois: *Méduse & Cie*, S. 125. Frz. „[...] je trouvai bientôt que le bruit venait de cette boëte, que j'ouvris avec précipitation ; mai effrayée d'en voir sortir une

Es ist nun dieses dreifach erwähnte Erstaunen, anhand dessen Caillois versucht, dem Ursprung der Legende auf die Schliche zu kommen. Denn die Leuchtzirpe, und dies hat sie mit der Gottesanbeterin gemeinsam, „erweckt die menschliche Neugier", die „Aufmerksamkeit auch des Laien".[106] Gerade in dieser besonderen Konfiguration des Natur-„Dings" liegt für Caillois die Lösung für die rätselhafte wissenschaftliche Legende vom Leuchten der Leuchtzirpe.

Um die Legende Merians zu erklären, sammelt er andere Legenden. Er zählt Mythen, literarischen Anspielungen und überlieferte Vorstellungen der indigenen Bevölkerung rund um das Insekt auf und entdeckt in ihren Paraphrasen eine zentrale Ähnlichkeit: Sie alle haben mit einer furchteinflößenden Kraft der Leuchtzirpe zu tun, die von ihrem Kopf auszugehen scheint. Dieser ist nicht nur wie mit einer Laterne versehen, sondern scheint bei genauerer Betrachtung auch die Form eines Krokodilkopfes in verkleinertem Maßstab zu haben. So offenbart sich die Leuchtzirpe als mimetisches Insekt, ausgestattet mit der üblichen Dopplung von Fähigkeiten zur Tarnung und plötzlicher Enthüllung von Ocellen an den zunächst unsichtbaren hinteren Flügeln. Die verkleinerte Krokodilschnauze kommt zu den Ocellen hinzu und verstärkt ihre einschüchternde Wirkung noch. Erneut geht Caillois davon aus, dass in ihr nicht die Kopie des Reptils vorliegt, sondern ein erneuter Fall der autonomen Ähnlichkeit, ebenso alt und original wie die Form des nur zufällig größeren und weiter verbreiteten Tiers. Das natürliche Archiv an Schreckmasken wiederholt sich, das gemeinsame Ziel, eine affektive Wirkung zu erzeugen, erzeugt ihre Ähnlichkeit. Jede Mimikry also ist eigentlich Mimese an das Formenrepertoire des Universums.

Diese affektive Wirkung ist es auch, mit der Caillois das Geheimnis der Legendenbildung Merians zu lüften versucht. Denn die für Caillois und die von ihm an-

---

flamme, ou pour mieux dire autant de flammes qu'il y avait d'Insectes, je la laissai d'abord tomber; revenue de mon étonnement ou plutôt de ma frayeur je rattrapai tous mes insectes, dont j'admirais la vertu singulière." Merian, zit. nach Caillois: „Méduse et Cie [1960]", S. 549. Vgl. Zur Kritik von Caillois' Merianlektüre: Halpern: „La taupe de l'analogie qui se croyait un papillon", S. 165, in der sie Caillois erneut vorwirft, dem eigenen Vorwurf der falschen Analogiebildung, der falschen Wissenschaft aufzusitzen. Die hier vorgenommene Betrachtung von Caillois' Kritik an Merian nimmt genau den gegenteiligen Standpunkt ein: Zwar schlägt Caillois selbst wiederum eine spezifische Form von Analogiebildungen vor, diese aber sind gerade als Kritik an den allzu eingefahrenen Deutungsschemata von Wirklichkeit konzipiert, als Grundsteine für eine andere, „diagonale" Wissenschaft. Halperns Vorwurf wäre dann aus Caillois' Perspektive als ein Rückschritt in den Bereich des disziplinierten Wissens zu betrachten, den Caillois' Wissenschaftskonzept zu öffnen versucht, und zwar insbesondere über Aufmerksamkeitslektüren, für die seine Merianrezeption exemplarisch steht.
106 Caillois: *Méduse & Cie*, S. 127. Frz. „n'attire pas moins que la mante la curiosité des hommes."; „l'attention du profane." Caillois: „Méduse et Cie [1960]", S. 552f.

geführten Mythen um die Leuchtzirpe offensichtliche Ähnlichkeit mit dem Kopf eines Alligators erwähnt die Naturforscherin mit keinem einzigen Wort. Genau dieses Verschweigen aber gebe eine Antwort darauf, warum sie fähig sei, dem Insekt ein Leuchten zuzuweisen. Caillois vergleicht dafür ihre affektive Reaktion auf das Insekt mit der Wirkung ästhetischer Erfahrung und schlägt damit eine Art allgemeiner Theorie der Aufmerksamkeit vor:

> Einem scharfsinnigen Kunstkritiker ist aufgefallen, daß der rätselhafte Charakter im Lächeln der Mona Lisa nicht von den Lippen ausgeht, sondern davon, daß das Gesicht völlig haarlos gemalt ist, ohne Wimpern und ohne Augenbrauen. Durch eine Art Übertragung zieht jedoch das Lächeln die Aufmerksamkeit auf sich. Ich halte diese Beobachtung für allgemein anwendbar. Wenn einen etwas überrascht, dann sucht man gerne die Ursache nicht in dem eigentlichen Grund, der doch in die Augen springt, sondern in einer Eigenheit, die einem das Vorurteil von vorneherein zuwies oder die man, aus welchem Grund auch immer, als die wahrscheinlichste festgestellt hat.[107]

Caillois' Erklärung setzt also an der Fähigkeit des Dings an, Erstaunen, Überraschung oder Schrecken zu erzeugen. Merians mehrfach betontes großes Erstaunen, das nach Caillois eigentlich der auffälligen Ähnlichkeit mit dem Haupt des Krokodils gilt, ist gerade die Ursache für die Verschiebung der Aufmerksamkeit, die in diesem Fall bis in die Sphären der Einbildungskraft versetzt wird. Zwar vermutet Caillois, dass sie dabei von der Lektüre über eine peruanische Art von Leuchtkäfern beeinflusst gewesen sei, dies schmälert aber nicht ihre Imaginationsleistung: Ihre feste Behauptung, sie könne im Licht der Leuchtzirpe die heimatliche Zeitung lesen und ihre Rede von Feuerflammen, die aus dem Holzkasten züngeln, erhalten ihre Drastik für Caillois aus der Verschiebung eines nicht weniger starken Wahrnehmungsimpulses, der von den schreckenerregenden Köpfen der Insekten ausgeht; ein Mechanismus, der beinahe wie die Freud'sche Traumarbeit funktioniert. Die offensichtliche Ähnlichkeit zum Krokodil wird in eine neue Ähnlichkeit des Kopfhöckers mit einer Laterne verschoben. Der in Merians Text zunächst akustische Schrecken wird in visuelles Erstaunen über ein imaginiertes Leuchten verwandelt.

---

107 Caillois: *Méduse & Cie*, S. 126; Frz.: „Un critique d'art, selon moi perspicace, a remarqué que le caractère énigmatique du sourire de *La Joconde* ne venait pas du dessin des lèvres, mais du fait qu'elle était peinte parfaitement épilée, sans cils, ni sourcils. Par une sorte de transfert, c'est le sourire qui attire l'attention. Je crois l'observation très généralement applicable. Quand quelque chose surprend, on est porté à en découvrir la cause, non dans la raison véritable, qui pourtant crève les yeux, mais dans une caractéristique que le préjugé désignait à l'avance ou que, pour toutes sortes de raisons, on s'attendait à constater." Caillois: „Méduse et Cie [1960]", S. 552.

Gerade die zunächst von einem Geräusch eingeforderte Beachtung des gesammelten Objekts und seine sich daraufhin entfaltende affektive Wirkmacht ist es, die hier seine visuelle wissenschaftliche Erkenntnis verstellt. Merian kann schließlich nicht mehr unterscheiden zwischen verstandesmäßiger und affektiver Wahrnehmung. In Caillois' Lektüre erhält Merian Züge einer falsche Analogien für reale Beziehungen haltenden „primitiven" Denkerin.[108] Aber erst über diese verschobene und imaginär überlagerte Verstellung enttarnt sich das „Ding" als Besonderes, als Wirkmächtiges. Über die Studie der Aufmerksamkeiten, des Erstaunens und der Täuschung der Forscherin offenbart sich für Caillois das Insekt als eines, das besondere Kraft auf die menschliche Imagination ausübt. Zugleich enttarnt sich die Forscherin als Denkerin der Ähnlichkeit.

Das Imaginäre zeigt seine Kraft für Caillois anhand jener markanten Knotenpunkte, jener Dinge, die in einer besonderen Beziehung zur menschlichen Imagination stehen, sie zu erfassen und zu bewegen scheinen. Vor allem aber lässt es sich – so versucht Caillois' Vorgehen zu beweisen – durch bestimmte materielle und textuelle Dinge, seien es die Insekten oder aber die Zeugnisse ihrer Erforschung, sammeln und wissenschaftlich untersuchen. Dieser Überschuss der Dinge wird erst durch das Sammeln von Berichten der eigentlichen Sammelnden erfassbar, Caillois' Sammeltätigkeit ist folglich immer auch von einer metatheoretischen Perspektive geprägt, von einem Sammeln zweiter Ordnung: Aus den Affekten, Praktiken und irrtümlichen Ähnlichkeitsproduktionen der Forschenden vermag er den sonst so ephemeren wie ominösen Überschuss der Dinge genau zu umreißen. In ihm erkennt er eine Form der Verknüpfung von Imaginärem und Dingen, die die Aufmerksamkeit von Beobachtenden auf besondere Art und Weise in ihren Bann ziehen. Damit wendet er bereits an, was spätere kulturwissenschaftliche Hinwendungen zu den prozessualen Praktiken und Affekten der Wissenschaft einfordern. Das Imaginäre „klebt" nicht an den Dingen, sondern die Dinge selbst bilden Kristallisationspunkte des Imaginären. Die von ihnen faszinierte Aufmerksamkeit verschiedener Beobachter*innen wird dann zum Indikator für das Vorhandensein solcher Punkte: Überall dort, wo sich solche verstärkten Aufmerksamkeiten erkennen lassen, wird es für Caillois lohnenswert, genauer hinzusehen. Indem er sammelt, wie andere forschen und sich selbst der Methode des Nebeneinanderstellens von Ähnlichem bedient, erkennt er das Imaginäre gerade als das Ähnlichkeit erzeugende Moment in den Dingen. Die Dinge haben eine eigene, selbsttätige Kraft – und diese haben sie, weil Caillois das Imaginäre als

---

[108] In dem Sinne, wie diese Denkformen etwa von Edward Tylor in *Primitive Culture* beschrieben wurden. Vgl. zum Anschluss James Frazers an Tylor sowie zur Rolle der „primitiven" Analogie als ethnologischer Denkfigur: Gess: *Primitives Denken*, S. 40.

schöpferisch setzt. An dieser Stelle gelingt es ihm, die Frage nach der Macht des Imaginären, die in den aktuellen Debatten oft dafür kritisiert wird, gerade die materielle Dimension auszublenden, mit einem Konzept des handfesten Dings zu verbinden. Er argumentiert damit an der Schnittstelle zweier aktuell virulenter Diskurse und geht über sie hinaus, indem seine Vorstellung einer Kontinuität des Universums Imaginäres und Materiell-Dingliches zusammenfallen lässt.

Caillois' Vorgehen ist – dies springt ins Auge – beeinflusst von Gaston Bachelards Vorstellung einer materiellen Imagination sowie dessen Kritik eines verführerischen Erstkontakts mit den Objekten der wissenschaftlichen Untersuchung.[109] Auch Bachelard untersucht die ersten Begegnungen und den Reiz bestimmter materieller Phänomene anhand der affektiven und „träumerischen" Reaktionen ihrer Beobachter*innen.[110] Während für Caillois sich aber gerade im Erstaunen der Forschenden eine Kontinuität zwischen fehlgeleiteter Analogiebildung und umfassender Struktur der Welt ablesen lässt und die Gesetzmäßigkeiten des Imaginären aus dem imaginativen Erstkontakt heraus erfasst werden können, verhalten sich wissenschaftliche Träumerei und objektivierbare Erfahrung bei Bachelard komplementär zueinander: „Statt zu staunen, muss das objektive Denken ironisieren."[111] Wird zwar gerade am Beispiel von Caillois' Merian-Lektüre deutlich, dass beide die Forschenden selbst mit „primitiven" Denker*innen vergleichen,[112] ist Caillois allerdings keineswegs um ironische Distanz zu seinen Gegenständen bemüht. Die Scheinevidenzen der ersten Begegnung bedeuten für Bachelard Hindernisse, „die an die Stelle des Denkens Träumereien setzen" und daher getilgt werden müssen. Für Caillois hingegen sind diese Scheinevidenzen das eigentliche Material. Zwar löst auch er sie auf, allerdings nicht, um die Wissenschaft von der unmittelbar durch den Erstkontakt ausgelösten Imagination und Poesie zu reinigen, wie Bachelard es fordert, sondern um sie im Gegenteil weiter miteinander zu vermengen, nicht zuletzt auch disziplinär, indem er bei-

---

109 Vgl. ausführlicher zur Rolle und Abgrenzung von Bachelard: den Abschnitt „Chemie der Träumerei" in Kap. III.2.
110 Vgl. zum Reiz der „séduction première" etwa: Gaston Bachelard: *La psychanalyse du feu [1934]*. Paris: Gallimard 1994, S. 12.
111 Frz.: „Loin de s'émerveiller, la pensée objective doit ironiser." ebd. [Übers. EH, die dt. Ausgabe: *Die Psychoanalyse des Feuers*. Übers. v. Simon Werle. München: Hanser 1985 weicht hier stark vom Original ab].
112 Vgl. dazu: „Au contraire, nous consacrerons une partie de nos efforts à montrer que la rêverie reprend sans cesse les thèmes primitifs, travaille sans cesse comme une âme primitive, en dépit des succès de la pensée élaborée, contre l'instruction même des expériences scientifiques." Ebd., S. 15f; vgl. zur poetischen Kraft der „ersten Begegnung" bei Bachelard im Kontext früher ethnologischer Texte Gess: *Primitives Denken*, u. a. S. 59.

spielsweise Biologie, Mythologie und Wahrnehmungstheorie miteinander verschränkt.

Exkurs: Ausweitung der Mimikry. Ähnlichkeit als Weltbezug und Schreibverfahren

Neben der Insektenmimikry taucht das Phänomen an einer weiteren Stelle prominent in Caillois' Werk auf – allerdings in etwas veränderter Form. Deutete Caillois' frühe Beschäftigung mit der Mimikry als Rückkehr ins Anorganische auf ein energetisches Modell hin, in dem die Mimikry sich auch als Entropie fassen lässt, versteht er Mimikry-Phänomene seit seiner spieltheoretischen Schrift *Les jeux et les hommes* von 1958 als „isomorphe Äquivalente"[113] verschiedener Formen von Imitationen, egal ob menschliche Schauspielkunst oder physiognomisches Merkmal von Insekten. Das Buch über das Spiel wird zur Scharnierstelle: Hier deutet sich bereits an, dass die *mimicry* (wie auch die übrigen drei Arten des Spiels, *ilinx*, *alea* und *agôn*) nicht nur ein Merkmalsbündel zur Beschreibung von Spielen bezeichnet, sondern eine spezifische Form des Weltbezugs und einen Modus der Weltaneignung. An den jeweils vorherrschenden Spieltypen versucht Caillois grundlegende Denkstrukturen von Individuum und Kollektiv sowie Funktionsweisen von Institutionen verschiedener Gesellschaften abzulesen. Die bevorzugten Spiele lassen also Schlüsse über die institutionellen, kognitiven und sozialen Tendenzen einer Kultur zu.

Da Spiele für Caillois universal sind und in allen Zeiten vorkommen, nutzt er sie zudem dazu, die Unterscheidung zwischen „den primitiven Gesellschaften, die ich eher die *Gesellschaften des Tohuwabohu* nennen möchte", und den „geordnete[n] Gesellschaften",[114] zu spezifizieren: Bei ersteren herrschten Spiele der *mimicry* und *ilinx* vor, bei letzteren *agôn* und *alea*. Maskengebrauch als primärer Ausdruck der *mimicry*-Spiele verbinde sich in primitiven Gesellschaften meist mit rauschhaften, ekstatischen Erfahrungen: Die Verstellung ende im besten Fall mit tatsächlicher Verwandlung, echter Besessenheit und Zuständen jenseits bewusster Kontrolle. Caillois konzeptualisiert die Verkleidung und den damit einhergehenden Rausch zum verbindenden Element des kollektiven Lebens: „Die Maske

---

113 Frz.: „[É]quivalent isomorphique de l'imitation", Massonet: *Les labyrinthes de l'imaginaire dans l'œuvre de Roger Caillois*, S. 38.
114 Zu denen er auch die assyrische, altchinesische und Inka-Kultur zählt. Caillois: *Die Spiele und die Menschen*, S. 96 [Herv. i.O., im Folgenden zit. nach der Übers. v. 1964]; Frz.: „les sociétés primitives, que je nommerai plutôt les *sociétés à tohu-bohu* [...]", „sociétés ordonnées". Caillois: *Les jeux et les hommes*, S. 171f [Herv. i.O.].

ist das wahre soziale Band."¹¹⁵ Im Übergang zur „Zivilisation" werde sie schließlich von anderen sozialen Bindemitteln abgelöst, und *mimicry* und *ilinx* würden an die Ränder der Gesellschaften verbannt oder in geregelte und abgegrenzte Räume wie das Spiel oder die Fiktion verlagert.¹¹⁶

Erst in seinen späten Schriften, in denen Caillois sich vielfach mit Steinen und Kristallen auseinandersetzt, denkt er das Konzept der Mimikry als Modus des Weltbezugs zu Ende: Sein Interesse für den historischen, ethnologischen, entomologischen oder ästhetischen Gegenstand löst sich ganz in der Aktualisierung der Mimikry als Form der Weltaneignung auf. Nachträglich entwirft er in seinem autobiographischen Text *Le Fleuve Alphée* eine wissenschaftliche Poetik des Steins und beschreibt dafür zunächst die widerständige Rolle der Dinge für seine Wissenschaft. Explizit löst er dabei die Dinge aus der Ordnung des Textparadigmas: Er gewinne seine „Urteile nicht nur durch das Gedruckte, sondern auch durch die Dinge und das Netz, das sie zwischen sich weben."¹¹⁷ Diese Betonung des Netzes ist es auch, die ihn von Bachelards materieller Imagination unterscheidet: „Mir wurde bewusst, dass kein Gegenstand an sich initiatorische Kraft besaß, zu mehreren fungierten sie jedoch als Schlüssel [...]: sie setzten den Dämon der Analogie in Bewegung". Es geht ihm dabei um „[a]btrünnig[e]" Dinge, die „schwerlich in die Kategorien von Wissenschaft oder Geschichte passten" oder „sich schlecht in die Archive des Menschheitserbes einordnen ließen" und daher „kaum in den Museumskatalogen oder in den Spalten der Enzyklopädien auftauchten." Ebenso wenig wie disziplinierte Wissensobjekte sind sie heilige Kult-

---

115 Caillois: *Die Spiele und die Menschen*, S. 99; Frz.: „Les Masques sont le vrai lien social." Caillois: *Les jeux et les hommes*, S. 176. Dies unternimmt er in seiner Studie zu einer Theorie des Festes. Hierin scheint zugleich, bezüglich der Frage kollektiver Energie, seine anhaltende Nähe zu den Grundüberzeugungen des Collège de Sociologie auf. Siehe: Roger Caillois: *L'homme et le sacré* [1939]. Paris: Gallimard 1950, dt.: *Der Mensch und das Heilige. Durch drei Anhänge über den Sexus, das Spiel und den Krieg in ihren Beziehungen zum Heiligen erweiterte Ausgabe [1950].* Hg. v. Peter Geble. Übers. v. Brigitte Weidmann. München: Hanser 1988. Zur Zusammengehörigkeit von Spiel und Krieg im Sinne einer Theorie der „Zivilisation" im Modus des Rauschs bei Caillois vgl. Stéphane Massonet: „Die beiden Amerikas: das diagonale und das strukturale". In: Anne von der Heiden, Sarah Kolb (Hg.): *Logik des Imaginären. Diagonale Wissenschaft nach Roger Caillois.* Band 1: *Versuchungen durch Natur, Kultur und Imagination.* Berlin: August Verlag 2018, S. 195–229, insb. S. 198–201.
116 Vgl. Caillois: *Die Spiele und die Menschen*, S. 111; Caillois: *Les jeux et les hommes*, S. 193f; Vgl. zur literarischen Fiktion als abgegrenztem Raum des Spiels: Julia Dettke, Elisabeth Heyne „Zugänge zum Spielraum der Literatur". In: Dies. (Hg.): *Spielräume und Raumspiele in der Literatur.* Würzburg: Königshausen & Neumann 2016, S. 11–45.
117 Caillois: *Der Fluss Alpheios*, S. 61; Frz.: „Si l'on veut, au lieu de connaître seulement par l'imprimé, je conaissais aussi par les choses et par le réseau qu'elles tissent entre elles." Caillois: „Le Fleuve Alphée [1978]", S. 120.

gegenstände. Sie verlassen vielmehr die syntagmatischen Pfade einer Kultur als Text: „Sie sind keine Symbole: Sie bedeuten nur sich selbst."[118]

Seine andere Ordnung der Dinge nimmt zwar ebenfalls Klassifikationen vor, vielmehr aber geben die Dinge eine Ordnung an ihren Sammler zurück, drängen sich auf, bis letzterer sich schließlich zur mimetischen Anverwandlung an seine Objekte gezwungen sieht:

> Irgendetwas hat mich dazu gebracht, die Steine durch das einzige mir zur Verfügung stehende Mittel nachzuahmen: die Sprache. [...] Sich den Steinen durch Sätze zu nähern, die deren Struktur, deren Härte, deren Erstarrung wiederholen und bei denen ich mir gleichermaßen vorstellte, dass sie von ihren subtilen Verheißungen durchdrungen waren oder dass sie irgendeinen Lohn in der gleichmütigen mineralischen Dauer fanden [...]. Ich war Betrogener und Teil einer Osmose, bei der die Hinfälligkeit des Imaginären sich wieder an die rebellische Trägheit anschloss, sich von ihr nährte, Umgang mit ihr hatte.[119]

Er kommt in diesem Text schließlich zu seinen Anfängen in der Studie zur „legendären Psychasthenie" zurück: Die Rückkehr ins Anorganische, die er in *Les jeux et les hommes* noch als „fantaisiste" verwarf, solle sich – vermittelt über das Medium der Sprache – schließlich doch vollziehen. Dafür entwickelt Caillois hier den Entwurf einer sprachlichen Mimikry an den Stein. Das Sammeln des Imaginären muss sich einerseits an die Dinge halten, an deren „rebellischer Trägheit" sich das ephemere Imaginäre bedient. Der Sammler wird zudem in einem mimetischen Prozess von den Dingen um seine distanzierte Position als Subjekt „betrogen": Das einzige ihm zur Verfügung stehende Medium, die Sprache, wird vom Imagi-

---

118 Caillois: *Der Fluss Alpheios*, S. 72f; Frz.: „Je me rendais compte qu'aucun objet n'avait en lui-même de pouvoir initiatique, mais plusieurs faisaient office de clés ou, comme je disais, de carrefours, ils mettaient en branle le démon de l'analogie [...]."; „Objet transfuge [...] ils entraient difficilement dans les catégories de la science ou de l'histoire, qu'ils se situaient mal dans les archives du patrimoine humain et qu'ils n'apparaissaient guère dans les catalogues des musées ou les colonnes des encyclopédies."; „Ils ne sont pas des symboles: ils ne signifient rien qu'eux-mêmes." Caillois: „Le Fleuve Alphée [1978]", S. 123, 127, 128. Mit dem hier erwähnten „Dämon der Analogie" referiert Caillois auf das gleichnamige Gedicht von Mallarmé. Darin vertauschen sich Vorstellung und Realität, verwischen ihre Grenzen, angesichts eines Satzes, der dem Erzähler scheinbar ganz ohne Grund und aus dem Nirgendwo eingefallen und nun nicht mehr aus dem Sinn gehen möchte.
119 Caillois: *Der Fluss Alpheios*, S. 155; Frz.: „Quelque chose m'a poussé à mimer les pierres par le seul moyen dont je disposais: le langage. [...] Approcher les pierres par des phrases qui en répètent les structures, la rudesse, la stupeur, et dont j'imaginais également qu'elles s'imprégnaient de leurs subtiles promesses ou qu'elles trouvaient quelque gage dans l'impassible permancence minérale [...]. J'étais dupe et partie prenante d'une osmose où la fragilité de l'imaginaire rejoignait l'inertie la plus rebelle, s'en nourrissait, avait commerce avec elle." Caillois: „Le Fleuve Alphée [1978]", S. 176f.

nären befallen, das sich mithilfe der steinernen Härte nicht nur in den Dingen, sondern auch in den sprachlichen Verfahren der Sammelnden Halt und Ausdruck verschafft. In dieser kontagiösen Mimikry der Sammelnden an ihre Gegenstände wird die Auflösung traditioneller Grenzen zwischen Subjekt und Objekt im Rahmen des wissenschaftlichen Untersuchungsprozesses zum konstitutiven Merkmal der Caillois'schen Wissenschaften vom Imaginären – und bleibt dennoch theoretischer Entwurf.[120]

3.4 Caillois' Theorie des Sammelns im Kontext aktueller Ansätze

1978, im Jahr seines Todes, resümiert Caillois in einem Interview, alle Bücher

> sind völlig bedeutungslos neben der Welt der Dinge, auf die sie sich angeblich beziehen. [...] Ich mißtraue [...] jenen, die die Dinge um der Worte willen herabmindern und sich dabei auf den Intellekt berufen. [D]iese sonderbare schwarze Kunst [gemeint ist die Schrift und das Schreiben, EH] erlaubt es, gleichsam ins Leere zu sprechen und Dinge zu evozieren, die es vielleicht gar nicht gibt. Die Wirklichkeit ist für das Denken eine Art Golddeckung, wie die Banker [sic] sagen. Wenn sie verschwindet, kommt es zur Inflation.[121]

Zur Rettung schlägt er eine „behutsame, leichte Symbolisierung" vor, die Worte und Dinge wieder miteinander verbindet. Zwar ist das Resultat erneut im Medium der Sprache beheimatet. Dennoch versucht Caillois über das Sammeln von Irritationsmomenten, ausgelöst von der dinglichen Macht, den Dingen als „lebendige" und wirkmächtige Phänomene, statt als tote Objekte näher zu kommen, wie am Beispiel seiner Merian-Lektüre ausgeführt wurde. Damit lässt sich in Caillois' quer zu Disziplingrenzen verlaufendem Ansatz ein Vorläufer für aktuelle literatur- und

---

120 Denn gerade seine Texte über die Steine gestalten sich sprachlich wenig „hart", „erstarrt" oder von mineralischem Gleichmut. Vgl. zu seinem Entwurf sprachlicher Mimese an den Stein ausführlich den Abschnitt „Schreiben jenseits des Menschen: ‚Saturn gemäß' (1974)" in Kap. V.2.
121 Bianciotti/Enthoven: „Gespräch mit Roger Caillois (1978)", S. 300 f. Caillois kommt hier außerdem zu einer abschließend positiven Bewertung von Poesie, „diese Wissenschaft von den universellen Pleonasmen und Entsprechungen." Ebd. S. 302. Frz.: „Je déclare [...] que tous les livres, toute la culture humaine, si vaste soit-elle, tient dans le creux de la main. [...] Qu'elle n'est rien en regard de l'univers matériel dont elle prétend rendre compte. [...] Je me méfie plutôt de ceux qui, au nom de l'intelligence, disqualifient les choses au profit des mots. [...] cette curieuse magie qui permet, pour ainsi dire, de parler dans le vide et, surtout, de faire naître des choses qui, peut-être, n'existent pas? Pour la pensée, le rée, c'est en quelque sorte une ‚garantie-or' comme disent les financiers. S'il n'est pas là, l'inflation menace"; „poésie, qui est la science des pléonasmes de l'univers, la science des correspondances." Caillois: „Entretien avec Hector Bianciotti et Jean-Paul Enthoven [28 novembre 1978]", S. 143, 145.

kulturwissenschaftliche Überlegungen erkennen, die das Sammeln als Praktik genau in diesem Sinne in den Fokus rücken. Denn das Sammeln sei – so der zeitgenössische Konsens – ein Verfahren, das die Grenze zwischen den „two cultures" fortwährend übertrete, es gehöre sowohl zur wissenschaftlichen als auch zur literarischen Tätigkeit.[122]

Mit der Hinwendung zu den Praktiken und der materialen Seite kultureller Prozesse hat auch das Sammeln als Forschungsgegenstand seit den 1990er Jahren Konjunktur. Statt auf die Geschichte institutionalisierter Sammlungen fokussierten sich kultur-, literatur- und kunstwissenschaftlichen Ansätze auf die Handlungs- und Umgangsweisen der Forschenden mit ihren Objekten. Damit rückt das Prozessuale der Wissenschaft hinter ihren fixierten Ergebnissen in den Vordergrund: Es geht um Experimentalsysteme,[123] um das implizite Wissen der Forschenden, um die Orte, Instrumente und Materialien der Wissenschaft, die Wissenschaftsgeschichte aus der Perspektive des Objekts.[124] Das Sammeln, wie es bei genauerer Betrachtung von Prozessen der Wissensgewinnung deutlich wird, ist dem „eigentlichen" wissenschaftlichen Arbeiten nicht vorgelagert, sondern dessen grundlegender Bestandteil. Durch das aufkommende Interesse der Literatur- und Kulturwissenschaften an den materialen Praktiken und der Prozessualität der Wissensgenerierung orientieren sie sich außerdem an den artefaktgebundenen Wissenschaften, etwa der Ethnologie. Diese fokussiert das Sammeln vor allem als eine spezifische „Umgangsweise mit Objekten".[125]

Das derzeitige Interesse liegt also auf dem Sammeln als Verfahren, das vom gesammelten „Ding" her gedacht wird und sich im Kontext der materialen Kultur bewegt. Damit lassen sich Sammlungstechniken disziplinübergreifend betrachten, muss nicht zwischen Kunst-, Natur-, ethnologischen u.ä. Sammlungen unterschieden werden, und sie lassen sich in übergreifende historische Achsen einord-

---

[122] Dies liegt natürlich bereits am Schreiben über die Dinge selbst: „Dinggeschichten als Biographien wissenschaftlicher Objekte unterlaufen die These von den zwei Kulturen und verdeutlichen, dass nicht nur die Forschungsgegenstände der Geistes-, sondern auch die der Naturwissenschaft ihre eigene Geschichte haben, die in verschiedene Kultur- und Wissensbereiche führen." Ernst Müller: *Begriffsgeschichte und historische Semantik. Ein kritisches Kompendium.* Berlin: Suhrkamp 2016, S. 593. Vgl. ausführlich zu Begriff und Debatte um die „zwei Kulturen" das Kapitel II.2 in diesem Buch.
[123] Vgl. u. a. Rheinberger: *Objekte, Differenzen, Konjunkturen. Experimentalsysteme im historischen Kontext*; Ders.: *Experimentalsysteme und epistemische Dinge. Eine Geschichte der Proteinsynthese im Reagenzglas.* Göttingen: Wallstein 2002.
[124] Vgl. für einen Forschungsüberblick zur neueren Wissenschaftsgeschichte etwa: Anke te Heesen, E.C. Spary: „Sammeln als Wissen". In: Dies. (Hg.): *Sammeln als Wissen. Das Sammeln und seine wissenschaftsgeschichtliche Bedeutung.* Göttingen: Wallstein 2001, S. 7–21, hier S. 11.
[125] Ebd., S. 13.

nen: Die Kunst- und Wunderkammern, denen das 17. Jahrhundert im Rahmen von Sammlungen außergewöhnlicher Einzelstücke und wundersamer Besonderheiten noch huldigte,[126] werden im 18. Jahrhundert unter dem Druck einer stetig anwachsenden Fülle von Exponaten, „exotischen" Gegenständen, neu entdeckten oder breiter verfügbaren Naturdingen von Klassifizierungen und Ordnungssystemen abgelöst. Bereits im 19. Jahrhundert muss der Wunsch nach geordneter, enzyklopädischer Vollständigkeit angesichts der Vervielfältigung der Dinge der Welt nach und nach aufgegeben werden. An seine Stelle tritt das Konzept des Archivs, das das Gesammelte vor dem Vergessen schützen soll.[127]

Nicht zuletzt an den historischen Schlagworten wird deutlich, dass jedem Sammeln eine spezifische Ordnung zugrunde liegen muss und dass die Klassifikationen, Taxonomien oder musealen Ausstellungsformen jeweils auf eine bestimmte epistemische Struktur zurückverweisen. In den unterschiedlichen Präsentationsweisen des Gesammelten, ihrer textuellen oder räumlichen *Anordnung*, die sich visuell und/oder haptisch erfahren lässt, greifen ästhetische, biologische und anthropologische Praktiken jeweils auf andere und voneinander zu unterscheidende Traditionen zurück. Daher ist der Transfer bestimmter Ordnungs- und Präsentationsformen ein wirkungsvolles Mittel, um beispielsweise kulturelle Artefakte als Natur auszustellen,[128] Naturobjekte zu ästhetisieren oder um die Grenzziehungen zwischen Kultur, Natur und Kunst als variable und relative auszuweisen.

Überlegungen zum Sammeln aus dem Kontext musealer Ausstellungsformen sind zudem vermehrt auf Textverfahren übertragen worden. Das Buch als materielles Objekt lässt sich in dieser Perspektive als „Behälter" der Sammlung, das Inhaltsverzeichnis als Äquivalent zum Katalog der Sammlung oder zum Wegweiser im Museum verstehen.[129] Das Nebeneinanderstellen verschiedener Objekte erzeugt fast zwingend Gattungsmischungen. Denn werden nicht ähnliche Genres, Elemente aus ähnlichen Disziplinen oder ähnlichen Textformen gesammelt, und ist das ähnlichkeitserzeugende Element stattdessen etwa ein spezifischer Gegenstand, der in verschiedenen Wissensfeldern auftaucht, so transgrediert das Sammeln formale Grenzen, bringt „Diagonalisierungen" hervor. Textstrategisch heißt das umgekehrt, dass sich der Einsatz des Sammelns als Textverfahren gerade

---

126 Vgl. u.a. Horst Bredekamp: *Antikensehnsucht und Maschinenglauben. Die Geschichte der Kunstkammer und die Zukunft der Kunstgeschichte.* Berlin: Wagenbach 2012.
127 Vgl. dazu erneut Heesen, Spary: „Sammeln als Wissen", S. 14ff.
128 Vgl. dazu Mieke Bals Analyse der Ausstellung von Artefakten sogenannter „exotischer" Völker im American Museum of Natural History: Mieke Bal: „Sagen, Zeigen, Prahlen". In: Thomas Fechner-Smarsly, Sonja Neef (Hg.): *Kulturanalyse.* Frankfurt am Main: Suhrkamp 2002, S. 72–116.
129 Vgl. dazu von philosophischer Seite: Sommer: *Sammeln*, S. 228.

dann anbietet, wenn die Untersuchung eines spezifischen Themas nicht vor Disziplinen- und Formgrenzen haltmachen soll, sondern gerade in der Übertretung jener Grenzen besteht.

Der Bezug der Dinge zu ihrem Ursprungskontext lockert sich, sobald sie in eine gemeinsame Sammlung eingepflegt werden. Die neue Ordnung wirkt stärker als beispielsweise eine widersprüchliche disziplinäre Herkunft der einzelnen Dinge. Zeichentheoretisch formuliert, verändern die Dinge beim Eintritt in eine Sammlung ihren „Status vom Objektiven zum Semiotischen", „vom Ding zum Zeichen", „von der Präsenz zur Absenz".[130]

In diesem Sinne versteht Mieke Bal Sammeln als etwas Narratives, denn auch in der Narration erhalten alle Elemente eine neue, relationale Bedeutung. Bal hebt im Kontext ihrer zeichentheoretischen Überlegungen erneut den Herrschafts- und Machtaspekt des Sammelns hervor: Der Wunsch, sich das eigenmächtige, quasi magische Ding anzueignen, hat immer schon die Zerstörung der dinglichen Eigenmacht zur Folge. Die Dinge, die mit einem wie auch immer gearteten Überschuss bedacht sind, verlieren diesen, wenn sie im Kontext der Sammlung zu relationalen Zeichen werden. Der ursprüngliche Versuch, die Dinge zu bewahren, indem man sie sammelt, birgt ihre Zerstörung. Sie werden de- und rekontextualisiert, in eine neue syntagmatische Ordnung eingereiht, zu Repräsentanten *von etwas* gemacht und verlieren gerade dadurch ihre Dinghaftigkeit. Jede Form der Aneignung des faszinierenden Dings und der Einordnung in die Sammlung muss also fehlschlagen. Die *Dinge* verlieren im Syntagma der Sammlung ihren Überschuss, indem sie als *Objekte* im Rahmen der binären Beziehung zu einem sammelnden und ordnenden Subjekt in eine Besitzstruktur integriert werden. Die mit James Clifford beschriebene Herrschaftslogik des Sammelns wiederholt sich auf der Ebene der Subjekt-Objekt-Struktur, dem Fundament westlicher Wissenschaftspraktiken.[131]

Es scheint folglich einigermaßen paradox, dass gerade das Sammeln als eine angemessene Umgangsweise mit Phänomenen des Imaginären angesehen wird, die ihre subversive Kraft in Bezug auf die eingeübten binären und hierarchischen Oppositionen gängiger wissenschaftlicher Logiken entfalten sollen. Der Schlüssel zu diesem Widerspruch liegt, dies haben die Beobachtungen an Caillois' Texten gezeigt, in der Ähnlichkeit. Komplementär zu den hier benannten, gegensätzli-

---

130 Bal: „Vielsagende Objekte. Das Sammeln aus narrativer Perspektive", S. 139.
131 Wie tief diese Struktur noch immer verwurzelt bzw. wie virulent die Frage nach dem Machtanspruch von Sammlungen ist oder aber wie wenig effiziente Umgangsweisen dafür bisher gefunden wurden, lässt sich nicht zuletzt an aktuellen Debatten über institutionalisiertes Sammeln ablesen, wie sie beispielsweise angesichts der Pläne für das Berliner Humboldt-Forum geführt werden.

chen Vorstellungen des Sammelns benennt Caillois eine dritte Umgangsweise mit Dingen im Sammelprozess. Einerseits präsentiert sich das Sammeln als hierarchische Praktik, in der sich ein Subjekt die fremden Dinge zu eigen macht und zu Objekten bzw. Zeichen im Rahmen des Syntagmas der Sammlung degradiert. Andererseits erscheint es als Tätigkeit, die auf dem menschlichen Vermögen zur Wahrnehmung von Ähnlichkeiten basiert, wobei die Ähnlichkeiten entweder in die Dinge selbst verlagert oder aber dem Vermögen der Sammelnden zugerechnet werden. Caillois' Versuch, das Imaginäre zu sammeln, stellt dagegen ein Sammeln zweiter Ordnung dar: Indem er sammelt, wie andere sammeln, macht er sichtbar, wie Ähnlichkeit als Beobachtungskategorie, als Eigenschaft des Objekts und als autonome Ähnlichkeit, die auf die Ordnung der Dinge verweist, zusammenhängen. Dafür trägt er solche Phänomene zusammen, die immer schon die besondere Aufmerksamkeit von Wissenschaft und Kunst auf sich gezogen haben.[132] So gibt sein Werk eine eigenwillige Antwort *avant la question* auf die aktuellen kulturwissenschaftlichen Fragen danach, warum manches gesammelt wird, anderes nicht, ob es eine natürliche Ordnung der Dinge gibt oder ob das Sammeln immer bereits als Projektionsfläche des westlichen Ich fungiert.[133]

Schließlich entzaubert seine Antwort auch die Rede von der Dingmagie, ohne die Dinge als rein passive Objekte zu verstehen. Geht es dem modernen Umgang mit den Dingen gerade darum, ihre fetischistische „Dingmagie" zu zähmen und sie als entzauberte wissenschaftliche Objekte möglichst widerstandsfrei in den Forschungsablauf einzuspeisen,[134] stellen kulturwissenschaftliche Ansätze zu-

---

132 Dies unternehmen bereits seine frühen Aufsätze zur Mimese und zur Gottesanbeterin, später verfolgt er eine ähnliche Perspektive in seiner Studie über den Kraken. Einige solcher Sammlungen werden im Laufe dieses Buches noch genauer betrachtet, etwa diejenige von Zeichnungen auf den polierten Schnittflächen mancher Steine (Kap. V.2).
133 Vgl. dazu u. a. mit dem Verweis auf James Cliffords Ansatz in *The predicament of culture*: Susanne Scholz, Gisela Ecker: „Einleitung. Umordnungen der Dinge". In: Dies. (Hg.): *Umordnungen der Dinge*. Königstein/Taunus: Helmer 2000, S. 9–17.
134 Dies geht, paradoxerweise, oft mit einer Resakralisierung von Wissenschaft und ihren Regeln einher. Vgl. etwa Nicholas Jardine: „Sammlung, Wissenschaft, Kulturgeschichte". In: Anke te Heesen, E.C. Spary (Hg.): *Sammeln als Wissen. Das Sammeln und seine wissenschaftsgeschichtliche Bedeutung*. Göttingen: Wallstein 2001, S. 199–220. Der Fortschrittsglaube, verknüpft mit Vorstellungen einer fortschreitenden Perfektibilität, wird dann zum Ersatz religiöser Narrative. In dieser Perspektive lässt sich das hohe Irritationspotenzial von Versuchen, die gegen die Rituale der resakralisierten Wissenschaft und insbesondere gegen den von ihr proklamierten Objektgebrauch verstoßen, leicht erklären. So spricht Caillois auch dezidiert von einem „Sakrileg" gegen die Wissenschaft: „Eine Art Reflex drängt den Wissenschaftler dazu, es für ein Sakrileg, ja skandalös, ja für aberwitzig zu halten, etwa die Narbenbildung lebender Gewebe mit der von Kristallen zu vergleichen." Caillois: *Méduse & Cie.*, S. 48; Frz.: „Une sorte de réflexe pousse le savant à tenir pour sacrilège, pour scandaleux, pour délirant, de comparer, par exemple, la cicatrisation

nehmend die Vorstellung einer Wiederverzauberung der Welt ins Zentrum, die sich in der Moderne gerade über die Dinge vollziehe.

So betrachtet etwa Hartmut Böhme ausgehend von der Frage, warum der moderne Mensch so exzessiv Dinge um sich herum sammele, die „formative Kraft"[135] der Dinge im Spannungsfeld von Verdinglichung des Ich und Anthropomorphisierung der Dinge. Er geht davon aus, menschliche Subjekte bedürften dauernder „Verzauberung", „um sich vor Dissoziation, Anomie und Zugehörigkeitsverlust zu schützen."[136] Gerade dies leisteten in der Moderne die wuchernden „fetischistischen" Mechanismen. Caillois, der sich explizit gegen den Vorwurf des Anthropomorphismus wehrt,[137] stellt ebensolche Fragen und findet eine anders gelagerte Antwort: Um den Dingen – insbesondere dem Imaginären – nahezukommen, muss eine reflexive Schleife in den Prozess des Sammelns implementiert werden. Erst die Beobachtung von Sammlungsprozessen, die sich von den täuschenden Ähnlichkeiten verführen lassen, geben Aufschluss über die tieferliegenden Ähnlichkeiten, die materiale Basis des Imaginären. Das heißt aber auch, dass sich das Subjekt zunächst passiv den mimetischen Energien des Objekts ausliefern muss, um in diesem Akt der Anverwandlung einen Hinweis auf die autonome Ähnlichkeit, die im Universum wirkt, zu erkennen. Die Folgen dieses Konstrukts sind also auch epistemologischer Natur. Statt aber eine irrationalistische „Ergriffenheit"[138] zur grundlegenden Basis von Erkenntnis zu erklären, installiert Caillois in seinen späteren Texten eine zweite Beobachtungsebene.[139] Caillois' Analyse der Aufmerksamkeitsökonomien des Sammelns liefert ein empfindliches Instrumenta-

---

des tissus vivants et celle des cristaux." Caillois: „Méduse et Cie [1960]", S. 480; Dt.: Caillois: *Méduse & Cie.*, S. 48. Siehe dazu ausführlich Kapitel VIII dieses Buches.
135 Böhme: *Fetischismus und Kultur*, S. 18f.
136 Ebd., S. 25.
137 Caillois befasst sich explizit mit dem Vorwurf, all seine Überlegungen ließen sich als Anthropomorphismus abtun, weist nun aber gerade diesem Vorwurf nach, dass sich hinter ihm eigentlich ein Anthropozentrismus verberge, gegen den sich Caillois zur Wehr setzen will. Eigentlich, so Caillois, läuft er darauf hinaus, „den Menschen aus dem Universum zu isolieren und jede nähere Verwandtschaft zwischen ihm und den anderen Wesen in Abrede zu stellen." Caillois: *Méduse & Cie.*, S. 53; Frz.: „[J]e soupçonne que l'accusation d'anthropomorphisme aboutit au fond à isoler l'homme dans l'univers et à refuser que les autres êtres lui soient le moins du monde apparentés et fraternels." Caillois: „Méduse et Cie [1960]", S. 485.
138 Vgl. Michael Neumann: „Ergriffenheit. Figuren der Berührung". In: Elizabeth Guilhamon, Daniel Meyer (Hg.): *Die streitbare Klio. Zur Repräsentation von Macht und Geschichte in der Literatur*. Frankfurt am Main, New York: P. Lang 2010, S. 27–42; Antonio Roselli: „,Ergriffenheit' als Medium und Gegenstand der Kulturkritik bei Leo Frobenius und Ernesto De Martino". In: *Kultursoziologie. Themenschwerpunkt: Kulturkritik* 1 (2017), S. 51–75.
139 Wohingegen man ihm in seinen frühen Texten durchaus eine Mythisierung der Welt nachweisen kann, vgl. dazu u.a. Eidelpes: „Roger Caillois' Biology of Myth and the Myth of Biology".

rium, das die Mythen- und Legendenbildung bei der Auslieferung an das zu sammelnde Ding einholt, indem er hinter dem Mythos die Logik des Imaginären zu erkennen versucht.

4 Elias Canetti als (Anti-)Sammler

Auf das Erzeugen und Zerstören von Gegenständen ist alles angelegt. [...] Wo ist der Mann, der die Dinge nicht verachtet, bloß weil er sie haben will? Wo ist der Mann, der staunt, aus der Ferne staunt, staunt über das, was er nie berühren wird? ([1944] PdM, 78)

„Nichts ist toter als eine Sammlung, nichts widerstrebt mir mehr",[140] notiert Elias Canetti 1966 in einer Nachlassnotiz über das Sammeln von Büchern. Solche Äußerungen, die sich in ähnlicher Form an mehreren Stellen in den *Aufzeichnungen* sowie im unveröffentlichten Nachlass finden lassen, verwundern – insbesondere angesichts der ausgeprägten Sammelleidenschaft Canettis. Diese ist an seinen beiden umfangreichen, in der Nationalbibliothek in Zürich gelagerten Bibliotheken[141] sowie an seinem enormen, ebendort archivierten Nachlass abzulesen, der größtenteils aus Exzerptsammlungen und Aufzeichnungen besteht. Sie spiegelt sich aber auch in der formalen Struktur von *Masse und Macht* sowie in dem veröffentlichten Teil der *Aufzeichnungen* wider. Aus der Fülle der nachgelassenen Vorarbeiten, Skizzen und Notizen für *Masse und Macht* und für dessen nie umgesetzten zweiten Teil lässt sich erkennen, dass seine große Studie auf ganz ähnliche Weise zustande gekommen ist wie die teils aphoristischen, teils notizenförmigen oder miniaturfiktionalen *Aufzeichnungen*: als Reihung umfangreicher, gesammelter Quellen, Notizen, Exzerpte.[142] Canetti hat selbst obsessiv wissenschaftliche Texte verschiedener Disziplinen, (religions-)historische, mythologische, ethnologische Quellen sowie literarische Werke gesammelt. Und auch die

---

140 Elias Canetti: Nachlass Zentralbibliothek Zürich 22a, 1.8.1966, zit. nach: Sven Hanuschek: *Elias Canetti. Biographie*. München: Hanser 2005, S. 570.
141 Canetti verfügte, dass seine Londoner und seine Züricher Bibliothek getrennt voneinander in die Bestände der Bibliothek übergehen, Doubletten nicht aussortiert werden dürfen und dort getrennt vom restlichen Bestand gelagert werden.
142 Darauf weist auch Sven Hanuschek hin: *Masse und Macht* sei nachweislich und „nachvollziehbar aus Aufzeichnungen entstanden. Die kleinen und Kleinst-Kapitel des essayistischen Werks haben häufig ihren Aufzeichnungscharakter behalten, manchmal finden sich skizzenhafte Abschnitte mit harschen Übergängen innerhalb einzelner Kapitel." Hanuschek: *Elias Canetti*, S. 174; Vgl. hierzu auch Canettis eigene Reflexionen zum textuellen Namensammeln: „Er hat einen Sack voll Namen, in vielen Sprachen, die Dinge selber hat er draußen liegen lassen." (FP, 21) Vgl. grundlegend zum Thema der Namen bei Canetti siehe: Schüller: *Namensmythologie*.

Textstruktur seines erklärten Lebenswerks hat Sammelcharakter.[143] Trotz seiner Abneigung gegen das Sammeln ist Canetti also selbst exzessiver Sammler. Das Sammeln nutzt er zudem auf entscheidende Weise als Textstrategie.[144]

Canetti trifft in seiner Analyse des Sammelns als (wissenschaftlicher) Praktik eine klare Unterscheidung zwischen totem, wissenschaftlich beherrschtem und stillgestelltem Objekt auf der einen und dem Ding, das mit einem nicht semantisierbaren Überschuss versehen ist, auf der anderen Seite.[145] Auch er arbeitet daran, die Grenze zwischen Subjekt und Objekt, die allen abendländischen Sammelpraktiken zugrunde liegt, aufzuweichen.[146] Gleichzeitig kreist er als Sammler

---

143 Damit lässt sich auch die der *Provinz des Menschen* vorangestellte Poetologie der *Aufzeichnungen*, sie seien vor allem als Ventil zum Schutz vor der allzu einengenden Arbeit an *Masse und Macht* begonnen worden, relativieren: Die Übergänge werden fließend. Daher sollen im Folgenden auch einige der *Aufzeichnungen*, veröffentlichte und unveröffentlichte, berücksichtigt werden, ohne ausführlich auf ihren Kontext sowie das Prinzip der *Aufzeichnungen* einzugehen. Vgl. zu ihrer angeblich von den Vorsokratikern entlehnten „kleinen Form" und zu Canetti innerhalb der Tradition der Aphoristik und des Fragments u. a. Peter von Matt: „Der phantastische Aphorismus bei Elias Canetti". In: *Stuttgarter Arbeiten zur Germanistik* 245 (1991), S. 9–19; Irmgard Wirtz: „Elias Canettis ‚Aufzeichnungen'. Kein Anfang, kein Ende". In: Hubert Thüring, Corinna Jäger-Trees, Michael Schläfli (Hg.): *Anfangen zu schreiben. Ein kardinales Moment von Textgenese und Schreibprozess im literarischen Archiv des 20. Jahrhunderts*. München: Wilhelm Fink 2009, S. 173–180; Stefan H. Kaszynski: „Im Labor der Gedanken. Zur Poetik der Aphorismen von Elias Canetti". In: Ders. (Hg.): *Die Lesbarkeit der Welt. Elias Canettis Anthropologie und Poetik*. München: Hanser 1984, S. 151–163; Hanuschek weist außerdem darauf hin, dass Canetti schon lange vor Beginn der Niederschrift von *Masse und Macht* angefangen hatte, fast täglich Aufzeichnungen zu notieren. Daran hielt er über 50 Jahre lang fest. Vgl. Hanuschek: *Elias Canetti*, S. 175.

144 Hat sein „Lebenswerk" zwar die Form eines massen-, macht- und wissenschaftstheoretischen Dementis, wie Peter Friedrich ausführlich dargelegt hat (vgl. Friedrich: *Die Rebellion der Masse im Textsystem*, S. 10), enthält es also einerseits eine kritische Analyse von Gewalt und Macht wissenschaftlicher Verfahren. Andererseits ist es aber selber fundamental auf diese angewiesen.

145 Dies gilt es im vorliegenden Kapitel im Einzelnen anhand von Canettis Texten genauer zu betrachten. Zur Diskussion und Abgrenzung der Begriffe Ding, Objekt und Gegenstand sowie ihren jeweiligen Beziehungen zu aktuellen kulturwissenschaftlichen Theorien des Sammelns als Praktik und Prozess siehe die obigen Abschnitte in Kapitel IV.3 „Die Dinge und das Imaginäre" und „Caillois' Theorie des Sammelns im Kontext aktueller Ansätze".

146 Youssef Ishaghpour hat bereits 1990 auf Canettis besondere Beziehung zu den Dingen hingewiesen, steht damit in der Canettiforschung bisher aber fast allein: „Canetti ist einer der ganz wenigen, der das gesteckte Ziel wirklich erreicht hat, denn er hat versucht, die alte Kraft wiederzufinden, die das Objekt wie zum ersten Mal ergreift und begreift und sich von jedem methodischen Apriori freihält. [...] Canetti vollzieht einen ‚materialistischen' Wandel der Erkenntnisweise durch die Verschiedenartigkeit der Zugänge, die Gegenstand und Erkenntnis aus dem Methodengefängnis befreien." Diese Beobachtung wurde m. E. in der Forschung nicht weiter beachtet oder verfolgt. Ishaghpour weist darauf hin, dass Canetti gerade zur Zeit des *linguistic turns* „als Dichter in

immer wieder um die Frage, ob sich Sammelverfahren konzipieren lassen, die den Machtanspruch von Sammlung und Sammelnden umgehen können. Seine terminologischen Überlegungen, seine Kritik des Sammelns und die eigene Sammeltätigkeit müssen daher – ebenso wie Roger Caillois' Überlegungen zur Ähnlichkeit der Dinge – im Kontext und als Vorläufer aktueller kulturwissenschaftlicher Theorieentwicklungen gelesen werden.

Im Unterschied zu Roger Caillois sammelt Canetti nicht nur Ähnliches. Zwar beschäftigt sich auch Canetti mit biologischer Mimikry, eine seiner zentralen Gegenstandsreihen aber geht noch ein Stück weiter: Statt Ähnlichkeiten sammelt Canetti *Verwandlungen*. Mit einer Anähnelung des Subjekts an sein Objekt ist es hier nicht getan, denn im Verwandlungsvorgang verliert sich der Kern des Subjekts gänzlich im Anderen, zu dem er wird. In der oben erwähnten Trias von Identität, Ähnlichkeit und Differenz[147] vollzieht sich ein Prozess vom Unterschiedenen qua mimetischer Anähnelung bis zur An*verwandlung*, die eine Identität erzeugt: „aus Zweien wird eins",[148] heißt es in einer Nachlassnotiz Canettis über die Verwandlung. Es gilt zudem zu untersuchen, wie sich das Sammeln von Verwandlungen und die Verwandlung als Modell für das Sammeln in ihrer wechselseitigen Verschränkung zu Caillois' Konzeption des Sammelns verhalten, das sich zwischen bewusster mimetischer Anverwandlung des Sammelnden an seinen Gegenstand und ansteckender Mimikry des Gegenstands bewegt. Dazu werden Canettis aphoristisch-kulturwissenschaftliche Äußerungen zum Sammeln und seine Wissenschaftskritik ebenso betrachtet wie seine eigenen Verwandlungssammlungen, um danach zu fragen, ob Canetti im Rahmen seiner wissenschaftlichen Praktiken tatsächlich weniger hierarchische Formen des wissenschaftlichen Sammelns ent-

---

der Zeit vor der Schrift leben" möchte. Dies hat er mit Caillois, wie oben anhand von *Fleuve Alphée* gezeigt, gemein. „Canetti sucht für die Krise der Repräsentation und das Ende der Subjektivität keine dialektische Überwindung, sondern einen neuen Kontakt zu den Dingen, der jenseits des Gegensatzes von Subjekt und Objekt anzusetzen ist, der die Objekte nicht auf eine von Begriffen abhängige Erscheinungsweise, auf Relationen und Funktionen reduziert, den gängigen Modus der Integration des vorstellenden Subjekts. [...] Die kontemplative Versenkung in die Gegenstände geht einher mit ihrer reflexiven Wiederherstellung." Dies ist entscheidend, denn Ishagpour geht davon aus, dass die (An-)Verwandlung nicht gleichzusetzen ist mit der Aufgabe der Objektivität, sondern immer auch eine distanzierende, reflektierende Wende impliziert. Youssef Ishaghpour: „Masse und Macht im Werk Elias Canettis". In: John Pattillo-Hess (Hg.): *Tod und Verwandlung in Canettis Masse und Macht*. Wien: Kunstverein Wien 1990, S. 78–89, die Zitate auf S. 87 und 88.
147 Vgl. ausführlich zu Konzepten von Differenz, Identität und Ähnlichkeit im ethnologischen, postkolonialen sowie aktuellen literatur- und kulturwissenschaftlichen Diskurs, der das Konzept der Ähnlichkeit zu unterstreichen versucht, obigen Abschnitt „Das ähnliche Andere. Ähnlichkeit, Differenz und Indifferenz" in Kap. IV.3.
148 Elias Canetti: Nachlass Zentralbibliothek Zürich 36.15, S. 34.

wickelt; und was mit dem Status des Subjekts im Modus seiner Auflösung an das Objekt der Verwandlung geschieht. Lektüren des entsprechenden Kapitels aus *Masse und Macht* werden kontrastiv einzelne Aufzeichnungen oder unveröffentlichtes Material aus dem Nachlass gegenübergestellt. Durch diesen Vergleich lassen sich einige der Aporien in Canettis Verwandlungskonzept differenzierter betrachten.

Die Verwandlung – als Gestaltwechsel, als Verwandlung eines Menschen in andere Menschen, in Tiere, Pflanzen, Dinge und jeweils andersherum, als Aufgabe eines fixierten und fixierenden „Kerns" von Ding und Lebewesen – ist ein Phänomen, das mit dem Imaginären den Zustand des Fluiden und schwer Fassbaren teilt. Zudem wird sie meist dem Mythos, dem Traum oder der Literatur als Orten des Imaginären zugerechnet. Ist das Sammeln also eine Praktik, die am handgreiflichen Ding ansetzt, so wird ihre Grundvoraussetzung durch die fluide Logik der Verwandlung unterlaufen. Wie wird es in *Masse und Macht* also überhaupt möglich, die Verwandlungen, das Imaginäre zu sammeln? Auf welche Weise sind Ding und Imaginäres hier aneinander gekoppelt? Canetti zieht zur Beantwortung dieser Fragen unter anderem Texte aus der Geschichte und der Biologie heran – Disziplinen also, die sich nicht vorrangig als am Imaginierten, an Phänomenen des Imaginären, sondern als am Faktualen interessiert beschreiben. Vor allem seine Auseinandersetzung mit der Biologie, im Speziellen der Zoologie, steht hier im Zentrum.

4.1 Masse, Macht und „das Imaginative"

„Ein bisschen merkwürdig"[149] sei *Masse und Macht*. Es lasse sich nicht nur als „Gegenwissenschaft"[150], sondern auch als „eine ‚Gegendichtung', [...] Antiwissenschaft und Antidichtung zugleich"[151] bezeichnen. Auch über 50 Jahre nach seiner Publikation bekleide es „eine extreme und irritierende Sonderstellung" und löse „immer noch überwiegen Ratlosigkeit oder zumindest Befremden"[152] aus – diese Liste ließe sich beliebig erweitern, kein Aufsatz, kein Interview, keine

---

149 „Das kann man doch nicht machen", rief z. B. Marcel Reich-Ranicki in der sechsten Folge der Literatursendung *Lauter schwierige Patienten*, die im Mai 2001 startete, über die Zitationsstrategien von *Masse und Macht* aus: Man könne doch Marx, Freud, Weber und Nietzsche nicht einfach verschweigen. *Marcel Reich-Ranicki über Elias Canetti*. https://www.youtube.com/watch?v=ZHG3Q5iO3gQ (Stand: 02.04.2020).
150 Friedrich: *Die Rebellion der Masse im Textsystem*.
151 Schüttpelz: „Elias Canettis Primitivismus", S. 293.
152 Honneth: „Die unendliche Perpetuierung des Naturzustandes.", S. 105.

Studie zu *Masse und Macht* kommt umhin, ein wissenschaftliches wie literarisches Unbehagen an Methode, Thesen, Vorgehen oder Gegenstand des Buches zu formulieren.[153]

Einer der Gründe für ein solches Unbehagen steht hier im Fokus – es ist derselbe Grund, der Adorno dazu brachte, das Werk als ein „Skandalon"[154] zu bezeichnen. In einem Radiogespräch zwischen Adorno und Canetti 1962, also zwei Jahre nach der Publikation des Textes, begründet Adorno diese Irritation ausführlich und insistiert, der Ansatz von *Masse und Macht* basiere auf einem „Vorrang des Imaginativen, des bereits in die Vorstellungswelt versetzten".[155] Canetti reagiert auch nach mehrfacher Nachfrage nach dem Stellenwert des „Imaginativen" jeweils nur mit einer einzigen Entgegnung, die den Kern vieler später formulierter Irritationen und Kritiken an ihm enthält: „Der Ansatz zu dem Buch", so Canetti, „ist, glaube ich, so real wie er nur sein kann."[156]

Zur Disposition steht also der Realitätsstatus des Imaginativen, auf Gegenstands- wie auch auf Verfahrensebene. Für Canetti ist dieses Imaginative, das Vorgestellte, das Geglaubte das eigentlich Reale, denn „diese Menschen glauben ja an diese Massen, für sie sind sie etwas durchaus Reales".[157] Er fügt an, dass auch „wir" schließlich an die Realität von Bazillen glauben, auch wenn wir sie in den meisten Fällen nie selbst und mit eigenem Auge gesehen hätten. Die realen Massen- und Machtphänomene sind für Canetti nicht von Vorstellungen zu unterscheiden, sie sind vielmehr erst über die Betrachtung des Vorgestellten verständlich. Das Imaginäre wird bei ihm somit als durchaus real gefasst. Mit einigem Gewinn lässt sich der Begriff des Imaginären auf das applizieren, was Adorno das „Imaginative" nennt und für das Canetti hier sowie in auffallender Häufigkeit in-

---

153 Es wird darauf verzichtet, einen ausführlichen Forschungsüberblick zu diesem Thema zu geben. Denn was für die *Blendung* gilt, die sich „autistisch gegen alle diese geläufigen Diskurse" verschließt, lässt sich auch für *Masse und Macht* sagen, und dennoch arbeitet der Text nicht im absoluten Niemandsland. Von fast allen, die sich mit Canetti befassen, werden Erklärungen für seine „Widerständigkeit" geliefert, sowohl in Bezug auf ihn als Autor und Denker, wie in Bezug auf sein Werk, das erst in den Autobiographien zu klassischen Formen und spätem Ruhm gefunden habe, vgl. Manfred Schneider: „Die Krüppel und ihr symbolischer Leib. Über Canettis Mythos". In: *Hüter der Verwandlung. Beiträge zum Werk von Elias Canetti*. München: Hanser 1985, S. 22–41, hier S. 24. Erwähnt seien hier nur die einschlägigen Überlegungen von Friedrich: *Die Rebellion der Masse im Textsystem*; Angelova: *Elias Canetti*; Kuhnau: *Masse und Macht in der Geschichte*; dies.: „Widerständiges Werk oder widerständige Forschung?" sowie Schüttpelz: „Elias Canettis Primitivismus".
154 Elias Canetti: „Gespräch mit Theodor W. Adorno [1962]". In: ARG, 142.
155 Ebd., S. 145.
156 Ebd., S. 143.
157 Ebd., S. 144.

nerhalb von *Masse und Macht* den Begriff der „Vorstellung" einsetzt. Denn das Imaginäre bzw. das, was sich hinter Canettis Vorstellungskonzept verbirgt, ist nicht mehr an das Individuum gebunden und gerade aufgrund seines spezifischen Realitätsstatus von entscheidender kollektiver Wirksamkeit.[158]

Die hier vorliegenden Überlegungen, die sich dem Anteil des Imaginativen bei Canetti widmen und davon ausgehen, dass sich dieser gewinnbringend als „Imaginäres" beschreiben lässt, nehmen dieses „Imaginative" auf Gegenstands- und auf Verfahrensebene ernst. Sie orientieren sich dabei vor allem an zwei miteinander verbundenen Thesen: Beide Ebenen skizzieren in ihrer wechselseitigen Verschränkung eine Wissenschaftskritik wie auch eine neue Wissenschaft dieses Imaginären als kollektiver Kraft.[159] Die formal irritierten und irritierenden Wissenschaftsverfahren in Canettis *Masse und Macht* lassen sich daher auch auf ihren Gegenstand – das Imaginäre – zurückführen.

4.2 Canettis Kritik der Sammlung

Canettis einziger Roman, die erstmals 1935 publizierte *Blendung*, war ursprünglich als einer von insgesamt acht Romanen geplant, die sich zu einer an Balzac erinnernden „Comédie Humaine an Irren" (GdW, 331) zusammenschließen sollten. So wie in der *Blendung* der Bücherwahn sollte in jedem der angedachten Texte ein besonderer „Wahn" im Zentrum stehen. Unter den Protagonisten sollte es neben einem „technischen Phantasten, der nur von Weltraumplänen lebt", oder einem Todfeind auch einen wahnhaften Sammler geben (GdW, 331). In den *Aufzeichnungen*, den veröffentlichten wie auch den unveröffentlichten, kommt Canetti immer wieder auf das Sammeln zurück, es lassen sich sogar vereinzelt Skizzen verschiedener Sammlertypen finden, die wie Vorstudien zum nie veröffentlichten Roman wirken. In der *Provinz des Menschen* begegnet man etwa dem „Lobsammler" ([1970] PdM, 341) oder der „Blicksammlerin":

---

[158] Vgl. zur Begriffsdiskussion siehe das Unterkapitel I.2 in der *Einleitung* dieses Buches.
[159] Hier baut die Untersuchung auf Studien auf, die bereits den Anteil des Imaginären benannt (Lüdemann: „Vorwort", S. 12) oder die Referenz auf die „primitive" Autorschaft in *Masse und Macht* als Absage an das Schöpferische des eigenen Schreibens über den Verweis auf die „primitiven" Quellen nachgewiesen (Schüttpelz: „Elias Canettis Primitivismus", S. 293) sowie die gegenwissenschaftlichen Schreibweisen des Werks analysiert haben (Friedrich: *Die Rebellion der Masse im Textsystem*). Hier soll allerdings die Absage an das eigene „Schöpferische" erstmals in den Zusammenhang mit einem Konzept des Imaginären gebracht und dieses bei Canetti überhaupt ausgeführt werden.

> [S]ie legt Wert darauf, daß nicht ein einziger Blick, der ihr gilt, ihr entgeht [...] Sie legt sie als kleine, separate Kapitalien an, vermischt sie nie, weiß immer, wo neue sicher zu erwarten sind und verzinst sie auf ihre Weise. Ihre Unternehmungen breiten sich allmählich über viele Länder aus, es gibt Blicke, denen sie nachreist.
> Sie weigert sich, einen Verwalter anzustellen und macht alles allein. ([1966] PdM, 293f)

Im Duktus des *Ohrenzeugen* skizziert Canetti hier sarkastisch den bürokratischen Charakter der Sammelnden, an anderer Stelle schimpft er dagegen explizit: „Es ist zu viel Selbstzufriedenheit an den Sammlungen und der Sicherheit der Hüter." ([1967] PdM, 311)[160] Schließlich erklärt sich Canetti in den *Aufzeichnungen* dezidiert zum Sammelfeind, indem er eine Kritik der Sammlung und des Sammelns entwickelt, die durchaus anschlussfähig an das aktuelle Interesse am Sammeln ist: Denn wo fangen das Sammeln und die Sammlung an, was geschieht mit den Dingen, wenn sie zum Bestandteil einer Sammlung werden? Zu seiner eigenen Büchersammlung heißt es in einer Nachlassnotiz von 1966: „Die Nachbarn halten jedes Buch fest und vergewaltigen es zur Ruhe. Durch seine Nachbarn wird es ein anderes Buch, noch dazu habe ich eine besondere Art, bestimmte Nachbarn für jedes Buch zu ernennen."[161] Schon drei Bücher machen eine Sammlung: An einem Objekt, einsortiert zwischen zwei benachbarten Elementen, führt Canetti den für ihn problematischen, weil gewaltsam fixierenden Einfluss des festen Standorts vor. So verändere sich das gesammelte Objekt durch Assimilierung an seine neue Umgebung, je nach dem Wesen seiner nächsten Nachbarn. In dieser Perspektive stellt die Ordnung der Sammlung das Objekt erst her oder verleiht ihm zumindest neue Eigenschaften. Genauso wäre es möglich, hier bereits eine protoparanoische Angleichungssucht zu erkennen, in der der Ort des Objekts dieses nicht unmittelbar verändert, sondern vielmehr die Ordnung der Sammlung als Art der Beziehung festlegt.[162]

Canetti versucht, dieser gewaltsamen Assimilierung und Fixierung zuvorzukommen, indem er möglichst geeignete Nachbarn für das einzelne Buch auswählt oder indem er seine Sammlung immer wieder zerstört, etwa ganz besonders wertvolle Exemplare verschenkt. Anhand eines Buchs, das zu bekommen er keine Mühen gescheut hatte und das für seine Untersuchung der Verwandlung von entscheidender Bedeutung gewesen war, lässt sich Canettis leidenschaftliche wie auch seine kritische Einstellung zum Sammeln gleichermaßen illustrieren: In einer Art Wettrennen mit dem befreundeten Ethnologen Franz Baermann Steiner

---

160 Die Aufzeichnung steht im Zusammenhang mit Kunstsammlungen und ihrem Wert, den diese gerade aus ihrer scheinbaren Ganzheit beziehen.
161 Elias Canetti: Nachlass Zentralbibliothek Zürich 22a, 1.8.1966, zit. nach: Hanuschek: *Elias Canetti*, S. 570.
162 Siehe zur Paranoia ausführlich Kap. VIII.2.

sucht Canetti nach einem Exemplar von Wilhelm Bleeks und Lucy Lloyds *Specimens of Bushman Folklore*, findet es schließlich nach langem Suchen als Erster und wird daraufhin von seinem Konkurrenten wie zu einem „Lebensereignis" beglückwünscht, als dieser „mit – buchstäblich – zitternden Händen" (PB, 134) im vorgezeigten Exemplar blättert. Gerade dieses Buch, das hier zum Ding wird, das es zu sammeln gilt und dem besondere, lebensverändernde Fähigkeiten zugeschrieben werden, ist nicht nur eine zentrale Quelle für Canettis Überlegungen zur Verwandlung. Zugleich ist es ein Ding, das nicht zum Besitzen gemacht ist. Denn dieses kostbare Stück seiner Sammlung verschenkt er noch vor seinem Tod, so wie viele andere seiner Bücher.[163]

Dass für Canetti die wirklich wertvollen Dinge gerade davor beschützt werden müssen, gesammelt zu werden, liegt an der impliziten Logik jeder Sammlung. Am Beispiel seiner Abneigung gegen die Wissenschaft des Aristoteles, die ihm mehrfach als Stellvertreter des von ihm kritisierten Wissenschaftskonzepts dient, expliziert Canetti diese innere Logik: „Die Dinge, die in seinen [d.i. Aristoteles', EH] Sammlungen vorliegen, ob sie nun leben oder nicht, sind durchwegs Objekte und zu etwas nütz, wäre es auch, daß sich an ihnen zeigen läßt, wie schädlich sie sind." ([1943] PdM, 49) Canetti differenziert hier also bereits terminologisch zwischen „Dingen", die der Sammlung vorgelagert sind, und in die Sammlung eingespeisten „Objekten". Den entscheidenden Unterschied bildet das Nützlichkeitsparadigma, mit dem jedes gesammelte Objekt automatisch in Verbindung gebracht wird: Alles erfüllt hier einen Zweck, besetzt eine spezifische Systemstelle, beweist einen besonderen Punkt. Im Umkehrschluss schreibt dies den (noch) nicht gesammelten Dingen einen Überschuss zu, der sich gegen diese behauptete Nützlichkeit wehrt, sich ihr nicht unterordnen lässt. Die Dinge stehen für sich, bedürfen keines Nachbarn, haben noch keinen spezifischen Nutzen und verweisen auf keinen nutzbringenden Zusammenhang außerhalb ihrer selbst.

Die Eigenschaft der „Nützlichkeit" wird für Canetti in der Sammlung mit einer spezifischen „Ordnung" verschränkt, die noch stärker als das Nützlichkeitsdenken auf eine Stillstellung und Abtötung des Dings abzielt: „Es ist etwas Mörderisches in der Ordnung",[164] und dieses Mörderische bedrohe nicht nur die unbeleb-

---

163 Und zwar schenkt er es Iris Murdoch. Vgl. Hanuschek: *Elias Canetti*, S. 570. Die Verknüpfung, die Canetti mit zahlreichen anderen Schriftsteller*innen nur über den Besitz dieses Buches herstellt, ist beachtenswert: In den Nachträgen aus Hampstead betont Canetti die Zwillingsexistenz zu Pavese, der das Buch immer gesucht, aber nie gefunden habe: „*Pavese* war mein genauer Zeitgenosse. [...] Dieses Buch, auf das Pavese knapp vor seinem Tode zuging, ist unser Gemeinsamstes, und ich möchte es ihm gerne geben." [1960] NH, 31f [Herv. i.O.].
164 [1956] PdM, 213. Vgl. zum Aspekt von Schöpfung und Kreativität und der Ordnung als bloßer verwaltender und nicht selbst schöpferischer Kraft in diesem Zusammenhang: „*Erleuchtende* und

ten Dinge, sondern entfalte bei der „Ordnung" von Tieren und Menschen erst seine ganze Macht. In seinen Äußerungen über die Psychiatrie als wissenschaftliche Disziplin beispielsweise, die Ordnungskategorien und Klassifizierungen erarbeitet, in welche sie die von ihr „gesammelten" Menschen einordnet, wird dies besonders deutlich:

> Die psychiatrische Betrachtung von Menschen hat etwas Verletzendes, das mehr in der Klassifizierung des Abnormen als in seiner einfachen Feststellung liegt. [...] Der Psychiater aber, der Kategorien des Abnormen schafft, dem erst an Klassifizierung und dann an Heilung gelegen ist, nimmt dem oft Gedemütigten auch noch seine Einzigartigkeit weg. Diese Macht, andre zu *gruppieren*, wird nicht nur vom Betroffenen als schmerzlich empfunden; es ist auch für den beteiligten Betrachter bedrückend, sie am Werke zu sehen und nicht rückgängig machen zu können. ([1952] PdM, 181 [Herv. i.O.])

Mag im Schutz des „Besonderen" am psychisch Kranken sowohl Georges Kien, der Psychiater aus der *Blendung*, als auch eine primitivistisch anmutende Forderung anklingen[165] – entscheidend ist an dieser Stelle Canettis Kritik der verletzenden, bedrückenden Macht des Gruppierens und Ordnens, das die eingeordneten Elemente so lange zurechtschneidet und um ihr Eigenes betrügt, bis sie in die vorgeformten Kategorien passen.[166] Canettis Sammelkritik zielt also auf mindestens drei Punkte, die für ihn die Logik der Sammlung ausmachen: auf die gewaltsame Einordnung des Dings in vorhandene Kategorien, auf die sich im gesammelten Objekt vollziehende, nachträgliche Assimilierung an vorhandene Elemente der Sammlung und zuletzt auf das Nützlichkeitsdenken, von dem er die Sammlung beherrscht sieht. Allerdings sei angemerkt, dass alle diese Kritikpunkte Canettis eher auf die Sammlung oder die Sammelnden, weniger auf das Verfahren des Sammelns als Prozess zielen. Darauf wird zurückzukommen sein.

Gegenstände der Un-Ordnung, das „Abnorme", der Wahn, der Mythos, der nicht semantisierbare und unnütze Überschuss des Dings oder aber das „Imaginäre" – bei den Beispielen, die Canetti im Zuge seiner Kritik der Sammlung anführt, handelt es sich stets um Phänomene, die gängige Ordnungen sprengen und sich dagegen sträuben, gesammelt und sortiert zu werden. Und gerade solche Phänomene sind es, die Canetti selbst sammelt. Die österreichische Schriftstellerin Ruth von

---

ordnende Geister. [...] Der erleuchtende Geist hat die Art des Blitzes, er bewegt sich rapid über weiteste Strecken hin. [...] Das Erleuchtete wird den Ordnern hinterlassen. Ihre Operationen sind so langsam wie die der anderen rasch; sie sind die Kartographen des Einschlags, dem sie mißtrauen und trachten durch ihre Verrichtungen neue Einschläge zu verhüten." [1961] Ebd., 264 [Herv. i.O.].
165 Vgl. dazu Kap. V.1.
166 Vgl. ausführlicher zu Canettis Abneigung gegen geschlossene Systeme und innersystemische Logiken Kap. VIII.2.

Mayenburg nannte ihn einmal einen „Menschensammler".[167] Vielleicht sind damit auch Sammlungen wie Canettis *Ohrenzeuge* bezeichnet, der in Form kurzer Skizzen 50 verschiedene Charaktere enthält. Er sammelte „akustische Masken" ebenso wie Anekdoten aus seinem Umfeld, vor allem aber Mythen, Geschichten, Legenden, wissenschaftliche Quellen verschiedener Disziplinen, Bücher, Exzerpte und Notizen.[168] Auch für die Arbeit an *Masse und Macht* erstellt er umfangreiche Quellen- und Textsammlungen, die zusammengenommen ein Fünftel aller nachgelassener Textzeugnisse Canettis ausmachen und die er zunächst in Lektürelisten festhält, die damit sein eigenes exzessives Sammeln dokumentieren.[169] Die thematischen Reihen, die diese Sammlungen organisieren – etwa zur Masse, zur Verwandlung, zum Herrscher, etc. – bleiben oft bis zum Ende seines Lebens konstant: Noch 1994 plante er, etwas über den Trickster als mythische Figur sowie Ovids *Metamorphosen* zu schreiben.[170] Im Unterschied zu den organisierten Listen und Themenfeldern vollzog sich der eigentliche Sammelprozess hauptsächlich unsystematisch. Angeblich habe Canetti in seiner Londoner Exilzeit, in welche die Hauptarbeit am erklärten Lebenswerk fällt, bewusst nicht wie Karl Marx in der British Library, sondern mit dem Bestand der Warburg Library gearbeitet. Sven Hanuschek allerdings vermutet, auch dort sei Canetti selten gewesen, meist habe er sich über exzessive Bücherkäufe mit Lektüre versorgt. Bis kurz vor Abschluss des Manuskripts habe er innerhalb einer Woche noch 50 neue, thematisch relevante Bände erworben.[171]

Besonders während des Krieges, von dessen Frontkämpfen Canetti im englischen Exil nur indirekte Auswirkungen spürte, was ihm ein zunehmend schlechtes Gewissen bereitete,[172] erschien Canetti selbst die Tätigkeit des Sammelns frem-

---

167 Hanuschek: *Elias Canetti*, S. 190.
168 „Die Aufnahme der Mythen (ich besitze nun eine sehr große Anzahl von Mythen – Sammlungen, gegen 100 Bände, ich nehme natürlich auch Märchen und Sagen dazu), das ruhige Betrachten und ‚Nachträumen' von Mythen will ich in Zukunft immer fortsetzen, ohne je eine größere Unterbrechung eintreten zu lassen. Ich glaube, dass ich auf diese Weise dem Wesen der Verwandlung näher kommen kann. Ein Gefühl von Ohnmacht packt mich oft, wenn ich an Verwandlung denke. Es ist etwas, das ich an mir selbst unaufhörlich erlebe, und doch kann ich den Vorgang von aussen her noch nicht wirklich darstellen. In keinem Teil meines ‚Versuchs' fühle ich mich unsicherer und befangener als in diesem." Elias Canetti: Nachlass Zentralbibliothek Zürich 48.1.3: „Masse und Macht": Aufzeichnungen 18.12.1957–23.6.1959.
169 Hanuschek weist anhand des Nachlasses nach, dass Canetti spätestens seit 1926 systematisch Aufzeichnungen zu *Masse und Macht* anfertigt (vgl. Hanuschek: *Elias Canetti*, S. 441). Siehe hier auch die Angabe zum Anteil der Notizen für *Masse und Macht* am Gesamtnachlass. Vgl. dazu Hanuscheks Aufarbeitung der Lese- und Arbeitspläne von Canetti aus dem September 1931, Block 4, Nachlass Zentralbibliothek Zürich 3, ebd. S. 194.
170 Elias Canetti: Nachlass Zentralbibliothek Zürich 25, 14.8.1986, zit. nach ebd., S. 636.
171 Vgl. ebd., S. 441.
172 So die Rekonstruktion von Hanuschek, vgl. ebd., S. 325.

der Philosophien, Mythen und Glaubensvorstellungen auf befremdliche Weise eskapistisch: „Er[173] hat sich vor dem Krieg verkrochen: in jede andre Zeit, in jedes andre Land, in kompakte Wissenschaften, einsame Sätze, tote Namen, lebendige Steine, in Quartette, in Frauen, in Bilder."[174] Was hier noch als Flucht in die eigene Sammeltätigkeit daherkommt, die er angesichts der politischen Situation aus schlechtem Gewissen an sich selbst kritisiert, steigert sich kurz vor Abschluss von *Masse und Macht* zum ungehemmten Sammelexzess:

> Es ist eine unkontrollierte Gier geworden, nicht besser als jede andre Gier, weil sie ihren Augenblick nicht mehr kennt. Soll ich als geistiger Vielfrass zuendegehen? Bin ich ein Sammler? Muss ich 10 oder 20 oder 30000 Bücher haben? Muss ich in einem Autodafé zugrundegehen?"[175]

Unter dem Druck, die mehr als 30 Jahre andauernde Arbeit an seinem Buch zu einem Ende zu bringen, befürchtet er zu seinem eigenen, geplanten Protagonisten, dem Sammelwahnsinnigen, zu werden, und wie der Büchermensch aus der *Blendung*, Peter Kien, zusammen mit seiner Bibliothek in Flammen aufzugehen. Das Wort „Sammler" richtet Canetti hier wie ein Schimpfwort gegen sich selbst – und offenbar gerade *weil* Canetti selbst weiß, dass *Masse und Macht* auch den Charakter einer Sammlung hat.

Das Sammeln ist per se mit einer machttheoretischen Fragestellung verbunden. Immer schon hat es mit den Hierarchien und Machtansprüchen eines souveränen Subjekts zu tun, das mit den Dingen, die es sich aneignet, auf eine gewisse Art und Weise verfährt und dabei Herrschaft über diese Dinge ausübt. Trotz eskapistischer Selbstbeschreibung reagiert Canettis eigene Sammelpraktik auf diese Eigenheit des wissenschaftlichen Sammelns, das meist auf die Konstruktion fixierter, konservierender Ordnungen und Klassifizierungen angewiesen ist. Denn immer dann, wenn die Sammlung bzw. das Sammeln auf Fixierung und Totalität

---

173 Die Er-Perspektive ist typisch für Canettis *Aufzeichnungen* und zieht sich durch das gesamte Werk. Die Auflösung der Grenzen zwischen autobiographischem Kommentar und fiktionalem Modus, zwischen Canetti und den vielen Charakteren, die er in den *Aufzeichnungen* erschafft, skizziert er schon früh als regelrechtes Programm: „Die Scheu vor der persönlichen Aufzeichnung aber läßt sich überwinden. Es genügt, von sich in der dritten Person zu reden; ‚er' ist weniger lästig und gefräßig als ‚ich'; und sobald man den Mut hat, ‚ihn' unter andere dritte Personen einzureihen, ist ‚er' jeder Verwechslung ausgesetzt und nur noch vom Schreiber selber zu erkennen. [...] Wem es um die Wahrheit und Unmittelbarkeit seiner Niederschrift zu tun ist, wer den Gedanken oder die Beobachtung als solche liebt, wird diese Gefahr auf sich nehmen" [1943] PdM, 61f.
174 Elias Canetti: Nachlass Zentralbibliothek Zürich 6, Notiz vom 4. August 1942, zit. nach Hanuschek: *Elias Canetti*, S. 325.
175 Elias Canetti: Nachlass Zentralbibliothek Zürich 22, Notiz vom 19. April 1959, zit. nach ebd., S. 442.

zielen, wittert Canetti Gefahr. Als erste Möglichkeit, dieser verachteten Form des Sammelns zu entgehen, konzipiert er Gegen-Sammlungen.[176] Die zweite sind fragmentarische Sammlungen von „Verwandlungen": Dafür sammelt er Beschreibungen von Gestaltwandlungen einer Person in eine andere, von Tier in Mensch, Mensch in Tier oder Pflanze etc. – und er versucht diesen durch Nacherzählung möglichst nah zu kommen, sich mitzuverwandeln. Solche Verwandlungssammlungen suspendieren nicht nur die Möglichkeit einer geschlossenen Form der Sammlung, sie verunmöglichen zugleich die Fixierung ihrer Objekte, da deren Wesen in ständigem Wandel besteht. Als eine solche Sammlung lässt sich *Masse und Macht* betrachten, als „eine Sammlung durch Verwandlung gebildeter Figuren und Masken des Erkennens".[177]

Ein mögliches Vorbild dieser Sammlungen, das sich – wie auch diejenige Canettis – mit einer auffälligen Dopplung von Darstellungs- und Gegenstandsebene auseinandersetzt, ist Goethes Morphologie, in der die Reflexion der „Form" beide Ebenen bestimmt. Goethes Struktur der Hefte „Zur Morphologie" zeichnet sich durch einen solchen von Canetti geforderten, fragmentarischen Sammelcharakter aus. Eva Geulen hat gezeigt, wie in Goethes Reihen – fassbar im Paradox der „beweglichen Ordnung", die sich mit der „dynamischen Form" befasst – die Elemen-

---

[176] Es lassen sich einige solcher Ansätze zu Gegen-Sammlungen oder ex-negativo-Sammlungen in den *Aufzeichnungen* finden. Es sei an dieser Stelle nur auf wenige verwiesen, eine genauere Untersuchungen solcher Gegen-Sammlungen bei Canetti wäre lohnenswert. Analog zu seiner „verschluckenden" (Schüttpelz: *Die Moderne im Spiegel des Primitiven*, S. 122) Zitationspolitik, durch die er seine größten Feinde im ganzen Buch von *Masse und Macht* schlicht unerwähnt lässt, entwirft er auf konzeptueller Ebene ähnliches sogar ganz explizit. „Statt einer Literaturgeschichte der Einflüsse eine solche der Gegeneinflüsse; sie wäre aufschlussreicher", heißt es in einer Aufzeichnung von 1970 (PdM, 340). Schon 1949 erwähnt er explizit seine „Sammlung der wichtigsten Bücher – und damit meine ich besonders die Bücher der Feinde [...]. Es sind die Bücher, an denen man sich schärft und nicht die, an denen man erlahmt, weil sie längst schon ausgesogen und erschöpft sind." (PdM, 156f) 1967 skizziert er außerdem den Entwurf einer Wissenschaft auf Basis früherer Irrtümer: „Alle Bücher die nur zeigen, wie wir es zu unseren heutigen Ansichten gebracht haben, zu den herrschenden Ansichten über Tier, Mensch, Natur, Welt verursachen mir Mißbehagen [...] Was kann es Sterileres geben als diese Art von Lektüre? Eben die ‚irrigen' Meinungen früherer Denker sind es, was mich am meisten an ihnen interessiert. Sie könnten die Keime zu den Dingen enthalten, die wir am notwendigsten brauchen, die uns aus der furchtbaren Sackgasse unserer heutigen Weltansicht herausführen." (PdM, 309) Die Nähe zu Caillois' Sammlungen von Wissenschaftslegenden, wie bei der Merians, liegt auf der Hand: Beide gehen davon aus, über die Fehlleistungen der Wissenschaft ließen sich alternative Weltsichten erarbeiten, die von der herrschenden, homogenisierten abweicht.
[177] Christoph Menke: „Die Kunst des Fallens. Canettis Politik der Erkenntnis". In: Michael Krüger (Hg.): *Einladung zur Verwandlung. Essays zu Elias Canettis „Masse und Macht"*. München: Hanser 1995, S. 38–67, hier S. 47.

te zwar aneinandergrenzen, allerdings nicht unmittelbar verwandt oder kausal verknüpft sind.[178] Die Reihenbildung als Verfahren basiert auf Unvollständigkeit. Sie zögert den Abschluss und damit die Totalität immer weiter hinaus.[179]

Wenn Canetti während des Zweiten Weltkriegs von schlechtem Gewissen seiner Sammelleidenschaft wegen geplagt wird, findet er einen rettenden Fürsprecher in Goethe:

> Bevor ich ihn [Goethe, EH] wieder las, habe ich mich, um nur das eine anzuführen, meines Interesses für Tiere und der Kenntnisse, die ich mir über sie allmählich erwarb, immer ein wenig geschämt. Ich wagte es niemandem zu gestehen, daß jetzt, mitten in diesem Krieg, Knospen mich so fesseln und erregen können wie ein Mensch. [...] Seit ich Goethe lese, erscheint mir alles, was ich unternehme, legitim und natürlich [,] (PdM, 54)

heißt es in einer Notiz von 1943. Benennt Canetti hier Goethe zwar eigentlich im Sinne eines Komplizen für das geteilte Interesse für Pflanzen und Tiere, so steckt hinter dem „um nur das eine anzuführen" auch eine Fülle anderer Dinge: Die Notiz verweist einerseits auf die paradox anmutenden Naturstudien zu Zeiten des Krieges, andererseits womöglich auch auf die geteilte und jeweils unabschließbare Sammelleidenschaft sowie die Reflexion der schwankenden Form auf zweifacher Ebene, für die Goethe nun als rechtfertigende Instanz herangezogen wird.[180] Erst durch diese Referenz erscheint ihm das Sammeln der Naturdinge

---

178 Eva Geulen: *Aus dem Leben der Form. Goethes Morphologie und die Nager*. Berlin: August Verlag 2016, S. 106; Goethes formales Programm klingt deutlich in manchen poetologischen Aufzeichnungen Canettis nach, vgl. etwa: „Nebeneinanderlegen darfst du die Sätze schon, sie mögen einander sehen, und wenn es sie reizt, dürfen sie einander berühren. Mehr nicht." FP, 128.
179 „Deshalb kann man von Goethes Versuchsreihen unter dem Diktat eines aufzuschiebenden Ganzen auch sagen, dass sie die Kontingenz der Subjektivität als Wissenschaft radikalisieren, formalisieren, ja institutionalisieren." Geulen: *Aus dem Leben der Form*, S. 116f.
180 Außerdem befasst sich Canetti so wie Goethe mit den für Eva Geulens Buch titelgebenden Nagern, besonders setzt er sich mit Hamstern und Hausmäusen auseinander: In den Materialien zu *Masse und Macht* befinden sich ausführliche Notizen „Über das Sammeln bei Hausmäusen" (Elias Canetti: Nachlass Zentralbibliothek Zürich 35.7: „Masse und Macht", Undatierte Materialien, „Nagetiere"). Dort formt allerdings die Praktik des Sammelns die Physiognomie des Hamsters, sein Sammeln scheint Canetti pseudosoziale, kompensatorische Funktionen zu erfüllen und zudem mit dem psychopathologischen Zustand des Manischen vergleichbar: „Das Nagen erfordert Zeit: Eine Nuss, die vielleicht gerade ausgegraben [?] wurde, glitt nach hinten in den Mund, wenn man plötzlich zur Flucht gezwungen wurde. Die Backenzähne waren nicht geeignet, sie zu bewältigen; so musste sie später wieder vorgenommen werden. Die Summierung und häufige Wiederholung dieses Vorgangs konnte zur Entstehung einer Backentasche führen. Indem die Nagezähne alle Macht an sich reißen, indem die Größendifferenz zwischen ihnen und den übrigen Zähnen zunimmt, wächst auch ihre Aufgabe. Sie können mit ihr nicht gleich fertig werden, die zeitliche Verschiebung führt zur Ansammlung von Vorräten, erst im Mund, später aber auch im

nicht nur „legitim", sondern auch tatsächlich „natürlich".[181] Entscheidend ist, dass auch drei Jahre vor Abschluss des *Masse und Macht*-Manuskripts die „Abneigung davor [besteht], die Dinge zusammenzuschließen; immer hältst du alles offen, immer hältst du alles auseinander. [...] Von Tag zu Tag begreifst du mehr, aber es widerstrebt dir zu *summieren*". ([1957] PdM, 228 [Herv. i.O.])

Canettis Sammelideal ist also von einer strukturellen Offenheit und Unvollständigkeit geprägt, die entscheidend ist, um eine permanente Wandlungsfähigkeit der gesammelten Elemente zu garantieren und sie eben nicht im Zustand lebloser Objekthaftigkeit zu fixieren. Diese permanente Wandlungsfähigkeit aber ist nicht nur Maxime des Sammelverfahrens, sondern zugleich auch zentraler Gegenstand: die Verwandlung, in der sich alles gegen das Gesammeltwerden sträubt, da es ständigem Wechsel unterlegen ist. Wie lässt sich nun aber das, was sich gerade dadurch auszeichnet, keine fixierte Form zu haben, „dinglich" sammeln? Wie sammelt man das Imaginäre, wie jenen „Überschuss" des Dings, der sich im Übergang zum Objekt einer Sammlung eigentlich gerade verflüchtigt?

4.3 Das Imaginäre sammeln. Zum körperlichen Substrat von *Masse und Macht*

Mehr als zehn Jahre vor der Publikation von *Masse und Macht* notiert Canetti in der *Provinz des Menschen*:

> Es ist in Wirklichkeit jeder Glaube, was mir nahe geht. Ich fühle mich ruhig in jedem Glauben, so lange ich weiß, daß ich wieder fort kann. [...] Ich habe eine [...] Leichtigkeit darin, als wäre es meine Aufgabe, alles wieder darzustellen, was je geglaubt worden ist. [...] Ich könnte mir vorstellen, daß ich mein Leben an einem geheimen Zufluchtsort verbringe, der die Quellen, Mythen, Disputationen und Geschichten aller bekannten Glaubensformen birgt. Dort würde ich lesen, denken und mir langsam erglauben, was es überhaupt gibt.[182]

Nest oder im Bau. [...] Es sollte sich nachweisen lassen, dass der Hamster seine Vorräte gar nicht auffressen kann. Es sind Vorräte wie für ein ganzes Volk, und sie ersetzen ihm das Volk. [...] Das psychologische Wesen des Manischen, die Art, wie Einfälle sich bei ihnen folgen, erinnert sehr an das Gebaren des Hörnchens und des Affen." Ebd., S. 13–18.

181 Dass Canettis „Natur", seine Vorstellung von „Natürlichkeit", ebenso wie sein Konzept von „Ursprünglichkeit" sämtlich aus gesammelten Texten stammt, wird hier bereits deutlich sichtbar. Zur Textualität und Lesbarkeit des Imaginären vgl. Kapitel V.1.

182 [1946] PdM, 103. Vgl. ausführlicher zu *Masse und Macht* und seinem schon oft beschriebenen Oszillieren zwischen Systemzwang und Systemfeindschaft sowie zur systematischen Offenheit des Buches, hier allerdings vor dem Hintergrund von Architekturvorstellungen und der Untersuchung des Imaginären das Kapitel VIII.2.

Sich alle Formen des religiösen Lebens zu „erglauben", sie an einem Ort gesammelt zu haben, um sie dann in sich aufzunehmen, ohne von ihnen vereinnahmt zu werden und ohne sie selbst durch die Konstruktion von Typologien und Strukturen zu vereinnahmen, sich wie durch Romane durch alle verschiedenen Systeme religiöser Vorstellungen „hindurchzuglauben" – Canetti skizziert hier die für ihn ideale Sammelhaltung. Sein in *Masse und Macht* umgesetztes Vorhaben, das Imaginäre zu sammeln, beschränkt sich allerdings nicht auf die Akkumulation religiöser Glaubensvorstellungen, sondern umfasst auch nicht kodifizierte und fixierte Macht- und Massenvorstellungen, von psychopathologischen Zuständen bis zu gesellschaftlichen Machtstrukturen.

Zum von Adorno monierten Vorrang des Imaginativen in *Masse und Macht* tritt allerdings eine zweite, potenziell irritierende Eigenheit hinzu, die Karl Heinz Bohrer bereits 1975 benannte und dabei als mögliche Ursache des misslungenen Gesprächs zwischen Canetti und Adorno anführte: Der Ansatz von *Masse und Macht* sei „ebenso materialistisch wie imaginativ".[183] Das Imaginäre ist bei Canetti stets gekoppelt an eine materialistische wie buchstäblich materielle Dimension. Es wird über das Ding – über Architekturen, massenhaft vorkommendes Getreide, Feuer – erkennbar, sammelbar. Diese Dopplung von dinglicher und imaginärer Dimension kommt dabei auch den Körpern zu, den menschlichen, tierischen sowie dinglichen. Das körperliche Substrat von Masse und von Macht ist keineswegs nur als Analogie in Stellung gebracht, stattdessen werden auch politische und gesellschaftliche Ereignisse sowie psychische und soziale Mechanismen aus der körperlichen Natur des Menschen erklärt. Deswegen sieht beispielsweise Gerhard Neumann Canettis Theorie der Kultur in einer Theorie der Körperberührung verwurzelt.[184]

„Nichts fürchtet der Mensch mehr als die Berührung durch Unbekanntes." (MM, 13) Unabhängig vom pessimistisch-ängstlichen Ton, den Canettis berühmter erster Satz anschlägt, wird darin die grundlegende Verknüpfung des Dinglich-Körperlichen (hier: die Berührung) mit dem Imaginären (dem Unbekannten, das auf die Sphäre des Imaginären verweist) bereits eingeführt. Diese Verknüpfung wirkt in zwei Richtungen: Einerseits kann man in ihr eine bedrohliche „Wiederkehr des Naturzustandes"[185] lesen, in der der Körper zum Medium archaischer Ge-

---

183 Karl Heinz Bohrer: „Der Stoiker und unsere prähistorische Seele. Zu ‚Masse und Macht'". In: Herbert G. Göpfert (Hg.): *Canetti lesen. Erfahrungen mit seinen Büchern*. München, Wien: Hanser 1975, S. 61–66, hier S. 62.
184 Vgl. Neumann: „Yo lo vi".
185 Honneth: „Die unendliche Perpetuierung des Naturzustands", S. 106. Honneth übt scharfe Kritik an Canettis Grundannahme der Berührungsfurcht, in der er eine kulturell codierte Projektion statt der Beobachtung archaischer Impulse vermutet. Insbesondere kritisiert er die Wörtlich-

walt regrediert. Andererseits ermöglicht es Canettis zentrale Positionierung des Körpers auch, diesen als einen Ort zu identifizieren, an dem Macht und archaische Gewalt subvertiert werden können. Denn über das Prinzip der Verwandlung führt Canetti ein (Denk-)Modell ein, das auf das Imaginäre verweist und zugleich die körperliche Grundierung braucht, denn nur etwas Gestalthaftes kann schließlich die Gestalt auch wechseln. In diesem Gestaltwechsel ist es denjenigen, die zur Verwandlung fähig sind, möglich, der Macht – stets ausgerichtet auf das „Ergreifen" ihrer Opfer – zu entgehen. Ergriffen werden kann nur das Feste, die Verwandlung dagegen verflüssigt alles Fixierte. Der Körper ist also zugleich Medium der Gewalt *und* Medium der Offenheit, um der Macht auszuweichen, die Grenzen des Individuums zu überschreiten, sich zum Anderen, zum Tier, zum Pluralen zu öffnen.

„Der Gestaltlose kann sich nicht verwandeln." (FP, 16) Das heißt im Umkehrschluss: Zwar speisen sich Canettis Überlegungen zur Verwandlung aus dem Imaginären, dieses aber muss immer an eine materielle Dimension – einen Körper, gleich ob belebt oder unbelebt, menschlich oder tierisch – gekoppelt sein. Die spezifische Verknüpfung von Körper und Imaginärem, aus der er eine Theorie der Kultur ableiten möchte, ist womöglich die „widerständigste" von Canettis Grundannahmen. Denn noch befremdlicher als die starke Betonung des Imaginativen, dem er einen eigenwilligen Realitätsstatus zuerkennt, muss der Einsatz des Körpers bei Canetti gesehen werden, der konträr zu sämtlichen Körpersoziologien seit Anfang des 20. Jahrhunderts angelegt ist. Die Durkheim-Schule etwa widmete sich mehrfach genau jener Kontaktstelle zwischen dem Organisch-Körperlichen und den „kollektiven Repräsentationen".[186] Bereits in der 1909 veröffentlichten,

---

keit des Canetti'schen Ansatzes, der das, was Adorno oder Hobbes „nur" metaphorisch meinen, buchstäblich auf die soziale Ordnung überträgt. Blind für den Stellenwert emotionaler und sozialer Bindungen ziele Canettis Bild der Gesellschaft allein auf den „Zustand des sozialen Kriegs, in dem jeder latent den Tod des anderen wünscht." (ebd., S. 111) Canettis „extrem gesteigerte Reduktionismus" (ebd.) des Sozialen wie des Psychischen, basierend auf einer überzeitlichen, ahistorischen Affekttheorie, die „auf gespenstische Weise zeitlos" (ebd., 117) sei. Canettis am Mythos entwickelte Machttheorie stellt sich jedoch als gar nicht mehr so reduktionistisch dar, nimmt man das Prinzip der Verwandlung in den Blick, das immer auch eine Form der Verantwortung und gerade nicht machtförmigen Annäherung an den Anderen impliziert, was Honneth gänzlich ausblendet. Da er die beiden für Canetti gerade in ihrer Differenz zentralen Begriffe von Verstellung und Verwandlung nicht unterscheidet, kann er den machtsubvertierenden Charakter der Verwandlung nicht anerkennen. Ebd., S. 106; Vgl. zur Rehabilitierung der Canetti'schen Verwendung des Mythos gegen Honneth: Schneider: „Die Krüppel und ihr symbolischer Leib", S. 27.
186 Nach Durkheim verstanden als „überindividuelle [...] Vor- und Darstellungen, die (symbolisch durch Rituale) soziale Praktiken anleiten, Wahrnehmungs- und Bewertungsschemata vorgeben und sowohl soziale Kohäsion stiften als auch Gegenstand symbolischer oder kriegerischer Auseinandersetzungen sein können." Stephan Moebius: „Über die kollektive Repräsentation des

religionssoziologischen Studie des Durkheim- und Mauss-Schülers Robert Hertz über die Vorherrschaft der rechten Hand beispielsweise werden die organischen Asymmetrien des Körpers als kulturell geformte beschrieben. Die Bevorzugung der rechten Hand, die sich in eine duale kulturelle Ordnung auf religiöser Ebene von Heiligem und Profanen, auf sozialer Ebene von Recht und Unrecht, aktiv und passiv, männlich und weiblich hinein verlängert, will Hertz letztlich als soziale Konstruktion, nicht als organische Gegebenheit ausstellen.[187] Marcel Mauss' Überlegungen über die *Techniken des Körpers*, die er 1934 erstmals in Vortragsform vorstellte, knüpfen wiederum an die Studie von Hertz an: Der Körper wird dort zum ersten Instrument des Menschen, von dem er – je nach kulturellen und gesellschaftlichen Prägungen variierend – Gebrauch macht.

Mauss weist darauf hin, dass auch basale körperliche Aktivitäten – wie Liegen, Stehen, Sitzen, Laufen – in dieser Hinsicht als erlernte und kulturell codierte Gebrauchsweisen des Körpers verstanden werden müssen, die in ihren Ausformungen nichts „Natürliches"[188] seien. Für Canetti dagegen wirkt das Stehen – wie auch das Sitzen, das Liegen, Hocken und Knien – „losgelöst aus seinem zeitlichen oder räumlichen Zusammenhang mit anderen, *für sich*." (MM, 460[189]) In seinem Kapitel „Von den Stellungen des Menschen: Was sie an Macht enthalten" beschreibt Canetti anhand dieser grundlegenden Positionen des Körpers, wie Figurationen der Macht allein aus den physiognomisch bedingten Körperhaltungen erwachsen: „Es gibt keine elementarere Form von Macht als die, die der Körper selber ausübt. Er kann sich durch *Größe* hervortun, und dazu muß er stehen. Er kann durch *Schwere* wirken, und dazu muß er einen sichtbaren Druck ausüben." (MM, 463) Die Macht, die beispielsweise der aufrecht Stehende angesichts des „*unfreiwillig Liegenden*" (MM, 465) empfindet, werde nicht durch eine kulturelle Codierung erzeugt – es sei vielmehr die Nähe des Liegenden zum gejagten Tier

---

Lebens und des Sakralen. Die Verknüpfung von Durkheim und Nietzsche in Geschichte und Gegenwart der Soziologie und Kulturanthropologie". In: Karl-Siegbert Rehberg, Dana Giesecke, Thomas Dumke (Hg.): *Die Natur der Gesellschaft. Verhandlungen des 33. Kongresses der Deutschen Gesellschaft für Soziologie in Kassel 2006*. Frankfurt am Main: Campus Verlag 2008, S. 4673–4683, hier S. 4674.
187 Vgl. Robert Hertz: „Die Vorherrschaft der rechten Hand. Eine Studie über religiöse Polarität [1909]". In: Stephan Moebius, Christian Papilloud (Hg.): *Das Sakrale, die Sünde und der Tod. Religions-, kultur- und wissenssoziologische Untersuchungen*. Konstanz: Universitätsverlag Konstanz 2007, S. 181–217.
188 Marcel Mauss: „Die Techniken des Körpers [1934]". In: Ders.: *Soziologie und Anthropologie. Band II.* Hg. v. Wolf Lepenies, Henning Ritter. Übers. v. Eva Moldenhauer. Frankfurt am Main, Berlin, Wien: Ullstein 1978, S. 197–220, hier S. 212.
189 Im Folgenden sind alle Kursivierungen in den Zitaten aus *Masse und Macht*, wenn nicht anders vermerkt, Hervorhebungen im Original.

sowie der bloße körperliche Größenunterschied, eine archaische sowie eine rein physische Bestimmung also, aus denen die Macht entspringe. Die archaische Form der Jagd gehöre noch in eine tierische, vorkulturelle Ordnung, muss man daraus schließen. Besonders deutlich wird diese Verknüpfung von Körper und Imaginärem anhand von Canettis oft kommentierten Untersuchungen der Prozesse des Essens und Verdauens, aus denen er eine Theorie der Einverleibung entwickelt, die dann beim Menschen symbolisch ersetzt werde: Dieser Ursprung der Macht und aller mit ihr zusammenhängenden Imaginationen wurzelt im Konkreten des körperlichen Ergreifens, Zermalmens und Verdauens, also in Maul oder Mund, Gebiss und Verdauungstrakt.[190] Im Umkehrschluss wird der Mund aller anderen, etwa erotischer oder subjekttheoretisch-sprachlicher Dimensionen beraubt und mittels einer „Politisierung des Mundschemas"[191] zum Ort der potenziellen Macht.

Gerhard Neumann hat darauf hingewiesen, dass Canettis Fokussierung auf die Bedrohung, die den Menschen zum berührungsfürchtigen wie gewaltsam einverleibenden Wesen erklärt, nur die eine Seite seines Vorhabens ausmache. Zwar sind die archaischen und physischen Dimensionen des Körpers in *Masse und Macht* die Vorbedingungen für alle Formen körperlicher, religiöser, sozialer und institutionalisierter Gewalt, Canettis Kulturtheorie aber sei eine „Theorie von der Berührung der Körper" zwischen „Einverleibung und Verwandlung".[192] Beides sind Modi, das Verhältnis zwischen Ich und Anderem zu prozessieren. Gegen die gewaltsame Einverleibung, bei der das Andere vom Ich verschlungen wird, setzt er selbst die spielerische, fluide Verwandlung, die aus der Logik der archaischen Gewalt ausschert: Der Ausbruch aus dem Reich des Befehls, der die Proliferation von Gewalt verursacht, wird bei Canetti durch die Verwandlung denkbar, die „als Mimesis, als Mimikry, als Simulation, als Phantasma und Wahngebilde – das mit den Augen wahrgenommene und bedrohliche Ferne in das nahe und vertraute Universum des ‚Imaginativen'" integriert.[193]

---

[190] Vgl. dazu u. a. Neumann: „Yo lo vi", S. 73; Vgl. außerdem Peter Friedrichs Kapitel „Einverleibung: Zur Sem-Ontologie der Speise", in dem er u. a. auf Canettis Versuch eingeht, eine nicht auf „Verzehrung" basierende Sprache zu entwickeln: Friedrich: *Die Rebellion der Masse im Textsystem*, S. 118–142; Ralf Simon wiederum skizziert das Umschlagen von Mimesis in Einverleibung anhand von Canettis Aphorismen: Ralf Simon: „Animalische Einfälle. Reflexionen über Tiere als Thema von Aphorismen (Lichtenberg, Jean Paul, Canetti)". In: *Jahrbuch der Jean-Paul-Gesellschaft* 32/33 (1997), S. 85–112, insb. S. 100.
[191] Friedrich: *Die Rebellion der Masse im Textsystem*, S. 126.
[192] Neumann: „Yo lo vi", S. 70f.
[193] Ebd., S. 71.

Der Körper ist bei Canetti nicht Gegenstand kultureller Konstruktionen, sondern invariabler Ursprung der Kultur, und zwar indem er Ursprung eines kollektiven wie universalen Imaginären ist. Mit dieser Perspektive lässt sich auch einer der „Skandale" des Buches begründen: Das zugrundeliegende Konzept des Körpers setzt diesen nicht nur als etwas Überzeitliches; alle Körper zu allen Zeiten und in jeder Kultur sind in diesem Konzept miteinander vergleichbar, ebenso die versehrten, (nur scheinbar) defizitären Körper. Die blinden, die verletzten, die toten Körper spielen eine ebenso große, „gleichberechtigte" Rolle zur Lösung der Rätsel von Masse und Macht; gleiches gilt für die Körper der Tiere, deren Klauen und Reißzähnen eine entscheidende Bedeutung zukommt, sowie für die mythischen Körper der Götter und Sagengestalten, der Nymphen und Sirenen. Sie alle gehen in diesen „Ur-Körper" ein und werden zum Nachweis bestimmter „grundlegender" Mechanismen herangezogen. Der Körper wird zur Scharnierstelle von Materiellem und Imaginärem.

4.4 Canetti und die Dinge. Zur „Dignität des Streichholzes"

Zudem umfasst der in *Masse und Macht* gebrauchte Körperbegriff auch tierische und dingliche Körper. Zwischen Mund und Maul besteht dabei nur ein gradueller Unterschied, genauso zwischen einer Masse von Menschen und einer von Dingen: Ist die Masse ausschließlich über das *körperliche* Gefühl des Umschlagens der Berührungsfurcht erklärbar, so sind die von Canetti analysierten *„Massensymbole"*, verstanden als „[k]ollektive Einheiten, die nicht aus Menschen bestehen und dennoch als Massen empfunden werden" (MM, 86), wie etwa das Korn, der Wald, der Sand, etc., selber von einem bestimmten internen Gefühl der Einheit bestimmt. In auffallender Ambivalenz betont Canetti zwar in einer kurzen Vorrede ihren Symbolcharakter, der insbesondere in „Mythus und Traum, Rede und Lied" (MM, 86) zum Tragen komme, und dass die anorganischen, dinglichen Massen wie Feuer, Wasser, Korn einerseits zwar vom Menschen als Massen *„empfunden"* werden, andererseits aber „in sich ganz wesentliche Eigenschaften der Masse" enthielten. (MM, 86). Die Eigenschaften der menschlichen Masse speisten sich also (auch) aus den Eigenschaften der dinglichen Massen. Das Feuer in seiner „rapide[n] Rücksichtslosigkeit" kenne beispielsweise „keine Grenzen. Es will alles enthalten, es hat nie genug." (MM, 87) Wie zuvor die menschliche Masse in der Beschreibung Canettis einen einheitlichen, subjektivierten Willen erhielt („*Die Masse will immer wachsen.* [...] *Die Masse liebt Dichte.*", MM, 30), wird dieser auch dem Feuer, dem Korn, dem Sand zugeschrieben.

In *Masse und Macht* gehorchen die Dinge den Gesetzen der Masse – oder andersherum: Die Gesetze der Masse sind universal und gelten nicht nur für den

Menschen, sondern auch für die Dinge, für den belebten Wald wie für den unbelebten Steinhaufen (vgl. MM, 102).[194] Dies trifft auch auf die Gesetze der Macht zu. Besonders klar tritt dieser Zusammenhang in Canettis kurzer Deutung des Potlatchs hervor. Das Prinzip des agonistischen Potlatchs – ein rituelles Fest einiger nordwestamerikanischer indigener Völker, die Ethnologie und Soziologie Anfang des 20. Jahrhunderts faszinierte – baut auf der Logik des Gabentausches auf: Eine Gabe erzwingt immer auch eine Gegengabe. Die so verbundenen Tauschpartner*innen entwickeln sich im Potlatch zu Kontrahent*innen im Dienste der Zerstörung. Besteht der Potlatch also eigentlich darin, dass in einer rituellen Verschwendung alle angehäuften Vorräte und Besitztümer vernichtet werden, macht sie diejenigen, die sich vollständig verausgaben, umso reicher, da nun der Gegenpart diese Verausgabung durch die Zerstörung der eigenen Besitztümer noch übertreffen muss, um nicht zu unterliegen. Versuchte etwa Georges Bataille ausgehend von Marcel Mauss' Ausführungen zum Gabentausch mithilfe dieser Formen von Verschwendungsökonomie eine Alternative zum modernen westlichen Nützlichkeitsdenken zu erkunden,[195] legt Canettis Zusammenfassung des Rituals den Fokus nicht auf die Zerstörung des Gegners. In seiner Paraphrase geht

---

[194] Lohnenswert wäre auch eine ausführliche Analyse der Funktion von Canettis „Vermehrungsmeute" in dieser Hinsicht. Als eine der zentralen, archaischen Formen der Meute dient diese dazu, dem Menschen, der sich nur langsam vermehrt, qua Verwandlung etwa in massenhaft vorkommende Tiere wie Insekten „mehr" zu werden. Wie auch in *Masse und Macht* bezieht Canetti im Gespräch mit Adorno diese Logik der Vermehrung (vgl. das Kapitel „Verteilung und Vermehrung. Sozialismus und Produktion", MM, 223–226) explizit auf die modernen Produktionsverhältnisse, „und wenn man von der Bedeutung der Produktionsverhältnisse spricht, so denkt man, glaube ich, vor allem an all das, was sich auf die Vermehrungsmeute bezieht." (Canetti: „Gespräch mit Theodor W. Adorno [1962], ARG, 151) Damit wären auch die Dinge eindeutig in die Logik der Vermehrung einbezogen. Adorno kritisiert diesen Begriff daraufhin stark, da es ihm zufolge hier um ein sekundäres Phänomen hochentwickelter Gesellschaften gehe und das daher nicht als anthropologische Konstante gesetzt werden könne, wie Canetti dies tut. Es brauche einen Begriff vom Eigentum, um diese Form der Vermehrung zu denken, wirft Adorno ein (ebd., 153). Was er aber schließlich lobt, ist die Anwendung dieses Gesetzes der Vermehrung auf moderne Produktionsverhältnisse, denn so ließe sich erklären, wie es dazu komme, dass in jedem politischen System und in jeder Kultur die Vermehrung als Selbstzweck eine Rolle spiele. (ebd., 157) Canetti dagegen hält daran fest, dass die Dinge innerhalb moderner Produktionslogiken keine andere Funktion erfüllte als in archaischen Gesellschaften.

[195] Obwohl ihm dies, folgt man Heike Kämpf, letztlich nicht gelingt, vgl. Heike Kämpf: „Die Lust der Verschwendung. Batailles Untersuchung des Potlatsch als Beitrag zur Ethnologie". In: Andreas Hetzel, Peter Wiechens (Hg.): *Georges Bataille. Vorreden zur Überschreitung.* Würzburg: Königshausen & Neumann 1999, S. 211–222, hier S. 220f; Hartmut Böhme stimmt zwar mit Canetti insofern überein, dass auch er im Potlatch ein archaisches Bedürfnis der Fülle und der Vermehrung identifiziert, doch betont er noch stärker die zumindest ökonomische Nutzlosigkeit des Rituals. Vgl. hier Böhme: *Fetischismus und Kultur*, S. 116.

derjenige Part sieg- und ruhmreich aus den „Zerstörungs-Wettbewerben" hervor, der „wirklich am meisten zerstören läßt" (MM, 258). Die fatale Wechselwirkung, welche darin gipfelt, die gegnerische Seite dazu zu zwingen, sich wiederum zugrunde zu richten, erwähnt er nicht. Ihn interessiert allein die Parallele des Herrschers als „Meistesser", der seine Macht dadurch begründet, dass er sich möglichst viel einverleibt (denn: „Alles, was gegessen wird, ist Gegenstand der Macht." MM, 257). Es geht ihm daher allein um den indigenen „Häuptling" als Meist-Zerstörer, also um die Parallele von Nahrungseinverleibung und Zerstörung von dinglichen Besitztümern. Dinge, Tiere, Menschen – sie können von der Macht einverleibt werden und dienen ihrer Vergrößerung. Gelten für die Dinge sowohl die Gesetze der Macht als auch der Masse, gestaltet sich das Verhältnis zwischen Ding und letzterer doch auf eine besondere Art. Neben den rituellen Praktiken skizziert Canetti in *Masse und Macht* Konstellationen, in denen die Dinge nicht als Gaben und Handelsobjekte getauscht, einverleibt, verwendet werden können, sondern sich stattdessen des Menschen bedienen.

Besonders deutlich wird dies in Canettis Ausführungen über das Feuer. Dieses stellt für ihn einen Sonderfall dar, es ist „das kräftigste Symbol, das es für die Masse gibt" (MM, 20).[196] Jenseits der Frage, ob denn das Feuer überhaupt „ein Ding" sein kann oder ob es nicht vielmehr nur ein Modus zur Zerstörung von Dingen und Menschen ist, ist die Wirkmacht, die Canetti dem Massensymbol in *Masse und Macht* zuschreibt, auffällig: Denn das Feuer repräsentiert nicht nur die Masse, beide bedingen sich in ihrer Existenz gegenseitig. Große Brände rufen die Masse hervor, erzeugen sie also erst, und gleichzeitig entzünden Massen oft selbst Brände. Zudem ähnelten sie sich in ihren Eigenschaften – Homogenität, endloser Wille zum Wachstum, Zerstörungswut, Plötzlichkeit in Entstehung und Verschwinden – stark. Schließlich spitzt Canetti den Zusammenhang folgendermaßen zu: „Sie gehen ineinander über, sie können füreinander stehen." (MM, 89) Zwischen dem Elementar-Materiellen, dem Symbolischen und den menschlichen Körpern, die sich zur Masse zusammenschließen, herrschen also Kausalitäts-, Ähnlichkeits- und Kontiguitätsbeziehungen gleichermaßen.

Die realen Dinge (oder ihre Zerstörung, auf die die Masse aus ist, denn das „Klirren ist der Beifall der Dinge" zur Zerstörungssucht der Masse, MM 18), das Symbol und die menschliche Masse hängen zeichenlogisch dreifach zusammen, wie auch Canettis letztes Beispiel zum Feuer als Massensymbol, für das er einen

---

[196] Es spielt, dies nur als Anmerkung, für ihn zudem eine zentrale Rolle in autobiographischen Reflexionen darüber, wie er zum Thema der Masse gefunden habe: Die Massendemonstrationen und den Brand des Wiener Justizpalastes, den er am 15. Juli 1927 in Wien miterlebte, stilisiert er mehrfach zum Initiationserlebnis, das ihn zum Massenforscher machte. Vgl. FO, 230–237.

von Emil Kraepelin beschriebenen Fall einer Brandstifterin anführt, noch einmal verdeutlicht: Eine einsame ältere Dame habe in ihrem Leben etwa 20 Brände gelegt und über 24 Jahre ihres Lebens dafür im Zuchthaus verbracht. Auffällig ist, dass sie jedes gelegte Feuer mit besonderer Lust betrachtete, sich im Feuer als Teil der flammenden Masse fühlte, aber ihre Vergehen auch gerne gestand. Diese Geständnisse erklärt Canetti über die enge Verbindung von symbolischer Repräsentation, Feuer und Masse: „Je ausführlicher ihre Erzählung ist, je mehr sie darüber zu sagen hat, um so länger wird sie angestarrt, um so länger ist sie selbst das Feuer." (MM, 92) Allein die Nacherzählung des Brandes im symbolischen Medium der Sprache sei für sie ausreichend gewesen, um die Wirkung der Masse zu spüren. Dass das Feuer, das sich nicht im eigentlichen Sinne als „Ding" bezeichnen lässt, ebenfalls an eine „hand"-habbare Materialität gebunden ist, beweist ein kleiner Zusatz, mit dem Canetti die Verbindung von Masse, Symbol und Ding noch einmal zuspitzt: „Einen kleinen Überrest dieser wichtigen, alten Zusammenhänge trägt heute jeder Mensch in der Tasche herum: Die Zündholzschachtel." (MM, 90)

An dieser Stelle kann eine erste Antwort auf die Frage, wie Canetti das Imaginäre zu sammeln versucht, gegeben werden: Ding und imaginäre Logik von Masse und von Macht werden auf dreifache Art, durch Ähnlichkeit, Kontiguität und Kausalität, die im „Massensymbol" zu einer konkreten Form gerinnen, miteinander verknüpft und erzeugen so vielfache Verbindungen zwischen Imaginärem und Materiellem, die es ermöglichen, sich dem Ephemeren über die Beschreibung der „handfesten" Dinge zu nähern. Die Massensymbole sind dabei nicht als gesellschaftliche Repräsentationen, sondern als ihr Ursprung, als Ausdruck tieferliegender Gesetze konzipiert. So geschieht es in der Beschreibung der Zündholzschachtel, des Waldes, der archaischen Zerstörung der Dinge wie auch der modernen, auf Dinge ausgerichteten Produktionslogik. Dennoch aber können nur die „elementaren Dinge" – wie Feuer, Meer und Flüsse, Sand oder Steinhaufen, die sämtlich innerhalb von Canettis Kapitel über die Massensymbole in ihren materiellen Beschaffenheiten beschrieben werden – im eigentlichen Sinne als eigenständige, dingliche Einheiten behandelt werden. Denn im Unterschied dazu sind die Gegenstände, die der Mensch selbst herstellt, in Canettis Logik der Einverleibung und Verwandlung ebenfalls sämtlich aus dem Körper, aus dem „Eigenleben der Hand" entstanden. So hätten „Gegenstände, denen ein Wert zukommt, weil wir sie selber gemacht haben, erst als *Zeichen der Hände* bestanden. [...] Was man mit Hilfe der Hände spielte, wurde erst später, wenn es oft genug gespielt worden war, auch wirklich gemacht." (MM, 255) Das Geflecht der Hände sei der erste Korb, das erste Gefäß – und erst nach dieser funktionalen Erprobung durch die Hand könnten etwa Kokosnüsse zum Substitut des ersten Gefäßes werden, zuvor habe man sie als Müll achtlos weggeworfen (MM, 254f). „Alles, was der Mensch ist und kann, alles, was in einem repräsentativen Sinne seine Kultur ausmacht, hat er sich durch Verwandlung erst einverleibt." (MM, 255) Im Entwurf dieser körperlich-ikonischen Logik werden die Gegenstände erst aus dem menschlichen Verwandlungsspiel geboren – und zugleich wird hier der eigentliche Gegensatz zwischen machthaltiger Einverleibung und machtsubvertierender Verwandlung durchbrochen – in der Konstruktion von Kultur geht beides ineinander über.

Ob nun im Fall des elementaren Dings, der „Materialität" des Körpers oder des artifiziellen Gegenstands, jeweils werden Materielles und Imaginäres eng miteinander gekoppelt. Zwar haben wir es hier aufgrund der Dreifachverknüpfung von Kausalität, Kontiguität und Similarität nicht mit einer einfachen Repräsentationslogik zu tun, sondern sind mit einem komplexen Wechsel- und Rückkopplungsverhältnis konfrontiert. Dennoch präsentiert sich die Verbindung von Ding und Imaginärem in *Masse und Macht*, in dem diese Verknüpfungen schließlich gesammelt werden, erstaunlich reibungsfrei. Ließen sich die Dinge also nun doch schlicht zu einer Sammlung zusammenstellen, um so das Imaginäre zu erfassen, so verhielten sich Canettis Kritik der Sammlung und seine eigene Sammlungspraktik schlicht konträr zueinander.

Die in *Masse und Macht* so dogmatisch formulierte Abhängigkeit der artifiziellen Dinge vom menschlichen Körper, die es ihnen kaum ermöglicht, eine fremde, eigene *Gegen*-Ständlichkeit zu entwickeln, verkehrt sich in mehreren Aufzeichnungen von 1962 in ihr Gegenteil: „Einer, dem alles Gelernte sich in Gegenstände verwandelt, und sie stürzen von allen Seiten über ihn her und erschlagen ihn." ([1962], PdM, 265) Die Gegenstände, die sich zwar der Verwandlung verdanken und endlich doch gegen ihre abhängige Position und ihren Schöpfer rebellieren, rächen sich gerade durch ihren manifesten, materiellen Charakter. Die Zündholzschachteln gemahnen in *Masse und Macht* metonymisch an den Zusammenhang von Feuer und Masse, und Zündhölzer sind es, die dort der gedankenlosen „Zerstörungssucht der Hände" zum Opfer fallen (MM, 256). In den Aufzeichnungen aber schreibt Canetti plötzlich von der „Dignität des Streichholzes" ([1962], PdM, 267): Auch dieser ephemere Gegenstand, vom Menschen nur zu seiner Zerstörung erfunden, dessen Zweck darin besteht, sich selbst aufzuzehren, erhält nun eine erwähnenswerte Würde. Haben die Dinge bei Canetti also nun ein Eigenleben, obwohl sie aus der Verwandlung des menschlichen Körpers geboren sind? Warum sonst wehrt er sich im Kontext seiner Kritik des Sammelns gegen ihre Stillstellung und Abtötung? Oder haben sie ihre Lebendigkeit doch nur vom Menschen geerbt, aus dem sie hervorgegangen sind?

Bei genauerer Betrachtung und Kontextualisierung jener „Urszene" der Gegenstandsentstehung aus der körperlichen Verwandlung fällt auf, dass die Verschränkung von Gegenstand und Imaginärem bereits hier weiter reicht als zunächst angenommen. Denn in der Entstehungszeit jener Gegenstände, so nimmt Canetti an, habe es „[u]nsere moderne Trennung von Glauben und Produktion", die Vorstellung von „mythenlosen Gegenständen"[197] nicht gegeben. Die Rede von der archaischen Vermehrungsmeute deutete es bereits an: Die Vermehrung ist ein religiöser wie produktionslogischer Akt gleichermaßen. Materieller und mythischer Wert sind in dieser Ursprungsszene des Gegenstands nicht voneinander zu trennen. So bringt auch hier der Darstellungsakt der Hände als „einzige[s] einheitliche[s] Erlebnis[ ]" (MM, 255) materielles Ding wie kulturelle Repräsentation gemeinsam hervor. Versucht Canetti mit der „Dignität des Streichholzes" an diesen doppelten Akt zu erinnern, so hält er an der Macht der Dinge fest, die sich der Kontrolle durch die Hervorbringenden immer schon widersetzen.

Der Darstellungsakt der Hände wird an besagter Stelle nicht nur als Ursprung der Dinge, sondern auch als Ursprung des Wortes bezeichnet, auch jedes Zeichen entstehe aus dem händischen Verwandlungsspiel und konserviere diese Herkunft: „Jedes Wort soll daran erinnern, daß es einmal greifbar war. Das Runde der Worte: sie sind in der Hand gelegen." ([1960] PdM, 256) Der Vorgang wird also als einer gedacht, der sich weiterhin fortsetzt, die Worte behalten ihre Nähe zum Ding und die Verwandlung vom Ding in Sprache wird etwa im Akt der Narration, die ihren Ausgang beim Ding nimmt, aufrechterhalten.[198] Die von Canetti angeführte Brandstifterin, die ihre Brandlegungen im Nachhinein lustvoll und ausführlich gesteht, steht Patin für ein Modell, in dem die Narration die Möglichkeit bietet, selbst zu Feuer zu werden. Durch die Gleichursprünglichkeit von Ding und Wort im körperlichen Darstellungsakt der Hände ist die Erzählung im Medium der Sprache der prädestinierte Weg, um sich den Dingen zu nähern, ohne ihnen ihre Eigenmacht zu nehmen, ohne sie innerhalb einer manifesten, geordneten Sammlung abzutö-

---

[197] „Das eigentlich Geschichtliche wird in der Prähistorie getötet. Die Prähistorie handelt von mythenlosen Gegenständen; es ist von ihnen die Rede, als wären sie von uns erzeugt. Unsere moderne Trennung von Glauben und Produktion wird so zurückverlegt in eine Zeit, für die sie nicht gilt. Die Art, wie man solche Gegenstände in Museen aneinanderreiht, raubt ihnen das Beste von der Zeit und der Geduld, die an ihre Herstellung gewendet wurden. S. Vieles und so Verschiedenes liegt da dicht beieinander; die Ordnung nimmt den Gegenständen ihre Geschichte." [1948] PdM, 151 [Herv. i.O.].

[198] Um nur ein Beispiel solcher Ding-Narrationen bei Canetti zu zitieren: „Seit einigen Wochen, vielleicht seit meiner Rückkehr aus Paris, löst sich mir das Treiben der Menschen mehr und mehr in Gesten, ihre Körper in einzelne deutlich abgegrenzte Partien auf. Ich sehe die ausgestreckte Hand eines Verkäufers, der Geld zurückgibt; [...] eine Unterschrift, noch naß; den schwingenden Mantel eines Unbekannten; einen Suppenlöffel in halber Höhe überm Tisch; einen nicht ganz ausgefüllten Sitz; einzelne Finger; abstehende Haare; eine offene Tasche. Ich kann an dem, was mir auf diese Weise auffällt, kein Gesetz finden, außer dem einer momentanen Absonderung, einer Isolierung von dem wozu es sonst gehört. Ich nehme mir, jedesmal wenn es geschieht, vor, eine Geschichte über diese eine Geste, diese eine Partie eines Menschen zu schreiben, aber eine allgemeine Geschichte, die etwas wie die Philosophie dieser Geste oder Partie bei allen Menschen heute, immer schon, später, enthält." [1951] BgT, 68f.

ten.[199] In der Erzählung bleibt für Canetti noch immer ein mythischer Rest dieser Urszene, in der Körper, Ding und Imaginäres zusammenfallen, erhalten. Die Erzählenden werden in der Narration zum Ding, und das Ding wird zugleich Erzählung.[200] Damit sind die erzählten Dinge nicht nur der Kontaktort mit dem Imaginären, sie rufen selbst zu einem Akt des Imaginären auf: zur Verwandlung.

4.5 Totstellen. Verwandlungen zwischen Ethnologie, Biographie und Biologie

Zwar vollzieht sich in den bei Canetti skizzierten Sammelformen dieses ebenfalls über die Dinge, anders aber als in einer Schmetterlings- oder Büchersammlung, die haptisch und taktil erfassbar ist, werden die Dinge darüber zusammengetragen, dass sich das sammelnde Subjekt selbst in das Gesammelte verwandelt, sich ihm bis zur temporären Identität anähnelt. Diese Identität wird nicht über die taktile, sondern die visuelle Wahrnehmung hergestellt:[201] Wie Kraepelins Brandstif-

---

199 Diese Nähe von Wort und Ding, die Dinghaftigkeit der Worte spielt für Canetti auch in anderen Zusammenhängen eine große Rolle. In seiner Vorlesung, die er 1948 im Exil im Kontext einer englischen Summer School hielt, heißt es: „Wenn wir nicht wissen, was ein Wort bedeutet, schlagen wir das Oxford Dictionary auf und sehen nach. Dort finden wir es in einer sauber gedruckten Spalte und ihm gegenüber mehrere, normalerweise nicht allzu viele Bedeutungen. Wir klappen das Wörterbuch zu und nehmen das Wort mit nach Hause wie eine hübsche, genau identifizierbare Muschel. Von Zeit zu Zeit holen wir es aus unserer kleinen Sammlung von neu erworbenen Wörtern hervor, wo es poliert und glänzend liegt, noch sehr weit von den andern entfernt, und fügen es in einen Brief ein oder in ein Gespräch mit einem Freund. Je häufiger dies geschieht, um so mehr wird uns ein Wort vertraut, um so weniger behält es seinen Charakter als einzelnes Ding. Allmählich verliert es seine scharfen Kanten, die einfache Identität, die es im Wörterbuch hatte, löst sich in eine Reihe von Identitäten auf." Zu anderen, aus Lexika entstammenden Muscheln, vgl. die Analyse des „Récit du délogé" von Roger Caillois im Kapitel VII.3. Die Worte werden hier bei Canetti zu Dingen, die sich im Kontext einer Sammlung (und ihrer Be-Nutzung) assimilieren und ihre Dinghaftigkeit verlieren. Im gleichen Text spricht Canetti über den *Ulysses* als ein „British Museum of Words", eine „ungeheure Sammlung von Wörtern, säuberlich geordnet, aus allen Zeiten und Kulturen", in dem man „alle Objekte da hat und gleich gut präsentiert", erst nachts erwachten die toten Objekte dann zu dinglichem Leben. Auch hier also unterscheidet Canetti zwischen Ding und Objekt. Elias Canetti: „Proust – Kafka – Joyce. Ein Einführungsvortrag [1948]". In: ARG, 9–48, hier S. 46f.
200 Vgl. dazu auch Peter von Matts Nachruf auf Canetti: „Die Dinge der Welt, meint Canetti, dürfen in uns nicht zu Begriffen werden, sondern umgekehrt, wir selber müssen zu den Dingen der Welt werden. Ich kann nur von dem etwas wissen, was ich selbst bin. Also muß ich leibhaftig das werden, was ich erkennen möchte. Ich muß mich darein verwandeln." Matt: „Der weise Komödiant. Zum Tod von Elias Canetti".
201 Darauf weist auch Gerhard Neumann in seiner Analyse von Einverleibung und Verwandlung als zwei Formen der Weltaneignung hin: Canettis Vorstellung des Tastsinns als „Nahsinn" knüpfe

terin verdeutlicht, ist es für sie ausreichend, das Feuer zu *sehen*, um im Anschluss von ihm zu *erzählen*, um sich als ein Teil von ihm zu fühlen, um im Erzählen schließlich zu Feuer zu *werden*.

Dieser stark an visuelle Wahrnehmung und narrative (Re-)Produktion gebundene Diskurs vom Sammeln des Imaginären wirft neue Fragen auf: Ist das Sammeln selbst schöpferisch – oder wird nur aufgefunden, was in der Welt vorhanden ist? Wird das Imaginäre wie bei Caillois zur kosmologischen Struktur und vom Sammler nur noch entdeckt? Oder ist die Verwandlung nicht per se ein schöpferischer Akt, weil sie ein neuartiges Verhältnis von sammelndem Subjekt und gesammeltem Objekt hervorbringt? Denn Canetti behandelt nicht nur fremde Verwandlungen als Gegenstände seiner Sammlung, sondern erhebt die Verwandlung zugleich zum eigenen Verfahren, im Sinne der mimetischen Anverwandlung des Sammelnden an seinen Gegenstand.[202]

Das Sammeln und Verwandeln von und in *Masse und Macht*, Verfahrens- und Gegenstandsebene also, müssen vor dem Hintergrund der impliziten Wissenschaftskritik des Werks miteinander verknüpft werden. Canetti verlangt, das Sammeln dürfe nur als eine Praktik eingesetzt werden, in der sich das Subjekt in die Dinge, denen es begegnet, verwandelt, statt die Dinge in eine bestehende Sammlung einzuverleiben.[203] Genauso ist die Verwandlung ein Prozess, der auf die Sammlung von Anderen angewiesen ist – denn sie hält sich nie bei nur einem „Anderen" auf, sondern springt ständig hin und her, auf der Suche nach immer

---

an die Vorstellungen der Materialisten des 18. Jahrhunderts an und sei bei ihm stets mit Einverleibung verbunden. Die Verwandlung als Gegenkonzept operiere dagegen mit dem „Fernsinn des Auges" und ziele auf das mit den Augen wahrgenommene Universum des „Imaginativen". Vgl. Neumann: „Yo lo vi", S. 71.

202 Diese Fragen werden nur zum Teil an dieser Stelle behandelt, je nach konkretem Verfahren werden sie immer wieder im Laufe dieses Buches eine Rolle spielen.

203 So lädt Canetti später den Begriff in seinem berühmten Essay „Der Beruf des Dichters" von 1976 über die Betonung der Verantwortung, auf die das Verfahren der Verwandlung im Unterschied zum wissenschaftlichen Sammeln reagiere, stark moralisch auf. Dabei formuliert er zudem den Unterschied zwischen „vorwissenschaftlicher" Verwandlung („Der Beruf des Dichters. Münchner Rede [1976]", in: GdW, 360–371, 368) und wissenschaftlichem Verfahren des Sammelns noch einmal pointiert. Da es dort mehr um seine Konzeption des Schriftstellers als die des Wissenschaftlers geht, sei hier allerdings nur am Rande auf den Essay verwiesen, in dem es heißt: „Denn dieser [der Dichter, EH] hat vor allem mehr und mehr Platz in sich zu schaffen: Platz für Wissen, das er zu keinen erkenntlichen Zwecken erwirbt, und Platz für Menschen, die er durch Verwandlung erfährt und aufnimmt [...]. Da er sich zugleich für die unterschiedlichsten Menschen öffnet und sie auf eine älteste, vorwissenschaftliche Weise, durch Verwandlung nämlich, begreift, da er dadurch in einer immerwährenden inneren Bewegung ist, die er nicht schwächen, der er kein Ende setzen darf – denn er *sammelt* Menschen nicht, er legt sie nicht ordentlich beiseite, er begegnet ihnen nur und nimmt sie lebend auf" (GdW, 368).

neuen „Anderen", in die sie sich verwandeln kann. Statt fixierter Sammlung stellt sie sich als ephemerer wie tendenziell unbeendbarer Sammelprozess dar. Mithilfe dieser Dopplung kann ein neuer Blick auf einen Themenkomplex in Canettis Werk geworfen werden, der bereits vielfach untersucht und nicht selten kritisiert wurde.[204] Bereitete schon die Mimikry mit ihrem Verwirrspiel der Ähnlichkeiten der Wissenschaft einige Probleme, so lässt sich das für Canettis Verwandlung erst recht behaupten, und „die Schwierigkeit, Canetti irgend gerecht zu werden, könnte tatsächlich darin liegen, daß sein eigentlicher, kaum beschreibbarer Kern ‚Verwandlung' war."[205] Ein „Kern", der schließlich gerade darin besteht, seine Gestalt wechseln zu können, ist in der Tat schwer zu fassen. Canetti selbst hat Kritik an der Verwandlung geübt, zu ihr habe er „einen Schlüssel gefunden und ins Schloß gesteckt, aber ich habe den Schlüssel nicht umgedreht. Die Tür ist zu, man kann nicht hinein. Es wird damit noch viel Plage geben." ([1960] PdM, 251) Als wäre ihm der imaginäre Bestandteil im Zentrum seines Werks selbst nicht ganz geheuer, heißt es auch immer wieder in den Planungen zum zweiten Teil von *Masse und Macht*, die Notizen zur Verwandlung seien „in dieser Form viel zu allgemein".[206] Die Probleme, Canettis Verwandlungsbegriff auch nur annähernd greifbar werden zu lassen, wurzeln nicht nur darin, dass er sich über einen Zeitraum von über 50 Jahren immer wieder mit ihm auseinandergesetzt hat, sondern dass er das Phänomen buchstäblich als ein überdeterminiertes erscheinen lässt. Die Verwandlung als einer der Kernpunkte des Canetti'schen Werks, die er selbst nicht zuletzt durch zahlreiche paratextuelle Kommentare zu *Masse und Macht* noch stärker ins Zentrum zu rücken versucht hat, speist sich mindestens aus sechs verschiedenen Wissensformen: der Ethnologie, der persönlichen, d.h. autobiographischen Erfahrung, der Biologie, der Psychiatrie, den griechischen Mythen sowie der Literatur bzw. dem Theater.[207]

---

204 Vgl. u.a. Schüttpelz: „Elias Canettis Primitivismus", S. 300ff.
205 Hanuschek: *Elias Canetti*, S. 13.
206 Elias Canetti: Nachlass Zentralbibliothek Zürich 49.12: Textfassungen, „Zu Masse und Macht. Nicht Verwendetes. Sehr wichtig", S. 40. Zum Thema der „Verwandlungstypen als Gesellschaftstypen" resümiert Canetti unter seinen eigenen Notizen: „Viel zu ungefähr. Ein ganz ungeheures Thema, das aber vielleicht besser aus dem Buche fern bleibt. In einem besonderen Buche, das der Verwandlung allein gilt, hätte ein ausführliches Kapitel über diesen Gegenstand seine Stelle." Ebd., S. 29–33.
207 Nur auf die ersten drei wird im Folgenden eingegangen. Canettis Darwinismuskritik, seine Kritik an einer Theorie, die in seiner Deutung vom nützlichen Tod des Schwächeren ausgeht, ist damit in enger Nachbarschaft von Caillois' Kritik am Nützlichkeitsdenken der Evolutionstheorie angesiedelt, gleichwohl es diesem vor allem um die ästhetischen Fragestellungen in Bezug auf den „gefährlichen Luxus" geht (vgl. IV.3). Für Canettis Verwandlungskonzept lässt sich zudem ein Anknüpfen an hinduistische Vorstellungen beobachten, wie es Cha getan hat. Er beschreibt

4.5.1 Die „Vorgefühle" der |Xam

In seinem Verwandlungskapitel in *Masse und Macht* bedient sich Canetti an prominenter, weil erster Stelle einer ethnologischen Quelle, die auf die südafrikanischen |Xam referiert und die „Verwandlungsgefühle" der sogenannten „Buschmänner" beschreibt. Geht man von *Masse und Macht* aus, so wird die Verwandlung also zunächst über die Betrachtung des Ethnologisch-Fremden eingeführt, obwohl Canetti in nachgelassenen Notizen vermerkt, zuerst seien es psychiatrische Quellen gewesen, die ihn auf die Verwandlung gebracht hätten.[208] Schämte er sich im Exil für sein Interesse für die Knospen und Blüten, scheint dagegen das „Primitive" folglich ein geeigneteres Untersuchungsfeld darzustellen.[209] Canetti skizziert im Kontext ethnologischer Diskurse die Verwandlung als

---

Canettis Darwinismuskritik vor dem Hintergrund seiner Sympathien mit der indischen Verwandlungslehre, der Lehre von der Seelenwanderung. Der Darwinismus leugne die Verwandlung, indem er sie als Anpassung verstehe, die indische Lehre von der Seelenwanderung aber betone das theatrale Prinzip ungleich stärker: vgl.: Cha: *Humanmimikry*, S. 275. Vgl. dazu auch Canettis Aufzeichnung: „Die Verwandlungslehre verspricht ein Allheilmittel zu werden, bevor sie noch ganz durchdacht ist. Sie ist etwas wie eine Seelenwanderungslehre oder ein Darwinismus, aber ohne im engeren Sinn religiöse oder streng naturwissenschaftliche Wendung, auf Psychologie und Soziologie bezogen, so daß beide überhaupt eines werden, und dramatisch gesteigert, indem alles nebeneinander und zugleich möglich wird, was sich dort auf Generationen des Lebens oder gar auf geologische Perioden verteilt." [1943] PdM, 51.

208 „Ich glaube, es ist auch an der Zeit, die Verwandlungsvorgänge bei Geisteskranken wieder heranzuziehen, von denen ich vor über 15 Jahren ausgegangen war. Ich habe es vermieden, mein Studium der Mythen durch gleichzeitige Betrachtung von Geisteskranken zu entwerten. Aber jetzt, da die Mythen, die ich kenne, in mir gesichert sind, ist eine Konfrontation der beiden Gebiete notwendig. Der Vorgang der Verwandlung, den ich ergreifen will, ist in beiden Sphären derselbe." Elias Canetti: Nachlass Zentralbibliothek Zürich 48.1.3: „Masse und Macht": Aufzeichnungen 18.12.1957–23.6.1959. Auf die psychiatrischen Quellen, auf die sich Canetti zur Ausarbeitung seines Verwandlungskonzepts stützt, sei im Folgenden nicht eigens eingegangen, auch wenn sie einen ebenso großen Raum in seinen Auseinandersetzungen einnehmen wie die Ethnologie, die Mythologie, etc. In *Masse und Macht* selbst betrachtet er innerhalb des Verwandlungskapitels etwa die Hysterie als Fluchtverwandlung genauer, ebenso wie die Manie und die Melancholie. Vgl. MM, 403–410. Allerdings leitet Canetti psychopathologische Zustände jeweils aus dem Mythos, dem Märchen oder der Sage ab, die wiederum stark von biologischen, physiologischen oder metabolischen Prozessen abhängen.

209 Zum Entstehungskontext der hier von Canetti zitierten ethnologischen Quelle – ebenjenes Buch, über das es mit dem Ethnologen Franz Baermann Steiner zum antiquarischen Sammelwettbewerb kam – sowie zur Verwandlung im Kontext des Totemismus liegen bereits aufschlussreiche Untersuchungen vor. Vgl. u. a. Stefan Bub: „Elias Canetti, Cesare Pavese und die Buschmänner. Ein Beitrag zur Rezeption ethnologischer Stoffe in der modernen Literatur." In: *Germanisch-Romanische Monatsschrift* 52 (2002), S. 303–312; Erhard Schüttpelz: „Wunsch, Totemist zu werden. Robertson Smiths totemistische Opfermahlzeit und ihre Fortsetzung bei Emile Durkheim, Sigmund Freud und Elias Canetti". In: Annette Keck, Inka Kording, Anja Prochaska (Hg.): *Ver-*

etwas, das „noch kaum ins Auge gefaßt und begriffen worden" (MM, 397) sei und sich in den körperlichen „Vorgefühlen" der „Buschmänner" besonders deutlich zeige. Diese bestünden in einer Verbindung zweier Körper trotz räumlicher Entfernung. Am eigenen Körper könnten die „Bushmen" fühlen, wenn sich Verwandte oder zu jagende Tiere näherten.[210] Die Verbindung vollziehe sich anhand markanter körperlicher Eigenschaften (eine Narbe, die Zeichnung des Fells) oder Empfindungen (eine Laus, die einen nahenden Strauß im Nacken juckt) des abwesenden Menschen oder Tiers. Diese spüre der Buschmann am eigenen Körper, an eben der Stelle, an der die Anderen die Narbe tragen oder vom Insekt gebissen werden. Canetti erkennt in den Vorgefühlen Vorstufen zur tatsächlichen Verwandlung des einen in den anderen Körper. Mehrfach betont er dabei die Faktizität der herangezogenen Quelle: Hier ist nichts „erfunden" oder imaginiert, die „Buschmänner" seien vielmehr „wirklich" in der Lage, herannahende Andere zu erfühlen.

Mit der Beschreibung der Vorgefühle führt Canetti die Verwandlung also als eine auf die Distanz gerichtete, sinnliche Wahrnehmung ein, deren Untersuchung folglich auf die Frage zielt, „was das überhaupt bedeutet, an ein Geschöpf zu denken, das nicht er selber ist." (MM, 400) Aus einer primitivistischen Perspektive auf die scheinbar ursprünglicheren Fähigkeiten indigener Völker entwickelt Canetti sein wahrnehmungstheoretisches Grundpostulat: Dieser imaginative, vorstellende Akt sei der erste Schritt, das Andere zu *werden*.[211] Die Verwandlung, lässt sich daraus schließen, ist zunächst als ein Konzept zur Repräsentation und Imagination des Anderen angelegt, das als Gegenvorschlag zu stillstellenden, machthaltigen Formen des „Begreifens" eingeführt wird, indem es das vorstellende Subjekt nicht unangetastet lässt, wohl aber das vorgestellte Andere. Hier wird ein Modell entworfen, das den aktiv vorstellenden Denkprozess in eine passiv erlittene Transformation in dasjenige, was das Vorgestellte ausmacht, verkehrt.

---

schlungene Grenzen. Anthropophagie in Literatur und Kulturwissenschaften. Tübingen: Gunter Narr 1999, S. 273–295.
210 Vgl. dazu und zur Entstehungsgeschichte des Buches ausführlich das Kapitel: „'The Bushmen's letters are in their bodies' (1873)", in: Schüttpelz: *Die Moderne im Spiegel des Primitiven*, S. 33–61.
211 Vgl. hier die Weiterentwicklung bei Deleuze und Guattari, die die Verwandlung, das „Werden" deutlich von der Ähnlichkeit oder der Mimikry unterscheiden: „Das Werden ist ein Fang, ein Besitz, ein Mehrwert, niemals eine Reproduktion oder Imitation." Gilles Deleuze, Félix Guattari: *Kafka. Für eine kleine Literatur [1975].* Übers. v. Burkhart Kroeber. Frankfurt am Main: Suhrkamp 2008, S. 21.

4.5.2 Canettis (autobiographische) Verwandlungen

Noch deutlicher lässt sich dies anhand des zweiten diskursiven Bereichs zeigen, aus dem Canetti zur Konzeption der Verwandlung schöpft, der allerdings in *Masse und Macht* gänzlich ausgespart wird: die autobiographische Erfahrung. Laut einer Notiz von 1943, also ein Jahr *bevor* er nach eigenen Angaben zum glücklichen Besitzer eines Exemplars von *Specimens of Bushman Folklore* wird,[212] „erleidet" Canetti selbst eine solche Verwandlung:

> Zur Verwandlung. Als ich heute essen ging, kam zu meiner Rechten ein Wagen herangefahren, wie sie von Geschäften zum Austragen von Paketen verwendet werden. Am Steuerrad sass eine Frau, von der nicht viel mehr als der Kopf zu sehen war. In einem solchen Wagen wird mir gewöhnlich das Petroleum zum Heizen meines Ofens gebracht; ein sehr hässliches Mädchen mit zerfleischtem Gesicht lenkt den Wagen und füllt dann das Petroleum in meine Kanne ein. Das Schicksal dieses Mädchens, das noch hässlicher ist als meine hochverehrte und unglückliche Kusine Mathilde, hat mich schon immer interessiert, ich weiss aber kaum etwas über sie. Ich fragte mich, ob sie es sei, die jetzt im Wagen vorbeifahre, und sah so scharf hin, als es nur möglich ist. Ich konnte es nicht entscheiden, spürte aber, dass ihr Blick sehr bestimmt auf mir ruhte. Vielleicht eine oder zwei Sekunden noch, nachdem sie vorüber war, fragte ich mich, ob es nicht doch sie sei. Dann sah ich nach links und hatte plötzlich das Gefühl, dass ich sehr rasch an den Häusern vorüberfahre. Sie glitten genau so neben mir her, als ob ich selber in einem Wagen sässe. Dieses Gefühl war so stark und unwandelbar, dass ich darüber nachzudenken begann. Ich kann nicht daran zweifeln, dass hier ein konkreter und einfacher Fall von dem vorliegt, was ich „Verwandlung" nenne. Mit meinem Blick hin und ihrem Blick zurück hatte ich mich in das Mädchen verwandelt, das am Steuerrad sass; und fuhr nun in ihrem Wagen auf meinem Wagen weiter.[213]

Zwar hält sie nur wenige Sekunden an, dennoch zieht hier eine visuelle Verknüpfung, gegründet auf Prozesse des Blickens und Angeblicktwerdens, eine kurzzeitige körperliche Transformation nach sich. Durchaus in der Nähe zum Konzept des Imaginären von Lacan angesiedelt, verwandelt sich in Canettis persönlichem Verwandlungserlebnis die Angeblickte in die Zurückblickende. Hier allerdings ist es nicht das gespiegelte Ich, sondern ein Anderes, das den Blick erwidert. Außerdem entzündet sich der Prozess – analog zur Verwandlung bei den |Xam, auf die Canetti erst später stoßen wird – nicht an einer gespiegelten Einheit, sondern gerade an einer charakteristischen, eher defizitären Eigenheit des anderen Körpers. Auch

---

[212] In einer Aufzeichnung von 1960 spricht er davon, dass er den Band 1944 erwarb. Vgl. NH, 32.
[213] Ich zitiere die Version aus dem Nachlass, da die Nennung der Cousine in der publizierten Aufzeichnung gestrichen ist. Mit ihr verdichten sich aber die Hinweise, dass Canetti hier von einer echten psychischen Erfahrung berichtet und nicht explizit in den Modus der Fiktion überwechselt. Die entsprechende Stelle im Nachlass. 40.13: „Masse und Macht": Materialien 1941–1950: „Masse und Macht, Eintragungen Januar–März 1948", 16. Juni 1943, S. 12. Vgl. außerdem die gekürzte Version in: PdM, 59f.

sind nicht nur zwei, sondern verschiedene Personen an der Situation beteiligt, die Canettis Notiz beschreibt: der blickende Fußgänger, die ebenfalls „sehr bestimmt" blickende Fahrerin des Wagens und eine dritte, nur durch die Analogie des Wagens aufgerufene Petroleum-Lieferantin, die wiederum durch ihre Hässlichkeit mit einer vierten Person, der Cousine Mathilde (Arditti), in Verbindung steht. Es ist nun diese Hässlichkeit, an der Canettis Verwandlung ansetzt, schließlich sieht er von der Fahrerin nur das Gesicht.

Die körperliche Auffälligkeit, die durch das „zerfleischte Gesicht" hervorgehoben ist, erinnert an Caillois' Aufmerksamkeitstheorie, die er an der Krokodilschnauze der Leuchtzirpe exemplifizierte. Im hier autobiographisch skizzierten, imaginären Übertragungsakt wird der unfreiwillige, passive Charakter der Verwandlung offenbar: Der verwandelnde Blick ist nicht das Begehren nach einer körperlichen Einheit wie bei Lacan, sondern verursacht eine passive Auslieferung an die Andere, die wiederum im mehrfachen Verweis auf wieder Andere besteht und zudem durch ihre Versehrung auffällt.[214] Das Anderswerden in der Verwandlung überlagert sich mit einem „Vielewerden", indem nicht nur Person und Geschlecht, sondern zugleich die körperliche Einheit wie die Unversehrtheit aufgegeben werden.

Diese persönliche Notiz einer Verwandlung hatte Canetti im Nachlass dem Konvolut zur Verwandlung beigelegt, möglicherweise sogar als Material für den geplanten zweiten Teil von *Masse und Macht*, in dem einiges zu Verwandlung nachgetragen werden sollte. Neben der disziplinären Überdeterminierung machen es vor allem die vielen verschiedenen Funktionen, die Canetti der Verwandlung zuschreibt, so schwer, sie zu „greifen". Dient sie bereits in Canettis *Bushman*-Lektüre sowohl dem Vorgefühl für nahende Verwandte, die Frau, das Kind als auch für die Beute, und wird die menschliche Fähigkeit, Tiere zu essen, überhaupt erst aus unserem Vermögen, sich in sie zu verwandeln, erläutert,[215] kehrt Canetti diese Funktion in einer anderen, persönlich anmutenden Notiz aus dem Nachlass um. Aus der Perspektive der Beute wird hier nachvollzogen, wie die Verwandlung eingesetzt werden kann, um dem Gefressenwerden zu entgehen:

---

214 Hinzu kommt, dass Canettis Cousine „als Irre galt und nach der ordinären Auffassung der Welt es auch wirklich war." ZB 59, 22. November 1978, zit. nach: Schüller: *Namensmythologie*, S. 367.
215 Ausgespart bleiben hier alle sich hier anschließenden Überlegungen zu Canetti und dem Totemismus, zur Selbstverzehrung ebenso wie zu Verwandlung und Einverleibung in/der Tiere. Siehe dazu ausführlich das Kapitel „Wunsch, Totemist zu werden (1912)", in: Schüttpelz: *Die Moderne im Spiegel des Primitiven*, S. 107–136, insb. S. 122–124.

Man wird zum Anderen, damit er einem nichts tut, die Andersartigkeit, der Unterschied wird durch die Verwandlung aus der Welt geschaffen, aus Zweien wird eins. Denn alles was neu auftaucht, kann feindlich sein, weil es fremd ist, und man spürt die Zähne im Fleisch, bevor sie der Andre noch gezeigt hat. Man spürt sie noch, wenn er weg ist, auch wenn er sie nicht gezeigt hat, und man gleicht sich ihm an oder eigentlich: man wird zu ihm, weil er als Schrecken noch da ist, weil er wieder kehren kann. Man sagt ihm sozusagen: ich bin du, du wirst dich doch nicht selbst fressen.[216]

Die Kraft der Verwandlung liegt darin, dass sie potenziell gefährliche Differenzen aus der Welt schaffen kann, indem sie nicht nur Ähnlichkeit, sondern sogar Identität herstellt: „Aus Zweien wird eins" – und diese Identität führt zum Schutz: „du wirst dich doch nicht selbst fressen." Die Begegnung mit dem Anderen, die oft als Ursprung von Subjektkonstitution identifiziert wird, löst sich hier mithilfe einer kleinen Verschiebung so schlicht wie wirkungsvoll auf: Statt der Entstehung eines Ichs unter dem Blick eines Gegenübers wird die hinter dem Anderen schwelende Bedrohung beseitigt, indem beobachtendes Subjekt und beobachtetes „Anderes" miteinander verschmelzen. Dieser Logik folgend ist *Masse und Macht* geprägt von einer spezifischen Textstrategie der (An-)Verwandlung. Dieser Modus des Hineinverwandelns wird dort zur Explikation von Massen- und Machtphänomenen verwendet – und besonders auch feindlicher Denkweisen, beispielsweise dann, wenn im Text die rhetorische Degradierung von Menschen in „Ungeziefer" nachvollzogen wird, die der Machthaber vornimmt, um sie schließlich „in Millionen" zu vernichten (MM, 430).[217] Hier zeigt sich die Gefahr der Anverwandlung an den Feind, ganz im Sinne der „Zauberlehrlinge" des Collège de Sociologie.[218]

---

216 Elias Canetti: Nachlass Zentralbibliothek Zürich 40.1: „Masse und Macht": Materialien 1941–1950: „Masse 1941–1943", S. 34–36.
217 Diese anschmiegende Verwandlung ins Feindliche kann zu Ablehnung und Irritationen führen, wie etwa der Aufsatz von Eva Geulen zeigt, die Canetti vorwirft, die Insekten kämen für ihn im Gegensatz zu Agambens Ansatz nur als Ungeziefer vor. Sie trennt dabei nicht scharf zwischen Canettis Perspektive und seiner anverwandelnden Rekonstruktion der nationalsozialistischen Rhetorik, die Canetti an dieser Stelle eigentlich zu analysieren versucht. Damit weist sie natürlich auch auf die Gefahren des anschmiegenden Sprechens hin. Während Canetti aber hier im Modus der Anverwandlung primär von faschistischen Imaginationen spricht, kommt er in den *Aufzeichnungen* dagegen des Öfteren in anderer Weise auf Insekten zu sprechen. Dort lassen sich durchaus zahlreiche „aufwertende" Verwandlungen in Insekten, beispielsweise die Mücken, finden (siehe Kap. VII.2 des vorliegenden Buches). Vgl. Eva Geulen: „Lebensform und Fliegenpein. Canetti und Agamben über Insekten". In: Susanne Lüdemann (Hg.): *Der Überlebende und sein Doppel. Kulturwissenschaftliche Analysen zum Werk Elias Canettis*. Freiburg im Breisgau: Rombach 2008, S. 335–348, hier S. 338–341.
218 Vgl. dazu Moebius: *Die Zauberlehrlinge*.

Die oben zitierten Ausführungen aus dem Nachlass schließen an eine Kritik am evolutionsbiologischen Begriff der Anpassung an. Plötzlich aber wechselt ihr Ton, und es heißt dort unmittelbar vor dem zitierten Ausschnitt auf ähnlich „persönliche" Weise wie über die Fahrerin des (Petroleum-)Wagens:

> Ein Mensch, den man nie gesehen oder gehört hat, geht vorüber. Seine Stimme oder sein Gang oder seine Maske beeindrucken einen; denn er ist unerwartet oder *anders*. Nun ist er zwar vorüber, aber er verfolgt und be[unruhigt?] einen, es ist einem unbehaglich zumut; man wird ihn innerlich nicht mehr los, bis man nicht er selbst wird. Damit das gelingt, damit man sich annähernd in ihn verwandelt, *muss man nun keineswegs sich ihn beschreiben, bedenken, zerlegen.* [...] Man ist erleichtert, sobald man der Andere ist. Denn wenn man selber nicht mehr da ist, – und man verschwindet ja, solange man der Andere ist –, kann er einem nichts tun.[219]

Diese effiziente Form der Unsichtbarkeit, für die auch die tierische Mimikry Patin gestanden hat – dazu gleich mehr –, löscht das Subjekt ganz aus, indem es im Anderen verschwindet. Die Konfrontation mit dem Anderen erlaubt dem Subjekt in der vorliegenden Notiz nur zwei mögliche Verhaltensweisen: (An-)Verwandlung einerseits und Beschreibung, Reflexion, Zerlegung – also einen reflektierenden, selektierenden, wissenschaftlichen Zugriff auf das Andere – andererseits. Die erste verringert die Distanz zum Objekt bis zur Verschmelzung, die zweite vergrößert sie. So handelt die Notiz auch von dem Verhältnis eines Subjekts zu einem wissenschaftlichen Objekt, rührt also an die Grundlagen seines Begriffs von Wissenschaft überhaupt. In der Verwandlung drängt sich der Mensch, das Tier oder das Ding, das durch eine irritierende Eigenheit, die sich schlicht durch „Andersartigkeit", also Differenz vom betrachtenden Subjekt oder dem ihm Vertrauten auszeichnet, dem Subjekt nicht nur auf, es bedroht das Subjekt sogar. Der offene Kampf mit den reflexionsbasierten Waffen von Paraphrase und Sektion tötet das Ding ab, während sich das Subjekt in der Verwandlung temporär dem gefährlichen Ding überlässt, indem es die anfängliche Differenz ganz auslöscht. Canettis Verwandlung verlangt als Modus des wissenschaftlichen Zugriffs auf „das Andere", sich gerade nicht gegen die Übernahme durch das fremde Ding zu wehren. Er verspricht durch Selbstaufgabe einen Erkenntnismehrwert, weil er immer als ein temporärer Zustand gedacht ist: „Man ist aber erst recht erleichtert, wenn man aus dem fremden Geschöpf in sich selbst zurückspringt. Denn da weiss man ganz, dass er einem nichts getan hat, man ist nicht dort geblieben; und da man nun zurück ist, *ist man jetzt auch mehr als man zuvor je war.*"[220]

---

219 Elias Canetti: Nachlass Zentralbibliothek Zürich 40.1., S. 36. [Herv. EH]
220 Ebd. [Herv. EH]

4.5.3 Zur Biologie der Verwandlung. Mimese, Mimikry und Verwandlung ins Tote

Die autobiographische Nachlassnotiz steht im Zusammenhang mit einer Kritik des Begriffs der „‚Anpassung' in der modernen Naturwissenschaft". Canettis intensive Beschäftigung mit diesem Begriff sowie seine Kritik am Darwinismus sind dokumentiert.[221] Seine Ausführungen über Tiere ließen sich zu einem ganzen Bestiarium zusammenschließen, bevölkert von Kamelen, Wölfen oder Ameisen genauso wie von imaginären und mythologischen Wesen; auch hier sammelt er also exzessiv.[222] Im Tier reflektiert er immer wieder die Grenze von Natur und Kultur und fragt nach der Konzeption des Menschen im 20. Jahrhundert, in dem sich der Riss des „Barbarischen" oder Animalischen auftue.[223] Ausgehend von biologisch-zoologischen Quellen schöpft sein Begriff der Verwandlung sowohl aus dem evolutionsbiologischen Konzept der Anpassung – als „halb geglückter ungeschickter Verwandlung" ([1942] PdM, 26) – als auch aus dem der Mimikry. Wie die „Vorgefühle" indigener Völker erscheinen Canetti auch die tierischen Imitationsvorgänge als Vorstufen zur eigentlichen Verwandlung. Die Verwandlung sei das, was den Menschen erst zum Menschen mache, da er nicht in ihren Vorstufen verharre, sondern anders als die Tiere tatsächlich in der Lage sei, sich zu verwandeln. Sie zeichnet ihn aber ebenso aus, wie sie ihn auch wieder in die Nähe zum Tier rückt: Denn besonders in Tiere verwandele er sich gern, dort habe er vieles über die Verwandlung gelernt.[224]

---

221 Vgl. u. a. Cha: *Humanmimikry*, S. 262–279. Cha dokumentiert an Werk und Nachlass die Beschäftigung Canettis mit der Ameisenmimikry.
222 Vgl. u. a. zum Tier bei Canetti: Bühler: „‚Er denkt in Tieren, wie andere in Begriffen.'"; Anne D. Peiter: „Der Mensch als Tier, das Tier als Mensch? Die Bedeutung von Natur für Elias Canettis Analyse der Shoah". In: Hubert Zapf, Christina Caupert (Hg.): *Kulturökologie und Literatur. Beiträge zu einem transdisziplinären Paradigma der Literaturwissenschaft*. Heidelberg: Winter 2008, S. 229–240; Simon: „Animalische Einfälle. Reflexionen über Tiere als Thema von Aphorismen (Lichtenberg, Jean Paul, Canetti)"; Vgl. außerdem den von Sven Hanuschek zusammengestellten Band Elias Canetti: *Über Tiere*. Hg. v. Sven Hanuschek. München: Hanser 2002.
223 Peiter betont, es gehe in *Masse und Macht* nicht ausschließlich um anthropologische Konstanten, sondern auch um eine Öffnung des Menschen zum Tier, die Canetti gerade über die Überbetonung von scheinbar selbstverständlichen Analogien unternehme und dazu einsetze, um gewohnte Wahrnehmungsmuster zu verzerren und zu stören und somit einen Reflexionsraum zu öffnen. *Masse und Macht* würde statt an einem einfühlenden Verstehensprozess vielmehr auf eine Erschütterung allzu selbstverständlicher Zusammenhänge zielen und gerade dafür auf Biologismen hinweisen. Sie spricht *Masse und Macht* also die Form einer paradoxen Intervention zu, wohingegen etwa Eva Geulen diese Paradoxie nicht anerkennt und Canetti vorwirft, die Insekten strukturell aus seiner aufwertenden Perspektive auf Tiere auszugrenzen. Peiter: „Der Mensch als Tier, das Tier als Mensch?", S. 235; vgl. Geulen: „Lebensform und Fliegenpein. Canetti und Agamben über Insekten".
224 Spätestens hier werden Brüche und Widersprüche im Verwandlungskonzept sichtbar: An anderer Stelle geht Canetti davon aus, dass Evolution das Ergebnis von Verwandlungen sei, in

Canetti besaß ein Exemplar von Henry Walter Bates' *The Naturalist on the River Amazons* in einer Ausgabe von 1930, es ist mit handschriftlichen Anmerkungen und Anstreichungen versehen. Neben der Betrachtung von Mimikry-Phänomenen im Tierreich interessierte ihn auch die Mimese.[225] Mehrfach taucht in Canettis Überlegungen eine spezifische tierische Abwehrstrategie, die Mimese ans Leblose, das Totstellen auf. Dieses spezifische Interesse Canettis sei deswegen abschließend genauer betrachtet, weil es einerseits eine auffällige Parallele zu Caillois' „legendärer Psychasthenie" zu bilden scheint und andererseits einen Grenzfall der Verwandlung darstellt.

Bisher war in allen beschriebenen Kontexten die Beziehung von Subjekt und Objekt in der Verwandlung eindeutig als eine erkennbar, die auch Canettis eigenem Sammelideal zugrunde liegt. Darin strebt das Subjekt in Richtung einer anverwandelnden Reduktion der Distanz zum Ding. Zwar registriert das Subjekt in diesem Modus der Anverwandlung die Fremdheit des Anderen, aber nur, um sich selbst dieser Fremdheit bis zur temporären Identität anzuähneln, ohne es in eine vorhandene Sammlung einzuspeisen. Der Grenzfall der Verwandlung in Totes lässt sich dagegen als davon verschiedener Modus beschreiben und weist dabei doch auf einige Probleme von Canettis anverwandelnder Sammelpraktik hin, die hier abschließend skizziert werden.

---

diesem Sinne wären die Tiere also auch in der Lage zur Verwandlung und letztere nicht mehr Alleinstellungsmerkmal des Menschen. Solche konträren Argumentationen lassen sich immer wieder aufdecken und sind nicht zuletzt Gegenstand berechtigter Kritik geworden. Andererseits ist der Selbstwiderspruch ein strukturelles Kennzeichen des gesamten Denkgebäudes Canettis. vgl. dazu auch das Kapitel VIII.2.

225 Zumindest, wenn man die für den deutschen Sprachraum entscheidende Differenzierung zugrundelegt zwischen Mimikry als Imitation der Merkmale von gefährlichen Spezies durch harmlose Arten und Mimese als Tarnung, um unsichtbar zu werden und in der Umgebung zu verschwinden. Kyung-Ho Cha, der den Mimikrybegriff für beide Phänomene verwendet, zählt sämtliche biologischen Studien zur Mimikry auf, die sich in Canettis Besitz befanden, und beschreibt, auf welche Weise das biologische Konzept in Canettis Vorstellung von Verwandlung eingeht. Insbesondere bei den Insekten verweilt Canetti in seinen Analysen und betrachtet Fragen zur Ameisen-Mimikry, da man dort „mit experimenteller Deutlichkeit beobachten kann, was bei uns nur verwischt in Erscheinung tritt." (Elias Canetti: Nachlass Zentralbibliothek Zürich 44.1., zit. nach Cha: *Humanmimikry*, S. 263) Cha zeigt, dass in die Verwandlung zudem ein lamarckistisches Umweltverständnis eingeht und dass Canetti die Entstehung neuer Arten über Verwandlung denkt. (ebd., S. 264). Wie dem Sammeln, das er bei den Hamstern und Hausmäusen beschreibt (Canetti: Nachlass 35.7), unterstellt Canetti auch der Mimikry bei den Ameisen eine kompensatorische Funktion. Die hierarchische Organisation ihrer Staaten bedürfe mit der Verwandlung eines entlastenden Aktes, die Nähe von Canettis Mimikry zum Theater ist hier unübersehbar. Vgl. dazu auch erneut: ebd., S. 273.

Die „Verwandlung in Tote" (MM, 408) dient Canetti in *Masse und Macht* – ähnlich der Verwandlung zur Abgrenzung des Menschen vom Tier, die gerade auf der Nähe beider basiert – zunächst zur weiteren Konturierung seines Begriffs vom Menschen. Hier allerdings zielt sie auf eine Abgrenzung des Menschen von Gott. Zwar setzt Canetti die göttlichen Verwandlungen vor allem der griechischen Antike als weitere entscheidende Quellen für die Mechanismen der Verwandlung ein, doch sei die Verwandlung ins Tote die einzige Form, die für die unsterblichen Götter nicht glaubhaft umsetzbar wäre. Biologie und Mythos werden gegeneinander ausgespielt, ihre Schnittflächen bevölkert der Mensch.

Das Totstellen bewegt sich – dies zeigen auch Canettis Zuordnungen des Themas zu verschiedenen Kapiteln in Werk und Nachlass – auf der Grenze von Verwandlung und Verstellung. Zwischen beiden eine klare Unterscheidung treffen zu können, ist allerdings von entscheidender Wichtigkeit für die Verwandlung. Denn während die Nachahmung, die Imitation sowie die Verstellung in einem reinen „Kopieren" äußerlicher körperlicher Erscheinungen bestehen und sich das Subjekt in der Verstellung zwischen äußerem Schein und innerer Absicht aufteilt, geht die Verwandlung immer mit einer vollständigen Aufgabe des Subjekts einher,[226] mit einer inneren Veränderung ebenso wie mit einer körperlichen Transformation. Die Verstellung, zu der auch der Gebrauch der Maske gehört, zählt durch diese nichtvollzogene Aufgabe des Selbst im Anderen bereits zu den Instrumentarien der Macht: mit der Möglichkeit, sich zu verstellen, beginnt der Mensch, Herrschaft über andere auszuüben.

In den Notizen für das Verwandlungskapitel nimmt sich Canetti vor: „Von allem Anfang an ist die Verwandlung in Totes in die Untersuchung mit einzubeziehen. Schon Tiere können sich tot stellen. [...] Menschen ist es eine der [...] selbstverständlichsten Listen." Dann aber fährt er fort: „Damit Einer sich tot stellen kann, muss er sich in einen Toten verwandeln. Er muss ihn spielen, wie er auch Andere spielt."[227] Das Vorhaben ist also höchst widersprüchlich. Dient die sogenannte „Scheintot-Mimicry"[228] der List und wird nur gespielt, so kann es keine *echte* Verwandlung sein. Zugleich aber heißt es, dass man sich tatsächlich in einen Toten *verwandeln* müsse. In *Masse und Macht* dagegen erklärt er das Totstellen explizit zur Verwandlung, und in eklatantem Widerspruch nennt er die Verwandlung ins Tote sogar „die zentralste von allen: man wird so sehr zum Zentrum, daß man sich nicht mehr regt. Man verzichtet auf jede Bewegung, als wäre man tot, und das andere entfernt sich." (MM, 408)

---

[226] Siehe hierzu erneut, insbesondere mit Blick auf den Begriff der „Deterritorialisierung", Deleuze/Guattari: *Kafka*, S. 15–23.
[227] Elias Canetti: Nachlass Zentralbibliothek Zürich 41.10, S. 4.
[228] Cha: *Humanmimikry*, S. 262.

Diese liminale Figuration der Verwandlung bewegt sich nicht nur konzeptuell auf der Grenze des Verwandlungsbegriffs, sondern übertritt sowohl die Linie zwischen Mensch und Tier als auch jene zwischen Leben und Tod. Als „zentralste" Verwandlung von allen besteht sie gerade nicht in der körperlichen Transformation in ein Anderes (egal ob Ding, Tier oder Mensch), sondern in der radikalen körperlichen Starrheit. Und diese materielle Starrheit bestimmt das Imaginäre. Denn das Zentrum – und hier offenbart sich noch ein entscheidender Punkt in Canettis Körperkonzept – besteht allein in der radikalen Fixierung und Stilllegung des eigenen materiell-physischen Körpers: Die Macht des Körperlichen reicht hier so weit, dass der grundlegend von Canetti verachtete Zustand des Todes für die Verwandlung zugänglich wird, wenn die physischen Eigenschaften von Toten angenommen werden. Der Einblick in den Tod als einem der entscheidenden Orte des Imaginären wird allein durch die Identität der körperlichen Haltung möglich: Wenn mein Körper alle Eigenschaften eines toten Körpers annimmt, so *bin* ich – für einen Moment – tot. In dieser „Zentralisierung" wird der Tod als das radikal Andere erfahrbar – denn die Verwandlung ist insbesondere ein Modus der „Erfahrung", mit allen passiven Konnotationen. Während also die wissenschaftlichen Sammlungen Dinge zu Objekten „abtöten", kehrt Canettis anverwandelnde Sammlung diesen Prozess schlichtweg um: Nicht das tote Objekt wird gesammelt, sondern das Subjekt selbst verwandelt sich in Totes. Der Passivierungsprozess des Subjekts angesichts des gesammelten Dings also reicht über die „Zentrierung" des Körpers bis zur vollständigen Aufgabe, bis zum Tod.

Damit bewegt sich ausgerechnet der Todfeind Canetti[229] mit seinem Verwandlungsbegriff plötzlich in der Nähe von Caillois' früher Auffassung des „mimétisme", der Mimese als „Versuchung durch den Raum" – als Depersonalisierung und Aufgabe des Subjekts an die unbelebte Umwelt. Die Passivierung des Subjekts, die dem Verwandlungs- wie auch dem Sammelkonzept Canettis zugrunde liegt, scheint also, verfolgt man sie bis an die Grenzbereiche, in eine gefährliche Regression in und Faszination für den Tod zu münden.

Erneut kann über einen Blick in den Nachlass diese in *Masse und Macht* angelegte Tendenz relativiert und genauer beleuchtet werden: In einem Konvolut mit undatierten Materialien für *Masse und Macht* finden sich unter den Exzerpten aus Frobenius' *Kulturgeschichte Afrikas* „Aufzeichnungen zu Mythen, Legenden und sonstigen Texten der Buschmänner".[230] Dort resümiert Canetti eine Form des Mythos zur Gottesanbeterin. In dieser bisher unbeachtet gebliebenen Nachlassnotiz

---

229 Siehe dazu Kapitel VII.2.
230 Vgl. Elias Canetti: Nachlass Zentralbibliothek Zürich 36.8., S. 14–16.

offenbart er also eine ähnliche Faszination für das Insekt wie Roger Caillois, der genau diese Legende ebenfalls behandelt.[231] Canetti notiert:

> In diesem Mythus stellt sich die Gottesanbeterin als totes Hartebeest [eine Antilopenart, EH] und täuscht die Kinder, die sie sehen. Sie laufen und zerschneiden das Hartebeest, aber die einzelnen Teile des Tieres: Schulter, Schenkel, Kopf, Augen behalten eine merkwürdige Lebendigkeit. Schultern und Schenkel setzen sich, abgeschnitten, von selbst auf je einen Busch. Der Kopf aber flüstert zum jüngsten Kind, das ihn trägt, bittet es, die Binde von seinen Augen zu entfernen, und winkt mit dem Auge. Das Kind lässt den Kopf der Mantis fallen, die anderen Schwestern lassen ihre Stücke fallen, sie fügen sich, jedes einzelne, zusammen, die Mantis ist jetzt ein Mann und jagt den Kindern nach, bis sie zuhause sind. [...] Diese Geschichte enthält auf das Einfachste und Eindringlichste den Kern des Osiris-Mythus. Ein scheinbar totes Geschöpf wird zerstückelt; die Teile noch so weit auseinander genommen, behalten ihre Lebendigkeit und ergeben plötzlich wieder das ganze Geschöpf. [...] In manchen Krankheiten fühlt der Mensch, dass seine Organe selbstständig geworden sind; sie schmerzen, sie beklagen sich, sie bekommen ihre eigenen Stimmen. In solchen Zuständen ist ihm zumute, wie dem zerstückelten Hartebeest, und auch der gewinnt später seine Einheit wieder. [...] Aber das Hartebeest ist tot, so ist also das Totstellen schon in frühesten Mythen enthalten.[232]

Diese Notiz ist nicht nur wegen des mit Caillois geteilten Interesses für die mimetische Tierart der Gottesanbeterin aufschlussreich, sondern auch, weil hier die Verwandlung in Totes eine neue Wendung erhält: Das Insekt ähnelt sich nicht an seine Umwelt an, sondern verwandelt sich in eine tote Antilope, um sich als Aas zergliedern zu lassen. Der Tod, selbst wenn ihm eine körperliche Zerstückelung folgt, ist nur vorübergehend und bewusst gewählt, aus dem Zustand des Todes kehrt die mythische Mantis zurück, und zwar handlungsmächtiger als je zuvor. Zustände der Depersonalisierung, wie Canetti sie in seiner Übertragung des Mythos auf menschliche Körperteile, die sich durch eine Krankheit verselbstständigten, erwähnt, sind also offenbar nur vorübergehende, temporäre Verfassungen. Der Tod wird zum Übergangsstadium, dessen Pointe darin besteht, dass die radikale Passivierung, in der sich das Subjekt dem Anderen übereignet, dem Tod anheimgibt, sich zergliedern lässt, auch wieder in aktive Einheit zurückschnellen kann. Das Moment der Rache ist dabei nur ein einzelner Aspekt. Ein weiterer, entscheidenderer Punkt ist die Möglichkeit, innerhalb dieses depersonalisierten

---

231 In der Langversion des Gottesanbeterinnenaufsatzes gibt Caillois die Legende im Rückgriff auf Leo Frobenius ganz ähnlich wieder. Für Caillois steht die Legende im Unterschied zu Canetti einerseits für ein Initiationsritual, da es Kinder sind, die das Tier zerlegen. Andererseits sei sie Ausdruck der menschlichen Faszination für die Rückkehr in die „ursprüngliche Fühllosigkeit", „l'insensibilité originelle", Roger Caillois: „La Mante Religieuse [1937]". In: Ders.: Œuvres. Hg. v. Dominique Rabourdin. Paris: Gallimard 2008, S. 181–211, hier S. 205.
232 Elias Canetti: Nachlass Zentralbibliothek Zürich 36.8., S. 14f.

Übergangsstadiums Wissen über Zustände zu sammeln, die sonst jenseits alles Erfahrbaren liegen, Zustände des Imaginären. Hier „sammelt" das Subjekt quasi blind Erfahrungen im Anderen, Erfahrungen im Anderssein, von denen es dann zu berichten vermag. Das Sammeln ist hier imaginäres Reisen, Reisen ins Imaginäre.[233]

4.5.4 Kritik der Sammlung, Kritik der Verwandlung?

Trotz dieser postmortalen Volte bleibt in Canettis Verwandlungskonzept vieles offen. Einerseits ist diese Offenheit wichtiger Teil des Unternehmens, andererseits seine größte Schwierigkeit. Die Verwandlung speist sich aus Mimikry und Mimesis, Mythos und Wahn, und sie steht zwischen Konzepten von Imitation, Ähnlichkeit und Identität, von Einfühlung und Empathie.[234] Ihr tatsächlicher Vollzug bleibt trotz aller Versuche, sie an das „Nichterfundene" zu koppeln, meist im Ansatz stecken bzw. der Vorstellung oder der Fiktion verhaftet, wobei sich hier erneut – in der Betonung der „Kostbarkeit" und „Wirklichkeit" des Prozesses – ein „reales Imaginäres" Bahn bricht.

Ursprünglich wurde das Verwandlungskonzept innerhalb des Zyklus zur Macht, dem zweiten der beiden großen Kapitel des Werks, gerade als machtsubversive Praktik eingeführt. Gegen das Fixierte der Macht steht dort das Fluide der Verwandlung. Allerdings, so kritisiert etwa Erhard Schüttpelz in seiner Rekonstruktion der Dramaturgie von *Masse und Macht*, verliere Canetti den befreienden Aspekt der Masse aus dem ersten Zyklus des Werks – ihre Fähigkeit, von der Berührungsfurcht zu erlösen und zugleich nicht auf einen Führer angewiesen zu sein –, den zu zeigen ja zu seinen zentralen Anliegen gegen bestehende Massentheorien gehörte, im Verlauf der Überlegungen zur Macht völlig aus den Augen. Erst aufgrund dieser Schieflage müsse er die Verwandlung einführen, die sich al-

---

[233] Ein weiteres Beispiel für solche Reisen bilden die Beschreibung der „Anfälle der *Schamanen*" aus *Masse und Macht*. Auch hier wird der Körper zum „Zentrum", das still verharrt, während sein Geist in die entferntesten Welten wandert und dort durch die Verwandlung Hilfsgeister herbeiholt, um dann zum Zentrum zurückzukehren und seinen Anhängern von seinen Verwandlungen zu berichten (MM, 408f). Diese „Zimmer-Reisen" der Schamanen erinnern an das Konzept der Armchair-Ethnologen, zu denen man Canetti ohne weiteres zählen könnte. Siehe zu Canettis Lektüren ausführlicher das folgende Kapitel V.1.

[234] „Es ist ein geheimnisvoller, in seiner Natur noch kaum untersuchter Prozeß und doch ist es der einzige Zugang zu den Menschen. Man hat diesen Prozeß auf verschiedene Weisen zu benennen versucht, es ist etwa von Einfühlung oder Empathie die Rede, ich ziehe aus Gründen, die ich jetzt nicht vorbringen kann, das anspruchsvollere Wort ‚Verwandlung' vor. Aber wie immer man es nennt, daß es um etwas Wirkliches und sehr Kostbares dabei geht, wird schwerlich jemand zu bezweifeln wagen." Canetti: „Der Beruf des Dichters", in: GdW, 367.

lerdings nicht wie die Massen- und Machtphänomene in gleicher Weise entzeitliche, sich nur an wenigen Stellen in sogenannten „primitiven" Quellen nachweisen lasse und größtenteils aus fiktionalen Quellen stamme.[235]

Zur dramaturgischen Kritik bzw. der Kritik am Quellenmaterial kommt hinzu, dass die Verwandlung zwar einerseits als zentrale Möglichkeit konzipiert ist, die Macht zu unterwandern, ihr auszuweichen, indem das Subjekt, auf das die meisten Machtstrategien zielen, durch eine Öffnung zum Tier, zum Ding, zum Mannigfaltigen seine klaren Konturen verliert, sodass die Macht ihr Ziel schlicht verfehlen muss. Andererseits aber ist die Verwandlung in ihrer Konzeption als *conditio humana* auch darauf ausgelegt, den Menschen mit Macht über diejenigen auszustatten, in die er sich zu verwandeln vermag. So kann die Verwandlung – dies ist in den Darstellungen der verschiedenen disziplinären Quellen immer wieder angeklungen – nicht per se als machtfreie Technik behandelt werden. Einerseits setzt sie bereits voraus, dass das Andere dem Ich nichts mehr tun kann: Die Verwandlung zielt damit also auf die Entmachtung des Anderen, indem man zu ihm wird. Andererseits dient sie auch der Anhäufung von Macht, was sich nicht zuletzt in der mythischen Figur des Tricksters zeigt: Der Meister- und Meisterverwandler (vgl. MM, 452) stellt zwar den Gegenpol zum starren Typus der Macht, dem Herrscher und Machthaber, dar, auf Macht ist allerdings auch er aus. Und so geraten Canettis Konzept von Dichtenden als „Hüter der Verwandlungen" (GdW, 366), ebenso wie der Erzähler der Verwandlungen in *Masse und Macht* in den Verdacht, statt eines subversiven Sammelkonzepts, das über die Verwandlung dem eigenen Machtanspruch auszuweichen versucht, doch wieder nur in diesen zu münden. Einziger Ausweg ist erneut die Offenheit des Ergebnisses – in einer Notiz aus der Abschlussphase von *Masse und Macht* lobt Canetti den Trickster noch einmal als das „Wesen der Freiheit", das nicht unbedingt an gelungene Verwandlungen gekoppelt ist: „Er ahmt alles falsch nach, findet sich nirgends zurecht [...]. Seine Ergebnisse müssen aber zusammenhanglos bleiben. Jede innere Folge, jeder Zusammenhang, gäbe ihnen Sinn und müßte ihnen ihren Wert, nämlich ihre Freiheit nehmen." ([1957] PdM, 231)[236] Aber nicht nur in der potenziellen Macht

---

[235] Vgl. zur Verwandlung als schwerster „Beschädigung" von Canettis Buch: Schüttpelz: „Elias Canettis Primitivismus", S. 300.
[236] Vgl. zum Trickster als Machthaber aber auch MM, S. 452 sowie zum Trickster als Figur des Dritten vgl. Erhard Schüttpelz: „Der Trickster". In: Eva Esslinger u. a. (Hg.): *Die Figur des Dritten. Ein kulturwissenschaftliches Paradigma*. Berlin: Suhrkamp 2010, S. 208–224; siehe auch Neumann: „Yo lo vi". Neumann setzt hier mit Canetti den Machthaber (in den Figurationen des Entwandlers und Daniel Paul Schrebers) gegen den Trickster (in den Figurationen des Verwandlers und Kafkas als „Experten der Macht"). Der Trickster bei Canetti wäre in diesem Sinne eine Figur, die das Imaginäre zu nutzen weiß, während Schreber ihm ausgeliefert ist.

des Sammelns bzw. der Verwandlung liegen mögliche Probleme, die andeuten, dass ein Sammeln ohne machthungrige Sammelnde kaum denkbar scheint, sondern auch in eben jener Neujustierung der Beziehung von Subjekt und Objekt innerhalb des auf Verwandlung basierenden Sammelprozesses, der ursprünglich überhaupt erst zur Subversion der Macht führen sollte.

Im Grenzfall der Verwandlung ins Tote zeigt sich die Radikalität der Aufgabe an das Andere, in diesem Fall an den Tod. Sich an diesen anzuverwandeln, erzwingt vollständige Passivierung, indem man sich selbst auf die reine materielle Existenz reduziert oder „zentriert". Spätestens anhand der Verwandlung in Totes stellt sich die Frage nach den subversiven Kräften, die der Verwandlung zuerkannt werden sollen, noch einmal anders. Denn wo ist das kritische Potenzial gegenüber dem Anderen, meist: der Macht, wenn man sich bis ins letzte an ihn anähnelt, mit ihm identisch wird, und sei es nur temporär?

Im Fall des Totstellens wird dieses Problem besonders deutlich: Wie sehr behindert es den Akt der Machtausübung wirklich, wenn die Macht zwar nur über einen Körper verfügt, der temporär nichts als tote Materie ist, mit diesem aber verfahren kann, wie ihr beliebt?[237] Und wieviel Möglichkeiten zur Kritik sind dem Körper, der sich totstellt, noch gegeben? Über den Grenzfall der Verwandlung ins Tote offenbaren sich schließlich nicht nur die Gefahren der Verwandlung, sondern auch jeder Anähnelung, denn beide gehen von einer Passivierung des Subjekts aus, das sich dem Objekt, egal ob Mensch, Tier oder Ding, ähnlich oder identisch zu machen versucht, und dabei ja gerade keinen eigenen Gestaltungsspielraum mehr haben darf. Der Akt der Verwandlung zielt auf die Auslöschung der Distanz zum Objekt und geht einher mit der Unmöglichkeit, Kritik zu üben.[238] Ähnlichkeit bedarf der Differenz als Gegenpart. Dies zeigen auch Vergleiche mit anderen Konzepten, beispielsweise der „Mimikry" von Homi K. Bhabha, der sie als (anti-)koloniale Strategie gerade als eine Nachahmung oder Spiegelung des Anderen fasst, die niemals perfekte Nachahmung werden darf, um nicht vollständige Assimilierung an die Identität des Anderen zu sein. Stattdessen benötige sie immer auch ein verfremdendes Element, das in den Akt der Spiegelung eingeführt

---

[237] Man denke etwa an Formen der „Zentrierung", die nicht aus der Verwandlung heraus geschehen, sondern gerade durch die Grausamkeit der Macht erzwungen werden, etwa in körperlicher Fixierung oder Folter.

[238] Dass Canetti diese Anverwandlung zum eigenen Verfahren in *Masse und Macht* erhebt und dafür die „Abwesenheit des Kommentars" (Friedrich: *Die Rebellion der Masse im Textsystem*, S. 111–118) in Kauf nimmt, was schließlich eine Distanzierung voraussetzen würde, ist als eine der Hauptursachen für viele der Kritiken an *Masse und Macht* verantwortlich, siehe exemplarisch dazu erneut Geulen: „Lebensform und Fliegenpein. Canetti und Agamben über Insekten", S. 338–341. Vgl. meine obige Anmerkung 217.

wird. Insofern ist Mimikry performativ, da sie stets eine neue Aushandlung des gespiegelten Objektes und der Identität des Spiegelnden herausfordert.[239]

Das Sammeln des Imaginären basiert bei Canetti, so wie bei Caillois, auf Ähnlichkeiten,[240] und diese verortet Canetti in *Masse und Macht* innerhalb der Ordnung des Imaginären: Die Sammelnden dürften durch ihre Tätigkeit keine neuen Ähnlichkeiten herstellen, erst recht dürften sie die Dinge nicht durch Positionierung innerhalb einer bestehenden Sammlung in Ähnlichkeitsbeziehungen hineinzwingen. Stattdessen sei es umgekehrt: Im Sammeln werden nicht die Dinge, sondern *die Sammelnden selbst* ähnlich. Die Ähnlichkeit, als Anfangspunkt der Verwandlung, ist also als Anforderung an den Menschen und zugleich als eine ihn auszeichnende Fähigkeit konzipiert. In der Verwandlung spitzt sich die Anähnelung so weit zu, bis die Sammelnden mit dem gesammelten Ding, – zumindest kurzzeitig – im Akt der gelungenen Verwandlung identisch werden, einem Akt, der in Canettis Darstellung notwendig in der Fiktion angesiedelt ist. Denn dieses letzte Stadium der Verwandlung muss auch deswegen „imaginär" sein, weil es nicht wirklich von einem Subjekt erlebbar ist, das sich temporär ja aufgibt. Vom Subjekt kann dieser Zustand der Identität immer nur imaginiert oder – und hier kommt nun eine spezifisch mediale Dimension hinzu – über das Sehen, Zuschauen und Lesen, in der medialen Vermittlung erlebbar gemacht werden.

Canetti trägt nun solche Prozesse der Anähnelung zusammen, formt wiederum aus ihnen eine Sammlung. Die Dinge aber, die er sammelt, müssen jeweils als kleine Modelle für das, was er selbst tut, aufgefasst werden. In der Schule der Verwandlungen wird folglich auch die Verwandlung in Totes, als Einsatz des auf das endgültig Andere gerichteten „Fernsinns",[241] zum Vorbild für die eigene Sammeltätigkeit. Mit ihr geht eine Passivierung des Subjekts einher, die nicht nur dieser Grenzfall, sondern jede Verwandlung erfordert. So operiert auch Canettis Erkenntnismodell der Verwandlung in der Nähe zu Formen des passiven Aus-

---

239 Bhabha betont, dass die Mimikry immer ambivalent, immer Ähnlichkeit und Bedrohung zugleich sei, denn sie „entsteht als Repräsentation einer Differenz": Trotz aller Ähnlichkeit sei die Mimikry auch „das Zeichen des Un(an)geeigneten (*inappropriate*), eine Differenz oder Widerspenstigkeit, die [...] für ‚normalisierte' Arten des Wissens und disziplinäre Mächte eine immanente Bedrohung darstellt." Homi K. Bhabha: „Von Mimikry und Menschen. Die Ambivalenz des kolonialen Diskurses [1984]". In: Elisabeth Bronfen (Hg.): *Die Verortung der Kultur*. Übers. v. Michael Schiffmann u. Jürgen Freudl. Tübingen: Stauffenburg Verlag 2011, S. 125–136, hier S. 126 f.
240 Peter Friedrich hat ausführlich die Bedeutung von Ähnlichkeiten für die Argumentation Canettis jenseits der Verwandlung aufgezeigt, sodass an dieser Stelle nur auf ihn verwiesen sei: Friedrich: *Die Rebellion der Masse im Textsystem*, bes. S. 9–16 (Einleitung), S. 154–168 („Die Wiederkehr der Ähnlichkeit", „Prosa der Ähnlichkeit") und zusammenfassend auch: S. 190.
241 Neumann: „Yo lo vi", S. 71.

geliefertseins und Ergriffenseins, die in Ethnologie, Ästhetik und Religionswissenschaft der Weimarer Republik eine Konjunktur erleben, die das Subjekt als eines setzen, dem das Objekt „widerfährt" und die so stets dem Verdacht des Irrationalismus ausgesetzt sind.[242] Zwar hat Canettis Passivitätskonzept wenig mit dem sakralen Erfasstsein der zeitgenössischen Religionssoziologie zu tun, da er die passivierende Ordnung im Materialen verortet. Dennoch folgt der Wechsel von Subjekt und Objekt im Prozess der Verwandlung der Logik einer Passivierung und läuft Gefahr, sich an die Macht auszuliefern, die es gerade zu subvertieren gilt. Zugleich zieht die kurzzeitig gelingende Passivierung, der Logik einer Immunisierung folgend, konträr zu Canettis expliziter Bestimmung der Verwandlung hinterrücks eine Stärkung des Subjekts und seiner Machtposition nach sich: Nichts ist machtvoller, so zeigt auch das Beispiel der mythischen Mantis, als sich in Totes zu verwandeln und zurückkehren zu können.

4.6 Im Kino der Verwandlungen

Die mythische Gottesanbeterin aus den Nachlassnotizen Canettis, die sich in eine tote Antilope verwandelt zerstückeln lässt, fängt erst an zu flüstern, dann blinzelt sie, schließlich setzt sie sich wieder zusammen und verwandelt sich erneut, um diejenigen, die ihren toten Körper zerteilten, zu jagen. In der notwendigen Umkehrbarkeit und Dynamik von Canettis Verwandlungsprozessen liegt ein entscheidender Hinweis auf ihre mediale Produktion – und somit auch, begreift man die Verwandlung als eine Figur wie auch ein Verfahren des Imaginären, auf die Medialität des Imaginären und die Möglichkeit seiner Sammlung. Auf beides soll abschließend hingewiesen werden. Denn es fällt auf, dass Canetti sich, anders als Caillois, zur Untersuchung des Imaginären allein auf die Sprache beschränkt. Caillois sammelt Steine und fügt Fotografien und Bilder in seine Texte ein. Canetti aber verlässt das sprachliche Medium des Textes, das ihm durch seine Sukzessivität ermöglicht, Zustandsveränderungen zu beschreiben, nie.[243] Er bleibt „Herr" der Sprache. Dennoch häufen sich in seinen Auseinandersetzungen über die Verwandlung die intermedialen Verweise: Schon bei den Halluzinationen, die er bei Kraepelin und Bleuler beschrieben findet und die ihm als wichtige Quelle dienen, werden die Verwandlungen „von den Kranken bald als Wirklichkeit, bald als künstliche Vorspiegelungen – *Laterna magica*, Kinematograph" (Kraepelin zitiert

---

242 Vgl. den Abschnitt „Caillois' Theorie des Sammelns im Kontext aktueller Ansätze" in Kapitel IV.3.
243 Vgl. dazu analog zur Sprache als Medium der Metamorphose bei Goethe: Geulen: *Aus dem Leben der Form*, S. 102f.

in MM, 425) empfunden. Stets handelt es sich bei ihnen um kleine, wimmelnde Bewegungen, Wanzen, Kröten, Ameisen, alles ist in ständiger Bewegung, taucht auf, verschwindet oder zerfließt. Klingen die Delirien ab, dann verlieren die Bilder für die Kranken ihren Wirklichkeitscharakter: „Die Vögel sind nicht mehr lebendig, sondern ausgestopft, die Szenen werden extra gespielt und schließlich nur noch optisch, wie durch die Zauberlaterne, an die Wand geworfen, das Kino existierte für die Deliranten von jeher." (Bleuler, zitiert in MM 427) Auf die Vergleiche der Verwandlungen Halluzinierender mit dem Kino folgen Verweise auf die Bildenden Künste, etwa die *Versuchung des Heiligen Antonius* von Grünewald, auf Hieronymus Bosch oder die Fotografie:[244] Die Zwitterwesen in den Halluzinationen sehen aus, „wie wenn sie übereinander photographiert worden wären." (MM 431) Allen gemeinsam ist der Eindruck der Überfülle, des Wimmelnden, der visuellen Überlagerung – nur das Kino aber scheint das Prozessuale der Verwandlung in den Halluzinationen in seiner zeitlichen Dimension darstellen zu können.[245]

---

[244] Auch die akustische Dimension des Halluzinierens wird betont: In vielen Delirien werde etwa Musik, „oft mit scharf markiertem Takt" vernommen. Canetti hat sich auch an anderer Stelle mehrfach explizit mit dem Gegensatz von Wortsprache und Musik auseinandergesetzt: „Eine neue Musik erfinden, in der die Töne im schärfsten Gegensatz zu den Worten stehen und die Worte auf diese Weise verändern, verjüngen, mit neuem Inhalt füllen. [...]" ([1947] PdM, 137) oder das Akustische der Masse beschrieben, indem er ihre Tendenz zum klanglichen „Übertönen" beschrieb ([1949] PdM, 158). Er entwickelt schließlich sogar ein eigenes Konzept von Hör- und Klang-Verwandlungen: Die „akustischen Masken". Mit dem Rhythmus, für Canetti zentrale Eigenschaft der Masse, ist zudem ebenfalls eine akustische Dimension bereits fundamental in sein Bild der Masse eingeschrieben. Vgl. zur Herkunft seines Rhythmusbegriffs: Elisabeth Heyne: „Die Stimmen der ‚Primitiven' in Canettis *Masse und Macht*. Zur Kommunikation zwischen Erzähler und ethnologischem Material". In: Nicola Gess (Hg.): *Literarischer Primitivismus*. Berlin, Boston: De Gruyter 2012, S. 235–251.

[245] In der *Provinz des Menschen* skizziert er 1942 eine Theorie des Medienwechsels zwischen Roman und Film: „Der Roman soll keine Eile haben. Früher konnte auch die Eile in seine Sphäre gehören, jetzt hat sie der Film aufgenommen; an ihm gemessen muß der eilige Roman immer unzulänglich bleiben. Der Roman, als Geschöpf ruhigerer Zeiten, mag etwas von dieser alten Ruhe in unsere neue Hastigkeit tragen. Er könnte vielen Leuten als eine Zeitlupe dienen; er könnte zum Verharren reizen; er könnte die leeren Meditationen ihrer Kulte ersetzen." (PdM, 27) Die Schnelligkeit der Verwandlungen zu zeigen, gehöre nun in den Bereich des Films, in den Roman dagegen werde die Zeitlupe als filmisches Verfahren rücktransferiert – in beiden Fällen scheint der Roman hier hinter den Fähigkeiten des Films zurückzustehen, zumindest jedoch als Repräsentation einer beschleunigten Gesellschaft. Ihm komme vielmehr die Funktion einer meditativen Praktik zu: während der Film also realistisch wird, verabschiedet sich der Roman in die Transzendenz. Diese Aufteilung hatte er noch 1937/38 für den Film anders gesetzt. In seinem Artikel „Elias Canetti über das heutige Theater". In: *Der Sonntag. Beilage des Wiener Tag*. Nr. 161, 18.4.1937 heißt es über den Film: „Es waren magische Bilder; die Filmstars sind durch ihre Schatten so mächtig wie damals Mammut und Bär." Und im Manuskript seiner Werkbundvorträge, die nie stattgefunden haben, erklärt er die Anbetung von Film-

Wer hofft, hier auf Skizzen für eine Canetti'sche Kinotheorie zu stoßen, wird schnell enttäuscht. Denn das „Kinoartige" führt Canetti erneut auf die vertrauten körperlichen Massenverhältnisse zurück, die sich im Delirium dann qua Projektion in visuelle Wahrnehmungen transformieren. Für die Rückführung ins Körperliche setzt er an dieser Stelle entweder ein Mikroskop oder aber die für ihn spezifische Komik ein: Es sei die Masse der „*Samentierchen* des *Sperma*" (MM, 429), die für das Wimmelnde der Halluzinationen Pate gestanden hätten. So kommt auch das Kino aus dem Körper.

Zudem sei die Möglichkeit, jene Fluidität der Verwandlung darzustellen, bereits mit den Ursprüngen der Literatur eng verknüpft, einer Literatur der „Moderne", die Canetti in der Antike beginnen lässt. So heißt es in einer Aufzeichnung von 1971:

> Ovid [hat, EH] vorweggenommen, was Dichter bis zum heutigen Tage am heftigsten interessiert. Er begnügt sich nicht damit, Verwandlungen zu benennen, er spürt ihnen nach, er beschreibt sie, *sie werden zu anschaulichen Prozessen*. Damit löst er das Eigentlichste des Mythus aus seinem gewohnten Zusammenhang und verleiht ihm eine Auffälligkeit, die es nie wieder verliert. Es geht ihm um alle Verwandlungen, nicht nur um diese oder jene, er *sammelt sie*, er reiht sie aneinander, jeder einzelnen von ihnen geht er in ihre Verzweigungen nach [...]. Aber durch die Abwechslung und den Reichtum aneinander gereihter Verwandlungen ist die Fluidität des Mythus insgesamt bewahrt.
> Es ist unschätzbar, was er damit für die christliche Welt gerettet hat: eben das, was ihrem Bewußtsein am meisten verlorengegangen war. Ihrer hierarchisch erstarrenden Lehre, ihrem schwerfälligen System von Tugenden und Lastern hauchte er den älteren, befreienden Atem der Verwandlung ein. *Er ist der Vater einer Moderne, die es zu jeder Zeit gab, ihre Spuren wären auch heute unschwer nachzuweisen.* ([1971] PdM, 352 [Herv. EH])

In Ovids Sammlungen gelangen die Verwandlungen zu einer Anschaulichkeit, die es mit der Visualität und Dynamik des Films durchaus aufnehmen kann. „Wir sind immer modern gewesen", könnte man mit Canetti sagen, wenn man sich auf die performative Spur der Verwandlung begibt, indem man sie anverwandelnd sammelt und sammelnd anverwandelt.[246]

---

stars zur Religion unserer Zeit und den Film zur Magie, ein magisches Ritual für den Reichtum. Weniger sarkastisch heißt es dann dort, dass die „*Fluidität des Mythischen* im Allgemeinen [...] im Film bildliche Wirklichkeit geworden" sei (Herv. i.O. Manuskript Februar/März 1938, ZB 4). Vgl. Hanuschek: *Elias Canetti*, S. 307 f. In diesem Sinne ist es für Friedrich Kittler innerhalb des „Aufschreibesystems" 1900 der Spielfilm, dem die Funktion des Imaginären zufällt, das zuvor dem Sprechen oder Schreiben zugerechnet werden konnte: „So rückt das Kino an die genaue Stelle des Bibliotheksfantastischen." Kittler: *Aufschreibesysteme 1800·1900*, S. 299.
246 Zu Canettis und Caillois' antimoderner oder amoderner Überzeugung, ihre Untersuchung stelle keine Strukturstiftung dar, sondern sei Nachvollzug vorhandener Strukturen, vgl. das Kapitel VI *Sehen*.

Die visuelle Grundierung der Verwandlung, die sie als „Fernsinn" der stets auf das Ergreifen ausgerichteten Berührung gegenüberstellt, ermöglicht es, die darin enthaltende Passivierung genauer zu fassen. Das anverwandelnde Subjekt ergreift nicht und wird nicht ergriffen, die Verwandlung ist zwar ein körperlicher Prozess, er spielt sich allerdings immer in gewisser Distanz ab: „Wo ist der Mann, der staunt, aus der Ferne staunt, staunt über das, was er nie berühren wird." ([1944] PdM, 78) Die Dinge werden, um sie zu sammeln, nicht berührt, und auch das sammelnde Subjekt wird nicht ergriffen – stattdessen vollzieht sich das Sammeln des Imaginären immer auch im Modus des Imaginären, eines Imaginären allerdings, das zwischen Materiellem und Vorgestelltem aufgespannt wird. Dort, wo klassische Sammlungen ihre Gegenstände durch Fixierung stillstellen, versucht Canetti sie durch den Verweis auf die „anschaulichen Prozesse" in dynamischem Wandel zu belassen. Die Sammlung erhält durch ihren Charakter der stetigen Verwandlung eine Zeitdimension, die sämtliche auf Hierarchie basierenden Sammelkonzepte nicht zu denken in der Lage sind.

4.7 Masse, Macht und Dinge

Das Imaginäre in *Masse und Macht* kristallisiert sich als eine an unsichtbar-imaginierten Zuständen wie an anorganisch-materiellen Phänomenen gleichermaßen ablesbare Struktur heraus, die auf einem körperlichen Substrat basiert und von dort aus als kollektive Kraft verschiedene Naturreiche, Kulturen, Einzelnes und Individuelles miteinander verknüpft. Der Mensch, dessen Körper zwar selbst den Ursprung des Imaginären markiert, verfügt über diesen nicht frei, ist vielmehr den meist nicht (mehr) bewussten körperlichen Machtmechanismen unterworfen. Zugleich ermöglicht es gerade dieser Körper, sich durch Verwandlung der auf Fixierung orientierten Ordnung der Macht zu entziehen – indem man ihn als zum Tier, zum Anderen, zum Tod oder zum Kollektiven geöffnet erkennt.[247] Canettis Setzung des Körpers als physiognomischer Ursprung kollektiver imaginärer (was hier auch bedeutet: symbolischer) Ordnungen zielt – aus aktueller Perspektive –

---

[247] Honneths Vorwurf, dass Canetti der Körper „einseitig allein als Medium rohester Gewalt" gelte, muss also unbedingt widersprochen werden. Er ist weit mehr als das, er ist zugleich der Ort, um Macht und Gewalt zu überwinden, zu subvertieren, um sich zu öffnen und in mimetischen Anverwandlungen das Andere zu erfahren. Vgl. Honneth: „Die unendliche Perpetuierung des Naturzustandes", S. 119. Die *conditio humana* (denn nur der Mensch ist ein solches Verwandlungstier) gründet gerade in seiner Möglichkeit, dem Tier nahezukommen: Canetti versucht sich an einer Bestimmung des Menschen durch dessen potenzielle Nähe zum Tier und seine körperliche Offenheit.

ins Zentrum von Auseinandersetzungen, die im Körper den Austragungsort kollektiver (Macht-)Vorstellungen erkennen: Dabei stellt sie sich gegen solche Ansätze, die im Körper das Ergebnis ihn fixierender Machtstrukturen erkennen,[248] und dafür wiederum in die Nähe von Vorschlägen, die danach fragen, ob dem Körper nichtsymbolische Präsenz zukommt, die als materieller Ursprungspunkt einer selbstständigen Ordnung fungiert.[249]

In *Masse und Macht* wird nun versucht, die Verwandlungen zu sammeln, die zwischen fixiertem Körper und ephemerer Vorstellung oszillieren, die keinen Endpunkt, keine „Figur" erreichen, sondern ebenfalls immer offen und dynamisch gedacht werden müssen. Canettis Sammelmodell verbietet ein Eingreifen in die Verwandlung. Um sie beobachten und untersuchen zu können, muss man sich ihr stattdessen über die visuelle Wahrnehmung anheimgeben. Gerade darüber entstehen Verbindungen und Kontinuitäten zwischen Mensch, Tier und Ding. Was zunächst eine Nähe zu religiösen Argumentationen zu haben scheint, mündet bei Canetti aber nicht in einer Heilsgeschichte oder Sittenlehre, sondern wird immer wieder auf wissenschaftstheoretische Fragestellungen zurückgeführt. Canetti ist dabei weitaus sensibler als Caillois für die dem Sammeln zugrundeliegenden Machtstrukturen, und seine Ausführungen haben eine ähnliche Stoßrichtung wie die im ethnologischen, postkolonialen oder kulturwissenschaftlichen Feld anhaltenden Diskussionen in Bezug auf die Probleme, die aus den modernen Sammelexzessen resultieren.

Allerdings muss im Unterschied zu seiner Theorie des Sammelns sein eigenes Vorgehen auch als immunisierte Souveränitätsgeste gesehen werden, die sich hinter der scheinbaren Passivierung verbirgt. Dafür sind die spezifische Form des Textes und dessen besondere, ihm zugrundeliegenden Verfahren entscheidend: Das Massenhafte, das durch das Prinzip der Sammlung auf Ebene der Quellen Einzug ins Werk hält, wird gedoppelt durch den Gegenstand, die Masse. Und die

---

[248] Wie beispielsweise bei Judith Butler: *Körper von Gewicht. Die diskursiven Grenzen des Geschlechts*. Übers. v. Karin Wördemann. Frankfurt am Main: Suhrkamp 1997.
[249] Vgl. dazu etwa Hans Ulrich Gumbrecht: *Diesseits der Hermeneutik. Die Produktion von Präsenz*. Übers. v. Joachim Schulte. Frankfurt am Main: Suhrkamp 2010. In Caillois' spätem Text *La dissymétrie* von 1973 ist eine ganz ähnliche Verknüpfung von körperlich-materieller Ordnung und Imaginärem zu erkennen: Die Asymmetrie des menschlichen Körpers zwischen linker und rechter Körperhälfte auf organischer Ebene (Herz, Gehirn, etc.) sieht Caillois ins Imaginäre, ins Moralische, ins Symbolische, Zeichentheoretische und Politische verlängert. Auch er arbeitet konträr zu den Ergebnissen der Studie zum Rechten und Linken von Robert Hertz und geht zugleich noch über Canetti hinaus, indem er diese Struktur an ein Gesetz des Universums rückbindet, das im Hinblick auf anorganische wie auch auf organische Materie von Asymmetrie, über Symmetrie zu Dissymmetrie voranschreitet.

Verwandlung ist nicht nur zentraler Gegenstand, sondern auch – zumindest programmatisch – das ideale Sammelverfahren.

Das „Hinein"-Verwandeln, das Canetti zum epistemologischen Instrumentarium der Ferne weiter zu entwickeln versucht, stellt einerseits eine potenzielle Alternative zu „ergreifenden", einverleibenden Praktiken des wissenschaftlichen Sammelns bereit: ein Modus des wissenschaftlichen Weltbezugs, der „verantwortlich" mit dem gesammelten Ding umzugehen versucht, dieses zu bewahren versucht, ohne es sich anzueignen. Andererseits gerät dieser in gefährliche Nähe zu irrationalistischen Vorstellungen eines radikal passiven Subjekts und verunmöglicht eine kritische Distanznahme zum jeweils anverwandelten Gegenstand. Hinzu tritt eine große Diskrepanz zwischen der Programmatik des anverwandelnden Sammelns und den tatsächlich umgesetzten, eigenen Sammelpraktiken Canettis. Wie sich im Einzelnen Canettis eigene Sammelakte beim Lesen, Sehen, Experimentieren und Systematisieren des Imaginären selbst zu seiner Programmatik des anverwandelnden Sammelns verhalten, wird in den folgenden vier Kapiteln immer wieder zu überprüfen sein.

V Lesen. Zur Lesbarkeit (Canettis „Primitive" und Wolfskinder) und Syntax des Imaginären (Caillois' Steine)

Das Imaginäre haust zwischen dem Buch und der Lampe.[1]

1 Canetti und die Lesbarkeit des Imaginären

Masse und Macht besteht zu fast einem Drittel aus Nacherzählungen oder direkten Zitaten der im Literaturverzeichnis versammelten anthropologischen, ethnographischen, mythologischen oder völkerkundlichen Texte. Neben Einzelstudien zu „afrikanischen Völkern", australischen und amerikanischen „Ureinwohnern", sibirischen Schamanen etc. handelt es sich dabei vielfach um Werke, die sich bereits im Titel mit der Kultur (Tylor), Religion, Philosophie (Radin), Gesellschaft (Lowie), Mythologie oder Mentalität (Lévy-Bruhl) der „Primitiven" beschäftigen.[2] Seine „Faszination für primitive Zustände" ([1955], PdM, 206) versucht Canetti also offenbar über das Lesen zu befriedigen. Canettis Lektüreakte sind bereits mehrfach untersucht worden[3] und auch seine Beschäftigung mit dem „Primitiven" wurde betrachtet.[4] Es ist gerade diese exzessive und heterogene Zitier- und Para-

---

[1] Foucault: „Nachwort [1966]", S. 222.
[2] E.B. Tylor: *Primitive Culture*, 1924; P. Radin: *Primitive Man as a Philosopher*, 1927; Ders.: *Primitive Religion*, 1937; R.H. Lowie: *Primitive Society*, 1920; Ders.: *Primitive Religion*, 1924; L. Lévy-Bruhl: *La Mythologie Primitive*, 1935. So die Angaben in Canettis Literaturverzeichnis. Vgl. zur „Verteilung" der Quellwerke auf die verschiedenen Zeiten, Epochen, Regionen und Kulturkreise der Erde Canettis eigene tabellarische Ordnung, Kapitel VI.4 des vorliegenden Buches.
[3] Vgl. den Sammelband, in dem auch Canettis „Lektüre des Anderen" Beachtung findet: Gerhard Neumann (Hg.): *Canetti als Leser*. Freiburg im Breisgau: Rombach 1996; vgl. daraus besonders: Gerhard Neumann: „Lektüre und Lebenswelt". In: Ders. (Hg.): *Canetti als Leser*. Freiburg im Breisgau: Rombach 1996, S. 7–31. Vgl. zudem Mario Erdheim: „Canetti und Freud als Leser von Schrebers ‚Denkwürdigkeiten eines Nervenkranken'". In: Marianne Leuzinger-Bohleber, Ralf Zwiebel (Hg.): *Psychoanalyse heute. Klinische und kulturtheoretische Perspektiven*. Opladen: Westdeutscher Verlag 1996, S. 159–177; und zur spezifisch zur intermedialen Lektüre vgl: Sylwia Werner: *Bild-Lektüren. Studien zur Visualität in Werken Elias Canettis*. Heidelberg: Winter 2013.
[4] Für einen knappen Forschungsüberblick über die für diese Studie relevanten Arbeiten vgl. Kap. I.2. Von besonderer Bedeutung für das folgende Kapitel sind einige Beiträge, die sich mit dem Primitivismus Canettis auseinandersetzen, insb. Schüttpelz: *Die Moderne im Spiegel des Primitiven*; Schüttpelz: „Elias Canettis Primitivismus" sowie Anette Horn: „The Myth of the Ancestors. Nongqawuse and the Suicide of the Nation as an antiimperial rebellion. Elias Canetti and the Xhosas". http://www.academia.edu/4488575/Elias_Canetti_and_the_Xhosas (Stand 02.04.2020). Für

phrasierpraktik, die Canettis Werk in den verschwommenen Zwischenraum zwischen wissenschaftlichem und literarischem Text versetzt, teils werden wissenschaftliche Standards des Zitierens bedient, teils literarische Montage- und Collage-Strategien. Kaum ein Forschungsbeitrag zu *Masse und Macht* lässt diese Eigenheit des Werkes, die große Fülle an Zitaten des „Anderen", „Fremden" unerwähnt. Das folgende Kapitel setzt also einerseits an Canettis Lektüreverfahren an, andererseits auch an einem bestimmten Befund, zu dem die Canetti-Forschung bereits mehrfach gekommen ist: *Masse und Macht* sei ein Text, der die zitierten Stimmen des Anderen unberührt „für sich sprechen läßt",[5] dessen Autor demzufolge nicht Canetti, sondern die „mythen- und geschichtsschaffende Menschheit"[6] sei, ein Text, dessen „Form der Berichterstattung [...] die der Aneinanderreihung verschiedener Perspektiven" sei, die er „als Zitate unverfälscht zur Geltung kommen" lasse,[7] und der eine „große Anzahl divergierender Stimmen, die alle gleichberechtigt zu Wort kommen dürfen",[8] enthalte. Canettis Methode bestehe darin, „die Mythen selbst sprechen zu lassen und damit ihre Vielstimmigkeit zu erhalten".[9] In der „unablässige[n] Rezitation der Stimme des Anderen",[10] die große Teile der Forschung zu Canetti in *Masse und Macht* aus-

---

eine Perspektive der Ethnologie auf Canetti siehe den Aufsatz von Michael Oppitz: „Las es und vergaß es – oder Canetti und die Ethnologie". In: Michael Krüger (Hg.): *Einladung zur Verwandlung. Essays zu Elias Canettis „Masse und Macht"*. München: Hanser 1995, S. 207–218, hier S. 217, auch er kommt – wie Erhard Schüttpelz – zu dem Schluss, dass Canetti sich an das Denken der sogenannten „Primitiven" anzuähneln versuche. Oppitz geht jedoch davon aus, dass das Denken der „Eingeborenen" per se „anschaulicher" sei und daher Canettis Faszination weckt, er verfolgt hier m. E. also selbst eine primitivistische Argumentation. Hervorzuheben ist dagegen der Beitrag von Ritchie Robertson: Zwar beziehe sich Canetti mit seinen Quellen insbesondere auf die historische Anthropologie und lasse zum Zeitpunkt der Veröffentlichung von *Masse und Macht* neuere Forschungsbeiträge beiseite, dennoch erkennt Robertson im Text Ansätze zu einer „thick description" von Massenphänomenen und sieht hierin eine produktive Mischung literarischer Techniken mit sozialwissenschaftlichen Ansätzen. Er versucht außerdem zu beweisen, dass Canettis Buch durchaus einen Beitrag zur Sozialwissenschaft leistet. In der Untersuchung der Wechselbeziehung zwischen beiden sowie im Verhältnis Canettis zu „Kontroversen über primitives Denken" liege sogar noch ein großes Desiderat der Forschung. Ritchie Robertson: „Canetti als Anthropologe". In: Michael Krüger (Hg.): *Einladung zur Verwandlung. Essays zu Elias Canettis „Masse und Macht"*. München: Hanser 1995, S. 190–206, hier S. 204.

5 Friedrich: *Die Rebellion der Masse im Textsystem*, S. 111.
6 Henninghaus: *Tod und Verwandlung*, S. 119.
7 Angelova: *Elias Canetti*, S. 156.
8 Dagmar Barnouw: *Elias Canetti*. Stuttgart: Metzler 1979, S. 47.
9 Dagmar Barnouw: *Elias Canetti zur Einführung*. Hamburg: Junius 1996, S. 186.
10 Friedrich: *Die Rebellion der Masse im Textsystem*, S. 111.

macht, werden in auffallender Weise Stimme und Schrift gleichgesetzt. Mit dem Bild der Stimme, die aus den textuellen Zitaten zu sprechen scheint, geht in den meisten Fällen die Annahme einher, das „Fremde" – sei es der Mythos, die „Anderen", die „Primitiven" oder die gesamte, heterogene Menschheit – finde durch Canettis Zitierpraxis *unverfälscht* Gehör.

Oralität und Schriftkultur, objektive Darstellung des Anderen und Fremden, Zitat und Stimme: Thematisch bewegen sich die hier aufgeworfenen Fragen nach der „Lektüre des Primitiven" bei Canetti mitten im Zentrum von Fragen der ethnographischen Repräsentation dessen, was aus westlicher Wissenschaftsperspektive das „Andere" genannt, zum „Anderen" gemacht wurde. Darauf einen neuen Blick zu werfen, ist nicht nur zur Untersuchung von Canettis eigenem Verfahren nötig, sondern vor allem aufgrund der oben zitierten Forschungsbeiträge, die nicht minder von einer Vergessenheit in Bezug auf die textuellen Mittel, mit denen sich das Fremde überhaupt schreibend einholen lässt, zeugen. Wer „spricht" in und durch Canettis Zitate, und wie kommt es zu der Vermischung von Mündlichkeit und Schriftlichkeit auf der Beschreibungsebene? Wer oder was ist dieses „Andere" in *Masse und Macht*, in welcher Funktion wird es eingesetzt, und warum muss es von Canetti unablässig wörtlich zitiert werden? Das folgende Kapitel knüpft also unmittelbar an die vorherigen Analysen zu Canettis anverwandelndem Sammelideal an und stellt neben das Ding nun den Text, und neben die Ähnlichkeit das „Andere". Es fragt danach, wie sich Canettis Lektüre im textuellen Imaginären zu seinem Ideal der mimetischen Anverwandlung verhält und fokussiert dazu stärker die tatsächlichen, im Text von *Masse und Macht* sowie im Nachlass ablesbaren Lektüreverfahren Canettis, die bisher von der Forschung kaum beachtet wurden.

Die Kategorie des „Anderen" und des „Fremden" ist der grundlegenden theoretischen Anlage von *Masse und Macht* von Beginn an eingeschrieben, an ihm entzünden sich Canettis Überlegungen überhaupt erst: Es ist die Berührung durch „Unbekanntes", die der Mensch in Canettis vielzitiertem ersten Satz am meisten fürchtet, „[ü]berall weicht der Mensch der Berührung durch Fremdes aus." (MM, 13) Das Fremde, Unbekannte, Andere erschließt sich der Mensch, da er um keinen Preis von ihm berührt werden möchte, über visuelle Wahrnehmung: „Man will *sehen*, was nach einem greift, man will es erkennen oder zumindest einreihen können." (ebd.) Diese Distanzierung des Fremden, das über das einordnende Sehen, oder eben: die Lektüre, zugänglich werden soll, ist folglich die epistemologische Grundlage von *Masse und Macht*, fixiert nicht zuletzt durch Canettis Diktum von der Berührungsfurcht des Menschen. Außerdem beschreibt diese Distanzierung des Fremden auch seine eigene, auf die Lektüre konzentrierte Methode. Auf dritter, metareflexiver Ebene hat Canetti eine Reihe von Aufzeichnungen geschrieben, die gerade diese vermittelte Rezeption des „Primitiven" behandeln,[11] – nur gilt für ihn nicht, was er selbst an Texten lobt, die „zum Glück kein Dichter" verfasst hat, nämlich dass man diesen „überall hin folgen [kann, EH] und ist doch vor ih[nen] geschützt." (MM, 516)

In seinen Texten – ob man nun *Masse und Macht* zur Literatur zählt oder nicht – ist man vor Canetti als Dichter nie „geschützt", und so soll hier auf eine Lektüre von Canetti mit Canetti verzichtet werden, zugunsten einer Lesart, die zwischen dem trennt, wie seine Texte verfahren, und dem, wie er diese Verfahren reflektiert.[12] Das heißt auch, die Gegenprobe auf all das zu machen, was sich hinter seinem Dichtungsideal eines „Dichters als Hüter der Verwandlungen" verbirgt und was für *Masse und Macht* als anverwandelndes Sammelmodell beschrieben wurde (Kap. IV.4). Wurde des Imaginäre vielfach als das „Andere" (der Vernunft, des Rationalen, des Bestimmten) gefasst, das Canetti und auch Caillois gerade durch Anähnelung zu bändigen, zu durchdringen und wissenschaftlich zu erfassen versuchen, tritt nun das ethnographisch konstruierte Andere hinzu. Beide sind in *Masse und Macht* unauflöslich miteinander verbunden. Auf der Ebene eines textuellen

---

[11] Ganz explizit wehrt er sich gegen die Begegnung mit der Wirklichkeit und zieht dieser das Treffen mit den „Primitiven" im Text bei Weitem vor: „Es ist für mich besser, von den primitiven Völkern zu *lesen*, als sie selber zu sehen. Ein einziger Zwerg in Afrika würde mich auf mehr verwirrende Fragen bringen, als die Wissenschaft in den nächsten hundert Jahren zu stellen erlaubt" ([1943] PdM, 54, Herv.i.O.). Außer seiner in den *Stimmen von Marrakesch* dokumentierten Reise hatte Canetti es sogar bewusst vermieden, feldforschendes Reisen außerhalb Europas zu betreiben und erinnert damit an einen Armchair-Ethnologen oder aber einen Zimmerreisenden, vgl. dazu (allerdings ohne einen Verweis auf Canetti) Bernd Stiegler: *Reisender Stillstand. Eine kleine Kulturgeschichte der Reisen im und um das Zimmer herum*. Frankfurt am Main: Fischer 2010.

[12] Auch die Verwebungen mit dem Thema der Lektüre in der *Blendung* und den Autobiographien stehen hier nicht im Zentrum. Der Protagonist der *Blendung*, Canettis erstem Roman, der „Büchermensch" Peter Kien, besteht quasi aus Büchern. Und in den Autobiographien wird der kindliche Canetti bereits als von Anfang an von Erzählungen und Beschreibungen fremder Welten faszinierter Leser beschrieben. Der Tag, an dem sein Vater ihm sein allererstes Buch schenkt, wird zum außergewöhnlichen Ereignis stilisiert: „Einige Monate nachdem ich in die Schule gekommen war, geschah etwas Feierliches und Aufregendes, das mein ganzes weiteres Leben bestimmte." (GZ, 58) Auf dieses erste Buch, *The Arabian Nights*, folgten *Robinson Crusoe*, *Gullivers Travels* und später Sven Hedins *Von Pol zu Pol*: „Schon der erste Band war eine Offenbarung. Da kamen Forschungsreisen in alle möglichen Ländern vor [...]. Anhand der abenteuerlichsten Entdeckungsreisen lernte ich die Erde und ihre Völker kennen." (GZ, 117f) Selbst aber ist Canetti (fast, außer nach Marrakesch) nie außerhalb Europas gereist. Vgl. dazu Canettis einzigen Text, der als eine Art von Reisebericht gelesen werden kann, *Die Stimmen von Marrakesch*, und die dazu geleistete Forschung im Hinblick auf Canettis Verbindung zur Ethnographie, z. B.: Bernhard Fetz: „Dialektik der Ethnographie. Die Stimmen von Marrakesch". In: Kurt Bartsch, Gerhard Melzer (Hg.): *Elias Canetti*. Graz: Droschl 2005, S. 79–93; Narjes Khodaee Kalatehbali: *Das Fremde in der Literatur. Postkoloniale Fremdheitskonstruktionen in Werken von Elias Canetti, Günter Grass und Josef Winkler*. Münster: LIT 2005, S. 18–75.

Zugangs, einer Lektüre des Imaginären erschließt sich dieses Canetti erst über diese Form des doppelten *othering*, so die Leitthese der folgenden Ausführungen.

Sind zwar auch sammelnde und bildliche Verfahren bei Canetti auf den Text und die Lektüre angewiesen, zielen beide jedoch auf jeweils verschiedene Annäherungen an das Imaginäre: War es beim Ding gerade der nicht lesbare, nicht semantisierbare Überschuss und zählt für das Bild die nichtlineare Form der Wahrnehmung tableauförmiger Strukturen, ist es hier die strukturelle Engführung des kulturellen oder historischen Anderen mit dem eigenen Anderen, dem Imaginären. Dies geschieht, indem beides als ein textuelles, lesbares Gewebe behandelt wird, das textanalytisch wie hermeneutisch durchdringbar ist. Das Lesbarkeitsparadigma unterwirft auch Ding und Bild der Textualitätsmetapher und selbst Unlesbarkeiten werden zum integrativen Teil des Ansatzes.[13] Im Fokus stehen die einzelnen spezifischen Textverfahren, die Praktiken des Zitierens, Paraphrasierens und Nacherzählens, die als im Text fixierte Verfahren einen Lektüreakt innerhalb des Textes simulieren. Durch Materialien aus dem Nachlass, denen hier möglichst viel Raum gegeben wird, können auch die Exzerpierverfahren Canettis einbezogen werden. So lassen sich die hinter dem Text verborgenen und verschwiegenen Leseakte genauer betrachten. Fraglich bleibt aber dennoch, wie sich Imaginäres zwischen Anführungszeichen und Anmerkungen bringen lässt, wie das les- und zitierbar werden kann, was in anderen und späteren Konzeptionen gerade im Gegensatz zum sprachförmigen Symbolischen (oder im Text aktualisierten Fiktiven) gesetzt wird.

Antworten auf diese Fragen finden sich in der Logik eines spezifischen wissenschaftlich-textuellen Verfahrens, dem Zitieren: Das Imaginäre als das „eigene Andere" wird nicht nur in das räumlich, kulturell, biologisch oder zeitliche Andere verlagert, sondern es wird von Canetti mittels eines Verfahrens untersucht, das auf einer eigentlich paradoxalen sprachlichen Struktur basiert: dem Zitat, dessen Eigenes nämlich im Einsatz der Sprache des Anderen besteht. Die Konstruktion und Repräsentation des Imaginären über das „Primitive" kann nur untersucht werden, indem zunächst die Beziehung zwischen dem Zitieren als Canettis *eigener* Methode und der „unverfälschten Stimmenwiedergabe", dem „Sprechenlassen des *Anderen*" oder Canettis Ideal nichthierarchischer, sammelnder Anverwandlung zur Diskussion steht.

Die „Sprechsituation" des Zitats ist immer eine doppelte. Um die Frage zu beantworten, wer spricht, muss also nicht nur Canettis eigener, sondern auch immer der „andere" Text, das zitierte Andere mit den Fragen ethnographischer Reprä-

---

13 Vgl. Gerhard Neumann, Sigrid Weigel: „Literaturwissenschaft als Kulturwissenschaft". In: Dies. (Hg.): *Lesbarkeit der Kultur. Literaturwissenschaft zwischen Kulturtechnik und Ethnographie.* München: Wilhelm Fink 2000, S. 9–16, hier S. 11.

sentation konfrontiert werden, was die meisten der oben zitierten Forschungsbeiträge unterlassen. Zugespitzt formuliert, zielt das hier vorgeschlagene Vorgehen auf folgende Vermutung: Canettis ostentative Demutsgeste vor dem Material, das Ideal eines Sammelns als mimetische Anverwandlung besteht in der demonstrativ ausgestellten Abgabe von Souveränität an die gesammelten, die zitierten Quellen. Sowohl Canettis Inszenierung des Sammelns als auch die Beschreibungen des textuellen Verfahrens von *Masse und Macht* als mannigfaltiges Geflecht aus den vielen verschiedenen Stimmen der Menschheit zielen auf das Ideal einer passiven, nur arrangierenden Textinstanz – sei diese nun ein eingesetzter Erzähler oder der Autor selbst.[14] Anhand der Analyse von Canettis Zitierlogik, seiner Exzer-

---

14 Obwohl hier Canettis Lektüreverfahren und deren textuelle Manifestationen im Fokus stehen, spielen auch das Erzählen und Nacherzählen des Zitierten eine große Rolle für *Masse und Macht*. Während auf das Erzählen am Rande jeweils verwiesen sei, werden solche „Schreibweisen" nicht mit einbezogen, die bereits – zumindest in Ansätzen – Thema der Forschung geworden sind, vgl. also etwa u. a.: Hansjakob Werlen: „Ohnmächtige Hoffnung. Die Stimme des Individuums in ‚Masse und Macht'". In: Michael Krüger (Hg.): *Einladung zur Verwandlung. Essays zu Elias Canettis „Masse und Macht"*. München: Hanser 1995, S. 151–162, hier S. 159. Es würde an dieser Stelle den Rahmen sprengen, umfassender Canettis Erzählstrategien, sowie die von ihm eingesetzte Erzählperspektive zu erläutern. Wie in Kapitel VII.2 dieses Buches näher erläutert, machen sich Canettis Texte allerdings die Fiktion auf bestimmte, auf das Experimentieren gerichtete Weise zunutze. Dies gilt auch für *Masse und Macht*. Der Text sprengt jedoch in seinen narrativen Passagen gängige Kategorisierungen von faktualem und fiktionalem Erzählen. Siehe dazu auch das Kapitel „Prinzipien der Schreibweise in ‚Masse und Macht'", und insbesondere zur Fiktion das Unterkapitel „Konjunktive, Umkehrungen und Zwischenräume", in: Friedrich: *Die Rebellion der Masse im Textsystem*, S. 63–71. Wie bereits in der Einleitung angeführt, nennt Schüttpelz *Masse und Macht* einen „anthropologische[n] Roman", einen „Menschheitsroman", der die Geschichte des Menschen vom „Primitiven" bis zum modernen Architekten umreiße. Vgl. Schüttpelz: „Elias Canettis Primitivismus", S. 294. Eine genauere Untersuchung dieses Erzählens, die zwischen Erzählen und Fiktionalität unterscheiden muss, gehört jedoch noch zum Desiderat der *Masse und Macht*-Forschung, u. a. deswegen, weil der Text gängige narratologische Beschreibungskategorien vor neue Herausforderungen stellt. Mit der Untersuchung des Zitierens soll dennoch hier ein erster Grundstein dafür gelegt werden. Untersuchenswert wäre auch der Tempus-Gebrauch des Erzählers von *Masse und Macht*, der im Präteritum verfasste Berichte oft ins Präsens überführt, und so den Eindruck erweckt, Vergangenes als universales, ewig gültiges Phänomen auf die Ebene des Textes zu holen. Siehe vergleichend zum ethnographischen Präsensgebrauch: Heinzpeter Znoj: „Das Verhältnis von Erzählung und Beschreibung in der Ethnographie". In: Balz Engler (Hg.): *Erzählen in den Wissenschaften. Positionen, Probleme, Perspektiven*. Fribourg: Academic Press 2010, S. 179–199, hier S. 181. Ist auch auf den Erzähler in *Masse und Macht* in älteren Studien mehrfach hingewiesen worden (u. a. Friederike Eigler: *Das autobiographische Werk von Elias Canetti*. Tübingen: Stauffenburg 1988, S. 96), bleibt er meist mit der Idee der „Anverwandlung" an die verschiedenen „Stimmen" verknüpft. Es wäre lohnenswert, jenseits der paratextuellen Selbstinszenierung des Erzählers als mythischer „Trickster"-Figur stattdessen stärker die auktoriale – machthaltige – Position des Erzählers zu fokussieren: Nicht nur über die universalen Zeugnisse der Menschheit kann der Erzähler frei verfügen. Sein Wissen erpier- und Paraphrasierpraktiken, der Akte des Nacherzählens in *Masse und Macht* sowie eines Blicks auf die zitierten Texte selbst lässt sich allerdings zeigen, dass diese Inszenierungen des In-den-Text-Setzens eines „Fremden" vor dem Hintergrund postkolonialer Theoriebildung sowie der für Canetti noch immer gültigen, archaischen „subjektiven Illusion"[15] gelesen werden müssen.

In dieser Überblendung, die die primitivistische Seite des von Canetti konzipierten Imaginären aufscheinen lässt, enttarnt sich die sprachliche Form mimetischer Anverwandlung als Herrschaftsgeste. Nach einer Rekonstruktion von Canettis Ansatz im Kontext ihm nachfolgender Debatten zur Textualität von Kultur, zum Primitivismus sowie zur Textualität des Imaginären gilt es am Ende dieses Kapitels zu zeigen, dass sich durch einen Blick auf eine bisher noch nicht untersuchte, nachgelassene Notiz Canettis Lektüreideal als Anverwandlung an Bestehendes, ebenso wie das Konzept der Lektüre als Einverleibung eines textuellen, „anderen" Universums in sein Gegenteil verkehren lässt: Denn im Nachlass finden sich Hinweise auf ein Lektüremodell, das nicht auf nachträglicher Einverleibung basiert, sondern sich als genetische Nachkommenschaft, als erzählerische Vaterschaft für den zitierten Text beschreiben lässt, und so zur schöpferischen Machtgeste schlechthin wird.

1.1 Kultur als Text – das Imaginäre als Text

1.1.1 Das textuelle Andere: Das „Primitive"

Von den fast 350 Einträgen im Literaturverzeichnis von *Masse und Macht* werden nur etwa ein Drittel in den Anmerkungen aufgeführt. Vor der Literaturliste skizziert

---

streckt sich in seiner Paraphrase der Quellen oft auch auf das Innere der in den Quellen beschriebenen Protagonisten. An dieser Stelle lösen sich die Kenntnisse des Erzählers von den Zeugnissen und Quellen ab, und es wird ihm möglich, allgemeine und universale Betrachtungen über die Gefühle und Gedanken des Menschen und der Masse, die den Quellen entspringen, anzustellen und in diese manipulierendend einzugreifen. Hilfreich sind hierbei Anleihen aus der interdisziplinären Erzähltheorie, vgl. u. a.: Axel Rüth: *Erzählte Geschichte. Narrative Strukturen in der französischen Annales-Geschichtsschreibung*. Berlin: De Gruyter 2005; Daniel Fulda, Stefan Matuschek: „Literarische Formen in anderen Diskursformationen: Philosophie und Geschichtsschreibung". In: Simone Winko, Fotis Jannidis, Gerhard Lauer (Hg.): *Grenzen der Literatur. Zu Begriff und Phänomen des Literarischen*. Berlin, New York: De Gruyter 2009, S. 188–219; Ansgar Nünning, Vera Nünning: *Erzähltheorie transgenerisch, intermedial, interdisziplinär*. Trier: WVT 2002; Siehe für einen ersten Versuch, die Erzählinstanz und -perspektive von *Masse und Macht* genauer zu betrachten: Heyne: „Die Stimmen der ‚Primitiven' in Canettis *Masse und Macht*".
15 Claude Lévi-Strauss: *Die elementaren Strukturen der Verwandtschaft [1949]*. Übers. v. Eva Moldenhauer. Frankfurt am Main: Suhrkamp 1981, S. 162.

Canetti eine kleine Typologie der von ihm aufgeführten Werke: Neben Texten, denen Zitate entnommen wurden, liste das Verzeichnis auch „Quellenwerke der mannigfaltigsten Art", „die für die Gedankenbildung des Autors entscheidend waren, ohne die ihm bestimmte Erkenntnisse versagt geblieben wären." (MM, 574) Eine dritte Gruppe bilden neuere Forschungswerke, von denen Canetti hofft, sie mögen den Leser*innen nützlich sein, so wie sie es für ihn waren. In der Liste sind diese drei Gruppen nicht separat aufgeführt, sondern es folgt ein einziges alphabetisches Verzeichnis. Zuvor werden die Anmerkungen am Ende des Fließtextes durch Bezeichnung der jeweiligen Seitenzahlen gelistet. Hochgestellte Ziffern als Fuß- oder Endnoten werden im Fließtext nicht verwendet. Dagegen lassen sich am Ende des Textes nicht nur für direkte Zitate Anmerkungen finden, sondern auch für indirekte, paraphrasierte Textbezüge. Aber nur ein Blick auf Seitenzahlen in der Anmerkungsliste am Ende des Textes verrät, ob zur betreffenden Stelle im Haupttext eine Quelle angegeben ist oder nicht. Durch Canettis zweite, vor dem Literaturverzeichnis beschriebene Kategorie, die nebulös von „gewissen Erkenntnissen" spricht, die aber unmarkiert in den Text eingegangen seien, ist der Verweisungszusammenhang von Literaturverzeichnis und Text von vornherein nicht eindeutig auflösbar. Canettis Formulierung legt stattdessen nahe, er habe Anteil an einem dichten Gewebe von Texten „mannigfaltigster Art" und zählt sie auf: „mythische, religiöse, historische, völkerkundliche, biographische, psychiatrische Quellen" (MM, 574). Canettis Erkenntnisse über die Gesetze der Masse, der Macht, der universalen Vorstellungswelt des Menschen und so auch über das Imaginäre werden also – zumindest zu einem beachtlichen Teil und was die wissenschaftliche Selbstinszenierung auf paratextueller Ebene angeht – aus jenem heterogenen Korpus von Texten entnommen bzw. *gelesen*. Sein Weg zur Wirklichkeit ist diskursiv (durch eine Masse verschiedener Texte) vermittelt. Da sich Canetti an einer Lesbarmachung des Anderen versucht (sei es nun der Masse als zivilisatorischem Anderen, des kulturellen Anderen oder aber des Imaginären als Anderem der Vernunft), liegt es nahe, ihn als Teil eines Diskurses zu begreifen, der später unter dem Titel „Lesbarkeit der Kultur" oder „Kultur als Text" zu einem entscheidenden Paradigma einer sich als Kulturwissenschaft (neu)definierenden Literaturwissenschaft werden wird.

Die seit der Renaissance geläufige Vorstellung von der „Lesbarkeit der Welt",[16] die besonders in der Rede vom Buch der Natur anschaulich geworden ist, verschiebt sich ab dem 19. Jahrhundert insofern, als der Zeichencharakter der Welt aufhört, auf außertextuelle Referenten zu verweisen. Mit dieser „Verselbständigung der Diskurse"[17] wird es unmöglich, hinter die textuelle Verfasstheit der

---

[16] Hans Blumenberg: *Die Lesbarkeit der Welt*. Frankfurt am Main: Suhrkamp 1986.
[17] Neumann: „Lektüre und Lebenswelt", S. 9.

Welt zu blicken. Genau daran arbeitet sich, dies ist oben behandelt worden, auch Caillois' später Text *Le Fleuve Alphée (Der Fluss Alpheios)* konsequent ab und führt einen Begriff vom Ding gegen die universale Textualität der Welt ins Feld. Während im 19. Jahrhundert die Idee eines verborgenen Sinns in tieferen Schichten – der Erde, der Psyche oder des Textes, wie es auch die Entstehung der Disziplinen der Archäologie, der Psychoanalyse oder der Philologie illustriert – gesucht wird und dort freigelegt, ausgegraben werden muss, verschwindet auch diese Vorstellung, der Glaube an einen latenten, aber auslesbaren Sinn, im Laufe des 20. Jahrhunderts in den Mosaiken, Geweben und Montagen von Texten, Diskursen und Zitaten.[18] Das „Spurenparadigma",[19] das die Vorstellung von der Lektüre im offenen Buch der Natur ablöste, verwandelte die Welt in eine Ansammlung von Zeichen, die zu lesenden Chiffren sinken ins Verborgene und Unsichtbare. Zu diesen Lektüreakten auf den Spuren geheimer Indizien, auf der Suche nach den latenten Strukturen der Welt müssen auch Canettis und Caillois' Texte gerechnet werden. Das Imaginäre identifizieren sie als eine solche latente Struktur, der gleichzeitig eine gewisse manifeste Qualität zuerkannt wird (vgl. Kap. IV).[20]

Das Paradigma von der „Kultur als Text" bildete sich unter anderem in der Überblendung ethnographischer und literaturwissenschaftlicher Fragestellungen heraus: Einerseits wurden dafür Blickweisen und Methoden der Ethnographie auf die Literatur übertragen, zugleich haben sich auch andere Disziplinen – neben der Ethnographie beispielsweise auch die Geschichtswissenschaft – an literaturwissenschaftlichen Instrumentarien bedient. Das Ergebnis, die „Kategorie des

---

18 Siehe zum Dreischritt von Karl Lachmann, Heinrich Schliemann und Freud: Ebd., S. 10f.
19 Ginzburg: *Spurensicherung*; Canetti selbst entwickelt seine Theorie der Masse nicht nur auf der Basis der Lektüre des sogenannten „Primitiven", sondern auch auf der Grundlage einer archaischen Spurenlektüre: Es sind die Spuren der Füße, als erste Schrift, die ihm etwas über die Prinzipien der Masse verraten („Die früheste Schrift, die er lesen lernte, war die der Spuren: Es war eine Art von rhythmischer Notenschrift, die es immer gab; sie prägte sich von selber dem weichen Boden ein, und der Mensch, der sie las, verband mit ihr das Geräusch ihrer Entstehung." MM, 33) Die von ihm imaginierten, archaischen ersten Menschen konnten bereits lesen, bevor sie schreiben lernten. Und wie die Buchstaben und Gegenstände bei Canetti, so kommt für ihn auch die Schrift aus dem Körper. Dies sei hier nur angedeutet, vgl. dazu Furuya: *Masse, Macht und Medium*, S. 49–54. Hier ergeben sich natürlich auch Bezüge zu Hofmannsthals „Was nie geschrieben wurde, lesen" und damit zu Walter Benjamin und seinem Modell des Lesens. Ebenso ließen sich Verbindungen zu Alfred Döblin und seinem Begriff der Resonanz ziehen. Vgl. dazu Sven Werkmeister: *Kulturen jenseits der Schrift. Zur Figur des Primitiven in Ethnologie, Kulturtheorie und Literatur um 1900*. München: Wilhelm Fink 2010, S. 306ff.
20 Gerät der Leseakt außer Kontrolle und verwandelt sich während der Suche nach dem Verborgenen schlicht alles in Indizien und Spuren, offenbart der Erkenntnisakt des Spurenparadigmas seine paranoischen Wurzeln, vgl. ausführlich dazu Kapitel VIII.

‚kulturellen Textes'",[21] ist inhaltlich – denn sie hat es immer mit der Lesbarkeit des „Anderen" zu tun – wie auch strukturell – durch die enge Verknüpfung mit der Disziplin der Ethnographie – mit dem Dilemma der ethnographischen Repräsentation konfrontiert: Das Lesen und (Auf-)Schreiben des Fremden in der eigenen Sprache, den eigenen kulturellen Kategorien und dem eigenen Text ist immer schon ein tendenziell übergriffiger Deutungs- und Aneignungsakt. Der Begriff der „teilnehmenden Beobachtung" als das Ideal ethnographischer Tätigkeit drückt das Dilemma der für einen Erkenntnisprozess notwendigen „Distanzierung des Beobachters bei größtmöglicher Nähe"[22] verdichtet aus. Canettis „Lebenswerk" hat, wie alle Versuche, das Fremde zu beschreiben, mit diesem Grundproblem ethnographischer Repräsentation zu tun. Einige seiner Formulierungen in Bezug auf die Masse beschreiben präzise eben jenen Versuch, der möglichst nahen und doch zugleich distanzierten Beobachtung[23] – die eigentliche Teilnahme aber verlegt Canetti immer nur in die Lektüre.

Masse und Macht liegt also ein Kulturbegriff zugrunde, der dem später von Clifford Geertz in seinem erstmals 1972 veröffentlichten Essay „,Deep play'. Bemerkungen zum balinesischen Hahnenkampf" in Bezug darauf ähnelt, wie sich überhaupt ethnographisches Wissen über Kultur erzeugen lässt: mittels Lektüre. Die Kultur, so Geertz' berühmte Formulierung, sei „eine Montage von Texten", ein „Ensemble von Texten, die ihrerseits wieder Ensembles sind, und der Ethnologe bemüht sich, sie über die Schultern derjenigen, für die sie eigentlich bestimmt sind, zu lesen."[24] Geertz, selbst durch eine Fußnote[25] in seinem Text zur *Dichten*

---

21 Neumann/Weigel: „Literaturwissenschaft als Kulturwissenschaft", S. 10.
22 Klaus R. Scherpe: „Die Ordnung der Dinge als Exzeß. Überlegungen zu einer Poetik der Beschreibung in ethnographischen Texten". In: *Das Fremde. Reiseerfahrungen, Schreibformen und kulturelles Wissen. 2. Sonderausgabe der Zeitschrift für Germanistik* (1999), S. 13–44, hier S. 15.
23 Vgl. z.B. Canettis Nachlassnotiz: „Grössere Übersichtlichkeit der Massenvorgänge bei den Ameisen als bei den Menschen; viel Detail fällt weg" (Elias Canetti: Nachlass Zentralbibliothek Zürich 35.5, „Masse und Macht: Undatierte Materialien: Ameisen", S. 3), vgl. dazu ausführlicher den Abschnitt „Tabellarisierung des Imaginären", in Kap. VI.4.
24 Clifford Geertz: „,Deep play'. Bemerkungen zum balinesischen Hahnenkampf [1972]". In: Ders.: *Dichte Beschreibung. Beiträge zum Verstehen kultureller Systeme*. Übers. v. Brigitte Luchesi und Rolf Bindemann. Frankfurt am Main: Suhrkamp 2015, S. 202–260, hier S. 259.
25 In besagter Fußnote heißt es: „Meist findet sich Ethnographie in der Tat in Büchern und Artikeln und nicht auf Schallplatten, in Filmen, Museumsausstellungen oder dergleichen. Doch selbst dort gibt es natürlich Photographien, Zeichnungen, Schemata, Tabellen und so weiter. Eine Reflexion über die Darstellungsweisen (von den Experimenten mit ihnen nicht zu sprechen) hat in der Ethnologie sehr gefehlt." Clifford Geertz: „Dichte Beschreibung. Bemerkungen zu einer deutenden Theorie von Kultur", in: Ders: *Dichte Beschreibung. Beiträge zum Verstehen kultureller Systeme*. Übers. v. Brigitte Luchesi, Rolf Bindemann. Frankfurt am Main: Suhrkamp 2015, S. 7–43, hier S. 28f. Vgl. dazu ausführlicher: Volker Gottowick: „Zwischen dichter und dünner Beschrei-

Beschreibung zum Mitverantwortlichen an dem geworden, was heute unter dem Stichwort der *Writing Culture*-Debatte anhaltende Beachtung erfährt, wurde von Vincent Crapanzano gerade für diese so formulierte ethnographische Lektüreszene harsch kritisiert: Crapanzano, dessen Kritik an Geertz sowohl zu den Beiträgen des berühmt gewordenen, von James Clifford und George Marcus herausgegebenen Bands *Writing Culture* von 1986 als auch zu denen des in Deutschland einflussreich gewordenen Bands von Doris Bachmann-Medick *Kultur als Text* von 1996 gehört, weist darauf hin, dass die Vorstellung eines Lesens „über" die Schulter der Indigenen die (europäischen) Lesenden zu „über"-geordneten Instanzen erhebt, „verborgen, aber an der Spitze der Hierarchie des Verstehens":[26] (Zeitlich) hinter den indigenen Völkern und (räumlich/hierarchisch) über ihren Schultern erkennten die Ethnograph*innen den Text, der den Indigenen selbst verschlossen bleibe. Zugleich fehle in Geertz' Hahnenkampf-Essay, so Crapanzano, das Verstehen aus der Perspektive derjenigen, deren Kultur es hier eigentlich zu verstehen gilt: „Es gibt lediglich das konstruierte Verstehen einer konstruierten Perspektive konstruierter „Eingeborener."[27] Liest nun Canetti in den universalen, kollektiven Vorstellungswelten der Menschheit, so tut er dies über die Schulter von ethnographischen Texten, die jeweils von Ethnograph*innen geschrieben wurden, nachdem diese über die Schulter von Ethnographierten in deren Kultur lasen. Damit kommt zur doppelten Hypothek einer „über"-geordneten Leseinstanz und zu all diesen konstruierten Instanzen noch ein weiterer Übersetzungsschritt – nämlich der, in den eigenen Text, und, im Falle fremdsprachiger Texte, ins Deutsche – hinzu.[28] Teilweise verfährt Canetti dabei mit den ethnographischen Texten genau so, wie es Geertz in *Deep Play* vorschlägt: Der Text ist den Balines*innen selbst

---

bung. Clifford Geertz' Beitrag zur Writing Culture-Debatte". In: Iris Därmann, Christoph Jamme (Hg.): *Kulturwissenschaften. Konzepte, Theorien, Autoren*. München: Wilhelm Fink 2007, S. 119–142, hier S. 119.

26 Vincent Crapanzano: „Das Dilemma des Hermes. Die verschleierte Unterwanderung der ethnographischen Beschreibung". In: Doris Bachmann-Medick (Hg.): *Kultur als Text. Die anthropologische Wende in der Literaturwissenschaft*. Tübingen, Basel: A. Francke 2004, S. 161–193, hier S. 186.

27 Ebd., S. 185. Crapanzano schlägt selbst ein anderes Modell ethnographischer Repräsentation vor und forscht auch selbst danach: eine „dialogische Anthropologie", die weniger an allgemeinen Aussagen über ein Volk oder „den Balinesen" interessiert ist, wie er es Geertz vorwirft, sondern sich auf Einzelfälle konzentriert und konkrete Dialoge mit einzelnen Angehörigen der „fremden Kultur" wiedergibt. In ähnliche Richtung zielt auch Hubert Fichtes Interview-Ansatz, der die Befragten zu Mitautor*innen machen möchte oder aber der Einsatz von „Aufzählung als Modus eines reflektierten Dokumentarismus", siehe dazu u. a.: Sabine Mainberger: *Die Kunst des Aufzählens. Elemente zu einer Poetik des Enumerativen*. Berlin, New York: De Gruyter 2003, S. 192.

28 Vgl. dazu das Kapitel „The bushmen's letters are in their bodies" von Erhard Schüttpelz, der sich die Mühe gemacht hat, die vielfältigen Übersetzungs-, Transkriptions- und Verschriftli-

nicht bewusst, liegt ihnen selbst nicht vor, ihre Selbstlektüre ist nicht vorgesehen.[29] In einer Art Ethnographie der Ethnographie liest Canetti in den unbewussten Texten jener, die in den unbewussten Texten des Fremden lesen.[30] Aber nur die feldforschenden Ethnograph*innen haben die Aufgabe zu bewältigen, aus den beobachteten Interaktionen von Menschen, Umwelt(en) und Artefakten, von Ritualen oder sozialem Alltag einen Text zu erzeugen. Diese Umwandlungsarbeit muss Canetti nicht mehr leisten, seine Arbeit greift bereits zurück auf eine Vielzahl schriftlich fixierter (kultureller) Texte, die er nun exzerpiert, zitiert, paraphrasiert und zum eigenen Text zusammenschließt.

Bevor diese Textpraktiken im Einzelnen betrachtet werden können, muss die *Masse und Macht* zugrundeliegende Form des Lesens vom erwähnten kultur- und literaturwissenschaftlichen Ansatz von der „Kultur als Text", trotz aller Nähen,

---

chungsschritte für das Buch der *Bushman Folklore* aufzuarbeiten, Schüttpelz: *Die Moderne im Spiegel des Primitiven*, S. 33–61.

29 „Geertz zufolge ist es ein großes Mißverständnis zu glauben, daß über die Bedeutung der Symbolsysteme einer Kultur niemand besser Bescheid wisse als die Mitglieder ebendieser Kultur, also diejenigen, die diese Symbolsysteme auch unterhalten." Gottowick: „Zwischen dichter und dünner Beschreibung", S. 135.

30 Besonderen Akzent auf die Erzählperspektive des ethnographischen „Ichs" wird in *Masse und Macht* anlässlich eines Zitats aus dem Reisebericht von Jean de Léry gelegt, einem Missionar aus dem 16. Jahrhundert. Denn in Lérys Originalerzählungen liegt der Fokus weniger auf der Missionierung oder der Beschreibung der „Tupinambu" im brasilianischen Amazonas-Gebiet als auf den Affekten des Schreckens, der Faszination, Neugier und visueller wie auditiver Lust des europäischen Beobachters. Angesichts eines Rituals, dem Léry beiwohnt, beschreibt er vor allem die eigenen affektiven Reaktionen und Versuche, diese wieder zu kontrollieren: „Über eine Viertelstunde lang heulten und kreischten sie so laut, daß wir gar nicht wußten, was für ein Gesicht wir dazu machen sollten. [...] Es war mir, als sei der Teufel in sie gefahren und als wären sie von ihm ganz toll. [...] Obschon ich nun mehr als ein halbes Jahr mit den Wilden umging und mich ganz gut bei ihnen eingelebt hatte, war ich – ich will es nicht verhehlen – voller Schrecken. Ich fragte mich, wie die Sache ausgehen würde, und wünschte mich wieder in unser Fort zurück." (Jean de Léry, zit. nach MM, 73) „Dann hörten wir sie wieder singen, und ihre Stimmen erklangen in einem so wundervollen Akkord, daß ich mich wieder etwas faßte. Als ich die zarten und geradezu anmutigen Stimmen hörte, hatte ich natürlich den Wunsch, die Leute aus der Nähe zu sehen" (Jean de Léry, Kap. 17, S. 285f, zit. nach Michel de Certeau: „Ethno-Graphie. Oralität oder der Raum des Anderen: Jean de Léry". In: Ders.: *Das Schreiben der Geschichte*. Übers. v. Sylvia M. Schomburg-Scherff. Frankfurt am Main; New York: Campus Verlag 1991, S. 137–171, hier S. 161). Canetti überführt in seinem Zitat und seiner Paraphrase diese Beschreibung des Wilden kurzerhand ins Paradigma des Primitiven, indem er das Zitat als Bericht „aus ursprünglicheren Lebensverhältnissen" (MM, 72), als Bericht von jenen uns tief eingeschriebenen, früheren, vorgelagerten Ursprüngen einführt – und nicht als zeitlich paralleles und durch die Zivilisation abgetrenntes Anderes. Hier geht es ihm nun um die affektive Dimension der Masse – was er aber vor allem vorführt, sind die Affekte des Forschers in seiner Konfrontation mit dem Fremden. Canetti liest also hier im unbewussten Text dessen, der verzweifelt das Fremde zu lesen versucht.

auch wieder differenziert werden. Hat Canetti zwar mit Geertz gemein, dass er an die textuelle Lesbarkeit des Fremden glaubt, so ist er gerade nicht am Verstehen des Fremden interessiert. *Masse und Macht* versucht keine Aussagen über indigene Kulturen zu treffen und nicht das Fremde ins Eigene zu übersetzen, sondern versucht, nebeneinander zu stellen. Der zitierende und nacherzählende, nachdichtende Erzähler von *Masse und Macht* zielt dann sowohl im Eigenen als auch im Fremden darauf, *einen* gemeinsamen Text zu lesen.

In einem weiteren Punkt ist der Ansatz des Buches grundlegend anders angelegt als andere ethnographische oder literarische Texte, die ebenfalls – so wie Dagmar Barnouw dies für Canetti vorgeschlagen hat[31] – als „poetische Anthropologien"[32] bezeichnet wurden: Die folgenden Überlegungen setzen bei der These an, dass Canettis Buch von der Krise der ethnographischen Repräsentation,[33] die u. a. die *Writing Culture*-Debatte zum Anlass für eine Reflexion der eigenen textuellen Darstellungsverfahren nahm, vollständig unberührt ist. Auch literarische Texte, die sich teilweise auf dieselben Quellen beziehen, wie etwa Alfred Döblins *Amazonas*-Trilogie, der sich wie Canetti auf Theodor Koch-Grünberg beruft und ebenso das „Primitive" in den Texten und Bibliotheken des Kolonialismus findet,[34] sind insofern anders gelagert, als sie gerade die Eigengesetzlichkeit oder Unlesbarkeit des Fremden für die europäischen Invasoren in den Fokus rücken.

Geht man von einer Strömung des „Literarischen Primitivismus" aus,[35] der insbesondere um 1900 angesiedelt ist, sich aber bis in die Mitte des 20. Jahrhunderts

---

31 Vgl. Barnouw: „Elias Canettis poetische Anthropologie".
32 Hubert Fichte über Döblin, in: Hubert Fichte: „Ketzerische Bemerkungen für eine neue Wissenschaft vom Menschen". In: Ders.: *Petersilie. Die afroamerikanischen Religionen.* Frankfurt am Main: Fischer 1980, S. 359–365, hier S. 365.
33 Vgl. für zwei exemplarische Forschungsüberblicke zum Thema: Doris Bachmann-Medick: „Einleitung". In: Dies. (Hg.): *Kultur als Text. Die anthropologische Wende in der Literaturwissenschaft.* Tübingen, Basel: Francke 2004, S. 7–64, hier S. 30–37; sowie Werkmeister: *Kulturen jenseits der Schrift*, S. 303.
34 Vgl. ausführlich zu Alfred Döblin und dem „Primitiven" aus den Archiven: Werkmeister: *Kulturen jenseits der Schrift*, S. 303–321, insb. S. 304.
35 Neben der bildenden Kunst lässt sich auch eine spezifische Reaktionsweise der Literatur auf das „Primitive als ein Paradigma" beschreiben (Nicola Gess: „Literarischer Primitivismus. Chancen und Grenzen eines Begriffs". In: Dies. (Hg.): *Literarischer Primitivismus.* Frankfurt am Main: De Gruyter 2012, S. 1–9, hier S. 4). Darunter lassen sich einerseits zahlreiche inhaltliche literarische Bezugnahmen subsumieren, angefangen bei akustischen Vergleichen, exotistischen, orientalistischen Bezügen und primitivistischen Klischees. Der „Literarische Primitivismus" wird oft in Anlehnung und Abgrenzung zur Definition eines visuellen Primitivismus begründet. Dennoch war es lange deutlich umstrittener, von einem Primitivismus der Literatur zu sprechen: Ein solcher Ansatz geht zunächst davon aus, dass ebenso wie für den künstlerischen Primitivismus sogenannte „primitive Literatur" und vor allem auch „primitives Denken" in der Moderne in die Pro-

erstreckt, so gehört die Mimesis an „primitiv" gesetzte, „fremde" Formenschätze zu dessen zentralen Merkmalen, bei dem die Unlesbarkeit des Fremden den Blick auf Rhythmen, opake Formen, Lautfolgen und Inszenierungsstrategien lenkt. Gerade darauf zielt der Einsatz des Primitiven in *Masse und Macht* nicht – im Gegenteil. Weitaus anschlussfähiger aber ist der Begriff des Literarischen Primitivismus dann geworden, wenn er als Bezugnahme zu Formen des „anderen", „primitiven" Denkens, anderer Weltmodelle und Wahrheitsansprüche verstanden wird.[36] Am entschiedensten partizipiert Canettis Vorhaben, das Imaginäre inmitten des „Primitiven" zu ermitteln, am Literarischen Primitivismus im Hinblick auf eine sprachtheoretische Dimension. Auf theoretischer Ebene reflektiert der Primitivismus dabei seinen eigenen Zeichengebrauch und findet im „primitiven Zeichen" sein Gegen- und Sehnsuchtsbild: Ethnologie, Experimentalpsychologie und Sprachwissenschaft kommen innerhalb des Diskurses vom „Primitiven" überein, dass das logische Denken der Europäer*innen mit symbolischen Zeichen operiere, während aber im primitiven Zeichen (noch) eine Einheit von Zeichen und Bezeichnetem herrsche, man folglich von analogen Zeichen sprechen müsse.[37] Diese Sehnsucht nach der magischen Sprache der „Primitiven" geht von einem primitiven Zeichen aus, in

---

duktion literarischer Werke einfließt. Problematisch erweist sich diese Analogie aber bereits beim Medium der Sprache selbst, beginnend beim Problem der Mündlichkeit. Ihr gehören viele der sogenannten „primitiven", meist indigenen Quellen an, und es knüpft sich ein verzweigter Transkriptions- und Übersetzungsprozess an ihre Fixierung, der direkte Montagetechniken unmöglich macht. Die Fremdsprachigkeit der Quellentexte verhindert den freien Umgang mit poetischer primitiver Literatur. An die Stelle einer Montage treten zahlreiche Vermittlungen zwischen Linguistik, Ethnographie, Ethnologie, Literatur und Philosophie. Der Literarische Primitivismus basiert daher oft auf „amputierten Hilfsübersetzungen und Sekundärliteratur" (Schüttpelz: *Die Moderne im Spiegel des Primitiven*, S. 362), legt jedoch gleichzeitig die Spiegelungen und kulturellen Fremdzuweisungen zwischen den Texten offen. Vgl. dazu in Bezug auf Canetti v. a.: Schüttpelz: „Elias Canettis Primitivismus"; vgl. außer den oben genannten dazu allgemein: Gess (Hg.): *Literarischer Primitivismus*; Werkmeister: *Kulturen jenseits der Schrift*; Riedel: „Archäologie des Geistes. Theorien des wilden Denkens um 1900". Vgl. insbesondere zur Verknüpfung von „primitivem" Denken und literarischem Schreiben, zur Suche der Literatur nach ihrem eigenen Ursprung im Affektausdruck, im Rhythmus und in der figurativen Sprache der „primitiven" Sprache das Kapitel „Der Ursprung der Kunst" in: Gess: *Primitives Denken*, S. 139–166.
36 Vgl. dazu Gess: „Literarischer Primitivismus. Chancen und Grenzen eines Begriffs", S. 3; Vgl. Schüttpelz: *Die Moderne im Spiegel des Primitiven*, S. 365.
37 Sven Werkmeister bindet diese These an eine medientheoretische Überlegung, „dass sich das technisch Andere der symbolischen Buchstabenschrift und ihr kulturell Anderes, die außereuropäischen Primitiven, im diskursiven Feld von Ethnologie und Kulturtheorie um 1900 unmittelbar überblenden ließen", da sie beide „die Fokussierung von sinnlich-aisthetischen Formen und Praktiken der Kultur" unternähmen. Sven Werkmeister: „Analoge Kulturen. Der Primitivismus und die Frage der Schrift um 1900". In: Nicola Gess (Hg.): *Literarischer Primitivismus*. Berlin, Boston: De Gruyter 2012, S. 20–58, hier S. 30.

dem eine Einheit von Signifikat und Signifikant, von „Sinn und Verkörperung" angenommen wird, „das nicht der Logik der Repräsentation folgt, dabei aber auch nicht ohne weiteres in reiner Differenzialität aufgeht."[38]

In *Masse und Macht* häufen sich Formulierungen wie: „Der Bericht stammt wörtlich von einem Taulipang-Mann und enthält alles, was man über die Kriegsmeute wissen muß." (MM, 117) – zitiert wird dann aus Koch-Grünberg, oder: „Eine der schlichtesten Überlieferungen dieser Art ist die vom Ursprung der *Kutenai*. Sie folgt im Wortlaut" (MM, 306) – was folgt, ist ein Zitat aus einem ethnographischen Text von Franz Boas, den Canetti zudem aus dem Englischen übersetzt. Auffällig ist also eine Verbindung von Wörtlichkeit und der Suche nach den universalen Strukturen von Masse oder Macht, des Mythos oder des Imaginären im „Primitiven" – was rein technisch gesehen aufgrund der vielfältigen Aufzeichnungs- und Übersetzungsschritte, die dafür notwendig waren, die Überlieferungen, Mythen und Berichte in den Canetti'schen Text zu überführen, zunächst kontraintuitiv erscheint. Ein Widerspruch aber existiert nur so lange, wie man Canettis Text nicht jener Sehnsucht nach der „primitiven", magischen Einheit von Bezeichnetem und Bezeichnendem zurechnet, die Übersetzungs- und Überlieferungsprozessen zu trotzen vermag.[39] Peter Friedrich hat bereits darauf hingewiesen, dass Canettis wörtliche Zitation des „Anderen" als Modus der „Rezitation" betrachtet werden müsse, als Heraufbeschwören und Hineinholen der Vielstimmigkeit über eine wörtliche Wiederholung. An dieser Stelle sei aber argumentiert, dass alle jene Beschreibun-

---

38 Ebd., S. 47.
39 Vgl. zu Canettis Mythos-Begriff den Aufsatz von Manfred Schneider, der zugleich eine Begründung dafür liefert, warum alle diejenigen Kritiken, die Canetti vorwerfen, das Psychische zu streichen (u. a. Honneth: „Die unendliche Perpetuierung des Naturzustandes") am Eigentlichen des Textes vorbeizielen: „Das Elementare des Mythos [...] liegt darin, daß er keinen Ursprung, keine Wahrheit und keine Psychologie hat. Er ist da." Schneider: „Die Krüppel und ihr symbolischer Leib", S. 27) Denn der Mythos markiere zudem eine Grenze. Während es bei Lévi-Strauss diejenige zwischen Natur und Kultur sei, komme bei Canetti außerdem die zwischen Leben und Tod, Subjekt und Masse hinzu (ebd. S. 28). Die Mythen werden bei Canetti – kurz gesagt – nicht in ihrer Funktion als Selbstbeschreibung und Anschaulichkeitsnarrativ von Gesellschaft eingesetzt, sondern als kondensierte „Urzeit", als „Wahrheit" eines „Ursprungs", an dem die Dinge klarer, affektiv aufgeladener und reiner sind als in post-mythischen Zeiten, siehe dazu auch: Schüttpelz: „Elias Canettis Primitivismus", S. 121 ff. In diese Ursprungszeit fällt auch der Zustand, in dem der Mensch noch nicht vom Tier geschieden war. Siehe zu Canetti und dem Totemismus – was hier gänzlich ausgeklammert wird – ausführlich: Schüttpelz: „Wunsch, Totemist zu werden". Zum Verhältnis von Canetti und Lévi-Strauss, vgl. u. a. das Interview mit Schickel, in dem dieser in Canetti einen „vorwegnehmende[n] Strukturalisten" sehen will. Elias Canetti: „Gespräch mit Joachim Schickel". In: ARG, 241–265, hier 249. Zwar gebe es Ähnlichkeiten, so Canetti, während Lévi-Strauss jedoch auf Abstraktion setze, sei er selbst an Konkretion interessiert. Vgl. dazu u. a. Barnouw: *Elias Canetti zur Einführung*, S. 186–192.

gen von *Masse und Macht* als Modus der Rezitation, als „Hineinholen" von Vielstimmigkeit, als dichtes Geflecht der Stimmen der Menschheit eine zweifache Mimesis an Canetti als ihren Untersuchungsgegenstand vornehmen: Erstens folgen sie dem suggestiven Verfahren Canettis, das als mündlich codierte „Primitive" in den Text zu implementieren und es trotz der textuellen Fixierung als unvermittelte, mündliche Stimme „sprechen" zu lassen. Unvermittelte Präsenz und Stimme werden mit einer Vorstellung des Fremden als orale Kultur verschränkt. Zweitens wird die Technik des Zitierens als „unbedenkliches" wissenschaftliches Instrumentarium anerkannt, die prädestiniert für eine solche Wiedergabe des Anderen sei und das textuelle Pendant der Verschränkung von unmedialisierter Präsenz und fremder Stimme zu bilden scheint. Die Genese – innerhalb und außerhalb des Textes – der zitierten Quellen wird sowohl bei Canetti als auch in vielen Forschungsbeiträgen zu *Masse und Macht* ausgeblendet:

Canettis Glaube an eine durch alle Vermittlungsstufen hindurch wirkende Einheit von Bezeichnendem und Bezeichnetem bildet die Grundbedingung dafür, auch das Imaginäre der „Primitiven" trotz aller Vermittlungs- und Übersetzungsstufen weiterhin *lesen* zu können: Denn die Sprache des Imaginären bei Canetti ist eben keine symbolische, die auf einer Trennung von Signifikant und Signifikat aufruht. Canetti betreibt Mimesis an die vom europäischen Primitivismus imaginierte Zeichenmagie „primitiver" Völker, und seine Lesenden müssen folglich stets auf der Hut sein, dieser Mimesis nicht selbst anheimzufallen. Auf Textebene ermöglicht erst das Zitat diese Mimesis – wie zu zeigen sein wird – und birgt zugleich auch mimetische Gefahren auf Rezeptionsebene.

Die wichtigste Parallele zum Diskurs des Literarischen Primitivismus besteht folglich darin, dass auch Canetti versucht, Diskurse des „primitiven" Denkens aufzunehmen, zu reflektieren und selbst daran Anteil zu haben. Er ist Teil jener „archaischen Illusion", die darin besteht, psychopathologisches, kindliches und „primitives" Denken analog zu setzen, und die Lévi-Strauss bereits 1947 beschrieben hat. Canetti glaubt an die verheißungsvolle Möglichkeit, in den Lebensformen indigener Völker frühere, ursprünglichere und damit auch immer anschaulichere sowie übersichtlichere Formen dessen wiederzufinden, was in späteren Zivilisations- und Entwicklungsstufen der Menschheit verloren gehen sollte. Tzvetan Todorov formulierte den Leitsatz für dieses evolutionistische Modell: „Sie (*dort*) sind *jetzt*, wie wir (*hier*) *früher* waren".[40] Wird in der Formel einerseits eine entscheidende Ähnlichkeit zwischen „Primitiven" und Modernen installiert, ruft sie andererseits eine umso klarere Trennung zwischen *wir, hier, jetzt* und *sie, dort,*

---

40 Tzvetan Todorov: *Die Eroberung Amerikas. Das Problem des Anderen.* Übers. v. Wilfried Böhringer. Frankfurt am Main: Suhrkamp 2008, S. 201 [Herv. i.O.].

*früher auf,*⁴¹ eine Trennung, die Canettis Verwendung jener scheinbar „primitiven" Quellen deswegen immer wieder neu betont, weil er Texte, deren Aufzeichnung zum Zeitpunkt seines Schreibens gerade einmal hundert Jahre zurückliegt, etwa als das „kostbarste Dokument der frühen Menschheit" (MM, 397) bezeichnet. Veröffentlicht Canetti sein Buch zwar 13 Jahre, nachdem Lévi-Strauss den Primitivismus als „subjektive Illusion"⁴² enttarnt hat, so gehört *Masse und Macht* zu den späten Ausläufern eines Diskurses, in dem das zeitgenössische Fremde Auskünfte über die früheste Vergangenheit des Menschen zu geben vermag.

Liest Caillois die Strukturen des Imaginären im menschlichen Gegenspieler des Anorganischen,⁴³ setzt Canettis Suche u. a. am kulturell Fremden, beim „Primitiven" an. *Masse und Macht* inszeniert dabei ein „Lesen des Selbst und ein Lesen des anderen, das ihm begegnet".⁴⁴ Was zunächst ganz im Sinne derjenigen Lektüren klingt, wie sie ein kultursemiotisches Modell unter dem Schlagwort der Kultur als Text vorschlägt, widerspricht in einem konkreten, wichtigen Punkt den Gesetzmäßigkeiten des Lesbarkeitsparadigmas – und dies trifft nicht nur auf Canetti, sondern auch auf Caillois zu: Begreifen beide das Imaginäre zwar als einen Text, dessen Strukturen es zu entziffern, dessen Syntax es freizulegen gilt, wird dieser Text eben nicht, oder zumindest nicht allein, von den Mitgliedern der menschlichen Gesellschaft(en), ihren symbolischen Produktionen, Emotionen, Vorstellungen und Kommunikationsweisen bestimmt. Setzt Caillois den Ursprung jener Strukturen des Imaginären jenseits des Menschen an, argumentiert Canetti zwar weniger radikal – aber auch für seine Konzeption lässt sich eine gewisse „Dezentrierung" der textuellen Metapher nachweisen. Wie bereits anhand der Verwandlung angemerkt, verankert Canetti das Imaginäre im körperlichen Grenz-

---

41 Vgl. dazu auch: Frank: „Überlebsel. Das Primitive in Anthropologie und Evolutionstheorie des 19. Jahrhunderts". In: Nicola Gess (Hg.): *Literarischer Primitivismus*. Berlin, Boston: De Gruyter 2012, S. 159–187, S. 160.
42 Lévi-Strauss: *Die elementaren Strukturen der Verwandtschaft*, S. 162.
43 Obwohl sich auch bei Canetti die Spur der Steine, die Flucht ins Anorganische finden lässt: In seinem Nachlass befindet sich eine Notiz aus der Zeit in England nach Kriegsende, in dem er am Strand „wunderbar gefärbte und geformte Steine" findet, und im Leblosen zugleich das Tröstliche erkennt: „Das Passive der Steine, die doch hart sind, ihr Widerstand, ihre Unnachgiebigkeit, und zu keinem gierigen Zweck. Sie sind genau das Entgegengesetzte von mir, der alles empfindet, den alles berührt. [...] Wer sich in Steine retten könnte, manchmal!" (Elias Canetti: Nachlass Zentralbibliothek Zürich 9 16.8.1946, zit. nach: Hanuschek: *Elias Canetti*, S. 376) Vgl. außerdem zum Stein als Medium, etwa der Bildhauerei oder der Architektur bei Canetti: Furuya: *Masse, Macht und Medium*, S. 155–158. Beide Bezugnahmen auf den Stein sind jedoch anders gelagert als Caillois' Überlegungen: Zwar zielen auch sie auf fremdartige, dem Menschen entgegengesetzte Dauerhaftigkeit, dennoch entwirft Canetti keine eigene Ästhetiktheorie des Anorganischen.
44 Neumann: „Lektüre und Lebenswelt", S. 23.

bereich zwischen Mensch und Tier. So ist auch der Text des Anderen, in dem Canetti liest, mehrfach mit diesem Grenzbereich verknüpft – was besonders am Ende des vorliegenden Kapitels in Bezug auf Canettis Lektüre im Tagebuch von J.A.L. Singh über die beiden Wolfskinder Amala und Kamala exemplifiziert wird. Durch den Ursprung des Textes aus einer körperlichen Ordnung – ob der eigene oder der fremde Körper wird noch genauer zu untersuchen sein – jenseits der aktiven Kulturproduktion des Menschen, jenseits seiner Inszenierungen, Rituale, Spiele und Glaubensvorstellungen ist Canettis kultureller Lektüreversuch trotz aller Ähnlichkeiten von aktuellen Ansätzen zu unterscheiden. Stattdessen lässt er sich in die Nähe eines für ihn zeitgenössischen Ansatzes rücken, der weniger die Textualität der Kultur als die Textualität des Imaginären fokussiert und der auf einen kurzen Text von Michel Foucault von 1966 zurückgeht.

1.1.2 Zur Lesbarkeit des Imaginären. Foucault und „La Bibliothèque fantastique"

Nicht nur die Kultur wird im 19. Jahrhundert zum Text, sondern auch das Imaginäre. Oder besser: das Imaginäre entsteigt einem Universum vieler Texte. Es entsteht aus der Lektüre. So bindet es sich in besonderer Weise an das Wort sowie an das buchförmige Wissen der Welt. Besonders deutlich wird dies in Michel Foucaults Nachwort zu Gustave Flauberts erstmals 1874 veröffentlichtem Text *Die Versuchung des heiligen Antonius*.[45] Darin enttarnt Foucault das, was „Flaubert selbst als Sprudeln delirierender Einbildungskraft empfunden hat",[46] als langwierige Arbeit am textuell verfassten Wissen der Zeit.

> Das 19. Jahrhundert hat eine Region der Einbildungskraft entdeckt, deren Kraft frühere Zeiten sicher nicht einmal geahnt haben. [...] Das Imaginäre haust zwischen dem Buch und der Lampe. Man trägt das Phantastische nicht mehr im Herzen, man erwartet es auch nicht mehr von den Ungereimtheiten der Natur; man schöpft es aus der Genauigkeit des Wissens; im Dokument harrt sein Reichtum. Man braucht, um zu träumen, nicht mehr die Augen zu schließen, man muß lesen.[47]

---

45 Siehe hierzu auch Kittler: *Aufschreibesysteme 1800-1900*, S. 123f, der Foucault vorwirft, den „Tanz schwarzer Lettern auf weißem Papier", den Foucault hier für das Bibliotheksphantastische im 19. Jahrhundert ansetzt, könne es erst am Ende des Jahrhunderts mit dem Einsatz der technischen Medien geben. Erst dann fiele ihr Schatten auf die Dichtung und löse den Schreibakt vom mündlich-mütterlichen Diktat. Weiter unten wird dies noch für Caillois' Lektüre steinerner Alphabete von Bedeutung werden, der mittels eines radikalen Achronismus jenen Tanz schwarzer Lettern ins überzeitlich Anorganische des Steins verlagert.
46 Foucault: „Nachwort [1966]", S. 221.
47 Ebd., S. 222.

Seitdem, fährt Foucault fort, dehne sich das Imaginäre „von Buch zu Buch zwischen den Schriftzeichen aus, im Spielraum des Noch-einmal-Gesagten und der Kommentare; es entsteht und bildet sich heraus im Zwischenraum der Texte. Es ist ein Bibliotheksphänomen."[48] Das Imaginäre, innerhalb und außerhalb des literarischen Texts, sieht Foucault so in der Exaktheit diskursiven Wissens verankert – und genau so konstruiert auch Canetti sein Imaginäres: Er gewinnt es aus den über lange Jahre zusammengetragenen Dokumenten und schriftlichen Zeugnissen, aus vielen einzelnen Verweisen, Auslegungs- und Zitationsakten und inszeniert doch zugleich die Akte der Lektüre jenseits von *Masse und Macht* als mystische „Offenbarungserlebnisse".[49] Ebenso wenig wie Flauberts „Sprudeln delirierender Einbildungskraft" aber sind Canettis Offenbarungen von der Natur spontaner, unvermittelter, geistiger Eingebungen: Beide entspringen der exzessiven Textarbeit, der unablässigen Lektüre sowie Praktiken des direkten oder indirekten Zitierens und Paraphrasierens.

Auf inhaltlicher Ebene ist zudem eine auffallende Parallele zwischen dem durch Foucault und Flaubert beschriebenen heiligen Antonius und Canettis sowie Caillois' Analysen des Imaginären zu erkennen: Auch der heilige Antonius versucht – Bibliotheksphänomen hin oder her – hinter die Texte, bezeichnenderweise gerade auch ins Anorganische zurückzukehren, von vorne zu beginnen, „an den Beginn der Zeit", ein „Abstieg durch die Zeit der Geschichte, des Mythos und schließlich des ganzen Kosmos, der den alten Einsiedler an den zellenhaften Ursprung seines Lebens zurückführt",[50] letztlich bis ganz zurück zur „sanften Stupidität der Dinge."[51] Jeweils auffällig ist hier der Versuch, mittels des exzessiv-textuellen Imaginären doch wieder eine Rückkehr ins Reich der Dinge, hinter den Text, hinter den Menschen zu inszenieren. Für Canetti soll nun im Einzelnen jene Lektüre des Imaginären, die er mit der Lektüre des „Primitiven" verschränkt, als doppeltes *othering* daraufhin untersucht werden, wie er durch den Text *hinter den Text* zu gelangen versucht. Mittels der Analyse spezifischer wissenschaftlicher

---

48 Ebd.
49 Siehe dafür exemplarisch für einige ähnliche solcher Äußerungen den oft zitierten Absatz aus den *Aufzeichnungen*: „Seit Jahren werde ich die Faszination durch primitive Zustände nicht los. Ich weiß nicht, mit welcher Muttermilch ich diesen Hang eingesogen habe. Ein starker Glaube und eine noch stärkere Erwartung treiben mich zu jeder Darstellung primitiven Lebens hin, und wann immer ich über diese Dinge lese, selbst in der vorsichtigen und verdünnten Deutung moderner Autoren, meine ich die eigentliche Wahrheit in der Hand zu haben. Da wird alles bei mir zu Vertrauen, ich zweifle nicht mehr, hier, denke ich, habe ich, was ich immer vergeblich suchte; und wenn ich nach Jahren dasselbe Buch wieder lese, wirkt es genau so auf mich wie das erste Mal, eine unabänderliche und immer lebende Offenbarung." [1955] PdM, 206.
50 Foucault: „Nachwort [1966]", S. 239.
51 Ebd., S. 243.

Praktiken – des Exzerpierens, Zitierens, Paraphrasierens und Rekapitulierens der eigenen Lektüre – lässt sich zeigen, wie sein Ideal einer weniger hierarchischen wissenschaftlichen Praktik an seiner tatsächlichen Umsetzung scheitert. Anders formuliert: Gerade diejenigen wissenschaftlichen Praktiken, die sich als unsichtbare geben, die hinter den gesammelten Materialien zurückzutreten und zu verschwinden versuchen, werden in der von *Masse und Macht* unternommenen Untersuchung des Imaginären zu besonders machtvollen wissenschaftlichen Instrumentarien funktionalisiert.

1.2 Verheimlichte Lektüren. Exzerpieren (Canetti liest Le Bon)

Als besonderes Ärgernis von *Masse und Macht* galten und gelten der massentheoretischen, soziologischen, gesellschaftstheoretischen, literatur- und kulturwissenschaftlichen Rezeption die fehlenden Lektüren. Gustave Le Bon, Sigmund Freud, Max Weber, Émile Durkheim oder Karl Marx – sie alle tauchen in Canettis Literaturverzeichnis nicht auf. Später entfaltet Canetti in Interviews und seinen Autobiographien detailliert seine auf Abneigung und Widerspruch basierenden Entscheidungen, bestimmte Namen nicht in sein Buch aufzunehmen. Dort weist er immer wieder darauf hin, dass er die fehlenden Texte zwar gelesen und sich ausführlich mit ihnen auseinandergesetzt habe, sie aber als Ergebnis dieser Auseinandersetzungen bewusst nicht in die eigenen Ausführungen aufnehmen wollte.[52]

Die umfangreichen Nachlasskonvolute, die *Masse und Macht* zugeordnet sind, bestehen neben Skizzen und Vorstudien für den fertigen Text vor allem aus Exzerpten. Dort zitiert er seitenweise die von ihm gelesenen „Quellwerke", unterstreicht für ihn entscheidende Stellen, notiert kurze Kommentare darunter, fasst zusammen, ordnet nach Themen oder bewertet die Brauchbarkeit: „Die Aranda

---

[52] Vgl. etwa zu Freud FO, 142–144. Siehe zu Marx, Freud, Le Bon und Lévi-Strauss auch Canettis Gespräch mit Joachim Schickel (ARG, 248–251, 255–257). Canettis „verschluckte Lektüre" (Schüttpelz: *Die Moderne im Spiegel des Primitiven*, S. 123) wurde oft beschrieben oder beanstandet. Dass Canetti den Einbezug zentraler Massentheoretiker aber zunächst durchaus vorhatte, beweist ein Dokument aus dem Nachlass. Eine inhaltliche Gliederung, in der Canetti aufführt: „Einleitung. Masse und Macht als die beiden zentralen Probleme unserer Zeit. Ihr Zusammenhang; es ist unmöglich, sie getrennt zu untersuchen. Unzulänglichkeit der bisherigen Darstellungen, kurzer Überblick über Le Bon, Mac Dougall, Trotter und Freud. Die Arbeiten der Amerikaner. Zusammenfassung der mageren Ergebnisse." Vgl. hier: Peiter: *Komik und Gewalt*, S. 333, die das Dokument nach der Ausstellung „Elias Canetti. Das Jahrhundert an der Gurgel packen", 17.3.–29.5.2005, in der Zentralbibliothek Zürich, org. v. Sven Hanuschek, heranzieht, allerdings ohne genaue Zitation des Dokuments im Nachlass.

können mir mehr über tiefste menschliche Zusammenhänge erklären als die modernste [...] Psychologie."⁵³ Die methodische Wahl, in der er psychologische Deutungsmuster durch ethnographische Beobachtungen zu ersetzen sucht, ist paradigmatisch für *Masse und Macht* und wird in dieser Notiz für das Volk der Aranda personalisiert: Die Aranda erklären ihm die eigentlichen Zusammenhänge, und *ihre* Erklärungen erreichen Canetti, ohne dass die sie vermittelnden ethnologischen oder ethnographischen Texte noch erwähnt werden müssten.

Unter den Exzerpten befinden sich zahlreiche Formen von Gegen-Lektüren, des Exzerpierens, nur um Widerspruch zu leisten oder um die Gegenpositionen einzunehmen. 1941 erstellt Canetti Exzerpte zu Gustave Le Bons *Psychologie des foules*, die nicht explizit in *Masse und Macht* eingehen werden, schließlich wird Le Bons Massenpsychologie mit keinem Wort erwähnt. Im Nachlass dagegen beginnt Canetti, unter dem Titel des Vorworts „,L'ère des foules' [„Das Zeitalter der Massen"] – zu Le Bon" ausführliche Abschriften kurzer und langer Zitate mit jeweils kritischen Kommentaren und kurzen Analysen zu versehen: „,Les foules n'ont de puissance que pour détruire' – dieser folgenschwere Irrtum ist im wesentlichen aus einer terminologischen Verwirrung zu erklären: Le Bon's Begriff der Masse ist zu eng; es gibt für ihn nur die zerstörenden Massen."⁵⁴ Es folgen weitere solcher Kritiken auf Begriffs- und Wortebene: „,La force aveugle du nombre' – ein Ausdruck, der unglücklich klingt; in Wirklichkeit ist die Masse eine Einheit, in der die Zahl nichts gilt. Solange die Zahl sich bestimmen lässt, existiert die Masse noch nicht. Die Masse ist die Aufhebung der Zahl".⁵⁵ Mittels minutiöser Kommentie-

---

53 Elias Canetti: Nachlass Zentralbibliothek Zürich 36.3: „Masse und Macht", Undatierte Materialien, „Ethnologie", S. 15. [Auslassung: Unlesbar].
54 Elias Canetti: Nachlass Zentralbibliothek Zürich 39.6 „Masse und Macht", Materialien 1937–1941, „Le Bon (1941)", S. 1. Im Original bei Le Bon heißt der Satz etwas anders, Canetti zieht hier zwei Sätze zusammen: „Les civilisations ont été créées et guidées jusqu'ici par une petite aristocratie intellectuelle, jamais par les foules. Ces dernières n'ont de puissance que pour détruire." Gustave Le Bon: *Psychologie des foules [1895]*. Paris: PUF 1971, zit. nach der elektr. Version: http://classiques.uqac.ca/classiques/le_bon_gustave/psychologie_des_foules_PUF/psychologie_des_foules.html (Stand 02.04.2020); Dt.: „Bisher wurden die Kulturen von einer kleinen, intellektuellen Aristokratie geschaffen und geleitet, niemals von den Massen. Die Massen haben nur Kraft zur Zerstörung." Gustave Le Bon: *Psychologie der Massen*. Übers. von Rudolf Eisler. Stuttgart: Kröner 1982, S. 4.
55 Elias Canetti: Nachlass Zentralbibliothek Zürich 39.6 „Masse und Macht", Materialien 1937–1941, „Le Bon (1941)", S. 1. [Herv. i.O.] In der deutschen Übersetzung wird „nombre" schlicht als „Masse" übersetzt: „die blinde Macht der Masse" (ebd.), Canetti geht es aber gerade darum, dass Le Bon hier von der „blinden Kraft der Zahl" spricht und damit verkennt, dass Zahl (im Sinne von Zählbarkeit) und Masse einander ausschließen: „Es ist richtig, dass den grossen Zahlen ein Prestige anhaftet, das der Masse entstammt; aber das ist auch alles; ihre Gleichsetzung ist irreführend und gefährlich." (Ebd.)

rung widerlegt Canetti Argumentation und Begriffswahl Le Bons, deckt (scheinbare) Widersprüche auf und tadelt schließlich einzelne Passagen, kräftig unterstrichen: „sehr oberflächlich".[56] Auf die zitierten Passagen des Originaltexts folgt – auch graphisch klar auf dem Papier geordnet – jeweils Canetti'sche Gegenrede. Die Argumentationen und Gegendefinitionen, die Canetti gegen Le Bon in Stellung bringt, lassen sich dann durchaus in *Masse und Macht* wiederfinden, nicht jedoch die Zitate Le Bons, für die Canettis Thesen ursprünglich als Repliken entstanden. Aus der Exzerpierpraktik des Zitierens, Kritisierens und Widerlegens wird das Zitat gestrichen, das überhaupt den Anlass zur Kritik gegeben hatte, die Lektüre wird verschwiegen, selbst der Name aus dem Literaturverzeichnis getilgt. Was bleibt, ist die um das Gegenüber verminderte Gegenrede.[57]

Canettis Exzerpte sind nicht nur Materialsammlungen und Reproduktionen, sondern sie müssen auch als Form der „individuellen Produktivität", als „epistemische und als poetische Praktik der Textverarbeitung"[58] verstanden werden. Das Wissen wird – wie beim Zitat – aus seinem bisherigen Kontext gelöst und muss, insbesondere angesichts der Massen, die Canetti exzerpiert, in eine neue Ordnung überführt werden, um wiederauffindbar zu sein. Die materielle Mobilität von Einheiten fremder Texte produziert auf epistemischer Ebene neues Wissen, gerade diese Freiheit zur Rekombination birgt ein produktives Potenzial.[59] Canetti je-

---

56 Ebd., S. 10.
57 Vgl. hierzu grundlegend Peter Friedrichs Beschreibung von *Masse und Macht* als Form eines „Dementis" in seiner zentralen Studie: *Die Rebellion der Masse im Textsystem*. Im Gegensatz zu Friedrich zeige ich jedoch diese Struktur der Rede aus der textuellen Genese der Exzerpte heraus, die als Effekt eines Textverfahrens verstanden werden müssen, was Friedrich, der den Nachlass noch nicht zu Rate ziehen konnte, außer Acht lässt.
58 Uwe Wirth betont den produktiven Aspekt, der sich hinter dem Abschreiben, Neukombinieren und Neuarrangieren in den eigenen Exzerptordnungen verberge, daher plädiert er dafür das Exzerpieren nicht nur auf zeichentheoretischer Ebene, sondern auch auf epistemischer Ebene zu untersuchen, als eine Technik zur Herstellung von Wissen, die gerade durch die Bewegung von materiellen Einheiten, Zitatschnipseln und Notizzetteln entsteht. Uwe Wirth: „Zitieren Pfropfen Exzerpieren". In: Martin Roussel (Hg.): *Kreativität des Findens. Figurationen des Zitats*. Paderborn: Wilhelm Fink 2012, S. 77–98, hier S. 93.
59 Die größten Kombinationsmöglichkeiten ergeben von allen Ordnungssystemen exzerpierter Textmassen natürlich Zettelkästen, die stärker als Notizbücher und thematisch geordnete Konvolute Kombinatorik ermöglichen: „Der Zettelkasten gibt aus gegebenen Anlässen kombinatorische Möglichkeiten her, die so nie geplant, nie vorgedacht, nie konzipiert worden waren." Niklas Luhmann: „Kommunikation mit Zettelkästen. Ein Erfahrungsbericht". In: Ders.: *Universität als Milieu*. Bielefeld: Haux 1992, S. 53–61, hier S. 58. Diese Vorstellungen des Kombinatorischen hat Canetti auch für seine umfangreichen Aufzeichnungen (geschätzt ca. 1000 bis 13000 Seiten nachgelassene Aufzeichnungen, beide Zahlen zit. nach: Wirtz: „Elias Canettis ‚Aufzeichnungen'. Kein Anfang, kein Ende", S. 173, 176) selbst, wenn er keinen Zettelkasten anlegt: In einer Notiz schreibt

doch, so legt seine Praktik des Exzerpierens nahe, nutzt diese Freiheit stattdessen für eine Form der destruktiven Lektüre. Betrachtet man exemplarisch an Canettis Le Bon-Lektüre seine Exzerpierpraktiken in Bezug auf diejenigen Autor*innen und Texte genauer, von denen sich *Masse und Macht* abzusetzen versucht und die im Literaturverzeichnis fehlen, dann tritt das Exzerpieren nicht nur als produktive epistemische Technik der Erzeugung von Wissen in den Vordergrund, sondern auch als destruktives Verfahren, mit dem der Produktionsprozess des eigenen Textes sowie die Position des Gegenübers überschrieben werden. Zwar baut die später in Canettis Text einfließende Argumentation und seine Begriffsbestimmungen auf der Lektüre jener Texte auf, die er bewusst beiseitelässt, ihre Zitate sowie ihre Referenzen aber werden getilgt: Statt die von ihm exzerpierten, zitierten und kommentierten Texte „sprechen zu lassen", könnte man in der Logik vom „vielstimmigen Text" also sagen, bringt er sie „zum Schweigen". Dies erreicht er durch eine graphische Auslöschung dessen, was er zunächst ausufernd handschriftlich exzerpierte, unterstrich, kommentierte. Nur die an den Zitaten sich begründenden Kritiken und Widersprüche gehen in den fertigen Text von *Masse und Macht* ein. Das Exzerpieren ist somit *auch* – wenn selbstverständlich nur zu einem kleinen Teil – Grundlage für eine Arbeit des Nichtzitierens, des Tilgens und Weglassens, als Modus, dem „Anderen" der eigenen Theorie, die theoretische Gegenposition, keine Stimme und erst recht keine textuelle Spur zu geben. Die im Dialog entstandene Rede wird monologisiert. Die „fehlenden" Theoretiker*innen in *Masse und Macht* sind genauer genommen also abwesend und anwesend zugleich, nachträglich sind ihre Zitate gelöscht worden, als Impulsgebende und Produktionshilfe aber bleiben sie – unsichtbar, unlesbar – erhalten. Grundlage für diese Form des tilgenden Gebrauchs ist der zitierende Aneignungsakt, denn erst über die (materielle) Bewegung oder Hervorhebung des Textausschnitts, etwa auf dem eigenen Notizblock, wird er für die Streichung, Kommentierung oder Reformulierung verfügbar.

---

er, die Aufzeichnungen wolle er ablegen, liegenlassen, und erst später „mögen sich Dinge in den Aufzeichnungen finden, die, sinnlos wie sie ihm damals vielleicht erschienen, plötzlich Sinn für andere haben. Da er dann selber schon zu den anderen gehört, kann er das Brauchbare ohne besondere Mühe auswählen." (Elias Canetti: „Dialog mit einem Grausamen Partner", in: GdW, 144). Wirtz führt in ihrem Aufsatz elegant die „Mythogenese des Selbst als Autor" vor und betont das angebrachte Misstrauen gegenüber Canettis Selbstaussagen – auch im Hinblick auf seine Notationsformen. Dazu gehört auch, dass die scheinbare und von Canetti so genannte „Geheimschrift", in der er viele im Nachlass enthaltenen Notizen und Aufzeichnungen verfasst, nichts anderes ist als eine leicht abgewandelte Kurzschrift (vgl. Wirtz: „Elias Canettis ‚Aufzeichnungen'. Kein Anfang, kein Ende", S. 174).

1.3 Das Andere sprechen lassen. Zitieren (Taulipang und Xhosa)

Wird im Vergleich von Exzerpt und Text Le Bon zum abwesend Anwesenden, zum unsichtbaren Gegenspieler, so ist es das Prinzip enzyklopädischer Bücher, dass stattdessen die sprechende, erzählende oder die Zitate nur arrangierende Instanz unsichtbar bleibt. Über einen der berühmtesten Kopistenromane, der Bücher aus Büchern und das Prinzip des Enzyklopädischen zum Thema hat – Flauberts *Bouvard et Pécuchet* – schreibt Foucault, Kopieren heiße: „nichts machen, heißt: die Bücher sein, die man kopiert, heißt: jene winzige Erstreckung der sich verdoppelnden Sprache sein, heißt: der Rücklauf der Rede in sich selbst sein, heißt: die unsichtbare Existenz sein, die das flüchtige Wort in das Unendliche des Raunens verwandelt."[60]

Die „unsichtbare Existenz" derjenigen, die unablässig Zitate aneinanderreihen, besteht in der „verdoppelten Sprache". Das Zitieren als textuelles Verfahren zur Verdopplung der Rede besteht einerseits nicht aus der ähnlichen, sondern per definitionem aus der identischen Abbildung eines Textes. Alles andere ist dem Prinzip des Zitats zuwiderlaufende Manipulation, die im fiktionalen Bereich möglich, von der Wissenschaft aber ausgeschlossen ist. Andererseits ist das Zitat das nächstliegende Verfahren für das theoretische Vorhaben, das Eigene im Anderen zu suchen, sich im „Spiegel des Primitiven"[61] zu betrachten, denn es besteht gerade im Einsetzen eines anderen Textes in den eigenen.

Dass Canetti so exzessiv zitiert, steht in gewissem Widerspruch zu seinem paratextuell geäußerten Vorhaben, „mit dem Denken ganz von neuem zu beginnen" (PdM, 63) und dafür alle bekannten Theorien der Masse und der Macht beiseite zu lassen. Canettis theoretischer Originalitätsanspruch gegenüber zeitgenössischen Denktraditionen, der zugleich und scheinbar auf widersprüchliche Weise die eigene Autorschaft an das „primitive Denken" abgibt, lässt seine Verwandtschaft mit dem Primitivismus erkennen und sich darüber erklären. Mit besonderem Fokus auf das Zitat aber kann Canetti außerdem als Teil des zeitgenössischen Diskurses betrachtet werden, der von einem textgewordenen Kulturbegriff ausgeht, beides ist oben skizziert worden. Und so ist auch Originalität nur über den Rückgriff auf Texte, insbesondere abgelegene, fremde und andere Texte produzierbar. „Verstehen" bedeutet fortan nicht mehr aktive und subjektive Originalität, sondern ein „Einrücken in ein Überlieferungsgeschehen, in dem sich Vergangenheit und Gegenwart beständig vermitteln".[62] Canettis „Einrücken" ge-

---

60 Foucault: „Nachwort [1966]", S. 251.
61 Vgl. Schüttpelz: *Die Moderne im Spiegel des Primitiven*.
62 Gadamers hier zitierter Ansatz verweist auf eine Traditionslinie, in der das Zitieren und die Betonung des eigenen Anspruchs selbstständigen Denkens nicht mehr im Widerspruch zueinander-

schieht gerade mittels solcher Quellen, die mit dem zeitgenössischen Rahmen zu brechen versuchen. Während sich Europa mit rassistischen Feindbildkonstruktionen beschäftigt oder Soziologie, Psychologie und Gesellschaftstheorien nach dem Ende des „Dritten Reichs" darauf zielen, Adolf Hitler und die Deutschen zu verstehen, analysiert Canetti die Herrschaftssysteme von Dschingis Khan und „afrikanischen Königen" (MM, 487–503). Sein „Einrücken" in möglichst entlegene und entfernte Diskurse gehört, dies ist deutlich geworden, damit selbstverständlich wieder zu einem klassisch gewordenen Diskurs des europäischen Denkens, sich in eben jenem „Primitiven" zu spiegeln – zugleich ist auch sein Lese- und Zitierverfahren eines, das sich als „Anderes" zum zeitgenössischen Wissenschaftsbetrieb in Stellung zu bringen versucht. Trotz aller „gegenwissenschaftlichen" Inszenierung aber lässt es sich rückblickend im postmodernen Sprechen verorten, in dem jeder Sprechakt in ein endloses Verweis- und Rezitierspiel eingebettet ist, so originell Canetti seine Abgabe von Originalität an das „Primitive" auch zu inszenieren versucht. Wenn die Autorinstanz in *Masse und Macht* hinter den zitierten Quellen zurückzutreten versucht, dann wäre Canetti scheinbar genau das, was Barthes für den Autor als einen „Mischer der Schriften"[63] formulierte – als ein solcher zumindest wird Canetti rezipiert, wenn *Masse und Macht* zum vielstimmigen Geflecht aus Stimmen der ganzen Menschheit erklärt wird. Diese Unsichtbarkeit, wie bei den Flaubert'schen Kopisten, muss allerdings für *Masse und Macht* als textuelle Inszenierungsstrategie zunächst genauer untersucht werden.

1.3.1 Zum Zitieren als Machtpraktik

Zwar erschafft das „second hand"-Verfahren des Zitierens[64] eine paradoxe Kommunikationssituation, in der sich das Eigene aus dem fremden Sprechen oder

---

stehen. Gleichwohl zielt Gadamer in *Wahrheit und Methode* auf eine Historisierung des Verstehensprozesses, die wiederum nicht mit Canettis ahistorischem Vorhaben vereinbar ist. Hans-Georg Gadamer: *Wahrheit und Methode. Grundzüge einer philosophischen Hermeneutik*. Tübingen: Mohr Siebeck 1999, S. 295; Vgl. dazu auch: Hans-Helmuth Gander: „,Verdoppelung der Stimme' – Zur Funktion des Zitats als Autoritätsgewinn". In: Joachim Jacob, Mathias Mayer (Hg.): *Im Namen des anderen. Die Ethik des Zitierens*. München: Wilhelm Fink 2010, S. 19–31, hier S. 21. Gander geht der eng mit Kant verknüpften Traditionslinie nach, in der das Zitat nicht im Widerspruch, sondern gerade als Stärkung einer selbstdenkenden Position eingesetzt wird.
63 Vgl. über Roland Barthes hierzu: Wirth: „Zitieren Pfropfen Exzerpieren", S. 88.
64 Vgl. Antoine Compagnon: *La seconde main ou Le travail de la citation*. Paris: Seuil 1979. Die Zitation wird hier als chirurgische Intervention gefasst und das zitierende Verfahren der Collage näher untersucht. Siehe dazu auch: Wirth: „Zitieren Pfropfen Exzerpieren", S. 93.

Schreiben speist,[65] dennoch muss das Zitieren zugleich als Machtpraktik verstanden werden. Erstens schmücken sich Zitierende im Akt des Zitierens oft mit „Autoritäten", versuchen sich mittels der Rede Anderer zu brüsten, zu rechtfertigen oder abzusichern. Gegen solche Formen des Autoritäten-Zitats scheint Canettis Zitatpraxis gerichtet, schließlich zitiert er eben nicht die „großen" Namen wie Durkheim, Freud, Marx, etc. Gerade damit bedient er sich aber einer zweiten, nicht minder wirkungsvollen Macht, die das Zitat zur Verfügung stellt: Des Nichtzitierens.[66] Folgerichtig hat Canettis Auslassung der großen Namen, wie erwähnt, zu besonders viel Kritik und Erstaunen auf Rezeptionsebene geführt. Drittens bekommt das Zitierte selbst eine gewisse Autorität oder Macht, da es hervorgehoben und ihm ein besonderer Raum gegeben wird. Viertens und als Gegenstück dazu ist das, was zitiert wird, in gewisser Hinsicht immer auch „verletzlich": Es kann manipuliert oder fehlgedeutet, umcodiert oder missbraucht werden, indem es in andere Zusammenhänge eingesetzt oder für andere Ziele vereinnahmt wird. Diese Macht, über die Zitierende verfügen, ist im Umkehrschluss wiederum ein ebenso machtvolles Instrumentarium für diejenigen, die zitiert wurden: Die gängigste Form, die eigenen Äußerungen unschädlich zu machen, argumentiert im Rückgriff auf die scheinbar übermächtige, tendenziell immer manipulierende Geste des Zitierens – man habe eine Äußerung „aus dem Kontext gerissen" und damit missdeutend wiederholt, was so nie gemeint gewesen sei.[67] Wer sich mündlich oder schriftlich äußert, exponiert sich notwendigerweise, da die Äußerung immer und unkontrollierbar zitiert werden kann und Wiederholung zwangsläufig immer mit einer Abwandlung einhergeht. Widerspruch gegen das Zitiertwerden und Entzug des Zitierten sind zudem nur dann möglich, wenn die Zitierten auch Teilnehmende am zitierenden Diskurs sind.

Dies macht deutlich, dass sich der machthaltige Aspekt des Zitats selbst dann nicht ganz verliert, wenn in dem textuellen Universum alles in das „Unendliche des

---

[65] Andrea Gutenberg, Ralph J. Poole: „Einleitung: Zitier-Fähigkeit. Findungen und Erfindungen des Anderen". In: Dies. (Hg.): *Zitier-Fähigkeit. Findungen und Erfindungen des Anderen*. Berlin: Erich Schmidt 2001, S. 9–38, hier S. 10.

[66] Vgl. dazu mit Rekurs auf Jacques Lacan: Bernhard Waldenfels: „Hybride Formen der Rede". In: Ders.: *Vielstimmigkeit der Rede. Studien zur Phänomenologie des Fremden*, Band 4. Frankfurt am Main: Suhrkamp 1999, S. 152–170, hier S. 331; vgl. dazu außerdem: Gutenberg/Poole: „Einleitung: Zitier-Fähigkeit. Findungen und Erfindungen des Anderen", S. 27.

[67] Dies ist nicht nur verbreitete politische, öffentliche, mediale Praxis, sondern auch das Beispiel, anhand dessen Jacques Derrida in seinem Streit mit John Searle seinen auf Iterierbarkeit gegründeten Zeichenbegriff explizierte. In *Limited Inc.*, dem Band der den gesamten Disput zwischen beiden enthält, setzt sich Derrida über Searles Verbot, seinen Beitrag abzudrucken hinweg, indem er ihn fast vollständig zitiert. Vgl. Jacques Derrida: *Limited Inc*. Hg. v. Peter Engelmann. Übers. v. Werner Rappl. Wien: Passagen 2001.

Raunens" hineingesprochen und wieder herausgelesen wird. Definiert man mit Derrida das Zeichen grundsätzlich mittels seiner Zitierbarkeit, dann wird jedes Schreiben und Sprechen der Dynamik des Ausschneidens, Entnehmens, Herausbrechens und Neueinsetzens, Zusammenfügens unterworfen. Unternimmt Derrida damit zwar eine Aufwertung des bei Austin als „parasitär" beschriebenen Zitierens, so argumentiert die in „Signatur Ereignis Kontext" beschriebene Iterierbarkeit auf grundlegend zeichentheoretischer Ebene: Etwas wird erst zum Zeichen, weil es möglich ist, es zu wiederholen, herauszuschneiden und neu einzufügen.[68]

Das sich selbst mittels Anführungszeichen als solches markierende (wissenschaftliche) Zitat basiert zwar auf diesen Überlegungen, ist aber auf anderer Ebene angesiedelt und wird dort gerade zur Differenzfigur: Die öffnenden und schließenden Interpunktionszeichen ermöglichen „Distanz und Differenz zwischen zitierendem Subjekt und zitiertem Subjekt".[69] Die Markierungen dienen dem Schutz des Zitierten, insofern sie ihm unverfälschte Wiedergabe zusichern. Sie dienen aber auch dem Schutz der Zitierenden: Die zitierte Äußerung ist nicht automatisch deckungsgleich mit den Meinungen der Zitierenden. Zu denjenigen Stimmen, die *Masse und Macht* angeblich gleichberechtigt zu Wort kommen lasse, gehört schließlich auch Adolf Hitler.[70] So kann eine feindliche Äußerung in den eigenen Text eingeführt werden, wenn man sie in den Schutzraum zwischen die Anführungszeichen setzt und sich im angrenzenden eigenen Text davon distanziert. Die in beide Richtungen funktionierende gefährliche oder subversive Durchlässigkeit der scheinbar schützenden Markierungen des Zitats sind oft diskutiert worden.[71] Und dennoch wird das Zitat weiterhin als ein textuelles Verfahren gewertet, das „die Grenze zwischen Eigenem und Fremden respek-

---

68 Vgl. dazu und auch zu Derridas Zitation von Austin: Jacques Derrida: „Signatur Ereignis Kontext [1971/1977]". In: Ders.: *Limited Inc.* Hg. v. Peter Engelmann. Wien: Passagen 2001, S. 15–45, hier S. 37f.
69 Wirth: „Zitieren Pfropfen Exzerpieren", S. 80.
70 Vgl. dazu etwa MM, 211. Dort werden Aussagen Hitlers über den Ausbruch des Ersten Weltkriegs wiedergegeben, im gleichen Kapitel folgen Analysen seines Vokabulars. Siehe auch MM, 216, dort analysiert Canetti Hitlers Rhetorik vor dem Hintergrund der „Wollust der springenden Zahlen", die typisch für seine Reden ist. Ohne explizit auf Hitler zu rekurrieren zählen auch Canettis Analysen der Rede vom menschlichen „Ungeziefer" und der Degradierung des Menschen in das Wimmelnde dazu, vgl. MM, 430.
71 Vgl. exemplarisch zum Zitat zwischen Affirmation und Subversion, zwischen Appropriation und Reiteration und dem performativen Sprechakt, der, indem er eine Norm zitiert, immer auch ihre Bedeutung verschiebt oder zu verschieben in der Lage ist, etwa: Judith Butler: *Haß spricht. Zur Politik des Performativen.* Übers. v. Katharina Menke. Frankfurt am Main: Suhrkamp 2013. Siehe hierzu als Übersicht auch erneut: Gutenberg/Poole: „Einleitung: Zitier-Fähigkeit. Findungen und Erfindungen des Anderen", S. 29.

tiert".⁷² Mag Sprache auch mit Roland Barthes aus „citations sans guillemets"⁷³ bestehen – ab dem Moment, in dem in einem (wenn auch nur teilweise) wissenschaftlichen Text Anführungszeichen gesetzt werden, gelten besondere Regeln, die auch eine gewisse Verantwortung zur wörtlichen Genauigkeit des zwischen die Zeichen Gesetzten umfassen. Insofern ist solchen Schreibformen besondere Aufmerksamkeit entgegenzubringen, die darauf verzichten, Anführungszeichen zu setzen, wenn sie wörtlich zitieren, oder die innerhalb des Zitierten eigenmächtige Veränderungen vornehmen – beides lässt sich bei Canetti vielfach beobachten.⁷⁴

1.3.2 Zitieren des „primitiven Ursprungs"
1.3.2.1 Canettis Jagdmeute und Mayuluaípus Erzählung

Das Zitieren als Textpraktik ist bei Canetti verbunden mit der Evokation eines Ursprungsnarrativs. Über das Zitat versucht er dieses – in Form von Mythen, Legenden u.ä. – in den Text einzufügen, wobei er es, das gilt es hier zu zeigen, durch seine spezifische Zitationspraktik und seine transformatorische Arbeit an der zitierten Quelle im eigentlichen Sinne erst herstellt. Dies lässt sich anhand eines kurzen Beispiels, Canettis Zitation eines berühmten ethnographischen Werks von Theodor Koch-Grünberg nachweisen.

Canetti vermag nicht nur im textuellen Universum des 20. Jahrhunderts zu lesen, sondern mittels Zitation auch diejenigen menschlichen Strukturen zu erfassen, in denen er den archaischen Ursprung von Gesetzen vermutet, deren Prinzip bis heute fortwirkt, in gesellschaftlichen wie auch in imaginativen Bereichen. Zu diesen gehört insbesondere die Meute. Im Gegensatz zu Freud, dessen „Urhorde" zumindest in *Massenpsychologie und Ich-Analyse* in die von Freud selbst erzählte Fiktion verlegt wird, belegt Canetti sein Konzept der Meute mittels verschiedener Zitate aus ethnographischen Texten über indigene Völker. Die Meute sei die „älteste und begrenzteste Form unter Menschen, sie war schon da, bevor es menschliche Massen in unserem modernen Sinn gab" (MM, 111). Man müsse sie als aktive, auf ein bestimm-

---

72 Wirth: „Zitieren Pfropfen Exzerpieren", S. 95.
73 Roland Barthes: „De l'œuvre au texte [1971]". In: Ders.: *Le bruissement de la langue*. Paris: Seuil 1984, S. 69–77, hier S. 73 (dt.: aus „Zitationen ohne Anführungszeichen").
74 Bis zu einem gewissen Grad lässt sich der großzügigere Umgang mit Anführungszeichen und oft nur näherungsweise wörtlichen Zitaten bei Canetti, der auch im Folgenden noch eine Rolle spielen wird, natürlich auch mit einer zeitspezifischen Zitierweise begründen, bei der beispielsweise auch in der wissenschaftlichen Praxis häufig aus dem Kopf zitiert wurde. Dass dabei andere Maßstäbe anzusetzen sind als im Rahmen aktueller *copy-paste*-Zitierverfahren, die mit Suchfunktionen in digitalen Textversionen und elektronischen Datenbanken arbeiten, sei zumindest angemerkt. Dagegen stehen hier strategische Formen des Zitierens und Nichtzitierens im Vordergrund, die heute wie damals als eigene Machtpraktik verstanden werden sollen.

tes Ziel gerichtete Bewegung verstehen, und nach ihrem jeweiligen Ziel könne man vier verschiedene Formen differenzieren. Zur Erklärung von Jagd-, Kriegs, Klage- oder Vermehrungsmeute führt Canetti jeweils Quellen schamanistischer Indigener aus Sibirien, der südamerikanischen Taulipang, der australischen Warumungu (Warramunga) und verschiedener totemistischer indigener Völker Australiens an, sodass jede Form der Meute durch eine andere Quelle illustriert und belegt wird. Die Zitate sind ethnographischen Werken entnommen, die zwischen 1904 und 1953 erschienen sind, unter ihnen berühmte Texte von Spencer und Gillen sowie eben Koch-Grünberg. Trotz der verhältnismäßigen Aktualität seiner Quellen liest Canetti aus den zitierten Berichten indigener Informant*innen eine Urform der Masse heraus, deren Entstehung sich ihm zufolge einer archaischen Nähe zwischen Mensch und Tier verdanke: Es war das Jagdrudel der Wölfe, das den Menschen als Vorbild für ihre Meutenbildung diente. Die Meute gehe also auf eine Zeit zurück, in der Mensch und Wolf noch eng miteinander in Kontakt gestanden hätten, einer Zeit, als er ihn noch nicht zum Hund domestiziert habe, sich stattdessen an wölfisches Sozialverhalten anzupassen versuchte, es beispielsweise im rituellen Tanz nachahmte. Der Wolf wird hier zu Stiftungsfigur des Sozialen.

Den eigentlichen Beweis dafür erhält Canetti aus einem Verweis auf die Verknüpfung von Wolf und Mensch im Imaginären: Weil der Wolf als mythisches Tier, als Werwolf, in den „Ursprungslegenden von Kindern, die von Wölfen aufgezogen wurden" (MM, 113), in so vielen verschiedenen kulturellen Kontexten auftauche, sei bewiesen, wie eng die archaische Verbindung zwischen Wolf und Mensch gewesen sein müsse, dass schließlich auch die Meute dort ihren Ursprung habe. Für ihre genauere Bestimmung aber untersucht Canetti nun nicht Wolfsrudel und auch nicht imaginäre Vorstellungen der Moderne, sondern Zeugnisse „primitiver Kulturen". Die Gleichsetzung von tierischem Ursprung, Imaginärem und „Primitivem" wird allerdings im Zuge der in seinem Text folgenden Zitationen kaum mehr betont. Stattdessen wechselt Canetti ins Register des Faktischen. Um das Prinzip der Kriegsmeute zu verstehen,

> genügt es, den folgenden Bericht zu lesen. [...] Der Bericht stammt wörtlich von einem Taulipang-Mann und enthält alles, was man über die Kriegsmeute wissen muß. Der Erzähler ist von der Unternehmung erfüllt und begeistert, er schildert sie von innen, von seiner Seite her, in einer Art von Nacktheit, die ebenso wahrhaftig wie schaurig ist und schwerlich ihresgleichen findet. (MM, 116f)[75]

---

[75] Für Peter Friedrich sind diese in *Masse und Macht* typischen Einleitungsformen wörtlicher Zitate der Beweis, dass Canetti nicht wissenschaftlich, sondern quasireligiös rezitiert. Vgl. Friedrich: *Die Rebellion der Masse im Textsystem*, S. 111. Besonders anhand des Zitats des Taulipang-Kriegers weist Friedrich darauf hin, dass Canetti den Text nicht als substituierbar sieht: „Die Betonung der Wortwörtlichkeit signalisiert die Mißachtung des *Kommentarprinzips* wissenschaftlicher

Damit Canetti und auf sein Anraten hin die Leser*innen aber nun in diesem Urtext der Meute lesen können, waren eine ganze Reihe an Textoperationen nötig, deren aufwändigste darin bestand, den Bericht zunächst vom Imaginären ins Faktische zu überführen. Denn Theodor Koch-Grünbergs Text, aus dem Canetti hier zitiert, verlagert den Bericht in eine (mythische) Vorzeit: Bei den Taulipang gebe es nämlich jene „Kriegsmeuten" zwischen den einzelnen „Stämmen" des Gebiets, nach denen Canetti sucht, gar nicht mehr. So heißt es bei Koch-Grünberg: „Die Fehden haben aufgehört. Nur in den Sagen, in den Erzählungen zu Hause oder am Lagerfeuer hört man von erbitterten Kämpfen der Vorfahren."[76] Es folgt „[w]örtlich nach der Erzählung"[77] von Mayuluaípu, einem Angehörigen der Taulipang, die Wiedergabe eines Berichtes, der also einerseits zur Zeit der Vorfahren gehört, andererseits „zeitlich nicht sehr weit zurückliegen" kann – Koch-Grünberg lässt es in dieser Schwebe: Ob der Erzähler Teilnehmer an der nun folgenden, blutrünstigen Erzählung vom Überfall eines Dorfes war, bei dem beide Parteien mit Schusswaffen und Munition ausgestattet sind, Kinder verbrannt werden, tote Frauenkörper geschändet und Leichen zerhackt, oder ob sie ihm nur überliefert wurde, ist weder aus dem Bericht von Mayuluaípu noch aus Koch-Grünbergs Einführung ersichtlich. Canetti jedoch entscheidet sich dafür, den Bericht nicht als Legende oder Lagerfeuergeschichte, sondern als eine Schilderung „von innen, von seiner Seite her", als „wahrhaftig" (MM, 117) zu lesen, und als solches zitiert er ihn schließlich in *Masse und Macht*.

Am wissenschaftlichen Diskurs der Zeit ausgerichtet und wegweisend dafür[78] verfügt Koch-Grünbergs Text über einen umfangreichen Fußnotenapparat, zahlreiche Abbildungen (Kartenmaterial, Fotografien, von den Ethnographierten an-

---

Diskurse." Das „Eigentliche" müsse bei Canetti nicht erst durch den Kommentar herausgeschält werden, es liege im Wörtlichen bereits vor, gerade dies begründe den rezitativen Präsenzgestus (ebd., S. 114 [Herv. i.O.]), in dem er versuche, Signifikat und Signifikant als untrennbar zu setzen. Damit nimmt er Canetti einerseits als Gegenwissenschaftler und Mythographen ernst, andererseits betont Friedrich, dass gerade so die Vielstimmigkeit des fremden Wortes möglich sei. Gerade das Argument von der vielstimmigen Präsenz sei hier kritisch betrachtet, siehe den Abschnitt „Stimme, Zitat und Präsenz" weiter unten.
76 Theodor Koch-Grünberg: *Vom Roroima zum Orinoco*. Band 3: *Ethnographie*. Stuttgart: Strecker und Schröder 1923, S. 101.
77 Ebd., S. 105.
78 Theodor Koch-Grünberg war – anders als viele andere von Canetti zitierte Quellen – kein Missionar oder Kolonialist, sondern ursprünglich klassischer Philologe, der ab 1898 an Expeditionen nach Südamerika teilnahm und schließlich Professor in Freiburg und Direktor des Linden-Museums für Völkerkunde in Stuttgart wurde. Er gehört zu den Wegbereiter*innen der deutschen Ethnologie. Wie oben erwähnt, wurden seine Werke u.a. auch zur Quelle für Alfred Döblins *Amazonas*-Trilogie und für viele andere.

gefertigte Bleistiftskizzen, Zeichnungen der Objekte, Bauweisen, Handwerke der indigenen Völker) und Musikbeilagen.[79] Canetti „bereinigt" die zitierte Passage allerdings konsequent von allen wissenschaftlichen wie auch nichttextuellen Elementen. Generell bezieht er sich in *Masse und Macht* kein einziges Mal auf Abbildungen oder bildliche Darstellungen des „Fremden" oder „Anderen". Statt Bilder oder Artefakte des Fremden lesbar zu machen, zieht er allein den Text zu Rate. Diesen befreit er außerdem von allem, was auf die vermittelnde Instanz des Ethnographen hinweisen könnte: Von Koch-Grünberg gesetzte Fußnoten, seine Erklärungen und Bezüge auf andere Legenden, seine Transkriptionen der indigenen Begriffe und Namen beteiligter Personen, genaue Ortsbezeichnungen und zuletzt sogar den Namen desjenigen, dessen „Stimme" Canetti hier scheinbar ganz ohne die Vermittlung von Koch-Grünberg zu zitieren versucht, werden gelöscht.

Zwischen den beiden Anführungszeichen des scheinbar wörtlichen Zitats verdichtet Canetti einzelne Sätze, indem er verschiedene Personen unter allgemeineren Bezeichnungen zusammenfasst, schreibt erklärend um, vertauscht und löscht mehrere Sätze hintereinander ohne Markierung, kursiviert für ihn entscheidende Passagen und amalgamiert schließlich sogar Verweise aus Koch-Grünbergs Fußnoten, in denen dieser Vergleiche zu den Sagen der Arekuna zieht, mit dem Haupttext: Ob faktische Taulipang-Erzählung oder Arekuna-Sage scheint schlicht nicht wichtig: Sie alle können zu einem großen Text zusammengefasst werden.[80]

Mag man zum Publikationszeitpunkt von Canettis Text auch noch von anderen wissenschaftlichen Zitationsregeln ausgehen, ist dennoch deutlich zu erkennen, dass Canetti den wissenschaftlichen Bericht, dessen Wahrheitsstatus innerhalb des ethnographischen Werkes zumindest in Zweifel gezogen wird, formal dem wissenschaftlichen Kontext entrückt, die Vermittlungsinstanz typographisch streicht und stattdessen den Text des „Anderen" so erst herstellt. Dieser „wahrhaftigste" aller Berichte enthält für Canetti nichts, „das nicht hineingehört, nichts ist vom Erzähler verbessert oder beschönigt worden" (MM, 121) – was nicht nur angesichts Canettis eigener Verbesserungen, sondern auch anhand der Fußnoten

---

79 Koch-Grünberg fertigte neben zahlreichen Sprach- und Gesangsaufnahmen außerdem erste Filmaufnahmen (1911 bei den Taulipang) an, die allerdings erst 1960 wiederentdeckt wurden. Er beschreibt außerdem ausführlich, wie die indigenen Völker, insbesondere die Taulipang, auf seine Kamera, Bücher und Phonographen reagierten und macht hier schon die Beobachtung, die Karl-Heinz Kohl später seinem Buch über die *Macht der Dinge* voranstellen wird: die Exotisierung des westlichen Ding-Gebrauchs durch die gespiegelten Reaktionen der indigenen Völker, die mit Befremden auf die vielen Gegenstände blicken, die die Europäer*innen mit sich schleppen und für überlebensnotwendig halten. Vgl. Koch-Grünberg: *Vom Roroima zum Orinoco. Band 3: Ethnographie*, S. 120.
80 Vgl. die Fußnote 7 bei ebd., S. 103 und vgl. dazu auch MM, 118.

von Koch-Grünberg, der auf Verbesserungen in verschiedenen Versionen von Mayuluaípus Bericht hinweist, paradox ist. Canettis „wahrhaftige Wörtlichkeit" ist folglich nicht an tatsächlicher, wortwörtlicher Wiedergabe interessiert. Und sie zielt auch nicht auf eine adäquate Repräsentation des individuellen „Anderen", des einzelnen Taulipang-Angehörigen beispielsweise. Canetti stellt stattdessen den Text, dem er dann Ursprünglichkeit und Wahrhaftigkeit zuschreibt, selbst her, extrahiert ihn aus den Transkriptionen, Übersetzungen und Vermittlungen des Ethnographen, synthetisiert ihn zu einem allgemeinen, „fremden" Text, indem er konkrete Orts- und Zeitangaben sowie die individuellen Namen des Erzählenden tilgt: Die mythische Form der Erzählung wird so erst produziert. Die Reinigung zum „mythischen" Text ist demnach, zieht man den Maßstab moderner Wissenschaft heran, eine „Verunreinigungsarbeit".

Entscheidend ist auch die narrative Form des Textes, die zu Canettis eigenem Narrativ der Meute passt: Die Jagdmeute wird aus der Nachahmung des Tiers geboren, in der Kunst, im Tanz übt der Mensch das „Wolf-Sein" ein (MM, 113) und kehrt in der modernen Menschenmasse punktuell zum archaischen Ursprung zurück.[81] Zwar gilt die enge Nachahmungsbeziehung im strengen Sinn nur für die Jagdmeute, doch auch alle anderen Grundformen teilen die Merkmale des Konkreten und Gerichteten: Meuten sind bei Canetti kollektive, intensive Bewegungen auf ein Ziel hin. Auf Textebene kristallisiert sich diese Definition in ausführlichen Zitationen und ihren Nacherzählungen heraus. Während er nacherzählt, überträgt die von Canetti nun eingesetzte Erzählstimme die im Präteritum zitierte Passage ins Präsens. Alle Elemente, die zuvor am Wolfsrudel betont wurden – die Beute („sie will ihr Blut und ihren Tod", MM, 113), die Unbeirrbarkeit, die Motivation durch gemeinsames Kläffen – werden nun auch am Bericht des Taulipang hervorgehoben; Tier und Mensch sind über die Erzählung verknüpft.

Den archaischen Ursprung, den Canetti damit zu fassen versucht, sucht er in einem nur ca. 50 Jahre zuvor aufgezeichneten Text. Er versetzt ihn allerdings mittels seines Verfahrens des bereinigenden Zitierens und restrukturierenden, präsentischen Nacherzählens in den Zwischenraum von wissenschaftlichem Text und zeit- und raumlosem Mythos, zwischen mythischer Erzählung und faktualem Bericht und zugleich in Kongruenz zu seinem Narrativ der Nähe von Mensch und Tier. Mit anderen Worten: Er entreißt den Text dem Modus der „Lagerfeuergeschichte" bei Koch-Grünberg, um in ihm einen Text des „realen" Imaginären

---

81 Vgl. hier die Weiterentwicklung des Ansatzes von *Masse und Macht* bei Deleuze und Guattari, in: Gilles Deleuze, Félix Guattari: *Anti-Ödipus*. Übers. v. Bernd Schwibs. Frankfurt am Main: Suhrkamp 2008 (= Kapitalismus und Schizophrenie 1), S. 360f; Gilles Deleuze, Félix Guattari: *Tausend Plateaus*. Übers. v. Gabriele Ricke und Ronald Voullié. Berlin: Merve 2007 (= Kapitalismus und Schizophrenie 2), S. 52f.

(Kap. IV.4) zu lesen – und diesen zugleich zu schreiben. Denn das Kapitel über die Jagdmeute hat einen kollektiven Mechanismus zum Gegenstand, der laut Canetti den archaischen Ursprung und die Mimesis ans Tier zum imaginären Fundament moderner Massenphänomene erklärt und zugleich zeitgenössische Imaginationen und Vorstellungen strukturiert. Canetti stellt Texte des Imaginären, die tierischen Ursprung und moderne Masse über die Zitation des „Primitiven" im 20. Jahrhundert verknüpfen, mittels der Bereinigung von wissenschaftlichen Hinweisen, in Wirklichkeit also mittels einer Verunreinigung erst her, bevor er sie erzählend liest und wieder (neu) schreibt.

1.3.2.2 „Die Selbstzerstörung der Xosa"

Dass sich diese Beobachtung bis zu einem gewissen Grad für *Masse und Macht* verallgemeinern lässt, sei hier noch anhand eines zweiten Beispiels ausgeführt. Denn eine Analyse von Canettis Zitierverfahren, die in den meisten Forschungsbeiträgen außer Acht gelassen werden, kann zudem neue Impulse dafür geben, Widersprüche im Text sowie in der bestehenden Forschung aufzulösen, die sich mit Canettis letztem Unterkapitel aus dem Zyklus zur Macht befassen, das auffällig viel Beachtung erfahren hat. Seine Auseinandersetzung mit „Masse und Geschichte" beschließt er mit einem Kapitel über die „Selbstzerstörung der Xosa". Darin referiert er eine historische Episode im Gebiet der südafrikanischen Xhosa[82] zwischen 1855 und 1857, die unter dem Namen „Nongqawuse" oder die „große Viehtötungskrise" bekannt wurde und die bis heute rege beforscht wird.[83] Die Xhosa, die vor allem als Viehzüchter*innen im heutigen Gebiet der Republik Südafrikas lebten, führten in der ersten Hälfte des 19. Jahrhunderts zahlreiche Kämpfe gegen die vorrückende Kolonialmacht Großbritannien. Zu den andauernden kriegerischen Auseinandersetzungen kam eine Rinderseuche hinzu, durch die sich ihr Viehbestand drastisch dezimierte. Dennoch führten sie ihren Kampf weiter. Dem Xhosa-Mädchen Nongqawuse wurde nun angeblich prophezeit, dass das Volk, wenn es all sein Vieh schlachte und alle Getreidevorräte vernichte, nicht nur umso mehr neues und gesundes Vieh erhalten solle, sondern ihm die Geister der Toten außerdem zu Hilfe kämen, um vereint zu einem großen Heer gemein-

---

[82] Xhosa oder auch amaXhosa ist heute die von den Xhosa selbst bevorzugte Schreibweise.
[83] Vgl. dazu unter anderem den 2008 erschienenen Band der *African Studies*, der sich ausschließlich mit den jüngsten Entwicklungen in der Erforschung dieses Ereignisses widmet. Siehe zur Übersicht: Chris Andreas, Sheila Boniface Davies, Andrew Offenburger: „Introduction". In: *The Xhosa Cattle-Killing. African Studies* 67 (2008), H. 2, S. 139–141. Auf die aktuelle Einschätzung des Ereignisses soll allerdings nicht näher eingegangen werden, es stehen hier bewusst nur die (Re-)Konstruktionen Canettis sowie der Canetti-Forschung im Zentrum.

sam die Kolonialmacht in die Flucht zu schlagen. Zwar gab es Konflikte zwischen denen, die an diese Prophezeiung glaubten, und jenen, die an ihr zweifelten, schließlich erfüllten die Xhosa aber die Forderungen der Toten. Der Tag der Rettung allerdings wurde immer wieder verschoben, bis das gesamte Volk zu verhungern drohte. Die ausbleibende Erfüllung der Prophezeiung führte zu einer verheerenden Hungerkatastrophe mit ca. 40000 Toten. Die überlebenden 60000 Xhosa flohen, meistens aber in die Arme der Kolonialmacht. Diese nutzten die Katastrophe, um die Indigenen zu versklaven, ihr Land zu übernehmen und die politische wie gesellschaftliche Selbstständigkeit der Xhosa weitgehend zu zerstören.[84]

Die „Schuld"-Frage wird bis heute diskutiert, verschiedene Theorien lassen sich dazu finden: Mag einer der Xhosa-Häuptlinge verantwortlich gewesen sein, der sich des Mädchens Nongqawuse „bedient"[85] hatte, um einen letzten Krieg gegen England zu führen, und damit sein Volk ins Verderben trieb, selbst aber die Hungerkatastrophe um viele Jahre überlebte, oder der britische Gouverneur Grey, der beschuldigt wurde, Nongqawuse die Prophezeiung eingeflüstert zu haben,[86] oder aber – so nämlich Canettis Deutung: die Toten selbst, die schließlich am meisten von dem Ereignis profitierten, indem sie als *„größte Masse"* (MM, 233) daraus hervorgingen; fest steht, dass die britische Kolonialmacht das Ereignis zur Ausdehnung ihres Gebiets und der Unterwerfung der indigenen Bevölkerung nutzte. Daher spielt es noch immer eine entscheidende Rolle in postkolonialen Debatten.[87]

Es liegt auf der Hand, dass Canetti sich für Erzählungen über dieses Ereignis vor allem deswegen interessierte, weil in ihnen ein ganzes Heer, eine Masse von Toten eine zentrale Rolle einnimmt. Canettis Wiedergabe des Ereignisses basiert hauptsächlich – dies zeigen seine Literaturangaben – auf historiographischen Quellen des 19. Jahrhunderts.[88] Dementsprechend steht seine Erzählung der briti-

---

84 Vgl. ebd., S. 139.
85 Katesa Schlosser: *Propheten in Afrika.* Braunschweig: Reimer 1949, S. 36.
86 Vgl. die Beschäftigung mit den diversen Schuldzuweisungen und verschiedenen Theorien bei: Jeffrey Brian Peires: *The dead will arise. Nongqawuse and the great Xhosa Cattle-Killing Movement of 1856–7 [1989].* Johannesburg: Ravan Press 2000.
87 Die erste große Studie vor postkolonialem Hintergrund stammt aus dem Jahr 1989: Ebd. Zuvor hatte Edward Roux bereits 1948 die koloniale Perspektive auf das Ereignis infrage gestellt, vgl.: Edward Roux: *Time longer than rope. A History of the black man's struggle for freedom in South Africa [1948].* Madison, WI: Univ. of Wisconsin Press 1972; siehe zum Forschungsüberblick und der Literaturlage bei Canetti überblicksartig auch: Horn: „The Myth of the Ancestors", S. 1.
88 Vgl. dazu: ebd., S. 1. Canetti zitiert in der zugehörigen Anmerkung insgesamt vier Quellen: George McCall Theal: *History of South Africa since September 1795.* Vol. 3: *The Cape Colony from 1846 to 1860, Natal from 1845 to 1857, British Kaffraria from 1847 to 1860, and the Orange River sovereignty and the Transvaal Republic from 1847 to 1854.* London 1903–1908, Nachdr. d. Ausg. Cam-

schen Rolle innerhalb der Krise nicht nur neutral gegenüber, sondern betont die angeblichen Rettungsmaßnahmen, die die Kolonialmacht durch das Anlegen von Lebensmittelvorräten trafen, zudem ist durchgängig vom „Wahn" der Xhosa und den „wahnsinnigen Vorgängen" (MM, 227f) die Rede, rationales und irrationales Verhalten also klar zwischen Europa und indigenem Volk aufgeteilt.

Dass ein genauerer Blick auf Canettis Quellenumgang allerdings eine differenziertere alternative Perspektive ermöglicht, als dies bisherige Forschungsbeiträge zu dem Kapitel leisten, sei an einem Beispiel illustriert: Anette Horn wertet Canettis Darstellung als eurozentrischen Blick auf außereuropäische, „prämoderne" Ereignisse und kritisiert die Aufteilung von Mythos und Rationalität zwischen „Primitiven", die hier dem Massenwahn verfallen, und rational verfahrenden, mildtätig rettenden Europäer*innen: Er arbeite also selbst an der Kreation eines Mythos, dem der „colonial charity".[89] Canetti ignoriere dabei vollständig, wie stark das indigene Denken bereits durch christliche Missionierung beeinflusst und verändert sei und beziehe Stellung gegen die dem Wahn verfallenden Xhosa. Schließlich weist Horn darauf hin, dass der expansive koloniale Traum mindestens ebenso irrational sei wie die Massenvernichtung der Xhosa – dies aber bemerke Canetti nicht, seine Argumentation stehe vielmehr auf imperialistischer Seite, wie Horn mittels vielfältiger Zitate an Canettis Text nachweist. Seine Darstellung zeige allerdings, so schließt sie, dass nationalistische Mythen – wie der vom Kampf der Xhosa gegen die Kolonialmacht – meist aus einer Position der Schwäche als Modus der Kompensation geboren werden. Bezüge zu den nationalistischen Mythen des „Deutschen Reiches" seien hier angelegt, Canetti ziele mit seiner Untersuchung also auf grundlegendere Mechanismen, nicht auf historische Einzelereignisse.

Horns Untersuchungen setzt auf Wortebene der Canetti'schen Darstellung der Ereignisse an. Betrachtet man Canettis Wiedergabe der Viehtötungskrise genauer, fällt allerdings auf, dass die komplette Darstellung, die etwas mehr die Hälfte des Kapitels einnimmt, eine unmarkierte wörtliche Übersetzung der ältesten von Canetti zitierten Quelle ist: Von George McCall Theals *History of South Africa*. Zwar schreibt Canetti in den Anmerkungen am Ende des Buches, dass der Bericht „etwas vereinfacht" (MM, 566) Theal entnommen sei, im Fließtext fehlen

---

bridge: Cambridge Univ. Press 2010; Albert Kropf: „Die Lügenpropheten des Kaffernlandes". In: *Neue Missionsschriften* 11 (1891); Alfred William Burton: *Sparks from the border anvil*. King Williams Town: Provincial Publishing 1950; Schlosser: *Propheten in Afrika*. Letztere ist für Canetti vor allem interessant, weil hier die Berichte von Kropf, einem Zeugen der Ereignisse, zitiert werden. So ist nur ein einziger Text neueren Ursprungs in seiner Liste enthalten. Edward Roux (siehe vorherige Anmerkung) zitiert Canetti nicht, wie auch Horn kritisch anmerkt.
89 Horn: „The Myth of the Ancestors", S. 8.

jedoch die Anführungszeichen, die auf die wörtliche Übernahme hinweisen müssten. Canetti nimmt einzelne Kürzungen und kleinere Streichungen vor. Auffällig ist, dass er auch hier den Namen einer zentralen Figur, Nongqawuse, tilgt, während er andere Namen durchaus erwähnt. Horns Beitrag allerdings merkt wie auch andere Forschungsansätze dieses heimliche Zitat nicht an,[90] folglich wird in der Sekundärliteratur der Bericht, beginnend beim „legendenhaften Ton",[91] verkürzend der Canetti'schen Erzählerrede zugeschlagen. Die gewissenhafte

---

[90] Dies ist genau der Grund, warum auch Anne Peiters Ansatz ins Leere läuft, allerdings auf deutlichere Art als Horns. Sie betrachtet in ihrer Studie *Komik und Gewalt* Canettis *Masse und Macht* ausschließlich anhand der Fragestellung, wie der Text Nationalsozialismus und Holocaust verhandele. Die kritische und zögerliche Rezeption von Canettis Werk erklärt sie u. a. mit der Rolle der Komik innerhalb des Textes, die selten erkannt oder stets ausgeblendet werde. Das komische Element von *Masse und Macht* bestehe in der überraschenden Ineinssetzung oder Komplementierung von Vertrautem und Unvertrautem, „Primitivem" und Modernem, mithilfe derer Canetti selbstironische Distanz zu produzieren versuche. Den Einsatz des „Primitiven" dechiffriert sie in Eins-zu-Eins-Übersetzungen im Hinblick auf die historischen Ereignisse des „Dritten Reiches": Die Wunden am Körper der „Buschmänner" stehen bei ihr beispielsweise für die Wunden durch die Shoah. Vgl. ebd., S. 336. Die „Canettische Verschlüsselung" (ebd., S. 390) ziele im Falle der Xhosa darauf, Vergleiche zum Deutschland des „Dritten Reiches" bei den Lesenden zu provozieren (ebd., S. 397). Dafür belegt sie in einer genauen Textlektüre, dass Canettis Kapitel mit „einem legendenhaften Ton" (ebd., S. 378) beginne, aus dem Glaubenshorizont der Xhosa heraus die Ereignisse zu schildern. Details lasse er deswegen weg, um die Geschehnisse der deutschen Geschichte anzugleichen, die er indirekt zu erzählen versuche. Wort für Wort vergleicht sie Xhosa und Gestapo, Xhosa und Deutsche, beide in ihrem Glauben an den Sieg, dem an einen Führer gebundenen Massenwahn bzw. dem „religiösem Wahnsinn" (ebd., S. 400) verfallen – Nationalsozialismus wird hier folglich immer wieder auch mit irrationalistischer Befehlsausführung begründet. Das indigene Volk in seiner „mythischer Verfallenheit", die „absurden Vorgänge im Xosa-Land" – all dies führe zur Erkenntnis der „überraschenden Übereinstimmungen" mit konkreten Ereignissen der deutschen Geschichte. Zwar ist Canettis Stil definitiv geprägt von ironischen, komischen und grotesken Elementen, woher aber in diesem speziellen Fall die Komik aus „überraschenden Übereinstimmungen" (ebd., S. 410) von 40000 toten Xhosa und 6 Millionen ermordeten Juden rühren soll, wird bei Peiter nicht deutlich. Vor allem hieße das auch, bei Kenntnis der Quelle Canettis, die er hier verdeckt wörtlich zitiert, dass ein Kolonialist des 19. Jahrhunderts hellsichtig die deutsche Geschichte in den südafrikanischen Geschehnissen vorausgesehen hätte.

[91] In der Tat beginnen beide Texte mit einem stark narrativen Einstieg: „Eines Morgens im Mai 1856 ging ein Xosa-Mädchen zu einem Flüßchen, das in der Nähe ihres Heims vorüberfloß, um Wasser zu holen. Bei ihrer Rückkehr erzählte sie, daß sie sonderbare Männer beim Fluß gesehen habe, ganz anders als die sie gewöhnlich traf." (MM, 226) Im englischen Original: „when one morning in May 1856 a girl about thirteen or fourteen years of age, named Nongqause, daughter of a councillor of Kreli, went to draw water from a little stream that flowed past her home. On her return, she informed her father's brother [...] that she had seen by the river some men who differed greatly in appearance from those she was accustomed to meet." Theal: *History of South Africa since September 1795*. Vol. 3, S. 190.

Textarbeit, mit der in der Forschung gezeigt wird, dass Canetti hier entweder eigentlich eine verschlüsselte Geschichte vom Befehl der „verbrannten Erde" oder „dem Realitätsverlust der deutschen Regierung" erzähle,[92] oder ihm en détail nachgewiesen werden könne, dass sich hinter seiner Darstellung ein eurozentrischer Blick auf die irrationalen „Primitiven" verberge, ist angesichts der Tatsache, dass Canetti hier wörtlich und verdeckt den Text eines britischen Kolonialhistoriographen aus dem 19. Jahrhundert wiedergibt, entweder hellseherisch oder redundant. Solche Lesarten zielen zudem an Canettis Funktionalisierung des Ereignisses vorbei: Denn die kolonialistische Perspektive, die er sich über das verheimlichte Zitat einhandelt, nutzt er vor allem dafür, um den unsichtbaren Toten Handlungsmacht zuzuschreiben.

Denn wer spricht, wer schreibt eigentlich in Canettis Xhosa-Kapitel? Das wörtliche Zitat, das auf Anführungszeichen verzichtet, sich nicht mehr als die Rede des Anderen markiert, ist im eigentlichen Sinne kein Zitat mehr,[93] als Plagiat lässt es sich durch den genauen Quellennachweis in den Anmerkungen aber auch nicht bezeichnen. Canettis Lektüre eignet sich nicht nur die primitivistische Perspektive, sondern auch den kolonialen Bericht an. Durch die fehlenden Anführungszeichen ist das verheimlichte Zitat keine distanzierende Differenzfigur mehr, sondern muss als „aufrichtige" Rede der Erzähler-oder Autorinstanz des Textes gelesen werden.[94]

---

92 „So wie die Xosas durch die Schlachtung ihres Viehs, d. h. durch einen nur kurzfristigen Überfluss, einen Verzweiflungsschlag gegen die Engländer hervorrufen sollten, führt Hitler durch Investitionen in Rüstung und Motorisierung, aus denen keine Produktivkraft hervorgeht, die deutsche Bevölkerung unausweichlich in den Krieg hinein." Peiter: *Komik und Gewalt*, S. 389. Peiter sitzt hier Canettis aneignendem Zitierakt einer kolonialen Quelle auf, hegt nicht die geringsten Zweifel an einer adäquaten Repräsentation der kolonialen Geschichte und verlängert die rassistischen Zuschreibungen nur, indem sie wiederholt über die „absurden Vorgänge im Xosa-Land", ihren Wahnsinn und ihren Irrationalismus schreibt oder Gestapo und Xhosa gleichsetzt (ebd. S. 392).
93 Die Anführungszeichen seien schließlich das einzig wichtige am Zitat, vgl. Wirth: „Zitieren Pfropfen Exzerpieren", S. 86.
94 Insofern, könnte man sagen, sind die skizzierten Beiträge von Horn und Peiter nur die folgerichtige Reaktion auf Canettis moderne Montagekunst: In dem Moment, in dem Canetti Theals Text in den eigenen setzt und *nicht* als Rede des Anderen markiert, geht die „Verantwortung" für die Rede an die Erzähler- oder Autorinstanz von *Masse und Macht* über. Im Original ist Theals Text außerdem noch um einige exzessiv rassistische Abschnitte reicher: Tatsächlich wird in *Masse und Macht* versucht, durch Auslassungen von Nebensätzen und Zusatzinformationen sowie dem Ende des Berichts die schaurigsten und am deutlichsten von kolonialen Machtphantasien geprägten Passagen aus dem Text zu beseitigen: Theal erwähnt, dass nach dem Ausbrechen der Hungerkatastrophe die Xhosa als Kannibalen übereinander herfallen und berichtet sogar von Eltern, die gemeinsam ihr Kind verspeisen. (Theal: *History of South Africa since September 1795*. Vol. 3, S. 197) Die wohltätigen Kolonisten seien bereit alles zu tun, um die Verhungernden zu retten, ein

Dennoch: Legt man Canettis verheimlichte Zitation offen und differenziert zwischen Theal und Canetti – dann lassen sich zwei verschiedene Texte lesen: Der eindeutig rassistische erste Teil des Kapitels, der von den Ereignissen berichtet, unterstreicht den Wahnsinn der „Primitiven" ebenso oft wie die koloniale Mildtätigkeit: „Missionare und Agenten der Regierung bemühten sich vergeblich, die wahnsinnigen Vorgänge aufzuhalten. Die Xosas waren besessen" und „Weiße, die sich einmischten, wurden bedroht; sie waren ihres Lebens nicht mehr sicher." (MM, 228). Auf diesen folgt, getrennt durch eine Leerzeile, ein zweiter Text, der die geschilderten Ereignisse zwar als geplante „Rache an den Weißen, die sie ihres Landes immer mehr beraubt hatten" (MM, 232), interpretiert, sonst aber blind für alle Rassismen und die koloniale Machtperspektive ein ganz anderes Geschehnis zu schildern scheint:

> Über dieses Ereignis ist nicht ohne Absicht in einiger Breite berichtet worden. Man könnte den Verdacht hegen, daß es von jemandem erfunden worden ist, der die Abfolge von Ereignissen in der Masse, ihre Gesetzmäßigkeiten und Präzision deutlich machen will. Aber es hat sich alles wirklich so zugetragen[.] (MM, 230)

Canetti liest keinen Schlüsseltext zum „Dritten Reich", keine koloniale Unterdrückungsgeschichte, kein Komplott von Nongqawuse oder dem Xhosa-Häuptling zur Mobilisierung seines Volks – er liest einen Text, der so exakt, als sei er erfunden, die Prinzipien der Vermehrung von Massen modelliert. Vor allem liest er einen Text aus der Perspektive und über die Masse der Toten, die sich erfolgreich vermehren, indem die Lebenden ihre Lebensgrundlage wie sich selbst zerstören.[95] Der ursprüngliche Befehl der Vernichtung – so Canetti – komme von den

---

von Canetti gelöschter Satz lautet etwa: „His [the high comissioner, EH] was not a heart so cold as not to feel pity for those misguided beings who were rushing so frantically into certain destruction." (ebd., S. 195) Die Kolonisten nähmen sie letztendlich sogar freundlicherweise in ihre Dienste, sorgten durch die „Zerstörung" (vgl. ebd., S. 199) von übriggebliebenen Raubbanden schließlich für die Wiederherstellung der Ordnung. Diese und ähnliche Kommentare Theals werden hier verschwiegen. Der Kontrast zwischen wahnsinnigem Xhosa-Volk und mildtätigen, überlegenen Kolonisten ist in Theals Zeichnung zwar noch um einiges extremer, als es die abgeschwächte Version durch Canettis Erzähler wiedergibt, dennoch lässt sich in *Masse und Macht* nirgendwo ein kritischer Hinweis auf den kolonialen Kontext finden.

95 Canettis Konzept der Vermehrungsmeute gehört zu einem der vier Meutenformen, wie auch die oben erwähnte Jagdmeute. Wie immer, gelten die Mechanismen der Vermehrung im Belebten und Unbelebten, im Realen wie im Imaginären, für Lebende und Tote. Besonders fällt bei seiner Beschreibung der Vermehrung auch die Perspektive auf die Dinge und ihre Vermehrungen auf. Canetti erläutert die Mechanismen der Produktion, als Teil der Vermehrung, erneut im Rückgriff auf das „Primitive". Die Vermehrung bezieht sich auf Dinge und Menschen gleichermaßen, denn die „primitiven" Meuten wollen ebenso wie die Arbeitermassen und die mit Kinderreichtum gesegneten Arbeiterfamilien schließlich immer mehr werden: In allen Fällen sollen Produzierende

1 Canetti und die Lesbarkeit des Imaginären —— 277

Toten. Was von der einen Seite betrachtet als „wahnsinnige" Zerstörung erscheint, wird durch Canettis Perspektivwechsel hin zur Seite der Toten zu einer planmäßigen Strategie der Vermehrung. Die mehrfache Beteuerung von der Faktizität des Berichts zielt also darauf, Ereignisse aus dem Reich der Toten zu verifizieren: Das Imaginäre ist das Reale, „es hat sich alles wirklich so zugetragen".[96]

Das Imaginäre wird Canetti also zugänglich über die Zitation des „Primitiven", eines „Primitiven" allerdings, das sich die koloniale Phantasie konstruiert; eines, das möglichst irrational an Geister glaubt, die es zu zerstören trachten; eines, das als „Wahnsinniges", sich mit seiner irrationalen Befehlsgläubigkeit selbst in die schützenden Arme der kolonialen Überlegenheit treibt. Die Frage nach der historischen „Wahrheit" jenseits der Kolonialphantasie wäre für seine Argumentation nur schädlich. Er braucht die koloniale Zuschreibung des Geisterglaubens, die koloniale, strategische Imagination des Irrationalen, das vor allem der Festigung des europäischen Machtanspruchs dient, um diese wiederum gegen den Strich zu lesen, indem er weder Kolonialmacht noch Kolonisierte, sondern die Toten in den Fokus stellt.

Die verheimlichte Zitation ist dennoch entscheidend: Canetti implementiert einen fremden Text, der die Xhosa der wahnhaften „Selbstzerstörung" für schuldig befindet, als scheinbar eigenen Bericht, um dann in einer sekundären Lektüre daraus den *eigentlichsten* Text, der aus der Perspektive der Toten von den Gesetzen der Vermehrung handelt, auszulesen. Historischer Fakt, kolonialistische Zuschreibung, fiktionalisierende Lektüre oder Faktualisierung des Imaginären – durch das verdeckte Zitat sowie die sekundäre Nacherzählung verwischen die Grenzen. In der Logik von Canettis Vermehrungsnarrativ gelten die hier im „primitiven" Imaginären erarbeiteten Gesetze für jede Kultur, jede Zeit, jeden ontolo-

---

und Produktion „aneinander wachsen" (MM, 225). Hier schließt sich eine Verknüpfung von modernem Verhältnis zu Produktionsmaschinen und der Beziehung der „Primitiven" zum Totem an. Dieses soll hier nicht weiter aufgeführt werden, vgl. ausführlich zu Canetti und seinem Konzept des Totemismus, der als Widerspruch auf Freuds *Totem und Tabu* angelegt ist: Schüttpelz: „Wunsch, Totemist zu werden", S. 283ff.

96 In Canettis Kapitel schlägt sich das in einer graduellen Steigerung der sprachlichen Struktur nieder: Wenn zunächst noch die Rede davon ist, dass das „Massengefühl" über die Massen des Korns oder der Herden auf das „Selbstgefühl" (MM, 231) der Xhosa übertragen werde, indem man es massenhaft vernichte, schütteln die Toten am Ende des Kapitels ihre passive Rolle ab. Sie „sind so um den Tod herumgekommen" (MM, 234), da sie über die Lebenden aktiv bestimmten und sich so weitaus mächtiger und handlungsfähiger als diese erwiesen. Die Steigerung konjunktivischer Konstruktionen zu Präsens-Indikativ-Formulierungen findet sich recht häufig innerhalb des Textes. So heißt es im gleichen Kapitel über die Viehschlachtung als stellvertretende Tötung der Feinde: „als wären beide im Grunde eins; sie sind es." (MM, 234). Canettis Steigerungen versuchen also gerade, im Imaginären die Prinzipien des Realen offenzulegen.

gischen Status – Quellenkritik wäre demnach eine denkbar falsche Forderung an Canetti.⁹⁷

Hinter diesem Narrativ aber lässt sich die Funktion von verheimlichtem Zitat und umdeutender Nacherzählung als eine Simulation von Zitation „primitiver" Glaubensvorstellungen erkennen: Im Gegensatz zum Bericht, den Canetti von Koch-Grünberg übernimmt, kann er hier keine Anführungszeichen setzen, da Theal keine direkte Rede wiedergibt, sondern die Ereignisse selbst schildert, seine eigene Position dabei nie verheimlicht. Um dennoch Unmittelbarkeit zu erzeugen, wird in *Masse und Macht* die Erzählung der Viehtötungskrise durch das montierende Verfahren vom Autor/Erzähler selbst berichtet, zwar in keine mythische Vorzeit projiziert, aber durch die fehlenden Anführungszeichen keinem kolonialen Sprecher mehr zugerechnet, daher muss sich der zweite Text auch nicht zur eurozentrischen Perspektive seiner Quelle verhalten. In Theals textueller Verarbeitung der westlich-kolonialen Wahrnehmung überzeichnet und verzerrt der Historiograph die beteiligten indigenen Akteur*innen – Verzerrungen, die Canetti nutzt, in den eigenen Text überführt, um die Toten als eigentliche Protagonisten in den Vordergrund zu schreiben: „Sie nehmen wirklich Anteil an den Schicksalen der Lebenden. Sie finden Mittel und Wege, sich mit ihnen in Verbindung zu setzen." (MM, 230) So erzählt Canetti mittels der Toten, auferstanden aus der Montage auf sich selbst verweisender eurozentrischer Quellen, von den Prinzipien des Imaginären und liest über Geister, mithilfe derer Europa sich selbst zu stärken versucht.

1.3.3 Stimme, Zitat und Präsenz. *Masse und Macht* als „polyphoner" Text

Canettis Imaginäres wird lesbar, indem er die „Stimmen der Anderen", insbesondere des „Primitiven" als zeitlich den modernen Massen- und Machtphänomenen Vorgelagertes in den eigenen Text montiert und anschließend mittels philologischer Arbeit oder narrativer Paraphrase herausschält. Diese Konstruktion des

---

97 Es macht schließlich keinen Unterschied, ob die Vorstellungen und sogar Vorurteile des Autors in die Quelle mit eingeflossen sind, schließlich teilen sich für Canettis Erzähler Menschen auf der ganzen Welt stark ähnelnde Vorstellungen von Massenvorgängen und von Machtmechanismen. Nicht nur die Vorstellungen der Menschen, sondern sogar Wahnsinns- oder Alkoholhalluzinationen und die Gefühle der Toten sind für den Erzähler in dieser Hinsicht universal. So heißt es in einem Kapitel über die Toten als Überlebte: „Die gleiche Empfindung, scheint es, beherrscht die Verstorbenen aller Völker." (MM, 310) Über die Halluzinationen unter Alkoholeinfluss schreibt er: „Ihr allgemeiner Charakter ist unleugbar: Menschen sehr verschiedener Herkunft und Anlage haben bestimmte, elementare Züge in ihren Halluzinationen gemein." (MM, 424). Die Trennung zwischen historischem Fakt und religiöser, imaginärer, kolonialistischer oder drogeninduzierter wie pathologischer Vorstellung ist schlicht aufgehoben.

"Primitiven", wie beispielsweise der archaisch-vorzeitlichen Form der "Meute", so die hier abschließend vertretene These, wird begünstigt durch die implizite Logik des Zitats. Nimmt man diese Logik des Textverfahrens noch einmal genauer in den Blick, lässt sich eine weitere Antwort darauf geben, warum Canetti erstens an der wörtlichen Zitation festzuhalten versucht, obwohl sich diese längst in den vielfältigen Vermittlungs- und Übersetzungsschritten verloren haben müsste. Und wie es zweitens in der Beschreibung vonseiten der Sekundärliteratur immer wieder zu einer Gleichsetzung von Mündlichkeit und Schriftlichkeit kommt: warum *Masse und Macht* also immer wieder als polyphon[98] bezeichnet wird, als Text, der die "Stimmen des Anderen" unverfälscht "sprechen" lasse, gleichwohl darin doch immer wieder nur textuell mehrfach übertragene, übersetzte Verschriftlichungen zitiert werden.

Das Zitat ist ein Verfahren, in dem das, was sonst nur stumme Schrift ist, einen ereignishaften Auftritt erhält:

> Die Zitation bringt, gerade auch insofern sie nur wörtlich wiederhole [...], das fiktive Gesicht für die Anwesenheit auf der Redeszene hervor, jenes Gesicht, das der Rede vorausgehe und durch das diese auf dieser Szene gesprochen worden sei. Die Zitation ist *Exzitation*, insofern sie Abwesendem eine Stimme verleiht, es mit einer Maske oder einem Gesicht versieht, mit dem es auf einer Szene "jetzt" gegenwärtiger Rede auftritt, insofern sie eine Rede *als Stimme* aufführt und damit ein (d.i. deren) Gesicht gibt, das Gesicht dessen, der "hier" und "jetzt" spricht, eine Maske für den, dem diese Rede (nachträglich) als ihre Quelle zugeschrieben wird.[99]

Das Zitat, so Menke, sei verknüpft mit der Figur der Prosopopoiia, die das textuell Abwesende als sprechende Person auftreten lasse, also in einem fiktionalen Akt ein künstliches Gesicht verleihe und textuelle Rede als mündliche Stimme aufführe. Der Aufführungscharakter des Zitats mache aus dem Zitierten ein Ereignis mit besonderer Zeitstruktur, denn „wenn eine Rede oder ein Text als Stimme gelesen wird, so wird erst hervorgebracht, was nachträglich als ‚Absicht' vor dem Text angesiedelt und dem Text vorausgesetzt wird."[100] Das Zitat schreibt in diesem Sinn dem zitierten „Primitiven", das eigentlich erst durch Canettis Zitierverfahren entsteht, eine dem Text vorgelagerte, hier speziell auch eine *vorzeitliche* Existenz zu.

---

98 Peiter spricht von der „Polyphonie von *Masse und Macht*", vgl. Peiter: *Komik und Gewalt*, S. 337, vgl. erneut Barnouw: *Elias Canetti zur Einführung*, S. 186.
99 Bettine Menke: „Zitierfähigkeit. Zitieren als Exzitation". In: Andrea Gutenberg, Ralph J. Poole (Hg.): *Zitier-Fähigkeit. Findungen und Erfindungen des Anderen*. Berlin: Erich Schmidt 2001, S. 153–171, hier S. 160 [Herv. i.O.], Bettine Menke geht in ihrem Text der Metapher der Stimme in Verbindung mit dem Zitat nach.
100 Ebd., S. 162.

Damit ist das Zitat daran beteiligt, das archaische Moment des „Primitiven" mittels dieser spezifischen Zeitstruktur zu ermöglichen. Diese rückwirkende Zuschreibung einer Vorgängigkeit erzeugt – so argumentiert Bettine Menke – die Gegenwart „eines gespenstischen Wiedergängers",[101] da sie „(nachträglich) als Ursache einer Wirkung installiert worden sein muß, damit es sie gibt."[102] Die geisterhafte Existenz des „Primitiven" bei Canetti lässt sich damit auch aus dem Zitat erklären, da dieses indirekt auf eine Referenz verweist, die als der textuellen Realisierung zeitlich vorgelagert angenommen wird, und eigentlich erst im Vollzug hergestellt wird.

Mit Canettis Zitationsformen geht außerdem eine Weigerung einher, sich das Zitierte als variabel vorzustellen. Alle oben skizzierten Ansätze zu einer Theorie des textuellen Zitierens betonen die Relevanz des Kontextes, den Bruch, den jedes Zitieren impliziert, da es die entnommene Äußerung per se durch die Einbettung in einen anderen Zusammenhang verändert und manipuliert. Canetti jedoch geht davon aus, dass das Zitierte – egal wie viele Kontextbrüche und Textoperationen sein nebeneinanderstellendes, diagonales Verfahren (vgl. Kap. VIII) ihm zumutet – keiner Veränderung unterworfen ist: Die Wörtlichkeit und Wahrhaftigkeit des Zitierten bleibt davon unberührt. Sein Zitierverfahren blendet also von vornherein die manipulative Rolle des Kontextes aus, genau den Aspekt also, der das Zitieren so anfällig für Indienstnahmen macht.

Die Rede von der Stimme, die im Zitat zur Aufführung kommt, impliziert nicht nur Mündlichkeit, sondern verweist auch auf die Stimme als präsentisches Ereignis: Sie ist schließlich „so flüchtig und ephemer",[103] dass sie meist als Beispiel prekärer Präsenz angeführt wird. Die Stimme sei der „Paradefall des Performativen"[104] und besteht damit nur in ihrem Vollzug – für den vorliegenden Fall also in ihrer Aufführung innerhalb des Zitats. Zudem wird die Stimme in besonderer Form mit dem Körper verknüpft und lässt sich damit als textuelles Pendant zu Canettis phänomenologisch-körperlich gefasstem theoretischen Ansatz verstehen. Für die Stimme als Spur des Körpers in der Sprache gelte besonders, dass sich in

---

101 Ebd., S. 165.
102 Ebd., S. 169.
103 Doris Kolesch: „Ästhetik der Präsenz. Theater-Stimmen". In: Josef Früchtl, Jörg Zimmermann (Hg.): *Ästhetik der Inszenierung. Dimensionen eines künstlerischen, kulturellen und gesellschaftlichen Phänomens*. Frankfurt am Main: Suhrkamp 2001, S. 260–276, hier S. 260.
104 Waltraud Wiethölter: „Stimme und Schrift. Szenen einer Beziehungsgeschichte". In: Dies., Hans-Georg Pott, Alfred Messerli (Hg.): *Stimme und Schrift. Zur Geschichte und Systematik sekundärer Oralität*. Paderborn: Wilhelm Fink 2008, S. 9–53, hier S. 18.

ihr der nicht restlos semiotisierte Körper zeige.[105] Ihr wird ein unkontrollierbares Eigenleben zugesprochen, das sich nicht in Bedeutungsfunktionen auflösen lasse, sondern den „affektiven Boden unserer Verständigung"[106] bilde. Sie beziehe gerade mit ihrer subversiven oder aber ihrer einen Überschuss produzierenden Wirkmacht eine „theatrale Faszinationskraft" aus ihrem Vermögen „sich auszusetzen, sich preiszugeben, sich entblößen zu können".[107]

All diese der Stimme zugeschriebenen Eigenschaften machen aus ihr ein ereignishaftes, affektiv grundiertes Präsenzphänomen, eine Projektionsfläche, um Unmittelbarkeit zu erzeugen. Es sind genau diese Implikationen, auf deren Wirkungen Canettis Zitierverfahren zielt – und angesichts einiger oben angeführter Forschungsbeiträge zu *Masse und Macht* auch mit Erfolg. Betrachtet man aber die fiktionale Aufführung und den Ereignischarakter des Zitats genauer, wird hinter der Fiktion der Stimmenwiedergabe die aufwändige textuelle, an Schrift gebundene Vermittlung sichtbar. Zugleich lässt sich beobachten, wie das Zitat, als Anrufung fremder Autorschaft, den eigenen Akt des Hervorbringens, Bemächtigens, den Aneignungsakt zu verschleiern sucht. Zitate bewegen sich eben immer auch in der Schwebe zwischen Autorität und Autoritätsabgabe – und genau diese Schwebe macht sich Canettis Verfahren zunutze.

Nicht zuletzt, indem er mehrfach auf die „Quellen" (z.B. MM, 503, 574) hindeutet, aus denen er zitiere oder in denen er ausführlich gelesen habe, erklärt er das Zitierte zum Vorgefundenen, zum Ursprünglichen, das von selbst sprudele[108]

---

105 Vgl. Sybille Krämer: „Sprache – Stimme – Schrift. Sieben Gedanken über Performativität als Medialität". In: Uwe Wirth (Hg.): *Performanz. Zwischen Sprachphilosophie und Kulturwissenschaft*. Frankfurt am Main: Suhrkamp 2002, S. 323–346, hier S. 345.
106 Sybille Krämer: „Die ‚Rehabilitierung der Stimme'. Über die Stimme jenseits der Oralität". In: Dies., Doris Kolesch (Hg.): *Stimme*. Frankfurt am Main: Suhrkamp 2006, S. 269–295, hier S. 274.
107 Wiethölter: „Stimme und Schrift", S. 20.
108 Die Metapher der Quelle verbindet Vorstellungen von Reinheit mit der Idee von Ursprünglichkeit. Wer sie findet, kann aus ihr schöpfen – und eben davon nährt sich auch die Inszenierung des Quellenerlebnisses bei Canetti. Der Erzähler kann der Quelle etwas entnehmen und ihre Reinheit und Nähe zum Ursprung geht auf sein Wissen über. Vgl. dazu u.a.: Hans Blumenberg: „Beobachtungen an Metaphern". In: *Archiv für Begriffsgeschichte* XV (1971), S. 161–214, hier S. 190; Michael Zimmermann: „Quelle als Metapher. Überlegungen zur Historisierung einer historischen Selbstverständlichkeit". In: *Historische Anthropologie* 5 (1997), S. 268–287. Canetti inszeniert ganz bewusst einen (gegen-)wissenschaftlichen Quellenkult, innerhalb dessen die Quellen zu Kunstwerken werden, in denen jedes Wort und jedes geschriebene Bild eine Bedeutung trägt. Was der Geschichtswissenschaft als unwissenschaftliches Vorgehen vorgeworfen und dort fortan vermieden wird, wird hier im Text zur Methode erhoben. In dieser Hinsicht bezeichnen die Quellen zwar etwas unwiederbringlich Vergangenes, das aber auf der Ebene des Textes wieder ans Licht befördert werden kann. Vgl. kontrastiv dazu über die Ausweitung des Quellenbegriffs in der Geschichtswissenschaft auf fiktionale Texte: Stephan Jaeger: „Erzähltheorie und Geschichtswissen-

und das „die Vergangenheit selbst zum Sprechen"[109] bringe. Er arbeitet damit sukzessive daran, seine eigentliche mediale Grundlage – die Texte, die es als Speichermedium ermöglichen, dass sprachliche Zeichen, Zeiten und Räume überbrücken können – auszublenden. Canetti liest stattdessen in einem unmittelbaren Bedeutungsgeflecht, das selbst durch den Akt des Zitierens nicht um seine präsentische Wahrhaftigkeit gebracht werden kann: So wie der Mythos für ihn nicht verwässern kann, so hat auch ein historiographisch fragwürdiger Text für Canetti keine Perspektivverfälschung auf die historischen Ereignisse zur Folge. Jede Lektüre und jedes Zitat aus den Texten, in denen sich das Imaginäre zeigt, transportiert für ihn ein Stück seiner Präsenz und Unmittelbarkeit, seiner affektiven Grundierung und seiner körperlichen Dimension.

Wie lässt sich Canettis Lesen im Imaginären von hier ausgehend im Verhältnis zu seinen Praktiken des Sammelns und seinem programmatischen Ideal mimetischer, nicht hierarchischer Anverwandlung beschreiben? Zur Klärung sei abschließend ein letztes und bisher unbeachtet gebliebenes Beispiel für Canettis Lesen im „Anderen" als Lektüre des Imaginären herangezogen.

1.4 Wolfskinder: Lesende Vaterschaft (Der Fall Amala und Kamala)

Canettis Primitivismus überblende zwar Texte von „Kolonialsubjekten und Geisteskranken",[110] die dritte klassische Figuration des Primitivismus als einer Bewegung zwischen Ethnologie, Psychiatrie und Entwicklungspsychologie – die Kinder – fehlten allerdings in *Masse und Macht*, so Erhard Schüttpelz.[111] Zieht man Canettis nachgelassene Notizen zu seinem erklärten Lebenswerk heran, lassen sich allerdings Gegenbeispiele dafür finden.[112] In einer Notiz vom Februar 1955,

---

schaft". In: Ansgar Nünning, Vera Nünning (Hg.): *Erzähltheorie transgenerisch, intermedial, interdisziplinär*. Trier: WVT 2002, S. 237–264, hier S. 257. Im Anschluss an Clifford Geertz können Quellen dann auf ihre narrative Struktur, ihre Textualität und ihre Wirkung hin gelesen werden, um nicht mehr das historische Ereignis, sondern dessen zeitgenössische literarische Verarbeitung, von der aus möglicherweise Rückschlüsse auf die kulturelle Konstruktion eines bestimmten Themas oder Ereignisses gezogen werden können, in den Fokus zu stellen.
109 Johannes Süssmann: „Quellen zitieren. Zur Epistemik und Ethik geschichtswissenschaftlicher Textproduktion". In: Joachim Jacob, Mathias Mayer (Hg.): *Im Namen des anderen. Die Ethik des Zitierens*. München: Wilhelm Fink 2010, S. 125–139, hier S. 131.
110 Schüttpelz: „Elias Canettis Primitivismus", S. 305.
111 Diese träten erst mit Canettis Autobiographien und dem Schreiben über die eigene Kindheit hinzu, vgl. ebd.
112 Hier sei nur ein einzelnes Beispiel angeführt, andere lassen sich finden, wie etwa innerhalb des Nachlasskonvoluts 36.6: „Masse und Macht", Undatierte Materialien, „Masse und Verwand-

die den Materialien zu *Masse und Macht* zugeordnet ist, berichtet Canetti von einem Lektüreerlebnis, das ihn mit dem Fall der Wolfskinder von Midnapore vertraut machte. Der Inhalt der nachgelassenen Notiz ist schnell zusammengefasst: Canetti berichtet darin, ohne genaue Titel zu nennen, von der mehrfachen, prägenden Lektüre eines Tagebuchs. Es ist das Tagebuchs eines Missionars, das dieser über die Pflege und Erziehung eines zuvor angeblich bei Wölfen aufgewachsenen Kindes, Kamala, verfasste. Diese Tagebuchaufzeichnungen des Missionars scheinen zunächst in keinem Zusammenhang mit *Masse und Macht* zu stehen. Bei genauerer Betrachtung lassen sich allerdings klare Bezüge herstellen: Während die Wolfskinder zwar nicht namentlich in *Masse und Macht* auftauchen, lässt sich dagegen im Literaturverzeichnis ein Hinweis auf sie finden.[113] Außerdem zieht Canetti die „Ursprungslegenden" von Wölfen aufgezogener Kinder (MM, 113), wie oben bereits erwähnt, zur Erläuterung seines Begriffs der Meute heran, den er wiederum aus der Nähe von Wolf und Mensch herleitet.[114] Was Canetti in *Masse und Macht* noch als „Legende" auf Distanz hält, stellt sich im Tagebuch des Missionars, in dem Canetti liest und das den Fall der indischen Wolfsmädchen doku-

---

lung im Tanz der Primitiven", vgl. Elias Canetti: Nachlass Zentralbibliothek Zürich 36.6, S. 49: Exzerpte zum „Rhythmus bei Kindern und Wilden".
113 „Gesell, A.: Wolf Child and Human Child, London 1941." (MM, 577). Man mag dem Bedeutung beimessen oder nicht: In der handschriftlichen Version des Literaturverzeichnisses und den zugehörigen Tabellen (vgl. dazu mein Kapitel VI) fehlt das Buch, es taucht erst in der gedruckten Version des Buches auf.
114 Mit Blick auf Canettis Gesamtwerk ließen sich zahlreiche Verknüpfungen von Menschen- und Tierversuchen anführen, zunächst etwa die „Gorilla-Episode" in der *Blendung*, in der sich im Gegensatz zu Kafkas „Bericht für eine Akademie" ein Mensch in einen Affen verwandelt, vgl. dazu auch das Kapitel „Exkurs: Der Mensch und die Sprache: Canetti, Kafka und das Höhlengleichnis" in: Angelova: *Elias Canetti*, S. 253–266. Angelova weist auch auf die Verbindung zu Wittgenstein hin. Sie liest die Gorilla-Episode und den dort verhandelten „Negerdialekt" als Gegenmythos zu Kaspar Hauser, als Umkehrung von Kafkas Rotpeter und schließlich auch als Gegenentwurf zum Darwinismus, der in den Augen Canettis nur versuche, Herrschaft über Tiere auszuüben. Angelova vergisst allerdings zu fragen, was es für Canettis Denken bedeutet, wenn die Tiere dem Ursprung zugeordnet werden und „Neger" wie Tiere sein sollen. Siehe insb. ebd., S. 256. Die Sprachthematik steht hier nicht im Fokus und ist bereits ausführlich untersucht worden, ebenso wie die Rolle der Tiere für Canetti, etwa von Bühler: „Er denkt in Tieren, wie andere in Begriffen."; Simon: „Animalische Einfälle. Reflexionen über Tiere als Thema von Aphorismen (Lichtenberg, Jean Paul, Canetti)" sowie Canetti: *Über Tiere*. Vgl. hierzu auch noch einmal die „epistemologischen" Tiere aus den *Aufzeichnungen*, die jeweils kleine Denkmodelle darstellen und zur Wesensbestimmung des Menschen unabdingbar sind: „Jede Tierart, die stirbt, macht es weniger wahrscheinlich, daß wir leben. Nur angesichts ihrer Gestalten und Stimmen können wir Menschen bleiben. Unsere Verwandlungen nützen sich ab, wenn ihr Ursprung erlischt." (FP, 78); „Die Tiere in unserem Denken müssen wieder mächtig werden, wie in der Zeit vor ihrer Unterwerfung." (FP, 9), „Denken wird klarer, sobald man sich mit den Formen der Tiere vertraut gemacht hat. (FP, 20).

mentiert, anders dar: Die Geschichte von Amala (die Canetti verschweigt) und Kamala, die 1920 im indischen Midnapore aus einer Wolfshöhle „gerettet" wurden, zählt zu den berühmtesten und bestdokumentierten Fällen von Wolfskindern im 20. Jahrhundert. Ihre Erziehungsgeschichte, der Versuch, aus ihnen aufrechtgehende, sprechende, sozial agierende Menschen zu machen, scheiterte und beide Kinder fanden durch schwere Krankheiten einen frühen Tod. Amala, das jüngere Kind, starb bereits ein Jahr nach seiner Rettung, Kamala lebte insgesamt neun Jahre unter Menschen und verstarb im November 1929 im geschätzten Alter von 17 Jahren. Gerade weil der als Tagebuch verfasste Bericht des Missionars J.A.L. Singh, der die beiden fand und aufzuziehen versuchte, der eines Scheiterns ist, wurde ihm Authentizität zugesprochen. Berichte und Darstellungen von Kindern, die angeblich von Wölfen aufgezogen wurden, sind spätestens seit Romulus und Remus fester Bestandteil von Imaginationen und Projektionen von je nach ideologischem Rahmen zumindest ethisch meist problematischen Humanexperimenten ins Tierreich, um das Wesen des Menschen zwischen Natur und Kultur, zwischen Erbe und Erwerb seiner ihn bestimmenden Eigenschaften experimentell auszuloten. Dabei schwankt die Art, wie das Wölfische, das den menschlichen, unter Wölfen aufgewachsenen Kindern dann zukommt, imaginiert wird, zwischen ultimativem Feindbild, sozialem Vorbild oder Versprechen einer wilden Ursprünglichkeit. Jeweils neu wird zur Debatte gestellt, was den Menschen zum Menschen macht. Die Suche nach einem „Naturzustand" des Menschen, seine Nähe zum Tier sowie nach dem Wesen des Sozialen kulminieren in der Chiffre des Wolfskinds.[115]

In seiner Nachlassnotiz vermerkt Canetti nun, dass er auf das Tagebuch des Missionars und das Schicksal von Kamala über eine frühere Lektüre aufmerksam wurde: Ein Buch, das er während des Krieges erwarb und das auch Bilder der Kinder enthielt. Es ist sehr wahrscheinlich, dass es sich bei diesem ersten Buch um das 1941 erschienene Werk *Wolf Child and Human Child* des amerikanischen Entwicklungspsychologen Arnold Gesell handelt, das sich nicht nur im Besitz Canet-

---

115 Claude Lévi-Strauss, der seine Studie zu den *Elementaren Strukturen der Verwandtschaft* mit einem kurzen Kapitel über Natur und Kultur beginnt und dort auch auf die Wolfskinder zu sprechen kommt, zählt die Hoffnung, in den „wilden Kindern" auf einen menschlichen Urzustand zu stoßen, eindeutig zur von ihm aufgedeckten „archaischen Illusion": „Die ‚wilden Kinder', seien sie nun das Produkt des Zufalls oder des Experiments, mögen kulturelle Monster sein, in keinem Fall aber sind sie verläßliche Zeugen eines früheren Zustands. Wir können also nicht hoffen, beim Menschen die Veranschaulichung von Verhaltenstypen vorkultureller Art zu finden." Lévi-Strauss: *Die elementaren Strukturen der Verwandtschaft*, S. 48. Vgl. zur Vorgeschichte von Wolfskind und Menschenversuch „vor den positiven Wissenschaften des 19. und 20. Jahrhunderts": Nicolas Pethes: *Zöglinge der Natur. Der literarische Menschenversuch des 18. Jahrhunderts*. Göttingen: Wallstein 2007, für das Zitat: S. 10.

tis befand, sondern, wie erwähnt, auch im Literaturverzeichnis von *Masse und Macht* auftaucht – im Gegensatz zum Tagebuch des Missionars. Den langen Untertitel von Gesells Buch erwähnt Canetti nicht: *Being a Narrative Interpretation of the Life History of Kamala, the Wolf Girl; Based on the Diary Account of a Child who was Reared by a Wolf and who Then Lived for Nine Years in the Orphanage of Midnapore, in the Province of Bengal, India*. Denn das Buch erschien zwei Jahre bevor das Tagebuch des Missionars J.A.L. Singh und seine Aufzeichnungen über Amala und Kamala 1943 erstmals publiziert wurden. Gesell *imaginiert* daher kurzerhand in seiner „narrative interpretation" die acht Jahre, die Kamala unter Wölfen verbracht haben mag, auf der Grundlage seines entwicklungspsychologischen Wissens.

Singhs Tagebuch, das auf ein Manuskript von 1935 zurückgeht, verbreitete sich nach der Publikation schnell und wurde 1964 auch ins Deutsche übersetzt und vom Schweizer Biologen Adolf Portmann[116] mit einem Vorwort versehen. Portmann betont, das Besondere des Textes liege im Unterschied zu den meisten mehr oder weniger offensichtlich imaginierten oder literarisierten Berichten von Wolfskindern, denen man „allzu deutlich das Weben der Einbildungskräfte der Erzählenden"[117] ansehen könne, in der Tatsache, dass Singh selbst bei der Entdeckung der beiden Kinder anwesend gewesen sei, hier also ein Bericht aus erster Hand vorliege. Dagegen führt Portmann zahlreiche kritische Auseinandersetzungen mit Gesells Versuch an, mittels der „Vorstellungskraft eines Forschers"[118]

---

116 Der Basler Biologe und Zoologe Portmann, auf dessen verhaltensbiologische Schriften der Begriff der „physiologischen Frühgeburt" zurückgeht, der wiederum Arnold Gehlen zu seinem Begriff des Menschen als „biologisches Mängelwesen" inspirierte, hatte großen Einfluss auf die philosophische Anthropologie. Am Fall von Amala und Kamala interessierte ihn besonders die Möglichkeit, Zustände des Menschen, oder gar „das Faktum des Humanen in seiner ganzen Größe, aber auch seinem Geheimnis" einsehbar zu machen, die durch das Verbot des Menschenexperiments der Forschung sonst per se unzugänglich seien. (Adolf Portmann: „Geleitwort". In: J.A.L. Singh: *Die „Wolfskinder" von Midnapore. Tagebuch des Missionars J.A.L. Singh*. Heidelberg: Quelle & Meyer 1964, S. 7–22, hier S. 22.) Er interessierte sich außerdem, wiederum von Uexküll beeinflusst, für die Wahrnehmungsfähigkeit von Tieren. Dementsprechend versucht er auch, die Geschichte von Amala und Kamala darüber zu beglaubigen, dass er das Gegenbeispiel eines Berichts sowie Filmaufnahmen von Lois und Herb Crisler anführt: Diese hatten in der Arktis Wölfe aufgezogen und mit ihnen sowie im Kontakt mit Wildwölfen über längere Zeit gelebt. Die Einblicke in das Verhältnis von Wolf und Mensch, vor allem aber auch in die „Manifestation von so hoher Innerlichkeit" (ebd., S. 21) sowie das ausgeprägte Sozialleben der Wölfe machten es wahrscheinlicher, so Portmann, dass Menschenkinder bei Wölfen leben könnten. Canetti liest allerdings die englische Version des Buches, die von R.M. Zingg unter dem Titel *Wolf children and feral man* 1942 herausgegeben und kommentiert wurde.
117 Ebd., S. 10.
118 Ebd., S. 11.

Amalas und Kamalas frühe Kindheit als fiktionale Erzählung zu wissenschaftlichen Zwecken heranzuziehen. In ähnlicher Weise bewertet allerdings auch die aktuelle Forschung das Tagebuch des Missionars als einen größtenteils fiktionalen Bericht und die Fotografien, die Singh von Amala und Kamala angefertigt haben will, als nachgestellte Abbildungen späteren Datums.

Fiktion und Imagination liegen in allen Fällen von Wolfskindern auf der Lauer: Die bekannten Wolfskindergeschichten, die von Verhaltensbiologie und Literatur gleichermaßen Aufmerksamkeit erfahren haben, verheißen, dass sich an ihnen Zustände beobachten lassen, die nicht durch gezieltes Experimentieren am Menschen herbeigeführt werden dürfen und daher sonst nur im Modus der Fiktion existieren. Zugleich definieren sich die „realen" Fälle gerade darüber, dass Kleinkinder sich jenseits des menschlichen Zugriffs und menschlicher Beobachtung in der Obhut von Tieren befinden; sind also über eine Zeit und einen Zustand bestimmt, auf die immer nur indirekt geschlossen werden, von denen es kein eigentliches Zeugnis geben kann: Weder der Wolf noch das wölfische Menschenkind können davon berichten. Auch für Amala und Kamala ließ sich zunächst nur mit Sicherheit sagen, dass zwei offenbar nicht „normal" sozialisierte Kinder in einer Wolfshöhle gefunden wurden. In dem Moment, in dem der Mensch – hier: der Missionar Singh – hinzukam, wurde das hypothetische Zusammenleben von Wolf und Kind unwiederbringlich zerstört. Unklar und der Imagination der Forschenden überlassen bleibt, ob, wie lange und auf welche Weise diese wirklich unter Wölfen lebten. Auch die „realen" Wolfskinder sind somit immer Figuren des Imaginären: Ursprungsort für die Imagination der Forschenden und zugleich imaginierte Figuren des (menschlichen) Ursprungs und einer angenommenen „Naturhaftigkeit".

Der Bericht vom Auffinden der Wolfskinder zu Beginn von Singhs „Tagebuch",[119] in dem später Canetti so fasziniert lesen wird, legt nun verschiedene Fremdheitszuschreibungen übereinander. Singh zog als Missionar durch den indischen Dschungel und sein Text beschreibt, wie die indigene Bevölkerung ihn aus Angst mied. Um ihr Vertrauen zu gewinnen, versuchten es die Missionare mit Anähnelung: Sie wechselten die Bekleidung, um sich „in der äußeren Erscheinung ihnen gleich zu machen."[120] Nachdem sie auf diese Weise das Vertrauen der Bevölkerung – „wahrheitsliebend" und von „beinahe untadeligem Charak-

---

[119] Die meisten Einträge sind erst retrospektiv entstanden und mehrfach umgeordnet worden, wie er selbst erklärt.
[120] Die mimetische Energie des Erstkontakts entfaltet sich, könnte man mit Michael Tausig sagen. Vgl. dazu Taussig: *Mimesis und Alterität*, S. 80. Siehe zur Ähnlichkeit und dem Erstkontakt auch den Abschnitt „Sammlungen zweiter Ordnung. Ähnlichkeit als gefährliches Objekt" in Kapitel IV.3.

ter"¹²¹ – gewannen, baten im Herbst des Jahres 1920 einige Dorfbewohner, „allesamt Geisteranbeter",¹²² die Missionare auf der Durchreise um Hilfe gegen einen bedrohlichen, menschlichen Geist. So beginnt die Geschichte von Amala und Kamala ähnlich wie die Erzählung von Nongqawuse mit dem Bericht einer Geistererscheinung. Die Dorfbewohner berichteten, der Geist treibe im angrenzenden Dschungel vorrangig in der Abenddämmerung sein Unwesen, und obwohl Singh „das Ganze für erdichtet"¹²³ hielt, legte er sich auf die Lauer und erspähte schließlich, wie eine Wölfin mit zwei Jungtieren ihren Bau verließ, dicht gefolgt von jenem Geist: „ein schrecklich aussehendes Wesen – Hand, Fuß und Körper wie ein Menschenwesen; aber der Kopf war ein großer Ball von irgendetwas, das die Schultern und einen Teil des Oberkörpers bedeckte und nur die scharfen Umrisse des Gesichtes freiließ",¹²⁴ hinter ihm ein zweites solches Wesen, beide auf allen Vieren. Trotz seines Mitleids mit der Wölfin, durch deren Mutterliebe diese ihm „edler sogar als ein Mensch"¹²⁵ erschien, töteten Singh und seine Begleiter das Tier, verkauften ihre beiden Jungen und nahmen die zwei „Geister" an sich, die sich „wilder als die Wolfsjungen"¹²⁶ gegen ihre Befreiung sträubten und sich als Menschenkinder entpuppten. Singh schätzte das Alter der beiden auf anderthalb und acht Jahre, nannte sie Amala und Kamala und versuchte fortan, sie gemeinsam mit seiner Frau in dem von ihnen geleiteten Waisenhaus zu „echten" Menschen zu erziehen. Bereits aus der „Rettungs"-Geschichte wird deutlich, wie stark Singhs Beschreibungen zwischen eigener Assimilierung an das „Andere" der indigenen Bevölkerung – durch die Anpassung der Kleidung wie durch den Versuch, den Geist zu suchen, obwohl er nicht an ihn glaubt – und der dreifachen Verfremdung der Kinder – als Geister, als Tiere und als „Wilde"¹²⁷ – schwankt.

---

121 J.A.L. Singh: *Die „Wolfskinder" von Midnapore. Tagebuch des Missionars J.A.L. Singh [1943]*. Heidelberg: Quelle & Meyer 1964, S. 25.
122 Ebd., S. 29.
123 Ebd., S. 30.
124 Ebd., S. 31.
125 Ebd., S. 33.
126 Ebd., S. 34.
127 Es gibt immer wieder Deutungen, die davon ausgehen, dass es sich bei den Kindern um geistig beeinträchtigte Kinder handelte, die deswegen von ihren Eltern ausgesetzt wurden, und daher auch das seltsame, als „tierisch" gedeutete Verhalten zeigten: Damit käme noch eine weitere Kategorie des „Anderen" hinzu. Dieser Deutung schließt sich auch Lévi-Strauss an: „Aber aus den alten Berichten geht deutlich hervor, daß die meisten dieser Kinder von Geburt an anormal waren und daß man im Schwachsinn, den sie fast alle zu beweisen scheinen, den Grund für ihre Aussetzung zu suchen hat und nicht – wie man zuweilen gern behauptet – deren Ergebnis." Lévi-Strauss: *Die elementaren Strukturen der Verwandtschaft*, S. 47.

Die Austreibungsarbeit dieser drei Fremdheiten aus den Kindern, die, so beteuert Singh, seine Frau und er mit viel Geduld und Hingabe betrieben, beginnt vor allem am Körper. In den Beschreibungen beider Kinder scheint Singh selbst vom Geisterglauben besessen. Er ist überzeugt, ihr Leben unter Wölfen habe zu starken physiognomischen Veränderungen geführt, dass also, lamarckistisch gesprochen, Regression bzw. Anpassung an die wölfische Umgebung in nur einer Generation möglich sei:

> Die Kieferknochen waren erhöht und traten hervor. [...] So wie die Hände und Füße eine Umbildung erfahren hatten, hatten sich auch die Kiefer durch das ständige Kauen und Abnagen von Knochen verändert. [...] Ihre Augen waren rundlich und blickten tagsüber schläfrig drein. Aber nachts nach zwölf Uhr waren sie weit geöffnet. Sie hatten ein eigentümliches bläuliches Leuchten, wie die Augen von Katzen oder Hunden im Dunkeln. Nachts, wenn das Leuchten sichtbar wurde, konnte man in ihrer Umgebung nichts sehen als die beiden blauen, kräftigen Lichter[.][128]

Mit diesen und ähnlich phantastisch anmutenden Beobachtungen beschreibt Singh die Mädchen ganz in Sinne von Canettis Verwandlungsbegriff, denn in ihrem Leben unter Wölfen wurden sie „in jeder Beziehung ein Tier".[129] Trotz aller Bemühungen, „noch einmal ganz von vorn bei der Kindheit" anzufangen, ihr menschliches Leben neu zu beginnen, lernte Kamala nach dem frühen Tod von Amala nie, auf zwei zu Beinen laufen. Dennoch sei durch die liebevolle Pflege in Mrs. Singhs Obhut eine „intellektuelle" Wandlung in ihr vorgegangen, die auch ihren tierischen Körper beeinflusste.[130] Sich wie ein Tier fühlen, unter Tieren aufwachsen, wie ein Tier essen, denken und spielen, führt hier auch zur körperlichen Verwandlung – und ebenso andersherum.

Das biologische Interesse am Fall der indischen Wolfskinder nimmt Singh bereits abwehrend vorweg, wenn er seinen Bericht mit dem Hinweis beschließt, Kamala könne allerdings nicht ohne Weiteres zum Beweis eines evolutionären „missing link" und Beweis tierischer Vorfahren der Menschen herangezogen werden. Zwar scheint das Mädchen „in der Ahnenkette einen noch weiter zurückliegenden Platz einzunehmen" als sogar die Affen, dennoch sei sie „eine künstliche Schöpfung", erzeugt durch den zweifachen „plötzlichen Wechsel der Umgebung".[131]

---

128 Singh zählt in seinem Kapitel zur „Andersartigkeit ihres Aussehens" von Gebiss, Augen, Nase, Gehör, Tast- und Geruchssinn bis zu den Händen und Füßen, die anders als bei Menschen gekrümmt gewesen seien, alle Einzelheiten auf. Ausführlich beschreibt er ihre Essgewohnheiten und Fortbewegungsart auf allen Vieren. Singh: Die „Wolfskinder" von Midnapore, S. 41–46.
129 Ebd., S. 95.
130 Vgl. ebd., S. 96.
131 Ebd., S. 118.

Trotz Singhs Vorsicht und Abwehr klingt im Text immer wieder an, das Wolfskind ließe sich als Bindeglied zu den frühesten Formen des Menschen verstehen. Während die primitivistisch-ethnologische Perspektive die scheinbar „primitiven" Ursprünge des Menschen in den zeitgenössischen indigenen Völkern sucht („Allochronie"), behauptet die frühe Entwicklungspsychologie eine analoge Beziehung zwischen den frühen Stufen der Menschheit und Kindern („Rekapitulation"): In Weiterentwicklung von Ernst Haeckels eigentlich für die Embryonalentwicklung formuliertem „biogenetischen Grundgesetz"[132] rekapituliere demzufolge jedes Individuum in seiner Ontogenese die verschiedenen Stufen der Phylogenese. Damit verlagert sich der „primitive", physische wie kognitive Ursprung des Menschen in die eigene Gesellschaft, in jedes einzelne Individuum hinein[133] – eine Bewegung, die Canetti schließlich auch mit der Masse anstrebt. Diese Analogie zwischen Kind und ursprünglichem Menschen geht allerdings in der Entwicklungspsychologie mit einer Alterisierung einher: Im Kind „kehrt, so die rekapitulationistische Überzeugung, der Wilde der Urzeit wieder."[134] Dies ruft erzieherische und zivilisatorische Maßnahmen gleichermaßen auf den Plan. Singh – zwar Leiter eines Kinderheims, aber keineswegs Entwicklungspsychologe – geht nun davon aus, dass im kindlichen Gehirn sowohl menschliche als auch tierische Hirnzellen vorhanden seien, die sich je nach Umwelteinflüssen entwickelten: Bei Kamala wäre es durch ihre wölfische Umgebung nur zur Ausprägung der tierischen Zellen gekommen, denen er nun versuche, „keinen Spielraum für ihr Wirken mehr" zu geben und stattdessen die menschlichen aus ihrem „Schlummer" zu reißen.[135] Einerseits geht er damit von einem undifferenzierten, „primitiven" Status tierisch-menschlicher Existenz des Kindes aus, andererseits aber betont er auch – im Unterschied zu entwicklungspsychologischen Strömungen der Zeit[136] – den Einfluss von Sozialisation und Anpassung an das Umfeld auf die Physis. Gerade das macht ihn für Canetti besonders interessant.

Diese textgewordene, „künstliche Schöpfung" Kamala taucht nun in Canettis Nachlass wieder auf. Endlich sei nun die Notiz zu seiner Lektüre vollständig zitiert:

---

132 Im fünften Buch der *Generellen Morphologie*, zur „Generelle[n] Ontogenie. Allgemeine Entwickelungsgeschichte der organischen Individuen (Embryologie und Metamorphologie)" behauptet Haeckel bekanntlich, dass „die Ontogenie weiter nichts ist als eine kurze Rekapitulation der Phylogenie." Ernst Haeckel: *Generelle Morphologie der Organismen*. Band 2: *Allgemeine Entwicklungsgeschichte der Organismen*. Buch 5, 1. Teil. Berlin: Reimer 1866, S. 7.
133 Vgl. ausführlich Gess: *Primitives Denken*, S. 73–77.
134 Ebd., S. 82.
135 Singh: *Die „Wolfskinder" von Midnapore*, S. 116.
136 Zur „Entkulturalisierung" des Kindes vgl. Gess: *Primitives Denken*, S. 83.

7. Februar 1955
Dieses indische Wolfskind, Kamala, das mit 17 Jahren starb, ergreift mich, als wäre es mein eigenes Kind gewesen. Seit Jahren bin ich mit ihm vertraut. Schon während des Krieges geriet mir ein kleines Buch in die Hand, das Bilder von ihm enthielt, und als ich vor etwa drei Jahren Mitglied der London Library wurde, fand ich dort das Tagebuch, das der Leiter des indischen Waisenhauses, in dem sie lebte, neun Jahre lang über sie führte. Ich behielt dieses Buch bei mir und las immer wieder darin. Ich las es nun hintereinander zu Ende, vielleicht um es nicht mehr herzugeben. Als ich nach Paris fuhr, um Friedl zu sehen, nahm ich es mit. Ich gab es ihr auf der schrecklichen Fahrt nach Savoyen zu lesen. Sie sprach viel davon, es war der letzte unheimliche Eindruck, den ich mit irgendetwas auf sie machte. Sie konnte nicht mehr gehen, sie war zu schwach dazu, und sah sich selbst als dieses Bild geschaffen, das Jahre dazu brauchte, um stehen und gehen zu lernen. Ich fühle Friedls Finger und Augen auf jeder Seite des Buches. Ich konnte es seither lange nicht öffnen, aber ich hatte es in meiner Nähe liegen, wo immer ich war, und trug es überall mit mir herum. Vor einigen Wochen habe ich es wieder geöffnet. Seither lese ich täglich darin und Kamala ist nun ganz mein eigenes Kind geworden.[137]

Verschiedene biographische Lesarten springen zunächst ins Auge.[138] Das erste Buch, auf das die Notiz verweist, ist wie erwähnt mit großer Wahrscheinlichkeit jenes von Arnold Gesell, das ebenfalls Bilder der Wolfskinder enthielt, das zweite recht wahrscheinlich das ebenfalls mit den Bildern ausgestattete Tagebuch des Missionars Singh.[139] Das Canetti durch die Lektüre „ergreifende" Wolfskind gibt

---

137 Elias Canetti: Nachlass Zentralbibliothek Zürich 37.10: „Masse und Macht": Undatierte Materialien: „Die Politik des Aristoteles", S. 6
138 1932 hatte Veza Canetti Notizen aus dem Nachlass zufolge eine Fehlgeburt (vgl. Hanuschek: *Elias Canetti*, S. 267f), in einem Brief an Georges Canetti vom 24. September 1937 gibt es ebenfalls Andeutungen – das ungeborene Kind wäre 1955 dann genau 17 Jahre alt gewesen, sodass sich eine solche Parallele zunächst anbietet: 1937 erwähnt Veza aber höchstwahrscheinlich nur noch einmal die früheren Geschehnisse. Mit Friedl ist die in Wien geborene Frieda Benedikt gemeint, die unter dem Pseudonym Anna Sebastian als Schriftstellerin im englischen Exil publizierte. Als sie Canetti 1935 kennenlernte, war sie 19 Jahre alt. Zunächst wurde Canetti der Lehrer der elf Jahre Jüngeren: Er gab ihr Schreibaufgaben und kontrollierte sie strikt – vom geführten Tagebuch bis hin zu ihrem aufgeräumten Zimmer. Auch sie ist also in gewissem Maße sein Kind, das sich mit Kamala vermischt. Später wurde sie seine Geliebte. Zu ihrer Beziehung, die Veza unterstützte, siehe ausführlich: Hanuschek: *Elias Canetti*, S. 278–280. Sie starb in Paris 1953 an einem Hodgkin-Lymphom mit 36 Jahren, also zwei Jahre vor der zitierten Notiz. Im Krankenhaus verbot sie Canetti, sie noch ein letztes Mal zu sehen, da sie ihren schwachen Körper vor ihm verbergen wollte. In ihrem Roman *Monster* zeichnet sie das Bild eines grotesken Herrschers – sie habe Canetti einmal gesagt, er sei das Vorbild dazu gewesen. Vgl. Sven Hanuschek: „Besprechung von ‚Das Monster', Roman von Anna Sebastian". In: *Frankfurter Rundschau* vom 03.03.2004. Die Bezüge sind ohne Frage in der Notiz enthalten, sie werden hier jedoch beiseitegelassen.
139 Die Fotografien, die Canetti als faktuale Zeugnisse akzeptiert und beide Kinder beim Schlafen, Klettern oder wie ein Tier aus einer Schüssel trinkend zeigen, sind – so stellte sich später he-

sich in der Notiz schon bei Erstkontakt als mögliches eigenes Kind zu erkennen, hier allerdings noch im Konjunktiv formuliert. Nach den vielen Lektüren, „um es nicht mehr herzugeben", und nach der Verknüpfung von Canettis Schülerin und späteren Geliebten Friedl (d.i. die Schriftstellerin Frieda Benedikt alias Anna Sebastian) und Kamala über beider fragile Körperlichkeit und Friedls eigenem Lesen des Buches, geht nun Friedls Lektüre in Canetti ein: Nach ihrem Tod sei sie, die wie Kamala früh starb, bei jedem Leseakt durch ihre Augen und Finger präsent, sie lese immer mit, sei Teil der Buchseiten geworden – Teil des Buches als Ding also, das nicht mehr gelesen, sondern nur noch herumgetragen wird, weil es die früh Verstorbene enthält. Nach der mehrfachen Verwandlung der Toten in das Wolfskind, in Lektüre, in ein Buch – hervorgerufen durch die Lektüre –, schlägt Canetti das Buch erneut auf: Und „ist nun ganz" zum Vater Kamalas geworden. Als Vater des Wolfskinds reiht er sich ein in eine Liste von Eltern: Neben ihren biologischen Eltern, der Wolfsmutter und Mr. und Mrs. Singh erklärt nun auch er seine Vaterschaft dieses ewigen Kindes: Ihre Kindheit beginnt, so beschreibt es Singh in seinem Tagebuch immer wieder, unter Menschen noch einmal von vorn, das Menschsein, Stehen, Gehen müsse sie erst mühselig erlernen. Da sie stirbt, bevor es ihr gelingt, bleibt sie bis zum Ende ihres Lebens und als literarische Figur für immer auf dem Entwicklungsstand eines kleinen Kindes stehen.

Einerseits zeugt die Notiz von Canettis Trauer um die verlorene Freundin Friedl, indem er sie als Kamala und gleichzeitig als Leseperspektive in einen Text bannt, aus dem er als Leser die Verstorbene in sich aufzunehmen vermag. Andererseits aber – und hier entscheidender – ist das Lesen über das Wolfskind vor allem die Lektüre über eine Figur, die sich zwischen Menschenexperiment, „primitiver" Geistererscheinung und wölfischer Wildheit bewegt. Als eine solche dreifache Figur des „Anderen" verspricht Kamala Erkenntnisse über einen menschlichen Naturzustand, der sonst nur in der Fiktion modelliert werden kann. Und doch bleiben auch diese Erkenntnisse Imaginationen über eine imaginäre Ursprünglichkeit des Menschen. Die Begegnung mit den Wolfskindern, die Singh in seinem Tagebuch aufwändig inszeniert, wofür er verschiedene Verfahren der Anähnelung und Verfremdung heranzieht, zeigt zugleich, dass diese auf ganz verschiedene Weise als Projektionsflächen für Zustände des Imaginären genutzt

---

raus – erst Jahre nach dem Tod von Amala und Kamala entstanden. Dass es sich hier um inszenierte Fotografien handelt, ist bereits schon deswegen wahrscheinlich, weil u. a. auch spontane Fluchtversuche von Kamala fotografisch und mit exakt gewähltem Bildausschnitt festgehalten wurden. Ihre Gesichter und Augen werden nicht abgebildet. Dass Canetti hier Bilder erwähnt, auch wenn er sich nicht weiter auf sie bezieht, ist wichtig: Alle Abbildungen aus ethnographischen Schriften lässt er beispielsweise in *Masse und Macht* beiseite.

werden: als imaginärer Ursprung, imaginäre Geister, imaginäre Zwitterwesen zwischen Mensch und Tier. Erklärt sich Canetti zum Vater dieser Figur des Imaginären, so macht er sich selbst zu ihrer Ursprungsinstanz. Der beschriebene Lektüreakt vollzieht sich hier also nicht als Einverleibung eines vorhandenen Textes, sondern kehrt die Reihenfolge um: die Figur des Imaginären stammt dann von Canetti selbst ab, geht aus ihm hervor, ist sein Fleisch und Blut.

Der Assimilierungsprozess Kamalas an die Welt der Menschen ist schmerzlich, obwohl Singh alle Erziehungsmaßnahmen als liebevoll, geduldig und sanft beschreibt. Dieser körperliche Schmerz verbindet Kamala in Canettis Notiz auch mit Friedl. Oft werden die beiden Wolfskinder bei Singh als teilnahmslos an Wände starrend, als unfähig zur sozialen Interaktion beschrieben und scheinen zunächst unter Rhythmus und Zwängen des menschlichen Soziallebens zu leiden. Canettis immer aufs Neue wiederholte Lektüre lässt den schmerzhaften Zivilisierungsprozess Kamalas ein ums andere Mal beginnen, als ihr Vater leidet er mit ihr und bringt ihn zugleich hervor. Kamala wird damit auch zu einem Beispiel für die gewaltsamen und leidvollen Dimensionen eines Anverwandelns, das letztlich scheitern muss. Als „virtuelles Tier" im menschlichen Körper enthält sie das Eigene und das Andere zugleich und wird zur Assimilierung an ihre eigene „menschliche Natur" gezwungen.

An diese „künstliche Schöpfung" versucht sich nun Canetti durch die Lektüre wiederum anzuähneln. Der anähnelnde Lektüreakt allerdings vollzieht sich als *genetische* Schöpfung, indem sich Canetti als Vater identifiziert: Gelesen wird in der Geschichte eines selbst hervorgebrachten Geschöpfs, das zugleich als Zeugnis einer „primitiven" Ursprünglichkeit dienen soll. Als Figur des Imaginären entsteht es in Canettis zeugender Lektüre. Dies widerspricht nun allen Beteuerungen vom Verzicht auf Originalität zugunsten des „Primitiven", verträgt sich nicht mit dem Bild von Autor*innenschaft im Zeichen des Sammelns und der Bricolage von Zitaten und widerspricht erst recht dem Vorsatz, die „Stimmen des Anderen" zu Wort kommen zu lassen. Was hier spricht, sind Canettis in der Lektüre gezeugte Figuren, sie gehen aus seinen Lektüren hervor und stammen von ihm ab.

Die nachgelassene Notiz ist also nicht nur entscheidend, weil sie die in *Masse und Macht* verborgenen Referenzen auf das Kind als „primitive" Figur des Ursprungs erkennen lässt. In ihr lassen sich außerdem Hinweise auf eine Konzeption von Lektüre finden, die sich von der oft bei Canetti beschriebenen Lektüre als Einverleibung oder Anverwandlung unterscheidet, diese Form sogar vollständig umkehrt: Statt der anverwandelnd oder einverleibenden Lektüre skizziert Canetti in ihr das Modell einer Lektüre als Genealogie. Diese Form der Lektüre allerdings holt Canetti selbst nicht reflexiv wieder ein, wie er es im Gegensatz dazu für das körperlich-einverleibende Modell vom lesbaren Text als Nahrung immer wieder getan hat: Das Modell der Lektüre als organische Einverleibung zählt zu

Canettis zentralen Denkfiguren und Selbstbeschreibungsformeln.[140] Auch in *Masse und Macht* bedient er sich in dem berühmten Kapitel zu Stendhal und der literarischen Unsterblichkeit dieser Formulierung: Dort heißt es, in Stendhals Texten, schlage man sie auf, „bieten sich die Toten den Lebenden als edelste Speise dar." (MM, 329)[141]

Das Konzept ist allerdings bereits schon in *Masse und Macht* hochgradig ambivalent und der Grat zwischen gewaltsamer Einverleibung als Geste der Macht und anverwandelnder Einverleibung als Subversion von Macht schmal: Scheint die mit Stendhal beschriebene literarische Unsterblichkeit als Utopie angelegt, in der „das Reich der Feindschaft" beendet, das Überleben „seinen Stachel verloren" hat (MM, 329), wird die Einverleibung gleichzeitig in den früheren Kapiteln zu den „Eingeweiden der Macht" als das machtvollste Instrument schlechthin konzipiert, der Metabolismus zum Bild und Vorbild der Macht erklärt.[142] Eine Einverleibung ist allerdings auch fähig, eine andere aufzuwiegen.[143] Diese grundlegende Ambivalenz

---

140 „Ich habe mich wirklich vollgestopft – man kann es nicht anders sagen – mit Äußerungen über diese Erscheinungen unserer Zeit, Äußerungen jeder Art, ich habe unzählige Biographien von Machthabern gelesen, Dokumente über sie, oder unzählige Schilderungen von Massenvorgängen." ARG, 254. Canettis Modell der Einverleibung ist im Hinblick auf sein Schaffen, seine „Dichter"-Konzeption, seinen Machtbegriff wie auch seine eigenen Verfahren bereits mehrfach von der Forschung untersucht worden. Hier sei nur an die bereits in Kap. IV.4 angeführten Überlegungen Gerhard Neumanns erinnert, der Einverleibung und Verwandlung als zwei Formen der Weltaneignung bei Canetti untersucht: Neumann: „Yo lo vi", S. 71; vgl. außerdem das Kapitel „Einverleibung – zur Sem-Ontologie der Speise" in: Friedrich: *Die Rebellion der Masse im Textsystem*, S. 118–142. Darin geht Friedrich der Gleichsetzung von „ist" und „ißt" auf phonologischer Ebene nach: Das Essen sei für Canetti immer ein „Aggressionsakt", von der Einverleibung über die Verdauung bis zur Ausscheidung. Daraus schließt Friedrich, Canetti gehe es „um die Kritik des Körpermodells als Vorbild für menschliche Identitätserfahrung. Die ‚Psychologie des Essens' diskreditiert den bewußten oder unbewußten Vorrang und die enorme Evidenz nutritiver Selbsterhaltung für das Sprechen über das Sein." Ebd., S. 128.

141 Canetti leitet dieses Modell der Einverleibung u.a. von Kafka und dessen Briefwechsel mit Felice Bauer her: „Sie, deren Kraft er für sein Schreiben als eine unauflösliche Nahrung benötigt, ist nicht imstande zu ermessen, wen sie mit sich, mit ihren Briefen nämlich, nährt." Elias Canetti: „Der andere Prozeß: Kafkas Briefe an Felice [1969]", in: GdW, 165–253, hier 178.

142 Anhand des Falls von Daniel Paul Schreber wird folglich der Machthaber und Führer beschrieben als einer, der sich an den Massen nährt: „Alles, was sie waren, kommt nun seinem eigenen Körper zugute", Elias Canetti: „Macht und Überleben [1962]". In: GdW, 113–129, hier 128.

143 In seinem Kafka-Essay führt Canetti detailliert vor, wie Felices Briefe Kafka als lektüreförmige Nahrung dienen und damit erst seine körperliche Askese ermöglichen: Kafkas Magerkeit werde durch die Nahrung ihrer Briefe komplementiert. Die Lektüre ersetzt die Nahrung, die eine Einverleibung wiegt die andere auf. Außerdem nimmt Canetti in seinem Essay selbst wiederum eine einverleibende Lektüre dieser, die erste Einverleibung dokumentierenden Briefe vor, wenn er beschreibt, „daß diese Briefe in mich eingegangen sind wie ein eigentliches Leben, und sie sind

innerhalb des Konzepts, die für Canetti offenbar keinen Widerspruch darstellt, lässt sich aufgrund seiner prominenten Position auch über *Masse und Macht* hinaus als konkrete Umsetzung von Canettis Kritik an fixierten Begriffen und feststehenden theoretischen Konzepten verstehen.[144] Hier vollzieht sich die Appropriation und Umwertung des eigenen – auf Appropriation basierenden – Konzepts.

Zur Reflexivität des Begriffs der Einverleibung, die bewusst ungreifbar (und somit: schwer einverleibbar) gehalten ist, bildet die Lektüre als Vaterschaft eine Gegenposition, oder: einen blinden Fleck. Während die Lektürepraktik der Einverleibung von Canettis Reflexion in ihrer machthaltigen Dimension eingeholt (oder: durch Umwertung zurückgenommen) wird, lässt sich dies für das Deszendenzmodell nicht sagen. Und gerade daher kann es einen Einblick in die Machart von Canettis Zitierpraktik geben. Im Rücken von Canettis reflektierten Lektüre- und Arbeitstechniken stellt die lesende Vaterschaft, die Canetti in seiner Lektüre von Kamala anerkennt, ein Verfahren dar, dass allen Bestrebungen, das „Andere" durch Anverwandlung ins Zentrum zu rücken, zuwiderläuft. Der schöpferische Vater bringt eine starke, souveräne Lese-, Erzähl-, und Forschungsperspektive zurück. Damit lässt sich bei kritischer Perspektive gerade dort, wo eine eindeutig „andere" *Sprecherposition* behauptet wird, Canettis eigene schöpferische Arbeit am Text offenlegen. An die oben skizzierten Exzerpier-, Zitier-, und Paraphrasierpraktiken anknüpfend, ist dieses genetische Modell als eine Lektüreform verstehbar, die sich als blinder Fleck im Rücken der Verfahren von *Masse und Macht* nachweisen lässt. Im Akt der väterlichen Aneignung verliert das Andere seine Fremdheit bzw. entspringt das Fremde dem eigenen, schöpferischen Körper des Lesenden: Das zunächst vorgängig sich dem lesenden Auge Darbietende wird rückwirkend durch die unablässige Lektüre, durch die nachträgliche Vaterschaft in die eigene Schöpfung verwandelt. Hinter der scheinbar anti-souveränen Strategie des anverwandelnden Sammelns verbirgt sich folglich ein genetisches Lektüremodell, das seinen eigenen Machtanspruch nicht weiter hinterfragt. Fasst man dieses ins Auge, lässt sich außerdem beobachten, dass zahlreiche Forschungsbeiträge zu *Masse und Macht* in ihrer Beschreibung der „unverfälschten Stimmenwiedergabe" des Textes hinter die Writing-Culture-Debatte zurückfallen. Diese nämlich hatte die Fiktion von der Unsichtbarkeit,[145] die die Ethnograph*innen für

---

mir nun so rätselhaft und so vertraut, als gehörten sie mir seit jeher schon an, seit ich versucht habe, Menschen ganz in mich aufzunehmen, um sie immer wieder von neuem zu begreifen." (ARG, 166).

144 Vgl. ausführlich dazu auch: Axel Schmitt: „Einverleiben, verdauen. Elias Canettis ‚Aufschreibesystem'". In: *Zum 100. Geburtstag Elias Canettis. literaturkritik.de* (2005), H. 7. https://literaturkritik.de/id/8360 (Stand 02.04.2020).

145 Vgl. Crapanzano: „Das Dilemma des Hermes", S. 164.

sich in Anspruch nehmen, um sich als unbeteiligt Beobachtende, ohne Einfluss auf das Beobachtete zu inszenieren, längst aufgegeben.

2 Die Syntax des Imaginären. Roger Caillois' „Steine"

Wer sich in Steine retten könnte, manchmal![146]

Ich bezweifle, daß er, der unruhig und weitschweifig ist, gewünscht hat, sein Einverständnis mit mir, der ich Stein bin und zum Schweigen verurteilte Zeichnung im Stein, zu bekräftigen.[147]

Das Imaginäre versuchen sowohl Canetti als auch Caillois über den Verweis auf das „Andere" lesbar zu machen. Während sich ersterer dafür mit ethnographischen Texten befasst, setzt sich letzterer mit dem Anorganischen als das dem Menschen diametral entgegengesetzte Andere auseinander.[148] Bereits in seinen frühen Texten vom Anfang der 1930er Jahre beginnt Caillois' Suche nach einer „Syntax" in solchen Phänomenen, die sich zunächst nicht unmittelbar als sprachliche Zusammenhänge präsentieren. Fast ein halbes Jahrhundert wird Caillois dem Begriff der Syntax innerhalb seines Werkes treu bleiben, auch wenn die Untersuchungsgegenstände wechseln: Mal sucht er nach der Syntax des Wunderbaren, des Mythos, kollektiver Imaginationen, des Heiligen, mal nach der Syntax des Universums und immer wieder: des Imaginären. Diese syntaktischen Untersuchungen imaginärer Phänomene sollen im Folgenden nicht unter eine allgemeine strukturalistische Herangehensweise[149] oder Caillois' Suche nach der „,ideogrammatischen' Weltstruktur"[150] subsumiert werden. Stattdessen wird

---

146 Canetti: Nachlass ZB 9 16.8.1946, zit. nach: Hanuschek: *Elias Canetti*, S. 376.
147 Roger Caillois: „Ein chinesisches Schriftzeichen". In: Ders.: *Die Schrift der Steine*. Übers. v. Rainer G. Schmidt. Graz: Droschl 2004, S. 160–162, hier S. 162. Frz.: „Je soupçonne qu'il a souhaité affirmer, lui l'inquiet, le prolixe, sa complicité avec moi, qui suis pierre et dessin dans la pierre, condamné au silence." Roger Caillois: „Un caractère chinois". In: Ders.: *Cases d'un échiquier*. Paris: Gallimard 1970, S. 110–112, hier S. 112.
148 Caillois befasst sich allerdings ebenso mit den sogenannten „primitiven" Völkern, etwa ausführlich in seinem Buch *Les jeux et les hommes (Die Spiele und die Menschen)* von 1958, in dem er anhand einer „sociologie à partir des jeux", einer vom Spiel ausgehenden Soziologie versucht, die Übergänge zwischen „primitiven" und „modernen" Gesellschaften zu skizzieren. Die von ihm dabei eingenommene koloniale Perspektive wäre eine weitere Untersuchung wert, kann hier aber immer nur angedeutet werden.
149 Vgl. „The term syntax in this proto-structuralist sense would recur in Caillois's work, up to Le Fleuve Alphée", Frank: „Introduction", S. 18f. Frank nimmt zudem eine Rekonstruktion von Caillois' Kritik am Strukturalismus vor, vgl. dazu ebd. S. 49.
150 Däuker: „Das poetische Ferment in der Wissenschaft", S. 315.

nach einem kurzen Überblick über Caillois' verschiedene Anläufe jener Syntaxsuche deren Metapher ernst genommen und im Hinblick darauf befragt, wie das Imaginäre sich für Caillois als sprachliche Struktur darbietet. Denn: Wenn das Imaginäre eine Syntax hat, dann muss man es auch als Sprache – oder etwas Sprachähnliches – erfassen können.[151]

Syntax bezeichnet seit Noam Chomskys *Syntactic structures* von 1957 „the study of the principles and processes by which sentences are constructed in particular languages."[152] Sie bildet das Gegenstück zur Semantik (im engeren Sinn und je nach Sprachtheorie auch zum Lexikon, zur Lautlehre und zur Morphologie).[153] Im Gegensatz zu Fragen der Bedeutungen interessiert sich die Syntax folglich für die Strukturen und Kombinationsregeln einzelner Sprachelemente und geht davon aus, dass eine begrenzte Anzahl allgemeiner Regeln für die Kombinationsmöglichkeiten einzelner Elemente zu einer unendlichen Anzahl von Sätzen gefunden werden kann.[154] Dieser abstrakte Zusammenhang zwischen einem begrenzten Set

---

151 Stéphane Massonet beschreibt in seiner Studie zu Caillois ausführlich, wie das Imaginäre bei Caillois zu einer Sprache wird, die man grammatisch untersuchen kann. Vgl. Massonet: *Les labyrinthes de l'imaginaire dans l'œuvre de Roger Caillois*, S. 102. Sein Fokus liegt dort – im Unterschied zu der hier vorgenommenen Untersuchung – vor allem auf den frühen Texten, etwa *Mythe et l'homme*, und der Frage nach dem Gegensatz von Schöpfertum oder passiv zugrundeliegender Syntax. Vgl. ebd., S. 125–127. Er bezieht Caillois' Untersuchungen zur Schrift der Steine in diesem Kontext nicht mit ein, was hier getan werden soll, um so zu einer anderen Schlussfolgerung zu gelangen – eben gerade jener einer Sprache und Schrift ohne Referenz, die auf jede Beziehung zur Welt verzichtet. Siehe meinen Abschnitt über Caillois' „Nachgeahmte Zeichen" weiter unten. Massonet zeigt hier zudem die Grenzen der Herangehensweise Caillois' auf, aus dem Imaginären eine Syntax destillieren zu wollen: Statt einfacher Lösungen entstünden durch die Disparatheit eher mehr Probleme. Hilfreich sind besonders Massonets Ausführungen zu einem epistemologischen Wert des Imaginären: Das Irrationale des Imaginären reorganisiere die Vernunft, und zwar in dem Moment, in dem man im Irrationalen eine Syntax erkenne. Im Imaginären scheint eine Syntax auf, die dann Auswirkungen auf das bisherige Bild des Rationalen habe. Caillois betreibe hier eine „contre-science" (ebd., S. 34) – eine „Gegenwissenschaft", wie sie auch Canetti attestiert wurde –, die ihre Positivitäten auflöse. Der fruchtbare Ansatz Massonets übergeht jedoch m. E. den durchaus „rationalen" Kern von Caillois' Imaginärem, darauf wird am Ende dieses Kapitels zurückzukommen sein.
152 Noam Chomsky: *Syntactic Structures [1957]*. Berlin, New York: De Gruyter 2002, S. 11.
153 Vgl. ebd., S. 5.
154 Schon lange vor Chomskys einflussreicher Studie, in der dieser die Syntax seinem universalgrammatischen Vorhaben (verkürzt formuliert, geht Chomskys *Universal Grammar*-Ansatz davon aus, dass jeder Mensch über eine bestimmte vorgegebene, angeborene kognitive Struktur verfügt, die nicht erlernt werden muss, daher in allen Sprachen gleich ist und nur je nach erworbener Sprache unterschiedlich aktiviert wird) entsprechend untersucht, bewegen sich die Prinzipien der sprachlichen Syntax im Spannungsfeld von begrenztem Regelwerk und ungleich breiteren Kombinationsmöglichkeiten. In den Grammatiken des antiken Griechenlands befasste sich die Syntax

an Regeln auf der einen und einem potenziell unendlichen Phänomenbereich auf der anderen Seite steht – jenseits der hier vorgenommenen Spezifizierung auf den Bereich der Sprache – auch im Zentrum von Caillois' Untersuchung des Imaginären.[155] Dies macht plausibler, wieso Caillois bereits in seinen frühen Texten der 1930er Jahre, und später im Laufe seines Lebens immer wieder, auf die Metapher von der Syntax des Imaginären zurückgreift: „Der Wortschatz, dieser Stoffwechsel der Sprache, ist mir egal. [...] Die Syntax aber ist mir nicht egal, denn das Skelett der Sprache darf man nur ganz behutsam antasten."[156] Dies heißt aber auch: Wenn also das Imaginäre eine Syntax hat, so lässt es sich in einzelne Terme – Sätze oder Worte – unterteilen und ordnen. Im Unterschied zu Canetti, in dessen Werk sich die Überzeugung von der *Les- und Erzählbarkeit* des Imaginären nachweisen lässt (s. o.), fokussiert Caillois also die interne Struktur der Elemente eines Imaginären als Sprache. Wenn die hier zum Ausgang genommene Vermutung zutrifft, dass Caillois' Rede von der Syntax des Imaginären als eigenständiger und tatsächlich an den kombinatorischen, sprachlichen Strukturen orientierter Zugang zu seinem Phänomenbereich zu betrachten ist und nicht in seiner allgemeineren Suche nach der „Logik des Imaginären"[157] aufgeht, dann interessiert er sich dezidiert nicht dafür, was das Imaginäre bedeutet, welche anthropologischen Bedürfnisse mit ihm verbunden werden oder welche Semantisierungsprozesse es

---

nicht nur mit dem Satz, sondern war auch die Lehre von den Regeln der Kombination und des Zusammenfügens von Buchstaben und Silben zu Wörtern. Später verschiebt sich der Fokus auf die Satzebene. Für Caillois' frühe Texte und die Untersuchung der Syntax im frühen 20. Jahrhundert gilt: „Man kann ohne Übertreibung sagen, daß um die letzte Jahrhundertwende ziemlich alle Hypothesen genannt und weithin bekannt waren, die zum Aufbau einer seriös zu nennenden Theorie erforderlich sind, innerhalb derer etwa den heutigen syntaktischen Systemen ihr Platz zugewiesen werden kann." Wolf Thümmel: „Geschichte der Syntaxforschung. Westliche Entwicklungen". In: Joachim Jacobs u. a. (Hg.): *Syntax. Ein internationales Handbuch zeitgenössischer Forschung*, 1. Halbband. Berlin, New York: De Gruyter 1993, S. 130–199, hier S. 131 f. Mit beidem, der antiken wie der modernen Forschung, war Caillois als „agrégé de grammaire" bestens vertraut. Vgl. zu Caillois als ausgebildetem „grammarien", der immer nach klassifikatorischen Ordnungen in dynamischer Unordnung sucht: Wunenburger: „L'imagination cosmique", S. 48.
155 In Caillois' anhaltendem Verweis auf das Periodensystem der Elemente, das in begrenzter und tabellarischer Form alle chemischen Elemente des Universums enthält, geht es ihm genau um diesen Zusammenhang, den er für die Untersuchung des Imaginären nutzbar machen möchte: Vgl. den Abschnitt VI.3 „Bilder zur Operationalisierung des Potenziellen. Das Periodensystem als Tableau des Imaginären bei Caillois".
156 Bianciotti/Enthoven: „Gespräch mit Roger Caillois (1978)", S. 308. Frz: „Au vocabulaire, cela m'est égal, c'est le métabolisme de la langue [...] Mais à la syntaxe, non, car la syntaxe c'est le squelette de la langue, le squelette, il ne faut y toucher qu'avec beaucoup de précautions." Caillois: „Entretien avec Hector Bianciotti et Jean-Paul Enthoven [28 novembre 1978]", S. 150.
157 Caillois: *Der Krake*; Frz.: Caillois: „La Pieuvre. Essai sur la logique de l'imaginaire [1973]".

hervorbringen. Stattdessen fragt er danach, wie im Imaginären die Konstruktionsprinzipien eines beschränkten Regelwerks der Welt erkennbar (oder: lesbar) werden. Dass aber letztlich nicht das Imaginäre wie eine Sprache strukturiert ist (wie z. B. Lacans Symbolisches), sondern dass umgekehrt das Imaginäre die Regeln enthält, nach denen sich die Sprache strukturiert, ist die erste Pointe an Caillois' Ansatz. Das eigentlich Besondere, seine zweite und noch radikalere Wendung ist aber nun, dass der Ursprungsort dieser Regeln jenseits des Menschen, sogar jenseits der organischen Natur überhaupt angesetzt wird: im Anorganischen, im Stein und im Kristall.

Während Caillois' Studien über die Steine im Hinblick auf seine Analysen der Bilder im Stein und sein „heteronomes" Kunstverständnis bereits untersucht wurden,[158] zielen die folgenden Überlegungen weder auf einen Bild- noch einen Kunstbegriff. Stattdessen geht es um die Verschränkung von Imaginärem und Sprache, insbesondere von Imaginärem und Schrift, die Caillois jenseits des Menschen, mit linguistischer wie philologischer Genauigkeit im Anorganischen beobachtet: Im Stein macht er die abstrakten Regeln der potenziell unendlichen Ausformungen der menschlichen Kulturtechnik des Schreibens sowie der Syntax menschlicher Sprachen beobachtbar. Eine *universal grammar*, so könnte man sagen, die weitaus universaler ist, als Chomsky sich es je erträumt hätte. Das abstrakte, universale Regelwerk menschlicher Sprach- und vor allem Schriftproduktion ist für Caillois eben nicht nur in einer kognitiven Struktur im menschlichen Gehirn vorgegeben, sondern bereits im Stein vorhanden.

Diese weitreichende Dezentrierungsarbeit des Menschen in die Natur, in das Anorganische hinein, greift auf eine Tradition der Verknüpfung von Schrift, Lektüre und Stein zurück, die zunächst an zwei kurzen Seitenblicken auf romantische und surrealistische Steintexte beschrieben wird, um Caillois' doppelten Bruch mit den „literarischen Steinen" verstehbar zu machen: Denn dass Caillois insbesondere innerhalb seiner Zyklen zum Stein selbst poetische Texte schreibt, ist mehrfach ausgeführt worden.[159] Jenseits seiner Referenz auf die literarische Tradition

---

[158] Vgl. für den deutschen Forschungsraum u.a. Claudia Blümle: „Natura Pictrix. Zur Wiederentdeckung der Steinbilder durch Jurgis Baltrusaitis und Roger Caillois". In: Nadia Schneider (Hg.): *Markus Müller. Nutzen und Nachteil*. Zürich: Edition Fink 2006, S. 25–32; Albers: „Reine und unreine Literatur(wissenschaft) nach Roger Caillois"; Dies.: „Die Unreinheit der Literatur"; Däuker: „Das poetische Ferment in der Wissenschaft".
[159] Vgl. u.a. die Übersicht zu Caillois' Steintexten bei Bruno Tritsmans: *Livres de pierre. Segalen, Caillois, Le Clézio, Gracq*. Tübingen: Gunter Narr 1992, S. 31–52, der sich mit der Dynamik zwischen Arbitrarität der Sprache und materieller Persistenz des Steins in Bezug auf die poetische Sprache auseinandergesetzt hat, vgl. auch Jean Starobinski: „Saturne au ciel de pierres". In: *Nouvelle Revue Française* 320 (1979), S. 176–191.

des Schreibens von Steinen und seiner dezidierten Abgrenzung von ihr lassen sich seine Texte allerdings auch als ein entscheidender wissenschaftlicher Beitrag zum Begriff des Imaginären lesen.[160]

2.1 Caillois' syntaktische Untersuchungen. Ein kurzer Überblick

In „L'équivoque surréaliste" (Das surrealistische Missverständnis) – einer Zusammenstellung von Texten im ersten Band der *Approches de l'imaginaire*, deren frühester Text 1933 entstand – betont Caillois trotz seiner Differenzen und schließlich seines Bruchs mit Breton den starken Einfluss, den der Surrealismus anhaltend auf ihn ausübe. Doch statt der surrealistischen Begegnungen mit dem Wunder, erklärt er dort, suche er dessen „Syntax".[161] In einem 1936 veröffentlichten Essay mit dem Titel „Fonction du mythe", den Caillois auch an den Anfang seines zwei Jahre später publizierten Buches *Le Mythe et l'homme* stellte, diagnostiziert er in ähnlicher Hinsicht einen Mangel, den die meisten bestehenden Mythentheorien, von Lévy-Bruhl bis Cassirer, miteinander teilten: Diese interessierten sich nicht für die intrinsische Ursache der Mythenproduktion, sondern fragten meist nur nach den äußeren Entstehungsbedingungen, wie etwa sozialen und historischen Umständen. Caillois dagegen wolle zu den spezifischen inneren Strukturen der „Selbstreproduktion und Selbstkristallisation" des Mythos vordringen und damit auch zu deren „Syntax".[162] 1939, in *L'homme et le sacré* (*Der Mensch und das Heilige*) betont er bereits in der Einleitung, er wolle, da das Heilige überall auf der Welt und zu jedem Zeitpunkt andere Gestalt annehme, die überzeitliche, transkulturelle „Syntax" des Heiligen aufzeigen,[163] die das sichtbare, wie auch das unsichtbare Universum durchziehe. Die Syntax wird hier – ähnlich

---

160 Siehe zu den zugrunde gelegten Begriffen von Literatur und Wissenschaft das Kapitel II.2.
161 Roger Caillois: „L'équivoque surréaliste (1933–1935)". In: Ders.: *Approches de l'imaginaire*. Paris: Gallimard 1974, S. 9–54, hier S. 12.
162 Frz.: „une dialectique spécifique d'autoprolifération et d'autocristallisation qui est à soi-même son propre ressort et sa propre syntaxe." Roger Caillois: „Fonction du mythe [1936]". In: Ders.: *Œuvres*. Hg. v. Dominique Rabourdin. Paris: Gallimard 2008, S. 235–245, hier S. 238. Für eine Darstellung von Caillois' Mythosbegriff, der an dieser Stelle nicht behandelt werden kann, siehe ausführlich: Eidelpes: „Roger Caillois' Biology of Myth and the Myth of Biology"; siehe knapp dazu auch: Wolfgang Asholt: „Vom Surrealismus bis zu Roland Barthes: Transformationen moderner Mythen". In: Stephanie Wodianka, Juliane Ebert (Hg.): *Inflation der Mythen? Zur Vernetzung und Stabilität eines modernen Phänomens*. Bielefeld: Transcript 2016, S. 141–161, hier S. 148f.
163 Vgl. Caillois: *Der Mensch und das Heilige*, S. 12. Frz.: „ne pouvant aborder l'étude de l'inépuisable morphologie du sacré, j'ai dû tenter d'en écrire la syntaxe." Caillois: *L'homme et le sacré*, S. 11.

wie in „L'équivoque surréaliste" – auf Sprachliches und Nichtsprachliches, auf Sichtbares und Unsichtbares gleichermaßen angewendet. Mit diesem Vorgehen sei er jedoch zugleich um „Objektivität" bemüht.[164]

Innerhalb der drei Bände seines Projekts der *Approches de l'imaginaire* zeichnet sich nun ein entscheidender Wandel in Caillois' Konzept der Syntax ab, der spätestens beim zweiten Band, *Cases d'un échiquier* (Felder eines Schachbretts), deutlich erkennbar wird. Ging es zunächst um die Grammatik menschlicher Imaginationen, Glaubensvorstellungen und Rituale, verschwindet nun der Mensch aus dem Fokus: Stattdessen spricht Caillois von der trägen, aber unzerstörbaren „écriture"[165] der Natur, die eine Schrift anderer Ordnung und von deutlich größerer Permanenz als jede menschliche hervorbringe. Der Band enthält außerdem einen Text, der das genaue Gegenstück zu dieser Form der natürlichen, trägen *écriture* liefert, eine vom Menschen hergestellte „écriture vacante".[166] Diese vakante bzw. herrenlose Schrift konzipiert Caillois als utopisches Ideal eines Texts für Bibliophile. Diese nämlich seien am Buch nur als Ding interessiert, nicht aber an der verstehenden Lektüre des enthaltenen Textes: Der Bibliophile interessiere sich gerade für Bücher, die dazu gemacht seien, *nicht* gelesen zu werden, und so sollten sie im besten Fall nur leere Buchstaben enthalten, die keine Nachricht außer sich selbst transportierten.[167] Diese „écriture vacante" drücke nur sich selbst aus, und man müsse nicht erst vortäuschen, sie zu dechiffrieren. Die Schrift ohne Referenz, die später in den Texten über die Steine eine große Rolle spielen wird, zeichnet sich hier als Figur bereits ab – noch allerdings innerhalb der Domäne menschlicher „Kultur".

In einem Text von 1968 aus dem gleichen Band benennt Caillois nun explizit seine Suche nach der internen Kohärenz und der Syntax der Phantasie sowie des Imaginären.[168] Hinter diesem Unternehmen verbirgt sich die These, dass der

---

164 Hybridisierungen des klassischen Wissenschaftsbegriffs werden von Caillois in Kauf genommen und sogar angekündigt: „Das Problem des Heiligen schien mir etwas im Menschen anzusprechen, das tiefdringend und wesentlich ist. Wahrscheinlich habe ich die Grenzen der positiven Erkenntnis zuweilen in unangemessener Weise überschritten." Caillois: *Der Mensch und das Heilige*, S. 14f. Frz.: „Le problème du sacré m'a paru intéresser quelque chose de l'homme qui est profond et essentiel. Sans doute ai-je dépassé plus qu'il n'est permis les limites de la connaissance positive." Caillois: *L'homme et le sacré*, S. 13.
165 „[U]ne écriture paresseuse. Indestructible aussi". Roger Caillois: „Les traces [1961]". In: Ders.: *Cases d'un échiquier*. Paris: Gallimard 1970, S. 187–199, hier S. 199. Ausführlicher zu „Les traces" vgl. mein Kapitel VI.2.
166 Roger Caillois: „L'Ultime bibliophile". In: Ders.: *Cases d'un échiquier*. Paris: Gallimard 1970, S. 165–169, hier S. 168.
167 Frz.: „Elles-mêmes constituent la totalité du message". Ebd., S. 169.
168 Vgl. Roger Caillois: „L'imagination rigoureuse [1968]". In: Ders.: *Cases d'un échiquier*. Paris: Gallimard 1970, S. 34–46, hier S. 36.

menschliche Geist, seine Imagination wie auch seine pathologischen Wahnvorstellungen nichts frei erfinden könnten, dass auch die Phantasie nicht arbiträr, sondern an eine Syntax gebunden sei. An drei Beispielen führt er diese These en détail aus. Ähnliche Vorstellungen tauchen auch im dritten Band der *Approches de l'imaginaire* wieder auf, genauso wie in seinem Text über den Kraken und schließlich und besonders explizit in seinem späten autobiographischen Text *Le Fleuve Alphée* von 1978, dem Jahr seines Todes. Hier hebt er die Syntax als das „Wesentliche"[169] hervor, die sich zwischen „wildem" Denken, Träumerei, Sagenwelt, Wahn und Phantasie und, dies ist das besondere an Caillois' Ansatz: auch in der toten Materie fortsetze.[170] Das schriftstellerische Schreiben muss sich folglich im Moment seiner Verfertigung immer bereits als Teil dieser Syntax begreifen, die es zugleich zu dechiffrieren versucht – so fasst Caillois es in dem späten Text *Récurrences dérobées. Le champ des signes* (Verborgene Wiederholungen. Das Feld der Zeichen),[171] in dem er seine „allgemeine Poetik" noch einmal verdichtet skizziert.

Die Kontinuität zwischen Imagination und toter Materie ist es auch, die Caillois' späteren Ansatz, der hier im Zentrum steht, von strukturalistischen Untersuchungen unterscheidet. Auch in diesen lässt sich eine Präferenz der Syntax – gegenüber der Semantik – als Identifizierung elementarer Regeln für einen mannigfaltigen Phänomenbereich erkennen.[172] Caillois' Perspektive einer nicht-

---

169 Caillois: *Der Fluss Alpheios*, S. 51. Frz.: „l'essentiel". Caillois: „Le Fleuve Alphée [1978]", S. 114.
170 Vgl. Caillois: *Der Fluss Alpheios*, S. 119. Frz.: Caillois: „Le Fleuve Alphée [1978]", S. 155. Die Aufzählungen ließen sich beliebig erweitern: So expliziert er seine Theorie der Syntax des Imaginären auch in dem 1976 erschienenen *Cohérences aventureuses* (Abenteuerliche Zusammenhänge), in dem es ihm um die „gemeinsamen Ambitionen von Wissenschaft und Poesie" (in: Ders.: *Œuvres*. Hg. v. Dominique Rabourdin. Paris: Gallimard 2008, S. 809–836, S. hier S. 809) zu tun ist. Auch hier betont er explizit die Mischung aus flexibler Logik und fester, fundamentaler Syntax.
171 Auf Lautebene klingt der Titel aber auch wie: „Der Gesang der Schwäne" *(Chant des cygnes)*. Roger Caillois: „Récurrences dérobées. Le champ des signes [1978]". In: Ders.: *Œuvres*. Hg. v. Dominique Rabourdin. Paris: Gallimard 2008, S. 1129–1164.
172 Siehe dazu: Michael Bies: „Claude Lévi-Strauss und das wilde Basteln". In: Sandro Zanetti (Hg.): *Improvisation und Invention. Momente, Modelle, Medien*. Zürich: Diaphanes 2014, S. 205–215, hier S. 205; siehe für einen ausführlicheren Vergleich zwischen Caillois und Lévi-Strauss, der allerdings stellenweise stark polemisch gegen Caillois vorgeht, dennoch einen großen Bestand an Materialien bereitstellt: Michel Panoff: *Les frères ennemis. Roger Caillois et Claude Lévi-Strauss*. Paris: Payot 1993; vgl. zu den Strukturen des Irrationalen, die der Lévi-Strauss'sche Strukturalismus aufzudecken versucht: u. a. ebd., S. 3; vgl. zur Begegnung Caillois' mit dem Strukturalismus im südamerikanischen Exil: Wunenburger: „L'imagination cosmique", S. 39–45; siehe für eine Gegenüberstellung strukturalen und diagonalen Denkens Massonet: „Die beiden Amerikas: das

anthropozentrischen Poetik und Kunsttheorie[173] allerdings setzt an einem Punkt jenseits menschlicher Kultur an und versucht sich an einer Begründung im Anorganischen. Dies hat nicht nur Konsequenzen für die Konzeption des Imaginären – jenseits von Kunst und Literatur – sondern auch für basale menschliche Kulturtechniken, exemplarisch hier für Lesen und Schreiben.

2.2 Caillois als Mineraloge

Auf dem Weg zu einer nicht-anthropozentrischen Poetik und Kulturtheorie nimmt Caillois also denjenigen Bereich in den Blick, der dem Menschen als kulturerzeugendes Lebewesen diametral entgegensteht: das Anorganische. Er widmet diesem in der Gestalt des Steins, der hier als Sammelbegriff sowohl Minerale als auch Gesteine umfasst, zwischen 1966 und 1975 drei Bücher sowie einige kleinere Texte.[174] In jahrzehntelanger Sammeltätigkeit legte er zudem eine umfangreiche Stein- und Mineralsammlung an, die er ab 1959 in seiner Privatwohnung ausstellte und durch Neuerwerbungen auf zahlreichen Reisen stetig erweiterte. Nach seinem Tod übergab Caillois' Witwe die auch von Mineralogen gewürdigte Sammlung dem Muséum national d'histoire naturelle in Paris. Dort ist die Sammlung nun Teil der „Collection minéralogie et géologie". Sie ist außerdem auch in künstlerischen Kontexten ausgestellt worden, etwa 2013 auf der 55. Biennale in Venedig, und wurde 2014 gemeinsam mit den Texten Caillois' in einem umfangreichen Bildband anhand der Fotografien von François Farges, Professor für Mineralogie in Paris und Stanford, zugänglich gemacht.[175]

---

diagonale und das strukturale" sowie für eine Übersicht über die langanhaltende Fehde zwischen Caillois und Lévi-Strauss: Stephan Moebius: „Zur Konkurrenz im Gebiete des Geistigen. Die Kontroverse zwischen Roger Caillois und Claude Lévi-Strauss". In: Anne von der Heiden, Sarah Kolb (Hg.): *Logik des Imaginären. Diagonale Wissenschaft nach Roger Caillois.* Band 1: *Versuchungen durch Natur, Kultur und Imagination.* Berlin: August Verlag 2018, S. 213–229.
173 Eine Theorie, die Kunst eben jenseits des Menschen ansetzt und die menschliche Imagination als eine Verlängerung natürlicher Materie, und somit auch natürlicher Ordnung ansieht. Vgl. dazu ausführlich den Übersichtsartikel: Albers: „Die Unreinheit der Literatur".
174 Roger Caillois: „Pierres, suivi d'autres textes". In: Ders.: *Œuvres.* Hg. v. Dominique Rabourdin. Paris: Gallimard 2008, S. 1037–1086. (Dt. *Steine.* Übers. v. Gerd Henniger. München: Hanser 1983); *L'Écriture des pierres.* Genf: Albert Skira 1970; *Pierres réfléchies.* Ill. v. Raoul Ubac. Paris: Maeght 1975; wieder aufgelegt und vervollständigt Paris: Gallimard 1975 (Dt. *Die Schrift der Steine.* Übers. v. Rainer G. Schmidt. Graz: Droschl 2004) sowie kleinere Texte, wie u. a.: „L'agate de Pyrrhus". In: Ders.: *Obliques, précédé de Images, images ... [1975].* Paris: Gallimard 1987, S. 93–111 (Dt. „Der Achat des Pyrrhus". In: *Antaios* 9 [1968], S. 346–359).
175 Roger Caillois: *La lecture des pierres.* Hg. v. Muséum national d'histoire naturelle. Paris: Xavier Barral 2014.

Dieser postume Umgang mit dem Nachlass Caillois' ist insofern von Bedeutung, als er implizit die Caillois'schen Thesen weiterverfolgt und deren Relektüre erlaubt. Einerseits betont die Neuherausgabe, dass die Texte immer in Kombination mit und im Kontrast zu den von ihnen beschriebenen steinernen Dingen zu sehen sind. Andererseits ist innerhalb des Denkens Caillois', wie auch die Präsentation im Rahmen der Biennale zu beweisen versucht, Natur zur Kunst fähig, das Künstlerische nicht beschränkt auf den Menschen. Dass es also der Steinsammlung Caillois' möglich war, zwischen Naturhistorischem Museum und internationaler Kunstausstellung hin- und herzuwandern, lässt seine Sammeltätigkeit in einem besonderen Licht erscheinen und macht eine Zuordnung zu einer bestimmten Wissen(schafts)-Kultur nicht leicht. Die Natur als Künstlerin zu betrachten, heißt für Caillois gerade nicht, einer anthropomorphen Perspektive zu verfallen, sondern vielmehr die transversalen Gesetze zu erkennen, die Natur und Kultur, Anorganisches und Organisches in gleicher Weise durchziehen.

So begründet er in einem späten Text von 1973 sein Konzept der „diagonalen Wissenschaften" in pointierter Zusammenfassung noch einmal in eben jenen spezifischen, umfassenden Strukturen des Universums, die innerhalb einer arbeitsteiligen Trennung der Wissenschaften unmöglich in den Blick geraten können:

[E]s ist sogar fast unvermeidlich, von der Existenz von Gesetzen auszugehen, die so allgemein sind, dass ihr Geltungsbereich weder durch die Natur ihres Gegenstands, noch durch seine Rangordnung oder seine Stellung in ihr eingeschränkt würde, – was nichts anderes heißt, als dass ihnen sowohl die Zahlenverhältnisse, als auch die unbelebte und die organische Materie, die Verfahren des strengen Denkens und sogar die Verirrungen der angeregten oder verführten Einbildungskraft unterlägen.[176]

Für die Diagonalisierung, so zeigt das Zitat deutlich, gilt es das Organische, das Anorganische, aber auch das Unbewusste und Irrationale zu durchqueren, um sich jenen transversalen Gesetzen des Imaginären anzunähern und so die Wechselwirkungen zwischen den sonst stets getrennt bearbeiteten „Wissensordnungen"[177]

---

176 Roger Caillois: *Dissymmetrie*. Übers. v. Peter Geble. Berlin: Brinkmann & Bose 2015, S. 14. Frz.: „il est presque inévitable de conjecturer l'existence de lois si générales que leur juridiction ne serait affectée ni par la nature ni par l'échelle, ni par le niveau de leur objet, en sorte que leur seraient soumises aussi bien les relations du nombre, la matière inerte ou organique, les démarches de la pensée rigoureuse et jusqu'aux égarements de l'imagination amusée ou séduite." Roger Caillois: „La Dissymétrie [1973]". In: Ders.: *Œuvres*. Hg. v. Dominique Rabourdin. Paris: Gallimard 2008, S. 905–948, hier S. 908. Vgl. zu Caillois' spätem Text im Kontext seines Werks und in der Dynamik von Entropie und Negentropie, Ordnung und Störung: Annamaria Laserra: „Paroxysmes". In: Laurent Jenny (Hg.): *Roger Caillois. La pensée aventurée*. Paris: Belin 1992, S. 249–270.
177 Vgl. zum Begriff der Wissensordnung die Übersetzung Peter Gebles: Caillois: *Dissymmetrie*, S. 13.

sichtbar werden zu lassen.[178] Damit erst gerät der Stein nicht nur als Objekt von Mineralogie, Petrologie oder Geologie in den Fokus, sondern auch als Gegenstand historisch variabler literarischer Imaginationen.

Die zwischen Wissenschaft und Literatur oszillierende Stellung von Caillois' Untersuchungen zum Stein basiert einerseits auf seinem Konzept der „diagonalen Wissenschaften". Andererseits ist der Stein selber seit der Antike Gegenstand literarischer wie auch wissenschaftlicher Auseinandersetzung, in denen die Dichotomien von Natur und Kultur, Organischem und Anorganischem schwammig werden. Bereits bei Ovid werden über Reflexionen zu Mineral und Stein die Grenzen des Menschlichen und der Kultur ausgelotet, sei es in konstitutiver Abgrenzung zum Unbelebt-Dauerhaften, sei es in Figurationen des fluiden Übergangs. Zahlreiche antike Mythen der Menschwerdung beispielsweise sind eng mit der Verwandlung des Menschen aus dem Stein verknüpft.[179] So ist er schon immer dadurch dem Menschen entgegengesetzt, dass er – unbelebt und statisch – in der Lage ist, die menschliche Zeit zu überdauern. Von wissenschaftlicher und gesellschaftlicher Brisanz wird diese zeitliche Dimension des Steins allerdings erst um 1800, mit der Entdeckung der geologischen „Tiefenzeit", die die bisherigen biblisch geprägten Vorstellungen eines eng mit den Menschen verknüpften Erdalters zum Einsturz brachte.[180] So sind in der Literatur der Romantik Steine, Höhlen und Bergwerke prädestinierte Sehnsuchtsfiguren und -orte, die den Menschen in verheißungsvoller Ambivalenz dem Ursprung der Welt, des Selbst oder der Poesie näherbringen und zugleich immer die Gefahr bergen, subjektive Zustände des Wahns, der Dissoziation oder der Erstarrung hervorzurufen. Die gefährliche Verheißung des Steins scheint später im französischen Surrealismus in enger Verknüpfung mit der deutschen Romantik neu auf und prägt somit auch Caillois'

---

178 Siehe ausführlich zum Konzept der „Diagonale" das Kapitel VIII.1.
179 In Ovids Beschreibung des Mythos von Pyrrha und Deukalion etwa dominieren die Verbindungslinien zwischen Mensch und Stein, in Letzterem sind die Züge des Organischen bereits angelegt, und im Menschen bleibt etwas von der Herkunft aus dem Stein immer spürbar: „Aber, was irgendwie feucht an ihnen [den Steinen, EH] von Säften und erdig,/ward verwandelt als Fleisch dem Aufbau des Leibes zu dienen./Was jedoch fest war und nicht zu beugen, das wurde zu Knochen,/was da Ader gewesen, das blieb unter gleicher Benennung./[...] Daher sind wir ein hartes Geschlecht, erfahren in Mühsal,/geben so den Beweis des Ursprungs, dem wir entstammen." (1. Buch, Vers 407–415) Ovid: *Metamorphosen*. Übers. v. Erich Rösch. München: Deutscher Taschenbuch Verlag 1997, S. 38f. Vgl. dazu auch: Hartmut Böhme: „Antike Anthropogenie-Vorstellungen in Ovids ‚Metamorphosen': Prometheus – Deukalion – Pygmalion". In: Gerhard Neumann, Mathias Mayer (Hg.): *Pygmalion. Die Geschichte des Mythos in der abendländischen Kultur*. Freiburg im Breisgau: Rombach 1997, S. 89–125.
180 Vgl. u.a. Georg Braungart: „Poetik der Natur. Literatur und Geologie". In: Thomas Anz (Hg.): *Natur – Kultur. Zur Anthropologie von Sprache und Literatur*. Paderborn: Mentis 2007, S. 55–78.

Schreiben nachhaltig. Zwar spielt auch im Surrealismus die zeitliche Dimension eine große Rolle, stärker treten dort jedoch kristalline Strukturen als ästhetische Ordnungsmuster und Theorien des Findens natürlicher Dinge, die als Kunstwerke angesehen werden, in den Vordergrund.

2.3 Poëtisierte Steine: Romantik und Surrealismus

Die Epochenbezeichnungen Romantik und Surrealismus seien an dieser Stelle weniger als Strömungen literarischen wie künstlerischen Schaffens denn als Formen des Weltzugangs, des Realitätsverständnisses und damit auch jeweils als spezifische programmatische Konzeptionen von und Kritiken an Wissenschaft verwendet.[181] Caillois' Auseinandersetzung mit den Steinen werden hier deshalb in den Kontext romantischer und surrealistischer Poetisierungen des Steins gestellt, um die engen Beziehungen zwischen Romantik und Surrealismus zueinander[182] wie auch von Caillois als dissidentem Surrealist zu Letzterem aufzuzeigen. Zudem kreuzen sich gerade im Stein als Objekt der Untersuchung die jeweiligen Poetologien und Wissenschaftskonzepte und legen sich in ihrer wechselseitigen Beeinflussung offen. Der Stein kann folglich als Reflexionsfigur betrachtet werden, mit deren Hilfe literarische Texte die Grenzen des kulturell-künstlerischen Anthropozentrismus aufbrechen und in den Bereich einer jeweils spezifisch wissenschaftlich konturierten „Natur" auszudehnen versuchen oder aber die dazwischenliegende Grenze selbst thematisieren.

Dem liegt die These zugrunde, dass die geologisch-mineralogischen Obsessionen der Romantik und die Begeisterung für Stein und Kristall im Surrealismus ebenso wie Caillois' Ansätze zum Stein auf einschneidende, wissenschaftliche Umbrüche oder Verfestigungs- und Erstarrungsphänomene der Wissenschaftslandschaft reagieren: Besonders einschlägig ist dabei die Entdeckung der geologischen „Tiefenzeit" um 1800, die nicht nur eine radikale temporale Relativierung menschlicher Selbstverortung nach sich zieht, sondern auch die Entstehung der modernen Historiographie begünstigt, die sich von zirkulären oder teleologischen Modellen zu lösen beginnt. Analog dazu liefert die institutionelle Verfestigung und Erstarrung der wissenschaftlichen Disziplinen im Laufe des 20. Jahrhunderts die Folie für die (post-)surrealistischen mineralogischen-geologischen Auseinandersetzungen. Romantische „poëtisierte Wissenschaft" und Caillois' „diagonale Wissenschaften"

---

181 Vgl. dazu Kap. II.1.
182 Vgl. zum Zusammenhang beider Epochen den Band von Thun/Lübcke (Hg.): *Romantik und Surrealismus*, vgl. außerdem Roger Caillois: „L'alternative (Naturphilosophie ou Wissenschaftslehre)".

lassen sich exemplarisch als solche Reaktionsformen lesen und sich daher auch vergleichend in Beziehung zueinander setzen.[183] Im Bezug auf den Stein scheinen jeweils neue gesellschaftliche, kulturelle oder natürliche Ordnungsmuster auf. Einschlägiges Beispiel für die weit über die Romantik hinaus geltende, diskursive Wirkmacht der Verknüpfung von „Tiefenzeit", Abstieg in die Menschheits- und Subjektgeschichte und geologischer Metaphorik zu einem solchen neuen Ordnungsmuster ist Freuds Beschreibung der Sedimentierungen des Unbewussten im Traum,[184] also der Kopplung von Metaphern und Vorstellungen geologischer Prozesse an die Traumarbeit. Die geologische Metapher der Schichtung,[185] die fundamental mit psychoanalytischen Vorstellungen von „Seele" und „Ich" und ihrem Vokabular verknüpft ist, liefert zugleich den Hintergrund der (post-)surrealistischen Auseinandersetzungen mit Stein, Traum und Unbewusstem.

Perspektiviert man den Stein in dieser Hinsicht als „Relaisbegriff", als Ort des „Austausches zwischen den epistemischen Regimes ‚Natur' und ‚Kultur'",[186] lassen sich auch die literarischen Verarbeitungen und literaturwissenschaftlichen Forschungen etwas klarer strukturieren: Denn in der Fülle literaturwissenschaftlicher Arbeiten zum Bergwerk und Bergbau in der Romantik,[187] zur Höhle und zur

---

183 Mit dieser These sei auch das historisch vergleichende Vorgehen des vorliegenden Kapitels plausibilisiert. Alle anderen Kapitel verfahren stärker synchron und sind auf Bezüge zu gegenwärtiger Theoriebildung ausgerichtet.
184 Die Pressungs- und Verdichtungsarbeit des Traums beschreibt Freud mittels geologischer Metaphern, den Traum selbst vergleicht er mit dem Brecciagestein, „aus verschiedenen Gesteinsbrocken mit Hilfe eines Bindemittels hergestellt, so daß die Zeichnungen, die sich dabei ergeben, nicht den ursprünglichen Gesteinseinschlüssen angehören." Sigmund Freud: „Die Traumarbeit [1915/16]". In: Ders.: *Studienausgabe. Band I: Vorlesungen zur Einführung in die Psychoanalyse. Neue Folge.* Hg. v. Alexander Mitscherlich, Angela Richards, James Strachey. Frankfurt am Main: Fischer 2000, S. 178–189, hier S. 188. Während Freud als „Schliemann of the mind" (vgl. dazu: Richard H. Armstrong: „Urorte und Urszenen. Freud und die Figuren der Archäologie". In: Knut Ebeling, Stefan Altekamp (Hg.): *Die Aktualität des Archäologischen in Wissenschaft, Medien und Künsten.* Frankfurt am Main: Fischer 2004, S. 137–158) in den Tiefenschichten der Seele gräbt, schließt natürlich auch Michel Foucault mit seiner *archéologie du savoir* an das archäologische Paradigma an.
185 Vgl. dazu auch Gottfried Benn: „Der Aufbau der Persönlichkeit. Grundriß einer Geologie des Ich [1930]". In: Ders.: *Essays und Reden in der Fassung der Erstdrucke.* Band III. Frankfurt am Main: Fischer 1989, S. 111–124.
186 Albrecht Koschorke: „Zur Epistemologie der Natur/Kultur-Grenze und ihren disziplinären Folgen". In: Christian Alvarado Leyton, Philipp Erchinger (Hg.): *Identität und Unterschied. Zur Theorie von Kultur, Differenz und Transdifferenz.* Bielefeld: Transcript 2010, S. 169–183, hier S. 179.
187 Vgl. u. a. Hartmut Böhme: „Geheime Macht im Schoß der Erde: Das Symbolfeld des Bergbaus zwischen Sozialgeschichte und Psychohistorie". In: Ders.: *Natur und Subjekt.* Frankfurt am Main: Suhrkamp 1988, S. 67–144; Helmut Gold: *Erkenntnisse unter Tage. Bergbaumotive in der Literatur der Romantik.* Opladen: Verlag für Sozialwissenschaften 1990; Michaela Haberkorn: *Naturhistori-*

Tiefe als topologischer romantischer Strukturen[188] oder aber zu Stein und Kristall als Symbol der Kunst im Surrealismus[189] ist es zunächst hilfreich, sich auf den Stein als Ding und Objekt[190] der literarischen und wissenschaftlichen Auseinandersetzung zu konzentrieren, um von dort aus der Verknüpfung von Schrift und Stein nachzugehen. Der Stein als Objekt literarischer und/oder wissenschaftlicher Aufmerksamkeit und als Ding, dem Kraft und Handlungsmacht zugesprochen werden,[191] wird auffallend häufig mit Fragen nach einer Lesbarkeit und Schrift verknüpft. Besonderes Interesse verdient hier die genuin im Stein verortete, also nicht vom Menschen eingeritzte,[192] sondern aus dem Anorganischen entsprunge-

---

ker und Zeitenseher. Geologie und Poesie um 1800. Der Kreis um Abraham Gottlob Werner. Frankfurt am Main: P. Lang 2004; Herbert Uerlings: „Novalis in Freiberg. Die Romantisierung des Bergbaus. Mit einem Blick auf Tiecks ‚Runenberg' und E.T.A. Hoffmanns ‚Berwergke zu Falun'". In: *Aurora* 56 (1996), S. 57–77.
188 Vgl. Inka Mülder-Bach: „Tiefe. Zur Dimension der Romantik". In: Dies., Gerhard Neumann (Hg.): *Räume der Romantik*. Würzburg: Königshausen & Neumann 2007, S. 83–103.
189 Vgl. Verena Kuni: „Die Sprache der Steine. Vom Kunstsymbol zum Katalysator künstlerischer Imagination: Kristallwelt, Materie und Steinreich im Surrealismus". In: Karin Orchard, Jörg Zimmermann, Andreas Vonwinckel (Hg.): *Die Erfindung der Natur. Max Ernst, Paul Klee, Wols und das surreale Universum: Ausstellungskatalog*. Freiburg im Breisgau: Rombach 1994, S. 214–225.
190 Die Unterscheidung von Ding und Objekt wissenschaftlicher (oder literarischer) Auseinandersetzung ist hier insofern von Bedeutung, als damit zwei unterschiedliche Formen des Zugriffs auf den Stein benannt sein sollen: Als Objekt wird er innerhalb eines wissenschaftlichen Diskurses als etwas für diesen Neues konstruierbar und stabilisierbar. Dabei sei hier auf Rheinbergers Unterscheidung von wissenschaftlichem und technischem Objekt zurückgegriffen (wohinter sich zwar der Begriff des „epistemischen Dings" verbirgt, der allerdings um die Dopplung des „Dings" zu vermeiden, in seine beiden Komponenten aufgespalten werden soll). Vgl. Rheinberger: „Das ‚epistemische Ding' und seine technischen Bedingungen". Im Gegensatz dazu ist das Ding durch eine gewisse Widerständigkeit und Fremdheit gekennzeichnet, die sich nicht ohne weiteres diskursiv einholen lässt. Vgl. dazu zumindest auch knapp in Bezug auf das romantische Ding das Kapitel IV.3. Zunächst soll an der Beobachtung festgehalten werden, dass bereits die romantischen Texte selbst eine Unterscheidung von Ding und Objekt einführen und diese, wie etwa in E.T.A. Hoffmanns *Bergwerken zu Falun* im Industrialisierungskontext, vielfältig durchspielen.
191 Vgl. dazu Stefan Rieger, Benjamin Bühler: *Bunte Steine. Ein Lapidarium des Wissens*. Berlin: Suhrkamp 2014, S. 12, die darin „die Modi, in denen Steine als Objekte und Akteure Dynamiken und Vernetzungen von Wissen erzeugen" untersuchen. Sie gehen davon aus, dass Steine ihre Semantik zwischen Wissenschaft, Ästhetik und Ökonomie entfalten und so die Grenzen von Belebtem und Unbelebtem dynamisieren. Damit führen sie in ihren jeweiligen textuellen Bearbeitungen eine „Semiotik der Dinge vor" (ebd., S. 11). Vgl. stärker auf die literarische Ver- und Bearbeitung des Steins: Monika Schmitz-Emans: „Einige einführende Überlegungen und Zitate zum Themenfeld ‚Steine'". In: Dies., Kurt Röttgers (Hg.): *Steine – Versteinertes*. Essen: Die Blaue Eule 2014, S. 7–18.
192 Daher zielen auch Ansätze zur Kulturtechnik des Schreibens auf eine grundlegend andere Fragestellung. Vgl. dafür stellvertretend: Sandro Zanetti: „Logiken und Praktiken der Schreibkul-

ne Schrift. Gerade an ihr lässt sich fragen, wie darin die Beziehung zwischen „kulturelle[r] Symbolik und naturhaft Entzogene[m]"[193] modelliert wird und welche funktionale Bestimmt der Einsatz des Anorganischen erhält.

2.3.1 Karfunkel, Almandin und magische steinerne Tafeln. Romantische Steine

Anknüpfend an die Überlegungen zu einer wissenschaftlich-literarischen Annäherung der Romantik an ein Imaginäres *avant la lettre* sei zunächst auf eine Traditionslinie des Lesens im Stein hingewiesen, an der auch die Romantik Anteil hat. Diese bewegt sich ähnlich und doch klar zu unterscheiden von Caillois' Herangehensweise vor dem Hintergrund einer wissenschaftlichen wie literarischen Suche nach einem einheitlichen Gesetz, unter dem sich die Gesamtheit der Natur fassen lasse (Kap. II.1): Von Luigi Galvanis Entdeckungen elektrischer und magnetischer Phänomene erhoffte man sich den Beweis, dass organische und anorganische Natur keineswegs von einem unüberbrückbaren Abgrund voneinander getrennt seien. Gotthilf Heinrich von Schubert unternahm zudem in seinen einflussreichen Veröffentlichungen, *Ansichten von der Nachtseite der Naturwissenschaft* von 1808 und *Die Symbolik des Traumes* von 1814, den Versuch, in Traumbildern eine Sprache zu entziffern, die man als Teil und Abkürzung der Natursprache verstehen müsse. Zugleich analogisierte er Dichtung und Unbewusstes, indem er im Traum und verwandten Zuständen einen „versteckten Poeten"[194] erahnte, durch den sich erneut die universale Verbundenheit des Menschen mit der Natur manifestiere. Der Glaube an die Natur als „Totalität hieroglyphischer Zeichen"[195] und die Sehnsucht nach einer idealen magischen Sprache, in der Signifikat und Signifikant ineinander aufgehen, wenden den Blick der Romantik einerseits zurück auf einen geheimnisvollen Ursprung, hin zu einer magischen Ursprache und ganzheitlichen Verbundenheit mit der Natur. Andererseits weisen sie voraus auf die Methodik einer romantischen Naturlehre, die, indem sie unablässig versucht, die Zeichenhaftigkeit von Dingen der Natur zu entziffern, sich selbst zu einer „Philologie" erklärt.[196] Was es in verständlich-

---

tur. Zum analytischen Potential der Literatur". In: Ders. (Hg.): *Logiken und Praktiken der Kulturforschung*. Berlin: Kadmos 2009, S. 75–88.
193 Koschorke: „Zur Epistemologie der Natur/Kultur-Grenze und ihren disziplinären Folgen", S. 182.
194 Schubert: Ansichten von der Nachtseite der Naturwissenschaft [1808].
195 Monika Schmitz-Emans: *Einführung in die Literatur der Romantik*. Darmstadt: Wissenschaftliche Buchgesellschaft 2004, S. 36.
196 Vgl. zur historischen Dimension dieser Sprache der Dinge: Foucault: *Die Ordnung der Dinge*, S. 72–74. Vgl. allgemein zur Lesbarkeit der Natur, insbesondere in der Romantik: Blumenberg:

verstehenden Text zu überführen gilt, ist bei Novalis etwa „jene[ ] große[ ] Chiffernschrift",

> die man überall, auf Flügeln, Eierschalen, in Wolken, im Schnee, in Kristallen und in Steinbildungen, auf gefrierenden Wassern, im Innern und Äußern der Gebirge, der Pflanzen, der Tiere, der Menschen, in den Lichtern des Himmels, auf berührten und gestrichenen Scheiben von Pech und Glas, in den Feilspänen um den Magnet her, und sonderbaren Konjunkturen des Zufalls, erblickt.[197]

Die Sprache der Dinge, die es hier zu entziffern gilt, findet sich im Tierischen, Physikalischen, Geologisch-mineralogischen wie auch im Menschlichen: sie vereint menschliche Artefakte, wie Glas und Späne, aber auch natürliche Dinge, immaterielle wie handgreifliche – wie etwa Steine und Kristalle. An dieser Stelle vom „Ding" zu sprechen, verweist vor allem auf zwei Dimensionen, die der unbelebte Stein innerhalb der Texte in sich vereint. Einerseits sträubt es sich in seiner konstitutiven Fremdheit gegen seine Lektüre[198] und zeichnet sich gerade dadurch aus, dass es das Bedeuten überhaupt verweigert, d.h. dass es „nicht nur *nichts* bedeute[t], sondern *nicht bedeute[t]*".[199] In dieser Hinsicht wird auch in Novalis' *Lehrlingen zu Sais* die Sprache selbst zum Ding: „Man verstehe die Sprache nicht, weil sich die Sprache selber nicht verstehe, nicht verstehen wolle, [...] weil Sprechen ihre Lust und ihr Wesen sei."[200] Wenn die Sprache nichts mehr übermittelt und nichts mehr übermitteln will, sondern stattdessen allein für sich, um ihrer selbst willen, steht, entzieht sie sich jedem Zugriff und jeder Funktionalisierung. In dieser Unzugänglichkeit, in der ihr eine eigene Lust und ein eigener Wille verliehen wird, erhält auch sie die Eigenheiten eines widerständigen Dings.

Andererseits und trotz ihrer Fremdheit sind die Dinge insbesondere in der Romantik markiert von vielfältigen Ähnlichkeitsbeziehungen. Sie ähneln sich nicht nur untereinander und stellen ein verästeltes Analogiesystem innerhalb romantischer Texte her, sondern sie sind als Unbelebtes dem Belebten auf oft unheimliche Art ähnlich. Die klare Unterscheidung zwischen den Sphären des Belebten und des Unbelebten in Buffons *Histoire Naturelle* und die daran anknüpfende Unterscheidung von organisch/anorganisch bezeichnet Bruno Latour später als die Signatur der Moderne. Erst mit ihr und der Linie, die so zwischen Ding und

---

Die Lesbarkeit der Welt; Kittler: *Aufschreibesysteme 1800-1900*; Monika Schmitz-Emans: *Schrift und Abwesenheit. Historische Paradigmen zu einer Poetik der Entzifferung und des Schreibens*. München: Wilhelm Fink 1995.
197 Novalis: „Die Lehrlinge zu Sais", S. 95.
198 Vgl. Frank u. a.: „Fremde Dinge – Zur Einführung".
199 Kimmich: *Lebendige Dinge in der Moderne*, S. 11 [Herv. i.O.].
200 Novalis: „Die Lehrlinge zu Sais", S. 95.

Mensch oder Tier eingezogen wird, greife auch die Kategorie des Unheimlichen.[201] Trotz oder gerade durch diese Trennung sei die moderne Literatur bevölkert von Figuren des Übergangs und des Austauschs zwischen unbelebtem Ding und Organischem sowie in seinem deutlichsten Kontrast: zwischen Stein und Mensch. Besondere Geltung kommt hier solchen Gebilden zu, die lange nicht eindeutig dem einen oder dem anderen Bereich zugerechnet werden konnten und daher die fragile „Ordnung der Dinge" immer wieder heimsuchten, etwa der Kristall. Sein organisches Wachstum sorgte für Irritationen, aber auch für das nachhaltige Interesse, das etwa die Romantik für ihn aufbrachte.

Die romantische Sprache der Dinge bedient sich dieses irritierenden Moments besonders häufig. Der Abstieg in das steinerne Reich des Bergbaus etwa verwandelt die Bergarbeiter im *Heinrich von Ofterdingen* qua Analogiebeziehung in „verkehrte Astrologen".[202] Der Weg in die Tiefe ist dabei einerseits der Weg in die Vergangenheit: „Jenen ist der Himmel das Buch der Zukunft, während euch die Erde Denkmale der Urwelt zeigt",[203] und zugleich auch der hoffnungsvolle Weg in das Innere, zu den tieferen Schichten des romantischen Subjekts. Schon in Tiecks *Runenberg* – und genauso deutlich in E.T.A. Hoffmanns *Die Bergwerke zu Falun* – führt die Verlockung von Mineral und Stein dagegen zu einem verhängnisvollen Tausch: dem von Herz und Stein, der „irdischen Liebe gegen den kalten Liebesblick des Metalls", des „Geldfetischs",[204] der zur Versteinerung führt. Ob wunderbare Verheißung des Wegs nach Innen oder unheimliche und oft fatale Verführung – der Stein erhält jeweils entscheidende kulturelle, psychologische, ökonomische oder ästhetische Spiegel- und Reflexionsfunktionen. Zugleich und für die hier behandelten Fragen entscheidender, konkurrieren unlesbare, fremde Dinghaftigkeit und Steinschrift in zahlreichen romantischen Texten miteinander. Dieses Spannungsverhältnis sei an drei kurzen Beispielen (den genannten Texten von Novalis, Tieck, Hoffmann) veranschaulicht:

In Novalis' 1800 entstandenem *Heinrich von Ofterdingen* wird dem jungen Heinrich am Anfang des Romans auf seiner Reise nach Augsburg von einigen mitreisenden Kaufleuten eine Geschichte erzählt, die um eine solche Begegnung mit

---

201 Denn wenn man von der Möglichkeit magischer Verwandlung ausgeht, hat die Vermischung von Ding und Lebewesen keineswegs etwas Unheimliches. Vgl. Kimmich: *Lebendige Dinge in der Moderne*, S. 12, und Latour: *Wir sind nie modern gewesen*. Erst durch den Abschied von der Möglichkeit von Verwandlung, durch das Ding eben wiederum jenen uneintauschbaren Mehrwert erhält, kann folglich die Kategorie des Unheimlichen greifen.
202 Novalis: „Heinrich von Ofterdingen". In: Ders.: *Werke*. Hg. u. kommentiert v. Gerhard Schulz. München: C.H. Beck 2013, S. 129–277, hier S. 200.
203 Ebd.
204 Frank: „Das Motiv des ‚kalten Herzens'", S. 14.

einem Stein zwischen Ding und Schrift kreist. In der Geschichte trifft ein junger Mann, „einzig der Wissenschaft der Natur"[205] ergeben, auf eine Prinzessin, ohne sie als solche zu erkennen. Die Seele der Prinzessin, heißt es, sei durch die Leidenschaft des Vaters für die Dichtkunst „ein zartes Lied geworden".[206] Nach diesem zufälligen Aufeinandertreffen zwischen Naturwissenschaft und Dichtkunst verliert die Prinzessin auf ihrem Heimweg einen teuren Stein, der zugleich ein Andenken an ihre verstorbene Mutter wie auch ein schützender Talisman war. Der junge Mann, der sich daraufhin „in den Wald verl[iert]", in dem er sonst nach Schmetterlingen, Käfern und den Eingebungen des Naturgeistes sucht, stößt nun unmittelbar auf eben diesen Stein:

> Wie er so ging, sah er vor seinen Füßen einen hellen Glanz. Er bückte sich danach und hob einen dunkelroten Stein auf, der auf einer Seite außerordentlich funkelte, und auf der andern eingegrabene unverständliche Chiffern zeigte. Er erkannte ihn für einen kostbaren Karfunkel, und glaubte ihn in der Mitte des Halsbandes an der Unbekannten bemerkt zu haben.[207]

Der Naturwissenschaftler begegnet folglich am Ort der natürlichen Zeichen, deren Geheimnisse er sonst zu enträtseln versucht, einem Schmuckstein, der zuvor mehrfach zeichenhaft aufgeladen wurde. Ohne dass der junge Mann bewusst nach Spuren des Mädchens sucht, findet vielmehr der teure Stein den Jüngling und macht ihn durch Funkeln und Glänzen auf sich aufmerksam. Trotz seiner Codierung als kulturelles Artefakt, als Schmuckstück im Halsband der Prinzessin, verhält sich der Stein analog zu den Zeichen der Natur; auch in ihm sind „unverständliche Chiffern" eingetragen. Zwar sind diese ähnlich wie die Sprache der Natur zunächst nicht lesbar, verweisen jedoch ohne den geringsten Zweifel auf die Unbekannte und führen Jüngling und Prinzessin letztlich auch wieder zueinander. Zuvor jedoch bringt ihn allein die Betrachtung des Steins, nicht der Gedanke an die Prinzessin dazu, ein „unbewusstes" Gedicht zu verfassen: „Der Jüngling betrachtete fast die ganze Nacht den Karfunkel und fühlte gegen Morgen ein unwiderstehliches Verlangen einige Worte [...] zu schreiben. Er wusste selbst nicht genau, was er sich bei den Worten dachte, die er hinschrieb."[208] Als er ihr schließlich jene Zeilen überreicht, werden diese abermals nicht gewusst, nicht verstanden, nicht einmal gelesen, was auch gar nicht nötig ist, denn „[e]s war, als ahndete die Prinzessin den Inhalt der Zeilen."[209] So bringt zwar scheinbar das von der

---

205 Novalis: „Heinrich von Ofterdingen", S. 152.
206 Ebd., S. 150.
207 Ebd., S. 155.
208 Ebd.
209 Ebd., S. 157.

Dichtkunst beseelte Mädchen den Naturforscher dazu, die Ursprache der Natur, den Urdiskurs in Poesie zu übersetzen.[210] Zugleich sind es aber eben gerade nicht die Steine der Natur, die sich hier unbewusst schreiben, und es ist auch nicht die Prinzessin, die den Anstoß liefert. Die Zeichen im Schmuckstein, „[t]ief eingegraben in sein glühend Blut"[211] machen den Karfunkel einerseits zum Analogon des verliebten Jünglingsherzens, andererseits damit aber auch zu einem Schrift-Ding, das nicht nur die Handlung antreibender Akteur wird, sondern in dem die Grenzen zwischen Organischem und Anorganischem, zwischen Zeichen, Blut und Stein verschwimmen und sich Natur- und Kulturschrift überlagern. Als ein solches Fundstück fungiert die in den Roman eingelassene Geschichte der Kaufleute schließlich auch innerhalb der Rahmenerzählung, indem sie analog zum Karfunkel auch für Heinrich einen Weg aufzeigt. Zugleich weist sie voraus auf den zweiten Teil, in dem Heinrich von einem Stein zur Offenbarung der Stimme Mathildes geführt wird.

In umgekehrter Weise kann in der Begegnung mit der „steinernen Tafel" in Ludwig Tiecks erstmals 1804 veröffentlichtem *Runenberg* die Motivgeschichte des „kalten Herzens" herangezogen werden, um zumindest knapp auch die „dunkle Seite" der Faszination für den Stein in der Romantik zu skizzieren. Statt in bloß übertragener Bedeutung führt die Berührung des anorganischen Dings hier zu einem kontaktmagischen, buchstäblichen Tauschgeschäft. Im *Runenberg* erzeugt der Kontakt zu einem als verlockend beschriebenen Reich des Mineralischen einen tatsächlichen Tausch von Herz und Stein, der eine Versteinerung des Protagonisten Christian im doppelten Sinne nach sich zieht: Im Sinne des Verfalls an die kalte Liebe zum schönen steinernen Körper des „Waldweibs" und an die Gier nach Reichtum, die ihn schließlich mit sich reißt und verschwinden lässt.[212] Ausgeübt wird dieser Berührungszauber von einer Steintafel, die ihm die überirdische Schönheit vom Runenberg, deren Leib „wie Marmor"[213] scheint, mit den Worten übergibt: „Nimm dieses zu meinem Angedenken!"[214] Christian nimmt den Stein an und betrachtet ihn:

> Die Tafel schien eine wunderliche, unverständliche Figur mit ihren unterschiedlichen Farben und Linien zu bilden; [...] Er faßte die Tafel und fühlte die Figur, die unsichtbar sogleich

---

210 Siehe dazu auch Kittler: *Aufschreibesysteme 1800-1900*, S. 91.
211 Novalis: „Heinrich von Ofterdingen", S. 155.
212 Vgl. Frank: „Das Motiv des ‚kalten Herzens'", S. 23.
213 Ludwig Tieck: „Der Runenberg". In: Ders.: *Schriften in zwölf Bänden*. Band 6: *Phantasus*. Hg. v. Manfred Frank. Frankfurt am Main: Deutscher Klassiker Verlag 1985, S. 184–209, S. 192.
214 Ebd., worin Inka Mülder-Bach eine Variation des Abendmals sieht: „Das ist mein Leib für euch. Tut dies zu meinem Gedächtnis!" (1. Brief an die Korinther 11, 23–26) Mülder-Bach: „Tiefe. Zur Dimension der Romantik", S. 99.

in sein Inneres überging, und das Licht und die mächtige Schönheit und der seltsame Saal waren verschwunden.²¹⁵

Erneut verschränken sich hier Stein, eingekerbte unverständliche Schrift und unbewusste Lektüre des Körpers miteinander. Inka Mülder-Bach betont den „psychosemiotischen Sinn" dieses Tausches, der zur Versteinerung, zum Wahnsinn führt, weil sich das begehrte Objekt der marmornen Formen der Schönheit „nicht zu den Schriftzügen einer Tafel, zu einer ‚Figur' der Oberfläche, sublimieren"²¹⁶ lässt. Die tastende, fühlende Lektüre Christians, die eben weder eine symbolische noch eine einfühlend-imaginative Lektüre ist, sondern eine inkorporierende, führe zu seiner Verwandlung.

Eine ähnliche steinerne Tafel, ebenfalls überreicht von einer verhängnisvollen Schönheit des Gesteins, einer „Bergkönigin", versucht auch Elis Fröbom in E.T.A. Hoffmanns *Bergwerken zu Falun*, erstmals 1819 veröffentlicht, zu erlangen, stirbt allerdings bereits bei dem Versuch. Elis, der von der legendären Figur Torbern angelockt in Falun zum Bergmann wird und sich dort in die schöne Ulla verliebt, fühlt sich unerbittlich von den wunderbaren Welten des Berges angezogen, die als erstarrter Übergang von Organischem und Anorganischem inszeniert werden. In jenem berühmten, vorausdeutenden Traum Elis Fröboms findet dieser sich auf einem Kristallboden wieder,

> über sich ein Gewölbe von schwarz flimmerndem Gestein. [...] Von unbekannter Macht fortgetrieben, schritt er vorwärts, aber in dem Augenblick regte sich alles um ihn her, und wie kräuselnde Wogen erhoben sich aus dem Boden wunderbare Blumen und Pflanzen von blinkendem Metall, die ihre Blüten und Blätter aus der tiefsten Tiefe emporrankten und auf anmutige Weise ineinander verschlangen.²¹⁷

Schubert beschreibt in seinen erwähnten *Ansichten über die Nachtseite der Naturwissenschaft*, die große Faszination auf Hoffmann ausübten, wie „der Uebergang aus dem Steinreich in das der Pflanzen und Thiere, in jeder Hinsicht in den Metallen gesucht"²¹⁸ werde. Vor allem die „gediegenen Metalle, ahmen die höhere or-

---

215 Tieck: *Der Runenberg*, S. 192.
216 Mülder-Bach: „Tiefe. Zur Dimension der Romantik", S. 99.
217 E.T.A. Hoffmann: „Die Bergwerke zu Falun". In: Ders.: *Sämtliche Werke*. Band 4: *Die Serapionsbrüder*. Hg. von Wulf Segebrecht. Frankfurt am Main: Deutscher Klassiker Verlag 2001, S. 208–241, 216.
218 Schubert: *Ansichten von der Nachtseite der Naturwissenschaft [1808]*, S. 179. Vgl. dazu auch den vorwiegend enumerativen Überblick zu Steinen und Mineralen bei Hoffmann: Tanja Rudtke: „Der kirschrote Almandin. Phantastische Mineralogie bei E.T.A. Hoffmann". In: *E.T.A. Hoffmann-Jahrbuch* 16 (2008), S. 109–120. Siehe zu Schubert ausführlicher den Abschnitt II.1.1.2.

ganische Welt, oft bis zur Täuschung nach. Das ganze Reich der Metalle, scheint an den Gränzen der beiden Welten [...] entstanden."[219] Der metallene verzauberte Garten in „dem ganzen unterirdischen Paradiese",[220] in dem sich Elis fortan bewegt, ist also ein Verwandlungsort, der die beiden getrennten Bereiche des Belebten und des Unbelebten unablässig miteinander verbindet. Das Metall erfüllt dabei Schubert zufolge die Funktion einer Zwischenstufe, der Synthese beider Welten, „aus dem Untergang und einer der Verwesung ähnlichen Vernichtung des Anorganischen entstanden, und in sich den Keim der neuen, organischen Zeit"[221] tragend. Zugleich wehrt sich diese Welt, die alles menschliche Kunsthandwerk und jede artifizielle Bearbeitung in ihren wunderbaren Formen bereits vorwegzunehmen scheint, gegen ihre industrielle Abtragung: Nachdem Elis in das „starre Antlitz der mächtigen Frau", der Bergkönigin, blickte, um den Preis, „daß sein Ich zerfloß in dem glänzenden Gestein"[222], ist er überzeugt, nur er allein verstehe „die geheimen Zeichen, die bedeutungsvolle Schrift, die die Hand der Königin selbst hineingrabe in das Steingeklüft, und genug sei es auch eigentlich, die Zeichen zu verstehen, ohne das, was sie verkündeten, zutage zu fördern."[223]

Die Sprache der Bergkönigin, die ihr Verstehen vom Gewinn abkoppelt, deren Sinn nur für sich zu nehmen ist, nicht aber als Schatz gehoben werden darf, belegt sich selbst also mit einem Verbot. In doppelter Verschiebung vergleicht Elis die Bergkönigin kurz zuvor mit Medusa, deren Anblick gewöhnlich zur Versteinerung führt: „Es war, als verschlösse ihm eine unbekannte Macht mit Gewalt den Mund, als schaue *aus seinem Inneren heraus* das furchtbare Antlitz der Königin, und *nenne er ihren Namen*, so würde, wie beim Anblick des entsetzlichen Medusenhaupts sich alles um ihn her versteinern".[224] Er selbst hat den versteinernden Blick der Königin folglich längst inkorporiert. So wird auch nicht Elis von der Versteinerung bedroht, sondern die mythische Vorlage dahingehend umgekehrt, dass stattdessen seine Umwelt Gefahr läuft zu versteinern; sein eigener Blick ist der Medusas geworden. In zweiter Verschiebung ist es nicht der Anblick, sondern das Aussprechen ihres Namens, hinter dem sich die Bedrohung verbirgt. Elis' Körper ist in dieser Schreckensvision selbst stummes, mit einem Verbot belegtes Zeichen geworden, das nicht zutage gefördert, nicht gehoben, nicht ausgesprochen werden darf.

---

219 Schubert: *Ansichten von der Nachtseite der Naturwissenschaft [1808]*, S. 179.
220 Hoffmann: „Die Bergwerke zu Falun", S. 236.
221 Schubert: *Ansichten von der Nachtseite der Naturwissenschaft [1808]*, S. 179.
222 Hoffmann: „Die Bergwerke zu Falun", S. 218.
223 Ebd., S. 235.
224 Ebd., S. 234. [Herv. EH].

In nuce enthält die verschobene Medusenanalogie das Schicksal, das Elis an seinem Hochzeitstag und am Ende des Textes ereilen wird: Für seine Verlobte Ulla möchte er noch einmal hinab in den Berg steigen, um „de[n] kirschrot funkelnde[n] Almandin, auf den unsere Lebenstafel eingegraben", zu heben, denn „wenn wir, in treuer Liebe verbunden, hineinblicken in sein strahlendes Licht, können wir es deutlich erschauen, wie unser Inneres verwachsen ist mit dem wunderbaren Gezweige, das aus dem Herzen der Königin im Mittelpunkt der Erde emporkeimt."[225] Das bereits bekannte Motiv des steinernen Dings, auf dem die natürliche Chiffrensprache eingekerbt ist und das Schicksal der Liebenden in sich trägt, ist hier zugleich das kalte und doch blutrote, das anorganische Organ des Berges. Der Sprachlogik der Bergkönigin folgend, ist es das Zeichen, das nicht gehoben werden darf – und da Elis es dennoch versucht, wird am Ende des Textes nicht der Almandin geborgen, sondern Elis, zu Stein erstarrt.[226] Denn bei dem Versuch, den Almandin zu finden, wird er in der Tiefe des Berges verschüttet. Erst fünfzig Jahre später finden Bergarbeiter eine versteinerte Leiche, in dem die gealterte, aber stets treu gebliebene Ulla ihren verlorenen Verlobten wiedererkennt.

Die den *Bergwerken zu Falun* zugrundeliegende Geschichte stammt bekanntlich ebenfalls aus Schuberts *Ansichten,* der darin vom Grubenunglück eines Bergmanns Ende des 17. Jahrhunderts berichtete, dessen Leichnam später in versteinertem Zustand gefunden und von seiner Braut wiedererkannt wurde. Es ist darauf hingewiesen worden, dass die Geschichte bei Schubert im Zusammenhang mit der Frage nach menschlichen Fossilien und den Übergängen des Organischen zum Anorganischen berichtet wird.[227] Da bisher keine Fossilienbelege vom Menschen vorzuweisen waren, ging Schubert davon aus, dass humane Überreste aufgrund ihrer Sonderstellung durch eine Art der göttlichen Gnade schneller verwesten. So sei der Mensch zwar weiterhin der gerade in der Romantik schmerzlich erfahrenen Zeitlichkeit unterworfen, zumindest aber für seine körperlichen Reste gälten andere Regeln: „Der Mensch wird zur Lücke und zum fehlenden Zeichen"[228] im Buch der Natur.

---

225 Ebd., S. 237.
226 Vgl. dazu den sehr aufschlussreichen Aufsatz von Lena Kugler: „Die Tiefenzeit von Dingen und Menschen. (Falsche) Fossilien und die ‚Bergwerke zu Falun'". In: *Weimarer Beiträge: Zeitschrift für Literaturwissenschaft, Ästhetik und Kulturwissenschaften* 59 (2013), H. 3, S. 397–415, hier S. 407.
227 Vgl. ebd., S. 405.
228 Ebd. Siehe dazu auch: Descola: *Jenseits von Natur und Kultur,* S. 113ff: Descola skizziert hier das „Buch der Natur" als Illustration und Kommentar zum göttlichen Wort und beschreibt, wie der Mensch aus dieser Natur heraus- und dadurch hervorgehoben wird. Erst auf Basis dieses Verhältnisses kann es überhaupt zur „Erfindung" der Natur, wie wir sie kennen, kommen, so Descola. Ein kurzer, 1946 erstmals publizierter Text Caillois' mit dem Titel „Patagonien" wirkt beinah

Dies führt Hoffmanns Erzählung insofern in aller Deutlichkeit vor, als nach dem Versuch, die zu entziffernde Lebenstafel zutage zu fördern, schließlich nur Elis' „fälschlicherweise für versteinert" gehaltener Leichnam geborgen werden kann, der sofort darauf „in Staub zu zerfallen begann."[229] Elis' Körper ist eben kein lesbares Zeichen der Tiefenzeit, keine fixierte Form des Übergangs vom Organisch-Menschlichen zum Dauerhaften des Steins, sondern erneut das mit einem Verbot belegte Zeichen, das nur verstanden, nicht gehoben werden darf. So verhandeln die *Bergwerke zu Falun* radikaler als der *Runenberg* die unmögliche Dechiffrierung nicht nur einer unverständlichen Steinsprache, sondern zugleich ein Sprechverbot, das selbst das widerständige Material des Steins zersetzt: Das eingegrabene Zeichen wie auch die materielle Grundlage des Geschriebenen entziehen sich dem Zugriff der Lesenden. Die im *Heinrich von Ofterdingen* hervorgetretene aktive Dimension und wirkungsvolle Chiffrensprache des steinernen Dings verkehren sich ebenfalls in eine Hohlform, in der die Schrift ihre Macht aus dem Verbot ihrer Aneignung zieht.

In allen drei Fällen werden die Dimensionen des Steins als wirkmächtiges Ding von spezifischer Materialität und als das Andere zum Organisch-Menschlichen über das Verbindungsglied der Zeichenhaftigkeit ausgelotet. Der Stein, der in der Romantik selten ohne die Schrift auskommt, führt zwei Bereiche zusammen: die Lebendigkeit der Schrift und die Dauerhaftigkeit, Gleichgültigkeit, Stummheit des Steins als ihr Träger. Der in der Romantik häufig gebrauchte Begriff der „Hieroglyphe" für jene Chiffren der Natur bezeichnet die doppelte Zugehörigkeit jener unentzifferbaren Zeichen auf besondere Art: „denn sie ist beides: Schrift und Stein – und ein Zeichen der Toten." Dabei sind die Hieroglyphen als in den Stein gemeißelte „Leerform", eine „Einkerbung von Ding-Bildern, als

---

wie eine Persiflage auf diese Frage nach den menschlichen Überresten und Fossilien. Der Text, der in der Werkausgabe unter „Récit" eingeordnet ist, beschreibt die öde Landschaft Patagoniens, an dessen rauen Stränden das universale Gesetz der Zerstörung herrsche, das selbst Steine zur Erosion zwinge. Nur der Mensch schütze die Knochen seiner Artgenossen vor diesem zerstörerischen Gesetz, indem er sie in abgeschlossenen Räumen aufbewahre, auf dass sie sich dort selbst zersetzten. Und doch könne der Mensch die große Vermischung aller Materie niemals aufhalten. Im Vergleich zu seinem späten Text „D'après saturne" ist zwar der Mensch auch in „Patagonien" den allgemeinen Gesetzen der Natur unterworfen, behält aber doch eine besondere Position in der Welt. Vgl. den Abschnitt weiter unten in diesem Kapitel „Schreiben jenseits des Menschen. ‚Saturn gemäß' (1974)". Der späte Text allerdings, obwohl deutlich stärker fiktionalisiert, wird von der Werkausgabe nicht in die „Récit" eingruppiert. Roger Caillois: „Patagonie [1942]". In: Ders.: Œuvres. Hg. v. Dominique Rabourdin. Paris: Gallimard 2008, S. 385–393. Dt. Roger Caillois: „Patagonien [1942]". In: Ders.: *Patagonien und weitere Streifzüge*. Übers. v. Rainer G. Schmidt. Graz, Wien: Droschl 2016, S. 5–21.
229 Hoffmann: „Die Bergwerke zu Falun", S. 239.

„Negativ" in mehr als einem Sinn." Die hieroglyphische Schrift der romantischen Steine zeugt allerdings nicht nur vom „Paradigma des ‚versteinerten'"[230] und damit toten, verlorenen Sinns im Zeichen. Dass es unbedingt der Stein sein muss, in den jene Zeichen sich präferiert eingraben, ist mit Sicherheit in seiner Dauerhaftigkeit und Stummheit begründet, womöglich aber auch in der alternativen Form der Lektüre, die er ermöglicht. Es ist eine tastende, fühlende, die Einkerbungen nachzeichnende Lektüre, die in den Körper der Lesenden übergeht und oft die Gefahr der Verwandlung in das schrifttragende Material birgt. Diese haptische Lektüre führt jene „Vertiefung" in das Lesen der Zeichen ein, von der bereits die Rede war. Sie basiert auf der Fiktion, an die auch Novalis glaubte, dass sich die optische Wahrnehmung ohne Tiefensinn vollziehe und erst der haptische Sinn diesen einfügen könne. Daher bedürfe es einer „durch haptische Imaginationen angereicherten"[231] Lektüre. Dieser so konstruierte Tiefenraum als Grundvoraussetzung des romantischen Subjekts ist Reflex der wissenschaftlichen Entdeckung der „Tiefenzeit". Wie eingangs skizziert, haben psychoanalytische (und alltagssprachliche) Verschaltungen von Seele und Ich mit geologischen Vorstellungen eines „Abstiegs" hinab in die Tiefe der Zeit, die zugleich die Richtung eines Ursprungs bezeichnet und deren historische Ausformungen an den Sedimentschichten des Steins ablesbar sind, hier ihren Ursprung. So knüpft sich die Verzeitlichung des Menschen an eine räumliche Figur, in erd- wie auch individualgeschichtlicher Hinsicht. Damit verliert die Denkfigur der „Tiefe", wie Mülder-Bach gezeigt hat, ihren Richtungssinn und weist nicht mehr nur nach unten, sondern auch nach innen, nach vorn, in den Raum des Ichs und auf den Grund des Sinns.[232] In dieser Hinsicht sind auch die eingekerbten Vertiefungen in den Stein zu verstehen: Über die räumliche Figur der Kerbung geben sie Anlass zu einer „vertieften" Lektüre, einem körperlichen Fühlen des „tiefen" Sinns. Ermöglichungsbedingung dafür ist aber erst die Reflexionsfigur des Steins in seinen besonderen materiellen, dem Organischen entgegengesetzten Eigenheiten.

2.3.2 Die Steine lesen uns. Surrealistische Steine

Das Interesse des französischen Surrealismus an der deutschen Romantik gründet sich Karl Heinz Bohrer zufolge vor allem darauf, dass die Frühromantik „das Theoriewerden des Kunstwerks, seine Reflexivität, entdeckte."[233] Ergänzend zu

---
230 Schmitz-Emans: *Schrift und Abwesenheit*, S. 127.
231 Mülder-Bach: „Tiefe. Zur Dimension der Romantik", S. 89.
232 Vgl. ebd., S. 86f.
233 Bohrer: „Das Phantastische der Surrealisten", S. 39.

jenem theoretischen, konstitutiv modernen Bewusstsein und ohne sich dadurch zu widersprechen, nimmt der Surrealismus in gleichrangiger Weise Bezug auf die Spätromantik und das Unbewusste als an das Phantastische und Imaginäre Gekoppelte. Dieses stellt für Bohrer „den anderen Pol des modernen Bewusstseins"[234] dar und verbindet zugleich frühromantische Reflexivität mit der Phantastik der Spätromantik. „Das Phantastische eröffnet vielmehr den Königsweg der surrealistischen (,supernaturalistischen') Poetik."[235]

Fast 150 Jahre nach den *Bergwerken zu Falun* erscheint 1957 in der dritten Nummer der Zeitschrift *Le Surrealisme, même* ein kurzer Text André Bretons mit dem Titel „Langue des pierres".[236] Vom Einstiegszitat bis zu den zentralen Schlüsselbegriffen, an denen entlang er eine kurze Theorie des Suchens und Findens von Steinen entwirft, beruft sich Breton darin auf Novalis' *Heinrich von Ofterdingen*. Diese exemplarische Abarbeitung an den Novalis'schen Steinen sei hier herangezogen, um auf einen verbindenden Punkt zwischen Romantik und Surrealismus hinzuweisen.[237] 1934 veröffentlichte Breton u. a. von Man Ray angefertigte Fotografien von Kristallen und Gesteinen, zusammen mit verschiedenen Textfragmenten in der Zeitschrift *Minotaure*. Zwei Jahre später wurden verschiedene Steine als „Kunststücke der Natur" gänzlich ohne begleitende Texte in der *Exposition surréaliste d'objet* ausgestellt, was einerseits eine Nähe zu den Wunderkammern des 17. Jahrhunderts vermuten lässt, allerdings auch auf die Ausstellung der Steine Caillois' auf der Biennale vorausdeutet.[238]

---

234 Ebd., S. 40.
235 Ebd., S. 61.
236 André Breton: „Langue des pierres [1957]". In: Ders.: *Perspective cavalière*. Paris: Gallimard 1970, S. 147–153.
237 Eine umfassendere Betrachtung surrealistischer Bezüge zum Stein kann und soll an dieser Stelle nicht unternommen werden: Die surrealistischen Analogien von Kunst und Kristall, die über die Bilder von Reinheit, geometrischer Formensprache als anorganischer, makelloser Architektur, von Härte und Kostbarkeit zu einer umfassenden Kunstsymbolik ausgearbeitet wurden, sowie die mythische Aufladung des Kristalls als Stein der Weisen in der bildenden Kunst, der auch für die Einheit des Künstlers mit dem Universum steht, sind Themenkomplexe, die sich weitverzweigt in Literatur und bildender Kunst des Surrealismus wiederfinden lassen. Ebenso verhält es sich mit den nicht nur auf die Frühromantik, sondern auch auf Paracelsus rekurrierenden naturphilosophischen Ansätzen, die von der Verwandtschaft aller Naturreiche und des Menschen mit dem Universum ausgehen. Vgl. zu den genannten Punkten u. a. Kuni: „Die Sprache der Steine". Vgl. außerdem dazu das Kapitel „Signaturen" in Foucault: *Die Ordnung der Dinge*, S. 56–61.
238 Auch „Langue des pierres" ließ Breton bei der Erstveröffentlichung in *Le Surréalisme même* zunächst mit Fotografien verschiedener Steine, zu verschiedenen Formen arrangiert, abdrucken. Siehe dazu auch: Claudia Blümle: „Wachstum auf Stein. Paul Klees Mineraliensammlung". In: Nikola Doll, Horst Bredekamp, Wolfgang Schäffner (Hg.): *+ultra: gestaltung schafft wissen*. Leipzig: E.A. Seemann 2016, S. 103–111, hier S. 111.

Von dieser Ausstellungspraxis des Objekts sind etwa die Versuche Ernst Haeckels, Karl Blossfeldts oder Georges Batailles, die in der Tradition einer Suche nach einer antihistorischen und alternativen Naturästhetik stehen, deutlich zu unterscheiden. Nach der Abkehr von den bioästhetischen Idealen des Jugendstils zielen die Unternehmungen der drei genannten vielmehr darauf, Wissenschaft, Architektur und Kunst, vor allem Fotografie, miteinander zu verbinden. In Blossfeldts botanischen Aufnahmen etwa, die 1928 unter dem Titel *Urformen der Kunst* veröffentlicht wurden, steht nicht mehr die Natur als Künstlerin im Fokus. Stattdessen wird Natur „wie Kunst angeschaut, die wie Natur gesehen wird."[239] In diesem wechselhaften Hin und Her erstehen „archaische ornamentale Urkräfte"[240] vor dem Auge der Kamera, die Natur mit Kunst ebenso verbinden wie mit Technik. Der Surrealismus rückt an seinen steinernen Fundstücken aus der Natur den Stein als Ding in den Fokus, das es nicht durch fotografische Vermittlung sondern unmittelbar zu erfahren gilt (was dann freilich wiederum jenseits der Ausstellungen mithilfe von Texten vermittelt wird).[241] Der Befund, der Surrealismus suche in den vielfältigen Bezügen auf das Reich der Steine nach den archaischen Ursprüngen von Leben, Ordnung der Dinge und Kunst und verorte menschlich-künstlerische und natürliche Schöpfung so in enger Verwandtschaft zueinander,[242] zu dem man auch analog im Hinblick romantischer Beschäftigung mit dem Stein gelangen könnte, greift dabei also zu kurz.

Breton beginnt seinen Text mit einem Zitat: „‚Unendliche Entfernung vom Reich der Blumen', seufzt Novalis".[243] Und noch weiter sei die Entfernung zum Reich des Steins, seufzt seinerseits Breton. Sein Essay, der eine Art theoretischen Kommentar zum surrealistischen Interesse am Stein liefern soll, umreißt das Feld seiner Ausführungen zunächst in zweierlei Hinsicht: Die Frage nach den Steinen richtet sich erstens nur an einen bestimmten Wahrnehmungstypus, nämlich je-

---

239 Gert Mattenklott: „Einführung in Karl Bloßfeldts Urformen der Kunst". In: Ders.: *Ästhetische Opposition. Essays zu Literatur, Kunst und Kultur*. Hg. v. Dirck Linck. Hamburg: Philo Fine Arts 2010, S. 257–281, hier S. 261. Der Verschaltung von Natur und fotografischer Technik liegt dabei eine gänzlich andere Herangehensweise an die „Kunst der Natur" zugrunde, als dies bei den *objets trouvés* im Surrealismus der Fall ist. Vgl. dazu auch Karl Blossfeldt: *Urformen der Kunst [1929]*. Hg. v. Ann Wilde, Jürgen Wilde. Dortmund: Harenberg Edition 1997.
240 Mattenklott: „Einführung in Karl Bloßfeldts Urformen der Kunst", S. 263.
241 Auch wenn es im Surrealismus selbstverständlich vielfältige hybride Beziehungen gerade in der bildenden Kunst zwischen gefundenem Objekt, Naturinspiration und medialen Bearbeitungen/Nachbildungen des Objekts gegeben hat, die hier allerdings nicht thematisiert werden können, vgl. Kuni: „Die Sprache der Steine", S. 221f.
242 Ebd.
243 Breton: „Langue des pierres", S. 147. Frz.: „‚Éloignement infini du monde des fleurs' soupire Novalis." [Hier und im Folgenden, wenn nicht anders ausgewiesen: dt. Übers. EH].

nen, der nichts, was ihn umgibt, für sinnlos und vergeblich hält und der überzeugt ist, dass die Wahrnehmung von Dingen, die sich ihm wieder und wieder aufdrängen, nicht auf sich selbst begrenzt bleiben kann. Zweitens beginnt Breton mit einem Problembefund der etablierten wissenschaftlichen Kategorien der Mineralogie. Diese reagierten ausschließlich auf die sichtbare oder fühlbare Dimension ihres Objekts, nicht jedoch auf das, was sich der Sichtbarkeit entziehe. Breton verkehrt im Folgenden stattdessen den Blickwinkel, fragt nicht nach unserer Perspektive auf den Stein, sondern vielmehr nach der des Steins selbst. Dieser nämlich wirke insbesondere auf den kindlichen Reflex mithilfe einer gewissen „Dignität bestimmter Steine", die dazu verleite, nach dem Stein zu greifen, ihn im Licht schillern zu lassen. Die Mehrheit der erwachsenen Menschen ignoriere der Stein. Jene aber, die dem kindlichen Instinkt weiterhin nachzugeben gewillt seien, lasse er nie wieder los: „Über all dort, wo sie [die Steine, EH] sich drängen, ziehen sie sie an und machen sich einen Spaß daraus, aus ihnen so etwas wie verkehrte Astrologen zu machen."[244] Diese Anziehungskraft der Steine, die sie mit Macht über das (Forschungs-)Subjekt ausstattet, und durch die sie selbst zum grammatischen Subjekt im Text werden, wird rückgebunden an die bekannte und erwähnte Novalis'sche Figur der „verkehrte Astrologen". Statt aber wie im *Heinrich von Ofterdingen* damit die Bewegung des Bergarbeiters in die Tiefe der Vergangenheit, in Richtung der „Denkmale der Urwelt" zu entwerfen, bezeichnet sie hier die tatsächlich an Gravitationskräfte von Gestirnen erinnernde Kraft des Steins, sich die eigenen Wissenschaftler*innen selbst zu bestimmen.

Bretons Essay trägt den Titel „Sprache der Steine" und gemeint ist damit, das wird im Laufe des Textes deutlich, die Fähigkeit der Steine, zu all jenen zu sprechen, die aufgrund ihres besonderen Wahrnehmungstypus in der Lage sind, zuzuhören. So basiert diese Idee der Sprache auf einer Theorie des Gefundenwerdens aus der Perspektive des Steins. Die ästhetische Theorie Bretons ist auch hier eng mit den vielfältigen und geheimen Wirkungen des Zufalls verknüpft, das Interesse für außergewöhnliche Steine aber begründet er vor allem darüber, dass wir der Suche ausgeliefert sind, dass sich zwischen den Findenden und den glücklich gefundenen Dingen über den Weg der Analogie ein mysteriöser Austausch entspinnt und so eine Sprache entsteht, die nicht wir in den Steinen lesen, sondern mit deren Hilfe nun die Steine vielmehr in den Menschen lesen und darüber mit ihm in Kontakt treten.

---

[244] Ebd., S. 148. Frz.: „Partout où elles [les pierres, EH] se pressent, elles les attirent et se plaisent à faire d'eux quelque chose comme des astrologues renversées." Man denke hier auch die „Dignität des Streichholzes" bei Canetti (Kap. IV.4.4). Die Würde, analog zu der des Menschen, scheint die Dinghaftigkeit besonders herauszustellen.

Um diese Austauschprozesse näher zu beleuchten, berichtet Bretons Text von einigen jener zufällig-schicksalhaften Funde besonderer Steine und greift dabei auf eigene Erfahrungen oder ihm von Freunden erzählten zurück. Vergleichspunkt ist dabei wiederum die Erzählung des alten Bergmanns aus Novalis' *Heinrich von Ofterdingen*, der Heinrich von den verzauberten Gärten in der Tiefe des Berges berichtet. Breton glaubt sich nun in seinen erinnernden Erzählungen von Stränden und Flussufern durch „die Plötzlichkeit mit der sie uns ‚in die Augen sprangen', mehrere Achate von einer unerwarteten Schönheit" in einen steinernen „Zaubergarten", in die perfekte Illusion eines irdischen Paradises versetzt.[245] Diese Macht des Steins wird radikal subjektiviert und zugleich abgegrenzt von einer „visionären Mineralogie", die in ihrer besessenen Suche nach den Zeichen des Steins nur berauschte, paranoide Forscher*innen hervorbringe. Das suchende Subjekt könne nicht einfach auf den Stein zugreifen, in ihm als passivem Objekt lesen – stattdessen lese der Stein in den geheimen Bedürfnissen derjenigen, die ihn zu finden versuchten:

> Es erscheint mir unbestreitbar, dass auf demselben Weg, zwei Wesen, außer sie ähneln sich auf wundersame Weise, nicht die gleichen Steine sammeln würden, denn man findet nur, wonach man von Grund auf ein Bedürfnis verspürt und selbst wenn ein solches Bedürfnis auch nur auf symbolische Art und Weise befriedigt werden kann.[246]

Die Theorie des Findens, die Breton hier entwirft, geht von einer wechselseitigen Beeinflussung von zu findendem Ding und suchendem Subjekt aus. Zwar lesen auch hier die Suchenden in den Zeichen der Steine und verhalten sich analog zum romantischen Entziffern der natürlichen Chiffrensprache.[247] Zugleich lesen aber die Steine als Fundstücke im Menschen und stellen über ein möglichst breites Angebot an Zeichenverbindungen in einem individualisierten Prozess jenen mysteriösen Austausch erst her. Statt einer Verbindung mit dem Universum, der romantischen Verschmelzung von Natur und Mensch in der Lektüre des Steins ist hier das Ziel die (und sei es symbolische) Bedürfnisbefriedigung. Und statt einer Lektüre im Stein ist es nun der Stein selbst, der in den geheimen und tiefen Begeh-

---

245 Ebd., S. 151. Frz.: „jardin enchanté", „la soudaineté avec laquelle nous ‚sautèrent aux yeux', plusieurs agates, d'une beauté inespérée".
246 Ebd., S. 152. Frz.: „minéralogie visionnaire", „Il me paraît certain que, sur le même parcours, deux êtres à moins de se ressembler étrangement, ne sauraient ramasser les mêmes pierres, tant il est vrai qu'on ne trouve que ce dont on éprouve en profondeur le besoin et quand bien même un tel besoin ne trouverait à s'assouvir que de manière toute symbolique."
247 Wie pauschale Vergleiche mit der Romantik immer wieder konstatieren: Vgl. Victoria Cirlot: „Langue des pierres. Expérience mystique et nature". In: Dominique de Courcelles (Hg.): *Les enjeux philosophiques de la mystique*. Grenoble: Jérôme Millon 2007, S. 71–89.

rensstrukturen des Menschen liest. Dies erzeugt eine doppelte Verwandlung: einerseits die Metamorphose des Steins in die jeweilige traumartig-geheimnisvolle Gestalt, mit der er auf die unbewussten Wünsche der Suchenden reagiert. So etwa der mythisch aufgeladene Stein, der in Bretons Text als sitzende menschliche Figur erscheint und den Kopf einer Nachteule trägt und mit dessen Fundbericht der Essay endet. Andererseits die Transformation der Suchenden in einen „zweiten Zustand", der sich durch „außergewöhnliche Hellsichtigkeit" auszeichnet.[248] In diesem Zustand sind die Suchenden in der Lage, jenseits der gewöhnlichen Logik magische Kausalitäten zwischen dem Stein, sich selbst und den Umständen des Findens herzustellen. Alles wird ihnen zum Zeichen, und innere wie äußere Zeichen werden kongruent. In dem besonderen Bewusstseinszustand der Klarheit, der Hellsichtigkeit werden auch sie selber durchscheinend; die Transparenz von magischem Zusammenhang, inneren Zeichen und äußeren Begebenheiten bedingen sich gegenseitig. Während also in der Romantik die sehnsüchtige Suche nach der verlorenen Einheit die unverständliche Zeichensprache bestimmt, werden hier die Suchenden selber zu denjenigen Instanzen, die unbewusst die Zeichen setzen, wenn sie nur finden, was ihren tiefsten Bedürfnissen entspricht. Zugleich werden die Verbindungen vom Stein selbst hergestellt, ihre Macht verwirft jede wissenschaftliche Kategorisierung und beginnt ganz von neuem, mit dem, was sich dem wissenschaftlichen Blick entzieht.

2.4 Caillois' Steine

Wenn Caillois sich insbesondere seit Ende der 1950er Jahre der Sammlung von Steinen und seinen Stein-Schriften widmet, wendet er sich damit noch einmal betont vom Surrealismus ab. Zwar brach er offiziell bereits 1934 mit André Breton und dem surrealistischen Kreis,[249] setzt aber die in seiner „lettre de rupture" entworfene Programmatik der gleichwertigen Verbindung von Irrationalem und kohärenter Logik, von Dichtung und Wissenschaft, in seinen Schriften zum Stein erneut und nachdrücklich um. Gerade weil im Surrealismus der Stein eine zentrale Rolle in der poetischen und ästhetischen Selbstbestimmung übernommen hatte, müssen Caillois' Studien dazu in enger Verwandtschaft und Genealogie und zugleich als dezidierte Gegenentwürfe gelesen werden. Angesichts der Vielfalt von Caillois' Texten sei an dieser Stelle eine Typologie dreier unterschiedlicher Zugangsarten zum „Stein" innerhalb seiner Schriften und Bearbeitungen vor-

---

[248] Breton: „Langue des pierres", S. 153. Frz.: „état second", „extra-lucidité".
[249] Siehe den Abschnitt „Springbohnenästhetik. Breton vs. Caillois (1924/1934)" in Kap. III.2.

geschlagen, im Anschluss soll nur der letzte und dritte Typus genauer untersucht werden.

Als erster Typus, der auch chronologisch am Anfang der publizierten Werke steht, seien hier solche stark poetisierten oder mythologisierenden Auseinandersetzungen verstanden, in denen die imaginative Dimension des Steins durch die Sammlung und Montage unterschiedlicher mythologischer, poetischer und legendärer Quellen oder aber durch eigene assoziative, imaginäre Lektüren des Steins ausgelotet wird. Explizit vernachlässigt er dabei zwei Diskurse, die den Stein als Gegenstand primär für sich beanspruchen:

> Indem ich die Gesteinskunde vernachlässige und die Künste beiseiteschiebe, die sich der Steine bedienen, spreche ich von nackten Steinen, Zauber und Ruhm, in dem sich ein ungleich gemesseneres, umfassenderes und feierlicheres Geheimnis verhüllt wie preisgibt als das Geschick einer vergänglichen Gattung.[250]

Könnte man diese Weise der Auseinandersetzung, da auch sie von der poetisch-faszinierten, anziehenden Wirkung des Steins ausgeht, noch eng mit Bretons Theorieentwurf vom Finden des Steins vergleichen, unterscheiden sich die beiden anderen Formen deutlicher. Unter dem zweiten Typus der Bezugnahme seien Caillois' bildtheoretische Ansätze gefasst, die im Stein einen Ankerpunkt für eine universale Bildproduktion sehen, die bereits in der Natur, im Anorganischen beginnt. Als Vorgänger von aktuellen Strömungen, die unter dem Stichwort der Heteronomieästhetik fassbar sind,[251] schlägt Caillois vor, die Kunst, bezogen auf den Stein insbesondere die bildende Kunst, als Verlängerung der Natur zu betrachten und den Stein selbst als kunstfähig.[252]

Unter dem dritten Zugang zum Stein sind hier schließlich diejenigen Ansätze versammelt, die sich einer Sprach-, vor allem aber einer Syntax- und Schriftreflexion ausgehend von den Formen des Anorganischen widmen. Allein letztere werden im Folgenden eingehender behandelt, allen dreien ist jedoch gemein, dass sie den Stein als Erkenntnisinstrument nutzen, der sich gerade durch seine Dauer-

---

250 Caillois: *Steine*, S. 7. Frz.: „négligeant la minéralogie, écartant les arts qui des pierres font usage, je parle des pierres nues, fascination et gloire, où se dissimule et en même temps se livre un mystère plus lent, plus vaste et plus grave que le destin d'une espèce passagère." Caillois: „Pierres, suivi d'autres textes", S. 1038. Vgl. zur „Mythologie des Anorganischen": Hans-Ulrich Treichel: „Kristalline Erstarrung und halluzinatorisches Koma". In: Anne von der Heiden, Sarah Kolb (Hg.): *Logik des Imaginären. Diagonale Wissenschaft nach Roger Caillois*. Band 1. *Versuchungen durch Natur, Kultur und Imagination*. Berlin: August Verlag 2018, S. 231–259, hier S. 233.
251 Analog dazu in Bezug auf Caillois' Theorie von poetisch-literarischer Einbildungskraft, vgl.: Albers: „Reine und unreine Literatur(wissenschaft) nach Roger Caillois"; Dies.: „Die Unreinheit der Literatur".
252 Vgl. Kämpf: „Roger Caillois", S. 90.

haftigkeit und Härte dafür mehr eignet als das ephemere organische Leben.[253] Mithilfe dieses Instruments geht es Caillois stets darum, die umfassenden Gesetze, die geheimen Übereinstimmungen, die sowohl das Reich des Organischen wie das des Anorganischen durchziehen, aufzudecken und greifbar zu machen. „Greifbar" hier auch im wörtlichen Sinne: Als gesammelte oder in den Text überführte Dinge, deren materielle Dimension im Vordergrund steht, wird die Fremdheit des Dings von der Fremdheit des Steins gedoppelt und mit dem Imaginären über die jeweilige Untersuchung der Syntax verknüpft.

Die literaturgeschichtliche Einbettung in romantische und surrealistische Zusammenhänge war an dieser Stelle nötig, da erst sie sichtbar macht, warum Caillois' wissenschaftliches Verfahren, seine syntaktische Untersuchung des Steins, einen doppelten Bruch mit der literarischen Geschichte des mineralogischen und geologischen Schreibens darstellt.[254] Innerhalb der betrachteten romantischen Texte durchdringen sich Naturforschung und Poesie gegenseitig. Dem Naturforscher, wenn er dagegen allein versuche, „mit scharfen Messerschnitten den innern Bau und die Verhältnisse der Glieder zu erforschen", werde sich sein Gegenstand immer entziehen: „Unter ihren Händen starb die freundliche Natur, und ließ nur tote, zuckende Reste zurück",[255] heißt es in den *Lehrlingen zu Sais*. Auch in dem Streit, der Breton und Caillois entzweite, ging es um wissenschaftliche Messerschnitte, im buchstäblichen Sinn, die der Surrealist radikal ablehnte.[256] Caillois dagegen gelangt nur darüber zu seinen Bildern, Beschreibungen und Reflexionen, dass er die Steine aufschneidet, ihren Querschnitt betrachtet und ausstellt. Zudem liegt seinen Stein-Texten, die hauptsächlich innerhalb der 60er und 70er Jahre entstehen, ein insbesondere im Vergleich zur Romantik radikal verändertes Wissenschaftssystem zugrunde.[257] Und anders als Breton, der seinen Essay mit einer Kritik an den Kategorien der Mineralogie beginnen lässt und sie vollständig verwirft, nimmt Caillois diese zunächst auf und behält die Bezeichnungen der Gesteinsarten als Ordnungssystem seiner Sammlung bei, dies wird bereits anhand der Kapitelüberschriften („Septarien", „Achate", „Jaspis", etc.) sichtbar. Er argumentiert folglich aus der bestehenden Wissenschaftslandschaft heraus,

---

253 Obwohl Däuker auch auf die Erosion hinweist, durch die auch der Stein natürlich verschwinden kann. Vgl. dazu genauer: Däuker: „Das poetische Ferment in der Wissenschaft", S. 322.
254 Denkbar wäre außerdem eine Betrachtung historischer geologischer und mineralogischer Texte, um auch dort nach den Überblendungen von Ding und Stein zu suchen. Dies kann hier nur als Ausblick angedeutet werden.
255 Novalis: „Die Lehrlinge zu Sais", S. 101.
256 Vgl. erneut den Abschnitt „Springbohnenästhetik" in Kap. III.2.
257 Vgl. Kapitel II.2 *Kulturen- und Disziplinengrenzen im 20. Jahrhundert.*

wenn er seinem Konzept der „diagonalen Wissenschaften" folgend Versuche unternimmt, angesichts der abgetrennten und zergliederten Disziplinen des 20. Jahrhunderts[258] transdisziplinäre sowie transhumane Verbindungslinien zu ziehen. Gerade im Gegenstand des Steins geht es ihm darum, nach Diskursen zu suchen und diese miteinander zu verknüpfen, die die geltende Ordnung der Dinge unterminieren bzw. gerade die verschüttete, *eigentliche* Ordnung der Dinge sichtbar werden zu lassen. Und diese eigentliche Ordnung verbannt den Menschen aus ihrem Zentrum.

2.4.1 Steinerne Syntax. „Nachgeahmte Zeichen" (Schriftgranit)

In seiner späten Schrift, *Pierres réfléchies (Durchdachte Steine)*, die erst 1975 als Ganzes publiziert wurde, nimmt er unter dem Titel „Signes mimés" („Nachgeahmte Zeichen") kommentierend auf seine eigene Titelgebung der vorherigen Schrift – *L'Écriture des Pierres (Die Schrift der Steine)* – Bezug und führt daran den eigenen Erkenntnisprozess noch einmal vor:

> Nachgeahmte Zeichen: Als ich der Schrift der Steine ein Buch gewidmet habe, faßte ich diese Formulierung selbstredend im abenteuerlichsten Sinne als metaphorisch auf. Ich dachte mir nicht, daß es die geringste Möglichkeit eines auch nur formalen Vergleichs zwischen zufälligen Linien und absichtsvollen Zeichen geben könnte. Ich suchte keine Ähnlichkeit zwischen den mineralischen Figuren und den Alphabeten. Dann und wann hob ich beiläufig eine Verwandtschaft zu den arabischen Kalligraphien oder den chinesischen Schriftzeichen hervor, doch handelte es sich um vereinzelte, ornamentale Formen, eher um Zierbuchstaben als um Buchstaben. Ich verkannte die überschwengliche Natur eines Universums, worin nichts ohne Widerhall ist. Ich erwartete damals nicht, daß es bestimmte Steine gab, bei denen fortgesetzte Störungen zwar keine Drucksseiten, zumindest aber eine regellose, wilde Typographie nachzuahmen schienen. Doch gibt es solche Steinschriften und manches Mal gaukelten sie etwas vor, so wie die Mangandendriten dem unbefangenen Bewußtsein unablässig weismachen, daß sie, im Innern des Steins, fossile Algen oder Moose seien. Quer-

---

[258] Vgl. Caillois: *Dissymmetrie*, S. 13. Frz. : „les fuseaux de connaissances où s'isole et croupit un savoir morcelé, souvent clos irrémédiablement." Caillois: „La Dissymétrie [1973]", S. 907. Es bietet sich an, die Caillois'sche Kritik des in unzählige Teilbereiche fragmentierten Wissenschaftssystems, dessen „Wissensordnungen, in denen ein zerstückeltes und häufig unwiderruflich verschlossenes Wissen ruht", das es zu hinterfragen gilt, mit dem Begriff der Reinigungsarbeit Bruno Latours zu verbinden. Als Ensemble von Praktiken zielt diese auf die Trennung zweier ontologischer Bereiche, der des Humanen und des Ahumanen, zugleich zwischen Belebtem und Unbelebtem, zwischen Gesellschaft und Diskurs sowie den jeweils zugeordneten Wissenschaftsbereichen und ist zugleich selbst als besondere Form der Vermittlung zu verstehen. Vgl. dazu erneut Albers: „Reine und unreine Literatur(wissenschaft) nach Roger Caillois" sowie zumindest knapp Kap. IX *Ausblick: „Fossilien für niemanden"* dieses Buches.

schnitte durch Mineralien zeigen mit Zeichen bestreute Oberflächen, die eine trügerische Konkurrenz zwischen den Werken der Natur und denen des Menschen eröffnen.[259]

Der Weg von der metaphorischen Spielerei zur buchstäblichen Verbindung von Steinschrift und menschlicher Schrift führt also erneut über den Schnitt, den Querschnitt, durch den erst die agonale Beziehung von Natur und Kultur, die sie über ihre jeweiligen Kunstwerke austragen, an die Oberfläche tritt. Zugleich werden nur durch ihn die Übergänge sichtbar, die sich hier in einem Mangandendriten manifestieren, der vorgibt, sich in Moos oder Algen zu verwandeln. Der Stein ahmt belebte Natur und kulturelle Praktiken gleichermaßen nach, bzw. denkt er sie, rein zeitlich, vor. Seinem folgenden Kapitel geht es also darum, die Kulturtechnik der Schrift im Stein zu verorten. Schon hier fällt auf, dass diese Schriftzeichen weder etwas mit den verschlungenen organischen Figuren der romantischen Steine gemein haben, noch, dass sie in den Stein eingegraben, eingeritzt sind. Keine mythische Urschrift fördert der wissenschaftliche Querschnitt zutage, sondern Typographie: gedruckte Buchstaben aus beweglichen Lettern. Hat jede Sprache eine Syntax, die aus den Kombinationsregeln einzelner Terme als Elemente dieser Sprache besteht, so entstehen diese Terme wiederum erst mithilfe eines Alphabets als Gesamtheit der einer Sprache zur Verfügung stehenden diskreten Zeichen.

An solchen Sprachzerlegungen setzen nun Caillois' Überlegungen an, beginnend mit mehreren Beobachtungen am Stein, in denen sich im Chaos der scheinbar wilden Formen ein „System inventarisierter Zeichen" abzeichnet, die trotz ihrer scheinbaren Regellosigkeit zumindest als zusammenhängende Symbole gesehen werden können. „Würde man sie richtig anordnen und wieder an ihre

---

[259] Roger Caillois: „Nachgeahmte Zeichen". In: Ders.: *Die Schrift der Steine*. Graz: Droschl 2004, S. 39–48, hier S. 39. Frz.: Quand j'ai consacré un livre à l'écriture des pierres, il va de soi que je prenais le mot au sens métaphorique le plus aventureux. Je n'imaginais pas qu'il pût y avoir la moindre possibilité de rapprochement même formel entre des tracés fortuits et des signes délibérés. Je ne cherchais pas de ressemblance entre les figures des minéraux et les alphabets. Il m'arrivait incidement de souligner une similitude avec les calligraphies arabes ou les caractères chinois, mais il s'agissait de formes isolées, ornementales, lettrines plutôt que lettre. Je méconnaissais la nature redondante d'un univers, où il n'est rien qui ne soit répercuté. Je n'attendais pas alors qu'il existât certaines pierres où des accidents itératifs paraîtraient mimer, sinon des pages imprimées, du moins une typographie déréglée, sauvage. Cependant de tels semblants existent et parfois firent illusion, à la manière dont les dendrites de manganèse continuent de persuader la conscience naïve qu'elles sont, à l'intérieur de la pierre, des algues ou des mousses fossilisées. Des coupes de minéraux présentent des surfaces saupoudrées de signes qui introduisent une fallacieuse concurrence entre les œuvres de la nature et celles de l'homme." Roger Caillois: „Signes mimés". In: Ders.: *Pierres réfléchies*. Paris: Gallimard 1975, S. 47–59, hier S. 47f.

Stelle rü[c]ken, dann könnten sie die hypothetische Botschaft übermitteln, die ihnen aufgetragen war."²⁶⁰ Auch diese Beobachtung reflektiert er unmittelbar und fragt nach den Ursachen dafür, dass menschliche Betrachter*innen innerhalb der „Anarchie" des Anorganischen erwarten, auf ein Alphabet zu stoßen. Wie die Zeichen einer gedruckten Schrift haben die Formen im Stein nach Caillois vergleichbare Dimensionen und Proportionen, sind Variation eines Grundmodells, das sich verschiedentlich zu Kombinationen zusammensetzt, sind einprägsam, leicht erkenn- und wiederholbar, geradlinig und kurz. Zudem sind sie durch klare Abstände voneinander getrennt: keine Überlagerungen, keine Häufung. In ihrer zusammenhängenden, gerichteten Anordnung erwecken sie schließlich den Eindruck, sich auf einer Druckseite zu bewegen. Nach und nach schält Caillois' Beobachtung aus dem Stein die Grundbedingungen von Schrift als System diskreter Zeichen heraus. Allein die materielle Grundlage des stummen Steins verhindert, über die Beobachtung der graphematischen Ebene hinauszugehen. Die Laute der Sprache fehlen, den Zeichen können keine Phoneme zugeordnet werden.

Gerade dieses Fehlen einer Zuordnung phonetischer Werte, die „absolute[ ] Stille, dort, wo keine Bedeutung vorstellbar ist", erlaubt es, die „auf immer unentzifferbare Druckseite [...] zu einem besseren Verständnis dessen, was ein Schriftsystem ausmacht",²⁶¹ zu nutzen. Zugleich, und für Caillois noch entscheidender, tritt damit ein verborgenes Gesetz an die Oberfläche, das sowohl die Textur des Steins als auch die Druckseite beherrscht, das Gesetz eines Schemas von Zeichen, das seinen Ursprung in der „Syntax der Materie"²⁶² hat. So wird im Schriftgranit die Matrix jedes möglichen Alphabets sichtbar. Alle Formen, derer sich Schriftkulturen bedienen, sind folglich im Stein bereits festgelegt und vorweggenommen. Das Streben nach der Lesbarkeit der Welt ist damit überflüssig geworden:

> Die Zeichen des Schriftgranits zu entziffern hätte strenggenommen keinen Sinn, nicht mehr Sinn jedenfalls, als es die Lektüre der Platanenrinden, die der Wolkenformen oder der Aszendenten der Planeten hätte, nicht mehr als die der Träume, die ebenfalls Rinden und Wolken sind, aber der Seele.²⁶³

---

260 Caillois: „Nachgeahmte Zeichen", S. 40f. Frz.: „système de signes répertoriés", „Une disposition correcte, une remise en place leur permettrait alors de transmettre l'hypothétique message qu'ils étaient destinés à communiquer." Caillois: „Signes mimés", S. 49f.
261 Caillois: „Nachgeahmte Zeichen", S. 42f. Frz.: „silence absolu, là où aucune signification n'est imaginable", „page imprimée à jamais indéchiffrable [...] à mieux comprendre ce qu'est un système d'écriture". Caillois: „Signes mimés", S. 51–53.
262 Caillois: „Nachgeahmte Zeichen", S. 44. Frz.: „la syntaxe même de la matière". Caillois: „Signes mimés", S. 54.
263 Caillois: „Nachgeahmte Zeichen", S. 44f. Frz.: „Déchiffrer les signes du granit graphique n'aurait strictement aucun sens, pas plus qu'en aurait la lecture des écorces des platanes, cel-

Die Aufzählung, die an den eingangs zitierten Beginn der *Lehrlinge zu Sais* erinnert, ist nicht nur eine Absage an die Suche nach Dechiffrierung, sondern auch ein Abschied von einer Sprache der Natur überhaupt. Vielmehr lässt Caillois' Aufdeckung der universalen Gesetze, der Syntax der Materie, die vom Stein bis in unsere Schriftsysteme hinein wirkt, eine Unterscheidung von Natur und Kultur, von Natur und Technik hinfällig werden – und dies gerade nicht im Sinne einer romantischen oder mythischen Einheitssehnsucht. Hinfällig wird sie insofern, als die Unterscheidungen nicht mehr als getrennte ontologische Bereiche, sondern nur noch als heuristische Begriffspaare zu behandeln sind: Analog zur wissenschaftstheoretischen Aufhebung der strikten Trennung zwischen disziplinären Zuständigkeitsbereichen, der „Diagonalisierung", geht es auch hier darum, die auf Gegenstandsebene klar voneinander unterschiedenen Bereiche jener Dichotomien füreinander durchlässig zu machen. Zwar verwirft Caillois dabei nicht die Idee einer Evolution hin zu komplexeren Strukturen, unter denen der Mensch weiterhin seine feste Position behält, entmachtet wird er aber dennoch.[264] Entscheidend ist dabei, dass Caillois diese Schlüsse nicht allein auf materieller Gegenstandsebene (des Kristalls, des Steins, des menschlichen Körperbaus, etc.) zieht, sondern vor allem ihr Ausgreifen in Figurationen des Immateriellen, Imaginierten, Irrationalen mit in den Blick nimmt, das ebenfalls nur noch heuristisch vom materiellen Ding zu trennen ist. Nur so ist es möglich, dass er in der Analyse des anorganisch-realen Dings zu Erkenntnissen über die Grundprinzipien menschlicher Sprachproduktion kommt. Caillois' Imaginäres verfügt also nicht nur allgemein über eine Logik, sondern zusätzlich dazu auch über eine davon zu unterscheidende, spezifische „Syntax", und sei es in dem Sinn, dass es die begrenzten syntaktischen und alphabetischen Regeln und Strukturen aller Sprachen enthält.

Der Caillois'sche Stein ist damit mehr als ein Relaisbegriff zwischen Natur und Kultur im Sinne Koschorkes. Er setzt nicht kulturelle Symbolik und naturhaft Entzogenes zueinander in Beziehung,[265] sondern hebt diese paradoxe Grundspannung auf, indem er das Kulturell-Symbolische im Entzogenen verankert, das damit wiederum greifbar wird. Erst wenn man Caillois' wissenschaftlich-poetische Aufmerksamkeit für die Steine im Sinne einer Sprache der Dinge fokussiert, werden gleichzeitig die Dinge der Sprache auslotbar. In der anorganischen Mate-

---

les des formes des nuages ou de l'ascendant des planètes, pas plus que n'en a celle des songes qui sont eux aussi écorces et nuages, mais de l'âme." Caillois: „Signes mimés", S. 55.

264 Bereits in den Kristallen der Weinsteinsäure, mit denen sich Pasteur 1848 beschäftigte, wirkten die gleichen Strukturen und Mechanismen, in diesem Fall die des universalen Prinzips der Dissymmetrie, wie im Menschen selbst. Vgl. Caillois: *Dissymmetrie*, S. 57.

265 Koschorke: „Zur Epistemologie der Natur/Kultur-Grenze und ihren disziplinären Folgen", S. 182.

rialität der steinernen Dinge lässt er damit die Gesetze von der Materialität der Zeichen lesbar werden.

2.4.2 Schreiben jenseits des Menschen. „Saturn gemäß" (1974)

In einem späten fiktionalen Text, der zu den *Trois leçons des ténèbres* gehört, den *Drei Lektionen für die Finstermette*,[266] beschreibt ein Ich-Erzähler zunächst ausführlich einen besonderen Achat, voller Ausnahmen und Asymmetrien. In ihm erkennt er den Himmel, das Meer und eine „Tintensonne", „bepflanzt mit Fallschirmsamen wie bei der Löwenzahnkerze, die ein junges Mädchen seit mehr als hundert Jahren auf der ersten Seite der gebräuchlichsten Wörterbücher unentwegt in alle Winde pustet und zerstreut."[267] Die „Semeuse" (die Säerin), die der Erzähler hier beschreibt, referiert auf das Verlagssignet der Éditions Larousse. Diese ziert in verschiedenem Design bereits seit 1890 die berühmten Wörterbücher, bis in die 1990er Jahren begleitet von der Devise „Je sème à tout vent" („Ich sähe in alle Winde aus"). Was sich als fruchtbare Aussaat des Wissens, der Wörter und des Sinns lesen lässt, ist spätestens seit der Publikation von Jacques Derridas *La dissémination* 1972 auch immer mit einem Zerstreuen des Sinns verknüpft: die Bedeutungsproduktionen vervielfältigen, verstreuen, verschieben sich immer weiter, kommen nie an ein fixierbares, stabiles Ende und sind damit Teil eines unabschließbaren, weitverstreuten Prozesses von Sinnproduktion und -auflösung. Der Prozess der Sinnzerstreuung aber wird in „Saturn gemäß" („D'après saturne") nun im Mineral vorgeführt und kommt dabei mittels jener Form der „Entfremdung",[268] die dem Menschen im Stein begegnet, zur Ansicht. In diesem Verweisspiel treten dem Menschen aus seinem fremden Gegenpol, dem Stein, in der sich disseminierenden Tintensonne erneut die Prinzipien der Sprache und der Schrift entgegen.

Der Text beschreibt in einem zweiten Abschnitt nun das Zusammentreffen eben jenes Achats, oder eines „fast identischen",[269] mit Albrecht Dürer im Herbst des Jahres 1514. Zugleich verändert sich der Ton des Textes, er kippt immer wieder

---

266 So die Übersetzung von Rainer G. Schmidt, vgl. Roger Caillois: „Saturn gemäß [1974]". In: Ders.: *Patagonien und weitere Streifzüge*. Übers. v. Rainer G. Schmidt. Graz, Wien: Droschl 2016, S. 93–104, hier S. 93.
267 Ebd., S. 94. Frz.: „Un soleil d'encre", „planté d'akènes à parachute comme la chandelle du pissenlit qu'une jeune femme continue de disperser à tout vent depuis de cent ans, à la première page des dictionnnaires les plus usités." Roger Caillois: „D'après saturne [1974]". In: Ders.: *Œuvres*. Hg. v. Dominique Rabourdin. Paris: Gallimard 2008, S. 1113–1119, hier S. 1114.
268 Caillois: „Saturn gemäß", S. 94. Frz.: „depaysement". Caillois: „D'après saturne", S. 1113.
269 Caillois: „Saturn gemäß", S. 95. Frz.: „ou plutôt une pierre presque identique". Caillois: „D'après saturne", S. 1114.

ins Komische, Parodistische: Dürer hatte in einer philosophischen Schrift – die Caillois' Text exakt zitiert – davon gelesen, dass die *acedia*, jene eigentümliche Traurigkeit, den Menschen den Mineralien gleichmache. Fasziniert von dieser Lektüre und der angeblichen Fähigkeit des Steins begibt sich der Maler auf die Reise und erwirbt voller Neugier eben jenen Achat. Tatsächlich stürzt aber nun auch Dürer durch den Anblick jenes Steins in den Zustand der *acedia*, des Gefühls vollkommener Sinnlosigkeit: Die Erzählung beschreibt einen Albrecht Dürer, der es plötzlich leid war, Hasen und Gräser zu zeichnen, Apostel zu gravieren. In den Zeichnungen des Achats und in der Umgebung, in der er diese betrachtet, erkannte er stattdessen all das, was er unmittelbar darauf in seinen berühmten *Melencolia I*-Stich verwandeln wird. Der Stein erzeugt die Melancholie, als Seelenzustand und als künstlerisches Abbild. Der „desillusionierte Dürer" stopft nun ausgehend von den steinernen Wahrnehmungen alles Mögliche in seinen Stich, „seine Rumpelkammer unausweichlicher Trostlosigkeit".[270] *D'après saturne* gerät zur Persiflage auf die berühmte Darstellung – bevor im dritten Abschnitt die Erzählperspektive ein weiteres Mal wechselt, denn „[w]ährend die Großtaten der Eingebung und des Genies herabgestuft werden, erlangen die mineralischen Zeichnungen ihr verschwiegenes Monopol wieder."[271] So schließt der Text mit einem Rückblick auf die Zerstörung des Menschen:

> Tatsächlich verschwand die menschliche Spezies noch schneller vom Planeten, als sie sich dort eingerichtet hatte. [...] Wirkliche oder dargestellte Hasen und Nashörner erleiden das gemeinsame Schicksal. Die Vegetation (die Gräser) wurden ihrerseits von einem Asteroiden ohne Chlorophyll ausgelöscht. Wie am Anfang gab es nur eine Wüstenei unsterblicher Steine: unter ihnen, wie ich vermute, eine Achatknolle, die in ihrer dichten Transparenz, gleich den Gemeinen Figuren eines nichtigen Wappens, eine verkehrte Sonne und einen verirrten Polyeder birgt.[272]

Im Modus einer Science-Fiction-Erzählung betrachtet der Erzähler den Untergang allen Lebens auf der Erde. Menschen, Tiere und Pflanzen verschwinden ebenso

---

270 Caillois: „Saturn gemäß", S. 102. „Dürer, désabusé, [...] son capharnaüm de la désolation inévitable" Caillois: „D'après saturne", S. 1117.
271 Caillois: „Saturn gemäß", S. 104. Frz.: „Tandis que sont dégradées les prouesses de l'inspiration et du génie, les dessins minéraux retrouvent leur monopole silencieux." Caillois: „D'après saturne", S. 1119.
272 Caillois: „Saturn gemäß", S. 104. Frz.: „De fait, l'espèce humaine disparut de la planète encore plus vite qu'elle s'y était installée. [...] Lièvres et rhinocéros réels ou représentés subirent le sort commun. La végétation (les graminées) fut éliminée à son tour d'un astéroïde sans chlorophylle. Comme au début, il n'exista qu'un désert de pierres immortelles : parmi elles, je suppose, un nodule d'agate portant dans sa transparence épaisse, comme les meubles d'un vain blason, un soleil inverse et un polyèdre égaré." Caillois: „D'après saturne", S. 1119.

wie ihre Kunstwerke, ihre Repräsentationen. Was bleibt, ist der Stein, der ganz ohne den Menschen in der Lage ist, Figuren und Formen wie die eines Albrecht Dürer zu erschaffen, nur jenseits von menschlicher Bedeutungsproduktion. Caillois' posthumane Ästhetik ist – dies wird mit der entworfenen steinernen Zukunftsvision erneut deutlich – keine romantische Sehnsucht nach Rückkehr zu einer verlorenen Einheit, sondern proklamiert die Überlegenheit der natürlichen Formenproduktion, an der der Mensch nur Anteil hat und die im Stein zu ihrer permanentesten Ausgestaltung kommt. Was aber nach der Auslöschung des Menschen innerhalb des kurzen Textes ebenfalls bleibt, ist das Erzählen. Denn der Erzähler ist noch immer in der Lage, von sich als „ich" zu sprechen, Vermutungen anzustellen und den Untergang in der Vergangenheitsform wiederzugeben. Auch wenn Saturn seine Kinder verspeist, bleiben hier der Text, seine Form und die Stimme des Erzählers stabil.[273] Zwar legt der Text die Fährte, auch die vorliegende Geschichte nur als Erzeugnis des Steins, als Bestandteil eines universal-mineralischen Formenrepertoires zu lesen, und doch spricht hier weiterhin ein textueller Erzähler von sich selbst in der ersten Person. Caillois nun einen unzerstörbaren Glauben an das Erzählen zu unterstellen, griffe jedoch zu kurz. Vielmehr setzt er das fiktionale Erzählen als eigenes Verfahren zur Untersuchung des Imaginären ein (vgl. dazu Kap. VII.3), das losgelöst von literarisch-narrativen Textformen aufgrund seiner wissenschaftlich-experimentellen Potenziale herangezogen wird.

Auch für den vorliegenden Text kann diese experimentell-epistemische Funktion fiktionaler Erzählungen zur Untersuchung des Imaginären in Anschlag gebracht werden. Indem er nun mittels fiktionalisierender Verfahren eine steinerne Perspektive jenseits des Menschen annimmt, versucht Caillois sich an einer Relativierung aller menschlichen Sinngebungsprozesse. Die Tintensonne, von der aus sich Sinn verstreut, verteilt, disseminiert, gehört dem Reich des Mineralischen und eben nicht der menschlichen Kultur an. Caillois' Vorhaben lässt sich auf diese Weise mit der Forderung des französischen Anthropologe Philippe Descola verbinden, der sich daran versucht, „unsere eigene Exotik als Sonderfall in einer all-

---

[273] Entgegen seiner programmatischen Äußerungen, wie etwa: „Ich spüre, wie ich ein wenig die Natur der Steine annehme" (Caillois: *Steine*, S. 94. Frz: „Je me sens devenir un peu de la matière des pierres." Caillois: „Pierres, suivi d'autres textes", S. 1078), enthalten Caillois' Texte wenig avancierte formale Auffälligkeiten oder Versuche, tatsächlich formalästhetisch schreibend zu Stein zu werden. Zwar spricht Caillois im *Fleuve alphée* immer wieder davon, so schreiben zu wollen wie der Stein, wie ein Kristall, und den Stein also „durch das einzige, mir zur Verfügung stehende Mittel nachzuahmen: die Sprache". Und dennoch misstraue er ihr – der Sprache – zu sehr und wisse daher immer, dass die schreibende Verwandlung in Stein eigentlich nur „entlegene Metapher" sein könne. Caillois: *Der Fluss Alpheios*, S. 155. Frz.: „mimer les pierres par le seul moyen dont je disposais: le langage. C'était pure illusion, métaphore lointaine[.]" Caillois: „Le Fleuve Alphée [1978]", S. 176.

gemeinen Grammatik der Kosmologien zu situieren".[274] Statt eines generellen Kulturrelativismus schlägt Descola also vor, das kulturell Eigene als eigentlich exotischen Einzelfall zu behandeln. Caillois' Tintensonne ermöglicht nun, mithilfe fiktionaler Verfahren, vor allem aber mithilfe einer Perspektivverkehrung ins Steinerne, ein solches umgekehrtes *othering*. Dieses ist allerdings nicht auf kultureller Ebene angesiedelt, sondern erklärt die gesamte organische Welt und die mit ihr verbundenen Bedeutungsproduktionen zum exotischen Sonderfall einer mineralischen Zeitordnung.

2.4.3 Die Steine sprechen lassen. „Ein chinesisches Schriftzeichen"

Die Erzählperspektive auf das Ende der Menschheit deutet es bereits an: Caillois' Texte verfügen über die Fähigkeit, das Nichtmenschliche, die Abwesenheit des Menschen, dem Reich des Anorganischen eine textuelle Stimme zu geben. Anhand des Konzepts der Stimme, des Sprechenlassens des „Anderen", das hier in der Gestalt des Steins daherkommt und das Äquivalent zu Canettis „Anderen", den sogenannten „Primitiven", den Tieren und Kindern, bildet, lässt sich abschließend ein Bogen zum Anfang des Kapitels schlagen. Denn wenn Caillois die Steine sprechen lässt, zeichnet sich ein entscheidender Unterschied zu den inszenierten Stimmen des „Anderen" bei Canetti ab.

Expliziter als in *D'après saturne* lässt Caillois ein Mineral in „Un caractère chinois"[275] („Ein chinesisches Schriftzeichen"), einem kurzen Text aus dem Kapitel „Mineraux" in *Cases d'un échiquier*, zu Wort kommen. Der kurze Text beginnt mit einer ausführlichen Beschreibung einer außergewöhnlich regelmäßigen, einfachen Septarienfigur.[276] Diese seltsam regelmäßig geformte Figur weise zwar erstaunliche Ähnlichkeiten zu einigen chinesischen Schriftzeichen auf, doch bleibe ein letzter Rest, der sie von diesen unterscheide. Plötzlich beginnt eben diese Septarie mit eigener Stimme im Text zu sprechen: „,Ich bedeute nichts', sagte sie, ,aber ich habe es verstanden der besonderen Ökonomie der kleinen Zahl der Symbole vorzugreifen, die eine Schrift bilden.'"[277] So spricht also die Figur unvermittelt und damit im performativen Selbstwiderspruch dazu, nichts zu bedeuten.

---

274 Descola: *Jenseits von Natur und Kultur*, S. 142.
275 Wobei das französische „caractère" sowohl Schriftzeichen und Buchstaben als natürlich auch Charakter und Wesen meint. Diese Doppeldeutigkeit ist für den Text wichtig.
276 Septarien sind meist weiße oder gelbe Mineralanhäufungen in Ton-Sedimentgesteinen, die sich vor allem in Form von asymmetrischen, weitverzweigten, gezackten Rissen zeigen.
277 Caillois: „Ein chinesisches Schriftzeichen", S. 161. Frz.: „,Je signifie rien, dit elle, mais j'ai su anticiper l'économie particulière du petit nombre des symboles qui composent une écriture.'" Caillois: „Un caractère chinois", S. 111.

Was sie stattdessen tut, knüpft an die oben erläuterten Überlegungen zum Schriftgranit an: Sie analysiert die „Ökonomie" menschlicher Schriftsysteme gerade über ihre scheinbare Bedeutungslosigkeit. So spricht sie weiter und erläutert nun diese besondere Ökonomie von Alphabeten:

> Es sind nur ein paar [Symbole, EH] und doch können sie die Menge der Dinge aufzählen, die es im Universum gibt, und auch diejenigen, die durch den Wunsch oder den Traum hinzugefügt werden. [...] Es gibt auf der Welt eine Fülle von Alphabeten, die außer Gebrauch sind, deren Code verloren ist. Ihre Schönheit währt fort. Sie verdankt sich nicht nur der Kunst der Schreiber und Graveure, sondern auch der in ihnen verbleibenden, nicht aufgewendeten Kraft, die darin bestand, alles in Schrift niederlegen zu können.
> Was meine Gestalt betrifft, so verlangt sie nicht, entziffert zu werden. Sie hat niemals dazu gedient, auch nur die geringste Botschaft auszudrücken. Es war nicht mehr oder weniger nötig als eine Kette von Zufällen, damit sie eines Tages im Innern eines Steins entdeckt und den Blicken ausgesetzt wurde. Auf der Stelle gewann sie ihrer zufälligen Ähnlichkeit mit einer der vom Einfallsreichtum der Menschen erfundenen Sprachen einen seltsamen Adel ab.[278]

Wie bei dem Periodensystem (vgl. Kap. VI.3) und der Syntax rückt auch hier ein Prinzip in den Fokus, bei dem eine begrenzte Anzahl an Symbolen und Regeln potenziell zur Deskription des unendlichen Universums, von Realem und Imaginiertem gleichermaßen herangezogen werden kann. Die Septarie entwirft in der Denkfigur der „Alphabete außer Gebrauch" eine Theorie der Schrift, die sich deckungsgleich zu dem verhält, was Derrida mit dem „Code als geschlossene[m] Regelsystem"[279] benannt hat: Auch nach dem Tod der Produzierenden und Rezipierenden einer bestimmten schriftlichen Äußerung und nach der Zerschlagung jedes kontextuellen Bezugs bleibt die Schrift intakt. Das Zeichen wird, indem es einen Code aktualisiert, zu einer selbsttätigen „Maschine".[280] Das Potenzial des Alphabets, alles nur Mögliche bezeichnen zu können, ist von seinem Gebrauch vollkommen abgekoppelt. Dies macht alle zukünftig zu entdeckenden, zufällig im

---

278 Caillois: „Ein chinesisches Schriftzeichen", S. 161f. Frz.: „,Ils sont quelques-uns et pourtant capable d'énumérer la multitude des choses qui existent dans l'univers et celles que leur ajoutent le désir ou le songe. [...] Le monde abonde en alphabets hors d'usage, dont le code est perdu. Leur beauté subsiste. Elle ne tient pas seulement à l'art des scribes et des graveurs, mais à la vertu inemployée qui demeure en eux et qui était de pouvoir tout inscrire. Ma forme, quant à elle, n'exige pas d'être déchiffrée. Elle n'a jamais servi à exprimer le moindre message. Il ne lui a fallu rien de moins ni rien de plus qu'un chapelet de hasards pour être un jour découverte dans l'intérieur d'une pierre et proposée aux regards. Sur-le-champ, elle tira une étrange noblesse de sa ressemblance fortuite avec l'une des écritures inventées par l'ingéniosité des hommes. [...]'" Caillois: „Un caractère chinois", S. 112.
279 Derrida: „Signatur Ereignis Kontext [1971/1977]", S. 25.
280 Ebd.

Stein entstandenen Zeichensysteme ihren menschlichen Wiederholungen ebenbürtig. Caillois' poststrukturalistische Septarie würde allerdings auf ewig schweigen, wenn nicht jemand käme, sie zu aktualisieren. Mit andern Worten: jemand, der*die ihrem „alphabet hors d'usage" durch den Gebrauch einen Sinn unterschöbe. An der Existenz der Septarie und ihres Zeichensystems würde es aber auch nichts ändern, wenn niemand käme. Alphabet, Syntax und Schrift, so lässt sich zugespitzt formulieren, werden zu Naturfunktionen erklärt, die menschliche Sinngebungsprozesse, die erst auf Basis dieser Naturfunktionen möglich sind, als sekundäre, überflüssige und dadurch auch exotische Einzelwege erscheinen lassen.

Besteht Caillois' Imaginäres gerade aus diesen überzeitlichen, universalen Strukturen, so wird es zu einem Ort der radikalen Dezentrierung menschlicher Sinnsuche und Sinnsetzungen, zum Gegenprogramm aller anthropologischen oder psychoanalytischen Begriffe vom Imaginären. Es ist nicht das diffuse Reservoir, aus dem menschliche, gesellschaftliche und kulturelle Prozesse mittels verschiedener Bild-, Narrations- oder Fiktionsprogramme schöpfen können (vgl. Kap. III.1–3). Was in Caillois' Vermessung des Imaginären aufscheint, ist die Möglichkeit einer radikal anthropo-dezentrischen Welt. Diese Perspektive, die einerseits zu fatalistischer, passiver Hingabe an bestehende Strukturen führen kann, birgt andererseits umstürzlerisches Potenzial. Denn erst in jener anderen Ordnung kann sich der Mensch über die egomanische Struktur der Signifikationsprozesse, mithilfe derer er Erkenntnisse über sich und die Natur zu *generieren* – auch im Sinne von Canettis genetischer Lektüre – versucht, bewusst werden.

So besteht die Pointe der steinernen Stimme darin, dass sie auch das StimmeGeben reflektiert. Ihr Monolog endet folgendermaßen:

> „[Ob sie Aufmerksamkeit verdient habe, EH] ist Sache des Lebenden, der nichts mit mir gemein hat und der mir zum Spiel oder aus List eine Stimme leiht. Er gibt vor, über mich nachzudenken und zu meditieren, und doch ist er es selbst, über den er nachdenkt, wenn er über meine Erscheinung sinnt. [...] Ich bezweifle, daß er, der unruhig und weitschweifig ist, gewünscht hat, sein Einverständnis mit mir, der ich Stein bin und zum Schweigen verurteilte Zeichnung im Stein, zu bekräftigen."[281]

Das Konzept, dem „Anderen" seine Stimme zu geben, wird durch den Stein, der sich selbst als Reflexionsfigur seines Autors enttarnt, obsolet. Während man da-

---

[281] Caillois: „Ein chinesisches Schriftzeichen", S. 162. Frz.: „'Si je mérite attention [...] C'est affaire au vivant qui n'a rien de commun avec moi et qui me prête une voix par jeux ou par ruse. Il feint de réfléchir, de méditer sur moi, mais c'est lui qu'il réfléchit, qu'il reflète sur mon apparence. [...] Je soupçonne qu'il a souhaité affirmer, lui l'inquiet, le prolixe, sa complicité avec moi, qui suis pierre et dessin dans la pierre, condamné au silence.'" Caillois: „Un caractère chinois", S. 112.

von ausgehen könnte, dass der Stein sich schließlich – anders als die indigenen Völker – nicht wehren kann, so schreibt gerade das Anorganische zurück und weist darauf hin, dass die Schreibenden, trotz aller Bekräftigungen, eigentlich nichts weniger wollten, als sich in das Andere, das Stumme, Anorganische, Sprachlose, zu verwandeln. Im Grunde genommen dient jedes Stimme-geben ja doch wieder nur der eigenen Positionsbestimmung, und sei es eine dezentrierende. Selbst wenn der Mensch ein schriftliches Über-sich-hinaus-Denken inszeniert, enttarnt sich dieses als ein erneuter Versuch von Selbstreflexion.[282]

---

[282] Zur Virulenz dieses Problems, beispielsweise in neueren Ansätzen zu einer Anthropologie jenseits des Menschen, vgl. Kap. IX Ausblick: „Fossilien für niemanden" am Ende dieses Buches.

VI Sehen. Mikrofotografie und Periodensystem (Caillois), Tabellen (Canetti)

Der Gestaltlose kann sich nicht verwandeln. (FP, 16)

1 Das Denken in Bildern und die Wissenschaften vom Imaginären

Der Einsatz von Bildern und Abbildungen in den Werken Roger Caillois' umfasst fotografische Reproduktionen künstlerischer Werke, aufwendig zusammengestellte Bildbände sowie abgedruckte Tableaus und Schemata.[1] In Elias Canettis Werk lassen sich dagegen kaum abgedruckte Bilder, allerdings vielfältige Bezüge auf Werke der Bildenden Künste finden[2].

---

1 Caillois' kunsttheoretische Positionen und sein Bildbegriff haben daher auch bereits einige Aufmerksamkeit erfahren. Vgl. für den deutschen Kontext u. a. Albers: „Reine und unreine Literatur(wissenschaft) nach Roger Caillois"; Dies.: „Die Unreinheit der Literatur"; Kämpf: „Roger Caillois"; Blümle: „Natura Pictrix. Zur Wiederentdeckung der Steinbilder durch Jurgis Baltrusaitis und Roger Caillois"; sowie eine kürzere Erwähnung in: Blümle: „Wachstum auf Stein. Paul Klees Mineraliensammlung".
2 Vgl. zu den vielfältigen Bezügen zwischen Canetti und den Bildenden Künsten u. a. Gerhard Neumann: „Vom Lesen der Bilder. Canettis imaginäre Lektüren zwischen Blendung und Vision". In: Ders. (Hg.): *Canetti als Leser*. Freiburg im Breisgau: Rombach 1996, S. 193–209; Werner: *Bild-Lektüren*. Obwohl das Thema hier ausgespart bleiben muss, sei zumindest anhand eines Beispiels kurz auf die Verbindung von „echtem" Bild und Imaginärem bei Canetti hingewiesen: Sylwia Werner hat gezeigt, dass sich durch die Aktualisierung von imaginären Bildbetrachtungen eine weitere Lektüreebene von Canettis Schriften öffnet. Canetti bringe Bildreferenzen gerade dann in Stellung, wenn er Zustände aufzurufen versuche, die der sprachlichen Auseinandersetzung entzogen sind: Etwa den Zustand des Todes, den er über Verweise auf Brueghels *Triumph des Todes* (1562), Géricaults *Floß der Medusa* (1819) und Grünewalds *Isenheimer Altar* (1509–1515) in seinen Autobiographien verhandelt. Werner findet dafür den Begriff „Prä-Bilder" (ebd., S. 10). Sie vermengt in diesem Begriff allerdings textuelle Bildbeschreibungen, bildliche Sprache und Bildmedien ohne begriffliche Differenzierung und zieht wenig Schlüsse aus ihren Beobachtungen. Denkt man Werners Ansatz allerdings weiter, offenbart sich gerade das Bild (der Bildenden Künste) als wichtiger Zugang zum Imaginären. In der nichtdiskursiven Simultaneität des Bildes wird ein sich Entziehendes, die diffuse Gestalt von Phänomenen des Imaginären, gebannt, indem das Bild das zeigt, was nicht ausgesprochen werden kann. Der Text knüpft daran durch ein Verweisen auf Nicht-Textliches, auf eben jenes Prä-Bild, an. Canetti reizt also den Gegensatz von Sehen und Lesen und deren jeweiliges erkenntnistheoretisches Potenzial aus. Siehe dazu ausführlicher: Elisabeth Heyne: „Rezension zu Sylwia Werner: Bild-Lektüren. Studien zur Visualität in Werken Elias Canettis. Heidelberg: Winter, 2013". In: *Scientia Poetica* 19 (2015), H. 1, S. 380–390. Canettis in

Das vorliegende Kapitel widmet sich dagegen spezifisch der Frage, wie der Einsatz wissenschaftlicher Abbildungen, einzelne Verweise auf Bilder der Wissenschaft beider Autoren und ihre Konzeptionen des (natur-)wissenschaftlichen Bilds in der Oszillation zwischen Natur, Kunst und Technik einerseits für die Affirmation ihres wissenschaftlichen Anspruchs und andererseits für die Erforschung des Imaginären genutzt werden. Denn das Imaginäre, so wie es für beide Autoren in den vorherigen Kapiteln skizziert wurde, ist nicht mit der einzelnen Imago identisch, es muss das Einzelbild stattdessen immer übersteigen. Denn es enthält schließlich die Bedingung dessen, durch die die Imago erst hervorgebracht werden kann. Und dennoch kommen sowohl bei Caillois als auch bei Canetti konkrete Bilder zum Einsatz, um das Imaginäre zu visualisieren und damit fassbar zu machen.[3]

Um diesen scheinbaren Widerspruch geht es dem folgenden Kapitel. Dafür werden allein die Bildverweise und der Bildgebrauch in den Bänden von Roger Caillois' *Approches de l'imaginaire* sowie in Canettis Paratexten zu *Masse und Macht* anhand dreier exemplarischer Bildbezüge im Zentrum stehen. Dies erscheint erst einmal wenig naheliegend: In keinem der fokussierten Werke sind Abbildungen oder Bilder abgedruckt. Und dennoch wird es hier nicht um die Bildlichkeit der Sprache gehen. Im Fokus steht allein der für die Wissenschaften vom Imaginären konstitutive Verweis auf existierende wissenschaftliche (Schau-)Bilder. Denn beide Autoren nutzen, so die These, das epistemologische Potenzial wissenschaftlicher Bilder und Abbildungen, indem sie dieses in ihre Textverfahren überführen. Der Transfer von Bild in Text strukturiert auf ebenso entscheidende Art und Weise die Denkverfahren der Wissenschaften vom Imaginären, wie es bezüglich der Schrift für die Suche nach einer Syntax oder der Lesbarkeit des „Anderen" nachgewiesen werden konnte. Zugleich – und dies ist der Fluchtpunkt der folgenden Überlegungen – offenbaren die bildlichen Praktiken der (Natur-)Wissenschaft, wenn sie von den Wissenschaften vom Imaginären vereinnahmt wer-

---

die *Fackel im Ohr* erarbeitete Epistemologie des Bildes sei hier ebenfalls nur am Rande erwähnt. Im autobiographischen Text entwickelt er ein Modell, das Bilder zur Strukturierung der Wirklichkeit einsetzt, sie seien wie „Netze, was auf ihnen erscheint, ist der haltbare Fang" (FO, 110), Erkenntnisinstrumente also, die helfen, die Überfülle der Realität zu bändigen. Auch hier aber bleibt der Bildverweis rein textuell verfasst, selbst wenn die Wichtigkeit, „daß diese Bilder auch *außerhalb* vom Menschen bestehen", betont wird. Vgl. zu dieser Bildtheorie der Autobiographien und ihrem epistemologischen Potenzial: Menke: „Die Kunst des Fallens. Canettis Politik der Erkenntnis", S. 43f.

3 Zum breiten Feld Canetti und den bildenden Künsten *jenseits* von *Masse und Macht* vgl. die Illustrationen Alfred Hrdlickas zu *Masse und Macht* sowie seinen Text über Fritz Wotruba (W). Siehe dazu auch: Kurt Bartsch, Gerhard Melzer (Hg.): *Zwillingsbrüder. Elias Canetti und Fritz Wotruba*. Wien: Sonderzahl Verlag 2005; vgl. auch Werner: *Bild-Lektüren*.

den, selbst ihre imaginativen Dimensionen. Anders formuliert: Die Aneignung etablierter wissenschaftlicher Bildverfahren durch beide Autoren zur Untersuchung des Imaginären erscheint zunächst widersprüchlich, da hier die geschlossene, starre Form des einzelnen Bildes zur Erfassung des vielgestaltigen, dynamischen Imaginären herangezogen wird. Diese Appropriationen bildlicher Verfahren stehen allerdings nicht nur als wirkmächtige Kräfte hinter verschiedenen Texten oder Denkfiguren Caillois' und Canettis, mittels derer sie das Imaginäre zu erforschen versuchen. In diesem Aneignungsakt tritt zudem innerhalb der wissenschaftlich etablierten bildlichen Verfahren selbst die Bruchstelle zwischen den „two cultures", zwischen Objektivität und Subjektivität in ihrer ganzen Labilität an die Oberfläche.

Roger Caillois veröffentlichte umfassende Überlegungen zum sprachlichen, poetischen Bild, der (natürlichen, materiellen) Imagination und Einbildungskraft,[4] befasste sich mit Bildern, die ohne optische Wahrnehmung auskommen (den Bildern des Traums und der Halluzination[5]), fügte Bilder als Beweis seiner Thesen in seine Texte ein, ließ diese gar extra anfertigen[6] und veröffentlichte einen ganzen Bildband.[7] All dies wäre eine Untersuchung wert, um seinen Bild-

---

[4] Insbesondere in seiner „Notice sur l'impureté dans l'art", in: Caillois: „Procès intellectuel de l'art [1935]", S. 41–52. Bereits in diesem Text aus seinem ersten publizierten Buch entwickelt er die Idee der „empirischen Imagination". Vgl. hierzu auch die eigentlich aus dem Jahr 1966 stammende Zusammenstellung „Images, images…", wiederaufgenommen in: Roger Caillois: *Obliques, précédé de Images, images … [1975]*. Paris: Gallimard 1987, S. 17–110, die sich dem Bild in Phantastik, Märchen und Science-Fiction, dem Traumbild und dem „konjekturalen Bild" des Naturphantastischen widmet. Vgl. ebenso die Ausbuchstabierung der Theorie zur empirischen Imagination in: Caillois: „La Pieuvre. Essai sur la logique de l'imaginaire [1973]", dt.: Caillois: *Der Krake*.
[5] Vgl. Caillois: La Nécessité d'esprit.
[6] Vgl. Caillois: „Méduse et Cie [1960]". Leider fehlen die Fotografien in der Werkausgabe. Dafür sind sie in der deutschen Übersetzung enthalten, zusammen mit dem Zusatz Caillois', dass ca. die Hälfte aller Abbildungen nach seinem Auftrag gefertigt wurden. Caillois: *Méduse & Cie.*, S. 158.
[7] Besonders hervorzuheben ist Caillois 1965 erschienener Band *Au cœur du fantastique* („Im Herz des Phantastischen"), der Ähnlichkeiten mit einem Bilderatlas trägt; Kupferstiche, Reproduktionen von Gemälden wie auch einzelne Tierfotografien mit seinen theoretischen Texten vereint. Caillois ist in seinen Gegenüberstellungen interessiert an einer „diskursiven Malerei", die sich dem Phantastischen widmet und dabei sichtbar etwas zu erzählen beabsichtigt. „Aber es geht immer darum, durch den Mittler der Analogie, durch die zwischengestellte Metapher ein labiles Universum heraufzubeschwören, ein bisschen so, wie das Elektronenmikroskop in der ,materiellen Ordnung' die kleineren, unbedeutenderen Realitäten als die Länge einer Lichtwelle in das Sichtbare transkribiert." Dieser Vergleich ist entscheidend, auch für das folgende Kapitel. Künstler*innen und Dichter*innen wollten analog zum wissenschaftlich-technischen Instrument mit Worten, Formen oder Bildern, etwas „wahrnehmar machen", was sonst als feine Substanz dem menschlichen Auge, seinem Vokabular, seinem Denken entgehe. Der ganze, aufwändig gestaltete Band versucht zu zeigen, wie Bild und Sprache zur Sichtbarmachung von etwas sonst Ephemeren be-

gebrauch etwa auch im Kontext surrealistischer Collagenformen in *Documents* oder *Minotaure* zu verorten, ist allerdings hier nicht entscheidend. Vielmehr soll anhand zweier Beispiele beobachtbar werden, wie Caillois das Imaginäre nicht nur dinglich und syntaktisch konstruiert, sondern eben auch bildlich. Seine im Plural gehaltenen „Annäherungen an das Imaginäre" werden hier ernst genommen als jeweils neu ansetzende, verschiedene Verfahren, die nicht ineinander aufgehen und nicht als Äquivalente ineinander überführt werden können. Stattdessen wird hier auch für das Bild von einem neuen und grundlegend verschiedenen Versuch der Annäherung an das Imaginäre ausgegangen.

Caillois stützt seine Argumentation zum Imaginären mehrfach auf verschiedene Beispiele aus der Mikrofotografie: In zwei Texten, „Les traces" und „Formes Naturelles", beide in *Cases d'un échiquier* enthalten, verweist und beschreibt er ausführlich „Alben von Mikrofotografien, die die Wunder der unsichtbaren Welt heute allgemein bekannt machen".[8] Dort zitiert er mehrere Ausstellungen und Bildbände, die mittels Mikrofotografie und Elektronenmikroskopie die „inti-

---

fähigt werden – der Rücktransport von Bild in neue Beschreibungssprache scheint dabei aber unumgänglich. (Frz.: „une peinture discursive", „Mais il s'agit toujours d'évoquer un univers labile par relais analogique, par métamorphose interposée, un peu comme dans l'ordre matériel le mircroscope électronique transcrit dans le visible les réalités plus menues que la longueur d'onde de la lumière." „rendre perceptible". Caillois: *Au cœur du fantastique*, S. 176f.) Das Verhältnis von Bild- und Ähnlichkeitskonzepten in Caillois' Werk ist also einerseits stark geprägt von der surrealistischen Tradition, wie auch vom prekären Status der „Objektivität" von Fotografie, der Bildpolitik und Collagetechniken im Kontext von *Minotaure*, oder der von Michel Leiris, Georges Bataille, Carl Einstein, u.a. herausgegebenen Zeitschrift *Documents*. Vgl. zur Ästhetik von *Documents* die detaillierte Rekonstruktion von Georges Didi-Huberman: *Formlose Ähnlichkeit oder die Fröhliche Wissenschaft des Visuellen nach Georges Bataille*. Übers. v. Markus Sedlaczek. München: Wilhelm Fink 2010. Andererseits, und darauf weist insbesondere *Au cœur du fantastique* hin, bildet Aby Warburgs Mnemosyne-Atlas, der zwischen 1924 und 1929 entstand, unvollendet blieb, und erst in den 90er Jahren postum rekonstruiert wurde, einen wichtigen Bezugspunkt zu Fragen des „visuellen Clusterns", des Herstellens von nicht auf den ersten Blick ersichtlichen Bezügen und Ähnlichkeiten über das Zusammenstellen von Bildern (vgl. hierzu auch erneut: Kimmich: *Im Ungefähren. Ähnlichkeit und Moderne*, S. 107.) Schließlich ist André Malrauxs „Imaginäres Museum" ein wichtiger und direkter Bezug zu Caillois. Das zwischen 1952 und 1954 erschienene *Musée imaginaire de la sculpture mondiale* versucht sich mittels fotografischer Reproduktionen von Artefakten verschiedener Zeiten und Kulturen an der Idee einer „Weltkunst". Überall spielen räumliche Konstellationen von Sammlung und Bild eine entscheidende Rolle bei der Erkenntnis des Ähnlichen. Siehe für einen knappen Überblick auch: Stéphane Massonet: „Esquisse d'un tracé de la mémoire (Warburg, Benjamin, Malraux & Caillois)". In: *Revista Trama Interdisciplinar* 6 (2015), H. 3, S. 119–129.

8 Roger Caillois: „Formes naturelles". In: Ders.: *Cases d'un échiquier*. Paris: Gallimard 1970, S. 182–184, hier S. 182. Frz.: „Des albums de microphotographies vulgarisent couramment aujourd'hui les merveilles du monde invisible".

men Strukturen der Materie"⁹ und damit auch die „intime Struktur des Universums"¹⁰ sichtbar machen. Die Bilder der Mikrofotografie dienen Caillois als „Visualisierer des Unsichtbaren"¹¹ und so zur fotografischen Erfassung und Konstruktion des Imaginärem aus dem Unsichtbaren heraus.

Ein zweiter entscheidender Verweis auf wissenschaftliche Bilder zieht sich durch das Werk Caillois': Der Einsatz von Tableaus und Schemata, sowie der immer wiederkehrende Verweis auf das Periodensystem der Elemente als Modell seines Denkens. Erneut werden hier nicht diejenigen tatsächlich abgedruckten Tableaus (wie etwa in *Les jeux et les hommes* und *Méduse & Cie*) im Zentrum stehen, sondern der textuelle Verweis auf Mendelejews bildliche und räumliche Anordnung der chemischen Elemente. Dazu wird neben verstreuten Äußerungen insbesondere Caillois' ebenfalls in *Cases d'un échiquier* enthaltener Text „Reconnaissance à Mendeleïev" (Dank an Mendelejew) herangezogen. Mendelejews „Erfindung" des Periodensystems interessierte Caillois deswegen, weil der russische Chemiker mit seinem System in der Lage war, bisher noch nicht entdeckte Elemente allein aus der Logik seiner Ordnung vorherzusagen. Es dient Caillois dazu, über die Logik des Systems, über die Beziehung zwischen den einzelnen Kästen des Schaubilds, auf bisher unentdeckte Einzelelemente (des Spiels, der Mimikry oder des Imaginären) zu schließen. So erhält er über die Struktur des naturwissenschaftlichen Tableaus Zugriff auf das Latente, das Potenzielle. Zugleich gewinnt er mit dem Periodensystem ein Bild für die universale Struktur des Imaginären.

Der dritte Teil des folgenden Kapitels betrachtet die Listen und Tabellen genauer, derer sich Elias Canetti innerhalb verschiedener Blätter bedient, die in seinem Nachlass enthalten sind, um seine Fülle an Quellmaterial zu sortieren, zu ordnen, zu zählen und zu vergleichen. Diese Listen sind innerhalb des Werkes nicht sichtbar, im Nachlass aber lassen sich mehrere solcher Darstellungen finden, in denen er kurz vor Abschluss des Manuskripts alle von ihm verwendeten Quellen nach „Kulturen" geordnet aufzählt, sogar Strichlisten führt, wie viele Quellen zur jeweiligen Kultur in *Masse und Macht* enthalten sind. Dies rekonstruiert er auf Basis seines eigenen Literaturverzeichnisses. Hier dienen Tabellen und Listen dazu, das Unüberblickbare, das Verschiedene und das Unendliche zu ordnen und in ein Gleichgewicht zu bringen – und so schließlich auch als Beweis dafür, Strukturen beschrieben zu haben, die sich überall und zu jeder Zeit finden lassen: das *eine*, universale Imaginäre. Grundlage für diese dritte Form des – nun tatsächlich bildförmigen – Bildgebrauchs sind insgesamt drei Blätter aus dem

---

9 Ebd. Frz.: „des structures intimes de la matière".
10 Caillois: „Les traces", S. 191. Frz.: „la structure intime de l'univers".
11 Nicola Mößner: „Bild in der Wissenschaft". In: *IMAGE Zeitschrift für interdisziplinäre Bildwissenschaft* 23 (2016), S. 65–86, hier S. 81.

Nachlass Canettis, die dem Konvolut zu Anmerkungsapparat und Bibliographie von *Masse und Macht* zugeordnet sind und 1959 angelegt wurden.[12] Sie werden hier erstmals abgebildet und untersucht.

Die Materiallage dieser drei Typen von Bildbezügen und Abbildungen in ihrer jeweiligen textuellen Transformation scheint, so könnte man meinen, etwas übersichtlich: einzelne Verweise in Fußnoten auf Bildbände, ein mehr oder weniger metaphorischer Bezug auf Mendelejew und Tabellen aus dem Nachlass, noch dazu aus der Endphase der Arbeit am *Masse und Macht*-Manuskript. Allerdings lassen sich an diesen drei Bildern und Bildverweisen exemplarisch drei Aspekte des epistemologischen Potenzials von wissenschaftlichem Bildgebrauch näher beleuchten: die Visualisierung von sonst für das menschliche Auge Unsichtbarem, der indirekte, aus der bildlichen Ordnung gezogene Schluss auf bisher Unentdecktes, d. h. der Umgang mit Potenzialitäten, sowie die klassifizierende Ordnung von massenhaft vorhandenem Verschiedenem. Vor allem aber – so lässt sich bei genauerer Analyse beobachten – sind alle drei Formen des Bildverweises entscheidend für die Untersuchung des Imaginären bei beiden Autoren geworden, auch wenn sie später nur noch in textueller Übersetzung von der bildlichen Logik zehren. Diese aber lässt sich in allen drei Fällen als wirkmächtig nachweisen.

Es bedarf zur Beschreibung dieser drei Formen eines Bildbegriffs, der sich nicht nur mit der Rolle von Bildern und Abbildungen in der Wissenschaft befasst, sondern der neben Fotografie auch skizzierte Tabellen, also auch solche Bild-

---

12 Eine Untersuchung des Unsichtbaren (und des Sichtbaren) wäre auch für Canettis *Masse und Macht* lohnenswert. Allerdings liegt der Fokus hier auf dem Einsatz wissenschaftlicher Bilder und Bildlichkeit, nicht auf allgemeinen Fragen des Unsichtbaren, wie sie Canetti etwa in Bezug auf die „Unsichtbaren Massen" (MM, 46ff) verhandelt. Dennoch sei hier darauf hingewiesen, dass das Unsichtbare und die Masse innerhalb des gesamten Buches eng verknüpft werden. Canetti betont etwa neben seiner Untersuchung von Geister- und Totenmassen die Verbindung von Unsichtbarkeit und Taktilität von Halluzinationen im Hinblick auf das „Massengefühl der Haut": Das Kribbeln und Kitzeln, das beispielsweise Alkoholdelirien auszeichne, gehe zurück auf eine reale Bedrohung durch das Kleine, Viele, Unsichtbare, das auch bei der Folter eingesetzt werde: durch Insekten oder durch massenhafte Nager (MM, 416). In der Bedrohung des Menschen durch Bazillen und Parasiten werde das Halluzinierte real. Auch hier kommt das Unsichtbare, das mit einem Massengefühl verknüpft ist, aus der Ordnung des Körpers. Zudem verweist auch Canettis starke Betonung der Dimension des Akustischen auf das Unsichtbare. Vgl. dazu etwa das Kapitel „Der Unsichtbare", in: SM, 87–89. Siehe zu den unsichtbaren Massen, ihrer Sichtbarkeit über die Produktion von „Imagines" und der Frage der Medien bei Canetti: Susanne Lüdemann: „Unsichtbare Massen". In: Ingeborg Münz-Koenen, Wolfgang Schäffner (Hg.): *Masse und Medium. Verschiebungen in der Ordnung des Wissens und der Ort der Literatur 1800/2000*. Berlin: Akademie Verlag 2002, S. 81–91.

typen umfasst, die einen großen Schriftanteil haben und gerade in der räumlichen Anordnung textueller Elemente bestehen. Zudem müssen die verschiedenen wissenschaftlichen Bildtypen voneinander unterschieden und es muss zumindest ansatzweise auf die historische Tradition, die sich hinter ihnen verbirgt, hingewiesen werden, um den Aneignungsakt verstehbar zu machen, den Canetti und Caillois jeweils vollziehen.

Beziehen sich die genannten drei Beispiele auf jeweils unterschiedliche Erkenntnisleistungen des Bildgebrauchs, scheint eine funktionale Unterscheidung hilfreich: Klaus Sachs-Hombach schlägt etwa drei verschiedene, nach Funktionen geordnete Typen des wissenschaftlichen Bildes vor. Bilder können erstens als empirische Basis dienen, wie etwa in bildgebenden Verfahren, Mikro- und Makroskopie, oder in der seriellen Fotografie. Dabei ist das Bild Grundlage für den wissenschaftlichen Befund und Ersatz für das zu untersuchende Objekt, das für das menschliche Auge ohne die bildliche Vermittlung nicht sichtbar wäre. Zu diesen als „Visualisierer des Unsichtbaren"[13] verstehbaren Bildern zählt auch die Abbildung von und der Verweis auf die Mikrofotografie bei Caillois. Zweitens unterscheidet Sachs-Hombach Bilder, die als visuelle Argumente einen Beitrag in „Begründungszusammenhängen"[14] leisten, auch wenn diese nicht grundlegend für die wissenschaftliche Erkenntnis sind. Unter dem dritten Typus fasst er Bilder, die an der Entstehung und Vermittlung wissenschaftlicher Erkenntnisse und Theorien beteiligt sind oder diese gar verantworten. Darunter fallen etwa Modelle, die durch Analogien und in ihrer doppelten Funktion als Abbild und Vorbild Erkenntnisse über das modellierte Objekt oder den modellierten Zusammenhang generieren und zugleich Ausgangsposition neuer Theoriebildungen sein können. Dieser dritte Bildtypus des abstrahierten Modells dürfe jedoch nicht mit der Visualisierung des Phänomens selbst verwechselt werden.[15]

Damit sind allerdings noch nicht solche Bilder benannt, die nicht in einer unmittelbaren Ähnlichkeitsbeziehung zum Phänomen stehen und zudem stärker textuelle Elemente integrieren, wie beispielsweise Tableaus, Karten und Schaubilder. Auch über die Rolle, die bildliche Darstellungen im Hinblick auf den jeweiligen wissenschaftlichen Erkenntnisprozess einnehmen, ist dann noch wenig gesagt. Bildliche Entwürfe und Skizzen, die sich mit Sybille Krämer als diagrammatische

---

13 Mößner: „Bild in der Wissenschaft", S. 81.
14 Klaus-Sachs Hombach: „Bilder in der Wissenschaft". In: Nicola Mößner, Dimitri Liebsch: *Visualisierung und Erkenntnis. Bildverstehen und Bildverwenden in den Natur- und Geisteswissenschaften*. Köln: Herbert von Halem Verlag 2012, S. 31–42, hier S. 33.
15 Nicola Mößner betont diese Gefahr und fordert deshalb eine vermehrt kritische Evaluation des Bildgebrauchs in den Wissenschaften. Vgl. Mößner: „Bild in der Wissenschaft", S. 83.

Verfahren beschreiben lassen,[16] behalten, selbst wenn sie im späteren Verlauf getilgt, weiter abstrahiert und in Sprache überführt werden, ihren entscheidenden Stellenwert im Wissenschaftsprozess. Zwar lassen sich solche visuellen Phänomene aufgrund ihres hohen textuellen Anteils aus dem Bereich der Bilder ausschließen. Beim Versuch, sie stattdessen unter das Paradigma der Schrift zu subsumieren, entstehen allerdings ebenso viele Schwierigkeiten. Denn Abbildungen stören, auch wenn in ihnen Schrift und Zeichnung miteinander interagieren, den linearen Textfluss. Der Wahrnehmungsprozess von Bildern verläuft zwar ebenfalls sequentiell, bricht allerdings mit der Linearität des schriftsprachlichen Lesens.[17] Auch wenn sich allgemeine Strukturen der Bildwahrnehmung beschreiben lassen, sind diese immer freier und in ihrer Reihenfolge weniger stark fixiert als der Akt des Lesens von linearer Schrift.[18] Abbildungen innerhalb schriftsprachlicher Texte brechen damit nicht nur das eingespielte lineare Lektüreverhalten auf, sondern erlauben den Betrachtenden im zweidimensionalen Raum der (Buch-)Seite ein freies Nebeneinanderstellen, Vergleichen und Überblicken komplexer Gebilde.

Die Theorien der Bildwissenschaften, die sich insbesondere seit den 2000er Jahren vermehrt mit medienwissenschaftlicher Perspektive Fragen nach der Eigenleistung des Bildlichen[19] und der performativen Seite der visuellen Darstellung widmen,[20] werden immer häufiger in die literaturwissenschaftliche Analyse einbezogen. Dabei wird auch die Frage nach Grenzphänomenen, die sich zwischen Bildlichkeit und Schriftlichkeit bewegen, drängender. Einen möglichen Zugang bietet Krämers Konzept der „operativen Bildlichkeit", demzufolge Gebilde wie Tabellen, Graphen und Karten sowie auch Schriften, eine „Sprache des Raumes" konstituieren. In ihrer Diskursivität sind sie von Gemälden und Fotografien abzugrenzen, ohne dass dabei ihr ikonisches Potenzial vernachlässigt werden dürfe. Dem zugrunde liegt die Überzeugung, in der „operativen Bildlichkeit" lasse sich eine Fokussierung auf räumliche Darstellungsweisen erkennen: So werde etwa im Diagramm auch ursprünglich nicht-räumliches Wissen durch räumliche Formationen zur Anschauung gebracht, wobei diese Transferbewegung die

---

16 Vgl. Sybille Krämer: „Operative Bildlichkeit. Von der ‚Grammatologie' zu einer ‚Diagrammatologie'? Reflexionen über erkennendes ‚Sehen'". In: Martina Heßler, Dieter Mersch (Hg.): *Logik des Bildlichen. Zur Kritik der ikonischen Vernunft*. Bielefeld: Transcript 2009, S. 94–122.
17 Vgl. Sabine Gross: *Lese-Zeichen. Kognition, Medium und Materialität im Leseprozess*. Darmstadt: Wissenschaftliche Buchgesellschaft 1994, S. 102.
18 Vgl. ebd., S. 103ff.
19 Vgl. u.a. Martina Heßler, Dieter Mersch: *Logik des Bildlichen. Zur Kritik der ikonischen Vernunft*. Bielefeld: Transcript 2009; Gottfried Boehm: *Wie Bilder Sinn erzeugen. Die Macht des Zeigens*. Berlin: Berlin Univ. Press 2010.
20 Vgl. Horst Bredekamp: *Theorie des Bildakts*. Frankfurt: Suhrkamp 2010.

Grundlage und das Konstitutionsprinzip neuer Wissensgegenstände bilde. Auch die ikonographische Seite der Schrift, als Schriftbildlichkeit, als Architektur von Gedanken im zweidimensionalen Raum, wird ernst genommen. Operative Bilder schweben somit zwischen Bildlichem und Schriftlichem; sie sind sichtbar, betrachtbar, und zugleich müssen sie gelesen werden. Darüber hinaus bilden sie etwas ab, verweisen zwangsläufig auf einen Referenten und bringen durch die bildliche Transferleistung der Abbildung den Gegenstand immer auch erst als etwas Sichtbares hervor. Das Konzept der operativen Bildlichkeit erlaubt es folglich, Sprache und Bild in bestimmten Phänomenen als miteinander verschränkt zu untersuchen.[21]

Fokussiert man die Prozessualität wissenschaftlicher Forschung auf bildlicher Ebene, treten außerdem Skizzen, Entwürfe und Zeichnungen in den Vordergrund. Diese Form bildlicher Verfahren, die oft an Handschriftlichkeit gekoppelt und seit dem 19. Jahrhundert nur noch geringfügig formalen Zwängen unterworfen ist, wird auch im 20. Jahrhundert angesichts der neuen Aufzeichnungsmedien wie der Schreibmaschine oder dem Fotoapparat nicht obsolet.[22] Gerade durch seine Idiosynkrasien lässt sich das Skizzieren und Notieren im Zuge des Forschungs- und Experimentierprozesses jeweils individuell anpassen, auch wenn es dabei an etablierte und formalisierte Verfahren (Listen, Tabellen u.ä.) anschließt. Werden diese Entwürfe und Skizzen offengelegt, taucht hinter dem meist textuell fixierten Forschungsergebnis nun der kontinuierliche, tastende und oft langwierige Entstehungsprozess in seiner Abhängigkeit von bestimmten Materialien, Techniken und medialen Strategien auf. Statt genialischem Einfall kommt dahinter eine Serie von Versuchen, Fehlschlägen, Weiterentwicklungen zum Vorschein.[23] Diese Serien geben eine Antwort darauf, wie sich im Zuge des Experiments und seiner Ergebnisse „Ratten und Chemikalien in Papier"[24] verwandeln können. Betrachtet man in dem Sinne auch die allein textgebundene Wissenschaft sowie Literatur als

---

21 Vgl. Krämer: „Operative Bildlichkeit". Vgl. dazu auch: Dies.: „Punkt, Strich, Fläche. Von der Schriftbildlichkeit zur Diagrammatik". In: Dies., Eva Cancik-Kirschbaum, Rainer Trotzke (Hg.): *Schriftbildlichkeit. Wahrnehmbarkeit, Materialität und Operativität von Notationen*. Berlin: Akademie Verlag 2012, S. 79–100.
22 Vgl. Karin Krauthausen: „Vom Nutzen des Notierens. Verfahren des Entwurfs". In: Dies., Omar W. Nasim (Hg.): *Notieren, Skizzieren. Schreiben und Zeichnen als Verfahren des Entwurfs*. Zürich: Diaphanes 2010, S. 7–26, hier S. 17.
23 Vgl. dazu Bernhard Siegert: „Weiße Flecken und finstre Herzen. Von der symbolischen Weltordnung zur Weltentwurfsordnung". In: Daniel Gethmann, Susanne Hauser (Hg.): *Kulturtechnik Entwerfen. Praktiken, Konzepte und Medien in Architektur und Design Science*. Bielefeld: Transcript 2009, S. 19–48, hier S. 19.
24 Labore, so Bruno Latour, zielen genau auf solche Umwandlungen in „Inskriptionen". Bruno Latour: „Drawing Things Together. Die Macht der unveränderlichen mobilen Elemente". In: An-

textuelle „Labore", so lassen sich hierfür die Überlegungen Bruno Latours fruchtbar machen, der danach fragt, wie der Forschungsgegenstand sich schließlich in Papier umwandeln lässt: Latour untersucht dafür wissenschaftliche Visualisierungsstrategien, wie sie jeweils verschiedene Disziplinen bestimmen bzw. erst hervorbringen und wie Labore Dinge und Forschungsobjekte über verschiedene Vermittlungs- und Formalisierungsstufen zu „mobilen", „unveränderlichen", „flachen", in ihrem Maßstab modifizierbaren und reproduzierbaren Elementen[25] werden lassen. Genau dort, bei der Verwandlung von Dingen und Forschungsobjekten in Papier, lässt sich anknüpfen und fragen, ob und wie sich das Imaginäre in Papier verwandeln lässt.

Die Wissenschaften vom Imaginären machen sich drei der hier beschriebenen Bildtypen zunutze: Bilder in der Wissenschaft, die als „Visualisierer des Unsichtbaren" zur empirischen Basis des wissenschaftlichen Befunds verwendet werden, dienen erstens dazu, nicht nur das Unsichtbare der Materie, sondern auch das dahinterliegende Imaginäre sichtbar werden zu lassen. Zweitens ermöglicht die operative Bildlichkeit im Gegensatz dazu eine räumliche Anordnung des nichträumlichen, diffusen Imaginären. Indem sie eine visuelle Ordnung im zweidimensionalen Raum der Seite vorgibt, in die sich die jeweiligen textuellen Elemente sortieren, teilt sie auch den Leerstellen, den Spalten, Achsen oder Punkten, deren Beschriftungen noch ausstehen, eine logische Funktion zu. Gerade diese Determinierung von Leerstellen, des Unbekannten, noch nicht Erforschten, Ungreifbaren, machen sich die Wissenschaften vom Imaginären zunutze, um ihren Gegenstand beschreibbar werden zu lassen. Drittens werden Verfahren der Skizze und der entwerfenden Zeichnung aufgrund ihrer Fähigkeit, das Mögliche operationalisierbar zu machen und ihrer Offenheit für das Zukünftige und Potenzielle funktionalisiert. Zugleich erlaubt es die Tabelle über eine räumliche Aufteilung von Schrift Unterscheidungen, Ordnungen, Klassifizierungen und Quantifizierungen von chaotischer Überfülle vorzunehmen. Geht es einerseits um die innovativen Verwendungen bildlicher Praktiken bei Caillois und Canetti, liegt der Fokus andererseits auf den historischen Traditionslinien, die sich hinter den jeweiligen wissenschaftlichen Visualisierungsstrategien verbergen und welche die hier betrachteten Verwendungsweisen stark vorprägen, bevor sie dann von jeweils angeeignet und invertierend anderen Vorzeichen unterstellt werden.

---

dréa Belliger, David J. Krieger (Hg.): *ANThology. Ein einführendes Handbuch zur Akteur-Netzwerk-Theorie*. Bielefeld: Transcript 2006, S. 259–307, hier S. 262.
25 Ebd., S. 285f.

2 Sichtbarmachung des Unsichtbaren: Caillois und die Mikrofotografie

In den dreibändigen *Approches de l'imaginaire* fehlen, das ist bereits angeklungen, sämtliche fotografische Abbildungen. Stattdessen kommen die dort versammelten Texte an mehreren Stellen explizit auf das Thema der Fotografie, insbesondere der Mikrofotografie, zu sprechen. In zwei kurzen Texten, die Caillois in *Cases d'un échiquier* aufnimmt, reflektiert er den Status des mikrofotografischen Bilds und verweist auf mehrere Beispiele als Beleg seiner kunsttheoretischen These, die sich im Vergleich zu *Méduse & Cie* kaum verändert hat: Dort heißt es, die Bilder des Mikroskops, die die innere Architektur der Materie offenlegen, ließen sich nicht von einer guten Farbreproduktion zeitgenössischer abstrakter Malerei unterscheiden. Allein die Art der Entstehung trenne beide Formen, eine Trennung, die aber letztlich für die „reine Ästhetik" nicht entscheidend sei. Auch, oder besser: *gerade* im Bereich der formlos gewordenen Kunst, des Nicht-Figurativen, würden die Formen der Natur hervorbrechen. Sie gingen der menschlichen Kunstproduktion voraus und bewiesen so, dass der Mensch das Schöne nicht frei erzeugen könne.[26]

In den beiden hier genauer zu betrachtenden Texten, „Formes naturelles" (Natürliche Formen) und „Les traces" (Die Spuren), untermauert Caillois diese These nun mittels einiger Überlegungen zum Verhältnis von Technik, Kunst und Natur, bzw. Naturwissenschaft. Denn zwar geht er in seinem Text von einer binären Ästhetik zwischen Mensch und Natur aus, konzipiert durch seine Beispiele und die Betonung der mächtigen technischen Apparate und Maschinen eigentlich aber eine triadische Struktur zwischen Mensch, Technik und Naturwissenschaft, durch die der Mensch erst die eigentliche, „intime Struktur des Universums aus größerer Nähe, Höhe oder Ferne sehen lernt".[27] Der erste der beiden kurzen Texte, „Formes naturelles", setzt dafür zunächst beim Unsichtbaren an: Unsichtbarkeit bezeichnet hier nicht Immaterialität, sondern bezieht sich auf die begrenzte Wahrnehmungsfähigkeit des menschlichen Auges, die sich mithilfe optischer Instrumente durch Vergrößerungen und Veränderungen des Maßstabs aufheben lässt.[28] Caillois beginnt seinen Text, als würde er sich gemeinsam mit dem Blick

---

26 Vgl. u.a. Caillois: *Méduse & Cie.*, S. 80. Frz.: „Méduse et Cie [1960]", S. 508.
27 Caillois: „Les traces", S. 191. Frz.: „[L]'homme, grâce à des subtils engins, pénètre plus profond dans la structure intime de l'univers et apprend à le voir de plus près, de plus haut ou de plus loin.".
28 Gleich zu Beginn seines Textes schreibt Caillois über Vergrößerungsmaßstab und vergrößertes Material: „Die Vergrößerungen der präsentierten Dokumente variieren von fünffach für die Rinde von Bäumen bis zu fünfundfünfzigtausendfach und mehr für die Vergrößerung von Kristal-

der Lesenden einen Überblick über vorhandene Mikrofotografien verschaffen, deren Verbreitung, so sein anschließender Befund, mit der Blütezeit der sogenannten abstrakten Malerei zusammenfalle. Statt aber von einer Einflussgeschichte auszugehen, versucht Caillois in Übereinstimmung mit dem Vorhaben einer „esthétique généralisée", die für Formen von Natur und Kultur gleichermaßen gilt, auch hier zu beweisen: Es gibt nur *ein* Universum der Formen. Dieses ist in sich abgeschlossen. Zwangsläufig wiederholen sich daher sowohl in den Bildern der Mikrofotografie als auch in der abstrakten Malerei die universalen, grundlegenden Formen der Welt und konstruieren untereinander ein vielfältiges Beziehungsnetz, das sich kreuz und quer über die Grenze der „two cultures" spannt.

In „Formes naturelles" tritt zu Caillois' unveränderter These eine wichtige Einschränkung hinzu: Kunstwerke, insbesondere solche der Malerei, und Mikrofotografie könnten allerdings zum Beleg einer allgemeinen Ästhetik nicht wie selbstverständlich miteinander verglichen werden, da die Vergleichbarkeit meist durch den Verweis auf das Genie der Künstler*innen, die Plastizität seines Pinselstrichs oder des verwendeten Materials zu Lasten der wissenschaftlichen Bilder verunreinigt werde. Folglich dürften nur Reproduktionen von Gemälden, also Fotografie mit (Mikro-)Fotografie verglichen werden. Die Dicke und Stärke des Materials müsse also „verflacht"[29] werden, um – reduziert auf Bildkomposition sowie die Farben- und Formensprache – Vergleichbarkeit zu garantieren. Erst wenn beide unter den Bedingungen desselben Mediums operierten, werde sichtbar, das zwischen ihnen kein Unterschied bestehe bzw. dass im Wettstreit zwischen Mensch und Natur ersterer nie über die Natur hinausreichen könne. In der Reproduktion zeige sich, dass der Mensch die Formen der Natur nur reproduziere. Damit sei es schließlich unmöglich, gänzlich abstrakt und nichtfigurativ zu malen. Die Natur halte für jede noch so abstrahierte Form und Komposition immer schon ein passendes Vorbild bereit, selbst wenn dies erst noch entdeckt werden müsse. Wolle man dagegen das Originalwerk in den Vergleich einspeisen, so müsse auf die Mikrofotografie verzichtet und das menschliche Auge mit einem Vergrößerungsapparat ausgestattet werden. Diesem „image de relais"[30] aber misstraut Caillois noch weitaus mehr.

---

len, Plankton oder von Kieselalgen." Caillois: „Formes naturelles", S. 182. Frz.: „Les grossissements des documents présentés varient de cinq fois pour les écorces d'arbre à cinquante-cinq mille fois et plus pour les agrandissements de cristaux, de planctons ou de diatomées."

29 „Sie werden *flach* gemacht. Es gibt nichts, was so einfach zu *dominieren* ist wie eine flache Oberfläche", so Latour über sein Konzept der Inskriptionen als mobile, unveränderliche, reproduzierbare Elemente. Latour: „Drawing Things Together. Die Macht der unveränderlichen mobilen Elemente", S. 285. [Herv. i.O.]

30 Caillois: „Formes naturelles", S. 183.

2 Sichtbarmachung des Unsichtbaren: Caillois und die Mikrofotografie — 349

In „Les traces", einem im Juli 1961 erstmals in der von François Bondy gegründeten Zeitschrift *Preuves* (Beweise) veröffentlichten Text, wiederholt Caillois seine Argumente und spitzt sie zu der These zu, die abstrakte Malerei sei in Wahrheit nur Stillleben, „nature morte" im buchstäblichen Sinne, da sie nicht für das lebendige, menschliche Auge, sondern nur für „tote" Maschinen sichtbar sei. Anhand der von industriellen Apparaten erzeugten Bilder werde deutlich, dass die abstrakte Kunst nicht die freieste, sondern in Wahrheit die naturtreuste, im strengsten Sinne realistische Kunst sei. Den Gegensatz von humaner und nichthumaner Ästhetik könne man zu einem „neuen Genre"[31] synthetisieren, zu dem Trouvailles natürlicher Dinge und ihre museale Rahmung ebenso zählten wie die Reproduktionen mikroskopischer Aufnahmen. Zentral für diese Akte der Appropriation sei dabei der Anspruch, dem Naturding nichts hinzuzufügen, es aber in einen Kontext zu stellen, der sonst der Kunstrezeption vorbehalten sei.

„Ausstellungen und Bildbände haben systematisch den Vergleich zwischen modernen Gemälden und den aufschlussreichen Abbildungen mikroskopischer Anblicke der Materie untersucht."[32] An diese Behauptung fügt Caillois nun eine Fußnote an, in der er zahlreiche Beispiele für solche Untersuchungen benennt, unter anderem habe er selbst 1959 in der ersten Nummer der *Cahiers du Musée de poche*, einer der gleichnamigen Pariser Kunstsammlung von Malerei und Plastik des 20. Jahrhunderts zugeordneten Zeitschrift, einige Abbildungen von Mineralen veröffentlicht. Zum Kontext der Kunstzeitschrift, in der er seine Abbildungen von „Labradorit und Quartz mit eingeschlossenen Rutilnadeln" publizierte, spezifiziert Caillois fast stolz: „und sie waren dort nicht fehl am Platz".[33] Mit seiner Positionierung der Mineralabbildungen in der ersten Nummer der *Cahiers*, die sich sonst zeitgenössischer Kunst widmen, scheint er den definitiven Beweis für seine These zu bringen, dass zwischen natürlicher Struktur und abstrakter Kunst auf formaler Ebene kein Unterschied mehr bestehe.

Unter seinen Aufzählungen findet sich außerdem, vermittelt durch einen Artikel von Jean Grenier, auch ein Werk des Malers, Designers und Fotografen György Kepes, der eng mit László Moholy-Nagy zusammenarbeitete und ab 1937 im US-amerikanischen Exil am *New Bauhaus* unterrichtete.[34] Damit benennt Caillois

---

31 Caillois: „Les traces", S. 188.
32 Ebd., S. 189. Frz.: „Des expositions, des albums ont recherché systématiquement la comparaison entre des toiles modernes et des clichés révélateurs des aspects microscopiques de la matière."
33 Ebd., S. 189. Frz.: „labradorite et quartz contenant des aiguilles de rutilium"; „et ils ne s'y trouvaient pas deplacés".
34 Das aus einer Ausstellung hervorgegangene und 1956 veröffentlichte Buch *The New Landscape in Art and Science* von György Kepes, das auch fast 60 Jahre nach seiner Publikation noch im-

einen wichtigen Kontext seines Versuchs, mittels seines Kunstbegriffs sowie seiner eigenen Bild-Publikationspraktiken die Grenze zwischen den „zwei Kulturen" zu überwinden, beide Bereiche als dem gleichen universalen Prinzip zugehörig zu enthüllen: Denn nicht erst seit dem Bauhaus und dessen Versuch, Technik, Handwerk, Kunst und Industrie wieder neu miteinander zu verbinden, sind die Mikrofotografie und ihre historische Entwicklung eng mit Reflexionen über die „zwei Kulturen"-Grenze und Fragen nach Subjektivität und wissenschaftlicher Objektivität verknüpft.

2.1 Mikrofotografie, Objektivität und Kunst

Überlegungen zur fotografischen Technik im wissenschaftlichen Kontext sind auch jenseits der Mikrofotografie schon lange mit Diskussionen um wissenschaftliche Objektivität verschränkt. Die Fotografie wird etwa in der zweiten Hälfte des 19. Jahrhunderts zum Ideal mechanischer Objektivität erhoben, da man ihr zumindest zeitweise die Möglichkeit zusprach, den Einfluss des menschlichen Subjekts innerhalb des Abbildungsprozesses zu minimieren, da sie statt der kupferstechenden oder zeichnenden Hand eine Maschine zwischen abgebildetes Objekt und Abbildung schaltete. Gerade die seit den 1840er Jahren praktizierte Mikrofotografie ist es, die zu besonders vielfältigen Auseinandersetzungen über Fragen der objektiven Darstellungsverfahren des Blicks durch das Mikroskop geführt hat. Die fotografische Fixierung des mikroskopischen Bildes sei Zeichnung und Stich deswegen überlegen, weil sich die Manipulation durch das zeichnende, wissenschaftliche Subjekt als gefährliche Intervention disqualifiziere. Objektivität ist hier folglich als Abwehr von Subjektivität zu verstehen.[35]

---

mer Anlass für Diskussionen zur „two cultures"-Debatte bietet – wie etwa 2015 in einer Ausstellung der Tate Liverpool –, stellt moderne Kunst und Bilder von Röntgentaufnahmen, Sonar und Radar, Stroboskop- und Elektronenmikrofotografie sowie Aufsätze aus Kunst und Wissenschaft nebeneinander.

35 So nennen Daston und Galison den wissenschaftlichen Einsatz der Fotografie als „Sprache der Phänomene", die diese als unabhängig von der verfälschenden menschlichen Vermittlung begreift: Lorraine Daston, Peter Galison: „Das Bild der Objektivität". In: Peter Geimer (Hg.): *Ordnung der Sichtbarkeit. Fotografie in Wissenschaft, Kunst und Technologie*. Frankfurt am Main: Suhrkamp 2002, S. 29–99, hier S. 31. Es sei jedoch nicht die Fotografie, die das Ideal einer objektiven Repräsentation hervorgebracht habe. Daston und Galison beharren auf einer kontinuierlichen Entwicklung des Ideals der objektiven Realität: Vielmehr sei das Bild schon vor der Erfindung der Fotografie mit dem Ideal mechanischer Objektivität verbunden und die Fotografie nur eine Episode in der steten Suche nach die menschliche Vermittlungsinstanz eliminierenden Reproduktionen. Vgl. ebd. S. 58. Noch 1945 scheint es etwa in André Bazins Fototheorie, als bestünde dieser

2 Sichtbarmachung des Unsichtbaren: Caillois und die Mikrofotografie — 351

Entgegen dieser These galten allerdings neben der Fotografie in den Anfängen der Mikrofotografie auch Zeichnungen und Stiche in der zeitgenössischen Wahrnehmung als angemessene wissenschaftliche Darstellungspraktiken – schon allein aufgrund der defizitären technischen Möglichkeiten. Objektivität sei zudem entschieden an räumliche und plastische Darstellungsformen gekoppelt.[36] Schon für die Frühphase der Mikrofotografie zeigt sich die Objektivität also auch aus zeitgenössischer Beschreibungsperspektive als eine umkämpfte Kategorie zwischen mechanischer Nichtintervention und korrigierender Manipulation. Nicht nur wird Objektivität selbst zu einem historischen Stil, sondern auch das, was zu bestimmten Zeiten darunter verstanden oder rückwirkend beschrieben werden kann, variiert stark.

Zwar führt Caillois in „Les traces" auch Teleskop- und Luftaufnahmen als Beispiele an, primär jedoch bezieht er sich auf die Mikrofotografie. Unter seinen Aufzählungen finden sich neben dem benannten György Kepes u. a. Carl Strüwes *Formen des Mikrokosmos* von 1955 und ein Beispiel angewandter Elektronenmikroskopie von Herward Braunegg von 1959. Alle Beispiele stammen also aus dem unmittelbaren zeitlichen Umfeld der Veröffentlichung seines eigenen Texts, 1961, müssen also als technisch und künstlerisch aktuellste Bilder verstanden werden, über die Caillois verfügte. Umso irritierender wirkt es daher, wenn Caillois die technischen Bilder dem subjektiven Pinselstrich entgegensetzt und somit

---

Objektivitätsstatus noch: „Die Originalität der Fotografie im Unterschied zur Malerei besteht also in ihrer Objektivität. So hieß die Kombination ihrer Linsen [...] treffend ‚das Objektiv'. Zum ersten Mal tritt zwischen das auslösende Objekt und seine Darstellung nur ein anderes Objekt [...] ohne das kreative Eingreifen des Menschen." André Bazin: „Ontologie des fotografischen Bildes [1945]". In: Wolfgang Kemp (Hg.): *Theorie der Fotografie*. München: Schirmer/Mosel 2006, S. 58–63, hier S. 62.

36 Gegen den Ansatz von Daston und Galison führt etwa Jutta Schickore an, dass für den untersuchten Zeitraum die Maßgabe der Nichtintervention für die Darstellung mikroskopischer Bilder nicht gelte. Statt Objektivität würde „Naturtreue" (Jutta Schickore: „Fixierung mikroskopischer Beobachtungen. Zeichnung, Dauerpräparat, Mikrofotografie". In: Peter Geimer (Hg.): *Ordnung der Sichtbarkeit. Fotografie in Wissenschaft, Kunst und Technologie*. Frankfurt am Main: Suhrkamp 2002, S. 285–310, hier S. 289) gefordert, die zeitgenössische Anleitungen vielmehr in der Zeichnung als Repräsentationsverfahren erreicht sehen: „Die Zeichnung reproduziert weder ein ideales noch ein charakteristisches oder typisches Objekt, sondern die an einem konkreten Gegenstand gemachte Erfahrung." (Ebd., S. 306) Mit der Erfahrung ist körperliche Anschaulichkeit und Plastizität gemeint, die in der Fotografie verloren gehe, in der Zeichnung aber über verschiedene Blickperspektiven durch das Rohr des Mikroskops wahrgenommen und auf dem Papier synthetisiert werden könne. Die Manipulation des Bildes wird folglich in die wissenschaftlich korrekte Ausführung integriert, statt durch das Ideal der Nichtintervention des Subjekts und dessen möglichst vollständige Substitution durch den fotografischen Apparat abgelöst zu werden. Vgl. neben Schickore auch: Mößner: „Bild in der Wissenschaft", S. 79.

auf die historischen Annahmen zur objektiven Macht der mechanischen Reproduktion zu vertrauen scheint. War zwar schon in der Anfangszeit der Mikrofotografie Objektivität ein zumindest genauer zu spezifizierender Begriff, setzt Caillois ihn nun hier ohne historisches Bewusstsein: Das naturwissenschaftlich-fotografische Bild scheint das *echte*, über mediale Verzerrungen erhabene Bild, das der Kunst dagegen scheint eines, das von genieästhetischer und materieller Illusionserzeugung erst befreit und auf seine echten Wurzeln zurückgeführt werden müsse. Bleiben also die „two cultures" in Caillois' Suche nach dem Imaginären schließlich doch intakt, auch wenn es gerade die naturwissenschaftlichen Bilder wären, die den Formen des Imaginären näherstünden?

Vor diesem Hintergrund ist es aufschlussreich, zwei der von Caillois in „Les traces" angeführten Beispiele, die genannten Bände von Strüwe und Braunegg, genauer zu betrachten. Carl Strüwe, ein deutscher Grafiker und Maler, dessen Arbeiten auch in György Kepes' Ausstellungen am MIT gezeigt wurden, veröffentlichte 1955 seine *Formen des Mikrokosmos* aus künstlerischer Perspektive. Eine (mikro-)biologische Ausbildung hatte er nicht, dennoch fertigte er einige seiner Präparate selbst an. Die auf fast einhundert Bildtafeln gezeigten Mikrofotografien versah er jeweils mit klangvollen Namen, etwa „Wie eine Kinderzeichnung ‚Frühling' (Saum eines Insektenflügels) 800:1" Der Untertitel vervollständigt und erläutert das Dargestellte: „Aufgenommen durch eine Scheibe mit Netzeinteilung, wie sie in der Mikroskopie zum Messen und Zählen dient (Netz-Mikrometer)" (Abb. 2). Andere Bildtafeln sind mit verschiedene Kunstformen fast satirisch anzitierenden Titeln ausgestattet, so etwa „Humoreske im Wassertropfen", „Anker-Komposition" oder „Urbild gegenseitiger Hilfe. Stützzellen im Stengel der Binse. 1000:1" (Abb. 3). In der „Kinderzeichnung" nutzt Strüwe erneut das Netz-Mikrometer zur Bildeinteilung. Er legt den Betrachtenden über den Titel jeweils eine bestimmte visuelle Rezeptionsweise nahe – die „Kinderzeichnung" betont die einfachen Formen und klaren Schraffuren der Aufnahme –, und zugleich deckt er die technischen Details auf, die zur Herstellung des Bildes nötig waren, indem er entsprechende Fachtermini verwendet. Die Text-Bild-Verbindung erzeugt zwangsläufig einen Imaginationsraum zwischen Technik und (kindlich-abstrakter) Kunst. Erst im Zusammenspiel des technisierten Blicks und der poetisierenden Benennung aber werden die „elementaren Formen" der Natur sichtbar.[37]

---

[37] Carl Strüwe: *Formen des Mikrokosmos. Gestalt und Gestaltung einer Bilderwelt.* München: Prestel 1955, S. 26.

2 Sichtbarmachung des Unsichtbaren: Caillois und die Mikrofotografie — 353

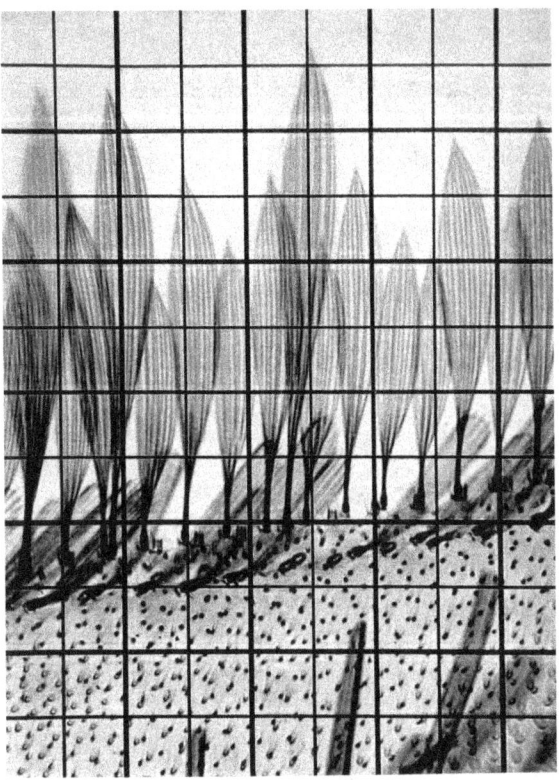

Abb. 2: Carl Strüwe, „Wie eine Kinderzeichnung ‚Frühling'" (Saum eines Insektenflügels) 800:1" aus: Ders.: *Formen des Mikrokosmos*, S. 69. Bildrechte: Carl-Strüwe-Archiv Bielefeld, Prof. Dr. Gottfried Jäger und VG Bild-Kunst, Bonn.

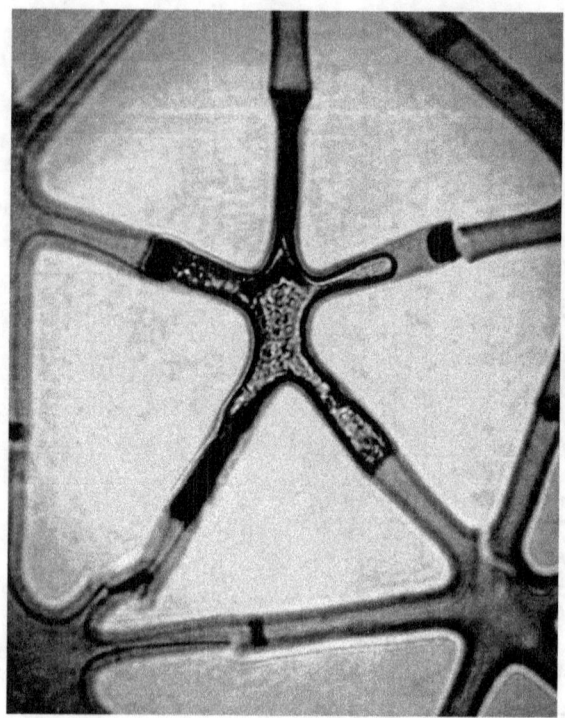

Abb. 3: Carl Strüwe, „Urbild gegenseitiger Hilfe. Sützzellen im Stengel der Binse. 1000:1", aus: Ders.: *Formen des Mikrokosmos*, S. 63. Bildrechte: Carl-Strüwe-Archiv Bielefeld, Prof. Dr. Gottfried Jäger und VG Bild-Kunst, Bonn.

Die im Klappentext von Strüwes Buch formulierte Zusammenfassung entspricht schließlich auch bis in den genauen Wortlaut Caillois' Kunstauffassung: Die Erfindung des Mikroskops wird dort gepriesen als Entdeckung einer neuen, für den Menschen sonst unsichtbaren Welt.[38] Seine Arbeit als Sichtbarmachung der „wunderbare[n] Übereinstimmung" zwischen Kunst und Natur verortet er außerdem im historischen und medialen Kontext: In dem den Bildtafeln beigefügten Text umreißt Strüwe eine Verbindung zwischen naturwissenschaftlichen Bildern und Kunst nun im Sinne eines Objektivitätsbegriffs, der korrigierende Interventio-

---

38 Im Klappentext heißt es, erst mithilfe des neuen Mediums werde erkennbar, dass die Natur nach strengen Formgesetzen aufgebaut sei, „die in überraschender Weise den gemeinsamen Wurzelgrund offenbar macht, der den Erscheinungsformen der Natur und der Bildwelt der modernen Kunst zugrundeliegt." (Strüwe: *Formen des Mikrokosmos*) Caillois, der auf dem Lycée in Reims Deutsch gelernt hatte, könnte diesen Text zwar theoretisch gelesen haben, in seiner Fußnote zu „Les Traces" lässt sich dies jedoch nicht nachweisen, zumal er ihn nur vermittelt zitiert.

nen erfordert: angefangen bei Haeckel, der mit seinen Bildern die Plastizität besser darzustellen in der Lage war als die Fotografie der Zeit. Dass es gerade Haeckel ist, auf den sich Strüwe lobend beruft, ist insofern konsistent, als er verlangt, die Vorbehalte der Wissenschaft gegen die Retusche aufzugeben. Denn auch die Fotografie vermag „bekanntlich gar nicht reine Wahrheit zu geben; weder ist sie objektiv im Hausgebrauch noch im anspruchsvolleren Verstande."[39] Auch die Beobachtenden, die Menschen hinter dem Mikroskop, rückt er in den Fokus.[40]

Die Sinn- und Urbilder (siehe Abb. 3), und die „elementaren Formen" der Natur, die Strüwe beschreibt und auf seinen Tafeln abbildet, erhalten durch seine einleitenden Worte eine entscheidende Relativierung. Wie György Kepes hat auch Strüwe eine künstlerische und keine naturwissenschaftliche Ausbildung durchlaufen, beide werden innerhalb des Kunstsystems rezipiert. Auch die historische Referenz auf Haeckel kann nicht als Versuch verstanden werden, sich naturwissenschaftliche „Rückendeckung" zu holen, schließlich wurde dieser bereits über ein halbes Jahrhundert zuvor für die künstlerische Ausgestaltung seiner *Kunstformen* kritisiert.[41] Dennoch ist dieser Verweis auf ein entscheidendes Kapitel wissenschaftlicher Bilder aufschlussreich:

Auch Ernst Haeckel ging es um die Extraktion und Präsentation von elementaren Formen der Natur, und seine biomorphe Ästhetik begründete er ebenfalls in einer Suche nach verborgenen universalen Prinzipien der Natur, die er mittels symmetrischer (An-)Ordnungen sichtbar zu machen versuchte. Als einer der wichtigsten Verfechter und Verbreiter seiner Form und Auslegung des Darwinismus führte er um 1900 durch seine bebilderte Naturgeschichte eine neue Anschaulichkeit in die Wissenschaft ein. Statt bloßer Illustration war das Bild für ihn zentraler Ort der Erkenntnis, denn die Natur bringe die Anschaulichkeit selbst hervor und beweise dies etwa in den Bildreihen zur Evolution.[42] Die dadurch ent-

---

39 Strüwe: *Formen des Mikrokosmos*, S. 13.
40 „Von der Einfühlung angespornt, erregt von einer vorschwebenden Form voll Aussagekraft, beginnt die Jagd nach dem Motiv. [...] Wohl liegt die Jagdbeute von der Natur mehr oder weniger vorgeformt in irgendeinem Winkel verborgen: ohne ein durchdringendes, ‚denkendes' Auge würde sie nie zum Bild." Ebd., S. 14f.
41 So heißt es in einem kurzen Text Ernst Haeckels, der bezeichnenderweise einen ganz ähnlichen Titel trägt wie Caillois' „Natura pictrix": „Es kam wohl auch vor, dass ein skeptischer, dem Mikroskop misstrauender Besucher die Existenz dieser erstaunlichen ‚Kunstwerke der Zelle' direkt leugnete oder die Bilder für optische Täuschungen erklärte. Ein anderes Mal behauptete ein naiver Laie, dass solche Tiere oder Pflanzen gar nicht existieren könnten, und dass meine Abbildungen davon ‚erfunden' seien." Ernst Haeckel: „Die Natur als Künstlerin". In: Uwe Hoßfeld (Hg.): *absolute Ernst Haeckel*. Freiburg im Breisgau: Orange Press 2010, S. 184–193, hier S. 184.
42 Vgl. Ernst Haeckel: *Anthropogenie oder Entwicklungsgeschichte des Menschen*. Leipzig: Wilhelm Engelmann 1874, S. 256f, Tafel IV–V.

stehenden ästhetischen Naturformen sind für Haeckel nur der Beweis, den zentralen Kern des Natürlichen erfasst zu haben.[43] Das Ästhetische wird also direkt mit dem Wissenschaftlichen, dem Anschaulichen verbunden, beide gemeinsam ermöglichen erst die Erkenntnis des wissenschaftlichen Gegenstands.[44]

In einem kurzen Text von 1913, *Die Natur als Künstlerin*, schreibt Haeckel, man könne von einer „Gleichheit des schöpferischen Kunsttriebs" ausgehen, da sich sowohl in der Natur als auch im menschlichen Schaffen insbesondere anhand von Formen wie Kreuzen und Sternen Verbindungen vom Radiolarienskelett bis zu menschlichen Artefakten wie Orden, Ringen und Ketten ziehen ließen. Er betont gerade im Hinblick auf die Überlegungen zur Form die „objektive Wahrheit der naturgetreuen Abbildungen".[45]

Nicht nur durch die offensichtlichen Parallelen, die zwischen Haeckels materialistischem Monismus und Caillois' Suche nach den Grundformen der Materie und des Universums bestehen, oder den verblüffend ähnlichen Schlagworten von kunstschaffender Natur und einheitlichem Kunsttrieb, ist der Vergleich hier aufschlussreich. Es ist vor allem die wissenschaftstheoretische Aufwertung des Bildes, die mit Ästhetisierung der wissenschaftlichen Erkenntnisse einhergeht. Caillois zitiert in „Les traces" jedoch nur das letzte Ende jener Bildtradition, nicht aber Ernst Haeckel, auch nicht Karl Blossfeldts botanische Fotografien von

---

43 Vgl. Olaf Breidbach: „Vorwort". In: Ernst Haeckel: *Kunstformen der Natur. Kunstformen aus dem Meer [1899–1904]*. Hg. v. O. Breidbach. München: Prestel 2012, S. 7–12, hier S. 7f. In jener Reihung erfülle jedes Glied seine Funktion in der evolutionären Struktur. Als Einzelnes jedoch ist es zugleich auch individuelle Ausformung, „Dekorum einer Naturentfaltung" (ebd., S. 10).
44 An die Naturästhetik Goethes schloss Haeckel hier ganz bewusst an und versuchte, sie mit Darwins Lehren zu verbinden. Haeckels *Kunstformen der Natur* erschienen zwischen 1899 und 1904 und hatten bekanntermaßen großen Einfluss auf die Kunst und Designkultur der Zeit. Gemäß Haeckels Überzeugung, dass sich in der Betrachtung der Natur ihre Ordnung offenbare, Wissenschaft also ganz unmittelbar als Ent-Deckung verstanden werden solle, sind in den *Kunstformen* die kurzen Texte das Beiwerk der Abbildungen und nicht andersherum. Statt auf die Fotografie zurückzugreifen, malte und zeichnete Haeckel seine Naturformen als Aquarelle und Bleistiftzeichnungen selbst vom Mikroskop ab. Die Skizzen gab er an einen Lithographen weiter, der ausschließlich auf der Grundlage der Kompositions- und Farbarbeiten Haeckels die Tafeln erschuf. Im Analogisieren von Formenreihen zunehmender Komplexität wird eine Ordnung sichtbar, die sich besonders in der Symmetrie ausdrückt. Die Idee von Urformen, die sich dann typologisch ausdifferenzieren, in mannigfaltigen Ausprägungen realisieren und zugleich im Zusammenhang einer fortschreitenden Entwicklung stehen, ist nicht nur wissenschaftlich relevant geworden, sondern hat auch zeitgenössische und spätere Designkonzepte mitgeprägt, am wirkmächtigsten sicherlich im Bauhaus. Vgl. zu letzterem u. a. Oliver Botar: „The Biocentric Bauhaus". In: Charissa N. Terranova, Meredith Tromble (Hg.): *The Routledge companion to biology in art and architecture*. New York: Routledge 2016, S. 17–51.
45 Haeckel: „Die Natur als Künstlerin", S. 188.

1928.[46] Ein Grund dafür scheint zu sein, dass er eine möglichst kontrastreiche Gegenüberstellung zwischen Werken der (abstrakten) Kunst und aktuellen wissenschaftlichen Dokumenten sucht. So führt er ausschließlich zeitgenössische mikroskopische Darstellungen an, die sich längst nicht mehr der Zeichnung, sondern ausschließlich der Fotografie (wenn auch einer retuschierten) bedienen, was – setzt man seine oben skizzierte Mediensensibilität voraus – als tragende Formentscheidung zu werten ist. Dennoch knüpft er an eine historische Tradition an, in der Ästhetisierung und Wissenschaft zwar bereits eine spannungsreiche, aber noch keine ausschließende Beziehung unterhielten. Seine von ihm benannten, für ihn zeitgenössischen Beispiele verstehen sich selbst als künstlerische Beiträge und werden auch nur innerhalb des Kunstsystems rezipiert. Caillois dagegen rahmt sie als „systematische Untersuchung"[47] der Beziehung von Kunst und Mikrofotografie. Er tilgt ihre historischen und systemspezifischen Bezugsrahmen und setzt sie als überzeitlich gültige, wissenschaftliche Beiträge.

Caillois geht nicht nur selbst ahistorisch vor, auch die hier entscheidenden Referenzen kreisen auf bildlicher Ebene um ahistorische „Urbilder": Das Wissen über und der Beweis für das von Caillois behauptete, begrenzte und dafür universale Formenrepertoire wird von ihm in entscheidender Weise über den Verweis auf Bilder generiert. Gerade deswegen sind die Verweise auf Strüwe (und damit implizit auf Haeckel) entscheidend, denn beide befassen sich auf bildlicher Ebene mit solchen „Urformen". Eine tragende Rolle kommt bei diesen Exempeln auch der räumlichen Anordnung der Bilder auf der Buchseite, der Wahl des Bildausschnitts und der Perspektive auf das jeweilige Präparat zu:[48] Haeckel wehrte sich zwar gegen den Vorwurf, einer „lästigen Symmetrie".[49] Seine Anschlüsse an ästhetische Darstellungstraditionen und mehr noch seine wichtige Funktion in der Generierung von „kanonischen Bildern"[50] lassen sich allerdings sowohl für Wissenschaft als auch für Design, das den Weg für die industrielle und massenhafte Vervielfältigung ebnete, und für Kunst, die eigentlich gerade auf das Gegenteil zielt, deutlich erkennen.

Ob nun das Bild in der Wissenschaft zur empirischen Grundlage, als Ordnungsstrategie in Verbindung mit textuellen Elementen oder als Entwurfsverfahren ge-

---

46 Vgl. für einen kurzen Vergleich von Caillois mit Blossfeldt den Abschnitt „Die Steine lesen uns – Surrealistische Steine" in Kap. V.2.
47 Caillois: „Les traces", S. 189. Frz.: „ont recherché systématiquement".
48 Natürlich auch der Herstellung, Schnittweise und Anordnung des Präparats selbst. Vgl. dazu erneut: Schickore: „Fixierung mikroskopischer Beobachtungen".
49 „Ebenso ungerecht ist der Vorwurf, ich hätte auf den Tafeln meiner Kunstformen der Natur die zahlreichen Figuren symmetrisch angeordnet, anstatt unregelmäßig durcheinanderzuwürfeln." Haeckel: „Die Natur als Künstlerin", S. 189.
50 Mit Verweis auf Ludwik Fleck sowie Vögtli/Ernst: Mößner: „Bild in der Wissenschaft", S. 79.

braucht wird, in allen Funktionsbereichen können sich kanonische Bilder herausbilden, die die Seh- und Denkgewohnheiten der Forschung beeinflussen. Selbst wenn sie ursprünglich nur zu Illustrationszwecken implementiert wurden, können solche Bilder epistemische Funktion erhalten, sie prägen, lenken oder behindern die wissenschaftliche Erkenntnis.[51] Als ein solches kanonisches Bild lässt sich auch der Bildtypus des „Urbilds" fassen. Es fußt auf bestimmten ästhetischen Traditionen, zeichnet sich durch eine leicht reproduzierbare Formensprache aus – wie auch Strüwes „Urbild gegenseitiger Hilfe" (Abb. 3) zeigt – und verweist auf die Vorstellung, das Universum sei durchzogen von einem ursprünglichen, begrenzten und bestimmbaren Formenrepertoire. Erst wenn man sich die hier knapp skizzierte, dahinterliegende Bildtradition sowie seine ex- wie impliziten kunstnahen Verweise vergegenwärtigt, wird sichtbar, dass Caillois allerdings versucht den Konstruktionsmechanismus und die historische Relativität solcher „kanonischer Bilder" auszublenden. Systematisch tilgt er zeitliche Referenzen, ebnet damit historische Unterschiede ein und ignoriert – trotz seiner erwähnten Empfindlichkeit für intermediale Vergleiche – die medialen und kontextuellen Bedingungen der Bildpräsentation, wie beispielsweise die Ästhetisierung der wissenschaftlichen Bilder, auf die er verweist. Gerade daher muss die Enthistorisierung und Dekontextualisierung als eine gezielte Strategie verstanden werden, die bildlichen Referenzen zu ahistorischen und nicht vom Subjekt der Beobachtung abhängigen Urbildern zu stilisieren, um sie anschließend zum Beweis der universalen Strukturen heranzuziehen; als Verfahren also, die Strukturen des Imaginären über einen strategisch medienblinden Bildverweis sichtbar zu machen.

2.2 Jenseits des menschlichen Auges

Der Blick auf die zeitgenössische Kunst- und Designkultur sowie einflussreiche visuelle Ausstellungsprojekte der Zeit offenbart eine Fülle an vergleichbaren Ansätzen. Caillois' Vorhaben scheint aus visueller Perspektive dann nur wie eines unter vielen: Neben den erwähnten Projekten György Kepes' in den USA inszenieren gleich zwei einflussreiche Londoner Ausstellungen 1951, *Science Exhibition* und *Growth and Form*, biologische und physikalische Fotografien als „Reise ins Innere der Materie".[52] Die Projekte verbindet eine gemeinsame Stoßrichtung: Die

---

51 Vgl. ebd.
52 Diese Einblicke ins Herz des Materiellen setzen sich über Jean-François Lyotards und Thierry Chaputs Ausstellung *Les Immatériaux* im Centre Pompidou von 1985, die sich dem digitalen Code und seinem Einwirken auf das Material widmete, bis zu zeitgenössischen Ausstellungen wie *+ultra*, 2016 im Martin-Gropius-Bau, fort, die dem impliziten Code der Materie und dessen eigener

2 Sichtbarmachung des Unsichtbaren: Caillois und die Mikrofotografie — 359

Grenze zwischen passiver Materie und aktivem menschlichen Geist wird porös, die von der Materie selbst hervorgebrachten Formen und Mechanismen treten in den Vordergrund. Die Technologien des Menschen sind folglich ebenfalls auf die elementaren Strukturen der Materie angewiesen, selbst wenn man sie erst mit ihrer Hilfe sichtbar machen kann.

In dieser Hinsicht wäre Caillois' Ansatz kaum bemerkenswert, sondern nur die Explikation dessen, was die Designkultur der Zeit in ihrem Bildrepertoire bereits vorprägt. Caillois übernimmt aber eine bestimmte theoretische Bewegung, die seine Vorbilder und Prätexte einführen, gerade *nicht*. Dadurch erhält sein Vorhaben eine zunächst anachronistisch wirkende Ausrichtung. Mit Rekurs auf die Gestaltpsychologie schrieb beispielsweise Kepes unter dem Stichwort „Analogue / Metaphor":

> In *seeing*, correspondences of shape, size, color, direction are the bases from which images are formed; the eye organizes the image from these analogues. [...] the formal unity of the creative work [...] is based upon expectation of correspondences [...] Visual experience, through memory, makes the observer aware of the factor of expectation inherent in these analogues.[53]

Caillois aber beobachtet nicht Beobachtungsvorgänge, es geht ihm weder um die Frage, wie visuelle Erfahrung und Wahrnehmung strukturiert sind, noch welche Konstruktionsleistung das Auge für wahrgenommene Analogien erbringt. Im Gegenteil: Caillois möchte die Beobachtenden aus seinem Ansatz ganz herausstreichen. Sein Ansatz zeichnet sich dadurch aus, das beobachtungstheoretische Problem der Korrespondenzsuche nicht als solches, sondern als Motor, als treibende Kraft seines Verfahrens zu behandeln. Seine materielle Ästhetik lässt sich demnach nicht unter einer psychologischen Aisthetik subsumieren: Statt menschlicher Forschenden, sind in „Les traces" die Maschinen das Subjekt der Beobachtung: „Die mächtigen Apparate, die er [der Mensch, EH] an die Stelle seines Blicks setzt, erkunden die feine Textur der Materie".[54] In dieser Personifizierung der Apparate gründet der Versuch, die mechanische Objektivität nun auch auf der Ebene der Rezeption anzusiedeln:

---

materieller Produktivität nachging und diesen in ganz ähnlicher Weise, qua visueller Analogien, versuchte, sichtbar zu machen. Wolfgang Schäffner: „Immaterialität des Materialen". In: Nikola Doll, Horst Bredekamp, Wolfgang Schäffner (Hg.): +ultra: gestaltung schafft wissen. Leipzig: E.A. Seemann 2016, S. 27–35, hier S. 27.
53 György Kepes: *The New Landscape in Art and Science*. Cambridge, MA, Chicago: Paul Theobald and Co., 1956, S. 252.
54 Caillois: „Les traces", S. 191. Frz.: „Les puissants appareils, qu'il substitue à sa vue, explorent la texture fine de la matière".

Wenn die Hoffnung, durch die Mikrofotografie unmittelbar auf die Urformen der Natur blicken zu können, „auf die Feinstruktur der ungestörten, unveränderten Natur",[55] bereits Mitte des 19. Jahrhunderts erlosch, da man sich über die Präparierung und Zurichtung des zu beobachtenden Gegenstands nur allzu bewusst geworden war, so scheint Caillois' mikrofotografischer Blick auf die „structures intimes de la matière"[56] deutlich hinter diese Erkenntnis zurückzufallen. Dieser Reflexion über den Herstellungsprozess des „Objekts", über den Wahrnehmungs- und Beobachtungsprozess wie bei Kepes, oder das Lob der Retusche bei Strüwe, ermöglicht durch den längst aufgegebenen Wahrheitsanspruch, schließt sich Caillois nicht an. Und dies, obwohl im zeitgenössischen Diskurs und innerhalb der von ihm zitierten Quellen kaum ein Weg daran vorbei zu führen scheint.

Caillois setzt diesen scheinbar naiven Rückschritt nun als strategische Methode ein: Sein in „Formes naturelles" und in „Les traces" formuliertes Misstrauen gegenüber Medienvergleichen verweist zusammen mit der Streichung der menschlichen Beobachtungsposition auf ein Vorhaben, das hier unter dem Stichwort *Dezentrierung* gefasst werden soll. Die Fotografie kann nur mit der Fotografie kommunizieren, die Technik ist das, was nun beobachtet, erkundet, und auch für die Kunst gilt, dass in ihr zunehmend die Abwesenheit des Subjekts erprobt werden müsse: Im zweiten Teil von „Les traces" fokussiert Caillois konsequenterweise Verfahren der bildenden Kunst und der Literatur, die über die Einbindung des Zufalls den bewusst lenkenden Willen des Subjekts auszuklammern versuchen. Die Rolle der Technik wird bei Caillois folglich nicht unterschätzt, wie man zunächst aus der Tatsache ableiten könnte, dass er die objektive Wiedergabe jener Feinstrukturen für möglich hält. Vielmehr erhält sie bei Caillois weitaus höheren Stellenwert, was vor dem Hintergrund der alten Frage, ob die Ordnung der Dinge aus der Welt oder vielmehr dem sie repräsentierenden Modus und Medium der Darstellung herrührt, betrachtet werden muss: Seine Schwierigkeiten mit der medialen Vergleichbarkeit löst er in der Forderung einer medienspezifischen Objektivität. Darin schwingen bereits Bruno Latours „Inskriptionen" mit und zudem die Frage, wie Dinge auf wissenschaftlicher Ebene miteinander verknüpft werden können. Weitaus wichtiger aber ist, dass er schließlich in „Les traces" auf das binäre Gegenüberstellen von Bildern der Naturwissenschaft mit Bildern der Kunst verzichtet, indem er als letztes mikrofotografisches Beispiel eine andere Bildkategorie zitiert: Die technischen Bilder des Elektronenmikroskops.

Carl Strüwes einleitender Text zu seinen Bildtafeln endet mit einem Abgesang auf die Lichtmikroskopie, das vom Elektronenmikroskop abgelöst wurde. Mit dem

---

55 Schickore: „Fixierung mikroskopischer Beobachtungen", S. 306.
56 Caillois: „Formes naturelles", S. 182.

2 Sichtbarmachung des Unsichtbaren: Caillois und die Mikrofotografie — 361

neuen Instrument gelingt nun das, was Haeckel graphisch umzusetzen versuchte: Die Darstellung der Dreidimensionalität. Neben das hochartifizielle Werk Carl Strüwes setzt Caillois in „Les traces" ein Beispiel aus der sich gerade verbreitenden Technik der Elektronenmikroskopie: Er verweist auf eine „verblüffende"[57] Broschüre einer deutschen Druckerei, welche die Ergebnisse eines Forschungskolloquiums zur Bedruckbarkeit verschiedener Papiere mithilfe von Elektronenmikrofotografie untersucht.[58] In dieser befinden sich zahlreiche rotgrüne, ausklappbare Bildtafeln sowie eine Farbanaglyphenbrille zur 3D-Sicht in einer Einstecktasche am Ende des Bands. Setzt man diese auf, lassen sich viele der Abbildungen dreidimensional wahrnehmen. Die in dem Band abgebildeten Strukturen unterscheiden sich radikal von den planen, symmetrischen, abstrahierten und klaren Formen Strüwes: diffuse und ungeordnete Formen und plastische Gebilde, oft versehen mit technischen Hilfslinien oder einem Maßabgleich und mit rein technischen Bildunterschriften versehen (Abb. 4). Die Plastizität, die ehemals durch die Erfahrung der Zeichnenden und mithilfe synthetisierender manueller Verfahren in die Abbildung eingeführt wurde, lässt sich nun mithilfe einer Maschine herstellen und mit einem optischen Hilfsmittel, der Rot-Grün-Brille, auslesen. Die dann sichtbar werdenden Strukturen wirken derart vielgestaltig und zufällig, dass sie Caillois' These zur Vorwegnahme der abstrakten Kunst in den Feinstrukturen der Materie plausibler erscheinen lassen.

---

57 Caillois: „Les traces", S. 190; Frz.: „surprenante".
58 Herward Braunegg: *Zur Prüfung gestrichener Papiere auf Bedruckbarkeit unter besonderer Berücksichtigung der technischen Statistik*. Oberlenningen: Papierfabrik Scheufelen 1960, S. 16: „Hervorzuheben ist, daß bei dieser Abbildungsmethode im Gegensatz zum Abdruckverfahren auch Unterhöhlungen sichtbar werden und das ganze Bruchstück räumlich abgebildet werden kann."

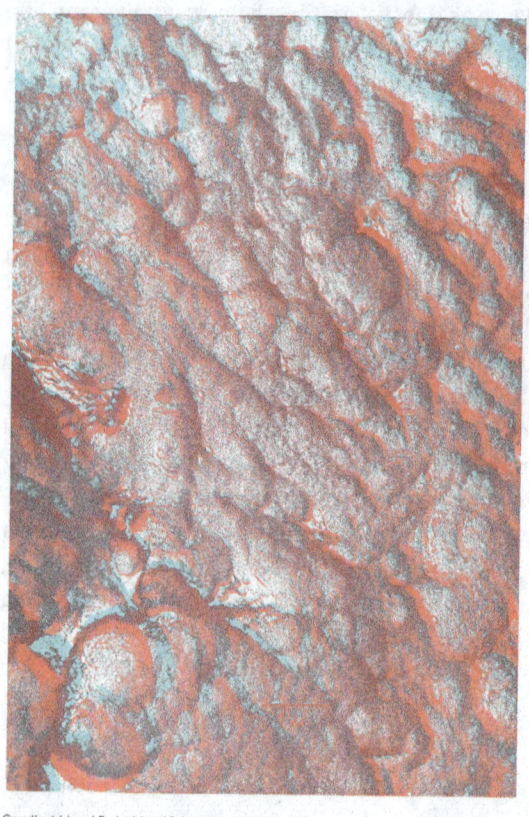

Grundierstrich und Deckstrich auf Rohpapier, maschinenglatt   El.Vergr.: 6000
                                                                Ges. Vergr.: 15000

Abb. 4: Herward Braunegg: Grundstrich und Deckstrich auf Rohpapier, maschinenglatt, 1:15000, aus: Ders.: *Zur Prüfung gestrichener Papiere*, Abb. 31.

Das, was das Elektronenmikroskop hier aber sichtbar werden lässt, sind nicht die Formen der „Natur". Die Broschüre zeigt stattdessen Teilbilder von „vor kurzem fertiggestellten ersten Elektronenmikroskop-Originalaufnahmen von zusammenhängenden Papieroberflächen in etwa 3000facher bzw. 15000facher Vergrößerung"[59] verschiedener Papiertypen. Mag auch die Papierherstellung eine alte Technik sein, sie bleibt Technik. Es macht für Caillois, um es noch einmal zu wiederholen, keinen Unterschied, ob die Bilder, welche die intime Struktur des Universums sichtbar machen, naturwissenschaftlich, künstlerischen oder wie hier: industriellen Ursprungs sind. Naturwissenschaft und Technik offenbaren glei-

---

59 Ebd., S. 8.

2 Sichtbarmachung des Unsichtbaren: Caillois und die Mikrofotografie — 363

chermaßen aussagekräftige Strukturen, diese haben für die Erkundung der Formgesetze des Universums den gleichen Stellenwert. Warum er aber ausgerechnet die technische Perspektive so stark betont, hat noch eine andere Funktion im Rahmen seines Ansatzes:

Bei Brauneggs Broschüre geht es um eine konkrete Technik, um möglichst gute Bedingungen zur Bedruckbarkeit von Papier zu erschaffen. Dafür werden wiederum Abbildungen von den Feinstrukturen des Papiers abgedruckt, dies in besonders hochwertiger Qualität. Die Fotografien des Bandes, die auf dem Papier Vergrößerungen von anderem Papier sichtbar werden lassen, zeigen hier qua Elektronenmikroskop Mängel und Fehler zum Zweck ihrer Vermeidung. Zählte es als eins der zentralen Probleme der frühen Mikrofotografie, technische Fehler im fotografischen Prozess von der Abbildung des fotografierten Objekts zu unterscheiden,[60] sind es in dem von Caillois herausgehobenen, technischen Beispiel[61] ausschließlich Abbildungen von Fehlern, oder eben von Papier, ganz ohne ein „eigentlich" abzubildendes Objekt. Das Bild ist hier ein Bild des Materials, auf dem sich andere Objekte erst später materialisieren sollen. Das Trägermedium wird sein eigenes, zentrales Objekt. Statt „Quasi-Referenten" herausrechnen zu müssen, Störungen zu beseitigen, leitet Caillois die Perspektive auf das Trägermedium um. Musste in der Anfangszeit der Mikrofotografie noch auf die Retusche zurückgegriffen werden, ist diese einhundert Jahre später vollkommen überflüssig geworden. Selbst die Plastizität ist nun durch die nötigen Hilfsmittel von der Fotografie selbst darstellbar. Der Technik kommt bei Caillois unter der Hand eine besondere Funktion zu. Erst durch sie werden die Formen sichtbar, und das insbesondere dann, wenn sie andere Techniken, wie hier das Papier, beobachtet.

Es ist also entscheidend, dass Caillois an dieser Stelle etwa Ernst Haeckel gerade nicht erwähnt: Caillois' synchroner Blick auf den Stand der Mikrofotografie seiner Zeit eignet sich sowohl solche Bilder an, die nicht mehr aufgrund einer vorgeblichen eingreifenden Objektivität mit der Retusche oder ästhetisierenden Mit-

---

60 Vgl. Schickore: „Fixierung mikroskopischer Beobachtungen", S. 303.
61 „Im Bereich der Mikrophysik werde ich besonders die Vergrößerung der Druckfarbenreliefs hervorheben, die in der rein technischen Broschüre von Herward Braunegg *Zur Prüfung gestrichener Papiere* abgebildet sind." Und in der zugehörigen Fußnote: „Ich danke M. Jean Barbut dafür, meine Aufmerksamkeit äußerst liebenswürdigerweise auf dieses überraschende Büchlein gelenkt, und der *Association technique de l'industrie du papier* dafür, mir freundlicherweise zu einem Exemplar verholfen zu haben." Frz.: „Dans l'ordre de la microphysique, je mentionnerai particulièrement des agrandissements des reliefs d'encres d'imprimerie reproduits dans la brochure toute technique de Herward Braunegg, *Zur Prüfung gestrichener Papiere*."; „Je remercie M. Jean Barbut d'avoir très obligeamment attiré mon attention sur cette surprenante plaquette, et l'*Association technique de l'industrie du papier* de m'en avoir aimablement procuré un exemplaire." Caillois: „Les traces", S. 190.

teln – und seien es Strüwes Bildunterschriften – arbeiten, sondern sich bereits eindeutig im Kunstsystem verorten. Genauso vereinnahmt er aber auch technische Bilder, die zur Perfektionierung industrieller Produktion angefertigt wurden: Industriell genutzte Wissenschaft wird äquivalent zu ästhetisierter Technik angeführt. In Caillois' Appropriationspraktik, die darauf zielt, das von ihm angenommene universale Formenrepertoire freizulegen, verschwimmen die Grenzen und der vielfach umkämpfte Status von mikrofotografischer Objektivität (ob er nun einer menschlichen Intervention bedarf oder gerade nicht) wird schlicht in das Material verlegt, das er als etwas vortheoretisches, vor-mediales fasst: Es zeigt sich in immer gleichen Strukturen, in Urformen, auch dann, wenn das Material selbst wiederum technisch erzeugt ist. Das Formenrepertoire des Universums, und dazu zählt auch alles vom Menschen Erschaffene ist begrenzt, Natur, Technik und Kunst verlieren jeweils ihre Autonomie, sie alle sind über die Formen miteinander verbunden. Verband sich für Haeckel das Ästhetische mit dem Wissenschaftlichen, dem Anschaulichen, wobei das Ästhetische der Erkenntnis des wissenschaftlichen Gegenstands hilfreich zur Seite stand, spitzt sich dies bei Caillois noch zu: Objektivität im wissenschaftlichen Sinne fällt nicht nur mit der ästhetischen Form zusammen. Das, was die (natur-)wissenschaftliche Erkenntnis zutage fördert, *ist* das Ästhetische. Die Technik wird, da die menschliche Beobachtungsperspektive an Bedeutung verliert, zum „Aufschreibesystem", „Abbildungssystem" des Ästhetischen.

Die Spuren, „les traces", denen sich Caillois in beiden Texten widmet, sind Spuren des Imaginären. Den technischen Apparaten gelingt es, diese sichtbar zu machen – genauso wie der abstrakten Malerei. Eine Spur aber verweist meist auch auf seine unwillentliche Hervorbringung, impliziert einen Verdacht;[62] in diesem Fall den Verdacht der großen, universalen Einheit der Welt, ihrer Begrenzung und ihres unwiederbringlichen Echos.

Geht man den bildlichen Spuren nach, auf die Caillois in seinem Text verweist, wird zudem sichtbar, dass er nicht nur selbst ständig versucht, die Grenze zwischen den zwei Kulturen zu überschreiten – auch seine Referenzbilder sind unablässig mit solchen Überschreitungen befasst. Die zitierten Bilder bewegen sich zwischen Kunst, Technik, Naturwissenschaft, Industrie und Ökonomie, genauso wie die Tradition, aus der sie stammen: Von einer autonomen Kunst kann hier nicht die Rede sein, ebenso wenig von einer zweckfreien Wissenschaft, frei von ästhetisierenden Darstellungstraditionen. Die Bilder der Naturwissenschaft als Kunst zu verstehen, ihre Formen als Grundlage von industriellem Design zu

---

[62] Vgl. zum Kippmoment, in dem dieser Verdacht in Paranoia umschlägt und das Spurenlesen zum paranoischen Lektüreakt wird, den Abschnitt „Systeme ohne Außen" in Kapitel VIII.2.

verwenden, verweist immer schon auf ein neues Einheitsstreben: „Are we on the way to regain a comprehensive vision of the oneness of our world which we had taken apart?"[63] Der enthistorisierende Bildgebrauch von Caillois' Wissenschaften vom Imaginären zielt nicht nur selbst darauf, er weist auch in anderen Bereichen auf die Verschränkungen, Verbindungen und Abhängigkeiten zwischen den scheinbar getrennten Systemen von Wissenschaft und Kunst hin, auf ihre wechselseitige Kontaminierung wie auch ihre jeweilige industrielle Indienstnahme – die sie beide unter eine ökonomische Herrschaft stellt. Caillois' scheinbar naive, ahistorische Perspektive auf ein vortheoretisches Material nutzt nicht nur die Bilder zur Sichtbarmachung des sonst unsichtbaren Imaginären, er reißt in den Bildern auch selbst die Grenzen zwischen den Kulturen und Systemen ein und befördert die hybriden Verfasstheiten seines Bildmaterials an die sichtbare Oberfläche.

3 Operationalisierung des Potenziellen. Das Periodensystem als Tableau des Imaginären bei Caillois

Caillois verwendet in mehreren Werken Tableaus und Tabellen. Besonders befasste er sich mit einem bestimmten, berühmten wissenschaftlichen Tableau: dem Periodensystem der Elemente. Auch seine eigenen Tabellen können als Versuch betrachtet werden, selbst eine Art Periodensystem des Spiels oder von Mimikry und Mimese anzufertigen (Abb. 5 und 6).[64] Warum interessierte sich allerdings Caillois überhaupt so stark für Mendelejews Tableau, das er in einem kurzen Text zum hundertsten Jahrestag von Dmitri Iwanowitsch Mendelejews „Entdeckung" sogar zum Grundmuster seines Denkens erklärte?[65]

---

63 Walter Gropius: „Reorientation". In: György Kepes: *The New Landscape in Art and Science*. Cambridge, MA, Chicago: Paul Theobald and Co. 1956, S. 94–97, hier S. 94.
64 Vgl. die zwei Tabellen der Arten und Beispiele verschiedener Spiele (Abb. 5 zeigt die erste der beiden Tabellen) in Caillois: *Les jeux et les hommes*, S. 92; Caillois: *Die Spiele und die Menschen*, S. 46. Vgl. zudem seine Tabelle (Abb. 6) in Caillois: „Méduse et Cie [1960]", S. 514–515. Meine beiden Abbildungen zeigen jeweils nur die deutsche Version. Erwähnenswert ist hier außerdem die tabellarische Übersicht über die Kapitel von *Cases d'un échiquier* und die von Caillois thematisch zugeordneten Werke. Auch hier greift eine Tabellenstruktur. Siehe Caillois: *Cases d'un échiquier*, S. 333f. Auf diese Tabelle wird später noch einmal zurückzukommen sein.
65 Roger Caillois: „Reconnaissance à Mendeleïev. Pour le centenaire de la Table périodique des Éléments (février–mars 1869)" (Dank an Mendelejew. Für den hundertsten Jahrestag des Periodensystems der Elemente). In: Ders.: *Cases d'un échiquier*. Paris: Gallimard 1970, S. 74–81.

Tabelle I

VERTEILUNG DER SPIELE

	AGON (Wettkampf)	ALEA (Chance)	MIMICRY (Verkleidung)	ILINX (Rausch)
PAIDIA ↑ Lärm Bewegung unbändiges Gelächter	Nichtgeregelter Wettlauf, Kampf usw. Athletik	Auszählspiele „Zahl oder Adler"	Kindliche Nach- ahmung Illusionsspiele Puppe, Rüstung Maske Travestie	Kindliche Dreh- spiele Zirkus Schaukel Walzer
Drachen Grillenspiel Patiencen	Boxen, Billard, Fechten, Damespiel, Fußball, Schach	Wette Roulette	.	„volador" Jahrmarkts- attraktionen
Kreuzwort- rätsel ↓ LUDUS	Sportwettkämpfe im allgemeinen	Einfache Lotterie Zusammengesetzte Lotterie Lotterie auf Buchung	Theater Schaukünste im all- allgemeinen	Ski Alpinismus Kunstsprünge

Anmerkung: In jeder senkrechten Rubrik sind die Spiele annähernd so in einer Ordnung klassifiziert, daß das Element *paidia* ständig abnimmt, während das Element *ludus* ständig wächst.

Abb. 5: Roger Caillois: *Die Spiele und die Menschen*, S. 46.

Ging es Caillois bei der Referenz auf die Mikrofotografie um die Sichtbarmachung von Strukturen des Imaginären, zielt sein Einsatz diagrammatischer Formen wie der des Periodensystems auf die Ordnung des Imaginären; darauf, durch die spezifische Logik der Abbildung ein sonst nicht einzugrenzendes, zu fixierendes Phänomen indirekt zu erschließen. Für den Fall des Periodensystems, so soll ein kurzer Blick auf seine Geschichte zeigen, nehmen sich die Verschränkungen zwischen den zwei Kulturen noch weitaus verzweigter als für die Mikrofotografie aus – und gerade auf diese Verknüpfung zielt auch sein Einsatz bei Caillois; aus ihr schöpft Caillois das produktive Potenzial für sein Vorhaben.

Das Bild in der Wissenschaft ist in historischer Perspektive eng mit Strategien des Sammelns und Ordnens verbunden. Bildliche Visualisierungen gehören, schon vor den durch die zunehmende Kolonialisierung aufkommenden Sammelexzessen Mitte des 19. Jahrhunderts, in Naturgeschichte oder Geologie zu den Ordnungsstrategien des 18. Jahrhunderts: Im Bild wird die Fülle des Materials über-blick-bar. Das Tableau und die topologische Karte zählen bei Linné und Buffon bereits zum festen Abbildungsinventar.[66] Zudem markiert Linné, folgt man

---

[66] Dabei markiert der Umschwung vom Glauben, man könne das Tierreich mittels geometrischer Figuren, in wohlgeordneten, gleichmäßigen Tableaus darstellen, deren leere Felder durch Platzhalter befüllt waren, hin zur Überzeugung, eine Abbildung sei nur mittels einer asymmetrischen Kartographie der genealogischen Systeme der Zoologie möglich, genau den historischen Einsatz-

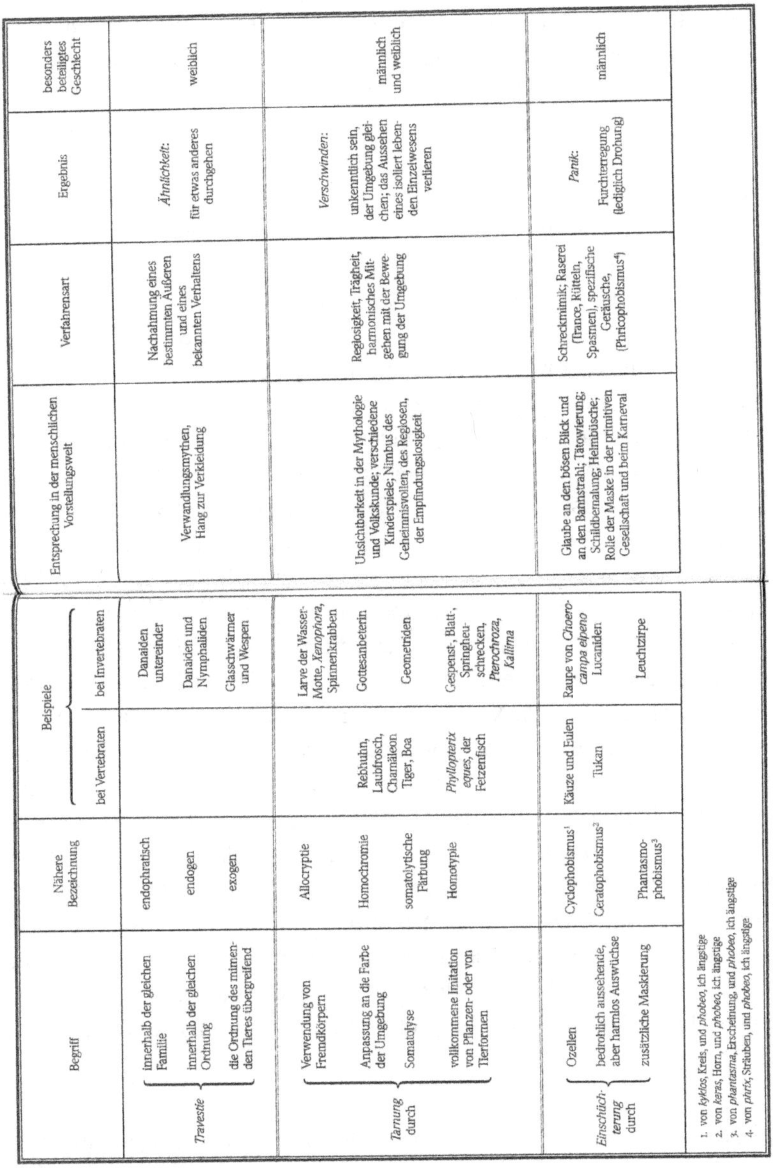

Begriff		Nähere Bezeichnung	Beispiele		Entsprechung in der menschlichen Vorstellungswelt	Verfahrensart	Ergebnis	besonders beteiligtes Geschlecht
			bei Vertebraten	bei Invertebraten				
Travestie	innerhalb der gleichen Familie	endophratisch		Danaiden untereinander	Verwandlungsmythen, Hang zur Verkleidung	Nachahmung eines bestimmten Äußeren und eines bekannten Verhaltens	*Ähnlichkeit:* für etwas anderes durchgehen	weiblich
	innerhalb der gleichen Ordnung	endogen		Danaiden und Nymphaliden				
	die Ordnung des mimenden Tieres übergreifend	exogen		Glasschwärmer und Wespen				
Tarnung durch	Verwendung von Fremdkörpern	Allocryptie		Larve der Wasser-Motte, *Xenophora*, Spinnenkrabben	Unsichtbarkeit in der Mythologie und Volkskunde; verschiedene Kinderspiele; Nimbus des Geheimnisvollen, des Regloses, der Empfindungslosigkeit	Reglosigkeit, Trägheit, harmonisches Mitgehen mit der Bewegung der Umgebung	*Verschwinden:* unkenntlich sein, der Umgebung gleichen; das Aussehen eines isoliert lebenden Einzelwesens verlieren	männlich und weiblich
	Anpassung an die Farbe der Umgebung Somatolyse	Homochromie	Rebhuhn, Laubfrosch, Chamäleon Tiger, Boa	Gottesanbeterin				
		somatolytische Färbung		Geometriden				
	vollkommene Imitation von Pflanzen- oder von Tierformen	Homotypie	*Phyllopteryx eques,* der Fetzenfisch	Gespenst-, Blatt-, Springheuschrecken, *Pterochroza, Kallima*				
Einschüchterung durch	Ozellen	Cyclophobismus[1]	Käuze und Eulen	Raupe von *Chaerocampa elpeno* Locaniden:	Glaube an den bösen Blick und an den Bannstrahl; Tätowierung; Schildbemalung; Helmbüsche; Rolle der Maske in der primitiven Gesellschaft und beim Karneval	Schreckmimik; Raserei (Trance, Kletteln, Spasmen), spezifische Geräusche, (Phricophobismus[4])	*Panik:* Furchterregung (lediglich Drohung)	männlich
	bedrohlich aussehende, aber harmlos Auswüchse	Ceratophobismus[2]	Tukan					
	zusätzliche Maskierung	Phantasmophobismus[3]		Leuchtzirpe				

1. von *kyklos,* Kreis, und *phobeo,* ich ängstige
2. von *keras,* Horn, und *phobeo,* ich ängstige
3. von *phantasma,* Erscheinung, und *phobeo,* ich ängstige
4. von *phris,* Sträuben, und *phobeo,* ich ängstige

Abb. 6: Roger Caillois: *Méduse & Cie*, S. 86f.

---

punkt Darwins. Vgl. dazu Julia Voss: *Darwins Bilder. Ansichten der Evolutionstheorie 1837 bis 1874.* Frankfurt am Main: Fischer 2007, S. 138f.

Staffan Müller-Wille, den Beginn einer Bewegung von der singulären Abbildung, die als bloße Illustration der Argumentation des Textes diente, hin zum Diagramm, in dem sich Text und Bild miteinander verbinden.[67] Hierarchisch geordnete Gruppen als visuelles Inventar der Naturgeschichtsschreibung des 18. Jahrhunderts[68] bilden die Grundlage, auf der die Bilder, mit denen Entwicklungsfolgen denkbar werden, in der Biologie des 19. Jahrhunderts fußen. Dass diese dabei als Endpunkte einer langen Reihe von Abstraktionsvorgängen zu verstehen sind, die das Sammeln, über Präparation und Zeichnung, mit dem Sehen verknüpft, hat Julia Voss u. a. anhand der „gestuften[n] Ähnlichkeit"[69] von Darwins Galápagos-Finken gezeigt. Die berühmte Collage einer Serie abgebildeter Vogelköpfe, die nicht mehr wie in frühen ornithologischen Abbildungen den natürlichen Lebensraum andeuten, sondern nur noch aus abstrahierten Profilen bestehen, die alle in die gleiche Richtung blicken. In diesem neuen Bildtypus der aus einer veränderten epistemologischen Fragestellung heraus entsteht, gibt die räumliche Anordnung Auskunft über eine graduelle, zeitliche Entwicklung:[70] Um solcherlei Erkenntnisse zu ermöglichen, bedarf es zunächst eines langwierigen „Verflachungs"-Prozesses, an dessen Ende schließlich „die Anordnung im Bild [...] die Ordnung in der Unordnung der morphologischen Unterschiede"[71] aufdeckt. Die ordnende Darstellungsform im zweidimensionalen Raum der Papierseite nimmt eine besondere Rolle für Repräsentation und Produktion von Wissen ein, weil sie es ermöglicht, auch Nicht-Räumliches in der Abbildung anschaulich zu machen.[72] Versuchten die mikroskopische Zeichnung sowie die Elektronenmikrofotografie, die weiterhin als Garant wissenschaftlicher Exaktheit geltende Dreidimensionalität abbildbar zu machen, zielt die „operative Bildlichkeit" gerade auf Verzicht von Plastizität und Perspektive. Auf der planen Fläche sind die entscheidenden Kriterien Nähe oder Ferne nebeneinander gestellter, graphischer, simultaner Strukturen.[73] Diese übernehmen jeweils eine konkrete Funktion in der Wissensgenerierung über den von ihnen dargestellten, verflachten Gegenstand. Im Gegensatz zu den zeitlichen Entwicklungen und evolutiven Vorgängen, die durch die berühmte Finkenabbildung sichtbar und damit denkbar werden, geht

---

67 Vgl. Staffan Müller-Wille: „Text, Bild und Diagramm in der klassischen Naturgeschichte". In: *kunsttexte.de* 4 (2002), S. 1–4.
68 Vgl. Jardine: „Sammlung, Wissenschaft, Kulturgeschichte", S. 219.
69 Voss: *Darwins Bilder*, S. 76.
70 Vgl. ebd.
71 Ebd., S. 81.
72 Vgl. dazu u. a. auch: Krämer: „Punkt, Strich, Fläche", S. 79.
73 Vgl. Krämer: „Operative Bildlichkeit. Von der ‚Grammatologie' zu einer ‚Diagrammatologie'? Reflexionen über erkennendes ‚Sehen'", S. 96, 99.

es dem Tableau nicht um eine zeitliche Kategorie, sondern um Äquivalenz, Invarianz und Vollständigkeit durch geometrische Regelmäßigkeit. Es ist wichtig, hier zwischen zwei Bildformen zu unterscheiden: zwischen der wohlgeordneten Geometrie des Tableaus, die entweder einer vor-evolutionsbiologischen Naturgeschichte oder aber dem Bereich des Anorganischen zugeordnet ist, und den evolutionsbiologischen Bildern, die auf eine zeitliche Entwicklung aus sind, sich ungeordneter und vor allem offener Formen bedienen. Caillois gebraucht durchgehend und ausschließlich Abbildungen der ersten Kategorie und ist damit zwar in der Lage, Veränderungen des Imaginären zu denken[74] – rückführbar bleibt es aber dennoch jeweils auf ein bestimmtes Set stabiler Formen und ist so immer der Analogie zum geometrischen Reich des Anorganischen verpflichtet.

Auf die Fragen, wie Caillois das Imaginäre in Tableauform transformiert und warum ihm gerade diese Darstellungsweise als geeignet erscheint, lassen sich zwei Antworten geben. Erstens lässt sich das Imaginäre, davon zeugt auch Caillois' Beschäftigung mit der Mimikry,[75] nicht in binäre Schemata von Identität und Differenz einpflegen, sondern bedient sich einer Logik der Ähnlichkeit. Um diesem Ähnlichkeitsprinzip gerecht zu werden, erhebt Caillois das Tableau zur vorherrschenden Denkfigur seines gesamten Werks. Denn Ähnlichkeit lässt sich, in seiner fundamentalen Angewiesenheit auf den Kontext (ähnlich wozu?) nur schwer in fixierte, sprachliche Definitionen fassen.[76] Stattdessen nutzen Theoretiker*innen der Ähnlichkeit räumliche Erklärungsmuster oder gar räumliche Abbildungen: Wittgensteins Familienähnlichkeit oder die daran anschließende Prototypentheorie fassen Ähnlichkeit als eine Struktur, in der die räumliche Nähe oder Distanz angrenzender Elemente über ihre Ähnlichkeit entscheidet. Als gra-

---

74 In gewissem Sinne überrascht das letzte Kapitel, das sich im letzten der drei Bände der *Approches de l'imaginaire* befindet, durch seinen Titel „L'imaginaire en evolution" (Das Imaginäre in der Entwicklung): Caillois, der sich sonst meist auf die Reduktion des breiten Formenrepertoires konzentriert und weniger auf dessen historische Entwicklung, befasst sich hier mit den historischen Ausprägungen des Imaginären, wie es sich der Mensch in je spezifischen historischen Konstellationen in Märchen, Phantastik und Science-Fiction literarisch modelliert, um sich selbst und seine Position auf der Erde, so Caillois, zu verorten. Diese historische Dynamik, die er beispielsweise anhand der sich wandelnden Repräsentationen betrachtet, die sich der Mensch vom Jenseits macht, scheint einerseits der „Form ein Leben" (Geulen: *Aus dem Leben der Form*, S. 9) zusprechen zu wollen. Und trotz dieses historischen Bewusstseins, das Caillois hier für die Literatur ausbildet, kommt er auch am Ende des dritten Bandes zum Schluss, hinter dem für gesellschaftliche Veränderungen sensiblen Medium der Literatur doch wieder nur das begrenzte Formenrepertoire finden zu können, und so schließt der letzte Satz doch wieder mit Mendelejews Periodensystem. Roger Caillois: „L'imaginaire en évolution". In: Ders.: *Obliques, précédé de Images, images … [1975]*. Paris: Gallimard 1987, S. 177–247, hier S. 247.
75 Vgl. dazu das Kap. IV.3.
76 Vgl. dazu u. a.: Kimmich: *Im Ungefähren. Ähnlichkeit und Moderne*.

duelle Denkform ist Ähnlichkeit über die Fragen von Nähe und Distanz jeweils über ein räumliches Nebeneinander präfiguriert. Damit bedarf sie immer der Differenz – nicht als binärem Ausschluss, sondern als nuanciertem Unterschied, als allmähliche Variation.

Zweitens liefern Tableaus im Unterschied zu offenen, beliebig erweiterbaren Tabellen, räumliche Modelle abgeschlossener Systeme, in denen die beschrifteten Kopf- und Seitenleisten eine zwingende interne Logik erzeugen, die für den gesamten Raum des Tableaus gelten. Aufgrund dieser Logik von Ähnlichkeit und Differenz, die den jeweiligen Inhalt einzelner Felder des Tableaus auf ihre abstrakten Systemstellen festlegt und zwischen den Feldern oder Zellen ein geschlossenes Beziehungsgeflecht stiftet, ist es möglich, auch auf Wert oder Inhalt nichtausgefüllter Felder, auf Noch-Leerstellen im System zu schließen.[77] Dieser Systemzwang, der es ermöglicht, auf das Fehlende, noch nicht Entdeckte oder aber gänzlich Ungreifbare vorzugreifen, prädestiniert das Tableau für die Erforschung des Imaginären. Denn indem dasjenige in die graphische Form eingefasst wird, auf das nur hypothetisch geschlossen werden kann, das sich selbst (noch) nicht zeigt, lassen sich korrekte Angaben über die Eigenschaften des Unbekannten machen.[78]

---

[77] Caillois' Faszination für das Periodensystem ermöglicht erneut Bezüge zu Gaston Bachelard, der das Periodensystem Mendelejews aufgrund von ganz ähnlichen Qualitäten würdigt wie Caillois. Laut Bachelard lasse es *„das Gesetz vor der Tatsache"* rangieren: „Welch schönerer Beweis ließe sich für den rationalen Charakter einer Wissenschaft von den Elementen beibringen als die Tatsache, daß diese Wissenschaft noch vor der tatsächlichen Entdeckung eines noch unbekannten Elementes dessen Eigenschaften voraussagen kann?" (Bachelard: *Philosophie des Nein*, S. 73 [Herv. i.O.]) Die Schlüsse, die er daraus zieht bzw. das, was Bachelard unter dem „rationalen Charakter" versteht, zielen dann wiederum in eine andere Richtung als Caillois' Ausführungen über das Imaginäre. Zwar betont auch Bachelard die Logik des indirekten Schlusses des Periodensystems, die „interne Systematisierung", die *„das Unbekannte formuliert"*. Die Rationalisierung, die hier in einer Verbindung physikalischer und mathematischer Überlegungen besteht, interessiert Bachelard allerdings deshalb, weil er versucht, den Wandel naturwissenschaftlicher Forschung bzw. „epistemologischer Profile", wie etwa dem naiven Realismus, dem positivistischen Empirismus und dem Rationalismus, nachzuzeichnen. Vgl. ebd. S. 57ff.

[78] Anne-Élisabeth Halpern argumentiert, dass Caillois das Periodensystem deswegen bevorzuge, weil es seinem Hang zur Taxonomie entgegenkomme und ihm erlaube, seinen Gedanken von der Geschlossenheit der Welt in eine Ordnung zu bringen. Sie kritisiert allerdings, er tue so, als würde er vergessen, „dass jede Klassifikation auch ideologisch" sei („que toute classification est idéologique." Halpern: „La taupe de l'analogie qui se croyait un papillon", S. 169). Insbesondere wendet sie ein, dass das Periodensystem schlicht nicht *alle* Elemente des Universums enthalte, da später noch die Transurane entdeckt worden seien, die Mendelejew nicht berücksichtigt habe. Halperns Kritik zum Trotz ist Mendelejews System bis heute einflussreich geblieben. Hier wird dagegen argumentiert, dass es vor allem die zweidimensionale Anordnung des Periodensystems ist – die auch durch die Transurane nicht beeinträchtigt wird –, auf die Caillois' Einsatz abzielt. Halpern versucht einerseits, die neuen Erkenntnisse der Chemie gegen Caillois ins Feld zu führen,

Eine dritte Antwort scheint nahe zu liegen: Indem sich Caillois statt auf Paracelsus[79] oder die deutsche Romantik auf das Periodensystem der Elemente bezieht, um seine Vorstellung eines geschlossenen Universums und eines begrenzten, sich quer durch die Sphären des Materiellen, Sozialen, Psychischen oder Natürlichen ziehenden, sich wiederholenden Formenrepertoires, des Imaginären also, darzulegen, zielt Caillois auf eine Verwissenschaftlichung seines Ansatzes. Gerade in der französischen Soziologiegeschichte nimmt das Tableau einen zentralen Stellenwert ein: Es war vor allem Durkheim, der forderte, dass die in Frankreich verankerte Tradition stilistisch ausgefeilter, persuasiver Rhetorik in der Verschriftlichung persönlicher Erfahrung des Einzelnen durch nüchterne, streng methodenbewusste Darstellung der Tatsachen, der „fait sociaux" abgelöst werden müsse[80] – und dies insbesondere durch den Einsatz von

---

seine Wissenschaft als falsche zu markieren, statt zu bemerken, dass Caillois' Wissenschaftskritik sich den ideologischen Implikationen geschlossener (Wissenschafts-)Systeme durchaus bewusst ist, sich gerade an ihnen abarbeitet. Seine Systemkritik setzt an denjenigen sozialen, intellektuellen oder akademischen Strukturen an, derer sich Halpern bedient, wenn sie das aktuell „objektive" einzeldisziplinäre Wissen gegen ihn anzubringen versucht.

[79] „Nur daß er [Baudelaire, EH] sich auf den wunderlichen Mystizismus eines Paracelsus oder Swedenborg berief, während ich mich für Mendelejew und sein Periodensystem interessiere." Bianciotti/Enthoven: „Gespräch mit Roger Caillois (1978)", S. 302. Frz.: „A ceci près que Baudelaire fondait son intuition sur Paracelse, Swedenborg et sur leur étrange mysticisme, alors que moi je m'intéresse surtout à Mendeleïev et à sa classification périodique des éléments." Caillois: „Entretien avec Hector Bianciotti et Jean-Paul Enthoven [28 novembre 1978]", S. 145.

[80] Knapp dreißig Jahre vor Mendelejews entscheidender Publikation warnte der Geologe und Ornithologe Hugh Edwin Strickland, ein Zeitgenosse Darwins, angesichts der Dringlichkeit, ein möglichst leistungsfähiges Ordnungssystem für die Mitte des 19. Jahrhunderts überbordenden Sammlungen tierischer Arten zu finden: „When, therefore, we find a system of classification proposed as the natural one which [...] fetters the organic creation down to one unalterable geometrical figure or arithmetical number, there is, I think, a strong a priori presumption that such a system is the work not of nature but of art." Hugh Edwin Strickland: „On the true method of discovering the natural system". In: *Annals and Magazine of Natural History* 6 (1841), S. 184–194, hier S. 187; vgl. dazu auch Voss: *Darwins Bilder*, S. 124. Die Regelmäßigkeit geometrischer Figuren wird hier dem Bereich der Kunst zugeordnet, während sich die organische Natur scheinbar durch eine Tendenz zur Unordnung auszeichnet. Strickland argumentiert bereits vor dem Hintergrund eines klaren Bruchs zwischen Wissenschaft und Kunst, eines autonomen Kunstsystems, das sich vor allem in Formentscheidungen manifestiert – auch wenn sich der Kunstbegriff selbstverständlich bis zum 20. Jahrhundert noch einmal stark verändert. Aber nicht nur diese Grenze wandelt sich stark: Wie historisch variabel die Unterscheidung von organisch/anorganisch selbst ist, zeigt sich insbesondere in der Geschichte der anorganischen und organischen Chemie: Die Unterscheidung entstand zunächst, da es bis zum Jahr 1828 nicht möglich war, organische Verbindungen im Labor zu erzeugen oder miteinander reagieren zu lassen, sodass man zwei verschiedene Bereiche festlegte. Erst die Harnstoffsynthese durch Friedrich Wöhler löste sie schließ-

Tableaus.[81] Für den besonderen Fall von Caillois' Berufung auf Mendelejew muss der These von einer eindeutigen Verwissenschaftlichung eines sonst poetischen Ansatzes[82] allerdings widersprochen werden. Zwar versucht Caillois in seinen Selbstbeschreibungen, sich strategisch an wissenschaftliche Diskurse anzuähneln, ihre Erkenntnisse für seine Theorie zu nutzen, indem er vor allem in späteren Schaffensphasen nicht müde wird, die Bedeutung des Periodensystems für sein Denken zu betonen.[83] Betrachtet man allerdings die Geschichte des Mendelejew'schen Systems und dessen spezifischen Einsatz als bildliche Denkfigur bei Caillois gemeinsam, beginnt das Bild der reinen wissenschaftlichen Formalisierung brüchig zu werden.

Denn mit dem Periodensystem der Elemente ist eine berühmte Entstehungslegende verbunden – auf die später genauer eingegangen wird –, in der sich die Bereiche von Wissenschaft, Spiel, Imagination und Traum überlagern. Es sei hier argumentiert, dass Caillois' Referenz auf das Periodensystem diese impliziten Vermischungen weniger zur Verwissenschaftlichung der Poesie nutzt, als zur Affirmation eines per se schon vermischten Hybridzustands zwischen den zwei Kulturen. Aufschlussreich ist dies hier vor allem deswegen, weil er damit in einer wissenschaftstheoretischen Volte die Aufmerksamkeit auf die subkutanen Verweisungszusammenhänge zwischen Imagination, Spiel, Traum und Wissenschaft lenkt, die selbst in einem so etablierten Instrument wie dem Periodensystem am Werk sind, und die es hier, denkt man Caillois' Verweis weiter, aufzuzeigen gilt.

Das Periodensystem ist in Caillois' Werk vielfach als in Text überführte Denkfolie präsent. In einem späten Interview beschreibt er seine Faszination ausführlich:

> Mendelejew zeigte 1869, daß das Universum auf wenigen Grundelementen beruht, die sich ständig wiederholen, so daß in diesem System alles miteinander in Beziehung steht. Sein Periodensystem hatte Lücken: Leerstellen, die keinem der damals bekannten Elemente zuzuordnen waren. Doch Mendelejew wagte es, die Eigenschaften der drei fehlenden Elemente zu bestimmen. Sein Genie bestand also darin, daß er Elemente beschrieb, die noch nie in

---

lich auf. Seitdem wird sie zu Beschreibungszwecken ohne klare Trennschärfe beibehalten und unterscheidet grob alle Stoffe, die das Element Kohlenstoff enthalten.
81 Vgl. Lepenies: *Die drei Kulturen*, S. 70.
82 Vgl. dazu Däuker: „Das poetische Ferment in der Wissenschaft".
83 Michel Panoff hat darauf hingewiesen, dass Caillois das Periodensystem bereits seit 1936 zitiert: Panoff: *Les frères ennemis*, S. 34. Siehe insbesondere die späteren Ausführungen zum Periodensystem der Elemente in seiner autobiographischen Schrift: Caillois: *Der Fluss Alpheios*, S. 86f; Caillois: „Le Fleuve Alphée [1978]", S. 136; oder aber vgl. das späte, bereits zitierte Interview: Bianciotti/Enthoven: „Gespräch mit Roger Caillois (1978)", S. 302f; Caillois: „Entretien avec Hector Bianciotti et Jean-Paul Enthoven [28 novembre 1978]", S. 145.

chemischen Experimenten aufgetaucht waren. Sie wurden wenige[r als 20] Jahre später entdeckt, und die von ihm vorhergesagten Eigenschaften [, die Atomgewichte,] bestätigten sich.[84]

Caillois' Bezug auf das Periodensystem erlaubt es ihm, eine begrenzte Struktur zu denken, die trotz ihrer Begrenztheit *alle* Elemente des Universums enthält. Die Deduktion, die durch das Beziehungsgeflecht der einzelnen, jeweils funktional bestimmten Spalten und Zeilen dann für die leeren Felder möglich wird, nutzt er, um in seinen Untersuchungen von Poesie, Spiel oder Mimikry auf das bisher Ungreifbare zu verweisen.[85] Entscheidend ist dabei die Simultaneität, mit der das Beziehungsgeflecht zwischen Fixiertem und Potenziellem angesiedelt ist. Natürlich vollzieht sich der Akt des Auslesens einzelner Beziehungslinien aus dem System ebenfalls sequenziell. Dennoch ist auch ein anderer, auf Gleichzeitigkeit basierender, überblicksartiger Wahrnehmungsmodus möglich. Die Beschriftungen einzelner Zellen des Tableaus bleiben, auch wenn nur eine isolierte Verbindungs-

---

84 Bianciotti/Enthoven: „Gespräch mit Roger Caillois (1978)", S. 302f [Ergänzungen der gekürzten Übers. EH]. Frz.: „En 1869, Mendeleïev à démontré que l'univers était fondé sur très peu d'éléments qui ne sont pas rangés dans n'importe quel ordre, qui se répètent, constituant une sorte de système où tout se croise et se répond. Il lui avait alors fallu aménager des lacunes dans sa table: des compartiments vides, qu'on ne pouvait assigner à aucun corps connu. Mais Mendeleïev se hasarda à décrire les propriétés des trois corps appelés à remplir les cases vacantes de son échiquier. Son génie consista donc à décrire les propriétés des trois corps que les chimistes n'avaient encore jamais rencontrés dans leurs expériences. En moins de vingt ans, les trois corps hypothétiques dont il avait procuré le signalement, le poids atomique, furent découverts...". Caillois: „Entretien avec Hector Bianciotti et Jean-Paul Enthoven [28 novembre 1978]", S. 145.
85 Exemplarisch lässt sich das an seinem Tableau zu Mimikry und Mimese ablesen (Abb. 6, siehe S. 367): Dort bestimmt Caillois auf einer doppelseitigen Abbildung in 8 Spalten und 3 Zeilen ihre drei Funktionen (Travestie, Tarnung, Einschüchterung), differenziert die jeweiligen Mittel, durch welche sie erreicht werden, trägt zoologische Fachbegriffe und Beispiele ein, um dann in der Spalte zu den „Entsprechungen in der menschlichen Vorstellungswelt" („Correspondances dans l'imagination humaine") jeweils ein menschliches Äquivalent zuzuordnen. Außerdem bestimmt er die jeweilige „Verfahrensart" und das Ergebnis. So versucht er, über die Logik der Tabelle beispielsweise die „Unsichtbarkeit in der Mythologie und Volkskunde; verschiedene Kinderspiele; Nimbus des Geheimnisvollen, des Reglosen, der Empfindungslosigkeit" – also durchaus sehr unterschiedliche wie komplexe Phänomene – als Entsprechungen der tierischen Mimese zu fassen, auf ein einziges Ergebnis („Verschwinden") zu fixieren und klare Instrumente (z.b. „Reglosigkeit" oder „harmonisches Mitgehen mit der Bewegung der Umgebung") dafür zu definieren. Die schlichte Struktur des Tableaus wird hier zum zwingenden Argument: Über das Äquivalenzprinzip, das in der zweidimensionalen Ordnung herrscht, zeigen sich die gleichwertigen Strukturen bei Tieren, Menschen, in menschlichen Imaginationen und Artefakten und lösen scheinbar Rätselhaftes als einfache Entsprechungen auf. Frz.: „Mythologie et folklore de l'invisibilité; jeux enfantins divers; prestige du secret, de l'immoilité, de l'impassibilité" in der frz. Version „Méduse et Cie [1960]", S. 514–515.

linie verfolgt wird, in ihrem Nebeneinander bestehen, vertikale oder diagonale Wahrnehmungsfolgen sind gleichermaßen und in schnellem Wechsel möglich.

Dieser simultane Wahrnehmungsmodus unterscheidet den Bezug auf das Periodensystem deutlich von einem anderen einflussreichen Caillois'schen Denkbild: dem Schachbrett. Namensgebend für *Cases d'un échiquier*, den „Feldern eines Schachbretts", taucht es in vielen der darin enthaltenen Beiträge auf.[86] Im Rahmen eines kurzen Texts, „Étude de l'echiquier", beschreibt Caillois verschiedene Varianten des Schachs, die auf Basis der klassischen Form Erweiterungen, Veränderungen, Vervielfältigungen der Spielelemente vorschlagen. Dies gipfelt in der Idee eines Schachspiels von unendlicher Dauer, an dem die Spielenden nur für die Zeit ihres Lebens teilnehmen können, allerdings die jeweilige Partie von anderen erben, deren Strategie sie weder kennen noch auswählen können. Hierin weise das Schachspiel Ähnlichkeiten mit dem Leben auf; als ein Spiel, dessen Regeln zudem noch unklar seien und ständig wechselten, das über die Spielenden hinausgehe; eine Partie, die vor ihnen begonnen habe und auch nach ihrem Tod weitergeführt werde.[87]

Die so entworfene lebenslange Schachpartie bestimmt die Spielenden weniger als aktive Instanzen, die planvoll auf dem Feld agieren und über die Anzahl möglicher Züge nicht nur Übersicht über den Spielstand, sondern auch über zukünftige eigene und gegnerische Spielzüge zu gewinnen versuchen. Stattdessen wachsen Partie, Regeln und Strategien über den Einzelnen hinaus, das Spiel spielt nun die Spielenden – nicht andersherum. Diese Passivierung, die Aufgabe an die Regeln des Spiels, in dem man dennoch zu gewinnen versucht, gehen mit einem Verlust des Überblicks einher. Die spezifische Wendung des Schachspiels

---

86 Im Hinblick auf die Entwicklung innerhalb von Caillois' Gesamtwerk ist entscheidend, dass sich auch seine Einstellung zum Spiel verändert: In seinen frühen Schriften ging er davon aus, dass die Logik des Spiels nicht unbedingt mit derjenigen der wissenschaftlichen Vernunft übereinstimme, sondern stattdessen andere Möglichkeitsräume eröffne, die Nähe von Spiel und Imagination also insbesondere über jeweils widerständige Residuen einer anderen Logik hergestellt werden könnten (was Stéphane Massonet das „ludische Schema des Imaginären" nennt, Massonet: *Les labyrinthes de l'imaginaire dans l'œuvre de Roger Caillois*, S. 36f). Später werde das Schachbrett stattdessen zu einem Modell, um dem „Schwindel" des Imaginären zu widerstehen, es zu bändigen: So lässt sich auch der Titel *Cases d'un échiquier* verstehen – als Organisationsprinzip des Imaginären. Das Spiel wird also zur Methode, um sich dem Imaginären zu nähern, und nur als dieses kann es hier betrachtet werden, genau das nämlich ist auch für Caillois' Interesse am Periodensystem entscheidend: Mendelejews wissenschaftliche Imagination wird vom Spiel geleitet und durchkreuzt, und zugleich dient ihm das Spiel als epistemologisch wirksames Organisationsprinzip, was Caillois dann für seine Untersuchung des Imaginären nutzt. Siehe den folgenden Abschnitt „Mendelejews Delirien".
87 Roger Caillois: „Étude de l'échiquier". In: Ders.: *Cases d'un échiquier*. Paris: Gallimard 1970, S. 36–39, hier S. 39.

bei Caillois[88] lässt sich auch als Perspektive des „parcours" beschreiben: Die Spielenden können dabei ihre Wegstrecke, ihren Abschnitt ablaufen, nie aber die ganze Partie betrachten. Dagegen ermöglicht das Periodensystem einen Blick der „carte" als „totalisierende Planierung der Beobachtungen",[89] im Sinne von Michel de Certeau.[90] Hinzu kommt, dass das Schachspiel grundsätzlich von einer agonalen Logik beherrscht wird. Weist zwar auch das Periodensystem zumindest laut seiner Entstehungslegende eine Nähe zum Spiel auf, allerdings gerade nicht zu den Spielen des *agôn*. Der Einsatz des Tableaus zielt auf grundsätzlich andere epistemologische Fragestellungen: Nicht die Erfahrung des Wegs von „unten", die in Kombination mit der Spielsphäre zu einer zweifelhaften Passivitätseinstellung führt, sondern die Hoffnung auf allumfassende Draufsicht, als scheinbar „objektive", weil vollständige Ansicht der Elemente des Universums, ist hier treibende Kraft. Dass dieser kartographische Überblick analog zur gefährlichen Passivität des Schachbretts Probleme birgt, reflektiert Caillois zunächst nicht, wenn es um das System Mendelejews geht.

Dies erstaunt umso mehr, als er die trügerischen Folgen, die sich aus der Logik des (tableauförmigen) Systems ergeben können, anhand von Lamarcks Tableaus detailliert herausarbeitet. In „Une erreur de Lamarck" (Ein Fehler Lamarcks), veröffentlicht in *Obliques*, beschreibt er Lamarcks Fehlannahme einer inversen Evolution. Der untersuchte „Fehler" Lamarcks bestehe darin, dass er sowohl von einer Evolution des Lebens als auch von einer negativen Evolution der Natur ausgehe: Während sich das Leben zu immer komplexeren Formen entwickle, würden sich die „natürlichen", unbelebten Formen, wie Stein und Mineral, zu einfacheren Formen zurückentwickeln: Ein Mineral transformiere sich in ein anderes, bis – und dies illustriert Lamarck anhand einer linearen Abwärtsbewegung innerhalb seines Tableaus – zur vollständigen Eigenschaftslosigkeit, bis zum durchsichtigen, harten, unverformbaren Bergkristall, der sich am Ende seines Tableaus befindet. Caillois interessiert sich gerade für die Anfänge und Irrtümer der Wissenschaft, weil „diese erste und trügerische Kohärenz, die sie in einen jung-

---

88 Eine endlose Version des Schachfelds taucht beispielsweise auch in Caillois' letztem zu Lebzeiten veröffentlichten Buch, im *Fluss Alpheios*, noch einmal auf, in Bezug auf sein eigenes „Vergnügen angesichts der potenziell unerschöpflichen Aufzählung der Felder des kosmischen Schachbretts". Caillois: *Fluss Alpheios*, S. 43. Frz.: „plaisir, [...] devant l'énumération virtuellement inépuisable des cases de l'échiquier cosmique". Caillois: „Le Fleuve Alphée", S. 109.
89 Michel de Certeau: *Kunst des Handelns*. Übers. v. Ronald Voullié. Berlin: Merve 1988, S. 222.
90 Ich halte es folglich nicht für sinnvoll, beide Figuren gleichzusetzen, wie beispielsweise bei: Valeria Chiore: „L'échiquier-Mendeleïev. Analogies, récurrences, intentionnalité". In: Valeria Emi Sgueglia, André-Alain Morello (Hg.): *Quadrillages labyrinthiques. L'échiquier Caillois. Littératures (online)* 68 (2013), http://journals.openedition.org/litteratures/86 (Stand 02.04.2020).

fräulichen Bereich einzuführen versuchten"[91] immer auch eine Wahrheit enthalte.

Die Erkenntnis einer negativen Evolution verdanke Lamarck vor allem seinem „Tableau des corps brut",[92] das Caillois in seinem eigenen Text vollständig abdruckt. Caillois' Versuch, die Herkunft dieses Missverständnisses zu ergründen, schließt mit der Erkenntnis: „Dieses [das Missgeschick, EH] ist übrigens in keiner Weise außergewöhnlich und zeigt die entscheidende und zugleich gefährliche Rolle des Systemgeists innerhalb des Fortschritts der Wissenschaften recht gut."[93] Der „esprit de système", der sich, ohne dass Caillois dies expliziert, auch aus der bildlichen Anordnung ergibt, zwingt den untersuchten Dingen die tableauförmige Logik auf, – so könnte man hier Caillois zumindest weiterdenken. Deutlicher und selbstkritischer formuliert er es selbst am Ende seines Lebens:

> Ich hüte mich vor dem Systemgeist. Ich fürchte, sonst könnte mich eine unwiderstehliche Neigung veranlassen, die Lücken des Systems aufzufüllen, das ich selbst errichtet hätte. Ich habe Freude daran, die Taxonomien, die doppelte Buchführung, die Periodengitter zu strapazieren. [...] Aber ich bediene mich ihrer nur auf einem eingeschränkten Feld. Sie sind nur Orientierungstafeln für ein begrenztes Panorama.[94]

Caillois zählt zu den Denkern, die in schnellem Wechsel von neuen Bildern und Denkfiguren erfasst werden, um diese nur wenige Jahre später selbst wieder zu dekonstruieren.[95] Zugleich birgt es ein gewisses Ironiepotenzial, die Erklärung

---

91 „[C]ette première et illusoire cohérence qu'ils ont essayé d'introduire dans un domaine vierge", Roger Caillois: „Une erreur de Lamarck". In: Ders.: *Obliques [1967], précédé de Images, images... [1975]*. Paris: Gallimard 1987, S. 121–131, hier S. 130. In diesem Fall ergibt sich die trügerische Kohärenz auch aus der zwingenden Logik von Lamarcks Tableau, und obwohl er dieses vollständig abdruckt, geht er hierauf nicht näher ein.
92 Jean-Baptiste de Lamarck: „Tableau des corps brut ou expositons des principales substances minérales, disposées dans un ordre relatif au progrès des altérations qu'ont subies les dépouilles des corps vivants, et successivement leurs différents produits" 1797. Zit. nach ebd., S. 129.
93 Ebd., S. 130 f. Frz.: „Celle-ci [la mésaventure, EH] d'ailleurs, n'est nullement exceptionnelle et elle montre assez bien le rôle à la fois capital et dangereux de l'esprit de système dans le progrès des sciences." Vgl. ausführlicher zur Systemkonstruktion und -feindschaft das Kapitel VIII *Diagonalisieren* dieses Buches.
94 Caillois: *Der Fluss Alpheios*, S. 123 f. Frz.: „Je me garde de l'esprit de système. Je crains qu'une pente irrésistible ne m'entraîne à combler les lacunes de celui que j'aurais échafaudé. Je prends plaisir à fatiguer les arts classificatoires, les comptabilités en partie double, les réseaux périodiques. [...] Mais je ne m'en sers que dans un champ restreint. Ce ne sont que tables d'orientation destinées à un panorama limité." Caillois: „Le Fleuve Alphée [1978]", S. 157 f.
95 „Ein neues Zeichen zieht meine Aufmerksamkeit auf sich, etwas Überraschendes zupft mich plötzlich am Ärmel." Caillois: *Der Fluss Alpheios*, S. 124. Frz.: „Un nouveau signe attire mon attention, une surprise me tire soudain par la manche." Caillois: „Le Fleuve Alphée [1978]", S. 158.

der Struktur des gesamten Universums im Nachhinein als „begrenztes Panorama" zu bezeichnen. Die dem Periodensystem zugrundeliegende Vorstellung von der Endlichkeit des kosmischen Formenrepertoires sowie die methodische Operation, Ähnlichkeiten abstrakter Einheiten ausdrücken zu können, die durch die tabellarisch-räumliche Bildlichkeit bereitgestellt wird, behalten jedoch innerhalb seiner Texte Gültigkeit. Dies gilt nicht nur für die Arbeiten zum Imaginären, auch die ebenfalls 1978 veröffentlichte Zusammenstellung von Texten unter dem Titel *Approches de la poésie*[96] (Annäherungen an die Poesie) beruft sich im vorangestellten Motto auf Mendelejew. In einem analog zu „Reconnaissance à Mendeleïev" verfassten Text, „Reconnaissance à Saint-John Perse", den er in die Sammlung aufnimmt, sieht er den Grund für seine Faszination für den Dichter darin, dass er hinter der enumerativen Poetik von Saint-John Perse ebenfalls ein feststehendes Repertoire von Analogien vermutet. Aus diesem ergebe sich eine „Systematik des [poetischen, EH] Bildes", die für die Bewegungen der Seele ein ebenso zwingendes und vor allem geschlossenes Raster eines begrenzten Formenschatzes erkennen ließen, wie jenes, auf das sich die Naturwissenschaften mit der begrenzten Anzahl an Elementen beriefen.[97]

Der Bezug auf das Bild beziehungsweise die Abbildung in „Reconnaissance à Mendeleïev" scheint genau im Widerspruch zu den Bildverweisen in „Formes naturelles" und „Les traces" zu stehen: Dort vervielfältigten die optischen Medien von Mikroskop und Teleskop das Imaginäre, indem sie es aus dem Unsichtbaren freilegten. Hinzu kommt, dass die Fotografie sich nicht mit Typen, sondern mit dem Einzelnen befasst: Das singuläre Objekt kann in seinen Eigen- und Besonderheiten exakt eingefangen und reproduziert werden. In seinem Bezug auf das Periodensystem behauptet Caillois hier nun Endlichkeit des Universums sowie Diskontinuität zwischen den einzelnen Elementen: Die Natur mache schließlich *doch* Sprünge. Ließen sich die in der Mikroskopie gefundenen Formen schon auf bestimmte, abzählbare Urbilder reduzieren, findet Caillois nun eine Begründung dafür, die nichts Geringeres als ein neues bildlich-räumliches Repräsentationsmodell der Welt vorschlägt. Die Basis dafür bildet Mendelejews Struktur, die mit einer geringen Zahl an Grundelementen operiert, die zwar klar voneinander abge-

---

96 Vgl. das Motto: „In Erinnerung an den Chemiker Dmitri Iwanowitsch Mendelejew und den Dichter Saint-John Perse, die, durch die entgegengesetzten Wege von Zahl und Empfindsamkeit, mir gleichermaßen die Möglichkeit einer strengen, rigorosen Intelligenz der Poesie gezeigt haben." Frz: „À la mémoire du chimiste Dimitri Ivanovitch Mendeleïev et du poète Saint-John Perse qui, par les voies opposées du nombre et de la sensibilité, m'ont également montré la possibilité d'une intelligence rigoureuse de la poésie." Roger Caillois: *Approches de la poésie*. Paris: Gallimard 1978.
97 Vgl. Roger Caillois: „Reconnaissance à Saint-John Perse". In: Ders.: *Approches de la poésie*. Paris: Gallimard 1978, S. 217–228, hier S. 223.

trennt sind, sich aber gerade über ihre festgelegte Nähe und Ferne innerhalb eines zweidimensionalen Systems auszeichnen. Das Besondere am Periodensystem der Elemente ist nun, dass man alle entscheidenden atomaren Eigenschaften des Elements sowie seine Bindungsaffinitäten aus seiner Position auf dem Papier ablesen kann.

Die zwingenden Konsequenzen, die sich aus der räumlichen Position innerhalb des papierenen Tableaus für die Struktur der Welt ergeben, sind für Caillois nicht nur Vorbild, sondern epistemologische Voraussetzung seiner Einsicht in eine „andere Ordnung". Diese basiert nicht auf sprachlich-textuellen Definitionen bestimmter wesenhafter Grundlagen. Vielmehr gibt die bildliche Anordnung Einblicke in die „essentiellen Analogien", die das Universum durchkreuzen.[98] Die Bereiche des diffusen Wissens, der Mythen, Fiktionen und des Imaginären seien erst dann fruchtbar zu untersuchen – so lässt sich Caillois reformulieren –, wenn man sie vor dem Hintergrund eines solchen Repräsentationsmodells erfasse: ein Repräsentationsmodell, das auf räumlich-visueller Ähnlichkeit fußt und durch Anordnungen innerhalb eines Tableaus erzeugt wird. Zwar leiht sich Caillois hier ein klassisches Erkenntnisinstrument aus den etablierten Naturwissenschaften. Indem er es für seine Zwecke nutzt, wird allerdings sichtbar, wie dieses Erkenntnisinstrument selbst „andere" Formen des Denkens nutzt, die sich jenseits der binären Opposition von Identität und Differenz bewegen; dass es auf Ähnlichkeit, Bildlichkeit, Nähe- und Fernedynamiken basiert. Das Modell des Periodensystems ist außerdem prädestiniert für Caillois' Untersuchung des Imaginären, da es Mendelejews Tabelle ermöglicht, mit Leerstellen zu operieren und durch die interne Logik des Tableaus Voraussagen über noch leere Felder zu treffen. Folglich geht Caillois davon aus, dass auch das Imaginäre in eine bestimmte Grundanzahl distinkter Elemente zerlegbar sei, die in bestimmten Nähe- und Distanzbeziehungen zueinander stünden, sich erst darüber definieren ließen.

Daraus lässt sich zweierlei ableiten: Der Zugriff auf das Imaginäre über eine räumlich-visuell verfahrende Logik des Tableaus muss als eine gleichberechtigte Alternative zur Suche nach der „Syntax des Universums" verstanden werden. (Kap. V.2) Neben das Text- stellt Caillois also auch ein Bildparadigma. Beide werden unabhängig und mit je spezifischen epistemologischen „Vorteilen" dazu verwendet, das Imaginäre zu untersuchen. Aus der Chemie entnommen, dient also das Periodensystem dazu, gerade solche Phänomene zu erfassen, die nicht durch textuelle Abhandlungen einholbar sind, sich nicht in Identitäten, sondern vor allem über räumliche Ähnlichkeitsbeziehungen fassen lassen: das Unsichtbare und

---

98 Caillois: „Reconnaissance à Mendeleïev", S. 80, 76. Frz.: „un autre ordre"; „d'analogies essentielles".

das Potenzielle. Die Echos, Analogien und Rekurrenzen, die Caillois mithilfe dieses Modells zu extrahieren und zu beschreiben versucht, werden allerdings nur deshalb denkbar, weil er – wie in Bezug auf die geologische Syntax – ein endliches Repertoire von Formen innerhalb des potenziell unendlichen Universums voraussetzt.[99] Die äußeren Linien des Systems auf der Papierseite sind folglich ebenso erkenntnisleitend, wie es die interne Logik des Tableaus ist.

Mit der Modellierung des Potenziellen befassen sich sonst vor allem Praktiken der Skizze oder des Entwurfs. Bernhard Siegert etwa hat ausgehend vom *disegno*-Konzept des 15. Jahrhunderts die Orientierung des Entwurfs auf eine mögliche Zukunft hin beschrieben: „Das Offene, das Unvollendete, erscheint mit Techniken, die die Möglichkeit operationalisieren, das Nichtrealisierte, das bloß Mögliche zu schreiben."[100] Das skizzierende Zeichnen als eine Strategie, das Unfertige, Nichtfestgelegte zu modellieren, immer wieder neu anzusetzen, zu streichen, sich versuchsweise zu nähern, wird zur Möglichkeit, etwas bisher nicht Vorhergesehenes, das Potenzielle einzukreisen, es zu „kalkulieren".[101] Die approximativen Visualisierungsstrategien der Skizze, des entwerfenden Zeichnens sind durch ihre Ergebnisoffenheit in der Lage, das sonst Ungreifbare zu erfassen und es auf einen Raum des Möglichen zu fixieren, der aber wiederum von außen begrenzt wird. Während der Entwurf hinter dem fertigen Text verschwindet, nehmen das Periodensystem und Caillois' Verwendung desselben das Potenzielle in die Mitte der eigentlichen Argumentation. Die Offenheit, die eine Prozessualität impliziert, wird im finalen Tableau oder dem fertigen Text nicht gestrichen, sondern die leeren Felder und das in ihnen enthaltene Nichtwissen werden über eine zugrundeliegende räumliche Ordnung, über die implizite Logik des Tableaus operationalisierbar gemacht.

3.1 Mendelejews Delirien

Schon ein kurzer Blick auf die Geschichte des Periodensystems zeigt, dass bereits seine Entstehung mit Anleihen aus der Kunst versetzt ist. Anfang des 19. Jahrhundert bestimmte der schwedische Chemiker Berzelius die ersten relativen Atommassen. Die bekannten Elemente wurden zunächst in einer zweidimensionalen Spirale angeordnet. Später zog man die Spirale auf eine dreidimensionale Zylin-

---

99 Caillois: „Fantastique Naturel [Nov. 1968, NRF]", S. 71. Frz.: „Or dans un monde fini et foisonnant, les choses se répètent et se répondent. [...] Il n'est rien qui n'ait sa place dans une ou plusieurs séries, rien qui ne possède quelque part son pendant ou son double, le chiffre qui en ramène le pressentiment ou la nostalgie."
100 Siegert: „Weiße Flecken und finstre Herzen", S. 44.
101 Krauthausen: „Vom Nutzen des Notierens. Verfahren des Entwurfs", S. 20.

derform und erkannte so senkrechte Analogielinien. Als Modell diente dafür die Oktave aus der Musiktheorie. Durch den Verweis auf die Musik, die regelmäßigen Anordnungen je unterschiedlicher, aber aufeinander aufbauender Elemente ergaben sich immer neue Ähnlichkeiten. Der Russe Dmitri Mendelejew entwickelte zeitgleich mit dem Deutschen Lothar Meyer eine erste tableauförmige Darstellung. Nur Mendelejew aber gelang es, bisher noch unbekannte Elemente in sein System zu integrieren und ihre Eigenschaften vorherzusagen. Dass sich Caillois explizit auf Mendelejew statt auf Paracelsus beruft, scheint als eine Strategie zur Anähnelung an die modernen Naturwissenschaften angelegt. Die Geschichte des Mendelejew'schen Periodensystems ist allerdings der bereits erwähnten Wissenschaftslegende zufolge nicht vor allem mit der Erhebung empirischer Daten, sondern mit einer fabelhaft anmutenden Entdeckung des Systems aus Spiel, Traum und Imagination verknüpft.

1869, während der Arbeit an seinen *Prinzipien der Chemie*, genau zehn Jahre nach der Publikation von Darwins *Ursprung der Arten*, soll Mendelejew sich in einer tiefen Sinnkrise befunden haben. Er konnte sich nicht für eine bestimmte Reihenfolge seiner Kapitel zu den einzelnen Elementen entscheiden. Am Morgen einer anstehenden Vortragsreise, vertrieb er sich die Wartezeit auf die Kutsche mit dem Legen von Patiencen. Das von ihm gern betriebene Kartenspiel variierte er so, dass er auf jede Karte jeweils ein Element mit seinem relativen Atomgewicht notierte. Grübelnd über seine „chemischen Patience[n]"[102] schlief er schließlich über seinen Karten ein. „Ich träumte und sah einen Tisch, auf dem sich alle Elemente wie erforderlich zusammenfügten. Als ich erwachte, schrieb ich es sofort auf einem Blatt Papier nieder."[103] Auf Grundlage des Bildes der von auf dem Tisch geordneten Karten, einer endlichen Reihe von absteigenden Zahlen, deren Obergruppen durch die Farben der Karten markiert sind, stiftet der Traum nun die perfekte Ordnung. Spiel und Traum greifen – zumindest der Legende nach – ineinander, um eine der wichtigsten naturwissenschaftlichen Neuerungen des 19. Jahrhunderts hervorzubringen. Ob nun tatsächlich aus Traum und Kartenspiel geboren oder nicht, entscheidend ist, dass mit dem Spiel ein Modus angesprochen ist, der gezielt Probehandeln und Simulation des Möglichen oder Zukünftigen erlaubt. Nicht nur die Kunst bedient sich also beim Spiel, um einen Modus des Als-Ob, ein Probehandeln in die eigene Logik zu integrieren, – auch der Naturwissenschaftler Mendelejew nutzt hier diese Eigenschaft des Spiels:

---

102 Elmar Schenkel: *Keplers Dämon. Begegnungen zwischen Literatur, Traum und Wissenschaft.* Frankfurt am Main: Fischer 2016, S. 74.
103 Dmitri Mendelejew, zit. nach: Paul Strathern: *Mendelejews Traum. Von den vier Elementen zu den Bausteinen des Universums.* München: Ullstein 2000, S. 313. Strathern zitiert leider keine Originalquelle; vgl. dazu auch Schenkel: *Keplers Dämon*, S. 74.

Anders als das Schachspiel handelt es sich bei der Patience nicht um ein agonales Spiel, meist wird es allein gespielt. Dabei müssen so lange Karten ab- oder umgelegt werden, bis sie in einer festgelegten Reihenfolge oder Figur übereinanderliegen. Spielen bedeutet hier, Analogien und Reihenfolgen sehen und erkennen lernen. Strategie und Glück in der Kartenfolge sind dafür gleichermaßen wichtig. Zugleich sieht Mendelejew im Traum auch die mediale „Unterlage" vor sich, den Tisch als den Raum, auf dem die Elemente nun in eine Reihenfolge gebracht werden müssen: Verlangte das Buch, dessen Kapitelanordnung ja das Ausgangsproblem für seine Patiencen bildeten, aufgrund seiner physischen Eigenschaften eine sukzessive Anordnung, erlaubt nun der Spieltisch ein räumliches Arrangement in zwei Dimensionen.[104] Was die sukzessive Logik der Schrift nicht vermochte, leistet hier die bildlich-räumliche Struktur des Tableaus. Die Traumlegende überträgt das spielerische Erzeugen von Analogien auf die Kreation einer wissenschaftlich „wahren" Ordnung: Durch die Anordnung auf dem Tableau wird schließlich neues Wissen über noch unentdeckte Elemente generiert. Der Vergleich von Spielkarten und Elementen heißt aber vor allem, die Eigenschaften des Kartenspiels – lückenlose Abfolge einer begrenzten Zahl von Ziffern und Farben, die einer festgelegten, aufsteigenden Wertigkeit folgen – auf die chemische Zusammensetzung des Universums zu übertragen. Nur unter dieser Voraussetzung ist das Periodensystem überhaupt denkbar. Die Regeln des Spiels ergeben sich dann, hier wie dort, aus den Karten und Elementen selbst. Ihre Wirkung entfalten Spiel und wissenschaftliche Erforschung jeweils erst mithilfe einer visuellen Strategie. Die moderne Chemie wird somit nicht in der Erfindung einer Fachsprache aus Definitionen und Bestimmungen, sondern mittels visueller Formen begründet, die dem Auge ihre Erkenntnisse simultan präsentieren: „Chemische Strukturen können auf dem Papier gezeichnet, komponiert, auseinandergebrochen werden, wie Musik [...], den ganzen Weg bis zu Mendeleivs [sic] Tabelle",[105] so auch Bruno Latour. Spiel und Bild, Probehandeln und räumliche Anordnungen werden hier zu integralen Bestandteilen wissenschaftlicher Erkenntnisprozesse. Als „one of the most powerful icons in science",[106] das nur aus einem einzigen pa-

---

104 Vgl. zum Schreibtisch als Spiel-, Denk- und Deutungsraum, insbesondere bei Franz Kafka: Neumann: „Spieltheorie und Deutungsraum", S. 51. Vgl. im selben Band zum Schreibtisch Georges Perecs u. a. den Aufsatz von Astrid Poier-Bernhard: „Raumbegriffe und Raumerkundungen in ‚Still life/Style leaf' von Georges Perec und anderen oulipotischen Texten". In: Julia Dettke, Elisabeth Heyne (Hg.): *Spielräume und Raumspiele in der Literatur*. Würzburg: Königshausen & Neumann 2016, S. 121–139, hier insb. S. 124–126.
105 Latour: „Drawing Things Together. Die Macht der unveränderlichen mobilen Elemente", S. 277.
106 Eric R. Scerri: *The periodic table. Its story and its significance*. New York: Oxford University Press 2007, S. xiii.

pierenen Dokument besteht, rückt das Periodensystem die Materialität des (chemischen) Erkenntnisprozesses besonders deutlich in den Blick, weil die grundlegende Anordnung der Elemente, aus denen die Welt gemacht ist, hier nicht in einer Experimentalanordnung über dem Erlenmeyerkolben sichtbar wurde, sondern allein auf dem Papier.

3.2 Das Imaginäre der wissenschaftlichen Bildpraktiken

Die Logiken von Ähnlichkeit und Analogien, wie sie dem Bildgebrauch Caillois' implizit sind, und die Aneignung gängiger wissenschaftlicher Bildpraktiken bergen trotz ihrer Produktivität ein Risiko, zumindest eine ambivalente Struktur: Im Bild als Medium der Sichtbarmachung des sonst Unsichtbaren wird versucht, die technische Erfassung der Feinstrukturen des Universums äquivalent zur menschlichen, abstrakten Malerei zu setzen. Damit streicht Caillois das Ideal autonomer, schöpferischer Kunstproduktion aus seiner Vorstellung von Kunst heraus. Das Periodensystem verweist dagegen auf das Patience-Spiel, bei dem zwar keine Spielfigur – wie beim Schach – vom Willen sich außerhalb des Spielfelds befindlicher Spielender bewegt wird, bei dem dafür aber die zufällige Reihenfolge der Karten die Spielenden steuert. Zudem ist das Spiel nur unter der Voraussetzung einer „richtigen" und begrenzten Reihenfolge denkbar, die es dann zu rekonstruieren gilt. In der Annahme einer begrenzten, geordneten Welt, die den Spielenden ihre Rekurrenzen in die Hände spielt, um von ihnen in der „richtigen" Reihenfolge zu einem umfassenden Tableau zusammengesetzt zu werden, spielt sich die Welt durch das Medium des Kartenlegenden selbst. Die Formen des Imaginären, die hinter Caillois' Bildpraktiken sichtbar und operationalisierbar werden, müssen folglich nicht nur sich selbst, sondern auch ihre jeweilige Beobachtungsinstanz enthalten. Caillois' Bildergebrauch verweist also auf eine Dezentrierung des wahrnehmenden Subjekts. Im Bestreben, den Menschen als Subjekt der Wahrnehmung und als Mittelpunkt der Welt zu entthronen, über den Menschen hinaus zu denken, liegt einerseits eine große Stärke des Ansatzes. Andererseits birgt er das Risiko, Passivität zum Ideal wissenschaftlicher Erkenntnis zu erheben und zugleich die eigentlich längst verabschiedete Vorstellung von Objektivität hinterrücks wieder einzuführen. Seine eigentliche Produktivität enthält er der Ansatz Caillois' dagegen dann, wenn man ihn nutzt, um die etablierten wissenschaftlichen Praktiken selbst auf ihr Verhältnis zum Imaginären hin zu befragen:

 Die räumliche Struktur des Periodensystems wird von Caillois zur Handhabung des Imaginären eingesetzt. Mit ihr versucht er, Phänomene der Imagination, der Poesie, der Ästhetik, der Ähnlichkeit, etc. analog zu den chemischen Elementen zu zerlegen und auf ein begrenztes Repertoire an Grundformen zurückzuführen.¹⁰⁷ Aus der visuellen Logik ergeben sich – ähnlich wie in einem Sudokuspiel – Möglichkeiten, mit leeren Feldern zu operieren, die durch die internen Systemregeln mit bestimmten Eigenschaften ausgestattet sind, selbst wenn sich das dem Feld zugeordnete Phänomen selbst (noch) nicht greifen lässt. Im Rücken der offensichtlichen Strategie der Verwissenschaftlichung des Imaginären offenbaren derweil die wissenschaftlichen Praktiken ihre imaginären Fundamente.

Das Imaginäre – darauf verweist nicht zuletzt Mendelejews Legende – legt im Zuge seiner wissenschaftlichen Untersuchung auch die imaginären Grundlagen wissenschaftlicher Praktiken offen. Diese Einsicht in die Rückseiten scheinbar rein wissenschaftlich-rationaler Verfahren sind nutzbar, weisen sie doch darauf hin, dass in den Praktiken selbst auch immer imaginäre Elemente enthalten sind. Gerade vor dem Hintergrund, dass bereits Mitte des 19. Jahrhunderts eine klare Unterscheidung zwischen Kunst und Natur(wissenschaft) auf formaler Ebene der Beschreibungsinstrumentarien getroffen wurde, offenbaren sich die später entstehenden wissenschaftlichen Bilder der Mikrofotografie oder des Periodensystems in ihrer Doppelverweisung auf Kunst und Wissenschaft gleichermaßen. Dies lässt sich nicht zuletzt daran ablesen, dass sie in beiden Funktionssystemen Anschlüsse generieren: Beispielhaft sind dafür die künstlerische Nutzung mikrofoto-

---

107 Sicherlich ist hierbei die Nähe zum Strukturalismus entscheidend. Laurent Jenny weist auf ein Treffen zwischen Caillois und P.G. Bogatyrev, einem Freund Roman Jakobsons, hin, das 1934 in Prag stattgefunden hat. Vgl.: Laurent Jenny: „Roger Caillois: Esthétique generalisée ou esthétique fantôme?" In: *Forme, difforme, informe*. Littérature 85 (1992), S. 59–73, hier S. 60. Zugleich könnte man argumentieren, dass sich auch im Strukturalismus nur eine besondere Affinität zu chemischen Modellen offenbart, wenn etwa Claude Lévi-Strauss molekulare Strukturen auf Verwandtschaftssysteme in Australien überträgt. Michel Panoff weist auf Ähnlichkeiten im Gebrauch der Logik des Periodensystems hin: So wie Caillois es nutzt, um auf noch nicht entdeckte Formationen des Imaginären zu schließen, verwendet Lévi-Strauss dessen Logik für neue und verschwundene Sprachen sowie für die Regeln der Heirat. Panoff: *Les frères ennemis*, S. 34. In Lévi-Strauss' *Traurigen Tropen* liest sich dieser explizite Gebrauch und Vergleich mit dem chemischen Periodensystem dann beispielsweise so: „Die Gesamtheit der Bräuche eines Volks ist stets durch einen Stil gekennzeichnet; sie bilden Systeme. Ich bin davon überzeugt, daß die Anzahl dieser Systeme begrenzt ist und daß die menschlichen Gesellschaften genau wie die Individuen – in ihren Spielen, ihren Träumen, ihrem Wahn – niemals absolut Neues schaffen, sondern sich darauf beschränken, bestimmte Kombinationen aus einem idealen Repertoire auszuwählen, das sich rekonstruieren ließe." Und zwar zu einer „Art periodischer Tafel ähnlich derjenigen der chemischen Elemente, in der sich alle realen oder auch nur möglichen Bräuche zu Familien gruppieren würden", Lévi-Strauss: *Traurige Tropen*, S. 168 f. Ist zwar hier die Nähe zwischen beiden, bis auf die Ausdrucksebene unübersehbar, konzentriert sich Lévi-Strauss dennoch vorrangig auf menschliche Zeugnisse, während Caillois sein Periodensystem auch auf die Dinge der Natur ausweitet. Vgl. zu einer Gegenüberstellung, auch mit Verweis auf das Periodensystem: Massonet: „Die beiden Amerikas: das diagonale und das strukturale", insb. S. 211.

grafischer Bilder im Kontext der Arbeiten des Bauhauses herangezogen worden. Analog dazu nutzt beispielsweise der Autor und Chemiker Primo Levi in seinem 1975 veröffentlichten, autobiographisch angelegten Erzählband *Das periodische System* Mendelejews Tableau als Ausgangspunkt und Ordnungssystem literarischer Erzählungen. Die Fülle vorhandener Anknüpfungen und Transfers auf beiden Seiten der zwei Kulturen ist auch im Medium des Bilds selbst begründet, dass sich (fast) ohne sprachliche Übersetzungsleistungen zu erfordern, aus dem Kontext herauslösen lässt.

Das hybride Potenzial, das ein solches Verfahren, also die Kombination wissenschaftlicher Formen mit dem Imaginären, entfaltet, geht weit über Caillois' eigenes Vorhaben hinaus. Setzt er den Verweis auf Mendelejew und seine eigenen tableauartigen Darstellungen von Mimikry und Spiel durchaus als Strategie wissenschaftlicher „Objektivität" ein, die sich von mystischen Bestrebungen abzugrenzen suchen, und beschwört Ding und Bild als Möglichkeiten herauf, dem „Meer der Zeichen"[108] zu entgehen, um stattdessen der „Wirklichkeit" näher zu kommen, enthüllt ein genauerer Blick gerade die hybride Herkunft der von ihm als wissenschaftlich eingeführten Praktiken. Dass sich hier untersuchtes Phänomen und für die Untersuchung herangezogenes Verfahren angleichen, geschieht nicht zufällig; vielmehr eignen sich die Beschreibungsformen gerade aufgrund ihrer unterschwelligen Neigung oder aber ihrer historischen Genese aus dem Zwischenbereich von Kunst und Wissenschaft für die Untersuchung des Imaginären.

Das Periodensystem stellt sich so als eine diagrammatische Struktur dar, die auf ursprünglich aus der Musik oder dem Spiel entlehnten Analogien aufbaut. Während die Ähnlichkeit als eine Figur mit unklaren Grenzen, die aus der binären Logik von Identität und Differenz heraustritt und durch ihre Kontextabhängigkeit kaum zu definieren ist, meist aus dem Bereich des modernen wissenschaftlichen Denkens ausgegrenzt und in der Domäne der Kunst verschoben wird, zeigt sich am Beispiel des Tableaus von Mendelejew, dass die Wissenschaft durchaus mit graduellem, spielerischem oder räumlichem Ähnlichkeitsdenken operiert.

4 Canettis Tabellen

Ein Nachlass-Konvolut von 1959, das sich unter den letzten Archivschachteln befindet, die den Materialen zu *Masse und Macht* zugeordnet sind, enthält Canettis handschriftliche Arbeiten an Anmerkungsapparat und Literaturverzeichnis für

---

[108] Bianciotti/Enthoven: „Gespräch mit Roger Caillois (1978)", S. 300. Frz.: „l'océan des signes". Caillois: „Entretien avec Hector Bianciotti et Jean-Paul Enthoven [28 novembre 1978]", S. 142.

die Publikation des Buches. Die hier von Canetti niedergeschriebenen Angaben sind sämtlich in kaum veränderter Form in die erste und die folgenden Druckfassungen von *Masse und Macht* eingegangen, nur im Vergleich zur Werkausgabe wurden kleine Veränderungen vorgenommen.[109] Mag Canetti die Arbeit an den Paratexten auch als beschwerlich beschrieben haben,[110] die daran anschließenden Notizen, die im selben Konvolut enthalten sind, zeugen doch von einer gewissen Lust am abschließenden Ordnen, Inventarisieren und Systematisieren dessen, was sich innerhalb des Haupttexts von *Masse und Macht* so skandalös „diagonal" präsentiert.[111]

Denn auf die Anmerkungen und die lange Liste seiner Bibliographie, innerhalb des Konvoluts handschriftlich durchnummeriert von Seite 1 bis 47, folgen verschiedene Zähl- und Visualisierungsversuche aller innerhalb seines Literaturverzeichnisses aufgeführten Quellen. Zunächst ordnet er die Einträge nach Sprachen und notiert darunter ihre Anzahl:

Deutsche	Englisch	Franz.
112	158	63[112]

Im Anschluss folgen mehrere Seiten mit ganzseitigen Tabellen, im Querformat und wie fast alle Notizen Canettis mit Bleistift geschrieben. Die erste Tabelle, die umfangreichste und detaillierteste, sei hier genauer betrachtet (siehe Abb. 7). Darin beginnt er in enger, kleiner Schrift in der oberen linken Ecke der Seite im Querformat unter 28 verschiedenen Kategorien insgesamt 332 Quellen anzuführen.[113]

---

109 Im gedruckten Literaturverzeichnis sind ein paar Quellen hinzugefügt worden. In den Anmerkungen innerhalb der Werkausgabe sind teilweise Kürzungen vorgenommen worden.
110 Vgl. Hanuschek: *Elias Canetti*, S. 435.
111 Vgl. zu den Listen an Ahnen in der Autobiographie u. a. auch: Beatrix Kampel: „Ein Dichter braucht Ahnen. Canettis Begegnungen mit Literatur und Literaten im Spiegel seiner Autobiographie". In: Kurt Bartsch, Gerhard Melzer (Hg.): *Elias Canetti, Experte der Macht*. Graz: Droschl 1985, S. 102–115, hier S. 131. Kampel mockiert in ihren Anmerkungen, Canettis Korpus in der Literaturliste erscheine „bezogen auf den Arbeitszeitraum von 30 Jahren, eher bescheiden und willkürlich".
112 Es folgen noch insgesamt sieben einzelne spanischsprachige Titel, nicht eigens zusammengerechnet. Elias Canetti: Nachlass Zentralbibliothek Zürich 49.9, „Masse und Macht", Textfassungen „Anmerkungen", „Bibliographie", S. 48.
113 Mit einer unbenannten Kategorie, die erst in der nächsten Tabellenversion einen Namen erhalten wird (die Biologie) sind es insgesamt 29 und damit etwas weniger als in der Übersicht nach Sprachen, zu denen noch sechs spanischsprachige Quellen hinzukommen. Die Schwankungen zwischen den einzelnen Zählungen ergeben sich u. a. durch die Mehrfachnennung von Autor*innen, teilweise sind sie aber auch nicht mehr zu rekonstruieren, weil die Zuordnungsgrundlage fehlt – anders als in der ausführlichen Tabelle in Abb. 7.

Meist nennt er die Nachnamen der Verfasser*innen, an einer Stelle auch eine Sammelbezeichnung: „Wendische Sagen". Das Blatt ist horizontal in zwei Teile, einen oberen und einen unteren Bereich geteilt, die obere Hälfte in insgesamt 14 beinah gleichgroße Spalten. In der unteren Hälfte verliert sich die regelmäßige Aufteilung, teils ragen die oberen Spalten in den unteren Abschnitt hinein, teils wählt Canetti die Spalten breiter und fügt stattdessen in den leer gebliebenen Raum des Blattes zusätzliche Kategorienüberschriften ein, unter denen sich jeweils nur zwei oder drei Einträge finden lassen. Eine einzelne Quelle bleibt ohne Überschrift. Die Mittellinie des Blattes, die beide Hälften trennt, ist gezogen worden, bevor alle Einträge auf der oberen Hälfte eingefügt waren: in ihre Richtung drängen sich die Einträge eng zusammen, schließlich übertreten sie die Linie an einigen Stellen. Die Trennlinien der vertikalen Einzelspalten schließen oben mit der Mittellinie ab, unten fransen sie aus: Teilweise wurden unterbrochene Spalten aus der oberen Hälfte unterhalb neuer Spalten der unteren Hälfte fortgeführt (z. B. „Antike", siehe Abb. 7). Auch wenn die Struktur der oberen Hälfte im unteren Teil nicht mehr durchgehalten und stattdessen eher nach Bedarf jeweils dort Kategorien ergänzt werden, wo Canetti am Ende noch Raum auf der Seite findet, entsteht insgesamt doch der Eindruck einer systematischen Tabelle. Verstärkt wird dieser Eindruck durch die Zahlen am Ende jeder Spalte: Canetti zählt am Schluss aller Eintragungen die Namen zusammen und notiert unter einem kurzen abschließenden Strich ihre Anzahl. Anhand der Reihenfolge der unter den Kategorien aufgeführten Namen ist erkennbar, dass er dafür die alphabetische Liste seines gerade erstellten Literaturverzeichnisses von oben nach unten durchgeht und jeden Eintrag einer seiner verschiedenen Kategorien zuordnet, bzw. die Kategorien erst im Zuge der Tabellarisierung setzt. Abschließend zählt er sie. Man könnte also sagen: Canetti macht Inventur.

Abb. 7: Elias Canetti: Tabelle 1, aus dem Nachlass, Zentralbibliothek Zürich 49.9: „Masse und Macht", Textfassungen „Anmerkungen", „Bibliographie", S. 49.

Aufschlussreich sind nun die einzelnen Kategorien, die er für seine neue Ordnung findet, denn diese kommen innerhalb von *Masse und Macht* an keiner Stelle vor. Ganz im Gegenteil offenbart sich in der paratextuellen Tabelle eine Systematik, die das Werk selbst gerade zu umgehen versuchte: Die Kategorien sind einerseits historische Epochenbezeichnungen, in der linken oberen Ecke beginnend mit „Antike" und „Mittelalter". Dann folgt die Überschrift „Mongolen", direkt daneben stehen in dieser Reihenfolge: „Indien/Persien/China/Japan/Sibirien/Nordamerika". Einige Kategorien sind folglich historischer Art, sie reichen von Epochen bis zum Einzelereignis wie der Französischen Revolution. Die Mehrzahl sind geographische oder politische Benennungen, teils ganze Kontinente (Nordamerika, Südamerika, Australien), teils Nationen oder Gebiete, allerdings auch historische Reiche (Japan, Moderner Orient, Sibirien, Byzanz). Dazwischen tauchen sprachgemeinschaftliche und ethnische Bezeichnungen auf (Germanen, Juden oder die genannten Mongolen). In der unteren Hälfte lassen sich außerdem wissenschaftliche Disziplinen als Sammelbegriffe finden (Soziologie, Psychiatrie). Während im oberen Teil die Kategorie „Islam" völlig aus der Logik herausfällt, erscheinen unten, nun auf logischer Ebene quer gelagerte, ungleich allgemeinere Kategorien wie „Religion" und „Kultur". Eine einzige Kategorie erscheint besonders unpassend in dieser Ordnung, unter ihrer Überschrift sind auch nur drei Namen versammelt. Es ist die „Masse" – die einzige Kategorie, die also auch im Haupttext als solche wiederkehrt. Hier scheint sie allerdings eher fehl am Platz, zudem im Hinblick auf ihr Gewicht im Text deutlich unterbesetzt. Canetti ordnet also um: Die thematischen Verknüpfungen des Textes werden gelöst und in andere Kategorien überführt.

Dafür wird die lineare Ordnung des alphabetischen Literaturverzeichnisses sukzessive abgetragen und in einer räumlich-visuellen Tabelle verteilt, nebeneinander, übereinander geordnet und so in eine bildliche Struktur umgewandelt. Dennoch gibt der alphabetische Ort des einzelnen Eintrags den Zeitpunkt vor, zu dem er in die simultan gedachte Ordnung der Tabelle eingeht: Nimmt man also an, dass Canetti die Kategorien nicht vorher im Kopf hatte – was sich dadurch plausibilisieren lässt, dass die Reihenfolge der Kategorien sich damit deckt, wie die zugehörigen Quellen innerhalb des Literaturverzeichnisses auftauchen, und auch die Spaltenaufteilung nicht geplant und im Vorhinein bemessen erscheint – dann entstehen hier nun anders als innerhalb des Textes von *Masse und Macht* ganz neue Kategorien auf Basis der „alten" Materialien: Eine neue Ordnung aus der alphabetischen paratextuellen Liste des bereits geschriebenen Buches. War angesichts von Canettis Sammelpraktiken beobachtbar, wie aus der Sammlung ein Buch entsteht (Kapitel IV.4) passiert hier nun der Rücktransfer des fertigen Buchs in eine Sammlung. Aus dem Text entsteht damit eine räumliche Struktur aus Schrift, Zahlen und Linien. Für die sukzessive Genese der Kategorien aus der alphabetischen Logik spricht auch, dass der einzige Eintrag, der ohne Zuordnung bleibt, mit Z beginnt: „Zuckerman". Gemeint ist damit das ursprünglich 1922 erschienene Werk eines englischen Anatomen der „Zoological Society of London": *The Social Life of Monkeys and Apes*. Erst in einer dritten, noch stärker abstrahierten Tabelle, erhält es eine Oberkategorie: „Biologie". Der Verdacht liegt nahe, dass Canetti, hätte er seine Aufteilung statt bei A bei Z begonnen, die Biologie zu einer der ersten, zentralen Kategorien erhoben hätte, und so möglicherweise automatisch auch andere Einträge[114] diesem Bereich zugefallen wären. Alphabetische Genese und tabellarische Logik sind also eng verzahnt.

Auf die beschriebene Tabelle folgen innerhalb des Nachlasskonvoluts weitere Tabellen und Listen: Eine doppelseitige, ebenfalls tabellarisch angeordnete Aufschlüsselung der größten Kategorien nach Primär- und Sekundärliteratur und schließlich eine Liste, übertitelt mit: „Kulturen nach aufgeführten Büchern". In

---

114 Z. B. mehrere Einträge, die sich mit Wolf und Mensch befassen und stattdessen „Psychiatrie" zugeordnet wurden.

dieser Liste sind einige Zuordnungen und Zählungen verändert, vor allem aber zählt Canetti nun schlicht *alles* zu den „Kulturen", deren Reihenfolge hier zumindest anfänglich durch die jeweilige Buchanzahl festgelegt wird:

Kulturen, nach aufgeführten Büchern
Afrika	46
Amerika	25
Antike	23
Islam, Araber	22
[...]	
Südsee	12
Sibirien	10
[...]	
Soziologie – Kulturen im Allgem.	16
Religionen im Allgemeinen	15
Psychiatrie	10
Masse	5
Biologie	1 (2)[115]

Auf der folgenden, vorletzten Seite des Konvoluts folgt die am stärksten abstrahierte Aufstellung: eine Aufstellung aller Kategorien, unter denen nur noch Striche gesetzt wurden, möglicherweise also die Grundlage der zitierten „Kulturen"-Liste. Was sollen nun all diese vielfältigen und aufwändigen, nachträglichen Übersichten, die listen- und tabellenförmigen Ordnungsversuche, das akribische Zählen und Sortieren? Man könnte darin zunächst Vorstudien für ein Stichwortregister vermuten. Allerdings ist in keiner publizierten Version des Buches ein Register enthalten, außerdem sind die Kategorien deutlich zu grob und werden in der Listenfolge auch eher stärker verallgemeinert als verfeinert. Der Fokus liegt stattdessen auf der Zählung, auf der *Anzahl* der verwendeten Quellen, nicht auf den Stichworten. Der Bilanzstrich, der sich am Ende der Tabellenfelder befindet, weist darauf hin: Canetti schreibt keine offenen, exemplarischen Listen, sondern tatsächlich Inventare, vollständige und erschöpfende Bestandsaufnahmen, die sich gerade durch das Verbot von „usw." oder „etc." am Ende ihrer Listen auszeichnen.[116]

---

115 Hier stark gekürzt. Elias Canetti: Nachlass Zentralbibliothek Zürich 49.9., S. 52.
116 Vgl. zu „etc." und „usw." Georges Perecs „Anmerkungen hinsichtlich der Gegenstände, die auf meinem Schreibtisch liegen", in: Ders.: *Denken/Ordnen*. Übers. v. Eugen Helmlé. Zürich: Diaphanes 2014, S. 19. Siehe auch: Mainberger: *Die Kunst des Aufzählens*, S. 218. Canettis Bilanzstrich ist hier entscheidend, da er Notizen in geschlossene, zählbare, beendete Listen verwandelt. Die offene Aufzählung nämlich könnte schnell in das kippen, gegen das sich seine Listen eigentlich zu wehren versuchen, die überbordende unzählbare Fülle, die durch ein etc. angedeutet werden

Geht man zurück zur ersten Tabelle, dem ursprünglichen Entwurf der tabellarischen Ordnung, dann visualisiert Canetti hier einerseits den eigenen, persönlichen Arbeitsprozess, nicht nur quer durch seine verschiedenen Arbeitssprachen und seine Exilerfahrung (die u. a. für den großen Anteil englischsprachiger Quellen verantwortlich ist), sondern auch durch die Zeit: durch seine über 30 Jahre andauernde Arbeit an *Masse und Macht*, die vor allem anderen in umfassender Quellenlektüre bestand. All dies wird nun auf einer einzigen Papierseite zentriert. Andererseits visualisiert die Tabelle eine Bewegung von den Affen durch alle historischen „Schichten" menschlicher Kulturen, genauso wie über alle Kontinente der Erde. Im Neben- und Übereinander der Tabelle wird folglich ein raumzeitliches Panorama sichtbar, das allerdings nicht direkt versucht, ein Abbild der Welt, sondern zunächst eine Übersicht über das Universum der von Canetti zusammengetragenen Texte, über das Universum von *Masse und Macht* zu geben – und damit auch darauf zielt, zu zeigen, dass die innerhalb des Textes nachgezeichneten Strukturen des Imaginären sich auf genau dieses universale Panorama stützen: Die bildliche Anordnung scheint beweisen zu wollen, dass für die Skizzierung der imaginären Strukturen *jede* Zeit, *jede* Kultur, *jede* Disziplin herangezogen wurde. Die Simultaneität der Tabelle wiederum spiegelt Canettis Weigerung wider, eine Raum- oder Zeitachse einzuziehen.

Das Imaginäre wurzelt seit dem 19. Jahrhundert, so hat es Michel Foucault anhand von Flauberts *La tentation de Saint-Antoine* behauptet, in den Büchern. Es sei ein „Bibliotheksphänomen".[117] Auch in Canettis nachträglichen Ordnungsversuchen begründet sich das Imaginäre in den Büchern, entsteht allerdings nicht in neuen Texten, sondern aus einer bildlichen Anordnung zusammengetragener und verarbeiteter bis einverleibter Quellen. Canetti erklärt folglich hier die Tabelle zum epistemischen Werkzeug für das Imaginäre. Sein Ringen mit dem Material, mit der Fülle und der Masse der Quellen, die er sich anhand von Tabellen, Listen und Inventaren noch einmal buchstäblich vor Augen stellt, stellt verdichtet die *Masse und Macht* zugrundeliegenden Strukturprinzipien vor Augen.

Mit Blick auf die wissenschaftliche Effizienz von Abbildungen kann Canettis Tabelle als ein parallel zum Text verlaufender, eigenständiger Versuch gesehen

---

kann. Canettis Listen sind also hier als Versuch zu verstehen, die unkontrollierbare Masse, die er in seinem Buch auf Gegenstandsebene radikal einzuschließen versuchte, mittels der operativen Bildlichkeit auszuschließen. Oder in Sabine Mainbergers Worten: „Die Extension der Aufzählung aber widerspricht dessen [sic] Prinzip der Verknappung und bringt eine andere Komponente ins Spiel: die der unbeherrschbaren Quantität. Die verfehlte Klassifikation stellt dann nicht nur die eine bestimmte Ordnung in Frage, sondern die Masse des zu Ordnenden bedroht als solche jeden Versuch der Einteilung und Qualifizierung." Ebd., S. 44.
117 Vgl. dazu den Abschnitt „Zur Lesbarkeit des Imaginären" im Kapitel V.1.

werden, das Imaginäre mittels der nichttextuellen Logik des Nebeneinander- und Übereinanderstellens von bildlichen Formen zu fixieren. Erneut verführt hier der Gegenstand – das Imaginäre – zur Vermischung der Grenze der beiden Kulturen: Der Gegensatz von operativer Bildlichkeit (als wissenschaftliches Instrumentarium) und dem Komplex von Erinnerung, Imagination und Raum tritt angesichts von Canettis Tabelle offen zutage. Dies sei hier kurz ausgeführt:

4.1 *Masse und Macht* als „begrenztes Panorama". Zur tabellarischen Ordnung

Die erste, ausführlich beschriebene Tabelle ist mehr als nur ein nachträglicher und abschließender Ordnungsversuch. Sie offenbart die panoramatische Logik, auf der *Masse und Macht* aufbaut. Indem die Tabelle konträre Kategorien zu den Themensetzungen konzipiert, die der geschriebene Text vorgenommen hatte, und sich einer bildlichen Visualisierungsstrategie bedient, die entgegengesetzt zur Sukzessivität des Textes funktioniert, hilft sie – deutlicher als es der Text erlaubt –, die Prinzipien zu verstehen, nach denen Canetti die Universalität seiner Beobachtungen zu stützen versuchte; also zu verstehen, wie das Imaginäre bei Canetti überhaupt zu einem universalen Phänomen werden kann. Außerdem und noch wichtiger: Sie offenbart durch die Zellen, die durch das Raster der Tabelle fallen, durch das, was fehlt, den Ausgangs- und Nullpunkt, von dem aus die einzelnen Felder der Tabelle entworfen wurden.

Die Tabelle als Ordnungspraktik des Wissens basiert auf der Voraussetzung, dass sich das Wissen von den Dingen der Welt mittels eines Transferprozesses nicht nur in eine räumliche, sondern sogar in eine zweidimensionale, geometrische, symmetrische Form bringen lässt – dies ist oben bereits mithilfe von Krämers Konzept der „operativen Bildlichkeit" beschrieben worden.[118] Offenbarte sich am Sammeln des Imaginären die „gebieterische[ ] Tendenz zur Nachahmung",[119] zur Ähnlichkeit, lässt sich anhand von Techniken der bildlichen Darstellung des Imaginären auch das Gegenstück, die „Tendenz zur Variation",[120] ab-

---

118 Vgl. insbesondere zu Geometrie und Tabelle auch: Benjamin Steiner: *Die Ordnung der Geschichte. Historische Tabellenwerke in der Frühen Neuzeit*. Köln: Böhlau 2008, S. 11.
119 Caillois: „Mimese und legendäre Psychasthenie [1935]", S. 34. Frz.: „il reste chez le ‚primitif' une tendance impérieuse à imiter". Caillois: „Mimétisme et psychasthénie légendaire [1935]", S. 107. Vgl. dazu Kap. IV.
120 Charles Darwin: „Über die Entstehung der Arten durch natürliche Zuchtwahl oder die Erhaltung der begünstigten Rasse im Kampfe um's Dasein [1876]". In: Ders.: *Gesammelte Werke*, Bd. II. Stuttgart: Schweizerbart'sche Verlagsbuchhandlung, S. 182; Engl.: „the tendency to vary", zit. nach: Voss: *Darwins Bilder*, S. 83.

lesen. Ähnlichkeit und Differenz werden gleichermaßen erst durch Praktiken des Nebeneinanderstellens sichtbar. Dafür bedarf es zunächst einer Ordnung für das Gesammelte. Die bildlichen Ordnungsformen sind einerseits Versuche, die angesammelte Fülle zu überblicken, andererseits sind sie es auch, die erst bestimmte Tendenzen ihrer Gegenstände hervorbringen: Um Unterschiede oder Ähnlichkeiten erkennen zu können und hervortreten zu lassen, muss zunächst Vergleichbarkeit geschaffen werden; am leichtesten durch standardisierte Formen.[121] Solche Formen, die unter dem Banner wissenschaftlicher Objektivität versuchen, die Rolle der Forschenden als subjektiv Vermittelnde so gering wie möglich zu halten, bedürfen einer mechanischen Reproduktionstechnik oder aber größtmöglicher Abstraktion, die nicht an den Vorgaben einer visuellen Ästhetik, sondern ihrer epistemischen Funktion orientiert ist. Diese Abstraktion leistet im vorliegenden Fall die geometrische Anordnung des Wissens. Durch das Neben- und Übereinanderstellen der Quellen in Canettis tabellarischem Raum werden die einzelnen Kategorien nun wieder zu etwas Differentem, also klar voneinander unterschieden, während sie innerhalb des Textes ja in ihrer Fülle gerade zum Beweis von Gleichheit und Ähnlichkeit im Hinblick auf bestimmte Themen – Machtvorstellungen, Massenimaginationen, kollektive Ängste, etc. – herangezogen wurden.

Die graphischen Elemente der Tabelle, die Trennstriche, Unterstreichungen, Bilanzstriche und die große horizontale Linie, sind hier also als Argumente des Ausschlusses zu verstehen. Listen basieren meist auf binären Unterscheidungen (Einschluss/Ausschluss) und folglich auch auf Klassifikationen, die „Gleichheit und Verschiedenheit konstituieren und damit diffuse Erfahrungen strukturieren und ordnen."[122] Kommt für die Liste dann noch eine alphabetische Sortierung ihrer Elemente hinzu, schwingt oft auch ein „alphabetischer Qualitätskodex"[123] mit. Auch Canettis Tabelle besteht aus 29 einzelnen Listen, die jeweils über Ein- und Ausschluss festgelegter Klassifikationen strukturiert sind. Die einzelnen Listen folgen aufgrund ihrer Genese aus dem sukzessiven Abtragen des Literaturverzeichnisses noch immer teilweise der alphabetischen Ordnung. Dennoch löst das Nebeneinander der Tabelle die starre Hierarchie der ursprünglichen Liste – des alphabetischen Literaturverzeichnisses – auf und eröffnet einen simultanen, bildlichen Raum, in dem Querbezüge und Vergleiche möglich werden. Mag diese Lust

---

121 Wie Julia Voss für die Bilder und Diagramme Darwins, u.a. für die seriellen Illustrationen von Vogelköpfen, gezeigt hat. Vgl. ebd., S. 46 u.a.
122 Mainberger: *Die Kunst des Aufzählens*, S. 42.
123 „Der alphabetische Qualitätskodex besitzt keine große Auswahl; es gibt in Wahrheit nur drei Elemente: A = ausgezeichnet, B = weniger gut, Z = Null (Film der Serie ‚Z'). Trotzdem war es ein Kodex, der eine zwangsläufig indifferenten Reihe ein ganzes hierarchisches System überstülpte." Perec: *Denken/Ordnen*, S. 150f.

am Klassifizieren, die Canetti hier scheinbar antreibt, angesichts seines Hasses auf die Macht- und Gewalthaltigkeit von geschlossenen Systemen, Klassifikationen und Taxonomien verwundern (siehe dazu Kap. VIII.2), so wird trotzdem schnell deutlich, dass die einzelnen Kategorien bewusst offen gehalten werden, untereinander logische Fehler produzieren und daher eine lückenlose, restlose Aufteilung gerade verhindern: Zwar spielen der Körper, Physiognomie, Biologie und Zoologie zentrale Rollen innerhalb von *Masse und Macht*, die Biologie aber fällt Canetti als Kategorienname innerhalb der ersten Tabelle nicht einmal ein, auch wenn er mit Psychiatrie und Soziologie zwei andere Disziplinen als Kategorien verwendet. Tauchen sonst keinerlei thematische Klassifikationen auf, setzt er zwischen „Psychiatrie" und „Franz. Revolution" die „Masse" und ordnet ihr als erstes Philippe de Félice, *Foules en Délire. Extases Collectives*, Paris 1947, zu, was sich unter Umständen auch in die vorhergehende Kategorie hätte einpflegen lassen. Mythos, Macht oder Tod, alles Kategorien die allein ausgehend von den Titeln des Literaturverzeichnisses ebenfalls naheliegend gewesen wären und zu den zentralen Themen des Buches gehören, fehlen. Aus der Ordnung der ersten Zeile fällt der Punkt „Islam" ganz aus der historischen und geografischen Logik, auch die ungleich globalere Kategorie „Religion" im unteren Teil löst diesen logischen Widerspruch nicht auf, im Gegenteil. Die Kategorien sind untereinander also nicht vollständig äquivalent, gehen aus der willkürlichen alphabetischen Reihenfolge der einzelnen Namen hervor und bilden zudem eine Gegen-Ordnung zur Themensetzung des Textes. In ihrer expliziten historischen, geografischen und kulturellen Breite beweisen sie den Universalitätsanspruch von *Masse und Macht* noch einmal aufs Neue und bringen ihn auf einer einzelnen Papierseite in eine bildliche Form, die Züge eines Panoramas trägt: Ein Rundumblick quer durch die Zeiten, Glaubensvorstellungen, Räume und wissenschaftlichen Kulturen, der aufgrund seiner ungleichmäßigen Kategorienwahl weniger einem tatsächlich runden Blick als einem Zickzack ähnelt.[124]

Gerade durch diese Komplementarität wird deutlich, was durch beide Raster, dasjenige des Textes und das der Tabelle, fällt: In der Tabelle werden Kontinente und Länder aufgezählt, was hier aber fehlt, ist Europa oder auch nur ein einziges europäisches Land. Angefangen bei der Antike, dem alten China bis zur Französi-

---

[124] Mit breiterem, kräftigerem Bleistiftstrich sind alle 28 Kategorien (außer der noch nicht betitelten Biologie) neben ihren unterstrichenen Überschriften mit einem Häkchen versehen. Dieses eindeutig später hinzugefügte Abhaken ist möglicherweise zur Übertragung in die späteren Listen eingesetzt worden. Es stammt also mit großer Wahrscheinlichkeit von Canetti selbst, so auch die Meinung von Johanna Canetti, die den Nachlass betreut. Betrachtet man die erste Tabelle aber isoliert, wirken sie auch wie das zufriedene Abhaken der einzelnen Bereiche: Antike: Häkchen, Mittelalter: Häkchen, Afrika: Häkchen. Die Striche scheinen zu vermitteln, der universale Anspruch sei durch die vielen verschiedenen angesammelten Quellen erfüllt.

schen Revolution und „dem modernen Orient" sind verschiedene Epochen und Ereignisse benannt, nicht aber die beiden Weltkriege. Islam und Juden (allerdings nur mit einer Quelle) tauchen auf, aber nicht das Christentum. Noch radikaler als in der Textform[125] von *Masse und Macht* lässt die Visualisierung der Quellen das Feld mit Canettis eigenem Beobachterstandpunkt und seinem zentralen Anliegen, die Machtform Adolf Hitlers und die europäischen Massenphänomene genauer zu verstehen, leer. Wie auch beim Panoramabild, das eine 360°-Rundumsicht aus einer spezifischen Perspektive abbildet, die aber nicht Teil des Panoramas sein kann, wird hier das Zentrum nicht selbst mit abgebildet. So erweist sich Canettis Tabelle gerade als das Gegenstück zu Caillois' Einsatz des Periodensystems, dessen Besonderheit laut Caillois schließlich darin liege, dass es alle Elemente des Universums und damit auch sich selbst enthalte. Caillois' paradoxe Bezeichnung des „begrenzten Panoramas" lässt sich für Canettis Tabelle also noch treffender anführen als für seinen eigenen Einsatz des Periodensystems. Die Begrenzung besteht in der Beschneidung des Universums um denjenigen Teil, von dem aus und um dessentwillen beobachtet wird. Der auffällige Gegensatz von universalem Anspruch und Aussparung des „Naheliegenden", d. h. der für Canetti jüngsten europäischen Geschichte, der in *Masse und Macht* für Irritationen gesorgt hat, zeigt sich angesichts der visuellen Anordnung in seiner ganzen Programmatik auch als visuell grundierte „Blick"-Form: als Weit-, Über-, und Rundumblick aus einem ausgesparten Zentrum.

Ist Canetti, wie etwa im Rahmen seines anverwandelnden Sammelideals, immer darauf bedacht, Hierarchien zwischen Subjekt und Objekt aufzulösen und Ähnlichkeiten zwischen Beobachtetem und Beobachtenden herzustellen, so zielt auch seine visuelle Ordnungsstrategie nicht auf ein Narrativ der Differenz, von „wir vs. sie". Stattdessen kann hinter seiner Tabelle der Versuch wahrgenommen werden, das zwischen den einzelnen Spalten und Zellen jeweils herrschende Äquivalenzprinzip der tabellarischen Ordnung, von der visuellen Struktur wiederum auf die Ordnung der Dinge rückzuprojizieren. So gleichberechtigt, wie jede einzelne Kategorie möchte Canetti auch die darunter versammelten Quellen und deren jeweilige Referenz nebeneinanderstellen – Zeiten, Räume und gesellschaftliche, religiöse und ethnische Gruppierungen mit dem ausgesparten Zentrum vergleichbar werden lassen. Dennoch ähnelt die Blickform, die das panoramatische Tableau impliziert, deutlich einem panoptischen Blick – dem allwissenden Blick der Macht schlechthin, der das Wissen der Welt auf einer Seite zu überblicken vermag. Wie ist diese Tabellarisierungsform des Imaginären bei Canetti also zu werten?

---

125 Im Text ist durchaus von europäischen Nationen die Rede (etwa im Kapitel zu den Massensymbolen), ebenso vom Christentum und auch von Adolf Hitler.

Neben dem Äquivalenzprinzip auf qualitativer Ebene fordert die Tabelle durch ihre Inventarstruktur dazu auf, die quantitativen Differenzen zwischen den Kategorien zu registrieren. Die mit Abstand meisten Quellen verzeichnet Canetti schließlich für die Kategorie „Afrika", auf der ersten Tabelle nimmt die Spalte als einzige die gesamte Länge der Seite ein, bedeckt nicht oberen und unteren Teil vollständig, sondern muss, am unteren Rand des Blattes angekommen, noch zwei Mal neue kleine Spalten daneben setzen, um alle Einträge unterzubringen. Der Versuch, die Perspektive zu verkehren und den Fokus statt auf Europa auf Texte und Quellen über Afrika zu legen, kann einerseits als Anspruch einer Dezentrierung verstanden werden.[126] Dennoch legt es gerade die listenförmige Bilanzierung, die Hortung der Zahlen nahe, hier an Canettis eigene Analyse der Verbindung von Macht und Zahl zu erinnern, die er in *Masse und Macht* explizit an Hitlers Rhetorik rückbindet: „*Die Wollust der springenden Zahl* ist zum Beispiel charakteristisch für Hitlers Reden." (MM 216)[127] Canetti bedient sich in der nachgelassenen Tabelle also ebenfalls der Macht der Zahlen – und sei es gerade zur demonstrativen Umkehrung der Machtverhältnisse.

Die Überlänge der „Afrika"-Spalte, die in den unteren Teil der Tabelle wuchert, steht zwar im Gegensatz zu den fehlenden Kategorien der europäischen Gegenwart. So weist die Leerstelle aber erst darauf hin, dass die Reflexion des eigenen Beobachtungsstandpunkts ausbleibt, zwischen den Spalten der Tabelle verschwindet, und damit auch ein Reflexionsprozess der eigenen hierarchischen Praxis des Kategorisierens, Zuteilens, Zählens und Überblickens, derer sich Canetti hier bedient, fehlt. Denn präsent bleibt die europäische Gegenwart schließlich gerade in den Verfasser*innen der Texte, die er als Quellen unter „Afrika" subsumiert.

4.2 Tabellarisierung des Imaginären

Was bildet die Tabelle nun eigentlich ab? Canettis universaler Anspruch, der sich in der ersten Tabelle zu einem zeit- und räumlichen Panorama verdichtet, zielt

---

126 Vgl. zur Frage, ob hier von inverser Ethnologie oder doch nur kolonialer Selbstbespiegelung gesprochen werden kann, das Kapitel V.1.3.
127 Noch ausführlicher erarbeitet er in seinem 1971 verfassten Essay „Hitler, nach Speer" die Verbindung von Zahlen, Massen und Macht anhand von Hitlers Lust am Messen und Übertreffen, die sich insbesondere in den architektonischen Plänen Speers niederschlage: Die Maße für Gebäude, die sämtlich alle anderen europäischen Vorbilder übertreffen sollten, und die Anzahl der Menschen, die seine Architektur fassen sollte, gründen insbesondere auf dem numerischen Vergleich. Vgl. Elias Canetti: „Hitler, nach Speer [1971]". In: GdW, 259–287. Siehe ausführlicher zu Architektur, Macht und Paranoia das Kapitel VIII.2 dieses Buches.

zentral – wenn auch nicht ausschließlich – auf Vorstellungsweisen, Mythen, Glaubensvorstellungen, Weltbilder und kollektive Imaginationen. In der Tabelle wird „auf einen Blick", zumindest auf einer einzigen Seite sichtbar, dass sich die von ihm behandelten Bereiche des Imaginären auf Quellen weit auseinanderliegender und verschiedener Zeiten, Kulturkreise, geographischer Räume stützen. Insofern liegt der Schluss nahe, dass sie Formen darstellen, die sich „überall" nachweisen lassen – am besten, am augenfälligsten aber beim raumzeitlichen „Anderen" aus Perspektive des europäischen Autors.

Die tabellarische Darstellung fremder Glaubensvorstellungen, „primitiver" Mythen hat besonders in der französischen Soziologie und Ethnologie eine Tradition, die so alt ist wie die jeweilige Fachgeschichte selbst.[128] In Anlehnung an naturwissenschaftliche Darstellungspraktiken versuchen etwa Durkheims und Mauss' Tabellen in „Über einige primitive Formen von Klassifikation" von 1903, die Verteilung von Totems der Zuñi auf die von ihnen untersuchten Gebiete und Klans in tabellarische Formen zu bringen und so vergleichbar zu machen. Diese Transferleistung wurde bereits 1977 von Jack Goody genauer vor dem Hintergrund der heute noch immer virulenten Fragestellungen ethnographischer Repräsentation des „Anderen" untersucht. In *The domestication of the savage mind* hinterfragt Goody die schriftlichen Repräsentationen oraler Kulturen entlang der These, dass der Gebrauch schriftlicher Verfahren und das westliche Denken der binären Differenzen die Erforschung oraler Modi des Denkens behindere.[129] Besonderes Augenmerk legt er auf die Diagrammatologie der Ethnographie und untersucht die Reduktionsleistungen, die es zur graphischen Abstraktion braucht, um das Wissen oraler Kulturen in Listen- oder Tabellenformen zu bringen.[130] Im Unterschied zur ephemeren, linearen gesprochenen Sprache ermögliche beispielsweise die Liste eine andere, auf Diskontinuität ausgerichtete Denk-

---

[128] Vgl. zur Anähnelung der frühen Ethnologie und Soziologie an die Naturwissenschaften, zum „chosisme" Durkheims, mit dem er die kollektiven Formen der Einbildungskraft in „Dinge" zu verwandeln versuchte, den Exkurs „Die Entstehung der Soziologie als dritter Kultur" in Kapitel II.2 dieses Buches.
[129] Dabei zählt Goody Tabellen zu den schriftbasierten Darstellungsweisen. Vgl. Jack Goody: *The domestication of the savage mind [1977]*. Cambridge: Cambridge University Press 1995, S. 53. Für aktuelle Forschungen zum „medialen Primitivismus" sowie den Medien der Ethnologie siehe: Werkmeister: *Kulturen jenseits der Schrift*; zum „Literarischen Primitivismus" siehe Gess: *Primitives Denken* sowie Frank: „Überlebsel. Das Primitive in Anthropologie und Evolutionstheorie des 19. Jahrhunderts", sowie Kapitel V *Lesen*.
[130] Dass die Tabelle trotz ihres starken bildlichen Anteils zur Schriftkultur gezählt wird, hat laut Goody gerade mit den Anfängen des Mediums der Schrift zu tun, an denen sich bereits Tabellen und vor allem Listen nachweisen lassen: Goody vermutet dahinter neben ökonomischen Berechnungen und Speicherungen, für die sich die Liste eignet, und dem Einübungsaspekt des Schrei-

weise, basierend auf der Verortung des Geschriebenen auf der Fläche des Trägermediums, auf der klaren Begrenzung der Tabelle und der Reihenfolge der Elemente. Dies habe insgesamt die Sichtbarkeit von Ordnungskriterien und damit auch die Grundvoraussetzung für eine bestimmte Art der Kategorienbildung zur Folge. Goody allerdings versucht zu zeigen, dass diese Form der Kategorienbildung auch als Folge aus dem Medium der Liste verstanden werden muss. Für orale Kulturen seien diese Prozesse schlicht irrelevant, da sich ihre Denksysteme auf andere Medien gründeten, die es stärker miteinzubeziehen gelte. Eine Vergleichbarkeit sowie eine Beschreibung des einen durch das andere müsse schlicht scheitern. Angesichts von Durkheims und Mauss' Tabellarisierung des Mythos, der als Gegenstand schließlich kein definiertes Korpus an Daten umfasse, schließt Goody: „Both myth and table are deliberate, literary elaborations of the actor's world-view, functions of the ethnographer's *exigence d'ordre*, not of any requirement of the actors."[131]

Ist die Tabelle als Medium ethnographischer Repräsentation vor allem als Ordnungsinstrumentarium für das Wissen der Forschenden und nicht der Erforschten zu betrachten, dann bringt sie – so könnte hier man Goodys Ansatz aufgreifen und zuspitzen – nicht so sehr das universale Imaginäre der „Anderen" zum Vorschein, sondern lenkt den Fokus auch auf die spezifisch räumliche Verfasstheit der Imagination ihrer Produzent*innen. Mit anderen Worten: Dass Canetti eine Tabelle benötigt, um die Quellen seines erklärten Hauptwerkes zu ordnen, hat auch mit einer bestimmten Repräsentationsform zu tun, die im abendländischen Denken eine lange Tradition hat, also auch deutlich älter ist als Durkheims Tabellen, und die Erinnerung, Imagination und räumliche Darstellung miteinander verknüpft: mit der antiken römischen Rhetoriktradition der *memoria*. Als vierte des fünfstufigen Rhetoriksystems dient sie der Einprägung der zuvor durch *inventio*, *dispositio* und *elocutio* entstandenen Rede, bevor im letzten Schritt, der *actio*, der eigentliche Vortragsakt erfolgt. In der Gedächtnistechnik wird die Rede an imaginierte Räume gebunden, die dann in der Vorstellung durchschritten werden können, um die verknüpften Inhalte aufzurufen und so zu erinnern. Die dafür verwendeten Raumvorstellungen und ihre Darstellungen bedienen sich jeweils auch an bestimmten historischen Architekturströmungen, wie Frances A. Yates bereits 1966 in *The Art of Memory* gezeigt hat.[132] Die enge Ver-

---

bens, auch ein Spielelement, um im Umgang mit dem neuen Medium der Schrift seine Möglichkeiten auszuloten. Goody: *The domestication of the savage mind*, S. 108.
131 Ebd., S. 58 [Herv. i.O.]. Ihm wurde allerdings später vorgeworfen, das binäre Denken, das er selbst zu kritisieren versuchte, wiederum über die starre Unterscheidung von Schrift- und oralen Kulturen mitzuführen und zu verstärken.
132 Frances A. Yates: *The Art of Memory [1966]*. London: Pimlico 1992.

knüpfung von Imagination und Architektur hat in den rhetorischen Traditionen der Vormoderne ihren Ursprung, zugleich wirkt die anhaltende Nutzung der Tabelle im Dienste der Erinnerung auch auf die Form zurück: Als etabliertes didaktisches Instrument führt ihre mnemotechnische Nutzung auch zu einem hohen Grad an Formalisierung bestimmter Tabellentypen.[133]

Canettis Tabelle ist also auch eine Art der an räumliche Repräsentationsformen gebundenen Erinnerungstechnik, um das eigene, sonst nicht mehr zu überblickende Werk in Gestalt von Zeilen und Spalten räumlich zu erfassen. Damit ähnelt sie – selbst wenn sie nie zur Veröffentlichung gedacht war – auf funktionaler Ebene doch wieder einem Register:

> Personen- und Sachregister werden *post festum* erstellt. Sie erschließen das bereits Geschriebene für den Leser, sei dieser ein ‚fremder' oder der Autor selbst, der sich in seiner eigenen Arbeit nicht mehr allein mit Hilfe seines Gedächtnisses orientieren kann. Ein Index blickt zurück, er macht erreichbar, was bereits vorhanden ist. [...] Andererseits zeigen sich an einem Sachregister nicht selten, auch für den Autor überraschend, unerwartet oder deutlicher als im Text ausgeführt, Beziehungen zwischen Themenbereichen und Problemen.[134]

Register machen Autor*innen zu ihren eigenen Rezipient*innen und lösen die mediale Verfasstheit des schriftlichen, sukzessiven Haupttextes in andere Formen auf. Sie sind zugleich als Aufzählungen von Namen und Zahlen geradezu der Gegen- und „Nullort"[135] des erzählerischen Schreibens.[136] Sei es in paradigmatischen Listen, sei es in simultanen Tabellen, in der textuellen Auflösung ähneln sich „Vor- und Nachtexte" strukturell und funktional an, wie Sabine Mainberger gezeigt hat: „Im einen besteht eine tendenziell lineare – narrative oder diskursive – Verknüpfung noch nicht, im anderen nicht mehr; der Index steht für multiple, bewegliche, auch für unbestimmte Beziehungen."[137]

---

133 Vgl. dazu erneut in historischer Perspektive und mit besonderem Fokus auf die Tabelle als didaktisches Instrumentarium: Steiner: *Die Ordnung der Geschichte*.
134 Mainberger: *Die Kunst des Aufzählens*, S. 135f.
135 Ebd., S. 41.
136 Siehe dazu, dass Canetti auch in *Masse und Macht* erzählt, das Kapitel V.1 dieses Buches.
137 Mainberger: *Die Kunst des Aufzählens*, S. 136. Die funktionale Ähnlichkeit von Vor- und Nachtext/-bild lässt sich bei Canetti anhand des Nachlasses auch tatsächlich nachweisen. Denn bereits in seinen ersten Plänen und Skizzierungen seiner Grundfragen zwischen 1929 und 1935 lässt sich das erkennen, was die nachträgliche Tabelle später einlöst. In den von Sven Hanuschek ausgewerteten frühen Notizblöcken der Wiener Zeit fragt sich Canetti nämlich u. a.: „Läßt sich anhand von Massen ein Überblick über die ganze Menschheitsgeschichte gewinnen?" Es ist dieser Über-Blick durch „alle" Zeiten und „alle" Formen menschlicher Kultur, den die Tabelle schließlich zu leisten versucht, wenn auch nicht allein anhand der Masse. Hanuschek: *Elias Canetti*, S. 189.

Im „Nach-Bild"[138] der Tabelle werden diese beweglichen Beziehungen in ein simultanes Nebeneinander überführt, in eine bild-räumliche Ordnung, die dem Lesen und Erzählen entgegensteht. Hier aber einen Imaginations- und Erinnerungsakt Canettis, ein Vor-Augen-Stellen des eigenen Textes als fremdes Gebilde zu sehen, hilft nachzuvollziehen, wie er sich selbst die „Ordnung der Dinge" seiner universalen Theorie imaginiert und sich darin bewegt: in einem simultanen Nebeneinander, das Zeit- und Raumbezüge aufzuheben in der Lage ist. Der neue Raum der Tabelle transformiert nicht nur die syntagmatische Ordnung des Textes ebenso wie die paradigmatische Ordnung des alphabetischen Verzeichnisses, er ersetzt außerdem gängige Zeit- und Raum-Disziplinen und Fächerordnungen, ebenso wie die Aufteilung von Kunst und Wissenschaft, indem er „Wendische Sagen" neben Thukydides oder Schrebers *Denkwürdigkeiten eines Nervenkranken* neben Frazers *Golden Bough* stellt.

Goody hat weiterhin zu zeigen versucht, dass die graphischen Gesetze von Tabelle und Liste in der Lage sind, bestimmte ökonomische Beziehungen zu präfigurieren. So könnten etwa „accounting procedures [...] be used to develop a generalised system of equivalences even in the absence of a generalised medium of exchange."[139] Die Liste wirke also, da sie den Schwerpunkt auf den quantitativen Vergleich lege, neutralisierend auf qualitative Unterschiede. Genau diese graphische Produktivität nutzt Canettis Tabelle. Canettis Einsatz der Masse, an dieser Stelle nicht verstanden als Gegenstand der Untersuchung, sondern als Werkzeug zur Generierung von Wissen, lässt sich gerade durch diese Überführung von Qualität in Quantität erkennen. Denn die Fülle an Quellen, Material und Beispielen, die Canetti braucht und über die er innerhalb des Haupttextes verfügt, um seine Thesen zu beweisen, dienen einerseits einem Bestreben, universale Prinzipien, bzw. eine Einheit offenzulegen. Andererseits wirkt die Fülle als Schutz für die Beobachtungsinstanz vor dem eigenen Gegenstand, weil sie als Masse des Fremden – gleich ob der „Primitiven", der Toten, der Geister oder der Insekten – sie vor der Anziehungskraft des Massenerlebnisses bewahrt.[140] In einer Nachlassnotiz zu *Masse und Macht* schreibt Canetti:

---

138 Als Gegenstück zu Sylwia Werners Begriff des „Prä-Bilds", das wie ein Prä-Text, allerdings auf bildlicher Ebene, funktioniert und insbesondere für Canetti und seine vielfachen Bezüge auf die Bildenden Künste am Sinne einer Interpiktorialität für seine Analyse miteinbezogen werden muss. Vgl. dazu ausführlich Werner: *Bild-Lektüren*, u. a. S. 62.
139 Goody: *The domestication of the savage mind*, S. 88.
140 Zur Konzeption der Fremde als Grundvoraussetzung der besseren Beobachtbarkeit gesellschaftlicher und psychologischer Zusammenhänge bei Canetti siehe das Kapitel V.1.2 dieses Buches.

> Grössere Übersichtlichkeit der Massenvorgänge bei den Ameisen als bei den Menschen; viel Detail fällt weg; der Gegensatz zwischen dem einzelnen Tier, das man auf seinen Arbeitswegen sieht, und den Massen eines Staats ist enorm. Der Beobachter ist nicht in Gefahr, selbst ein Teil dieser Masse zu werden [...] da er sich gegen die Masse nach aussen so wenig wie nach innen zu wehren hat, kann er ruhig und kalt beobachten, was bei den Ameisen vorgeht.[141]

Die fremde Fülle hat also, so lässt sich diese Notiz auch lesen, eine bestimmte Funktion in der wissenschaftlichen Experimentalanordnung, die von Canettis Tabelle in eine bildliche Form übersetzt wird: Sie dient dem Schutz des wissenschaftlichen Subjekts vor seinem eigenen Material.

Die an *Masse und Macht* immer wieder kritisierte Extemporalität bzw. Ahistorizität[142] wird angesichts der nachträglichen Tabelle als explizites Strukturprin-

---

141 Canetti: Nachlass 35.5, S. 3. Vgl. auch die Zitation bei Cha. Er liest aus Canettis Handschrift: „[...] die Beobachtung ist nicht in Gefahr [...]" und zitiert hier S. 4 des Konvoluts. Vgl.: Cha: *Humanmimikry*, S. 264f. Die Verknüpfung von Menschenmassen und massenhaft auftauchenden Insekten, die dann an die Erforschung des Fremden und des Eigenen, und insbesondere der Psychologie der Masse gekoppelt ist, lässt sich auch bei anderen Theoretikern der Masse, etwa Tarde und Freud, beobachten, vgl. dazu ebd. Auch Claude Lévi-Strauss nutzt in den *Traurigen Tropen* diese Verdopplung von Menschen- und Insektenmasse, zielt allerdings auf eine dichtere Verknüpfung beider, auf eine symbiotische Beziehung von Menschen- und Insektenmasse: „Von einem orientalischen Basar kennt man alles, noch bevor man ihn besichtigt hat, nur zwei Dinge nicht: die Menschenmenge und den Schmutz. Die eine wie der andere sind unvorstellbar, man muß sie erlebt haben. Denn diese Erfahrung restituiert mit einem Schlag eine grundlegende Dimension. An jener von den Mücken mit schwarzen Punkten durchlöcherten Luft, an jenem Gewimmel erkennt man eine natürliche Umgebung des Menschen wieder, nämlich diejenige, in der sich [...] das, was wir Zivilisation nennen, langsam herauskristallisiert hat." Lévi-Strauss: *Traurige Tropen [1955]*, S. 135. Zuvor, in den *Elementaren Strukturen der Verwandtschaft* aber hatte er bezweifelt, dass Insekten als Vorbilder für menschliches Massenverhalten herangezogen werden könnten, denn er geht nicht davon aus, dass Insekten als instinktgeleitete Tiere menschliche Sozialsysteme erklären könnten: Lévi-Strauss: *Die elementaren Strukturen der Verwandtschaft*, S. 48. Vgl. zur Verbindung von Gesellschaftstheorie und Ameisen exemplarisch und besonders im Hinblick auf die politischen und ethischen Dimensionen des Vergleichs: Niels Werber: „Schwärme, soziale Insekten, Selbstbeschreibungen der Gesellschaft. Eine Ameisenfabel". In: Eva Horn, Lucas Marco Gisi (Hg.): *Schwärme, Kollektive ohne Zentrum. Eine Wissensgeschichte zwischen Leben und Information*. Bielefeld: Transcript 2009, S. 183–202; Ders.: *Ameisengesellschaften. Eine Faszinationsgeschichte*. Frankfurt am Main: Fischer 2013. Siehe zur modellbildenden Rolle von Insektengesellschaften für die Gründung der neuen Wissenschaft der Soziologie wie gleichfalls zum notwendigen „Othering" der Masse als Gegenstand über den Vergleich mit sozialen Insekten: Eva Johach: „Insektengesellschaften und die Suche nach den Medien des Sozialen". In: *Zeitschrift für Medienwissenschaft* „Menschen & Andere" (2011), H. 4, S. 71–82. Auch Canettis Überlegungen zur Ameisensoziologie und ihren Bezügen zur menschlichen Masse haben Beachtung gefunden, vgl. erneut: Cha: *Humanmimikry*.

142 Vgl. exemplarisch zu dieser Kritik: Honneth: „Die unendliche Perpetuierung des Naturzustandes". Siehe ausführlicher zur Diskussion von Canettis „Primitivismus" das Kapitel V.1 dieses Buches.

zip erkennbar. Hier nutzt Canetti durch Methodentransfer ein Instrumentarium wissenschaftlicher Bildlichkeit und wendet dessen Eigenzeitlichkeit auf die gesammelten Quellen an: Die Simultaneität und Äquivalenz zwischen den senkrechten Spalten wirken dann auch auf die von ihm eingesetzten Inhalte, die graphische Struktur ebnet die zeitlichen Differenzen ihrer Gegenstände ein. Damit vermengen sich nicht nur zwischen den Spalten die „zwei Kulturen". Canetti macht zudem von einer etablierten (u. a. modernen) wissenschaftlichen Bildform für ein Projekt Gebrauch, das ein dezidiert „antimodernes" Ziel verfolgt.

Caillois' Tableau, Canettis Tabelle, Mendelejews Tisch – das Ringen darum, die Dinge bei ihrer schriftlichen Fixierung in die richtige Reihenfolge, in eine Ordnung auf dem zweidimensionalen Untergrund zu bringen, führt wieder zurück zum Problem, auf das bereits Goethe anlässlich der Reihenbildung in seinen *Morphologischen Heften* aufmerksam machte und das in der historischen Theoriebildung seit Cassirer mit der Differenz von Moderne und Vormoderne verknüpft ist: Bilden Taxonomien die latenten Verknüpfungen der Dinge der Natur nur ab, oder sind es die Darstellungsverfahren, die die Strukturen und Ordnungen in die Welt bringen?[143] Bestimmte Möglichkeiten, die aus den jeweiligen visuellen Darstellungstechniken erwachsen, setzen Canetti und Caillois auf unterschiedliche Weise dafür ein, Eigenschaften des Imaginären beschreibbar zu machen: die Urformen, die sonst im Unsichtbaren verharren, die Potenzialität des indirekten Schlusses aus der Logik des Tableaus. Oder die Tabellen zur vollständige Darstellung des sonst Unbegrenzten und die Übertragung der tabellarischen Äquivalenz auf die heterogenen Quellen. Mittels der spezifischen epistemologischen Eigenleistung des Bildes wird hier jeweils der Versuch unternommen, das Imaginäre zu fokussieren und zu fixieren. Und zugleich treten diese Eigenleistungen im Versuch ihrer Anwendung auf das Imaginäre besonders deutlich hervor.

Ist hier auf Beschreibungsebene zwar der Fokus auf die Konstruktionsleistung der bildlichen Verfahren für die jeweiligen Konzepte des Imaginären gelegt

---

143 Vgl. dazu Geulen: *Aus dem Leben der Form*, S. 110. Für Goethes Projekt der Morphologie, postuliert Eva Geulen, sei die spezifisch moderne Frage, ob sich die Ordnung der Dinge stärker im Objekt oder im Subjekt verorte, schlicht fehl am Platz. Beides zugleich sei der Fall: „Indem sich die Erforschung des Formenwandelns selbst wandelbar und lebendig zeigt, verliert der Unterschied zwischen Form als Gegenstand der Morphologie und Form als didaktische Darstellungsqualität der Formenlehre seine Relevanz. Beide konvergieren im offenen, potentiell unendlichen Projektcharakter" (ebd., S. 127). Ähnliches lässt sich schließlich – betrachtet man die verschiedenen Verfahren, die hier herausgearbeitet werden und denen jeweils eine spezifische Überlagerung von Gegenstand und Darstellungsform eignet, im Überblick – für die nicht enden wollenden, stetig neu ansetzenden Versuche zur Untersuchung des Imaginären bei Canetti und Caillois sagen.

worden – das selbsterklärte Ziel beider Autoren liegt in der Gegenrichtung: In der Darstellung des Imaginären durch Freilegung von latent in der Welt vorhandenen Strukturen, Ähnlichkeiten, Sichtbarkeiten mittels etablierter wissenschaftlicher Bildpraktiken, die traditionell eher mit naturwissenschaftlicher Faktizität verknüpft werden. Damit versuchen sie das Imaginäre als etwas Faktisches beschreibbar zu machen, als etwas, das in der Welt vorhanden und als solches abbildbar ist, das sich in den Tabellen *zeigt* und daher den menschlichen Anspruch des Schöpferischen radikal infrage stellt.

Der Einsatz von Tisch, Tableau und Tabelle verhandelt nicht nur Fragen der Reihenfolge, Auflösung von Sukzessivität in Simultaneität, sondern auch der Beobachtungsperspektive: Je nachdem, ob als spielerische Probehandelnde, als Teil des Tableaus oder als souverän-ordnende Instanz, entscheidet vor allem die jeweilige Konzeption der Beobachtungsform darüber, welche hierarchischen Implikationen die wissenschaftlichen visuellen Verfahren enthalten. Das „begrenzte Panorama", das Canettis Tabelle entwirft, hat, im Unterschied zur sonst von ihm so vehement proklamierten strukturellen Offenheit seiner Gedankengebäude, Vollständigkeitsanspruch und ist zugleich begrenzt durch die leere, sich ab- „grenzende" Position der Betrachtenden. Dabei ist es aber gerade die Begrenzung der Papierseite, auf der Canetti *alle* Quellen zu versammeln vermag, die diesen Vollständigkeitsanspruch ermöglicht und verborgen im Paratext vorführt. Über die Begrenzung gelingt Universalität – und dies mittels des beobachtenden Auges von Betrachter*innen, zu denen man selbst gehört, sobald man in Canettis Tabellarisierung des Imaginären eintaucht. Canettis dezentrierendes Unternehmen, das den Blick vom Eigenen auf das Fremde zu lenken versucht, wird durch die bildliche Form, derer er sich dazu bedient, doch wieder um ein einzelnes, westliches, gegenwärtiges Zentrum gruppiert.

VII Experimentieren. Fiktionale Experimente mit dem Tod (Canetti), der Depersonalisierung und dem Muschel-Sein (Caillois)

> *Das Nichtwissen darf am Wissen nicht verarmen.*
> ([1942] PdM, 12)

1 Fiktion als Instrument der Wissenschaften vom Imaginären

Werden im Verlauf des Kapitels zwar ausschließlich fiktionale Texte beider Autoren im Zentrum stehen, so sind diese nicht primär als („rein") literarische zu verstehen. Sie zielen mittels ihrer fiktionalen Verfahren vielmehr auf eine analytische Beobachtung des Imaginären, die sich im Kontext der von den Autoren entworfenen Wissenschaften vom Imaginären bewegt. Canetti und auch Caillois nutzen fiktionale Verfahren, um wie schon mit den Verfahren des Sammelns, des Lesens oder Abbildens bestimmte Bereiche des Imaginären zugänglich zu machen. Beide Autoren befassen sich insbesondere mit solchen Phänomenen und Gegenständen, die sonst aus der wissenschaftlichen Beobachtung ausgeschlossen sind: etwa der aus dem Inneren heraus erfahrene Tod oder vielmehr seine Überwindung sowie die Toten als unsichtbare Masse, ebenso wie Depersonalisierungserfahrung und Verwandlungen in Lebensformen, denen ein Bewusstsein normalerweise abgesprochen wird. Solche Annäherungen an Phänomene des Imaginären finden sich beispielsweise in Canettis *Buch gegen den Tod* und dem Kapitel über die Toten aus *Masse und Macht* sowie in Roger Caillois' Erzählung „Récit du délogé" („Bericht des Entwohnten").

Die zum *Buch gegen den Tod* zusammengefassten Aufzeichnungen Canettis zeichnen sich durch extreme Kürze und starke formale Verdichtung aus. Dabei wiederholen sie in immer neuen Anläufen und unter Zuhilfenahme ähnlicher syntaktischer Strukturen den Versuch, das menschliche und tierische Leben als eines zu imaginieren, das den Tod überwunden hat. Bei Caillois ist eine vergleichbar enge Verbindung von formaler Miniatur, Fiktion und seriellen Versuchsreihen auf Publikations- und Editionsebene im Hinblick auf sein Projekt der *Approches de l'imaginaire* (Annäherungen an das Imaginäre) erkennbar. Allein im zweiten Band, *Cases d'un échiquier* (Felder eines Schachbretts), versammelt Caillois insgesamt 64 einzelne, kürzere Texte[1] und bedient sich eines ähnlich approximati-

---

1 Zählt man alle Einträge des Inhaltsverzeichnisses von *Cases d'un échiquier* mit allen Unterkapitel zusammen, so kommt man auf 64 – genau die Anzahl der Felder des klassischen Schachbretts

ven Verfahrens der Reihung. Bei beiden Autoren vermischen bis in einzelne Texte hinein faktualer und fiktionaler Modus. Beide greifen dafür auf verschiedene wissenschaftliche Quellen und Disziplinen zurück und integrieren phantastische, komische, groteske oder utopische Elemente. Während Canetti sich dem Problem der Opazität des Todes auf andere Weise als traditionelle Thanatologien nähert – nämlich ex negativo, über die Vorstellung einer Welt ohne Tod –, thematisiert Caillois' Erzählung des „délogé" im Modus der Fiktion die fehlschlagende wissenschaftliche Auseinandersetzung mit dem Phänomen der Depersonalisierung, um paradoxerweise im Anschluss von ihr als „individueller" Erfahrung eines Ich-Erzählers zu berichten.

Eine Erkundung dieser Bereiche des Imaginären, also subjektiver Zustände jenseits von Tod und Depersonalisierung, gelingt nur durch den Einsatz fiktionaler Verfahren, und doch – darauf zielt die hier vorgeschlagene These – sind diese nicht automatisch als literarische Verfahren zu verstehen. Im Gegenteil: Die Fiktion wird im Hinblick auf ihre Rolle im Prozess wissenschaftlicher Erkenntnisgenerierung zu betrachten sein. Zwar mag der Einsatz der Fiktion, wie er sich sowohl in Canettis als auch in Caillois' Texten finden lässt, eine Vermischung von literarischen und wissenschaftlichen Textformen nach sich ziehen. Entscheidender aber ist, dass beide zur Untersuchung von Phänomenen des Imaginären jeweils Texte produzieren, die sich auf Verfahrens- wie auch auf Gegenstandsebene aus einer metatheoretischen Perspektive mit der Rolle der Fiktion im wissenschaftlichen Erkenntnisprozess befassen. Analog zur Analyse der imaginären Residuen wissenschaftlicher Sammel-, Lektüre- und Bildpraktiken liegt hier die Aufmerksamkeit auf den fiktionalen Verfahren, die beide Autoren in ihre wissenschaftlichen Überlegungen einbeziehen. Mit dieser Aufwertung der Fiktion als wissenschaftlicher Praktik ermöglichen sie einmal mehr einen Blick auf die „verunreinigende" Rückseite wissenschaftlicher Praktiken, der über ihre eigenen Texte hinausreicht. Eine genaue Analyse der hier beobachteten Texte von Canetti und Caillois kann also dazu beitragen, die Verunreinigungsarbeit freizulegen, mit der fiktionale Verfahren in modernen Wissenschaften immer schon am Werk sind, obwohl zugleich kein Aufwand gescheut wird, sie in den Bereich des Nichtwissenschaftlichen zu verbannen. Jenseits der Literatur wird die Fiktion allerdings anhand der exemplarischen Lektüren als elementarer Bestandteil etablierter wissenschaftlicher Formen einer sich selbst als in verschiedene Kulturen differenziert beschreibenden Moderne und ihrer Wissenschaften sichtbar.

Schließlich fokussiert das Kapitel die Unterscheidung von Imaginärem und Fiktivem und die Beziehung zwischen diesen, wie sie sich anhand der Texte bei-

---

also. Dabei bildet das „Récit du délogé" das 63., die *Table de concordance* das 64. Feld. Siehe zum letzten Feld weiter unten ausführlicher.

der Autoren anders bestimmen lässt, als dies andere, vorrangig anthropologische Bestimmungen des Imaginären vorschlagen. Zugleich entwerfen die Texte jeweils Modelle wissenschaftlicher Prozesse, die auf eine nicht literarisch zu verstehende Fiktion zurückgreifen: Praktiken des Experimentierens, Probehandelns und des Möglichkeitsdenkens. In ihnen offenbart sich die fiktionale Seite gängiger natur- und geisteswissenschaftlicher Praktiken. Diese wird gerade dann sichtbar, wenn die Fiktion in einem nicht (nur rein) literarischen Sinn zur Untersuchung des Imaginären genutzt wird.

2 Den Tod ausstreichen. Zu Canettis *Buch gegen den Tod*

Canettis Werk verfügt über das, was Adorno 1964 in einem Radiointerview mit Ernst Bloch „utopisches Bewusstsein"[2] nannte. „[O]hne die Vorstellung eines, ja fessellosen, vom Tode befreiten Lebens [kann] der Gedanke an die Utopie, der Gedanke der Utopie überhaupt gar nicht gedacht werden".[3] Mit der Forderung nach Abschaffung des Todes, der Bedingung der Möglichkeit jeder Utopie also, befasste sich Elias Canetti zeitlebens, insbesondere innerhalb seiner umfangreichen aphoristischen Schriften, den *Aufzeichnungen*. Dabei laufen die zentralen Themen seines Werkes, Macht, Gewalt, Verwandlung und Masse sämtlich in einer Vorstellung vom Tod zusammen, zu dessen ureigenem Feind sich Canetti erklärte, da nach Abschaffung des Todes Macht, Feindschaft und Gewalt ihren Grund verlieren und so ebenfalls abgeschafft würden.

Über Canettis Beziehung zum Tod und dessen utopischen Charakter ist folglich viel geschrieben,[4] aber auch gerätselt worden. 2014 sind Canettis über einen

---

2 Theodor W. Adorno: „Etwas fehlt ... Über die Widersprüche der utopischen Sehnsucht. Ein Rundfunkgespräch mit Theodor W. Adorno und Ernst Bloch. Gesprächsleiter: Horst Krüger [1964]". In: Rainer Traub, Harald Wieser (Hg.): *Gespräche mit Ernst Bloch*. Frankfurt am Main: Suhrkamp 1980, S. 58–77, hier S. 66.
3 Ebd., S. 68.
4 Mit Blick auf Canettis Gesamtwerk sind mindestens vier Annäherungsformen an den Tod zu unterscheiden: 1. Der in *Masse und Macht* vorherrschende Zugang, der vor allem mit der Zitation von u. a. ethnologischen, historischen und mythologischen Quellen arbeitet, die zumeist als Beobachtungen zweiter Ordnung die je verschiedenen Verarbeitungen und Semantisierungen von Tod und Unsterblichkeit fokussieren. 2. Der Einsatz sprachlicher Bilder und Bildumschreibungen der Autobiographien oder der *Blendung*, in denen die unzugängliche Erfahrung des Todes über den Umweg der bildenden Kunst ästhetisch erschlossen wird. 3. Die Dramen als Utopie und Experiment, insbesondere die *Befristeten*. 4. Die *Aufzeichnungen*. In Bezug auf die zentrale theoretische, philosophische und auch autobiographische Stellung der „Todfeindschaft" Canettis für sein Werk kann und soll an dieser Stelle mit Verweis auf die Forschungslandschaft kein wiederholender

Zeitraum von 52 Jahren obsessiv verfasste Notizen und Aphorismen[5] zum und gegen den Tod in einer Auswahl erstmals postum als *Buch gegen den Tod* publiziert worden, darin sind bereits veröffentlichte Aufzeichnungen mit einer Auswahl aus dem Nachlass verschränkt. Diese Edition erlaubt es einerseits, die Canetti'sche „Todfeindschaft"[6] und die lebenslange Auseinandersetzung in ihrer formalen wie methodischen Singularität und theoretischen Produktivität in Bezug auf konkurrierende soziologische, historische oder philosophische Konzeptionen des Todes zu beleuchten. Gegen den Tod sammelt Canetti Mythen, Märchen und Erkenntnisse aus der Verhaltensbiologie. Canettis Anschreiben gegen den Tod droht dabei bereits 1940 in ein wahnhaftes Projekt zu kippen, so notiert er ängstlich, die fiktive Person des „Todfeindes", dem er ursprünglich einen eigenen Roman widmen wollte, springe schon jetzt auf ihn über: „ich werde selbst langsam zum Todfeind, sein Wahn mein Wahn, und statt eines Werkes entstünde ein System, in dem ich langsam ersticke."[7] Das *Buch gegen den Tod* als universelles Projekt, das Canetti analog zu *Masse und Macht* als Sammlung von Exzerpten verschiedener naturwissenschaftlicher Werke, von Literatur und Philosophie begann,[8] drohte mehr als das abgeschlossene Masse-Buch zum selbstmörderischen, wahnhaften System zu

---

Überblick gegeben werden, da diese bereits produktiv beforscht wurde: vgl. z.B. Dagmar Barnouw: „Masse, Macht und Tod im Werk Elias Canettis". In: *Jahrbuch der Deutschen Schillergesellschaft* 19 (1975), S. 344–388; Henninghaus: *Tod und Verwandlung*; Franz Schuh: „Schreiben gegen den Tod". In: John Pattillo-Hess (Hg.): *Der Stachel des Befehls. 4. Internationales Canetti-Symposion*. Wien: Löcker 1992, S. 44–56; Ursula Ruppel: *Der Tod und Canetti. Essay*. Hamburg: Europäische Verlagsanstalt 1995; Angelova: *Elias Canetti*, insb. S. 30–38; Friedrich: *Die Rebellion der Masse im Textsystem*; Werner: *Bild-Lektüren*, insb. S. 75–86.

5 „Canettis jahrzehntelange Bemerkungen ‚gegen den Tod' gehen einem auf die Nerven. Sie sind unklar, manchmal wirken sie wie glatter Unsinn, sie schließen sich nie zu einer konsistenten Argumentation zusammen" – so Sven Hanuscheks zuspitzende Paraphrase kritischer Stimmen in: Hanuschek: *Elias Canetti*, S. 644. Vgl. ebd. S. 646–649 auch Canettis Stellungnahme dazu. Vgl. zur Genese – oder eher Nichtgenese des Buchs gegen den Tod, die Verschiebung des ewig unabgeschlossenen Projekts in die nie abschließbaren Aufzeichnungen, den eigentlichen „Lebens-Text": Wirtz: „Elias Canettis ‚Aufzeichnungen'. Kein Anfang, kein Ende", S. 180.

6 Vgl. grundlegend dazu das Kapitel „Der Tod-Feind" in: Hanuschek: *Elias Canetti* sowie Peter Friedrich: „Tod und Überleben. Elias Canettis poetische Anti-Thanatologie". In: Susanne Lüdemann (Hg.): *Der Überlebende und sein Doppel. Kulturwissenschaftliche Analysen zum Werk Elias Canettis*. Freiburg im Breisgau: Rombach 2008, S. 215–245. Vgl. dort jeweils auch die Bezüge zu Heidegger, Hobbes, Cassirer und Montaigne.

7 Elias Canetti: Nachlass Zentralbibliothek Zürich 5a, Notiz vom 20.6.1940, zit. nach Hanuschek: *Elias Canetti*, S. 647.

8 Hanuschek weist auf die Nähe von Canettis Projekt mit Ernst Cassirers letztem Buch *Vom Mythus des Staates* [1949] hin, vgl. dazu: Ebd., S. 651f.

werden.⁹ In Zusammenführung ausgewählter Aufzeichnungen zu einer einzigen Publikation wird andererseits erstmals beobachtbar, wie sich Canettis obsessives Fragen nach dem Tod mit den Aufzeichnungen als Modus literarischen Weltbezugs und spezifischer textueller Form unmittelbar miteinander verknüpft. Nicht ein Thema wählt hier eine sprachliche Gestalt; die Idee immer neuer Versuchsreihen kurzer und kürzester textueller Einheiten, die auf die Experimentierpraktiken der Naturwissenschaften hindeuten, ist den Texten als Strukturmodell bereits inhärent.¹⁰

Canetti hatte von 1924 bis 1929 in Wien Chemie studiert, obwohl er zuvor und auch danach wenig Begeisterung für das Fach zeigte und später die Wahl des Studienfachs damit begründete, er habe dem ökonomischen Druck, den seine Mutter auf ihn ausübte, nachgeben müssen. Aus den erhaltenen Studienunterlagen und der Promotionsurkunde von 1929 ist allerdings ersichtlich, dass er neben seiner Arbeit im Laboratorium der Universität auch Veranstaltungen in Experimentalphysik besuchte. Im Vergleich zu Caillois verfügte Canetti also – zumindest im Hinblick auf die Wissensstandards etablierter Disziplinen – über ein weitaus fundierteres Wissen über die Strukturprinzipien chemischer Verbindung, die Caillois in Verbindung mit dem Periodensystem der Elemente so faszinierten (vgl. Kap. VI.3). Aber auch Canetti lässt Sensibilität für die Strukturen der Chemie zwischen Begrenzung und unendlichen potenziellen Verbindungen erkennen, wenngleich ihn die Offenheit möglicher Verbindungen weitaus mehr interessierte als die Geschlossenheit des Periodensystems:

> Ohne Struktur kann ich nichts Grösseres schreiben. Aber ich wünsche mir nicht immer dieselbe, ich brauche ihrer viele, die Monotonie klassischer Formprinzipien beengt und irritiert mich [...] Ich brauche sehr viele und sehr verschiedenartige Strukturen und sie müssen bis ins Innerste der Dinge gehen, bis in ihre Substanz. Das aber, scheint mir, entspricht der Natur der Chemie. Kein Ende möglicher Verbindungen ist in ihr abzusehen: und doch sind es

---

9 Vgl. zur Verbindung von Wahn, System und Paranoia in Bezug auf *Masse und Macht* Kap. VIII.2.
10 Vgl. zu *Masse und Macht* vor dem Hintergrund naturwissenschaftlicher, insbesondere physikalischer und chemischer Modellbildungspraxis: Kuhnau: *Masse und Macht in der Geschichte*, u. a. S. 47. Auch auf das Experiment geht Petra Kuhnau an dieser Stelle knapp ein. Ihr geht es darum zu zeigen, dass Canetti durch die Anwendung naturwissenschaftlicher Methoden „eine universale Strukturgeschichte von Masse und Macht, ausgehend von den archaischen Anfängen bis zur Gegenwart [schreibt, EH], die er auf der Basis seines naturwissenschaftlich geprägten Erkenntnis- und Darstellungsmodus als naturgesetzlich bestimmte Phänomene und anthropologische Konstanten kennzeichnet." Dabei geht es ihr auch um eine Kritik dieser „Überführung von Geschichte in Natur, in der Geschichte zur Wiederholung des Immergleichen mutiert" (ebd., S. 371f). Kuhnaus detaillierte Studie weist Canettis chemischen und physikalischen Wissensstand genau nach, wenngleich ihre Kritik zu kurz greift, wie im Folgenden zu zeigen sein wird.

Gebilde, die einmal gewonnen ihre Festigkeit haben, bestehen bleiben, nicht gleich wieder zerfallen. Die Offenheit aller Zusammensetzungen wünsche ich mir auch für die Kunst.[11]

Canetti war vertraut mit der experimentellen Arbeit des Labors, mit Versuchsreihen, Experimentalanordnungen und den Regeln des Laboratoriums. Diese Formen des experimentellen Denkens – so die leitende These für alle weiteren Überlegungen – werden von Canetti als Strukturprinzipien in das Medium des Textes, vor allem der Aufzeichnungen gegen den Tod überführt. Die Texte verstehen und inszenieren sich selbst als Laboratorium, das den Tod erst sichtbar macht. Erst die daraus entstehende, fragmentierte Form etabliert dann die Todfeindschaft.

Canettis Form der Aufzeichnungen als experimentelles Genre, als Laboratorium zu beschreiben, ist kein neuer Ansatz.[12] Die hier vorgeschlagene Verschränkung zielt allerdings darauf, nicht nur die Form der Aufzeichnungen, sondern vor allem Canettis Versuch, den Tod über die experimentellen Versuchsanordnungen sichtbar, handhabbar und damit auch verneinbar zu machen, aus den Prozessen innerhalb eines textuellen Laboratoriums zu erklären.

---

11 Elias Canetti: „Verdrängung der Chemie", ein verworfenes Kapitel für die Autobiographie, Nachlass Zentralbibliothek Zürich 226, zit. nach: Hanuschek: *Elias Canetti*, S. 117.
12 Vgl. u. a. Kaszynski: „Im Labor der Gedanken. Zur Poetik der Aphorismen von Elias Canetti"; sowie Friedrich: *Die Rebellion der Masse im Textsystem*, S. 53: „Der aphoristische Einzelsatz widerspricht den Anforderungen abgeschlossener Systemarchitektur, da jede Eintragung fortwährendes Beginnen und Experimentieren ist." Die Forschung zum Aphorismus wird hier nicht im Einzelnen herangezogen. Der Aphorismus ist natürlich längst als Textform untersucht worden, die immer schon das Prozessuale des Denkens „in Szene setzt", das Denken im Vollzug zur Darstellung bringt (Matt: „Der phantastische Aphorismus bei Elias Canetti", S. 10). Peter von Matt weist dabei spezifisch für Canettis Aufzeichnungen auf die Möglichkeit des „anderen Denkens" hin, die der Aphorismus zur Verfügung stellt. Hier könne nun wirklich „mit dem Denken ganz von Neuem begonnen werden": Das, was die Diskurse der Moderne, sämtlich auf dem autonomen Subjekt begründet, nicht vermögen; gelingt dem Aphorismus, also etwa kollektive Subjekte zu denken, das Subjekt außer Kraft zu setzen (ebd. 11f). Von Matt betont auch die Nähe von Canettis Aphorismen zu Lichtenberg und Hebbel und konturiert diese Form der Aphoristik als eine, die „einem anderen Wissen und Empfinden" einen Spielraum gebe (ebd., S. 18). Gerade in der raumzeitlichen Beschränkung der Textform liege dabei der Clou, es gehe auch in Canettis mythischen Aufzeichnungen nicht um die Wiederkehr des Mythos, sondern nur um Analogien zum mythischen Erleben und vorwissenschaftlichen Denken, so Matt (ebd.). Siehe zu Canetti in der Aphorismustradition u. a. auch: Simon: „Animalische Einfälle. Reflexionen über Tiere als Thema von Aphorismen (Lichtenberg, Jean Paul, Canetti)".

2.1 Thanatologische Grundprobleme

Jede vorstellende Beschäftigung mit dem Tod stößt auf ein elementares logisches Problem: Kein System kann sein eigenes Ende widerspruchsfrei entwerfen.[13] Für psychische autopoietische Systeme ist es unmöglich, den eigenen Tod zu denken: Mit Niklas Luhmann formuliert, kann in einem solchen System deshalb

> kein zukunftloses Element, kein Ende der Gesamtserie produziert werden, weil ein solches Endelement nicht die Funktion eines autopoietischen Elementes übernehmen könnte. Das Bewusstsein kann sich selbst also nicht wirklich beendbar wissen und spricht sich daher ewiges Leben zu, nur von allen bekannten Inhalten abstrahierend.[14]

Davon ausgehend entwickelten Armin Nassehi und Georg Weber in den 1980er Jahren aus soziologischer Perspektive eine Thanatologie, die zugleich eine Gesellschaftstheorie der Moderne enthält: Gerade an der absoluten Bedrohung durch den Tod, den das System der Gesellschaft verdränge, da es ihn nicht denken könne, manifestierten sich die modernen Spannungen zwischen Individuum und Gesellschaft.[15] Dieser Umgang mit dem Tod, als Nahtstelle zwischen individuellen und gesellschaftlichen Strukturen, bedeutet allerdings nicht seine vollständige diskursive Ausgrenzung. Vielmehr bestehe zwischen Todesverdrängung – legt man sie als konstitutives Strukturelement der Moderne zugrunde – und Professionalisierung im Umgang mit Tod und Sterben ein unmittelbarer Zusammenhang. Die Gesellschaft versuche typischerweise, Störungen gesellschaftlicher Prozesse zu renormalisieren und damit handhabbar zu machen. Gerade durch das Fehlen einheitlicher Sinngebungsprozesse für den Tod in der Moderne melde sich das individuelle Bedürfnis nach ihnen umso vehementer.

Damit eng verknüpft drängt sich ein zweites grundlegendes Problem auf. Nicht nur die Vorstellung des eigenen Todes ist logisch unmöglich, auch seine Erfahrung im Zuge einer „hermeneutischen Annäherung"[16] ist schlicht ausgeschlossen, er bleibt immer nur von außen erlebbar. Jedoch, obwohl der Tod unerfahrbar

---

13 Vgl. Thomas Macho: „Tod und Trauer im kulturwissenschaftlichen Vergleich". In: Jan Assmann: *Der Tod als Thema der Kulturtheorie. Todesbilder und Totenriten im Alten Ägypten*. Frankfurt am Main: Suhrkamp 2000, S. 89–120, hier S. 91; Alois Hahn: „Unendliches Ende. Höllenvorstellungen in soziologischer Perspektive". In: Karlheinz Stierle, Rainer Warning (Hg.): *Das Ende. Figuren einer Denkform*. München: Wilhelm Fink 1996, S. 155–182.
14 Niklas Luhmann: *Soziale Systeme. Grundriß einer allgemeinen Theorie*. Frankfurt am Main: Suhrkamp 1987, S. 374f.
15 Vgl. Armin Nassehi, Georg Weber: *Tod, Modernität und Gesellschaft. Entwurf einer Theorie der Todesverdrängung*. Opladen: Westdeutscher Verlag 1989.
16 Macho: „Tod und Trauer im kulturwissenschaftlichen Vergleich", S. 91.

sei, bzw. gerade dadurch, dass er es sei, generiere er Kommunikation, die in einer „Geschwätzigkeit des Todes"[17] resultiere. Diese versuche trotz allem den Tod als Störung operationalisierbar zu machen, was hier vor allem bedeute, den endgültigen, weder denk- noch erfahrbaren Bruch schließlich doch wieder in Anschlusskommunikation zu überführen.

Der Tod ist in zentralen modernen Thanatologien nur als Tod der Anderen diskursivierbar. Als dieser steht er außerdem am Anfang einer theoretischen Bewegung, die nicht von der Verdrängung des Todes in der Moderne ausgeht, sondern von seiner epistemologischen Integration und Bändigung. Michel Foucault betrachtet in der *Geburt der Klinik* die historischen Umbrüche im medizinischen Diskurs am Ende des 18. Jahrhunderts, die die pathologische Öffnung der Leiche mit dem Wissen über das Leben verknüpfen. War der Tod bis dahin absolute und unübertretbare Grenze des Lebens, wird der „Raum der Leiche" mit Aufkommen der pathologischen Anatomie zur „Ursprungs- und Manifestationsebene der Wahrheit"[18] für die Heilung lebendiger Körper. Der Tod ist fortan der Spiegel, „in dem das Wissen das Leben betrachtet."[19] Entscheidend für Foucault ist, dass sich die Medizin als erster wissenschaftlicher Diskurs, der das Individuum ins Zentrum setzt, nur aus der Betrachtung des Todes zu konstituieren vermag: „Um in seinen eigenen Augen zum Gegenstand der Wissenschaft zu werden, um in seiner eigenen Sprache eine diskursive Existenz zu gewinnen, mußte sich der abendländische Mensch seiner eigenen Zerstörung stellen."[20] Damit schiebt Foucault dasjenige, dessen Erfahrung aus dem Inneren grundsätzlich aus dem Diskurs ausgeschlossen bleiben muss, nicht nur an den Ursprung der wissenschaftlichen Disziplin der Medizin, sondern darüber hinaus an den Ausgangspunkt der „schöne[n] und geschlossene[n] Form der Individualität".[21]

---

17 Armin Nassehi: „‚Worüber man nicht sprechen kann, darüber muss man schweigen.' Über die Geschwätzigkeit des Todes in unserer Zeit". In: Konrad Paul Liessmann (Hg.): *Ruhm, Tod und Unsterblichkeit. Über den Umgang mit der Endlichkeit*. Wien: Zsolnay 2004, S. 118–145.
18 Michel Foucault: *Die Geburt der Klinik. Eine Archäologie des ärztlichen Blicks [1963]*. Übers. v. Walter Seitter. Frankfurt am Main: Fischer 2016, S. 207.
19 Ebd., S. 160.
20 Ebd., S. 207.
21 Ebd., S. 209. Zwar bezieht sich Canetti nicht auf die medizinische Sichtbarkeit des Todes, und doch lässt sich das Thema der Sichtbarkeit der Leiche auch in *Masse und Macht*, in Canettis Schreber-Analyse finden. Schreber, der sich für seinen Gott über Monate hinweg wie eine Leiche verhält, irritiere „unsere modernen europäischen Ohren", so Canetti, aufgrund unseres „puritanischen" Verhältnisses zu Leichen. Die Logik der modernen westlichen Leichen, die kaum ausgestellt, schnell verscharrt würden, und im Zuge von Beerdigungen meist ganz unsichtbar blieben, verheimlicht und unterschlagen, drehe Schreber dagegen um. Er orientiere sich eher an ägyptischen Mumienzeremonien und stelle sich als scheinbare Leiche in radikaler Sichtbarkeit

In genauem Gegensatz zu seiner Ausgrenzung avanciert der Tod in dieser Perspektive zu einer unabdingbaren Schließungsfigur des 20. Jahrhunderts. Erst über den Tod werden die großen Begriffe von Individuum, Sprache, Zeichen und Erzählen denkbar. Während für Lacan jede Form symbolischer Repräsentation die Abwesenheit des Gegenständlichen, den „Mord der Sache",[22] voraussetzt und der Tod somit kulturstiftende Bedeutung erhält, ist er für Benjamin, auch im übertragenen Sinne als Ende des Romans, „die Sanktion von allem, was der Erzähler berichten kann. Vom Tode hat er seine Autorität geliehen."[23]

Bereits diese verknappten Einblicke in ganz verschiedene Überlegungen zum Tod lassen erahnen, dass es einen weitreichenden Dominoeffekt nach sich ziehen würde, an dieser epistemologischen, symbolischen, ästhetischen oder narrativen Autorität zu rütteln, diese gar als abwesend vorzustellen: Eine Kettenreaktion, die Individuum, Sprache und Roman gleichermaßen infrage stellen und ihre radikale Neuausrichtung verlangen würde. Gerade dies versucht nun Canettis Schreiben gegen den Tod. Sogar den Begriff der Kultur zieht dieses über die Negation des Todes in Zweifel:

> Die „Kultur" wird aus den Eitelkeiten ihrer Förderer zusammengebraut. Sie ist ein gefährlicher Liebestrank, der vom Tode ablenkt. Der reinste Ausdruck der Kultur ist ein ägyptisches Grab, wo alles vergeblich herumsteht, Geräte, Schmuck, Nahrung, Bilder, Skulptur, Gebete, und der Tote ist doch nicht am Leben. ([1943] PdM, 38)

Diese Abwesenheit zu denken, unternimmt das Werk Elias Canettis entgegen aller logischer Schwierigkeiten. Damit schlägt er eine grundlegend andere Theoretisierung des Todes vor, als dies moderne Thanatologien bisher unternommen haben. Den Tod, der für die innere Erfahrung und anschließende reflexive Durchdringung unzugänglich ist, will Canetti verstehen, indem er ihn experimentell aufhebt. „Das ganz konkrete und ernsthafte, das eingestandene Ziel meines Lebens ist die Erlangung der Unsterblichkeit für die Menschen." ([1943] BgT, 26)[24] Im lebenslangen Anschreiben gegen den Tod entsteht nicht nur ex negativo ein Feind-

---

aus. Schreber wird damit von Canetti zum Gegenbild des modernen Europa stilisiert – und gerade deswegen erhalten seine Aufzeichnungen für Canetti Beweiskraft. Vgl. MM, 545.
22 Jacques Lacan: „Funktion und Feld des Sprechens und der Sprache in der Psychoanalyse". In: Ders.: *Schriften I.* Hg. v. Norbert Haas. Übers. v. Klaus Laermann. Olten, Freiburg im Breisgau: Walter-Verlag 1973, S. 71–169, hier S. 166.
23 Walter Benjamin: „Der Erzähler. Betrachtungen zum Werk Nikolai Leskows [1936]". In: Ders.: *Erzählen. Schriften zur Theorie der Narration und zur literarischen Prosa.* Frankfurt am Main: Suhrkamp 2007, S. 103–128, hier S. 114. Vgl. auch S. 120.
24 Aufzeichnungen, die zuvor bereits in anderen Aufzeichnungsbänden veröffentlicht wurden, werden hier aus dem *Buch gegen den Tod* zitiert und ihr vorheriger Veröffentlichungsort nicht zusätzlich angegeben. Hervorhebungen in den Zitaten sind sämtlich Hervorhebungen im Original.

bild, das eine klare Konturierung dessen ermöglicht, was sich eigentlich nicht denken lässt, sondern auch positiv gewendet die Grundlage neuer gesellschaftlicher Normen wird: „Du sollst nicht sterben (*das Erste Gebot*)." ([1942] BgT, 19) Im Ringen um die Konstruktion eines Bildes vom Tod überwindet Canetti die „Geschwätzigkeit des Todes" und damit auch jene moderne „Todesverdrängung". So versucht er den radikalen Bruch, den der Tod bezeichnet, gerade nicht in eine Form der Anschlusskommunikation zu überführen, ihn folglich trotz allem operationalisierbar zu machen, sondern verneint stattdessen den Bruch selbst, sowohl über die Forderung nach einer medizinischen Verlängerung des Lebens als auch durch eine kultursoziologische Nicht-Anerkennung des Todes.[25] Dies tut er im Medium der Sprache. Die Abschaffung des Todes lässt das Symbolische folglich nicht automatisch kollabieren, obwohl er doch mithilfe der Sprache gegen ihre eigenen Grundbedingungen anzuschreiben scheint. Auch ist es nicht der Tod, der Wissen produziert, sondern die sprachliche Reflexion über seine Abwesenheit.[26]

Indem Canetti den Tod zu tilgen versucht, löst er also einen Dominoeffekt aus, durch den sich der der Abstand von Canettis Todfeindschaft zu anderen Thanatologien nur noch vergrößert. Darin mag auch der Grund dafür liegen, dass er in neueren Übersichten zu philosophischen und kulturwissenschaftlichen Theorien des Todes systematisch ausgespart bleibt.[27] Zwar ist der Tod für Canetti – wie etwa auch für Hobbes – immer schon das Böse und die Bedingung der Möglichkeit von Macht, Befehl und Herrschaft. Und doch sieht er keine Möglichkeit, ihn durch Übertragung des Tötungsmonopols auf einen Souverän (wie etwa bei Hobbes) zu neutralisieren. Seine Abschaffung hätte, davon ist er überzeugt, vor allem moralische Konsequenz für eine neue Gesellschaftsordnung jenseits der Sterblichkeit. Mit dem Tod zu experimentieren heißt immer auch, Versuche mit Gesell-

---

25 Vgl. Friedrich: *Die Rebellion der Masse im Textsystem*, S. 428f.
26 Es geht gerade ihm dabei um radikale Grenzverschiebungen und alternative Ordnungen, die erst aus der Perspektivumkehrung auf eine Welt ohne Tod denkbar werden. Immer wieder kommt dabei der Blick auf „andere" Glaubenssysteme zum Einsatz, um diese Grenzverschiebungen zu markieren. Im „Anderen" sieht er auch eine andere Beziehung zum Tod vorgedacht: „Die Macht des Tötens verschwindet vor der Macht des Beschwörens. Was ist der größte und furchtbarste Töter verglichen mit einem Mann, der einen einzigen Toten zum Leben beschwört? Wie lächerlich muten die Bemühungen der Machthaber an, dem Tod zu entgehen, und wie großartig sind die Bemühungen der Schamanen, Tote zu beschwören. [...] Verächtlich sind mir die Priester aller Religionen, die Tote nicht zurückholen können. Sie verstärken bloß eine Grenze, über die niemand mehr springen kann." [1956] PdM, 218.
27 Vgl. u. a. Petra Gehring: *Theorien des Todes zur Einführung*. Hamburg: Junius 2013; Macho: „Tod und Trauer im kulturwissenschaftlichen Vergleich"; Klaus Feldmann, Werner Fuchs-Heinritz (Hg.): *Der Tod ist ein Problem der Lebenden. Beiträge zur Soziologie des Todes*. Frankfurt am Main: Suhrkamp 1995.

schaftsentwürfen und kollektiven Ordnungsvorstellungen anzustellen.[28] In diesem Sinne löst Canettis Todfeindschaft die Grundannahme Nassehis und Webers zwar wieder ein, dass sich das jeweilige Verhältnis zum Tod als Nahtstelle von Individuum und Gesellschaft lesen lässt. Auch Canetti entwickelt in seiner Auseinandersetzung mit dem radikalen Bruch eine alternative Gesellschaftstheorie, welche die Beziehung von Individuum und Kollektiv neu denkt, dabei aber zeigt, dass der Tod eben nicht die Voraussetzung für Sprache, Menschsein oder Subjektkonstitution sein muss, mehr noch: nicht als solche angesehen werden *darf*: „Ohne die Anerkennung des Todes hätte es nie ärgste Verbrechen gegeben." ([1951] BgT, 62)[29] Der Tod wird als dasjenige Element identifiziert, das Gesellschaften wie Individuen dazu verleitet, die Grundregeln von Gesellschaft zu verletzen. Droht hinter der Anerkennungslogik des sozialen Individuums der (soziale) Tod, verkehrt Canetti hier schlicht die Richtung und droht dem Tod selbst mit Entzug von Anerkennung. Der Tod als die Auslöschung und Abwesenheit des Individuums wird selbst als Individuum adressiert, seine Logik der Eliminierung, der entzogenen Anerkennung wird auf ihn selbst angewandt. So ist der Tod nicht mehr die Nahtstelle zwischen Individuum und Gesellschaft, sondern indem ihm die Anerkennung entzogen wird, ermöglicht seine Abwesenheit neue Gesellschaftskonzepte.

Fokussiert man den Laboratoriumscharakter der Texte, tritt die Beziehung von Canettis Todfeindschaft zu philosophischen Thanatologien in den Hintergrund. Es lässt sich stattdessen beobachten, *wie* es innerhalb der einzelnen Texte angesichts der skizzierten elementaren logischen Hindernisse überhaupt gelingen kann, sich dem Tod als Gegenstand zu nähern – schließlich bewegen sie sich damit nicht nur im diffusen Raum des Un*darstellbaren,* sondern zudem an den Grenzen des Un*denkbaren,* und sind zwangsläufig mit einem fundamentalen Erkenntnisproblem konfrontiert.

2.2 Textuelle Laboratorien gegen den Tod: Drei Versuche

Um sich eine Welt ohne Tod vorzustellen, bedarf es einer bestimmten Methode, um Undenkbares denkbar und greifbar zu machen; nicht um Antworten zu über-

---

28 Vgl. dazu auch Edgar Piel: *Elias Canetti*. München: C.H. Beck/Edition Text+Kritik 1984, S. 109.
29 Vgl. dazu außerdem: Ebd., S. 99–106 sowie als Beispiel politischer Kampfansagen gegen den Tod, die ihn in ähnlicher Weise verneinen, den russische Dichter Alexander Svjatogor, der Anfang des 20. Jahrhunderts die Gruppe der „Vertikalisten" gründete, deren Programm unter anderem auch die Abschaffung des Todes enthielt.

prüfen, sondern um überhaupt erst die Frage zu formulieren;[30] es bedarf einer Versuchsanordnung und eines Laboratoriums: Der Weg zum wissenschaftlich Neuen und zuvor Undenkbaren läuft entweder über den Zufall, den Einbruch der Innovation, die Offenbarung – oder aber über das Experiment, das versucht, eben jenen „Einbruch des Unvorhersehbaren"[31] zu provozieren. Experimente, hier mit Hans-Jörg Rheinberger genauer gefasst als „Experimentalsysteme", sind „kleinste funktionelle Einheiten der Forschung. [...] sie werden eingerichtet, um Antworten auf Fragen zu geben, die wir noch nicht klar zu stellen in der Lage sind."[32] Beobachtet man Canettis Aufzeichnungen zum Tod unter den Prämissen von Experimentalsystemen, wird ersichtlich, dass sie sich selbst bereits als solche beschreiben und inszenieren. Damit kann der inflationären Verwendung des Experimentbegriffs in der Literaturwissenschaft[33] zumindest insofern vorgebeugt werden, als dass die Aufzeichnungen über ein reines Vergleichsmoment hinaus ihren experimentalen Charakter explizit ausstellen:[34]

---

30 Rheinberger: *Experimentalsysteme und epistemische Dinge*, S. 22.
31 Falko Schmieder: „,Experimentalsysteme' in Wissenschaft und Literatur". In: Michael Gamper (Hg.): *Experiment und Literatur. Themen, Methoden, Theorien*. Göttingen: Wallstein 2010, S. 17–39, hier S. 25.
32 Rheinberger: „Das ‚epistemische Ding' und seine technischen Bedingungen", S. 25. Stellt man Rheinbergers begriffliche Differenzierungsarbeit vom Experiment zum Experimentalsystem in Rechnung, ist zugleich von einer Dezentrierung der beteiligten Elemente auszugehen. Das Forschungssubjekt etwa verliert seine Souveränität über die Abläufe und Bedingungen des Experimentes, das Objekt der Forschung oszilliert als epistemisches Ding zwischen Begriffs- und Dingstatus. Vgl. dazu: Schmieder: „,Experimentalsysteme' in Wissenschaft und Literatur", S. 20. Eine solche Destabilisierung des Forschungssubjekts lässt sich auch in Canettis textuellen Laboratorien beobachten, schließlich soll ja eigentlich gerade die stabile Form des Individuums ausgestrichen werden.
33 Vgl. kritisch dazu die Einleitung von Michael Bies und Michael Gamper in: Dies. (Hg.): *„Es ist ein Laboratorium, ein Laboratorium für Worte". Experiment und Literatur III 1890–2010*. Göttingen: Wallstein 2011, S. 19; Schmieder: „,Experimentalsysteme' in Wissenschaft und Literatur", S. 29.
34 Canetti reflektiert das Verhältnis von Experiment und Fiktion auch in anderen Aufzeichnungen, die nicht auf den Tod zugespitzt sind. Dabei enttarnt er die scheinbar faktuale Wahrheitsproduktion des Experimentierens, der empirischen Wissenschaften also, selbst als Fiktionen: „Dann kam einer, der bewies, daß alle Experimente, vom ersten angefangen, eben durch das erste, falsch waren; daß sie in sich, in ihrer Folge, später wohl stimmten, und nur da das erste unbestritten blieb, war man nie auf den Fehler gekommen. So war plötzlich die ganze technische Welt als Fiktion entlarvt und die Menschheit konnte aus ihrem bösesten Traum erwachen." [1947] PdM, 117. Die Experimentierpraxis versucht er in dieser Reflexion für eine fundamentale Verunsicherung experimentbasierter Faktengläubigkeit zu nutzen, gleiches lässt sich an seinen eigenen Experimenten mit dem Tod ablesen.

Ein Mensch, der nicht essen müßte und doch gedeiht [...] – das wäre das höchste moralische Experiment, das denkbar ist; und nur wenn es glücklich gelöst wäre, könnte man ernsthaft an die Überwindung des Todes denken. ([1947] BgT, 50)

Ich möchte mir vornehmen, eine Woche lang an den Tod überhaupt nicht zu denken, nicht einmal an das Wort, als wäre es etwas Künstliches, in die Sprache Eingeschobenes, eines jener neuen aus Anfangsbuchstaben zusammengesetzten Ungetüme, T.O.D., und niemand wüßte mehr, wofür die Buchstaben stehen, und niemand, der noch auf Sprache etwas hält, erniedrigte sich dazu, es zu verwenden. ([1946] BgT, 46)

Erzählen, erzählen, bis niemand mehr stirbt. Tausendundeine Nacht, Millionen und eine Nacht. ([1955] BgT, 81)[35]

Das als solches benannte Experimentieren zielt auf eine Darstellung des Todes ex negativo: Dient der Tod bei Foucault etwa als Erkenntnisinstrument für das Leben, analysiert Canetti hier wiederum den „Analytiker" Tod selbst. Indem er den Tod als Element in je verschiedenen Versuchsanordnungen ausspart, zeichnet sich aus den daraus resultierenden Veränderungen seine Funktion für Gesellschaft, Wahrheitsproduktion und Individuum ab, und dies gerade nicht, indem Wissen über das Leben im „Angesicht" des Todes produziert wird, sondern ein Wissen über gesellschaftliche Ordnungen gerade durch seine Absenz erzeugt werden soll. Canetti invertiert die epistemologische Funktion des Todes, die in der von Foucault beschriebenen Medizin Erkenntnisse über den lebendigen Körper produzieren soll, in der Art, dass sich in einer Welt ohne Tod alle negativen Auswirkungen plötzlich ausbleiben: sich so der Tod als Hohlform aus dem Leben herausschälen lässt. Canettis Experimente nehmen imaginäre Vivisektionen des Todes am lebendigen Leib der Gesellschaft vor. Hinter ihnen zeichnet sich eine Ahnung davon ab, welche alternativen Sprachen, Welten und Lebensformen in einer Welt ohne Tod ans Licht kämen: Ein Leben ohne Einverleibung beispielsweise, eines *Weiter*lebens ohne das immer auf dem Tod der Anderen basierende *Über*leben. Oder eine Umkehrung des Verhältnisses von Sprache und Tod: Der Tod als „Mord der Sache" wäre dann nicht mehr das, was symbolische Repräsentation und Sprache im Besonderen erst ermöglichen, sondern vielmehr etwas, das mithilfe einer vom Tod unabhängigen Sprache ausgelöscht werden kann. Indem die Sprache den Signifikanten verfremdet und ihn so in Vergessenheit geraten lässt, verschwindet womöglich auch das Signifikat: T.O.D. Schließlich ein Erzähl-

---

[35] Der Versuch, den Tod über das Weitererzählen aufzuschieben und fernzuhalten, der zum Motor der Erzählung wird, ist ein bekanntes Motiv. In dieser Hinsicht lässt sich auch das *Buch gegen den Tod* als Möglichkeit des Überlebens durch die Versprachlichung des Todes lesen. Vgl. in Bezug auf *Masse und Macht*: Friedrich: „Tod und Überleben. Elias Canettis poetische Anti-Thanatologie", S. 231.

modell ohne Anfang und Ende, das aus der permanenten Vertagung des Todes entsteht und eine grenzenlose Form hervorbringt, die in einer Welt ohne Tod schlicht nicht denkbar ist.

Zugleich entwirft der Text innerhalb der zitierten Aufzeichnungen Versuchsanordnungen für Experimente mit der Sprache – und dies selbst im Medium der Sprache. Die Rede vom Laboratorium darf an dieser Stelle nicht ausblenden, dass es sich zunächst einmal um textuelle Laboratorien handelt, die allerdings selbst den Fokus auf das Experimentieren mit Sprache lenken. Canettis Aufzeichnungen sind immer wieder als experimentelles Genre beschrieben worden, vornehmlich aufgrund ihres fragmentarischen Charakters.[36] Gänzlich ungeschrieben aber blieb dagegen das „eigentliche Buch" ([1986] BgT, 245), „das Buch aus Büchern, das die Bücher verunmöglicht hat und doch das eigentliche Buch darstellt",[37] das *Buch gegen den Tod*. Dessen postume Edition löst ein, was Canetti sich selbst bereits in der *Fliegenpein* auferlegte: „*Pensées* gegen den Tod. Das einzig Mögliche: sie müssen Fragmente bleiben. Du darfst sie nicht selbst herausgeben. Du darfst sie nicht redigieren. Du darfst sie nicht *einigen*." ([1988] BgT, 258)

Canettis Abneigung gegen geschlossene Denksysteme überlagert sich an dieser Stelle mit seinem Misstrauen gegen die Einheit der Form sowie die Schließungsfigur des Todes. So sind die Aufzeichnungen als Grenztexte zu verstehen, die aus ihrer radikalen Verkürzung und ihrem Fragmentcharakter ihre Produktivität schöpfen. Die einzige formale Einschränkung der Schreibtradition der „Aufzeichnung", an die Canetti anknüpft, ist, dass sie „Kontrolle über einen spontanen Impuls beansprucht, der kognitiv einzig daraufhin kontrolliert wurde, ob er Neues, Überraschendes, zutage brachte."[38] Daraus deutet sich folglich eine Lösungsoption für das Problem des fehlenden Zugriffs auf das opake Phänomen des Todes an. Die Unterbrechung – das also, was es verunmöglicht, den Tod zu denken – wird in die Form der Auseinandersetzung selbst eingeführt. Jener Bruch, dessen Erkenntnis sich dem wissenschaftlichen Auge entzieht und der darüber hinaus im toten Winkel des wissenschaftlichen Blicks liegt, wird so selbst wieder in den Prozess der Untersuchung eingeführt. Dieser Re-entry gelingt, weil sich die Unterbrechung auf der Ebene der formalen Struktur der Untersuchung wieder-

---

36 Als Fragmentarisches markierte aber auch Canetti selbst sein gesamtes Werk immer wieder: So wie die *Blendung* sich ursprünglich in das achtbändige Projekt einer „Comédie humaine an Irren" einreihen sollte, war auch für das große Werk *Masse und Macht* ein zweiter Teil geplant.
37 Ulrich van Loyen: „Predigten auf den Untergang Roms. Franz Baermann Steiner, Elias Canetti und die Apokalypse". In: Gesa Dane, Jeremy Adler (Hg.): *Literatur und Anthropologie. Elias Canetti, Franz Baermann Steiner und H.G. Adler in London*. Göttingen: Wallstein 2014, S. 227–244, hier S. 231, an dieser Stelle allerdings über die Aufzeichnungen allgemein.
38 Ebd.

holt: Auch sie gestaltet sich als ein fragmentarisches und bestehende wissenschaftliche sowie poetische Formverfahren ebenfalls unterbrechendes Vorgehen. Dabei ist es entscheidend, dass das Buch selbst ein lebenslang geplantes und zugleich nie zu verwirklichendes Vorhaben blieb. Die Auseinandersetzung mit dem Tod durchzieht alle Werke, ohne selbst in einem geschlossenen Werk behandelt worden zu sein[39] – als ein imaginäres und doch als „eigentliches" Buch spukt es durch sämtliche Aufzeichnungen, bleibt also die radikale Nicht-Form.

Zieht man das Experiment im oben beschriebenen Sinne als Medium der Grenzüberschreitung zwischen wissenschaftlicher Fixierung und literarischer Possibilisierung heran, dann erschaffen die fragmentierten, verstreuten Aufzeichnungen einen textuellen Experimentalraum, ein Laboratorium des Imaginären. Diese zielen darauf, den Tod mithilfe wiederholter Probeläufe und verschiedener Versuchsanordnungen in einer Art chemischer Fällungsreaktion sichtbar werden zu lassen.

So wie das Forschungssubjekt seine Souveränität über die Abläufe des Experimentes mit den Instrumenten, Techniken, Eigenheiten der Materialien und sozialen Prozessen in und um das Laboratorium teilen muss, muss auch das forschende Subjekt des *Buchs gegen den Tod* als ein dezentriertes beschrieben werden, entzieht ihm doch das Experiment selbst die Grundlagen dessen, worauf der Begriff des Individuums fußte. So werfen die Versuchsanordnungen die Frage auf, wie vom schreibenden und experimentierenden Individuum jenseits des Todes überhaupt die Rede sein kann. Das Experiment scheint also zunächst eines, das sowohl die Experimentierenden als auch den Text als abgeschlossenes Ganzes verunmöglicht.

Zugleich bedeutet der Laborversuch auch immer Modellarbeit verschiedenen Maßstabs: Als Vergrößerung oder Verkleinerung, abgeschirmt von einer öffentlichen Prüfung, werden endlose Versuche, Fehler, Sackgassen und zufällige Konfrontationen unterschiedlicher Elemente möglich, die so lange nicht zählen, bis man Gewissheit erlangt.[40] Genau diese Einsetzung einer „Miniatur-Welt" wird für die Aufzeichnungen gegen den Tod produktiv, denn auch hier handelt es sich formal gewendet um „Miniatur-Fiktionen", „Miniatur-Utopien", „Geschichten winzigster Art – Fabulae minimae",[41] was sich im veröffentlichten Buch schließlich auch im Textbild widerspiegelt. In zahlreichen Wiederholungen wird das immer gleiche Thema an einem Ort der modellhaften Transformation immer neuen Prü-

---

39 Vgl. dazu auch: Wolfgang Hädecke: „Die moralische Quadratur des Zirkels. Das Todesproblem im Werk Elias Canettis". In: *Text & Kritik* (1982), S. 24–30.
40 Bruno Latour: „Gebt mir ein Laboratorium und ich werde die Welt aus den Angeln heben". In: Andréa Belliger, David J. Krieger (Hg.): *ANThology. Ein einführendes Handbuch zur Akteur-Netzwerk-Theorie*. Bielefeld: Transcript 2006, S. 103–134, hier S. 128.
41 Peter von Matt: „Nachwort". In: BgT, 308–329, hier 326.

fungen unterzogen und dabei in seiner Medialität sowie Prozessualität selbst immer schon ausgestellt und reflektiert.

An drei exemplarischen Einblicken in jenen Sichtbarkeitsraum des *Buchs gegen den Tod* soll dies näher beleuchtet und dafür mit denjenigen Wesen begonnen werden, die die ambivalente Beziehung von Mensch und Tod vielleicht am treffendsten verkörpern:

2.2.1 Erste Versuchsanordnung: Die Sirenen

In zwei Aufzeichnungen aus dem Jahr 1942 heißt es:

> Er sehnt sich nach den Sirenen: Als wäre der Tod zu überstehen, wenn er nur laut genug angekündigt wird. ([1942], BgT, 19)

> Die eigentliche Kunst der Sirenen war das Stöhnen; es klang, wie wenn sie vor Liebe im Sterben lägen. Da wollte ihnen jeder, für die Liebe, das Leben retten. Doch sie überlebten die Retter und wälzten sich dann weiter im Sterben, vor Liebe. ([1942], BgT, 20)

In den Assonanzen, dem gedehnten Sehnen nach Sirenen, gelingt es der ersten Aufzeichnung bereits auf lautlicher Ebene den Tod zu überwinden, indem das „überstehen" den Vokal auch über die Zäsur des stakkatohaften „Tod" hinwegträgt. Während die Lautebene jene Todesüberwindung spielerisch vordenkt, stört der Konjunktiv des zweiten Satzes allerdings diese Hoffnung und weist auf das hin, was der Gesang der Sirenen, auf mythologischer Ebene ebenfalls eine lautliche Täuschung und Verlockung, eigentlich eröffnet: Jenen furchtbaren anziehenden und zugleich abstoßenden Abgrund des Todes. Hinter Canettis Aufzeichnung aus dem Londoner Exil verbirgt sich eine Verknüpfung der mythologischen Figur mit den Sirenen des zweiten Weltkrieges. Die warnenden Sirenen vor Bombenangriffen und die sogenannten „Jericho-Trompeten", die an deutschen Kampfflugzeugen angebracht wurden, um im Sturzflug laute, höher werdende Sirenengeräusche und damit zusätzlich eine bedrohliche Klangkulisse zu erzeugen, künden beide vom drohenden Tod in Canettis Aufzeichnung: Todeserwartung in Mythos und Krieg fallen im Gesang der Sirenen zusammen.[42] Im Sinne einer von Hegel geprägten Attraktions- und Repulsionsbewegung erzeugt die Begegnung mit dem Tod zugleich fatale Anziehung und Abstoßung:[43] Die Hauptfigur der ers-

---

[42] Vgl. dazu Einleitung und die Beiträge des Bandes: Bernhard J. Dotzler, Henning Schmidgen: „Einleitung. Zu einer Epistemologie der Zwischenräume". In: Dies. (Hg.): *Parasiten und Sirenen. Zwischenräume als Orte der materiellen Wissensproduktion.* Bielefeld: Transcript 2008, S. 7–18.
[43] In seinem Essay „Die Begegnung mit dem Imaginären" beschreibt beispielsweise Maurice Blanchot jenen rätselhaften und wunderbaren Gesang der Sirenen in ganz ähnlicher Weise als

ten zitierten Aufzeichnung bezeugt beides und versucht durch lautliche Anrufung und Voraussage desselben, die gleichzeitig wirkende Zerstörung zu überwinden – als würde die namentliche Ankündigung den rettenden Abstand gewähren. Der Konjunktiv aber bleibt und mit ihm der Abgrund, der sich in jedem Wort auftut, so auch in der Ankündigung des Todes, selbst wenn die lautliche Struktur versucht, ihn zu überspülen.

Canettis zweite Aufzeichnung nimmt die Sirenen – hier nun eindeutig die mythologischen Geschöpfe – nicht nur als wirklich Vorhandene auf, sie verfolgt ihr Schicksal auch nach der Begegnung mit den Menschen. Auch diese Aufzeichnung wirkt auf doppelter akustischer Ebene: In der Alliteration von Sterben und Stöhnen werden Tod und Gesang erneut miteinander verknüpft, dabei wirkt das Stöhnen der Sirenen in der Miniatur-Geschichte anziehend auf die anonymen Retter – und ist dennoch ihr Verderben, das erneuten Anlass für den zerreißenden Sirenengesang liefert. Die zirkuläre Struktur der Kurz-Fiktion verdeutlicht nicht nur erneut die beschriebene Attraktions- und Repulsionsbewegung, sondern liefert zugleich eine exakte und pointierte Explikation des Paradoxons von Tod und Überleben. So berichtet die Aufzeichnung damit sowohl aus der Perspektive der ewig Überlebenden als auch aus der des Todes selbst: Der Tod überlebt alles – verschlingt alles. In seiner mythischen Verkörperung bedeutet seine Macht jedoch zugleich seine eigene Qual. Die Aufzeichnung lässt keinen Schluss darüber zu, ob die Sirenen als todbringende Wesen ihre Retter überleben und durch das von ihnen selbst verursachte Unglück selbst im Sterben liegen oder ob sie schlicht unsterblich sind und daher zum Überleben verdammt.[44]

---

tödliche Anziehung und schreckliche Abstoßung des Todes als Bereich des Imaginären: „Sang des Abgrundes, der, wenn man ihn nur einmal vernommen hat, in jedem Wort einen Abgrund auftat und sehr dazu verlockte, in ihm zu verschwinden". Blanchots Beschäftigung mit den Sirenen zielt darauf, sie von ihrem Schicksal als betrügerische Illusionen zu befreien: „Waren die Sirenen, wie uns die geläufige Überlieferung einreden will, Verkörperungen jener falschen Stimmen, auf die man nicht hören soll[?] [...] Von jeher fand sich bei der Menschheit das nicht sehr edle Bestreben, die Sirenen und ihre Glaubwürdigkeit zu schmälern, indem man sie rundweg der Verlogenheit bezichtigte; verlogen in ihrem Gesang, trügerisch in ihrem Seufzen, nur angeblich vorhanden, wenn man sie anrührte", Maurice Blanchot: „Die Begegnung mit dem Imaginären". In: Ders.: *Der Gesang der Sirenen. Essays zur modernen Literatur.* München: Hanser 1962, S. 11–21, hier S. 12f. Deutlich werden hier die Sirenen bei Blanchot mit der trügerischen Fiktion verknüpft, und die Begegnung mit ihnen verheißt ebenfalls Erkenntnisse über das Imaginäre.

44 Dieses Paradox betrifft aber auch den Überlebenden: Man darf eigentlich nie Sieger sein, sonst triumphiert man über den Tod der Anderen, wie aber weiterleben, ohne Sieger über den Tod zu sein? Vgl. dazu: Hädecke: „Die moralische Quadratur des Zirkels. Das Todesproblem im Werk Elias Canettis".

Die personale Erzählsituation, die eines der grundsätzlichen Merkmale der Aufzeichnungen Canettis bildet, fällt auch in den beiden zitierten Aphorismen auf. Sie stellt mittels der Wiedergabe von Gefühlen und Gedanken einer Figur durch den Erzähler eindeutig die Fiktivität des Erzählten aus. Die erste Aufzeichnung schwankt zwar zwischen bedrohlicher Realität des Kriegsalltags als zeitgenössischer Referenz und mythischer Zeitenthobenheit. In beiden Fällen bleibt sie aber Gedankenwiedergabe im Modus der Fiktion. Canettis Sirenen sind nicht, oder zumindest nicht primär, Botinnen der Kunst. In ihnen lassen sich stattdessen gerade aufgrund ihrer mehrfach bedrohlichen, mythischen und zeitgenössischen Aufladung Figuren der Anziehung und Abstoßung des Todes genauer betrachten. Hinzu kommt, dass die Fiktion selbst – behält man trotzdem die Perspektive auf die Texte als Bestandteile einer wissenschaftlichen Versuchsanordnung bei – für die Wissenschaft als Sirene bezeichnet worden ist: als verlockende, übertragene Sinnstruktur, eine „semantische Verirrung", die ins „Andere" hinüber zu gleiten droht, eine Sirene, gegen die es sich zur Wahrung wissenschaftlicher Eindeutigkeit zu schützen gilt.[45] Das Sehen der ersten zitierten Aufzeichnung ist dann auch ein Sehen nach der Fiktion, die das Versprechen einer Todesüberwindung in sich trägt. Ist der Tod Fiktion, bis er real wird und das Leben beendet, kann nur in der Fiktion der Tod auf unendlicher Distanz gehalten werden. Darauf wird später in Bezug auf Roger Caillois zurück zu kommen sein. Canettis Sirenen – so viel wird bereits hier deutlich – werden zur Reflexionsfigur von Tod und Fiktion gleichermaßen. Während es nur in der Fiktion gelingt, sich dem Tod zu nähern, borgt diese sich vom Tod die bedrohliche Struktur von Anziehung und Abstoßung, die es besonders aus modernen Wissenschaftskonzepten auszugrenzen gilt.

2.2.2 Zweite Versuchsanordnung: Experimentalräume und Raumexperimente

Zwar geht es Canetti nicht darum, die Konsequenzen einer Welt ohne Tod bis ins letzte zu durchdenken, eingehend werden sie aber für Körper, Subjektkonstitution, Sprache, Macht und Herrschaft betrachtet. Eine Welt ohne Tod bedeutet darüber hinaus vor allem eine Welt radikal veränderter menschlicher Zeit. In einer Aufzeichnung formuliert er dazu:

> Welchen Wert hat die Vergangenheit, um die du dich bemühst, wenn es keine Zukunft gibt? Oder kann man die Vorstellungen dieses Flusses in der Zeit ein für allemal abstellen, aus dem Kopf kriegen? Vorstellung einer Zeit, die wie ein Raum ist, mit Windrichtungen, ohne Fluß. ([1979] BgT, 181)

---

45 De Certeau: *Theoretische Fiktionen*, S. 36. Siehe dazu weiter unten ausführlicher Kapitel VII.5 „Die Wiederkehr der Fiktion".

Die Vorstellung einer verräumlichten Zeit taucht in den *Aufzeichnungen* an mehreren Stellen auf, meist im Zusammenhang mit einer Kritik an der Geschichtsschreibung, die Geschichte als Fortschritt und als historische Entwicklung jeweils auf der Grundlage der Toten, etwa der im Krieg Gefallenen, rekonstruiere.[46] Würde sich die Zeit stattdessen im Raum auflösen, so verschwämmen auch zeitliche Kausalitäten. Die Zeit, als unrettbar vom Tod kontaminiert, gilt es folglich abzuschaffen und stattdessen in einer radikalisierten Räumlichkeit aufgehen zu lassen; linearen Strom gegen die Eigenwilligkeit des Windes auszutauschen. In drei kurzen Sätzen manipuliert die Aufzeichnung eine der Kant'schen Bedingungen der Möglichkeit von Erkenntnis, und Pluralitäten, Simultaneitäten, rasches Umschlagen ins Gegenteil und die endgültige Aufgabe des Fortschrittsparadigmas werden in dieser radikalen Räumlichkeit plötzlich denkbar.

Zudem tritt in der Fiktion einer im Raum aufgegangenen Zeit die Kategorie des Körperlichen in Form von simultanen Präsenzen im Raum hervor. Anhand der Zitate, die Canetti für sein Kapitel über die „Unsichtbaren Massen" in *Masse und Macht* anführt, lässt sich erkennen, woraus sich die Vorstellung einer verräumlichten Zeit durch die Abschaffung des Todes speist. (MM 46–53) Aus den Zitationen verschiedener Quellen, hier insbesondere fiktionaler oder mythologischer Texte, destilliert Canetti das Bild einer von unsichtbaren Massen, den Toten, bevölkerten Welt, in der nichts vergeht oder endgültig verschwindet, alles Lebende im Raum erhalten bleibt und diesem eine neue Dimension gibt. Diese Verdichtung der Zeit im Raum beschreibt Canetti mittels mehrerer Texte über indigene Völker Südafrikas, darunter so „klangvolle" Titel wie John Weeks' *Among Congo Cannibals* von 1913. Daraus zitiert er Zeugnisse des indigenen Glaubens daran, „daß aller Raum von den Geistern ihrer Ahnen voll sei. Erde, Luft, und Himmel waren von Geistern erfüllt, in deren Willkür es lag, einen bösen Einfluss auf die Lebenden auszuüben." (MM, 46) Er fügt zudem Beschreibungen aus Quellen des christlichen Mittelalters hinzu, in denen Teufel, die „dicht wie Staub" in der Luft auf die Seelen der Lebenden lauern, um sie mit sich zu führen: „Es hat genauere Schätzungen ihrer Zahl gegeben. Unter diesen sind mir zwei bekannt, die aber weit auseinandergehen. Die eine lautet auf 44635569, die andere auf elf Billionen." (MM, 50)[47]

---

46 Zeit und ihre Produktion durch die spezifische Messung und Einteilung, so schließt Canetti, sei schließlich eines der ausgeklügeltsten Artefakte des Menschen: „Das vollkommenste und furchterregendste Kunstwerk der Menschheit ist ihre Einteilung der Zeit." (FP, 17)

47 Dagegen leitet Canetti unter der Überschrift „Von den unsichtbaren Massen", neben der er den Kommentar „gänzlich unbrauchbar" notiert, die heutige Geschichtsschreibung erneut, wie in zahlreichen anderen Aufzeichnungen, von der Existenz der unsichtbaren Massen ab: „Die Ahnen als Masse in der Geschichte der Menschheit waren von ganz ungeheurer Bedeutung; ohne die Vorstellung von ihnen einzubeziehen ist manches historische(s) Ereignis überhaupt nicht zu erklären. Die *Geschichte*, das was wir heute Geschichte nennen, die geschriebene, präzise, fortlau-

Im *Buch gegen den Tod* stehen nicht mehr die Zitationen und Kommentierungen indigener oder historischer Glaubensvorstellungen in ihrer Eigenschaft als fremdartige Fiktionen im Fokus, die er zu zeitgenössischen Vorstellungen von tatsächlich existierenden Massenphänomenen in Beziehung setzt. Stattdessen eignet Canetti sich diese an, indem er selbst Fiktionen schreibt. Die kolonialen Quellen werden zur Grundlage für das eigene Denken, und das, was zuvor im Modus der Alterisierung aufgeschrieben worden war, wird hier zum Experimentalraum einer neuen Denkform. Im Akt der Anähnelung verliert das Bild der Raum-Zeit seine Fremdheit. Zugleich lässt sich diese Form der Appropriation auch als fragwürdige Aneignung eines Denkens lesen, auf das ausschließlich über koloniale Quellen zugegriffen wird. Dies führt zurück zur Ambivalenz von Prozessen der Ähnlichkeit, die in gewaltsame Aneignung umzuschlagen drohen, und zurück zu Fragen nach ethnographischer Repräsentation und kolonialem Diskurs.[48]

Die Versuchsanordnung eines Raumes mit anderen Regeln, einer Verschiebung der Dimensionen erinnert zudem an aktuelle Theorieansätze, die nach der Verabschiedung der Zeitkonfiguration des sogenannten „historischen Denkens" nach neuen temporalen Modellen suchen. Diese lassen sich dabei jedoch, im Unterschied zum hier entworfenen Modell, teils von kulturpessimistischer Sorge über eine „breite Gegenwart"[49] leiten, die aus vielen simultanen Welten bestehend keine festen Identitäten mehr konturiert. In ihr gehöre die Möglichkeit nicht mehr der Zukunft, sondern verlagere sich in die unübersichtlich-mannigfaltigen Paralleloptionen der Gegenwart – was in gewisser Hinsicht insinuiert, das verabschiedete „historische Denken" habe über eine solche Übersicht verfügt. Das „Ende von Richtungskontinuität" führe nun innerhalb der Simultaneitäten der „breiten Gegenwart" dazu, dass angesichts einer unzugänglichen Zukunft die „Realisierung von Handlungen unmöglich"[50] werde. Canettis Feststellung über die Abwesenheit der Zukunft in der oben zitierten Aufzeichnung führt im Unterschied dazu gerade zu gegenteiligen Schlüssen; er problematisiert nicht mehr ihre Abwesenheit, sondern das Denken des „Flusses" selbst, das erst zur Klage über eine verschlossene Zukunft geführt habe. Canettis Forderung einer richtungs-

---

fende, fortgeführte Geschichte ist im wesentlichen das bewusstgewordene Zeitalter der Ahnen. Nicht umsonst sind es Chinesen, die die Form der Annalen ausgebildet haben. Bei den Indern, die an Seelenwanderung glaubten, denen die Ahnen also *zersplittert* sind, war die Geschichte nie von wirklicher Bedeutung." Canetti: Nachlass Zentralbibliothek Zürich 49.10, „*Masse und Macht*: Textfassungen: Discarded (nur zum Teil verwendet. Manches ungebraucht)", S. 1f.
48 Vgl. dazu ausführlicher das Kapitel V.1.3 dieses Buches.
49 Vgl. Hans Ulrich Gumbrecht: *Unsere breite Gegenwart*. Übers. von Frank Born. Berlin: Suhrkamp 2010.
50 Ebd., S. 17.

losen, verräumlichten Zeit zielt also gerade auf das Potenzial simultaner Möglichkeiten einer richtungslosen Gegenwart. Dies führt zurück zur spezifischen Zeitlichkeit des Experiments, die Canetti an diejenige einer Welt ohne Tod annähert. Beide zeichnen sich gerade durch eine spezifische „Breite" aus: „Wäre aber der Tod gar nicht da, so könnte einem nichts wirklich mißlingen; in immer neuen Versuchen könnte man Schwächen, Unzulänglichkeiten und Sünden wiedergutmachen" ([1949] BgT, 45). So würde eine Welt radikalisierter Räumlichkeit jenseits des Todes selbst zum Laboratorium als einem isolierten Raum endloser Versuche, die „noch nicht" zählen, immer wieder neu ansetzen können und genau darin auch die Möglichkeit für eine radikal veränderte Gesellschaftsordnung erschaffen.

2.2.3 Dritte Versuchsanordnung: Vom Wunsch, viele zu werden

In *Masse und Macht* zitiert Canetti ein indigenes Volkslied aus Gabun: „Die Tore der Höhle sind geschlossen. Die Seelen der Toten drängen sich dort, in Scharen, wie ein Schwarm von Fliegen, die am Abend tanzen." (MM, 46) Daran schließt er seine Analyse der unsichtbaren Masse der Toten an, die wie „echte" Massen zur Verdichtung und zur kollektiven Bewegung tendieren. Gemäß seiner anthropologischen Perspektive geht Canetti davon aus, jede menschliche Gesellschaft teile diese Vorstellungen von unsichtbaren Massen. Seien sie auch in unserer Gesellschaft weitestgehend verschwunden, so lebten sie dennoch in zeitgenössischen Imaginationen von Bazillen und Viren weiter. Die Vorstellung kollektiver Gefährdung durch das Allerkleinste, das sich durch Vielheit auszeichne, basiere folglich auf jenen Massen der unsichtbaren menschlichen Toten. Der Mensch wird sich in Canettis vergleichender Perspektive folglich durch seinen Übergang in den Tod selbst zur kollektiven, unsichtbaren und unkontrollierbaren Gefahr.

Zugang zu den Mechanismen dieses sonst Unsichtbaren erhält er in *Masse und Macht* mittels fiktionaler Texte, wie jenes Lied aus dem Gabun, sowie über die Berichte von „mit besonderen Gaben" (MM, 47) ausgestatteten Personen, wie beispielsweise Schamanen und Geisterseher. Sichtbar werden die Mechanismen zudem über die Analogie zu lebenden, faktualen Menschen- und Tiermassen. Im *Buch gegen den Tod* dagegen fällt der Umweg über die Fiktionen Anderer zugunsten eigener textueller Experimente weg: Zu den bekanntesten Canetti'schen Experimenten gehört eine Versuchsreihe, welche die Themenkomplexe Tod und Masse miteinander verbindet und zugleich die Grenze von Mensch und Tier neu überdenkt. Das *Buch gegen den Tod* enthält einige solcher Aufzeichnungen, ihre Verbindung zu den Quellanalysen aus *Masse und Macht* ist erneut deutlich zu erkennen: Die Seelen der Toten, beispielsweise, die im gabunischen Lied als Schwarm am Abend tanzten, tauchen transformiert in die eigene Miniaturfiktion wieder auf:

> Die Mücken fraßen ihn auf: Jetzt tanzt er, auf ihren Schwarm verteilt, in der Sonne.
> ([1942] BgT, 22)

Gegen den Tod werden Mannigfaltigkeiten gesetzt. Ging es zuvor um simultane Möglichkeiten im Raum jenseits eines kausalen Zeitstroms, so schlägt das Bild des blutsaugenden und menschenfressenden Schwarms eine alternative körperlich-tierische Organisationsform jenseits von menschlicher Individualität vor. Die in Canettis Aufzeichnungen wiederkehrende Erzählperspektive, die sich eines namenlosen „er" bedient, verfolgt hier ihre Auflösung. Der dreifache Wechsel vom Lebenden zum Toten und schließlich zur transformierten Wiederbelebung der Beute im Schwarm sowie die Verwandlung vom Einzelnen zum Mannigfaltigen und vom Menschlichen ins Tierische nimmt gerade einmal eine einzelne Textzeile ein.

Die Aufzeichnung skizziert damit einen Gegenentwurf zur Theorie des machtvollen, mörderischen Einverleibens des Tieres durch den Menschen aus *Masse und Macht*: Die zunächst ebenso mörderische Einverleibung des Menschen durch einen ganzen Schwarm von Insekten kommt schließlich nicht als ultimative Machtgeste daher, denn sie lässt „ihn" weiterleben, und zwar in einer Lebensform, die ihm sonst gänzlich unzugänglich wäre: als Schwarm. Trotz der Depersonalisierung im Sinne einer Deindividuierung als Dividuierung, der Einverleibung durch ein tierisches Kollektiv ist weiterhin eine Figur als „er" perspektiviert; in der Vielheit bleibt „jemand" anwesend.

Diese Transformation als Metapher einer spirituell-religiösen Auflösung im Kreislauf der Natur mit einer Rückkehr in organische Kreisläufe zu lesen, ist im Hinblick auf Canettis Denken wenig kohärent.[51] Im Bild des Mannigfaltigen verbinden sich stattdessen zwei Grundthemen des Werkes: Tod und Verwandlung. „Das Gefühl, daß ich noch wirklich ein Tier werden könnte, hat sich in den letzten Jahren zu einer heftigen Passion gesteigert und manchmal erscheint mir das schon ebenso wichtig wie nicht zu sterben." ([1944] BgT, 39) Verwandlung und Unsterblichkeit werden über die Idee der Masse kurzgeschlossen, aus zwei Pas-

---

[51] Er verwehrte sich einerseits selbst explizit dagegen: „Mir ist es wichtig, daß niemand Leben als Tod sehen könnte oder vermuten könnte, daß es eine höhere Synthese zwischen beiden gäbe, daß diese beiden Gegensätze zum Beispiel aufzuheben wären in einem Höheren, wozu nicht wenige religiöse Theorien neigen.", heißt es bei Canetti in einem Interview mit Joachim Schickel über seine Todfeindschaft (ARG, 258). Andererseits ist der Zustand einer Welt ohne Tod innerhalb seiner Experimente auch kein „höherer", erleuchteter, mystischer. Er ermöglicht vielmehr – und dies ist anhand der einzelnen Aufzeichnungen beobachtet worden – alternative, andere Gesellschafts-, Sprach- oder Lebensmodelle, die innerhalb der Mikro- und Miniaturfiktionen denkbar werden sollen.

sionen wird eine. Canetti ist vom Wimmelnden fasziniert,[52] weil es für ihn die Möglichkeit des Überlebens und der menschlichen Entgrenzung zum Tierischen birgt. Die Paranoia verkehrt sich so in ihr Gegenteil: Statt des zwanghaften Wunsches zur Eliminierung aller multiplen Gebilde, dem fremden, unsichtbaren Wuselnden, wird die Verwandlung eines Einzelnen durch Einverleibung in einen Schwarm zur Gegenfigur einer geradezu idyllisch anmutenden Fiktion von Todesüberwindung aufgebaut. So werden nicht nur die Grenzen zum Tier fließend, sondern auch die Konzeption vom Menschen als ein von der Haut umschlossenes, berührungsfürchtendes Individuum aufgehoben.

2.3 Experimente als Medien der Grenzüberschreitung: Miniaturfiktion und Tod

Ausgehend von der anfänglichen Beobachtung, dass sich Canettis Versuche über und gegen den Tod selbst als textuell-experimentelle Versuchsanordnungen verstehen, innerhalb derer der Tod sichtbar, handhabbar und damit auch verneinbar werden soll, liegt die eigentliche Pointe von Canettis Aufzeichnungen gegen den Tod nun darin, dass in ihnen und ihrer wechselseitigen Hervorbringung von Versuchsanordnung und Tod aktuell virulente Diskurse vom textuellen Laboratorium, von Literatur und Experiment bereits theoretisch konturiert werden. Zugleich wird sichtbar, wie Canetti den Tod im radikalen Gegensatz zu zentralen sprach- und kulturtheoretischen Grundannahmen zum Tod des 20. und 21. Jahrhunderts aus seiner Abwesenheit heraus zu verstehen sucht und ihn als eigenen Akteur zutage treten lässt.

Denn legt man die exemplarischen Probeläufe der Miniaturversuche nebeneinander, so zeichnet sich die Gestalt eines sonst unsichtbaren Akteurs ab: Es ist hier erstens betrachtet worden, welche anziehenden und abstoßenden Wirkungen er hervorbringt und wie er in seiner eigenen zirkulären Aporie gefangen bleibt; zweitens ist seine Zeit-, Raum- und Gesellschaftsordnungen strukturierende Kraft durch das Experiment seiner Abwesenheit zutage getreten, und drittens ließ sich beobachten, wie er die Grenzen des Menschen zum Tierischen bestimmt und welche alternativen, zur Vielheit geöffneten Entwürfe jenseits des Individuums denkbar wären. Die Versuche innerhalb des Laboratoriums, das sich miniaturhafter Fiktionen und narrativer Elemente bedient, ermöglichen die Emergenz des Todes als Akteur, der sonst verborgen bleibt. Im Text bekommt das „Ding" zudem eine schriftliche Spur,[53] insbesondere dann, wenn verschiedene Texte Canet-

---

52 Matt: „Nachwort", S. 325.
53 Vgl. Latour: „Gebt mir ein Laboratorium und ich werde die Welt aus den Angeln heben", S. 126.

tis miteinander verglichen werden. Das Unsichtbare wird nicht nur sichtbar, sondern durch die poetischen Laborversuche überhaupt erst denkbar. Der Tod wird umgangen und somit wiederum selbst zum Gegenstand der Wissenschaft und des Wissens. Die „schöne und geschlossene Form der Individualität" wird aufgebrochen, der Tod als dessen Grundbedingung negiert.

Entscheidend ist dabei, dass die Aufzeichnungen ihren sprachlichen Laboratoriumscharakter selbst immer schon mitreflektieren und herausstellen: Die Vorstellung verräumlichter Zeit jenseits der Sklaverei des Todes, in dem „einem nichts wirklich mißlingen", sondern „in immer neuen Versuchen" ([1949] BgT, 45) ein bestimmter Gegenstand so lange befragt werden kann, bis er sich schließlich zeigt, beschreibt nichts anderes als eine klassische Laboratoriumssituation. So denkt die Aufzeichnung im Modus einer Versuchsanordnung darüber nach, wie ein Raum geschaffen werden könnte, in dem sich dieser Probemodus verallgemeinern ließe. Dabei löst sich das Modell des Laboratoriums vom Tod ab und impliziert bereits die Möglichkeit, Versuchsreihen zur Emergenz anderer Akteure zu konzipieren. In einer Weltordnung, die den Tod überwunden hat, wäre dies vor allem ein gänzlich neues Menschen- und Gesellschaftsmodell jenseits der Macht. Innerhalb der Miniaturfiktionen denkt sich das Laboratorium demnach als allgemeines Weltmodell und weiß zugleich immer schon, dass es noch nicht so weit ist, dass es sich selbst zwar einen Raum anderer Regelhaftigkeit erschaffen kann, dies aber eben immer nur im Modus der Sprache und der Fiktion, einer sprachlichen Welt im Kleinen. Gerade durch diese Selbstreflexivität seiner Texte wird Canetti zum Vordenker aktueller Theoriediskussionen der Verbindung von Experiment und Literatur sowie zur textuellen Fiktion als Laboratorium, indem er auf die Mechanismen, Möglichkeiten und Grenzen sprachlichen Laboratorien verweist.

Die Fiktion als Erkenntnisverfahren ist dann aus ihrer engen Verknüpfung mit der Literatur gelöst. Sie zielt weniger auf die Herstellung einer vollständigen innerfiktionalen Welt wie die literarische Fiktionalität,[54] sondern auf eine Denk-

---

54 Andreas Kablitz schlägt in seiner Theorie der Literatur vor, die saubere Trennung der Begriffe von Fiktion und Fiktionalität zum elementaren Ausgangspunkt literarischer Fiktionstheorie zu erheben. Fiktion bezeichnet dann den ontologischen Status des Dargestellten als etwas Erfundenes, Ausgedachtes. Damit ist Fiktion gerade nicht auf die Literatur beschränkt, sondern umfasst im Wortsinn von *fingere* auch Simulationen, Modellierungen und Hypothesen. Fiktionalität dagegen beschreibt auf der Ebene der Darstellung den Zustand einer sprachlichen Äußerung, vom Wahrheitswert entbunden zu sein. Dabei geht es nicht darum, ob das Dargestellte wahr, falsch oder erfunden ist, sondern vielmehr um die „Vergleichgültigung" (Andreas Kablitz: *Kunst des Möglichen. Theorie der Literatur*. Freiburg im Breisgau: Rombach 2013, S. 168) des Wahrheitswertes, die die Frage nach wahr oder falsch schlichtweg obsolet werden lässt. Stattdessen öffnet sich im Fiktio-

weise des Möglichen, die punktuell im Hinblick auf eine konkrete Untersuchungsfrage eingesetzt wird. Diese Formen des Möglichkeitsdenkens aber rufen zwingend eine Beobachtungsebene hervor, die zwischen Wirklichkeit und Möglichkeit zu unterscheiden in der Lage ist: „[D]ie Welt des Möglichen ist eine Erfindung des Beobachters zweiter Ordnung, die für den Beobachter erster Ordnung notwendig latent bleibt."[55] Eine solche Beobachtungssituation ist erneut nicht allein der Literatur vorbehalten, sondern benennt auch die Grundstruktur des Experiments. Hier überlagern sich also die Beobachtungsstrukturen des Literarischen und des Wissenschaftlichen.

Gerade deswegen ist auch das Experiment im Zuge der noch immer anhaltenden literaturwissenschaftlichen Debatte um (das) Wissen und/der/in der Literatur stark in den Fokus gerückt. Das Experiment gilt als „die Figur zugleich von Einheit und Differenz"[56] von Wissenschaft und Literatur: Während es auf wissenschaftlicher Seite aktualisierend wirke, habe es auf literarischer Seite possibilisierende Funktion, sei aber beiderseits eine Versuchspraxis zur Unterscheidung von Möglichem und Wirklichem. Der experimentelle Versuch ist gebunden an konstante technische, instrumentelle Voraussetzungen und zugleich an eine einzelne, jeweils veränderte Innovation, für die es Ergebnisoffenheit, Projektion in die Zukunft, Möglichkeitssinn, kurz: Fiktion im oben beschriebenen Sinn bedarf. Damit hat der Versuch zugleich eine epistemologische wie auch poetologische Dimension: das aus ihm resultierende und verschriftlichte „Wissen unter experimentellen Bedingungen ist deshalb unhintergehbar an Technik, Werkzeug und Geschicklichkeit, aber auch an Ästhetik, Fiktion, Rhetorik und Narrativik gebunden."[57]

Canettis Aufzeichnungen positionieren sich an der Schnittstelle zeitgenössischer Natur- und Geisteswissenschaften und versuchen, deren Verfahren, unter anderem also Experiment und Versuch, für eine Untersuchung des Imaginären zu nutzen. Zudem reflektiert, dies ist immer wieder angeklungen, seine wissenschaftlich-literarische Experimentalpraxis bereits selbst die Funktionsweise und die theoretischen Implikationen des Experiments als „Medium einer Grenzüberschreitung",[58] und er setzt sie schließlich auch dazu ein, um die „letzte Grenze", diejeni-

---

nalen ein Möglichkeitsraum von Aussagen über Fiktives. Dies, so Kablitz, sei allein Kunstformen wie etwa der Literatur oder dem Film vorbehalten.
55 Luhmann: *Die Kunst der Gesellschaft*, S. 104.
56 Pethes: „Poetik / Wissen. Konzeptionen eines problematischen Transfers", S. 371.
57 Michael Gamper: „Zur Literaturgeschichte des Experiments. Eine Einleitung". In: Ders., Martina Wernli, Jörg Zimmer (Hg.): „*Es ist nun einmal zum Versuch gekommen*". *Experiment und Literatur I 1580–1790*. Göttingen: Wallstein 2009, S. 9–30, hier S. 13.
58 Pethes: „Poetik / Wissen. Konzeptionen eines problematischen Transfers", S. 371.

ge des Todes, zumindest in der Fiktion zu überwinden. Damit erschafft er innerhalb seines fragmentierten, verstreuten Textraums ein Laboratorium des Imaginären, in dem mithilfe endloser Probeläufe und verschiedener Versuchsanordnungen „schwarzes Wissen"[59] generiert wird, das an den Rändern der Disziplinen und des Herrschaftswissens andere Denk- und Handlungsräume eröffnet.

Laboratorien sind Sichtbarmachungsräume: Ihre Versuchsreihen zielen darauf ab, einen bestimmten Gegenstand durch seine Performanz, also durch seine spezifische Handlung, erst erkennbar und so definierbar zu machen. Aus dem Zusammenspiel von theoretischer Ausgangshypothese, mit der die Versuchsleiter*innen das Laboratorium betreten, dem Aufbau einer künstlichen Welt, in der ein Gegenstand verschiedenen Prüfungen und Bedingungen unterworfen wird, damit er seine Leistung zeigen kann, und dem abschließenden textuellen Bericht über das Experiment, emergiert im besten Fall ein bis dahin unsichtbares Element.[60] Laboratorien, mit Bruno Latour gedacht, machen nicht nur etwas Unsichtbares sichtbar, sie machen bisher Unsichtbares darüber hinaus zu einem Akteur mit eigener Handlungsmacht. Canettis Versuchsreihen zum Tod lassen den Tod als Akteur in ihren Experimentalanordnungen aufscheinen, nur um ihn dann tilgen zu können: „Er" musste zunächst ganz von Mücken aufgefressen werden, um dann jenseits seines menschlichen Körpers und Todes als in der Sonne tanzendes Schwarmwesen weiterleben zu können. Ex negativo, als Hohlform wird bei Canetti der Tod als eine Figuration des Imaginären erst mittels des experimentellen Einsatzes der Fiktion sichtbar, zugleich sensibilisieren Canettis Versuchsanordnungen für die Prozesse im Inneren der (natur-)wissenschaftlichen Erkenntnisfabriken.

Gerade an diesen Prozessen sind auch aktuelle Überlegungen zum Experiment von literatur- und kulturwissenschaftlicher Seite interessiert. Sie gehen wie Canetti davon aus, es sei möglich, Menschen, (Experimental-)Praktiken, Räume wie das Laboratorium und Dinge wie den Gegenstand des Experiments mit textuellen Experimenten oder Gedankenexperimenten zu vergleichen. Ihr Ziel ist es dabei einerseits, die Fiktion als Erkenntnismedium, als Ursprung für Innovationen und als Möglichkeitsraum im Herzen von Wissenschaft und Literatur gleichermaßen[61] zu

---

59 Barck: „Imaginäre Enzyklopädien. Beobachtungen am Rande", S. 195.
60 Vgl. Andréa Belliger, David Krieger: „Einführung in die Akteur-Netzwerk-Theorie". In: Dies. (Hg.): *ANThology. Ein einführendes Handbuch zur Akteur-Netzwerk-Theorie*. Bielefeld: Transcript 2006, S. 13–50, hier S. 31f.
61 Wie etwa Sigrid Weigel, die die Gleichursprünglichkeit von Literatur und Wissenschaft in der „facultas fingendi" vermutet: Sigrid Weigel: „Das Gedankenexperiment. Nagelprobe auf die *facultas fingendi* in Wissenschaft und Literatur". In: Thomas Macho, Annette Wunschel (Hg.): *Science & Fiction. Über Gedankenexperimente in Wissenschaft, Philosophie und Literatur*. Frankfurt am

verorten und dies bis hinein in sprachliche Strukturen nachzuverfolgen, dort etwa der erkenntnisproduzierenden Kraft rhetorischer Strukturen nachzugehen. Als Ursprung der Innovation geht das Gedankenexperiment beispielsweise dem Laborexperiment voraus und übernimmt dann wieder, wenn das Laboratorium an seine Grenzen kommt, wie etwa bei menschlichen Vivisektionen. Andererseits wird das Gedankenexperiment an eine spezifische textuelle Form rückgebunden, die – analog zu den Experimentalanordnungen naturwissenschaftlicher Laboratorien – eine bestimmte Forschungshypothese verfolgt. Es zielt auf die Sichtbarmachung eines noch nicht genauer bestimmbaren Objektes und setzt dabei die Fiktion nicht zur Schöpfung einer umfassenden möglichen Welt, sondern gezielt und zweckgebunden zur Manipulation eines einzelnen Sachverhalts ein, der auf dem Prüfstand steht. So können die Auswirkungen eines strategischen und punktuellen Fiktionseinsatzes auf eine sonst bekannte Welt betrachtet werden,[62] selbst wenn durch die Veränderungen eines einzelnen Elementes eine gänzlich neue Weltordnung entsteht.

Bei Canetti führt dieser punktuelle Einsatz, da wo er ihn von klassischen literarischen Formen wie etwa dem Drama löst, zu einer radikalen Verknappung der Form.[63] Die konstante (außertextuelle) Laboranordnung wird vorausgesetzt und innerhalb fiktionalen Kurz- und Kürzesttexten eine einzelne strategische Veränderung benannt. Diese Mikrofiktionen werden dann in seriellen Versuchsreihen hintereinandergeschaltet. Die formalen Aspekte sind entscheidend und werden besonders gut sichtbar, wenn ein naturwissenschaftlicher Experimentbegriff zu ihrer vergleichenden Beschreibung herangezogen wird. Canettis lebenslanges Anschreiben gegen den Tod kann dann – jenseits einer werkimmanenten oder biographischen Erklärung für seine obsessive Beschäftigung, die sich in immer

---

Main: Fischer 2004, S. 183–205. Gamper und Bies wiederum beschreiben umgekehrt die doppelte Herkunft des Experiments aus Literatur und Wissenschaft. Vgl. mit einem Verweis auf die Zeit um 1600: Gamper/Bies: „Es ist ein Laboratorium, ein Laboratorium für Worte", S. 11.
62 Vgl. Thomas Macho, Annette Wunschel: „Mentale Versuchsanordnungen". In: Dies. (Hg.): *Science & Fiction. Über Gedankenexperimente in Wissenschaft, Philosophie und Literatur*. Frankfurt am Main: Fischer 2004, S. 9–14, hier S. 9f.
63 Es lassen sich bei Canetti andere Verhandlungen des Experiments finden, die nicht mit formaler Verknappung einhergehen: Insbesondere seine Dramen, allen voran *Die Befristeten* und die *Komödie der Eitelkeiten* haben einen deutlich ausgestellten Anspruch, Gedankenexperimente zu betreiben. Hier wird – exakt dem Modus des Gedankenexperiments entsprechend – jeweils ein einzelner Parameter innerhalb einer Gesellschaftsordnung verändert (in den genannten Texten bezüglich des Todes oder des Spiegels), um im Sinne des Experiments die Auswirkungen der Veränderung innerhalb des Dramas zu betrachten. Vgl. dazu auch den Hinweis in: Ebd., S. 10. Vgl. zur *Komödie der Eitelkeiten* und den Spiegeln: Dahms: *Spiegelszenen in Literatur und Malerei*, S. 111–160.

neuen Aphorismen ausdrückt – als Ringen um formale Inszenierung, als „Auftritt" eines sonst stummen und unsichtbaren Dings verstanden werden. Die Texte, die dem Modus einer Experimentalanordnung nicht nur äußerlich ähneln, sondern selbst auch explizit ihren eigenen Experimentcharakter reflektieren, erzeugen eine Struktur, „in der die stummen Dinge zur Sprache kommen",[64] und sei es die Stummheit schlechthin, die letzten Dinge, der Tod oder aber gerade seine Abwesenheit, Erfahrungen jenseits des menschlichen Subjekts, die Abschaffung des Individuums.

Der emergente Tod zeigt sich als das Einzelne, das Unumkehrbare, das Starre und Finale. Dagegen setzen die Texte in scheinbar unendlichen neuen Anläufen das Vielgestaltige, Wandelbare und Plurale, gedoppelt und gespiegelt vom jeweiligen textuellen Verfahren. Zwar bedienen sie sich poetischer, fiktionaler, komischer, grotesker oder phantastischer Elemente, entwerfen dabei allerdings einen Ansatz mit wissenschaftlichem Anspruch. An die Stelle, wo andere Thanatologien am Undenkbaren scheitern, setzen die Texte eine Amalgamierung poetischer und wissenschaftlicher Erkenntnisformen und erzeugen ein neues, ein „schwarzes Wissen" an den Rändern herrschender Diskurse, das es ermöglicht, das Imaginäre, das eigentlich Undenkbare zu denken und den Menschen zu anderen Räumen, anderen Lebensformen und -begriffen sowie zum Massenhaften zu entgrenzen.

3 Caillois' „Récit du délogé" als Fiktionsexperiment

3.1 Unreine Wissenschaft

Eine mögliche, von der Fiktion ausgehende Gefahr für die Wissenschaft besteht darin, dass sie von Rezipierenden verlangt, sich zunächst auf die Bedingungen der Fiktion einzulassen und in eine bestimmte passive Erwartungshaltung zu fügen, sobald sie in den Fiktionsraum eintreten: Formulierungen wie „Nehmen wir an, dass ..." bedürfen immer auch der lesenden Mitarbeit, der „willing suspension of disbelief" (Coleridge) seitens der Rezipierenden. Dies gilt auch jenseits literarischer Fiktionalität für den Nachvollzug von Gedankenexperimenten, bei denen zielgerichtet nach Konsequenzen, Risiken oder Handlungsoptionen gefragt und dies anhand von Erfundenem, Möglichem, Hypothetischem durchgespielt wird.

---

64 Böhme: *Fetischismus und Kultur*, S. 90. Vgl. auch Böhmes Zuspitzung des Experimentbegriffs, ebd., S. 85: „Experimente sind insofern Veranstaltungen, in denen sich auf kontrollierbare Weise menschliche Interventionen und Interessen mit den stummen Resonanzen der Dinge überkreuzen und zu historischen Gleichgewichten finden: Diese nennen wir Erkenntnisse".

Dabei müssen Forschende wie auch ihr Publikum ebenso in die Logik der punktuellen Fiktion eintauchen, um dem Experiment folgen zu können. Der Akt des Lesens wird, angefangen bei seiner Arbeit mit Leerstellen bis hin zur spielerischen Erzeugung des Textes innerhalb literaturwissenschaftlicher Theoriebildung des 20. Jahrhunderts, zunehmend an ein aktives, konstruierendes Subjekt rückgebunden. Dennoch bleibt in jeder Theorie vom Lesen fiktionaler Texte ein Rest, der die notwendige Passivität der Lesenden anerkennen muss: Trotz der Betonung eines Leseakts, der Leser*innen zu Mitarbeiter*innen am Text erklärt, verlangen fiktionale Texte, sich auf die jeweiligen Regeln der Fiktion einzulassen, ihre Strukturen nachzuvollziehen. In dieser Vereinnahmung wurzelt ihr Potenzial, auf die Lesenden einzuwirken, sie zu affizieren oder zu ergreifen. Fiktionen bergen daher das Risiko, gerade aufgrund dieses affizierenden Potenzials von politischen, religiösen, gesellschaftlichen Zwecken korrumpiert zu werden – ein Risiko, das den gereinigten „Fakten" der modernen Wissenschaften, die sich von Rezipierenden distanziert und reflektiert registrieren lassen, scheinbar nicht mehr droht. Wird die Vorstellung objektiver Fakten allerdings schon längst zunehmend dahingehend relativiert, dass auch sie von jeweiligen Indienstnahmen und politisch-ökonomischen Bedingungen abhängig sind, und werden insbesondere in der aktuellen politischen[65] und theoretischen Debatte die Grenzen zwischen Fiktion, Fakt und Lüge schwammig, lässt sich in umgekehrter Hinsicht auch nach einem Einsatz der Fiktion zur Produktion positiven Wissens fragen, und zwar gerade über die Vereinnahmung der Lesenden und im Wissen, interessensgeleitete Indienstnahmen jenseits der „Wahrheitssuche" zu riskieren.

Caillois fordert nicht nur eine „Verunreinigung" künstlerischer Autonomieästhetik, indem er Kunst und Literatur mit Biologie, Psychologie, Ethnologie und Mythenforschung verschränkt, sondern betreibt auch eine unreine Wissenschaft.[66]

---

[65] Angesichts der aktuellen Brisanz, die den „alternative facts" (Kellyanne Conway) in politischen Debatten zukommt, ließe sich danach fragen, ob nicht weniger die scheinbaren Alternativen zu problematisieren wären, die hier proklamiert werden, als vielmehr der neue Anspruch eines positivistisch „Faktischen", der damit verbunden ist. Vgl. dazu auch Juliane Rebentisch: „Lessings Unruhe. Der Streit um die Wahrheit und seine Bestreitung". In: *Soziopolis. Gesellschaft beobachten* vom 6.2.2018. https://soziopolis.de/verstehen/wie-spricht-die-wissenschaft/artikel/lessings-unruhe/ (Stand: 02.04.2020). Es wäre lohnenswert, die „Verunreinigungsarbeit", die Canetti und Caillois bereits seit den 30er Jahren in Bezug auf die Grenze von faktualem Erkenntnisanspruch und fiktionalem Verfahren betreiben, auf die aktuellen Debatten zu beziehen, da sich beide Autoren darum bemühen, die Macht des Faktischen zu unterhöhlen, während die Praxis der „alternative facts" unter strategisch verdunkelten Bedingungen, d. h. losgelöst von Verfahren der Beweisführung, diese wieder zu zementieren versucht.

[66] Frz.: „science de l'impureté dans l'art". Caillois: „Procès intellectuel de l'art", S. 53. Vgl. zu einem ebenfalls „interessierten" und aktiven Wissenschaftskonzept natürlich bereits die Soziolo-

Auch sie ist heteronom zu angrenzenden Systemen und Subsystemen (Disziplinen) geöffnet, verfährt „diagonal" und nutzt Verfahren, die aus Wissenschaftskonzepten ausgegrenzt werden, die sich als faktenbasiert und auf Objektivität zielend verstehen und einen je unterschiedlichen disziplinären Zugang voraussetzen. Caillois' selbstreflexiver Einsatz von Fiktion zielt auf eben jene Schnittstelle zwischen Literatur und Wissenschaft und führt ein vereinnahmendes, passivierendes Moment in ein Wissenschaftsmodell, das auf aktiver und distanzierter Reflexion zu basieren scheint. Er führt damit vor, was unter wissenschaftlicher Fiktion zu verstehen ist und welche Erkenntnisleistung die Fiktion als Instrumentarium einer Erkundung sonst unzugänglicher Phänomenbereiche zu leisten vermag. Erneut macht die Untersuchung des Imaginären als Grenzphänomen sichtbar, dass ausgegrenzte oder scheinbar „gefährliche" Verfahren in angeblich bereinigten Wissenschaftsformen eigentlich immer mit am Werk sind.

3.2 Muschel sein: „Je fus pholade"

Cases d'un échiquier schließt mit einem Abschnitt, der den Titel „Fictives" trägt und unter dem drei kurze fiktionale Texte versammelt sind. Caillois misstraute der Fiktion als eigenem Darstellungsmittel, so wie er lange Zeit auch der Literatur misstraute. Diese Texte bilden allerdings Beispiele seines produktiven Umgangs mit diesem Misstrauen.[67] Der letzte Text, „Récit du délogé" („Bericht des Entwohnten") erzählt aus Ich-Perspektive von einer körperlichen Auflösungserfahrung, in der ein Mensch beschließt, seine Persönlichkeit mit einer ihn parasitär bewohnenden Muschel zu tauschen. Zwar wurde der Text bisher eher vereinzelt beachtet,[68] besetzt allerdings als Abschluss des Bandes eine prominente

---

gieauffassung Caillois' am Collège, siehe hier u. a.: Moebius: *Die Zauberlehrlinge*. Vgl. zu dieser Idee einer „unreinen Wissenschaft", allerdings zunächst nur in Bezug auf den frühen „Mimétisme"-Aufsatz: Frank: *The Edge of Surrealism*, S. 84 sowie 89, hier auch in Verbindung mit Caillois' „Procès intellectuel de l'art". Vgl. hierzu in Bezug auf Caillois' Forderung einer wissenschaftlichen Wende in Bezug auf die surrealistischen Gegenstände auch Eidelpes: „Von der empirischen Imagination zur natürlichen Ästhetik", S. 91. Vgl. als Gegenstück einer „Wissenschaft von der Unreinheit in der Kunst" erneut: Albers „Die Unreinheit der Literatur", hier besonders S. 342.
67 Kathryn Saint Ours zählt neben Caillois' einzigem Roman *Ponce Pilate* und den drei Texten aus *Cases d'un échiquier* noch den „Petit guide du quinzième arrondissement à l'usage des fantômes" hinzu, die Texte über die Steine aber sind für sie nicht fiktional, sondern „quasi mystiques". Dem widersprechen die obigen Ausführungen in Kapitel V.2. Vgl. Kathryn Saint Ours: *Le fantastique chez Roger Caillois*. Birmingham, AL: Summa Publications 2001, S. 69.
68 Erwähnt wird der Text außerdem u. a. in: Hollier: „Mimesis and Castration 1937" sowie bei Panoff: *Les frères ennemis*, S. 140f. Panoff erkennt in dem Text allerdings vor allem eine autobiogra-

3 Caillois' „Récit du délogé" als Fiktionsexperiment —— 433

Position.[69] Ihm folgt nur noch die *Table de concordance*, eine Tabelle, in der als „letztes Feld des Schachbretts" die im Band enthaltenen Beiträge thematisch anderen Werken Caillois' zugeordnet werden. Das letzte der 64 Felder ist dann zugleich eines, das auf das größere Schachbrett als Gesamtheit aller Werke Caillois' verweist und aus den *Cases d'un échiquier* herausführt. Dem „Récit du délogé" stellt Caillois innerhalb der Tabelle seinen frühen Text „Mimétisme et psychasthénie legendaire" gegenüber und legt damit nicht nur die Erzählung auf das Thema der Anähnelung an das Anorganische und die Depersonalisierung als mythisches, psychopathologisches und biologisches Phänomen fest.

Caillois' Rezeptionsanweisung insinuiert zunächst, der frühe theoretische Mimese-Essay und die Erzählung im Modus der Fiktion könnten als äquivalent betrachtet werden, als wäre das Um- und Neuschreiben der Theorie in der Fiktion nicht mit einer Transformation des Gegenstands verbunden. Die Auseinandersetzung mit Erfahrungen und Phänomenen der Depersonalisierung aus den 30er Jahren, zu denen auch seine 1934 bei Georges Dumézil und Marcel Mauss eingereichte Dissertation *Démons de midi* zählt, wird in der Tat in dem 1970 erscheinenden „Récit du délogé" explizit aufgegriffen. Die Texte der 30er Jahre bestehen allerdings selbst wiederum aus zahlreichen Verweisen auf Literatur und Mythos, sodass sich ungleich kompliziertere Verflechtungen zwischen autobiographischem Selbstexperiment, textueller Fiktion und theoretischem Essay offenbaren.[70]

---

phische Äußerung von Caillois' Abscheu, sich fortzupflanzen, einer Todessehnsucht, oder aber den Ausdruck einer intellektuellen Mode der Zeit, dem Hang zum Nihilismus. Vgl. zu Caillois' Misstrauen gegenüber der Literatur u. a. erneut den frühen „Procès intellectuel de l'art".
69 In der Quarto-Ausgabe der Werke Caillois' bei Gallimard ist der Text nicht mehr den *Cases* zugeordnet, sondern findet sich im Kapitel III. *Récits*, wodurch sein Stellenwert für die *Approches de l'imaginaire* nicht mehr recht nachzuvollziehen ist. Vgl. Roger Caillois: *Œuvres*. Hg. v. Dominique Rabourdin. Paris: Gallimard 2008.
70 Vgl. Massonet: *Les labyrinthes de l'imaginaire dans l'œuvre de Roger Caillois*, S. 245. Massonet fragt nach dem kritischen Potenzial der Fiktion, das er in einer Verkehrung narrativer Strukturen vermutet: Er konzentriert sich auf Caillois' „Noé" (ebd., S. 246), ebenfalls einer der drei Texte der „Fictives", und *Ponce Pilate*, da sich beide mit biblischen Narrativen befassen. In letzterem erkennt er in der Verkehrung des Opfernarrativs bereits die theoretische Auseinandersetzung mit dem Ende der menschlichen Schrift und der Möglichkeit, dem Buch, der großen schriftkulturellen Klammer zu entkommen, was später, am Ende seines Lebens und in seinem letzten, autobiographisch angelegten Werk *Le Fleuve Alphée* ganz ins Zentrum seiner Überlegungen rücken wird. In *Cases d'un échiquier* ist dies vorweggenommen, etwa in „L'ultime bibliophile", in dem eine andere Schrift jenseits der Bücher, eine Schrift der Dinge, der Natur und der Welt vorgeschlagen wird. Massonet zeigt aber nun, dass es gerade die Fiktion in *Ponce Pilate* ist, die sich in einer Schrift verausgaben kann, die ihrem eigenen Verlust unterworfen ist: „une écriture vouée à son absence" (ebd., S. 263), eine Schrift, die ihrer Abwesenheit gewidmet ist. Darauf wird weiter unten genauer eingegangen.

Sein erstes Buch *La Nécessité d'esprit*, an dem er, gerade einmal 20jährig, ab 1933 arbeitete und das stark autobiographische Züge trägt, blieb zu Lebzeiten unpubliziert. Mit der postumen Publikation wurde ein Werk zugänglich, in dem Caillois von psychopathologischen Zuständen schreibt, die denjenigen des Protagonisten im „Récit du délogé" sehr ähneln. Er habe versucht, heißt es in *La Nécessité*, diese krisenhaften Zustände bewusst zu intensivieren, etwa während schlafloser Phasen, die Caillois – ganz wie der Protagonist des „Récit" – auf den Versuch zurückführt, sein waches Bewusstsein willentlich zum Schlaf zu zwingen. Odile Felgine, Caillois' Biographin, hält seine Beschreibung der klinischen Phänomene für durchaus realistisch.[71]

In der Tat ist die Nähe der autobiographisch beschriebenen Zustände Caillois', mitsamt ihrer an Pierre Janet angelehnten Begriffsschöpfung der „legendären Psychasthenie", aus seinem frühen Text, zum „Récit du délogé" eklatant: „Ich ersehnte nichts mehr, als das Zusammengehörigkeitsgefühl zwischen meinem Körper und meinem Denken zu zerbrechen. Ich wollte die Begrenzung meiner Haut überwinden, auf der anderen Seite meiner Sinne leben.",[72] schreibt Caillois in *La Nécessité d'esprit*. Und doch fällt innerhalb des frühen Textes deutlich auf, dass Wissenschaft und literarisches Experiment feinsäuberlich voneinander getrennt bleiben: In den wissenschaftlichen Essay setzt Caillois stattdessen von ihm selbst im Delirium einer Depersonalisierungserfahrung verfasste poetische Texte ein (wie etwa das „Poème des navigateurs") oder aber Zitate von Patient*innen einer psychiatrischen Klinik[73] – markiert beides aber deutlich als von der Argumentation unterschiedenen Untersuchungsgegenstand. Im Anschluss analysiert er diese auf Basis seines gesammelten psychopathologischen Wissens.[74]

Die eigenen deliranten, poetischen Texte und Gedichte tilgt er größtenteils aus allen seinen Veröffentlichungen, *La Nécessité d'esprit* publizierte er zu Lebzeiten nicht. In seinen sicherlich berühmtesten Texten über die Gottesanbeterin und die „Legendäre Psychasthenie" von 1934 und 1935 sind sie schon nicht mehr

---

71 Vgl. Odile Felgine: *Roger Caillois. Biographie*. Paris: Stock 1994, S. 45, obwohl sie anmerkt, Caillois' Bruder wolle von solchen Tendenzen des Schriftstellers nichts gewusst haben.
72 Frz.: „Je ne désirais rien tant que rompre la solidarité de mon corps et de ma pensée. Je voulais franchir la frontière de ma peau, habiter de l'autre côté de mes sens." Caillois: *La Nécessité d'esprit*, S. 142.
73 Zum Beispiel: „Ich lebe nicht, sondern man lebt mich.", Frz.: „Je ne vis pas, on me vit". Ebd., S. 142f. Diese klingen erstaunlich ähnlich wie das, was später der Erzähler des „Récit" berichten wird. Auch einige Textpassagen seiner eigenen psychopathologischen Texte weisen große Ähnlichkeiten zum späteren „Récit" auf: „Ich irre in meinem Körper umher als wäre er ein großer, leerer Käfig." Frz.: „J'erre dans mon corps comme dans une grande cage vide." Ebd., S. 143.
74 Caillois besuchte einen Kurs in der psychiatrischen Klinik Sainte-Anne, vgl. ebd., S. 142; siehe dazu auch: Felgine: *Roger Caillois*, S. 45.

enthalten, obwohl die Texte implizit auf sie verweisen und immer wieder, unmarkiert, darauf zurückgreifen. Erst *La Necessité d'esprit*, dessen fünftes Kapitel aus dem Gottesanbeterinnen-Aufsatz besteht, stellt letzteren also in den größeren Zusammenhang der auto-pathographischen Texte und füllt die Leerstelle der Autorperson paradoxerweise mit Texten, die gerade von Erfahrungen der Depersonalisierung berichten – und dies in Ich-Perspektive.[75] So bleibt die Depersonalisierung ein zentrales Thema Caillois': als Forschungsobjekt wie auch auf das eigene Schreiben und zudem das eigene Lesen bezogen.

Für das „Récit du délogé" lässt sich – so die Beobachtungshypothese für die folgenden Überlegungen – diese klare Trennung zwischen dem wissenschaftlichen Essay und der Fiktion als Verfahren nicht mehr aufrechterhalten. Lässt man Caillois' eigene thematische Zuschreibung am Ende von *Cases d'un échiquier* außer Acht und wirft stattdessen einen Blick auf das Vorwort des Bandes, stößt man auf eine Programmatik, mit der sich Caillois seine Textsammlung als ein zwar nur lückenhaftes und gebrochenes Bild, aber dennoch als Repräsentation einer Welt erträumt, „die (noch) nicht zu ihrer Harmonie gekommen" und die auch er nicht herzustellen in der Lage ist: „Felder eines Schachbretts, Binde-Gewebe, zersprungenes Portrait seines Autors" – dies seien die „widersprüchlichen Metaphern",[76] die ihm zur Beschreibung seiner Sammlung einfielen. Die Hoffnung auf Repräsentation der Welt, wenn auch gesprungene, vereinzelte, zersplitterte Repräsentation, bindet er an sprachliche Verfahren: Die strengen sprachlichen Formen seiner früheren Werke müssten mit einem „surcroît d'emotion",[77] einem Über-

---

75 Diese von Anfang an prekäre autobiographische Perspektive wird in Caillois' letztem, zu Lebzeiten publizierten und (erneut) als Autobiographie angelegten Buch *Der Fluss Alpheios* ganz durch den wissenschaftlichen, (de- oder) entpersonalisierten Diskurs ersetzt. Vgl. dazu: Caillois: „Le Fleuve Alphée [1978]". Caillois: *Der Fluss Alpheios*. Hollier sieht im ersten Buch außerdem nicht so sehr eine Autobiographie als ein Experiment vorliegen. Vgl. Denis Hollier: „Fear and trembling in the age of surrealism". In: Roger Caillois: *The Necessitity of the mind. An analytic study of the mechanisms of overdetermination in automatic and lyrical thinking and of the development of affective themes in the individual consciousness [1933-35, 1981]*. Venice, CA: The Lapis Press 1990, S. 153–161, hier S. 159.
76 Frz.: „Je rêve que ces pages procurent l'image lacunaire et brisée d'une représentation du monde qui n'a pas trouvé sons harmonie et que je ne suis pas parvenu à fixer. [...] Cases d'un échiquier, tissu conjonctif, portrait éclaté: voici les métaphores contradictoires". Caillois: *Cases d'un échiquier*, S. 10. In *La Nécessité d'esprit* befasst er sich außerdem auch mit Schach als Beispiel für ein „objektives Ideogramm", also mit seinem „emotionalen und mythischen objektiven Wert" (Frz.: „la valeur émotionelle et mythique objective du jeu d'échecs", Caillois: *La Nécessité d'esprit*, S. 87). Dies lässt vermuten, sein späterer Band selbst – wenn er sich in das Gewand eines Schachbretts kleidet – solle zum objektiven Ideogramm werden, die Lesenden also auf eine ungewöhnliche Art und Weise in Bann schlagen, zur „systematisierenden Kraft" ihrer Bewusstseine werden.
77 Caillois: *Cases d'un échiquier*, S. 10.

schuss an Emotion, vermengt werden, um jene Bereiche, die kein Bewusstsein und kein Leben kennten, genauer erfassen zu können. Entwirft Caillois damit ein Programm, in dem die Klarheit sprachlicher Strenge „mit etwas anderem"[78] kombiniert werden müsse, als gezieltes Erkenntnisinstrument für Gegenstände, die sich anderen sprachlichen Verfahren entzögen – wie etwa das Imaginäre, dessen approximativer Erkundung ja der Band gewidmet ist –, lassen sich die fiktionalen Texte am Ende des Bands als das Ergebnis jenes sprachlichen Prozesses verstehen. Dem „Récit du délogé" als fiktionalem und zugleich letztem Text der *Cases d'un échiquier* kommt daher in zweifacher Weise eine herausragende Position zu.

Dass die Fiktion sowohl in den *Approches de l'imaginaire* von Caillois als auch in Canettis Miniaturen gezielt als Verfahren eingesetzt wird, zeigt sich vor allem darin, dass sie sich von etwas als „Fakt" Verstandenem isolieren lässt und sich nicht gänzlich in der Überblendung von Wissenschaft und ihrem Fiktionsanteil auflöst. Weder ist alle Wissenschaft Fiktion noch die Fiktion allein für die Literatur reserviert, und ebenso wenig ist jede fiktionale Literatur ein Gedankenexperiment, das ein „Wissen" in anderer Form generiert.[79] Unter den „anderen" Verfahren, auf die Caillois in seinem Vorwort hinweist, sei hier u.a. die Fiktion und ihr gezielter, auf einen bestimmten Erkenntnisgewinn ausgerichteter Einsatz verstanden. Insofern gilt es, bereits vorhandene Forschungsbefunde zuzuspitzen, die sich zwar darin einig sind, dass das Paradox dieses Textes über eine Depersonalisierungserfahrung in der durchgängig intakten Ich-Perspektive liegt.[80] Stellt man das „Récit" allerdings in den Kontext der Wissenschaften vom Imaginären und fragt nach dem wissenschaftlichen Erkenntnismehrwert aus dem Einsatz fiktionaler Verfahren, stößt man auf ein Netz metafiktionaler Reflexionen über textuell vermittelte wissenschaftliche Erkenntnis und die Fiktion als Wissenschaftsinstrument. Es ist erst die Fiktion, die es ermöglicht, den voranschreiten-

---

[78] Frz.: „[I]l faut apprendre à composer la lucidité avec autre chose, qu'elle ne comporte pas nécessairement et qui même la contrarie." Ebd., S. 11. Alle Übersetzungen aus *Cases d'un échiquier* im Folgenden stammen von mir.

[79] Vgl. zur problematischen „Feststellung der unhintergehbaren Anteile der Fiktion an allem (wohl nur noch in Anführungszeichen so zu nennenden) ‚Wissen'" die pointierte und präzise Kritik an Joseph Vogls Texten zur *Poetologie des Wissens* von Kablitz: *Kunst des Möglichen. Theorie der Literatur*, S. 14–16, hier S. 15.

[80] Sieht Massonet in Caillois' Fiktionen eine Schrift angelegt, die ihrer Abwesenheit gewidmet ist, an ein Schreiben, das über den Menschen hinausgeht (vgl. Massonet: *Les labyrinthes de l'imaginaire dans l'œuvre de Roger Caillois*, S. 293 u.a.), so mahnt und erkennt auch Kathryn Saint Ours in dem „Récit" eine Erinnerung daran, dass jeder Diskurs notwendigerweise aus einem zugleich anwesenden und abwesenden Subjekt hervorgehe. Vgl. Saint Ours: *Le fantastique chez Roger Caillois*, S. 101. Auch Denis Hollier betont zunächst die paradoxe Erzählsituation des Textes: Hollier: „Mimesis and Castration 1937".

den Kontrollverlust eines Individuums über seinen menschlichen Körper und Willen sowie die Abstoßung jenes Ballasts textuellen Wissens, auf dem der Bericht schließlich selbst beruht, aus einer Innenperspektive dar- und vorzustellen. Die Fiktion zeigt sich so als ein reflexives Erkenntnisinstrument, das in der Lage ist, seine eigenen Grundbedingungen zur Diskussion zu stellen und darüber auch die Verfahren faktualer Wissenschaften radikal zu hinterfragen.

Der kurze Text führt zudem den Wandel innerhalb von Caillois' Werk – vom individualpsychopathologischen zum kollektiven Imaginären, das über den Menschen hinausgeht – wie ein Vexierbild vor. Die körperliche Verwandlung des Erzählers, die durch eine optische Wahrnehmung hervorgerufen wird, scheint zunächst ganz im Sinne des von Lacan im Rückgriff auf Caillois beschriebenen morphogenetischen Imaginären zu funktionieren und daher im Einklang mit dem frühen Text zum *Mimétisme* zu stehen. Die einsetzende Metamorphose fungiert allerdings als Kippmoment: Plötzlich erscheint sie nicht (mehr) als individueller bildlich-körperlicher Mechanismus, den die Transformation in die Muschel deutlich macht, sondern vielmehr als passivierende Vereinnahmung durch eine verborgene, das Universum von Mensch, Tier und Stein gleichermaßen durchziehende Struktur, die sich vom Blick des Ich unabhängig verhält und die der spätere Caillois mit dem Begriff des „Imaginären" benennt. Diesen sich von den frühen Texten und von Lacan abgrenzenden Begriff des Imaginären gilt es hier herauszustellen, vor allem aber die Rolle der Fiktion als Verfahren genauer zu untersuchen.

Der Text beginnt mit einem Hinweis auf das scheinbar Unmögliche: „Ich hatte mir nie wirklich eine Vorstellung davon gemacht, dass es möglich wäre, depersonalisiert zu sein."[81] Ihren Ausgang nimmt die Erzählung also bei der Unfähigkeit des Protagonisten, einen bestimmten Zustand zu imaginieren; eine Unfähigkeit, die auch durch die Lektüre von Experimenten und Wissensbeständen anderer nicht gemindert werden kann. Die Geschichte setzt damit ein mit einer Absage an das Paradigma der Lesbarkeit und des lektüreförmigen Wissens über die Welt:[82]

---

81 Frz.: „Je ne m'étais jamais réellement imaginé qu'on pût se trouver dépersonnalisé." Roger Caillois: „Récit du délogé". In: Ders.: *Cases d'un échiquier*. Paris: Gallimard 1970, S. 308–331, hier S. 308. Dt. Übersetzung von Elisabeth Heyne erscheint in: Kathrin Busch u. a. (Hg.): *Das Ästhetisch-Spekulative. Spekulationen in den Künsten*. Bielefeld: Wilhelm Fink 2020.
82 Hier wird erneut deutlich: Das Verfahren der Fiktion und des (eigenen) Experimentierens verhält sich konträr zu denen des Lesens, die verschiedenen Ansätze müssen als immer neue Annäherungen an das Imaginäre verstanden werden, die nicht ineinander aufgehen.

Gewiss, ich hatte Bücher gelesen, in denen die Rede von dem Phänomen war, Werke der Mystik oder der Psychopathologie. [...] Das, was wir aus den Büchern behalten, bleibt uns immer äußerlich, [...]durch einen winzigen, isolierenden, immunisierenden Abgrund von uns getrennt.[83]

Der Text, dessen Erzähler sowohl die eigene Vorstellungsfähigkeit als auch die textuellen Forschungsbestände diskreditiert, muss also einen dritten Weg vorschlagen, der sich in dem Moment öffnet, „als mir das Abenteuer zustieß".[84] Der Erzähler verlässt mit dieser betont passiven Formulierung schließlich auch den Bereich des Faktualen:

Der „Abenteuerbericht" besteht in einem Austreibungsprozess aus dem eigenen Körper, den der Ich-Erzähler, „mehr der Ort als das Subjekt"[85] dieses Prozesses, beobachtet. Bis zum Schluss bleibt die Sprache des Textes intakt, und der Erzähler benennt sich selbst als „moi", verfügt über ein Bewusstsein und kann zudem über seine unklaren, verschwommenen Grenzen reflektieren. Seinen Anfang nimmt die Verwandlung bei einem der Lektüre verfallenen, etwa 50jährigen Mann, der unter Schlafstörungen leidet, ein unbefriedigendes Dasein als Direktor eines Unternehmens zur Herstellung von Fischködern fristet und befürchtet, unter männlicher Frigidität zu leiden, da seine sexuellen Erfahrungen nicht den idealen und transformierenden Zuständen entsprechen, wie sie ihm in Romanen begegnet sind. Im Bewusstsein, sein Tagwerk, die Fischköder, allein um der Gewohnheit der Menschen willen als exakte Nachbildungen echter Eintagsfliegen oder kleiner Fische zu gestalten, ist er sich des anthropozentrischen Fiktionscharakters seiner Tätigkeit (erneut: durch seine wissenschaftlichen Lektüren) bewusst, weiß er doch, dass die zu fangenden Fische selbst der Form der Köder keine Bedeutung beimessen und nur auf Bewegung reagieren. So verdient er sein Leben mit der Herstellung von „Simulakren"[86] und träumt von moralischer Größe, Askese und der Fähigkeit, zurückgenommen und unerschütterlich zu sein, während er tatsächlich aber in Routinen, willenloser Bequemlichkeit und jämmerlicher Emotionalität versinkt. So wie es ihm nicht gelingt, sich der sexuellen Lust hinzugeben, so vermutet er auch hinter seiner Schlaflosigkeit das Unvermögen, sich vom Zustand wacher Bewusstheit zu entfernen, „außer sich" zu sein. Schlaf findet er nur, indem er sich vorstellt *(imaginer)*, einen leblosen Gegenstand

---

83 Frz.: „Certes, j'avais lu des livres où il était question du phénomène, ouvrages mystiques ou de psychologie pathologique. [...] Ce que nous retenons des livres nous demeure toujours extérieur, [...] séparé par un miniscule abîme isolant". Caillois: „Récit du délogé", S. 308.
84 Frz.: „lorsque l'aventure m'arriva". Ebd.
85 Frz.: „le lieu plutôt que le sujet". Ebd., S. 309.
86 Frz.: „simulacres". Ebd., S. 317.

zu verkörpern, vollständig bewegungslos zu werden; auch diese „Fiktion" bleibt jedoch erfolglos. Zwar einerseits passiv und willenlos, ist er andererseits nicht zu meditativen oder rauschhaften Zuständen des Außer-Sich-Seins in der Lage. Imagination, Lektüre und Leben kommen schlicht nicht überein.

In dieser Sackgasse oder gerade aufgrund seiner körperlichen und moralischen Erschlaffung entdeckt er eines Tages eine mandelartige Verdickung unter seiner Haut, die sich durch seinen Körper bewegt. Sie führt rhythmische Sprünge aus, die durch nichts Äußeres hervorgerufen zu sein scheinen, sodass er sie mit einer Sprungfeder und einem Samen vergleicht, der von einem Käfer bewohnt wird. Wie einst Caillois im Streit mit Breton[87] optiert der Ich-Erzähler für den sezierenden Blick, dafür, den Fremdkörper zu observieren und Versuche durchzuführen, die Zuckungen selbst herbeizuführen: Der eigene Körper wird durch das Eintreten eines unbestimmbaren Elementes zum Experimentalraum.

Der unbekannte Fremdkörper setzt sich letztendlich am unteren Ende seines Bauches fest, nahe seines Geschlechtsteils, und der Erzähler beginnt, ihn genauer im Hinblick auf Größe, Form und Verhalten zu erforschen. Daraus entsteht bald eine angenehme Vertrautheit, eine lustvolle Komplizenschaft, die dem Erzähler erstmals eine bewusste Erfahrung seiner physischen Existenz verschafft. Schließlich beobachtet er seinen Gast mittels einer imaginären Endoskopie, einer visuellen Wahrnehmung seines körperlichen Innenraums. Von einer solchen Innenschau hat er zwar bereits in psychopathologischen Werken gelesen, dies aber als Wahnvorstellungen oder Trugwahrnehmungen abgetan. Nun gelingt es ihm selbst, und er erkennt in dem, was er zuvor für einen Stein gehalten hatte, ein Lebewesen, eine Muschel. Während die Vorstellung des Steins ein „unbestimmtes Lustgefühl des Besitzers"[88] ausgelöst hat, schockiert ihn die Umkehrung der Besitzverhältnisse, das Besessenwerden, dieser „lächerliche Parasitismus"[89] zunächst. Aus schlechtem Gewissen wegen dieser ersten, unwillkürlichen Gefühlsregung fügt er sich schließlich bereitwillig und sogar freudig in sein Schicksal als Wirt.

Je mehr er sich in seiner Rolle als Wirtskörper einrichtet, desto genauere, wenn auch immer nur vereinzelte Betrachtungen gelingen ihm über seinen Parasiten: Das körperliche Besessenwerden und Begreifen dessen, was ihn besitzt,

---

[87] Dieser Vergleich referiert explizit auf Caillois' berühmten Streit mit André Breton von 1934 über die „mexikanischen Springbohnen". Breton verwehrte sich dagegen, sie aufzuschneiden und die Herkunft der Sprungkraft zu erkunden, um sie stattdessen als etwas „Wunderbares" zu betrachten. Caillois aber entschied sich für die wissenschaftliche Sezierung des Wunderbaren und brach über diesen Streit mit dem Surrealismus. Vgl. dazu ausführlicher den Abschnitt „Springbohnenästhetik. Breton vs. Caillois (1924/1934)" in Kapitel III.2.
[88] Frz.: „obscur plaisir de propriétaire". Caillois: „Récit du délogé", S. 314.
[89] Frz.: „parasitisme ridicule". Ebd.

werden hier für einen kurzen Moment miteinander verknüpft, als Vision einer neuen Epistemologie, die nicht über die Experimente und die Lektüren der Anderen verläuft, sondern über die passivierende Inbesitznahme des eigenen Körpers durch den Gegenstand. Was zunächst als fiktionale Ausbuchstabierung von Caillois' Theorie der „objektiven Ideogramme"[90] daher kommt, wendet sich im Laufe des Textes mehrfach und entfaltet eine tiefergehende Reflexion wissenschaftlicher Wissensproduktion. Denn als er erkennt, dass vom Fleisch der Muschel ein Leuchten ausgeht, ist seine erste Reaktion skeptisch. Unwillkürlich misstraut er seiner Wahrnehmung und vermutet in ihr nur einen Übertragungseffekt seiner imaginären Endoskopie: „Ich hatte angenommen, dass sie [die Phosphoreszenz, EH] sozusagen von meinem Blick dorthin projiziert wurde, dass ich also ihre Quelle war."[91] In einer Art umgekehrtem oder überbewusstem Erkenntnisprozess führt der Erzähler den unmittelbaren ersten Sinneseindruck, die Wahrnehmung der Leuchtfähigkeit eines Gegenstands sofort auf eine subjektive Fehlleistung zurück. Die erste Erkenntnis wird von der reflexiven Analyse des eigenen Blicks als Projektion auf das Ding aufgehoben. Ebenfalls am Beispiel biologischer Leuchtfähigkeit (hier: von Insekten) hatte Caillois zehn Jahre zuvor in *Méduse et C*^{ie} diese anhand der Studien von Maria Sybilla Merian als subjektive Projektionen entlarvt.[92] So zeigt sich der Erzähler hier imprägniert von der Caillois'schen Wissenschaftskritik. Und wie in vorauseilender Anwendung von Gaston Bachelards Warnung vor den ersten unwissenschaftlichen Eindrücken nimmt er trotz der körperlichen Nähe zunächst eine maximal kritische Distanz zum Ding in sich ein. Erst nach erneuten Experimenten am eigenen Körper lässt er sich schließlich doch von der tatsächlichen Leuchtfähigkeit des Parasiten überzeugen. Statt einer subjektiven Projektion auf die Dinge hat er es bei seiner Muschel, so muss er also einsehen, mit einer Projektion von den Dingen auf den Menschen zu tun. In dem Moment aber, in dem er seine kritische Distanz relativiert, empfindet er Neid auf die Fähigkeit des „Eindringlings",[93] sich selbst aus eigener Kraft erhellen zu können (*s'éclairer*), was hier natürlich auch im Sinne geistiger Erkenntnis und Illumination gelesen werden muss. Während er nur zur Produktion von Simulakra in Form von Fischködern fähig ist, hat sein Parasit von sich aus erhellende Fähigkeiten.

---

90 Als ein objektives Ideogramm fasst Caillois meist natürliche Phänomene, die außerhalb des Subjekts verortet sind, allerdings jenseits einer Kontrollmöglichkeit auf dessen Vorstellungen und Emotionen quasi „objektiv" einwirken und die Grundlage für kollektive Mythen und Imaginationen bilden. Siehe dazu ausführlicher: Kapitel IV.3.
91 Frz.: „J'avais supposé qu'elle [la phosphorescence, EH] était pour ainsi dire projetée par mon regard, que j'en était la source." Caillois: „Récit du délogé", S. 315.
92 Vgl. dazu ausführlich Kapitel V.3.
93 Frz.: „intrus". Caillois: „Récit du délogé", S. 315.

Liest man diesen Prozess auf wissenschaftstheoretischer Ebene, so muss Caillois' Erzähler, der von einer konstruktivistischen Weltsicht ausgeht, diese angesichts des Gegenstands, zu dessen Erforschung er gezwungen wird, notgedrungen in ihr Gegenteil verkehren: Es sind die Dinge, die sich den Menschen aufzwingen, sie sich gefügig machen, ihre eigene Erforschung verlangen, obgleich sie selbst mit „hellerem" Geist ausgestattet zu sein scheinen als die auserkorenen Forschenden.

An diesem Punkt bemerkt der Erzähler nun selbst erstmals die eigene Unterordnung unter seine Bewohnerin, die schließlich in einem finalen Tausch gipfelt: „Mir kam die irrsinnige Idee, meine Persönlichkeit mit jener der Bohrmuschel auszutauschen."[94] Die „irrsinnige Idee" fällt allerdings zusammen mit einer erneuten Reflexion des Erkenntnisprozesses, denn sie kommt ihm erst, als ihm die zoologische Benennung der Familie seiner Muschel (sie gehört zu den Bohrmuscheln, *Pholadidae*) gelingt. Diese Information aber entnimmt er einer Abbildung aus seinem Wörterbuch,[95] die er viele Male und ohne bewusste Aufmerksamkeit betrachtet haben musste. Er folgert daraus, dass die für wahr gehaltene optische Wahrnehmung der Muschel in seinem Inneren schließlich doch nur eine Projektion eben dieser Abbildung war, die unbemerkt „einen Eindruck auf meiner Netzhaut"[96] hinterlassen haben muss. Die Einsicht in die vorgelagerten Bilder, die womöglich die Muschel selbst überhaupt erst in den Körper hineinprojiziert haben mag, lässt sich erneut als Ausbuchstabierung von Caillois' Theorie der objektiven Ideogramme lesen. Dennoch – und dies ist der entscheidende Unterscheid zur Theorie – kommt diese Reflexion für den Transformationsprozess des

---

94 Frz.: „Il me vint l'idée démente d'échanger ma personnalité avec celle de la pholade". Ebd., S. 325.
95 Eine ähnliche Verbindung von Wörterbuch und Muschel, auf die bereits in Kapitel IV.4 hingewiesen wurde, lässt sich bei Canetti finden. Sie sei hier noch einmal verkürzt zitiert. Canetti beschreibt darin während seines englischen Exils die Worte als Dinge, als Muscheln, die man finden, an sich nehmen, forttragen kann: „Wenn wir nicht wissen, was ein Wort bedeutet, schlagen wir das Oxford Dictionary auf und sehen nach. [...] Wir klappen das Wörterbuch zu und nehmen das Wort mit nach Hause wie eine hübsche, genau identifizierbare Muschel. Von Zeit zu Zeit holen wir es aus unserer kleinen Sammlung von neu erworbenen Wörtern hervor, wo es poliert und glänzend liegt, noch sehr weit von den andern entfernt, und fügen es in einen Brief ein oder in ein Gespräch mit einem Freund", (ARG, 46). Während also in Caillois' Erzählung die Muscheln aus dem Wörterbuch die Kontrolle über den Körper ihres Rezipienten übernehmen, behält Canetti seine Wortmuscheln in der Hand und kann über sie verfügen, selbst wenn sie nach und nach ihre genauen Umrisse verlieren. Erinnert sei außerdem auch an „la semeuse", das Logo der *Larousse*-Wörterbücher, das Caillois im Stein zu erkennen meint. Vgl. dazu das Kapitel V.2. Bei Caillois eignet sich folglich die Natur jeweils die Einträge der Lexika und Wörterbücher an, die menschlichen Hilfsmittel und Sammelstellen für ihre Sprache, und überführt sie in die nichtmenschliche Sphäre, führt sie sogar gegen den Menschen ins Feld.
96 Frz.: „impressioné ma rétine". Caillois: „Récit du délogé", S. 325.

Wirts in seinen eigenen Parasiten zu spät. Der phlegmatische Körper des Erzählers wird nun gänzlich von seinen Kräften verlassen und die Verwandlung, die mit einer vollständigen Vereinnahmung durch den Eindringling einhergeht, vollzieht sich jenseits seines sonst so wachen Bewusstseins: „Das Unumkehrbare geschah, sogar ohne dass ich es bemerkte. Ich war Bohrmuschel."[97]

Diese Transformation einer visuellen Wahrnehmung aus dem Wörterbuch in eine besitzergreifende Muschel, die ihren Rezipienten kapert und sich dessen Körper und Bewusstsein zu eigen macht, muss auch auf den Akt des Lesens bezogen werden, und zwar nicht nur auf jenen, von dem der Erzähler berichtet, sondern auf denjenigen, den die Leser*innen des „Récit" im gleichen Moment vollziehen: Auch sie müssen sich auf den Einbruch der muschelförmigen Fiktion einlassen und begeben sich damit in eine passive Position, überantworten sich, um der Handlung zu folgen, zumindest für die Zeit der Lektüre einem Text, der von einer fiktiven Verwandlung in ein Schalentier berichtet. Dazu gleich mehr.

Das Bewusstsein des Erzählers im Text wandert nun zwischen die Schalen *(coquille)* der Muschel. Die menschliche Hülle, die im Text nur noch „sie" oder „der Mensch" genannt wird und bald einen als überflüssig empfundenen „Balg" – eine abgezogene Haut, wie bei der Schlachtung eines Tiers – um ihn herum bildet, wird ins Meer gelockt und dort aufgelöst und mit ihm viele Erinnerungen, auch an seine frühere Sprache. Stattdessen findet der Erzähler oder nun vielmehr: die Erzählerin befreit von der Last des gelehrten Wissens zu einer Art „allgemeinen Erinnerung" und „einer zerstreuten Empfindsamkeit, fließend und flüchtig, die mir nicht gehören",[98] die man nicht mit mystischen oder spirituellen Erfahrungen vergleichen könne: Mehrfach grenzt er/sie seine/ihre nicht nur beobachtete, sondern schließlich sogar ersehnte „heimliche Metamorphose"[99] von

---

[97] Frz.: „L'irréversible s'accomplit sans même que je m'en rende compte. Je fus pholade." Ebd., S. 326.

[98] Frz.: „je conserve, flottantes et errantes, ne m'appartenant pas, une mémoire générale, une sensibilité diffuse." Ebd, S. 329.

[99] Frz.: „secrète métamorphose". Ebd., S. 309. Wobei für den frühen Text zur Gottesanbeterin eine quasi-mystische Einheitssehnsucht noch eine Rolle gespielt haben mag: „[S]ie [die Mimese, EH] ist eine mitunter verblüffende Illustration des menschlichen Verlangens nach Rückkehr in ursprüngliche Fühllosigkeit, eines Verlangens, das mit der pantheistischen Vorstellung eines Aufgehens in der Natur zusammenhängt. Diese Vorstellung gibt in Philosophie und Literatur oft die Rückkehr ins vorgeburtlich Unbewußte wieder." Roger Caillois: „Die Gottesanbeterin [1934]". In: Ders.: *Méduse & Cie. Die Gottesanbeterin. Mimese und legendäre Psychasthenie*. Hg. u. übers. v. Peter Geble. Berlin: Brinkmann & Bose 2007, S. 7–23, hier S. 17 f. Frz.: „[L]e mimétisme [...] illustre de façon quelquefois hallucinante le désir humain de réintégration à l'insensibilité originelle, qu'il faut rapprocher de la conception panthéistique de la fusion dans la nature, fréquente traduction

religiösen und spirituellen Jenseitserfahrungen ab, von denen er früher in seinem disparaten, ja „diagonalen" Bücherbestand gelesen hat.

Der Bericht der Erzählerin schließt dennoch mit dem Bild eines Kreislaufs: Noch habe sie auch als Muschel auf ihrem Stein in der Brandung des Meeres letzte lichte Momente,[100] in denen sie sich bewusst sei, dass sie die Fähigkeit zu denken bis zum Ende begleitet habe und diese die Depersonalisierung überdauere. Aus dem Zustand grauer Auflösung aber könne sie jederzeit, durch das „Große Schaufelrad"[101] des Universums, wieder nach oben befördert werden, um selbst in den Unterkörper eines Menschen einzudringen und ihm den Willen zur Auflösung einzupflanzen.

3.3 Parasitäre Fiktion

Der Text ist in jeder Hinsicht in ein weitverzweigtes Beziehungsgeflecht mit Caillois' theoretischem Werk eingesponnen,[102] und doch wird er hier als eigenständiger Text und nicht als Exemplifizierung bereits theoretisch entworfener Gedanken Caillois' gelesen,[103] um der Ebene der textuellen Verfahren und ihrem möglichen wissenschaftlichen Mehrwert gerecht zu werden. Das „Récit du délogé" nimmt innerhalb von Caillois' *Approches de l'imaginaire* eine besondere Position ein, denn einerseits geht es dem „Récit" gerade nicht um anthropologische Positionsbestimmungen durch Prekarisierung des Menschen:[104] Zwar gerät auch hier der Mensch

---

philosophique et littéraire du retour à l'inconscience prénatale." Caillois: „La Mante Religieuse [1937]", S. 205.
100 Frz.: „éclair". Caillois: „Récit du délogé", S. 330.
101 Frz.: „la Roue géante". Ebd., S. 331.
102 Wie oben angedeutet lässt sich die Muschel, die über die bildliche Repräsentation in den Körper eindringt, als fiktionale Ausgestaltung eines „objektiven Ideogramms" verstehen. Caillois versucht auch in den späteren Studien wie „La Pieuvre", in dem er der „logique de l'imaginaire" nachspürt, die Bewegungen der Affektivität und Imagination nachzuzeichnen, die ausgehend von bestimmten materiellen, biologischen, „natürlichen" Punkten der Welt entstehen. In *La Necessité d'esprit* hat er allerdings schon früh den Versuch einer Systematisierung des menschlichen Bewusstseins erarbeitet, auf der Suche nach den Mechanismen seiner biologisch determinierten Notwendigkeit. Neben der angedeuteten Positionierung zum Surrealismus drängen sich auch Verbindungen zu seiner eigenen Auseinandersetzung mit dem Genre der Phantastik und der Science-Fiction sowie zu seinem Begriff des „fantastique naturel" auf.
103 Insofern als genaues Gegenstück zu Ansätzen, die den Text als reine fiktionale Übersetzung seiner Theorien lesen: „*Récit du délogé* constitue la transposition sur le plan fictionnel de ces théories.", Saint Ours: *Le fantastique chez Roger Caillois*, S. 94.
104 Im dritten Band der *Approches de l'imaginaire*, *Obliques*, versammelt Caillois mehrere Texte, die sich mit der Verbindung zwischen Fiktion und Imaginärem auseinandersetzen. Märchen,

aus dem Fokus, während sich die Muschel – als geformte Fiktion – selbst ins Zentrum des Textes schiebt.[105] Die Integration der Fiktion als Formverfahren in die eigene wissenschaftliche Tätigkeit ist allerdings von Caillois' Untersuchungen zur Science-Fiction sowie zur Phantastik grundlegend zu unterscheiden. Zielen auch Caillois' spätere Betrachtungen in *Obliques* darauf, zu zeigen, dass jedes historisch relative Wissenschaftskonzept spezifische Fiktionen hervorbringt, wird die Fiktion im „Récit" dennoch nicht mehr als das Andere, das Fremde oder das Gegenstück zur etablierten Wissenschaft betrachtet, sondern zum „etwas anderen" methodischen Instrumentarium der Wissenschaft selbst erhoben. Der Text, der um die Erforschung jenes muschelförmigen Parasiten kreist, der schließlich Erzähler und Text gleichermaßen übernimmt, faltet die Fiktion strategisch in bestehende Wissenschaftskonzepte ein. Nicht das Andere der Wissenschaft, sondern eine andere Wissenschaft schreibt Caillois im „Récit du délogé". Der Einsatz, oder auch: passi-

---

Phantastik und Science-Fiction beschreibt er dort mittels eines anthropologischen Arguments als drei Stile des Imaginären, über die sich der Mensch in Raum und Zeit verorte. Verstanden als kulturelle Selbstverortungen modellieren sie jeweils auch Stadien der wissenschaftlichen Erforschung der Welt: Gehöre das Märchen einer verzauberten, weil nie restlos wissenschaftlich durchdrungenen Vergangenheit an, weiche die Verzauberung durch die kopernikanische Wende und die Geburt der modernen Wissenschaften einer geordneten Welt naturwissenschaftlicher Regeln. Die Phantastik ersetze das Wunderbare in dem Moment, in dem die experimentelle Methode triumphiere und die Welt scheinbar erforschbar werde, denn es sei erst diese neue Ordnung der Dinge, die den Skandal des Phantastischen ermögliche. Das Phantastische, als Bruch in einer geordneten Welt, erwächst für Caillois aus dem naturwissenschaftlichen Laboratorium. Die Science-Fiction wiederum verwerfe das phantastische Konzept des Übernatürlichen und erprobe, an der positiven Wissenschaft ausgerichtet, die regelhafte Weiterentwicklung der Wissenschaft im Modus der Fiktion oder transponiere gängige Erzählstrukturen und Gesellschaftskonflikte in extraterrestrische Ordnungen und Lebensformen. All das, was sich der Mensch durch die Wissenschaft an Naturbeherrschung und Sicherheiten verschaffe, verkehre sich ins Gegenteil, die von ihm selbst hervorgebrachten Maschinen und Prozesse führten schließlich zur eigenen Prekarisierung. Vgl. „Science-fiction" und „Métamorphose de l'Enfer" (Metamorphose der Hölle) in : Caillois: *Obliques, précédé de Images, images ... [1975]*, S. 191–237; sowie „Images, images... – Essais sur le rôle et les pouvoirs de l'imagination" (Bilder, Bilder... – Essays über die Rolle und Fähigkeiten der Imagination) von 1966, ein Text der *Obliques* vorangestellt ist und ein begrenztes Repertoire an literarischen Elementen erarbeitet, das in fiktionalen Texten zum Einsatz kommt, also einen begrenzten Formenschatz menschlicher Fiktionen, deren kollektives und strukturales Element hier im Fokus steht. Siehe besonders, ebd., S. 15–48.

[105] Bis der Mensch und das menschliche Leben selbst zur parasitären Existenz werden, wie etwa in Caillois' Buch über die Steine, dort heißt es „Das Leben ist nur eine schmarotzende Erscheinungsform: räumlich begrenzt, nicht von Dauer, überflüssig." Caillois: *Steine*, S. 77. Frz.: „La vie n'est qu'une manifestation parasite, locale, passagère, superflue." Caillois: „Pierres, suivi d'autres textes", S. 1071.

vierende Einfall der Fiktion zielt dabei nicht auf eine distanzierte Untersuchung des Imaginären, sondern auf eine Passivierung der Beobachtungsinstanz, und dies hier sogar auf zwei Leseebenen: Derjenigen des textuellen Erzählers als Leser bzw. visuell Wahrnehmender der Muschel im Wörterbuch und derjenigen der Lesenden von Caillois' „Récit". Die Fiktion unterwirft beide jener universalen, umfassenden Ordnung, von der der letzte Satz der Erzählung zeugt:

> Ich weiß, dass ich nicht träume. [...] Dennoch fürchte ich mich davor, eines Tages zu erwachen, im Vorüberziehen erfasst und wieder an die Oberfläche geholt von einer der Schaufeln des riesigen Rads, das in seiner blinden Bewegung die Welt umpflügt, ziellos, endlos.[106]

Vor der Übernahme durch die Muschel, am Anfang des Textes, befasst sich der Erzähler immer wieder explizit mit Beobachtungs- und Erkenntnisfragen sowie der Rolle von Fiktion innerhalb des wissenschaftlichen Erkenntnisprozesses. Die vom Surrealismus noch als Wunderbares verehrten mexikanischen Springbohnen sind unter seinem Blick längst entzaubert, und dennoch „ergreift" ihn nun der Gegenstand seines Interesses weitaus machtvoller als die Bohnen die Surrealist*innen. Schließlich führt der Prozess zur vollständigen Unterordnung des Wirts unter seinen Parasiten. Die Muschel, die sich im Unterleib des lustunempfindlichen Mannes platziert und sich ihrerseits in einer transparenten Blase befindet, scheint dabei weibliches Geschlechtsteil und von einer Gebärmutter umhüllter Fötus zugleich.

Während „la moule" die Muschel bezeichnet, bedeutet „*le moule*" außerdem Form, die Gussform, das Vorbild. Als (Guss-)Form taucht „le moule" bei Caillois zeitgleich zur Entstehung der Texte von *Cases d'un échiquier* auch in anderem Kontext auf: etwa in seiner Schrift *Esthétique généralisée* von 1962, in der er eine Theorie der „allgemeinen Ästhetik" entwirft, worin die menschliche Kunstproduktion der Schönheit der Natur als deren unterlegene Verlängerung untergeordnet wird.[107] Dort beschreibt er außerdem die drei verschiedenen Entstehungsweisen des von ihm erkannten begrenzten Formenrepertoires des Universums. Dazu zählt auch die mechanische Reproduktion von Formen „par moule":[108] „Wenn der Abdruck genommen wurde und die Form hergestellt, werden Imagination

---

106 Frz.: „Je sais que je ne rêve pas. [...] Pourtant je tremble de me réveiller un jour, happé au passage, remonté à la surface par l'une des aubes de la Roue géante qui, dans son mouvement aveugle, baratte le monde, sans but, perpétuellement." Caillois: „Récit du délogé", S. 331.
107 Vgl. dazu die Ausführungen in Kap. VI.2 dieses Buches.
108 Roger Caillois: „Esthétique généralisée [1962]". In: Ders.: Œuvres. Hg. v. Dominique Rabourdin. Paris: Gallimard 2008, S. 813–836, hier S. 816.

und Geschick nicht mehr gebraucht."[109] Daher entgehe dieser maschinellen Reproduktionstechnik das Leben. Sie erzeuge nur „die Illusion oder das Simulakrum", und man könne sich auch nicht vorstellen, dass die Industrie eine Blume, einen Flügel oder eine Muschelschale *(coquille)* zu reproduzieren und nicht nur zu imitieren in der Lage sei.[110]

Auch im „Récit du délogé" wird ein Abdruck, beziehungsweise ein „Eindruck" auf der Retina des Erzählers hinterlassen, auch hier ist ein/e „moule" die Folge. Der Reproduktionsmechanismus wird hier jedoch umgekehrt und stattdessen ist es der Mensch, der willenlose, weichliche und frigide Erzähler, der nichts als Simulakren zu produzieren in der Lage ist: zerstörerische, maschinell erstellte, also im doppelten Sinne leblose Fischköder. Vereinnahmt wird nun dagegen er von einer/m *moule matriciel/le*, die mehr Leben in sich trägt als er, ihm dazu verhilft, den Simulakren zu entkommen. Als weibliches Reproduktionsorgan, auf das

---

109 Frz.: „Quand l'*empreinte* est prise et le MOULE fabriqué, imagination et adresse cessent d'être requises." Ebd., S. 820 [Herv. i.O.].
110 Ebd., S. 821. Dass es bei Caillois sowohl hier als auch im fiktionalen „Récit" immer wieder die Muschel ist, (und nicht der Flügel oder die Blume), eröffnet zahlreiche Beziehungen, besonders zu Paul Valéry und seinem Text „L'homme et la coquille", „Der Mensch und die Muschel", von 1937. In ähnlich narrativer, wenn auch nicht fiktionalisierter Form spürt Valéry hier der Unterscheidung menschlicher und natürlicher Produktion anhand der gewundenen Schale einer Muschel nach und beobachtet sich dabei selbst beim Beobachten. Michel Panoff, der beide Texte als „poetische Mediationen über die Materie, die Form und die Genese jenes Objektes" liest, geht davon aus, dass Caillois Valérys Text zweifellos kannte. Vgl. Panoff: *Les frères ennemis*, S. 161 und 163. Während Caillois allerdings von einer Kontinuität der natürlichen Produktionsgesetze bis in die menschliche Kunsttätigkeit hinein überzeugt ist, unterscheidet Valéry klar zwischen Naturobjekt und nachahmender, menschlicher Tätigkeit. Außerdem geht es selbst bei Valéry immer darum, das Forschungsobjekt zu ergreifen, zu umkreisen und zu begreifen. Am Schluss entledigt er sich seiner: „Ich werfe meinen Fund fort, wie man eine zu Ende gerauchte Zigarette wegwirft. Diese Muschel ist mir dienlich gewesen, Drehung um Drehung hat sie hervorgelockt, was ich bin, was ich weiß und was ich nicht weiß ..." (Paul Valéry: „Der Mensch und die Muschel". In: Ders.: *Werke*. Band 4: *Zur Philosophie und Wissenschaft*. Hg. v. Jürgen Schmidt-Radefeldt. Frankfurt am Main: Insel 1989, S. 156–180, hier S. 180). Caillois dagegen kann sie nicht fortwerfen, nicht die Muschel ist ihm, sondern er ist der Muschel dienlich und somit Teil eines ganz anderen Erkenntnisprozesses. Über die Muschel lassen sich allerdings auch Beziehungen zu dem bereits im Kontext von *Masse und Macht* erwähnten Reisebericht *Histoire d'un voyage faict en la terre du Bresil* (1578) von Jean de Léry aus dem 16. Jahrhundert herstellen. Denn sein Name, erfuhr Léry von den brasilianischen Tupinamba, bedeute „Auster" in der Tupi-Sprache, und sie nannten ihn fortan scherzhaft „große Auster". Lévi-Strauss wiederum trägt das Buch Lérys in seiner Tasche („das Brevier des Ethnologen"), als er sich durch Brasilien bewegt. Es wäre lohnenswert, diese Spur der Muschel weiterzuverfolgen.

die Muschel hier außerdem anspielt, verkehrt sie die Verteilung schöpferischer Kreativität zwischen Mensch und Molluske.[111]

Während dem Parasiten insbesondere Anfang des 20. Jahrhunderts in der Verknüpfung von biologischen, politisch-ökonomischen und rassistischen Diskursen Passivität, gefährliches Nutznießertum und Unproduktivität zugeschrieben werden, erhält er hier formende Kraft. Die anfängliche Abstoßung, die der Erzähler empfindet, wandelt sich in Neid über die Leuchtfähigkeit seiner Bewohnerin, als er erkennt, dass die eigentliche (geistige) Klarheit vom Parasiten und nicht vom ihm ausgeht. Schließlich verkehrt sich ihr Verhältnis in sein Gegenteil, nun nistet sich der Wirt im Parasiten ein. Behält er dabei auch sein Bewusstsein und die Fähigkeit von sich als „ich" zu sprechen, nimmt er doch eine andere Umwelt – im Sinne der relationalen Logik des Begriffs bei Jakob Johann von Uexküll – an: Während es für den Fisch keinen Unterschied macht, ob der Köder in Form und Farbe seine echte Nahrung nachahmt, da für ihn nur die Bewegung relevant ist, verkehrt sich der Simulakren produzierende Anthropomorphismus in sein Gegenteil, sobald die Verwandlung abgeschlossen ist. Nun ist der menschliche Körper nur noch überflüssige Fleischhülle, die sich in der neuen marinen Umwelt von allein zersetzt. Der Hersteller von Ködern wurde also selbst geködert, der Fremdkörper befindet sich bereits innerhalb seines Körpers und zieht ihn mit sich ins Meer.

Dieser Prozess, in dem ein Mensch die Umwelt des Weichtiers, also sein relationales Gefüge relevanter Parameter annimmt, ist nicht nur selbst fiktiv; er lässt sich außerdem mit der Rezeptionshaltung des passiven Ergriffenwerdens, Affiziertwerdens durch die Fiktion vergleichen, die immer auch einer aktiven Bereitschaft und der mitkonstruierenden Arbeit des Lesens bedarf. Die Muschel befällt im Text den Leser faktualer Wissenschaften, dessen Wissen ihm rein äußerlich bleibt, den Produzenten tödlicher Trugbilder und affiziert und transformiert seinen Körper über dessen parasitären Gebrauch. Der muschelartige Parasit wird damit zum mikro- und metafiktionalen Denkraum. In der kleinen Verschiebung der textuellen Realität, die der Einfall der Muschel in den Körper des Erzählers bedeutet, um deren Erkenntnis der Erzähler fortan obsessiv ringt, denkt also ein fiktionaler Text über den Einbruch einer Fiktion zweiter Ordnung nach. Nachdem alle Versuche der wissenschaftlichen Einordnung gescheitert sind, gibt der Erzähler sich der Fiktion schließlich hin und lässt sich transformieren.

Fokussiert man weniger die erotischen oder psychopathologischen Konnotationen des Textes oder die Geschlechterfragen, die er aufwirft, und legt stattdes-

---

[111] Auch bei Canetti lässt sich eine solche Umkehrung finden, die Erfindung und Muschel zusammenschließt: Wegen seiner Erfindungsgabe und wegen seines Dichterischen hat ihn Veza als eine Art „weltfremder Molluske" beschrieben, so Hanuschek: *Elias Canetti*, S. 431.

sen den Schwerpunkt auf seine fiktionstheoretische Dimension, dann lässt sich die Transformation auch folgendermaßen beschreiben: Als parasitärer Sprachgebrauch dockt die Fiktion am alltäglichen Gebrauch an, sie setzt sich dabei jedoch in Opposition zum Text und wird zum ungleich produktiveren Modus als das Faktuale.[112] Dass der Erzähler später die Herkunft der Muschel aus dem Wörterbuch erkennt und sie damit doch wieder in den Bereich des textuellen Wissens zurückfallen müsste, ist schon längst nicht mehr relevant: Durch die Experimente, die er mit und an seinem eigenen Körper vornimmt und die daraus resultierende symbiotische Beziehung entwächst die Fiktion in Form der Muschel den innertextuellen Texten, den Wörterbüchern und der gelehrten Bibliothek des Erzählers und wird stattdessen fester und ding-hafter Bestandteil von dessen eigener, körperlicher Wissenschaft und zugleich transformierende Kraft.

Die Muschel, fiktive Störung und parasitäre Fiktion, durchkreuzt – und zwar in der paradoxen Situation eines textuellen Berichts[113] – das gedruckte Buch: *coquille*, die Muschelschale, bedeutet auch: „Druckfehler". So verweist der muschelförmige „Druckfehler", die materielle Störung zurück auf das textuelle Medium des Gedruckten, in der die aus dem gedruckten Wörterbuch entsprungene Muschel ja eigentlich bis zum Ende agiert. In der Überlagerung von materiellem Fehler, parasitärer Molluske und Fiktion entfaltet sich das produktive Potenzial der *coquille* im „Récit": So wie die Fiktion die Wissenschaft bedroht, der Druckfehler den Text entstellt, so zersetzt auch die Muschel die menschliche Souveränität des Erzählers und schafft dabei zugleich ihre eigene Wissenschaft. Denn der sezieren-

---

112 John L. Austin benutzt den Begriff „parasitär" erstmals in einer Vorlesung von 1955: „In einer *ganz besonderen Weise* sind performative Äußerungen unernst oder nichtig, wenn ein Schauspieler sie auf der Bühne tut oder wenn sie in einem Gedicht vorkommen oder wenn sie jemand zu sich selber sagt. Jede Äußerung kann diesen Szenenwechsel in gleicher Weise erleben. Unter solchen Umständen wird die Sprache auf ganz bestimmte, dabei verständliche und durchschaubare Weise unernst gebraucht, und zwar wird der gewöhnliche Gebrauch parasitär ausgenutzt. Das gehört zur Lehre von *der Auszehrung [etiolation]* der Sprache." John L. Austin: „Zur Theorie der Sprechakte. Zweite Vorlesung". In: Uwe Wirth (Hg.): *Performanz. Zwischen Sprachphilosophie und Kulturwissenschaft*. Frankfurt: Suhrkamp 2002, S. 63–82, hier S. 70 [Herv. i.O.]. Austins Schüler John Searle nimmt diese Vorstellung des Parasitären auf und expliziert sie für die Fiktion: Für ihn werden in fiktionalen Texten die gleichen Sprechakte getätigt wie im Modus des Faktualen, nur eben unter „unernsten" Bedingungen und ohne Bezug auf eine außertextuelle Referenz. Vgl. zum Parasitären des Zitats, von dem Austin hier natürlich ebenso spricht, und Derridas Kritik den Abschnitt „Zum Zitieren als Machtpraktik" in Kap. V.1.

113 Caillois erkennt am Ende seines Lebens diesen ständigen Widerspruch, der sich aus der Abkehr vom textuellen Paradigma im Medium des Textes ergibt, selbst an: „Ich habe mich mit der Schrift erst versöhnt, als ich im Bewusstsein zu schreiben begann, dass ich es für nichts und wieder nichts tat.", Caillois: *Der Fluss Alpheios*, S. 145. Frz.: „Je ne me suis réconcilié avec l'écriture qu'au moment où j'ai commencé à écrire avec la conscience que je le faisais de toute façon en pure perte." Caillois: „Le Fleuve Alphée [1978]", S. 170.

de Erzähler verwandelt erst mit ihr den Körper in einen Experimentalraum, in dem letztlich all das abgeschafft wird, was das Experiment ermöglicht. Die Auflösung der Grenzen von Individuum, menschlichem Leben und Körper bei gleichzeitiger Anwesenheit des Bewusstseins ist nur im Modus der (hier: textuellen) Fiktion möglich. Die Fiktion schafft in der an den Text gebundenen Fiktion ihre eigenen Grundbedingungen ab und beweist dabei zugleich ihren Mehrwert als wissenschaftliches Instrumentarium:

Innerhalb des „Récit du délogé" wird der Parasit, der ab den 1970er Jahren in sprach- und kulturtheoretischen Diskursen als eine „Figur des Dritten" eine radikale Um- und Aufwertung erfahren wird,[114] bereits auf entscheidende Weise als produktives Element eingesetzt. Über das Parasitäre verbinden sich Muschel und Fiktion, und erst im Modus des letzteren wird es möglich, die Verkehrung der parasitären Logik bis ans Ende zu durchdenken. Fiktion als „Störung", die den referentiellen Bezug auf außertextuelle Wirklichkeit „aushöhlt",[115] wird dann als strategisches wissenschaftliches Verfahren eingesetzt, um gerade das denkbar und untersuchbar werden zu lassen, was sich den faktualen Texten der Bibliothek des Erzählers entzieht und darüber hinaus auch den theoretischen Ansätzen Caillois' selbst entgegensteht. Erst die Störung in Form der Fiktion führt hier das innovative Potenzial in die Experimentalanordnung ein,[116] die innertextuell zugleich aus dem Medium des Textes in das des Körpers überführt wird. Die Beobachtungssituation des „Récit" ist dann also eine, die zwar erneut als textueller (Experimental-)Bericht daherkommt, eigentlich aber im Modus der Fiktion von der Macht der Fiktion als wissenschaftlichem Erkenntnisinstrument berichtet: Erst durch den Befall vom fiktiven Fiktionsparasiten gelingt dem Erzähler die „deindividuierte"[117] Erfahrung, sich jenseits der Grenzen des eigenen – ja sogar allgemein: jen-

---

114 Vgl. dazu u. a. Michel Serres' Buch von 1982, das den Parasiten als Figur des Dritten, als ein „eingeschlossenes ausgeschlossenes Drittes" für eine Theorie der Kommunikation und des Sozialen nutzt: Michel Serres: *Der Parasit*. Übers. v. Michael Bischoff. Frankfurt am Main: Suhrkamp 1987.
115 Jacques Derrida: „Die Signatur aushöhlen. Eine Theorie des Parasiten [1990]". In: Hannelore Pfeil, Hans-Peter Jäck (Hg.): *Eingriffe im Zeitalter der Medien*. Übers. v. Peter Krapp. Bornheim-Roisdorf: Hanseatischer Fachverlag für Wirtschaft 1995, S. 29–41.
116 In der Konzeption des Experiments lässt sich eine deutliche Veränderung zwischen 19. und 20. Jahrhundert beobachten: War es im 19. Jahrhundert noch als Überprüfung einer vorher aufgestellten Hypothese konzipiert, erwartet sich das 20. Jahrhundert vom Experimentieren insbesondere die Abweichung, die „überraschende[ ] Innovation", kurz: die Störung. Vgl. dazu ausführlicher anhand der Gegenüberstellung von Überlegungen zum Experiment von Ernst Mach und Thomas S. Kuhn: Lars Koch, Tobias Nanz: „Ästhetische Experimente. Zur Ereignishaftigkeit und Funktion von Störungen in den Künsten". In: *Katastrophen, Krisen, Störungen. Zeitschrift für Literaturwissenschaft und Linguistik* (2014), H. 173, S. 94–115, hier S. 98.
117 Frz.: „Désindividué". Caillois: „Récit du délogé", S. 308.

seits des menschlichen – Körpers zu bewegen und doch weiterhin „bei Bewusstsein" zu sein. Im Text werden durch die transformierende parasitäre Erfahrung Bewusstsein und Körper des Erzählers voneinander getrennt.

Dieses radikale Bewusstsein, die „lucidité parfaite", um mit Caillois zu sprechen, hat er andernorts als Auflösung des individuellen Bewusstseins in den allgemeinen Gesetzmäßigkeiten des Universums beschrieben: Denn wenn das einzelne Bewusstsein versteht, dass es nur nach den allgemeinen Gesetzen des Universums strukturiert ist, dann löst es sich schließlich in seiner Einzigartigkeit auf, verschwimmt im „anderen", in der großen Struktur des Universums.[118] Da diese Form der Auflösung immer nur näherungsweise, immer nur in der Fiktion erprobt werden kann, denkt das „Récit" diese frühen Gedanken Caillois' hier nun zu Ende bzw. in seiner vollständigen Zirkularität. Der entscheidende Transformationsmoment aber ist der Kontrolle des denkenden, reflektierenden Bewusstseins enthoben: „Das Unumkehrbare geschah, sogar ohne dass ich es bemerkte."[119] Im „Récit" vermischt sich menschliches Bewusstsein mit dem der Muschel und zieht sich zurück aus dem Körper hinein in die „coquille", in die parasitäre Fiktion, in den „Druckfehler" im Text der in Bibliotheken sortierten Wissenschaft. Dort löst sich schließlich nicht nur die Einheit des menschlichen Körpers, sondern auch die Kategorie des Einzelnen im Salzwasser auf: Er wird viele Muscheln. „Am Ende glaubte ich mich verstreut [*disséminé*] auf die gesamte Spezies."[120] Ähnlich wie bei Canettis Mückenschwarm aus seinen Aufzeichnungen ermöglicht auch hier die fiktive Verwandlung in Fiktion schließlich die Streuung des Ichs und entlarvt das, was den Lesenden im „Récit" als einheitliche Erzählinstanz entgegentritt, nur noch als bloßen Texteffekt.

Liest man die Muschel als parasitären Einfall der Fiktion, dann wird auch deutlich, wie sich hier eine Verwandlung in ein Weichtier vollziehen kann, während paradoxerweise das erzählerische Bewusstsein und dessen Sprache weiterhin intakt bleiben. Denn die Muschel schweigt nicht, sie fängt stattdessen gerade erst an, zu beobachten: Das „Récit" nämlich ist in der Vergangenheitsform erzählt. So wird am Ende deutlich, dass die Muschel von Anfang an erzählt, in Ich-Perspektive, auch über ihr menschliches Vorleben. Und gerade darin offenbart sie sich als Fiktion, die immer eine zweite Ebene der Beobachtung ermöglicht: „Sie erzählt eine Sache, um über diese wieder etwas anderes zu sagen".[121] Als „parasitäres" Textverfahren ist die Fiktion hier weniger als aus den biologischen Diskur-

---

[118] In Caillois' erstem, frühen und unveröffentlichten Buch heißt es in der Tat: „résorbé dans l'autre" („aufgesaugt im a/Anderen") Caillois: *La Nécessité d'esprit*, S. 154.
[119] Frz.: „L'irréversible s'accomplit sans même que je m'en rende compte." Ebd., S. 326.
[120] Frz.: „A la fin, je me croyais disséminé dans l'espèce entière." Caillois: „Récit du délogé", S. 310.
[121] De Certeau: *Theoretische Fiktionen*, S. 35f.

sen schöpfender „Störfall der Moderne" zu verstehen, sondern viel mehr im antiken Sinn als „Tischgenosse", als Mit-Esser oder Beisitzer in verschiedenen rituellen Traditionen, oder als die Handlung dynamisierender Typus der antiken Komödie.[122] Die parasitäre Fiktion ist damit ein paralleler Diskurs, der etwas „anderes" über das sagt, was er eigentlich erzählt: Ein „anderer" Diskurs also, der auf Verdopplung und Verschiebung basiert.[123]

Ähnlich wie sich der Erzähler im ausschlaggebenden Augenblick für die unwahrscheinliche Veränderung durch den parasitären Befall nicht selbst entscheidet, sondern sich blind dem Willen der fiktiven Muschel unterordnet, müssen auch Lesende die Regeln der Fiktion, in diesem Fall des „Récit du délogé", annehmen, sich in dessen fiktionale Ordnung fügen. Es ist vor allem dieser Moment der Einwilligung in eine bestimmte fiktive Weltordnung, die nur unter der Bedingung einer (temporären) Passivierung ihre transformatorische Wirkung entfalten kann, über den sich aus Caillois' Text allgemeine Überlegungen über wissenschaftliche Fiktion extrahieren lassen: Die vollständige Aufgabe des Wirts an den Willen des Parasiten geschieht erst nach einer Reihe von Versuchen zur wissenschaftlichen Durchdringung des Fremdkörpers. Mittels der Experimente, Untersuchungen und Annäherungen verwandelt sich die anfängliche Neugier des Erzählers in Neid, später sogar in Besessenheit vom eigenen Forschungsobjekt. Die bewusste Anziehung wird abgelöst von einer unbewussten Transformation, in der sich das wache menschliche Bewusstsein der parasitären Fiktion unterordnet, die den erzählenden Körper befallen hat.

Die wissenschaftliche Untersuchung der Fiktion, so könnte man Caillois' Ansatz hier zuspitzen, ist immer von der Gefahr geprägt, dem Gegenstand anheim zu fallen, sich seiner Logik, die er allen (freiwilligen oder unfreiwilligen) Rezipierenden aufdrängt, zu ergeben. Und doch werden gerade erst aus dieser Passivierung Erkenntnisse über Zustände möglich, auf die alle anderen wissenschaftlichen Untersuchungen keinen Zugriff haben: Die Auflösung im fiktiven Parasiten generiert folglich neue Erkenntnisse über Zustände der Depersonalisierung, vor allem aber

---

122 Vgl. dazu ausführlich Heiko Stullich: „Parasiten, eine Begriffsgeschichte". In: *Forum Interdisziplinäre Begriffsgeschichte* 2 (2013), H. 1, S. 21–29, hier S. 24f.
123 Denis Hollier hat in seinem Nachwort zur englischen Übersetzung von *La Nécessité* darauf hingewiesen, dass Caillois Montesquieus *Persische Briefe* verehrte, weil sie einen Weg fänden, mit fremden Augen auf die eigene Gesellschaft zu blicken. In *La Nécessité* schreibe also eigentlich ein Subjekt *Persische Briefe* an seinen eigenen Körper. Dieser Hinweis Holliers ist wertvoll, hilft er doch zu verstehen, wie hier Mimesis und Alterität zusammengehören: Die Anähnelung an die Muschel innerhalb des „Récit" kippt in Fremdheit gegenüber dem eigenen Körper, und beides ist nur durch die verdoppelnde Beobachtungssituation der Fiktion möglich. Vgl. Hollier: „Fear and trembling in the age of surrealism", S. 159.

über die Rolle der Fiktion im wissenschaftlichen Untersuchungsprozess. Schlägt man nun noch den Bogen zurück zu Caillois' frühen autobiographischen Texten und Experimenten, so lässt sich hier eine grundlegend andere Konzeption der Fiktion beobachten. Das „Récit du délogé" hebt sich auch deshalb von diesen besonders stark ab, weil es die Trennung zwischen Wissenschaft und Fiktion auf formaler Ebene überwindet und zudem der Fiktion als Verfahren einen wissenschaftlichen Wert zutraut, ihn exemplarisch vorführt und programmatisch reflektiert.

4 Experiment, Wissenschaft und Fiktion. Aktuelle Anschlüsse

Ein genaueres Studium der Märchen würde uns darüber belehren, was wir in der Welt noch zu erwarten haben. ([1943] PdM, 52)

Die vorgestellten Untersuchungen des Imaginären über den Umweg der Fiktion – zugleich auf Darstellungs- und Gegenstandsebene – bilden unter Canettis und Caillois' Annäherungen an das Imaginäre Sonderfälle. In den vorangegangenen Kapiteln wurden solche Versuche beider Autoren nachgezeichnet, in denen sie das Imaginäre als eigenständiges und produktives Phänomen wissenschaftlich zu sammeln, zu lesen, abzubilden versuchen. Dabei war es gerade nicht auf den Bereich fiktionaler Literatur und Kunst festgelegt, sondern jenseits menschlicher Artefakte, etwa im Tier oder im Stein, erfassbar. Diese Bewegung machen auch die vorgestellten fiktionalen Texte nicht rückgängig, im Gegenteil. Für Canettis Aufzeichnungen ist darauf hingewiesen worden, dass sich diese mit der Übertragung (natur-)wissenschaftlichen Experimentierens ins Medium des Textes beschäftigen und damit die Fiktion als Möglichkeitsdenken und Probehandeln auch innerhalb wissenschaftlicher Prozesse sichtbar werden lassen. Caillois' „Récit" leuchtet dagegen die Fiktion nach ihrem Gefahrenpotenzial für Konzeptionen distanzierter, „objektiver" Wissenschaften aus. Er legt einen Fiktionsbegriff zugrunde, der weit über literarische Texte hinausgeht. Seine Erzählung weist auf die Projektion verschiedener Wissenschaftsfiktionen hin und kommt schließlich statt zu einer Reinigungsarbeit der Wissenschaft von jeglichen subjektiv-fiktionalen Elementen zu dem Schluss, dass nur eine Unterwerfung unter die Fiktion die eigentlichen Erkenntnisse zu generieren vermag. Statt also weiter „Simulakren" im Sinne von leeren, mimetischen Repräsentationen der Wirklichkeit zu fabrizieren oder auf die mystischen, philosophischen, psychopathologischen Erklärungsmuster des textuellen Weltwissens zu vertrauen, wählt der Erzähler das eigene Körperexperiment, das seine vollständige und buchstäbliche Auflösung zur Folge hat. Statt Science-Fiction zu sein, sammelt das „Récit" vielmehr Wissen über die Fiktion.

Wird hier den Texten über das Imaginäre ein wissenschaftlicher Status zuerkannt, sind sie der Unterscheidung wahr/falsch unterworfen. Sie verwenden die Fiktion als Verfahren zur Erkenntnisgenerierung und widmen sich ihr zudem als Gegenstand. Dieser von den Texten selbst vorgeschlagene Fiktionsbegriff ist damit deutlich breiter angelegt als ein spezifisch literarischer Begriff von Fiktionalität. Mittels der Unterscheidung, die von den betrachteten Texten bereits implizit getroffen wird, lassen sich Diskussionen über ihren literarischen Status im Sinne eines Entweder-oder vermeiden, ohne zu leugnen, dass sich die Texte auch immer durch eine poetische Dimension auszeichnen. Zugleich wird evident, warum Canettis Dramen und die Romane beider Autoren an dieser Stelle aus der Untersuchung herausfallen. Denn der hier aus den Texten destillierte Fiktionsbegriff setzt im Zwischenbereich eines rein pragmatischen Verständnisses als Einbettung in kommunikative Handlungsstrukturen und eines textinternen Fiktionsbeweises anhand bestimmter Textsignale an.[124] Fiktionsverfahren können dann als integrative Bestandteile der Wissenschaft vom Imaginären betrachtet werden, die nicht eingesetzt werden, um theoretische Überlegungen in die Fiktion zu übertragen, um sie zu veranschaulichen, um sie dort mit anderen Mitteln noch einmal zu umschreiben und in anderem Gewand gleiche Aussagen zu treffen, sondern die zur Produktion eines Wissens über Phänomene dienen, die nur mithilfe der Fiktion zugänglich sind. Ohne ihr Erkenntnisziel aus den Augen zu verlieren, enthalten die Texte poetische Elemente im Sinne sprachlicher Poetizität, sie enthalten phantastische Versatzstücke und Erzählstrukturen, die der fiktionalen Literatur vorbehalten sind, oder sie nähern sich dem Genre der Science-Fiction an. Doch hebt der Modus des Poetischen, der ihnen anhaftet, ihren eigenen wissenschaftlich-theoretischen Anspruch keineswegs auf. Es ist vielmehr ihre Doppelnatur, die die Texte auszeichnet und die es ermöglicht, an ihnen die Fiktion als Grenzphänomen zwischen Wissenschaft und Literatur zu beobachten.

Betrachtet man diese Ansätze zur Verschränkung von Fiktion und Imaginärem vor dem Hintergrund späterer Theorien zum Imaginären, besonders solcher, die sich mit dem Zusammenspiel von Fiktion und Imaginärem auseinanderset-

---

124 Vgl. dazu ausführlicher die Vermittlung zwischen den für beide Extreme exemplarischen Positionen John Searles und Käthe Hamburgers bei Gérard Genette. Laut Genette kann es „reine, von jeder Kontamination freie Formen" von Fiktion und Nicht-Fiktion „nur im Reagenzglas des Poetikers" geben. „Im Hinblick auf die reale Praxis ist einzuräumen, daß weder eine reine Fiktion noch eine Geschichtsschreibung von solcher Strenge existiert, daß sie sich jeder ‚Intrige' und jedes romanhaften Verfahrens enthielte". Der Verweis auf die Laboratoriumssituation reiner sprachlicher Formen im „Reagenzglas" ist aufschlussreich: Die wissenschaftliche Fiktion ist nicht nur fester Bestandteil des Experiments, Fiktion lässt sich in Reinform auch nur im Experiment, im Reagenzglas produzieren. Gérard Genette: „Fiktionale Erzählung, faktuale Erzählung". In: Ders.: *Fiktion und Diktion*. Übers. v. Heinz Jatho. München: Wilhelm Fink 1992, S. 65–94, hier S. 92.

zen, wird ein deutlicher Unterschied in den Bestimmungen des Imaginären durch Canetti und Caillois sichtbar: Das Imaginäre löst sich aus seiner passiven Position, in die es im Rahmen vieler Theorieansätze, etwa Wolfgang Isers *Literarischer Anthropologie*, durch seine unauflösliche Verschränkung mit der Fiktion verbannt wird und in denen es nur indirekt durch die jeweiligen Akte des Fingierens erschlossen werden kann. Die hier mit Caillois und Canetti vorgeschlagene Trennung von Imaginärem und Fiktivem stellt nicht nur eine Alternative zu gängigen Vorstellungen des Imaginären dar, sondern auch einen Angriff auf anthropologische Bestimmungen der Fiktion: Die Fiktion ist im Rahmen gängiger Theoriebildung gerade deswegen so entscheidend für den Menschen, weil das Imaginäre als kollektive, aber unzugängliche Macht „da erst seine höchste Form und zugleich seine höchste Bestimmtheit [erhält], wo es fiktiv bearbeitet ist und sich demgemäß auch unter die Bedingungen einer medialen Reduktion stellt."[125] Da das Imaginäre also der Bestimmtheit durch die Akte des Fingierens bedürfe, begründe sich die anthropologische Wirkmacht der Fiktion im Imaginären. Solche Bestimmungen des Imaginären gehen davon aus, dass es sich grundsätzlich nicht durch sich selbst beobachten lässt, sondern immer nur mittels geformter Fiktionen (im Sinne von „fingere"), die in vielfältigen und historisch relativen Ausprägungen jeweils Schlüsse auf das dahinterliegende Imaginäre zulassen.

Aus den Texten von Caillois und Canetti lässt sich dagegen eine Konzeption des Imaginären destillieren, in der dieses nicht nur mittels der Fiktion modellierbar, erfahrbar, lesbar oder fassbar ist – dies ist es bereits durch sich selbst, jenseits (literarischer) Fiktion. Indem sie also Imaginäres und Fiktion voneinander trennen und die Fiktion nicht als privilegierten Zugang zum Imaginären, sondern nur als einen unter mehreren begreifen, muss diese folglich in einem neuen, anderen Begründungszusammenhang verortet werden. Was bedeutet sie noch (für den Menschen), wenn sich das Imaginäre auch jenseits seiner fiktionalen Fixierung erkennen lässt? Zwar soll nicht bezweifelt werden, dass fiktionale Werke der Literatur sowie kollektive Fiktionen als universale Kategorie, in Mythos, Legende, Bild oder Film auch für Canetti und Caillois einen wichtigen Zugang zu Strukturen des Imaginären bedeuten. Diese zusammenzutragen und zu untersuchen gehört für beide zu einer zentralen Strategie, um sich dem Imaginären zu nähern. Komplementär zur Fiktion als Gegenstand der Untersuchung aber entfaltet die Fiktion als modernes Verfahren selbst epistemisches Potenzial. Die Fiktion ist dann nur

---

125 Karlheinz Stierle: „Fiktion". In: Karlheinz Barck u. a. (Hg.): *Ästhetische Grundbegriffe. Bd. 2: Dekadent – Grotesk.* Studienausgabe, Stuttgart: Metzler 2010 (= ÄGB), S. 380–428, hier S. 380. Vgl. zu einer ausführlicheren Darstellung von Theorien des Imaginären Kap. III dieses Buches.

noch ein Modus unter anderen wissenschaftlichen wie literarischen Zugriffsweisen, um Formen des Imaginären zu untersuchen. Vor allem aber verorten beide die Fiktion nicht mehr (nur) im Bereich der Literatur, sondern fragen nach ihrer Bedeutung innerhalb verschiedener Wissenschaften. Denn die fiktionalen Verfahren, dies lässt sich aus den Analysen beider Autoren ablesen, offenbaren, wenn sie dazu genutzt werden, das Imaginäre näher zu untersuchen, ihre impliziten Logiken und Verschränkungen mit scheinbar „objektiven", faktualen und distanzierten Wissenschaftspraktiken. Weder in Canettis Aufzeichnungen gegen den Tod noch in Caillois' „Récit du délogé" wird die Fiktion mit „Literarizität" in eins gesetzt. Stattdessen weisen die Texte auf den wissenschaftlichen Gebrauch der Fiktion hin und lassen sich so mit späteren Begriffsarbeiten, die den Fiktionsbegriff von der Literatur und „Literarizität" von „Fiktionalität"[126] zu lösen versuchen, in Verbindung bringen.

In gleicher Weise lassen sich außerdem Verbindungen zu späteren Ansätzen herstellen, in denen die Rolle von Fiktion in der Wissenschaft ins Zentrum gerückt wird: angefangen bei konstruktivistischen Perspektiven bis hin zu literaturwissenschaftlichen Anleihen geschichtswissenschaftlicher,[127] medizinhistorischer[128] und soziologischer[129] Forschungen. Vermehrt werden nicht nur Fiktionen als wissenschaftliche Fakten behandelt,[130] auch der wissenschaftliche Fakt wird zuneh-

---

126 Vgl. hierzu auch den bereits erwähnten, wegweisenden Band der *Poetik und Hermeneutik*-Reihe zu den *Funktionen des Fiktiven*, der die doppelte Position der Fiktion, als Realitätsproblem und als Texteffekt gleichermaßen auszuleuchten versucht. Darin wird außerdem eine historische Bestimmung des Fiktionsbegriffs geleistet, auf die hier nur verwiesen sei. An einigen Beiträgen lässt sich die Federführung Isers bei der Herausgabe des Bandes insofern erkennen, als auch hier, wie in seinem späteren Buch *Das Fiktive und das Imaginäre*, Fiktion und Literatur bzw. Poetizität nicht immer klar voneinander getrennt werden. Dieter Henrich, Wolfgang Iser (Hg.): *Funktionen des Fiktiven*. München: Wilhelm Fink 1983. Neuere Arbeiten versuchen durch die saubere Trennung von Fiktion und Fiktionalität auf diese Vermischung zu reagieren. Vgl. dazu etwa die Studie von: Kablitz: *Kunst des Möglichen. Theorie der Literatur*.
127 Vgl. White: *Metahistory. Die historische Einbildungskraft im 19. Jahrhundert in Europa* sowie Ders.: *Auch Klio dichtet oder Die Fiktion des Faktischen*. White wurde jedoch, wie Iser, vorgeworfen, die Begriffe von Fiktion, Narration und Literatur zu vermischen. Vgl. spezifischer zum Konflikt zwischen der Geschichte und den Geschichten: De Certeau: *Theoretische Fiktionen*; Jaeger: „Erzähltheorie und Geschichtswissenschaft".
128 Vgl. ohne wiederum Narration und Fiktion ineinszusetzen: Susanne Düwell, Nicolas Pethes (Hg.): *Fall – Fallgeschichte – Fallstudie. Theorie und Geschichte einer Wissensform*. Frankfurt am Main: Campus Verlag 2014.
129 Vgl. etwa im Hinblick auf die fachgeschichtliche Selbstverortung der Soziologie und ihrer Konkurrenz zur fiktionalen Literatur, zu der sie zu Beginn ihrer Entwicklung stand: Lepenies: *Die drei Kulturen*. Vgl. Kap. II.2.
130 Vgl. etwa Goodman: *Weisen der Welterzeugung*, S. 127.

mend als Fiktion ausgestellt. Fiktion ist damit nicht mehr als Gegenbegriff zur Wirklichkeit angelegt, sondern zielt vielmehr auf die Ebene des Verfahrens zur Herstellen von Wirklichkeit(en).[131] Mithilfe dieser Perspektive auf die Praktiken und Akte des *fingere*, das sich als ‚bilden', ‚formen', ‚modellieren' und ‚gestalten' ebenso wie als ‚vorstellen' übersetzen lässt,[132] wird die Position der Fiktion im Herzen der Wissenschaft erkennbar. Besonders weisen darauf die erwähnten praxeologisch orientierten Untersuchungen zum Labor, zum Modell und zum Gedankenexperiment hin. In Canettis textuellen Versuchspraktiken lassen sich bereits zentrale Thesen zur Fiktion als ein Erkenntnismedium, das in der Lage ist, Aussagen über nichtfiktionale Zusammenhänge zu treffen, erkennen, die ihn in auffallende Nachbarschaft zu aktuellen Überlegungen zum wissenschaftlichen Gedankenexperiment rücken:[133] Das „Schattendasein [des Gedankenexperiments, EH] in der heutigen Wissenschaftstheorie", so Sigrid Weigel, „ist das Symptom einer Diskriminierungsgeschichte der Fiktion in den Wissenschaften".[134] Die wachsende Sensibilität für die Wechselwirkungen zwischen Beobachtenden und Beobachtetem in der Wissenschaftstheorie, die sich in etwa in Ludwik Flecks Begriffen von Denkstil und Denkkollektiv ausdrückt, führt zu einer „Ausbreitung der Fiktion", so Michel de Certeau: „Doch hält man diesen Anteil meist für beschämend und unrechtmäßig – die dunkle Seite der Disziplin, die man verleugnet."[135] Dieser diskriminierten, „dunklen", verleugneten Seite widmen sich Canetti und Caillois in ähnlicher Weise, wie dies spätere Diagnosen von Weigel oder de Certeau tun.

De Certeau spricht hier zwar aus Perspektive der Historiographie, zieht aber auch Konsequenzen für das Wissenschaftssystem im Allgemeinen: Die Reinigungsarbeit, durch die sich die modernen Naturwissenschaften gebildet hätten, impliziere eine Entpolitisierung unter Vorgabe eines neutralen Objektivitätsanspruchs. Die Anpassung an politische und ökonomische Zwänge eines Systems, auf das die Wissenschaft angewiesen sei, werde aufgrund des Ideals autonomer,

---

131 Darauf zielen auch gängige fiktionstheoretische Überlegungen aus der Literaturwissenschaft, vgl. beispielsweise Frank Zipfel: *Fiktion, Fiktivität, Fiktionalität. Analysen zur Fiktion in der Literatur und zum Fiktionsbegriff in der Literaturwissenschaft*. Berlin: Erich Schmidt 2001. Zipfel versucht die Fiktion erstens auf der Ebene von Text- und Diskursstrukturen anzusiedeln und zweitens über den Begriff dort die Dichotomien von Wirklichkeit und Nichtwirklichkeit aufzuheben.
132 Vgl. dazu u. a. Weigel: „Das Gedankenexperiment. Nagelprobe auf die *facultas fingendi* in Wissenschaft und Literatur", S. 185.
133 Vgl. dazu die Definition des Gedankenexperiments, die Sigrid Weigel von Hans Poser übernimmt: „Fiktion als Erkenntnismedium mit einem argumentativen Vermögen im Hinblick auf Aussagen über die Gesetze der Natur." Ebd., S. 186.
134 Ebd., S. 187.
135 De Certeau: *Theoretische Fiktionen*, S. 55.

objektiver Wissenschaftlichkeit unangreifbar. Der Nichtangriff sei folglich der Logik der Institution bereits eingeschrieben. Wenn de Certeau eine „Repolitisierung" fordert, verlangt er – nun wiederum am Beispiel der Geschichtswissenschaften – eine Anwendung der eigenen historischen Methoden auf sich selbst als Disziplin; eine Reflexion des eigenen Diskurses im Hinblick „auf seine sozio-ökonomischen oder geistigen Produktionsbedingungen."[136] Dies umfasst auch eine Hinwendung zur „verleugneten" Fiktion.

5 Die Wiederkehr der Fiktion. Von Zauberlehrlingen, Parasiten und Sirenen[137]

Denis Hollier weist in seiner kurzen Erwähnung des „Récits du délogé" auf dessen Nähe zu Caillois' frühen Texten, den Studien zur Mimikry wie auch zu seinem im Rahmen des Collège de Sociologie entstandenen Text „Le vent d'hiver" („Der Winterwind") hin.[138] In diesem vom zeitgenössischen Publikum der *Nouvelle Revue Française*, in der „Winterwind" gemeinsam mit anderen Beiträgen der Collégiens 1938 erstmals veröffentlicht wurde, als faschistisch bezeichneten Text, fordert Caillois eine durchaus als reaktionär beschreibbare Wiedereinführung von Differenzen in eine allzu sehr von Ähnlichkeiten und Mimikry geprägte Welt. Ganz im Sinne des zwischen 1937 und 1939 bestehenden Collège de Sociologie und ihres zentralen Vorhabens fordert auch dieser Text Caillois', die sich in Deutschland formierende Macht müsse mit ihren eigenen Mitteln bekämpft werden. Als „Zauberlehrlingen"[139] ging es den Collégiens um die Stärkung der eigenen Gesellschaft durch eine Wiederbelebung verschwundener sozialer Kohäsionskräfte. Die in Elfenbeinturm und Individualismus zurückgezogenen Intellektuellen sollten sich dafür zusammenschließen, um einen neuen „sozialen Kern" zu erschaffen.[140] Hollier betont folglich die Angst vor der Mimikry und die gleich-

---

136 Ebd., S. 51.
137 Vgl. zu beiden letzteren Figuren des „Dritten" ausführlich Band und Beiträge: Bernhard J. Dotzler, Henning Schmidgen (Hg.): *Parasiten und Sirenen. Zwischenräume als Orte der materiellen Wissensproduktion*. Bielefeld: Transcript 2008.
138 Vgl. Hollier: „Mimesis and Castration 1937", S. 9f.
139 Vgl. Georges Bataille: „Der Zauberlehrling". In: Denis Hollier (Hg.): *Das Collège de Sociologie: 1937–1939*. Berlin: Suhrkamp 2012, S. 269–287.
140 Wie schon im Surrealismus gab es auch zwischen Caillois und dem Collège, insbesondere in seiner engen Beziehung zu Bataille, immer wieder Dissonanzen in Bezug auf Konzeptionen wissenschaftlicher Forschung. Bataille habe nie aufgehört, zur mystischen Erfahrung zu tendieren, so Caillois in einem Interview mit Gilles Lapouge 1970: Während Caillois sich wissenschaftlich für den Schamanismus interessierte, habe Bataille immer schon selbst ein Schamane werden wollen.

zeitige Verführung durch den eigenen Gegenstand, die Caillois in seiner Fiktion ereilt – und dies zur Recht.[141] Der Text sei außerdem durch die geschlechtsspezifischen Konnotationen des frigiden Mannes, der von einem muschelförmigen Fremdkörper invadiert und transformiert werde, als Thematisierung weiblichen Parasitismus lesbar,[142] ebenso wie als satirische Kritik an männlicher Verweichlichung.[143]

Das „Récit du délogé" lässt sich außerdem als ein performativer und verspäteter Einspruch gegen Georges Batailles' Vorstellung von *Acéphale* lesen. Es ist eben gerade nicht möglich, sich bewusst dafür zu entscheiden, das Bewusstsein abzuschaffen. Auch ekstatische Zustände böten keinen Ersatz, bestünden sie doch im Kontrollverlust des Körpers, nicht des Bewusstseins. Vgl. dazu auch den Kommentar von Pierre Andler über *Acéphale*: Claudine Frank: „Introduction to ‚Interview with Gilles Lapouge, June 1970'". In: Dies. (Hg.): *The edge of surrealism. A Roger Caillois reader.* Durham: Duke University Press 2003, S. 141–142, hier S. 142. Vgl. außerdem: Roger Caillois: „Interview with Gilles Lapouge, June 1970". In: ebd., S. 142–146. Für Caillois gilt dagegen: Das Bewusstsein bleibt bis zum Schluss, gerade dies meint schließlich auch die „Notwendigkeit des Geistes" („la nécessité d'esprit"). Operieren Bewusstseine allerdings immer mit der Unterscheidung von Selbstreferenz und Fremdreferenz, dann untergräbt das „Récit" zumindest nachhaltig dessen Operationsweise. Auch wenn bis zum Schluss ein „ich" auf sich selbst zu verweisen in der Lage ist, ist „ich" am Ende verteilt *(disséminé)* auf eine Muschelkolonie.

141 Allerdings trifft das eben nur einen kleinen Teil des „Récit du délogé". Hollier vertraut hier blind auf die von Caillois in der *Table de concordance* hergestellte Verknüpfung des Textes mit den frühen Arbeiten zur Mimikry.

142 Oder als Variante des Mythos von der *femme fatale*, der bereits in Caillois' erstem Buch eine zentrale Position einnimmt und den er in den surrealistischen Texten weiter ausführt. Die Muschel als *femme fatale* würde dann nicht nur zur Kastration des männlichen Protagonisten, sondern sogar zu seiner Dehumanisierung führen. Hollier hat in einem Aufsatz über Caillois' frühe Texte darauf hingewiesen, wie sehr Caillois die dem Collège vorgeworfene politische Ambivalenz strapazierte. Wie etwa im erwähnten „Winterwind" von 1938 sprach Caillois sich auch schon früher für die Wiedereinführung hierarchischer Strukturen, gegen gesellschaftliche Egalität aus. Die Hierarchie sollte gerade darin bestehen, ob jemand dem Lustprinzip unterworfen sei oder nicht. In der Frigidität des Erzählers aus dem „Récit du délogé" erkennt Hollier daher eben diese herrschaftliche Macht, sich über die eigene Lust mit wachem Bewusstsein erheben zu können. Dies mag zwar eine wichtige Dimension des Textes sein, und doch wird diese scheinbar machtvolle Virilität von der weiblich geprägten Muschel befallen und transformiert. Dazu äußert sich Hollier nicht. Vgl.: Denis Hollier: „Mimesis and Castration 1937". In: *October* 31 (1984), H. Winter, S. 3–15, hier S. 9f. Über dieses Thema würde es sich anbieten, einen Bogen zurück zu Canetti zu schlagen, denkt man an das „Muschel"-Kapitel aus der *Blendung*: Thereses gestärkter Rock wird dort mehrfach als die Schale einer Muschel beschrieben, und mit einer Kindheitserinnerung Kiens überblendet, in der er gewaltsam versuchte, die Schale zu öffnen, um zum nackten, wehrlosen Fleisch vorzudringen. Am Ende ist es aber nicht Kien, der Therese vergewaltigt, sondern sie ist es, die ihn nach der Hochzeit verführen möchte, die Muschel wird dann zur Chiffre seiner Angst, er flüchtet vor ihr und schließt sich weinend auf der Toilette ein (vgl. das Kapitel „Die Muschel", B, 49–60).

143 Die Ambivalenz zwischen Satire und tatsächlicher reaktionärer Proklamation neuer Virilität muss hier noch einmal betont werden: Im „Vent d'hiver" spricht Caillois von einer „Erziehung des

Auch Canetti lässt sich über die zitierten Aufzeichnungen hinaus eine positive Umwertung einer Auflösungssehnsucht bescheinigen:[144] Nicht nur der Versuch, den Tod zu überwinden, indem sich der personale Erzähler in eine Vielzahl von Insekten verwandelt, sondern auch das für *Masse und Macht* zentrale Umschlagmoment der Berührungsfurcht innerhalb der Masse deutet eine solche Lust an der Auflösung in menschlichen oder tierischen Kollektiven an. Kritiken am „– vorsichtig gesprochen – politischen Gleichmut"[145] Canettis haben darauf gerade auch im Vergleich mit den Massentheorien von Hermann Broch hingewiesen.[146] Das Interesse an solchen Auflösungszuständen des Individuums über die Aufgabe seiner körperlichen Integrität teilen sich Canetti und Caillois, und es rückt sie zudem in die Nähe derjenigen, gegen die sich ihre Texte eigentlich richten.

Trotz oder neben dieser politisch ambivalenten Dimension, die es im Blick zu behalten gilt, sind die Texte geprägt von einem fiktionstheoretischen, experimentellen und wissenschaftskritischen Anteil, der im Bewusstsein für die Gefahren des eigenen Instrumentariums nicht davor zurückschreckt, sich selbst aus dem Text herauszustreichen. Die Aufwertung von Zuständen des Imaginären, die sich hier exemplarisch an psychopathologischen, utopischen, phantastischen Figurationen jenseits menschlicher Individualität beobachten lässt, läuft zwar immer

---

Gefühls der Revolte" (Caillois: „Der Winterwind", S. 295. Frz.: „éducation du sentiment de révolte". Caillois: „Le vent d'hiver [1937]"), in der im Rekurs auf Nietzsche die blinde Rebellion zum disziplinierten Wille zur Macht werden müsse. Als Gegenbewegung zum Nationalsozialismus müsse es neue Fundamente und Urerfahrungen der Gesellschaft geben, die sich nicht auf Rasse, Sprache, Land oder Tradition gründeten, sondern auf eine innere Bewegung, einen neuen sozialen Kern, einen gemeinsamen Willen und ein gemeinsames Werk. Auch wenn sich Caillois später von diesem Text distanziert, bleibt er ein Zeugnis einer bestimmten Machtauffassung Caillois'. Dagegen wird hier das „Récit" als ein Text betrachtet, den Caillois schließlich in den zweiten Band der *Approches de l'imaginaire* platziert (während der „Winterwind" sich im ersten Teil findet) und der es *auch* ermöglicht, als eine buchstäblich subkutane Unterhöhlung des reaktionären Programms gelesen zu werden.

144 Dass sich beide Autoren im Hinblick auf ihre Konzeption des Todes jedoch stark unterscheiden, ist deutlich geworden: Während Canettis Auflösungen des Individuums auf eine Überwindung des Todes zielen, sind die frühen Textes Caillois' durchaus von einer Neigung zur Rückkehr ins Anorganische geprägt, die sich mit Freuds Todestrieb verbinden lässt (vgl. Hollier: „Fear and trembling in the age of surrealism", S. 153). Canetti sprach sich logischerweise entschieden gegen die Möglichkeit eines Todestriebs aus.

145 Wolfgang Müller-Funk: „Die Angst in der Kultur. Hermann Brochs Massenwahntheorie im historischen Kontext". In: *TRANS. Internet-Zeitschrift für Kulturwissenschaften* 16 (2006). http://www.inst.at/trans/16Nr/05_4/mueller-funk16.htm (Stand: 02.04.2020).

146 Vgl. dazu etwa die Beiträge in: Penka Angelova, Marianne Gruber, Paul Michael Lützeler (Hg.): *Elias Canetti und Hermann Broch*. St. Ingbert: Röhrig Universitätsverlag 2009.

Gefahr, mit dem Vorwurf des „Irrationalismus" konfrontiert zu werden. Im Unterschied zu rechtsesoterischen Irrationalismen geht es beiden allerdings nicht darum, ihr Wissen vom Imaginären aktiv in politisch funktionalisierten Aktionismus umzuwandeln, als gesellschaftliche „Kohäsionskraft" einzusetzen oder damit nationalistische Essentialismen zu stärken – insbesondere für Canetti bilden letztere stattdessen den Ausgangspunkt (etwa in seinen „Massensymbolen"), um die grundlegenden Strukturen, die auch im national wirksamen Imaginären am Werk sind, zu verstehen, zu analysieren, zu untersuchen – ohne sie zu reproduzieren.

Dadurch gelingt es ihnen – und dies lässt sich für beide Autoren festhalten – Bereiche, die sonst als irrational und unkontrollierbar gesetzt werden, für eine wissenschaftliche, logische Untersuchung aufzuschließen. Die Unterscheidung zwischen Rationalem und Irrationalem wird suspendiert: Und erst damit wird auch das Imaginäre nicht mehr als Reservoir unkontrollierbarer Irrationalismen konzeptualisiert, in das Unverständliches oder Gefährliches abgeschoben werden kann. Mit dem Versuch, eine allgemeine Logik des Imaginären gerade über Zustände des scheinbar „Irrationalen" zu finden, soll eben genau das verstehbar und analytisch durchdringbar werden, was andere Theorieentwürfe als gefährlich ablehnen.

Für die Fiktion lässt sich dieser Befund angesichts einer konstatierten „Verdrängung" fiktionaler Elemente in den Wissenschaften zuspitzen: Sowohl Canettis als auch Caillois' Fiktionen sind durch die Konstanz der Erzählperspektive, auch im Moment des (menschlichen) Todes, in der Lage, über das eigene logische Ende hinaus zu denken. Sie bestimmen damit Erzähler*innen als Ordnungsinstanzen, die ihre Autorität nicht mehr vom Tod leihen und dennoch, trotz ihrer Auflösung und Streuung *(dissémination)*, den Text zu strukturieren vermögen. Genau darin entfaltet die uneigentliche, „parasitäre" Sprachverwendung im Modus der Fiktion ihr Potenzial.

Dennoch zeigt die Anwendung der Fiktion als Verfahren auf die Fiktion als Gegenstand, dass sie sich sogar selbst gefährlich werden kann. Die Vorbehalte gegen die Fiktion in der Wissenschaft sind folglich nicht ganz auszuräumen, worauf erneut de Certeau hinweist:

> Schließlich wird die Fiktion beschuldigt, kein eindeutiger Diskurs zu sein, oder, in anderen Worten, der wissenschaftlichen „Sauberkeit" zu ermangeln. In der Tat spielt die Fiktion mit der Schichtung des Sinns: Sie erzählt eine Sache, um über diese wieder etwas anderes zu sagen, sie zeichnet sich in eine Sprache ein, von der sie unbegrenzt Sinneffekte bezieht, die sich weder umschreiben noch kontrollieren lassen. Im Unterschied zu dem, was in den im Prinzip eindeutigen Kunstsprachen vorgeht, verfügt sie über keinen eigenen, reinen Ort. Sie ist „metaphorisch". Sie gleitet in den Bereich des Anderen, ohne sich fassen zu lassen. [...] Aus dieser Perspektive bricht die Fiktion eine wissenschaftliche Regel: [...] Hier ist sie nicht länger vom Zeichen des Falschen, Unwirklichen oder des Artefakts geprägt. Sie bezeichnet

eine semantische Verirrung. Sie bildet die Sirene, gegen die sich der Historiker schützen muss[.]¹⁴⁷

Ein weiteres Mal taucht hier die Sirene als verführerische Verirrung eines reinen Diskurses auf: nicht als Botin des Todes oder des gefährlichen Überlebens und nicht als Chiffre der Dichtung, sondern als unfassbare Gestalt aus dem „Bereich des Anderen", deren Gesang den Diskurs der Geschichtswissenschaft zu verunreinigen droht. Die Fiktion wird zur mythischen Sagengestalt. Erneut ist sie weiblich codiert und lauert auf die Verführung, d. h. Verunreinigung der männlichen Wissenschaft durch ihren mehrdeutigen Diskurs.

Im Rückgriff auf eben diese Metapher erklärt nun auch Denis Hollier im Nachwort zur englischen Übersetzung von Caillois' *La Nécessité d'esprit*, warum sich Caillois sonst – jenseits seiner wenigen und kurzen fiktionalen Texte – vor der Fiktion in Acht nahm: „Just as a vigilant Ulysses, tied to the mast, could listen to the sirens without yielding to their song, the refusal of fiction allowed Caillois to draw closer to the imagination without losing himself within it."¹⁴⁸ Ob Botinnen des Todes, der Fiktion oder der Dichtung: Immer sind die Sirenen eine Metapher für den Selbstverlust, die Auflösung des Individuums in einer „anderen" Ordnung. Diese „andere" Ordnung ist für Caillois das Imaginäre, das er gerade mittels der Sirene der Fiktion zu beschreiben vermag. Verzichten Canetti und Caillois allerdings auf die von de Certeau benannten Schutzmaßnahmen, dann eröffnet die Fiktion einen wissenschaftlichen Möglichkeitsraum. Indem sie darin nicht als parasitärer Eindringling sondern als legitimer Bestandteil des wissenschaftlichen Diskurses figuriert, kann sie über ihre Fähigkeit, die eigenen Voraussetzungen aus der fiktiven Anordnung herauszustreichen, Gebiete betreten, die für die meisten Wissenschaften unzugänglich bleiben.

Zudem verweist die Anwendung der Fiktion auf sich selbst auch auf den Bereich, den die Fiktion in den positiven Wissenschaften einnimmt, ohne dass dies eingestanden wird: die Zuschreibungen, Projektionen und Halluzinationen der Forschenden, die gerade durch ihre fehlende Reflexivität nicht produktiv werden können. In diesem Sinne ist das reflexive Ausstellen des Fiktionsanteils an den eigenen Experimentalanordnungen in Canettis Aufzeichnungen gegen den Tod und in Caillois' „Récit du délogé" als Abschluss seines zweiten Bandes zur „Annäherung an das Imaginäre" als eine Konfrontation mit den „verdrängten" Seiten der eigenen Wissenschaften zu betrachten und kann, vor allem für Caillois, auch dazu Anlass geben, die reaktionären Positionen, die er in den Texten aus seiner Zeit

---

147 De Certeau: *Theoretische Fiktionen*, S. 35f.
148 Hollier: „Fear and trembling in the age of surrealism", S. 154.

am Collège de Sociologie entwarf, zumindest zu reflektieren. Der Einsatz fiktionaler Verfahren im Rahmen einer Annäherung an das Imaginäre bei Canetti und Caillois kann hier folglich als eine kritische Reflexion, wie sie von de Certeau als „Repolitisierung" der eigenen Disziplin gefordert wurde, sowie als eine Rehabilitierungsstrategie von Fiktion in der Wissenschaft betrachtet werden. Dabei geht es weder darum, Wissen, Wissenschaft oder wissenschaftliche Institutionen per se als Fiktionen zu enthüllen, noch darum festzustellen, dass Fiktion und ihre Verfahren grundsätzlich ein bestimmtes (implizites) (Form-),Wissen' enthalten. Stattdessen weisen beide Autoren gezielt auf Fiktionsverfahren innerhalb wissenschaftlicher Texte hin und erproben sie in ihren eigenen Ansätzen, um Erkenntnisse, die auf jene „verdrängten" Seiten der Disziplinen zielen, zu generieren oder Gegenstände zu betrachten, die für andere disziplinäre Perspektiven im toten Winkel verharren.

Diese fiktive Aushöhlung aber, die in der Abschaffung des Todes, posthumaner Dezentrierung oder der inneren Erfahrung von Depersonalisierung und Verwandlung besteht, könnte selbst kaum ambivalentere Konsequenzen hervorbringen: Während Canetti über die Negierung des Todes auf eine grundlegende Umstrukturierung gesellschaftlicher Prozesse zielt, die jenseits der Macht, die ihre Kraft aus der Todesdrohung zieht, angesiedelt sind, besteht Caillois' radikale Passivierung und Hingabe an einen materiellen Determinismus letztlich in der vollständigen Auslieferung an die technische Metapher des universellen „Schaufelrads", mit dem das „Récit" schließt: Der disseminierte und auf eine Vielzahl von Muscheln verteilte Protagonist des „Récit" fürchtet, zur Wiederkehr gezwungen zu sein, diesmal selbst als Parasit:

> Dann wird es mir passieren können, dass ich mich meinerseits im Unterarm, später im Unterleib eines Menschen einniste, um ihn zu beunruhigen und um ihn zu warnen, ihm das Verlangen danach einzuflüstern, sein Bewusstsein in einem unbestimmten, aufgelösten anderen versinken zu lassen.[149]

Das dezentrierende Imaginäre befähigt folglich gleichzeitig zu Revolution und Regression.

Zur Sprache kommt dabei das, was Sprache überhaupt erst ermöglicht, indem es aus der Versuchsanordnung gestrichen wird. Die hier untersuchten Experimente, die Einsichten in Sphären jenseits von Tod und Individuum zu geben versuchen, experimentieren mit den Grundbedingungen des Experimentierens, mit

---

[149] Frz.: „Alors il pourra m'arriver de me loger à mon tour dans l'avant-bras, puis dans le basventre d'un humain pour l'alarmer et pour l'avertir, lui insinuer le désir de faire chavirer sa conscience dans une autre, indistincte et diluée?" Caillois: „Récit du délogé", S. 331.

Fiktion oder aber mit der Möglichkeit von Sprache und Schrift überhaupt, schließlich sind die (post-)modernen Vorstellungen von Individuum, Sprache, Zeichenhaftigkeit und Erzählen fundamental an den Tod als Schließungsfigur gebunden. Zugleich bedürfen die Texte der sprachlichen Vermittlung und – über ihren narrativen Modus – einer Erzählerfigur. Die Sprache und im Besonderen das Erzählen, wird folglich von Individualität und Tod entkoppelt. Während Canettis Aphorismen sich einer experimentellen Kürze bedienen, verfolgt Caillois ein metareflexives Vorhaben, das in einem Experiment mit den Lesenden mündet. Zugleich lässt es sich als Theorie über die Fiktion verstehen, die hier als eine parasitäre Figur erscheint, oder vielmehr: als Sirene, deren „schrecklichere Waffe"[150] – nach Kafkas Umdeutung – nicht ihr anziehender, bedrohlicher Gesang, sondern ihr Schweigen ist.[151]

---

[150] Franz Kafka: „Das Schweigen der Sirenen". In: Ders.: *Die Erzählungen und andere ausgewählte Prosa, in der Fassung der Kritischen Ausgabe.* Hg. v. Roger Hermes. Frankfurt am Main: Fischer 2014, S. 351–352, hier S. 351.

[151] Eine Medienreflexion zwischen Stimme und Schrift, die sich aus der Figur der Sirene ergeben könnte, kann hier leider nicht weiter ausgeführt werden – es wäre allerdings lohnenswert, die Fiktion genau damit in Verbindung zu bringen. Ebenso kann nicht näher auf die Sirenen in Adorno und Horkheimers *Dialektik der Aufklärung* eingegangen werden, gleichwohl auch sie eine vielversprechende Perspektive auf die hier von Canetti und Caillois vorgenommene Betrachtung der Fiktion vor dem Hintergrund von Mythos, Aufklärung und Gegenaufklärung liefern würden, worauf nur als Desiderat verwiesen sei. Schließlich erinnert der Verwandlungsgedanke in das Kleine, Parasitäre natürlich immer auch an Kafka als Referenzfigur sowie an die daran anschließenden Gedanken von Félix Guattari und Gilles Deleuze. Auf letztere nimmt Kap. IX *Ausblick* dieses Buches zumindest kurz Bezug.

VIII Diagonalisieren (Caillois) und seitliches Wissen (Canetti). Paranoische Architekturen

Das Wissen, in dem es wächst, verändert seine Gestalt. Es gibt keine Gleichmäßigkeit im wirklichen Wissen. Alle eigentlichen Sprünge erfolgen seitwärts, Rösselsprünge. Was geradlinig und voraussehbar weiterwächst, ist bedeutungslos. Entscheidend ist das gekrümmte und besonders das seitliche Wissen. (FP, 129)

Es ist an der Zeit, diagonalen Wissenschaften eine Chance zu geben.[1]

Diagonalen, Schrägen („Obliques"), Transversalen und „seitliches Wissen": Konsequent und in auffälliger Ähnlichkeit verwenden Roger Caillois und Elias Canetti geometrische Begriffe, um ihr eigenes Vorgehen disziplinenübergreifender Wissenschaften vom Imaginären zu beschreiben. Besonders deutlich wird dies in Caillois' Konzept der „diagonalen Wissenschaften"[2] zur Untersuchung der „Architektur" des Universums.[3] In der Logik der geometrischen Termini und der räumlichen Beschreibungssprache von Peripherie und Abkürzung sowie im Bild des blind grabenden Maulwurfs werden die isolierten Disziplinen und Diskurse buchstäblich in einem Wissenschafts*raum* vermutet, den es von einer Ecke zur anderen zu durchqueren gilt, will man das Imaginäre erfassen.

Damit greift vornehmlich Caillois' Rhetorik auf eine fest etablierte Tradition zurück, die Ordnung des Wissens und der Wissenschaften mittels räumlich operierender Metaphern zu beschreiben, wie etwa als Disziplinen*landschaft* oder Wissens*gebäude*.[4] Mithilfe von räumlich verfahrenden Methoden, so unterstellt nun Caillois' Begriff der Diagonale, lassen sich durch neue räumliche Konstella-

---

[1] Caillois: *Méduse & Cie.*, S. 52. Frz.: „Il est temps d'essayer la chance de sciences diagonales." Caillois: „Méduse et Cie [1960]", S. 484.
[2] „Die Wege der Wissenschaft strebten stets und notwendigerweise auseinander. Nun aber ist die Stunde gekommen, durch notwendige Abkürzungen die zahlreichen Außenposten einer maßlos ausgedehnten Peripherie miteinander zu verbinden", Caillois: *Méduse & Cie.*, S. 50. Frz.: „Les cheminements de la science furent toujours et devaient être centrifuges. L'heure est venue d'essayer de joindre par les raccourcis nécessaires les nombreux postes d'une périphérie démesurément étendue, sans lignes intérieures". Caillois: „Méduse et Cie [1960]", S. 482.
[3] Vgl. dazu beispielsweise: „L'univers sans doute est immense et labyrinthique. [...] dont les alignements rythmés répercutent le même message: la prééminence, sous le vacarme général, d'une architecture dépouillée." Caillois: „Reconnaissance à Mendeleïev", S. 81.
[4] Vgl. hierzu die bereits in Kap. VI.4 im Abschnitt zur „Tabellarisierung des Imaginären" erwähnte Studie von Frances A. Yates: *The Art of Memory* von 1966, in der sie gezeigt hat, wie die enge Verknüpfung von Imagination (und Imaginärem) mit der Architektur in den rhetorischen Traditionen der Vormoderne wurzelt und die dafür verwendeten Raumvorstellungen und ihre Darstellungen sich jeweils an bestimmten historischen Architekturströmungen bedienen. Vgl. zur Tradition einer topologischen Ordnung des Wissens gerade mit Bezug auf den Begriff der Diszi-

tionen auch neue wissenschaftliche Erkenntnisse hervorbringen – ganz ähnlich, wie dies aktuellere Ansätze zur „Trans"-Disziplinarität tun.[5] Das Verfahren des Diagonalisierens verschiedener, sonst getrennt behandelter künstlerischer wie wissenschaftlicher Disziplinen und Themenkomplexe, wie Caillois sie unter dem Begriff der „Diagonalen Wissenschaft" in seinem späteren Werk immer wieder fordert, sei nun deshalb so geeignet, das Imaginäre zu untersuchen, weil sich dieses als ein Systemgrenzen durchkreuzendes Phänomen verstehen lässt. Wenn das Imaginäre als Gegenstand also zu seiner Untersuchung andere räumliche Denkweisen und Wissenschaftsverfahren erfordert, so hat dies eine grundlegende Umstrukturierung etablierter „Wissensarchitekturen" zur Folge. Anders formuliert: Die Beobachtung des Imaginären, als Grenzfigur etablierter Wissensordnungen, lässt gängige (räumliche) Aufteilungen und Funktionsweisen des Wissenschaftssystems erst hervortreten – und kollabieren.

Das abschließende Kapitel widmet sich der Genese und dem Vergleich der räumlichen Verfahren Canettis und Caillois', die sie zur Annäherung an das Imaginäre entwickeln. Zudem befassen sich beide Autoren auch auf Gegenstandsebene in verschiedenen Texten mit der Beschreibung bestimmter Formen von Räumen: mit unsichtbaren, inversen, imaginierten und paranoischen Architekturen. Nimmt man die epistemische Wirkmächtigkeit räumlicher Figurationen ernst, die zur Konzeption der „diagonalen Wissenschaft" in Stellung gebracht werden, so müssen diese Architekturbeschreibungen mit besonderer Sorgfalt betrachtet werden. In ihnen verdichten sich die Verbindungen von räumlichem Denkmuster, Wissensorganisation in geschlossenen Wissenschaftssystemen und Imaginärem. Erst hier wird sichtbar, dass das solchermaßen begriffene Imaginäre einerseits gängige Systeme des Wissens sprengt und gleichzeitig selbst zur Systematisierung neigt. Über die Verschränkung von Architektur und Imaginärem treten zudem die machttheoretischen Implikationen wissenschaftlicher Systembildungen an die Oberfläche: ihre Dimensionen teils gewaltsamer Herrschaft, ihr Hang zur Sakralisierung der eigenen Strukturen wie auch ihre Tendenz zur paranoischen Abriegelung gegenüber anderen Deutungsansätzen und Wissensformen oder zur größenwahnsinnigen Ausweitung.[6]

---

plin auch: Stichweh: „Wissenschaftliche Disziplinen. Bedingungen ihrer Stabilität im 19. und 20. Jahrhundert".

5 Vgl. zum Begriff der Transdisziplinarität, als deren Vorläufer sich die Diagonale lesen lässt, den Abschnitt „Begriffliches II: Die wissenschaftliche Disziplin und Inter- bzw. Transdisziplinarität" in Kap. II.2.

6 Dies ist auch mein Ansatzpunkt, um Peter Friedrichs akribischen Nachvollzug der Analogiebeziehungen in Canettis Buch zu kontrastieren. Er beschreibt *Masse und Macht* als ein „dispersivlaterales System, in dem sich durch die unablässige Feststellung von Ähnlichkeiten die unter-

Produktiv kann dabei Caillois' Konzept der „Diagonalen Wissenschaft" als ein gewissermaßen übergeordnetes Verfahren zur Untersuchung des Imaginären zur Beschreibung des methodischen Ansatzes von *Masse und Macht* herangezogen werden. Erst dann nämlich lässt sich zeigen, dass sich Canettis in den Aufzeichnungen entwickelter Begriff des „seitlichen Wissens" mit Caillois' Verfahren des „Diagonalisierens" vergleichen lässt. Dieser Vergleich liefert folglich die nachträgliche Grundlage für alle bisherigen Ausführungen, da Diagonale und seitliches Wissen eine fundamental „anders" ausgerichtete Wissenschaft konzeptualisieren, die am Imaginären ansetzt. Auf den diagonalen Verfahren beruhen implizit alle anderen Text- und Bildtechniken beider Autoren. Zugleich werden in Caillois' explizitem und Canettis implizitem Diagonalisieren Parallelen mit späteren Theorieentwicklungen zur Transdisziplinarität sichtbar.

Beide Autoren argumentieren zudem erneut aus Perspektive der Gegenstände, die sie betrachten: Diese sind es, die, um überhaupt erfasst werden zu können, das Diagonalisieren einfordern und sich dem hochspezialisierten Zugriff einzelner Disziplinen entziehen. Zugleich formulieren beide Autoren mehrfach ein Unbehagen an den Zwängen geschlossener Denk- und Ordnungssysteme und setzen Verfahren des Diagonalisierens strategisch ein, um die zersplitterten Wissensinseln der modernen Disziplinenlandschaft wieder zusammenzuführen und so eine neue transversal verfahrende Wissenschaftsform zu konzipieren. Entscheidend sind dafür sowohl der jeweilige Herstellungsprozess der diagonal verfahrenden wissenschaftlichen Werke beider Autoren, als auch daraus resultierende, langfristig angelegte Publikationsprojekte: Das Diagonale ermöglicht neue Text- und Veröffentlichungsformen; es hat formale Konsequenzen für das Schreiben und Publizieren gleichermaßen.

Um beiden Perspektiven nachzugehen, lohnt es sich für Canetti einerseits einen Blick auf seine mehrfachen Ankündigungen des nie veröffentlichten zweiten Teils von *Masse und Macht* zu werfen, da hier diagonalisierende Verfahren und Systemfeindschaft zusammenfallen. Über die strategische Ankündigung eines

---

schiedlichsten Achsen und Elemente des Wissens überkreuzen. Canetti entdeckt allenthalben Analogiewürdigkeiten, Ähnlichkeitsrasterungen, Überlagerungen sowie Verwandtschaftsbeziehungen und begründet dadurch ein lateral expandierendes Sprachtableau. [...] Alle Begriffe [Frazers *savage telepathy*, Mauss' magische Sympathie, etc., EH] konvergieren in der Annahme einer nicht-psychologischen und nicht-naturwissenschaftlichen Kausalvorstellung." (Friedrich: *Die Rebellion der Masse im Textsystem*, S. 190) Die vorliegende Studie setzt demgegenüber die Beobachtung, dass sich dieses kausale Denken mit dem Gegenstand wie auch den Verfahren des Imaginären begründen lässt. Zudem kann Canettis „Gegenwissenschaft" nicht nur als Tableau beschrieben werden, sondern vor allem auch als eine wissenschaftskritische Bewegung, die von einer dreidimensionalen Wissensarchitektur ausgeht.

zweiten Teils für all das, was in der fixierten, weil publizierten Form nicht enthalten ist, kann der Anspruch auf Universalität in den potenziellen Teil verlagert werden. Komplementär dazu können die Publikationspraktiken des Diagonalen anhand der von Caillois 1952 gegründeten Zeitschrift *Diogène* auf ihre Anschlussfähigkeit hin beobachtet werden. Als Zeitschrift im Kontext der UNESCO etabliert, wird sie als eine Art Organ des Diagonalen in mehrere Sprachen übersetzt, ist bis heute aktiv und versteht sich selbst als Vorform transdisziplinärer und internationaler Publikationsansätze. Erst nach der Gründung von *Diogène* formulierte Caillois sein „Programm" einer diagonalen Wissenschaft explizit und betreibt sie unter diesem Namen ab 1960 innerhalb seiner Schriften. Die Genese muss hier verhältnismäßig ausführlich dargestellt werden, um die einzelnen Stufen der räumlichen Beschreibungsmodi nachvollziehen zu können, aus denen sich die späteren diagonalen Wissenschaften speisen.

In erneuter, auffälliger Dopplung spielt die Architektur auch auf Gegenstandsebene eine entscheidende Rolle für beide Autoren. Um räumliche Verfahren und Gegenstände zusammenzubringen, sind einerseits Canettis Überlegungen zu den Architekturen des Imaginären, insbesondere der Macht, der Paranoia und des Wahns aus *Masse und Macht* und zudem Ausschnitte aus seinen Aufzeichnungen und Essays aufschlussreich. Für Caillois steht andererseits erneut *Cases d'un échiquier* im Vordergrund, vergleichend werden Ausschnitte aus dem *Fleuve Alphée* hinzugezogen. Während sich Caillois in zwei verschiedenen Texten mit einer negativen oder verborgenen Architektur, etwa anhand der Tempelanlagen von Ajanta in Indien befasst, betrachtet Canetti architektonische Strukturen mit einem machttheoretischen Fokus. Für Canetti liegt in der räumlichen Abschottung eines der zentralen Symptome der Paranoia, wie er im Speziellen anhand einer Analyse von Herrschaftsarchitekturen beschreibt. Führt man diese Überlegungen zurück auf die metaphorische Verwendung der Architektur geschlossener Denksysteme, dann lässt sich mit Canetti die Paranoia als epistemische Figur rekonstruieren.

Auch jenseits der untersuchten Texte zielt die Metapher von den Diagonalen quer durch Wissen*architekturen* darauf, wissenschaftliche Systeme in ihrer Machtdimension zu erfassen. Von dieser sind auch die Wissenschaften vom Imaginären nicht frei: Gelingt es, mittels der Diagonale den *gesamten* Wissensraum zu durchqueren und auch solche Bereiche und Gegenstände, die sonst im Außen etablierter Disziplinen verharren, einzubeziehen oder mittels des Fragments eine unendliche Potenzialität in die jeweilige Forschung zu integrieren, so liegen damit Argumentationsstrukturen vor, die ohne ein chaotisches „Außen" der Wissenschaft auszukommen versuchen. Denn die ausgegrenzten Gegenstände an den Rändern des Wissens sind hier ins Zentrum gewandert, und die Peripherien werden miteinander verbunden: Ein einheitliches Prinzip durchzieht eine geschlossene Welt, ein strukturelles „Außen" im eigentlichen Sinne ist dann nicht mehr vorhanden. Ist eine Wissenschaft denkbar, die keine Ausschlüsse produziert? Oder verbirgt sich hinter dieser Vorstellung nicht die Machtphantasie der Wissenschaft schlechthin? Während sich Caillois innerhalb seines Werks zunehmend der Suche nach einem einheitlichen Prinzip, nicht nur der menschlichen Imagination, sondern des Universums als Ganzem widmet und dafür disparate Gegenstände und Beobachtungen in ein System zu bringen versucht,[7] entscheidet Canetti sich für die Fragmentierung seiner Texte, die eine Schließung des eigenen Systems – das ähnlich wie dasjenige Caillois' immer wieder auf dieselben, sich wiederholenden Schlüsselbegriffe zurückkommt – vermeidet, indem sie diese ins Potenzielle verlagert. Zugleich setzt er sich auf Gegenstandsebene intensiv mit allumfassenden (System-)Architekturen auseinander. Trotz aller proklamierter Systemfeindschaft, die sich in Verfahren des Diagonalisierens ausdrückt und dort produktiv umgesetzt wird, scheint sich auch in die Wissenschaften vom Imaginären hinterrücks ein Systematisierungzwang einzuschreiben. Beide, Systemfeindschaft und Systemzwang, sind so geradezu strukturell verknüpft: Überquert die Diagonale zwar einerseits bestehende Disziplin- und Systemgrenzen, so verlangt Caillois explizit eine Systematisierung des Imaginären, und auch Canetti errichtet ein komplexes System neuer Ordnungsformen imaginärer Phänomene.[8]

Schließlich stellt sich dann die entscheidende Frage, ob die schrägen, diagonalen Wissensformen, die beide Autoren quer zu den Disziplingrenzen zu beschreiben versuchen, als Beobachtungseffekte ihrer Methode zu verstehen sind, die mittels des Arrangements fremder Texte erst erzeugt werden; ob es also zur Aufgabe des „diagonalen Wissenschaftlers" gehört, durch das Nebeneinanderstellen und die Lenkung der Wahrnehmung aufseiten der Rezipierenden diese Verbindungen erst aufscheinen zu lassen. Oder ob die Diagonalen, verkörpert im nur durch das Durchqueren von Wissensbeständen erkennbaren Imaginären a priori in der Welt vorhanden sind und mittels einer archäologischen, freilegenden Tätigkeit erst zugänglich gemacht werden müssen. Ist die Diagonale also Wahrnehmungseffekt oder ontologische Tatsache? Diese Frage wird hier, nach dem sie

---

[7] Mit seinem 1973 erstmals veröffentlichten Buch *La dissymétrie* gipfelt diese Bewegung schließlich in einem Werk, das eine einheitliche Perspektive auf das gesamte Schaffen Caillois' zulässt und so nicht nur für das Universum, sondern auch für das eigene Werk ein einheitliches Gesetz findet, vgl: Caillois: *La dissymétrie*, dt.: Ders.: *Dissymmetrie*; vgl. dazu Massonet: *Les labyrinthes de l'imaginaire dans l'œuvre de Roger Caillois*, S. 221.

[8] Vgl. dazu etwa frühe Kommentare zu Canettis Buch, es sei „ein herrisch[es] Buch", „gewaltsam systematisiert", bei: Ernst Fischer: „Bemerkungen zu Elias Canettis ‚Masse und Macht'". In: *Literatur & Kritik* 7 (1966), S. 12–20, hier S. 12; vgl. dazu auch: Friedrich: *Die Rebellion der Masse im Textsystem*, S. 118.

bereits in Kapitel IV über das *Sammeln* eine entscheidende Rolle gespielt hat, am Ende noch einmal aufgenommen.

1 System(feindschaft), Diagonalen, verborgene Architektur (Caillois)

1.1 Zur Genese der „diagonalen Wissenschaften"

Die diagonalen Wissenschaften, die Caillois erstmals 1959 explizit benennt, lassen sich als Verfahren bereits zu Beginn seines Werkes nachweisen.[9] Versteht man unter dem Diagonalisieren nicht nur ein Durchbrechen der Grenzen zwischen wissenschaftlichen Einzeldisziplinen, sondern auch eine Vernetzung der beiden autonomen Systeme von Kunst und Wissenschaft, integriert Caillois schon 1935 in seinem *Procès intellectuel de l'art* die Kunst in das System der Wissenschaft, indem er sie darin zum Baustein und Objekt für eine „allgemeine Phänomenologie der Imagination" macht.[10] In seinem 1938 erstmals veröffentlichten Buch *Le mythe et l'homme* nimmt das Vorgehen des Diagonalisierens bereits konkrete Gestalt an und steht zu Beginn seiner Beschäftigung mit dem Mythos. Im vorangestellten „Avertissement" heißt es:

> Die vielfältigen Formen, welche die Prozesse der Imagination annehmen, scheinen nur selten in ihrer Gesamtheit untersucht worden zu sein. Statt eine durch die anderen zu erhellen, hat man Literaturgeschichte, Mythographie, Psychologie oder Psychopathologie etc. betrieben, viele autonome Provinzen, in die man die Einheit des geistigen Lebens willkürlich zerbröckelt und deren Fakten man selten zusammenbringt, es sei denn, zugunsten des leeren Vergnügens, daraus ein paar grobe und nichtssagende Gleichsetzungen zu ziehen, von so allgemeiner Art, dass sie sich kaum leugnen lassen.[11]

---

[9] Das Folgende widmet sich Caillois' Programmatik der „Diagonalen Wissenschaften", weniger deren Anwendung. Die verschiedenen Umsetzungen innerhalb seines Werks waren stattdessen Inhalt aller vorhergehenden Kapitel dieses Buches.

[10] Eine „phénoménologie générale de l'imagination", Caillois: „Notice sur l'impureté dans l'art", S. 50.

[11] Frz.: „Les multiples formes que revêtent les démarches de l'imagination ne paraissent pas avoir été souvent étudiées dans leur ensemble. Au lieu de les éclairer l'une par l'autre, on a fait de l'histoire littéraires, de la mythographie, de la psychologie normale ou pathologique, etc., autant de provinces autonomes où l'on émiette arbitrairement l'unité de la vie de l'esprit et dont on confronte rarement les données, sinon pour le vain plaisir d'en tirer quelques identifications grossières et futiles, d'ordre si général qu'il devient difficile même de les nier." Roger Caillois: *Le mythe et l'homme [1938]*. Paris: Gallimard 1987, S. 9.

Schon in den 30er Jahren geht Caillois von einer institutionellen Kritik an den willkürlichen Grenzen wissenschaftlicher Disziplinen aus, um von dort eine neue Verbindung der „verschiedenen Manifestationen des imaginativen Lebens" in einer „systematischen Konstruktion", einer „Struktur",[12] zu fordern. Der Mythos wird dort als eine solche Manifestation verstanden, um diese in methodischer Nähe zu Marcel Mauss' Konzept der „faits sociaux totaux" – sozialer Fakten also, welche die Gesellschaft und ihre Institutionen in ihrer „Totalität" umfassen, wie Mauss sie exemplarisch etwa in seinem „Essai sur le don", dem Essay über die Gabe, betrachtete – in ein „*totales* System einzuschreiben".[13] Die auf die Ebenen des Psychischen und Sozialen konzentrierte Perspektive, die hier für Caillois' Untersuchungen der menschlichen Imagination anhand bestimmter kollektiver Phänomene, noch greift, weicht später dem umfassenden Konzept eines Imaginären. Dieses sieht er als allgemeines und aus sich heraus produktives Prinzip des Universums an, das über die individuelle und menschliche Imaginationstätigkeit hinausreicht. Statt der „Einheit des geistigen Lebens" wird er später vielmehr die Einheit des Universums fokussieren, innerhalb derer der Mensch und seine Imaginationen nur einen kleinen Teil des Imaginären bilden. Dennoch strebt er bereits hier eine Untersuchung des Mythos als Bestandteil des imaginativen Lebens mittels einer Methode an, die die moderne Aufteilung der Wissenschaft, die vielen zerbröckelten „Provinzen" des Wissens wieder zusammenführt.

Die Methode des Nebeneinanderstellens heterogener Elemente, um daraus eine logische Struktur zu destillieren, ist deutlich von der seines Lehrers Marcel Mauss geprägt.[14] Trotz dieser Nähe warf Mauss Caillois anlässlich seiner in *Le mythe et l'homme* enthaltenen Texte, „La mante religieuse" („Die Gottesanbeterin") und „Paris, mythe moderne", „Irrationalismus" und eine Nähe zu Heidegger vor und riet ihm, doch Mythologe zu bleiben und die Philosophie lieber an den Nagel zu hängen.[15] 1950 schrieb Caillois einen Nachruf auf seinen kurz zuvor verstorbenen Lehrer, der zunächst unpubliziert blieb. Unter dem Titel „Le Grand Ponton-

---

12 Frz.: „des diverses manifestations de la vie imaginative [...] les réunissant en une construction systématique", „un tel édifice", wobei sich „édifice" sowohl mit Struktur als auch mit Gebäude übersetzen lässt. Kurz darauf scheint die Architekturmetaphorik aber deutlich auf, wenn er auf einen zu entwerfenden Ansatz für eine „allgemeine Architektur der Systematisierung" („architecture générale de la systématisation") vorausdeutet. Ebd., S. 10, 12.
13 Frz.: „les [ces investigations, EH] inscrire dans un système *total*, qui ne laissât rien au-dehors de son édifice", („sie [die Untersuchungen] in ein *totales* System einzuschreiben, das nichts außerhalb seiner Struktur [seines Gebäudes, EH] lässt"). Ebd., S. 14. [Herv. i.O.]
14 Vgl. dazu auch den Hinweis von Massonet: *Les labyrinthes de l'imaginaire dans l'œuvre de Roger Caillois*, S. 125.
15 Vgl. Fournier: „Une lettre inédite de Marcel Mauss à Roger Caillois du 22 juin 1938", S. 87. Siehe dazu ausführlicher Kap. IV.3, darin den Abschnitt „Sammlungen zweiter Ordnung".

nier" (Der Große Brückenbauer) setzt er den Text zwanzig Jahre später jedoch an den Anfang von *Cases d'un échiquier*, als Auftakt seines Kapitels zur „Logik des Imaginären". Der Text gibt Hinweise, welchen Anteil die Arbeiten von Marcel Mauss an der Konzeption der diagonalen Wissenschaften hatte, wie diese bereits von Beginn an mit der Untersuchung des Imaginären verschränkt sind und dass schon hier die Metaphorik des Bauens und Konstruierens eine quasi-religiöse Färbung erhält. Denn immer wieder wird Caillois später sein diagonales Verfahren als etwas beschreiben, das etablierten Wissenschaften als „Sakrileg" an der heiligen Ordnung des Wissenschaftsgebäudes erscheinen muss:

> Eine Art Reflex drängt den Wissenschaftler dazu, es für ein Sakrileg, für skandalös, ja für aberwitzig zu halten, etwa die Narbenbildung lebender Gewebe mit der von Kristallen zu vergleichen. Und doch ist es eine Tatsache, daß Kristalle wie Organismen ihre beschädigten Teile wiederherstellen und daß der verletzte Bereich ein Übermaß an regenerierender Aktivität entfaltet, die den Schaden [...] zu kompensieren trachtet.[16]

„Le Grand Pontonnier" beginnt mit dem Bericht über ein kurzes Gespräch mit Marcel Mauss, das im Jahr vor der Veröffentlichung von *Le mythe et l'homme*, 1937, stattgefunden haben soll und Caillois nachhaltig beschäftigte. Während der Schüler dem Lehrer nach einer Vorlesung bis zur Abfahrt des Busses vor der Sorbonne Gesellschaft leistet, weist Mauss Caillois darauf hin, dass das Wort *religio* etymologisch nicht zweifelsfrei auf *religare* im Sinne des Verbindens zweier getrennter Bereiche, Himmel und Erde, Natur und Übernatürliches, Menschen und Götter, etc. rückführbar sei.[17] Mauss zitiert stattdessen einen römischen Lexikographen aus dem 2. Jahrhundert, demzufolge mit „religiones" ursprünglich Strohbündel gemeint waren, die bei der Stabilisierung von Brückenpfeilern verwendet wurden. Der Beweis für diese Etymologie liege in der weiterhin gebräuchlichen Bezeichnung des römischen Kirchenoberhaupts als „pontifex", als Brückenbauer.

Das Erschütternde dieser Entdeckung liegt für Caillois nun darin, dass das höchste Amt des Christentums sowie *religio* als Ganzes etymologisch einer Hand-

---

16 So etwa in „Diagonale Wissenschaften", in: Caillois: *Méduse & Cie.*, S. 48. Frz.: „Une sorte de réflexe pousse le savant à tenir pour sacrilège, pour scandaleux, pour délirant, de comparer, par exemple, la cicatrisation des tissus vivants et celle des cristaux. Cependant, il est de fait que les cristaux comme les organismes reconstituent leurs parties mutilées accidentellement et que la région lésée bénéficie d'un surcroît d'activité régénératrice qui tend à compenser le dommage [...]." Caillois: „Méduse et Cie [1960]", S. 480.

17 Caillois schreibt hier – ich nehme an: fälschlicherweise – allerdings „relegere", also so viel wie: fortschicken, verbannen, verweisen. Vgl. Roger Caillois: „Le Grand Pontonnier [1950]". In: Ders.: *Cases d'un échiquier*. Paris: Gallimard 1970, S. 23–27, hier S. 23.

werks- und Baumeistertätigkeit entstammen sollen, und damit einer menschlichen Konstruktionsleistung. Als Mauss bereits in den Bus steigt, ruft er dem fragenden Caillois nur noch zu: „ordo rerum", und Caillois meint genau verstanden zu haben, was der Lehrer sagen wollte: Die Ordnung der Dinge, wie sie durch das religiöse System vorgegeben und stabilisiert wird, enthalte auch die Gesetze der Elemente. Der vom Menschen dieser Ordnung hinzugefügte Brückenbau jedoch sei dann immer bereits ein Sakrileg, liege doch in diesem Akt der Naturbeherrschung die Möglichkeit, die Eigenheit des Wassers einfach zu „übergehen", den Fluss als natürliche Grenze zu überwinden und damit in die vorgegebene Ordnung der Dinge einzugreifen. So hielten sich zum Beispiel bis ins Mittelalter Legenden, die Seele des ersten Menschen, der eine neue Brücke überschreite, gehöre dem Teufel. Auf diesem ersten Sakrileg, das zunächst imaginiert und riskiert und später legitimiert werden müsse, basierten die menschliche Fähigkeit des Brückenbaus ebenso wie das Amt des Papstes und transgressive gesellschaftliche Rituale im Allgemeinen.

Dieses gotteslästerliche Potenzial der Architektur, die fähig ist, die natürliche Ordnung der Dinge zu manipulieren, und im Zentrum der Gesellschaft steht, wird von eben dieser Gesellschaft rückwirkend legitimiert, indem sie den „Brückenbauer" zum Oberhaupt der Kirche erklärt. Mauss' Etymologie weist also darauf hin, dass es zur Konstruktion eines (religiösen) Systems, und damit auch einer neuen Ordnung der Dinge, immer bereits die menschlich konstruierten „Überbrückungen" in Richtung des Transzendenten brauche. Genau dieses Potenzial überträgt Caillois auf das Feld säkularer Gedankengebäude: „Dennoch hält sich die ehrfurchtsvolle Angst, in anderen Bereichen andere Brücken zu erbauen, unsichtbare Brücken über die hartnäckigen Sedimente eingeschliffener Meinungen: tiefsitzend, machtvoll, lähmend; und schwer zu verändern."[18] Dass es diese „anderen Bereiche" sind, denen Caillois sich mit seinem eigenen Brückenprojekt der diagonalen Wissenschaft widmen will, ist unschwer zu erkennen.

Caillois verdankt Marcel Mauss sein Misstrauen gegen die großen Erzählungen und Erklärungsmuster, auf denen für ihn, Caillois, auch Marxismus und Freudianismus beruhten. Mauss lehrt ihn außerdem, entgegen dem mit Lucien Lévy-Bruhl verknüpften Begriff einer „primitiven Mentalität" die Denksysteme der sogenannten „Primitiven" als ebenso rational und logisch wie das eigene Denken zu

---

18 Frz.: „Pourtant, la crainte de construire dans d'autres domaines d'autres ponts, invisible ceux-là, par dessus les sédiments tenaces des opinions reçues, demeure tout aussi révérentielle: profonde, puissante, paralysante; et difficilement rempaçable." Ebd., S. 27.

betrachten. Zudem tritt Mauss für Caillois stets als Figur auf, die dazu ermahnt, Abstand von der Mythisierung des eigenen oder fremden Denkens zu nehmen. Und doch speist sich die Sakralisierung des Caillois'schen Brückenbaus gerade aus der Erinnerung an ein Gespräch mit seinem Lehrer. Denn Caillois legt hier die Grundlagen dafür, seine Diagonalen zur Fokussierung des Imaginären als Brückenbauten zu konzeptualisieren, die in der als natürlich empfundenen Ordnung der Dinge nicht vorgesehen waren. So sind sie Sakrileg am heiligen Wissensgebäude und Caillois in der Folge selbst der kühne Pontifex, den die Gesellschaft später rückwirkend für seine mutigen Leistungen legitimieren und, so scheint er zu hoffen, wiederum sakralisieren wird. Erst 1970, im Rahmen von *Cases d'un échiquier* wird er diesen Text veröffentlichen, der also 20 Jahre später die Verknüpfung von Architekturmetaphorik, diagonalem Vorgehen und Sakralisierung nachliefern wird.

Diese erste Vorstellung einer Wissensarchitektur, des Brückenbaus als einer transgressiven Bauform, konkurriert im Laufe von Caillois' Werk mit einem zweiten, gegenläufigen Architekturmodell, einer Form von „inverser" Architektur, die kein Architekt konstruiert, sondern die ein archäologisch arbeitender Steinbrecher freilegt. Dabei dienen Caillois beide Figuren, Brückenbauer und Steinbrecher, bzw. Architekt und Archäologe, als Modelle für seine Diagonalisierungsverfahren, die allerdings mit ganz unterschiedlichen Projekten, mit unterschiedlichen Schreib- und Publikationsweisen verbunden sind. Caillois' Idee der „Diagonalen Wissenschaft" nämlich – und dies gerät angesichts seiner eigenen Textproduktion oft in Vergessenheit – ist zunächst als editorisches Projekt konzipiert und als solches institutionell produktiv geworden. Sie ist in ihrem Ursprung als konkreter Einspruch gegen die institutionellen, sozialen und akademischen Strukturen des Wissenschaftssystems zu sehen und geht von bestimmten wissen(schafts)soziologischen Diagnosen aus. Um dies nachvollziehbar zu machen, reicht ein kurzer Einblick auf Caillois' Tätigkeit bei der UNESCO.

Nach dem Zweiten Weltkrieg und seiner Rückkehr aus dem argentinischen Exil wurde Caillois 1948 Mitarbeiter im „Bureau des idées" der 1945 gegründeten UNESCO. Ein Jahr später entstand innerhalb der Organisation der „Conseil International de la Philosophie et des Sciences Humaines", ein Beirat, der ein philosophisches Programm für die UNESCO entwerfen sollte. Als internationales und interdisziplinäres Organ dieses Rates entstand 1952 unter der Leitung von Roger Caillois die Zeitschrift *Diogène*, deren Chefredakteur er bis zu seinem Tod bleiben sollte. Im Rahmen der jungen Organisation, die eine internationale Neubestimmung und Neuordnung von Kultur, Bildung und Wissenschaft nach dem Zweiten Weltkrieg avisierte, lieferte *Diogène*, angelegt als eine transdisziplinäre, geistes- und sozialwissenschaftliche und vor allem internationale Zeitschrift, einen Vorschlag für eine solche Neuordnung: Die Zeitschrift wurde jeweils in zahlreiche

Sprachen übersetzt, veröffentlichte bewusst disparate Beiträge verschiedener Disziplinen und besteht in leicht veränderter Form bis heute.[19]

In der vierten Ausgabe der Zeitschrift, 1953, spezifizierte Caillois in einem Editorial Ausgangspunkt und Ziele der Zeitschrift, für die er hoffte, sie könne „authentischer und militanter Ausdruck"[20] der im Beirat zusammengeschlossenen Wissenschaftsdisziplinen werden. Er fordert darin, statt der Betrachtung isolierter und voneinander getrennter Fakten und Ereignisse, „die ich für notwendigerweise trügerisch und illusionär halte", die Beziehungen, die diese untereinander besitzen, in ihrer „historischen, erlebten, unentwirrbaren Kohärenz" zu untersuchen.[21] Innerhalb des Textes taucht nun eine klare Gegenüberstellung zweier architektonischer Metaphoriken auf: Auch die Wissenschaft kenne „Steinbrecher und Architekten", die um die Konstruktion eines Gebäudes konkurrierten.[22] Caillois kritisiert nun die Mechanisierung des Wissenschaftsprozesses, die eintrete, wenn die Arbeit am „Bau" zum bloßen handwerklichen Beruf, statt einer umfassenden Berufung verkomme und sich vor allem an ökonomischen und strategischen Entscheidungen orientiere.

In seiner Bestandsaufnahme des aus seiner Sicht überspezialisierten Feldes wissenschaftlicher Disziplinen, deren jeweilige Forscher*innen keine gemeinsame Sprache mehr sprächen, sich weder auf einen gemeinsamen Gegenstand noch eine gemeinsame Rhetorik einigen könnten, legt er mit wissenschaftstheoretisch geschulter Perspektive den Fokus auf die sprachlichen, ökonomischen und institutionellen Bedingungen von Wissenschaft als sozialem Handlungssystem. Er konzentriert sich hier auf das System Wissenschaft und seine sozialen und institutionellen Bedingungen und Probleme, auf die er folglich auch mittels einer institutionellen Lösung reagieren möchte: Durch die Gründung einer übergreifenden, transdisziplinären und internationalen Zeitschrift, die gegen einen allzu spezialisierten und gelehrten Jargon eine allgemein verständliche und dennoch keineswegs vereinfachte Wissenschaft(ssprache) betreibt.

---

19 Die deutsche Ausgabe der Zeitschrift, die unter dem Titel *Diogenes. Internationale Zeitschrift für Philosophie und die Wissenschaften vom Menschen* erschien, wurde allerdings eingestellt.
20 Frz.: „devenir l'expression authentique et militante". Roger Caillois: „Lettre du Rédacteur en chef sur le rôle de Diogène et les conditions d'un humanisme rénové". In: *Diogène. Revue trimestrielle. Publiée sous les auspices du conseil international de la philosophie et des sciences humaines et avec l'aide de l'UNESCO* 4 (1953), S. 134–142, hier S. 142.
21 Frz.: „que je crois nécessairement trompeur et illusoire [...] dans leur cohérence historique, vécue, inextricable". Ebd., S. 137.
22 Frz.: „Le carrier et l'architecte concourrent tous deux à la construction d'un édifice. La science aussi connaît les carrier et les architectes." Ebd., S. 135.

Einerseits spricht Caillois hier aus einer institutionellen Außenseiterperspektive: Zwar versteht er sich, agiert und publiziert als Wissenschaftler, bekleidet allerdings keine Position an einer Universität und wird auch nach seiner Rückkehr aus Argentinien und bis in die 80er Jahre hinein an französischen Universitäten weder gelesen noch zitiert.[23] Andererseits firmiert er in seiner Funktion als UNESCO-Mitarbeiter als Stellvertreter einer internationalen, obgleich noch sehr jungen Organisation, die sich stets zwischen verschiedenen politischen Interessen zu verorten hat und eine gewisse geisteswissenschaftliche Elite versammelt. Zugleich gründet sein Ansatz auf bereits bestehenden Wissensbeständen und Disziplinen, deren Forschungsergebnisse er ernst nimmt, um von dort aus gegen ihre Grenzen zu arbeiten.[24] Er spricht also keineswegs aus einem „Außen" der Wissenschaft.[25]

Diese Verankerung eines „diagonalen", bis heute produktiven transdisziplinären Publikationsorgans *vor* der eigentlichen Entwicklung des zugehörigen Wissenschaftsentwurfs ist entscheidend, da sich darin das diagonale Vorgehen zunächst nur aus redaktioneller Perspektive verwirklicht: Die Zeitschrift als Plattform versammelt Texte verschiedener Wissenschaftler*innen, Disziplinen und Nationalitäten, als Chefredakteur ist Caillois nur für Bereitstellung und Organisation eines gemeinsamen Begegnungsortes, das Nebeneinanderstellen des Disparaten verantwortlich. Es ist den Rezipierenden selbst überlassen, in den jeweiligen Kompilationen einer Vielzahl von Texten verschiedener Autor*innen transversale Verbindungslinien herzustellen. Das Diagonalisieren wird hier demnach als Rezeptionsverfahren verstanden, das die Leser*innen der Zeitschrift betreiben. Caillois als Chefredakteur stellt durch die Versammlung verschiedener Beiträge also nur die Brücke bereit, mittels derer die transgressiven Lektüren die Ordnungen der Wissenschaft durchkreuzen können. Als Brückenbauer ist er auf das Projekt der Zeitschrift angewiesen, das erst im Kollektiv mit Forschenden und Lesenden die Diagonalen ermöglicht.

Sechs Jahre später, 1959 erscheint mit „Après six ans d'un combat douteux" (Nach sechs Jahren eines zweifelhaften Kampfes) in *Diogène* schließlich ein Text,

---

23 Vgl. dazu sowie ausführlicher zur „Inaktualität" Caillois': Gilbert Durand: „Roger Caillois et les approches de l'imaginaire. Éclipses et résurgences d'une gnose inactuelle". In: Ders. (Hg.): *Cahiers de l'imaginaire. Autour de Roger Caillois*. Paris: L'Harmattan 1992, S. 9–19, hier S. 9.
24 Vgl. Massonet: Les labyrinthes de l'imaginaire dans l'œuvre de Roger Caillois, S. 120.
25 Auch seine Zeit im argentinischen Exil (1939–1945), in der er die Zeitschrift *Lettres Françaises* herausgab und zahlreiche Verbindungen mit südamerikanischen Schriftsteller*innen aufbaute, weswegen er zurück in Frankreich die Gallimard-Reihe *La Croix du Sud* als einflussreiche Sammlung südamerikanischer Literatur ins Leben rief, kann daher nicht im eigentlichen Sinne als literarische oder wissenschaftliche Isolationserfahrung gewertet werden.

den Caillois zeitgleich unter dem Titel „Sciences diagonales" in der *Nouvelle revue française* publiziert und ihn im darauffolgenden Jahr zudem seinem Band *Méduse et Cie* unter dem Kapitel „Das Problem" voranstellt. In dieser gleich mehrfach publizierten Programmschrift liefert Caillois den Titel und grundlegendere theoretische Überlegungen für sein Vorhaben nach: „Es ist an der Zeit, *diagonalen Wissenschaften* eine Chance zu geben."[26] Die wissenssoziologische Perspektive, aus der heraus das Vorhaben eigentlich geboren scheint, tritt innerhalb dieses neuen und programmatischen Textes in den Hintergrund. Die „diagonalen Wissenschaften" entkoppeln sich nun von einem kollektiven Publikationsprojekt und verlagern sich auf die individuelle Ebene von Caillois als eigenständigem diagonalen Wissenschaftler. Diese Verlagerung wird begleitet von einem Wechsel in seiner architektonischen Metaphorik: der Brückenbauer verschwindet und an seine Stelle tritt eine ganz andere Vorstellung, die Vorstellung einer negativen Architektur.

In Caillois' Programmschrift liegt der Schwerpunkt seiner Überlegungen zunächst auf Status jener Analogien, die der Akt des „Diagonalisierens" benötigt, um überhaupt operieren zu können: „Der Erkenntnisfortschritt besteht zum Teil darin, oberflächliche Analogien aus der Welt zu schaffen und grundlegendere Verwandtschaftsbeziehungen aufzuzeigen, die möglicherweise weniger sichtbar, aber dafür wichtiger und bedeutsamer sind."[27] Für Caillois ist es nun der zu erkennende Gegenstand, der nach der diagonalen Wissenschaft verlange, und nicht andersherum: Die Natur agiere „transversal", ihre

> Vorgehensweisen verlaufen quer zu den geltenden Klassifikationen. [...] Um wahrgenommen zu werden, erfordern sie [...] den Vergleich weit auseinanderliegender Tatsachen, deren Studium von Spezialisten betrieben wird, die notwendigerweise in gegenseitiger Unkenntnis ihrer Arbeit leben.[28]

---

26 Caillois: *Méduse & Cie.*, S. 52. Frz. „Il est temps d'essayer la chance de sciences diagonales." Caillois: „Sciences diagonales", zuerst in: *La Nouvelle Revue Française*, April 1959, wieder aufgenommen in: Caillois: „Méduse et Cie [1960]", S. 484.

27 Caillois: *Méduse & Cie.*, 47. Frz.: „Le progrès de la connaissance consiste pour une part à écarter les analogies superficielles et à découvrir des parentés profondes, moins visibles peut-être, mais plus importantes et significatives." Caillois: „Méduse et Cie [1960]", S. 479. Vgl. zum Status der Analogien und der Unterscheidung verborgener Ähnlichkeiten in der Wissenschaft und offensichtlicher Ähnlichkeiten, die eher einem „vorwissenschaftlichen" Denken zugeordnet sind – eine Unterscheidung, die Caillois von Gaston Bachelard übernimmt –, das Kapitel IV.3 dieses Buches.

28 Caillois: *Méduse & Cie.*, S. 49f. Frz.: „transversales", „De telles démarches chevauchent les classifications en vigueur. [...] Elles exigent d'ailleurs, pour apparaître, le rapprochement de données lointaines dont l'étude est menée par des spécialistes vivant nécessairement dans l'ignorance mutuelle de leurs travaux." Caillois: „Méduse et Cie [1960]", S. 482.

Die Diagonale ist nun nicht mehr nötig, um neue Kommunikations- und Sozialstrukturen in die institutionelle Struktur der Wissenschaft zu implementieren, sondern um auf ein Forschungsdesiderat, die dringend notwendige Erkenntnis eines bisher unentdeckten Gegenstands zu reagieren: „Einzellösungen machen es einer naiv vorgehenden Forschung freilich fast unmöglich, die disparaten Verfahren einer geheimen Ökonomie zu entdecken, deren Prinzip sich überall gleich bleibt. Dieses Prinzip gilt es zu entdecken."[29]

1965, wiederum sechs Jahre später, reformuliert Caillois sein wissenschaftliches Programm in einer italienischen Zeitschrift und publiziert den Text 1970 unter dem Titel „Nouveau plaidoyer pour les sciences diagonales" in *Cases d'un échiquier* erneut. In unmittelbarer Nähe zum 20 Jahre zuvor entstandenen „Le Grand Pontonnier" folgt innerhalb des Kapitels über die „Struktur der Welt" nun das „Neue Plädoyer". Zwischen diesen beiden Feldern auf dem Schachbrett der imaginären Wissenschaften liegen zwar gerade einmal 30 Seiten, zugleich aber auch eine entscheidende Wendung, die Konsequenzen für das gesamte Werk Caillois' hat: Im „Neuen Plädoyer" sind die Metaphern der Provinzen des Wissens und der Landschaften der Wissenschaft verschwunden, ebenso die architektonischen Begriffe. Es ist keine Rede mehr davon, Brücken zu bauen. Stattdessen fasst Caillois sein Vorhaben nun in rein geometrische Bilder: Das von einer einheitlichen Natur beherrschte Universum sei „strahlenförmig. Es vertrage Sekanten, Mediane, Sehnen oder Winkelhalbierende."[30] Die geforderten diagonalen Wissenschaften „dechiffrieren latente Komplizenschaften und entdecken vernachlässigte Zusammenhänge, indem sie im gemeinsamen Universum schräge Schnitte durchführen."[31] Das Diagonalisieren als ein wissenschaftliches Verfahren wird nun als geometrischer Schnitt,[32] als Sektion eines radialsymmetrischen Körpers gefasst. Damit lasse es etwas manifest werden, das sonst in der Latenz verbleibe: eine „allgemeine Theorie der Schönheit in Natur und in Kunst".[33]

---

29 Caillois: *Méduse & Cie.*, S. 51. Frz.: „Des solutions hétérogènes dissimulent efficacement à l'investigation naïve les démarches disparates d'une économie profonde dont le principe, cependant, demeure partout identique à lui-même. C'est lui qu'il importe de découvrir." Caillois: „Méduse et Cie [1960]", S. 483.
30 Frz.: „L'univers est rayonnant. Il supporte toute sécante, médiane, corde et bissectrice." Roger Caillois: „Nouveau plaidoyer pour les sciences diagonales". In: Ders.: *Cases d'un échiquier*. Paris: Gallimard 1970, S. 53–59, hier S. 55.
31 Frz.: „Elles [les sciences diagonales, EH] déchiffrent des complicités latentes et découvrent des corrélations négligées, en effectuant dans le commun univers des coupes obliques.". Ebd., S. 59.
32 Vgl. ausführlicher zum Schnitt das Kapitel V.2.
33 Frz.: „Une théorie générale de la beauté dans la nature et dans l'art". Caillois: „Nouveau plaidoyer pour les sciences diagonales", S. 56.

Das mit der Diagonale als geometrischer Figur verknüpfte Verfahren erlaubt die Beobachtung latenter, allgemeiner Strukturen des Universums – und darin liegt nun der entscheidende Unterschied zur Metapher des Brückenbauens, hinter der sich das Programm einer neuen Verknüpfung getrennter Provinzen des Wissens oder sedimentierter und festgefahrener Meinungsinseln verbarg. Zudem war der Brückenbau dezidiert an die menschliche Willens- und Eigenleistung geknüpft. Fokussierten auch Caillois' frühere Werke noch den Menschen und seine „anderen Zustände", was sich nicht zuletzt auch an den Werktiteln Caillois' ablesen lässt – von *Le mythe et l'homme*, über *L'homme et le sacré* bis zu *Les jeux et les hommes*[34] – verschwindet dieser seit *Méduse et Cie* nicht nur aus den Buchtiteln, sondern gerät auch argumentativ aus dem Blick.

Caillois' diagonale Wissenschaften implizieren stattdessen einen „negativen" oder „inversen Anthropomorphismus", der die Naturerklärung durch die menschliche Brille verabschieden möchte, um stattdessen ein Bild des Menschen zu skizzieren, das ihn den allgemeinen Gesetzen der Natur unterordnet. Sein inverser Anthropomorphismus zielt damit auch darauf ab, biologistische Erklärungsmuster in ihrer anthropomorphen Konstruiertheit zu enttarnen: So sei etwa das Prinzip der natürlichen Selektion entgegen der verbreiteten Meinung kein per se biologisches Gesetz, sondern durch eine an menschlichem Nützlichkeitsdenken orientierte, menschliche Perspektive auf die Natur projiziert.[35] Es blende alle unnützen, verschwenderischen Bestandteile der Natur aus und spreche diese allein dem Menschen zu. Auf eben jenen Phänomenen fußt nun aber Caillois' allgemeine Ästhetik, hier wurzelt auch die Vorstellung eines die Naturreiche übergreifenden, aus sich heraus produktiven Imaginären. Es ist fortan möglich, die Grenzen zwischen Human- und Naturwissenschaften in beide Richtungen für einen Transfer zu öffnen, da die zugrundeliegenden Phänomene nicht (mehr) als erst durch die jeweilige disziplinär eingefärbte Brille hergestellte gedacht werden. Stattdessen seien die Diagonalen bereits in der Welt vorhanden. Die Gefahr bestehe allein

---

34 Siehe zu dieser Beobachtung auch: Massonet: *Les labyrinthes de l'imaginaire dans l'œuvre de Roger Caillois*, S. 113; vgl. außerdem ebd., S. 37–40.
35 Diese Idee liegt im Hinblick darauf, wie stark sich Darwinismus und Ökonomie im 19. Jahrhundert unmittelbar beeinflussten, nahe. Canetti weist in seinen Aufzeichnungen über den Darwinismus und die Abstammungslehre explizit darauf hin, dass sie als Theorien dem Nützlichkeitsparadigma entsprungen seien: „Als Sprungfeder für die Bewährung neuer Formen wird das Überleben eingesetzt, so wird der Massentod zu etwas Nützlichem. Damit etwas Neues entsteht, muß unendlich viel Leben zugrundegehen, eine monströse Vorstellung, die im Grunde dem Bereiche der Macht entspringt." (FP, 114) Siehe dazu ausführlicher die Ausführungen von Peter Friedrich, der darauf seine Argumentation zur „Gegenwissenschaft" Canettis gründet und dagegen das Vielgestaltige, Simultane der Verwandlung bei Canetti setzt. Vgl.: Friedrich: *Die Rebellion der Masse im Textsystem*, bes. S. 182.

darin, sich bei der Suche vor den sichtbaren, den offensichtlichen Analogien zu schützen.

Trotz der Verlagerung der Metaphorik ins Geometrische verschwindet die Formulierung der mithilfe von Diagonalen freizulegenden „Architektur des Universums" in den Werken Caillois nicht. Vielmehr wird sein Architekturverständnis selbst ein anderes. Besonders deutlich kann dies innerhalb der Texte beobachtet werden, in denen Caillois sie nicht nur auf der Ebene der Beschreibung als Bildspenderin heranzieht, sondern sich auf Gegenstandsebene dezidiert mit architektonischen Phänomenen auseinandersetzt. In ihnen zeigt sich, dass das Diagonalisieren als eigenständiges Verfahren der Wissenschaften vom Imaginären betrachtet werden kann, das einen von Praktiken des Sammelns und Lesens unterschiedenen epistemischen Mehrwert zu produzieren in der Lage ist, und das Caillois als Schreibweise (des Imaginären) selbst umsetzt; und zwar nicht nur als Verbindung verschiedener Disziplinen, sondern auch von Literatur und Wissenschaft.

1.2 Diagonalisieren: Versteckte, geheime, inverse Architekturen

„Ich verabscheue Reisen und Forschungsreisende."[36] So beginnt Claude Lévi-Strauss seine 1955 publizierten *Traurigen Tropen*. In ganz ähnlicher Weise wie sein „brüderlicher Feind"[37] beginnt Roger Caillois seinen in *Cases d'un échiquier* publizierten Text „L'architecture cachée" (Die verborgene Architektur): „Ich habe die Freude am Reisen verloren".[38] Mit den *Traurigen Tropen* spielt Caillois auf ein Werk an, das selbst bereits zwischen Literatur, Reisebericht und wissenschaftlichem Text schwankt. Wenn Caillois die Kunst mittels der ersten, oben beschriebenen Argumentation bereits zu Beginn seines Werkes in die Wissenschaft einspeist, so wird spätestens hier die zweite Bewegung erkennbar: die Einführung stark ästhetisch überformter Schreibverfahren in die Wissenschaft. Erst mittels beider Bewegungen wird deutlich, dass seine Wissenschaften vom Imaginären über eine Setzung einer allgemeinen Phänomenologie der Imagination, über eine allgemeine Theorie des Imaginären hinausgeht und sich auch als eigene poetisierte Wissenschaftsform in den Texten manifestiert: Caillois fordert nicht nur die Überwindung der Grenzen zwischen Wissenschaft und Kunst, er setzt sie selbst auch schreibend um.

Der Text beschreibt nun die Vorlieben des Erzählers für Ruinen versunkener Reiche und unwirtliche Gegenden, für die „Narben, die die Zivilisationen des

---

36 Lévi-Strauss: *Traurige Tropen*, S. 9.
37 Panoff: *Les frères ennemis*.
38 Frz.: „J'ai perdu le goût des voyages". Roger Caillois: „L'architecture cachée". In: Ders.: *Cases d'un échiquier*. Paris: Gallimard 1970, S. 153–162, hier S. 153.

Menschen auf der Borke des Planeten hinterlassen haben",[39] und den Stolz auf die Unsterblichkeit dieser Bauten früherer Völker, die als architektonische Zeugnisse die Zeit überdauern. Die erneute Annäherung an Lévi-Strauss' *Traurige Tropen*, in denen das Reisen „weniger einer Wegstrecke als einer Ausgrabung"[40] gleicht, wird nun aber durchkreuzt: Denn das Interesse des Erzählers für das unsterblich scheinende Erbe verlorener Zivilisationen verebbt, und er sieht sich „plötzlich verführt"[41] von einer gegenteiligen Art des Bauens: von unterirdischen Architekturen, troglodytischen Behausungen. Die archäologische Metapher der „Ausgrabung" für eine ethnologische Methode aus den *Traurigen Tropen* nimmt der Ich-Erzähler hier ernst. Wortwörtlich wendet er sich den unterirdischen architektonischen Bauten zu, den Krypten, Zisternen, ausgehöhlten Felsen, in denen Felsmaterial und menschliches Zutun, so Caillois' These, in ein perfektes Gleichgewicht gebracht würden: Wie bei den Brückenarchitekturen, an denen ihn ebenfalls Figuren des Gleichgewichts, der Symmetrie statischer Kräfte, des Äquilibriums faszinierten, geht es ihm angesichts des aushöhlenden Bauens um die symmetrische Verteilung der Kräfte von Natur und Mensch. Was als vermeintliche Reisebeschreibung beginnt, gipfelt schließlich in einem Lob der Architektur des Aushöhlens („l'architecture en creux"):

> Sie fügt der Oberfläche der Erde nichts Sichtbares hinzu, sondern vertieft sie im Geheimen. Die Andere, im Vergleich dazu, begann mir anmaßend, hässlich, krankhaft, wie eine Wucherung zu erscheinen, in jedem Fall verdammt zur Ruine. Ich weiß nicht, was mich an den klandestinen Konstruktionen zuerst schleichend verführte: gewiss das Geheimnis, vielleicht der Mehraufwand an Mühe, die sie gekostet hatten[.][42]

Der geheimnisvolle Charakter dieser Form von Architektur liegt also darin, dass sie die vernarbte Haut des Globus gerade nicht mit weiteren Zeugnissen menschlicher Baukunst übersät, sondern darauf verzichtet, *sichtbare* Hinzufügungen zu unternehmen, sich stattdessen als negative Form in das vorhandene Material hineingräbt, nicht frei ins Offene konstruiert werden kann, sondern sich als eine Tätigkeit des Abtragens, des Herausschälens versteht. So vollbringt sie im Unsichtbaren größere Wunder als das in die Höhe gerichtete Bauen, da sie ungleich beschwerlicher

---

39 Frz.: „les cicatrices laissées par les civilisations sur l'écorce de la planète". Ebd., S. 155.
40 Lévi-Strauss: *Traurige Tropen*, S. 40.
41 Frz.: „soudain séduit". Caillois: „L'architecture cachée", S. 156.
42 Frz.: „Elle n'ajoute rien d'apparent à la surface du globe, mais elle l'approfondit secrètement. L'autre, par comparaison, en vint à me sembler présomptueuse, laide et malsaine comme une excroissance, en tout cas vouée à la ruine. Je ne sais ce qui lentement me séduisit d'abord dans les constructions clandestines: le secret assurément; peut-être le surcroît de peine qu'elles avaient coûté". Ebd., S. 157.

erschaffen werden muss und sich, dem Geheimnis ähnlich, nicht an ihrer äußeren Erscheinungsform zu erkennen gibt. Die Architektur der Oberfläche dagegen erscheint krankhaft und dem Verfall preisgegeben. Sie neigt zu Wucherungen. Caillois beschreibt sie insofern ganz ähnlich, wie er innerhalb seines Programmtexts zu den „Diagonalen Wissenschaften" die vorschnellen Schlüsse und scheinbar logischen Klassifikationen auf wissenschaftstheoretischer Ebene kritisiert hatte, die sich zwar leicht und rasant vermehren, ebenso schnell aber wieder in sich zusammenstürzen oder aber zur erstickenden Krankheit dessen werden, was sie eigentlich helfen sollten, zu erkennen und erfassen. In der Architekturbeschreibung lässt sich eine wissenschaftstheoretische Ebene wiedererkennen.

Caillois' Texte zur Architektur fokussieren nicht nur nach innen oder nach unten gerichtete Formen des Bauens, sondern konzeptualisieren einen eigenen Typus der negativen oder inversen Architektur. Anhand der Beschreibung der Tempelanlagen von Ajanta tritt dies klar hervor: Ihnen widmet Caillois' *Le Fleuve Alphée* weit detailliertere Ausführungen als den einzelnen Bauten in „L'architecture cachée". Trotz der verminderten Reisefreude, mit der sein 1970 publizierter, kurzer Text beginnt, reist Caillois auch in den nächsten Jahren so weit und so häufig wie zuvor: unter anderem nach Marokko, Südkorea, Brasilien, Japan, Afghanistan, Kamerun, Nepal und 1975 erneut nach Indien, wo er diesmal Ajanta und die Höhlen von Ellora besichtigt.[43] Seine bereits in *Cases d'un échiquier* beschriebene Faszination für die negative Architektur findet auf dieser Reise in Höhlen, die zwischen dem 5. und 11. Jahrhundert entstanden und nicht im eigentlichen Sinne Höhlen sind, erst ihr eigentliches Objekte: Denn die Tempelanlagen wurden nicht in bestehenden Hohlräumen erbaut, sondern aus Felsmassiven herausgeschlagen. Ohne dass eine tatsächliche Reiseerfahrung oder zeit-, kultur- oder architekturgeschichtliche Hintergründe geschildert würden, beschreibt er die Bauwerke im Sinne einer Architektur ohne Menschen und ohne Geschichte, mittels einer Erzählweise von jenseits der Zeit. Im Nachtrag zum Thema der verborgenen Architekturen beschreibt er diese im *Fleuve Alphée* in extenso:

> Die Tempel sind erbaut (das Wort ist hier nicht mehr genau), indem sie zur Gänze aus einem mächtigen Felskamm herausgearbeitet sind, auf dem, wie auf irgendeiner Bodenerhebung, Gräser und Gebüsche wachsen; oder öfter sind sie mitten in eine Steilwand gegraben, die nicht bröckelt. Außen eine einfache, mit Wandpfeilern gerahmte Tür [...]. Nach dem Überschreiten der Schwelle das ins Dunkle getauchte Zauberspiel: die hohen, übereinandergeschichteten Kultsäle, die Prachttreppen, weitere, rein zweckmäßige [...] riesige Galerien, in die Heiligenbildnisse gemeißelt sind, labyrinthische Museen, mit Wissen und Geduld in die mineralische Masse gehöhlt [...] all dies völlig bruchlos aus dem mächtigen Felsgestein

---

43 Vgl. Jean-Clarence Lambert (Hg.): *Roger Caillois*. Paris: La Différence 1991 (= Les Cahiers de Chronos), S. 445.

ausgehoben und zum Vorschein gebracht. [...] Sie [die Architekten, EH] mussten selbst das bescheidenste Detail des kleinsten Winkels, den Standort der unbedeutendsten Statue im Voraus bedenken, damit in dem ringsum abgetragenen Gestein die Nische reserviert wurde, die für die einzeln stehende, hohe, doch weder zerschnittene, noch angestückte Statue notwendig war: peinlich genau herausgearbeiteter Auswuchs [...] es war notwendig, das Bild herauszuschälen, während man um es die kompakte, feste, homogene Materie weitete, um einen Raum zu schaffen [...] Fromme Fürsten und kühne Architekten haben sie in voller Pracht aus dem Stein erstehen lassen, indem sie um die Opfergabe, zu der sie werden sollten, exakt den überflüssigen Stein, der ihre Herrlichkeit verbarg, entfernten. Sie schufen sie nicht, sondern sie dekantierten sie gewissermaßen. [...] [S]ie [sind] nicht *erbaut* worden.[44]

Es geht ihm hier darum, von einer Architektur zu berichten, die nicht frei ins Offene konstruiert werden kann, sondern sich als eine negative Tätigkeit des Abtragens, des Herausschälens versteht. Erneut sind Rezeptions- und Produktionsebene gleichermaßen angesprochen. Fokussiert man das Bild der „negativen Architektur" aus Herstellungsperspektive und im Hinblick auf eine darin enthaltene, epistemologische Reflexion, von System-, insbesondere Wissenschaftssystemarchitekturen, dann handelt es sich hier um eine Form der Wissenschaft, die mit dem Abtragen von Überflüssigem und Oberflächlichem zur Freilegung von (universalen) im Material vorhandenen Strukturen befasst ist.

Hier wird auch Caillois' Nähe zum Strukturalismus deutlich, zumindest im Sinne Lévi-Strauss'. Diesem zufolge nämlich entdeckt der Strukturalismus „hinter den Dingen, eine Einheit und eine Kohärenz, die die einfache Beschreibung der Tatsachen, die gewissermaßen flach und zerstreut ohne Ordnung unter dem Blick der Erkenntnis lagen, nicht enthüllen konnte."[45] Caillois' Suche nach Kohärenzen

---

44 Caillois: *Der Fluss Alpheios*, S. 25–27. [Herv. i.O.]. Frz.: „Les temples sont bâtis (le mot cesse d'être exact) tout entiers dégagés de l'épaisseur d'une crête rocheuse sur laquelle poussent, comme sur n'importe quelle éminence de terrain, herbes et arbrisseaux ; ou plus souvent creusés au sein d'une falaise non friable. Au dehors, une simple porte encadrée de pilastres [...] Passé le seuil, la ténébreuse féerie: les hautes salles de culte superposées, les escaliers d'apparat [...] vastes galeries ciselées d'effigies saintes, labyrinthes-musées, par science et patience excavés dans la masse minérale [...] tout cela évidé et surgi sans nulle rupture de l'épaisseur de la roche. [...] Ils [les architectes, EH] étaient obligés de prévoir jusqu'au plus modeste détail du moindre réduit, l'emplacement de la plus insignifiante statue, afin que fût réservée, dans la pierre tout autour évacuée, la niche nécessaire à la statue isolée, élancé, mais non coupée ni rapportée: excroissance méticuleuse [...] des princes dévots et des architectes téméraires les ont fait surgir tout grées de la pierre en enlevant autour de l'offrande qu'ils allaient devenir précisément la pierre superflue qui en dissimulait la magnificence. Ils ne la créaient pas. En quelque sorte, ils la décantaient. [...] ils [les temples, EH] n'ont pas été édifiés". Caillois: „Le Fleuve Alphée [1978]", S. 98–100 [Herv. i.O.].
45 Claude Lévi-Strauss: *Der nackte Mensch*. Bd. 2. Übers. v. Eva Moldenhauer. Frankfurt am Main: Suhrkamp 1975 (= Mythologica, 4,2), S. 808.

ist hier durchaus vergleichbar mit dem von Lévi-Strauss entworfenen Theorieprogramm. Die Kohärenzen, die Caillois interessieren, sind allerdings auf einer „objektiven", kultur- und zeitenübergreifenden Ebene angesiedelt, während der befeindete Ethnologe sich mit jeweils unterschiedlichen kulturell relativen Klassifikationssystemen beschäftigt.[46]

Zudem betrachtet der Text zur Architektur zunächst weniger das Auslesen und Neuordnen der Dinge, sondern stärker die Ebene der Produktion und Herstellung, allerdings ohne Interesse für die historischen Produktionsprozesse: Die Tätigkeit des aushöhlenden Bauens, der „architecture en creux" – wobei „en creux" auch so viel wie „zwischen den Zeilen" und „indirekt" bedeuten kann – ist eine Raumpraktik, die mit den Zwischenräumen arbeitet, Freiräume herstellt, ex negativo vorgeht, statt massive Mauern aufzuschichten. Was zunächst wie das bescheidenere Pendant zur Architektur der Oberfläche, die zur dekadenzanfälligen Wucherung neigt, scheint und als solches gerade keine aufgetürmten Theoriegebäude, keine wuchtigen Systeme zu konstruieren vorgibt, wird im *Fleuve Alphée* eindrucksvoll als geradezu zwanghaft systematisch enttarnt. Während die „aufragende" Architektur Gestaltungsspielräume hat, nachträgliche Hinzufügungen erlaubt und anwachsende Formen ermöglicht, ist all dies der inversen Architektur versagt: Die Position jedes Details, jeder noch so kleinen Statue muss von Anfang an geplant und berechnet werden, nichts ist im Nachhinein noch zusätzlich einsetzbar, denn als vollständige Struktur, die aus einem Monolith gehauen wird, muss sie von Anfang an bis ins Kleinste vorhergesehen werden.

Der behutsame Gestus, nichts hinzufügen zu wollen, ist hier nicht (nur) als passiver Nachvollzug gedacht. Caillois interessiert sich dezidiert für die aktive Tätigkeit des negativen Bauens und fokussiert die inverse Architektur als Praktik. Überträgt man diese auf das Verfahren des Diagonalisierens (oder auf jeden anderen Erkenntnisprozess) verwandelt sich die Behutsamkeit in eine zwingend tautologische Struktur: Das, was es zu erkennen gilt, ist von Anfang im Material angelegt und wartet dort nur auf seine Freilegung. So muss der Abtragende es sich bereits als System in aller Perfektion und Verästelung vor Augen stellen, die end-

---

46 Vgl. Panoff: *Les frères ennemis*, S. 31–33, 40. Auch Lévi-Strauss könne man als auf der Suche nach einer Logik des Imaginären betrachten, postuliert Panoff in seiner vergleichenden Studie und konstatiert zudem eine stilistische Nähe zwischen beiden Autoren. Trotz ähnlicher Fragen und Materialien aber kämen sie zu gänzlich verschiedenen Schlüssen. Besonders in seiner langjährigen Feindschaft zu Lévi-Strauss tritt Caillois' Kulturkonservatismus hervor und gipfelt in der Annahme von der Überlegenheit der „westlichen Zivilisation". Vgl. dazu ausführlicher: Moebius: „Zur Konkurrenz im Gebiete des Geistigen", S. 225.

gültige Form verinnerlichen, bevor er ans Werk geht: Wissensarchitektur als Archäologie.[47]
Die Diagonale verhält sich damit entgegengesetzt zum Experiment als Produktion von Neuem;[48] beide Verfahren gehen von grundsätzlich verschiedenen

---

[47] Die Nähe zu Michel Foucaults *Archäologie des Wissens* liegt, zumindest was die Begriffsebene anbelangt, auf der Hand. Diagonale Wissenschaften als Wissenschaften vom Imaginären befassen sich ebenfalls mit den Residuen der positiven Wissenschaften, dem Ausgegrenzten und Verworfenen, den Fehlern: Hierin ähnelt Caillois' archäologische Arbeit anderen Wissenshistoriker*innen, der historischen Epistemologie und insbesondere Foucaults Methode der Archäologie. Auch Foucault bedient sich der Technik des „Durchquerens": Seine Archäologie suche „Typen und Regeln von diskursiven Praktiken, die individuelle Werke durchqueren" (Michel Foucault: *Die Archäologie des Wissens*. Übers. v. Ulrich Köppen. Frankfurt am Main: Suhrkamp 1986, S. 199). Foucault wurde vorgeworfen, er habe seine Thesen allzu klar vor Augen gehabt, bevor er sich in die Archive und an die Quellen begeben habe – ein Vorwurf, der auch Caillois' Diagonalen gemacht werden könnte. Dagegen wehrte Foucault sich mehrfach: „Wenn ich ein Buch beginne, weiß ich nicht nur nicht, was ich bei seiner Vollendung denken werde: mir ist nicht einmal sonderlich klar, welche Methode ich verwenden werde [...] Ich bin ein Experimentator und kein Theoretiker. Als Theoretiker bezeichne ich jemanden, der ein allgemeines System errichtet, sei es ein deduktives oder ein analytisches, und es immer in der gleichen Weise auf unterschiedliche Bereiche anwendet. Das ist nicht mein Fall. Ich bin Experimentator in dem Sinne, dass ich schreibe, um mich selbst zu verändern und nicht mehr dasselbe zu denken wie zuvor. [...] Bei der Idee einer Archäologie geht es genau darum, die Konstitution einer Erkenntnis, das heißt einer Beziehung zwischen einem starren Subjekt und einem Bereich von Objekten, an ihren historischen Wurzeln zu fassen, in der Bewegung des Wissens zu verfolgen, das die Erkenntnis ermöglicht." Michel Foucault: „Gespräch mit Ducio Trombadori [1978]". In: Ders.: *Dits et Écrits. Schriften in vier Bänden. Band IV: 1980–1988*. Hg. v. Daniel Defert. Frankfurt am Main: Suhrkamp 2005, S. 51–119, hier S. 53, 52 und 71. Foucault skizziert hier also genau die Gegenthese zur Kritik des Experiments, die Caillois im *Fleuve alphée* vornimmt, und weigert sich, das Bild der Archäologie als etwas zu setzen, das ihm selbst zuvor vorschweben muss. Verlagert zwar auch Caillois sein System in die Dinge selbst, in die Materie, die sich den aushöhlend Bauenden aufdrängt, so interessiert er sich nicht für eine historische Veränderung des Denkens. Für Foucault stehen umgekehrt epistemischen Brüche im Fokus, die er über das sich jeweils wandelnde Außen des Denkens, die Unmöglichkeit, bestimmte Dinge an einem bestimmten historischen Ort zu denken, zu verstehen versucht. Allerdings hat Foucault in einem Brief an Caillois diesen als den „idealen Leser" von *Les mots et les choses* bezeichnet und die Nähe zwischen ihren Vorhaben betont: Foucault „An Roger Caillois [1965]", S. 199. Damit wird Foucault und seine *Die Ordnung der* zu einer weiteren Verbindungsstelle zwischen seinem Canetti (seinem „humble jumeau") und Caillois.

[48] Erstens bilden die einzelnen Verfahren, die in diesem Buch untersucht worden sind, jeweils einzelne und nicht immer miteinander kompatible Ansätze zur Untersuchung des Imaginären bei beiden Autoren. Zweitens muss hier das Experiment, so wie Caillois es konzeptualisiert, von dem unterschieden werden, wie er es selbst anwendet. Drittens ist eine deutliche Wandlung innerhalb seines Werkes zu beobachten: Das (Selbst- und/oder Fiktions-)Experiment, bei dem Unvorhergesehenes entstehen kann – wie etwa in seinen eigenen experimentell-psychasthenischen Episo-

Prämissen aus. Deutlich wird die konträre Konzeptualisierung beider Praktiken im *Fleuve Alphée*, in dem Caillois dem Experimentieren als Tätigkeit im Labor die Kraft abspricht, tatsächlich neues und überraschendes Wissen hervorzubringen: Bei der „Entdeckung" der formalen Anordnung des menschlichen Erbguts in einer Doppelhelix wurden die Biochemiker*innen, so Caillois:

> durch den täglichen Anblick einer doppelläufigen Wendeltreppe angeregt, an der sie auf dem Weg zum Labor und zurück vorbeikamen. [...] Es [das Bild der Doppelhelix, EH] wäre auch gar nicht gesucht worden, hätte man es nicht bereits zuvor gefunden, oder wenigstens geahnt. Bedeutsam bleibt, dass diese komplexe und eigentümliche Figur, die überaus wichtig für eine ihrerseits höchst bedeutsame Entdeckung ist, weder den Experimenten noch dem Wissen der Forscher entsprang. Sie war einfach da; und wir waren auf sie aufmerksam geworden.[49]

„Sie waren einfach da". Als Beweis für die geheime, unsichtbare Architektur des Universums, wie sie sich für Caillois in solchen ontologischen Strukturen manifestiert, verwendet er hier ein Beispiel, in dem das Modell für den genetischen Code des Menschen, die „Architektur der Genetik", also mittels eines architektonischen Bildspenders, Ideengebers erläutert wird: Die vom Menschen erbaute Doppelwendeltreppe[50] erlaubt den Aufstieg auf zwei verschiedenen, übereinander liegenden Treppen, die um 180 Grad versetzt ineinander verschlungen sind. Ein Übergang von der einen zur anderen Treppe ist nicht möglich, gleichwohl kann man die Auf- und Absteigenden der jeweils anderen Treppe an bestimmten Punkten beobachten.

Diese besondere Treppenform, die durchaus zu irritierenden Raumwahrnehmungen führen kann, und die die Forschenden tagtäglich auf ihrem Weg zum eigentlich Ort der Wissensproduktion, ihrem Labor, überqueren müssen, ermöglichte es demnach erst, die biochemische Struktur der Doppelhelix im Experiment wahrzunehmen. Drei Architekturen greifen dafür ineinander: biochemische,

---

den (Kap. VII.3) –, rückt in den Hintergrund und sein Fokus verlagert sich immer stärker auf die Erkundung „vorhandener" Strukturen des Universums.
49 Caillois: *Der Fluss Alpheios*, S. 86. Frz.: „La découverte de la disposition en hélices inverses [...] a été inspirée aux biochimistes qui en ont eu l'intuition par la vue quotidienne d'un escalier à double révolution, devant lequel ils passaient pour se rendre à leur laboratoire et pour en revenir. [...] Elle aussi n'aurait pas été cherchée, si elle n'avait pas d'avance été trouvée, au moins pressentie. Il reste que cette figure complexe et singulière, capitale pour une découverte elle-même de première importance, ne venait ni de leurs expériences ni de leur savoir. Elle se trouvait là; et ils étaient prévenues." Caillois: „Le Fleuve Alphée [1978]", S. 135f.
50 Das berühmteste Exemplar einer solchen Treppe befindet sich im Loire-Schloss von Chambord, ihre Erfindung und der Entwurf für Chambord geht auf Leonardo da Vinci zurück.

menschliche und universale. Caillois zielt hier darauf, dass die unsichtbare Architektur des menschlichen Genmaterials erst dann sichtbar werden konnte, als die sichtbare Architektur die Wahrnehmungsfähigkeit für eine bestimmte Bauform bereits geprägt hatte, eine Bauform, die sich wiederum am begrenzten Formenrepertoire des Universums bedient. Das Experiment hatte dann bei der Entdeckung der genetischen Doppelhelix nur die Funktion, die Forschenden auf den Weg zu bringen, wobei die Wissensproduktion nicht im Experiment, sondern im Prozess außerhalb des Labors stattfand. Die besondere Wendung liegt nun hierin, dass Caillois damit den Forschenden nachzuweisen versucht, dass sie bereits einem diagonalen Verfahren folgten, verschiedene Wahrnehmungsbereiche und Erkenntnismodi miteinander verschränkten, ohne es allerdings selbst zu bemerken, und er zeigt, wie erfolgreich die Diagonalisierung nicht nur zukünftig sein kann, sondern bereits längst ist.

Caillois verkehrt also die Rede davon, dass der Mensch sich seine Fakten selbst konstruiere, ins Gegenteil: Es ist nicht eigentlich die Inspiration der Treppe, die Bildspender für die Doppelhelix wird. Sondern die gebauten menschlichen Räume folgen nur den gleichen Gesetzen wie der menschliche, genetische Bauplan. Es geht also nicht nur darum, dass die menschliche Kreativität in der Kunst in ihrer Kontinuität zur Kunstfähigkeit der Natur gesehen wird. Caillois wendet sich hier auch gegen die sich verbreitende Annahme, die Menschen wären an der Konstruktion ihrer naturwissenschaftlichen Fakten aktiv beteiligt und enttarnt dies als Selbstermächtigungsgeste: Der Mensch konstruiert sich nicht seine Welt, sondern es ist die Architektur der Welt, die ihn konstruiert. Zugleich – und dies nähert Caillois' Ansatz nun doch wieder für ihn zeitgenössischen epistemologischen Ansätzen an – ermöglichen die wissenschaftlichen Instrumentarien und Verfahren jeweils nur einen tastenden, unzulänglich rekonstruierenden Zugriff auf die architektonischen Strukturen der Welt.

Während im „Récit du délogé" dem Möglichkeitsdenken des Experiments zumindest in der Fiktion ein deutlicher Erkenntniswert zugesprochen wird (Kap. VII.3), sind die Diagonalen grundsätzlich nicht an der *Konstruktion* von Wissen, sondern nur an der Erzeugung von Aufmerksamkeit für vorhandene Strukturen interessiert. Die Eigenständigkeit und Komplementarität der verschiedenen „Annäherungen" an das Imaginäre werden hier deutlich. Die Zusammenstellung in einem Band aber zeigt, dass die Ansätze auch nebeneinander bestehen können und die eigene Wissenschaft selbst einem diagonalen Verfahren gehorcht: Anlässlich der Veröffentlichung von *Cases d'un échiquier*, schreibt er über seine „disparaten" Texte, die „mitunter sogar inkompatibel scheinen können", er habe lange nach etwas gesucht, das sie alle verbinde. Dabei sei ihm aufgefallen, „dass meine Bücher außerdem schräge Verbindungen unter sich herstellen, sodass ihre Beziehungen sich komplexer ausnehmen, als ich es mir zuvor vorgestellt hatte",⁵¹ sich also die Kombinationen der Felder seines Schachbretts über die geplanten Spielzüge hinaus verselbstständigten.

1.3 Zur Wissensarchitektur des Imaginären

Das Imaginäre wird in der Moderne als ein Phänomen konzeptualisiert, das sich der Kontrolle und dem System der Vernunft entzieht, entgegenstellt oder es gar bedroht (Kap III). An dieser Verlagerung des Imaginären ins systemlose „Außen" rührt nun Caillois' „diagonale Wissenschaft als Wissenschaft des Imaginären",⁵² Dafür entwirft er ein neues Konzept von Wissenschaft, in dem die epistemologischen Voraussetzungen derart verschoben werden sollen, dass nun auch das Imaginäre zum positiven, systematisierbaren Wissensgegenstand werden kann. Der strategische Konstruktionscharakter, der diesem Unterfangen anhaftet, hebt sich innerhalb dieses Konzepts allerdings auf, denn die Forschenden wie auch ihre Instrumente sind schließlich Teil jener allgemeinen Konstruktion, die in ihrem Rücken, ohne ihr Zutun und schon immer besteht. Die Grundzüge dieser an der gegenwärtigen Disziplinenlandschaft orientierten Wissenschaftskritik sind bereits in Caillois' erstem Buch, dem zwischen 1933 und 1934 entstandenen *La Nécessité d'esprit* erkennbar.⁵³

---

51 „Qui peuvent sembler différentes, et parfois même incompatible", „que mes livres créaient également des relations obliques entre eux, de sorte que leurs relations étaient plus complexes que ce que j'avais d'abord imaginé." Jeannine Worms: *Entretiens avec Roger Caillois*, zit. nach: Roger Caillois: *Œuvres*. Hg. v. Dominique Rabourdin. Paris: Gallimard 2008.
52 Frz.: „Les sciences diagonales, comme sciences de l'imaginaire". Massonet: *Les labyrinthes de l'imaginaire dans l'œuvre de Roger Caillois*, S. 219.
53 „[D]ie perfekte Wissenschaft wäre nichts anderes als das effektive Bewusstsein von der vielgestaltigen Kohärenz der Elemente des Universums". Frz.: „la science parfaite ne serait autre que la conscience effective de la cohérence multiple des éléments de l'univers". Caillois: *La Nécessité d'esprit*, S. 125. Bereits in *La Nécessité d'esprit* (Die Notwendigkeit des Geistes) bildet also die Frage nach einer „neuen" oder „akkuraten" Wissenschaft einen zentralen Fluchtpunkt seiner Untersuchungen: „Wissenschaft definiert sich recht genau als Suche nach der einheitlichen Ursache hinter der Vielzahl von Wirkungen. Dass es keine Disziplin gibt, die dieses Unternehmen in allen Bereichen mittels eines Prinzips [...] bis zum Ende durchführen konnte, ist eine beunruhigende Tatsache [...]." Frz.: „On définit assez justement la science comme la recherche de l'unité de la cause derrière la multiplicité des effets. Qu'il ne soit pas de discipline qui ne parvienne à mener à bien cette entreprise dans tous les domaines [...], voilà qui constitue un fait troublant [...]." Caillois: *La Nécessité d'esprit*, S. 122 [Herv. i.O.]. Caillois' Suche nach Kohärenz und seine Theorie einer materiellen und schöpferischen Imagination ist immer wieder als Verlängerung von Paracelsus oder Jacob Böhme oder als „neue Monadologie" (frz.: „une sorte de nouvelle Monadologie". Wunenburger: „L'imagination cosmique", S. 53) gelesen worden. Solche Verknüpfungen über-

Es sei an dieser Stelle noch einmal in Erinnerung gerufen, was die beiden Voraussetzungen sind, auf denen Caillois' Systematisierungsbestrebungen des Imaginären gründen. Denn an den späteren Arbeiten und dem Konzept der diagonalen Wissenschaften als „eine[m] neuen Typus von Wissenschaften"[54] lassen sich dann nicht nur ästhetische Gegenkonzepte erkennen, sondern auch Vorschläge für eine produktive Umstrukturierung wissenschaftlicher Prozesse, wie sie die Zeitschrift *Diogène* umzusetzen versucht. Diese Versuche gründen also erstens – auf Basis der Annahme von der „vielgestaltigen Kohärenz der Elemente des Universums" – auf einem Wissen(schaft)sbegriff, den Caillois bereits Anfang der 30er Jahre mit dem Diagonalen verschränkt:[55] Wissen und Wissenschaft sind gleichbedeutend mit der Erkenntnis, dass menschliche individuelle und natürlich-universelle Phänomene ein und denselben Gesetzen unterliegen. Was Caillois in den frühen Texten zur Beschreibung der Systematisierung von individueller Imagination dient, wird später vom Menschen abgelöst. Ab diesem Punkt sind „sciences diagonales" und Wissenschaften vom Imaginären, noch bevor Caillois sie als solche konzeptualisiert, unauflöslich miteinander verknüpft. Das Imaginäre, als materiell in der Welt vorhandene, schöpferische Kraft, lässt sich dann für ihn nur mittels eines diagonalen Verfahrens erfassen. Eine zweite Voraussetzung ist die Annahme der Geschlossenheit, Endlichkeit und Einheit des Universums. Beide verweisen wechselseitig aufeinander: Nur, weil das Universum als einheitlich, begrenzt und geschlossen gedacht wird, wiederholen sich die Formen der in ihm enthaltenen Elemente. Und nur über die Wiederholungen und Echos lassen sich die vielfältigen Kohärenzen mittels eines diagonalen Verfahrens überhaupt feststellen. Auf der Basis beider Voraussetzungen fußt also der Wissensbegriff als

---

betonen den von Caillois selbst bereits akzentuierten Anachronismus seiner Theorien: Selbstverständlich fallen seine Arbeiten aus der Zeit und geben sich als radikal inaktuell und antimodern. Zugleich nehmen sie ihren Ausgangspunkt stets bei einer aktuellen Zeitdiagnose: an einem Disziplinenbegriff, der sich auf die gegenwärtige Gestalt des Wissenschaftssystems bezieht, wie hier in *La Nécessité d'esprit* oder aber an bestimmten zeitgenössischen Wissensbeständen, die es miteinander in Verbindung zu bringen und dafür zunächst aufzunehmen, anzunehmen gilt, wie etwa auf die Mythologie, die Psychiatrie, die Geologie etc. Selbst wenn er sich als Wissenschaftler jenseits der Institution Universität bewegt, ist er dennoch mit ihr und ihren Forschungsergebnissen verflochten, wie sich allein an seiner Beziehung zu Marcel Mauss zeigt.

54 Caillois: *Der Fluss Alpheios*, S. 106. Frz.: „un type nouveau de science dont je rêvais et que je désignais sous le nom de *diagonales*". Caillois: „Le Fleuve Alphée [1978]", S. 147 [Herv. i.O.].

55 Am Ende von *La Nécessité d'esprit* hält er zusammenfassend fest, es gebe Objekte, die von keiner Einzeldisziplin angemessen erfasst werden könnten und in der Lage seien, die „affektive Imagination" besonders zu stimulieren. Damit geben sie einen Hinweis auf die „vielgestaltigen Kohärenzen des Universums": „es scheint, als wäre das Bewusstwerden über die Systematisierung nichts anderes als Wissen selbst.". Frz.: „il semble que la prise de conscience de la systématisation ne soit pas autre chose que la connaissance." Caillois: *La Nécessité d'esprit*, S. 154.

bewusste Wahrnehmung einer Systematisierungsleistung, die wiederum das Universum selbst bereits vorgibt und die nur noch freigelegt werden muss.

Die Begriffe System und Systematisierung verwendet Caillois zeitlebens. Allerdings – und dies ist entscheidend – in auffälliger Ambivalenz. Einerseits ist von überdeterminierter Systematisierung die Rede: Es geht ihm um die systematischen Strukturen, die sich als Syntax auslesen, als Architektur nachvollziehen lassen. Das Irrationale sowie das Imaginäre könnten auf seine Systemhaftigkeit hin beobachtet werden, bis hin zu seinem Leitspruch: „in einem System das kombinieren, was bislang eine unvollständige Vernunft systematisch eliminiert hat."[56] Das Imaginäre hat darin nicht nur System oder systematisierende Kraft, es wird selbst zu einem System, in dem die umfassende geheime „Architektur des Universums" enthalten ist und sich mittels der diagonalen Wissenschaften – zumindest annähernd, wie in den drei Bänden der *Approches de l'imaginaire* – untersuchen lässt.

Dies wirft zwei grundlegende Fragen auf: Seine Aufwertung der Begriffe „System" und „Systematisierung" in Bezug auf das Imaginäre stehen einerseits in krassem Widerspruch zum eigentlichen Ziel der „diagonalen Wissenschaften", gegen die starre und geschlossene Systematik wissenschaftlicher Disziplinenstrukturen vorzugehen. Sie verhalten sich andererseits konträr zu Caillois' mehrmals behaupteter Feindschaft und Angst vor geschlossenen Denksystemen, die mit allzu starken Strukturprinzipien arbeiten. Die zwingende Struktur von Tableaus und graphischen Systemen verführe dazu, den Dingen die Logik des Systems aufzuzwingen und so ihre eigentliche wissenschaftliche Erkenntnis zu verstellen (Kap. VI.3). Seine Abneigung gegen die Psychoanalyse wie auch gegen den Strukturalismus und den Marxismus begründen sich in der Diagnose,

> dass die strukturale Methode nicht durch wundersame Gnade der Erbsünde der Humanwissenschaften entgeht, die darin besteht, nach und nach von der plausiblen Konjektur auf eine Form des unwiderlegbaren, unter allen Umständen unfehlbaren ‚Deduktivismus' umzustellen.[57]

---

56 Frz.: „combiner en un système ce que jusqu'à présent une raison incomplète élimina avec système." Caillois: „Procès intellectuel de l'art [1935]", S. 36.
57 Frz.: „que la méthode structurale n'échappe pas par grâce merveilleuse au péché originel des sciences humaines qui est de passer peu à peu de la conjecture plausible à une sorte de ‚déductivité' irrécusable, infaillible en toute circonstance." Roger Caillois: „Réponse au discours de réception de Claude Lévi-Strauss. Discours prononcé dans la séance publique, le jeudi 27 juin 1974". In: Institut de France (Hg.): *Publications divers de l'année*. Paris 1974, S. 19–38, hier S. 35. Vgl. ausführlich zur polemisch geführten und lang anhaltenden Debatte zwischen Lévi-Strauss und Caillois: Thierry Wendling: „Une joute intellectuelle au détriment du jeu? Claude Lévi-Strauss vs Roger Caillois (1954-1974)". In: *Ethnologies* 321 (2010), S. 29–49. Wendling führt hier zudem aus,

Entgegen der aufgezeigten Nähe zwischen Caillois' eigenem Vorgehen und dem Strukturalismus von Lévi-Strauss kam es während der langen, konflikthaften Beziehung der beiden Wissenschaftler 1974 zu einem erneuten Eklat: Caillois' polemischer Rede aus Anlass der Aufnahme von Lévi-Strauss in die *Académie Française*. Erneut bringt Caillois ein religiös gefärbtes Vokabular ins Spiel, um Vorgänge einer quasi-sakralen Wissenschaft, wie sie gerade Lévi-Strauss betreibe, zu beschreiben. Sowohl „Struktur" für den Strukturalismus, als auch „Dialektik" für den Marxismus oder „Komplex" für die Freud'sche Psychoanalyse würden im Rahmen solcher Denksysteme zu alles überdeckenden Schlagwörtern: „In allen Fällen: die gleiche abscheuliche Verwechslung der ursprünglichen Reihenfolge von Erkundung und [...] einer mehr und mehr mechanisch ausgeführten Anwendung eines von Anfang an für sicher gehaltenen Prinzips." Susan Sontag hat Lévi-Strauss ähnliches vorgeworfen, sie nennt das strukturalistische Vorgehen allerdings eine „große Reinigungsaktion", und „der Besen, der alles sauberkehrt, ist der Begriff der Struktur."[58] Dagegen setzt das diagonale Verfahren auf Verunreinigungsarbeit: Der verunreinigenden „Hygiene halber"[59] lehne Caillois deshalb in seiner Position als Chefredakteur von *Diogène* Beiträge ab, die sich eines solchen Gebrauchs der Vokabeln schuldig machten. Schließlich führt Caillois in seiner Rede Karl Poppers Unterscheidung zwischen Wissenschaft und Ideologie an, der zufolge letztere sich durch die Unmöglichkeit ihrer Widerlegung auszeichne: „Eine Theorie, die sich als Wissenschaft präsentiert, bekräftigt diese Behauptung ab dem Moment vergeblich, in dem die Struktur des Systems selbst sie unwiderlegbar macht."[60]

Caillois' hartes Urteil gegen gleich drei zentrale Denksysteme seiner Zeit lässt sich allerdings ohne weiteres auch auf ihn selbst anwenden. Auf das eigene Denken bezogen erlauben auch seine diagonalen Wissenschaften keinerlei innersystemische Gegenströmungen, keine Widerlegung. Denn da das Diagonalisieren alle vorhandenen Disziplinen und deren Wissensbestände aufnimmt und miteinander verknüpft, bleibt schlicht nichts mehr im „Außen" zurück, das noch als

---

wie sich der Streit unter anderem auch an der Frage des Kulturrelativismus entzündete und wie Caillois insbesondere in den 50er Jahren an der Vorstellung einer Überlegenheit des Abendlandes festhielt, während sich Lévi-Strauss gegen ethnozentristische Perspektiven zu wehren versuchte.
58 Susan Sontag: „Der Anthropologe als Held [1963]". In: Dies.: *Kunst und Antikunst. 24 literarische Analysen*. Frankfurt am Main: Fischer 2009, S. 122–135.
59 „Dans chaque cas : même confusion détestable entre l'ordre initial de la prospection et celui, combien glissant, de l'application de plus en plus mécanique d'un principe tenu pour d'avance assuré."; „par hygiène", ebd.
60 Frz.: „Une théorie qui se présente comme science l'affirme en vain à partir du moment où la structure même du système le rend irréfutable." Ebd.

tatsächliche Opposition fungieren könnte. Abschließend sei hier also nach dem Widerspruch zwischen einem Systemgrenzen überwindenden Imaginären, das als Gegenvorschlag zu unumstößlichen Systemstrukturen in Stellung gebracht wird, und seinem Hang gefragt, selbst wiederum ein geschlossenes System auf Basis der systematischen Kohärenzen des Imaginären zu bilden, das sich umso radikaler ausnimmt, als es seine Umwelt vollständig in sich zu integrieren versucht.

Caillois' eigene Antwort auf diesen offenen Widerspruch ist methodischer Art: Was ihn von solchen Ansätzen wie dem von Lévi-Strauss unterscheide, so Caillois, sei die Einhaltung des „ordre initial"[61] von Beobachtung und Theorieanwendung: Er kehre zurück zu den Dingen, betrachte die Phänomene, ihre oberflächlichen, ebenso wie die tiefen, verborgenen Ähnlichkeiten. Es ist also genau die Grundlage dieser Debatten, auf der Caillois' phänomenologischer Ansatz fußt. Darin ähnelt sein Vorgehen auch demjenigen Canettis stark. Noch in seinem letzten Buch, in *Le Fleuve Alphée* proklamiert Caillois allerdings: „Ich hüte mich vor dem Systemgeist".[62]

Caillois' Verlagerung der Systematisierung in die „natürliche" Ordnung, die das Universum bereitstelle, widerlegt allerdings den Ansatz Lévi-Strauss' keineswegs, sondern stellt diesem schlicht einen anderen willkürlichen Ordnungsvorschlag gegenüber, den er durch Naturalisierung zu plausibilisieren versucht. Die Erklärungen, die Caillois also selbst zu geben versucht, führen an dieser Stelle nicht weiter. Es lassen sich aber – und dies ist entscheidend – in seinen Texten Strategien erkennen, die auf den Systematisierungszwang des Imaginären reagieren und dazu Gegentechniken entwerfen. Auch diese werden an dem kurzen Text zur „Architecture cachée" beobachtbar. Denn die Bewegung innerhalb der inversen Architektur lässt sich mit Caillois' Forschungsbewegung innerhalb der Systemarchitektur des Imaginären engführen. Erst der strategische Orientierungsverlust weist dann paradoxerweise einen Ausweg aus dem Systematisierungszwang des Imaginären.

Zunächst gilt es eine Unterscheidung zu treffen zwischen diagrammatischen Systemen Caillois', wie dem Tableau und dem Periodensystem einerseits und seiner Beschreibung von Architektur sowie seiner architektonischen Metaphorik, auf dem die diagonale Methode basiert, andererseits. Im ersten Fall geht es ihm um die visuelle Anordnung von verschiedenen Phänomenen auf zweidimensionalen Flächen, die von einer Beobachtungsinstanz in einer Draufsicht erfasst werden

---

61 Ebd.
62 Caillois: *Der Fluss Alpheios*, S. 123. Frz.: „Je me garde de l'esprit de système." Caillois: „Le Fleuve Alphée [1978]", S. 157.

können. Aus dieser Perspektive ist es in der Beobachtung möglich, die leeren Stellen des Systems zu füllen. Grundsätzlich zählen Caillois' zweidimensional-räumliche Anordnungen des Wissens zu Praktiken, die sich seit der Frühen Neuzeit nachweisen lassen und in denen eine topologische Ordnung des Wissens installiert wird, die es erlaubt, ein Wissenselement über seine räumliche Position an festgelegter Stelle wieder aufzufinden, neues Wissen zu gruppieren; die also auf Übersichtlichkeit und Übersicht zielt, aus der ihr Wert als Erkenntnisinstrument erwächst.[63]

Im zweiten Fall dagegen beschreibt und nutzt Caillois dreidimensionale Räume. Das hat Folgen für die Beobachtungsperspektive: Diese büßt in den von ihm skizzierten Räumen ihren souveränen, alles überschauenden Blick ein. Sie ist stattdessen Teil des Raums, wandert in ihm umher und versucht, „von unten", über die jeweilige Raumwahrnehmung ein umfassendes Bild des Raums, der die Beobachtenden selbst enthält, zu synthetisieren. Kartographiert, also auf einer zweidimensionalen Abbildung betrachtet, verliert beispielsweise das Labyrinth jedes Geheimnis. Architekturen erschließen sich mit einem Blick auf ihren Grundriss sofort. „Von unten" jedoch, aus der labyrinthischen Perspektive, wird deutlich, dass die räumliche Anordnung des Wissens hier nicht, wie in Karte und Tableau, erkenntnisgenerierend wirkt. Folgt man also Caillois' Metaphorik einer *Architektur* des Universums, die nur mittels eines sich *innerhalb* der Gebäude oder *zwischen* den einzelnen unterirdischen Gängen des Maulwurfsbaus bewegenden, diagonalen Verfahrens erschlossen werden kann, hat man es nur mehr mit einer räumlichen Ordnung von Fast-Wissen, von Näherungswissen zu tun.

In der „negativen Architektur" lässt sich ausgehend von Caillois eine produktive Figur erkennen, die Systematisierungszwang und Systemangst gegeneinander ausspielt: In produktionsästhetischer Hinsicht lief das Konzept der „negativen Architektur" auf ein tautologisches System hinaus, das die eigene Konstruktion schon vor dem ersten Schlag in den Felsen bis ins letzte durchdacht haben, kennen, „wissen" muss. Auf der Rezeptionsebene aber lässt sich diese labyrinthische Architektur, der unterirdische Bau von den Betrachtenden immer nur als unendliche Annäherung an das geschlossene System nachvollziehen. Als eine solche Annäherung sind auch die *Approches de l'imaginaire* konzipiert. In ihnen macht sich Caillois zum tastenden Betrachter eines geschlossenen Systems, aus dem kein Ausweg mehr gefunden werden kann.

In der Trennung von herstellender, bauender Perspektive, der Konstruktion eines *Systems* nach oben – und der nachvollziehenden Perspektive „von unten"

---

[63] Vgl. Stichweh: „Wissenschaftliche Disziplinen. Bedingungen ihrer Stabilität im 19. und 20. Jahrhundert", S. 239. Vgl. hierzu ausführlicher VI.3.

auf die vorhandenen *Systematisierungen* einer geheimen Architektur lässt sich also eine Gegenstrategie gegen den Zwang geschlossener Systeme erkennen. Sieht man architektonische und wissen(schafts)systematische Bauweisen als miteinander verschränkt an, tritt also die Konstruktion wuchernder Theoriegebäude der nachvollziehenden, vorhandene Strukturen freilegenden Systematisierung jener verborgenen, negativen Architekturen gegenüber. Beide Fälle jedoch, sowohl die Konstruktion von Systemen als auch der Nachvollzug bestehender Systematisierungen, basieren auf der Vorstellung von *geschlossenen* Systemen. Gegen diese Geschlossenheit setzt der Text nun den Orientierungsverlust des Beobachtenden, die „Architecture cachée" wird für ihn schließlich zur Falle, aus der kein Ausweg mehr möglich ist. So endet der kurze Text aus *Cases d'un échiquier* folgendermaßen:

> Die geheime Architektur, die ins Innere gerichtet ist, [...] liefert vielleicht nur ein anderes Erscheinungsbild der Falle, die die Mineralien, die Labyrinthe und, so nehme ich an, viele andere Simulakra darstellen. Auf diese Weise verhält es sich auch mit dem Leben selbst: Man tritt ein durch einen engen, warmen und dunklen Gang; [...] es ist keine Rückkehr zum Ursprung möglich; der Orientierungslose, verfolgt oder zerstreut, irrt bis zur Erschöpfung seiner Kräfte von Scheideweg zu Scheideweg. Ein Glücksfall, wenn er, bevor er verschwindet, die heimliche Architektur des unerschöpflichen Labyrinths erahnen konnte.[64]

Fallen Betrachtung der „architecture caché" als Gegenstand wie auch als Metapher zur Beschreibung einer das gesamte Universum durchkreuzenden Struktur zusammen, so lauert hier mehr als irgendwo sonst die Gefahr geschlossener Systeme: Der kurze Text findet für diesen Widerspruch einen Ausweg, indem er dem Systembeobachter gerade den Ausweg verweigert.

Von architektonischer Produktionsperspektive kippt der Text nun zur Rezeptionsebene und fokussiert den in der verborgenen, ausgehöhlten Architektur Umherirrenden. Für den Menschen, der sie betritt, sind die Bauten labyrinthische Strukturen, in die er nur durch eine kleine Öffnung hineingelangen kann, um dann eine verzweigte, aber geschlossene Innenwelt vorzufinden, die keinen Rückweg mehr zulässt. So legt das Ende von „L'architecture cachée" eine Nähe von Leben und Architektur zugrunde. Der Text ist daher als autobiographisches Bild, aber auch als intellektuelle Biographie, als Symbol für das Denken Caillois'

---

[64] Frz.: „L'architecture secrète, qui est dirigée [...] vers l'intérieure, ne fournit peut-être qu'une autre apparence du piège que proposent les minéraux, les labyrinthes et, je présume, beaucoup d'autre simulacres. Ainsi en va-t-il de la vie elle-même: on y entre par un corridor étroit, chaud et obscure; [...] il n'est pas de retour possible vers l'origine; l'égaré, traqué ou distrait, erre jusqu'à l'épuisement de ses forces, de carrefour en carrefour. Heureux s'il a pu pressentir, avant de disparaître, l'architecture dérobée de l'inépuisable dédale." Caillois: „L'architecture cachée", S. 161f.

gelesen worden.⁶⁵ Viel entscheidender aber ist, dass er die souveräne Beobachtungsperspektive tilgt. Während diese im Schachspiel, im Grundriss, im Periodensystem und im Tableau Voraussetzung ist, und selbst die Produktionsperspektive auf jene „klandestinen Konstruktionen" noch von allwissenden Erbauenden ausgehen musste, wird hier das distanzierte Beobachten verunmöglicht. Die Betrachtenden bleiben darin zum labyrinthischen Umherirren verdammt. So gelingt die Konstruktion eines Systems ohne Außen über die Ausstreichung des souveränen Blicks.

Daraus folgt zweierlei: Den Umherirrenden beschreibt Caillois' Text als „verfolgt oder zerstreut", immer auf der Suche nach zumindest einer „Ahnung" von der Logik einer Architektur, in der er gefangen ist. Als ein solcher Verwirrung stiftender und doch Spuren legender Raum, der auf seine allumfassende Struktur hindeutet, lässt sich die inverse Architektur auch als paranoischer Raum beschreiben. Der Rückweg, der Weg in eine im Außen angesiedelte Beobachtungsperspektive ist versperrt, und so beginnt der Verirrte eine manische Suche nach dem Zentrum des Raumes oder nach souveräner Orientierung, die er nie erlangen wird. Damit, überträgt man das Bild der verborgenen Architektur wieder zurück auf die diagonalen Wissenschaften als Wissenschaften vom Imaginären, ist in der Diagonale immer nur eine annähernde Bewegung möglich. Das Imaginäre bildet als systemloses Außen keine Gegenwelt zum Realen, beide sind von einer einheitlichen Struktur durchzogen, die allerdings immer nur zum Teil erkennbar ist, weil die Beobachtenden verdammt sind, darin umherzuirren, ohne je vollständige Übersicht zu erlangen.⁶⁶ Das Imaginäre zu denken und zu durchqueren ist daher nur mittels der Utopie eines allumfassenden Systems möglich. Die *Approches de l'imaginaire* verlangen folglich eine Untersuchungsmethode, die hinter den unendlichen Phänomenen der Welt, den einzelnen Spuren eine Struktur, ein Gesetz erkennt: eine paranoische Methode.

Die Gegentechnik zur Paranoia ist der Verfahrenswechsel. Caillois „Annäherungen an das Imaginäre" verstehen sich genau deswegen nur als Annäherungen, da sie durch das approximative, ständig neuansetzende, diagonale Verfahren dem paranoischen Systemzwang zu entgehen versuchen, der von ihrem Gegenstand ausgeht. Zwar können immer neue Phänomene auf ihre Zusammenhänge hin beobachtet werden, eine vollständige Erkenntnis des Grundrisses aber

---

65 Frz.: „L'architecture cachée devient le symbole même du parcours de l'auteur, une mise en abyme de sa pensée." Nicolas Cremona: „Cases d'un échiquier. Pour un autoportrait ‚diagonal'". In: Valeria Emi Sgueglia, André-Alain Morello (Hg.): *Quadrillages labyrinthiques. L'échiquier Caillois*. *Littératures (online)* 68 (2013), http://journals.openedition.org/litteratures/100 (Stand 02.04.2020).
66 Vgl. Wunenburger: „L'imagination cosmique", S. 52.

ist innerhalb der „architecture en creux" unmöglich. Der Zugang zum Bauplan ist versperrt. In diesem Sinne sind die diagonalen Wissenschaften keine „méta-science à venir",[67] stehen nicht außerhalb oder über den wissenschaftlichen Einzeldisziplinen, sondern agieren „von unten", schaffen von dort subterrane Verbindungen, erzeugen aber selbst nie eine vollständige Übersicht: Diagonalisieren ist also vielmehr ein *trans*disziplinäres als ein metawissenschaftliches Verfahren.

Zugleich bleibt das Imaginäre als System aber bis zu einem gewissen Grad auch ein unvollendetes, ein vorgestelltes System. Die einzelnen „Annäherungen" brechen daher jeweils an einem bestimmten Punkt ab: Caillois widmet sich eben nicht ausschließlich entweder dem Sammeln von Ähnlichkeiten, der syntaktischen Untersuchung mineralogischer Formen, der tableauförmigen Darstellung von Spiel und Mimikry oder der fiktionalen Reflexion. Sondern seine Texte tun all dies parallel und jeweils nur bis zu einem gewissen Punkt.

Am Ende steht hinter den Fragen von Draufsicht und Bewegung im Raum, von „carte" und „parcours"[68] immer auch das Problem der Macht von wissenschaftlichen Forschungsinstrumentarien. So lässt sich aus der Genese sowie aus Caillois' Metaphorik zur Beschreibung der diagonalen Wissenschaften eine Wissenschaftstheorie destillieren, die für die Gewalt wissenschaftlicher Systeme sensibilisiert und über eine Parcours-Perspektive versucht, subversive Transgressionen vorzunehmen, letztlich aber selbst mit der Reinstallierung eines ebenso zwingenden Systems operiert. Sie weist simultan sowohl auf die Produktivität als auch auf die totalitäre Verführung transdisziplinärer Forschungsansätze hin. Es muss folglich klar zwischen dem von Caillois entworfenen Programm seiner „sciences diagonales" und der von ihm tatsächlich betriebenen Wissenschaft unterschieden werden. Während Caillois' Programmatik einen produktiven Ansatz für ein transdisziplinäres Wissenschaftskonzept entwirft, das allerdings einen Hang zu paranoischer Totalität mit sich führt, schlägt das ständige Abbrechen und Neuansetzen der *Approches de l'imaginaire* eine implizite Gegentechnik vor.

2 System(feindschaft) und paranoische Architekturen (Canetti)

Architektur schützt vor einem gefährlichen Außen und zugleich vermag sie etwas in sich einzuschließen. Sie kann Festung oder Gefängnis sein. Diese Doppelfunk-

---

[67] Massonet: *Les labyrinthes de l'imaginaire dans l'œuvre de Roger Caillois*, S. 219. Vgl. ebd., S. 216–222, siehe dort auch Massonets Ausführungen zur Rolle des „Fehlers" in der Wissenschaft, die Caillois genauer untersucht, etwa in „Une erreur de Lamarck" (Ein Fehler Lamarcks).
[68] De Certeau: *Kunst des Handelns*, S. 222. Siehe dazu auch die Bezüge zum Tableau in Kapitel VI.3.

tion teilt sie mit der Macht, auch diese „sondert ab und sondert sich ab."⁶⁹ Wie Roger Caillois nimmt auch Elias Canetti eine Kritik geschlossener Denksysteme vor, die sich zwar nach außen gegen andere Theorien abschließen, nach innen aber als zwanghafte, zwingende Räume wirken. Dazu nutzt er ebenfalls räumliche Begriffe und Beschreibungen spezifischer Machtarchitekturen. Stärker als Caillois ist es Canetti um die politische Dimension von Systemarchitekturen, ihre impliziten und expliziten Machtmechanismen zu tun. Dieses Charakteristikum, das die gesamte Konzeption von *Masse und Macht* und dessen spezifische Methode bestimmt, ist einerseits von Canetti selbst immer wieder unterstrichen und als zentrales Anliegen benannt, andererseits in der ihm gewidmeten Forschung mehrfach und umfassend beschrieben worden.⁷⁰

In auffallender Analogie zu Caillois knüpft auch Canetti seine Beschäftigung mit Phänomenen des Imaginären an eine Kritik des überspezialisierten Wissenschaftssystems. Die Parallelen zu Caillois sind hier nicht zu übersehen, beide setzen an einer institutionellen und wissenschaftssoziologischen Beobachtung von Disziplinen als überspezialisierter Einzelsysteme an, die ein umfassendes Denken verunmöglichen. Im Gegensatz dazu wird der Systembegriff von Canetti auch für solche Gebilde verwendet, die sich als ganzheitliche, vollständige Systeme verste-

---

69 Werner Hofmann: „Eine einzige Glätte". In: *Hüter der Verwandlung. Beiträge zum Werk von Elias Canetti.* München: Hanser 1985, S. 11–21, hier S. 11.
70 Vgl. insbesondere den Artikel von W.G. Sebald: „Summa Scientiae. System und Systemkritik bei Elias Canetti". In: *Literatur & Kritik* 18 (1983), S. 398–404; ausführlich sind Canettis ablehnende Haltung gegen die Macht geschlossener Systeme ebenso wie sein Hang, mit *Masse und Macht* selbst wieder in ein solches zu verfallen, beschrieben worden, grundlegend etwa in der frühen Studie von Heike Knoll: *Das System Canetti. Zur Rekonstruktion eines Wirklichkeitsentwurfes.* Stuttgart: M&P 1993. Allerdings verfängt sich Knoll in der Beschreibung von Canettis Texten und Selbstaussagen, und es gelingt ihr nicht, sich eine Metaperspektive auf Canettis eigenes Systemdenken zu erarbeiten; vgl. dazu auch die Kritik bei Kuhnau: *Masse und Macht in der Geschichte*, S. 14 f. Kuhnau, die als erste eine Monographie zu MM vorlegt, kommt immer wieder über den physikalischen Systembegriff auf Systeme der Masse bei Canetti zu sprechen, vgl. insbesondere S. 70–88. Sie ist jedoch überzeugt, dass das Buch nicht genug Material für einen echten Reformgedanken enthalte. Besonders ausführlich widmet sich Peter Friedrich Canettis Abneigung gegen fixierte Begriffe und Systeme. Vgl. Friedrich: *Die Rebellion der Masse im Textsystem*, bes. S. 19–31, vgl. darüber hinaus seinen gesamten ersten Teil zu „Masse und Methode", auch jenseits dessen kommt er aber immer wieder auf Canettis Systembegriffe und sein Systemdenken zurück. Sein Fokus aber blendet die Dimension des Imaginären in *Masse und Macht* aus. Das Moment der dreidimensionalen Räumlichkeit des Systems betont er u.a. mit Hinweis auf Kant (ebd., S. 32ff) und die Verbindung von Architektur und Masse – die Verknüpfung zur Paranoia lässt sich bei ihm aber nicht finden. Vgl. für eine Verschränkung von System und Paranoia bei Canetti, im Vergleich und in Beziehung zu Karl Kraus: Manfred Schneider: „Kritik der Paranoia. Elias Canetti und Karl Kraus". In: Susanne Lüdemann (Hg.): *Der Überlebende und sein Doppel. Kulturwissenschaftliche Analysen zum Werk Elias Canettis.* Freiburg im Breisgau: Rombach 2008, S. 189–213.

hen, ein umfassendes Denken also bis zur Totalität praktizieren und im „Wahn" enden. Am klarsten arbeitet Canetti dies anhand der Wahnwelten Muhammad Tughlaks, einem indischen Sultan aus dem 14. Jahrhundert,[71] sowie anhand des wohl berühmtesten Paranoikers, Daniel Paul Schreber, heraus: Steht der Systemgedanke auf der einen Seite für Überspezialisierung isolierter Systeme, positioniert Canetti auf der anderen Seite die Paranoia als System, in das zwanghaft jede noch so kleine Irritation aus dem systemischen Außen integriert werden muss: „Sie schließen sich zu einer Weltordnung zusammen, die nichts außerhalb von sich liegenläßt." (MM, 537) Wie beide Pole des Systemdenkens nicht nur mittels Architekturmetaphoriken, sondern auch anhand von Beschreibungen historischer und imaginärer Architekturen konstruiert werden und jeweils mit bestimmten Machtpraktiken verwoben sind, ist Gegenstand der folgenden Überlegungen. Canettis Rekonstruktion der paranoischen Systemarchitektur einer radikal einschließenden Weltordnung, im buchstäblichen wie im übertragenen Sinn, sei dabei besondere Aufmerksamkeit gewidmet, denn diese ist – analog zu Caillois' Annäherungen an die geheimen, negativen Architekturen – ebenfalls als System des Imaginären beschreibbar. Die Macht und die Paranoia unterhalten eine besondere Beziehung zu gebauten Räumen, so scheint es.[72] Im Umkehrschluss bedeutet das, dass sich Canettis Imaginäres, hier in der Gestalt von Wahn, Macht und Paranoia, vor allem an manifesten Architekturen, an gebauten Räumen ablesen lässt.

Auf Basis dieser Übertragung liegt das Augenmerk des folgenden und letzten Kapitels zunächst auf der Frage, wie sich Canetti zwischen beiden Polen von überspezialisierter oder paranoisch-umfassender Systemhaftigkeit positioniert, welche Auswege er für seine eigene Annäherung an das Imaginäre findet: Entwirft Caillois eine „diagonale Wissenschaft", so spricht Canetti ebenfalls von einem räumlich verfahrenden Wissen(schaft)skonzept. Er nennt es das „gekrümmte und besonders das seitliche Wissen" (FP, 129). Dieses bezeichnet nicht nur deskriptiv epistemische Prozesse, sondern auch präskriptiv ein von Canetti angestrebtes Wissenschaftsmodell. Ziel der hier vorgenommenen Überlegungen ist es also, die

---

[71] Auch in Bezug auf den Sultan von Delhi wendet Canetti die Formel vom Realen des Imaginären an: Der Drang des Sultans zur Einzigartigkeit sei „etwas höchst Reales", „eine wirkliche Kraft ersten Ranges, die man ernst nehmen und ergründen muß, wo immer sich eine Gelegenheit dazu bietet." Canetti: „Macht und Überleben [1962]", in: GdW, 125.

[72] Und in der Tat häufen sich immer dann, wenn Canetti auf die Paranoia und die von ihr Befallenen zu sprechen kommt, die Bezüge zur Architektur, die dabei zwei Funktionen erfüllt: Schutz durch Abstand und Dauerhaftigkeit: „Der Bedrohung der eigenen Person, die akut empfunden wird, so als wäre sie immerwährend vorhanden, wird in zweierlei Richtung entgegengearbeitet: einmal durch Erstreckung über sehr große Räume, die der eigenen Person sozusagen eingegliedert werden, und dann durch die Erlangung von ‚ewiger' Dauer." Canetti: „Hitler, nach Speer [1971]", in: GdW, 279.

Verbindung von seitlichem Wissen und Imaginärem sowie die Beziehung zwischen Wissenschaftsmodell und angewandter „seitlicher" Methode verstehbar zu machen.[73] Schließlich gilt es über Canettis explizites Programm hinaus zu fragen, ob sich aus seinem seitlichen Wissen tatsächliche Verfahren als konkrete Techniken einer alternativen Wissenschaft extrahieren lassen, die über den Sammler, Leser und Schreiber Canetti hinausweisen und seine verborgenen, ordnenden Autoritätsgesten überschreiten (Kap. VIII.3).

2.1 Kritik von innen. Gegen eine überspezialisierte Disziplinenlandschaft

In einer Einführungsvorlesung Canettis aus dem Jahr 1948[74] heißt es über die wissenschaftliche Untersuchung der Vergangenheit, des „Erbes" der Menschen:

> Die spezialisierte, systematische Beschäftigung mit der Vergangenheit, die Wissenschaft der Geologie, der Archäologie, der Geschichte oder das vergleichende Studium der Mythologien und Religionen – sie alle sind in sich zu eng definiert. Sie nehmen einen einzelnen Gegenstand aus seiner komplexen, *lebendigen Umgebung* heraus, isolieren ihn, multiplizieren ihn, vergleichen ihn mit anderen. Sie machen zweifellos Entdeckungen und kommen zu wichtigen Schlüssen, niemand könnte es sich träumen lassen, ohne sie auszukommen, aber sie haben keinen Weg gefunden, sich mit der Vergangenheit als Ganzem zu befassen. Was sie untersuchen, *erscheint alles in einem gleich grellen Licht*. Ein simples, auf Wiederholung gründendes numerisches System von Jahren soll vermitteln, was nicht gefühlt werden kann.[75]

Canetti stellt sich hier gegen die „systematische Beschäftigung" einzelner Disziplinen, die unter sich ein scheinbar organisches, „lebendiges" Ganzes in „zu enge" und überspezialisierte Teilbereiche zerstückeln und die toten Teile unter das me-

---

73 Vgl. dazu Angelovas Erwähnung von Canettis „Rösselsprüngen", in: Angelova: *Elias Canetti*, S. 11f. Sie bringt diese allerdings v. a. mit dem „Polylog der Kulturen und Disziplinen" zusammen, den sie in *Masse und Macht* vermutet. Siehe dazu ausführlicher mein Kapitel V.1.3. Peiter dagegen verknüpft Canettis „seitliche" Methode vor allem mit der Komik des Buches, vgl. Anne D. Peiter: „‚Man lacht, anstatt es zu essen.' Die Lachkonzeption in Elias Canettis ‚Masse und Macht'". In: *Austriaca. Elias Canetti à la Bibliothèque Nationale* 61 (2005), S. 115–124. Siehe zur Verknüpfung von tierischem Denken bei Canetti und seitlichem Wissen den Aufsatz von Bühler: „Er denkt in Tieren, wie andere in Begriffen.", insb. S. 352.
74 Im Sommer 1948 hält Canetti einen einführenden Vortrag über Proust, Kafka und Joyce im Rahmen der Summer School of Music in Bryanston in Dorset und schreibt seiner Geliebten, der Malerin Marie-Louise von Motesiczky, darüber. Siehe: LA, 57. Veröffentlicht wurde die englische Vorlesung in einer von Canetti ausgearbeiteten deutschen Version allerdings erst 2005 postum aus dem Nachlass von Motesiczky.
75 Elias Canetti: „Proust – Kafka – Joyce", in: ARG, 9–48, hier 10 [Herv. EH].

dizinisch grelle Licht einer OP-Lampe auf dem Seziertisch legen. Gegen die Probleme des differenzierten Wissenschaftssystems im 20. Jahrhundert und damit von analoger Problemlage ausgehend wie Caillois, schlägt Canetti zunächst aber eine andere Lösung vor als jener: die „subjektive Erinnerung des einzelnen [sic]". Trotz des einfachen Gegensatzes einer das Organische zerteilenden Systematik, die sich der Subjektivität der Einzelnen entgegengestellt, den Canetti hier eröffnet, trotz der Metaphorik des „grellen Lichts", das auf kühle, medizinische Sezierung hindeutet, und trotz aller „gegenwissenschaftlicher"[76] Methode, die sich in *Masse und Macht* nachweisen lässt, bleiben für Canetti die Forschungsergebnisse der Einzeldisziplinen unverzichtbar: „Ich will viel wissen, und so habe ich vor der Wissenschaft Respekt. Ich werde aber nie ihr Sklave sein" ([1970] NH, 179). Ähnlich wie Caillois, der sich gegen den Surrealismus für die Wissenschaft entscheidet und seine diagonalen Wissenschaften als Sakrileg innerhalb des Sakralbaus der Wissenschaften und zu ihrer Transformation konzipiert, setzt auch Canettis Wissenschaftskritik im „Inneren" an. Auch ihm geht es darum, eine von der Wissenschaft verschobene Ordnung, diejenige von Beobachtung und Theorieanwendung, wieder neu zu installieren: „Lerne alles kennen, was deine individuelle Erinnerung dir geben kann, laß sie sich erst anfüllen und dann erforsche sie".[77]

Während Caillois jedoch unmittelbar auf eine diagonale Bewegung abhebt, als Verbindung isolierter Disziplinen, beschwört Canetti zunächst das „lebendige Ganze", nah am individuellen, subjektiven Gefühl des Einzelnen.[78] In Canettis Konzept der subjektiven Erforschung des organischen Ganzen sei der eigentliche Aberglaube gerade aufseiten wissenschaftlicher Disziplinen zu verorten. So heißt es in Canettis Essay „Hitler, nach Speer" von 1971:

> Zu einer wirklichen Erfassung des Phänomens [hier: Hitlers Macht, EH] sind neue Mittel unerläßlich. Man muß sie gewahren, heranholen und verwenden, wo immer sie sich bieten. Die Methode zu einer solchen Untersuchung kann noch nicht bestehen. Die Strenge der Fachdisziplinen erweist sich hier als Aberglaube. Was ihnen entschlüpft, ist eben das, worauf es ankommt. Die unzerteilte Anschauung des Phänomens selbst ist oberste Voraussetzung. Jede Arroganz des Begriffs, wo immer sonst er sich bewährt haben mag, ist schädlich.[79]

---

76 Friedrich: *Die Rebellion der Masse im Textsystem*.
77 Canetti: „Proust – Kafka – Joyce", ARG, 10.
78 Geht Canetti in den 40er Jahren, vor der Publikation von *Masse und Macht*, noch davon aus, die getrennten, angesammelten „Augenblicke, die der Betrachtung eines Gegenstandes gelten, summieren sich auf eine geheimnisvolle Weise, und plötzlich wird dann alles tief und eins" ([1945], PdM, 83), betont er, und dort setzt das vorliegende Kapitel an, nach der Publikation schlage diese Einheitssehnsucht in Paranoia und in Versuche, ihr zu entkommen, um.
79 Canetti: „Hitler, nach Speer [1971]", in: GdW, 260.

Die neue Methode, die den Begriffen, den Namen,[80] den geschlossenen „Schubladen"-Systemen[81] und den Strukturen[82] misstraut und in diesen Einzelheiten bereits in der Forschung zu Canettis Aufzeichnungen, in denen er seine Arbeit an *Masse und Macht* reflektiert, sowie zum Vorgehen von *Masse und Macht* selbst ausführlich beschrieben wurde, setzt auf Transgression der sich selbst sakralisierenden Grenzen von Fachdisziplinen. Er stellt die Grenze als Aberglauben aus und entzieht den Einzeldisziplinen somit das Recht zur zerteilten Anschauung, da diese dem Phänomen nie gerecht werden könnten.[83] Bereits anhand der Zitate

---

80 Zur Begriffsfeindschaft in Verbindung mit Canettis Wissenschaftskritik, die auch mit einer Kritik an der „Entzauberung" der Welt einhergeht, vgl. Angelova: *Elias Canetti*, bspw S. 52–55. Vgl. dazu ausführlich die jüngst erschienene Studie Schüller: *Namensmythologie* sowie Anne D. Peiter: „Von der ethnologischen ‚Peripherie' zum ‚Zentrum' europäischer Gewalt. Die Auseinandersetzung mit der Shoah in Elias Canettis ‚Masse und Macht'". In: *Zeitschrift für Germanistik* 16 (2016), H. 3, S. 555–567, hier S. 560. Es sei an dieser Stelle nur auf die umfassende Forschungsliteratur verwiesen, ohne im Einzelnen genauer auf die Bestandteile von Begriffsfeindschaft, Canettis Verhältnis zu großen Namen, insbesondere im Gewand von Wissenschaftler*innen, oder seiner Angst vor dem Schubladendenken, das er stets mit Aristoteles verbindet, genauer einzugehen. Entscheidend sind hier vielmehr die Zusammenhänge von Kritik wissenschaftlicher Spezialisierung und seiner Angst vor dem Wahn umfassender Systeme als zwei Pole wissenschaftlicher Systembildung.
81 Vgl. dazu u. a. eine Aufzeichnung von 1943: „Das Nebeneinander des modernen Wissenschaftsbetriebs, das kalt Technische daran, die Spezialisiertheit der Wissenszweige, hat auffallend viel Aristotelisches an sich. Die besondere Art seines Ehrgeizes hat die Anlage unserer Universitäten bestimmt; [...] Das ingeniöse System von Schachteln, das man in sich angelegt hat, wird mit allem angefüllt, worauf die Neugier zeigt [...] und es hat sich in seiner Schachtel tot und still zu verhalten. [...] Bei seinen Abteilungen ist es ihm um Gleichmäßigkeit und Sauberkeit zu tun und nicht so sehr darum, daß sie stimmen." ([1943] PdM, 49) Vgl. zum Machtanspruch „aristotelischer Systeme", ihrer ausschließenden Funktion gegen andere Systeme sowie gegen des Mannigfaltige, zu ihrer hierarchisierenden Funktion nach innen ausführlich: Friedrich: *Die Rebellion der Masse im Textsystem*, S. 22–26.
82 Für Canettis Hass gegen die Strukturen („Täglich fielen ihm hundert Strukturen ein, vor Strukturen konnte er nicht mehr schlafen, er sprach und aß und schluckte, er entleerte sich von Strukturen. Wenn ich ihn traf, sang er mir neue Strukturen vor, wenn ich ging, verabschiedete er sich mit Strukturen." [1971] PdM, 348) lassen sich zahlreiche Nachweise finden, die immer auch an eine Kritik etablierter Wissenschaft geknüpft sind: „Es gibt eine ‚Bescheidenheit' in der Wissenschaft, die mir noch viel unerträglicher ist als Anmaßung. Die ‚Bescheidenen' verbergen sich hinter der Methodik und machen Einteilungen, Begrenzungen zum Um und Auf der Erfahrung. Es ist oft so, als würden sie sagen: ‚Es kommt nicht darauf an, was wir finden, sondern wie wir das, was wir nicht gefunden haben, ordnen.'" ([1955] PdM, 203) Dabei spielt jeweils der Raum eine entscheidende Rolle: „Du bestehst nur noch aus Strukturen. Bist du geometrisch geboren, oder hat dich die Zeit gepackt und in ihre rettungslos geraden Formen gezwungen? Kennst du das große Geheimnis nicht mehr? Das Geheimnis des *weitesten* Weges?" ([1960] PdM, 247 [Herv. i.O.]).
83 Vgl. dazu auch eine Aufzeichnung von 1943, die auf die gefährlichen, tödlichen Konsequenzen einer religiösen Wissenschaft im Kontext der politischen Entwicklung hinweist: „Die Wissen-

aus der Einführungsvorlesung und aus dem 20 Jahre später verfassten „Hitler, nach Speer" lassen sich die Hauptzüge der Canetti'schen Wissenschaftskritik ablesen: Gegen das Vereinzelte, die Enge der Fachdisziplinen und gegen ihre Legitimität, die sich nicht vorrangig aus dem Denken, aus ihrem Erkenntnisgewinn ableitet, sondern ihr nur durch quasi-religiöses Recht zuteil wird, setzt Canetti eine Methode, die auf ein zunächst organisch anmutendes, lebendiges Ganzes zielt. Dass diese Ganzheit selbst wiederum mit einem problematischen Machtanspruch gegenüber ihrem Gegenstand daherkommt, darauf wird gleich zurückzukommen sein.

Erforderlich wird die „neue Methode" in auffallender Übereinstimmung mit Caillois durch das zu untersuchende Phänomen selbst: Es sei der Gegenstand – die Macht Hitlers oder aber, wie oben, die Vergangenheit als subjektiv wahrnehmbares Ganzes, das aus Dingen, Praktiken und Glaubensvorstellungen gleichermaßen bestehe[84] –, der sich der Strenge und Vereinzelung der Disziplinen entziehe. Zwar nutzt Canetti die Ergebnisse zeitgenössischer Einzelwissenschaften, setzt sich selbst also nicht als außerhalb des Wissenschaftssystems operierend, versucht aber über die (Wieder-)Einführung des „ordre initial", der Vorherrschaft der Beobachtung über Abstraktion, Begriffs- und Theoriebildung seine neue Methode nicht im quasi-religiösen Recht etablierter Fachdisziplinen, sondern im Denken selbst zu begründen.

Das damit verbundene Projekt, „mit dem Denken ganz von neuem zu beginnen" ([1943], PdM, 63), schlägt – das klingt in der organischen Metaphorik und dem Programm einer unzerteilten Anschauung bereits an – schnell ins Gegenteil um, in einen allumfassenden, esoterischen, sich naturalisierenden Erkenntnisanspruch. So vollzieht sich Canettis Kritik zersplitterter Einzeldisziplinen vor dem Hintergrund einer Erkenntnisweise, die auf das Ganze, das Universale, auf die „unzerteilte Anschauung"[85] zielt. Dagegen setzt er nun ewigen Aufschub. Er kom-

---

schaft hat sich verraten, indem sie sich zum Selbstzweck gemacht hat. Sie ist zur Religion geworden, zur Religion des Tötens" ([1943] PdM, 36).
84 Vgl. Canetti: „Proust – Kafka – Joyce", ARG, 9.
85 Auffallend sind die zeitlichen Überlagerungen von Canettis Kritik am Konzept des Systems in seinen Aufzeichnungen aus dem Jahr 1943 (siehe Anmerkungen 81) mit dem nationalsozialistischen Missfallen am Begriff des Systems. So heißt es bei Viktor Klemperer: „Ein System ist etwas ‚Zusammengestelltes', eine Konstruktion, ein Bau, den Hände und Werkzeuge nach Anordnung des Verstandes ausführen [...]; für Kant, für den berufsmäßigen, den gelernten Philosophen sozusagen, heißt philosophieren: systematisch denken. Gerade das aber ist es, was der Nationalsozialist aus dem Innersten seines Wesens heraus ablehnen, was er aus dem Trieb der Selbsterhaltung verabscheuen muß." Gegen die Abneigung des Systems setze die nationalsozialistische Sprache das organisch Wachsende, die Organisation. Im gleichen Abschnitt betont Klemperer die Ersetzung der Philosophie, noch verpönter als das „System", durch „[Welt-]Anschauung": „Das

mentiert diese dialektische Volte selbst in seinen *Aufzeichnungen*: „Er will zerstreute Aufzeichnungen hinterlassen als Korrektur zum geschlossenen System seiner Ansprüche." (FP, 30)

Um die hier skizzierte Denkbewegung noch einmal zusammenzufassen: Canetti kritisiert mit einem anti-intellektualistisch erscheinenden Einschlag überspezialisierter, hierarchisierender Denksysteme. Diese Kritik erhebt allerdings schnell Anspruch auf Ganzheitlichkeit und gerät mittels organischer und technikfeindlicher Metaphorik zudem in gefährliche Parallele zu solchen zeitgenössischen Diskursen, aus dessen Feindschaft heraus sie eigentlich agiert. Als dritte Bewegung setzt er schließlich auf das „Zerstreute" der Aufzeichnungen, die mittels potenzialisierender und fragmentierender Verfahren gegen den organischganzheitlichen Anspruch, den er selbst an sich bemerkt, arbeiten. Besonders die fragmentierten Formen der *Aufzeichnungen* erlauben die Konstruktion kleiner Öffnungen gegen die paranoischen (Ein)Schließungstendenzen seiner eigenen Theorien.

2.2 Systeme ohne Außen. Paranoisches Ergreifen des Ganzen

Im aristotelischen Schubladensystem, das Canetti zum Modell für die spezialisierte und differenzierte Wissenschaftslandschaft des Universitätssystems erklärt, sterbe der Gegenstand ab, die Sammlung und Einteilung der Dinge geschehe zulasten ihres Eigenlebens „und manch einer denkt, daß in den Schachteln und Schubladen des Aristoteles die Dinge ein klareres Aussehen haben, da sie in Wirklichkeit darin nur toter sind." ([1943], PdM, 49) Zudem schließe diese Form der Sammlung bestimmte Gegenstände von vornherein aus: Die im System versammelten Objekte sind alle „zu etwas nütz, wäre es auch, daß sich an ihnen zeigen läßt, wie schädlich sie sind." Unbeachtet blieben also die schwer handhabbaren und fassbaren, die unnützen Dinge, die Träume und Mythen.[86] Was sie ausschließt, ist also insbesondere das Imaginäre – eben diejenigen „imaginati-

---

Wort ‚anschauen' ist im Deutschen einem selteneren, feierlicheren, ahnungsvoll verschwommenen – ich weiß nicht, sage ich Tun oder Zustand vorbehalten: es bezeichnet ein Sehen, an dem das innere Wesen des Betrachtenden, an dem sein Gefühl beteiligt ist, und es bezeichnet ein Sehen, das mehr sieht als nur die Außenseite des betrachteten Gegenstandes, das seinen Kern, seine Seele auf eine geheimnisvolle Weise miterfaßt." Victor Klemperer: *LTI. Notizbuch eines Philologen*. Hg. v. Elke Fröhlich. Stuttgart: Reclam 2015, S. 187ff.

86 „Er ist ein traumloser Denker (ganz im Gegensatz zu Plato); seine Verachtung für Mythen trägt er offen zur Schau; selbst Dichter sind ihm etwas Nützliches, anders schätzt er sie nicht." ([1943], PdM, 63).

ven" Bestandteile, die für Canetti „so real" wie nur möglich sind und über die ein Zugang zu sozialen Massenphänomenen, zum Menschen und seiner Offenheit zum Tierischen, zu Macht, Befehl und ihren Subversionsmöglichkeiten, wie der Verwandlung überhaupt erst möglich wird.[87]

Es gebe dagegen Denkformen, die versuchen, das Imaginäre einzuschließen. Auch wenn sich Tendenzen innerhalb des Werks Canettis finden lassen, die in die Richtung eines solchen umfassenden, organischen Ganzheitsanspruchs weisen, nicht zuletzt auch innerhalb des Projektes von *Masse und Macht*, so besteht ein größerer Teil dieses Buches darin, gerade solche ganzheitlichen Denkformen – und er benennt sie nun ebenfalls: „Systeme" – zu analysieren: Als Gegenpol zu den verästelten aristotelischen Schubladensystemen befasst sich Canetti selbst zergliedernd mit Denkgebilden der „unzerteilten Anschauung", mit totalen, utopischen oder größenwahnsinnigen Systemen, die alles in sich aufnehmen. Am deutlichsten wird dies anhand des letzten großen Kapitels von *Masse und Macht*, „Herrschaft und Paranoia".

In der Dramaturgie des Buches verengt sich in diesem letzten Kapitel die Untersuchung des Mannigfaltigen, der Masse, Mythen und kollektiven Phänomene, Vorstellungen und Praktiken in der ausführlichen Analyse zweier Wahn- und Machtgebilde auf die Perspektive des Einzelnen.[88] Canetti nimmt bei der Auswahl

---

[87] Wie Caillois so hat sich auch Canetti sowohl zu Freud als auch zu Lévi-Strauss immer wieder positioniert bzw. positionieren müssen, denn auch für Freuds psychoanalytische Theorien sowie für Lévi-Strauss' mythologische Arbeiten ließe sich sagen, dass mit ihnen „Systeme" vorliegen, die sich mit diesen imaginativen Bestandteilen auseinandersetzen. Und wie Caillois verhält sich Canetti kritisch beiden gegenüber. Canettis feindliche Haltung zu Freud ist bekannt und wurde ausführlich beschrieben, erneut ist es seine „Enge" und die Ausschlüsse, die sein System produziert, die Canetti besonders abstoßen: „Das Peinlichste an Freud ist seine Enge; die Härte, mit der er gewisse Dinge aus seinem Gesichtskreis ausschließt [...] Was er sich denkt, ist auf eine schrecklich manifeste Weise vorbestimmt." Canetti: Nachlass Zentralbibliothek Zürich 5a, Notiz von 1940/41, zit. nach: Hanuschek: *Elias Canetti*, S. 126. Ebenso verhält es sich mit Lévi-Strauss': Auch in seinem Werk ließe sich ein System des Imaginären erkennen, auch dieses aber zählt Canetti zu den „aristotelischen Systemen": „Gewiß, wir teilen ein leidenschaftliches Interesse an Mythen. [...] Aber das, was ich hier selber unternehme, ist dennoch vollkommen verschieden. Ich interessiere mich nicht für vergleichende Mythologie, ich will keine Mythen sammeln und vergleichen, ich betrachte jeden Mythos für sich, jeden in seiner Besonderheit, ich will jedem seine Kraft lassen und ihn auf keinen Fall im Namen der wissenschaftlichen Abstraktion abschwächen." Canetti: „Gespräch mit Gerald Stieg [1979]". In: ARG, 320.
[88] Vgl. dazu auch: Neumann: „Yo lo vi", insb. S. 68–71. Im Nachlass heißt es zum Verhältnis von Mythen und psychiatrischem Einzelfall, hier allerdings in Bezug auf die Verwandlung: „Die Aufnahme der Mythen (ich besitze nun eine sehr große Anzahl von Mythen – Sammlungen, gegen 100 Bände, ich nehme natürlich auch Märchen und Sagen dazu), das ruhige Betrachten und ‚Nachträumen' von Mythen will ich in Zukunft immer fortsetzen, ohne je eine größere Unterbre-

seiner Untersuchungsgegenstände zu Fragen politischer Herrschaftssysteme und dem Zusammenhang von Macht und Herrschaft keine Rücksicht auf eine Unterscheidung zwischen Imagination und Geschichte. Wahn und Macht verknüpfen sich dabei unauflöslich in der Paranoia, die als „Krankheit der Macht" (MM, 532) zum Kulminationspunkt von Herrschaftsstrukturen wird.[89] Dabei ist die Paranoia nicht nur die Krankheit der politischen Macht, sondern auch diejenige von Denksystemen, von imaginiertem, psychopathologischem Machtglauben.[90] Paranoisches Denken wird damit von Canetti auch als Erkenntnismodus verstanden, der von Denkzwang und Kausalitätssucht bestimmt ist.[91] Die Paranoia wird zum

---

chung eintreten zu lassen. Ich glaube, dass ich uns auf diese Weise dem Wesen der Verwandlung näher kommen kann. [...] In keinem Teil meines ‚Versuchs' fühle ich mich unsicherer und befangener als in diesem. Ich glaube, es ist auch an der Zeit, die Verwandlungsvorgänge bei Geisteskranken wieder heranzuziehen, von denen ich vor über 15 Jahren ausgegangen war. Ich habe es vermieden, mein Studium der Mythen durch gleichzeitige Betrachtung von Geisteskranken zu entwerten. Aber jetzt, da die Mythen, die ich kenne, in mir gesichert sind, ist eine Konfrontation der beiden Gebiete notwendig. Der Vorgang der Verwandlung, den ich ergreifen will, ist in beiden Sphären derselbe." Canetti: Nachlass Zentralbibliothek Zürich 48.1.3: „Masse und Macht": Aufzeichnungen 18.12.1957–23.61959, S. 3. Auffällig ist daran nicht zuletzt, dass die psychiatrischen Quellen den eigentlichen Ausgangspunkt der Überlegungen bildeten, die Mythen also u. a. auch der Unterfütterung eines bereits bestehenden Problems dienten, zu dem der Text am Ende also zurückkehrt.

89 Vgl. zur Stellung von Canettis „politischer Gefahrenepistemologie" im Kontext von Theorien zur Paranoia auch: Tim Ebner, Rupert Gaderer, Lars Koch, Elena Meilicke: „Es gibt keine Paranoia". In: Dies. (Hg.): *Paranoia. Lektüren und Ausschreitungen des Verdachts*. Wien, Berlin: Turia + Kant 2016, S. 7–21, hier S. 12. Hier wird zudem auf die Doppelstruktur von an der Macht erkrankten Paranoiker*innen und ihre Fähigkeit verwiesen, Machtmechanismen auf besondere Art wahrzunehmen und zu erkennen. Vgl. zur Gleichsetzung von politischer Macht und Paranoia über das gemeinsame Ziel des Überlebens, des radikalen Strebens nach Expansion und Einzigartigkeit bei Canetti sowie kritisch zur Parallelisierung von Hitler und Schreber und zur Einebnung der Frage, ob der Vergleich nicht am grundlegend anders gelagerten Wirklichkeitsbezug beider Machtsysteme scheitern muss: Kuhnau: *Masse und Macht in der Geschichte*, S. 329 ff.

90 Den Zusammenhang von Macht und psychopathologischer Paranoia erkannte Canetti nicht erst bei Schreber, sondern bereits anlässlich des Falles von Sylvester Matuska [Matuschka], dem „Eisenbahnattentäter", bei dessen Prozess in Wien der junge Canetti 1932 anwesend war. Bereits damals interessierte ihn die Figur des Überlebenden, die der „Einzige unter Leichen" sein wollte, die er in Matuschka erkannte. (Vgl. [1949] PdM, 160). Matuska übte 1930/31 mehrfach Anschläge auf Züge aus, die er zum Entgleisen bringen wollte. Mit der Sprengung von Gleisen, zuletzt auf einer Eisenbahnbrücke, gelang ihm der Absturz von mehreren Waggons, er tötete 24 Personen, verletzte viele schwer. Im Anschluss ließ er sich als scheinbarer Überlebender des Anschlags von den Ermittlern befragen. 1931 wurde er verhaftet, verschwand allerdings nach Kriegsende unter ungeklärten Umständen.

91 Damit ist er nicht allein. Manfred Schneider etwa vergleicht Canetti in seiner Betonung der „Erkenntniskraft des Wahns" mit Oskar Panizza, Karl Kraus und Sigmund Freud. Vgl. Manfred

Modell eines Denkens, dessen Machtsystem zwar einerseits in der Imagination angesiedelt ist, das aber andererseits ein besonders Verhältnis zum Imaginären unterhält: Das scheinbar Irreale, Unsichtbare, Vielfältige und Wimmelnde ist es, dem sich die Paranoia verschreibt, das sie unablässig in ihre Sprache zu überführen versucht: „Es gibt keine Geräusche, die nicht Stimmen sind, die Welt ist voller Worte." (MM, 536) Im Lauschen auf eine dahinterliegende, verborgene, gleichwohl geordnete Welt werden Paranoiker*innen zu obsessiv Spurenlesenden:

> Es ist unmöglich, die Bedeutung von Worten für den Paranoiker zu übertreiben. Sie sind wie Ungeziefer überall; sie sind immer auf dem Quivive. Sie schließen sich zu einer Weltordnung zusammen, die nichts außerhalb von sich liegenläßt. Vielleicht die extremste Tendenz der Paranoia ist die zu einem kompletten Ergreifen der Welt durch *Worte*, so als wäre die Sprache eine Faust und die Welt läge darin. (MM, 536f, Herv. i.O.)

Die Paranoia ist in Canettis Schreber-Lektüre nicht nur eine Krankheit der Macht, sie ist auch eine Krankheit der Interpretation. Bereits Freud stellt diese Verbindung in seiner Schreber-Studie her,[92] Paul Ricœur greift darauf 1965 in *De l'interprétation. Essai sur Sigmund Freud* zurück: Fortan ist paranoisches Denken (auch) ein Modus der Welterschließung durch Interpretation, indem es eine „Übung des Zweifels"[93] sei, die sich das Kleine und Vielgestaltige, die Mücken, die Insekten und die Fliegen zum „Wappentier"[94] nehme: Von ihnen ausgehend schließe sie auf das Große, auf die dahinterliegenden (bedrohlichen) Zusammenhänge. Die in der Welt aufgefundenen Zeichen werden in paranoischen „Exzessen der Vernünftigkeit"[95] zu einer „Weltordnung" zusammengezogen. Ob nun „falsch dichtende Einbildungskraft"[96]

Schneider: *Das Attentat. Kritik der paranoischen Vernunft*. Berlin: Matthes & Seitz 2010, insb. S. 217–226. Vgl. dazu erneut, besonders zu den Parallelen zwischen Schreber und Hitler, die in Canettis Buch gezogen werden: Kuhnau: *Masse und Macht in der Geschichte*, S. 233–240; S. 312–316.
92 Vgl. Sigmund Freud: „Psychoanalytische Bemerkungen über einen autobiographisch beschriebenen Fall von Paranoia (Dementia paranoides) [1911/1910]". In: Ders.: *Studienausgabe. Band VII: Zwang, Paranoia und Perversion*. Hg. v. Alexander Mitscherlich, James Strachey, Angela Richards. Frankfurt am Main: Fischer 1989, S. 133–203. Nennt Canetti Freuds Studie in *Masse und Macht* zwar nicht namentlich, so streut er mehrfach kritische Bezüge ein. An anderer Stelle heißt es gnädiger über Freuds Schreber-Studie: „Um aber gerecht zu sein, muß man hervorheben, daß Freud im Jahre 1911 schrieb [...]. Wer, der die fast 60 Jahre seither denkend erlebt hat, ist derselbe geblieben?" Canetti: „Macht und Überleben [1962]", in: GdW, 126.
93 Paul Ricœur: *Die Interpretation. Ein Versuch über Freud*. Übers. v. Eva Moldenhauer. Frankfurt am Main: Suhrkamp 2004, S. 45.
94 Schneider: *Das Attentat*, S. 219.
95 Ebd., S. 24.
96 Immanuel Kant: „Anthropologie in pragmatischer Hinsicht" § 49, Bd. 10, S. 530, hier zit. nach Schneider: *Das Attentat*, S. 7.

oder „Hypervernunft"⁹⁷: Die Paranoia leugnet Kontingenz und zielt auf Kohärenz.⁹⁸

Die von Canetti beschriebene „Weltordnung" der *Denkwürdigkeiten* des Daniel Paul Schreber verhält sich nun konträr zum aristotelischen System. Die Paranoia erzeuge ein System, das „nichts außerhalb von sich liegenläßt", ein System, fähig zum „kompletten Ergreifen der Welt". Im paranoischen Ergreifen – als körperlicher Akt, der zum Modell des kognitiven Vorgangs wird – erscheint die Sprache als Faust: Die Paranoia „entwandelt" auch auf der Ebene ihrer Beschreibung den Denkmechanismus zurück zu seinem machtvoll-körperlichen Ursprung: „Es ist eine Faust, die sich nie wieder öffnet." (MM, 537) Und gerade darin besteht für Canetti die Operationsweise der Paranoia, die als Akt der Demaskierung, der „Entwandlung", dem Maskenspiel, den Verwandlungen zuschaut, um schließlich allen die Masken vom Gesicht zu reißen und die statische „Wahrheit" dahinter zu erfassen, zu ergreifen (vgl. MM, 539).

Die „paranoische Vernunft" arbeitet vor allem über die Erkenntnis von Ähnlichkeiten. Überall sieht sie Ähnliches, so lässt sie sich auch als ein „Mechanismus des Immergleichen"⁹⁹ beschreiben, der über Entwandlungen verborgene Ähnlichkeiten an die Oberfläche fördert. Dabei ist die Paranoia – darauf hat Manfred Schneider hingewiesen – vor allem (auch) eine „moderne Lesart der Dinge".¹⁰⁰ Als Übervernunft beginnt sie, gerade nach der von Max Weber postulierten „Entzauberung der Welt" in Zeiten von Säkularisierung und Verwissenschaftlichung, durch die die Welt nicht mehr Buch, nicht mehr lesbar und Gott nicht mehr „magisch" beeinflussbar ist, aufs Neue latente Strukturen zu entziffern. Jenseits eines theologischen Rahmens wird sie zur entfesselten Suche nach Zeichen, die überall verborgen seien und in jeder Richtung liegen könnten. Wichtig ist hier zweierlei: Ähnlichkeitsproduktion, als Betriebsweise der Paranoia, ist in ihrem Fall erstens gerade nichts Vor- oder Antimodernes, nicht im „Primitiven" verankert, nicht als Renaissance-Allusion oder Alchemie-Reminiszenz zu verstehen, sondern sie wird von der Paranoia gerade als zutiefst moderne Denkfigur betrieben, die erst mit dem Ende der Magie als viabler Denkform überhaupt entstehen kann.

Zweitens geht die Paranoia von der Vorgängigkeit der latenten Strukturen aus, die sie sich anschickt, zu entziffern: „Es ist immer schon geschrieben, nur die richtig eingestellten Leseaugen müssen den Zeichen ihre geheime Nachricht entrei-

---

97 Ebd., S. 24.
98 Insbesondere auf narrative Kohärenz(stiftung), vgl.: Gaderer, Koch u.a.: „Es gibt keine Paranoia", S. 11f.
99 Schneider: *Das Attentat*, S. 224.
100 Manfred Schneider: „Gefahrensinn. Das paranoische Ding". In: Lorenz Engell, Bernhard Siegert, Joseph Vogl (Hg.): *Gefahrensinn*. München: Wilhelm Fink 2009, S. 161–176, hier S. 165.

ßen."¹⁰¹ Hierin zeichnet sich eine Nähe zu Caillois' Suche nach einer umfassenden, kosmologischen Weltordnung ab, in der vorgefundene, auf verborgenen Ähnlichkeiten basierende Strukturen zu einem System ohne Außen verbunden werden. Darauf wird am Ende dieses Kapitels zurückzukommen sein. Entscheidend ist zunächst, dass sich auch Canettis Untersuchungen paranoischer Macht zentral auf die von ihr hervorgebrachten Architekturen stützen und die Bauwerke der Paranoia und die Architekturen von Denksystemen miteinander verknüpfen. Es ist diese Verschränkung von Paranoia-, Macht- und Denksystemen mit architektonischen Beschreibungen, so die hier vorgeschlagene These, in der sich Canettis Konzeption des Imaginären nicht als ephemeres Phänomen, sondern als materielle Struktur erkennen lässt.¹⁰² Über die Architektur lässt sich der Zusammenhang von Macht und Ima-

---

101 Ebd., S. 171.

102 Darauf, dass die Paranoia sowohl in Bezug auf ihr Krankheitsbild als auch im Hinblick auf ihre populärkulturelle Verarbeitung ein intrikates Beziehungsnetz mit der Architektur unterhält, weist u. a. Lars Koch mittels zweier verschiedener Architekturbezüge hin. Das entgrenzte, von Analogiebildungen besessene, paranoische Denken, das den Hang hat, sich auf das Weltganze ausdehnen zu wollen, wird auffällig oft von manifesten Architekturen der Be- und Abgrenzung gedoppelt. Beispiele solcher paranoischer Bauformen, die jeweils unterschiedliche paranoische Konstellationen begleiten bzw. erst hervorbringen, seien etwa die Grenzmauer und die Hütte in der Wildnis. Anhand des Rückzugsortes, von dem aus der Unabomber Ted Kaczynski seine Anschläge plante, beschreibt Koch die paranoische Hütte als „ambivalente Konfiguration von Kontrollfixierung und Kontrollverlust" (Lars Koch: „Kybernetik, Paranoia und Gewalt. Der Öko-Terrorist Ted Kaczynski". In: Ders., Rupert Gaderer, u.a. (Hg.): *Paranoia. Lektüren und Ausschreitungen des Verdachts*. Wien: Turia + Kant 2016, S. 281–302, hier S. 293). Die Hütte als Bauform, die einen Rückzug aus dem Zentrum ermöglicht, um von der Peripherie aus anzugreifen, ziele darauf, „[s]ich davon auszuschließen, wovon man sich systematisch eingeschlossen fühlt." (Ebd.) Zugleich werde sie zum Ort der Wissensproduktion in einer lückenlosen, wissenschaftlichen Beweisführung. Noch deutlicher wird der Zusammenhang anhand faktualer und fiktionaler Architekturen der Grenzmauer: Die aktuell brisante Vorstellung der Mauer als „Medium und Politik der Ausschließung" – egal ob imaginiert oder gebaut – könne „eine Antwort auf die Entgrenzungstendenzen der Globalisierung" geben. (Ders.: „Walling out – Zur Diskurspolitik und Mythomotorik Neuer Mauern in der Populärkultur". In: Anja Besand (Hg.): *Von Game of Thrones bis House of Cards. Politische Perspektiven in Fernsehserien*. Wiesbaden: Springer VS 2018, S. 51–69, hier S. 66.) Die faktische sicherheitspolitische Ineffizienz der „Neuen Mauern" weise auf die politische Relevanz des Imaginären hin: An der Architektur der Mauer zeige sich nicht nur die Struktur des auf Abschottung ausgerichteten politischen Imaginären, das in der radikalen Freund-Feind-Unterscheidung bestehe, sondern auch, dass diese imaginäre, gesellschaftlich wirkmächtige Struktur erst über die architektonische Konstellation konfiguriert, und in vielfältigen populärkulturellen Imaginationen eingeübt werde. In Verbindung mit den in diesem Buch angestellten Überlegungen zur Dinglichkeit des Imaginären lässt sich dies auf ein Konzept des Imaginären rückführen, das gerade nicht das ephemere Korrelat zum Wirklichen bildet, sondern (auch) im Materiellen besteht und über das Materielle ästhetisch, epistemologisch, gesellschaftlich und/oder (bio-)politisch wirksam wird.

ginärem bei Canetti ebenso beschreiben wie die scheinbare Paradoxie des Imaginärem zwischen gebautem Raum und universaler, vorgängiger Struktur.

2.2.1 Die Architektur der Paranoia. Der Fall Muhammad Tughlak

Neben Canettis Schreberlektüre findet sich eine ausführliche Analyse der Herrschaft eines indischen Sultans aus dem 14. Jahrhundert, Muhammad Tughlak, innerhalb des letzten Kapitels. Historisch und kulturell entfernte politische Herrschaft überkreuzt sich so mit der zeitgenössischen, imaginierten Herrschaft eines Europäers. Während Canettis Ausführungen zu den brisanten *Denkwürdigkeiten eines Nervenkranken* mehrfach ausführlich betrachtet wurden,[103] werden seine Überlegungen zum Sultan von Delhi dagegen seltener untersucht.[104] Durch dieses einseitige Interesse an Canettis Lektüren gerät allerdings aus dem Blick, dass er angesichts der in Masse und Macht vorgelagerten Ausführungen zu Muhammad Tughlak zentrale Charakteristika paranoischer Herrschaft skizziert, die er bei Schreber nicht noch einmal wiederholt.[105] Insofern müssen beide Untersuchungen Canettis in wechselseitigem Zusammenhang gesehen werden.

Die Untersuchung zum Sultan von Delhi, für Canetti „der reinste Fall eines paranoischen Machthabers" (MM, 514), stützt sich zu großen Teilen auf eine detaillierte Beschreibung von dessen Palastarchitekturen. Die genaue räumliche Beschreibung, die auf eine *zeitliche* Zuordnung vollständig verzichtet,[106] wird ver-

---

103 Vgl. u.a. zum Komplex von paranoischer Macht, Architektur und Wissenschaftskritik bei Canetti der vielfach wiederaufgenommene Artikel von Sebald „Summa Scientiae"; sowie Gerhard Neumann: „Lektüren der Macht. Elias Canetti als Leser: Daniel Paul Schrebers und Franz Kafkas". In: Ders. (Hg.): *Canetti als Leser*. Freiburg im Breisgau: Rombach 1996, S. 139–159; Erdheim: „Canetti und Freud als Leser von Schrebers ‚Denkwürdigkeiten eines Nervenkranken'"; Kuhnau: *Masse und Macht in der Geschichte*, S. 233–269; Deleuze/Guattari: *Anti-Ödipus*; Friedrich: *Die Rebellion der Masse im Textsystem*, S. 54–57; Furuya: *Masse, Macht und Medium*, S. 162–180.
104 U.a. aber bei: Peiter: „Von der ethnologischen ‚Peripherie' zum ‚Zentrum' europäischer Gewalt." Vgl. zu meiner Kritik an Peiters Ansatz, der eine interpretativ häufig erzwungen wirkende Parallelität von Canettis Quellen und den ‚eigentlich dahinterstehenden' Ereignissen im „Dritten Reich" herausstellt, den Abschnitt „Die Selbstzerstörung der Xosa" in Kapitel V.1.
105 Furuyas Befund, Canetti könne die Bedeutung der Medien für die Paranoia, zumindest für Schrebers Wahnsystem „wohl noch nicht richtig beurteilen" (Furuya: *Masse, Macht und Medium*, S. 173), ist insofern zu widersprechen, als Canetti zwar nicht dezidiert auf Schrebers „Aufschreibesysteme" eingeht, allerdings wenige Seiten zuvor in Bezug auf Muhammad Tughlak die hier beschriebene ausführliche Analyse der Beobachtungs- und Informationsübertragungssysteme der Paranoia liefert. Siehe dazu meine Ausführungen weiter unten.
106 Verweist Canetti zwar bei vielen seiner Beispiele auf das Alter seiner Quellen, um ihre Gültigkeit zu unterstreichen, verschweigt er hier den zeitlichen Kontext – Muhammad Tughlak herrschte zwischen 1325 bis 1351 – und liefert erst am Ende seines Kapitels eine implizite Erklärung dafür:

doppelt von Canettis distanzierender Strategie, mit der er den Sultan ins kulturell Fremde entrückt: „Das Fremdartige seines Daseins macht ihn für einen Europäer besonders lehrreich. Alles ist an ihm auffallend". Canetti alterisiert den Herrscher explizit, allerdings nicht über die zeitliche Entfernung, sondern über seine außereuropäische, räumliche Ferne.[107] In dieser Alterisierung begründet er seine überblickende Beobachtungsperspektive, von der aus der Erzähler nun zitierend und paraphrasierend den Hof des frommen, „gerechten und fein gebildeten Fürsten" (MM, 504) betritt:

> Um in das Innere des Palastes zu gelangen, mußte man durch drei Tore hindurch. Vor dem ersten stand eine Truppe auf Wache, neben Trompetern und Flötenbläsern. Wenn irgendein Emir oder sonst eine hohe Persönlichkeit ankam, bliesen sie ihre Instrumente und riefen: „Soundso ist gekommen, Soundso ist gekommen." Außerhalb des ersten Tores waren Plattformen, auf denen die Scharfrichter saßen. Wenn der Sultan die Hinrichtung eines Mannes befahl, wurde das Urteil vorm Tor des Palastes vollstreckt. Die Leichen blieben hier drei Tage lang liegen. Wer sich dem Palaste näherte, stieß immer auf Leichen, Haufen und Berge von ihnen lagen hier. [...] Zwischen dem zweiten und dritten Portal war eine Empfangshalle für das allgemeine Publikum. Vor dem dritten Tor saßen die ‚Schreiber der Pforte', ohne die besondere Erlaubnis des Sultans durfte hier niemand durch. Wann immer jemand bei diesem Tor erschien, notierte der Schreiber ‚Soundso kam zur ersten Stunde' oder ‚zur zweiten',

---

Historiker*innen, von Berufswegen Besessene der Zeit, pflegten das Exzessive und Extreme des Beispiels oft gerade mit einem Verweis auf die zeitlichen Umstände und die „Notwendigkeit" zu erklären. So sei es nur logisch, dass er ganz auf die Nennung eines zeitlichen Horizontes verzichte und ihm daher auch ein, oder besser: *das* Paranoia-Beispiel des 20. Jahrhunderts, Daniel Paul Schreber, zur Seite stelle. Vgl. MM, S. 515. Ausführlich aber benennt Canetti die beiden Quellen, auf die er sich stützt und den „glücklichen Umstand", durch den ihm ein Bild von solcher „psychologischer Genauigkeit" des Sultans vorliege: vgl. MM 503.

[107] Die radikale Ahistorizität der Ansätze von Canetti und Caillois scheint es zu verbieten, dass beide sich mit *dem* Beispiel unterirdischer Paranoia-Architektur, das für beide während des Zweiten Weltkriegs präsent gewesen sein muss, dem Bunker, beschäftigen. In Canettis *Aufzeichnungen* lässt sich aber eine phantastische Dystopie finden, die ein subterranes Herrschaftssystem imaginiert und die negative Architektur Caillois' ins Bedrohliche verkehrt: „Es wurde so gefährlich, daß auf der ganzen Oberfläche der Erde kein lebendes Wesen mehr sich zu zeigen wagte. Unten ging es noch lebhaft zu. Die Kruste war öde wie die des Monds. Selbst Rauchwölkchen waren gefährlich. Die Schrecken, wenn man tief unten irgendwo aufeinanderstieß. Die ganze Menschheit eine Nation von Bergarbeitern, Stollen über Stollen und genaueste Kenntnis gefährlicher Gase. Die Mächtigen zutiefst mit ihren Schätzen an Luft. Gegen die Oberfläche hin halb ersticktes Gesindel, mit dem ewigen Bau von Dämmen gegen oben beschäftigt. Was chinesische Mauer! Die ganze Oberfläche eine gut zementierte Rinde des Schutzes, in unaufhörlicher Reparatur begriffen, geflickt und ausgebessert und nochmals geflickt. Gebückt die Sklaven. Auf Thronen von komprimierter Luft die Mächtigen, die sich nie erheben, keinen Augenblick lang sich von ihren Schätzen entfernen." ([1972], PdM, 365f)

2 System(feindschaft) und paranoische Architekturen (Canetti) — 511

je nachdem. Nach dem Abendgebet wurde dem Sultan darüber berichtet. [...] Hinter diesem Tor war die eigentliche Audienzhalle des Sultans, die ‚Halle der Tausend Pfeiler', [...] Besonders freigiebig war Muhammad mit Fremden. Über jeden, der in einer der Grenzstädte seines Reiches anlangte, wurde er durch seinen Geheimdienst sofort unterrichtet. Sein Kurierdienst war vorbildlich eingerichtet; eine Wegstrecke, für die Reisende 50 Tage beanspruchten, wurde von seinen Läufern, die einander jede Drittelmeile ablösten, in fünf zurückgelegt. [...] Die Berichte über Fremde an der Grenze waren sehr genau: Aussehen und Kleidung, die Zahl der Begleiter, der Sklaven, Diener und Tiere, das Benehmen beim Stehen, Gehen oder Sitzen, was immer einer tat, war sorgfältig und in allen Einzelheiten niedergelegt. Der Sultan befaßte sich eingehend mit diesen Berichten. Der Fremde aber hatte in der Hauptstadt der Grenzprovinz so lange zu warten, bis Anweisungen vom Sultan kam, ob er weiterreisen dürfe und mit wieviel Ehren er zu empfangen sei. (MM, 504–507)[108]

In der Paranoia als psychotischem Zustand versagen die räumlichen Grenzen.[109] Was Canetti anhand des Sultans beschreibt, ist eine räumliche Überkompensation der als porös wahrgenommenen Grenzen des Subjekts. Im Anschluss an die zitierte Eingangssequenz schildert Canetti detailliert die Gräueltaten des Machthabers, der sich an seinem Volk für minimale Übertretungen seiner ohnehin aufmerksam behüteten Grenzen rächt, indem er die Distanzen zwischen sich und seinem Volk noch vergrößert, sogar ganz Delhi entvölkert, um seine Macht, die sich über räumliche Entfernung alles „Feindlichen" vom eigenen Körper ausdrückt, zu restabilisieren. Dafür, dass Canetti *Masse und Macht* im Nachhinein den Status des Fragmentarischen, Unabgeschlossenen zuschreibt, knüpft das Ende des Buches hier allzu deutlich an seinen Ausgangspunkt an: Die Dramaturgie vom Studium des Massenhaften zur Analyse der Einzelnen wird von einem geschlossenen Zyklus begleitet, der bei der Berührungsfurcht beginnt, die sich in der Masse in ihr Gegenteil verkehrt, und in ihrer Radikalisierung im Zustand der Paranoia endet: Der Akt der Macht besteht „in der Entfernung der anderen [...], und je radikaler und umfassender das vor sich geht, um so größer ist dieser Akt."[110] Als Krankheit der Macht setzt die Paranoia folglich auch auf exzessive Verstärkung räumlicher Grenzen und Vergrößerung von Distanzen, hinter denen sich der berührungsparanoische Körper des Machthabers verbirgt.

---

108 Gekürzt sind hier ausführliche Beschreibungen der Audienz-Zeremonien, die sich ebenfalls wie Architekturbeschreibungen, konstruiert aus Hofstaat, Heer und Elefanten, lesen lassen.
109 „Im psychotischen Raum wird ein externes Objekt – ein Ganzes, ein Teil oder auch ein Attribut einer Person bzw. eines Dinges – zumeist so wahrgenommen, als wäre es in das Subjekt eingedrungen." Victor Burgin: „Der paranoische Raum". In: IGMADE (Hg.): *5 codes. Architektur, Paranoia und Risiko in Zeiten des Terrors*. Basel, Boston, Berlin: Birkhäuser 2006, S. 176–185, hier S. 183.
110 Canetti: „Macht und Überleben [1962]", in: GdW, 124.

Paradigmatisch dafür steht die Abfolge der drei Tore, die den Zugang zum Palast des Sultans erschweren, die Passage verzögern oder verhindern. Alle Prinzipien der Macht – etwa auch der Akt des Überlebens[111] – sind in die räumliche Ordnung des Palastes eingebaut: Die Berge von Leichen, für deren Nachschub ein Strafvollzugssystem sorgt, bilden eine vierte, vorgelagerte Mauer, die den Sultan als Überlebenden im Zentrum inszenieren und zur Abschreckung nach außen wirken; schließlich sind sie das erste, was Fremde vom Palast zu sehen bekommen. Entscheidend ist der Fokus, den Canettis Nacherzählungen auf die verschiedenen Registrierungsmechanismen legen, die den baulichen Strukturen der drei Tore zugeordnet sind. Schon vor dem ersten Tor ist eine akustische Apparatur installiert, die wichtige Gäste weithin hörbar ankündigt. Nach der allgemeinen Empfangshalle, die alle Unwillkommenen aussiebt, dürfen nur noch diejenigen vor das dritte Tor treten, die auf eine persönliche Einladung zu hoffen wagen. Dort wird die akustische Ankündigung um ein schriftliches Registriersystem ergänzt: Der „Schreiber der Pforte" notiert Name und Ankunftszeit jedes Ankömmlings, und erst nach dem abendlichen Bericht trifft der Sultan die entsprechende Entscheidung. In einem dreistufigen System verzögern die verschiedenen Ankündigungs- und Notationssysteme den Eintritt und lassen so einen Kontrollraum für die Zugangsbeschränkung entstehen. Aus entgegengesetzter Perspektive verwaltet der Sultan alle potenziell irritierenden Elemente, die von außen Eintritt in sein geschlossenes Palastsystem verlangen: Paranoia als pathologischer Verwaltungszwang.[112]

Noch deutlicher wird die Verwaltungssucht dann, wenn Canetti neben der Palastarchitektur auch das Informationssystem des Sultans an den nationalen Grenzen des Landes beschreibt: Das Ineinandergreifen von Kontroll-, Geheim- und Kurierdienst, das mittels einer Relais-Struktur außergewöhnliche Leistungsfähigkeit und Schnelligkeit erreicht, liest sich hier wie die Beschreibung eines

---

111 Das Überleben, vor allem die Figuration des „Überlebenden" wird Canetti implizit innerhalb der Autobiographien und in den *Aufzeichnungen* kritisch beleuchten, teils sogar revidieren. Bereits der „Epilog" von *Masse und Macht* arbeitet schließlich angesichts der Schrecken des Kalten Krieges und der drohenden atomaren Katastrophe, die eben niemanden mehr überleben ließe, an der „Auflösung des Überlebenden" (MM, 553–559).
112 In unveröffentlichten Notizen im Nachlass untersucht Canetti die Verbindung von Paranoia und Misstrauen und spitzt dieses zu einer „Krankheit des Verwaltens" zu: „Welchen Insekten jagen diese Fledermäuse – wie Bacon die misstrauischen Gedanken nannte – nach, wenn die Luft von ihnen voll ist und eine gerechte Wahl beinahe unmöglich? [...] Er *will* bestimmte Dinge verdächtigen. [...] Hier berühren sich die Probleme der Macht mit denen des Misstrauens überhaupt. Das Misstrauen ist auch eine Krankheit des Verwaltens." Elias Canetti: Nachlass Zentralbibliothek Zürich 49.10, „Masse und Macht", „Discarded (nur zum Teil verwendet. Manches ungebraucht)", S. 12 [Herv. i.O.].

2 System(feindschaft) und paranoische Architekturen (Canetti) — 513

Grenzregimes, das von Grenzkontrolle bis zur Informationsbeschaffung, -weitergabe und -verwaltung alle Grenzaktivitäten bis ins Kleinste, bis in das Sitzverhalten der an den Rändern auftauchenden Fremden, steuert, überwacht und verwaltet. Der Weg des Fremden von der Peripherie ins Zentrum ist mit vielen Prüfungen, Wartezeiten und Verzögerungen verbunden und abhängig von der Gunst eines Einzelnen. Der Blick des Zentrums in die Peripherie dagegen ist rasant, omnipotent, panoptisch.

Den Rändern des paranoischen Systems kommt insofern besondere Bedeutung zu, als dass ihre Architektur auf Ausschluss feindlicher Irritationen aus dem Außen sowie größtmögliche Distanzierung und Entfernung zielt, die Irritationen nach eingehender Beobachtung und Prüfung dennoch in die systeminternen Prozesse eingespeist werden können. So seien die meisten Angehörigen des Hofstaats von Muhammad Tughlak in der Tat integrierte Fremde (vgl. MM, 507). Sein Reich lässt sich mit Canetti insofern als ein System beschreiben, das mittels verschiedener Beobachtungs- und Aufschreibeinstanzen sensibel auf externe Irritationen reagiert, diese registriert, von zentraler Instanz auf Verwertbarkeit und Gefahrenpotenzial prüfen lässt und nach Auswertung in Information, in Höflinge umwandelt.[113] So wächst das System qua Assimilierung oder „Einverleibung" des jeweils potenziell feindlichen Außen.[114]

Mit innersystemischen Irritationen verfährt Muhammad Tughlak hart: „Jeden Tag wurden Hunderte von Leuten, in Ketten, mit gefesselten Händen und Füßen vor ihn gebracht. Die einen wurden hingerichtet, die anderen gefoltert", auch hier installiert der Sultan umfassende Prüfmechanismen: „es war eine besondere Einrichtung von ihm, daß ihm täglich alle Insassen seiner Gefängnisse vorgeführt

---

113 Schneiders Kritik, Canetti würde allein den Tod ins Zentrum seiner Überlegungen zur Paranoia stellen, greift also zu kurz. Natürlich zielt auch die Expansion des Machtsystems auf das Überleben des Einzelnen, die Überwachung grundsätzlich auf den Schutz dieses Überlebens. Zugleich aber impliziert das System als Informationsverwaltung auch ein Modell der Koexistenz assimilierter „fremder" Elemente mit dem Machthaber, solange sie in seiner Gunst stehen, und der Möglichkeit der Kommunikation mit anderen, fremden Systemen: „Durch sie [Fremde, die der Sultan reich beschenkt, EH] wurde der Ruhm seiner Freigiebigkeit in aller Welt verbreitet." (MM, 507) Vgl. Schneider: „Kritik der Paranoia", S. 204. Für Canetti gelte außerdem, so Schneider, dass die „Kritik der Paranoia unmittelbar an dem teilhat, was sie befeindet", dass sie also selbst immer paranoisch vorgehe. (Ebd., S. 206) Weiter unten soll anhand einzelner Gegenstrategien zur Paranoia gezeigt werden, dass auch diese Position Schneiders zumindest relativiert werden muss.
114 Schrebers System wird von Canetti dann nachfolgend als eines beschrieben, das diesen Prozess der Einverleibung nur noch perfektioniert: Hier sind es Heerscharen an Feinden, die durch Einspeisung unschädlich gemacht werden. Vgl. „Der große Mann schluckt sie. Sie gehen buchstäblich in ihn ein, um dann völlig zu verschwinden. Seine Wirkung auf sie ist vernichtend. Er zieht sie an und sammelt sie, er verkleinert sie und zehrt sie auf. Alles, was sie waren, kommt nun seinem eigenen Körper zugute." (MM, 523)

wurden, außer an Freitagen. Es war ein Tag der Erholung für sie, an dem sie sich reinigten und der Ruhe pflegten." (MM, 507) Der institutionalisierte Überwachungs- und Gewaltmechanismus implementiert sogar Freizeit und Urlaub von der Folter fest in sein System. Die Paranoia erzeugt schließlich mittels Überwachung, lückenloser Notation, effizientem Nachrichtenfluss, Überprüfung und Auswertung, angststeigernder Verzögerung sowie erbarmungsloser Eliminierung störender Elemente ein zentralistisch angelegtes Informations- und Menschenverarbeitungssystem. Hier fallen die verschiedenen Ausprägungen der Paranoia als Krankheit der Macht, des Überlebens, der Interpretation und der (Gewalt-)Verwaltung zusammen: im Modell einer Wissensapparatur.

In seinen anschließenden Schreber-Analysen macht Canetti selbst explizit, dass er die Paranoia als ein Erkenntnisinstrument versteht: Schrebers „Denkzwang" und seine „Kausalitätssucht", „die sich als Selbstzweck setzt und die man in diesem Maße sonst nur bei Philosophen findet" (MM, 537), erscheint als Modell wissenschaftlicher, expansiver Systeme, die jederzeit in einen allumfassenden Wahn umkippen können. Besonders geeignet zur Untersuchung der Parallelen von Paranoia und Wissenschaft ist der „Fall Schreber" auch deswegen, weil der Senatspräsident die Beziehungen, die er zum „Außen" seines Systems pflegt, auf so präzise und vielfältige Art und Weise beobachtet und beschreibt. So verkehrt er bekanntlich mit hunderten von Namen, von „Seelen": Magisch von Schreber angezogen, verkleinern sie sich in seiner Umgebung immer weiter, schließlich sind sie nur noch „winzige Figürchen in Menschenform, aber vielleicht nur von der Größe einiger Millimeter", die dann in Schreber eingehen, in ihm verschwinden. Schreber rühmt sich, in der Sprache der Seelen „Geisterseher" genannt zu werden. Die kommentiert Canetti ausführlich, befasst er sich in *Masse und Macht* schließlich doch genauer mit „echten" schamanistischen Geistersehern. Schreber, so schließt Canetti, kleide sich nur in ein primitivistisches Schamanengewand einer „veralteten Weltauffassung, die eine Existenz von Geistern voraussetzt" (MM, 523), unterscheide sich aber grundlegend in Bezug auf den Akt der Einverleibung: Der Schamane löse die Geister nie in sich auf, behalte sie nur kurz bei sich, um sie dann wieder zu entlassen, wohingegen Schreber das „genaue Modell der *politischen* Macht, die sich von der Masse nährt und aus ihr zusammensetzt" (ebd.), liefere.[115] Die mimetische Anverwandlung des Schamanen, die der

---

115 Auch eine genauere Untersuchung der Räume, die Canetti an Schreber beschreibt, wäre lohnenswert: Canetti beschreibt ausführlich, wie Schrebers Körper selbst zu einem sakralen Raum wird, in dem sich die göttliche Essenz sammelt und sich der Machthaber als Gefäß der Macht beschreiben lässt; zudem heißt es von Schrebers Wahn, den Canetti konsequent als geschlossenes System beschreibt, dass er gerade von riesigen Räumen angezogen würde: Sowohl zeitlich als auch räumlich zielt Schreber auf größtmögliche körperliche Ausdehnung. Das *„Positionsgefühl"*

„Dichter"[116] und auch Canetti selbst erproben, steht hier im exakten Gegensatz zur politischen Macht der Einverleibung, die auf eine Expansion des Systems zielt, das seine Außengrenzen peinlichst genau bewacht und alles Verwertbare in das eigene System einzuverleiben versucht.[117]

Auch das Herrschaftssystem des Sultans von Delhi kippt schnell ins Absolute: Unter Muhammad Tughlak erreichte das Sultanat zwar seine größte Ausdehnung, bald aber zielt er auf mehr: „Er wollte die gesamte bewohnbare Welt unter seine Herrschaft bringen" (MM, 509), offenbarte seine Pläne niemandem, ließ seine Armeen in aussichtslosen Kämpfen zugrunde gehen und bestrafte seine Untertanen noch für die Niederlagen; Hungersnöte und Seuchen breiteten sich aus. Wie Schreber verspürt auch der Sultan die Anziehungskraft durch den Raum, den er in Exzessen der immer größeren Ausdehnung selbst ganz einzunehmen versucht. In Canettis Analyse ist die wahnhafte Expansion in Richtung eines Systems ohne Außen die logische und einzig mögliche Konsequenz aus dem zuvor von ihm genau beschriebenen paranoischen Grenzregime, das den Überwachungsaufwand nur deswegen unternimmt, weil es auf Assimilierung und Einverleibung alles Fremden aus ist. Sensibilität für das Außen kippt in versuchsweise Annihilierung des Außen, beides gehört in der Paranoia unauflöslich zusammen.

Das paranoische (Wissens-)System kennt nur eine einzige Binnendifferenzierung: eine zentralistisch zugespitzte Perspektive auf einen einzigen Punkt in der Mitte, den Machthaber.[118] Die Architektur der drei Tore weist nicht zuletzt darauf mit aller Deutlichkeit hin. Ihre Analyse liefert Canetti das Modell eines zentralisierten Wissens. Eine einzelne Instanz bündelt die Gesamtheit des Wissens, den Blick, die Entscheidungsgewalt. Geschützt vor allen inneren und äußeren Feinden sitzt sie im Zentrum. Nur wenn der Machthaber diese privilegierte Position verlässt, die strikte räumliche Ordnung seines paranoischen Systems sich lockert, droht ihm Gefahr. Und so starb Muhammad Tughlak nach 26jähriger Herrschaft nicht durch eine Revolution, sondern an einem Fieber, mit dem er sich außerhalb seines Palastes bei einer Strafexpedition infizierte (vgl. MM, 514).

---

der Paranoia ist von zentraler Bedeutung, (MM, 517 [Herv. i.O.]) wie Canetti anhand von Schrebers räumlich kodierter Verfolgungsangst sowie anhand seiner Obsession für (räumliche, bspw. planetarische) Ordnungen näher erläutert. Als Bestandteile der Paranoia sind all diese Eigenheiten allerdings auch schon im Abschnitt über den Sultan von Delhi beobachtbar.
116 Vgl. dazu Canettis Münchner Rede „Der Beruf des Dichters", in GdW, 360–371.
117 „Verschluckte Lektüre" (Schüttpelz: *Die Moderne im Spiegel des Primitiven*, S. 123) betreibt Canetti natürlich selbst: vgl. hierzu das Kapitel V.1.
118 Bei Canetti sind sie immer männlich. Vgl. dazu ausführlicher das Kapitel „Die Erzählperspektive und die Er-Zähl-Perspektive", in: Angelova: *Elias Canetti*, S. 155–167.

Die räumliche Dimension, die spezifische Architektur jenes paranoischen Systems, das auf Expansion bis zur vollständigen Annihilierung des Außen zielt, tritt in der Analyse zum Sultan noch klarer als in der Schreberlektüre von *Masse und Macht* hervor. Canettis Beobachtungen des Herrschaftssystems als „Grenzregime", als institutionalisierte Verarbeitung von Irritationen, die aus der Umwelt des Systems über bestimmte Prüfverfahren assimiliert werden, seine organisierten Prozesse der Prüfung und Bewertung von Elementen im Inneren des Systems und seine ritualisierten Verfahren, um sich störender Variablen zu entledigen, lassen den Schluss zu, dass Muhammad Tughlak nicht nur das Modell eines individuellen Denksystems, sondern eines ganzen Wissenssystems bereitstellt.

In erster Instanz befasst sich Canettis Kapitel selbstverständlich mit der Analyse politischer Machtmechanismen, mit der Paranoia im Kontext seiner „Pathografie von Macht und Gewalt".[119] Im Zuge dessen entsteht über die Setzung der Paranoia als Form von Welterkenntnis im Modus der Interpretationsobsession aber zugleich ein Bild institutionalisierter Wissensprozesse, der Wissenschaft also als ein System, das sich selbst als umfassend zu denken versucht. Eve Kosofsky Sedgwick hat in ihrem Text „Paranoid Reading and Reparative Reading; or: You're So Paranoid, You Probably Think This Introduction Is About You" genau auf solche „strong theories" hingewiesen.[120] Ihr Ansatz lässt sich also in der Verlängerung von Canettis Analyse sehen, der den spezifischen Typus eines Systems herausarbeitet, das sich als umfassend, expansiv und ohne Außen konzipiert und als Zwitter zwischen paranoischen, politischen und wissenschaftlichen Machtformen zu verorten ist. Die radikale Sucht nach umfassender (architektonischer)

---

119 Sebald: „Summa Scientiae", S. 398. Den Schwerpunkt seiner Beobachtungen legt Canetti innerhalb des Kapitels von *Masse und Macht* auf den radikalsten Machtanfall, die unerbittliche Verlegung von Delhi in eine 40 Tagesreisen entfernten Stadt. Schließlich steht der Sultan allein auf den Mauern seines alten Palastes, blickt auf das öde Chaos der entvölkerten Stadt um ihn her und genießt das Gefühl maximaler Distanz, maximaler Entfernung, das „Positionsgefühl" des Paranoikers also, das auf dem Drang nach Einzigartigkeit, nach Überleben fußt. Radikale Ordnung schlägt hier besonders bildlich um in radikales Chaos. Siehe dazu auch: Canetti: „Macht und Überleben [1962]", in: GdW, 124. In „Hitler, nach Speer" interessiert sich Canetti besonders für die Baupläne von Germania und weist daran die für die Paranoia typische, erneut auf die Architektur bezogene „Doppel-Lust an Dauer und an Zerstörung" nach. Canetti: „Hitler, nach Speer [1971]", in: GdW, 279.

120 Auch wenn es selbstverständlich kaum vereinbar ist, Sedgwick als queere Theoretikerin mit den Vorstellungen von „oblique", quer und seitlich der beiden höchst konservativen Autoren Canetti und Caillois zusammenzubringen. Dies sei hier auch gar nicht versucht. Allein über die Analyse der paranoischen Theorie lassen sich aber Verbindungen ziehen. Vgl. Eve Kosofsky Sedgwick: „Paranoid Reading and Reparative Reading; or, You're So Paranoid, You Probably Think This Introduction is about You". In: Dies. (Hg.): *Novel gazing. Queer readings in fiction.* Durham, NC: Duke University Press 1997, S. 1–37.

Ordnung kippt in diesem Systemtyp in Chaos.[121] Erst die genaue Betrachtung des „Falls Muhammad Tughlak" macht sichtbar, wie stark Canettis Verständnis der Paranoia als Erkenntnismodus an ein spezifisches Verhältnis zur Architektur geknüpft ist. So zielt die Verschränkung von politischer Macht, Architektur und Paranoia (auch) darauf, die Machthaltigkeit und Gewaltförmigkeit wissenschaftlicher Praktiken auf Verfahrensebene – was sich dort zeigt, wo er die Nähe von manuellem, machtvollen Ergreifen und kognitivem bis wissenschaftlichem Begreifen[122] darstellt – wie auf Systemebene offenzulegen.

2.2.2 Architekturen des Imaginären

In Canettis Analysen von Machtarchitekturen zeigt sich das Imaginäre erneut in seiner erstaunlich soliden, materiellen Dimension. Seine auf die Analyse von Machtpotenzialen fokussierte Übertragung politischer Herrschaftsarchitekturen auf wissenschaftliche Praktiken und Systemarchitekturen nutzt gerade deswegen das Imaginäre: Beide Bereiche untersucht er darauf hin, wie sie mit dem Imaginären operieren, das Imaginäre in die eigenen Prozesse einfalten.[123] Am Beispiel der Paranoia lässt sich Canettis Übertragungsakt besonders gut beobachten, schließlich stellt er sie unter anderem als Erkenntnisfigur des nur begrenzt Imaginierbaren, wie beispielsweise der Katastrophe, aus: „Schrebers Visionen zum Weltuntergang haben etwas Großartiges", schreibt Canetti (MM, 524), und in seiner Zusammenstellung aus den *Denkwürdigkeiten* nehmen sie sich wie ein Frontbericht aus, berichten von aufgegebenen Posten, vollständig untergegangenen Sternbildern, einem kosmischen Krieg. Neben der für Canetti entscheidenden Tatsache, dass Schreber sich innerhalb seines Weltuntergangsszenarios, für das seine eigene Anziehungskraft auf die Seelen verantwortlich ist, für den letzten Überlebenden der Menschheit hält, vollzieht sich seine Isolation durch Überleben, die ihn zum eigentlichen und ultimativen Machthaber macht, durch eine räumliche Exterritorialisierung bzw. eine raumzeitliche Inversion:

---

121 Vgl. Sebald: „Summa Scientiae", S. 399.
122 Vgl. ausführlicher zum Konzept des „Begreifens" den Abschnitt „Caillois' Theorie des Sammelns im Kontext aktueller Ansätze" in Kapitel IV.3.
123 Laut Sebald sei „Macht" bei Canetti „nicht eine objektive Gegebenheit, sondern ein der subjektiven Imagination entsprungener, willkürlicher Begriff, der eine Welt zweiten Grades vertritt, welche erst durch Ausübung von Gewalt tautologisch sich setzen kann als Wirklichkeit". Dagegen sei hier erneut betont, dass es sich gerade nicht um die subjektive Imagination, sondern das kollektive Imaginäre handelt, das quer zu historischen Brüchen, zur Grenze von Masse und Individuum, Tier und Mensch, psychopathologischem Zustand und politischer Herrschaft verläuft, auf das sich die Macht bei Canetti gründet. Sebald: „Summa Scientiae", S. 398.

> Er hielt es für möglich, daß die ganze Flechsigsche Anstalt und vielleicht die Stadt Leipzig mit ihr aus der Erde „ausgehoben" und nach irgendeinem Weltkörper versetzt worden sei. [...] Eine seiner Visionen führte ihn auf einem Fahrstuhl weit in die Tiefe der Erde hinein. Er erlebte dabei alle geologischen Perioden, bis er sich plötzlich in einem Steinkohlewald befand. Beim zeitweiligen Verlassen des Gefährts wandelte er wie auf einem Friedhof, er kreuzte die Stätten, wo die Bewohnerschaft Leipzigs lag, auch das Grab seiner eigenen Frau. – Es ist hier zu bemerken, daß seine Frau noch am Leben war und ihn in der Anstalt wiederholt besuchte. (MM, 497)

Die individuelle Imagination des Paranoikers liefert Szenarien des Katastrophischen, die einerseits mit den politischen Ereignissen am Hofe des Sultans von Delhi, der die ganze Stadt „aushebt", um sie zu versetzen, um das Gefühl der „Distanz" in voller Ausprägung zu genießen, andererseits mit den Reflexionen über einen fiktiven „Besucher", der in Canettis Kapitel „Über das Friedhofsgefühl" beim Schlendern zwischen den Gräbern und beim Lesen der Grabinschriften der „geheime[n] Genugtuung" (MM, 326) des Überlebens frönt, deckungsgleich sind. Schrebers Katastrophenimaginationen steigern sich ins raum-zeitlich Extreme, ob als kosmische Weltraumreise oder geologische Tiefenbohrung zum Mittelpunkt der Erde. Erst über die Verbindung der verschiedenen, um den Raum kreisenden Texte wird allerdings deutlich, dass Weltuntergangsszenario und legitime Herrschaft, Alltagserfahrung und Katastrophengefühl in ihren Grundzügen einander ähnlich werden. Stets geht es um eine Verknüpfung von Raumrelationen (Distanz, Entfernung), -positionen (der aufrechtstehende, überlebende Einzelne gegenüber der Masse der Liegenden oder Toten) und Architekturen (Mauern, Tore, Plätze) mit einer immateriellen, kollektiv, überzeitlich und transkulturell wirksamen Kraft, die weder im Symbolischen bestimmter menschlicher, kodierter Zeichensysteme aufgeht, da sie – betrachtet man *Masse und Macht* als Ganzes – auch ins Tierische hineinreicht, nicht an Sprachen gebunden oder auf die individuelle Imaginationsleistung einzelner Bewusstseine begrenzt ist. Sie durchzieht die Macht als abstrakte Größe, als Zustand von Berührungsfurcht und deren Umschlag in ein Massenerlebnis, ebenso wie Momente der Verwandlung als Subversion der Macht. So drängt sich die Bezeichnung jener Kraft als „Imaginäres" in mehrerlei Hinsicht auf.

Die Paranoia ist bei Canetti folglich eine (positive) Wissensfigur, denn sie ermöglicht die detaillierte Vorstellung eines unvorstellbaren Zustands, dessen individuelle, imaginierte Ausgestaltung dann – und dies ist entscheidend – von Canetti zur Beschreibung des kollektiven, transgressiven Imaginären verwendet wird. Das Imaginäre manifestiert sich im Fall der Paranoia besonders auffällig in bestimmten Raumstrukturen. Mittels der Beschreibung von (imaginierten) manifesten Architekturen und Raumkonstellationen also erläutert Canetti die Wirkungsweisen eines Imaginären, das auch jenseits des paranoischen Denkens Gültigkeit behält. Die Architekturbeschreibung dient der Strukturierung und Fixierung des Imaginären, nicht nur in der Beschreibungssprache Canettis, sondern auch für den von ihm zitierten Paranoiker.

Ein letztes Beispiel dafür sei hier angeführt: Setzt Canetti Schreber in *Masse und Macht* stellvertretend für den paranoischen Machthaber Hitler und spricht von einer „weitgehenden Koinzidenz der beiden Systeme" (MM, 531), expliziert er einige seiner Überlegungen in seinem Essay „Hitler, nach Speer", zehn Jahre nach der Veröffentlichung von *Masse und Macht*, anhand der Baupläne zur „Reichshauptstadt Germania". Denn hier würden Massen und ihre Bewegungen auf dem Reißbrett erzeugt: Die Plätze, Straßen und Hallen seien ausgehend von Massenprozessen, Massenveranstaltungen und Vorlieben und Handlungsweisen der Masse konzipiert. Die nationalsozialistische Architektur habe es verstanden, die Massen anzulocken und somit erst herzustellen. Verstärkt werde dies von Hitlers paranoischem Größenwahn, seinem Hang zum „Übertreffen",[124] der sich auch in der Größe der von ihm geplanten Gebäude niederschlägt: Der geplante Triumphbogen Germanias sollte doppelt so hoch sein wie der *Arc de Triomphe* in Paris, und alle Namen der 1,8 Millionen Toten des Ersten Weltkriegs sollten in ihn eingemeißelt sein: Ein Triumphbogen aus Toten, die für Betrachtende in ihrer großen Zahl nicht eigentlich lesbar sein, sondern zu einer Masse der Gefallenen verschmelzen würden.[125] Die unsichtbaren Massen werden zum Baumaterial, mit dem sich Hitlers Überlegenheit und Macht über noch weitaus größere Massen architektonisch verankern lassen: Der Triumphbogen besteht aus Imaginärem und verweist zugleich darauf.[126] Die Architektur ist hier nicht (ausschließlich) Schutzraum, aus dem Geiste der Gefahr geboren,[127] sondern wird zur provokativen Droh-

---

124 Canetti: „Hitler, nach Speer [1971]", in: GdW, 264f.
125 Vgl. ebd., S. 267f.
126 Siehe dazu auch MM, 16: „Das Gebäude wartet auf sie [die Masse, EH], um ihretwillen ist es da, und solange es da ist, werden sie sich auf dieselbe Weise zusammenfinden." Man könnte angesichts des Triumphbogens aus Toten sogar noch weitergehen als Friedrich, bei dem es heißt: „Canetti reduziert alle großräumige Architektur, in der sich Vielheiten platzieren, entscheidend auf die Funktion der Begrenzung, also auf eine Form/Inhalt-Beziehung des Typs Container. Die logische Beziehung zwischen dem ‚Beinhalteten' und dem ‚Beinhaltenden' wird somit aber eine ganz andere als die eines einfachen Dualismus. [...]. Öffentliche Gebäude realisieren Beziehungen auf die physikalische Massenpraxis und sind durch Funktionen der Massenerscheinung wie Volumen, Begrenzung, Wiederholung, Kanalisierung des stofflichen Stroms definiert." (Friedrich: *Die Rebellion der Masse im Textsystem*, S. 278.) Sie sind allerdings hier nicht nur im Hinblick auf ihre Funktionen definiert, sondern beziehen ihre eigentliche Ermöglichungsbedingung sowie ihr Material aus der Masse, in diesem Fall sogar: der immateriellen Masse.
127 Vgl. zu den Ursprungserzählungen von Architektur, dem Urhütten-Mythos bei Vitruv und den Anfängen des Bauens in der Angst vor der Natur: Stephan Trüby: „5 Codes. Über Architektur, Paranoia und Risiko". In: IGMADE (Hg.): *5 Codes. Architektur, Paranoia und Risiko in Zeiten des*

gebärde, zur Machtdemonstration, indem sie aus der Anhäufung von Toten ein überdimensioniertes, sonst funktionsloses Monument formt. Einschließende Schutz- und ausschließende Distanzfunktion sind also bei Canetti voneinander unterschieden.[128]

Das zugrundeliegende Modell für diese Prozesse liefern bei Canetti stets der Körper und der mit ihm verbundene, immerwährende Konflikt von Nähe und Distanz, von „Berührungsangst und Verschmelzungslust."[129] Spricht Canetti von Architektur, dann befindet sich im Hintergrund immer auch eine Körperarchitektur.[130] Daher sind für Canetti die Zähne das „Urbild aller *Gefängnisse*" (MM, 244, Herv. i.O.),[131] die Faust im Kontext der Analyse von Schreber das Modell eines kausalitätssüchtigen Wissens und so weiter. Der körperliche Ursprung der Paranoia lässt sich demgemäß bei Canetti in der Häutung ausmachen: Die Berührungsfurcht, die sich vor allem auf die Haut, als Grenze des abgeschlossenen Systems „Körper" konzentriert, steigert sich in der Paranoia und ihrer Hypersensibilität für die Grenzen des eigenen Systems von der Angst der Verletzung, der punktuellen Versehrung der Haut zu einer Angst vor Häutung. Einerseits wird also die zweite Hülle der Palastarchitektur gerade deshalb so wehrhaft wie möglich um die erste schützende, aber angreifbare, verletzbare Hülle der Haut errichtet.

Terrors. Basel, Boston, Berlin: Birkhäuser 2006, S. 16–37, hier S. 18; sowie Gerd de Bruyn: „Architektur im Zeitalter der Paranoia oder Urhütten im Schrebergarten". In: ebd., S. 64–75.

128 Im gleichen Kapitel, allerdings im Zuge der Untersuchung verschiedener „Afrikanischer Könige" heißt es in *Masse und Macht*: „Zwischen ihm und seinen Untertanen wird künstlich eine Distanz geschaffen, die mit allen Mitteln aufrechterhalten wird. [...] Die Erweiterung seines Gehöftes, die Schaffung immer größerer Räume darin dient der Distanzierung wie dem Schutze." Die Funktionen gehen miteinander einher, sind aber nicht identisch. (MM, 493)

129 Neumann: „Yo lo vi", S. 70f.

130 In einer Nachlassnotiz heißt es: „Aus den Verboten, die sich auf die Öffnungen des Leibes beziehen, werden durch Erweiterung die territorialen: heilige Bezirke und Tempel. Damit man nicht eindringt, müssen sie als gefährlich gelten." Elias Canetti: Nachlass Zentralbibliothek Zürich 49.10., S. 36.

131 Vgl. zum Zahn bei Canetti: Hartmut Böhme: „Zahn Macht Wahn (Canetti, Roussel, Messerschmidt, Freud)". In: Hartmut Böhme, Beate Slominski (Hg.): *Das Orale. Die Mundhöhle in Kulturgeschichte und Zahnmedizin*. München: Wilhelm Fink 2013, S. 125–138, u.a. S. 127. Diese Liste ließe sich beliebig erweitern und die jeweiligen körperlichen Ursprünge variieren, in einer Notiz zu *Masse und Macht* im Nachlass heißt es etwa über die Städte: „Es ist ein richtiger Instinkt, der Herrscher dazu treibt, ihre Städtegründungen mit weiten Mauern, mit mächtigen Plätzen und Kultgebäuden zu beginnen. Sie halten darin, was sie beherrschen, wie in einer Faust." (Elias Canetti: Nachlass Zentralbibliothek Zürich 49.10, S. 110) Die Prozesse von Abgrenzung nach außen und Verdichtung der Masse nach innen beschreibt Canetti hier über die Stadt als Verlängerung des Körpers, wie er es an anderer Stelle mit Denksystemen macht. Der Körper wird selbst zum architektonischen Material, etwa im Kapitel „Von Stellungen des Menschen: Was sie an Macht enthalten" (MM, 459–467).

Andererseits wählt Muhammad Tughlak eine öffentlich ausgestellte Haut als Form der Abschreckung, um sich auf dem Gipfel seines grausamen Feldzugs gegen das eigene ungehorsame Volk die Feinde unter seinen Untertanen, vom Leib, „von der Haut" zu halten: „Gouverneuren, die von ihm abfielen, ließ er die Haut abziehen. Sie wurden mit Stroh ausgestopft, diese unheimlichen Puppen schickte er zur Abschreckung im ganzen Lande herum." (MM, 511) Die Drohung und Machtdemonstration des Sultans vollzieht sich über die Erinnerung an eine vorsprachliche, körperliche Logik sowie an den körperlichen Ursprung des Imaginären. Der geschändete Körper ist hier nur zu einem kleinen Teil blutiges Zeichenmaterial einer konventionalisierten Drohgebärde. Vor allem ist er Bestandteil eines universalen Formenrepertoires des Imaginären, das sich zeit- und kulturübergreifend als wirkmächtig erweist. Erst mit dieser Perspektive wird es möglich, dass Canetti aus der Drohgebärde des Sultans auf die Grundfigur der Paranoia schließt, die Wahn-, Herrschafts-, Erkenntnis- und Wissenschaftssysteme gleichermaßen durchzieht.[132]

2.3 Seitliches Wissen

Ob an die Ordnung des Körpers geknüpft oder an die Architektur als Verlängerung dieser Ordnung – das Imaginäre zeichnet sich bei Canetti immer auch durch eine materielle Dimension aus. Materielle und immaterielle Ebene durchdringen sich für ihn wechselseitig und erschöpfen sich nicht in einer Unterscheidung von manifestem Signifikanten als transparentem Träger und dessen imaginärem Signifikat.[133] Trenne die „aristotelische" Wissenschaft die Dinge vom Imaginären, von ihren vielfältigen Verknüpfungen auch untereinander, stürben diese ab. Als Wissenschaftsform schließe sie das Imaginäre von vornherein aus ihrem Gegenstandsbereich aus oder generiere nur „tote" Erkenntnis darüber. Die alternativen Wissenschaften aber tendierten allerdings dazu, totales, umfassendes Wissen zu

---

132 W.G. Sebald hat darauf hingewiesen, dass Canettis Hass gegen den Tod als ultimative Schließungsfigur (Siehe dazu mein Kapitel VII.2) auch seiner Abneigung gegen das System der Natur entspringt: die Natur als „monströse[s] Verdauungssystem[ ]" ist ein gigantischer, einverleibender Machtapparat, aus dem für das Leben kein Entkommen ist. Sebald: „Summa Scientiae", S. 401.
133 Zur Sprachkonzeption einer auf Ähnlichkeit basierenden Ursprungssprache bei Canetti vgl. hier exemplarisch: Rüdiger Zymner: „,Namenlos' und ,Unantastbar'. Elias Canettis poetologisches Konzept". In: *Deutsche Vierteljahrsschrift für Literaturwissenschaft und Geistesgeschichte* 69 (1995), H. 3, S. 570–595; Angelova: *Elias Canetti*, S. 253–266.

erzeugen. Diese Utopie des umfassenden Wissensanspruchs gleite schnell ins Wahnhafte, Grausame, Machthafte ab.

Zwar ist die Paranoia etwas, das sowohl mit dem Imaginären operiert, es erkennt und im Imaginären fortwirkt, sie mündet jedoch immer in einen Machtexzess. Dies lässt sich mit Canetti aber auch anders formulieren: Das Imaginäre, wird es wie bei Canetti und Caillois als umfassendes und universales Phänomen, als Kunst, Wissenschaft und allen Naturreichen zugrundeliegende Struktur gefasst, dann neigt es von selbst bereits zur paranoischen Systembildung, da es alles in sich aufzunehmen versucht, kein Außen mehr zulässt. Als räumliche Auf- und Unterteilung oder als vollständiges, expansives Ergreifen zielen die zwei von Canetti beschriebenen konträren Wissens- und Wissenschaftsmodelle auf Ausgrenzung oder Einhegung des Imaginären. Beides sind Systeme der Macht. Wie nah Canettis eigene Verfahren selbst wiederum diesem Machtanspruch kommen, wurde in diesem Buch bereits, etwa mit Blick auf die einverleibenden Lektüren (Kap. V.1), mehrfach angemerkt. Ebenso sind hier seine Versuche aufgezeigt worden, sich diesem Anspruch wieder zu entwinden. Wie sind nun Annäherungen an das Imaginäre möglich, ohne dem paranoischen Wahn oder dem Machtexzess zu verfallen?

Es finden sich bei Canetti, so hier die Anschlussthese, Ansätze für einen dritten Weg zur Untersuchung des Imaginären, die sich ausgehend von mehreren kurzen Aufzeichnungen als eine spezifische Form des „Wissens" konzeptualisieren lässt. Sie gründet erneut auf der Nähe von Architektur, Macht, Paranoia und Imaginärem: Wie bei Caillois führt der Weg zum Imaginären also bei Canetti erst recht nicht über Begriffsarbeit, sondern über die Verschiebung des epistemologischen Rahmens. Zwar macht er dieses Konzept innerhalb von *Masse und Macht* nicht explizit, in den *Aufzeichnungen* lassen allerdings Gegenvorschläge ausmachen. Zwar haben diese nicht die Form einer ausformulierten Programmatik,[134] lassen sich aber dennoch implizit im Vorgehen von *Masse und Macht* beobachten.

In der *Provinz des Menschen* formuliert Canetti im Hinblick auf das eigene Denken und Schreiben seine „Angst vor der Aristotelisierung meiner Gedanken; vor Einteilungen, Definitionen und ähnlichen leeren Spielereien." ([1955], PdM, 207) In einer langen Aufzeichnung von 1949 schildert er die Gegen-Angst: Bei seinen Lektüren der *Denkwürdigkeiten eines Nervenkranken* vermutet er „zutiefst beunruhigt", bereits oder gerade die theoretische Auseinandersetzung mit der Pa-

---

[134] Denn, unternimmt dieser (Aus-)Weg den Versuch, nicht in die zwang- und machthaltige Logik zergliedernder oder umfassender Systeme zu verfallen, so kann er sich schließlich nur schlecht der Form einer fixierten und abgeschlossenen Programmschrift bedienen.

2 System(feindschaft) und paranoische Architekturen (Canetti) — 523

ranoia berge Gefahren: „Nach wenigen Stunden packt mich ein quälendes Gefühl des Eingesperrtseins, und je überzeugender das Wahnsystem ist, um das es sich handelt, um so stärker ist meine Angst." Für seine einfühlende Lektüre des abgeschlossenen Wahnsystems verwendet er schließlich das Bild eines steinernen Raums, das sich als dystopische Variante von Caillois' negativen, aushöhlenden Architekturausführungen lesen lässt:

> [D]ie Fertigkeit und Abgeschlossenheit des Wahns, die ein Entrinnen sehr schwierig macht; nirgends Türen; alles fest verschlossen; [...] alles ist wie Granit, alles ist finster, und wie natürlich geht diese harte Finsternis auf einen über. In allem, was ich selbst versucht habe, habe ich mich vor eben diesem Abschluss gehütet; nur Öffnungen, nur Platz, war mein oberster Gedanke [...]. Nie fürchte ich mich mehr vor mir selbst als in der Fertigkeit und Abgeschlossenheit eines fremden Wahns, den ich begreife. ([1949], PdM, 161)

Die Pointe liegt in der gefährlichen Ähnlichkeit, die Canetti zwischen sich und Schrebers wahnhaftem, in Stein gehauenem System ausmacht und die in der Lektüre des fremden, paranoisch-geschlossenen Textes als Charakterzug des eigenen Denkens zutage tritt.[135] Die Überzeugungskraft, die ihm aus Schrebers Welt entgegenschlägt, lässt ihn vermuten, Evidenz selbst sei eine „paranoische Kraft". Der einzige Unterschied, den er schließlich zwischen sich und Schreber bzw. geschlossenen Wahnsystemen und der Evidenz, die sie hervorbringen, ausmachen kann, ist der, „daß ich sofort abbiege, ohne abzuschließen, was mir zu überzeugend erscheint".

Das von Canetti ins Spiel gebrachte Abbiegen nimmt Bezug auf eine gerade, lineare Bewegung des Denkens, konform mit dem geschlossenen, finsteren, steinernen Raum. Wählt Caillois die Figur der Diagonale innerhalb eines (ebenfalls steinernen) Raumes, den er selbst nie von oben überblicken kann, so geht es Canetti um das Abbiegen, Verschieben oder Abbrechen. Dem Wahn, der mit einer geraden Bewegung und dem beengten Raum assoziiert wird, möchte Canetti entkommen, indem

> [ich] verschiebe, weglege, mit etwas anderem beginne, dasselbe Problem später von immer neuen Seiten angehe; nie mich *einer* Methode und schon gar nicht einer eigenen verschreibe; der Enge etablierter Disziplinen durch Rösselsprünge in andere entweiche [...] ([1949] PdM, 162 [Herv. i.O.])

---

135 Mit der Komplizenschaft, die sich für ihn in der Lektüre herstellt, kämpft er auch bei seinen Studien zu Muhammad Tughlak, auch hier heißt lesen: ähnlich werden: „Diese mörderische Geschichte des Sultans von Delhi! Man macht aus einer Art von Gewissenszwang mit und läßt es alles über sich ergehen, und plötzlich ist einem zumute, als wäre man selbst ein Mörder; bloß weil man darauf eingegangen ist, weil man es nicht sofort mit Kraft und Widerwillen weggestoßen hat." ([1949] PdM, 162)

Die Technik des fragmentierten, aufschiebenden, unterbrechenden Denkens (oder Schreibens), die sich u. a. in Canettis *Aufzeichnungen* beobachten lässt, verknüpft er hier in einem zweiten Schritt mit einer räumlichen Bewegung. Die beklagte steinerne „Enge" wird schließlich explizit mit den Grenzen wissenschaftlicher Einzeldisziplinen gleichgesetzt. Was als Auseinandersetzung mit dem Wahn eines umfassenden Systems begann, schließt nun hier auch die aristotelischen Systeme vereinzelter, beengter Schubladenwissenschaft mit ein. Beiden soll durch das Abbiegen, Abbrechen, Ausweichen entkommen werden. In einer in der *Fliegenpein* veröffentlichten Aufzeichnung findet er für diese Form des Wissens einen neuen Namen:

> Das Wissen, indem es wächst, verändert seine Gestalt. Es gibt keine Gleichmäßigkeit im wirklichen Wissen. Alle eigentlichen Sprünge erfolgen *seitwärts*, Rösselsprünge.
> Was geradlinig und voraussehbar weiterwächst, ist bedeutungslos. Entscheidend ist das gekrümmte und besonders das seitliche Wissen. (FP, 129 [Herv.i.O.])

Das seitliche Wissen, das gekrümmte Wissen, „oblique", um mit Caillois zu sprechen, hat ein Eigenleben. Einerseits lassen sich die „Rösselsprünge" als Anspielung auf die Bewegung des Springers lesen, der als einzige Figur zunächst gerade und dann seitliche Bewegungen ausführen kann, und damit auf einem als Wissenstableau verstandenen Schachbrett seitliche Bewegungen auszuführen vermag. Canetti setzt sich an anderer Stelle vor allem mit *drei*dimensionalen Systemarchitekturen von Wissenschaftsformen auseinander, gegen die er sich mit seinem Konzept des seitlichen Wissens abzugrenzen versucht. Zudem interessiert er sich hier explizit für eine Form des aktiven, selbstständigen Wissens, das gerade nicht von übergeordneten Spielenden gesteuert wird, sondern selbst „wächst". Beides macht es sehr wahrscheinlich, dass hier nicht (nur) der Springer des Schachspiels gemeint ist. Stattdessen beschreibt die Aufzeichnung eine tatsächlich springende Bewegung, die sich aus der Flächigkeit des Tableaus löst. Der „Rösselsprung" ruft eine explizit tierische Bewegung auf; tatsächliche, animalische Sprünge, die Canetti bereits anderorts als „Ausweg" skizzierte[136] und die sich hier auf den Wissensraum übertragen lassen. Die „eigentümliche Bewegung"

---

[136] Benjamin Bühler hat dies für die Episode auf dem Kamelmarkt gezeigt, die Canetti in *Die Stimmen von Marrakesch* beschreibt und in der es ebenfalls die seitlichen Sprünge des Kamels sind, das sich gegen den Weg zum Schlachthaus sträubt, in denen die Logik von Machtbeziehungen offenbar wird. Bühler will insofern beobachten, wie bei Canetti Tiere „Personifikationen bestimmter Wissensformen" werden. Bühler: „Er denkt in Tieren, wie andere in Begriffen", insb S. 350–352, hier S. 352. Vgl. zum „Schreiben in Sprüngen" u. a. in den *Aufzeichnungen* und unter Erwähnung der Notiz vom seitlichen Wissen vgl. auch die aktuelle Publikation von Schüller: *Namensmythologie*, S. 59–65.

2 System(feindschaft) und paranoische Architekturen (Canetti) — 525

des Wissens, die Canetti beschreibt, durchschreitet die ganze Bandbreite der Naturreiche:

> Es hält sich lange still, wie Stein oder wie scheintotes Leben. Es bekommt dann plötzlich unerwartet pflanzenhaften Charakter. Man blickt zufällig hin: es hat sich zwar nicht von der Stelle bewegt, aber es ist gewachsen. [...] eines Tages blickt man woanders hin und jenes Wissen ist dort, wo es bis jetzt bestimmt nicht war, es hat seinen Ort verändert, es ist *gesprungen*. Auf dieses springende Wissen wartet jeder. In der Nacht, von der man erfüllt ist, horcht man auf das Fauchen der neuen Raubtiere und im Dunkel leuchtet gefährlich und gierig ihr Auge. ([1949] PdM, 159 [Herv.i.O.])

Das erst Stein, dann Pflanze und dann Tier gewordene Wissen springt wie ein beutesuchendes Raubtier, es springt aber auch wie ein gefangenes Tier, das einen Ausweg sucht, die Macht subvertiert, der Macht entgeht. Nicht nur sind Kafkas Tiere deutlich erkennbarer Bezugspunkt für Canettis Konzept eines tierischen, ausweichenden Wissens, auch spätere theoretische Anschlüsse, wie sie etwa von Gilles Deleuze und Félix Guattari aufgegriffen werden, die sich auf Canettis Mannigfaltiges und seine Verwandlung im Hinblick auf das Wesen der Macht beziehen, sind hier erkennbar.[137] Das seitliche Wissen scheint somit eines, das die Mechanismen der Macht offenlegt und ihnen zugleich zu entkommen versucht.[138] Selbst wenn es nie als explizite Programmatik in *Masse und Macht* formuliert wird, lassen sich Ansätze dafür in den Ausführungen zur „Verwandlung" erkennen. Damit versucht sich das Buch auch an einer performativen Kulturtheorie der

---

137 Hier insbesondere im Hinblick auf den Befehl, allerdings zugleich mit Verweis auf das Verwandlungskapitel: Deleuze/Guattari: *Tausend Plateaus*, S. 149. Zum „Ausweg" und der Fluchtlinie siehe: Deleuze/Guattari: *Kafka*, u. a. S. 49.
138 Es ist also vor allem auch die Bewegung im Raum, die vor der Paranoia bewahrt oder von ihr heilen kann. In der *Provinz des Menschen* formuliert Canetti 1945 ein Konzept, das die Psychopathologie und nationalistische „Heimat-Paranoia" zusammenbringt und die wahnhafte Dimension von Politik betont: „In der Bewegung ist zweifellos ein Heilmittel für beginnende Paranoia gegeben. Die Intensität dieser Art von Verwirrung geht aufs Statische. Man benimmt sich so, als ob ein bestimmter Platz bedroht wäre, der, auf dem man selber steht, und man kann um keinen Preis von diesem Platz weg. Die Überbewertung dieses zufälligen Standortes ist oft sehr lächerlich; [...] man benimmt sich mit einem Wort wie ein Volk, das seine Heimat verteidigt. Die Ähnlichkeit dieses privaten Zustandes mit der Politik eines Staates ist frappierend. Die Einheit eines Volkes besteht hauptsächlich darin, daß es unter Umständen wie ein einziger Verfolgungswahnsinniger handeln kann." Der Schluss, den er aus dieser Verknüpfung zieht, ist mindestens provokant: „Diese Art von Verwurzelung, die so gefährlich werden kann, ist oft in dem Augenblick geheilt, in dem man sie rasch und hart zerstört; und man sollte sich demnach sagen, daß gerade die erzwungenen Wanderungen ganzer Völker, die man so bedauert oder verabscheut, unter günstigen Umständen auch zu einer Heilung von ihrer Heimat-Paranoia führen können." ([1945] PdM, 84)

Verwandlung, indem es sich implizit an jener seitlichen Methode versucht, ohne sie fixieren und formulieren zu müssen oder besser: zu dürfen.

Es ist vielfach darauf hingewiesen worden, wie Canetti gegen die Macht geschlossener Systeme den Modus der mimetischen Anverwandlung stellt, die immer prozessual und offen gedacht ist: Ob in seiner Betonung der mythischen Figur des Tricksters oder in der Rede Canettis von Dichtenden als „Hüter der Verwandlungen". Die klare Unterscheidung, die von der Utopie eines machtfreien Verfahrens lebt, kollabiert allerdings schnell, zumal wenn man zwischen der Metaperspektive der Selbstaussagen in den *Aufzeichnungen* und dem eigentlichen Vorgehen von *Masse und Macht* unterscheidet. Denn obwohl sein Ansatz Ausgang bei einer fundamentalen Differenz nimmt, nämlich derjenigen zwischen einzelnem Ich und einer Masse von Anderen, geht es Canetti gerade um das Auffinden von Ähnlichkeiten. Das gesamte Verfahren von *Masse und Macht* – und dies unterscheidet es deutlich von anderen Büchern Canettis, vor allem von den *Aufzeichnungen* – ist auf die Betonung vorhandener, bisher verborgener Ähnlichkeiten ausgerichtet. Im Speziellen findet er immer wieder „das Allgemeine"[139] und erreicht dies durch eine ebenfalls räumlich verfahrende Technik des Nebeneinanderstellens des Disparaten, wodurch gemeinsame Strukturen sichtbar werden, die sich produktiv vor dem Hintergrund von Caillois' „diagonaler Wissenschaft" beschreiben lassen. Ein solches Vorgehen könnte man allerdings auch mit dem in Verbindung bringen, was Canetti als Modus der paranoischen Entwandlung herausstellt, als die wahnhafte Erkenntnishaltung der Demaskierung, die dazu führt, dass sich das Denken monotonisiert, denn sogar „das wirklich Verschiedene sieht er [der Paranoiker, EH] gern als dasselbe." (MM, 539)[140]

Damit sind Fluchtlinien für eine Kritik an *Masse und Macht* aufgezeigt, die weitere Widersprüche zwischen Methode und Selbstkommentar zusammentragen könnte. Grundlagen dazu sind in den einzelnen Verfahrenskapiteln vorgeschlagen worden. Darüber hinaus aber erschöpft sich das Konzept des „seitlichen Wissens" nicht in dieser einfachen Gegenüberstellung von hütender Ver- und

---

139 Vgl. Neumann: „Yo lo vi", S. 68.
140 Wie oben angemerkt, kommt auch Manfred Schneiders Untersuchung zur Paranoia bei Canetti zu diesem Schluss. Ihm ist allerdings nicht nur vorzuwerfen, dass er es bei dieser Feststellung belässt und die Canetti'schen Gegenbewegungen, die ich unten genauer beschreiben werde, beiseitelässt, sondern vor allem, dass er auch aus Canetti selbst einen Paranoiker machen möchte (Schneider: „Kritik der Paranoia", S. 198). Canettis eigene paranoische Züge lassen sich allerdings eher oder zumindest: auch als autofiktionale Strategie und anverwandelnde Inszenierung Canettis verstehen. Schon in der Blendung war die Paranoia wichtig für die Figurenzeichnung, vgl. etwa den frühen Aufsatz von Claudio Magris: „Die rasenden Elektronen". In: Herbert G. Göpfert (Hg.): *Canetti lesen. Erfahrungen mit seinen Büchern*. München, Wien: Hanser 1975, S. 35–47.

ergreifender Entwandlung. Die zitierten Passagen über diese besondere Form des Wissens erlauben es nicht nur, Tieren als „Personifikationen" bestimmter Wissensformen bei Canetti nachzugehen, sondern auch und insbesondere den Sprüngen des Wissens zwischen den Naturreichen zu folgen: Das in der Aufzeichnung beschriebene Wissen bewegt sich aus den Bereichen des Anorganischen in die Welt des Pflanzlichen: Plötzlich ist es in der Lage, organisch zu wachsen, während es zuvor „wie Stein" schien. Schließlich wechselt es sogar seinen „Ort" – und dies gerade im Moment der abgelenkten Aufmerksamkeit. Gerade dann, wenn das Wissen aus den Augen gelassen wird, springt es raubtierhaft aus einer unerwarteten Ecke hervor, und eben dies ist der von Canetti ersehnte Augenblick: Die aktive Erwartung, die sich nur in der passiven Unaufmerksamkeit erfüllen kann. Dieser Moment, der einen Verlust der Kontrolle anzeigt, eine Erkenntnis in der Abwesenheit eines bewussten Erkenntnisprozesses, ist entscheidend: denn nun wird nicht mehr nur dem zu erkennenden Gegenstand ein gewisses Eigenleben, eine Wirkmacht auf das ihn erkennende Bewusstsein zugesprochen.[141] Sondern der Wissensmodus selbst erhält ein sich ständig wandelndes Leben, das quer zu den Naturreichen eine Metamorphose durchläuft und seinen „Ort" dabei ständig wechselt. Erkenntnisprozesse vollziehen sich also bewusst jenseits der bewussten Kontrolle des Subjekts.

Zweifelsohne ist dies ein epistemologisches Konzept, das aktive er- und begreifende Machtstrategien von Erkenntnis zu unterwandern versucht. Sein Einsatz zielt aber, wenn man ihn in Bezug zu *Masse und Macht* als einer „Annäherung an das Imaginäre" setzt, noch auf deutlich mehr. Es geht nicht nur negativ darum, der Macht geschlossener Systeme zu entgehen. Es soll damit zugleich positiv die Erkenntnis eines bestimmten Gegenstandsbereiches ermöglicht werden, der sich anderen Modi des Wissens entzieht – und dies gerade im Bewusstsein davon, dass von ihm immer nur ein partielles, krummes, gekrümmtes Wissen möglich ist. Canetti konzipiert eine Methode, um getrennte Wissensbereiche auf eine Art miteinander zu verbinden, die das aristotelische Systemdenken vermeidet,

---

[141] Christoph Menke hat dies für die Epistemologie des Stolperns anhand des in den Autobiographien geschilderten Erweckungs- und Offenbarungserlebnisses, das Canetti überhaupt erst auf die Masse aufmerksam machte, gezeigt. Er verbindet diesen Erkenntnismodus, der aus der Erfahrung von Unbeherrschbarkeit des Gegenstands wie Hinfälligkeit des eigenen Selbst resultiert, mit Canettis Erkennen durch Verwandlung: „weil das Selbst darin seine Hinfälligkeit anerkennt, ohne ein für alle Mal hinzufallen", bringt es aber nicht mit einem „seitlichen Wissen" als eigenem Wissensmodus in Verbindung. Menke: „Die Kunst des Fallens. Canettis Politik der Erkenntnis", S. 60. Gerade über diese Passivierung und den Kontrollverlust des erkennenden Subjekts ergeben sich starke Bezüge zu Caillois' Beschreibung der unbewussten, unkontrollierbaren Vertauschung zwischen Muschel und Mensch im „Récit du délogé". Vgl. hierzu ausführlich das Kapitel VII.3.

ohne aber dem paranoischen Wahnglauben daran, dass ein allumfassendes Ergreifen erreichbar wäre, zu verfallen. Indem die Methode das Imaginäre fokussiert, werden andere Unterscheidungen obsolet: Etwa die zwischen Anorganischem, Pflanzlichem, Tierischem und Menschlichem oder diejenige zwischen historisch weit auseinanderliegenden politischen Systemen, ebenso wie diejenigen zwischen verschiedenen Kulturen, zwischen realen und vorgestellten Dingen. Das Imaginäre wird dabei zu einer grundlegenden Struktur, die sich quer durch die genannten Systeme zieht – und der sich daher nur mit einem „seitlichen Wissen" überhaupt genähert werden kann.

Im Unterschied zu Rogers Caillois' mehrfach bearbeiteter Frage, ob es sich beim Imaginären um Strukturen handelt, die bereits vorhanden sind und nicht erst durch das von ihm angewandte Verfahren hergestellt werden, expliziert Canetti seine Methode nicht. Dagegen arbeitet *Masse und Macht* stark mit Setzungen, häufig gipfeln seine Untersuchungen in essentialisierenden Formulierungen über das überzeitliche, transkulturelle, auch für die Tiere wirksame „Wesen des Überlebens" (MM, 277), „Wesen der Flucht" (MM, 357) oder das „Wesen der Macht" (MM, 243), und an seinen Quellen möchte er stets das „Wesentliche" herausstellen. Zwar unterstreicht er häufig die Medialität seine Quellen: Es geht ihm vielfach um ihre sprachlichen Formulierungen oder um ähnliche Wortverwendungen in verschiedenen Sprachen, die ihm solche Wesensbeschreibungen erlauben.[142] Aber die Sprache entspringt bei Canetti immer den universalen, bis zu den Tieren gültigen Zeichen des Körpers.[143] Und wie in der ersten Ordnung des Körpers, so werden auch über anorganische natürliche Prozesse und Phänomene (wie in Canettis anorganischen „Massensymbolen" Feuer, Sand, Wasser, Stein etc., MM 86-105) die Massenvorstellungen der Menschen vorstrukturiert. Das Imaginäre als transversale Struktur macht auf dieses Fortwirken einer gegebenen, natürlichen wie kulturellen, universalen Struktur in den menschlichen Vorstellungswelten und tierischen Verhaltensweisen aufmerksam.

Das seitliche Wissen geht von einer solchen vorsprachlichen Ordnung aus, die sich als Imaginäres in Massen-, Macht-, Angst- oder Verwandlungsvorstellun-

---

[142] Neumann weist für Canettis Kafka- und Schreberlektüren darauf hin, dass es sich um „Macht-Konstruktionen in Texten und *durch* Texte" handelt und dass *Masse und Macht* zu einem Drittel aus der „Inszenierung von Erzählvorgängen" besteht, als „eine komplizierte Verschränkung von narrativem Muster und konfigurierender Argumentation [...], welche in der Geschichte der Poetologie wohl ohne Beispiel ist." Neumann: „Yo lo vi", S. 77, 100. Vgl. mein Kapitel V.1.
[143] Bzw. sie entspringt den skizzierten (Kap. IV.4) Übersetzungsleistungen: „Ohne die Betrachtung der Konstellationen, die die Finger dabei bilden und die sich dem Suchenden allmählich einprägen mußten, hätten wir es wahrscheinlich auch nie zu Zeichen für die Dinge, also auch nicht zur *Sprache* gebracht." (MM, 254, Herv. i.O.)

gen des Menschen niederschlägt. Man kann dies als kosmologischen, deterministischen Ansatz auf Gegenstandsebene verwerfen – oder aber hierin eine Möglichkeit erkennen, die Grenzen zwischen sonst getrennten Wissensbereichen zu verschieben, neue Verbindungen zu ziehen und vor allem den darin enthaltenen Erkenntnismehrwert im Hinblick auf die einzelnen Verfahren zu nutzen: Als Methode ermöglicht das seitliche Wissen zugleich, die Aufmerksamkeit auf die imaginären Bestandteile jener Formen von Wissenschaft zu lenken, die so vehement auf seinen Ausschluss oder seine Beherrschung pochen. Haben wir es mit einer universalen, transversalen Struktur zu tun, dann enthält sich das Imaginäre immer schon selbst. Das seitliche Wissen, das um seine eigenen imaginären Bestandteile weiß und die Verführungskräfte des paranoischen Begreifens zu reflektieren vermag, ermöglicht es, die Mechanismen zu durchschauen, die beide von Canetti beschriebenen Wissenschaftskonzepte zur Abwehr des Imaginären in Stellung bringen: Angesichts des ausdifferenzierten Wissenschaftssystems, das seine Strukturen und seine Grenzen zwischen Einzeldisziplinen als quasi-sakrale setzt, kann die Perspektive des seitlichen Wissens helfen, bestimmte Grundmechanismen dieses Systems und seines Umgangs mit dem Imaginären zu erkennen, wie dies am Rande von Canettis transdisziplinärem Nachvollzug der Verwandlung zwischen Ding, Mensch und Tier (Kap. IV.4) oder besonders für seine alternative experimentell-fiktionale Umgangsweise mit dem Tod beobachtet worden ist (Kap. VII.2). Vor dem Hintergrund von Canettis eigenen Theorien zu Verwandlung und Tod wird zugleich erkennbar, wie sich das „Schubladen"-System selbst vor den transversalen Kräften des Imaginären schützt, indem Transgressionen der Grenze zwischen Faktualem und Fiktionalem sowie von Fächergrenzen als unzulässig markiert oder institutionell erschwert werden. Und die Perspektive des seitlichen Wissens ermöglicht auch das Gegenteil, den Wahn vom vollständigen Ergreifen als eine übermächtige Perspektive, zu entlarven. Der spezifische Wissensmodus des Seitlichen lässt sich schließlich ausgehend von Canetti dafür fruchtbar machen, das Imaginäre als fundamentalen Bestandteil wissenschaftlicher Prozesse zu beschreiben: Ob als paranoischen Einschluss oder aristotelischen Ausschluss ist es jewels Teil von Wissenschaftssystemarchitekturen, die wie Herrschaftssysteme immer in ihrer Dualität von manifester Schutz- und imaginärer Distanzfunktion gedacht werden müssen.

3 Kleine Wissenschaft: Diagonale Paranoia und ihre Gegentechniken

Ausgehend von der gleichen Diagnose – dass ein überspezialisiertes Wissenschaftssystem die Erkenntnis bestimmter Gegenstände verunmögliche, vor allem solcher, die sich wie das Imaginäre quer zu bestehenden Disziplinen und Wissensbereichen verhielten – produzieren sowohl Elias Canetti als auch Roger Caillois ähnliche Textformen. Auf Grundlage der Annahme, bei dem transversalen Imaginären handle es sich um eine vorgängige Struktur, die es erst mittels der „schräg" verfahrenden Techniken freizulegen gelte, verschränken beide Autoren disziplinäre Wissensbestände miteinander und strapazieren so gängige Wissensordnungen. Die besondere Pointe sowohl von Canettis als auch von Caillois' Annäherung an das universale, globale, zwingende System des Imaginären liegt nun darin, dass sie erst über die Vorannahme und Setzung dieser universalen Struktur überhaupt dazu in der Lage sind, Einsichten in die Begrenztheit der Instrumentarien und Verfahren zu produzieren, die sie, aber eben auch das disziplinäre Wissenschaftssystem, zur Untersuchung heranziehen. Denn mit jedem einzelnen Verfahren, mittels dessen sie in jeweils neuen Ansätzen versuchen, auf das Imaginäre zuzugreifen, ließen sich spezifische Dimensionen des Imaginären betrachten – vor allem aber auch die Grenzen und imaginären Bestandteile des jeweiligen Instrumentariums selbst. Um die Wahrnehmungseffekte sichtbar werden zu lassen, die aus den einzelnen Darstellungspraktiken und Untersuchungsverfahren resultieren, war es aus heuristischen Gründen sinnvoll, dieser von beiden Autoren geteilten Grundannahme von einem Imaginären als universaler, vorgängiger Struktur nachzugehen.

Über diesen Fokus auf das Imaginäre ließ sich beobachten, dass für beider Texte per se und in Analogie zu ihrem Gegenstand die Unterscheidung von Wissenschaft und Literatur nicht mehr greift. Stattdessen zeichnen sie mittels verschiedener Verfahren aus beiden Bereichen und mittels der Reflexion ihrer Überschneidungen die Bewegung des Imaginären durch Wissenschaft und Literatur hindurch nach. Dem Diagonalisieren bzw. dem seitlichen Wissen kommt dabei als Vorschlag zur Reorganisation des Wissenschaftssystems im Allgemeinen eine besondere Position zu. Sie reflektieren die Konstruktionsmechanismen sowie die Ein- und Ausschließungsverfahren von Wissens-, Denk- und Wissenschaftssystemen und erarbeiten im Diagonalen und Seitlichen jeweils Gegenentwürfe.

Zwar expliziert Canetti sein Wissenschaftsideal vereinzelt und versucht sich dabei bewusst an der Vermischung der „zwei Kulturen".[144] Auch seine Aufzeichnungen zum „seitlichen Wissen" lassen sich als wissenschaftstheoretische Entwürfe verstehen. Der Nachvollzug vorhandener Strukturen mittels eines diagona-

---

[144] Das Ziel von Wissenschaft solle es sein, sich „vor den komplizierten Konstruktionen" zu hüten und „nie mehr Gerüste [zu errichten], als für seine nächste Absicht unbedingt notwendig ist", ganz nach dem Bild der Naturwissenschaften, so unterstreicht Canetti in einer Notiz für den zweiten Teil von *Masse und Macht*, hier im lobenden Bezug auf Wilfred Trotter: *Instincts of the herd in peace and war*. Elias Canetti: Nachlass Zentralbibliothek Zürich 49.10, S. 8f.

len oder seitlichen-analogisierenden Verfahrens ist allerdings vorrangig als implizite Methode von *Masse und Macht* beobachtbar.[145] Demgegenüber formuliert Caillois explizit eine Programmatik der „diagonalen Wissenschaften" zur Erkenntnis des Imaginären. Diese bestehen ursprünglich in einem institutionellen und publikationspraktischen Ansatz, der in *Diogène* als einem transdisziplinären, internationalen und vor allem kollektiven Organ für eine solche diagonal verfahrende Wissenschaft Umsetzung gefunden hat. Canettis „seitliches Wissen" bleibt dagegen notorisch unterbestimmt – diese fehlende Bestimmung ist selbst allerdings programmatisch.

Das seitliche Wissen kann in einem zweiten Schritt gerade dadurch ein entscheidendes Komplement zu Caillois' „diagonalen Wissenschaften" bilden. Denn anhand der Ausführungen zur Architektur ist hervorgehoben worden, dass Caillois zwar eine explizite Theorie und ein Programm für die „diagonalen Wissenschaften" liefert, die Risiken einer solchen umfassenden Wissenschaft aber wiederum nur implizit innerhalb seiner Texte aufscheinen lässt: Dem Diagonalisieren, das in der Lektüre von verborgenen Ähnlichkeiten disparater Wissensbereiche besteht, und damit immer schon droht, den Lektüreakt ins Paranoische zu steigern, stellt Caillois innerhalb seines Textes zur „architecture cachée" den Orientierungsverlust seiner diagonal den Raum durchmessenden Figur gegenüber. So schildert sein Text eine Perspektive „von unten", die den Weg der paranoisch Lesenden fokussiert und ihn durch den Entzug vollständiger Orientierung daran hindert, ganz dem Wahn zu verfallen – theoretisch reflektiert Caillois diese Gegenstrategie allerdings nicht.

Genau an dieser Stelle erweisen sich die Ansätze von Caillois und Canetti als komplementär. Der eine liefert jeweils den fehlenden Baustein für die theoretischen Entwürfe des anderen: Caillois' „diagonale Wissenschaft" stellt auf der einen Seite den methodisch-theoretischen Rahmen für das Vorgehen bereit. Er entwickelt explizit ein Konzept transdisziplinärer Wissenschaft, das jenseits der Kluft zwischen den „zwei Kulturen" agiert und für Caillois vorrangig auf publikationspraktischer Ebene Produktivität bewiesen hat. Dieses Konzept lässt sich implizit auch bei Canetti finden. Damit lässt sich dessen „widerständiges" Werk *Masse und Macht* präziser fassen. Dagegen expliziert Canetti auf der anderen Seite den

---

145 Diesen Modus des demütigen Anknüpfens, des Hinzufügens als Form von Wissenschaft und als Form des seitlichen Wissens hat bereits Adorno bei Canetti beschrieben und ihn damit mit Freud verglichen, da beide angeblich darauf zielten „die Ergebnisse anderer etablierter Wissenschaften nicht zu verwerfen oder zu bestreiten, sondern nur etwas hinzuzufügen, was in ihnen vernachlässigt sei". Adorno lobt Canetti explizit für die Transgression der „Spielregeln der Wissenschaft", dies sei ihm „unendlich sympathisch". Canetti: „Gespräch mit Theodor W. Adorno [1962]", S. 140 und S. 142.

paranoischen Systemwahn und damit zugleich die riskante Seite des diagonalen Unternehmens. Caillois befasst sich in seiner Engführung gebauter Räume mit dem Imaginären vor allem mit Sakralbauten sowie mit den Sakralisierungsmechanismen, derer sich das Wissenschaftssystem zur eigenen Absicherung gegen wissenschaftliche „Sakrilege" bedient. War Caillois also im Kontext des Collège de Sociologie noch an der Resakralisierung der Gesellschaft interessiert, ist es ihm hier gerade um die Desakralisierung des Wissenschaftssystems zu tun. Canetti nimmt dagegen vor allem imaginierte, halluzinierte oder historische Fälle von paranoischen Machtarchitekturen zum Ausgang, um die Paranoia als immer auch politisch zu verstehende „Krankheit" der Macht ins Herz wissenschaftlicher Systemarchitekturen zu verorten. Zwar bleibt diese politische Dimension auch bei Canetti im Hintergrund. Dennoch lässt sich in der komplementären Lektüre von diagonaler Wissenschaft und paranoischer Systemarchitektur sowohl die produktive als auch die machthaltige Dimension des Diagonalisierens als protoparanoischem Lektüreakt vorhandener Strukturen nachvollziehen.

In ähnlicher Weise, wie es später Eve Kosofsky Sedgwick mit ihrer Analyse von „strong theories" als paranoischen Theorien tun wird, betrachtet Canetti solche Denkformen, die alles in den eigenen Denkansatz zu integrieren und sich als allumfängliche Theorie gegen jeden Einwand abzusichern versuchen, als paranoische Wissensstrukturen. Dabei muss er auch an seinem eigenen Ansatz derlei Tendenzen feststellen (Kap. VIII.2). Während es Sedgwick um die antizipatorische zeitliche Dimension der Paranoia, da sie immer alles bereits gewusst haben will, sowie um ihre Sichtbarkeitslogik als Wissensmodus geht, weil sie immer auf Enthüllung und Aufdeckung zielt,[146] ist Canettis Interesse allerdings anders gelagert. Er betrachtet vielmehr die räumlichen Dimensionen paranoischer Theorieformen und die Machtmechanismen, die mit diesen Raumformationen verknüpft sind.

Masse und Macht ist häufig, ausgehend von Canettis Selbstbezeichnung als „Hüter der Verwandlungen", als ein Buch gelesen worden, das für die Fragen nach der Masse und der Macht die europäische Perspektive überwinde und das „das kollektive Gedächtnis der Menschheit zu erhalten"[147] versuche. Canettis Repräsentationen und Lektüren des „Anderen" sind in der vorliegenden Studie im Einzelnen nachvollzogen und entgegen einer solchen Lesart auf ihre inhärenten Machtpraktiken oder ihren „Primitivismus" befragt worden (insb. Kap. V.1 und VI.4). Dabei ist mehrfach aufgefallen und exemplarisch anhand seiner Wolfskind-Lektüre beobachtbar geworden, wie Canetti nicht nur die Sprache oder die Dinge, sondern auch das „Andere" aus einer schöpferisch-körperlichen Logik ge-

---

146 Vgl. Sedgwick: „Paranoid Reading and Reparative Reading", insb. S. 9f.
147 Vgl. u.a. Angelova: *Elias Canetti*, S. 155.

3 Kleine Wissenschaft: Diagonale Paranoia und ihre Gegentechniken — 533

winnt. Dieses entspringt im Besonderen in seinen genetischen Lektürepraktiken, letztlich nicht einem allgemeinen körperlichen und zum Tier hin geöffneten Substrat, sondern ihm selbst. Solcherlei Tendenzen erschweren es, seinen Ansatz ebenso prominent als Verfechter eines dezentrierenden Imaginären zu lesen, wie dies für Caillois vorgeschlagen wird (Kap. IX). Dagegen reflektiert Canetti stärker als Caillois die Konsequenzen, die die Untersuchungen einer als universal und transversal gesetzten Struktur nach sich ziehen. Dem Instrumentarium des Diagonalisierens stellt Canetti eine Analyse des paranoischen Denkens zur Seite (Kap. VIII.3), in der Verschränkung beider Ansätze werden folglich nicht nur Perspektiven auf ein dezentrierendes Imaginäres sichtbar, sondern auch ihre Komplementarität für die Konzeptualisierung einer Wissenschaft vom Imaginären, wenn sich diese bewusst (bzw. so antizipatorisch wie die Paranoia nach Sedgwick selbst) zu ihrer spezifischen Gefährdung durch einen paranoischen Systemzwang verhalten soll.

Denn Canettis Texte – so könnte man im Anschluss an den Ansatz von Sedgwick sagen –, entwerfen konkrete „reparative practices" als Gegentechniken zu paranoischen Denkformen. Sedgwick deutet unter diesem Begriff einzelne Formen des „schwachen" Wissens an, die im besten Fall mit den „strong theories" interagieren, um Alternativen zur verbreiteten „paranoid hermeneutic"[148] bereitzustellen: ad hoc gebildete Begriffe, „lokale Theorien", die Integration von Unvorhergesehenem, von überraschenden Erfahrungen. Sie führt diese allerdings in ihrem Text nicht im Einzelnen aus. Genau hier können sich Canettis Techniken des „seitlichen Wissens" als produktiv erweisen. Es wäre allerdings kontraproduktiv und kaum im Sinne des Gegenstands, diesen Praktiken die fixierte Form einer manifestartigen Programmatik oder eines Allheilmittels zu verleihen, das schwache, seitliche Wissen also selbst zur „strong theory" zu erheben.[149]

Canetti entwirft seine „reparative practices" weniger als (ästhetisches) Programm denn als Aufruf zur Anschlusskommunikation innerhalb des Wissenschaftssystems. Sie lassen sich als Vorschlag für alternative, „kleine oder mindere"[150] wissenschaftliche Schreibweisen lesen, die gerade nicht auf eine

---

148 Ebd., S. 21.
149 Dass auch die Systemlosigkeit droht, zum System zu werden, betont Canetti ebenfalls bereits früh: „Die Systemlosigkeit des aphoristischen Denkens als ein nur Scheinbares; das System, das sich darunter befestigt, umso gefährlicher, es enthüllt sich nur in seltenen Aspekten, es bleibt für den Betroffenen selbst ein Geheimnis." Elias Canetti: Nachlass Zentralbibliothek Zürich 5: „Frühes: Wien 1935–1938", zit. nach Hanuschek: *Elias Canetti*, S. 179.
150 Deleuze und Guattari lesen aufmerksam in Canettis Essay über Kafkas Briefe an Felice. Sie merken etwa an, er übersehe die Verbindung von Kafka und Dracula (Deleuze/Guattari: *Kafka*,

„kleine Literatur", sondern eine „kleine Wissenschaft" zielen, die es anzuwenden gilt, um der Paranoia der Wissenschaft (auch der diagonalen) sowie des Wissenschaftssystems – auch jenseits der Erkenntnis des Imaginären – zu entkommen. Das dissidente Potenzial beider Autoren ist demzufolge weniger auf Gegenstandsebene und noch weniger in ihren Personen zu suchen, deren Außenseiterposition höchstens eine akademische war. Es lässt sich vielmehr in den peripheren und machtsubvertierenden Verfahren und Techniken finden, die ihren Texten freilich erst abgetrotzt werden müssen. Die machtkritische Dimension der Instrumente, die vor allem Canettis seitliches Wissen bereitstellt, kann ihr eigentliches Potenzial daher vielleicht erst in einer (zukünftigen) von Canetti abgelösten Anwendung entfalten. Zwar entwickeln sowohl Canetti als auch Caillois jenseits ihrer primitivistischen Setzungen oder ethnozentrischen Perspektiven auf formaler Ebene Verfahren, die versuchen, dem machtvollen Zugriff des Subjekts ein eigenmächtiges Objekt gegenüber zu stellen und den Fokus auf die Dezentrierung des Denkens zu legen. Im Versuch aber, diese Verfahren selbst anzuwenden, schleicht sich immer wieder eine starke Autorschaftsgeste ein, die ihre Souveränität gerade aus der scheinbaren Aufgabe auktorialer Kontrolle speist. Dennoch, so sei hier argumentiert, bergen die entwickelten Verfahren das Potenzial, in Verbindung mit anderen Setzungen auf Inhaltsebene sowie mit tatsächlich dezentrierten (kollektiven, peripheren, subversiven o. ä.) Schreibpositionen einen souveränen Formwillen zu unterwandern. Auf eben diese Potenziale aber sei anhand dreier Beispiele von Gegentechniken, dreier möglicher Verfahren einer kleinen Wissenschaft abschließend hingewiesen.

3.1 Abbrechen

Immer wieder kündigte Canetti einen zweiten Teil zu seinem selbsterklärten Lebenswerk an. Die Fragmentierung des eigenen Werks, das Verschieben aller fehlenden Bestandteile in einen potenziellen zweiten Teil leisten nicht allein diverse Äußerungen in Interviews, Gesprächen und Notizen. Diese Strategie des Fragments ist bereits Teil des veröffentlichten Buchs.[151] Sprachliche Verfahren des Ab-

---

S. 127), obwohl er die alimentierende Dimension der Briefe durchaus betone. Vgl. ebd., S. 24, vgl. für Canetti: „Der andere Prozeß: Kafkas Briefe an Felice [1968]". In: GdW, insb. 104f.

[151] In den handschriftlichen Ausarbeitungen seines Anmerkungsapparats, wie auch in den frühen Ausgaben von *Masse und Macht*, die noch nicht der Werkausgabe folgen, lässt sich dazu ein kurzer Hinweis in den Kommentaren des Buches finden: „Die Anwendung der gewonnenen Einsichten über Masse und Meute auf historische Bewegungen früherer Epochen bleibt einer späteren Veröffentlichung vorbehalten, die zum Teil schon ausgeführt, zum Teil skizziert ist." (Elias

brechens und Neuansetzens, wie sie etwa der Aphorismus verlangt,[152] ebenso wie die nachträgliche Fragmentierung einzelner Bücher durch den Autor Canetti sind zentraler Bestandteil seines Werks und hinlänglich untersucht worden.[153] Caillois arbeitet in ähnlicher Weise mit dem wiederholten Abbruch, der ein permanentes Neuansetzen erforderlich macht. Dies zeigt schon die Publikationsform, die er für seine drei Bände der *Approches de l'imaginaire* gewählt hat, und dies zeigt ebenfalls der ständige Wechsel der jeweiligen Verfahren: vom Einsatz des Tableaus, zur Suche der Syntax bis zum fiktionalen Text. Sie alle bleiben „Annäherungen", die immer wieder von anderen Verfahren der Approximation abgelöst werden müssen. Auf publikationstheoretischer Ebene ist auch Canettis nachträgliche Fragmentierung als Autorstrategie angesiedelt,[154] die versucht, den Mangel abstrakter Systeme – dass diese nämlich nur über Ausschließungen überhaupt bestehen können[155] – als Potenzial zu nutzen: „Das Hoffnungsvolle an jedem System: was von ihm ausgeschlossen bleibt." ([1968] PdM, 320)

In einer unveröffentlichten Notiz aus dem Nachlass Canettis wird allerdings deutlich, dass die nachträgliche Fragmentierung nicht nur das Mögliche, aber Ungesagte, zum Bestandteil des abgeschlossenen Textes macht, sondern auch dem Schutz vor Totalitätsansprüchen dient, die nur in den Wahn führen können:

Canetti: *Masse und Macht*. Frankfurt am Main: Fischer 1981, S. 535.) Interessanterweise sind in der Werkausgabe die beiden letzten Halbsätze gestrichen (vgl. MM, 566). Vgl. zu Canettis Planungen eines zweiten Bands kurz vor der Veröffentlichung des Buches sowie erneut zu Anfang der 1970er Jahre, als *Masse und Macht* endlich erfolgreicher und eine zweite Auflage gedruckt wurde: Hanuschek: *Elias Canetti*, S. 453f.
152 Vgl. exemplarisch u.a. Matt: „Der phantastische Aphorismus bei Elias Canetti", S. 71: „Für ihn ist der Aphorismus nicht das fertige Resultat eines Denkakts, sondern das dramatische Zeugnis des Denkprozesses selbst." Siehe dazu auch: „Der aphoristische Einzelsatz widerspricht den Anforderungen abgeschlossener Systemarchitektur, da jede Eintragung fortwährendes Beginnen und Experimentieren ist." Friedrich: *Die Rebellion der Masse im Textsystem*, S. 53.
153 Vgl. ausführlich zur Diskrepanz zwischen Canettis Forderung nach einem offenen System und seiner eigenen Schreibpraxis, zu seiner nachträglichen Fragmentierung nicht nur von *Masse und Macht*, sondern auch zur *Blendung* als eines ersten Teils einer ganzen „comédie humaine an Irren" sowie zur Einfaltung des Schweigens in das Schreiben, die sich mittels der „Perforation" des Werkes vollziehe: Friedrich: *Die Rebellion der Masse im Textsystem*, S. 107–110.
154 Elias Canetti: „Zu ‚Masse und Macht' [1962]". In: ARG, 61–62, hier 62: „Ich lege in diesem Buche meine wesentlichsten Ergebnisse vor. In späteren Bänden soll vieles ergänzt werden, das meiste davon steht fest." Beispiele wie diese lassen sich einige in Gesprächen, Aufzeichnungen, Notizen Canettis finden.
155 „Jedes abstrakte System läßt bestimmte Dinge zu und schließt andere aus.", Elias Canetti: „Gespräch mit Gerald Stieg [1979]". In: ARG, 318–329, hier 320.

Wenn es weiter geht, wird es nie ein Ende nehmen. Nimm dich in Acht vor der Endlosigkeit. Es wird alles ärger, je mehr es sein könnte. Oh mein Gebirge, bist du nicht hart genug, bin ich nicht hart genug. Etwas zwischen uns [ist] zu flüssig geworden.[156]

In seiner Lektüre der *Denkwürdigkeiten eines Nervenkranken* von Daniel Paul Schreber hatte Canetti den Wissensraum des paranoischen Systems mit einer steinernen Enge verglichen (Kap. VIII.2), in dem alles Flüssige erstarre und das auch ihm, dem Leser Schrebers, mit Versteinerung drohe, wenn er sich allzu sehr einfühle. Die Opposition von fest/flüssig bzw. hart/weich kehrt sich in der zitierten Notiz von Juni 1956 um: Nun ist es die Härte, die Canetti sucht, auf dass sie ihn vor der Endlosigkeit, dem fließend Endlosen schütze. Abbrüche setzen Canetti und Caillois insofern strategisch ein, um einerseits Erwartungen zu potenzialisieren und sich andererseits vor der Unbeendbarkeit des eigenen Unterfangens, wie auch vor der machtvollen Geste des alles erfassenden Ergreifens, das sie an sich selbst diagnostizieren, zu schützen.

Canettis Vorstellung eines seitlichen Wissens, das sich sprunghaft dem linearen, mechanischen Wissen entgegenstellen solle, gründet also in einer Strategie des Abbrechens. Dieser Bruch manifestiert sich auf räumlicher Ebene bei Canetti vor allem in den *Aufzeichnungen*: Im Textraum entsteht dort mittels Reihung kurzer Einzeltextstücke eine zerpflückte, den typographischen Zusammenhang scheuende, immer wieder abbrechende Textgestalt auf dem Raum der Seite. Ähnlich lässt sich auch die diskontinuierliche Herausgabe der *Approches* von Caillois beschreiben: Dafür stellt er eine Reihe von kleinen Texten nebeneinander, verwendet alte Texte immer wieder neu, veröffentlicht einzelne Elemente erst viele Jahre später und stellt sie dann unter neuen Überschriften in wechselnde Zusammenhänge. Werden Techniken des Abbrechens und des Fragments meist als rein poetische Verfahren betrachtet, überführen beide Autoren sie in den wissenschaftlichen Diskurs. Erst mittels experimentierender, immer neu ansetzender und abbrechender Textformen gelingt es etwa Canetti, sich dem Tod aus einer Innenperspektive, als einem Phänomen des Imaginären, zu nähern (Kap. VII.2). So erlaubt das fragmentierende, abbrechende Verfahren die wissenschaftliche Auseinandersetzung mit Figuren des absoluten Abbruchs, mit dem Tod, und spendet zugleich Schutz vor dem Wahn der Vollständigkeit.

---

[156] Elias Canetti: Nachlass Zentralbibliothek Zürich 41.5. „Masse und Macht": Materialien 1952–1957: „Allerhand Notizen, hauptsächlich Mongolen und Assassinen, Juni 1956", S. 17.

3.2 Verschwinden

Das Verschwinden als Technik des seitlichen Wissens lässt sich ihrem Wesen nach nur ex negativo beobachten. Als Raumpraktik unterscheidet sich das Verschwinden vom Verstecken insofern, als ihm kein spielerischer Aspekt zukommt und es meist irreversibel ist bzw. sein soll.[157] Wer verschwindet, löst sich innerhalb des Raums auf, verliert seine leibliche Präsenz. Canetti lernt bei Kafka, dem „größten Experten der Macht",[158] im Verschwinden eine subversive Strategie gegen die Macht zu erkennen und befasst sich eingehend mit Kafkas Textverfahren des Verschwindens: dem Kleinerwerden der Figuren, dem sich „[E]nthunger[n]",[159] dem Durchsichtigwerden. Kafkas Figuren entziehen sich nach Canetti der Macht durch leibliche Verringerung oder Verwandlung ins Kleine, wo die Macht sie nicht mehr ergreifen könne.

In *Masse und Macht* ist es vor allem die Macht des eigenen Systems, vor welcher der Erzähler, der Nacherzähler des vielfältigen Quellenmaterials, zu verschwinden versucht, indem er selbst hinter die Quellen zurücktritt, sich transparent macht und vorgibt, diese „für sich" sprechen zu lassen. Das Verschwinden lässt sich als Steigerung der mimetischen Anverwandlung verstehen, in der die Anähnelung ans Andere auf die völlige Auflösung des Eigenen zusteuern soll. Als machtunterwanderndes Verfahren angelegt und als solches innerhalb von *Masse und Macht* immer wieder angekündigt, vollzieht sich bei Canetti das Verschwinden einer ordnenden, steuernden, systemkonstruierenden Erzählinstanz im Text selber nur bedingt oder wird als ausgestellte Abgabe von Souveränität zur umso machtvolleren Geste (Kap. IV.4, V.1).

Versteht man das Verschwinden nun als ein Verfahren des seitlichen Wissens, zeigt sich, dass es sich ebenfalls aus einer räumlichen Logik speist. Gerade anhand von Canettis Lektüre von Schrebers *Denkwürdigkeiten* wird deutlich, dass Lesen und Aufschreiben immer auch Machttechniken sind, denen sich die Wissenschaft, und sei sie noch so sehr als offenes System angelegt, nie entziehen kann. In den Figuren des Schamanen und des Tricksters gelingt zwar das anverwandelnde Verschwinden, so wenigstens versucht es Canetti zu zeigen. Diese Machtsubversion erzeugt jedoch als Nebenprodukt stets wieder neue Macht. Auf die wissenschaftstheoretische Perspektive übertragen, sind es namentlich diejenigen wissenschaftlichen Praktiken, die sich als unsichtbare geben, die hinter den

---

[157] Vgl. zum Versteck als spielerischer Raumpraktik: Heyne/Dettke: „Zugänge zum Spielraum der Literatur", S. 27f.
[158] Elias Canetti: „Der andere Prozeß: Kafkas Briefe an Felice [1968]". In: GdW, 165–253, hier 223.
[159] Ebd., in: ARG, 190. Dort heißt es weiter: „Die Angst vor der Übermacht ist zentral für Kafka, und sein Mittel, sich ihrer zu erwehren, ist die Verwandlung ins Kleine."

gesammelten Materialien zurückzutreten versuchen, die in der von *Masse und Macht* unternommenen Untersuchung des Imaginären zu besonders machthaltigen wissenschaftlichen Instrumentarien funktionalisiert werden.

Caillois versucht sich ebenfalls im Verschwinden, indem er das Imaginäre der über die menschliche Existenz hinausweisenden Zeitstruktur des Steins unterstellt. Caillois erprobt hierfür fiktionale Erzählperspektiven, mit denen nach dem Verschwinden des Menschen noch erzählt werden kann (wie in „D'après saturne", Kap. V.2). Als Verfahren eines seitlichen Wissens versucht das Verschwinden, Zustände zugänglich zu machen, die sich der menschlichen Erfahrung entziehen, oder hinter einem Gegenstand zurückzutreten, der an die Stelle eines ordnenden Subjekts gesetzt wurde. Bei beiden Autoren bleibt diese Technik allerdings Fiktion im Doppelsinn, als Realitätsstatus und als Texteffekt: indem Canetti sich das Verschwinden einer machtvoll ordnenden Textinstanz zwar wünscht und suggeriert, diese aber nie erreichen kann, ohne neue Machtstrategien hervorzubringen; und indem Caillois nur im Modus der Fiktion vom Verschwinden schreiben kann.

3.3 Abbiegen

Produktiver erweist sich dagegen eine andere Technik: das Abbiegen. Der einzige Unterschied zwischen dem Paranoiker Schreber und sich selbst, betont Canetti, liege darin, „daß ich sofort abbiege, ohne abzuschließen, was mir zu überzeugend erscheint" ([1949] PdM, 162). Die Technik des Abbiegens ist sicherlich diejenige, die am deutlichsten auf eine räumliche Bewegung innerhalb des Wissen(schaft)ssystems verweist und in enger Verbindung mit den „diagonalen Wissenschaften" zu sehen ist. Das seitliche Wissen übertritt die Schranken zwischen Stein, Pflanze, Tier und Mensch, übertritt innerhalb des dreidimensionalen Raums der Wissenschaft festgelegte Disziplingrenzen mittels seitlicher Sprünge; es biegt also dort ab, wo für andere unüberwindbare, ontologische oder disziplinäre Grenzen existieren oder nur lineare Bezüge möglich sind. Es biegt ab, um nicht dem Wahn geschlossener Systeme zu verfallen und – so könnte man vor dem Hintergrund der „diagonaler Wissenschaft" sagen – weil es dem Imaginären als transversaler Struktur folgt. Es ist also nur in Bezug auf die geraden Wissenschaftsarchitekturen, von denen er sich abzusetzen versucht, ein *krummes* Wissen. Dies ist sowohl für Caillois' Texte als auch für *Masse und Macht* im Einzelnen dargelegt worden. Es wurde etwa für das oben ausführlich analysierte Kapitel Canettis zur „Herrschaft und Paranoia" (Kap. VIII.2) noch einmal beobachtet, wie Grenzen zwischen psychiatrischem, ethnologischem und historischem Diskurs überwunden und faktuale politische Ereignisse mit pathologischer Imagination

3 Kleine Wissenschaft: Diagonale Paranoia und ihre Gegentechniken — 539

verbunden werden, um den einheitlichen Strukturen der Macht zu folgen, die sich als Teil des Imaginären durch alle genannten Bereiche hindurchziehen. Canetti liefert in diesem Kapitel zugleich ein Beschreibungsinstrumentarium, um die architektonischen Bauprinzipien wissenschaftlicher Systeme offenzulegen und ihre Beziehung zum Imaginären sichtbar werden zu lassen. Im Unterschied zum Abbrechen und zum Verschwinden versucht das Abbiegen nicht, hinter einen scheinbar für sich sprechenden Gegenstand zurückzutreten, die eigene stets anwesende Abwesenheit zu fingieren, und argumentiert zudem ohne den Einsatz von Potenzialitäten. Im vollen Bewusstsein der paranoischen Gefahr weicht das Abbiegen stattdessen immer dort aus, setzt auf Vermeidung, wo die „große Theorie", der große Wurf platziert werden müsste.

Insofern verlangt das Abbiegen auch, mit der (eigenen) paranoischen Wissenschaft und deren linearen Argumentationen und starken Schlüssen zu brechen. Dafür werden Vieldeutigkeiten produziert, wo das „gerade Wissen" auf Eindeutigkeit setzt: „Worauf er aus ist? Auf *Meistdeutigkeit*." (FP, 79 [Herv. i.O.]) Dass sich in *Masse und Macht* das Disparate doch immer wieder zum Ähnlichen, die Vielheiten doch immer wieder in der Vereinheitlichung auflösen, darauf wurde hingewiesen. Gerade deswegen reflektiert Canetti vor allem in den *Aufzeichnungen* Gegenstrategien zur eigenen Vereinheitlichungstendenz, die erst in Verbindung mit dem System des Buches ihre Notwendigkeit offenbaren. Über das Universum der Canetti'schen Texte hinaus hat das von ihm entworfene Abbiegen eine doppelte Funktion: Es folgt den Biegungen des Imaginären, quer zu herrschenden Diskursgrenzen. Und es schützt zugleich vor ihm, indem es ermöglicht, der Paranoia der eigenen Theorien auszuweichen. Insofern gilt es Canetti weniger als „Hüter der Verwandlungen" denn als Theoretiker und Praktiker einer „kleinen Wissenschaft" ernst zu nehmen. Mag sich *Masse und Macht* auf Gegenstandsebene auch unpolitisch und ahistorisch geben, in der Analyse von Systemparanoia und seinem Entwurf „minderer" Gegentechniken lassen sich Ansätze für ein kritisches, auf die textuellen Verfahren ausgerichtetes Programm erkennen.

Im Fall der Diagonale ist das Abbiegen, um der Paranoia der großen Systeme zu entkommen, buchstäblich räumlich gemeint. Über die Veränderungen von Raumvorstellungen, über die Neuordnung oder Dezentrierung des vom Menschen bewohnten Raums soll schließlich auch der Mensch als der ephemere Betrachtende erkannt werden, der er in Bezug auf das Imaginäre ist:

> Dort haben Länder keine Hauptstadt. Die Leute siedeln sich alle an den Grenzen an. Das Land bleibt leer.
> Die Hauptstadt ist die ganze Grenze. (FP, 129)

IX Ausblick: „Fossilien für niemanden".[1] Dezentrierte Perspektiven auf das Imaginäre

Aus der Sicht eines hypothetischen Jívaro- oder eines chinesischen Wissenschaftshistorikers würden Aristoteles, Descartes oder Newton weniger als Enthüller der distinkten Objektivität der Nichtmenschen und der sie regierenden Gesetze erscheinen, sondern vielmehr als die Architekten einer naturalistischen, völlig exotischen Kosmologie, verglichen mit der Wahl, die von der übrigen Menschheit getroffen wurde, um die Entitäten in der Welt zu verteilen und Diskontinuitäten und Hierarchien in ihr zu bestimmen.[2]

[I]nstinktiv tut er das Richtige, um sich seiner Paranoia zu erwehren: er wechselt häufig den Standort. (FP, 85)

Betrachtet man die erarbeiteten Ansätze vor dem Hintergrund aktueller Diskussionen zum Imaginären, erweisen sich Caillois' Texte auf Gegenstandsebene als ebenso anschlussfähig, wie sich Canettis Gegentechniken als formal produktiv erwiesen haben. Diese Anschlussfähigkeit ist aber auch zwiespältig. In der vorliegenden Studie sind die primitivistische Praktiken und konservativen wie politisch ambivalenten Positionen Canettis und Caillois' sowie ihr paradoxer Rückfall in die zuvor reflektierten Machtstrategien erkenntnistheoretischer Instrumente immer wieder angemerkt worden. Trotz oder mit dieser kritischen Vorsicht lässt sich allerdings das Potenzial der Ansätze dort herauszustellen, wo sie ein Gegenstands- und Verfahrenswissen bereithalten, das weitaus dissidenter ist, als die von ihnen selbst explizit geäußerten Positionen. Vorgeschlagen wurde dies oben bereits für Canettis Verfahren einer „kleiner Wissenschaft" (VIII.3) und es lässt sich auch für Caillois' Konzeptualisierung des Imaginären sagen.

Das Formenrepertoire, an dem verschiedene menschliche Kulturen zu verschiedenen Zeiten sowie Dinge und Tiere gleichermaßen Anteil haben, die Logik, die imaginierte und materielle Ordnungen durchzieht und die Elias Canetti für die Erklärung von Massenbildungen, Macht- und Herrschaftsformen und Verwandlungen nutzt, lässt sich gewinnbringend mit dem Begriff eines kollektiven, umfassenden Imaginären verknüpfen. Dies ist im Einzelnen in diesem Buch ausgeführt worden. Ein solches Imaginäres beschreibt Roger Caillois im Unterschied zu Canetti ganz explizit. Ihm geht es um ein universales Formenspektrum, das gerade nicht an die menschlichen Vorstellungswelten, an kulturelle Artefakte und Symbolisierungen geknüpft ist, sondern, diesen vorgelagert, das die mögliche Varianz fest-

---
1 Caillois: *Der Fluss Alpheios*, S. 147. Frz.: „Fossiles pour personne." Caillois: „Le fleuve alphée [1978]", S. 171. Am Ende der jeweiligen Kapitel sind immer wieder Zwischenbilanzen gezogen worden, auf die hier statt eines allgemeinen Resümees verwiesen sei.
2 Descola: *Jenseits von Natur und Kultur*, S. 107.

legt, innerhalb der sich die Zeichnungen, die auf der glatten Fläche einer aufgeschnittenen Achatknolle ebenso bewegen wie die abstrakte Malerei. Dieser Begriff des Imaginären erklärt nicht nur die Kunst zum radikal unfreien Nachvollzug eines vorgegebenen und begrenzten Spektrums universaler Strukturen. Er legt den kulturellen Erzeugnissen des Menschen die gleichen Strukturprinzipien zugrunde wie den mineralischen Kristallisationsprozessen. Das von Caillois entwickelte Konzept des Imaginären, das nur über den tastenden Nachvollzug einer Vielzahl von verborgenen Analogien und folglich immer nur näherungsweise erkannt werden kann, lässt sich als radikaler Determinismus lesen, der Mensch, Tier, Stein und Technik auf eine einheitliche und fixierte Formensprache festlegt, aus der es kein Entrinnen zu geben scheint, die zudem ohne Heilsgeschichte daherkommt und in der keine Freiheit, keine Kreativität und keine Innovation möglich sind, sondern eben immer nur das sanfte Herausschälen bereits vorhandener Formen.[3]

Canettis ahistorischen Ansatz mag man als reduktionistische Perspektive verdammen[4] und den Status der Analogien bei Caillois als unwissenschaftlich kritisieren.[5] Gerade der Determinismus des Imaginären, den beide veranschlagen, ermöglicht es allerdings auf der anderen Seite, die menschlichen Repräsentationen, kulturellen Artefakte und künstlerischen Ausdrucksformen von ihrer Sonderstellung in der Welt zu vertreiben, sie in derselben wenigstens zu destabilisieren. Als allgemeine Struktur durchzieht das Imaginäre nicht nur die materiellen und immateriellen Repräsentationsformen des Menschen zu verschiedenen Zei-

---

3 Es ist versucht worden, diese Unfreiheit des Menschen als Freiheit auf tiefer liegender Ebene, in der Natur, zu definieren: „Als Plädoyer eines Künstlers und Literaten für eine [...] ästhetische Freiheit, die bereits in der Natur selbst verankert sind – und sich damit auf ein fast unangreifbares ontologisches Fundament berufen kann." Eidelpes: „Von der empirischen Imagination zur natürlichen Ästhetik", S. 114. Dagegen wird hier argumentiert, dass der Begriff der „Natur" als Gegenpart zur Kunst gerade nicht mehr in Stellung zu bringen ist, da ihn der Begriff des Imaginären aushebelt. Der radikale Determinismus hat eine Dezentrierung des Menschen – ebenso aber auch des Naturbegriffs – zur Folge, in der beide Anteil an der fixierenden Struktur des Imaginären haben.
4 Es sei hier nur an die oben ausführlich zitierte Kritik von Honneth an Canettis *Masse und Macht* erinnert, dessen „extrem gesteigerte[r] Reduktionismus" (Honneth: „Die unendliche Perpetuierung des Naturzustandes", S. 111) des Sozialen wie des Psychischen auf einer überzeitlichen, ahistorischen Affekttheorie basiere, die „auf gespenstische Weise zeitlos" (ebd., S. 117) sei.
5 Statt einer eigentlichen Wissenschaft betreibe Caillois ausschließlich „Mimetismus an wissenschaftliche Praktiken", ziele an wissenschaftlichen Fakten vorbei, verfalle trotz seiner Kritik am Anthropomorphismus genau diesem und entwickle damit zwar ein „Konzept von einer gewissen poetischen Effizienz, jedoch ohne rationale oder wissenschaftliche Grundlagen" (Frz.: „son mimétisme des pratiques scientifiques", „Caillois a inventé un concept d'une certaine efficacité poétique, quoique sans fondement rationnel ni scientific", Halpern: „La taupe de l'analogie qui se croyait un papillon", u. a. S. 184 und 174).

ten, in verschiedenen Kulturen, sondern auch diejenigen der Tiere und Steine.⁶ Dass letztere also nicht als Projektionsflächen für die Symbolisierungen des Menschen genutzt werden, sondern ihnen unabhängig vom Menschen die Fähigkeit zur Repräsentation zuerkannt wird, ist die entscheidende Differenz.

In einer späten Aufzeichnung von 1992 imaginiert Canetti: „Die verschwundenen Dinosaurier: Werden *Ameisen* einmal Reste der verschwundenen Menschen ausstellen?" (BgT, 298 [Herv. i.O.]), und Caillois denkt in seinem letzten Buch 1978 über „Fossilien für niemanden" nach.⁷ Die Ameisen, die den Menschen überdauerten, sammeln dessen letzte Überreste, um eine Welt zu rekonstruieren, an der Menschen vielleicht einmal Anteil hatten, die aber längst vergangen ist. Zwar ist Canettis Aufzeichnung ins Fiktionale gewendet und stellt ihre Komik deutlich aus. Doch gerade damit versucht sie die Aufmerksamkeit auf einen sonst undenkbaren Zustand zu lenken: In der Versuchsanordnung, die er entwirft (vgl. Kap. VII.2), werden Repräsentationsformen einer zukünftigen Vergangenheit denkbar, die nicht mehr an die menschliche Kultur gebunden sind.

Einen Schritt weiter geht Roger Caillois mit seinen Fossilien, die als indexikalische Zeichen auf die weit zurückliegende Existenz von (Lebens-)Formen verweisen und deren Formen konservieren, aber von niemandem mehr gesammelt, gelesen, ausgestellt werden: Die Steine „werden nach der allgemeinen und unausweichlichen Auflösung im Weltraum fortdauern. Die Reste des Parasiten werden eines Tages nur noch eine Spur in den massiven Steinen sein. Fossilien für niemanden."⁸ In dieser Zukunftsvision ist die menschliche Beobachtungsperspektive schlicht unnötig geworden. Die Fossilien als Zeichen aber, deren Verweisstruktur auf vergangene Formen parasitären Lebens, als deren eine der Mensch nach seinem Untergang erscheint, ihnen materiell eingeprägt ist, bleiben in Caillois' Perspektive auch ohne Betrachter*in Zeichen.

Diese Perspektivverschiebung innerhalb der Konzeption des Imaginären beider Autoren rückt Zustände, Existenzweisen, Lebensformen jenseits des Menschen – jenseits des individuellen menschlichen Bewusstseins wie auch der menschlichen Existenz im Allgemeinen – in den Blick. Deutlicher als in Canettis Verwandlungen ins Tierische verfolgt Caillois' spätes Werk explizit das Ziel, den

---

6 Die Pflanzen wurden dagegen im vorliegenden Buch nicht eigens betrachtet. Insbesondere Überlegungen zu Bäumen und dem Wald böten sich bei Canetti wie bei Caillois für eine genauere Untersuchung an.
7 Caillois: *Der Fluss Alpheios*, S. 147. Frz.: „Fossiles pour personne." Caillois: „Le fleuve alphée [1978]", S. 171.
8 Caillois: *Der Fluss Alpheios*, S. 147. Frz.: „Elles subsisteront dans l'espace sidéral après l'universelle et inévitable dissolution. Les vestiges du parasite d'un jour ne seront plus que trace dans l'épaisseur des pierres. Fossiles pour personne." Caillois: „Le fleuve alphée [1978]", S. 171.

Menschen aus dem Zentrum der Kunst, der Repräsentation und insbesondere des Imaginären zu vertreiben. Bei beiden Autoren ergeben sich aus dieser Verschiebung Konsequenzen für den Zeichenbegriff. Denn Figurationen und Repräsentationen der Macht oder des Todes (für Canetti) oder das Formenrepertoire der Kunst (für Caillois) basieren dann nicht mehr auf einem konventionellen, kulturell codierten Zeichensystem, sondern gehören einer Logik an, die über den Menschen hinausgeht, die er nicht selbst und nicht aktiv hervorbringt. Mit einem so verstandenen Imaginären versuchen beide Autoren den Menschen nicht als Ursprung, sondern als Teilhaber an einer Struktur zu verstehen, an der sich Tiere, Dinge und Steine ebenso bedienen. Nur in der Zusammenschau verschiedener Zugriffsweisen, mittels derer die Menschen sich ihre menschliche und nichtmenschliche Umwelt zu erschließen, zu modellieren, zu repräsentieren versuchen, mittels verschiedener wissenschaftlicher Disziplinen, Religionen, Träume und Literaturen, in Verbindung mit der Betrachtung von Dingen, Tiersoziologie und Mineralogie kann es gelingen – darin sind sich beide Autoren einig –, ein approximatives Wissen über diese Struktur zu gewinnen. Dieses Näherungswissen unterläuft die moderne Grenzziehungen von Natur und Kultur, Wissenschaft und Kunst, Eigenem und Fremden und muss daher unausweichlich zu Irritationen innerhalb der modernen Ordnung der Dinge führen. Möglich wird die transversale Vorgehensweise allein aufgrund der Annahme eines Imaginären, das den Menschen aus seinem Zentrum vertrieben hat.

So formuliert lassen sich die Ansätze beider Autoren nicht nur als eng miteinander verwandt beschreiben, sondern auch an verschiedene aktuelle Diskussionen anschließen, die jeweils von der Dringlichkeit zeugen, neue Verbindungstunnel innerhalb jenes Maulwurfsbaus zu graben, in dem sich die einzelnen Wissenszweige allzu schnell voneinander isolieren und verästeln. Neben naheliegenden Bezügen auf neue Ansätze zur Transdisziplinarität (vgl. Kap. II.2, VIII.1, VIII.3) sind Anknüpfungspunkte mit neueren Überlegungen zur Ökologie und zum *Ecocriticism* denkbar, die bereits mit Caillois in Verbindung gebracht wurden.[9] Mehrfach betont wurde außerdem, dass es sich anbietet, Canettis und vor allem Caillois' Kritik des in unzählige Teilbereiche zerstückelten Wissenschaftssystems im Kontext der Reinigungsarbeit von Bruno Latour zu lesen.[10] Nach Latour müsse diese als Ensemble von Praktiken verstanden werden, das in der Mo-

---

9 Vgl. Clare Sibley-Esposito: „Caillois sur les chemins de l'écocritique". In: Valeria Emi Sgueglia, André-Alain Morello (Hg.): *Quadrillages labyrinthiques. L'échiquier Caillois. Littératures (online)* 68 (2013), http://journals.openedition.org/litteratures/108 (Stand 02.04.2020).
10 Vgl. für diesen Vorschlag in Bezug auf Caillois' Poetik wie erwähnt auch: Albers: „Reine und unreine Literatur(wissenschaft) nach Roger Caillois", S. 39. Im vorliegenden Buch wurde bereits jeweils beobachtet, wie sich hinter den bildpraktischen Verfahren, den Lektüre- und Experimen-

derne auf die Trennung ontologischer Bereiche (des Humanen und des Ahumanen, des Belebten und Unbelebten sowie der jeweils zugordneten Wissenschaftsbereiche) abziele und dabei zugleich verdeckt eine besondere Form der Vermittlung betreibe. Die Wissenschaften vom Imaginären, so wie sie bei Canetti und Caillois beobachtet wurden, leisten eine systematische Aufdeckung dieser Vermittlungsleistungen und stellen diesen eine „Verunreinigungsarbeit" zwischen den getrennten Sphären des modernen Denkens entgegen. In dieser Hinsicht ist vor allem die Rolle von Roger Caillois im Rücken der französischen Epistemologietradition und seine Verwandtschaft mit den Ansätzen von Bruno Latour u. a. zu betonen. Es wäre lohnenswert, die Einsicht in die Praktiken dieser verunreinigenden Wissenschaften vom Imaginären wiederum auch für Latour selbst nutzbar zu machen und die Schreibweisen Latours – zwischen Narration[11] und Schaubildern – einem Vergleich mit den hier erarbeiteten hybriden Textverfahren zu unterziehen. Und schließlich lassen sich die Grenzverschiebungen zwischen den Bereichen des Fiktionalen, Halluzinierten, Imaginierten und jenen des Faktualen oder Realen, die innerhalb der Arbeiten am Imaginären beider Autoren vorgenommen werden, durchaus als Vorgeschichten zu aktuellen Debatten verstehen, die sich an der Unterscheidung von Fakt und Fiktion und der politischen Instrumentalisierung dieser Unterscheidung abarbeiten.

Exemplarisch sei an dieser Stelle aber nur ein einzelner, möglicher Anschluss untersucht, der deswegen naheliegt, weil die Perspektivverschiebung, weg vom Menschen als Zentrum des Imaginären, in ganz ähnlicher Weise innerhalb neuerer ontologischer Perspektiven der Anthropologie[12] diskutiert wird (so z. B. bei Tim Ingold, Eduardo Viveiros de Castro[13] und Eduardo Kohn). Sie sprechen sich einerseits im Anschluss an die *Science-and-Technology-Studies* dafür aus, die sozialwissenschaftliche Vormachtstellung des Menschen, seine Hegemonie als sozialer Agent infrage zu stellen. Andererseits knüpfen sie an eine ethnologische Tradition an, für die Claude Lévi-Strauss als Ahne dient, und versuchen von ihm ausgehend, die klassischen anthropologischen Dualismen (Natur/Kultur, Mensch/Tier, Umwelt/

---

tierverfahren binäre Oppositionen von Subjektivität und Objektivität, Kunst und Wissenschaft, Spiel und Wissenschaft, Eigenem und Fremdem, Fakt und Fiktion immer schon durchdringen.
11 Vgl. den erzählerischen Anfang in Latour: *Wir sind nie modern gewesen*, S. 7–9. Sein Text beginnt mit einer Zeitungslektüre, deren „Hybridartikel" ihm die Vernetzungen von „Wissenschaft, Politik, Ökonomie, Recht, Religion, Technik und Fiktion" vorführen (S. 8) – die Welt, wie sie uns in der Zeitung begegnet, ist also selbst bereits ein diagonales Unterfangen, ließe sich hier zeigen.
12 Hier im Sinne von: Ethnologie, nicht im Sinne der deutschen philosophischen Anthropologie.
13 Diesen möglichen Bezug von Caillois' Entwurf einer transhumanen „allgemeinen Poetik" zu Viveiros de Castro nennt auch Irene Albers: „Reine und unreine Literatur(wissenschaft) nach Roger Caillois", S. 46.

Gesellschaft, Körper/Geist) zu überwinden, ohne das strukturalistische Denken als solches zu verabschieden.

Der Anthropologe Eduardo Kohn legte mit seinem Buch *How forests think* von 2013 die Grundlagen für einen „pansemiotischen" Ansatz, der auf der Grundlage der Zeichentheorie von Peirce davon ausgeht, dass Tiere und Pflanzen zwar nicht mittels symbolischer Zeichen kommunizieren, allerdings von indexikalischen und ikonischen Zeichen Gebrauch machen. Mit dieser Fokussierung auf andere Repräsentationsweisen von Welt, die weder vom Menschen ausgehen noch auf ihn beschränkt sind, öffne sich, so Kohn, auch eine neue Perspektive auf die semiotischen Prozesse, die der Mensch vollzieht und die sich unter Menschen vollziehen: Indem man andere Kategorien auf den Menschen anwende als seine eigenen – wie Sprache, Kultur und Geschichte –, erschlössen sich neue Dimensionen für die Anthropologie, eine „Anthropologie jenseits des Menschen". „Such encounters with other kinds of beings force us to recognize the fact that seeing, representing, and perhaps knowing, even thinking, are not exclusively human affairs."[14] Sein Ansatz knüpft dabei einerseits an Bruno Latour, Michel Callon und Donna Haraway an, die jeweils versuchen, den Anteil des Menschen am Prozess der Wissensgenerierung mit einer Perspektive auf die Handlungsmacht nichtmenschlicher Akteure zu relativieren. Andererseits greift er auf die strukturalistischen Unternehmungen von Claude Lévi-Strauss und, daran anknüpfend, Eduardo Viveiros de Castro und Philippe Descola zurück, die sich jeweils mit den zentralen Dualismen des anthropologischen Denkens auseinandersetzen, diese in ihrer kulturellen und historischen Relativität ausstellen oder verabschieden, aber zugleich eine strukturalen Analyse verschiedener Formen von Unterscheidungen beibehalten.[15] In der Verbindung beider Ansätze erkennt beispielsweise Descola, über Kohn hinaus, die Keimzelle für eine ontologische Wende, mit der davon ausgegangen wird, dass menschliche und nichtmenschliche Wesen – trotz aller Unterschiede – innerhalb der gleichen Welt und der gleichen Voraussetzungen existieren: „that the sources of the plurality of beings and regimes of existence lie at a deeper level than the sociocultural one traditionally studied by anthropology."[16]

Kohn entwirft also, anknüpfend an Theorien des Posthumanen, eine Anthropologie, die paradoxerweise den Menschen gerade nicht als Einzel- und Sonderfall in der Welt zu behandeln versucht. Sein Kerngedanke, dass auch die nicht-

---

[14] Eduardo Kohn: *How forests think. Toward an anthropology beyond the human*. Berkeley: University of California Press 2013, S. 1.
[15] Vgl. dazu die Besprechung von Kohns Buch durch Philippe Descola: „All too human (still). A comment on Eduardo Kohn's How forests think". In: *HAU: Journal of Ethnographic Theory* 4 (2014), H. 2, S. 267–273, hier S. 268.
[16] Ebd.

menschlichen Lebensformen sich die Welt auf bestimmte Art und Weise repräsentieren, bricht zudem mit einer bestimmten Auffassung von „natürlichen" und „künstlichen" Weisen des Weltbezugs: Kohn zufolge konstruiert jedes Lebewesen quasi unnatürliche, im Sinne von künstlich, auf Zeichengebrauch basierende Welten.[17] Dies erlaubt es, die Ansätze Canettis und Caillois mit ihm in Verbindung zu bringen: Auch die Ameisen also – könnte man hier im Rückbezug auf Canetti sagen – sind dazu fähig, die Überreste des Menschen zu musealisieren, Vergangenheit zu repräsentieren, und die indexikalischen Zeichen des Fossils – in Übereinstimmung mit Caillois – bleiben auch ohne den Menschen Zeichen. Das von beiden Autoren entworfene „reale" Imaginäre ermöglicht insofern Verknüpfungen mit neueren ontologischen Überlegungen, als diese ebenfalls davon ausgehen, dass sich menschliche und nichtmenschliche Wesen die gleichen Voraussetzungen innerhalb der Welt teilen.[18]

An Kohns Ansatz, alternative nichtmenschliche Arten von Repräsentation zu fokussieren, der nicht als ein ethisches Projekt angelegt ist, sondern als ein epistemologisches,[19] ist allerdings gerade deswegen auch Kritik geäußert worden: Denn wie gelangt man nun zu Erkenntnissen über solche postulierten anderen Formen von Repräsentation? Und wo beginnt der Zeichengebrauch? Schließlich konzentriert sich Kohn im Gegensatz zu Roger Caillois auf das „Leben": „[T]here is something unique to life: life thinks; stones don't."[20] Hinzu kommt, dass sein Verfahren ein indirektes ist, das sich darauf beschränkt, lediglich die menschlichen Repräsentationen nichtmenschlicher Repräsentationsformen zu

---

17 Unter dem Titel „Provincializing language" will er also zeigen, dass Zeichengebrauch nicht auf die dem Menschen vorbehaltene symbolische Sprache beschränkt ist. Vgl. u.a. Kohn: *How forests think*, S. 42.
18 Ähnlich ist hier insbesondere die Stoßrichtung, den Menschen nicht mehr im Zentrum anthropologischen Denkens zu verorten, denn sowohl Canetti als auch Caillois gehen deutlich weniger differenziert mit den jeweiligen verschiedenen Repräsentationsweisen um. Grundsätzlich entwerfen ihre Theorien und fiktionalen Experimentalanordnungen jeweils Welten, in denen die Tiere im Endeffekt von *ähnlichen* Repräsentationen Gebrauch machen wie der Mensch (der Musealisierung der Vergangenheit, der Macht – oder des Schreckens, wie bei Caillois' Leuchtzirpe). Insofern sind die aktuellen Ansätze differenzierter und gerade *nicht* auf der Suche nach jenen „verborgenen Ähnlichkeiten" bzw. Homologien, sondern nach eigenständigen Repräsentationsweisen. In ihrer Zielsetzung sind beide Ansätze aber durchaus miteinander vergleichbar.
19 Sein Blick auf die Runa im Amazonasgebiet, die zahlreiche nichtmenschliche Akteure als beseelte, sinnerzeugende und intentionale Subjekte behandeln, dient nicht etwa einer exotischen Zuschreibung, sondern einer Kritik westlicher Denkweisen, ohne daraus konkrete (verantwortliche) Handlungsweisen gegenüber dem untersuchten Gegenstand abzuleiten.
20 Kohn: *How forests think*, S. 100. Vgl. dazu auch die Kritik von Descola: „All too human (still)", S. 271.

betrachten anstatt sich mit Verhaltensbiologie oder tierischer Kognition zu befassen.[21]

Gerade hier drängt es sich auf, den diagonalen Ansatz von Canetti und Caillois ins Spiel zu bringen: Denn der Einbezug von biologischen Quellen zur Mimikry (Caillois), zur Tiersoziologie (Canetti) oder die eigene Betätigung als Mineraloge (Caillois) unternehmen den ernsthaften Versuch, sich von den Repräsentationsweisen des Menschen zu lösen und andere Formen des Weltbezugs in die Untersuchung miteinzubeziehen. Insofern zielt besonders Caillois' Ansatz auf eine komplementär verfahrende „Anthropologie jenseits des Menschen" zu derjenigen Kohns. Um die Anthropologie tatsächlich über den Menschen und sogar über das tierische Leben hinaus zu erweitern, bieten die diagonalen Wissenschaften ein konkretes Handwerkszeug.

Sowohl der „ontological turn" in der Anthropologie als auch die Theorien des Imaginären bei beiden Autoren setzen also eine gemeinsame „tiefere" Quelle,[22] die für verschiedene Existenzformen gilt und aus der sich menschliche und nichtmenschliche Formen speisen, mit der die Welt bevölkert ist. Beiden ermöglicht diese Setzung eine radikale Dezentrierung des Menschen. Bei Canetti und Caillois, dies ist in den einzelnen Kapiteln nachvollzogen worden, hat dies nicht nur Konsequenzen für die Position des Menschen innerhalb der Ordnung der Dinge, sondern auch für die wissenschaftlichen Verfahren, die zur Untersuchung dieser Ordnung eingesetzt werden: Dies ist im Einzelnen anhand exemplarischer Praktiken herausgearbeitet worden. Explizit entwickeln beide Verfahren, in denen das Subjekt nicht mehr die volle Kontrolle über den wissenschaftlichen Erkenntnisprozess behalten kann und soll: Im Sammeln soll sich das Subjekt mimetisch an sein Objekt anverwandeln und damit auch seinen distanzierten und fixierten Status verlieren. Das Objekt, zu dem sich das Subjekt öffnen müsse, erhalte so eigenständige Wirkmacht innerhalb des wissenschaftlichen Erkenntnisprozesses. Die Formen des Zitierens zahlreicher verschiedener Wissensbestände, Mythen und Quellen, wie sie beide Autoren anwenden, die aber insbesondere bei Canetti zum Tragen kommen, sind ebenfalls als Versuch nachgezeichnet worden, bewusst die eigene euro- bzw. anthropozentrische Beobachtungsposition in den vielfältigen und „fremden" Repräsentationen aufzulösen, zu dezentrieren.[23] Der bewusste

---

21 Ebd., S. 272.
22 Vgl. ebd., S. 268.
23 Auch wenn heute die Frage danach gestellt wird, was die eigentliche Aufgabe der aktuellen ethnologischen Forschung sei, gibt etwa der einflussreiche Anthropologe und Althusser-Schüler Maurice Godelier die Antwort, zuallererst müsse man „sich dezentrieren." Damit sei gemeint, die Ethnolog*innen müssten ihr „soziales, intimes und kognitives Ich", das jede*r in sich trage, „unablässig kritisch zu überwachen", wenn man beobachte. Maurice Godelier: „Die Anthropologie.

Versuch der (Selbst-)Auflösung als explizite Anstrengung beider Autoren stößt allerdings stets an die Grenzen des Machbaren: Die gewählten Textformen bleiben, selbst wenn sie sich noch so sehr mit den textuellen Zeugnissen des scheinbar „Anderen", „Fremden" befassen, angewiesen auf eine organisierende, hierarchisierende Erzähl- und/oder Autorinstanz. Und auch dann, wenn der fiktionale Erzähler vorgibt, sich in eine Vielzahl von einfachen tierischen Organismen zu verwandeln, in einen Schwarm Mücken oder eine Kolonie von Muscheln, sich also jenseits des einzelnen, menschlichen Bewusstseins zu bewegen, spricht eine singuläre Stimme innerhalb einer intakten Erzählsituation.

Produktiv werden diese Versuche jedoch dann, wenn etablierte naturwissenschaftliche Verfahrensweisen, Bildpraktiken und Schreibformen ebenso wie scheinbar rein literarische Verfahren in die Untersuchung des Imaginären eingeführt werden. Gerade dann geht es nicht nur um die aktive Dezentrierung des Menschen auf Inhaltsebene der Texte. Es wird dann stattdessen sichtbar, dass die Verfahren nicht mehr als objektive, transparente Instrumentarien eines souveränen Subjekts behandelt werden können, sondern dass sie selbst Anteil am Erkenntnisprozess haben und dadurch die Illusion eines stabilen und vom Imaginären gereinigten wissenschaftlichen Erkenntnissubjekts nachhaltig stören. Dabei halten sich die Autoren weder an die institutionellen Grenzen zwischen den Disziplinen, dies ließ sich besonders gut an den publikationspraktischen Unternehmungen – z.B. bei der Zeitschrift *Diogène* – betrachten (Kap. VIII.1), noch an jene zwischen Wissenschaft und Kunst. Insofern sind die Arbeiten von Canetti und Caillois auf ihre je spezifische Weise auch im Kontext wissenschaftsgeschichtlicher Ansätze zu verorten, die an der Vertreibung eines souveränen menschlichen Subjekts[24] von der Spitze des Forschungsprozesses arbeiten, und als eigene Epistemologien vom Imaginären ernst zu nehmen.

Ein so konzeptualisiertes Imaginäres ermöglicht es zu erkennen, dass sich hinter dem Einsatz einer umfassenden, universalen, kollektiven Struktur des Imaginären nicht allein und nicht vor allem ein deterministisches, reduktionistisches Projekt verbirgt. Stattdessen wird erst über die Annahme eines gemeinsamen Ausgangspunkts, den verschiedene Formen individueller wie kollektiver Repräsentationen oder Imaginationen miteinander teilen, erkennbar, dass den menschlichen

---

Gespräch mit Michel Lussaut (3. April 2016)". In: *Lettre International* 116 (2017), S. 102–117, hier S. 105.
24 Vgl. dazu den Nachvollzug verschiedener „Dezentrierungen" in der Wissenschaftsgeschichte, etwa von Geschichte, von Wissenschaft und des Begriffs in der epistemologischen Wissenschaftsgeschichte von Canguilhem oder die Dezentrierung des Subjekts, die insbesondere durch den *practical turn* seit Anfang der 1980er Jahre. Vgl. Müller/Schmieder: *Begriffsgeschichte und historische Semantik*, S. 566–570 und S. 587.

Repräsentationsleistungen keine herausgehobene Position zukommt. Gerade hierin besteht ein entscheidendes Potenzial für neuere Überlegungen zum Imaginären: Statt einer Selbstermächtigungsstrategie, mittels derer sich der Mensch, die Gesellschaft, eine Kultur o. ä. neue Macht über sich selbst zu geben versuchen, zielt das Imaginäre, das hier ausgehend von Caillois und Canetti beschrieben wurde, gerade darauf, im Menschen und seiner Kultur nur einen möglichen Bezug auf das universale Imaginäre unter vielen verschiedenen Bezugsweisen zu erkennen; ein Imaginäres, auf das der Mensch keinen Einfluss nehmen, das ihm nicht *zur Verfügung* steht, gleichwohl es sich bestimmen lässt. Statt Instrumentarien einer anthropologischen Selbstverortung und Selbstvergewisserung können Überlegungen zum Imaginären dann auch in literatur- und kulturwissenschaftlicher Hinsicht insofern einen Beitrag zur Dezentrierung des Menschen leisten, als sie es ermöglichen, die eigene Position im Geflecht anderer und gleichberechtigter Existenz-, Lebens- oder Repräsentationsweisen „unablässig kritisch zu überwachen".[25]

---

[25] Godelier: „Die Anthropologie", S. 105.

Siglenverzeichnis zu Elias Canetti

ARG	*Aufsätze, Reden, Gespräche.* Hanser: München 2005 (= Werke 10).
B	*Die Blendung. Roman* [1935]. Hanser: München 2011 (= Werke 1).
BgT	*Das Buch gegen den Tod.* Aus dem Nachlass hg. v. Sven Hanuschek, Peter von Matt und Kristian Wachinger. München: Hanser 2014
FO	*Die Fackel im Ohr. Lebensgeschichte 1921–1931* [1980]. Hanser: München 2011 (= Werke 8).
FP	*Die Fliegenpein. Aufzeichnungen.* Hanser: München 1992.
FW	*Fritz Wotruba.* Wien: Verlag Brüder Rosenbaum 1955.
GdW	*Das Gewissen der Worte. Essays* [1983] In: *Die Stimmen von Marrakesch. Das Gewissen der Worte.* Hanser: München 2011 (= Werke 6), S. 91–371.
GZ	*Die gerettete Zunge. Geschichte einer Jugend* [1977]. Hanser: München 2011 (= Werke 7).
LA	Mit Marie-Louise von Motesiczky: *Liebhaber ohne Adresse: Briefwechsel 1942–1992.* Aus dem Nachlass hg. v. Ines Schlenker und Kristian Wachinger. München: Hanser 2011.
MM	*Masse und Macht* [1960]. Hanser: München 2011 (= Werke 3).
NH	*Nachträge aus Hampstead.* Aus den Aufzeichnungen 1954–1971. München: Hanser 1994.
PB	*Party im Blitz. Die englischen Jahre.* Aus dem Nachlass hg. v. Kristian Wachinger. Frankfurt am Main: Fischer 2005.
PdM	*Die Provinz des Menschen* [1973]. In: *Aufzeichnungen 1942–1985.* Hanser: München 2011 (= Werke 4), S. 7–367.
SM	*Die Stimmen von Marrakesch. Aufzeichnungen nach einer Reise* [1978]. In: *Die Stimmen von Marrakesch. Das Gewissen der Worte.* Hanser: München 2011 (= Werke 6), S. 9–89.
Nachlass	Eingesehen wurden die Archivschachteln zu *Masse und Macht* (Nachl. E. Canetti 35–53) in der Zentralbibliothek Zürich. Im Text wird unter Angabe der Archivschachtel, des Konvoluts und der Seitenzahl zitiert, auf eine Nennung der einzelnen Konvolute im Literaturverzeichnis ist verzichtet worden.

Werkübersicht zu Roger Caillois

Geordnet nach dem Datum der Erstveröffentlichung (in Einzelfällen nach der Entstehungszeit), unter Angabe der verwendeten Übersetzungen. Angegeben werden nur die hier verwendeten Texte, nach der jeweils im Buch zitierten Ausgabe. Es wurde vielfach und insbesondere für die drei Bände der *Approches de l'imaginaire* vermieden, aus der Gallimard-Ausgabe der Werke: Roger Caillois: *Œuvres*. Hg. v. Dominique Rabourdin. Paris: Gallimard 2008 zu zitieren, da die Edition Texte, die Caillois selbst in verschiedenen Publikationen miteinander verknüpft hat, auseinanderreißt und in andere Zusammenhänge stellt, Abbildungen meist nicht mit abdruckt sowie nur eine begrenzte Textauswahl trifft.

1933–35
La Nécessité d'esprit. Paris: Gallimard 1981.

1934
„La Mante religieuse". In: *Minotaure* 5 (1934), S. 23–26.
In einer ausführlicheren Version von 1937 wiederaufgenommen in: *Le mythe et l'homme [1938]*. Paris: Gallimard 1987, S. 37–85.
Hier zit. nach: „La Mante Religieuse [1937]". In: Ders.: *Œuvres*. Hg. v. Dominique Rabourdin. Paris: Gallimard 2008, S. 181–211.
Dt.: „Die Gottesanbeterin [1934]". In: Ders.: *Méduse & Cie. Die Gottesanbeterin. Mimese und legendäre Psychasthenie*. Hg. u. übers. v. Peter Geble. Berlin: Brinkmann & Bose 2007, S. 7–23.

„Lettre à André Breton [1934]". In: Ders.: „Procès intellectuel de l'art [1935]", wiederaufgenommen im Abschnitt: *L'équivoque surréaliste 1933–1935, Approches de l'imaginaire*. Paris: Gallimard 1974, S. 35–38

1935
„Mimétisme et psychasthénie légendaire". In: *Minotaure* 7 (1935), S. 5–10.
Aufgenommen in: *Le mythe et l'homme [1938]*. Paris: Gallimard 1987, S. 86–122.
Dt.: „Mimese und legendäre Psychasthenie [1935]". In: Ders.: *Méduse & Cie. Die Gottesanbeterin. Mimese und legendäre Psychasthenie*. Hg. u. übers. v. Peter Geble. Berlin: Brinkmann & Bose 2007, S. 24–43.

1936
„Fonction du mythe [1936]". In: Ders.: *Œuvres*. Hg. v. Dominique Rabourdin. Paris: Gallimard 2008, S. 235–245.
Aufgenommen in : *Le mythe et l'homme [1938]*. Paris: Gallimard 1987, S. 17–34.

1937
„Le vent d'hiver [1937]". In: Denis Hollier (Hg.): *Le Collège de sociologie: 1937–1939*. Paris: Gallimard 1995, S. 330–353.
Dt.: „Der Winterwind". In: Denis Hollier (Hg.): *Das Collège de Sociologie: 1937–1939*. Übers. v. Horst Brühmann. Berlin: Suhrkamp 2012, S. 288–290.

1938
Le mythe et l'homme [1938]. Paris: Gallimard 1987.

1939
L'homme et le sacré [1939]. Paris: Gallimard 1950.
  Dt.: *Der Mensch und das Heilige. Durch drei Anhänge über den Sexus, das Spiel und den Krieg in ihren Beziehungen zum Heiligen erweiterte Ausgabe [1950]*. Hg. v. Peter Geble. Übers. v. Brigitte Weidmann. München: Hanser 1988.

1942
„Patagonie [1942]". In: Ders.: *Œuvres*. Hg. v. Dominique Rabourdin. Paris: Gallimard 2008, S. 385–393.
  Dt.: „Patagonien [1942]". In: Ders.: *Patagonien und weitere Streifzüge*. Übers. v. Rainer G. Schmidt. Graz, Wien: Droschl 2016, S. 5–21.

1953
„Lettre du Rédacteur en chef sur le rôle de Diogène et les conditions d'un humanisme rénové". In: *Diogène. Revue trimestrielle. Publiée sous les auspices du conseil international de la philosophie et des sciences humaines et avec l'aide de l'UNESCO* 4 (1953), S. 134–142.

1958
Les jeux et les hommes. Le masque et le vertige [1958]. Ed. revue et augm., Paris: Gallimard 1991.
  Dt.: *Die Spiele und die Menschen. Maske und Rausch*. Übers. v. Sigrid von Massenbach. München, Wien: Langen Müller 1964.

1960
„Méduse et Cie [1960]". In: Ders.: *Œuvres*. Hg. v. Dominique Rabourdin. Paris: Gallimard 2008, S. 479–558.
  Dt.: *Méduse & Cie. Die Gottesanbeterin. Mimese und legendäre Psychasthenie*. Hg. u. übers. v. Peter Geble. Berlin: Brinkmann & Bose 2007.

1962
„Esthétique généralisée [1962]". In: Ders.: *Œuvres*. Hg. v. Dominique Rabourdin. Paris: Gallimard 2008, S. 813–836.

1965
Au cœur du fantastique. Paris: Gallimard 1965.

1966
„Pierres [1966], suivi d'autres textes". In: Ders.: *Œuvres*. Hg. v. Dominique Rabourdin. Paris: Gallimard 2008, S. 1037–1086.
  Dt.: *Steine*. Übers. v. Gerd Henniger. München: Hanser 1983.

1970
L'Écriture des pierres. Genf: Albert Skira 1970.
  Dt.: *Die Schrift der Steine*. Übers. v. Rainer G. Schmidt. Graz: Droschl 2004.

Cases d'un échiquier. Paris: Gallimard 1970. (Texte entstanden zwischen 1950–1965) Darin:

—: „Le peuple des miroirs", S. 40-42.
—: „L'ombre du masque", S. 28-33.
—: „Fantastique Naturel" [Nov. 1968, NRF], S. 60-73.
—: „Un caractère chinois", S. 110-112.
  Dt.: „Ein chinesisches Schriftzeichen". In: Ders.: *Die Schrift der Steine*. Übers. v. Rainer G. Schmidt. Graz: Droschl 2004, S. 160-162.
—: „Les traces" [1961], S. 187-199.
—: „L'Ultime bibliophile", S. 165-169.
—: „L'imagination rigoureuse" [1968], S. 34-46.
  Darin: „Étude de l'échiquier", S. 36-39
—: „Formes naturelles", S. 182-184.
—: „Reconnaissance à Mendeleïev. Pour le centenaire de la Table périodique des Éléments (février-mars 1869)", S. 74-81.
—: „Récit du délogé", S. 308-331.
  Dt.: „Bericht des Entwohnten". Übers. v. Elisabeth Heyne. In: Kathrin Busch u.a. (Hg.): *Das Ästhetisch-Spekulative. Spekulationen in den Künsten*. Bielefeld: Wilhelm Fink 2020.
—: „Le Grand Pontonnier [1950]", S. 23-27.
—: „Nouveau plaidoyer pour les sciences diagonales", S. 53-59.
—: „L'architecture cachée", S. 153-162.
—: „Monologue d'un sculpteur", S. 200-201.

„Entretien avec Gilles Lapouge [juin 1970]". In: Jean-Clarence Lambert (Hg.): *Les Cahiers de Chronos. Roger Caillois*. Paris: Édition de la Différence 1991, S. 142-151.

1973
„La Dissymétrie [1973]". In: Ders.: *Œuvres*. Hg. v. Dominique Rabourdin. Paris: Gallimard 2008, S. 905-948.
  Dt.: *Dissymmetrie*. Übers. v. Peter Geble. Berlin: Brinkmann & Bose 2015.

„La Pieuvre. Essai sur la logique de l'imaginaire [1973]". In: Ders.: *Œuvres*. Hg. v. Dominique Rabourdin. Paris: Gallimard 2008, S. 949-1033.
  Dt.: *Der Krake. Versuch über die Logik des Imaginativen*. Übers. v. Brigitte Weidmann. München: Hanser 2013.

1974
Approches de l'imaginaire. Paris: Gallimard 1974. (Texte entstanden zw. 1935-1950)
Darin:
—: „Notice sur l'impureté dans l'art", S. 41-52.
—: „Procès intellectuel de l'art [1935]", S. 35-54.
—: „L'équivoque surréaliste (1933-1935)", S. 9-54.
  Darin: „L'alternative (Naturphilosophie ou Wissenschaftslehre)" [1937], S. 25-34.

„D'après saturne [1974]". In: Ders.: *Œuvres*. Hg. v. Dominique Rabourdin. Paris: Gallimard 2008, S. 1113-1119.
  Dt.: „Saturn gemäß [1974]". In: Ders.: *Patagonien und weitere Streifzüge*. Übers. v. Rainer G. Schmidt. Graz, Wien: Droschl 2016, S. 93-104.

„Réponse au discours de réception de Claude Lévi-Strauss. Discours prononcé dans la séance publique, le jeudi 27 juin 1974". In: Institut de France (Hg.): *Publications divers de l'année*. Paris 1974, S. 19–38.

1975

Pierres réfléchies. Ill. v. Raoul Ubac. Paris: Maeght 1975; wieder aufgelegt und vervollständigt Paris: Gallimard 1975.
Darin:
—: „Signes mimés". In: Ders.: *Pierres réfléchies*. Paris: Gallimard 1975, S. 47–59.
    Dt.: „Nachgeahmte Zeichen". In: Ders.: *Die Schrift der Steine*. Übers. v. Rainer G. Schmidt. Graz: Droschl 2004, S. 39–48.

Obliques [1967], précédé de Images, images ... [1975]. Paris: Gallimard 1987. (Texte entstanden zw. 1960–1974)
Darin:
—: „L'agate de Pyrrhus", S. 93–111.
    Dt.: „Der Achat des Pyrrhus". In: *Antaios* 9 (1968), S. 346–359.
—: „Une erreur de Lamarck", S. 121–131.
—: „L'imaginaire en évolution", S. 177–247.
    Darin: „Science-fiction", S. 191–212.

1976

Cohérences aventureuses, in: Ders.: *Œuvres*. Hg. v. Dominique Rabourdin. Paris: Gallimard 2008, S. 809–836.

1978

Approches de la poésie. Paris: Gallimard 1978.
Darin:
—: „Reconnaissance à Saint-John Perse", S. 217–228.

„Entretien avec Hector Bianciotti et Jean-Paul Enthoven [28 novembre 1978]". In: Jean-Clarence Lambert (Hg.): *Les Cahiers de Chronos. Roger Caillois*. Paris: Édition de la Différence 1991, S. 142–151.
    Dt.: Hector Bianciotti und Jean-Paul Enthoven: „Gespräch mit Roger Caillois (1978)". In: *Sinn und Form. Beiträge zur Literatur* 62 (2010), H. 3, S. 300–308.

„Le Fleuve Alphée [1978]". In: Ders.: *Œuvres*. Hg. v. Dominique Rabourdin. Paris: Gallimard 2008, S. 87–178.
    Dt.: *Der Fluss Alpheios*. Hg. v. Anne von der Heiden, Sarah Kolb. Übers. v. Rainer G. Schmidt. Berlin: Brinkmann & Bose 2016.

„Récurrences dérobées. Le champ des signes [1978]". In: Ders.: *Œuvres*. Hg. v. Dominique Rabourdin. Paris: Gallimard 2008, S. 1129–1164.

2014

La lecture des pierres. Hg. vom Muséum national d'histoire naturelle. Paris: Xavier Barral 2014.

Literaturverzeichnis

Adorno, Theodor W.: „Etwas fehlt ... Über die Widersprüche der utopischen Sehnsucht. Ein Rundfunkgespräch mit Theodor W. Adorno und Ernst Bloch. Gesprächsleiter: Horst Krüger [1964]". In: Rainer Traub, Harald Wieser (Hg.): *Gespräche mit Ernst Bloch*. Frankfurt am Main: Suhrkamp 1980, S. 58–77, hier S. 66.

Adorno, Theodor W.: „Roger Caillois, La Mante religieuse. Recherche sur la nature et la signification du mythe". In: Ders.: *Gesammelte Werke XX.1*. Hg. v. Rolf Tiedemann. Frankfurt am Main: Suhrkamp 1986, S. 229–230.

Albers, Irene: „Der besessene Ethnograph und die Rituale des Schreibens. Michel Leiris' Texte über den zar-Kult in Äthiopien". In: Manfred Weinberg, Stefan Rieger, Schamma Schahadat (Hg.): *Interkulturalität. Zwischen Inszenierung und Archiv*. Tübingen: Narr 1999, S. 145–163.

Albers, Irene und Stephan Moebius: „Nachwort". In: Denis Hollier (Hg.): *Das Collège de Sociologie: 1937–1939*. Berlin: Suhrkamp 2012, S. 757–828.

Albers, Irene: „Reine und unreine Literatur(wissenschaft) nach Roger Caillois". In: *Reinigungsarbeit. Zeitschrift für Kulturwissenschaften* 1 (2013), S. 39–53.

Albers, Irene: „Die Unreinheit der Literatur. Roger Caillois als Literaturtheoretiker". In: Anne von der Heiden, Sarah Kolb (Hg.): *Logik des Imaginären. Diagonale Wissenschaft nach Roger Caillois*. Band 1: *Versuchungen durch Natur, Kultur und Imagination*. Berlin: August Verlag 2018, S. 333–388.

Alt, Peter-André: „Romantische Traumtexte und das Wissen der Literatur". In: Ders., Christiane Leiteritz (Hg.): *Traum-Diskurse der Romantik*. Berlin, New York: De Gruyter 2005, S. 3–30.

Althusser, Louis: „Der Überbau: Über die Reproduktion der Produktionsverhältnisse". In: Ders.: *Über die Reproduktion. Ideologie und ideologische Staatsapparate*, 2. Halbband. Hg. v. Frieder Otto Wolf. Hamburg: VSA-Verlag 2012 (= Gesammelte Schriften), S. 17–302.

Andreas, Chris, Sheila Boniface Davies und Andrew Offenburger: „Introduction". In: *The Xhosa Cattle-Killing. African Studies* 67 (2008), H. 2, S. 139–141.

Angelova, Penka, Marianne Gruber und Paul Michael Lützeler (Hg.): *Elias Canetti und Hermann Broch*. St. Ingbert: Röhrig Universitätsverlag 2009.

Angelova, Penka: *Elias Canetti. Spuren zum mythischen Denken*. Wien: Zsolnay 2005.

Armstrong, Richard H.: „Urorte und Urszenen. Freud und die Figuren der Archäologie". In: Knut Ebeling, Stefan Altekamp (Hg.): *Die Aktualität des Archäologischen in Wissenschaft, Medien und Künsten*. Frankfurt am Main: Fischer 2004, S. 137–158.

Asholt, Wolfgang: „Vom Surrealismus bis zu Roland Barthes. Transformationen moderner Mythen". In: Stephanie Wodianka, Juliane Ebert (Hg.): *Inflation der Mythen? Zur Vernetzung und Stabilität eines modernen Phänomens*. Bielefeld: Transcript 2016, S. 141–161.

Austin, John L.: „Zur Theorie der Sprechakte. Zweite Vorlesung". In: Uwe Wirth (Hg.): *Performanz. Zwischen Sprachphilosophie und Kulturwissenschaft*. Frankfurt am Main: Suhrkamp 2002, S. 63–82.

Bachelard, Gaston: *L'air et les songes. Essai sur l'imagination du mouvement*. Paris: Corti 1943.

Bachelard, Gaston: „Le Surrationalisme". In: *Inquisitions* 1 (1936), wiederaufgenommen in: Ders.: *L'engagement rationaliste*. Paris: PUF 1972, S. 7–12.

Bachelard, Gaston: *Die Philosophie des Nein. Versuch einer Philosophie des neuen wissenschaftlichen Geistes*. Übers. v. Gerhard Schmidt und Manfred Tietz. Frankfurt am Main: Suhrkamp 1980.

Bachelard, Gaston: *Der neue wissenschaftliche Geist [1934]*. Übers. v. Michael Bischoff. Frankfurt am Main: Suhrkamp 1988.
Bachelard, Gaston: *Psychoanalyse des Feuers*. Übers. v. Simon Werle. Frankfurt am Main: Fischer 1990.
Bachelard, Gaston: *Epistemologie*. Hg. v. Dominique Lecourt. Übers. v. Henriette Beese. Frankfurt am Main: Fischer 1993.
Bachelard, Gaston: *La psychanalyse du feu [1934]*. Paris: Gallimard 1994.
Bachelard, Gaston: „Der Surrationalismus". In: Ders.: *Der Surrationalismus*. Hg. v. Monika Wulz. Übers. v. Kris Decker. Paderborn: Konstanz University Press 2017, S. 71–80.
Bachmann-Medick, Doris: „Einleitung". In: Dies. (Hg.): *Kultur als Text. Die anthropologische Wende in der Literaturwissenschaft*. Tübingen, Basel: Francke 2004, S. 7–64.
Bal, Mieke: „Vielsagende Objekte. Das Sammeln aus narrativer Perspektive". In: Dies.: *Kulturanalyse*. Hg. v. Thomas Fechner-Smarsly, Sonja Neef. Übers. v. Joachim Schulte. Frankfurt am Main: Suhrkamp 2002, S. 117–145.
Bal, Mieke: „Sagen, Zeigen, Prahlen". In: Thomas Fechner-Smarsly, Sonja Neef (Hg.): *Kulturanalyse*. Frankfurt am Main: Suhrkamp 2002, S. 72–116.
Balke, Friedrich: „Das Ethos der Epistemologie. Nachwort zur Neuausgabe". In: Bachelard, Gaston: *Epistemologie*. Hg. v. Dominique Lecourt. Übers. v. Henriette Beese. Frankfurt am Main: Fischer 1993, S. 235–252.
Baltrušaitis, Jurgis: *Imaginäre Realitäten*. Übers. v. Henning Ritter. Köln: DuMont 1984.
Barck, Karlheinz: *Poesie und Imagination. Studien zu ihrer Reflexionsgeschichte zwischen Aufklärung und Moderne*. Stuttgart: Metzler 1993.
Barck, Karlheinz: „Phantasie und Bilderrausch im Surrealismus. In zwei Sätzen und einer Coda". In: Gerhard Bauer, Robert Stockhammer (Hg.): *Möglichkeitssinn. Phantasie und Phantastik in der Erzählliteratur des 20. Jahrhunderts*. Wiesbaden: Westdeutscher Verlag 2000, S. 135–146.
Barck, Karlheinz: „Imaginäre Enzyklopädien. Beobachtungen am Rande". In: Christine Blättler, Erik Porath (Hg.): *Ränder der Enzyklopädie*. Berlin: Merve 2012, S. 185–222.
Barck, Karlheinz: „Leonardo-Effekte. Perspektiven aus der Differenzierung von Natur- und Geisteswissenschaften". In: Anne von der Heiden, Sarah Kolb (Hg.): *Logik des Imaginären. Diagonale Wissenschaft nach Roger Caillois. Band 1: Versuchungen durch Natur, Kultur und Imagination*. Berlin: August Verlag 2018, S. 271–309.
Barkhoff, Jürgen: *Magnetische Fiktionen. Literarisierung des Mesmerismus in der Romantik*. Stuttgart, Weimar: Metzler 1995.
Barnouw, Dagmar: „Elias Canettis poetische Anthropologie". In: Herbert G. Göpfert (Hg.): *Canetti lesen. Erfahrungen mit seinen Büchern*. München; Wien: Hanser 1975, S. 11–31.
Barnouw, Dagmar: „Masse, Macht und Tod im Werk Elias Canettis". In: *Jahrbuch der Deutschen Schillergesellschaft* 19 (1975), S. 344–388.
Barnouw, Dagmar: *Elias Canetti*. Stuttgart: Metzler 1979.
Barnouw, Dagmar: *Elias Canetti zur Einführung*. Hamburg: Junius 1996.
Barrière, Gérard: „Reconnaissance". In: *La Nouvelle Revue Française* 320 (1979), S. 96–106.
Barthes, Roland: „De l'œuvre au texte [1971]". In: Ders.: *Le bruissement de la langue*. Paris: Seuil 1984, S. 69–77.
Barthes, Roland: „Zuhören". In: Ders.: *Der entgegenkommende und der stumpfe Sinn*. Übers. v. Dieter Hornig. Frankfurt am Main: Suhrkamp 1990, S. 249–263.
Bartsch, Kurt und Gerhard Melzer (Hg.): *Zwillingsbrüder. Elias Canetti und Fritz Wotruba*. Wien: Sonderzahl Verlag 2005.

Bataille, Georges: „Der Zauberlehrling". In: Denis Hollier (Hg.): *Das Collège de Sociologie: 1937–1939*. Berlin: Suhrkamp 2012, S. 269–287.

Bates, Henry Walter: *The Naturalist on the River Amazons [1863]*. Bd. 1–2. Hamburg: Severus 2013 (= Reprint der Originalausgabe).

Baudrillard, Jean: *Simulacres et simulation*. Paris: Galilée 1981.

Bazin, André: „Ontologie des fotografischen Bildes [1945]". In: Wolfgang Kemp (Hg.): *Theorie der Fotografie*. München: Schirmer/Mosel 2006, S. 58–63.

Becker, Andreas, Martin Doll, Serjoscha Wiemer und Anke Zechner (Hg.): *Mimikry. Gefährlicher Luxus zwischen Natur und Kultur*. Schliengen: Edition Argus 2008.

Behrens, Rudolf und Jörn Steigerwald (Hg.): *Die Macht und das Imaginäre. Eine kulturelle Verwandtschaft in der Literatur zwischen Früher Neuzeit und Moderne*. Würzburg: Königshausen & Neumann 2005.

Belliger, Andréa und David Krieger: „Einführung in die Akteur-Netzwerk-Theorie". In: Dies. (Hg.): *ANThology. Ein einführendes Handbuch zur Akteur-Netzwerk-Theorie*. Bielefeld: Transcript 2006, S. 13–50.

Benjamin, Walter: „Lehre vom Ähnlichen [1933]". In: Ders.: *Gesammelte Schriften*. Band II.1. Hg. v. Hermann Schweppenhäuser, Rolf Tiedemann. Frankfurt am Main: Suhrkamp 1991, S. 204–210.

Benjamin, Walter: „Der Erzähler. Betrachtungen zum Werk Nikolai Leskows [1936]". In: Ders.: *Erzählen. Schriften zur Theorie der Narration und zur literarischen Prosa*. Frankfurt am Main: Suhrkamp 2007, S. 103–128.

Benn, Gottfried: „Der Aufbau der Persönlichkeit. Grundriß einer Geologie des Ich [1930]". In: Ders.: *Werkausgabe*. Band II: *Essays und Reden in der Fassung der Erstdrucke*. Frankfurt am Main: Fischer 1989, S. 111–124.

Berz, Peter: „Tier Blatt Flügel Herbst. Caillois und sein Biologe: Paul Vignon". In: Anne von der Heiden, Sarah Kolb (Hg.): *Logik des Imaginären. Diagonale Wissenschaft nach Roger Caillois*. Band 1: *Versuchungen durch Natur, Kultur und Imagination*. Berlin: August Verlag 2018, S. 115–158.

Bhabha, Homi K.: „Von Mimikry und Menschen. Die Ambivalenz des kolonialen Diskurses [1984]". In: Elisabeth Bronfen (Hg.): *Die Verortung der Kultur*. Übers. v. Michael Schiffmann, Jürgen Freudl. Tübingen: Stauffenburg 2011, S. 125–136.

Bies, Michael: „Claude Lévi-Strauss und das wilde Basteln". In: Sandro Zanetti (Hg.): *Improvisation und Invention. Momente, Modelle, Medien*. Zürich: Diaphanes 2014, S. 205–215.

Bischof, Rita: „Ausschluss und Einverleibung". In: John Pattillo-Hess (Hg.): *Tod und Verwandlung in Canettis* Masse und Macht. Wien: Kunstverein Wien 1990 (= 2. Internationales Kulturanthropologisch-Philosophisches Canetti-Symposion), S. 12–23.

Bischoff, Doerte: „Das Ding – die Dinge. Der kleine Unterschied im Blickwechsel zwischen Philosophie und Kulturwissenschaften". In: Gisela Ecker, Claudia Breger, Susanne Scholz (Hg.): *Dinge: Medien der Aneignung, Grenzen der Verfügung*. Königstein/Taunus: Helmer 2002, S. 251–255.

Blanchot, Maurice: „Die Begegnung mit dem Imaginären". In: Ders.: *Der Gesang der Sirenen. Essays zur modernen Literatur*. München: Hanser 1962, S. 11–21.

Blossfeldt, Karl: *Urformen der Kunst [1929]*. Hg. v. Ann Wilde, Jürgen Wilde. Dortmund: Harenberg Edition 1997.

Blumenberg, Hans: „Beobachtungen an Metaphern". In: *Archiv für Begriffsgeschichte* XV (1971), S. 161–214.

Blumenberg, Hans: *Die Lesbarkeit der Welt*. Frankfurt am Main: Suhrkamp 1986.

Blümle, Claudia: „Natura Pictrix. Zur Wiederentdeckung der Steinbilder durch Jurgis Baltrušaitis und Roger Caillois". In: Nadia Schneider (Hg.): *Markus Müller. Nutzen und Nachteil.* Zürich: Edition Fink 2006, S. 25–32.
Blümle, Claudia: „Wachstum auf Stein. Paul Klees Mineraliensammlung". In: Nikola Doll, Horst Bredekamp, Wolfgang Schäffner (Hg.): *+ultra: gestaltung schafft wissen.* Leipzig: E.A. Seemann 2016, S. 103–111.
Bodmer, Johann Jakob und Johann Jakob Breitinger: *Von dem Einfluß und Gebrauche der Einbildungs-Krafft; Zur Ausbesserung des Geschmackes.* Frankfurt, Leipzig 1727.
Bodmer, Johann Jakob: *Critische Abhandlung von dem Wunderbaren in der Poesie und dessen Verbindung mit dem Wahrscheinlichen.* Zürich 1740.
Boehm, Gottfried: *Wie Bilder Sinn erzeugen. Die Macht des Zeigens.* Berlin: Berlin University Press 2010.
Böhme, Hartmut: „Romantische Adoleszenzkrisen. Zur Psychodynamik der Venuskult-Novellen von Tieck, Eichendorff und E.T.A. Hoffmann". In: *Text und Kontext* 10 (1981), S. 133–176.
Böhme, Hartmut: „Geheime Macht im Schoß der Erde: Das Symbolfeld des Bergbaus zwischen Sozialgeschichte und Psychohistorie". In: Ders.: *Natur und Subjekt.* Frankfurt am Main: Suhrkamp 1988, S. 67–144.
Böhme, Hartmut: „Antike Anthropogenie-Vorstellungen in Ovids ‚Metamorphosen': Prometheus – Deukalion – Pygmalion". In: Gerhard Neumann, Mathias Mayer (Hg.): *Pygmalion. Die Geschichte des Mythos in der abendländischen Kultur.* Freiburg im Breisgau: Rombach 1997, S. 89–125.
Böhme, Hartmut: *Fetischismus und Kultur. Eine andere Theorie der Moderne.* Reinbek bei Hamburg: Rowohlt 2006.
Böhme, Hartmut: „Zahn Macht Wahn (Canetti, Roussel, Messerschmidt, Freud)". In: Ders., Beate Slominski (Hg.): *Das Orale. Die Mundhöhle in Kulturgeschichte und Zahnmedizin.* München: Wilhelm Fink 2013, S. 125–138.
Böhme, Hartmut: „Agency, Performativität und Magie der Dinge". In: Judith von Dörrenbächer, Kerstin Plüm (Hg.): *Beseelte Dinge: Design aus Perspektive des Animismus.* Bielefeld: Transcript 2016, S. 25–49.
Bohrer, Karl Heinz: „Der Stoiker und unsere prähistorische Seele. Zu ‚Masse und Macht'". In: Herbert G. Göpfert (Hg.): *Canetti lesen. Erfahrungen mit seinen Büchern.* München, Wien: Hanser 1975, S. 61–66.
Bohrer, Karl Heinz: „Das Phantastische der Surrealisten". In: Ders.: *Die Kritik der Romantik. Der Verdacht der Philosophie gegen die literarische Moderne.* Frankfurt am Main: Suhrkamp 1989, S. 39–61.
Bohrer, Karl Heinz: „Deutscher Surrealismus?" In: Friederike Reents (Hg.): *Surrealismus in der deutschsprachigen Literatur.* Berlin, New York: De Gruyter 2009, S. 241–248.
Boltanski, Luc: *Rätsel und Komplotte. Kriminalliteratur, Paranoia, moderne Gesellschaft.* Übers. v. Christine Pries. Berlin: Suhrkamp 2013.
Borgards, Roland u. a. (Hg.): *Literatur und Wissen. Ein interdisziplinäres Handbuch.* Stuttgart: Metzler 2013.
Borges, Jorge Luis: *Ficciones.* Madrid: Alianza 1995.
Borges, Jorge Luis: *Fiktionen. Erzählungen 1939–1944.* Hg. v. Gisbert Haefs, Fritz Arnold. Übers. v. Karl August Horst, Wolfgang Luchting, Gisbert Haefs. Frankfurt am Main: Fischer 2011.
Borges, Jorge Luis: „Tlön, Uqbar, Orbis Tertius". In: Ders.: *Ficciones.* Madrid: Alianza 1995, S. 13–36.

Borges, Jorge Luis: „Tlön, Uqbar, Orbis Tertius [1940]". In: Ders.: *Fiktionen. Erzählungen 1939-1944*. Hg. v. Gisbert Haefs, Fritz Arnold, S. 15-34.
Borges, Jorge Luis: „La Biblioteca de Babel". In: Ders.: *Ficciones*. Madrid: Alianza 1995, S. 89-100.
Borges, Jorge Luis: „Die Bibliothek von Babel". In: Ders.: *Fiktionen. Erzählungen 1939-1944*. Hg. v. Gisbert Haefs, Fritz Arnold. Frankfurt am Main: Fischer 2011, S. 67-76.
Borges, Jorge Luis : „Das Aleph". In: Borges, Jorge Luis: *Das Aleph. Erzählungen 1944-1952*. Übers. v. Karl August Horst und Gisbert Haefs. Frankfurt am Main: Fischer 2003, S. 131-148.
Botar, Oliver: „The Biocentric Bauhaus". In: Charissa N. Terranova, Meredith Tromble (Hg.): *The Routledge companion to biology in art and architecture*. New York: Routledge 2016, S. 17-51.
Braunegg, Herward: *Zur Prüfung gestrichener Papiere auf Bedruckbarkeit unter besonderer Berücksichtigung der technischen Statistik*. Oberlenningen: Papierfabrik Scheufelen 1960.
Braungart, Georg: „Poetik der Natur. Literatur und Geologie". In: Thomas Anz (Hg.): *Natur – Kultur. Zur Anthropologie von Sprache und Literatur*. Paderborn: Mentis 2007, S. 55-78.
Braungart, Wolfgang und Silke Jakobs: „Naturwissenschaftliche Essayistik im Kontext des naturwissenschaftlichen und naturphilosophischen Diskurses um 1900: Wilhelm Bölsche". In: Kai Kauffmann, Wolfgang Braungart (Hg.): *Essayismus um 1900*. Heidelberg: Winter 2006, S. 49-71.
Bredekamp, Horst: *Theorie des Bildakts*. Frankfurt am Main: Suhrkamp 2010.
Bredekamp, Horst : *Antikensehnsucht und Maschinenglauben. Die Geschichte der Kunstkammer und die Zukunft der Kunstgeschichte*. Berlin: Wagenbach 2012.
Breidbach, Olaf: „Vorwort". In: Ernst Haeckel: *Kunstformen der Natur. Kunstformen aus dem Meer [1899-1904]*. Hg. v. O. Breidbach. München: Prestel 2012, S. 7-12.
Breton, André: „Langue des pierres [1957]". In: Ders.: *Perspective cavalière*. Paris: Gallimard 1970, S. 147-153.
Breton, André: *Die Manifeste des Surrealismus [1924]*. Übers. v. Ruth Henry. Reinbek bei Hamburg: Rowohlt 2012.
Brittnacher, Hans Richard: „Verwandlung, Masse und Macht. Canettis Lektionen". In: Willem de Blécourt, Christa Tuczay (Hg.): *Tierverwandlungen. Codierungen und Diskurse*. Tübingen: A. Francke 2011, S. 255-269.
Bruyn, Gerd de: „Architektur im Zeitalter der Paranoia oder Urhütten im Schrebergarten". In: IGMADE (Hg.): *5 Codes. Architektur, Paranoia und Risiko in Zeiten des Terrors*. Basel, Boston, Berlin: Birkhäuser 2006, S. 64-75.
Bub, Stefan: „Elias Canetti, Cesare Pavese und die Buschmänner. Ein Beitrag zur Rezeption ethnologischer Stoffe in der modernen Literatur." In: *Germanisch-Romanische Monatsschrift* 52 (2002), S. 303-312.
Bühler, Benjamin: „,Er denkt in Tieren, wie andere in Begriffen.' Canettis Epistemologie des Tiers". In: Susanne Lüdemann (Hg.): *Der Überlebende und sein Doppel. Kulturwissenschaftliche Analysen zum Werk Elias Canettis*. Freiburg im Breisgau: Rombach 2008, S. 349-365.
Burgin, Victor: „Der paranoide Raum". In: IGMADE (Hg.): *5 codes. Architektur, Paranoia und Risiko in Zeiten des Terrors*. Basel, Boston, Berlin: Birkhäuser 2006, S. 176-185.
Burton, Alfred William: *Sparks from the border anvil*. King Williams Town: Provincial Publishing 1950.
Butler, Judith: *Körper von Gewicht. Die diskursiven Grenzen des Geschlechts*. Übers. v. Karin Wördemann. Frankfurt am Main: Suhrkamp 1997.

Butler, Judith: *Haß spricht. Zur Politik des Performativen*. Übers. v. Katharina Menke. Frankfurt am Main: Suhrkamp 2013.

Castoriadis, Cornelius: *Gesellschaft als imaginäre Institution. Entwurf einer politischen Philosophie*. Übers. v. Horst Brühmann. Frankfurt am Main: Suhrkamp 1984.

Certeau, Michel de: *Kunst des Handelns*. Übers. v. Ronald Voullié. Berlin: Merve 1988.

Certeau, Michel de: „Ethno-Graphie. Oralität oder der Raum des Anderen: Jean de Léry". In: Ders.: *Das Schreiben der Geschichte*. Übers. v. Sylvia M. Schomburg-Scherff. Frankfurt am Main, New York: Campus Verlag 1991, S. 137–171.

Certeau, Michel de: *Theoretische Fiktionen. Geschichte und Psychoanalyse*. Hg. v. Luce Giard. Übers. v. Andreas Mayer. Wien: Turia + Kant 1997.

Cha, Kyung-Ho: *Humanmimikry. Poetik der Evolution*. München: Wilhelm Fink 2010.

Cha, Kyung-Ho: „Darwinismus oder Hinduismus? Zu Elias Canettis orientalistischer Wissenschaftskritik im Entstehungskontext seiner Verwandlungslehre (mit Materialien aus dem Nachlass)". In: *Deutsche Vierteljahrsschrift für Literaturwissenschaft und Geistesgeschichte* 85 (2011), H. 4, S. 563–584.

Chelebourg, Christian: *L'imaginaire littéraire. Des archétypes à la poétique du sujet*. Paris: Colin 2005.

Cheng, Joyce: „Mask, Mimicry, Metamorphosis. Roger Caillois, Walter Benjamin and Surrealism in the 1930s". In: *Modernism/Modernity* 16 (2009), H. 1, S. 61–86.

Chénieux-Gendron, Jacqueline: „L'Altérité et ses modèles dans l'œuvre de Georges Bataille, André Breton, René Daumal". In: C.W. Thompson (Hg.*): L'Autre et le sacré. Surréalisme, cinéma, ethnologie (1930–1968)*. Paris: L'Harmattan 1995, S. 37–50.

Chimisso, Cristina: *Gaston Bachelard. Critic of science and the imagination*. London, New York: Routledge 2001.

Chiore, Valeria: „L'échiquier-Mendeleïev. Analogies, récurrences, intentionnalité". In: Valeria Emi Sgueglia, André-Alain Morello (Hg.*): Quadrillages labyrinthiques. L'échiquier Caillois*. *Littératures (online)* 68 (2013), http://journals.openedition.org/litteratures/86 (Stand 02.04.2020).

Chomsky, Noam: *Syntactic Structures [1957]*. Berlin, New York: De Gruyter 2002.

Cirlot, Victoria: „Langue des pierres. Expérience mystique et nature". In: Dominique de Courcelles (Hg.): *Les enjeux philosophiques de la mystique*. Grenoble: Jérôme Millon 2007, S. 71–89.

Clifford, James: „On Collecting Art and Culture". In: Ders.: *The Predicament of Culture. Twentieth Century Ethnography, Literature and Art*. Cambridge, MA: Harvard University Press 1988, S. 215–251.

Compagnon, Antoine: *La seconde main ou Le travail de la citation*. Paris: Seuil 1979.

Condoleo, Nicola: *Vom Imaginären zur Autonomie. Grundlagen der politischen Philosophie von Cornelius Castoriadis*. Bielefeld: Transcript 2015.

Costa Lima, Luiz: *Die Kontrolle des Imaginären. Vernunft und Imagination in der Moderne*. Übers. v. Armin Biermann. Frankfurt am Main: Suhrkamp 1990.

Courtois, Jean-Patrice und Isabelle Krzywkowski (Hg.): *Diagonales sur Roger Caillois. Syntaxe du monde, paradoxe de la poésie*. Paris: L'improviste 2002.

Crapanzano, Vincent: „Das Dilemma des Hermes. Die verschleierte Unterwanderung der ethnographischen Beschreibung". In: Doris Bachmann-Medick (Hg.): *Kultur als Text. Die anthropologische Wende in der Literaturwissenschaft*. Tübingen, Basel: Francke 2004, S. 161–193.

Cremona, Nicolas: „Cases d'un échiquier. Pour un autoportrait ‚diagonal'". In Valeria Emi Sgueglia, André-Alain Morello (Hg.): *Littératures: Quadrillages labyrinthiques. L'échiquier Cail-*

lois. (online) 68 (2013), http://journals.openedition.org/litteratures/100 (Stand 02.04.2020).

Dahms, Christiane: *Spiegelszenen in Literatur und Malerei.* Heidelberg: Synchron Publishers 2012.

Daston, Lorraine und Peter Galison: „Das Bild der Objektivität". In: Peter Geimer (Hg.): *Ordnung der Sichtbarkeit. Fotografie in Wissenschaft, Kunst und Technologie.* Frankfurt am Main: Suhrkamp 2002, S. 29–99.

Daston, Lorraine und Katharine Park: *Wunder und die Ordnung der Natur. 1150–1750.* Übers. v. Sebastian Wohlfeil, Christa Krüger. Berlin: Eichborn 2003.

Daston, Lorraine: *Wunder, Beweise und Tatsachen. Zur Geschichte der Rationalität.* Übers. v. Gerhard Herrgott, Christa Krüger, Susanne Scharnowski. Frankfurt am Main: Fischer 2014.

Däuker, Lena: „Das poetische Ferment in der Wissenschaft". In: Anne von der Heiden, Sarah Kolb (Hg.): *Logik des Imaginären. Diagonale Wissenschaft nach Roger Caillois.* Band 1: *Versuchungen durch Natur, Kultur und Imagination.* Berlin: August Verlag 2018, S. 311–332.

Deleuze, Gilles und Félix Guattari: *Tausend Plateaus.* Übers. v. Gabriele Ricke und Ronald Voullié. Berlin: Merve 2007 (= Kapitalismus und Schizophrenie 2).

Deleuze, Gilles und Félix Guattari: *Anti-Ödipus.* Übers. v. Bernd Schwibs. Frankfurt am Main: Suhrkamp 2008 (= Kapitalismus und Schizophrenie 1).

Deleuze, Gilles und Félix Guattari: *Kafka. Für eine kleine Literatur [1975].* Übers. v. Burkhart Kroeber. Frankfurt am Main: Suhrkamp 2008.

Derrida, Jacques: „Die Signatur aushöhlen. Eine Theorie des Parasiten [1990]". In: Hannelore Pfeil, Hans-Peter Jäck (Hg.): *Eingriffe im Zeitalter der Medien.* Übers. v. Peter Krapp. Bornheim-Roisdorf: Hanseatischer Fachverlag für Wirtschaft 1995, S. 29–41

Derrida, Jacques: *Limited Inc.* Hg. v. Peter Engelmann. Übers. v. Werner Rappl. Wien: Passagen 2001.

Derrida, Jacques: „Signatur Ereignis Kontext [1971/1977]". In: Ders.: *Limited Inc.* Hg. v. Peter Engelmann. Wien: Passagen 2001, S. 15–45.

Descola, Philippe: *Jenseits von Natur und Kultur.* Hg. v. Michael Kauppert. Übers. v. Eva Moldenhauer. Berlin: Suhrkamp 2011.

Descola, Philippe: „All too human (still). A comment on Eduardo Kohn's How forests think". In: *HAU: Journal of Ethnographic Theory* 4 (2014), H. 2, S. 267–273.

Didi-Huberman, Georges: *Formlose Ähnlichkeit oder die Fröhliche Wissenschaft des Visuellen nach Georges Bataille.* Übers. v. Markus Sedlaczek. München: Wilhelm Fink 2010.

Dillmann, Martin: *Poetologien der Kontingenz. Zufälligkeit und Möglichkeit im Diskursgefüge der Moderne.* Köln: Böhlau 2011.

Dotzler, Bernhard J. und Henning Schmidgen (Hg.): *Parasiten und Sirenen. Zwischenräume als Orte der materiellen Wissensproduktion.* Bielefeld: Transcript 2008.

Durand, Gilbert (Hg.): *Roger Caillois et les approches de l'imaginaire. Cahiers de l'imaginaire* 8 (1992).

Durand, Gilbert: „Roger Caillois et les approches de l'imaginaire. Éclipses et résurgences d'une gnose inactuelle". In: Ders. (Hg.): *Roger Caillois et les approches de l'imaginaire. Cahiers de l'imaginaire* 8 (1992), S. 9–19.

Durand, Gilbert: *Les structures anthropologiques de l'imaginaire. Introduction à l'archétypologie générale.* Paris: Dunod 1992.

Durkheim, Émile: *Die Regeln der soziologischen Methode [1895].* Übers. v. René König. Frankfurt am Main: Suhrkamp 2011.

Düwell, Susanne und Nicolas Pethes (Hg.): *Fall – Fallgeschichte – Fallstudie. Theorie und Geschichte einer Wissensform*. Frankfurt am Main: Campus Verlag 2014.
Ebeling, Knut (Hg.): *Das Spielelement der Kultur. Spieltheorien nach Johan Huizinga von Georges Bataille, Roger Caillois und Eric Voegelin*. Berlin: Matthes & Seitz 2014.
Echterhölter, Anna: „Die Listen des Collège de Sociologie". In: *Wirbel, Ströme, Turbulenzen. ilinx. Berliner Beiträge zur Kulturwissenschaft* (2009), H. 1, S. 229–243.
Eibl, Karl: „Autonomie und Funktion, Autopoiesis und Kopplung. Ein Erklärungsangebot für ein literaturwissenschaftliches Methodenproblem mit einem Blick auf ein fachpolitisches Problem". In: Martin Huber, Gerhard Lauer (Hg.): *Nach der Sozialgeschichte. Konzepte für eine Literaturwissenschaft zwischen Historischer Anthropologie, Kulturgeschichte und Medientheorie*. Tübingen: Niemeyer 2000, S. 175–190.
Eidelpes, Rosa: „Roger Caillois' Biology of Myth and the Myth of Biology". In: *Anthropology & Materialism. A Journal of Social Research* 2 (2014). http://am.revues.org/84 (Stand 02.04.2020).
Eidelpes, Rosa: „Von der empirischen Imagination zur natürlichen Ästhetik. Caillois' antianthropozentrische Theorie der Kunst". In: Anne von der Heiden, Sarah Kolb (Hg.): *Logik des Imaginären. Diagonale Wissenschaft nach Roger Caillois*. Band 1: *Versuchungen durch Natur, Kultur und Imagination*. Berlin: August Verlag 2018, S. 87–114.
Eigler, Friederike: *Das autobiographische Werk von Elias Canetti*. Tübingen: Stauffenburg 1988.
Eisler, Rudolf: „Einbildungskraft", in: *Kant-Lexikon. Nachschlagewerk zu Immanuel Kant* [1930]. www.textlog.de/32190.html (Stand 02.04.2020).
Ellenberger, Henry F.: *Die Entdeckung des Unbewußten. Geschichte und Entwicklung der dynamischen Psychiatrie von den Anfängen bis zu Janet, Freud, Adler und Jung*. Zürich: Diogenes 1996.
Ellrich, Lutz, Harun Maye und Arno Meteling (Hg.): *Die Unsichtbarkeit des Politischen. Theorie und Geschichte medialer Latenz*. Bielefeld: Transcript 2009.
The Entomological Magazine: Art. IV. und XII. „Discussion on the Luminosity of Fulgora Candelaria, &c., at the Ninety-ninth Monthly Meeting of the Entomological Club", in: *The Entomological Magazine* 3 (1835), S. 45–57; 105–120.
Erdbeer, Robert Matthias: *Die Signatur des Kosmos. Epistemische Poetik und die Genealogie der Esoterischen Moderne*. Berlin, New York: De Gruyter 2010.
Erdheim, Mario: „Canetti und Freud als Leser von Schrebers ‚Denkwürdigkeiten eines Nervenkranken'". In: Marianne Leuzinger-Bohleber, Ralf Zwiebel (Hg.): *Psychoanalyse heute. Klinische und kulturtheoretische Perspektiven*. Opladen: Westdeutscher Verlag 1996, S. 159–177.
Feldmann, Klaus und Werner Fuchs-Heinritz (Hg.): *Der Tod ist ein Problem der Lebenden. Beiträge zur Soziologie des Todes*. Frankfurt am Main: Suhrkamp 1995.
Felgine, Odile: *Roger Caillois. Biographie*. Paris: Stock 1994.
Fetz, Bernhard: „Dialektik der Ethnographie. Die Stimmen von Marrakesch". In: Kurt Bartsch, Gerhard Melzer (Hg.): *Elias Canetti*. Graz: Droschl 2005, S. 79–93.
Fichte, Hubert: „Ketzerische Bemerkungen für eine neue Wissenschaft vom Menschen". In: Ders.: *Petersilie. Die afroamerikanischen Religionen*. Frankfurt am Main: Fischer 1980, S. 359–365.
Fischer, Ernst: „Bemerkungen zu Elias Canettis ‚Masse und Macht'". In: *Literatur & Kritik 7* (1966), S. 12–20.
Fischer-Homberger, Esther: „Aus der Medizingeschichte der Einbildungen (1978)". In: Dies.: *Krankheit Frau und andere Arbeiten zur Medizingeschichte der Frau*. Bern, Stuttgart, Wien: Verlag Hans Huber 1979, S. 106–129.

Foucault, Michel: *Die Archäologie des Wissens*. Übers. v. Ulrich Köppen. Frankfurt am Main: Suhrkamp 1986.
Foucault, Michel: „Nachwort [1966]". In: Gustave Flaubert: *Die Versuchung des heiligen Antonius*. Übers. v. Annelies Botond. Frankfurt am Main: Insel 2003, S. 215–251.
Foucault, Michel: *Die Ordnung der Dinge. Eine Archäologie der Humanwissenschaften*. Übers. v. Ulrich Köppen. Frankfurt am Main: Suhrkamp 2003.
Foucault, Michel: „An Roger Caillois [1965]". In: Ders.: *Dits et Écrits. Schriften in vier Bänden*. Band IV: *1980–1988*. Hg. von Daniel Defert. Frankfurt am Main: Suhrkamp 2005, S. 199–200.
Foucault, Michel: „Gespräch mit Ducio Trombadori [1978]". In: Ders.: *Dits et Écrits. Schriften in vier Bänden*. Band IV: *1980–1988*. Hg. v. Daniel Defert. Frankfurt am Main: Suhrkamp 2005, S. 51–119.
Foucault, Michel: *Die Ordnung des Diskurses*. Übers. v. Ralf Konersmann. Frankfurt am Main: Fischer 2014.
Foucault, Michel: *Die Geburt der Klinik. Eine Archäologie des ärztlichen Blicks [1963]*. Übers. v. Walter Seitter. Frankfurt am Main: Fischer 2016.
Fournier, Marcel: „Une lettre inédite de Marcel Mauss à Roger Caillois du 22 juin 1938". In: *Actes de la recherche en sciences sociales* 84 (1990), H. 1, S. 87.
Frank, Claudine (Hg.): *The edge of surrealism. A Roger Caillois reader*. Durham: Duke University Press 2003.
Frank, Manfred: „Das Motiv des ‚kalten Herzens' in der romantisch-symbolistischen Dichtung". In: Ders.: *Kaltes Herz. Unendliche Fahrt. Neue Mythologie. Motiv-Untersuchungen zur Pathogenese der Moderne*. Frankfurt am Main: Suhrkamp 1989, S. 11–49.
Frank, Michael C., Bettina Gockel, Thomas Hauschild, Dorothee Kimmich und Kirsten Mahlke: „Fremde Dinge – Zur Einführung". In: *Fremde Dinge. Zeitschrift für Kulturwissenschaften* 1 (2007), S. 9–15.
Frank, Michael C.: „Überlebsel. Das Primitive in Anthropologie und Evolutionstheorie des 19. Jahrhunderts". In: Nicola Gess (Hg.): *Literarischer Primitivismus*. Berlin, Boston: De Gruyter 2012, S. 159–187.
Frazer, James George: *Der goldene Zweig. Das Geheimnis von Glauben und Sitten der Völker*. Übers. v. Helen von Bauer. Reinbek bei Hamburg: Rowohlt 2004.
Freud, Sigmund: „Psychoanalytische Bemerkungen über einen autobiographisch beschriebenen Fall von Paranoia (Dementia paranoides) [1911/1910]". In: Ders.: *Studienausgabe*. Band VII: *Zwang, Paranoia und Perversion*. Hg. v. Alexander Mitscherlich, James Strachey, Angela Richards. Frankfurt am Main: Fischer 1989, S. 133–203.
Freud, Sigmund: „Der Dichter und das Phantasieren [1907/1908]". In: Ders.: *Studienausgabe*. Band X: *Bildende Kunst und Literatur*. Hg. v. Alexander Mitscherlich, James Strachey, Angela Richards. Frankfurt am Main: Fischer 2000, S. 169–179.
Freud, Sigmund: „Die Traumarbeit [1915/1916]". In: Ders.: *Studienausgabe*. Band I: *Vorlesungen zur Einführung in die Psychoanalyse. Neue Folge*. Hg. v. Alexander Mitscherlich, James Strachey, Angela Richards. Frankfurt am Main: Fischer 2000, S. 178–189.
Freud, Sigmund: „Massenpsychologie und Ich-Analyse [1921]". In: Ders.: *Studienausgabe*. Band IX: *Fragen der Gesellschaft; Ursprünge der Religion*. Hg. v. Alexander Mitscherlich, James Strachey, Angela Richards. Frankfurt am Main: Fischer 2000, S. 61–134.
Friedrich, Peter: *Die Rebellion der Masse im Textsystem. Die Sprache der Gegenwissenschaft in Elias Canettis „Masse und Macht"*. München: Wilhelm Fink 1999.

Friedrich, Peter: „Tod und Überleben. Elias Canettis poetische Anti-Thanatologie". In: Susanne Lüdemann (Hg.): *Der Überlebende und sein Doppel. Kulturwissenschaftliche Analysen zum Werk Elias Canettis.* Freiburg im Breisgau: Rombach 2008, S. 215–245.

Fulda, Daniel und Stefan Matuschek: „Literarische Formen in anderen Diskursformationen: Philosophie und Geschichtsschreibung". In: Simone Winko, Fotis Jannidis, Gerhard Lauer (Hg.): *Grenzen der Literatur. Zu Begriff und Phänomen des Literarischen.* Berlin: De Gruyter 2009, S. 188–219.

Furuya, Shinichi: *Masse, Macht und Medium. Elias Canetti gelesen mit Marshall McLuhan.* Bielefeld: Transcript 2017.

Gadamer, Hans-Georg: *Wahrheit und Methode. Grundzüge einer philosophischen Hermeneutik.* Tübingen: Mohr Siebeck 1999.

Gamper, Michael und Michael Bies: *„Es ist ein Laboratorium, ein Laboratorium für Worte". Experiment und Literatur III 1890–2010.* Göttingen: Wallstein 2011.

Gamper, Michael: *Masse lesen, Masse schreiben. Eine Diskurs- und Imaginationsgeschichte der Menschenmenge 1765–1930.* Paderborn: Wilhelm Fink 2007.

Gamper, Michael: „Zur Literaturgeschichte des Experiments. Eine Einleitung". In: Ders., Martina Wernli, Jörg Zimmer (Hg.): *„Es ist nun einmal zum Versuch gekommen". Experiment und Literatur I 1580–1790.* Göttingen: Wallstein 2009, S. 9–30.

Gander, Hans-Helmuth: „‚Verdoppelung der Stimme' – Zur Funktion des Zitats als Autoritätsgewinn". In: Joachim Jacob, Mathias Mayer (Hg.): *Im Namen des anderen. Die Ethik des Zitierens.* München: Wilhelm Fink 2010, S. 19–31.

Gasché, Rodolphe: *Die hybride Wissenschaft. Zur Mutation des Wissenschaftsbegriffs bei Emile Durkheim und im Strukturalismus von Claude Lévi-Strauss.* Stuttgart: Metzler 1973.

Geble, Peter: „Der Mimese-Komplex". In: *ilinx. Berliner Beiträge zur Kulturwissenschaft* 2 (2011), S. 185–195.

Geertz, Clifford: „The Way we Think Now. Toward an Ethnography of Modern Thought". In: Ders.: *Local Knowledge.* New York: Basic Books 1983, S. 147–163.

Geertz, Clifford: „Dichte Beschreibung. Bemerkungen zu einer deutenden Theorie von Kultur". In: Ders: *Dichte Beschreibung. Beiträge zum Verstehen kultureller Systeme.* Übers. v. Brigitte Luchesi, Rolf Bindemann. Frankfurt am Main: Suhrkamp 2015, S. 7–43.

Geertz, Clifford: „‚Deep play'. Bemerkungen zum balinesischen Hahnenkampf". In: Ders.: *Dichte Beschreibung. Beiträge zum Verstehen kultureller Systeme.* Übers. v. Brigitte Luchesi, Rolf Bindemann. Frankfurt am Main: Suhrkamp 2015, S. 202–260.

Gehring, Petra: *Theorien des Todes zur Einführung.* Hamburg: Junius 2013.

Geisenhanslüke, Achim: „Enzyklopädien des Unwissens. Zu einer Poetik des Imaginären bei Jorge Luis Borges und Michel Foucault ". In: Monika Schmitz-Emans, Kai Lars Fischer, Christoph Benjamin Schulz (Hg.): *Enzyklopädien des Imaginären. Jorge Luis Borges im literarischen und künstlerischen Kontext.* Heidelberg u. a.: Georg Olms 2011, S. 45–58.

Gekle, Hanna: *Tod im Spiegel. Zu Lacans Theorie des Imaginären.* Frankfurt am Main: Suhrkamp 1996.

Genette, Gérard: „Fiktionale Erzählung, faktuale Erzählung". In: Ders.: *Fiktion und Diktion.* Übers. v. Heinz Jatho. München: Wilhelm Fink 1992, S. 65–94.

Gess, Nicola: „Literarischer Primitivismus. Chancen und Grenzen eines Begriffs". In: Dies. (Hg.): *Literarischer Primitivismus.* Berlin, Boston: De Gruyter 2012, S. 1–9.

Gess, Nicola: (Hg.): *Literarischer Primitivismus.* Berlin, Boston: De Gruyter 2012.

Gess, Nicola: *Primitives Denken. Wilde, Kinder und Wahnsinnige in der literarischen Moderne (Müller, Musil, Benn, Benjamin).* München: Wilhelm Fink 2013.

Gess, Nicola und Sandra Janßen: „Einleitung. Zu einer historischen Epistemologie der Literatur". In: Dies. (Hg.): *Wissens-Ordnungen. Zu einer historischen Epistemologie der Literatur.* Berlin, Boston: De Gruyter 2014, S. 1–15.
Geulen, Eva: „Lebensform und Fliegenpein. Canetti und Agamben über Insekten". In: Susanne Lüdemann (Hg.): *Der Überlebende und sein Doppel. Kulturwissenschaftliche Analysen zum Werk Elias Canettis.* Freiburg im Breisgau: Rombach 2008, S. 335–348.
Geulen, Eva: *Aus dem Leben der Form. Goethes Morphologie und die Nager.* Berlin: August Verlag 2016.
Gießmann, Sebastian: „Verunreinigungsarbeit. Über den Netzwerkbegriff der Akteur-Netzwerk-Theorie". In: *Reinigungsarbeit. Zeitschrift für Kulturwissenschaften* 1 (2013), S. 133–144.
Ginzburg, Carlo: *Spurensicherung. Die Wissenschaft auf der Suche nach sich selbst.* Übers. v. Gisela Bonz und Karl F. Hauber. Berlin: Wagenbach 2011.
Godelier, Maurice: „Die Anthropologie. Gespräch mit Michel Lussaut (3. April 2016)". In: *Lettre International* 116 (2017), S. 102–117.
Gold, Helmut: *Erkenntnisse unter Tage. Bergbaumotive in der Literatur der Romantik.* Opladen: Verlag für Sozialwissenschaften 1990.
Goodman, Nelson: *Weisen der Welterzeugung.* Übers. v. Max Looser. Frankfurt am Main: Suhrkamp 2014.
Goody, Jack: *The domestication of the savage mind [1977].* Cambridge: Cambridge University Press 1995.
Gottowick, Volker: „Zwischen dichter und dünner Beschreibung. Clifford Geertz' Beitrag zur Writing Culture-Debatte". In: Iris Därmann, Christoph Jamme (Hg.): *Kulturwissenschaften. Konzepte, Theorien, Autoren.* München: Wilhelm Fink 2007, S. 119–142.
Grabbe, Katharina, Sigrid G. Köhler und Martina Wagner-Egelhaaf (Hg.): *Das Imaginäre der Nation. Zur Persistenz einer politischen Kategorie in Literatur und Film.* Bielefeld: Transcript 2012.
Grabbe, Katharina: *Deutschland – Image und Imaginäres. Zur Dynamik der nationalen Identifizierung nach 1990.* Berlin, Boston: De Gruyter 2014.
Gropius, Walter: „Reorientation". In: György Kepes: *The New Landscape in Art and Science.* Cambridge, Chicago: Paul Theobald and Co. 1956, S. 94–97.
Gross, Sabine: *Lese-Zeichen. Kognition, Medium und Materialität im Leseprozess.* Darmstadt: Wissenschaftliche Buchgesellschaft 1994.
Gumbrecht, Hans Ulrich: „Die Vernunft auf der Flucht vor dem Imaginären". In: Wolfgang Iser, Dieter Henrich (Hg.): *Funktionen des Fiktiven.* München: Wilhelm Fink 1983, S. 463–472.
Gumbrecht, Hans Ulrich: *Unsere breite Gegenwart.* Übers. v. Frank Born. Berlin: Suhrkamp 2010.
Gumbrecht, Hans Ulrich: *Diesseits der Hermeneutik. Die Produktion von Präsenz.* Übers. v. Joachim Schulte. Frankfurt am Main: Suhrkamp 2010.
Gutenberg, Andrea und Ralph J. Poole: „Einleitung: Zitier-Fähigkeit. Findungen und Erfindungen des Anderen". In: Dies. (Hg.): *Zitier-Fähigkeit. Findungen und Erfindungen des Anderen.* Berlin: Erich Schmidt 2001, S. 9–38.
Haberkorn, Michaela: *Naturhistoriker und Zeitenseher. Geologie und Poesie um 1800. Der Kreis um Abraham Gottlob Werner.* Frankfurt am Main: Peter Lang 2004.
Hädecke, Wolfgang: „Die moralische Quadratur des Zirkels. Das Todesproblem im Werk Elias Canettis". In: *Text+Kritik* (1982), S. 24–30.
Haeckel, Ernst: *Generelle Morphologie der Organismen.* Band 2: *Allgemeine Entwicklungsgeschichte der Organismen.* Berlin: Reimer 1866.

Haeckel, Ernst: *Anthropogenie oder Entwicklungsgeschichte des Menschen*. Leipzig: Wilhelm Engelmann 1874.
Haeckel, Ernst: „Die Natur als Künstlerin". In: Uwe Hoßfeld (Hg.): *absolute Ernst Haeckel*. Freiburg im Breisgau: Orange Press 2010, S. 184–193.
Hahn, Alois: „Unendliches Ende. Höllenvorstellungen in soziologischer Perspektive". In: Karlheinz Stierle, Rainer Warning (Hg.): *Das Ende. Figuren einer Denkform*. München: Wilhelm Fink 1996, S. 155–182.
Hahn, Kurt, Christian Wehr und Matthias Hausmann (Hg.): *ErzählMacht. Narrative Politiken des Imaginären*. Würzburg: Königshausen & Neumann 2013.
Hahn, Marcus und Nacim Ghanbari: „Vorwort". In: *Reinigungsarbeit. Zeitschrift für Kulturwissenschaften* 1 (2013), S. 9–13.
Hahn, Marcus: „Heteronomieästhetik der Moderne. Eine Skizze". In: *Reinigungsarbeit. Zeitschrift für Kulturwissenschaften* 1 (2013), S. 23–36.
Hanuschek, Sven: „Besprechung von ‚Das Monster', Roman von Anna Sebastian". In: *Frankfurter Rundschau* vom 03.03.2004.
Hanuschek, Sven: *Elias Canetti. Biographie*. München: Hanser 2005.
Heesen, Anke te und Emma C. Spary: „Sammeln als Wissen". In: Dies. (Hg.): *Sammeln als Wissen. Das Sammeln und seine wissenschaftsgeschichtliche Bedeutung*. Göttingen: Wallstein 2001, S. 7–21.
Heidegger, Martin: „Das Ding [1950]". In: Ders.: *Gesamtausgabe. Band 7. Vorträge und Aufsätze*. Hg. v. Friedrich Wilhelm von Herrmann. Frankfurt am Main: Vittorio Klostermann 1976, S. 167–187,
Heiden, Anne von der und Sarah Kolb (Hg.): *Logik des Imaginären. Diagonale Wissenschaft nach Roger Caillois*. Band 1: *Versuchungen durch Natur, Kultur und Imagination*. Berlin: August Verlag 2018.
Helmstetter, Rudolf: „Autonomie – Bertolt Brecht und F.W. Bernstein". In: Niels Werber (Hg.): *Systemtheoretische Literaturwissenschaft. Begriffe, Methoden, Anwendungen*. Berlin, New York: De Gruyter 2011, S. 39–57.
Henkel, Arthur: „Was ist eigentlich Romantisch?" In: Herbert Singer, Benno von Wiese (Hg.): *Festschrift für Richard Alewyn*. Köln, Graz: Böhlau 1967, S. 292–302.
Henninghaus, Lothar: *Tod und Verwandlung. Elias Canettis poetische Anthropologie*. Frankfurt am Main, Bern, New York: Peter Lang 1984.
Henrich, Dieter und Wolfgang Iser (Hg.): *Funktionen des Fiktiven*. München: Wilhelm Fink 1983.
Henrich, Dieter und Wolfgang Iser: „Entfaltung der Problemlage". In: Dies. (Hg.): *Funktionen des Fiktiven*. München: Wilhelm Fink 1983, S. 9–14.
Hertz, Robert: „Die Vorherrschaft der rechten Hand. Eine Studie über religiöse Polarität [1909]". In: Stephan Moebius, Christian Papilloud (Hg.): *Das Sakrale, die Sünde und der Tod. Religions-, kultur- und wissenssoziologische Untersuchungen*. Konstanz: Universitätsverlag Konstanz 2007, S. 181–217.
Heßler, Martina und Dieter Mersch: *Logik des Bildlichen. Zur Kritik der ikonischen Vernunft*. Bielefeld: Transcript 2009.
Heyne, Elisabeth: „Die Stimmen der ‚Primitiven' in Canettis *Masse und Macht*. Zur Kommunikation zwischen Erzähler und ethnologischem Material". In: Nicola Gess (Hg.): *Literarischer Primitivismus*. Berlin, Boston: De Gruyter 2012, S. 235–251.
Heyne, Elisabeth: „Rezension zu Sylwia Werner: Bild-Lektüren. Studien zur Visualität in Werken Elias Canettis. Heidelberg: Winter 2013". In: *Scientia Poetica* 19 (2015), S. 380–390.

Heyne, Elisabeth und Julia Dettke: „Zugänge zum Spielraum der Literatur". In: Dies.: *Spielräume und Raumspiele in der Literatur*. Würzburg: Königshausen & Neumann 2016, S. 11–45.
Heyne, Elisabeth: „Wie sammelt man das Imaginäre? Von der Leuchtzirpe". In: *Avenue. Das Magazin für Wissenskultur* 7 (2019), S. 42–47.
Hoffmann, E.T.A.: „Die Bergwerke zu Falun". In: Ders.: *Sämtliche Werke*. Band 4: *Die Serapionsbrüder*. Hg. von Wulf Segebrecht. Frankfurt am Main: Deutscher Klassiker Verlag 2001, S. 208–241.
Hofmann, Werner: „Eine einzige Glätte". In: *Hüter der Verwandlung. Beiträge zum Werk von Elias Canetti*. München: Hanser 1985, S. 11–21.
Hollier, Denis: „Mimesis and Castration 1937". In: *October* 31 (1984), S. 3–15.
Hollier, Denis: „Fear and trembling in the age of surrealism". In: Roger Caillois: *The Necessitity of the mind. An analytic study of the mechanisms of overdetermination in automatic and lyrical thinking and of the development of affective themes in the individual consciousness [1933–35, 1981]*. Venice, CA: The Lapis Press 1990, S. 153–161.
Hollier, Denis (Hg.): *Das Collège de Sociologie: 1937–1939*. Mit einem Nachwort von Irene Albers und Stephan Moebius. Übers. v. Horst Brühmann. Berlin: Suhrkamp 2012.
Homann, Karl: „Einbildung/Einbildungskraft". In: Joachim Ritter (Hg.): *Historisches Wörterbuch der Philosophie*. Band 2: *D–F*. Darmstadt: Wissenschaftliche Buchgesellschaft 1972, S. 346–358.
Hombach, Klaus-Sachs: „Bilder in der Wissenschaft". In: Nicola Mößner, Dimitri Liebsch: *Visualisierung und Erkenntnis. Bildverstehen und Bildverwenden in den Natur- und Geisteswissenschaften*. Köln: Halem 2012, S. 31–42.
Honneth, Axel: „Eine ontologische Rettung der Revolution. Zur Gesellschaftstheorie von Cornelius Castoriadis". In: *Merkur* 39 (1985), S. 807–821.
Honneth, Axel: „Die unendliche Perpetuierung des Naturzustandes. Zum theoretischen Erkenntnisgehalt von Canettis ‚Masse und Macht'". In: Michael Krüger (Hg.): *Einladung zur Verwandlung. Essays zu Elias Canettis „Masse und Macht"*. München: Hanser 1995, S. 105–127.
Horn, Anette: „The Myth of the Ancestors. Nongqawuse and the Suicide of the Nation as an antiimperial rebellion. Elias Canetti and the Xhosas". http://www.academia.edu/4488575/Elias_Canetti_and_the_Xhosas (Stand 02.04.2020).
Iser, Wolfgang: *Das Fiktive und das Imaginäre. Perspektiven literarischer Anthropologie*. Frankfurt am Main: Suhrkamp 2001.
Ishaghpour, Youssef: „Masse und Macht im Werk Elias Canettis". In: John Pattillo-Hess (Hg.): *Tod und Verwandlung in Canettis Masse und Macht*. Wien: Kunstverein Wien 1990, S. 78–89.
Jaeger, Stephan: „Erzähltheorie und Geschichtswissenschaft". In: Ansgar Nünning, Vera Nünning (Hg.): *Erzähltheorie transgenerisch, intermedial, interdisziplinär*. Trier: Wissenschaftlicher Verlag Trier 2002, S. 237–264.
Jahraus, Oliver: „Strukturelle Kopplung". In: Oliver Jahraus u. a. (Hg.): *Luhmann-Handbuch: Leben – Werk – Wirkung*. Stuttgart: Metzler 2012, S. 121–123.
Jardine, Nicholas: „Sammlung, Wissenschaft, Kulturgeschichte". In: Anke te Heesen, Emma C. Spary (Hg.): *Sammeln als Wissen. Das Sammeln und seine wissenschaftsgeschichtliche Bedeutung*. Göttingen: Wallstein 2001, S. 199–220.
Jauß, Hans Robert: „Das Vollkommene als Faszinosum des Imaginären". In: Wolfgang Iser, Dieter Henrich (Hg.): *Funktionen des Fiktiven*. München: Wilhelm Fink 1983, S. 443–461.
Jenny, Laurent: „Roger Caillois: Esthétique géneralisée ou esthétique fantôme?" In: *Littérature: Forme, difforme, informe*. 85 (1992), S. 59–73.

Johach, Eva: „Insektengesellschaften und die Suche nach den Medien des Sozialen". In: *Menschen & Andere. Zeitschrift für Medienwissenschaft* (2011), H. 4, S. 71–82.
Johach, Eva: „Diagonale Verwandtschaften. Caillois, Bergson und die sozialen Insekten". In: Anne von der Heiden, Sarah Kolb (Hg.): *Logik des Imaginären. Diagonale Wissenschaft nach Roger Caillois*. Band 1: *Versuchungen durch Natur, Kultur und Imagination*. Berlin: August Verlag 2018.
Kablitz, Andreas: *Kunst des Möglichen. Theorie der Literatur*. Freiburg im Breisgau: Rombach 2013.
Kafka, Franz: „Das Schweigen der Sirenen". In: Ders.: *Die Erzählungen und andere ausgewählte Prosa, in der Fassung der Kritischen Ausgabe*. Hg. v. Roger Hermes. Frankfurt am Main: Fischer 2014, S. 351–352.
Kalatehbali, Narjes Khodaee: *Das Fremde in der Literatur. Postkoloniale Fremdheitskonstruktionen in Werken von Elias Canetti, Günter Grass und Josef Winkler*. Münster: LIT 2005.
Kampel, Beatrix: „Ein Dichter braucht Ahnen. Canettis Begegnungen mit Literatur und Literaten im Spiegel seiner Autobiographie". In: Kurt Bartsch, Gerhard Melzer (Hg.): *Elias Canetti, Experte der Macht*. Graz: Droschl 1985, S. 102–115.
Kamper, Dietmar: *Zur Geschichte der Einbildungskraft*. Reinbek bei Hamburg: Rowohlt 1990.
Kämpf, Heike: „Die Lust der Verschwendung. Batailles Untersuchung des Potlatsch als Beitrag zur Ethnologie". In: Andreas Hetzel, Peter Wiechens (Hg.): *Georges Bataille. Vorreden zur Überschreitung*. Würzburg: Königshausen & Neumann 1999, S. 211–222.
Kämpf, Heike: „Roger Caillois". In: Iris Därmann, Kathrin Busch (Hg.): *Bildtheorien aus Frankreich. Ein Handbuch*. München: Wilhelm Fink 2011, S. 87–90.
Kamphausen, Georg und Thomas Schnelle: *Die Romantik als naturwissenschaftliche Bewegung. Zur Entwicklung eines neuen Wissenschaftsverständnisses*. Bielefeld: Kleine 1982.
Kant, Immanuel: *Anthropologie in pragmatischer Hinsicht*. Hg. v. Reinhard Brandt. Hamburg: Meiner 2000.
Kaszynski, Stefan H.: „Im Labor der Gedanken. Zur Poetik der Aphorismen von Elias Canetti". In: Ders. (Hg.): *Die Lesbarkeit der Welt. Elias Canettis Anthropologie und Poetik*. München: Hanser 1984, S. 151–163.
Kepes, György: *The New Landscape in Art and Science*. Cambridge, Chicago: Theobald 1956.
Kimmich, Dorothee: *Lebendige Dinge in der Moderne*. Konstanz: Konstanz University Press 2011.
Kimmich, Dorothee: *Im Ungefähren. Ähnlichkeit und Moderne*. Konstanz: Konstanz University Press 2017.
Kittler, Friedrich A.: *Aufschreibesysteme 1800·1900*. München: Wilhelm Fink 2003.
Klemperer, Victor: *LTI. Notizbuch eines Philologen*. Hg. v. Elke Fröhlich. Stuttgart: Reclam 2015.
Knoll, Heike: *Das System Canetti. Zur Rekonstruktion eines Wirklichkeitsentwurfes*. Stuttgart: M&P 1993.
Knorr-Cetina, Karin: „Zur Unterkomplexität der Differenzierungstheorie. Empirische Anfragen an die Systemtheorie". In: *Zeitschrift für Soziologie* 21 (1992), H. 6, S. 406–419.
Koch, Lars und Tobias Nanz: „Ästhetische Experimente. Zur Ereignishaftigkeit und Funktion von Störungen in den Künsten". In: *Katastrophen, Krisen, Störungen. Zeitschrift für Literaturwissenschaft und Linguistik* (2014), H. 173, S. 94–115.
Koch, Lars, Timm Ebner, Rupert Gaderer und Elena Meilicke: „Es gibt keine Paranoia". In: Dies. (Hg.): *Paranoia. Lektüren und Ausschreitungen des Verdachts*. Wien: Turia + Kant 2016, S. 7–21.
Koch, Lars: „Kybernetik, Paranoia und Gewalt. Der Öko-Terrorist Ted Kaczynski". In: Ders., Rupert Gaderer u. a. (Hg.): *Paranoia. Lektüren und Ausschreitungen des Verdachts*. Wien: Turia + Kant 2016, S. 281–302.

Koch, Lars: „Walling out – Zur Diskurspolitik und Mythomotorik Neuer Mauern in der Populärkultur". In: Anja Besand (Hg.): *Von Game of Thrones bis House of Cards. Politische Perspektiven in Fernsehserien*. Wiesbaden: Springer VS 2018, S. 51–69.

Koch-Grünberg, Theodor: *Vom Roroima zum Orinoco*. Band 3: *Ethnographie*. Stuttgart: Strecker und Schröder 1923.

Kohl, Karl-Heinz: *Die Macht der Dinge. Geschichte und Theorie sakraler Objekte*. München: C.H. Beck 2003.

Kohn, Eduardo: *How forests think. Toward an anthropology beyond the human*. Berkeley: University of California Press 2013.

Kolesch, Doris: „Ästhetik der Präsenz. Theater-Stimmen". In: Josef Früchtl, Jörg Zimmermann (Hg.): *Ästhetik der Inszenierung. Dimensionen eines künstlerischen, kulturellen und gesellschaftlichen Phänomens*. Frankfurt am Main: Suhrkamp 2001, S. 260–276.

Köppe, Tilmann: „Vom Wissen in Literatur". In: *Zeitschrift für Germanistik* 17 (2007), S. 398–410.

Koschorke, Albrecht, Susanne Lüdemann, Thomas Frank und Ethel Matala de Mazza: *Der fiktive Staat. Konstruktionen des politischen Körpers in der Geschichte Europas*. Frankfurt am Main: Fischer 2007.

Koschorke, Albrecht: „Zur Epistemologie der Natur/Kultur-Grenze und ihren disziplinären Folgen". In: Christian Alvarado Leyton, Philipp Erchinger (Hg.): *Identität und Unterschied. Zur Theorie von Kultur, Differenz und Transdifferenz*. Bielefeld: Transcript 2010, S. 169–183.

Koschorke, Albrecht: „Ähnlichkeit. Valenzen eines post-postkolonialen Konzepts". In: Anil Bhatti, Dorothee Kimmich (Hg.): *Ähnlichkeit. Ein kulturtheoretisches Paradigma*. Konstanz: Konstanz University Press 2015, S. 35–45.

Kosofsky Sedgwick, Eve: „Paranoid Reading and Reparative Reading; or, You're So Paranoid, You Probably Think This Introduction is about You". In: Dies. (Hg.): *Novel gazing. Queer readings in fiction*. Durham, NC: Duke University Press 1997, S. 1–37.

Krämer, Sybille: „Sprache – Stimme – Schrift. Sieben Gedanken über Performativität als Medialität". In: Uwe Wirth (Hg.): *Performanz. Zwischen Sprachphilosophie und Kulturwissenschaft*. Frankfurt am Main: Suhrkamp 2002, S. 323–346.

Krämer, Sybille: „Die ‚Rehabilitierung der Stimme'. Über die Stimme jenseits der Oralität". In: Dies., Doris Kolesch (Hg.): *Stimme*. Frankfurt am Main: Suhrkamp 2006, S. 269–295.

Krämer, Sybille: „Operative Bildlichkeit. Von der ‚Grammatologie' zu einer ‚Diagrammatologie'? Reflexionen über erkennendes ‚Sehen'". In: Martina Heßler, Dieter Mersch (Hg.): *Logik des Bildlichen. Zur Kritik der ikonischen Vernunft*. Bielefeld: Transcript 2009, S. 94–122.

Krämer, Sybille: „Punkt, Strich, Fläche. Von der Schriftbildlichkeit zur Diagrammatik". In: Dies., Eva Cancik-Kirschbaum, Rainer Trotzke (Hg.): *Schriftbildlichkeit: Wahrnehmbarkeit, Materialität und Operativität von Notationen*. Berlin: Akademie Verlag 2012, S. 79–100.

Krauthausen, Karin: „Vom Nutzen des Notierens. Verfahren des Entwurfs". In: Dies., Omar W. Nasim (Hg.): *Notieren, Skizzieren. Schreiben und Zeichnen als Verfahren des Entwurfs*. Zürich: Diaphanes 2010, S. 7–26.

Kristeva, Julia: „Psychoanalysis and the Imaginary". In: George Levine (Hg.): *Constructions of the Self*. New Brunswick: Rutgers University Press 1992, S. 285–297.

Kropf, Albert: „Die Lügenpropheten des Kaffernlandes". In: *Neue Missionsschriften* 11 (1891).

Krüger, Michael (Hg.): *Einladung zur Verwandlung. Essays zu Elias Canettis „Masse und Macht"*. München: Hanser 1995.

Kugler, Lena: „Die Tiefenzeit von Dingen und Menschen. (Falsche) Fossilien und die ‚Bergwerke zu Falun'". In: *Weimarer Beiträge. Zeitschrift für Literaturwissenschaft, Ästhetik und Kulturwissenschaften* 59 (2013), H. 3, S. 397–415.

Kuhnau, Petra: *Masse und Macht in der Geschichte. Zur Konzeption anthropologischer Konstanten in Elias Canettis Werk „Masse und Macht".* Würzburg: Königshausen & Neumann 1996.

Kuhnau, Petra: „Widerständiges Werk oder widerständige Forschung? Zum schwierigen Umgang mit Canettis ‚Masse und Macht' zwischen den zwei Kulturen". In: *Austriaca* 61 (2005), S. 49–61.

Kuni, Verena: „Die Sprache der Steine. Vom Kunstsymbol zum Katalysator künstlerischer Imagination: Kristallwelt, Materie und Steinreich im Surrealismus". In: Karin Orchard, Jörg Zimmermann, Andreas Vonwinckel (Hg.): *Die Erfindung der Natur. Max Ernst, Paul Klee, Wols und das surreale Universum: Ausstellungskatalog.* Freiburg im Breisgau: Rombach 1994, S. 214–225.

Kurzke, Hermann: „Die Wende von der Frühromantik zur Spätromantik. Fragen und Thesen". In: *Athenäum. Jahrbuch für Romantik* 2 (1992), S. 165–177.

Lacan, Jacques: „Funktion und Feld des Sprechens und der Sprache in der Psychoanalyse". In: Ders.: *Schriften I.* Hg. v. Norbert Haas. Übers. v. Klaus Laermann. Olten, Freiburg im Breisgau: Walter-Verlag 1973, S. 71–169.

Lacan, Jacques: „Das Spiegelstadium als Bildner der Ich-Funktion". In: Ders.: *Schriften I.* Hg. v. Norbert Haas. Übers. v. Peter Stehlin. Weinheim, Berlin: Quadriga 1996, S. 61–70.

Lambert, Jean-Clarence (Hg.): *Roger Caillois.* Paris: La Différence 1991 (= Les Cahiers de Chronos).

Laserra, Annamaria: „Paroxysmes". In: Laurent Jenny (Hg.): *Roger Caillois. La pensée aventurée.* Paris: Belin 1992, S. 249–270.

Laserra, Annamaria (Hg.): *Roger Caillois. Fragments, fractures, réfractions d'une œuvre.* Padova: Unipress 2002.

Latour, Bruno: *Wir sind nie modern gewesen. Versuch einer symmetrischen Anthropologie.* Übers. v. Gustav Roßler. Berlin: Akademie Verlag 1995.

Latour, Bruno: „Drawing Things Together. Die Macht der unveränderlichen mobilen Elemente". In: Andréa Belliger, David J. Krieger (Hg.): *ANThology. Ein einführendes Handbuch zur Akteur-Netzwerk-Theorie.* Bielefeld: Transcript 2006, S. 259–307.

Latour, Bruno: „Gebt mir ein Laboratorium und ich werde die Welt aus den Angeln heben". In: Andréa Belliger, David J. Krieger (Hg.): *ANThology. Ein einführendes Handbuch zur Akteur-Netzwerk-Theorie.* Bielefeld: Transcript 2006, S. 103–134.

Latour, Bruno: *Das Parlament der Dinge. Für eine politische Ökologie.* Übers. v. Gustav Roßler. Frankfurt am Main: Suhrkamp 2010.

Le Bon, Gustave: *Psychologie des foules [1895].* Paris: PUF 1971, elektr. Version: http://classiques.uqac.ca/classiques/le_bon_gustave/psychologie_des_foules_PUF/psycho_des_foules_intro.html (Stand 02.04.2020)

Le Bon, Gustave: *Psychologie der Massen.* Übers. v. Rudolf Eisler. Stuttgart: Kröner 1982.

Lepenies, Wolf: „Vergangenheit und Zukunft der Wissenschaftsgeschichte. Das Werk Gaston Bachelards". In: Gaston Bachelard: *Die Bildung des wissenschaftlichen Geistes. Beitrag zu einer Psychoanalyse der objektiven Erkenntnis.* Übers. v. Michael Bischoff. Frankfurt am Main: Suhrkamp 1978, S. 7–34.

Lepenies, Wolf: *Die drei Kulturen. Soziologie zwischen Literatur und Wissenschaft.* Reinbek bei Hamburg: Rowohlt 1988.

Lévi-Strauss, Claude: *Der nackte Mensch.* Bd. 2. Übers. v. Eva Moldenhauer. Frankfurt am Main: Suhrkamp 1975 (= Mythologica, 4,2).

Lévi-Strauss, Claude: *Die elementaren Strukturen der Verwandtschaft [1949].* Übers. v. Eva Moldenhauer. Frankfurt am Main: Suhrkamp 1981.

Lévi-Strauss, Claude: *Traurige Tropen [1955]*. Übers. v. Eva Moldenhauer. Frankfurt am Main: Suhrkamp 1981.
Lévi-Strauss, Claude: *Das wilde Denken [1962]*. Übers. v. Hans Naumann. Frankfurt am Main: Suhrkamp 2016.
Lévy-Bruhl, Lucien: *Les fonctions mentales dans les sociétés inférieures*. Paris: Félix Alcan 1910.
Lévy-Bruhl, Lucien: *Das Denken der Naturvölker*. Hg. v. Wilhelm Jerusalem. Übers. v. Paul Friedländer. Wien, Leipzig: Wilhelm Braumüller 1926.
Lorenz, Maren: „,als ob ihr ein Stein aus dem Leibe kollerte ...' Schwangerschaftswahrnehmungen und Geburtserfahrungen von Frauen im 18. Jahrhundert". In: Richard van Dülmen (Hg.): *Körper-Geschichten*. Frankfurt am Main: Fischer 1996, S. 99–121.
Loyen, Ulrich van: „Predigten auf den Untergang Roms. Franz Baermann Steiner, Elias Canetti und die Apokalypse". In: Gesa Dane, Jeremy Adler (Hg.): *Literatur und Anthropologie. Elias Canetti, Franz Baermann Steiner und H.G. Adler in London*. Göttingen: Wallstein 2014, S. 227–244.
Lübcke, Sebastian und Johann Thun (Hg.): *Romantik und Surrealismus: Eine Wahlverwandtschaft?* Berlin, New York: Peter Lang 2018.
Lüdemann, Susanne: „Unsichtbare Massen". In: Ingeborg Münz-Koenen, Wolfgang Schäffner (Hg.): *Masse und Medium. Verschiebungen in der Ordnung des Wissens und der Ort der Literatur 1800/2000*. Berlin: Akademie Verlag 2002, S. 81–91.
Lüdemann, Susanne: *Metaphern der Gesellschaft. Studien zum soziologischen und politischen Imaginären*. München: Wilhelm Fink 2004.
Lüdemann, Susanne: „Vorwort". In: Dies. (Hg.): *Der Überlebende und sein Doppel. Kulturwissenschaftliche Analysen zum Werk Elias Canettis*. Freiburg: Rombach 2008, S. 9–15.
Luhmann, Niklas: *Ökologische Kommunikation. Kann die moderne Gesellschaft sich auf ökologische Gefährdungen einstellen?* Opladen: Westdeutscher Verlag 1986.
Luhmann, Niklas: *Soziale Systeme. Grundriß einer allgemeinen Theorie*. Frankfurt am Main: Suhrkamp 1987.
Luhmann, Niklas: *Die Wissenschaft der Gesellschaft*. Frankfurt am Main: Suhrkamp 1992.
Luhmann, Niklas: „Kommunikation mit Zettelkästen. Ein Erfahrungsbericht". In: Ders.: *Universität als Milieu*. Bielefeld: Haux 1992, S. 53–61.
Luhmann, Niklas: „Wie ist soziale Ordnung möglich?" In: Ders.: *Gesellschaftsstruktur und Semantik. Studien zur Wissenssoziologie der modernen Gesellschaft*. Bd. 2. Frankfurt am Main: Suhrkamp 1993, S. 195–285.
Luhmann, Niklas: *Liebe als Passion. Zur Codierung von Intimität*. Frankfurt am Main: Suhrkamp 1994.
Luhmann, Niklas: *Die Kunst der Gesellschaft*. Frankfurt am Main: Suhrkamp 1997.
Luhmann, Niklas: *Die Gesellschaft der Gesellschaft*. Frankfurt am Main: Suhrkamp 1998.
Luhmann, Niklas: *Das Erziehungssystem der Gesellschaft*. Frankfurt am Main: Suhrkamp 2002.
Lütkehaus, Ludger (Hg.): *Tiefenphilosophie. Texte zur Entdeckung des Unbewußten vor Freud*. Hamburg: Europäische Verlagsanstalt 1995.
Lütkehaus, Ludger: „Tiefenphilosophie". In: Ders. (Hg.): *Tiefenphilosophie. Texte zur Entdeckung des Unbewußten vor Freud*. Hamburg: Europäische Verlagsanstalt 1995, S. 2–45.
Macho, Thomas und Annette Wunschel: „Mentale Versuchsanordnungen". In: Dies. (Hg.): *Science & Fiction. Über Gedankenexperimente in Wissenschaft, Philosophie und Literatur*. Frankfurt am Main: Fischer 2004, S. 9–14.

Macho, Thomas: „Tod und Trauer im kulturwissenschaftlichen Vergleich". In: Jan Assmann: *Der Tod als Thema der Kulturtheorie. Todesbilder und Totenriten im Alten Ägypten*. Frankfurt am Main: Suhrkamp 2000, S. 89–120.

Magris, Claudio: „Die rasenden Elektronen". In: Herbert G. Göpfert (Hg.): *Canetti lesen. Erfahrungen mit seinen Büchern*. München, Wien: Hanser 1975, S. 35–47.

Mainberger, Sabine: *Die Kunst des Aufzählens. Elemente zu einer Poetik des Enumerativen*. Berlin, New York: De Gruyter 2003.

Massonet, Stéphane: *Les labyrinthes de l'imaginaire dans l'œuvre de Roger Caillois*. Paris: L'Harmattan 1998.

Massonet, Stéphane: „Esquisse d'un tracé de la mémoire (Warburg, Benjamin, Malraux & Caillois)". In: *Revista Trama Interdisciplinar* 6 (2015), H. 3, S. 119–129.

Massonet, Stéphane: „Die beiden Amerikas: das diagonale und das strukturale". In: Anne von der Heiden, Sarah Kolb (Hg.): *Logik des Imaginären. Diagonale Wissenschaft nach Roger Caillois*. Band 1: *Versuchungen durch Natur, Kultur und Imagination*. Berlin: August Verlag 2018, S. 195–229.

Matt, Peter von: „Der phantastische Aphorismus bei Elias Canetti". In: *Stuttgarter Arbeiten zur Germanistik* 245 (1991), S. 9–19.

Matt, Peter von: „Der weise Komödiant. Zum Tod von Elias Canetti". In: *Die Zeit* 35 (1994). http://www.zeit.de/1994/35/der-weise-komoediant (Stand: 13.02.2019).

Matt, Peter von: „Nachwort". In: Elias Canetti: *Das Buch gegen den Tod*. München: Hanser 2014, S. 308–329.

Mattenklott, Gert: „Einführung in Karl Bloßfeldts Urformen der Kunst". In: Ders.: *Ästhetische Opposition. Essays zu Literatur, Kunst und Kultur*. Hg. v. Dirck Linck. Hamburg: Philo Fine Arts 2010, S. 257–281.

Mattenklott, Gundel: „L'imaginaire / das Imaginäre. Eine Spurensuche zur Begriffsgeschichte". In: *kmb. onlineZeitschrift Kunst Medien Bildung* (2012). http://zkmb.de/limaginaire-das-imaginaere-eine-spurensuche-zur-begriffsgeschichte/ (Stand 02.04.2020).

Mauss, Marcel: „Die Techniken des Körpers [1934]". In: Ders.: *Soziologie und Anthropologie*. Band II. Hg. v. Wolf Lepenies, Henning Ritter. Übers. v. Eva Moldenhauer. Frankfurt am Main, Berlin, Wien: Ullstein 1978, S. 197–220.

Menke, Bettine: „Zitierfähigkeit. Zitieren als Exzitation". In: Andrea Gutenberg, Ralph J. Poole (Hg.): *Zitier-Fähigkeit. Findungen und Erfindungen des Anderen*. Berlin: Erich Schmidt 2001, S. 153–171.

Menke, Christoph: „Die Kunst des Fallens. Canettis Politik der Erkenntnis". In: Michael Krüger (Hg.): *Einladung zur Verwandlung. Essays zu Elias Canettis „Masse und Macht"*. München: Hanser 1995, S. 38–67.

Mersch, Dieter: „Der versteinerte Augenblick. Zum Verhältnis von Kunst und Ereignis zwischen Barock und Moderne". In: *MoMo Berlin. Philosophischer Arbeitskreis* (2014). http://www.momo-berlin.de/files/momo_daten/dokumente/Dieter%20Mersch%20-%20Der%20versteinerte%20Augenblick.pdf (Stand 02.04.2020).

Moebius, Stephan: *Die Zauberlehrlinge. Soziologiegeschichte des Collège de Sociologie (1937–1939)*. Konstanz: Universitätsverlag Konstanz 2006.

Moebius, Stephan: „Über die kollektive Repräsentation des Lebens und des Sakralen. Die Verknüpfung von Durkheim und Nietzsche in Geschichte und Gegenwart der Soziologie und Kulturanthropologie". In: Karl-Siegbert Rehberg, Dana Giesecke, Thomas Dumke (Hg.): *Die Natur der Gesellschaft: Verhandlungen des 33. Kongresses der Deutschen Gesellschaft für Soziologie in Kassel 2006*. Frankfurt am Main: Campus Verlag 2008, S. 4673–4683.

Moebius, Stephan: „Zur Konkurrenz im Gebiete des Geistigen. Die Kontroverse zwischen Roger Caillois und Claude Lévi-Strauss". In: Anne von der Heiden, Sarah Kolb (Hg.): *Logik des Imaginären. Diagonale Wissenschaft nach Roger Caillois*. Band 1: Versuchungen durch Natur, Kultur und Imagination. Berlin: August Verlag 2018, S. 213–229.

Mößner, Nicola: „Bild in der Wissenschaft". In: *IMAGE Zeitschrift für interdisziplinäre Bildwissenschaft* 23 (2016), S. 65–86.

Muensterberger, Werner: *Sammeln, eine unbändige Leidenschaft. Psychologische Perspektiven*. Übers. v. H. Jochen Bußmann. Berlin: Berlin-Verlag 1995.

Mülder-Bach, Inka: „Tiefe. Zur Dimension der Romantik". In: Dies., Gerhard Neumann (Hg.): *Räume der Romantik*. Würzburg: Königshausen & Neumann 2007, S. 83–103.

Müller, Ernst und Falko Schmieder: *Begriffsgeschichte und historische Semantik. Ein kritisches Kompendium*. Berlin: Suhrkamp 2016.

Müller-Funk, Wolfgang: „Die Angst in der Kultur. Hermann Brochs Massenwahntheorie im historischen Kontext". In: *TRANS. Internet-Zeitschrift für Kulturwissenschaften* 16 (2006). http://www.inst.at/trans/16Nr/05_4/mueller-funk16.htm (Stand 02.04.2020).

Müller-Tamm, Jutta: *Kunst als Gipfel der Wissenschaft. Ästhetische und wissenschaftliche Weltaneignung bei Carl Gustav Carus*. Berlin, New York: De Gruyter 1995.

Müller-Wille, Staffan: „Text, Bild und Diagramm in der klassischen Naturgeschichte". In: *kunsttexte.de* 4 (2002).

Nassehi, Armin und Georg Weber: *Tod, Modernität und Gesellschaft. Entwurf einer Theorie der Todesverdrängung*. Opladen: Westdeutscher Verlag 1989.

Nassehi, Armin: „,Worüber man nicht sprechen kann, darüber muss man schweigen.' Über die Geschwätzigkeit des Todes in unserer Zeit". In: Konrad Paul Liessmann (Hg.): *Ruhm, Tod und Unsterblichkeit. Über den Umgang mit der Endlichkeit*. Wien: Zsolnay 2004, S. 118–145.

Nassehi, Armin: „Die Theorie funktionaler Differenzierung im Horizont ihrer Kritik". In: *Zeitschrift für Soziologie* 33 (2004), H. 2, S. 98–118.

Neumann, Gerhard: „,Yo lo vi'. Wahrnehmung der Gewalt: Canettis ,Masse und Macht'". In: Michael Krüger (Hg.): *Einladung zur Verwandlung. Essays zu Elias Canettis „Masse und Macht"*. München: Hanser 1995, S. 68–104.

Neumann, Gerhard (Hg.): *Canetti als Leser*. Freiburg im Breisgau: Rombach 1996.

Neumann, Gerhard: „Lektüre und Lebenswelt". In: Ders. (Hg.): *Canetti als Leser*. Freiburg im Breisgau: Rombach 1996, S. 7–31.

Neumann, Gerhard: „Vom Lesen der Bilder. Canettis imaginäre Lektüren zwischen Blendung und Vision". In: Ders. (Hg.): *Canetti als Leser*. Freiburg im Breisgau: Rombach 1996, S. 193–209.

Neumann, Gerhard: „Lektüren der Macht. Elias Canetti als Leser: Daniel Paul Schrebers und Franz Kafkas". In: Ders. (Hg.): *Canetti als Leser*. Freiburg im Breisgau: Rombach 1996, S. 139–159.

Neumann, Gerhard und Sigrid Weigel: „Literaturwissenschaft als Kulturwissenschaft". In: Dies. (Hg.): *Lesbarkeit der Kultur. Literaturwissenschaft zwischen Kulturtechnik und Ethnographie*. München: Wilhelm Fink 2000, S. 9–16.

Neumann, Gerhard und Gabriele Brandstetter (Hg.): *Romantische Wissenspoetik. Die Künste und die Wissenschaften um 1800*. Würzburg: Königshausen & Neumann 2004.

Neumann, Gerhard: „Spieltheorie und Deutungsraum. Versuch einer Zusammenführung zweier kultureller Konzepte am Leitfaden von Roger Callois' ,Les jeux et les hommes. Le masque et le vertige'". In: Julia Dettke, Elisabeth Heyne (Hg.): *Spielräume und Raumspiele in der Literatur*. Würzburg: Königshausen & Neumann 2016, S. 49–63.

Neumann, Michael: „Ergriffenheit. Figuren der Berührung". In: Elizabeth Guilhamon, Daniel Meyer (Hg.): *Die streitbare Klio. Zur Repräsentation von Macht und Geschichte in der Literatur.* Frankfurt am Main, New York: Peter Lang 2010, S. 27–42.

Nitsche, Jessica: „Spiele mit der Sichtbarkeit. Mimétisme und mimetisches Vermögen nach Roger Caillois und Walter Benjamin". In: Andreas Becker u. a. (Hg.): *Mimikry. Gefährlicher Luxus zwischen Natur und Kultur.* Schliengen: Edition Argus 2008, S. 74–91.

Novalis: *Das Allgemeine Brouillon: Materialien zur Enzyklopädistik 1798/99.* Hg. v. Hans Joachim Mähl. Hamburg: Meiner 1993.

Novalis: „Die Lehrlinge zu Sais". In: Ders.: *Werke.* Hg. u. kommentiert v. Gerhard Schulz. München: C.H. Beck 2013, S. 95–127.

Novalis: „Heinrich von Ofterdingen". In: Ders.: *Werke.* Hg. u. kommentiert v. Gerhard Schulz. München: C. H. Beck 2013, S. 129–277.

Nünning, Ansgar und Vera Nünning (Hg.): *Erzähltheorie transgenerisch, intermedial, interdisziplinär.* Trier: Wissenschaftlicher Verlag Trier 2002.

Oppitz, Michael: „Las es und vergaß es – oder Canetti und die Ethnologie". In: Michael Krüger (Hg.): *Einladung zur Verwandlung. Essays zu Elias Canettis „Masse und Macht".* München: Hanser 1995, S. 207–218.

Ovid: *Metamorphosen.* Übers. v. Erich Rösch. München: Deutscher Taschenberg Verlag 1997.

Panoff, Michel: *Les frères ennemis. Roger Caillois et Claude Lévi-Strauss.* Paris: Payot 1993.

Peires, Jeffrey Brian: *The dead will arise. Nongqawuse and the great Xhosa Cattle-Killing Movement of 1856–7 [1989].* Johannesburg: Ravan Press 2000.

Peiter, Anne D.: „,Man lacht, anstatt es zu essen.' Die Lachkonzeption in Elias Canettis ,Masse und Macht'". In: *Austriaca. Elias Canetti à la Bibliothèque Nationale* 61 (2005), S. 115–124.

Peiter, Anne D.: *Komik und Gewalt. Zur literarischen Verarbeitung der beiden Weltkriege und der Shoah.* Köln: Böhlau 2007.

Peiter, Anne D.: „Der Mensch als Tier, das Tier als Mensch? Die Bedeutung von Natur für Elias Canettis Analyse der Shoah". In: Hubert Zapf, Christina Caupert (Hg.): *Kulturökologie und Literatur. Beiträge zu einem transdisziplinären Paradigma der Literaturwissenschaft.* Heidelberg: Winter 2008, S. 229–240.

Peiter, Anne D.: „Von der ethnologischen ,Peripherie' zum ,Zentrum' europäischer Gewalt. Die Auseinandersetzung mit der Shoah in Elias Canettis ,Masse und Macht'". In: *Zeitschrift für Germanistik* 16 (2016), H. 3, S. 555–567.

Perec, Georges: *Denken/Ordnen.* Übers. v. Eugen Helmlé. Zürich: Diaphanes 2014.

Péret, Benjamin: *Die Schande der Dichter. Prosa, Lyrik, Briefe.* Hamburg: Edition Nautilus 1985.

Pethes, Nicolas, Erich Kleinschmidt (Hg.): *Lektüren des Imaginären. Bildfunktionen in Literatur und Kultur.* Köln: Böhlau 1999.

Pethes, Nicolas: „Über Bilder(n) sprechen. Einleitung in Lesarten einer Theorie des Imaginären". In: Ders., Erich Kleinschmidt (Hg.): *Lektüren des Imaginären. Bildfunktionen in Literatur und Kultur.* Köln: Böhlau 1999, S. 1–14.

Pethes, Nicolas: „Literatur- und Wissenschaftsgeschichte. Ein Forschungsbericht". In: *Internationales Archiv für Sozialgeschichte der Literatur* 28 (2003), H. 1, S. 181–231.

Pethes, Nicolas: „Poetik / Wissen. Konzeptionen eines problematischen Transfers". In: Gabriele Brandstetter, Gerhard Neumann (Hg.): *Romantische Wissenspoetik. Die Künste und die Wissenschaften um 1800.* Würzburg: Königshausen & Neumann 2004, S. 341–372.

Pethes, Nicolas: *Zöglinge der Natur. Der literarische Menschenversuch des 18. Jahrhunderts.* Göttingen: Wallstein 2007.

Pfeiffer, Karl Ludwig: „Nachwort". In: Luiz Costa Lima: *Die Kontrolle des Imaginären. Vernunft und Imagination in der Moderne*. Frankfurt am Main: Suhrkamp 1990, S. 349–360.
Piel, Edgar: *Elias Canetti*. München: C.H. Beck/Edition Text + Kritik 1984.
Poier-Bernhard, Astrid: „Raumbegriffe und Raumerkundungen in ‚Still life/Style leaf' von Georges Perec und anderen oulipotischen Texten". In: Julia Dettke, Elisabeth Heyne (Hg.): *Spielräume und Raumspiele in der Literatur*. Würzburg: Königshausen & Neumann 2016, S. 121–139.
Portmann, Adolf: „Geleitwort". In: J.A.L. Singh: *Die „Wolfskinder" von Midnapore. Tagebuch des Missionars J.A.L. Singh*. Heidelberg: Quelle & Meyer 1964, S. 7–22.
Pravica, Sandra: „Gaston Bachelard". In: Iris Därmann, Kathrin Busch (Hg.): *Bildtheorien aus Frankreich. Ein Handbuch*. München: Wilhelm Fink 2011, S. 14–23.
Rauwald, Johannes: *Politische und literarische Poetologie(n) des Imaginären. Zum Potenzial der (Selbst-)Veränderungskräfte bei Cornelius Castoriadis und Alfred Döblin*. Würzburg: Königshausen & Neumann 2013.
Rebentisch, Juliane: „Lessings Unruhe. Der Streit um die Wahrheit und seine Bestreitung". In: *Soziopolis. Gesellschaft beobachten* vom 6.2.2018. https://soziopolis.de/verstehen/wie-spricht-die-wissenschaft/artikel/lessings-unruhe (Stand: 13.02.2019).
Reich-Ranicki, Marcel: „Über Elias Canetti", 6. Folge der Literatursendung: *Lauter schwierige Patienten*. (2001) https://www.youtube.com/watch?v=ZHG3Q5iO3gQ (Stand 02.04.2020).
Rheinberger, Hans-Jörg: „Das ‚epistemische Ding' und seine technischen Bedingungen". In: Ders.: *Experiment, Differenz, Schrift. Zur Geschichte epistemischer Dinge*. Marburg an der Lahn: Basilisken-Presse 1992, S. 67–86.
Rheinberger, Hans-Jörg: *Objekte, Differenzen, Konjunkturen. Experimentalsysteme im historischen Kontext*. Berlin: Akademie Verlag 1994.
Rheinberger, Hans-Jörg: *Experimentalsysteme und epistemische Dinge. Eine Geschichte der Proteinsynthese im Reagenzglas*. Göttingen: Wallstein 2002.
Rheinberger, Hans-Jörg: *Historische Epistemologie zur Einführung*. Hamburg: Junius 2008.
Rheinberger, Hans-Jörg: „Experimenteller Geist. Epistemische Dinge, technische Objekte, Infrastrukturen der Forschung". In: *Lettre International* 112 (2016), S. 114–121.
Ricœur, Paul: *Die Interpretation. Ein Versuch über Freud*. Übers. v. Eva Moldenhauer. Frankfurt am Main: Suhrkamp 2004.
Riedel, Wolfgang: „Archäologie des Geistes. Theorien des wilden Denkens um 1900". In: Jürgen Barkhoff, Gilbert Carr, Roger Paulin (Hg.): *Das schwierige neunzehnte Jahrhundert*. Tübingen: Niemeyer 2000, S. 467–485.
Rieger, Stefan und Benjamin Bühler: *Bunte Steine. Ein Lapidarium des Wissens*. Berlin: Suhrkamp 2014.
Robertson, Ritchie: „Canetti als Anthropologe". In: Michael Krüger (Hg.): *Einladung zur Verwandlung. Essays zu Elias Canettis „Masse und Macht"*. München: Hanser 1995, S. 190–206.
Roselli, Antonio: „‚Ergriffenheit' als Medium und Gegenstand der Kulturkritik bei Leo Frobenius und Ernesto De Martino". In: *Kultursoziologie. Themenschwerpunkt: Kulturkritik* 1 (2017), S. 51–75.
Roux, Edward: *Time longer than rope. A History of the black man's struggle for freedom in South Africa [1948]*. Madison, WI: University of Wisconsin Press 1972.
Roy, Jean-Michel: „Logique de l'imaginaire et sciences de l'homme". In: Annamaria Laserra (Hg.): *Roger Caillois. Fragments, fractures, réfractions d'une œuvre*. Padova: Unipress 2002, S. 9–46.

Rudtke, Tanja: „Der kirschrote Almandin. Phantastische Mineralogie bei E.T.A. Hoffmann ". In: *E.T.A. Hoffmann-Jahrbuch* 16 (2008), S. 109–120.
Ruppel, Ursula: *Der Tod und Canetti. Essay.* Hamburg: Europäische Verlagsanstalt 1995.
Rüth, Axel: *Erzählte Geschichte. Narrative Strukturen in der französischen Annales-Geschichtsschreibung.* Berlin, New York: De Gruyter 2005.
Saake, Irmhild: „Systemtheorie als Differenzierungstheorie". In: Oliver Jahraus u. a. (Hg.): *Luhmann-Handbuch: Leben – Werk – Wirkung.* Stuttgart: Metzler 2012, S. 41–47.
Saint Ours, Kathryn: *Le fantastique chez Roger Caillois.* Birmingham, AL: Summa Publications 2001.
Sartre, Jean-Paul: *L'Imaginaire. Psychologie phénoménologique de l'imagination [1940].* Paris: Gallimard 1986.
Sartre, Jean-Paul: *Das Imaginäre. Phänomenologische Psychologie der Einbildungskraft.* Übers. v. Hans Schöneberg. Reinbek bei Hamburg: Rowohlt 1994.
Scerri, Eric R.: *The periodic table. Its story and its significance.* New York: Oxford University Press 2007.
Schäffner, Wolfgang: „Immaterialität des Materialen". In: Nikola Doll, Horst Bredekamp, Wolfgang Schäffner (Hg.): *+ultra: gestaltung schafft wissen.* Leipzig: E.A. Seemann 2016, S. 27–35.
Schenkel, Elmar: *Keplers Dämon. Begegnungen zwischen Literatur, Traum und Wissenschaft.* Frankfurt am Main: Fischer 2016.
Scherpe, Klaus R.: „Die Ordnung der Dinge als Exzeß. Überlegungen zu einer Poetik der Beschreibung in ethnographischen Texten". In: *Das Fremde. Reiseerfahrungen, Schreibformen und kulturelles Wissen. 2. Sonderausgabe der Zeitschrift für Germanistik* (1999), S. 13–44.
Schickore, Jutta: „Fixierung mikroskopischer Beobachtungen. Zeichnung, Dauerpräparat, Mikrofotografie". In: Peter Geimer (Hg.): *Ordnung der Sichtbarkeit. Fotografie in Wissenschaft, Kunst und Technologie.* Frankfurt am Main: Suhrkamp 2002, S. 285–310.
Schlosser, Katesa: *Propheten in Afrika.* Braunschweig: Reimer 1949.
Schmidt, Sarah und Mona Körte: „Die Beschreibbarkeit der Dinge und die Dinglichkeit der Sprache. Zur Einleitung". In: Sarah Schmidt (Hg.): *Sprachen des Sammelns. Literatur als Medium und Reflexionsform des Sammelns.* Paderborn: Wilhelm Fink 2016, S. 31–41.
Schmidt, Sarah: „Sprachen des Sammelns. Zur Einleitung". In: Dies. (Hg.): *Sprachen des Sammelns. Literatur als Medium und Reflexionsform des Sammelns.* Paderborn: Wilhelm Fink 2016, S. 13–27.
Schmieder, Falko: „‚Experimentalsysteme' in Wissenschaft und Literatur". In: Michael Gamper (Hg.): *Experiment und Literatur. Themen, Methoden, Theorien.* Göttingen: Wallstein 2010, S. 17–39.
Schmitt, Axel: „Einverleiben, verdauen. Elias Canettis ‚Aufschreibesystem'". In: *Zum 100. Geburtstag Elias Canettis. literaturkritik.de* (2005), H. 7. http://literaturkritik.de/public/rezension.php?rez_id=8360 (Stand 02.04.2020).
Schmitz-Emans, Monika: *Schrift und Abwesenheit. Historische Paradigmen zu einer Poetik der Entzifferung und des Schreibens.* München: Wilhelm Fink 1995.
Schmitz-Emans, Monika: *Einführung in die Literatur der Romantik.* Darmstadt: Wissenschaftliche Buchgesellschaft 2004.
Schmitz-Emans, Monika: „Enzyklopädien des Imaginären. Zur Einleitung". In: Dies., Kai Lars Fischer, Christoph Benjamin Schulz (Hg.): *Enzyklopädien des Imaginären. Jorge Luis Borges im literarischen und künstlerischen Kontext.* Heidelberg u. a.: Georg Olms 2011, S. 9–24.

Schmitz-Emans, Monika: „Einige einführende Überlegungen und Zitate zum Themenfeld ‚Steine'". In: Dies., Kurt Röttgers (Hg.): *Steine – Versteinertes*. Essen: Die Blaue Eule 2014, S. 7–18.

Schmitz-Emans, Monika: „Roger Caillois' Texte über Steine. Ein literarisches Lapidarium". In: Dies., Kurt Röttgers (Hg.): *Steine – Versteinertes*. Essen: Die Blaue Eule 2014, S. 47–60.

Schmitz-Emans, Monika: „D. Darstellungsformen des Imaginären: Jorge Luis Borges als Lexikograph". In: *Enzyklopädien des Imaginären. Literatur als Reflexion über Wissen, im Rahmen des online-Textarchivs Acta Litterarum*. http://www.actalitterarum.de/theorie/mse/enz/enzd02a.html (Stand 02.04.2020).

Schneider, Manfred: „Die Krüppel und ihr symbolischer Leib. Über Canettis Mythos". In: *Hüter der Verwandlung. Beiträge zum Werk von Elias Canetti*. München: Hanser 1985, S. 22–41.

Schneider, Manfred: „Kritik der Paranoia. Elias Canetti und Karl Kraus". In: Susanne Lüdemann (Hg.): *Der Überlebende und sein Doppel. Kulturwissenschaftliche Analysen zum Werk Elias Canettis*. Freiburg im Breisgau: Rombach 2008, S. 189–213.

Schneider, Manfred: „Gefahrensinn. Das paranoische Ding". In: Lorenz Engell, Bernhard Siegert, Joseph Vogl (Hg.): *Gefahrensinn*. München: Wilhelm Fink 2009, S. 161–176.

Schneider, Manfred: *Das Attentat. Kritik der paranoischen Vernunft*. Berlin: Matthes & Seitz 2010.

Scholz, Susanne und Gisela Ecker: „Einleitung. Umordnungen der Dinge". In: Gisela Ecker, Susanne Scholz (Hg.): *Umordnungen der Dinge*. Königstein/Taunus: Helmer 2000, S. 9–17.

Schubert, Gotthilf Heinrich von: *Ansichten von der Nachtseite der Naturwissenschaft [1808]*. Hg. v. Heike Menges, Faksimileausgabe. Karben: Verlag Petra Wald 1997.

Schuh, Franz: „Schreiben gegen den Tod". In: John Pattillo-Hess (Hg.): *Der Stachel des Befehls. 4. Internationales Canetti-Symposion*. Wien: Löcker 1992, S. 44–56.

Schüller, Alexander: *Namensmythologie. Studien zu den Aufzeichnungen und poetischen Werken Elias Canettis*. Berlin, Boston: De Gruyter 2017.

Schulte-Sasse, Jochen: „Einbildungskraft/Imagination". In: Karlheinz Barck, u. a. (Hg.): *Ästhetische Grundbegriffe. Band 2: Dekadent–Grotesk*. Stuttgart: Metzler 2001 (= ÄGB, Historisches Wörterbuch in sieben Bänden), S. 88–120.

Schüttpelz, Erhard: „Wunsch, Totemist zu werden. Robertson Smiths totemistische Opfermahlzeit und ihre Fortsetzung bei Emile Durkheim, Sigmund Freud und Elias Canetti". In: Annette Keck, Inka Kording, Anja Prochaska (Hg.): *Verschlungene Grenzen: Anthropophagie in Literatur und Kulturwissenschaften*. Tübingen: Gunter Narr 1999, S. 273–295.

Schüttpelz, Erhard: *Die Moderne im Spiegel des Primitiven. Weltliteratur und Ethnologie (1870–1960)*. München: Wilhelm Fink 2005.

Schüttpelz, Erhard: „Elias Canettis Primitivismus. Aus der Provinz der Weltliteratur". In: Susanne Lüdemann (Hg.): *Der Überlebende und sein Doppel. Kulturwissenschaftliche Analysen zum Werk Elias Canettis*. Freiburg im Breisgau: Rombach 2008, S. 287–309.

Schüttpelz, Erhard: „Der Trickster". In: Eva Esslinger u. a. (Hg.): *Die Figur des Dritten. Ein kulturwissenschaftliches Paradigma*. Berlin: Suhrkamp 2010, S. 208–224.

Schwering, Gregor: „Imagination und Differenz. Fassungen des Imaginären bei Rousseau, Freud, Lacan, Castoriadis". In: Nicolas Pethes, Erich Kleinschmidt (Hg.): *Lektüren des Imaginären. Bildfunktionen in Literatur und Kultur*. Köln: Böhlau 1999, S. 33–52.

Sebald, W.G.: „Summa Scientiae. System und Systemkritik bei Elias Canetti". In: *Literatur & Kritik* 18 (1983), S. 398–404.

Seel, Martin: „Lob des Systemzwangs". In: Ludwig Nagl, Hugh J. Silverman (Hg.): *Textualität der Philosophie. Philosophie und Literatur*. Wien: Oldenbourg 1994, S. 113–123.

Serres, Michel: *Der Parasit*. Übers. v. Michael Bischoff. Frankfurt am Main: Suhrkamp 1987.
Sgueglia, Valeria Emi und André-Alain Morello (Hg.): *Quadrillages labyrinthiques. L'échiquier Caillois. Littératures (online)* 68 (2013), http://journals.openedition.org/litteratures/75 (Stand 02.04.2020).
Sibley-Esposito, Clare: „Caillois sur les chemins de l'écocritique". In: Valeria Emi Sgueglia, André-Alain Morello (Hg.): *Quadrillages labyrinthiques. L'échiquier Caillois. Littératures (online)* 68 (2013), http://journals.openedition.org/litteratures/108 (Stand 02.04.2020).
Siegert, Bernhard: „Weiße Flecken und finstre Herzen. Von der symbolischen Weltordnung zur Weltentwurfsordnung". In: Daniel Gethmann, Susanne Hauser (Hg.): *Kulturtechnik Entwerfen. Praktiken, Konzepte und Medien in Architektur und Design Science*. Bielefeld: Transcript 2009, S. 19–48.
Simon, Ralf: „Animalische Einfälle. Reflexionen über Tiere als Thema von Aphorismen (Lichtenberg, Jean Paul, Canetti)". In: *Jahrbuch der Jean-Paul-Gesellschaft* 32/33 (1997), S. 85–112.
Singh, J.A.L.: *Die „Wolfskinder" von Midnapore. Tagebuch des Missionars J.A.L. Singh [1943]*. Heidelberg: Quelle & Meyer 1964.
Sloterdijk, Peter: *Du musst dein Leben ändern. Über Anthropotechnik*. Frankfurt am Main: Suhrkamp 2009.
Snow, C.P.: „The two cultures". In: Ders.: *The two cultures and the scientific revolution. The Rede Lecture 1959*. New York: Cambridge University Press 1961, S. 1–22.
Sommer, Manfred: *Sammeln. Ein philosophischer Versuch*. Frankfurt am Main: Suhrkamp 1999.
Sontag, Susan: „Der Anthropologe als Held [1963]". In: Dies.: *Kunst und Antikunst. 24 literarische Analysen*. Frankfurt am Main: Fischer 2009, S. 122–135.
Starobinski, Jean: „Saturne au ciel de pierres". In: *Nouvelle Revue Française* 320 (1979), S. 176–191.
Steiner, Benjamin: *Die Ordnung der Geschichte. Historische Tabellenwerke in der Frühen Neuzeit*. Köln: Böhlau 2008.
Stichweh, Rudolf: „Differenzierung der Wissenschaft". In: *Zeitschrift für Soziologie* 8 (1979), H. 1, S. 82–101.
Stichweh, Rudolf: „Wissenschaftliche Disziplinen. Bedingungen ihrer Stabilität im 19. und 20. Jahrhundert". In: Jürgen Schriewer, Edwin Keiner, Christophe Charle (Hg.): *Sozialer Raum und akademische Kulturen. Studien zur europäischen Hochschul- und Wissenschaftsgeschichte im 19. und 20. Jahrhundert*. Frankfurt, New York: Peter Lang 1993, S. 235–250.
Stiegler, Bernd: *Reisender Stillstand. Eine kleine Kulturgeschichte der Reisen im und um das Zimmer herum*. Frankfurt am Main: Fischer 2010.
Stierle, Karlheinz: „Fiktion". In: Karlheinz Barck u. a. (Hg.): *Ästhetische Grundbegriffe. Bd. 2: Dekadent–Grotesk*. Stuttgart: Metzler 2010 (= ÄGB. Historisches Wörterbuch in sieben Bänden), S. 380–428.
Strathern, Paul: *Mendelejews Traum. Von den vier Elementen zu den Bausteinen des Universums*. München: Ullstein 2000.
Strickland, Hugh Edwin: „On the true method of discovering the natural system". In: *Annals and Magazine of Natural History* 6 (1841), S. 184–194.
Strüwe, Carl: *Formen des Mikrokosmos. Gestalt und Gestaltung einer Bilderwelt*. München: Prestel 1955.
Stullich, Heiko: „Parasiten, eine Begriffsgeschichte". In: *Forum Interdisziplinäre Begriffsgeschichte* 2 (2013), H. 1, S. 21–29.

Süssmann, Johannes: „Quellen zitieren. Zur Epistemik und Ethik geschichtswissenschaftlicher Textproduktion". In: Joachim Jacob, Mathias Mayer (Hg.): *Im Namen des anderen. Die Ethik des Zitierens*. München: Wilhelm Fink 2010, S. 125–139.

Taussig, Michael: *Mimesis und Alterität. Eine eigenwillige Geschichte der Sinne*. Hamburg: Europäische Verlagsanstalt 1997.

Theal, George McCall: *History of South Africa since September 1795*. Vol. 3: *The Cape Colony from 1846 to 1860, Natal from 1845 to 1857, British Kaffraria from 1847 to 1860, and the Orange River sovereignty and the Transvaal Republic from 1847 to 1854*. London 1903–1908, Nachdr. d. Ausg. Cambridge: Cambridge University Press 2010.

Thümmel, Wolf: „Geschichte der Syntaxforschung. Westliche Entwicklungen". In: Joachim Jacobs u. a. (Hg.): *Syntax. Ein internationales Handbuch zeitgenössischer Forschung*. 1. Halbband. Berlin, New York: De Gruyter 1993, S. 130–199.

Tieck, Ludwig: „Der Runenberg". In: Ders.: *Schriften in zwölf Bänden*. Band 6: *Phantasus*. Hg. v. Manfred Frank. Frankfurt am Main: Deutscher Klassiker Verlag 1985, S. 184–209.

Todorov, Tzvetan: *Die Eroberung Amerikas. Das Problem des Anderen*. Übers. v. Wilfried Böhringer. Frankfurt am Main: Suhrkamp 2008.

Trautmann, Felix (Hg.): *Das politische Imaginäre*. Berlin: August Verlag 2017.

Trautmann, Felix: *Das Imaginäre der Demokratie. Politische Befreiung und das Rätsel der freiwilligen Knechtschaft*. Paderborn: Konstanz University Press 2017.

Treichel, Hans-Ulrich: „Kristalline Erstarrung und halluzinatorisches Koma". In: Anne von der Heiden, Sarah Kolb (Hg.): *Logik des Imaginären. Diagonale Wissenschaft nach Roger Caillois*. Band 1: *Versuchungen durch Natur, Kultur und Imagination*. Berlin: August Verlag 2018, S. 231–259

Tritsmans, Bruno: *Livres de pierre. Segalen, Caillois, Le Clézio, Gracq*. Tübingen: Gunter Narr 1992.

Trüby, Stephan: „5 Codes. Über Architektur, Paranoia und Risiko in Zeiten des Terrors". In: IGMADE (Hg.): *5 codes. Architektur, Paranoia und Risiko in Zeiten des Terrors*. Basel, Boston, Berlin: Birkhäuser 2006, S. 16–37.

Uerlings, Herbert: „Novalis in Freiberg. Die Romantisierung des Bergbaus. Mit einem Blick auf Tiecks ‚Runenberg' und E.T.A. Hoffmanns ‚Bergwerke zu Falun'". In: *Aurora* 56 (1996), S. 57–77.

Valéry, Paul: „Der Mensch und die Muschel". In: Ders.: *Werke*. Band 4: *Zur Philosophie und Wissenschaft*. Hg. v. Jürgen Schmidt-Radefeldt. Frankfurt am Main: Insel 1989, S. 156–180.

Vietta, Silvio: „Frühromantik und Aufklärung". In: Ders., Wolfgang Frühwald (Hg.): *Die literarische Frühromantik*. Göttingen: Vandenhoeck & Ruprecht 1983, S. 7–84.

Vignon, Paul: „Que faut-il penser du mimetisme?" in: *Revue scientifique* 61 (1923), S. 515–520.

Vogl, Joseph: „Einleitung". In: Ders.: (Hg.): *Poetologien des Wissens um 1800*. München: Wilhelm Fink 1999, S. 7–16.

Vogl, Joseph: „Robuste und idiosynkratische Theorie". In: *KulturPoetik* 7 (2007), H. 2, S. 249–258.

Voss, Julia: *Darwins Bilder. Ansichten der Evolutionstheorie 1837 bis 1874*. Frankfurt am Main: Fischer 2007.

Wagner-Egelhaaf, Martina: „Entangled. Interdisziplinäre Modernen. Eine literaturwissenschaftliche Moderation". In: Ulrich Willems, Detlef Pollack u. a. (Hg.): *Moderne und Religion. Kontroversen um Modernität und Säkularisierung*. Bielefeld: Transcript 2013, S. 203–234.

Waldenfels, Bernhard: „Hybride Formen der Rede". In: Ders.: *Vielstimmigkeit der Rede. Studien zur Phänomenologie des Fremden*, Band 4. Frankfurt am Main: Suhrkamp 1999, S. 152–170.

Warburg, Aby: *Schlangenritual. Ein Reisebericht*. Hg. v. Ulrich Raulff. Berlin: Wagenbach 2011.
Weigel, Sigrid: „Das Gedankenexperiment. Nagelprobe auf die *facultas fingendi* in Wissenschaft und Literatur". In: Thomas Macho, Annette Wunschel (Hg.): *Science & Fiction. Über Gedankenexperimente in Wissenschaft, Philosophie und Literatur*. Frankfurt am Main: Fischer 2004, S. 183–205.
Wendling, Thierry: „Une joute intellectuelle au détriment du jeu? Claude Lévi-Strauss vs Roger Caillois (1954–1974)". In: *Ethnologies* 321 (2010), S. 29–49.
Werber, Niels: „Schwärme, soziale Insekten, Selbstbeschreibungen der Gesellschaft. Eine Ameisenfabel". In: Eva Horn, Lucas Marco Gisi (Hg.): *Schwärme, Kollektive ohne Zentrum. Eine Wissensgeschichte zwischen Leben und Information*. Bielefeld: Transcript 2009, S. 183–202.
Werber, Niels: *Ameisengesellschaften. Eine Faszinationsgeschichte*. Frankfurt am Main: Fischer 2013.
Werkmeister, Sven: *Kulturen jenseits der Schrift. Zur Figur des Primitiven in Ethnologie, Kulturtheorie und Literatur um 1900*. München: Wilhelm Fink 2010.
Werkmeister, Sven: „Analoge Kulturen. Der Primitivismus und die Frage der Schrift um 1900". In: Nicola Gess (Hg.): *Literarischer Primitivismus*. Berlin, Boston: De Gruyter 2012, S. 20–58
Werlen, Hansjakob: „Ohnmächtige Hoffnung. Die Stimme des Individuums in ‚Masse und Macht'". In: Michael Krüger (Hg.): *Einladung zur Verwandlung. Essays zu Elias Canettis „Masse und Macht"*. München: Hanser 1995, S. 151–162.
Werner, Sylwia: *Bild-Lektüren. Studien zur Visualität in Werken Elias Canettis*. Heidelberg: Winter 2013.
White, Hayden V.: *Auch Klio dichtet oder Die Fiktion des Faktischen. Studien zur Tropologie des historischen Diskurses*. Übers. v. Brigitte Brinkmann-Siepmann, Thomas Siepmann. Stuttgart: Klett-Cotta 1986.
White, Hayden V.: *Metahistory. Die historische Einbildungskraft im 19. Jahrhundert in Europa*. Übers. v. Peter Kohlhaas. Frankfurt am Main: Fischer 2008.
Widmer, Peter: „Das Ding. Von Meister Eckhart bis zu Lacan". In: Gisela Ecker, Claudia Breger, Susanne Scholz (Hg.): *Dinge. Medien der Aneignung, Grenzen der Verfügung*. Königstein/Taunus: Helmer 2002, S. 239–250.
Widmer, Peter: *Subversion des Begehrens. Eine Einführung in Jacques Lacans Werk*. Wien, Berlin: Turia + Kant 2012.
Wiethölter, Waltraud: „Stimme und Schrift. Szenen einer Beziehungsgeschichte". In: Dies., Hans-Georg Pott, Alfred Messerli (Hg.): *Stimme und Schrift. Zur Geschichte und Systematik sekundärer Oralität*. Paderborn: Wilhelm Fink 2008, S. 9–53.
Winnicott, Donald W.: *Vom Spiel zur Kreativität*. Übers. v. Michael Ermann. Stuttgart: Klett-Cotta 1995.
Wirth, Uwe: „Zitieren Pfropfen Exzerpieren". In: Martin Roussel (Hg.): *Kreativität des Findens. Figurationen des Zitats*. Paderborn: Wilhelm Fink 2012, S. 77–98.
Wirtz, Irmgard: „Elias Canettis ‚Aufzeichnungen'. Kein Anfang, kein Ende". In: Hubert Thüring, Corinna Jäger-Trees, Michael Schläfli (Hg.): *Anfangen zu schreiben. Ein kardinales Moment von Textgenese und Schreibprozess im literarischen Archiv des 20. Jahrhunderts*. München: Wilhelm Fink 2009, S. 173–180.
Wörler, Frank: *Das Symbolische, das Imaginäre und das Reale. Lacans drei Ordnungen als erkenntnistheoretisches Modell*. Bielefeld: Transcript 2015.
Wulf, Christoph, Anja Hänsch und Micha Brumlik (Hg.): *Das Imaginäre der Geburt. Praktiken, Narrationen und Bilder*. München: Wilhelm Fink 2008.

Wulz, Monika: *Erkenntnisagenten. Gaston Bachelard und die Reorganisation des Wissens.* Berlin: Kadmos 2010.

Wunenburger, Jean-Jacques: „L'imagination cosmique". In: Gilbert Durand (Hg.): Roger *Caillois et les approches de l'imaginaire. Cahiers de l'imaginaire* 8 (1992), S. 47–58.

Yates, Frances A.: *The Art of Memory [1966].* London: Pimlico 1992.

Zanetti, Sandro: „Logiken und Praktiken der Schreibkultur. Zum analytischen Potential der Literatur". In: Ders. (Hg.): *Logiken und Praktiken der Kulturforschung.* Berlin: Kadmos 2009, S. 75–88.

Zimmermann, Michael: „Quelle als Metapher. Überlegungen zur Historisierung einer historischen Selbstverständlichkeit". In: *Historische Anthropologie* 5 (1997), S. 268–287.

Znoj, Heinzpeter: „Das Verhältnis von Erzählung und Beschreibung in der Ethnographie". In: Balz Engler (Hg.): *Erzählen in den Wissenschaften. Positionen, Probleme, Perspektiven.* Fribourg: Academic Press 2010, S. 179–199.

Zipfel, Frank: *Fiktion, Fiktivität, Fiktionalität. Analysen zur Fiktion in der Literatur und zum Fiktionsbegriff in der Literaturwissenschaft.* Berlin: Erich Schmidt Verlag 2001.

Zymner, Rüdiger: „‚Namenlos' und ‚Unantastbar'. Elias Canettis poetologisches Konzept". In: *Deutsche Vierteljahrsschrift für Literaturwissenschaft und Geistesgeschichte* 69 (1995), H. 3, S. 570–595.

Register

Adorno, Theodor W. 2, 9, 29, 31–32, 108, 169–170, 195, 205–206, 210, 405, 463, 531
Albers, Irene 9, 25–26, 70, 108, 111–112, 114, 160, 167, 298, 302, 323, 325, 337, 432, 544–545
Anderson, Benedict 20, 131
Angelova, Penka 29, 33, 195, 240, 283, 406, 459, 499, 501, 515, 521, 532
Austin, John L. 265, 448

Böhme, Hartmut 58, 60, 148, 164, 166, 190, 210, 304, 306, 430, 520
Bühler, Benjamin 29, 224, 283, 307, 499, 524
Bachelard, Gaston 4, 13, 20, 27, 36, 82, 94, 106, 112–113, 115–120, 133–134, 139, 158, 181, 183, 370, 440, 477
Baermann Steiner, Franz 145, 197, 218, 416
Bal, Mieke 144, 147, 187–188
Baltrušaitis, Jurgis 18, 298, 337
Barck, Karlheinz 13, 19, 56–57, 68, 88, 110, 127, 428, 454
Barkhoff, Jürgen 45, 47, 54, 60, 62–63, 154
Barnouw, Dagmar 28, 240, 251, 253, 279, 406
Barthes, Roland 52, 263, 266, 299
Bataille, Georges 5, 25, 114–115, 144, 210, 319, 340, 457–458
Bates, Henry Walter 170–171, 225
Behrens, Rudolf 19–21
Benjamin, Walter 145, 154–156, 159, 161, 167–169, 247, 340, 411
Bergson, Henri 26–27, 170
Berz, Peter 26, 103, 105, 150, 168
Bies, Michael 301, 414, 429
Blanchot, Maurice 418–419
Blossfeldt, Karl 319, 356–357
Bohrer, Karl Heinz 54, 107–108, 205, 317–318
Borges, Jorge Luis 1, 25, 36, 93–94, 106, 121–128, 139
Breton, André 4, 36, 94, 106–112, 114, 139, 144, 157, 299, 318–324, 439

Canetti, Veza 2, 290, 447
Canguilhem, Georges 116, 118–119, 549
Carus, Carl Gustav 48, 54–55
Cassirer, Ernst 133, 299, 401, 406
Castoriadis, Cornelius 17–19, 36, 94–96, 129–132, 134, 136, 139
Certeau, Michel de 46, 52, 250, 375, 420, 450, 455–457, 460–462, 496
Cha, Kyung-Ho 25, 30, 105, 150, 168, 171, 217–218, 224–226, 301, 400
Chomsky, Noam 296, 298
Clifford, James 147, 188–189, 249
Comte, Auguste 72, 83–84
Costa Lima, Luiz 18, 21
Crapanzano, Vincent 249, 294

Däuker, Lena 26, 295, 298, 324, 372
Döblin, Alfred 19, 247, 251, 268
Darwin, Charles 99, 104, 154, 172, 217–218, 283, 356, 367–368, 371, 380, 391–392
Daston, Lorraine 49–50, 143, 350–351
Deleuze, Gilles 96, 219, 226, 270, 463, 509, 525, 533
Derrida, Jacques 264–265, 329, 333, 448–449
Descartes 16, 541
Descola, Philippe 43, 45–46, 51, 155, 315, 331–332, 541, 546–547
Dumézil, Georges 433
Durand, Gilbert 18, 26–27, 36, 133–134, 476
Durkheim, Émile 71–72, 84, 114–115, 138, 206–207, 218, 258, 264, 371, 396–397

Eidelpes, Rosa 26, 108, 160, 168–169, 190, 299, 432, 542
Ellenberger, Henry F. 45, 52, 54
Erdbeer, Robert Matthias 16

Flaubert, Gustave 256–257, 262–263, 390
Fleck, Ludwik 70, 82, 357, 456
Flusser, Vilém 106
Foucault, Michel 4, 18, 30, 43, 45–46, 66, 78, 82–83, 121–122, 125, 127, 154–155, 239,

256–257, 262, 306, 308, 318, 390, 410, 415, 485
Frank, Claudine 106, 108, 111, 114, 157–158, 295, 432, 458
Frank, Manfred 165, 310, 312
Frazer, James 154, 167, 180, 399, 467
Freud, Sigmund 4, 17, 36, 45, 52, 59, 64, 94–100, 102–103, 105, 107–109, 118, 126, 130–131, 154, 168, 179, 194, 218, 239, 247, 258, 264, 266, 277, 306, 376, 400, 459, 473, 491, 504–506, 509, 520, 531
Friedrich, Peter 24, 30–32, 145, 192, 194–196, 208, 231–232, 240, 244, 253, 260, 267–268, 293, 406, 408, 412, 415, 466–467, 469, 479, 497, 500–501, 509, 519, 535
Frobenius, Leo 190, 227–228
Furuya, Shinichi 29, 145, 247, 255, 509

Galvani, Luigi 47, 308
Gamper, Michael 95, 414, 427, 429
Geble, Peter 102, 104, 150–151, 303
Geertz, Clifford 79, 165, 248–251, 282
Gehlen, Arnold 102, 135, 285
Gesell, Arnold 284–285, 290
Gess, Nicola 88, 154–155, 180–181, 234, 251–252, 255, 289, 396
Geulen, Eva 202–203, 222, 224, 231, 233, 369, 401
Ginzburg, Carlo 100, 247
Goethe, Johann Wolfgang von 48, 54, 104, 158, 202–203, 233, 356, 401
Goodman, Nelson 89, 136, 455
Goody, Jack 396–397, 399
Grabbe, Katharina 19
Guattari, Félix 219, 226, 270, 463, 509, 525, 533
Gumbrecht, Hans Ulrich 136, 237, 422

Haeckel, Ernst 289, 319, 355–357, 361, 363–364
Hanuschek, Sven 10–11, 32, 191–192, 197–198, 200–201, 217, 224, 235, 255, 258, 290, 295, 385, 398, 406, 408, 447, 504, 533, 535
Heidegger, Martin 165, 170, 406, 471

Heiden, Anne von der 2, 26, 69, 183, 302, 323
Henninghaus, Lothar 28, 150, 240, 406
Herder, Johann Gottfried 15, 52
Hertz, Robert 207, 237
Heyne, Elisabeth 25, 176, 183, 234, 245, 337, 381, 437, 537
Hitler, Adolf 170, 263, 265, 275, 394–395, 498, 500, 502, 505–506, 516, 519
Hoffmann, E.T.A. 58–59, 124, 307, 310, 313–314, 316
Hollier, Denis 25, 70, 432, 435–436, 451, 457–459, 461
Homann, Karl 14
Hubert, Henri 167
Huizinga, Johan 25
Humboldt, Wilhelm von 14

Iser, Wolfgang 15–20, 36, 94, 132–139, 454–455

Janet, Pierre 45, 104, 167, 434
Johach, Eva 26, 400
Jung, Carl Gustav 45, 59, 64, 95, 101, 118, 133–134

Kafka, Franz 215, 219, 226, 230, 283, 293, 381, 463, 499–500, 502, 509, 525, 528, 533–534, 537
Kant, Immanuel 13–14, 52, 57, 64, 117, 263, 421, 497, 502, 506, 508
Kepes, György 349, 351–352, 355, 358–360, 365
Kimmich, Dorothee 146, 153–154, 157, 165–166, 309–310, 340, 369
Kittler, Friedrich A. 18, 235, 256, 309, 312
Klossowski, Pierre 114
Koch-Grünberg, Theodor 251, 253, 266–270, 278
Kohl, Karl-Heinz 148, 164, 269
Kohn, Eduardo 545–548
Kolb, Sarah 2, 26, 69, 183, 302, 323
Koschorke, Albrecht 19, 21, 153–155, 159, 306, 308, 328
Kosofsky Sedgwick, Eve 516, 532–533
Krämer, Sybille 281, 343–345, 368, 391
Kraepelin, Emil 212, 215, 233

Kuhnau, Petra 28–29, 195, 407, 497, 505–506, 509

Léry, Jean de 250, 446
Lévi-Strauss, Claude 78, 133, 135, 143, 149–150, 245, 253–255, 258, 284, 287, 301–302, 383, 400, 446, 480–481, 483–484, 490–492, 504, 545–546
Lévy-Bruhl, Lucien 154–155, 157, 239, 299, 473
Lüdemann, Susanne 19, 29–30, 32, 89, 94, 99, 196, 222, 342, 406, 497
Lütkehaus, Ludger 45, 52–53, 64
Lacan, Jacques 4, 14, 17, 19, 23, 25, 36, 53, 94, 96, 100–108, 110–111, 125, 129–132, 138, 149–150, 165, 168, 220–221, 264, 298, 411, 437
Lamarck, Jean-Baptiste de 16, 104, 169, 225, 288, 375–376, 496
Latour, Bruno 1, 6–7, 46, 88, 148, 166, 309–310, 325, 345–346, 348, 360, 381, 417, 425, 428, 544–546
Le Bon, Gustave 95–97, 258–262
Leibniz, Gottfried Wilhelm 52
Leiris, Michel 25, 114, 167, 340
Lepenies, Wolf 69–70, 83–86, 91, 117, 120, 207, 372, 455
Luhmann, Niklas 35, 71–77, 87, 90, 260, 409, 427

Mülder-Bach, Inka 307, 312–313, 317
Müller-Tamm, Jutta 48, 54–55, 62
Macho, Thomas 409, 412, 428–429
Maffesoli, Michel 133
Mainberger, Sabine 249, 389–390, 392, 398
Marcus, George 249
Marx, Karl 129, 165, 194, 200, 258, 264, 473, 490–491
Masson, André 114
Massonet, Stéphane 24, 27–28, 108, 149, 182–183, 296, 301, 340, 374, 383, 433, 436, 469, 471, 476, 479, 488, 496
Matt, Peter von 11, 30, 192, 215, 408, 417, 425, 535
Mauss, Marcel 108, 115, 167, 169–170, 207, 210, 396–397, 433, 467, 471–474, 489

McLuhan, Marshall 29, 145
Mendelejew, Dmitri Iwanowitsch (Mendeleïev) 12, 341–342, 365, 369–375, 377–381, 383–384, 401, 465
Merian, Maria Sibylla 118, 176–181, 185, 202, 440
Mersch, Dieter 53, 344
Mesmer, Franz Anton 47
Moebius, Stephan 25, 70, 114, 206–207, 222, 302, 432, 484

Nassehi, Armin 35, 71–73, 75–76, 409–410, 413
Neumann, Gerhard 25, 32, 66, 205, 208, 215–216, 230, 232, 239, 243, 246, 248, 255, 293, 304, 307, 337, 381, 504, 509, 520, 526, 528
Novalis 48–49, 54–59, 63–64, 307, 309–312, 317–321, 324

Panoff, Michel 301, 372, 383, 432, 446, 480, 484
Paracelsus 13, 158, 318, 371, 380, 488
Peiter, Anne D. 30, 224, 258, 274–275, 279, 499, 501, 509
Pethes, Nicolas 18–19, 35, 66, 69, 74–75, 84, 91, 99, 101–102, 131, 284, 427, 455
Plessner, Helmuth 18, 135
Portmann, Adolf 102, 104–105, 285

Rheinberger, Hans-Jörg 68, 70, 82, 116, 152, 164, 186, 307, 414

Sartre, Jean-Paul 16–17, 27, 93, 101, 105, 107, 118, 126, 132
Schüttpelz, Erhard 30, 150, 156–157, 194–196, 202, 217–219, 221, 229–230, 239–240, 244, 249–250, 252–253, 258, 262, 277, 282, 515
Schelling, Friedrich Wilhelm 47–48, 52, 59
Schmitz-Emans, Monika 25, 124–125, 127, 307–309, 317
Schneider, Manfred 195, 206, 253, 497, 505–507, 513, 526
Schreber, Daniel Paul 230, 239, 293, 399, 410–411, 498, 505–507, 509–510, 513–520, 523, 528, 536–538

Schubert, Gotthilf Heinrich von 49, 58–64, 308, 313–315
Schulte-Sasse, Jochen 13–15
Searle, John 264, 448, 453
Sebald, W.G. 497, 509, 516–517, 521
Singh, J.A.L. 256, 284–292
Snow, C.P. 6, 68–71, 77, 79, 81
Steigerwald, Jörn 19–21
Stichweh, Rudolf 35, 43, 77–80, 83, 466, 493
Strüwe, Carl 351–352, 354–355, 357–358, 360–361, 364

Tieck, Ludwig 58, 307, 310, 312–313
Tughlak, Muhammad 498, 509–513, 515–518, 521, 523
Tylor, Edward 167, 180, 239

Uexküll, Jakob Johann von 23, 104–105, 285, 447

Vogl, Joseph 66, 436, 507

Wachinger, Kristian 11
Weber, Max 72, 85–86, 194, 258, 507
Weigel, Sigrid 243, 248, 428, 456
Werkmeister, Sven 247, 251–252, 396
White, Hayden 84, 89–90, 455
Widmer, Peter 100–101, 165
Wirth, Uwe 260, 263, 265–266, 275, 281, 448

Danksagung

Ich danke den Mitarbeitenden der Professur für Medienwissenschaft und Neuere deutsche Literaturwissenschaft und des ERC-Projekts *Principles of Disruption* an der Technischen Universität Dresden, der Professur Nicola Gess an der Universität Basel und dem DFG-Graduiertenkolleg *Literarische Form* an der WWU Münster für ihre bereichernde Lektüre- und Diskussionsbereitschaft, wichtige Anregungen und Unterstützung im Laufe meiner Promotionszeit. Mein Dank gilt auch denjenigen, die es mit viel Geduld möglich gemacht haben, dass meine Dissertation als Cotutelle-de-thèse-Verfahrens zwischen Dresden und Basel abgeschlossen werden konnte, sowie der DFG für die Finanzierung meines Jahres in Münster.

Besonders herzlich danke ich meiner Schweizer Erstbetreuerin Nicola Gess, die mich seit ihrem Berliner Seminar zu Musik und Literatur, lange vor Beginn meiner Promotion, ermutigt hat und ohne deren motivierende, vertrauensvolle und auch kritische Begleitung es sicherlich nicht zu diesem Buch gekommen wäre. Ebenso herzlich möchte ich meinem deutschen Erstbetreuer Lars Koch danken, für die produktive Arbeitsatmosphäre in Dresden und viele entscheidende Anregungen, die diesem Buch ungemein zugutegekommen sind und von denen Text wie Verfasserin durch neue Perspektiven, Themen und Ideen sehr profitiert haben. Sehr herzlich gedankt sei außerdem Martina Wagner-Egelhaaf für die prägende erste Zeit in Münster, hilfreiche Gespräche an der idyllischen Lippe sowie für ihr Vertrauen in meine Arbeit. Irene Albers verdankt die Studie den komparatistischen Impuls und vor allem die „Infektion" mit Caillois. Gedankt sei außerdem Johanna Canetti für die Möglichkeit, mit den Archivbeständen in der Zentralbibliothek Zürich zu arbeiten.

Überaus dankbar bin ich Julie Mrosla für ihre großartige Hilfe in allen Textbeschaffungs- und Bibliotheksangelegenheiten, Anna Häusler, Agnes Hoffmann und Julia Dettke für aufmerksame Lektüren und wertvolle Hinweise, Aufmunterungen und euphorisierende spielräumliche Anknüpfungspunkte, Agnes Gerstenberg, Susanne Ritschel und Johanna Heyne für liebevollen Rat, Ruhe und Unterstützung ganz unterschiedlicher, aber für mich jeweils sehr bedeutsamer Art. Für die mühevolle Korrektur des Manuskripts auf dem Weg zur Veröffentlichung möchte ich mich von ganzem Herzen bei Friedrich Fischer bedanken. Ganz besonders danke ich Tanja Prokić und Johannes Pause, nicht zuletzt für ihre Begeisterung, für Imaginationsgespräche, aber auch für mehr als geduldige Ohren und Augen – und für die Lektüre des Kolosses, die parallelen Tunnelgrabungen im Maulwurfsbau und insbesondere für die Verbindungslinien: Linus Guggenberger.

www.ingramcontent.com/pod-product-compliance
Lightning Source LLC
Chambersburg PA
CBHW061702300426
44115CB00014B/2529